Elke Seefried
Zukünfte

Quellen und Darstellungen zur Zeitgeschichte

Herausgegeben vom Institut für Zeitgeschichte

Band 106

Elke Seefried

Zukünfte

Aufstieg und Krise der Zukunftsforschung
1945–1980

DE GRUYTER
OLDENBOURG

ISBN 978-3-11-055416-8
e-ISBN (PDF) 978-3-11-034912-2
e-ISBN (EPUB) 978-3-11-039683-6
ISSN 0481-3545

Library of Congress Cataloging-in-Publication Data
A CIP catalog record for this book has been applied for at the Library of Congress.

Bibliografische Information der Deutschen Nationalbibliothek
Die Deutsche Nationalbibliothek verzeichnet diese Publikation in der Deutschen Nationalbibliografie; detaillierte bibliografische Daten sind im Internet über http://dnb.dnb.de abrufbar.

© 2017 Walter de Gruyter GmbH, Berlin/Boston
Dieser Band ist text- und seitenidentisch mit der 2015 erschienenen gebundenen Ausgabe.
Titelbild: Ausschnitt eines Bildes von Enzo Ragazzini, abgedruckt in: The UNESCO Courier 24 (1971), April (Titel)
Einbandgestaltung: hauser lacour
Druck und Bindung: Hubert & Co. GmbH & Co. KG, Göttingen
♾ Gedruckt auf säurefreiem Papier
Printed in Germany

www.degruyter.com

Inhalt

Vorwort IX

Einleitung 1
    1. Gegenstand, Forschungsstand und Untersuchungsfelder 1
    2. Methodischer Hintergrund 15
    3. Aufbau und Fragestellungen 23
    4. Quellen 26

Erster Teil: Transatlantische Wurzeln, Entstehung und Konzeptionalisierung der Zukunftsforschung

I.   Vorläufer und Wurzeln 29
    1. Von der Prophetie zur Prognostik: Zukunftsvorstellungen und Prognosen bis zum Beginn der „Hochmoderne" um 1900 29
    2. Verwissenschaftlichte Zukunft: Planung im transatlantischen Kontext und die katalytische Funktion des Zweiten Weltkrieges .. 39

II. Ausgangspunkte der Zukunftsforschung nach 1945 49
    1. Cold War Science: US-Think-Tanks, der Siegeszug der Kybernetik und die Entwicklung von Methoden der Vorausschau nach 1945 49
    2. Transatlantische Plattformen: Congress for Cultural Freedom und Ford Foundation 69

III. Wege in die Zukunftsforschung in den 1960er Jahren: Personen, Epistemologien, Konzeptionalisierungen 75
    1. Normativ-ontologisch: Bertrand de Jouvenel und Carl Friedrich von Weizsäcker 75
    2. Empirisch-positivistisch: Daniel Bell und Olaf Helmer – Herman Kahn und Karl Steinbuch 96
    3. Kritisch-emanzipatorisch: Ossip K. Flechtheim und Robert Jungk 125
    4. Zwischenfazit: Ein neues Paradigma Zukunftsforschung? 154

IV. Mediale Konstruktion der Futurologie? Interaktionen zwischen Zukunftsforschung und medialer Öffentlichkeit in den 1960er Jahren 159

Zweiter Teil: Zukunftsforschung transnational: Vernetzungen und Zirkulation von Zukunftswissen

V. Mankind 2000 und die World Future Studies Federation als Brücken zwischen West und Ost 179

    1. Friedenspläne und Steuerungsutopien: Mankind 2000 179

    2. Technikträume und Bewegungsverständnis: Die Gründung der World Future Studies Federation 210

VI. Der Club of Rome als Träger westlichen Ordnungsdenkens 235

VII. Ökologisierung und Durchbruch der Wachstumskritik: Der Diskurs um „The Limits to Growth" 1972/73 255

VIII. Weltmodelle, Bedürfnisse, Lebensqualität: Globales Selbstverständnis und neue Ansätze Mitte der 1970er Jahre 293

Dritter Teil: Zukunftsforschung national: Zukunftswissen und Verbindungslinien in die Politik am Beispiel der Bundesrepublik

IX. Formation: Institutionen und die Produktion von Zukunftswissen... 313

    1. Wirtschaftsprognostik als Zukunftsforschung: Die Prognos AG ... 313

    2. Friedens- und Zukunftsforschung: Carl Friedrich von Weizsäckers Max-Planck-Institut in Starnberg und die Gesellschaft zur Förderung von Zukunfts- und Friedensforschung 324

    3. Systemdenken und Steuerungseuphorie: Die Anfänge der Studiengruppe für Systemforschung und des Zentrums Berlin für Zukunftsforschung 348

    4. Von der Ideologisierung bundesdeutscher Zukunftsforschung: Gründung und Krise der Gesellschaft für Zukunftsfragen........ 374

    5. Sozialplanung und Partizipation: Neuformierungen Mitte der 1970er Jahre 396

X. Diffusion und Verwendung von Zukunftswissen: Zukunftsforscher und Bundesregierung zwischen Planungseuphorie und Wachstumskritik 411

    1. Die Konjunktur politischer Planung in den 1960er Jahren 411

    2. Holistisches Planungsverständnis: Expertisen für die Planungsabteilung des Bundeskanzleramts 1966–1973 418

    3. Aufbrüche: Forschungsplanung der 1960er und frühen 1970er Jahre 435

4. Im Zeichen der Wachstumskritik? Die Bundesregierung und die „Grenzen des Wachstums" 1972/73 452

5. Technologie, Arbeitsmarkt, Kernenergie: Modellbildungen und Risikoabschätzung in der Zukunftsexpertise für die Bundesregierung Mitte der 1970er Jahre 468

Fazit 491

Abbildungsverzeichnis 509

Abkürzungsverzeichnis 511

Ungedruckte Quellen...................................... 515

Gedruckte Quellen und Literatur............................ 517

Personenregister 571

Vorwort

Auch ein Buch über Zukünfte hat eine Vergangenheit. Diese reicht zurück bis ins Jahr 2007, als ich mir an der Universität Augsburg erste Gedanken zu einem Habilitationsprojekt machte und mein Doktorvater das Thema Geschichte der Prognostik ins Gespräch brachte. Rasch stieß ich auf die Zukunftsforschung der 1950er bis 1970er Jahre, doch nahm das Projekt dann noch manche Wendungen, weil immer deutlicher wurde, wie sehr diese Thematik angesichts transnationaler Verflechtungen nur im Kontext einer internationalen Perspektive bearbeitbar ist. Die folgenden Jahre führten mich deshalb nicht nur nach Koblenz, Karlsruhe, Frankfurt und Berlin, sondern auch nach London und Paris, Basel und Salzburg, und zuletzt in die Vereinigten Staaten, ehe das Manuskript im Sommersemester 2013 an der Fakultät 09 der Ludwig-Maximilians-Universität München als Habilitationsschrift angenommen wurde. In diesen Jahren erfuhr ich vielfältige Unterstützung. Genannt sei in erster Linie Prof. Dr. Andreas Wirsching, Doktorvater und Fachmentor im Rahmen der Habilitation und lange Jahre mein Vorgesetzter. Ihm danke ich für die vorbehaltlose Unterstützung, manch weisen Rat und das in mich gesetzte Vertrauen. Ebenso profitierte ich von den Ratschlägen und Diskussionen der Fachmentoren Prof. Dr. Eckart Conze, Prof. Dr. Martin H. Geyer und Prof. Dr. Bernhard Zangl. Wertvolle Unterstützung erhielt ich vom Deutschen Historischen Institut London, dessen Direktor Prof. Dr. Andreas Gestrich und den MitarbeiterInnen – besonders Dr. Martina Steber – ich für die sehr schöne und produktive Zeit in London danke. Ebenso bin ich dem Deutschen Historischen Institut Paris, dessen damaliger Direktorin, Prof. Dr. Gudrun Gersmann, und deren Stellvertreter Dr. Stefan Martens für die Förderung im Rahmen zweier kurzer, aber fruchtbarer Archivaufenthalte verbunden. Zudem gewährte mir das Frauenförderungsprogramm LMUExzellent der LMU München einen Zuschuss zu einer Forschungsreise in die USA.

Große Teile des Manuskriptes entstanden in der idealen Arbeitsatmosphäre des Historischen Kollegs in München, gestaltet nicht nur durch Dr. Karl-Ulrich Gelberg und das Team des Kollegs, sondern auch durch meine beiden Fellow-Kollegen, Prof. Dr. Gangolf Hübinger und Prof. Dr. Werner Plumpe, mit denen manche These diskutiert wurde. Ebenso eröffneten die Kolloquien von Eckart Conze, Martin H. Geyer und Gangolf Hübinger sowie Prof. Dr. Ute Daniel/Dr. Heidi Mehrkens, PD Dr. Stefan Grüner, Prof. Dr. Lucian Hölscher, Prof. Dr. Kärin Nickelsen, Prof. Dr. Dietmar Süß und Prof. Dr. Margit Szöllösi-Janze die Möglichkeit, Thesen zu besprechen. Abgeschlossen habe ich das Manuskript in der produktiven und kollegialen Atmosphäre des Instituts für Zeitgeschichte in München. In diesen Jahren profitierte ich vom Austausch mit den Augsburger und Münchener KollegInnen und FreundInnen, darunter Dr. Agnes Bresselau von Bressensdorf, Dr. Kristian Buchna, PD Dr. Simone Derix, Dr. Jürgen Finger, PD Dr. Stefan Grüner, Dr. Sven Keller, Dr. Reinhild Kreis, Prof. Dr. Günther Kronenbitter, Dr. Ariane Leendertz und Dr. Monika Müller, und von der zuverlässigen Unterstützung durch die Hilfskräfte und Praktikanten Margaretha Bauer M.A, Ulrike Ecker, Eric Häußler, Arne Holverscheid, Christina Kratzer, Ludwig Lenzgeiger, Regina Meyer, Ronja Menzel, Dr. des. Jörn Retterath und Jessica Rohrer. Ferner bin ich den Mitarbeitern der besuchten Archive verbunden, ebenso wie Peter Menke-Glückert (Bonn) und Prof. Dr. Rolf Kreibich (Berlin), die mir für ausführliche Gespräche zur Verfügung standen und mir Zugang zu Materialien aus den 1960er und 1970er Jahren gewährten.

Mein Dank gilt dem Beirat des Instituts für Zeitgeschichte München–Berlin, welcher das Manuskript zum Druck in der Reihe „Quellen und Darstellungen zur Zeitgeschichte" empfahl. Wertvolle Unterstützung erhielt ich von meinen Freundinnen Monika Egger und Birgit Höchsmann, die erneut Korrektur lasen. Schließlich danke ich Cordula Hubert für das äußerst präzise und kompetente Lektorat und Gabriele Jaroschka vom Verlag De Gruyter Oldenbourg für die fachkundige Betreuung in der Phase der Drucklegung.

Gewidmet sei diese Arbeit zwei Menschen, die meine Vergangenheit und meine Zukunft präg(t)en: Michael Philipp – für unendlich vieles; und Josef Rebele (1920–1994), meinem Großvater, der mit seinen Erzählungen aus der Vergangenheit und seinem historischen Blick mein Interesse an der Geschichte weckte und mir zugleich vorlebte, wie wichtig es ist, sich die Zukünfte selbst zu gestalten.

Mering, im Oktober 2014

Einleitung

1. Gegenstand, Forschungsstand und Untersuchungsfelder

1967 postulierte der deutsch-amerikanische Mathematiker Olaf Helmer, Mitarbeiter der US-Denkfabrik RAND Corporation:

„The decade of the Sixties has brought with it an important change in the intellectual climate throughout many parts of the world, evidenced by a new attitude toward the future that has become apparent in public and private planning agencies as well as in the research community. The effect has been to extend customary planning horizons into a more distant future and to replace haphazard intuitive gambles, as a basis for planning, by sober and craftsmanlike analysis of the opportunities the future has to offer. [...] The future is no longer viewed as unique, unforeseeable, and inevitable; there are, instead, a multitude of possible futures, with associated probabilities that can be estimated and, to some extent, manipulated."[1]

Dies griff 1968 das bundesdeutsche Zentrum Berlin für Zukunftsforschung in seinem Gründungspapier auf:

„Die fatalistische Auffassung, daß die Zukunft unvorhersehbar und unvermeidlich sei, wird nach und nach aufgegeben. Man beginnt einzusehen, daß es eine Fülle möglicher Zukünfte gibt und diese Möglichkeiten durch entsprechende Interventionen verschieden gestaltet werden können. Das erhebt die Erkundung des Kommenden und das Suchen nach seiner Beeinflussung zu Bemühungen von großer sozialer Verantwortlichkeit. [...] [W]ir [müssen] aufhören, Zuschauer der Zeitgeschichte zu bleiben und an ihr mit der Absicht wirken, die Zukunft zu gestalten."[2]

Evident wird in beiden Texten, dass die Zukunft in den 1960er Jahren zu einer neu gedachten und neu konzeptionalisierten wissenschaftlichen und intellektuellen Kategorie avancierte.[3] Sicherlich war das Nachdenken über Zukunft nicht neu. Doch nun schien die Zukunft explizit aus einer großen Zahl an „Zukünften" („futures") zu bestehen, welche nicht nur vorausgesagt, sondern auch gestaltet werden könnten. Aus dieser Perspektive bot sich dem Menschen die Möglichkeit, aus der Fülle der Zukünfte zu wählen – nämlich die gewollte Zukunft – und so das Zukünftige zu steuern. Dies war der Kerngedanke eines neuen wissenschaftlichen und intellektuellen Verständnisses von Zukunft und ihrer Erforschung, das sich in den späten 1950er und 1960er Jahren zum Feld der Zukunftsforschung verband. Die Zukunftsforschung erfuhr in den westlichen Industriegesellschaften öffentliche und politische Aufmerksamkeit – zunächst im Zeichen eines medialen Zukunfts-Booms und einer politischen Planungsbegeisterung, dann Anfang der 1970er Jahre im Zeichen neuer Krisenszenarien im Zusammenhang mit der Debatte um „Die Grenzen des Wachstums". Doch geriet sie in der Folge selbst in eine

---

[1] Olaf Helmer, Analysis of the Future. The Delphi Method, Santa Monica 1967, S. 1f.
[2] Robert Jungk, Weltweite Zukunftsforschung, in: Informationsschrift zur Gründung des Zentrums Berlin für Zukunftsforschung (ZBZ), o. D. (1968), in: BAK, B 138, 1550.
[3] Um 1970 erschienen pro Jahr 80 bis 120 Monografien zum Thema allein in englischer Sprache; vgl. Michael Marien, Societal Directions and Alternatives. A Critical Guide to the Literature, New York 1976, S. 7–15.

Krise. Immer deutlicher wurden die Grenzen des Anspruchs, objektives Wissen über die Zukünfte erlangen, also sie rational prognostizieren und so gestalten zu können – ein Anspruch, welcher dem Steuerungsdenken und der Technikbegeisterung der 1960er Jahre entsprungen war.

Die Geschichte des Nachdenkens und Erforschens der Zukunft in den westlichen Industriestaaten von den Wurzeln im Zweiten Weltkrieg bis in die späten 1970er Jahre untersucht vorliegendes Buch. Es beleuchtet die Vorläufer, Entstehung und Konzeptionalisierungen von Zukunftsforschung, ihre transnationalen Vernetzungen, die Produktion und Zirkulation von Zukunftswissen und deren politische Wirkung.

Wie lässt sich die Zukunftsforschung als geschichtswissenschaftlicher Gegenstand fassen? Grundsätzlich ist das Wissen um die Zukunft kulturell codiert, also historisch wandelbar, und hängt stark von dem kulturellen und ideellen Kontext des Produzenten ab, somit von dessen Weltbild, Ordnungsvorstellungen und sozialem Umfeld. Es gilt daher, akteursbezogen zu denken, von den Personen, Netzwerken und Institutionen aus, die Zukunftsforschung entwarfen und konzeptionalisierten. Zukunftsforschung entstand demnach in gewisser Weise durch das Konzeptionieren von Zukunftsforschung, also mit der Idee und der Überzeugung, die Zukunft durchdenken, erforschen und planen zu können. Diese Idee trug Akteure verschiedener Disziplinen, verschiedener sozialer und kultureller Kontexte, verschiedener Generationen und Denkstile. Insofern changierte die Erforschung des Zukünftigen stets zwischen explorativen und normativen Ansätzen. Sie war demgemäß Wissenschaft, aber sie reichte darüber hinaus, weil sich ihre Vertreter – mehr oder weniger deutlich – auch als ‚Entwerfer', ja teilweise Gestalter der Zukünfte verstanden. Deshalb entstand auch keine übergreifende Begrifflichkeit für das Arbeiten an den Zukünften, denn diese hing von kulturellen Codierungen und spezifischen Verständnissen und Denkstilen ab, welche dem Feld der Zukunftsforschung inhärent waren. So firmierte sie in den USA und Westeuropa meist als „Future(s) Research" (oder „Zukunftsforschung" bzw. „Prospective"), und ebenso zirkulierte der Begriff „Futurology" in den USA in einem eher popularisierten Sinne, wohingegen in der Bundesrepublik „Futurologie" das Wissenschaftliche betonen wollte. In den 1970er Jahren setzte sich in einem transnationalen Verständnis stärker „Futures Studies" durch, ein Begriff, der breiter angelegt war und alle Ansätze der Beschäftigung mit Zukunft umfassen sollte.[4] Es erscheint deshalb unfruchtbar, in dieser Arbeit strikte Grenzen der Zukunftsforschung zu ziehen, sondern es ist im Folgenden von einem Feld des Reflektierens, der Vorausschau und der Gestaltung der Zukunft (bzw. der Zukünfte) auszugehen, das einen wissenschaftlichen Hintergrund besaß, aber auch darüber hinausreichte.

---

[4] Eleonora Barbieri Masini, Futures Research and Sociological Analysis, in: Stella R. Quah/Arnaud Sales (Hrsg.), The International Handbook of Sociology, London, Thousand Oaks 2000, S. 491–505, hier S. 491; vgl. John McHale/Magda Cordell McHale, An Assessment of Futures Studies Worldwide, in: Futures 8 (1976), S. 135–145.

1. Gegenstand, Forschungsstand und Untersuchungsfelder

Gleichwohl waren sich jene, die ab Ende der 1950er Jahre in einem transnationalen Sinne einen neuen Zugang des Nachdenkens, der Vorausschau und der Gestaltung der Zukunft entwarfen, in zentralen Charakteristika einig. Sie einte wie eingangs gesehen die Wahrnehmung einer Vielzahl möglicher Zukünfte, aber auch einer Beschleunigung der wissenschaftlich-technischen und sozialen Entwicklung, die mit wachsender Komplexität einherging.[5] Daher schien es dringend nötig zu sein, in einer holistischen Perspektive – welche der Komplexität gerecht wurde – vorauszusehen und zu planen. Zugleich machte der technische und wissenschaftliche Wandel eine mittel- und langfristige Vorausschau – so die Sichtweise der Zukunftsforschung – erst möglich. Denn nun schienen neue Methoden und Instrumente zu existieren, welche die Zukunft prognostizierbar machten, aber auch Ansatzpunkte boten, komplexe und sich wandelnde Systeme zu steuern.

Jene, die Zukunftsforschung konzeptionierten und praktizierten, schufen neue Periodika, etwa 1961 „Futuribles" in Frankreich oder – jeweils 1968 ins Leben gerufen – das angloamerikanische Magazin „Futures" und die bundesdeutschen „Analysen und Prognosen über die Welt von morgen". Organisationen und Institute entstanden, etwa die US-amerikanische Commission on the Year 2000 oder das Zentrum Berlin für Zukunftsforschung in der Bundesrepublik. Zugleich bildeten sich transnationale Netzwerke wie Futuribles, Mankind 2000, der Club of Rome und die World Future Studies Federation (WFSF). Diese waren teilweise westeuropäisch-transatlantisch angelegt, teilweise reichten sie über die Grenzen des Kalten Krieges hinweg: Ausgehend vom marxistisch-leninistischen Fortschrittsparadigma und geprägt vom technologischen Wettlauf zwischen West und Ost hatte sich auch in den sozialistischen Staaten die wissenschaftliche Beschäftigung mit Zukunft intensiviert.[6]

Erkennbar handelt es sich um eine Thematik, die angesichts wirkmächtiger internationaler Kommunikations- und Wahrnehmungsprozesse und der Entstehung transnationaler Verflechtungen nur im Kontext einer internationalen Pers-

---

[5] Etwa Bertrand de Jouvenel, Die Kunst der Vorausschau, Neuwied 1964 (Orig.: L'art de la conjecture, 1964), S. 307–310; Karl Steinbuch, Falsch programmiert. Über das Versagen unserer Gesellschaft in der Gegenwart und vor der Zukunft und was eigentlich geschehen müßte, Stuttgart 1970 (Orig. 1968), S. 154; Olaf Helmer, 50 Jahre Zukunft. Bericht über eine Langfrist-Vorhersage für die Welt der nächsten fünf Jahrzehnte. Unter Mitarbeit von Theodore Gordon, Hamburg 1967 (Orig.: Report on a Long-Range Forecasting Study, 1964), S. 13; Igor V. Bestuzhev-Lada, A Soviet Scientist Looks at Futurology, in: The UNESCO Courier 24 (1971), April, S. 22–27, hier S. 24; Aurelio Peccei, The Challenge of the 1970s for the World of Today (1965), in: Pentti Malaska/Matti Vapaavuori (Hrsg.), The Club of Rome. Finnish Society for Futures Studies, Turku 1984, S. 10–20, hier S. 10, 20; Alexander King, Another Kind of Growth. Industrial Society and the Quality of Life, London 1972, S. 9.

[6] Als Überblick zu Instituten John McHale/Magda Cordell McHale, The Futures Directory. An International Listing and Description of Organizations and Individuals Active in Futures Studies and Long-range Planning, London 1977; Charles de Hoghton/William Page/Guy Streatfeild, And now the Future. A P.E.P. Survey of Futures Studies, London 1971; Rolf Kreibich/Weert Canzler/Klaus Baumeister (Hrsg.), Zukunftsforschung und Politik in Deutschland, Frankreich, Schweden und der Schweiz, Weinheim, Basel 1991.

pektive adäquat zu konturieren ist. In diesem Sinne verfolgt die vorliegende Studie eine doppelte Blickrichtung. Sie analysiert zum einen die Entstehung und Konzeptionalisierung der Zukunftsforschung sowie die transnationale Produktion von Zukunftswissen. Es wird also ausgeleuchtet, welchen epistemologischen Kontexten und Denkstilen die Beschäftigung mit Zukünften entstammte, welche transnationalen Interaktionsformen und Netzwerke sich bildeten, welches Zukunftswissen und welche Verständnisse von Aufgabe und Methodik der Zukunftsforschung zirkulierten. Hier liegt das Augenmerk auf der Zukunftsforschung in den USA und Westeuropa, weil deren Vertreter in engem Austausch standen. Darüber hinaus berücksichtigt die Studie auch globale Perspektiven (etwa die der World Future(s) Studies Federation), wenn westliche Gruppen und Denkstile im Prozess der Enstehung eine zentrale Rolle spielten. Zum anderen betrachtet die Arbeit, um eine empirische Verdichtung zu schaffen, Institutionalisierungsprozesse und Verbindungslinien zur Politik auf nationaler Ebene am Beispiel der Bundesrepublik. Im Blickpunkt stehen hier Instituts- und Vereinsgründungen sowie die Formen und Inhalte des hier generierten Zukunftswissens; ebenso geht es um die Fragen, wie, warum und mit welchen Folgen Wissen der Zukunftsforschung in den politischen Prozess gelangte bzw. wie es sich auf diesem Weg veränderte, aber auch welche Folgen die Interaktion für die Zukunftsforschung hatte.

Damit betritt diese Arbeit weitgehend Neuland, da die Zukunftsforschung bislang kaum Gegenstand geschichtswissenschaftlicher Forschung wurde. Allerdings erwuchs in den letzten Jahren ein neues Interesse an den Themen Zeit und Zukunft, was geradezu auf einen *temporal turn* in der Geschichtswissenschaft hindeutet.[7] Den Grundstein für Fragen nach Zeitwahrnehmungen und Zukunftserwartungen in der Geschichte legte in vielerlei Hinsicht Reinhart Koselleck, der die Entstehung der Moderne auch darin begründet sah, dass in der Sattelzeit zwischen 1750 und 1850 Erfahrungsräume und Erwartungshorizonte auseinandertraten. Damit, so Koselleck, veränderten sich das (Zeit-)Bewusstsein der Menschen und ihre Denk- und Handlungsmuster, weil sich der Raum für Pläne und Utopien öffnete, die wiederum die Handlungen der Menschen prägten.[8] Daran anknüpfend argumentierte Lucian Hölscher, dass in der Sattelzeit ein prognosti-

---

[7] Aus soziologischer Perspektive etwa Hartmut Rosa, Beschleunigung. Die Veränderung der Zeitstrukturen in der Moderne, Frankfurt a. M. 2005; aus der Kultur- und Geschichtswissenschaft Aleida Assmann, Ist die Zeit aus den Fugen? Aufstieg und Fall des Zeitregimes der Moderne, München 2013; François Hartog, Régimes d'historicité. Présentisme et expériences du temps, Paris 2003; Rüdiger Graf, Zeit und Zeitkonzeptionen in der Zeitgeschichte, Version: 2.0, 22.10.2012, http://docupedia.de/zg/Zeit_und_Zeitkonzeptionen_Version_2.0_R.C3.BCdiger_Graf?oldid=92888 (letzte Abfrage 2.1.2015); Martin Sabrow, Die Zeit der Zeitgeschichte, Göttingen 2012; Achim Landwehr (Hrsg.), Frühe Neue Zeiten. Zeitwissen zwischen Reformation und Revolution, Bielefeld 2012; Chris Lorenz/Berber Bevernage (Hrsg.), Breaking up Time. Negotiating the Borders between Present, Past and Future, Göttingen 2013; zum Begriff des „temporal turn" Nick Randall, Time and British Politics. Memory, the Present and Teleology in the Politics of New Labour, in: British Politics 4 (2009), S. 188–216.

[8] Reinhart Koselleck, Vergangene Zukunft. Zur Semantik geschichtlicher Zeiten, Frankfurt a. M. 1979, darin u. a. „Erfahrungsraum" und „Erwartungshorizont". Zwei historische Kategorien, S. 349–375.

sches Zukunftsverständnis entstanden sei, das Zukunft gewissermaßen auf einem Zeitstrahl von der Vergangenheit und Gegenwart aus entwarf.[9] Seit Ende der 2000er Jahre dynamisierte sich das Interesse an der Erforschung vergangener Zukunftsvorstellungen (als Bilder des Zukünftigen), Prognosen (als konkrete Aussagen über erwartbare zukünftige Entwicklungen[10]) und Zukunftsaneignungen (als Kategorie der sprachlichen Aneignung des Zukünftigen und der Haltung, etwa auch im Sinne von Optimismus oder Pessimismus)[11]. Die Geschichte von Zukunftsvorstellungen nach 1945 und der Zukunftsforschung im 20. Jahrhundert geriet allerdings bislang nur sehr punktuell in den Fokus der Forschung. Einschlägig sind ein Artikel von Kai Hünemörder zur „Studiengruppe für Systemforschung" und zum „Aufstieg der Zukunftsforschung"[12] sowie mehrere Aufsätze von Alexander Schmidt-Gernig zur westeuropäischen und US-amerikanischen Zukunftsforschung der 1960er Jahre.[13] Insbesondere im Hinblick auf die Rolle der Kybernetik dienen gerade Schmidts-Gernigs Beiträge als wichtige und perspektivenreiche Grundlage, wohingegen er normative Ansätze der Zukunftsforschung weniger beleuchtet. Zudem besitzen Schmidt-Gernigs Aufsätze keine archivalische Grundlage. Zu nennen sind ferner eine gewichtige Dissertation zur Geschichte der Kybernetik in der Bundesrepublik[14] und eine detaillierte Biogra-

---

[9] Lucian Hölscher, Die Entdeckung der Zukunft, Frankfurt a. M. 1999.

[10] Zum Begriff der Prognose in Abgrenzung zum Szenario, das genuin die Möglichkeit verschiedener alternativer Zukünfte integriert, vgl. Hannah Kosow/Robert Gassner, Methoden der Zukunfts- und Szenarioanalyse. Überblick, Bewertung und Auswahlkriterien, Berlin 2008, S. 9–11.

[11] Vgl. Rüdiger Graf, Die Zukunft der Weimarer Republik. Krisen und Zukunftsaneignungen in Deutschland 1918–1933, München 2008, hier zum Begriff der Zukunftsaneignung S. 22; Heinrich Hartmann/Jakob Vogel (Hrsg.), Zukunftswissen. Prognosen in Wirtschaft, Politik und Gesellschaft seit 1900, Frankfurt a. M. u. a. 2010; Stefan Willer/Daniel Weidner (Hrsg.), Prophetie und Prognostik. Verfügungen über Zukunft in Wissenschaften, Religionen und Künsten, München 2013; DFG-Graduiertenkolleg 1919 „Vorsorge, Voraussicht, Vorhersage: Kontingenzbewältigung durch Zukunfthandeln": https://www.uni-due.de/geschichte/graduiertenkolleg_1919.php (letzte Abfrage 3.1.2015).

[12] Kai F. Hünemörder, Die Heidelberger Studiengruppe für Systemforschung und der Aufstieg der Zukunftsforschung in den 1960er Jahren, in: Technikfolgenabschätzung 13 (2004), H. 1, S. 8–15.

[13] Alexander Schmidt-Gernig, Ansichten einer zukünftigen „Weltgesellschaft". Westliche Zukunftsforschung der 60er und 70er Jahre als Beispiel einer transnationalen Expertenöffentlichkeit, in: Hartmut Kaelble/Martin Kirsch/Alexander Schmidt-Gernig (Hrsg.), Transnationale Öffentlichkeit und Identitäten im 20. Jahrhundert, Frankfurt a. M., New York 2002, S. 393–421; Ders., Das Jahrzehnt der Zukunft – Leitbilder und Visionen der Zukunftsforschung in den 60er Jahren in Westeuropa und den USA, in: Uta Gerhardt (Hrsg.), Zeitperspektiven. Studien zu Kultur und Gesellschaft, Stuttgart 2003, S. 305–345; Ders., „Futurologie". Zukunftsforschung und ihre Kritiker in der Bundesrepublik der 60er Jahre, in: Heinz Gerhard Haupt/Jörg Requate (Hrsg.), Aufbruch in die Zukunft. Die 1960er Jahre zwischen Planungseuphorie und kulturellem Wandel. DDR, ČSSR und Bundesrepublik Deutschland im Vergleich, Weilerswist 2004, S. 109–131; Ders., Das „kybernetische Zeitalter". Zur Bedeutung wissenschaftlicher Leitbilder für die Politikberatung am Beispiel der Zukunftsforschung der 60er und 70er Jahre, in: Stefan Fisch/Wilfried Rudloff (Hrsg.), Experten und Politik. Wissenschaftliche Politikberatung in geschichtlicher Perspektive, Berlin 2004, S. 349–368.

[14] Philipp Aumann, Mode und Methode. Die Kybernetik in der Bundesrepublik Deutschland, Göttingen 2009.

phie über Ossip K. Flechtheim, die freilich die Geschichte der Zukunftsforschung nur streifen[15].

Blickt man auf die europäische Forschung zum Thema, so bildete sich an der Pariser Sciences Po 2011 eine Forschergruppe um die schwedische Historikerin Jenny Andersson, die sich mit der „Political History of the Future" beschäftigt. Diese will zum einen die Geschichte von Zukunftspolitik und Zukunftsforschung von 1945 bis zur Gegenwart in den Blick nehmen, zum anderen die Geschichte des International Institute of Applied Systems Analysis (IIASA) erforschen, eines internationalen, West und Ost umgreifenden Forschungsinstituts, das sich mit Methoden der Systemanalyse und der Erstellung von Globalmodellen zur Prognose weltweiter Entwicklungen beschäftigte.[16] Wichtig zur Geschichte des Club of Rome sind zudem eine nicht veröffentlichte Pariser Dissertation, die in einem wissenschaftsgeschichtlichen Zugriff den Club of Rome und die Studie „The Limits to Growth" untersucht[17], und eine im Erscheinen begriffene deutsche Dissertation zur Wachstumsdebatte in der OECD, die auch die Wurzeln des Club of Rome behandelt[18].

Ferner hat die geschichtswissenschaftliche Forschung sich in den letzten Jahren intensiv mit der Geschichte von Verwissenschaftlichungsprozessen und der Verquickung von Wissenschaft und Politik in Form politischer Planung befasst und hier eine Brücke zur Geschichte der Zukunftsforschung geschlagen. Die neuere Forschung hat betont, dass seit dem letzten Drittel des 19. Jahrhunderts – mit der vollen Ausprägung der modernen Industriegesellschaft in der Hochmoderne – die Spezialisierung von Aufgaben- und Wissensfeldern in Industrie, Verwaltung, Politik und Militär zunahm. Angesichts wachsender Komplexität und eines steigenden Stellenwerts, welcher der Wissenschaft in Gesellschaft und Politik zugeschrieben wurde, entstand die Sozialfigur des Experten, der für politische Planungsprozesse – also anwendungsbezogene und verfahrensgestützte Vorgriffe auf die Zukunft – eine wichtige Rolle spielte.[19] Zugleich erwuchsen in der Hoch-

---

[15] Mario Keßler, Ossip K. Flechtheim. Politischer Wissenschaftler und Zukunftsdenker (1909–1998), Köln 2007.

[16] Vgl. Jenny Andersson, Choosing Futures. Alva Myrdal and the Construction of Swedish Futures Studies 1967–1972, in: International Review for Social History 51 (2006), S. 277–295; Dies., The Great Future Debate and the Struggle for the World, in: American Historical Review 117 (2012), S. 1114–1130; Egle Rindzevičūte, The Emergence of Technoscientific Settings of Influence during the Cold War. Tracing Networks and Social Relations that Organized IIASA, http://cee.sciences-po.fr/images/stories/seminaire_doc_applique/2011-2012/1206/120607_Futurepol/paper_ERindzeviciute_June7.pdf (letzte Abfrage 3.1.2015).

[17] Vgl. Élodie Vieille Blanchard, Croissance ou stabilité? L'éntreprise du Club de Rome et le débat autour des modèles, in: Amy Dahan-Dalmédico (Hrsg.), Les modèles du futur, Paris 2010, S. 21–43.

[18] Matthias Schmelzer, The Hegemony of Growth. The Making and Remaking of the Economic Growth Paradigm and the OECD (i.E.).

[19] Vgl. Dirk van Laak, Planung. Geschichte und Gegenwart des Vorgriffs auf die Zukunft, in: GG 34 (2008), S. 305–326; Ders., Planung, Planbarkeit und Planungseuphorie, 16.2.2010, http://docupedia.de/zg/Planung, 16.02.2010 (letzte Abfrage 3.1.2015); Ders., Zwischen „organisch" und „organisatorisch". „Planung" als politische Leitkategorie zwischen Weimar und Bonn, in:

moderne ganzheitliche Entwürfe gesellschaftlicher Zukunft, welche Planung als Neu-Ordnung der Gesellschaft verstanden und damit politischer Planung neue Sinngehalte zurechneten.[20]

Zur Geschichte der Planung nach 1945 ist zum einen auf Forschungen zur Wissenschaft im Kalten Krieg (*Cold War Science*) zu verweisen. Im Rahmen des in den USA boomenden Forschungsfeldes gerieten die sogenannten Think-Tanks in den Fokus, also Non-Profit-Forschungsinstitute, die seit den späten 1940er Jahren die strategische Planung der US-Regierung unterstützten und zugleich ein neues Methodenarsenal von Prognostik entwickelten (wie die RAND Corporation).[21] Obwohl sich die Quellenlage angesichts eines nur eingeschränkten Archivzugangs schwierig gestaltet, entstanden wichtige Arbeiten etwa zur RAND Corporation und zu zentralen Protagonisten der entstehenden Zukunftsforschung wie Herman Kahn.[22] Inwieweit RAND und Kahn zur Entstehung der Zukunftsforschung als neuer Meta-Disziplin beitrugen, blieb jedoch unterbelichtet.[23] Dies gründet darin, dass die US-Forschung den Blick vor allem auf die Politisierung von Wissenschaft im Kalten Krieg und auf das generierte Wissen für die militärische und

---

Burkhard Dietz (Hrsg.), Griff nach dem Westen. Die „Westforschung" der völkisch-nationalen Wissenschaften zum nordwesteuropäischen Raum (1919–1960), Münster, München u. a. 2003, S. 67–90; Lutz Raphael, Die Verwissenschaftlichung des Sozialen als methodische und konzeptionelle Herausforderung für eine Sozialgeschichte des 20. Jahrhunderts, in: GG 22 (1996), S. 165–193; Margit Szöllösi-Janze, Wissensgesellschaft in Deutschland. Überlegungen zur Neubestimmung der deutschen Zeitgeschichte über Verwissenschaftlichungsprozesse, in: GG 30 (2004), S. 277–313. Zu Begriff und Verständnis der Hochmoderne Ulrich Herbert, Europe in High Modernity. Reflections on a Theory of the 20th Century, in: Journal of Modern European History 5 (2007), S. 5–21; Lutz Raphael, Ordnungsmuster der „Hochmoderne"? Die Theorie der Moderne und die Geschichte der europäischen Gesellschaften im 20. Jahrhundert, in: Ute Schneider/Christof Dipper (Hrsg.), Dimensionen der Moderne. Festschrift für Christof Dipper, Frankfurt a. M. 2008, S. 73–91.

[20] Vgl. van Laak, Planung; Anselm Doering-Manteuffel, Ordnung jenseits der politischen Systeme. Planung im 20. Jahrhundert, in: GG 34 (2008), S. 398–406.

[21] U. a. Gregory Hooks, Forging the Military-Industrial Complex. World War II's Battle of the Potomac, Urbana 1991; Stuart W. Leslie, Science and Politics in Cold War America, in: Margaret C. Jacob (Hrsg.), The Politics of Western Science, 1640–1990, Atlantic Highlands 1994, S. 199–233; Richard Ned Lebow, Social Science, History, and the Cold War. Pushing the Conceptual Envelope, in: Odd Arne Westad (Hrsg.), Reviewing the Cold War. Approaches, Interpretations, Theory, London 2000, S. 103–125; Mark Solovey, Introduction. Science and the State during the Cold War. Blurred Boundaries and a Contested Legacy, in: Social Studies of Science 31 (2001), H. 2, S. 165–170; als ausgezeichnete Literaturschau Corinna R. Unger, Cold War Science. Wissenschaft, Politik und Ideologie im Kalten Krieg, in: Neue Politische Literatur 51 (2006), S. 51–68. Zuletzt plastisch Tim B. Müller, Krieger und Gelehrte. Herbert Marcuse und die Denksysteme im Kalten Krieg, Hamburg 2010.

[22] Martin J. Collins, Cold War Laboratory. RAND, the Air Force, and the American State, 1945–1950, Washington 2002; S. M. Amadae, Rationalizing Capitalist Democracy. The Cold War Origins of Rational Choice Liberalism, Chicago 2003; Sharon Ghamari-Tabrizi, The Worlds of Herman Kahn. The Intuitive Science of Thermonuclear War, Cambridge, Mass. 2005; Alex Abella, Soldiers of Reason. The RAND Corporation and the Rise of the American Empire, Orlando 2008.

[23] Zu Kahn aus der Perspektive eines Weggefährten B. Bruce-Briggs, Supergenius. The Mega-Worlds of Herman Kahn, Frankfurt a. M., New York 2000.

strategische Planung richtete, nicht auf die Geschichte von Zukunftsvorstellungen und Zukunftsforschung.

Zum anderen zeigten seit den 2000er Jahren vor allem deutsche und britische Forscher auf, wie stark wissenschaftliche Expertise während der 1950er und 1960er Jahre in den politischen Prozess eingebunden wurde, um Entscheidungen zu legitimieren, etwa über Beiräte und Kommissionen[24], und sie thematisierte, wie dies mit einer regelrechten Planungswelle, ja teilweisen Planungseuphorie der 1960er bis frühen 1970er Jahre korrespondierte.[25] Aufbauend auf der wirtschaftlichen Prosperität und einem positiv konnotierten Wissenschafts- und Technikverständnis rückte staatliche Planung in den Mittelpunkt von Konzeptionen westeuropäischer Politik. Durch eine rationale, also sachorientierte und wissenschaftsgestützte Planung sollte Zukunft operationalisierbar gemacht und gesichert werden[26]. Dies zeigte sich in besonderer Weise im Keynesianismus in der Wirtschaftspolitik. Wie nun im Detail Prognose und Planung verschränkt waren, auf welchen wissenschaftlichen Voraussagen Planungsprozesse aufbauten, wurde bislang aber nur punktuell ermittelt[27]. Welche Rolle das neue Feld der Zukunfts-

---

[24] Jon Agar, The Government Machine. A Revolutionary History of the Computer, Cambridge, Mass. 2003; Hugh Pemberton, Policy Learning and British Governance in the 1960s, New York 2004; Wilfried Rudloff, Verwissenschaftlichung der Politik? Wissenschaftliche Politikberatung in den sechziger Jahren, in: Peter Collin/Thomas Horstmann (Hrsg.), Das Wissen des Staates. Geschichte, Theorie und Praxis, Baden-Baden 2004, S. 216–257; Gabriele Metzler, Demokratisierung durch Experten? Aspekte politischer Planung in der Bundesrepublik, in: Haupt/Requate, Aufbruch, S. 267–287; Alexander Nützenadel, Stunde der Ökonomen. Wissenschaft, Politik und Expertenkultur in der Bundesrepublik 1949–1974, Göttingen 2005; Kerstin Brückweh/Dirk Schumann/Richard F. Wetzell/Benjamin Ziemann (Hrsg.), Engineering Society. The Role of the Human and Social Sciences in Modern Societies, 1880–1980, Basingstoke 2012.

[25] Auch für das Folgende Michael Ruck, Ein kurzer Sommer der konkreten Utopie. Zur westdeutschen Planungsgeschichte der langen 60er Jahre, in: Axel Schildt/Detlef Siegfried/Karl Christian Lammers (Hrsg.), Dynamische Zeiten. Die 60er Jahre in den beiden deutschen Gesellschaften, Hamburg 2000, S. 362–401; Ders., Westdeutsche Planungsdiskurse und Planungspraxis der 1960er Jahre im internationalen Kontext, in: Haupt/Requate, Aufbruch, S. 289–325; Gabriele Metzler, „Geborgenheit im gesicherten Fortschritt". Das Jahrzehnt von Planbarkeit und Machbarkeit, in: Matthias Frese/Julia Paulus/Karl Teppe (Hrsg.), Demokratisierung und gesellschaftlicher Aufbruch. Die sechziger Jahre als Wendezeit der Bundesrepublik, Paderborn 2003, S. 777–797; Winfried Süß, „Wer aber denkt für das Ganze?" Aufstieg und Fall der ressortübergreifenden Planung im Bundeskanzleramt, in: ebd., S. 349–377; Gabriele Metzler, Konzeptionen politischen Handelns von Adenauer bis Brandt. Politische Planung in der pluralistischen Gesellschaft, Paderborn 2005; Glen O'Hara, From Dreams to Disillusionment. Economic and Social Planning in 1960s Britain, Oxford 2007.

[26] Zur „Zukunftssicherung" als politisches Leitprinzip der 1960er Jahre Eckart Conze, Sicherheit als Kultur. Überlegungen zu einer „modernen Politikgeschichte" der Bundesrepublik Deutschland, in: VfZ 53 (2005), S. 357–381, hier S. 273.

[27] Zur Wirtschaftsplanung zentral Nützenadel, Stunde, und Tim Schanetzky, Die große Ernüchterung. Wirtschaftspolitik, Expertise und Gesellschaft in der Bundesrepublik 1966 bis 1982, Berlin 2007; zur Forschungsplanung Andrea Brinckmann, Wissenschaftliche Politikberatung in den 60er Jahren. Die Studiengruppe für Systemforschung, 1958 bis 1975, Berlin 2006; zur Bildungsplanung präzise Wilfried Rudloff, Bildungsplanung in den Jahren des Bildungsbooms, in: Frese/Paulus/Teppe, Demokratisierung, S. 259–282.

forschung für die politische Planung spielte, ist in dieser Arbeit erst zu vermessen[28].

Zu verweisen ist schließlich darauf, dass auch Protagonisten aus dem Feld der Zukunftsforschung im Rückblick die Geschichte des eigenen Arbeitsfeldes rekonstruierten. Diese Studien aus der Zukunftsforschung selbst eignen sich als historische Quelle und vermitteln wichtige Einsichten, doch können sie nicht als Forschungsgrundlage gelten, da sie die kritische Distanz zum Gegenstand vermissen lassen.[29] Dies gilt im Kern für die Arbeiten des US-amerikanischen Autors Wendell Bell[30] ebenso wie für die kenntnisreichen Studien Rolf Kreibichs, des langjährigen Leiters des Instituts für Zukunftsstudien und Technologiebewertung[31], und Peter Molls, eines Politikwissenschaftlers und Zukunftsforschers.[32] Hingegen will diese Arbeit die Zukunftsforschung konsequent historisieren und damit in ihren historischen Kontext, ihren historischen Ort einbetten. Damit verzichtet sie darauf, die Zukunftsforschung zu evaluieren, also zu fragen, ob ihre Voraussagen auch zugetroffen haben. Gerade mit Blick darauf, dass Prognosen soziale und politische Handlungen auslösen und damit zur selbsterfüllenden oder selbstzerstörenden Prophezeiung (*self-fulfilling* bzw. *self-destroying prophecy*) werden[33], hat eine Evaluation der Prognostik wenig historischen Aussagewert.

Ziel dieses Buches ist es, die geschichtswissenschaftliche Forschung in mehrfacher Weise zu befruchten, und diese Ziele verbinden sich mit spezifischen Thesen.

Erstens will sie einen genuinen Beitrag zu einer *Geschichte der Zukunft* leisten. Sie zeigt, dass die Zukunftsforschung einem Geist der Aufbruchstimmung, des *Steuerungs- und Machbarkeitsdenkens* der späten 1950er und 1960er Jahre entsprang, der sich in ambivalenter Weise mit einer Besorgnis um die Kontrolle des

---

[28] Schmidt-Gernig, Zeitalter, bleibt hier an der Oberfläche und bezieht sich nicht auf konkrete Planungsprozesse.

[29] Edward Cornish, The Study of the Future. An Introduction to the Art and Science of Understanding and Shaping Tomorrow's World, Washington, D.C. 1977; Thomas E. Jones/Anthony J. Wiener, Options for the Future. A Comparative Analysis of Policy-oriented Forecasts, New York 1980.

[30] Wendell Bell, Foundations of Futures Studies. History, Purposes, and Knowledge, Bd. 1, New Brunswick 2003.

[31] Kreibich/Canzler/Baumeister (Hrsg.), Zukunftsforschung; Rolf Kreibich, Zukunftsforschung, in: Bruno Tietz/Richard Köhler/Joachim Zentes (Hrsg.), Handwörterbuch des Marketing, Stuttgart 1995, Sp. 2813–2833; Karlheinz Steinmüller/Rolf Kreibich/Christoph Zöpel (Hrsg.), Zukunftsforschung in Europa. Ergebnisse und Perspektiven, Baden-Baden 2000.

[32] Peter Moll, From Scarcity to Sustainability. Futures Studies and the Environment. The Role of the Club of Rome, Frankfurt a. M., New York 1991; Ders., Zukunftsstudien und Zukunftsgestaltung in den Niederlanden. Zur Rolle von staatlicher, privater und universitärer Zukunftsforschung und Technikfolgenabschätzung, Gelsenkirchen 1995; Ders., Länderbericht Zukunftsforschung in Frankreich, in: Kreibich/Canzler/Baumeister (Hrsg.), Zukunftsforschung, S. 237–283; Ders./Henning Dunckelmann, Länderbericht Zukunftsforschung und Technologiebewertung in Schweden, in: ebd., S. 284–336.

[33] Vgl. Robert K. Merton, Die Eigendynamik gesellschaftlicher Voraussagen, in: Ernst Topitsch (Hrsg.), Logik der Sozialwissenschaften. Unter Mitarbeit von Peter Payer, Königstein/Ts. 1980, S. 144–161.

Zukünftigen verband. An ihrer Wurzel lag einerseits die Wahrnehmung einer Beschleunigung des technischen und wissenschaftlichen Wandels, andererseits ein Wissen um neue Methoden und Zugänge, welche die Zukunft prognostizier- und steuerbar zu machen schienen. Diese Methoden waren in besonderer Weise mit der Kybernetik als neuer Steuerungswissenschaft verknüpft, welche zu einem zentralen Anknüpfungspunkt für die Zukunftsforschung avancierte.[34] Das Steuerungsdenken verband sich durchaus mit einem Technikoptimismus, ja einer Technologiebegeisterung.[35] Die Zukunft galt als offen und geradezu frei gestaltbar – und auch hieraus speiste sich der Begriff der *Zukünfte*. Dies ging zwar einher mit der Wahrnehmung, die Beschleunigung des technischen Fortschritts in Bahnen lenken und steuern zu müssen, und entsprang damit keinem grenzenlosen Optimismus; doch dominierte bis Ende der 1960er Jahre das Vertrauen in die Voraussagbarkeit und Steuerbarkeit der Zukünfte.

Zweitens schreibt dieses Buch einen Beitrag zur Wissenschaft im Kalten Krieg. Denn an der Wurzel der Zukunftsforschung in den westlichen Industriegesellschaften der 1950er und 1960er Jahre lagen die *Denksysteme des Kalten Krieges*[36]. Einerseits dynamisierte der globale Systemwettlauf das Nachdenken über die Zukunft der westlichen Demokratie und militärisch-strategische Planungen, ja setzte erst entsprechende finanzielle Mittel zur Erforschung des Zukünftigen frei. Andererseits entstammte die Zukunftsforschung auch in genuiner Weise dem kritischen Nachdenken über die Sicherung des Friedens im Atomzeitalter, und damit lag die Zukunftsforschung an der Wiege der Friedensforschung.[37]

Drittens will diese Arbeit einen Beitrag zu einer erneuerten Wissenschafts- und Wissensgeschichte leisten, welche die Entstehung von Wissen ideell und sozial kontextualisiert, also deren Bedingungsfaktoren aufzeigt und so Verbindungslinien zur allgemeinen Geschichtswissenschaft herstellt.[38] Es lässt sich zeigen, dass die Zukunftsforschung ganz *unterschiedliche Denkstile* integrierte, welche den

---

[34] Zur Kybernetik Michael Hagner, Vom Aufstieg und Fall der Kybernetik als Universalwissenschaft, in: Michael Hagner/Erich Hörl (Hrsg.), Die Transformation des Humanen. Beiträge zur Kulturgeschichte der Kybernetik, Frankfurt a. M. 2008, S. 38–72; ferner Kapitel II.1.

[35] „Technik" lässt sich im Sinne Max Webers allgemein als bewusste und planvolle Verwendung von Mitteln kennzeichnen, enger verstanden sind es hier gegenständliche Gebilde im Sinne eines Artefakts oder Sachsystems bzw. menschliche Einrichtungen bzw. Handlungen, in denen Artefakte entstehen. Technologie hingegen ist das in Artefakten inkorporierte Wissen; vgl. Markus Zeilhofer, Technikfolgenpolitik. Zur Gestaltungsbedürftigkeit und zur politischen Gestaltbarkeit des technischen Wandels und seiner Folgen, Opladen 1995, S. 82–90.

[36] Der Begriff des Denksystems im Kalten Krieg stammt von Müller, Denksysteme.

[37] Zur Geschichte der Friedensforschung existieren bislang nur wenige Arbeiten; vgl. Ulrike C. Wasmuht, Geschichte der deutschen Friedensforschung. Entwicklung, Selbstverständnis, politischer Kontext, Münster 1998.

[38] Vgl. Helmuth Trischler, Geschichtswissenschaft – Wissenschaftsgeschichte. Koexistenz oder Konvergenz, in: Berichte zur Wissenschaftsgeschichte 22 (1999), S. 239–256; zur Wissensgeschichte Jakob Vogel, Von der Wissenschafts- zur Wissensgeschichte. Für eine Historisierung der „Wissensgesellschaft", in: GG 30 (2004), S. 639–660; Achim Landwehr, Wissensgeschichte, in: Rainer Schützeichel (Hrsg.), Handbuch Wissenssoziologie und Wissensforschung, Konstanz 2007, S. 801–813. Vgl. auch das folgende Kapitel 2.

Weg in die und die Konzeptionalisierung von Zukunftsforschung prägten. Damit entstand sie aus differenten personalen Erfahrungen, Deutungsmustern, erkenntnistheoretischen Ansätzen und disziplinären Wurzeln sowie jeweiligen transnationalen Wissensaneignungen. Die Arbeit unterscheidet drei Wege in die Zukunftsforschung bzw. Denkstile, die sich an Grundformen wissenschaftlicher Erkenntnis orientieren: ein normativ-ontologischer, ein empirisch-positivistischer und ein kritisch-emanzipatorischer Denkstil.[39]

Viertens bildete die Zukunftsforschung *keine eigenständige Wissenschaft* mit einem klaren Gegenstandsbereich und abgegrenzten Methodenkanon. Sie sprengte disziplinäre Grenzen, integrierte fallweise außerwissenschaftliches Wissen und reichte mit dem mehr oder weniger deutlich formulierten Anspruch, zur Gestaltung der Zukünfte beitragen zu wollen, über das Wissenschaftliche hinaus. Bestimmte Denkstile und Gruppen gingen stark von einem partizipativen Verständnis der Zukunftsforschung und –gestaltung aus und trugen damit auch Elemente einer sozialen Bewegung.[40]

Die Arbeit versteht sich fünftens als Beitrag zur Geschichte der *transnationalen Zirkulation von Wissen*. Die Zukunftsforschung in den westlichen Gesellschaften entstand Ende der 1950er Jahre im Rahmen eines amerikanisch-westeuropäischen Austauschs und entwickelte sich dann in transnationalen Netzwerken und Organisationen. Weil die Zukunftsforschung dabei politikrelevantes Wissen produzierte, das an politische Akteure addressiert war, bildete sie auch *Epistemic Communities* aus.[41] Mit der Entspannung im Kalten Krieg und der Verknüpfung von Zukunfts- und Friedensforschung öffnete sich die westliche Zukunftsforschung für die Prognostik in den sozialistischen Staaten, und das Wissen zirkulierte über die Blöcke des Kalten Krieges hinweg.

Sechstens zeigt die Studie die *Ursprünge des Konzepts der Wissensgesellschaft* auf.[42] Im Zeichen eines positiv besetzten, teilweise euphorischen Wissenschafts- und Technikverständnisses der 1960er Jahre galt wissenschaftliches Wissen nicht

---

[39] Zu ähnlichen Kategorien für politikwissenschaftliche Schulen Kurt Lenk, Methodenfragen der politischen Theorie, in: Hans-Joachim Lieber (Hrsg.), Politische Theorien von der Antike bis zur Gegenwart, Bonn 1993, S. 991–1016.

[40] Roland Roth/Dieter Rucht (Hrsg.), Die sozialen Bewegungen in Deutschland seit 1945. Ein Handbuch, Frankfurt a. M., New York 2008.

[41] Vgl. Peter M. Haas, Introduction. Epistemic Communities and International Policy Coordination, in: International Organization 46 (1992), H. 1, S. 1–35; zur Abgrenzung von *Epistemic Communities* und transnationalen sozialen Bewegungen Leonhard Dobusch/Sigrid Quack, Epistemic Communities and Social Movements. Transnational Dynamics in the Case of Creative Commons. Max Planck Institut für Gesellschaftsforschung Discussion Paper 08/8, http://www.mpifg.de/pu/mpifg_dp/dp08-8.pdf (letzte Abfrage 2. 1. 2015).

[42] Vgl. Gernot Böhme/Nico Stehr, The Knowledge Society. The Growing Impact of Scientific Knowledge on Social Relations, Dordrecht, Boston 1986; vgl. Martin Heidenreich, Die Debatte um die Wissensgesellschaft, in: Stefan Böschen (Hrsg.), Wissenschaft in der Wissensgesellschaft, Wiesbaden 2003, S. 25–51; Dominique Pestre, Historical Perspectives on Science, Society, and the Political. Report to the Science, Economy and Society Directorate European Commission, ec.europa.eu/research/science-society/document_library/pdf_06/report_from_historical_seminar_en.pdf (letzter Aufruf 3. 1. 2015).

mehr nur als „Schlüssel zur modernen Welt"[43], sondern zur kommenden „postindustriellen" Welt, einer neuen, wissensgestützten Gesellschaft[44]. Diese Konstruktionen einer kommenden Gesellschaft, die nicht mehr in erster Linie durch Arbeit und Kapital, sondern durch Wissen gekennzeichnet sein würde, dienten auch dazu, sich über den gegenwärtigen wissenschaftlichen, technischen und sozialen Wandel zu vergewissern und zu verständigen. Die Zukunftsforschung gerann aus dem rasanten wissenschaftlich-technischen Wandel, und zugleich entwarf bzw. beförderte sie Konzeptionen der post-industriellen Wissensgesellschaft. Dieses Leitbild hatte einen langen Atem, denn es sollte in den 1990er Jahren bildungs- und technologiepolitische Diskurse prägen.[45]

Siebtens widmet sich das Buch den Verbindungslinien und *Wirkungsprozessen der Zukunftsforschung im politischen Raum*[46], auch um ein Desiderat der neueren Wissens- und Wissenschaftsgeschichte zu schließen.[47] Ein Ergebnis ist, dass die *Beratung* der bundesdeutschen Exekutive durch Zukunftsforscher mit großen *Friktionen* verbunden war und wenig politische Wirkung erzielte. Ursächlich waren unter anderem überzogene Erwartungen an die Zukunftsforschung, die ja auch selbst Teil des Planungsprozesses war, ihr holistischer Ansatz, welcher dazu führte, dass sie sich für alles zuständig sah, aber stets mit Spezialisten konkurrierte, und unterschiedliche Denk- und Sprachmuster zwischen Zukunftsforschung und Ministerialbürokratie. Hingegen entfalteten die diskursiv über die Öffentlichkeit vermittelten, kontextualisierten Wissensbestände der Zukunftsforschung starke politische Wirkung.

---

[43] Angela Schwarz, Der Schlüssel zur modernen Welt. Wissenschaftspopularisierung in Großbritannien und Deutschland im Übergang zur Moderne (ca. 1870–1914), Stuttgart 1999.

[44] Vor allem Daniel Bell, Notes on the Post-Industrial Society I, in: The Public Interest 2 (1966/67), H. 6, S. 24–35; Ders., Notes on the Post-Industrial Society II, in: The Public Interest 2 (1966/67), H. 7, S. 102–168; Ders., Die nachindustrielle Gesellschaft, Reinbek bei Hamburg 1979 (Orig.: The Coming of Post-Industrial Society. A Venture in Social Forecasting, New York 1973).

[45] Christiane Reinecke, Wissensgesellschaft und Informationsgesellschaft, Version: 1.0, http://docupedia.de/zg/Wissensgesellschaft?oldid=84670 (letzte Abfrage 3.1.2015); Andreas Wirsching, Der Preis der Freiheit. Geschichte Europas in unserer Zeit, München 2012, S. 247–249.

[46] Vgl. grundsätzlich Peter Weingart, Verwissenschaftlichung der Gesellschaft – Politisierung der Wissenschaft, in: Zeitschrift für Soziologie 12 (1983), S. 225–241; Ders., Die Stunde der Wahrheit? Zum Verhältnis der Wissenschaft zu Politik, Wirtschaft und Medien in der Wissensgesellschaft, Weilerswist 2001; Mitchell G. Ash, Wissenschaft und Politik als Ressourcen füreinander, in: Rüdiger vom Bruch/Brigitte Kaderas (Hrsg.), Wissenschaften und Wissenschaftspolitik. Bestandsaufnahmen zu Formationen, Brüchen und Kontinuitäten im Deutschland des 20. Jahrhunderts, Stuttgart 2002, S. 32–51; Ders., Wissenschaft und Politik. Eine Beziehungsgeschichte im 20. Jahrhundert, in: AfS 50 (2010), S. 11–46.

[47] Vogel, Von der Wissenschafts- zur Wissensgeschichte, hier S. 649, urteilte unlängst, die neuere Wissens- und Wissenschaftsgeschichte habe sich noch wenig mit der praktischen Anwendung und gesellschaftlichen Wirkung der entstandenen Wissensformate beschäftigt; vgl. aber Thomas Etzemüller (Hrsg.), Die Ordnung der Moderne. Social Engineering im 20. Jahrhundert, Bielefeld 2009; Anette Schlimm, Ordnungen des Verkehrs. Arbeit an der Moderne, Bielefeld 2011; David Kuchenbuch, Geordnete Gemeinschaft. Architekten als Sozialingenieure, Bielefeld 2010.

Achtens versteht sich die Studie als Beitrag zu *Globalitätswahrnehmungen* und *-diskursen*.[48] Sie will zeigen, dass die Zukunftsforschung Einfluss auf politische Globalitätsverständnisse ausübte. Die Zukunftsforschung zielte – als Übersteigerung der Kybernetik – darauf, das ‚ganze' System in seinen Interdependenzen zu erfassen, und damit geriet sie notwendigerweise auf die globale Ebene. Mit ihrem kybernetisch gespeisten Konzept globaler Interdependenz im Kontext der Debatte um die „Grenzen des Wachstums" in den frühen 1970er Jahren stärkte sie Redeweisen von der „einen Welt" und Verständnisse globaler Interdependenz in der internationalen Nord-Süd-Politik; damit trug sie dazu bei, modernisierungstheoretisch unterfütterte Konzepte westlicher Entwicklungspolitik zu unterhöhlen und differenziertere Strategien zu entwickeln.[49]

Dieser Befund reicht in das neunte, vielleicht wichtigste Ziel der Arbeit: Sie will in die Diskussion eingreifen, inwieweit die 1970er Jahre eine Zäsur in der Geschichte westlicher Industriegesellschaften bilden. Eine der im Augenblick am stärksten diskutierten Fragen der Geschichtswissenschaft ist es, Kontinuitäten und Brüche von den 1960er bis in die 1980er Jahre auszuloten. Inwieweit kam es in den 1970er Jahren mit den Öl- und Wirtschaftskrisen zu einem (Struktur-)Bruch, vom wirtschaftlichen Boom zur Krise, von der Dominanz des fordistischen Massenproduktionssystems zur globalisierten Dienstleistungswirtschaft, von der Vollbeschäftigung zur Massenarbeitslosigkeit, von standardisierten Lebensläufen zur postmodernen Individualisierung, von einer Aufbruchstimmung zur Brechung des Fortschrittsbewusstseins?[50] Zur Frage eines Wandels bzw. eines Endes des Fortschrittsdenkens liegen allerdings bislang kaum quellengesättigte

---

[48] Zu Globalitätsdiskursen der 1970er Jahre u. a. Niall Ferguson u. a. (Hrsg.), The Shock of the Global. The 1970s in Perspective, Cambridge, Mass. 2010; David Kuchenbuch, „Eine Welt". Globales Interdependenzbewusstsein und die Moralisierung des Alltags in den 1970er und 80er Jahren, in: GG 38 (2012), S. 158–184; auch Iris Schröder/Sabine Höhler (Hrsg.), Welt-Räume. Geschichte, Geographie und Globalisierung seit 1900, Frankfurt a. M., New York 2005.

[49] Zur internationalen Entwicklungspolitik John Toye/Richard Toye, The UN and Global Political Economy. Trade, Finance, and Development, Bloomington, Ind. 2004; Amy Staples, The Birth of Development. How the World Bank, Food and Agriculture Organization, and the World Health Organization Changed the World, 1945–1965, Kent 2006; Hubertus Büschel/Daniel Speich (Hrsg.), Entwicklungswelten. Globalgeschichte der Entwicklungszusammenarbeit, Frankfurt a. M. 2009; Gilbert Rist, The History of Development. From Western Origins to Global Faith, 4. Auflage, London, New York 2014.

[50] Zur These des Strukturbruchs Anselm Doering-Manteuffel, Nach dem Boom. Brüche und Kontinuitäten der Industriemoderne seit 1970, in: VfZ 55 (2007), S. 559–581; Ders./Lutz Raphael, Nach dem Boom. Perspektiven auf die Zeitgeschichte seit 1970, 2. Auflage, Göttingen 2010; vgl. Konrad H. Jarausch (Hrsg.), Das Ende der Zuversicht? Die siebziger Jahre als Geschichte, Göttingen 2008; Thomas Raithel/Andreas Rödder/Andreas Wirsching (Hrsg.), Auf dem Weg in eine neue Moderne? Die Bundesrepublik Deutschland in den siebziger und achtziger Jahren, München 2009; Hartmut Kaelble, The 1970s. What Turning Point?, in: JMEH 9 (2011), H. 1, S. 18–20; Geoff Eley, End of the Post-war? The 1970s as a Key Watershed in European History, in: ebd., S. 12–17; mit der These von der intellektuellen Zäsur in den 1970er Jahren aus US-Perspektive Howard Brick, Transcending Capitalism. Visions of a New Society in Modern American Thought, Ithaca 2006; Daniel T. Rodgers, Age of Fracture, Cambridge, Mass. 2011; Ferguson u. a. (Hrsg.), Shock.

Studien vor.[51] Die geschichtswissenschaftliche Forschung verwies einerseits auf kursierende Krisenszenarien und wachsende Unsicherheit[52], welche sich etwa in der Unregierbarkeits-Debatte der 1970er Jahre manifestierten: Der Staat schien als Planungs- und Gestaltungsinstanz an seine Grenzen gestoßen zu sein.[53] Andererseits konnte Silke Mende an den Gründungsgrünen zeigen, dass sich Krisenwahrnehmungen und ökologische Fortschrittsverständnisse vermengten.[54] Für die britische Geschichte der 1970er Jahre diagnostizierten jüngst Lawrence Black und Hugh Pemberton zwar eine „intellectual crisis in political economy", welche aber auch einen viel breiteren Raum für neue Ideen geboten habe.[55] Hingegen will Rüdiger Graf mit Blick auf die westliche Energiepolitik das Bild von den fortschrittsskeptischen 1970er Jahren dekonstruieren und sieht einen neuen Planungsgeist am Werke.[56] In dieser Arbeit soll gezeigt werden, dass die Zukunftsforschung ab 1970/71 – also schon *vor* der ersten Ölkrise – *Krisenkonstruktionen* entwarf und damit politische Krisenwahrnehmungen beförderte. Stützten sich die Krisenszenarien der Zukunftsforschung zunächst noch auf das Verständnis einer möglichen Abwendung der Krise und damit einer Steuerbarkeit der Zukunft, so schwanden Machbarkeitsdenken und Technikoptimismus. In vielschichtiger Weise verbanden sich Krisenszenario und *Rekonzeptionalisierung von Fortschritt*: Die Zukunftsforschung forcierte einerseits Wachstums- und Technologiekritik, welche das bislang dominierende ökonomische und technologische Verständnis von Fortschritt unterhöhlte. Anderseits stärkte sie ebenso die Herausbildung eines ökologischen Fortschrittsverständnisses. Die „nachhaltige Entwicklung", heute in aller Munde, hat ihre Wurzeln deshalb auch im von der Zukunftsforschung angestoßenen Diskurs um die „Grenzen des Wachstums".[57]

Zehntens betonte die Zukunftsforschung in den 1970er Jahren, verunsichert von ihren eigenen Krisenszenarien, immer stärker *Unsicherheitspotentiale* der Vorausschau (aus denen dann in den 1980er Jahren die Kategorie des Risikos

---

[51] Vgl. Kaelble, 1970s; Doering-Manteuffel/Raphael, Boom, S. 107.
[52] Schanetzky, Ernüchterung; Conze, Sicherheit als Kultur, S. 363f., 373–379; Ders., Die Suche nach Sicherheit. Eine Geschichte der Bundesrepublik Deutschland von der Gegenwart bis zu den Anfängen, München 2009, S. 18, 545–574; Martin H. Geyer, Rahmenbedingungen. Unsicherheit als Normalität, in: Ders. (Hrsg.), Geschichte der Sozialpolitik in Deutschland seit 1945. 1974–1982: Bundesrepublik Deutschland, Baden-Baden 2008, S. 1–110.
[53] Gabriele Metzler, Staatsversagen und Unregierbarkeit in den siebziger Jahren?, in: Jarausch (Hrsg.), Ende, S. 243–260; Doering-Manteuffel/Raphael, Boom, S. 48–50.
[54] Silke Mende, Nicht rechts, nicht links, sondern vorn. Eine Geschichte der Gründungsgrünen, München 2011.
[55] Lawrence Black/Hugh Pemberton, Introduction. The Benighted Decade? Reassessing the 1970s, in: Dies./Pat Thane (Hrsg.), Reassessing 1970s Britain, Manchester 2013, S. 1–24, hier S. 2.
[56] Rüdiger Graf, Öl und Souveränität. Petroknowledge und Energiepolitik in den USA und Westeuropa in den 1970er Jahren, München 2014.
[57] Aus geschichtswissenschaftlicher Perspektive Ulrich Grober, Die Entdeckung der Nachhaltigkeit. Kulturgeschichte eines Begriffs, München 2010; Moll, Scarcity; Elke Seefried, Rethinking Progress. On the Origin of the Modern Sustainability Discourse, 1970–2000, in: JMEH (i. E.).

wurde[58]). Auch deshalb setzte sie zunehmend auf eine Pluralisierung von Methoden, insbesondere partizipative Verfahren wie die Zukunftswerkstätten, welche auch einem gewachsenen gesellschaftlichen Verständnis von Partizipation – etwa in den Neuen Sozialen Bewegungen – entsprachen. Damit geriet sie aber selbst in eine *Krise*, denn sie untergrub so auch ihre eigenen Grundlagen, die ja auf der Voraussagbarkeit und Steuerbarkeit des Künftigen aufgesetzt hatten. Mithin zeigten sich nun die Grenzen des nicht einzulösenden Anspruchs, das Kommende voraussagen und rationalisieren zu können.

2. Methodischer Hintergrund

Diese Arbeit ist am Schnittpunkt von wissenschafts-, kultur-, ideen- und politikgeschichtlichen Ansätzen angesiedelt. Dabei ist es besonderes Ziel, (allgemein)geschichtswissenschaftliche und wissenschaftshistorische Ansätze zu verknüpfen. Lange haben Geschichtswissenschaft und Wissenschaftsgeschichte eine „Koexistenz geführt, deren Friedfertigkeit sich zu einem Gutteil aus gegenseitiger Ignoranz erklärt".[59] Traditionell wurde die Geschichte der Naturwissenschaften von Naturwissenschaftlern erforscht, die Wissenschaftsgeschichte war in naturwissenschaftliche Referenzdisziplinen eingeordnet. Seit den 1970er Jahren lässt sich ein Aufbrechen dieser Begrenzungslinien feststellen, und dies hat maßgeblich mit der Rezeption kulturwissenschaftlicher Ansätze sowohl in der Geschichtswissenschaft als auch in der Wissenschafts- und Technikgeschichte zu tun.

In der wissenschaftshistorischen Forschung wurzelt die Neuausrichtung in der Diskussion um Thomas Kuhns „The Structure of Scientific Revolutions". Die tradierte – freilich auch von den ‚Neuerern' zugespitzte – wissenschaftssoziologische und wissenschaftshistorische Vorstellung kam ins Wanken, dass der Bestand wissenschaftlichen Wissens beständig wachse, und zwar durch die besondere

---

[58] Das „Risiko", aus der versicherungstechnischen Sicherheits- und Unfallanalyse kommend, indizierte wachsende Ungewissheit über den technischen, sozialen und politischen Wandel, eine gesteigerte Problematisierung der Technik, die nun nicht mehr beherrschbar schien, und einen Vertrauensverlust in wissenschaftliches Wissen; vgl. zum Begriff des Risikos, der in der Versicherungswirtschaft als Produkt aus dem Gefahrenpotential der Technik und der Eintrittswahrscheinlichkeit eines Schadens galt, Zeilhofer, Technikfolgenpolitik, S. 26–34; zum Risiko als gesellschaftliche Konstruktion Wolfgang Krohn/Georg Krücken, Risiko als Konstruktion und Wirklichkeit. Eine Einführung in die sozialwissenschaftliche Risikoforschung, in: Dies. (Hrsg.), Riskante Technologien. Reflexion und Regulation. Einführung in die sozialwissenschaftliche Risikoforschung, Frankfurt a. M. 1993, S. 9–44, Zit. S. 35.

[59] Trischler, Geschichtswissenschaft – Wissenschaftsgeschichte, S. 241, auch zum Folgenden. Zu einem kulturgeschichtlichen Zugriff auf die Wissenschaftsgeschichte Dominique Pestre, Pour une historie sociale et culturelle des sciences. Nouvelles définitions, nouveaux objets, nouvelles pratiques, in: Annales HSS 50 (1995), S. 487–522; im Überblick John Krige/Dominique Pestre (Hrsg.), Science in the Twentieth Century, Amsterdam 1997; Ute Daniel, Kompendium Kulturgeschichte. Theorien, Praxis, Schlüsselwörter, 5. Auflage, Frankfurt a. M. 2006, S. 361–379; Landwehr, Wissensgeschichte; und insbesondere Vogel, Wissenschafts- zur Wissensgeschichte.

Leistung von einzelnen Forschern, die den wissenschaftlichen Fortschritt verkörperten und so der Wahrheit auf der Spur waren. Diesem modernisierungstheoretisch unterfütterten Verständnis stellte Kuhn die These gegenüber, dass der Prozess der Wissenschaftsentwicklung historisch variabel verlaufe: Nicht die Suche nach überzeitlicher Wahrheit und die wissenschaftliche Rationalität der Wissenschaft, die auch Max Weber hervorgehoben hatte, sondern aktuelle Paradigmen und soziale Einflussfaktoren prägten die wissenschaftliche Entwicklung. Kuhn argumentierte, die Entwicklung von Wissenschaft gleiche einer Abfolge von Revolutionen, denen jeweils Perioden „normaler" Wissenschaft folgten. Die „normale Wissenschaft" beruhe demnach „fest auf einer oder mehreren wissenschaftlichen Leistungen der Vergangenheit [...], Leistungen, die von einer bestimmten wissenschaftlichen Gemeinschaft eine Zeitlang als Grundlagen für ihre weitere Arbeit anerkannt werden."[60] Würden die Zweifel an einem Paradigma, das jeweils eine Phase präge, durch mehrere in der Forschung ermittelte Anomalien zu groß, dann entstehe – oft im Zuge eines Generationswechsels – ein neues Paradigma. Dieses sei mit alten inkommensurabel, also nicht durch rationale Argumentation aufeinander beziehbar. Der Begriff des Paradigmas blieb aber diffus: Kuhn sah Paradigmen als „allgemein anerkannte wissenschaftliche Leistungen, die für eine gewisse Zeit einer Gemeinschaft von Fachleuten maßgebende Probleme und Lösungen liefern"[61], später als „Konstellation von Meinungen, Werten und Techniken, die von den Mitgliedern einer Gemeinschaft geteilt werden" bzw. als konkrete Problemlösungen, die explizite Regeln ersetzen könnten.[62] Zentrale Bedeutung kam für ihn zum einen den Wertvorstellungen und somit subjektiven Orientierungen der Forscher zu, zum anderen den sozialen Einflussfaktoren im Rahmen von *scientific communities*, die sowohl Kommunikations- als auch Handlungszusammenhänge verkörperten und in denen sich Erkenntnis strukturierte.

Dabei knüpfte Kuhn an ältere Theorien an, unter anderem an Karl Mannheims Wissenssoziologie und Ludwik Flecks Identifikation von Denkstilen. Der Soziologe Mannheim hatte schon in den 1920er Jahren die Seinsgebundenheit modernen wissenschaftlichen Wissens betont, wobei er insbesondere auf die Soziologie und die Geschichtswissenschaft abzielte. Jedes Wissen, so Mannheim, hänge eben von den gewählten Prämissen und ideellen Prägungen des Forschers, aber auch seiner sozialen Umgebung ab.[63] Unabhängig hiervon entwickelte der Immunologe Fleck in den 1930er Jahren Überlegungen zur „Entstehung einer wissenschaftlichen Tatsache". Fleck ging davon aus, dass die Inhalte der Wissenschaft, also das wis-

---

[60] Thomas S. Kuhn, Die Struktur wissenschaftlicher Revolutionen, Frankfurt a. M. 1976 (Orig. 1961), S. 25; vgl. Max Weber, Der Beruf zur Wissenschaft, in: Ders., Soziologie. Universalgeschichtliche Analysen. Politik, hrsg. von Johannes Winckelmann, Stuttgart 1973, S. 311–339, zum „wissenschaftliche(n) Fortschritt" S. 316.
[61] Kuhn, Struktur, S. 10; auch Peter Weingart, Wissenschaftssoziologie, Bielefeld 2003, S. 44.
[62] Kuhn, Struktur, S. 186.
[63] Karl Mannheim, Das Problem einer Soziologie des Wissens, in: Ders., Wissenssoziologie. Auswahl aus dem Werk, hrsg. von Kurt Wolff, 2. Auflage, Berlin, Neuwied 1970, S. 308–387, hier S. 324f.; zu Mannheim Wilhelm Hofmann, Karl Mannheim zur Einführung, Hamburg 1996.

senschaftliche Wissen, maßgeblich mit der Geschichte des Erkennens verknüpft sind, und zwar mit ihren denkhistorischen, psychologischen und denksoziologischen Aspekten. Demnach gebe es bestimmte „Denkstile", die er als „gerichtetes Wahrnehmen, mit entsprechendem gedanklichen und sachlichen Verarbeiten des Wahrgenommenen" verstand.[64] Träger dieser Denkstile waren für Fleck Denkkollektive als „Gemeinschaft der Menschen, die im Gedankenaustausch oder in gedanklicher Wechselwirkung stehen", die damit auch Träger eines „bestimmten Wissensbestandes" seien.[65] Grundsätzlich betonten sowohl Mannheim wie Fleck und Kuhn, dass es keine „wertfreie" oder neutrale Wissenschaft gebe. Epistemologisch gesehen sei wissenschaftliches Wissen nicht gesichert und objektiv „richtig", es verbürge keine Gewissheit, sondern sei auch und gerade von sozialen Bedingungen abhängig.[66]

Die wissenschaftshistorische Forschung griff seit den 1970er Jahren vor dem Hintergrund neuer kulturwissenschaftlicher Ansätze auf diese Arbeiten zurück. Man versuchte nun zu widerlegen, dass wissenschaftliches Wissen „allein das Produkt der Anwendung von Logik, Beobachtung und Experimentierkunst und die so gewonnenen Ergebnisse eine direkte Spiegelung der realen Welt" seien.[67] Arbeiten aus dem Umfeld des kulturwissenschaftlich gespeisten Sozialkonstruktivismus weisen die modernisierungstheoretische Orientierung der älteren Wissenschaftsgeschichte zurück und sehen das Wissen und den Wahrheitsanspruch der Wissenschaften als wandelbares Konstrukt, das von den Wahrnehmungen und Deutungen des Wissenschaftlers, seinem sozialen Umfeld und seiner epistemischen Gemeinschaft abhängt. Damit rückte die soziale Konstruktion des Wissens in den Blickpunkt, mithin die nicht nur soziale, sondern kulturelle Bedingtheit von wissenschaftlichem Wissen.[68] Wissenschaft ist demnach nicht mehr nur mit der Kultur verflochten, sondern – so Lorraine Daston – Teil der Kultur, weil die „Wissenschaft eigene Werte und Bedeutungen kreiert", die in einem gemeinsamen System des Urteilens verstärkt werden und zu entsprechenden Praktiken führen.[69]

---

[64] Ludwik Fleck, Entstehung und Entwicklung einer wissenschaftlichen Tatsache. Einführung in die Lehre vom Denkstil und Denkkollektiv, Basel 1935, S. 105.
[65] Ebd., S. 46.
[66] Zusammenfassend Weingart, Wissenschaftssoziologie, S. 41–45; Margaret C. Jacob, Science and Politics in the Late Twentieth Century, in: Dies. (Hrsg.), The Politics of Western Science, 1640–1990, Atlantic Highlands 1994, S. 1–17; Robert Proctor, Value-Free Science? Purity and Power in Modern Knowledge, Cambridge, Mass. 1991.
[67] Trischler, Geschichtswissenschaft, S. 243.
[68] Vgl. schon Niklas Luhmann, Die Wissenschaft der Gesellschaft, Frankfurt a. M. 1990; Peter L. Berger/Thomas Luckmann, Die gesellschaftliche Konstruktion der Wirklichkeit. Eine Theorie der Wissenssoziologie, Frankfurt a. M. 1969, die Wissen als von einer spezifischen Gruppe zu bestimmter Zeit „geteilte Gewißheit [definieren], daß Phänomene wirklich sind und bestimmbare Eigenschaften haben" (S. 1); Vogel, Wissenschafts- zur Wissensgeschichte; Landwehr, Wissensgeschichte.
[69] Lorraine Daston, Die Kultur wissenschaftlicher Objektivität, in: Otto Gerhard Oexle (Hrsg.), Naturwissenschaft, Geisteswissenschaft, Kulturwissenschaft. Einheit, Gegensatz, Komplementarität?, Göttingen 1998, S. 11–39, hier S. 29.

Stärker auf die ambivalente Verbindung von Wissen, Macht und Interesse zielten Beiträge zur Wissenschaftsgeschichte aus dem Poststrukturalismus. Pierre Bourdieu betont die Interessengebundenheit aller Wissenschaft, indem es in wissenschaftlichen Praktiken darum gehe, wissenschaftliche Autorität, also Prestige zu gewinnen. Das wissenschaftliche Feld sei dabei der Ort, an dem um wissenschaftliche und zugleich um politische Dominanz gerungen werde; denn wissenschaftliche Strategien seien zugleich politische Strategien. Während Kuhn von einer immanenten Logik des wissenschaftlichen Prozesses ausging, demnach die wissenschaftliche Revolution durch die Erschöpfung eines Paradigmas zustande käme, betont Bourdieu die Konkurrenz und den Kampf um Profit, nämlich um Ressourcen innerhalb des wissenschaftlichen Feldes.[70] Ebenso schärfte Bourdieu gemeinsam mit Foucault den Blick für die Verbindung von Macht und Wissen: Wissenschaft sei nicht im aufklärerischen Sinne als Garant von Freiheit und Wahrheit zu verstehen, sondern die Etablierung von Wissenssystemen gehe immer mit Ausübung von Herrschaft und Akten der Unterwerfung einher.[71]

Auch hieraus speiste sich in den letzten Jahren der Ansatz der Wissensgeschichte, der nicht-wissenschaftliches, alltägliches Wissen in die Geschichte von Wissensordnungen integriert, Wissen als Kultur versteht und davon ausgeht, dass Wissen immer eine Verbindung mit Macht eingeht.[72] Teilweise geht dies in einem radikalen Konstruktivismus so weit, dass argumentiert wird, wissenschaftliches Wissen sei im Grunde nicht von alltäglichem Wissen zu unterscheiden. Mittels Akteur-Netzwerk-Theorien und sogenannten Labor-Studien wird nicht mehr nach den Aussagen der Wissenschaftler, sondern nach ihrem Handeln und Netzwerken gefragt, in denen sich Wissenschaft erst definiere (*science in action*).[73] Diese radikalen Ansätze ziehen allerdings Kritik auf sich, zum einen weil sich aus der Struktur des Forschungsprozesses teilweise doch eine gewisse Spezifik wissenschaftlichen Wissens gegenüber anderen Wissensarten begründen lässt. Zum anderen drohen in Akteur-Netzwerk-Theorien, welche soziale Akteure (Forscher) und Objekte (Forschungsgegenstände) gleichstellen, die subjektiven Bezüge überdeckt zu werden und soziale Aspekte der Wissensproduktion in ihren Konturen zu verschwimmen.[74]

Die vorliegende Studie stützt sich in methodischer Hinsicht insofern auf die kulturwissenschaftlich inspirierte Wissenschaftsgeschichte, als sie davon ausgeht,

---

[70] Vgl. Pierre Bourdieu, The Specificity of the Scientific Field and the Social Conditions of the Progress of Reason, in: Social Science Information 14 (1975), H. 6, S. 19–47, Zit. S. 23.
[71] Vgl. ebd.; Michel Foucault, Der Wille zum Wissen, Frankfurt am Main 1977; Landwehr, Wissensgeschichte.
[72] Vgl. Vogel, Von der Wissenschafts- zur Wissensgeschichte; Landwehr, Wissensgeschichte.
[73] Vgl. Karin Knorr-Cetina, The Manufacture of Knowledge. An Essay on the Constructivist and Contextual Nature of Science, Oxford, New York 1981; Bruno Latour, The Pasteurization of France, Cambridge, Mass. 1988; Bruno Latour/Steve Woolgar, Laboratory Life. The Construction of Scientific Facts, Princeton 1986; hierzu Trischler, Geschichtswissenschaft, S. 242 f.; AutorInnenkollektiv (Hrsg.), Wissen und soziale Ordnung. Eine Kritik der Wissensgesellschaft, Berlin 2010, S. 8 ff.
[74] So Weingart, Wissenschaftssoziologie, S. 70.

dass wissenschaftliches Wissen immer in kulturellen und sozialen Kontexten entsteht und steht, also von zeitgenössischen Bedingungsfaktoren, Personen und Deutungsmustern geprägt ist. Dabei nimmt sie Bezug auf Flecks Ansatz der Denkstile: In den Denkstilen spiegeln sich bestimmte epistemologische Vorverständnisse, Wahrnehmungs- bzw. Deutungsweisen der Welt, und in diesem Sinne sollen soziale und ideelle Kontexte über das Konzept der Denkstile und Denkkollektive erfasst werden. Dies verbindet sie mit einem Verständnis von *Intellectual History*, weil sie Akteure, deren Erfahrungszusammenhänge und Ordnungsvorstellungen analysiert, welche Denkstile prägten und die Konzeptionierung von Zukunftsforschung beeinflussten.[75] Um das Neue der Zukunftsforschung und ihr Paradigma einzufangen, greift die Studie zudem auf Kuhns Ansatz der wissenschaftlichen Revolution zurück; dieser wurde zwar für die Naturwissenschaften konzipiert, aber in vielfältiger Weise auch in den Sozialwissenschaften angewandt.[76]

Auf Bourdieus Feldtheorie bezieht sich die Arbeit insofern, als sie – unabhängig davon, dass ein gemeinsames Paradigma entwickelt wurde – von einem Feld der Zukunftsforschung ausgeht, in dem verschiedene Akteure und Denkkollektive konkurrierten und um wissenschaftliches Prestige und Ressourcen (auch finanzieller Art) rangen. Zudem knüpft die Arbeit an die Wissensgeschichte an[77], weil sie untersucht, inwieweit die Zukunftsforschung über die Produktion von ‚reinem' wissenschaftlichen Zukunftswissen hinausreichte und fallweise außerwissenschaftliches Wissen und Konzepte der aktiven Gestaltung von Zukunft integrierte. Mit Blick auf die politischen Agenden der Zukunftsforschung zieht die Arbeit das Konzept der *Epistemic Community* heran, das Flecks Überlegungen zu Denkstilen auf eine transnationale Ebene hebt. Die *Epistemic Community* gilt als „network of professionals with recognized expertise and competence in a particular domain and an authoritative claim to policy-relevant knowledge within that domain or issue-area". Sie vereint „a shared set of normative and principled beliefs", und damit Vorstellungen von Kausalzusammenhängen, von Validität, von Wertvorstellungen, aber auch von einer gemeinsamen politischen Agenda im Sinne eines bestimmten Problemverständnisses und einer bestimmten Zielrichtung ihrer Arbeit.[78]

Die Arbeit macht von einem transnationalen Forschungsansatz Gebrauch. Die transnationale Geschichte, die sich seit den 1990er Jahren in der Geschichtswissenschaft als ein zentraler Forschungsansatz etabliert hat, nimmt „the movement

---

[75] Zur *Intellectual History* zuletzt Riccardo Bavaj, Intellectual History, http://docupedia.de/zg/Intellectual_History, 13.09.2010 (letzter Aufruf 2.1.2015).
[76] Vgl. Weingart, Wissenschaftssoziologie, S. 44.
[77] Vgl. Vogel, Von der Wissenschafts- zur Wissensgeschichte; Landwehr, Wissensgeschichte.
[78] Peter M. Haas, Introduction. Epistemic Communities and International Policy Coordination, in: International Organization 46 (1992), H. 1, S. 1–35, Zit. S. 1f.; mit einer weiteren Definition Burkart Holzner/John H. Marx, Knowledge Application. The Knowledge System in Society, Boston 1979. Beide Definitionen beziehen sich auf Flecks Denkkollektive und Kuhns Paradigmengruppen.

of peoples, ideas, technologies and institutions across national boundaries"[79] in den Blick. Sie geht von der Nation als Referenzpunkt aus, versucht diesen aber zu transzendieren, indem sie Bewegungen und Verbindungen über nationale Grenzen hinweg abseits der diplomatischen Beziehungen untersucht.[80] Die vorliegende Studie fragt nach Zirkulationsprozessen von Wissen sowie Wissensaneignungen, also Transfers. Insofern zieht sie auch den Ansatz der „Westernisierung" heran, der die Ausbildung westlicher Werte und Ordnungsvorstellungen in einem Prozess gegenseitigen Austauschs beleuchtet.[81] Doch entwickelt sie diesen weiter, weil sie davon ausgeht, dass mit der Entspannung im Kalten Krieg Selbst- und Fremdwahrnehmungsmuster hinterfragt wurden und sich Prozesse von Wissensaneignungen wandelten, weil Protagonisten aus den Entwicklungsländern in den Netzwerken der Zukunftsforschung aktiv wurden.

Dies wird ergänzt durch einen diskursanalytischen Ansatz. Die Studie geht davon aus, dass Zukunftsforschung erst durch das Sprechen über Zukunftsforschung und ihre Konzeptionierung entstand und dass Sprache in der öffentlichen Kommunikation der Zukunftsforschung starke Handlungsrelevanz besaß.[82] Dies lässt sich an bestimmten Kommunikationssituationen und diskursiven Schnittstellen zeigen – insbesondere 1972/73 in der Wahrnehmung und Debatte um die „Grenzen des Wachstums": Durch das sprachgestaltende Ereignis der Studie und das folgende Sprechen über „Wachstum" entstand ein Diskurs und damit eine Dynamisierung einer Wachstumskritik, welche die Zukunftsforschung selbst veränderte und weit darüber hinauswirkte.

Ferner werden auch Überlegungen zum komplexen Austausch zwischen Wissenschaft und Öffentlichkeit aus der Verbindung wissenschaftssoziologischer und kultur- bzw. kommunikationswissenschaftlicher Anätze herangezogen. Ging das ältere Analysekonzept der Wissenschaftspopularisierung noch von einer eindimensionalen, von ‚oben' nach ‚unten' reichenden Übertragung bzw. Diffusion von Wissen aus, so setzen sich neue Ansätze insofern hiervon ab, als sie die *gegenseitigen* Einflussprozesse und Eigendynamiken, also die Interaktion zwischen Wissenschaft und Öffentlichkeit und die Komplexität des Austausches, beto-

---

[79] Ian Tyrrell, What is Transnational History?, http://iantyrrell.wordpress.com/what-is-transnational-history/ (letzter Aufruf 3.1.2015).

[80] Vgl. Philipp Gassert, Transnationale Geschichte, 29.10.2012, http://docupedia.de/zg/Transnationale_Geschichte_Version_2.0_Philipp_Gassert (letzter Aufruf 2.1.2015); Kiran Klaus Patel (Hrsg.), Nach der Nationalfixiertheit. Perspektiven einer transnationalen Geschichte, Berlin 2004; Patricia Clavin, Defining Transnationalism, in: Contemporary European History 14 (2005), S. 421–439; Gunilla-Friederike Budde/Sebastian Conrad/Oliver Janz (Hrsg.), Transnationale Geschichte. Themen, Tendenzen und Theorien, Göttingen 2006.

[81] Vgl. Anselm Doering-Manteuffel, Wie westlich sind die Deutschen? Amerikanisierung und Westernisierung im 20. Jahrhundert, Göttingen 1999; Michael Hochgeschwender, Freiheit in der Offensive? Der Kongress für Kulturelle Freiheit und die Deutschen, München 1998, v. a. S. 68–86.

[82] Vgl. Achim Landwehr, Historische Diskursanalyse, Frankfurt a. M. 2009; zum Diskurs als soziale Praxis Michel Foucault, The Order of Discourse, in: Michael J. Shapiro (Hrsg.), Language and Politics, New York 1984, S. 108–138; Daniel, Kompendium, S. 167–178, 353–359.

nen.⁸³ Diesem Aspekt soll auch hier nachgegangen werden: Zum einen versucht die Studie die Entstehungsphase der Zukunftsforschung im Hinblick darauf zu prüfen, inwieweit diese medial konstruiert wurde. Zum anderen ist danach zu fragen, welche Rolle der Aspekt von medialer Öffentlichkeit in der dynamischen Kommunikationssituation 1972/73, im Diskurs um die „Grenzen des Wachstums", spielte.

Mithin untersucht diese Arbeit die Denkweisen, Deutungsmuster und diskursiven Praktiken der Wissenschaftler, und damit steht sie im Zeichen eines kultur- und ideenhistorischen Zugriffs. Schließlich spürt sie auch Verflechtungen zwischen Wissenschaft und Politik nach, und dabei übernimmt sie Überlegungen aus der Politikwissenschaft, die sich mit den Formen und Funktionen wissenschaftlicher Politikberatung auseinandersetzen.⁸⁴ Stärker aber stammt das methodische Instrumentarium für die Frage, wie und auf welche Weise wissenschaftliches Wissen in die Politik gelangt, aus der Wissenschaftssoziologie. Die Soziologie untersuchte ab den 1960er Jahren vor dem Hintergrund der Welle wissenschaftlicher Politikberatung, wie sich Wissen in die Politik „implementieren" lässt. Die *research-utilization*-Forschung kam aber bald zur Erkenntnis, dass Wissen aus der Wissenschaft niemals direkt in einen Verwendungskontext einfließt, ja dass – entsprechend Luhmanns Differenzierungstheorem – Politik und Wissenschaft eigenen Logiken folgen.⁸⁵ Wissenschaftliches Wissen ist grundsätzlich nicht auf eine direkte Anwendung in gesellschaftlichen Sachverhalten angelegt. Insofern muss es kontextualisiert, also für ein konkretes Problem aufbereitet werden. Zweifellos aber kann der Austausch dazu führen, dass Wissensbestände selektiert und transformiert werden und so in andere Kontexte einsickern.⁸⁶ Grundsätzlich betonen

---

⁸³ Vgl. Peter Weingart, Die Wissenschaft der Öffentlichkeit und die Öffentlichkeit der Wissenschaft, in: Ders. (Hrsg.), Die Wissenschaft der Öffentlichkeit. Essays zum Verhältnis von Wissenschaft, Medien und Öffentlichkeit, Weilerswist 2005, S. 9–33; Ulrike Felt, Wissenschaft, Politik und Öffentlichkeit. Wechselwirkungen und Grenzziehungen, in: Mitchell G. Ash/Christian Stifter (Hrsg.), Wissenschaft, Politik und Öffentlichkeit. Von der Wiener Moderne bis zur Gegenwart, Wien 2002, S. 47–72; Arne Schirrmacher, Nach der Popularisierung. Zur Relation von Wissenschaft und Öffentlichkeit im 20. Jahrhundert, in: GG 34 (2008), S. 73–95.

⁸⁴ Klaus von Beyme, Politik und wissenschaftliche Information des Politikers in modernen Industriegesellschaften, in: Ders., Der Vergleich in der Politikwissenschaft, München 1988, S. 347–368; Manfred Mai, Wissenschaftliche Politikberatung in dynamischen Politikfeldern, in: Zeitschrift für Parlamentsfragen 30 (1999), S. 659–673; Haas, Introduction.

⁸⁵ Vgl. Luhmann, Wissenschaft.

⁸⁶ Vgl. Thomas F. Gieryn, Boundary-Work and the Demarcation of Science from Non-Science. Strains and Interests in Professional Ideologies of Scientists, in: American Sociological Review 48 (1983), H. 6, S. 781–795; Carol Weiss, The Many Meanings of Research Utilization, in: Martin Bulmer (Hrsg.), Social Science and Social Policy, London, Boston, Sydney 1986, S. 31–40; Ulrich Beck/Wolfgang Bonß, Verwissenschaftlichung ohne Aufklärung? Zum Strukturwandel von Sozialwissenschaft und Praxis, in: Dies. (Hrsg.), Weder Sozialtechnologie noch Aufklärung? Analysen zur Verwendung sozialwissenschaftlichen Wissens, Frankfurt a. M. 1989, S. 7–45; Thomas Saretzki, Welches Wissen – welche Entscheidung? Kontroverse Expertise im Spannungsfeld von Wissenschaft, Öffentlichkeit und Politik, in: Alexander Bogner/Helge Torgersen (Hrsg.), Wozu Experten? Ambivalenzen der Beziehung von Wissenschaft und Politik, Wiesbaden 2005, S. 345–369, hier S. 348–352.

neuere interaktionistische Modelle, wie sie etwa der Wissenschaftssoziologe Peter Weingart entwarf, die *gegenseitigen* Einflussprozesse zwischen Wissenschaft und Politik; gefragt wird also nach Prozessen der Verwissenschaftlichung von Politik sowie der Politisierung von Wissenschaft. Weingart betont mit dem Begriff der Kopplungen die spezifischen Durchdringungsprozesse.[87] Mitchell Ash geht stärker auf die Frage ein, welche Möglichkeiten und Chancen sich in den Interaktionsprozessen zeigen: Er argumentiert, dass im Austausch und in der Grenzziehung zwischen Wissenschaft und Politik beide gegenseitig als Ressourcen dienen können.[88] Eben jene Überlegungen – dass Wissen nie eins zu eins in die Politik einfließt, dass aber gerade die Wege der Aneignung und die gegenseitigen Einflussprozesse von Erkenntnisinteresse sind – haben die Konzeption der Arbeit geprägt.

Insbesondere auf die Problematiken der politischen Wissensverwendung in der Moderne oder „zweiten Moderne" nahmen dabei jene Soziologen Bezug, die als Akteure der 1980er Jahre die Desillusionierung selbst erlebt bzw. geprägt hatten. Dies galt schon Mitte der 1970er Jahre für Fritz Scharpfs Thesen von der „Schranke" politischer Planung[89], für Helmut Klages' Überlegungen zur Wissensverwendung[90] und in gewisser Weise dann in den 1980er Jahren für Ulrich Becks Kategorie des Risikos als neuem Phänomen der „zweiten Moderne". Die reflexive Modernisierung führte, so Beck, zu einer Entgrenzung der Politik: Handlungsspielräume der Legislative und Exekutive wanderten zu subpolitischen Systemen wie Neuen Sozialen Bewegungen sowie zu Protagonisten wissenschaftlich-technischer und ökonomischer Modernisierung, also zur Wissenschaft; doch könne die Wissenschaft durch den Verlust von Eindeutigkeit und die Konfrontation von Expertise und Gegenexpertise keine echten Einflussmöglichkeiten entfalten.[91] Niklas

---

[87] Peter Weingart, Verwissenschaftlichung der Gesellschaft – Politisierung der Wissenschaft, in: Zeitschrift für Soziologie 12 (1983), S. 225–241; Ders., Die Stunde der Wahrheit? Zum Verhältnis der Wissenschaft zu Politik, Wirtschaft und Medien in der Wissensgesellschaft, Weilerswist 2001.

[88] Mitchell G. Ash, Wissenschaft und Politik als Ressourcen füreinander, in: Rüdiger vom Bruch/Brigitte Kaderas (Hrsg.), Wissenschaften und Wissenschaftspolitik. Bestandsaufnahmen zu Formationen, Brüchen und Kontinuitäten im Deutschland des 20. Jahrhunderts, Stuttgart 2002, S. 32–51; Ders., Wissenschaft und Politik. Eine Beziehungsgeschichte im 20. Jahrhundert, in: AfS 50 (2010), S. 11–46.

[89] Fritz Scharpf, Komplexität als Schranke der politischen Planung (1972), in: Ders., Planung als politischer Prozeß, Frankfurt am Main 1973, S. 73–113; Renate Mayntz/Fritz Scharpf (Hrsg.), Planungsorganisation. Die Diskussion um die Reform von Regierung und Verwaltung des Bundes, München 1973.

[90] Helmut Klages, Der Beitrag der Sozialwissenschaften zur praktischen Politik, in: Wissenschaftszentrum Berlin (Hrsg.), Interaktion von Wissenschaft und Politik. Theoretische und praktische Probleme der anwendungsorientierten Sozialwissenschaften, Frankfurt a. M., New York 1977, S. 315–320.

[91] Vgl. Ulrich Beck, Risikogesellschaft. Auf dem Weg in eine andere Moderne, Frankfurt a. M. 1986; vgl. Ders., Das Zeitalter der Nebenfolgen und die Politisierung der Moderne, in: Ders./Anthony Giddens/Scott Lash (Hrsg.), Reflexive Modernisierung. Eine Kontroverse, Frankfurt a. M. 1996, S. 19–112, hier S. 19–24; Ders./Wolfgang Bonß/Christoph Lau, Theorie reflexiver Modernisierung. Fragestellungen – Hypothesen – Forschungsprogramme, in: Beck/Bonß (Hrsg.), Die Modernisierung der Moderne, Frankfurt a. M. 2001, S. 20–25.

Luhmann entwickelte damit verbunden eine „Soziologie des Risikos": Angesichts wachsender funktionaler Systemdifferenzierung in der Moderne könnten nicht-intendierte Handlungsfolgen immer weniger abgeschätzt werden. Entscheidungen ließen sich nur noch unter wachsender Unsicherheit treffen, und die Gesellschaft erlebe ihre Zukunft als „Form des Risikos von Entscheidungen" in dem Sinne, dass nur noch mögliche Schäden kalkuliert werden könnten.[92]

Grundsätzlich ist sich die Verfasserin bewusst, dass sie mit der Verwendung wissenschaftssoziologischer Ansätze eben auch Theorien und Interpretationsmuster jener Autoren anwendet, die selbst im Kontext der Zukunftsforschung arbeiteten (so war Peter Weingart Anfang der 1970er Jahre Mitglied der Gesellschaft für Zukunftsfragen[93], Ulrich Beck arbeitete mit Wissenschaftlern, die ehedem am Weizsäcker'schen Max-Planck-Institut gewirkt hatten[94]). In den Theorien spiegeln sich zeitgenössische Zukunftsverständnisse und eigene Erfahrungen. Insofern sind diese Theorien auch ein Stück weit zu historisieren; doch muss die Historisierung für die 1980er und 1990er Jahre in weiteren Arbeiten geleistet werden.[95]

3. Aufbau und Fragestellungen

Diese Arbeit gliedert sich in drei Teile, die jeweils mit Untersuchungsfeldern und Hauptfragestellungen korrespondieren. Der *erste Teil* nimmt die *Entstehung* der Zukunftsforschung in den westlichen Industriegesellschaften in einer historisch-genetischen Perspektive in den Blick. Nach einem Rückblick auf die Vorläufer und Wurzeln der Zukunftsforschung vor dem Zweiten Weltkrieg gilt das Augenmerk der Entstehung neuer Methoden der Vorausschau im Kontext der US-Think-Tanks und der amerikanischen Forschungsförderung. Er beleuchtet ebenso, aus welchen individuell-erfahrungsgeschichtlichen, epistemologischen und

---

[92] Vgl. Niklas Luhmann, Die Beschreibung der Zukunft, in: Ders., Beobachtungen der Moderne, Opladen 1992, S. 129–147, Zit. S. 141 f.; Ders., Soziologie des Risikos, Berlin, New York 1991.
[93] Vgl. Liste der Mitglieder der Gesellschaft für Zukunftsfragen, 1.1.1972, in: KITA, NL Steinbuch, 343.
[94] Wolfgang Bonß, mit dem Ulrich Beck in den 1980er Jahren über die Verwendung wissenschaftlichen Wissens publizierte, war in den 1970er Jahren Stipendiat des Max-Planck-Instituts zur Erforschung der Lebensbedingungen der wissenschaftlich-technischen Welt, Volker Ronge dort Mitarbeiter; vgl. Ulrich Beck/Wolfgang Bonß (Hrsg.), Weder Sozialtechnologie noch Aufklärung? Analysen zur Verwendung sozialwissenschaftlichen Wissens, Frankfurt a. M. 1989; darin: Volker Ronge, Verwendung sozialwissenschaftlicher Ergebnisse in institutionellen Kontexten, S. 332–354; Übersicht zu Forschergruppen im MPI (1974), in: BAK, B 196, 16765.
[95] Zur Problematik der Einbeziehung sozialwissenschaftlicher Theorien in die zeitgeschichtliche Forschung Rüdiger Graf/Kim Christian Priemel, Zeitgeschichte in der Welt der Sozialwissenschaften. Legitimität und Originalität einer Disziplin, in: VfZ 59 (2011), H. 4, S. 479–508; dazu die Replik von Bernhard Dietz/Christopher Neumaier, Vom Nutzen der Sozialwissenschaften für die Zeitgeschichte. Werte und Wertewandel als Gegenstand historischer Forschung, in: VfZ 60 (2012), H. 2, S. 293–304.

politischen Kontexten heraus Zukunftsforschung in den 1950er und 1960er Jahren in ersten europäisch-transatlantischen Austauschprozessen entworfen wurde: Aus welchen je eigenen Erfahrungs- und Aneignungsprozessen, welchen erkenntnistheoretischen Grundlagen, Disziplinen und Wissenschaftsverständnissen, welchen sozialen und politischen Kontexten, Ordnungsvorstellungen und damit Denkstilen wurde Zukunftsforschung als Zugang beschrieben und wie konzeptionalisiert? Welcher Methodenkanon und welches erkenntnistheoretische Setting wurden der Zukunftsforschung zugeschrieben? Welchen Anteil hatten nationale Erfahrungshintergründe, welchen Anteil transnationale Aneignungen von Wissen und Konzepten? Entsprang die westliche Zukunftsforschung einem westernisierenden Prozess des gegenseitigen Austauschs der 1950er und 1960er Jahre? Welche Rolle spielten westliche Plattformen und Agenturen wie der Congress for Cultural Freedom und die Ford Foundation, die auch die Denksysteme des Kalten Krieges transportierten? Oder handelte es sich stärker um einen eindimensionalen Prozess der Rezeption US-amerikanischer Vorbilder in Westeuropa? Hier ist die These zu prüfen, dass Amerika immer auch als Argument, als normatives Leitbild in einem spezifischen Modernisierungsverständnis – nämlich der Moderne bzw. einer post-industriell gedachten Moderne – diente.[96] Schließlich gilt es in diesem Abschnitt zu fragen, welche Bedeutung Wechselwirkungen zwischen Wissenschaft und (massenmedialer) Öffentlichkeit für die Formierung der Zukunftsforschung hatten. In diesem ersten Teil ist also die *Konzeptionalisierung* und Entstehung einer neuen Disziplin, ja einer neuen Wissensordnung herauszuarbeiten.

Der *zweite Teil* leuchtet transnationale Institutionalisierungsformen und Diskurse ab Mitte der 1960er Jahre aus. Das Augenmerk gilt den transnationalen *Interaktionsformen* von Zukunftsforschern und den jeweiligen Institutionen, aber auch den *Formen* und *Inhalten* zirkulierenden Wissens. Inwieweit entstanden *Epistemic Communities* als Expertengruppen, die politikrelevantes Wissen erarbeiteten? Inwiefern verstanden sich die Gruppen mehr als lockeres Netzwerk und soziale Bewegung, die gemeinschaftlich in den Prozess des sozialen und politischen Wandels eingreifen und breite Schichten mobilisieren wollte, um die Zukünfte aktiv zu gestalten?[97] Auf welche methodisch-theoretischen Zugänge und Denkstile, welche Epistemologien, Methoden und Forschungsprinzipien, aber auch welche Ordnungsvorstellungen stützten sich die Netzwerke? Fragt man nach dem *Selbstverständnis* und den *Praktiken* transnationaler Organisationen bzw. Netzwerke der Zukunftsforschung, so ist gerade dieses Mischungsverhältnis zwischen Wissensvermittlung und Mobilisierung, zwischen Expertise und Zukunftsgestaltung auszuloten. Ebenso geht es, auch wenn die Zukunftsforschung im Kern

---

[96] Vgl. Philipp Gassert, Amerikanismus, Antiamerikanismus, Amerikanisierung, in: AfS 39 (1999), S. 531–561; zur Amerikanisierung u. a. Mary Nolan, Americanization as a Paradigm of German History, in: Frank Biess/Mark Roseman/Hanna Schissler (Hrsg.), Conflict, Catastrophe and Continuity. Essays on Modern German History, New York 2007, S. 200–218.

[97] Vgl. Roth/Rucht (Hrsg.), Bewegungen; Sidney Tarrow, Power in Movement. Social Movements and Contentious Politics, Cambridge 1999; zur Abgrenzung von *Epistemic Communities* und Sozialen Bewegungen Dobusch/Quack, Epistemic Communities.

immer holistisch angelegt war und sich für die Zukunft ‚als Ganzes' zuständig fühlte, um dominierende Themen bzw. *Gegenstände*: Inwiefern und warum debattierte man über die Zukunft des Friedens in den internationalen Beziehungen, über die künftige technologische Innovation, wirtschaftliche Konjunkturen, über die Gesellschaft, Werte und Kulturen der Zukunft, über Formen der Verfahrens- und Organisationsplanung oder im reflexiven Modus über die Zukunftsforschung selbst, über ihre Methoden, Zielsetzungen und eigenen Zukünfte?

Ferner sind die *Reichweiten* der Netzwerke zu beleuchten: Handelte es sich um westeuropäische oder transatlantische oder gar um globale Netzwerke der Zukunftsforschung, und inwiefern expandierten oder schrumpften sie? Welche Bedeutung hatten spezifisch westliche Selbstverständnisse und Ordnungsmuster für die Netzwerke und das generierte Wissen (etwa im Club of Rome)? Darüber hinaus wird die Arbeit – mit Blick auf Mankind 2000 und die World Future Studies Federation – auch Austauschbeziehungen zwischen West und Ost beleuchten, um somit die *Politisierung* der Netzwerke im Kalten Krieg auszuloten. Worüber sprach man, welche gemeinsame Basis ließ sich in methodischer und inhaltlicher Sicht herstellen? Der Ost-West-Zugriff soll die ideelle und wissenschaftliche Selbstverortung der Zukunftsforschung aufzeigen, und er ermöglicht es, die Zukunftsforschung in eine Geschichte der Wissenschaft im Kalten Krieg einzuordnen. Schließlich ist auch zu prüfen, inwieweit sich die Netzwerke von einer Ost-West- in eine Nord-Süd-Dimension bzw. eine globale Weltsicht verschoben.

Zudem vermag die transnationale Perspektive neue Erkenntnisse zur *Periodisierung*, also zur Frage des Zäsurcharakters der 1970er Jahre für die Geschichte des 20. Jahrhunderts, zu liefern. Auch mit Blick auf transnationale Organisationen und Netzwerke ist zu untersuchen, ob, und wenn ja, wann und warum hier ein Wandel erkennbar wird, der von Aufbruchstimmung zu Krisenszenarien, von Wachstumsgewissheit zu Wachstumskritik, von einem Vertrauen in die Validität von Prognostik zu Verunsicherung führte. Ebenso ist auszuloten, inwiefern die Zukunftsforschung selbst – medial unterstützt – an der Wahrnehmung oder Konstruktion einer Krise beteiligt war.[98]

Der *dritte Teil* untersucht am Beispiel der Bundesrepublik, wie das transnationale Phänomen Zukunftsforschung auf einer nationalen Ebene angelegt war und angeeignet wurde, welche Institutionen entstanden und wie sich Interaktionen von Zukunftsforschung und Politik gestalteten. Der Blick auf Institutionen erfolgt, weil diese in der Regel politikberatend tätig wurden. Der dritte Teil beschreibt damit die Bildung von bundesdeutschen Forschungsinstituten und Netzwerken, auch um so verschiedene Felder der Prognostik (Wirtschaft, internationale Beziehungen, Technologie, in den 1970er Jahren auch Umwelt) in den Blick zu nehmen und Spezifika der bundesdeutschen Zukunftsforschung aufzuzeigen. Es wird gefragt, wie Institutionen entstanden, wer sie finanzierte, wer dort

---

[98] Hier werden auch Teile eines bereits publizierten Aufsatzes verwendet: Elke Seefried, Towards the ‚Limits to Growth'? The Book and its Reception in West Germany and Great Britain 1972/73, in: Bulletin of the German Historical Institute London 33 (2011), H. 1, S. 3–37.

welches Zukunftswissen produzierte und wie sich dieses bis in die späten 1970er Jahre veränderte. Dabei beschränkt sich die Studie auf Institutionen mit einem wissenschaftlichen bzw. öffentlich-rechtlichen Hintergrund oder entsprechender Anbindung (wie die Prognos AG und ihre Verbindung zur Universität Basel); sie lässt also jene Erforschung des Zukünftigen beiseite, die sich in großen Unternehmen (etwa Prognoseabteilungen in Versicherungsgesellschaften wie der Münchener Rück) ebenfalls in den 1960er Jahren etablierte.[99] Im Hinblick auf die Verbindungen zur Politik konzentriert sich die Arbeit auf die Bundesebene und die Exekutive, also die Bundesregierung. Zum einen werden Politikberatungsprozesse betrachtet, um zu erkunden, wie und durch wen Zukunfts-Expertisen entstanden, mit welchen Zielsetzungen die Exekutive Zukunftswissen anforderte, mit welchen Methoden Expertisen erstellt wurden, wie sich diese auf dem Weg in die Politik veränderten und – soweit messbar – welche Wirkungen sie hatten. In Fallbeispielen wird also die Diffusion, Transformation und Verwendung von Zukunftswissen für die Aufgaben- und Verfahrensplanung der Bundesregierung, für ihre politische Agenda, ihre ideelle Fundierung und administrative Basis geprüft.[100] Zum anderen wird ausgelotet, ob Expertisen und Thesen der Zukunftsforschung diskursiv – über Öffentlichkeit und Massenmedien – in die Regierung gelangten und Wirkung entfalteten. Auch hier spielt die mögliche Zäsur um 1970 eine zentrale Rolle: Änderten sich Vorstellungen von Planung, Planungsziele und -inhalte in den 1970er Jahren? Inwieweit spiegelte die Diskussion um „Unregierbarkeit" Probleme der Umsetzung und der Implementierung von Zukunfts- und Planungswissen in den politischen Prozess? Einen Schlusspunkt werden die späten 1970er Jahre bilden, weil dann, wie zu zeigen sein wird, die bundesdeutschen Institutionen der Zukunftsforschung in eine Krise gerieten.

4. Quellen

Da es nur im Rahmen eines transnational angelegten Projekts möglich erscheint, die Zukunftsforschung in ihren grenzüberschreitenden Dimensionen als transnationales Phänomen und als Expertennetzwerk adäquat auszuleuchten, greift diese Arbeit auf ein breites Spektrum an Quellen zurück. Zentrale Bedeutung kommt zum ersten publizierten Quellen zu, also einzelnen Studien und Fachzeitschriften der Zukunftsforschung. Ausgewertet wurden bundesdeutsche, anglo-amerikanische und französische Zeitschriften wie „Analysen und Prognosen über die Welt von morgen", „Futurum", „Futures" und „Analyse et Prévision".[101] Hinzu kom-

---

[99] Vgl. Kreibich, Zukunftsforschung, Sp. 2831.
[100] Hier werden ebenfalls Elemente eines publizierten Beitrags verwendet: Elke Seefried, Experten für die Planung? „Zukunftsforscher" als Berater der Bundesregierung 1966–1972/73, in: AfS 50 (2010), S. 109–152.
[101] Analysen und Prognosen über die Welt von morgen (künftig: APWM) 1–13 (1968–1981); Futurum 1–4 (1968–1971); Zukunfts- und Friedensforschung Information bzw. Information Zukunfts- und Friedensforschung 1–14 (1965–1978); Future trends. Kurzinformationen der

men Druckschriften transnationaler Organisationen.[102] Zum zweiten ließ sich die transnationale Dimension der Zukunftsforschung, auch weil Akten der World Future Studies Federation kaum mehr existent sind[103], vor allem über Nachlässe erschließen. Besonders wichtig waren hierbei die Papiere von Robert Jungk in der Robert-Jungk-Bibliothek Salzburg, von Bertrand de Jouvenel in der Bibliothèque nationale de France, von Dennis Gabor im Imperial College London sowie von Paul A. Weiss und Detlev Bronk im Rockefeller Archive Center, ferner auch der Nachlass von Karl Steinbuch im Archiv des Karlsruher Instituts für Technologie. Der intellektuelle Nachlass Daniel Bells ist noch nicht zugänglich, ein Nachlass Olaf Helmers existiert soweit ermittelbar nicht.[104] Besondere Bedeutung hatte ferner das Archiv der Ford Foundation, aus dem sich die frühen transatlantischen Kontakte – vor allem zwischen de Jouvenel und Bell – erschließen ließen. Hinzu kamen die Bestände des OECD-Archivs in Paris, des UNESCO-Archivs und erhellende Zeitzeugengespräche, welche die Verfasserin 2009 mit Rolf Kreibich in Berlin, 2009 und 2011 mit Peter Menke-Glückert in Augsburg bzw. Bonn, 2010 mit Nigel Calder in Crawley und 2012 mit Hugues de Jouvenel in Paris führte. Zum dritten spielen überlieferte Dokumente und Aktenbestände der Zukunftsforschungsinstitute eine zentrale Rolle[105], die teilweise auch in den Instituten bzw. Nachfolgeorganisationen eruiert werden konnten. Dies gilt etwa für Akten des Zentrums Berlin für Zukunftsforschung, des Instituts für Zukunftsforschung und der Gesellschaft für Zukunftsfragen, die sich noch im Keller des heutigen Instituts für Zukunftsstudien und Technologiebewertung fanden[106], oder für

Gesellschaft für Zukunftsfragen e.V. 1–2 (1969–1970); Futures. The Journal of Policy, Planning and Futures Studies 1 (1968/69)–11 (1979); Technological Forecasting and Social Change 1 (1969)–20 (1981); Analyse et prévision. Études, futuribles, bibliographie, par SEDEIS 1 (1966)–9 (1974).

[102] Daniel Bell (Hrsg.), Toward the Year 2000, Boston 1969; Robert Jungk/Johan Galtung (Hrsg.), Mankind 2000, London 1969; Japan Society of Futurology (Hrsg.), Challenges from the Future. Proceedings of the International Future Research Conference, 4 Bde., Tokyo 1970; IRADES/World Future Research Conferences (Hrsg.), Human Needs, News Societies, Supportive Technologies. Collected Documents Presented at the Rome Special World Conference on Futures Research 1973, Rom o. J.; Hans Buchholz/Wolfgang Gmelin (Hrsg.), Science and Technology and the Future. Proceedings and Joint Report of World Future Studies Conference and DSE-Preconference held in Berlin (West) 4th–10th May 1979, München u. a. 1979.

[103] Mitteilung Jennifer Gidley/Jenny Andersson an die Verf., 15.6.2011, dass es kein Archiv der WFSF gibt.

[104] Bislang ist nur ein kleiner Teil des Nachlasses von Daniel Bell zugänglich, der fast ausschließlich Lehrmaterial enthält; schriftliche Mitteilung Harvard University Archives an die Verf., 2.3.2011; zu Helmer schriftliche Mitteilung Sean Ness, Institute for the Future, an die Verf., 8.2.2011.

[105] Akten der Gesellschaft zur Förderung der Zukunfts- und Friedensforschung und der Gesellschaft für Zukunftsfragen befinden sich im IfZ, ED 701. Material zur Studiengruppe für Systemforschung liegt in Beständen des Forschungs- bzw. Wissenschaftsministeriums im BAK, Koblenz, B 138, 6801–6804, 6811, 6821, 6238–6240.

[106] Ich danke Rolf Kreibich, der mir diese Akten im IZT zur Verfügung stellte.

Materialien der Prognos AG.[107] Über das Starnberger Max-Planck-Institut vermittelt der umfangreiche Nachlass Carl Friedrich von Weizsäckers im Archiv der Max-Planck-Gesellschaft detaillierte Einsichten. Als zentral für die Frage nach der politikberatenden Funktion von Zukunftsforschung erwiesen sich viertens Akten der bundesdeutschen Exekutivorgane: Im Bundesarchiv Koblenz erschließen Bestände des Bundeskanzleramtes, des Bundesministeriums für wissenschaftliche Forschung bzw. für Bildung und Wissenschaft sowie des Bundesministeriums für Forschung und Technologie und des Innenministeriums Wahrnehmungsmuster und Diskussionen in den Ministerien über die Zukunftsforschung, die Rolle der jeweiligen Minister und Staatssekretäre im Kontrast zur Ministerialbürokratie und den Ablauf der Beratungsprozesse teilweise fast dokumentarisch. Ergänzend herangezogen wurden Nachlässe und Deposita von Politikern, die sich vor allem im Archiv der sozialen Demokratie der Friedrich-Ebert-Stiftung in Bonn fanden, wie die Nachlässe von Willy Brandt und Reimut Jochimsen sowie die Deposita von Horst Ehmke, Erhard Eppler und Helmut Schmidt. Erhard Eppler war darüber hinaus zu einem ausführlichen Gespräch bereit, Hans-Jochen Vogel stellte freundlicherweise Redemanuskripte aus seinem Depositum zur Verfügung.

---

[107] Studien der Prognos AG stellte mir die Prognos AG (Basel) dankenswerterweise zur Verfügung.

Erster Teil:
Transatlantische Wurzeln, Entstehung und Konzeptionalisierung der Zukunftsforschung

I. Vorläufer und Wurzeln

1. Von der Prophetie zur Prognostik: Zukunftsvorstellungen und Prognosen bis zum Beginn der „Hochmoderne" um 1900

Die Beschäftigung mit Zukünftigem ist sicherlich kein Phänomen des 20. Jahrhunderts, sondern dem Menschen inhärent: "Vergangenheit, Gegenwart und Zukunft bilden ein untrennbares Ganzes, und wenn wir in der Gegenwart zu handeln vermögen, so deshalb, weil wir uns an die Vergangenheit erinnern und die Zukunft vorausahnen."[1] Dabei ist die Suche nach der Kenntnis der Zukunft eine Chimäre: Der Mensch versucht seit je, die Zukunft zu kennen, und setzt so voraus, dass sie erkennbar ist, also in gewisser Weise feststeht; zugleich will er die Zukunft kennen, um sie zu beeinflussen, was bedeutet, dass sie nicht feststeht und insofern auch unvorhersehbar ist. Doch die Vorhersage ist ein Teil menschlicher Geschichte, weil die Suche nach Selbstvergewisserung und Sicherheit, die Absicht, Ängste zu bannen, und der Wille, Handlungen vorzubereiten, immer mit einer Antizipation von Zukunft verknüpft sind.[2] Dabei spiegelt die Vorhersage je den historischen Kontext, die Weltbilder und Deutungsmuster der jeweiligen Zeit, also die je gegenwärtige Zukunft und eben nicht die zukünftige Gegenwart.

Im folgenden Überblick, der freilich nur grobe Linien zieht, gilt das Augenmerk dem Zeitverständnis und den Zukunftsvorstellungen europäischer Eliten, in erster Linie von Intellektuellen, Wissenschaftlern und politischen Akteuren, aber auch kirchlichen und politischen Zeitregimen vom Mittelalter bis zum frühen 20. Jahrhundert. Seit dem europäischen Mittelalter wandelten sich das Zeitbewusstsein und -verständnis, die Zukunftsvorstellungen und die Techniken der Voraussage. Die Wahrnehmung von Zeit in einem linearen Verständnis als erstreckte Zeit innerhalb eines Zeitraums, der von der Vergangenheit über die Gegenwart in die Zukunft reicht, ist – dies haben Reinhart Koselleck und Lucian Hölscher be-

---

[1] Georges Minois, Geschichte der Zukunft. Orakel, Prophezeiungen, Utopien, Prognosen, Düsseldorf 1998, S. 17.
[2] Vgl. ebd., S. 17–21; Hölscher, Entdeckung.

tont – ein modernes Phänomen.³ Im Mittelalter dominierten, auch als Folge eines kirchlichen Zeitregimes, messianisch-eschatologische Zeitvorstellungen, wie sie sich insbesondere in der christlichen Erwartung der Letztzeit und der kommenden Wiederkehr Christi auf Erden manifestierten. Dabei gingen Eschatologie, Apokalyptik und zyklisches Zeitbewusstsein insoweit Hand in Hand, als religiöse Prophezeiungen die Erlösung erst nach dem Durchlaufen vieler Drangsale in Aussicht stellten. Das kollektive Schicksal schien festgelegt und unentrinnbar, „die Geschichte der Welt ist der ständige Neubeginn derselben Handlungen und derselben Episoden"⁴. Religiöse Überzeugungen und metaphysische Vorstellungen verbanden sich zu einem Zukunftsverständnis, das von großen zyklischen Prozessen des Werdens und Vergehens ausging und insofern deterministisch war, aber doch immer auch eine gewisse Freiheit individuellen menschlichen Handelns integrierte; eben diesen Spielraum suchten Wahrsager und Seher, Orakel und Astrologen zu nutzen. Damit blieben, so Koselleck in seiner klassischen Deutung, bis in das 18. Jahrhundert die menschlichen Erfahrungsräume (als vergegenwärtigte Vergangenheit) und Erwartungshorizonte eng ineinander verschränkt: Die Erwartungen speisten sich im Kern immer wieder aus den Erfahrungen der Vorfahren. Eschatologische Erwartungen wiesen zwar über den bisherigen Erfahrungsraum hinaus. Doch sie kehrten immer wieder, da das Weltende ja nicht eintraf. So waren sie auch von „keiner querliegenden Erfahrung überholbar", weil sie über die irdische Welt hinausreichten.⁵

Koselleck argumentierte, mit dem Übergang in die Moderne, also in der sogenannten „Sattelzeit" Mitte des 18. bis Mitte des 19. Jahrhunderts, entfernten sich Erfahrungsräume und Erwartungshorizonte voneinander, und ein temporaler Strukturwandel hin zu einem neuen, linearen Zeitverständnis setzte ein. Doch Veränderungen im Zeit- und Zukunftsverständnis lassen sich schon früher eruieren. Bereits im Zeitalter der Entdeckungen und der kopernikanischen Wende gerieten religiöse Prophetien in eine Krise. Die Astrologie als Analogisierung der irdischen Zukunft und des Wandels der Gestirne erlebte in ihrer professionalisierten Form im 16. Jahrhundert ihre Hochzeit. Die Verbindung zwischen Naturwissenschaft und Astrologie wollten dabei Astronomen wie Johannes Kepler und Galileo Galilei herstellen, indem sie die Astrologie wissenschaftlich herzuleiten versuchten.⁶ Zudem erblühten erste utopische Vorstellungen fiktiv-phantastischer Natur wie Thomas Morus' „Utopia", in welchen sich Prophetie und ratio-

---

³ Vgl. Koselleck, Vergangene Zukunft der frühen Neuzeit, in: Ders., Vergangene Zukunft, S. 17–37; Koselleck, „Erfahrungsraum"; Hölscher, Entdeckung; Lynn Hunt, Measuring Time, Making History, Budapest, New York 2008, S. 25 f., 52–72.
⁴ Minois, Geschichte, S. 28; vgl. Anthony F. Aveni, Rhythmen des Lebens. Eine Kulturgeschichte der Zeit, Stuttgart 1991, S. 9 ff.; Rainer Zoll, Zeiterfahrung und Gesellschaftsform, in: Ders. (Hrsg.), Zerstörung und Wiederaneignung von Zeit, Frankfurt a. M. 1988, S. 72–88.
⁵ Koselleck, „Erfahrungsraum", S. 362; vgl. Ders., Vergangene Zukunft der frühen Neuzeit, in: Ders., Vergangene Zukunft, S. 17–37; Hölscher, Entdeckung, S. 17–29; Minois, Geschichte, S. 358–370.
⁶ Vgl. ebd., S. 342–481; John A. Hannigan, Fragmentation in Science. The Case of Futurology, in: The Sociological Review 28 (1980), S. 317–332; Volker Bialas, Johannes Kepler, München 2004.

nale Phantasie verschwisterten und den Erwartungshorizont ausweiteten.[7] Rationalismus und Empirismus verdrängten im 17. Jahrhundert die Astrologie in den Bereich volkstümlichen Glaubens.[8] Auch im entstehenden frühmodernen Staat spielten Vorhersage und Planung eine zunehmend wichtigere Rolle. Demographische und ökonomische Wandlungsprozesse erhöhten den Handlungsdruck ebenso wie der Ausbau der Verwaltung und das stehende Heer, welche finanziert und organisiert werden mussten. Im Zeichen der Aufklärung legitimierte sich staatliche Herrschaft in der zweiten Hälfte des 18. Jahrhunderts nicht mehr nur aus sich selbst heraus, sondern sie zog ihre Berechtigung ebenso aus einer rationalen und planbaren Gesellschaftspolitik. So erwuchsen aus Aufklärung und Merkantilismus bzw. Kameralismus, aus politischer Ökonomie und Arithmetik die Grundlagen für neue Planungskonzepte. „Quantifizierte Information über menschliche und ökonomische Ressourcen wurde eine zentrale Grundlage von Entscheidungen und gleichzeitig ein Argument ihrer Vermittlung."[9] Im Zeichen des Messens und Zählens wurden demographische Daten auf die Gesamtbevölkerung hochgerechnet, aber auch – für die strategische Ressourcenabschätzung – in die Zukunft extrapoliert.[10] Intellektuelle Zukunftsvorstellungen des 18. Jahrhunderts waren zudem vom „voluntaristischen"[11] Modus der Utopie geprägt, die sich nun aber – im Gegensatz etwa zu Morus' „Utopia" aus dem 16. Jahrhundert – verzeitlichte. Aus Krisenwahrnehmungen entstanden Bilder einer anderen, idealen Zukunft, die nicht mehr im Nirgendwo angesiedelt waren, sondern einen konkreten zeitlichen Ort in der Zukunft besaßen (wie etwa Louis-Sébastien Merciers „L' An 2440")[12]. Deutlicher noch setzte sich mit dem Übergang in die Moderne der Erwartungshorizont von bisherigen Erfahrungen ab: In der Amerikanischen und Französischen Revolution dominierten revolutionäre Zeitverständnisse, welche von einer offenen, frei gestaltbaren Zukunft ausgingen. Mit Liberalismus und Konservatismus bildeten sich zwei politische Strömungen heraus, die je verschiedene Zeitverständnisse transportierten, nämlich Bewegung und Beharrung. Zugleich verknüpften sich in der Geschichts-

---

[7] Vgl. Thomas More, Utopia, hrsg. von Gerhard Ritter, Darmstadt 1964 (Orig. 1516); Wilhelm Vosskamp, Thomas Morus' Utopia. Zur Konstituierung eines gattungsgeschichtlichen Prototyps, in: Ders. (Hrsg.), Utopieforschung. Interdisziplinäre Studien zur neuzeitlichen Utopie, Frankfurt a. M. 1985, S. 183–196; Richard Saage, Utopische Profile. Interdisziplinäre Studien zur politischen Ideen- und Kulturgeschichte, Münster u. a. 2001, S. 71–93; zu einem Begriff von Utopie, der bereits mit Platons „Staat" beginnt, Jean Servier, Der Traum von der großen Harmonie. Eine Geschichte der Utopie, München 1971, S. 11–24.

[8] Vgl. Minois, Geschichte, S. 485–574.

[9] Lars Behrisch, „Politische Zahlen". Statistik und die Rationalisierung der Herrschaft im späten Ancien Régime, in: Zeitschrift für Historische Forschung 31 (2004), S. 551–577, hier S. 551; vgl. Gottfried Niedhardt, Aufgeklärter Absolutismus oder Rationalisierung der Herrschaft, in: Zeitschrift für Historische Forschung 6 (1979), S. 199–211.

[10] Vgl. Behrisch, Zahlen, S. 567 f.

[11] Minois, Geschichte, S. 573.

[12] Vgl. Louis-Sébastien Mercier, L'an 2440. Rêve s'il en fut jamais, Paris 1999 (Orig. 1786); Reinhart Koselleck, Zur Verzeitlichung der Utopie, in: Hans-Jürg Braun (Hrsg.), Utopien. Die Möglichkeit des Unmöglichen, Zürich 1987, S. 69–86.

philosophie rationale Prognostik und heilsgewisse Erwartung. Die göttliche Fügung wich der Vorstellung von Fortschritt – ein Kollektivsingular, der im 18. Jahrhundert entstand. In einer linearen Zeitvorstellung erschien die *Geschichte* – ebenfalls ein neuer Begriff des 18. Jahrhunderts – als Prozess der menschlichen Entwicklung.[13]

So gewannen der Begriff und das Verständnis von Zukunft nun eine doppelte Bedeutung. Sie umfassten zum einen eine *prophetische* Komponente, die teleologisch von einem Ende der Geschichte aus gedacht war und die Dinge auf die Gegenwart zukommen sah. Zum anderen rückte nun die *prognostische* Komponente in den Vordergrund, welche von der Vergangenheit und Gegenwart aus die Zukunft entwarf und davon ausging, dass das Erwartbare bis zu einem gewissen Grade aus der Vergangenheit und Gegenwart ableitbar sei. Dabei konnte dieses Erwartbare in einem normativen Modus hergeleitet und erwünscht oder in einem mehr empirisch-positivistischen Sinne extrapoliert werden.[14]

Klassisch zeigt sich dies etwa im Deutschen Idealismus bei Immanuel Kants Überlegungen zur Zukunft, an die normativ orientierte Zukunftsforscher nach 1945 anknüpften. In den 1780er und 1790er Jahren räsonnierte Kant über die Zukunft, die nicht klar prognostizierbar sei, weil eben der Mensch die Freiheit des Willens habe. Doch langfristig werde sich der Mensch hin zu einer Höherentwicklung bewegen, welche die inneren menschlichen Widersprüche zwischen Vereinzelung und Gemeinschaft überwinde und zu einem bürgerlichen Rechtsstaat und zum „ewigen Frieden" führe.[15] Demgegenüber entsprangen die Zukunftsentwürfe der französischen Spätaufklärung weniger einem idealistischen denn einem zwar normativ unterfütterten, aber „rationalistisch-sozial-technischen" Geiste[16] (und dieser sollte dann in den 1950er und 1960er Jahren auch auf die französische Zukunftsforschung wirken). Der Marquis de Condorcet, auf Seiten der Girondisten stehend, beschrieb in seinem „Esquisse d'un tableau historique des progrès de l'esprit humain" um 1800 die künftigen Fortschritte des menschlichen Geistes für die Zeit nach der Revolution in normativer Erwartung. Im optimistischen Gestus der Aufklärung prognostizierte Condorcet nämlich kommende Erfindungen im Bereich von Wissenschaft und Technik, wachsenden Wohlstand und die Vervollkommnung der moralischen und intellektuellen Anlagen des

---

[13] Vgl. Koselleck, „Erfahrungsraum", S. 362–369; Hölscher, Entdeckung, S. 49–72; zur Verzeitlichung des Seins und der Herausbildung einer offenen Zukunft im 18./19. Jahrhundert auch Niklas Luhmann, Die Zukunft kann nicht beginnen. Temporalstrukturen der modernen Gesellschaft, in: Peter Sloterdijk (Hrsg.), Vor der Jahrtausendwende. Berichte zur Lage der Zukunft, Frankfurt a. M. 1990, S. 119–150; Hunt, Time, S. 52–72.
[14] Vgl. auch Hölscher, Entdeckung, S. 12 f.
[15] Immanuel Kant, Zum ewigen Frieden. Ein philosophischer Entwurf. Das Manifest für die Zukunft der Menschen, Bern, München, Wien 1989 (Orig. 1795); Hölscher, Entdeckung, S. 49–55.
[16] Dieter Prokop, Auguste Comte. Massenbewußtsein und praktischer Positivismus, in: Auguste Comte, Plan der wissenschaftlichen Arbeiten, die für eine Reform der Gesellschaft notwendig sind, hrsg. von Dieter Prokop, München 1973 (Orig.: Prospectus des traveaux scientifiques necessaires pour réorganiser la société, 1822), S. 9–32, S. 10.

Menschen.[17] In einem utopischen Modus knüpfte hier in den 1820er Jahren Henri de Saint-Simon an. Ganz im Zeichen des aufklärerischen Fortschrittsdenkens stehend, zeichnete er ein Geschichtsmodell, das von der Theokratie und dem Feudalismus des Mittelalters zur Neuzeit reichte, die sich endlich aus wissenschaftlichem Geiste speise, aber noch durch die Regeneration des Christentums ethisch durchdrungen werden solle. Saint-Simon warb für tiefgreifende politische Reformen, welche die Gesellschaft neu ordneten. Ein neues politisches System solle der Bevölkerung mehr Mitsprachemöglichkeiten einräumen, in einer „industriellen" Gesellschaft Fleiß und Können statt althergebrachter Privilegien zählen. Mit Erinnerungs- und sogenannten Hoffnungsfesten wollte Condorcet kollektive Erinnerungen bündeln und zugleich den Blick für Reformprojekte öffnen.[18]

Waren Saint-Simons Reflexionen zur Zukunft mehr in einem utopischen Modus gefangen, so entwickelte Auguste Comte, zunächst Privatsekretär Saint-Simons, in einem positivistischen Wissenschaftsverständnis diese Überlegungen weiter zu einem „Plan der wissenschaftlichen Arbeiten, die für eine Reform der Gesellschaft notwendig sind".[19] Comte, der vom Gedankengut der Französischen Revolution geprägt wurde[20], forderte 1822 eine wissenschaftliche, also theoriegeleitete Prognostik, die aber zugleich die Basis für die politische Gestaltung und Planung der Zukunft liefern sollte. Im Sinne des Positivismus verwarf Comte jedes theologische und metaphysische, überzeitliche Denken; er wollte stattdessen vom Positiven, also vom Beobachtbaren und Gegebenen, und von einem organischen Geschichtsverständnis ausgehen, das sich sowohl von revolutionären als auch von reaktionären Ideen distanzierte. Dabei unterstellte Comte ähnlich wie die deutsche Geschichtsphilosophie und in Anlehnung an Condorcet eine „natürliche Entwicklung der Kultur", welche in ihrem „historisch[en]" Wandel und ihrer Prozesshaftigkeit gesetzmäßig untersucht werden könne.[21] Mathematische Prognosen, die auf der Basis bestimmter Gesetzmäßigkeiten und fester Voraussetzungen zu Voraussagen kamen, ließen sich, so Comte, allerdings nur im Bereich der anorganischen Natur treffen, nicht für die „Sozialwissenschaft" im sozialen und politischen Bereich[22]. Hier müsse man historisch vorgehen, vom Beobachteten und Beobachtbaren ausgehen und aus den aufeinander folgenden Kulturzuständen und Prozessen Systematiken ableiten: „Es sind die wichtigsten Fortschritte festzustellen und miteinander in Zusammenhang zu

---

[17] Marie Jean Antoine Nicolas Caritat de Condorcet, Entwurf einer historischen Darstellung der Fortschritte des menschlichen Geistes, Frankfurt a. M. 1976 (Orig.: Esquisse d'un tableau historique des progrès de l'esprit humain, 1797); vgl. Hölscher, Entdeckung, S. 58–63.

[18] Vgl. Hölscher, Entdeckung, S. 93–95.

[19] Comte, Plan; vgl. Ditmar Brock/Matthias Junge/Uwe Krähnke, Soziologische Theorien von Auguste Comte bis Talcott Parsons. Einführung, München, Wien 2007, S. 39–56; Hölscher, Entdeckung, S. 104–106.

[20] Dies betont im Überblick auch Markus Pausch, Zukunft und Wissenschaft in Frankreich, in: Reinhold Popp (Hrsg.), Zukunft und Wissenschaft. Wege und Irrwege der Zukunftsforschung, Berlin 2012, S. 81–100.

[21] Comte, Plan, S. 116; vgl. S. 119–125.

[22] Ebd., S. 134.

bringen. [...] Ebenso wird in praktischer Beziehung der Überblick der sozialen Zukunft zunächst in ganz allgemeiner Weise bestimmt werden müssen, wie er sich aus dem ersten Studium der Vergangenheit ergibt, und kann in dem Maße detaillierter gemacht werden, je mehr die Kenntnis der vergangenen Wege des Menschengeschlechtes sich entwickelt." In dieser „sozialen Physik" sei freilich die Zahl der einwirkenden Faktoren schwer zu bestimmen.[23] Comte diagnostizierte also die Probleme moderner Prognostik und sah dennoch in einer extrapolierenden und systematisierenden Prognose einen Weg in die wissenschaftliche Erforschung der Zukunft. Comtes Überlegungen griff der Belgier Adolph Quételet mit seinen Arbeiten zur modernen Sozialstatistik auf. Ebenso stellte Mitte des 19. Jahrhunderts der schwäbische Ökonom Friedrich List nationalökonomische Prognosen an, die in statistisch messbaren Trends gründeten, und sprach von einer Wissenschaft der Zukunft.[24] Dies ließ ihn später auch zum intellektuellen Ahnherr der Prognos AG werden.

Zentrale Bedeutung auch für spätere Zukunftsvorstellungen des 20. Jahrhunderts hatten der Marxismus bzw. sozialistische Utopien. Geprägt von der Revolutionserfahrung der Französischen Revolution und im Banne der auftauchenden Sozialen Frage, formierte sich seit der Julirevolution in Frankreich 1830 eine „ständige Revolutionserwartung" im Frühsozialismus. Die Vorstellung, dass sich die Geschichte in Form von Revolutionen stufenweise fortentwickle, nahm dabei durchaus Anleihen am bildungsbürgerlichen Verständnis der Geschichtlichkeit von Zeit und dem Fortschrittsverständnis der Geschichtsphilosophie. Zugleich verband sich die Revolutionserwartung mit einer teleologischen, ja chiliastischen Perspektive, nämlich der Beschwörung des idealen sozialistischen Zukunftsstaats. Dieses Endziel konnte durchaus den Charakter eines chiliastisch konnotierten ‚Endreichs' gewinnen; in der Verbindung christlicher und sozialistischer Zukunftsvorstellungen, wie sie der christliche Frühsozialismus vom Schlage der englischen Methodisten beschwor, waren der Bezug auf das Endreich und die Analogie zum göttlichen Weltgericht ganz offenkundig.[25] Mit der Marx'schen Revolutionsdeutung erhielt die sozialistische Zukunftsperspektive, die bislang in den Zeitvorstellungen stark differierte, eine Bündelung und Verwissenschaftlichung. Marx entwickelte aus seinen systematisierten Beobachtungen bestehender Gesellschaften die Prognose, dass die kapitalistische Produktionsweise in schwere Krisen geraten und in einer Revolution enden werde. Und in seiner Zwangsläufigkeit könne dieser Prozess des Zusammenbruchs des Kapitalismus abgeleitet, ja prognostiziert werden. Zentrale Triebkraft auf dem Weg in die Zukunft war dabei im Sinne des Historischen Materialismus die Ökonomie, auf deren Folie die Geschichte der Klassenkämpfe und dann die Revolution abliefen. Damit wollte

---

[23] Ebd., S. 153f.; vgl. ebd., S. 138–154.
[24] Vgl. Hölscher, Entdeckung, S. 105–113; Minois, Geschichte; Friedrich List, Die politisch-ökonomische Nationaleinheit der Deutschen, Berlin 1931, S. 482–502.
[25] Hölscher, Entdeckung, S. 114, vgl. ebd., S. 93–102, 114–126; Ders., Weltgericht oder Revolution. Protestantische und sozialistische Zukunftsvorstellungen im deutschen Kaiserreich, Stuttgart 1989.

die marxistische Revolutionstheorie, die in der Folge die Sozialdemokratischen Parteien in Europa prägte, wissenschaftliche Prognostik und ein normativ unterlegtes politisches Programm in sich vereinen.[26]

Abseits der marxistischen Prognostik entwickelte sich in der Mitte des 19. Jahrhunderts die Science-Fiction als „Spekulation über noch nicht technisch-wissenschaftlich Realisiertes". Sie war einem literarisch-phantastischen Modus verpflichtet, doch war die Methode der Prognose im Kern empirisch-positivistisch angelegt, weil erkennbare Tendenzen der technischen Entwicklung extrapoliert wurden. Dies gilt für H.G. Wells und Jules Verne, aber auch für den Deutschen Kurd Laßwitz. Die zunächst in einem optimistisch-machbarkeitsorientierten Geist verfassten Werke der Science-Fiction integrierten Ende des 19. Jahrhunderts auch dystopische Elemente, wie sie plastisch in Wells' „Zeitmaschine" zum Ausdruck kommen. Fast durchgängig waren sie auf die Extrapolation technischer Trends ausgerichtet. Im Genre der Science-Fiction stand freilich nicht im Mittelpunkt, Wahrscheinlichkeiten bestimmter Entwicklungen abzuschätzen. Hingegen war es ihr darum zu tun, diese literarisch-ästhetisch zu bearbeiten und – wie im Falle Laßwitz' – gegenwärtige politische Entwicklungen kritisch zu begleiten.[27]

Doch gerade H.G. Wells, der vielleicht prominenteste Vertreter der Science-Fiction, versuchte um die Jahrhundertwende den Erkenntnisansatz empirischer Wissenschaft – im Sinne methodengestützten, systematischen, nachprüfbaren Vorgehens – auf den Gegenstand der Zukunft zu übertragen. Damit löste er sich von der literarischen Verarbeitung und einem utopischen Modus. In einer Artikelserie entwarf er „Anticipations of the reaction of mechanical and scientific progress upon human life and thought". Statt einer phantastischen Erzählung wollte er eine „geordnete Erwägung" anstellen, um eine „ungefähre Skizze der kommenden Zeit" zu erhalten.[28] Ausgehend vom Felde des Verkehrs extrapolierte Wells Tendenzen der Gegenwart in die Zukunft und entwickelte u. a. das Szenario, dass das Automobil – auch in Form des größeren „Lastwagen[s]" und des „Motoromnibus" – mit Blick auf seine Flexibilität die Eisenbahn als wichtigstes Transport-

---

[26] Vgl. Hölscher, Weltgericht.
[27] Michael Salewski, Science-Fiction und Geschichte. Anmerkungen zu einer merkwürdigen Quellengattung, in: Joachim H. Knoll/Wolfgang Schirmacher (Hrsg.), Von kommenden Zeiten. Geschichtsprophetien im 19. und 20. Jahrhundert, Stuttgart u. a. 1984, S. 275–302, hier S. 296; vgl. Jules Verne, Zwanzigtausend Meilen unter'm Meer, Wien, Leipzig u. a. 1875 (Orig.: Vingt mille lieues sous les mers, 1869); Herbert G. Wells, The Time Machine. An Invention, London 1895; Kurd Laßwitz, Auf zwei Planeten, Weimar 1897; Michael Salewski, Zeitgeist und Zeitmaschine. Science Fiction und Geschichte, München 1986; Brian Stableford, Zukunftsstudien und Science Fiction. Das Beispiel Großbritannien, in: Klaus Burmeister/Karlheinz Steinmüller (Hrsg.), Streifzüge ins Übermorgen. Science Fiction und Zukunftsforschung, Weinheim 1992, S. 67–78.
[28] H. G. Wells, Ausblicke auf die Folgen des technischen und wissenschaftlichen Fortschritts für Leben und Denken des Menschen, Minden 1905 (Orig.: Anticipations of the Reaction of Mechanical and Scientific Progress upon Human Life and Thought, 1902), Zit. S. 3; vgl. Minois, Geschichte, S. 662f.; Stephen Kern, The Culture of Time and Space. 1880–1918, Cambridge, Mass. u. a. 2003, S. 97f.

mittel ablöse. Umgekehrt gab er der „Aeronautik" keine Chance, für den erdverbundenen Menschen als ernsthafte verkehrstechnische Alternative in Frage zu kommen. Zudem entwarf Wells das Szenario eines technokratischen Weltstaats, der rational-funktionell geführt werde, wohingegen sich die sozialen Organisationen der Gegenwart zersetzten.[29] In Frankreich hatte schon vor Wells der Physiologe Charles Richet ein Szenario „Dans Cent Ans" publiziert. Ähnlich wie Wells extrapolierte Richet die kommende Entwicklung des Verkehrs. Ausgehend von der Gegenwart um 1900 rechnete er etwa mit Eisenbahnen, welche 100 km pro Stunde zurücklegen könnten.[30] Auch der vor kurzem wieder aufgelegte, internationale Sammelband „Die Welt in 100 Jahren", welchen der Schriftsteller Arthur Brehmer 1910 herausgab, bewegte sich auf dem Gebiet der Extrapolation, vermengt mit normativen Voraussagen: Dies gilt für das technikeuphorische Szenario des „1000jährige[n] Reich[s] der Maschinen", das der amerikanische Erfinder Hudson Maxim beisteuerte, ebenso wie für die Voraussage des Radiumforschers Everard Hustler, das Radium werde zum universalen Heilmittel bei Krankheiten, Energielieferanten und Instrument der Friedenssicherung, weil es Waffen so treffsicher mache, dass ein Einsatz ausgeschlossen sei. Dieses Szenario des Friedens durch technischen Fortschritt entwarf auch die Pazifistin Bertha von Suttner.[31]

Die technische Entwicklung bildete demnach um die Jahrhundertwende den Hauptgegenstand des Prognostizierens, und die *Technik* war für diese Autoren, blickt man auf die positiv konnotierte Deutung des technischen Fortschritts, die Triebkraft auf dem Weg in die Zukunft. Was die Möglichkeiten einer Erforschung der Zukunft anging, wagte sich Wells am weitesten vor. Er sah 1902 in einer Rede vor der Royal Society eine wissenschaftliche Vorausschau als möglich an: „I must confess that I believe quite firmly that an inductive knowledge of a great number of things in the future is becoming a human possibility. [...] But suppose the laws of social and political development, for example, were given as many brains, were given as much attention, criticism and discussion as we have given to the laws of chemical combination during the last fifty years – what might we not expect?"[32] Später sprach Wells in einer berühmt gewordenen Radioansprache explizit von der „Science of the Future" und rief nach „Professors of foresight". Zwar habe man tausende Professoren und hunderttausende Stu-

---

[29] Wells, Ausblicke, S. 20.
[30] Charles Robert Richet, Dans cent ans, Paris 1892; hierzu Bernard Cazes, Histoire des futurs. Les figures de l'avenir de St Augustin au XXIe siècle, Paris 1986, S. 75 f.; Karlheinz Steinmüller, Zukunftsforschung in Europa. Ein Abriß der Geschichte, in: Ders./Kreibich/Zöpel (Hrsg.), Zukunftsforschung, S. 37-54.
[31] Hudson Maxim, Das 1000jährige Reich der Maschinen, in: Arthur Brehmer (Hrsg.), Die Welt in 100 Jahren (Orig. 1910), neu herausgegeben von Georg Ruppelt, Hildesheim, Zürich, New York 2010, S. 5-24; Everard Hustler, Das Jahrhundert des Radiums, in: ebd., S. 245-266; Bertha von Suttner, Der Frieden in 100 Jahren, in: ebd., S. 79-87; vgl. Georg Ruppelt, Zukunft von gestern, in: ebd., S. V-XX.
[32] Herbert G. Wells, The Discovery of the Future, in: Nature 65 (1902), H. 1684, S. 326-331, hier S. 329.

dierende der Geschichtswissenschaft. Doch „there is not a single person anywhere who makes a whole-time job of estimating the future consequences of new inventions and new devices".[33]

Es ist kein Zufall, dass diese Ansätze wissenschaftlicher Prognostik um die Jahrhundertwende entstanden. In den letzten zwei Jahrzehnten des 19. Jahrhunderts formierte sich in den westlichen Industriestaaten – freilich mit Vorläufern und Nachzüglern – die moderne Industriegesellschaft, für die sich in der geschichtswissenschaftlichen Forschung der Begriff der Hochmoderne durchzusetzen beginnt.[34] In der Tat prägten sich nun verschiedene Basisprozesse der Moderne aus, die sich in den Stichworten Technisierung, Verwissenschaftlichung, Bürokratisierung, (Massen)Demokratisierung und Urbanisierung fassen lassen. Mit der technischen und wissenschaftlichen Entwicklung, mit der rasanten technologischen Innovation veränderten sich auch soziale Strukturen und Lebenswelten. So wandelten sich Arbeitswelten (durch Automation und Taylorismus), Wohnwelten (Urbanisierung, Elektrik), Verkehr (zur Eisenbahn traten U-Bahn, Straßenbahn und Automobil) und Kommunikation (Telegraphie und Telefon). Der technische, wissenschaftliche und soziale Wandel stand in enger Wechselwirkung mit veränderten Wahrnehmungs- und Ordnungsmustern der Moderne, welche die Jahre um 1890 zur „Kulturschwelle" machten.[35] Die Zeitgenossen nahmen diese Zeit als Phase des Wandels und der lebensweltlichen Beschleunigung wahr, in der sich die Handlungsoptionen massiv verbreiterten. Um mit Luhmann zu sprechen, wuchsen mit der funktionalen Systemdifferenzierung der Moderne die Möglichkeitsüberschüsse, die jetzt nicht mehr der Vergangenheit abgewonnen werden, sondern in die Zukunft projiziert wurden. So verstärkte sich das Nachdenken über die Zukunft, was wiederum die Basisprozesse beeinflusste.[36] Die *Zeiterfahrung* der Jahrhundertwende stand damit im Zeichen von Beschleunigung. Hinzu trat aber auch eine Homogenisierung und Universalisierung von Zeit durch immer genauere und europäisch angeglichene Zeitmessungen: „Die technische Rationalisierung der Zeitmessung und die massenhafte Verbreitung von Uhren tragen das

---

[33] Herbert G. Wells, Wanted – Professors of Foresight (1932), in: Futures Research Quarterly 3 (1987), H. 1, S. 89–91, hier S. 90.

[34] Vgl. Christof Dipper, Moderne, 25.8.2010, https://docupedia.de/zg/Moderne?oldid=80259 (zuletzt aufgerufen am 2.1.2015); Doering-Manteuffel/Raphael, Boom; Herbert, Europe; Scott, State; und mit anderer Akzentsetzung Raphael, Ordnungsmuster, S. 73–91; im Überblick Riccardo Bavaj, Das Phänomen einer europäischen Moderne. Überlegungen zu Gestalt und Periodisierung, in: Moderne. Kulturwissenschaftliches Jahrbuch 1 (2005), S. 83–96.

[35] Zur „Kulturschwelle" um 1890 Hölscher, Entdeckung, S. 154; Gangolf Hübinger, Einführung, in: Ders. (Hrsg.), Europäische Wissenschaftskulturen und politische Ordnungen in der Moderne (1890–1970), München 2014, S. 1–28; Herbert, Europe.

[36] Vgl. Niklas Luhmann, Weltzeit und Systemgeschichte. Über Beziehungen zwischen Zeithorizonten und Strukturen gesellschaftlicher Systeme, in: Ders., Soziologische Aufklärung 2. Aufsätze zur Theorie der Gesellschaft, Opladen 1975, S. 103–133, hier S. 114f., 123f.; Hans Ulrich Gumbrecht, Modern, Modernität, Moderne, in: Otto Brunner/Werner Conze/Reinhart Koselleck (Hrsg.), Geschichtliche Grundbegriffe. Historisches Lexikon zur politisch-sozialen Sprache in Deutschland, Stuttgart 1978, Bd. 4, S. 93–131, S. 130f.; Raphael, Ordnungsmuster, S. 85f.

ihre dazu bei, das Bewußtsein ständig zerrinnender Zeit wachzuhalten und dem Tag eine chronometrische Feinstruktur zu geben."[37]

Zugleich entwickelte sich das *Zeitbewusstsein*, in der „Moderne" zu leben. Der Begriff des „Modernen" war zwar viel älter; seit dem späten 17. Jahrhundert war in ästhetischen Debatten zwischen „antiqui" und „moderni" unterschieden worden. Aber im letzten Jahrzehnt des 19. Jahrhunderts wurde die „Moderne" zum Programm, verstand man Gegenwart und Zukunft abseits des Erfahrenen als „nach vorne offene[n] Raum der Handlungsplanung".[38] *Wie* die Zukunft als Moderne ausgestaltet werden sollte, diese Frage beschäftigte um die Jahrhundertwende Intellektuelle wie etwa jenen Kreis von Literaten um Eugen Wolff, welcher innerhalb der Freien literarischen Vereinigung die Moderne zum Programm erklärte, aber auch soziale Reformbewegungen wie die Lebensreformer[39]. Dies gilt ebenso für politische Akteure wie die Sozialdemokratie, die mit ihrer revolutionären Rhetorik die Umsetzung von Zukunftsvorstellungen für sich reklamierte.[40] Im Hinblick auf *Fortschrittsverständnisse* wurde die Idee vom Fortschritt in der Geschichte bereits in der zweiten Hälfte des 18. Jahrhunderts mit Georg Friedrich Wilhelm Hegels und Kants Geschichtsphilosophie fassbar. Im Zuge des dynamischen industriellen Wachstums und technisch-wissenschaftlichen Wandels durchdrang das Fortschrittsdenken am Ende des 19. Jahrhunderts unterschiedliche soziale Schichten, Milieus und politische Strömungen und verband sich mit wissenschaftlichen Weltbildern und Deutungsmustern.[41]

In der Tat gingen in Europa seit den 1880er Jahren Zukunftsverständnisse und -aneignungen in besonderer Weise aus der wachsenden Bedeutung der Wissenschaften bzw. Verwissenschaftlichungsprozesse hervor. Die Zahl wissenschaftlicher Institutionen und die Ausdifferenzierung von Methoden und Forschungsergebnissen explodierten in den letzten beiden Jahrzehnten des 19. Jahrhunderts geradezu, neue Disziplinen entstanden. Zugleich formierte sich eine regelrechte Wissenschaftsgläubigkeit, die Gewissheiten bisweilen absolut setzte und so weit reichte, dass – wie bei Ernst Haeckel 1899 – mehr oder weniger alle „Welträtsel" lösbar schienen.[42] Damit einher ging ein verändertes Zukunftsverständnis: Die

---

[37] Zoll, Zeiterfahrung, S. 84; vgl. Peter Borscheid, Das Tempo-Virus. Eine Kulturgeschichte der Beschleunigung, Frankfurt a. M. 2004, v. a. S. 161–342; Hunt, Time, S. 73–86, 93–96; Angela Schwarz, „Wie uns die Stunde schlägt". Zeitbewußtsein und Zeiterfahrungen im Industriezeitalter als Gegenstand der Mentalitätsgeschichte, in: Archiv für Kulturgeschichte 83 (2001), S. 451–479, bes. S. 462–472.

[38] Gumbrecht, Modernität, S. 120.

[39] Vgl. Dipper, Moderne; Thomas Rohkrämer, Eine andere Moderne? Zivilisationskritik, Natur und Technik in Deutschland 1880–1933, Paderborn 1999; Florentine Fritzen, Gesünder leben. Die Lebensreformbewegung im 20. Jahrhundert, Stuttgart 2006; Hölscher, Entdeckung, S. 174–183.

[40] Vgl. Hölscher, Weltgericht.

[41] Vgl. Kern, Culture; Hunt, Time, S. 76–86.

[42] Ernst Haeckel, Die Welträtsel. Gemeinverständliche Studien über monistische Philosophie, Bonn 1899; vgl. Szöllösi-Janze, Wissensgesellschaft, S. 286–299; Dirk van Laak, Zwischen „organisch" und „organisatorisch". „Planung" als politische Leitkategorie zwischen Weimar und Bonn, in: Burkhard Dietz (Hrsg.), Griff nach dem Westen. Die „Westforschung" der völkisch-

Menschen gingen davon aus, dass „[the] study of the natural (and social) world will enable them to ‚make progress', ‚get ahead', ‚become more advanced', ‚make up for lost time', in other words, gain some kind of control over the passing of time". Wissenschaftliche Rationalität schien es nun zu ermöglichen, so die wachsende Überzeugung, die Zukunft zu planen und zu steuern.[43] So lässt sich argumentieren, dass die Kulturschwelle um 1890 eine ambivalente Verwissenschaftlichung der Zukunft, eine Ära der Planer und Visionäre einleitete. Nicht nur erklärte der moderne Staat die „rational geplante Gesellschaft" zum Ziele.[44] Ausgehend von einer „aktiv organisierende[n] Haltung gegenüber Natur und Gesellschaft" und einem linearen Zeit- und Planungsverständnis suchten die Planer auch „Ordnung" in die Welt zu bringen, ja die Welt zu perfektionieren.[45]

2. Verwissenschaftlichte Zukunft: Planung im transatlantischen Kontext und die katalytische Funktion des Zweiten Weltkrieges

Versteht man (politische) Planung als gestaltenden Vorgriff auf die Zukunft[46], so wird sie sicherlich in jeder Epoche fassbar. Doch seit dem Ende des 19. Jahrhunderts lag politischen und gesellschaftlichen Überlegungen zur Gestaltung der Zukunft vor allem zugrunde, wissenschaftliches Wissen zu Rate zu ziehen, das dazu dienen sollte, die zukünftigen Zustände zu prognostizieren, die Folgen jeweiliger Entscheidungen abzuschätzen und die Erarbeitung von Zielen zu begleiten. Dabei bildeten sich zwei Ebenen des Planens heraus: Zum einen erwuchsen Planungskonzepte als „notwendige Voraussetzung und Begleiterscheinung des Funktionierens moderner, komplexer und arbeitsteiliger Gesellschaften". In der industriell geprägten Hochmoderne mit ihrer Bürokratisierung wuchs die Spezialisierung von Aufgaben- und Wissensfeldern in Industrie, Verwaltung, Politik und Militär, und so wurden auf dem Feld des konkreten Wirtschafts-, Verwaltungs- und Raumordnungshandelns Planungskonzepte erarbeitet, an denen Experten mitwirkten. Zum anderen formierte sich der geschichtsphilosophisch durchtränkte Gesamtentwurf gesellschaftlicher Zukunft, der von einem linearen Geschichtsverständnis

---

nationalen Wissenschaften zum nordwesteuropäischen Raum (1919–1960), Münster, München u. a. 2003, S. 67–90, S. 73.

[43] Hunt, Time, S. 25; vgl. Raphael, Ordnungsmuster, S. 85 f.; Paul Nolte, Die Machbarkeit der Welt. Technik, Gesellschaft und Politik im utopischen 20. Jahrhundert, in: Klaus Geus (Hrsg.), Utopien, Zukunftsvorstellungen, Gedankenexperimente. Literarische Konzepte von einer „anderen" Welt im abendländischen Denken von der Antike bis zur Gegenwart, Frankfurt a. M. 2011, S. 229–253.

[44] Zygmunt Bauman, Moderne und Ambivalenz. Das Ende der Eindeutigkeit, Frankfurt a. M. 1995 (Orig. 1991), S. 35; zu einer Kulturschwelle um 1890 vgl. Hübinger (Hrsg.), Europäische Wissenschaftskulturen und politische Ordnungen in der Moderne (1890–1970).

[45] Zygmunt Bauman, Dialektik der Ordnung. Die Moderne und der Holocaust, Hamburg 1992, S. 85; vgl. Ders., Moderne und Ambivalenz; hierzu Bavaj, Phänomen; Dipper, Moderne, S. 13.

[46] Van Laak, Planung, Planbarkeit.

ausging und Planung ins Ganzheitliche, bisweilen Utopische rückte, ja als Neu-Ordnung und Perfektionierung von Mensch und Natur verstand.[47] Dabei, dies hat die neuere historische Forschung akzentuiert, handelte es sich nicht um ein eingleisiges Zu-Nutze-Machen wissenschaftlichen Wissens oder gar eine Manipulation der Wissenschaft durch die Politik. Im Gegenteil prägten die Interaktionen und Wechselwirkungen zwischen Wissenschaft und Politik beide Seiten; die Folge war eine Verwissenschaftlichung von Politik und eine Politisierung von Wissenschaft.[48] So verbanden sich seit dem späten 19. Jahrhundert beide Ebenen von Planung in der Zusammenarbeit von Wissenschaft und Politik.[49] Dabei wirkten der Erste und vor allem der Zweite Weltkrieg als Katalysatoren von verwissenschaftlichter Planung: Im Zeichen nationaler Mobilisierung und „totaler" Kriegswirtschaft rückte effiziente und „rationale" Planung ins Zentrum politischer, militärischer und gesellschaftlicher Ordnungsvorstellungen.[50]

Unterscheidet man verschiedene Planungsfelder, so wurde zum ersten das *Soziale* verwissenschaftlicht. Anwendungsorientierte Human- und Sozialwissenschaften wie Soziologie oder Psychologie entstanden und professionalisierten sich. In Europa spielten diese für den entstehenden modernen Sozialstaat eine wichtige Rolle. Dies galt für Bevölkerungsprognosen im Bereich der Rentenpolitik[51], aber ebenso für die Ausbildung human- und sozialwissenschaftlicher Expertise in der Jugend- und Wohlfahrtspolitik und in der Sozialhygiene. In eben jenen Bereichen wendeten Experten in ambivalenter Weise Kriterien der Ordnung, Effizienz und Planbarkeit auf die Gesellschaft und deren Entwicklung an. Hieraus entstand teilweise ein verwissenschaftlichtes Züchtungsdenken, das sich in eugenischen Vorstellungen formierte, die nach 1918 in alle politischen Lager – mehr oder weniger wirkungsmächtig – einsickerten und sich bis zu rassistischen Ordnungsvorstellungen radikalisierten.[52] Aus diesen Konzepten der Sozialformie-

---

[47] Ebd., S. 3; zu Planung als Ordnungsreflex Doering-Manteuffel, Ordnung; Bauman, Moderne; Nolte, Machbarkeit.

[48] Ash, Wissenschaft und Politik als Ressourcen; Weingart, Verwissenschaftlichung, S. 225–241; Andrew Pickering, From Science as Knowledge to Science as Practice, in: Ders. (Hrsg.), Science as Practice and as Culture, Chicago 1992, S. 1–26; Szöllösi-Janze, Wissensgesellschaft.

[49] Raphael, Verwissenschaftlichung; Szöllösi-Janze, Wissensgesellschaft, S. 286–291, 295–297; van Laak, Planung, S. 305–326; Gabriele Metzler/Dirk van Laak, Die Konkretion der Utopie. Historische Quellen der Planungsutopien der 1920er Jahre, in: Isabel Heinemann/Patrick Wagner (Hrsg.), Wissenschaft, Planung, Vertreibung. Neuordnungskonzepte und Umsiedlungspolitik im 20. Jahrhundert, Stuttgart 2006, S. 23–43.

[50] Van Laak, Zwischen „organisch", S. 67.

[51] Martin Lengwiler, Kalkulierte Solidarität. Chancen und Grenzen sozialstaatlicher Prognosen (1900-1970), in: Heinrich Hartmann/Jakob Vogel (Hrsg.), Zukunftswissen. Prognosen in Wirtschaft, Politik und Gesellschaft seit 1900, Frankfurt a. M. u. a. 2010, S. 33–48.

[52] Vgl. Lutz Raphael, Sozialexperten in Deutschland zwischen konservativem Ordnungsdenken und rassistischer Utopie (1918–1945), in: Wolfgang Hardtwig (Hrsg.), Utopie und politische Herrschaft im Europa der Zwischenkriegszeit, München 2003, S. 329–346; Metzler/van Laak, Konkretion, S. 33–35; zur Eugenik Jakob Tanner, Eugenik und Rassenhygiene in Wissenschaft und Politik seit dem ausgehenden 19. Jahrhundert, in: Michael Zimmermann (Hrsg.), Zwischen Erziehung und Vernichtung. Zigeunerpolitik und Zigeunerforschung im Europa des 20. Jahrhunderts, Stuttgart 2007, S. 109–124.

rung, aus dem Mythos der „Volksgemeinschaft" des Krieges und Elementen der älteren Sozialplanung entstand nach dem Ersten Weltkrieg das *Social Engineering*. Diese wissenschaftlich angelegten, interdisziplinären Versionen einer Sozialtechnologie versuchten, die Folgen der industriellen Moderne durch Planung und „Menschenökonomie" zu bewältigen und so die Gesellschaft nach wissenschaftlichen Kriterien zu ordnen und zu regulieren. Dies zeigte sich etwa im Bereich der Sozialhygiene oder der Verkehrsexpertise.[53]

Zweitens entwickelte sich die Ökonomie sowohl in Europa als auch in den USA zum Planungsfeld. In der Weltwirtschaftskrise geriet die klassische ökonomische Theorie des Laissez-faire unter Druck. Nun entstanden Krisenreaktionskonzepte zur Planung und Steuerung der Wirtschaft, welche für staatliche Eingriffe in den Konjunkturverlauf zur Belebung der Wirtschaft warben. Während sich in der Endphase der Weimarer Republik Konzepte zur Stimulation der wirtschaftlichen Entwicklung durch Arbeitsbeschaffungsprogramme nicht durchsetzen konnten, wurde in den Niederlanden der „Plan der Arbeit" des Ökonomen Jan Tinbergen realisiert. Überragende Bedeutung gewann auf lange Sicht das Konzept des Keynesianismus: In den 1930er Jahren vom britischen Ökonomen John Maynard Keynes ersonnen, sah es eine antizyklische staatliche Nachfragestärkung durch Stimulation der gesamtwirtschaftlichen Nachfrage und damit des Konjunkturverlaufs vor.[54]

Das Konzept entfaltete eine transatlantische Prägekraft: In den USA integrierte der New Deal keynesianische Elemente in die Wirtschaftspolitik. Die Grundlage amerikanischer Politik bildete ja – im idealtypischen Sinne – ein lockeanischer Konsens, der sich in den Prinzipien der Freiheit, der Individualität und des persönlichen Eigentums spiegelte. Dies verband sich mit einem liberaldemokratischen Internationalismus, der von einer Suprematie marktwirtschaftlich-demokratischer Ordnungsvorstellungen ausging, und der philosophischen Tradition des Pragmatismus, wie sie etwa Charles Peirce oder John Dewey begründeten. Auch wegen dieser liberalen Prägung der Politik waren in den USA noch über den Ersten Weltkrieg hinaus die Verbindungen zwischen Wissenschaft, Politik und Militär – im Gegensatz vor allem zum Deutschen Kaiserreich – relativ locker.[55] Erst im Zeichen der Weltwirtschaftskrise rückten Konzepte zur Planung

---

[53] Metzler/van Laak, Konkretion, S. 28; vgl. Thomas Etzemüller, Social Engineering, Version: 1.0, 11.2.2010, http://docupedia.de/zg/Social_engineering?oldid=84654 (letzter Aufruf 2.1.2015); Ders. (Hrsg.), Ordnung der Moderne; Schlimm, Ordnungen; Kuchenbuch, Geordnete Gemeinschaft.

[54] Zum Keynesianismus John Maynard Keynes, The General Theory of Employment Interest and Money, New York 1935; Gottfried Bombach (Hrsg.), Der Keynesianismus I. Theorie und Praxis keynesianischer Wirtschaftspolitik. Entwicklung und Stand der Diskussion, Berlin 1976; zu Großbritannien Daniel Ritschel, The Politics of Planning. The Debate on Economic Planning in Britain in the 1930s, Oxford, New York 1997; Gary Gerstle/Steve Fraser, Introduction, in: Dies. (Hrsg.), The Rise and Fall of the New Deal Order, 1930–1980, Princeton 1989, S. ix–xxv.

[55] Vgl. u. a. Hochgeschwender, Freiheit, S. 68–82; Louis Hartz, The Liberal Tradition in America. An Interpretation of American Political Thought since the Revolution, San Diego u. a. 1991.

sozialökonomischer Prozesse in den Blickpunkt. Präsident Herbert Hoover richtete 1929 eine Kommission zur Erforschung sozialer Trends ein, und dies zeigt auch die Verbindung politischer Planungskonzepte und wissenschaftlicher Prognostik. Dieses President's Research Committee on Social Trends unter Leitung des Soziologen William Ogburn legte 1933 einen Bericht „Recent Social Trends in the United States" vor; dem folgte 1937, dann schon im Auftrag Franklin Delano Roosevelts, ein Band zu „Technological Trends and National Policy, including the Social Implications of New Inventions". Das Komitee argumentierte, ein Entwicklungszyklus werde durch technologische Innovation ausgelöst, welche einen Wandel ökonomischer Strukturen nach sich ziehe, der wiederum sozialen Wandel auslöse. Zukünftiges versuchte man dabei über eine Systematisierung und Extrapolation vergangener Entwicklungen abzuschätzen. Das Ogburn-Komitee empfahl eine Stärkung der politischen und ökonomischen Planung, um ökonomische und damit soziale Fehlentwicklungen in Zukunft frühzeitig erkennen zu können.[56] Dieser Empfehlung kam der New Deal in gewisser Weise nach. Das Ideenkonglomerat um den New Deal, nämlich ein gemäßigt etatistisches, auf Reform, soziale Fundierung des Kapitalismus (*welfare capitalism*) und wissenschaftlich abgesicherte Planung zielendes Verständnis von Politik, verdrängte in liberalen und linksintellektuellen Kreisen den klassischen Republikanismus, und damit öffnete sich auch die US-Politik stärker Konzepten verwissenschaftlichter Planung.[57]

Das Ogburn-Komitee deutet auf ein *drittes* Planungsfeld, *Forschung und Technologie*. In Europa hatte im Zeitalter dynamischer technologischer Innovation und angesichts internationaler Konkurrenz auf dem zunehmend globalisierten Weltmarkt in den 1890er Jahren eine gezielte staatliche Technologie- und Forschungsförderung begonnen. Technologiebasierte neue Großunternehmen wie Siemens zeigten sich zudem an Technikvorschau und Planungswissen interessiert und saugten das Wissen über technische Großsysteme und ihre Steuerung in sich auf. Aus dem engeren Zusammenspiel von Wissenschaft, Staat und Wirtschaft entstanden in Europa die Vorläufer moderner Großforschung, die sich besonders im Kaiserreich ausprägten. Zwischen Hochschulen, Staat und Industrielaboren angesiedelt, wurde 1911 die Kaiser-Wilhelm-Gesellschaft begründet, die als Trägerorganisation außeruniversitärer Forschungsinstitute firmierte. In den ersten Großforschungsanstalten sollten disziplinübergreifend größere Projekte verfolgt werden, welche für Politik und Wirtschaft von besonderem Interesse waren.[58] Da-

---

[56] President's Research Committee on Social Trends, Recent Social Trends in the United States, Westport 1933; National Resources Committee United States, Technological Trends and National Policy. Including the Social Implications of New Inventions, Washington 1937; vgl. Hannigan, Fragmentation; Cornish, Study, S. 74–76.

[57] Gerstle, Rise; Alan Brinkley, The New Deal and the Idea of the State, in: Gerstle/Fraser, The New Deal, S. 85–121.

[58] Vgl. Margit Szöllösi-Janze/Helmuth Trischler (Hrsg.), Großforschung in Deutschland, Frankfurt a. M., New York 1990; auch zum Begriff der Großforschung Margit Szöllösi-Janze, Großforschung – woher? Zur Geschichte der Großforschungseinrichtungen in der Bundesrepublik Deutschland, in: Physik und Didaktik 3 (1991), S. 220–233; Gerhard A. Ritter, Großforschung und Staat in Deutschland. Ein historischer Überblick, München 1992, S. 13–39.

bei entstand die neue Profession und Sozialfigur des Ingenieurs als *system builder*. Als „Sachwalter des technischen Fortschritts" und vermeintlich unpolitischer Vertreter des wissenschaftlichen Sachverstandes abseits partikularer Interessen generierte und transportierte er paradigmatisch Ordnungsentwürfe eines technokratischen Weltbildes, das von den Zielen Sachlichkeit, Rationalität, Effizienz und Kontrolle geprägt war.[59] Dies zeigte sich im Ersten Weltkrieg, den die kriegführenden europäischen Parteien mit wissenschaftlichen Methoden führten. Dabei ging es nicht allein um die technische Entwicklung neuer Waffen, sondern um wissenschaftliche Rationalität im Prozess der Kriegsführung: Wissenschaftler – etwa in einer Statistikabteilung der British Navy oder in der Kriegsrohstoffabteilung des Preußischen Kriegsministeriums – sollten als zivile Kräfte Politik und Militär in strategischen und technischen Fragen unterstützen.[60]

In den USA war Forschung und Technologie bis in die 1930er Jahre weitgehend der Wirtschaft und den Universitäten überlassen. Führend waren hier privat finanzierte technische Universitäten wie das renommierte Massachusetts Institute of Technology (MIT) und privatwirtschaftliche Institutionen wie die Bell Telephone Laboratories (Bell-Labs). Mit der Weltwirtschaftskrise und der wachsenden Finanznot amerikanischer Universitäten, aber auch im Zeichen des sich anbahnenden Kriegseintritts setzte eine intensivere Kooperation zwischen Universitäten, Politik und Wirtschaft ein. Dabei gingen wichtige Initiativen von der Wissenschaft aus, nämlich vom MIT, das besonders stark auf eine Verwissenschaftlichung von Technik, also eine engere Verbindung von Mathematik, Physik und Ingenieurwissenschaften setzte. Der Ingenieur Vannevar Bush trat 1940 gegenüber Präsident Roosevelt für eine stärkere nationale Koordination und Effektuierung der Wissenschaftspolitik ein. Roosevelt schuf daraufhin das National Defense Research Committee (NDRC), dessen Vorsitzender Bush wurde. Als zivile Organisation war es Aufgabe des NDRC, ab 1941 Teil des neuen Office of Scientific Research and Development (OSRD), militärtechnisch wichtige Forschungen an amerikanischen Universitäten und Forschungsinstitutionen zu eruieren, mit diesen Forschungsprojekte aufzubauen und zu koordinieren. Dieses System bevorzugte jene Institutionen, die bereits über interdisziplinäre Teams und Erfahrung im Projektmanagement verfügten – wie das MIT.[61] Im Zweiten Weltkrieg entstanden so die Wurzeln

---

[59] Metzler/van Laak, Konkretion, S. 28–32, Zit. S. 30; vgl. Steinmüller, Zukunftsforschung in Europa, S. 39.

[60] Vgl. Wolfgang Pircher, Im Schatten der Kybernetik. Rückkopplung im operativen Einsatz: „Operational research", in: Hagner/Hörl (Hrsg.), Transformation, S. 348–376, hier S. 349–364; van Laak, Zwischen „organisch", S. 75f.; Wolfgang Michalka, Kriegsrohstoffbewirtschaftung. Walther Rathenau und die „kommende Wirtschaft", in: Ders. (Hrsg.), Der Erste Weltkrieg. Wirkung, Wahrnehmung, Analyse, München 1994, S. 485–505.

[61] Vgl. Bruce L. R. Smith, American Science Policy since World War II, Washington 1990, S. 17–34; Irvin Stewart, Organizing Scientific Research for War. The Administrative History of the Office of Scientific Research and Development, New York 1980; A. Hunter Dupree, The Great Instauration of 1940. The Organization of Scientific Research for War, in: Gerald Holton (Hrsg.), The Twentieth-Century Sciences. Studies in the Biography of Ideas, New York 1972, S. 443–467. Zum MIT Stuart W. Leslie, The Cold War and American Science. The Military-

des amerikanischen „militärisch-industriell-akademische[n] Komplex[es]"[62], aber auch der amerikanischen *Big Science*, als Verbindung von Grundlagen- und angewandter Forschung, von theoretischer und experimenteller Wissenschaft und in interdisziplinärem Zuschnitt. Paradigmatisch zeigte sich dies im Programm zur Entwicklung und zum Bau der Atombombe im Rahmen des Manhattan Project.[63]

Auch die britische Regierung war – wie im Ersten Weltkrieg – bestrebt, wissenschaftlichen Sachverstand in die Kriegführung einzubinden. Dabei kooperierte man eng mit dem amerikanischen Verbündeten, und dies mit weitreichenden Folgen, denn an das hier generierte Methodenwissen knüpfte nach 1945 die westliche Zukunftsforschung an. Die britische Regierung hatte schon 1934 das Committee for the Scientific Study of Air Defence eingerichtet. Das Committee, das sowohl Militärs als auch zivile Wissenschaftler (vor allem Physiker) barg, beschäftigte sich mit Frühwarnsystemen, insbesondere den Möglichkeiten der Ortung gegnerischer Angriffsoperationen und dem optimierten Einsatz der Luftwaffe. Diese Überlegungen zum systemischen Zusammenwirken der komplexen Waffen- und Gerätesysteme und ihrer Anwender firmierten als *Operational Research*. Mit Kriegsbeginn wurden die Wissenschaftler in der Operational Research Section Fighter Command der Royal Air Force zusammengefasst, und rasch entstanden *Operational Research*-Gruppen auch bei Navy und Army. Die Arbeit der Gruppen, die bei Kriegsende mehrere hundert Personen umfassten, erstreckte sich nicht nur auf die Erprobung spezifischer Waffen wie des Radars, das mittels elektromagnetischer Strahlung die Ortung gegnerischer Flugzeuge im Radiofrequenzbereich ermöglichte, sondern weitete sich auf logistische Optimierungsanalysen für verschiedene Waffen- und Gerätesysteme aus. Zentrale Bedeutung gewannen dabei mathematisch-statistische Methoden. So konnte etwa durch statistische Auswertung der Versenkungsquoten bei Wasserbomben ermittelt werden, dass unterschiedliche Detonationstiefen die Trefferwahrscheinlichkeit steigerten.[64]

Das britische Wissen um das *Operational Research* übernahm bald der US-amerikanische Verbündete. Anfang 1942, nach dem Kriegseintritt der USA, entstanden

---

industrial-academic Complex at MIT and Stanford, New York 1993; Lars Bluma, Norbert Wiener und die Entstehung der Kybernetik im Zweiten Weltkrieg. Eine historische Fallstudie zur Verbindung von Wissenschaft, Technik und Gesellschaft, Münster 2005, S. 50–88.

[62] Präsident Dwight D. Eisenhower prägte in seiner *Farewell Address* 1961 den Begriff des „military-industrial complex", um auf die nicht unproblematischen engen Verbindungen zwischen Militär, Hochtechnologie-Industrie und Forschung hinzuweisen. Senator J. William Fulbright sprach 1970 vom „military-industrial-academic complex"; vgl. Carroll W. Pursell, The Military-Industrial Complex, New York 1972, S. 206f.

[63] Vgl. Hughes/Koskull, Erfindung, S. 384–401; Peter Galison/Bruce William Hevly (Hrsg.), Big Science. The Growth of Large-Scale Research, Stanford 1992.

[64] Vgl. Maurice W. Kirby, Operational Research in War and Peace. The British Experience from the 1930s to 1970, London, River Edge 2003, S. 66–184; Harold Larnder, The Origin of Operational Research, in: Operations Research 32 (1984), S. 465–475; Joseph F. M. Closkey, The Beginnings of Operations Research: 1934–1941, in: Operations Research 35 (1987), S. 143–152; Mike Fortun/S. S. Schweber, Scientists and the Legacy of the World War II. The Case of Operations Research (OR), in: Social Studies of Science 23 (1993), S. 595–642, hier S. 600–607; Pircher, Schatten, S. 349–364.

in der US Navy, der Air Force und dem OSRD Operations Research-Sections. Auch der Mathematiker Norbert Wiener, der spätere Begründer der Kybernetik, war in einer Forschungsdivision des OSRD beschäftigt. Carroll Wilson, der stellvertretende Leiter des OSRD, sah die Aufgabe des *Operations Research* in „developing tactics for the most effective use of equipment and forces [and conducting] equipment analysis which is concerned with [...] obtaining maximum performance from equipment through improvement of installation, maintenance, calibration, and testing procedures."[65] Die US-Gruppen hatten im Vergleich zum britischen Pendant eine stärker theoretisch-mathematische Ausrichtung. Es hing allerdings stark von der Ausrichtung der Wissenschaftler-Gruppen und den Zielen der Militärs ab, mit welchen Operations- und Planungszeiträumen (taktischer oder strategischer Art) sich *Operations Research* verband. Für alle Gruppen kennzeichnend waren der (natur-)wissenschaftliche Ansatz des logischen Positivismus, der sich auf Beobachtung, Messung, Experiment und Beweisführung sowie mathematisch-quantitative Methoden konzentrierte, ein Mensch und Maschine verknüpfendes Denken und die Orientierung an konkreten Entscheidungssituationen, für die wissenschaftliches Wissen bereitgestellt wurde.[66]

Nicht nur in den USA und Großbritannien intensivierten sich in den 1930er und 1940er Jahren Planungskonzepte und -praxis. Gerade im „radikalen Ordnungsdenken"[67] der ersten Hälfte des 20. Jahrhunderts wurde Planung zum Instrument einer gesellschaftlichen Neuordnung. Dies galt für die Sowjetunion, wo der „neue Mensch" durch die planende Neuordnung der Gesellschaft und mit Gewalt geschaffen werden sollte. Zukunft sollte nun im Bereich des Sozioökonomischen durch Handeln, eben durch Pläne, operationalisiert werden. Stalin gab mit den Fünfjahresplänen 1929 (die in vier Jahren erreicht werden sollten) ein Handlungssystem mit einer inhärenten Zeitstruktur vor. Damit gewann der oberste Revolutionär auch Herrschaft über die Zeitstruktur, und darin „lag der prometheische Aspekt seiner Brachialität".[68]

---

[65] Zit. nach Erik P. Rau, The Adoption of Operations Research in the United States during World War II, in: Hughes/Hughes (Hrsg.), Systems, S. 57–92, Zit. S. 77; vgl. ebd.; Joseph F. M. Closkey, U.S. Operations Research in World War II, in: Operations Research 35 (1987), S. 910–925.

[66] Fortun/Schweber, Scientists; Maurice W. Kirby, Operations Research Trajectories. The Anglo-American Experience from the 1940s to the 1960s, in: Operations Research 48 (2000), S. 661-670. Der Brite C. F. Goodeve sprach 1948 vom Operational Research als „the use of scientific method in providing executive departments with a quantitative basis for decisions regarding the operations under their control"; zit. nach Fortun/Schweber, Scientists, S. 636, Anm. 37. RAND sah Anfang der 1960er Jahre als zentrale Definitionskriterien des *Operations Research* die Konzentration auf taktische Probleme, die mittels quantitativer und mathematischer Methoden gelöst werden könnten, sowie die Suche nach Effizienz in Entscheidungssituationen, in denen die Ziele klar und das existierende System fix seien; vgl. ebd., S. 606f.

[67] Lutz Raphael, Radikales Ordnungsdenken und die Organisation totalitärer Herrschaft. Weltanschauungseliten und Humanwissenschaftler im NS-Regime, in: GG 27 (2001), S. 5–40.

[68] Stefan Plaggenborg, Experiment Moderne. Der sowjetische Weg, Frankfurt a. M., New York 2006, Zit. S. 97; vgl. ebd., S. 81–119; Dietrich Beyrau, Das bolschewistische Projekt als Entwurf und soziale Praxis, in: Hardtwig (Hrsg.), Utopie, S. 13–39; ausführlicher Kapitel V.1.

Stärker noch findet sich das radikale Ordnungsdenken auf der politischen Rechten, in den faschistischen Bewegungen Europas, die Planungswissen aus unterschiedlichen Feldern aufsaugten. Hier dominierten globale Raumkonstruktionen, die in einer Gemengelage nationaler, rassistischer und wirtschaftlicher Motivlagen wurzelten und sich beim Planungswissen aus Geographie und Statistik bedienten. Aus organisch-völkischen Planungskonzepten und rassistisch-verwissenschaftlichtem Homogenisierungs- und Züchtungsdenken formierte sich im Nationalsozialismus die Lebensraum- und Rassenideologie, während das Leitbild der Homogenisierung und Uniformierung des Einzelnen im Topos der „Volksgemeinschaft" aufschien. Zwar wurden bestimmte Entscheidungen in der nationalsozialistischen Polykratie mit ihren konkurrierenden Instanzen immer auch nachträglich intentionalisiert und zum Planungsprogramm stilisiert. Doch der Staat schien nun in hybrider Weise dazu ermächtigt, die Bevölkerung zu unterteilen „in nützliche Pflanzen, die sorgsam zu kräftigen und fortzupflanzen waren, und Unkraut – das entfernt oder samt Wurzeln herausgerissen werden mußte".[69]

Dabei machte sich das NS-Regime die Wissenschaft dann zu nutze, wenn sie den eigenen Zielen diente – wie im Bereich der Physik, Chemie oder Biologie. So entstand – anknüpfend an Vorläufer wie die Kaiser-Wilhelm-Gesellschaft – ebenfalls eine moderne Großforschung. Da das NS-Regime aus ökonomischen, vor allem aber aus rüstungspolitischen Gründen an einer engen Zusammenarbeit von Wissenschaft, Staat und Industrie interessiert war, baute es in massiver Weise vorhandene Einrichtungen der Forschungsförderung wie insbesondere die Luftfahrtforschung aus. Zentrales Beispiel ist die Heeresversuchsanstalt Peenemünde, welche mit der Entwicklung der ballistischen Großrakete beschäftigt war. Wissenschaftler verschiedener Disziplinen und Techniker kooperierten hier in einer Verbindung von Grundlagen- und anwendungsorientierter sowie theoretischer und experimenteller Forschung an Projekten, welche für die Zielsetzungen des Regimes besondere politische Bedeutung hatten.[70] Dabei unterlagen Wissenschaftler Zwängen, aber sie entwickelten ebenso in einem komplexen Wechselverhältnis Eigeninitiative und kooperierten mit dem Regime, in das sie personell und ideell verwoben waren. Virulent wurde dies in den Planungskonzepten der Kriegszeit wie im „Generalplan Ost". So zeigt die „Selbstmobilisierung von Human- und Naturwissenschaftlern sowie ihre starke Einbindung in die Formulierung und Durchsetzung nationalsozialistischer Politik, daß sich im Dritten Reich Politik und Wissenschaft offensichtlich gegenseitig brauchten, benützten, stabilisierten und legitimierten."[71]

Diese Verweise auf einen ersten Höhepunkt verwissenschaftlichter Planung bedeuten im Umkehrschluss nicht, dass alle Zukunftsvorstellungen und Entwürfe

---

[69] Bauman, Moderne, S. 35; vgl. van Laak, Planung, Planbarkeit; Ders., Zwischen „organisch", S. 74, 80–89.
[70] Szöllösi-Janze/Trischler (Hrsg.), Großforschung; Szöllösi-Janze, Großforschung; Ritter, Großforschung, S. 48–55.
[71] Szöllösi-Janze, Wissensgesellschaft, S. 308.

der Zwischenkriegszeit durchweg technokratisch oder technikeuphorisch angelegt waren. Vor einer unreflektierten Instrumentalisierung technisch-wissenschaftlicher Möglichkeiten warnte etwa Bertrand Russell, der britische Mathematiker und Philosoph; er richtete sich mit seiner Streitschrift „Ikarus oder Die Zukunft der Wissenschaft"[72] Mitte der 1920er Jahre gegen technikeuphorische Szenarien gerade von britischen Naturwissenschaftlern. Das bekannteste war der Essay „Daedalus or Science and the Future" des britischen Biochemikers und Genetikers J. B. S. Haldane, der die kommenden Möglichkeiten der Naturwissenschaften und insbesondere die Eugenik als Instrument einer gesteuerten Höherentwicklung der Menschheit freudig begrüßte.[73]

In der „Krisenzeit der Klassischen Moderne", im Zeichen wirtschaftlicher und politischer Instabilität und angesichts der dynamisierten Planungskonzepte kursierten im Europa der 1920er und 1930er Jahre auch intellektuelle und literarische Untergangsszenarien.[74] So beschwor Oswald Spengler am Ende des Ersten Weltkrieges in einem zyklischen Geschichtsverständnis den kommenden Untergang des Abendlandes. Zivilisationen seien vergänglich, und so komme jede Zivilisation in die unwiderrufliche Phase der Dekadenz und dann des Untergangs.[75] Gerade weil verwissenschaftlichte Planung im Bereich des Sozialen seit den 1920er Jahren so stark auf Effizienzkriterien und Rationalisierung zulief, verarbeiteten dies Intellektuelle in Anti-Utopien, also in Dystopien. So schuf etwa Jewgenij Samjatin die Anti-Utopie „Wir", die 1920 unter dem Eindruck des russischen Bürgerkriegs entstand. Und so sind auch die Bestseller „Brave New World" von Aldous Huxley (1932) und „1984" von George Orwell (1948) einzuordnen, die jeweils als Anti-Utopien, also Dystopien in der imaginären Zukunft angesiedelt sind. Sie zeichnen das Schreckbild einer entmenschlichten bzw. entindividualisierten Moderne des Technikzeitalters, in der Funktionalität bzw. Gemeinschaftsregime individuelle Freiräume aufheben. Bisweilen freilich verschwammen – etwa bei Huxley – Abgrenzung und Anziehung gegenüber einer neuen „brave new world", die eben doch geordnet und damit stabilisiert erschien.[76]

Die totalitäre Form der Planungsentwürfe verlor sich nach 1945 zumindest in Westeuropa. Doch die Entwürfe einer rationalen, wissens- und wissenschaftsbasierten Planung erlebten nun erst ihre Hochzeit.

---

[72] Bertrand Russell, Ikarus oder Die Zukunft der Wissenschaft, München 1926 (Orig. 1924).
[73] J. B. S. Haldane, Daedalus oder Wissenschaft und Zukunft, München 1925 (Orig. 1923).
[74] Zur „Krisenzeit der Klassischen Moderne" Detlev Peukert, Die Weimarer Republik. Krisenjahre der klassischen Moderne, Frankfurt a. M. 1987; vgl. Minois, Geschichte, S. 674–697; Christian Geulen, Die vergreiste Zukunft. Zu Aldous Huxleys „Brave New World" – nach 80 Jahren, in: Zeithistorische Forschungen 8 (2011), H.3, http://www.zeithistorische-forschungen.de/16126041-Geulen-3-2011 (letzter Aufruf 2.1.2015).
[75] Oswald Spengler, Der Untergang des Abendlandes. Umrisse einer Morphologie der Weltgeschichte, Wien, München 1918/19.
[76] Evgenij Ivanovič Zamjatin, Wir, Köln 1984 (Orig. 1920); Aldous Huxley, Brave New World. A Novel, London 1932; George Orwell, Nineteen Eighty-Four. A Novel, London 1950 (Orig. 1948); zu Aldous Huxley nun Geulen, Zukunft.

II. Ausgangspunkte der Zukunftsforschung nach 1945

1. *Cold War Science*: US-Think-Tanks, der Siegeszug der Kybernetik und die Entwicklung von Methoden der Vorausschau nach 1945

Die Strukturen der verwissenschaftlichten Planung des Krieges auf amerikanischer Seite bildeten nach 1945 die Grundlage für die *Cold War Science* und zugleich den wissenschaftspolitischen, organisatorischen und methodischen Nährboden für die Entwicklung der Zukunftsforschung in den 1950er und 1960er Jahren.

Die Forschung hat in den letzten Jahren begonnen aufzuzeigen, wie sehr im Kalten Krieg Wissenschaft und Politik verzahnt waren. Wissenschaftler ordneten sich der Politik nicht unter, sondern setzten initiativ Themen und machten sich so in ambivalenter Weise auch die Denkstrukturen des Kalten Krieges zu eigen.[1] Der US-Regierung hatte das „Manhattan Project" deutlich gemacht, welch zentrale Rolle wissenschaftliche und technologische Forschung für die Kriegsführung spielte. Im Zeichen der *Containment*-Politik gewann es für die USA Priorität, eine amerikanische Überlegenheit im Bereich von Wissenschaft und Technik aufrechtzuerhalten und auszubauen. Diese „Ideologie" der Verteidigung der wissenschaftlichen und technologischen Vorrangstellung Amerikas wurde auch von Wissenschaftlern explizit mitgestaltet.[2]

Im Zeichen eines politische Grenzen überschreitenden *Postwar Consensus* flossen zum einen umfangreiche Mittel in Forschung und Entwicklung. 1951 investierte die US-Regierung laut Bundeshaushalt 1,3 Milliarden Dollar in Forschung und Entwicklung. Eine Milliarde hiervon ging an die Natur- und Technikwissenschaften, der Löwenanteil dabei an das Verteidigungsministerium und die Atomic Energy Commission. In den folgenden beiden Jahren verdoppelten sich die Ausgaben des Bundes für Forschung und Entwicklung und betrugen 1967 15 Milliarden Dollar. Damit wendete die USA – in Relation zum GNP – mehr als jede andere Nation für Forschung und Entwicklung auf.[3] Zum anderen setzten die USA ganz auf *Big Science*, also auf Großforschungszentren, die im westlichen Bündnis zum vielbewunderten Vorbild avancierten. Wissenschaftler verschiedener Disziplinen sollten in Verbindung theoretischer und experimenteller Forschung, von Grundlagen- und angewandter Forschung an Großprojekten arbeiten, welche

---

[1] Als Forschungsüberblicke Unger, Cold War Science, S. 51–68; Leslie, Science, S. 199–207; Solovey, Introduction, S. 165–170; Lebow, Social Science, S. 103–125.
[2] John Krige, Die Führungsrolle der USA und die transnationale Koproduktion von Wissen, in: Bernd Greiner/Tim B. Müller/Claudia Weber (Hrsg.), Macht und Geist im Kalten Krieg, Hamburg 2011, S. 68–86, hier S. 68.
[3] Vgl. ebd, S. 68f.; Smith, Science, S. 36–52, 71f.

besondere politische und wirtschaftliche Bedeutung besaßen.[4] Dabei verband die US-Wissenschaft(spolitik) auf ambivalente Weise ein technologisches Verwertungs-, ein wissenschaftsgläubiges Rationalitäts- und ein (durchaus normativ aufgeladenes) Modernisierungsparadigma. Einerseits entwickelte sich die Modernisierungstheorie zur wissenschaftlichen Leitlinie, welche normativ fundiert war. Ihr lag die Idee zugrunde, dass „Industrialisierung und Rationalisierung traditionelle Gesellschaften auf solche Weise transformieren könnten, dass sie mit dem westlichen, marktwirtschaftlich-demokratischen Ordnungsideal harmonisierten".[5] Die Modernisierungstheorie knüpfte an den liberaldemokratischen Internationalismus und die Überzeugung von einem besonderen amerikanischen Demokratisierungsauftrag und der Suprematie marktwirtschaftlicher Ideen an; hinzu kam das dezidierte antikommunistische, totalitarismustheoretische Paradigma der späten 1940er und 1950er Jahre. Damit erschien als Aufgabe der Wissenschaft, die Ideen des „Westens" zu verkörpern und zu verteidigen. Auf der anderen Seite führte die US-amerikanische Interessendefinition als westliche politische und militärische Vormacht im Kalten Krieg dazu, Forschungsförderung dezidiert an den Kriterien der technologischen Innovativität, Effizienz und ökonomischen sowie militärischen Verwertbarkeit auszurichten. Einher ging dies mit einer starken Wissenschaftsgläubigkeit der 1950er und 1960er Jahre und einer Konzentration auf „moderne" wissenschaftliche Rationalität und Quantifizierbarkeit, also nicht auf normative Kriterien. Dies knüpfte an die ideellen Grundlagen der *New Deal Order* und die Ursprünge des Konsensliberalismus der 1930er und 1940er Jahre an.[6] Mithin ging es in der amerikanischen Wissenschafts- und Technologieförderung, dies betont John Krige, immer um mehr als nur um die Abwehr existenzieller Bedrohung durch den ideologischen Gegner. Es ging auch darum, Amerikas globalen Einfluss zu stärken, „eine Asymmetrie in der Produktion nutzbaren Wissens aufrecht zu erhalten und ein zentraler Knotenpunkt in seiner globalen Zirkulation zu sein"; und dies galt sowohl gegenüber dem ideologischen Gegner als auch gegenüber den Verbündeten, die im Sinne einer amerikanischen wissenschaftlich-technologischen Hegemonie kooperativ eingehegt werden sollten, von deren Wissen die USA aber zugleich profitieren wollten.[7]

Die westeuropäischen Industriestaaten konnten den US-amerikanischen Weg mangels Mitteln nicht mitgehen. In Großbritannien betrieb die neue Labour-Regierung eine an rationalen Planungs- und Modernisierungsideen ausgerichtete und damit auch konsensliberal geprägte Wissenschafts- und Forschungspolitik. Im Zeichen der Durchsetzung keynesianischen Gedankengutes nach 1945 fand die *mixed economy* mit Elementen der antizyklischen Wirtschaftspolitik und des Wohlfahrtsstaates sowie korporatistischen Zügen über die politischen Lager hin-

---

[4] Vgl. Galison/Hevly, Science.
[5] Unger, Cold War Science, S. 62.
[6] Vgl. Leslie, Cold War; Abella, Soldiers; Unger, Cold War Science; Rolf Kreibich, Zukunftsforschung in der Bundesrepublik Deutschland, in: Ders./Canzler/Baumeister (Hrsg.), Zukunftsforschung, S. 41–154, S. 46 f.; zum Konsensliberalismus Hochgeschwender, Freiheit.
[7] Krige, Führungsrolle, Zit. S. 69.

weg Befürworter. Die Labour-Regierung stützte sich zudem in ihrer Wirtschaftsplanungs- und Verstaatlichungspolitik auf Methoden des *Operational Research*. Diese fanden etwa Anwendung im Bereich der verstaatlichten Kohle- und Stahlindustrie, also als Instrument zur Wirtschaftsplanung. Auch Strukturen der *Big Science* wurden geschaffen, die sich vor allem auf die Atomenergie bezogen: 1946 entstand das Harwell Laboratory als Atomic Energy Research Establishment. Doch Großbritannien beschnitt, ausgelaugt vom Zweiten Weltkrieg und im Zeichen des zerfallenden Empire, die Militärausgaben deutlich. Deshalb wechselten viele Wissenschaftler aus dem Bereich des *Operational Research* in die Wirtschaft, wo das Wissen um Methoden effizienten Organisierens und Planens – hier als spezifische Weiterentwicklung des Taylorismus begriffen – begierig aufgenommen wurde.[8]

In Frankreich avancierten, ausgelöst durch das nationale Trauma der deutschen Okkupation, nach 1944 Stärke und Unabhängigkeit zu zentralen Elementen der Technologiepolitik. Ebenso war die Technologie ein Kernpunkt des nationalen französischen Konsenses. Zwar vermengte sich dieses durchaus mit einem gewissen Unbehagen gerade auch der wirkungsmächtigen Intellektuellen am technologischen Fortschritt. Doch dies konnte nicht den nationalen Konsens im Hinblick auf die Großtechnologie zerstören, wie er sich etwa in der Kerntechnik oder in der Concorde manifestierte: „Not only statesmen of Left and Right, but also broad segments of the population, entered after 1944 into a tacit but steely-hard agreement: we will never let another ‚1940' happen to us again; we will make ourselves so technologically strong and so economically vigorous that we will never find ourselves at any other nation's mercy again." Mithin fand die ältere französische Tradition zentralistischer staatlicher Intervention und des „dirigisme" eine kongeniale Basis in der Idee eines, so Michael Bess, „technological Darwinism", der aber freilich in der finanziellen Größenordnung nicht mit der US-amerikanischen *Big Science* konkurrieren konnte.[9]

Der entstehenden Bundesrepublik dagegen war zunächst ein Forschungsverbot auf den Gebieten der Luftfahrt- und Raketentechnik sowie der Kernphysik auferlegt worden, das erst mit dem Inkrafttreten der Pariser Verträge 1955 aufgehoben wurde. Nach der Erfahrung der unheilvollen Verstrickung von Wissenschaftlern in das NS-Regime war es zunächst verpönt, Forschungsziele extern, also von staatlicher Seite vorzugeben. Die langsam wieder anlaufende Forschungsförderung, welche nach dem Grundgesetz der konkurrierenden Gesetzgebung unterlag, wurde zunächst vor allem von den Ländern forciert. Mitte der 1950er Jahre formierten sich wieder erste Institutionen deutscher Großforschung im Bereich der Luftfahrt und der Kernforschung (1956 wurden die Kernforschungsanlage

---

[8] Kirby, Operations Research, S. 664.
[9] Michael Bess, The Light-Green Society. Ecology and Technological Modernity in France, Chicago, London 2003, S. 20f.; vgl. Gabrielle Hecht, Planning a Technological Nation. Systems Thinking and the Politics of National Identity in Postwar France, in: Hughes/Hughes (Hrsg.), Systems, S. 133–160.

Jülich und die Kernreaktor-Bau- und Betriebsgesellschaft, das spätere Kernforschungszentrum in Karlsruhe, eingerichtet). Zunehmend trat nun der Bund als Akteur der Forschungspolitik in Erscheinung. Mit der neuen Forschungsförderung und dem Aufbau der Großforschung wurde nun explizit auf die *Big Science* der USA Bezug genommen. Denn die eigene, ältere Tradition der Großforschung war zu sehr von der Erinnerung an die nationalsozialistische Hybris überlagert, als dass hier eine positive Traditionslinie abzuleiten war. Insbesondere in den 1960er Jahren sollte die Diskussion um das *Technological Gap*, die technologische Lücke der Bundesrepublik und Westeuropas gegenüber den USA, die konstruierte Vorbildrolle der USA unterstreichen.[10]

In der Tat aber besaßen die westeuropäischen Staaten bei weitem nicht die finanziellen Möglichkeiten und das *grand design* einer Forschungspolitik, wie sie die USA schufen und wie sie in den 1960er Jahren zum vielbewunderten Vorbild in Westeuropa avancierte. Die Spezifik ihrer Forschungspolitik manifestierte sich in besonderer Weise in den großen US-Think-Tanks, also Non-Profit-Forschungsinstituten bzw. -universitäten, die mit umfangreichen staatlichen Zuschüssen und Projektaufträgen alimentiert wurden. Diese sollten, so erinnerte sich ein ehemaliger Mitarbeiter, als wissenschaftliche Institutionen „as free as possible from the normal procurement practices" arbeiten; doch zweifellos waren sie – auch über die staatlichen Aufträge – von Beginn an in die Denkstrukturen des Kalten Krieges integriert.[11] Ihre Aufgabe war es nämlich zunächst, strategisch-militärische Planungen der US-Regierung in der Phase des entstehenden Kalten Krieges wissenschaftlich zu unterstützen, „taking into consideration our scientific and technological resources and their future development".[12] Zentrale Bedeutung gewannen dabei neben dem bereits genannten MIT – das eigentlich eine Forschungsuniversität war – das 1946 entstandene und interdisziplinär arbeitende Stanford Research Institute und vor allem die „RAND Corporation" (Research and Development Corporation), welche als das geradezu sagenumwobene Vorbild von Forschungsinstitutionen in Europa galt.

Die RAND Corporation entstand aus dem Kalkül hoher US-Militärs der Air Force, wissenschaftliche Expertise für Militär und Wirtschaft auch nach Kriegsende zu sichern. General Henry Arnold initiierte eine Kooperation zwischen der Air Force und den Douglas Flugzeugwerken, um eine Forschungsstätte namens Project RAND im Hauptquartier von Douglas im kalifornischen Santa Monica einzurichten. Als Starthilfe konnte Arnold 10 Millionen Dollar aus dem For-

---

[10] Vgl. Thomas Stamm-Kuhlmann, Zwischen Staat und Selbstverwaltung. Die deutsche Forschung im Wiederaufbau 1945–1965, Köln 1981; Ritter, Großforschung, S. 56–62; Szöllösi-Janze, Großforschung, S. 224–227.

[11] Levien, RAND, S. 433–462, S. 439; vgl. Philip Rocco, Wissensproduktion in der RAND Corporation, in: Greiner/Müller/Weber (Hrsg.), Macht, S. 301–320, der die Systemanalyse bei RAND beschreibt, aber den übergreifenden Aspekt der Kybernetisierung des Denkens übersieht; James Allen Smith, The Idea Brokers. Think Tanks and the Rise of the New Policy Elite, New York, Toronto 1993.

[12] Edward L. Bowles an General H. H. Arnold, 1946, zit. nach Levien, RAND, S. 439.

schungsetat der Air Force einbringen. RANDs Auftrag war es, „a continuing program of scientific study and research on the broad subject of air warfare with the object of recommending to the Air Force preferred methods, techniques, and instrumentalities for this purpose" zu entwerfen.[13] Dabei stand RAND in Kontinuität zum *Operations Research* der Kriegszeit. Dies zeigte sich an den verwendeten Methoden ebenso wie an der personellen Kontinuität zum NRDC und den *Operations-Research*-Gruppen, aus denen sich viele Mitstreiter nach dem Ende des Zweiten Weltkrieges bei RAND wiederfanden. Zum Renommee des *Operations Research* trug auch die verbreitete Überzeugung bei, dass diese eine wissenschaftlich-rationale Kriegsführung gesichert und somit maßgeblich zum Sieg beigetragen habe.[14] Um die Unabhängigkeit des Think-Tanks von der Flugzeugindustrie zu wahren, koppelte sich das Institut, nun als RAND Corporation firmierend, 1948 von Douglas ab, nahm Stiftungskapital – insbesondere von der Ford Foundation – auf und agierte in der Folge als formal unabhängige Non-Profit-Forschungsorganisation, die sich über Dauer-Kontrakte in besonderer Weise mit der US-Air Force und dann der Atomic Energy Commission verband.[15] Die jungen Wissenschaftler, zunächst vor allem aus dem Bereich der Mathematik und Naturwissenschaft, erweiterten rasch das Repertoire an Forschungsgegenständen und die methodisch-theoretische Basis von RAND. Neben technischen Aufgaben aus dem militärischen Wirkungskreis der Air Force rückten militärstrategische Fragen in den Mittelpunkt, die dem entstehenden Kalten Krieg und dem angebrochenen nuklearen Zeitalter geschuldet waren. Hinzu kamen Studien aus dem Bereich der Logistik und der Sozialpolitik, welche RAND auch für innenpolitische Fragestellungen öffneten. Zunehmend erweiterte sich das methodische Spektrum von RAND auf Methoden der Voraussage im Bereich von Forschung und Technologie und administrative Planungsverfahren, wie sie sich etwa im vieldiskutierten *Planning Programming Budgeting System* (PPBS) manifestierten. Das systematisiert-computerunterstützte PPBS wurde zunächst in der Haushaltsplanung des US-Verteidigungsministeriums und ab 1968 in allen Dienststellen der US-Regierung eingesetzt.[16] Die methodische Kompetenz im Bereich Prognostik und Planung speiste sich aus der Operationalisierung von drei (im Kern neuen) wissenschaftlichen Theorien oder Meta-Wissenschaften: der Kybernetik, der Spieltheorie und der Rational-Choice-Theorie.

---

[13] RAND charter, zit. nach Amadae, Democracy, S. 32; vgl. The RAND Corporation, The First Fifteen Years, Santa Monica 1963, S. 1–7; Ghamari-Tabrizi, Worlds, S. 49–54.

[14] Vgl. Fortun/Schweber, Scientists, S. 625.

[15] Vgl. hierzu die ansonsten wenig wissenschaftliche Distanz zeigende Studie von Bruce L. R. Smith, The RAND Corporation. Wissenschaftliche Politik-Beratung in den USA, Düsseldorf 1971, S. 27–54; wichtig Amadae, Democracy, S. 32–39; Collins, Cold War, S. 156–161.

[16] Vgl. Philip Mirowski, Machine Dreams. Economics Becomes a Cyborg Science, Cambridge, Mass., New York 2002; Sharon Ghamari-Tabrizi, The Worlds of Herman Kahn, S. 46–60; David R. Jardini, Out of the Blue Yonder. How RAND Diversified into Social Welfare Research, 1998, http://www.rand.org/publications/randreview/issues/rr-fall-98/blue.html, 1998 (zuletzt aufgerufen am 3.1.2015); The RAND Corporation, The First Fifteen Years; zu PPBS Smith, RAND, S. 62f.

Die *Kybernetik* erlebte nach 1945 einen kometenhaften Aufstieg, ja galt in den 1950er und 1960er Jahren als neue „Universalwissenschaft".[17] Als Wissenschaft von der Regelung, Nachrichtenübermittlung und Steuerung in Systemen hatte sie Wurzeln im 19. Jahrhundert, als Biologen das Prinzip von Regelungsvorgängen in Lebewesen untersuchten. Aus der Telegraphie hatte sich zudem die Nachrichtentechnik entwickelt. Die Technikwissenschaften, und hier auch die Nachrichtentechnik, unterlagen in den 1930er Jahren generell einer verstärkten Theoretisierung und Mathematisierung. In den USA arbeitete Claude Shannon in den *Bell Labs* zur Informationstheorie. In Deutschland stellte der Physiker Hermann Schmidt am Kaiser-Wilhelm-Institut für Eisenforschung Überlegungen zu einer Allgemeinen Regelungstheorie an. Als Vater der Kybernetik, weil er nach 1945 am schnellsten seine Überlegungen publizierte, galt aber der amerikanische Mathematiker Norbert Wiener. Am MIT hatte Wiener zunächst zur Quantentheorie und zur Stochastik gearbeitet, war dann mit der Entwicklung automatischer Rechenmaschinen beschäftigt und konstruierte im Kriege für das OSRD den „Antiaircraft Predictor". Dieser sollte die Flugbewegungen gegnerischer Flugzeuge abschätzen und so die optimale Ausrichtung der Artillerie berechnen. Wiener arbeitete hierbei mit einem elektronischen Rechner – dem Vorläufer des Computers –; und er tat dies mit einem systemischen, Maschine und Mensch berücksichtigenden Ansatz.[18] Wiener baute dabei auf dem sogenannten Ergodentheorem auf und ergründete mittels statistischer Methoden das Verhalten dynamischer Systeme im Falle inkompletter Information. Für die Voraussage müssten, davon war Wiener überzeugt, menschliche und mechanische Prozesse zusammengedacht werden.[19] Hieraus entwickelte er die These, biologische, technische und soziale Systeme seien in ganz ähnlicher Weise durch Nachrichtentransfers (also Informationstransfers) strukturiert. Aufgabe der Kybernetik als „Science of control and communication in the animal and the machine"[20] sei demnach die Analyse der

---

[17] Hagner, Aufstieg, S. 40.
[18] Vgl. Bluma, Wiener, S. 54–117; David A. Mindell, Automation's Finest Hour. Radar and System Integration in World War II, in: Hughes/Hughes (Hrsg.), Systems, S. 27–56; Wolfgang Pircher, Markt oder Plan? Zum Verhältnis von Kybernetik und Ökonomie, in: Claus Pias (Hrsg.), Cybernetics. The Macy-Conferences 1946–1953, Bd. 2, Berlin 2004, S. 81–96, hier S. 87.
[19] Vgl. Volker Henn, Materialien zur Vorgeschichte der Kybernetik, in: Studium Generale 22 (1969), S. 164–190, S. 170–187; Bluma, Wiener, S. 25–117; Steve J. Heims, John von Neumann and Norbert Wiener. From Mathematics to the Technologies of Life and Death, Cambridge, Mass. 1980, S. 182–186; kritisch Peter Galison, Die Ontologie des Feindes. Norbert Wiener und die Vision der Kybernetik (Orig. 1994), in: Michael Hagner (Hrsg.), Ansichten der Wissenschaftsgeschichte, Frankfurt a. M. 2001, S. 433–485. Zur Ergodentheorie auch G. D. Birkhoff, What is the Ergodic Theorem?, in: The American Mathematical Monthly 49 (1942), H. 4, S. 222–226; Norbert Wiener/Aurel Wintner, On the Ergodic Dynamics of Almost Periodic Systems, in: American Journal of Mathematics 63 (1941), H. 4, S. 794–824.
[20] Norbert Wiener, Cybernetics or Control and Communication in the Animal and the Machine, New York 1948 (Dt.: Kybernetik. Regelung und Nachrichtenübertragung im Lebewesen und in der Maschine, Düsseldorf, Wien 1963); vgl. Ders., The Human Use of Human Beings. Cybernetics and Society, Boston 1950 (Dt.: Mensch und Menschmaschine. Kybernetik und Gesellschaft, Frankfurt a. M., Berlin 1952), als für einen breiteren Leserkreis geschriebene er-

Wechselwirkungen zwischen den Elementen des Systems einerseits sowie dem System und seiner Umwelt andererseits, also der Nachrichtentransfers und der Regelkreis-Mechanismen. Dem Regelkreis kam dabei zentrale Bedeutung zu, weil die Kybernetik davon ausging, dass Nachrichten über Ergebnisse bzw. Wirkungen innerhalb des Systems rückgekoppelt wurden und so Prozesse durch positive oder negative Rückkopplung verstärkt bzw. geschwächt werden konnten. Das Grundprinzip der Regelung sah eine Selbstregulation des Systems vor: Die Ausgangsgröße sollte auf einem konstanten oder vorgegebenen Sollwert gehalten werden (Homöostase); eine Differenz zwischen Ausgangs- und Sollwert sollte rückgemeldet und dann die Eingangsgröße verändert werden, um einen bestimmten Soll-Wert zu erreichen. Umgekehrt war im Prinzip der Rückkopplung aber auch die zielorientierte *Steuerung* eines Systems oder von Vorgängen innerhalb eines Systems enthalten (so entlehnte Wiener auch die Bezeichnung Kybernetik von „Kybernetes", dem Steuermann eines Schiffes). Der Begriff der *Steuerung* (eines Systems), der dann auch in der Planungspolitik der 1960er Jahre zentrale Bedeutung gewann, hatte hier seine eigentlichen Wurzeln. Das „Feedback" sollte einen Lernprozess im System auslösen; und so transportierte die Kybernetik auch ein Stück technizistisches Fortschrittsdenken – trotz aller Kreislaufmetaphorik.[21]

Das Besondere der Kybernetik war die vom Behaviorismus, also der erfahrungswissenschaftlichen Verhaltenstheorie, gespeiste Ausgangsüberlegung, dass sich Mensch und Maschine als Gegenstände wissenschaftlicher Forschung nicht unterschieden. So ging die Kybernetik davon aus, dass Regelung und Nachrichtenübermittlung in „Kommunikationsmaschinen" und in menschlichen Organismen bzw. sozialen Systemen „völlig parallel verlaufen"[22], also „mit denselben mathematischen Hilfsmitteln beschrieben werden können."[23] Dabei war Wiener noch im Krieg von einem, so Peter Galison, „manichäischen" Weltbild des feindlichen Gegenübers geleitet.[24] Doch sah Wiener dann die Kybernetik auch als Schlüssel zur Humanisierung von Informations- und Arbeitsabläufen: Die Informationen sollten nicht mehr „von oben komm[en]" und stupide Arbeitsgänge durch kybernetisierte Methoden und Technik von ‚lernenden' Maschinen, also nicht mehr vom Menschen bewerkstelligt werden. Insbesondere könnten durch die Kybernetik Rechenmaschinen durch Programmieren in ihrem Ablauf geregelt werden und so zum „Zentrum der automatischen Fabrik" werden. Wiener verkannte auch nicht die Gefahr eines möglichen Missbrauchs durch autoritäre Ziele oder kritiklose Übernahme der „Gewandtheit der Entscheidungen, die die Ma-

---

ganzende Darstellung. Das „System" definierte Stafford Beer, der führende britische Kybernetiker, als „any collection of entities that can be understood as forming a coherent group": Stafford Beer, What has Cybernetics to do with Operational Research?, in: Operational Research Quarterly 10 (1959), H. 1, S. 1–21, hier S. 3.
[21] Wiener, Mensch; vgl. Bluma, Wiener, S. 25–49, 118–144; Henn, Materialien, S. 168f.; Hagner, Aufstieg, S. 46–59; zu Zukunftsforschung und Kybernetik schon Schmidt-Gernig, Zeitalter.
[22] Wiener, Mensch, S. 26; vgl. Galison, Ontologie, S. 441–460.
[23] Henn, Materialien, S. 166.
[24] Galison, Ontologie, u. a. S. 474.

schine fällt", durch den Menschen.[25] Dennoch wurden so Leitbilder, die im Kern einer mechanistischen oder technizistischen Weltsicht entstammten, auf die humane Welt appliziert.[26]

Im Übergang zu den 1950er Jahren durchdrang die Kybernetik in den USA verschiedene Disziplinen und Wissensbereiche.[27] Sie avancierte – erst in den USA, dann in den 1960er Jahren in Europa – zu einem „imaginäre[n] Standort", „an dem ein bestimmter Erkenntnistypus Gestalt annahm, ein gewisses Wirklichkeitsverständnis Kontur gewann und eine Wissenslandschaft entworfen wurde".[28] Ihr Siegeszug gründete darin, dass sie nicht nur als „inter-disciplinary"[29] galt (wobei die inhärente Dominanz des naturwissenschaftlichen Zugangs über den sozial- und geisteswissenschaftlichen unverkennbar war), sondern auch als neue Metadisziplin, welche die Grenzen von Natur und Geist, von Natur-, Sozial- und Geisteswissenschaften überschritt – „uniting the body of thinking".[30] Zudem suggerierte sie, als neue Synthese von *Episteme* und *Techne*, von Erkennen und Handeln eine Universalisierung von Wissen zu liefern.[31] Dabei erschien die Kybernetik in der Phase eines dynamischen Wachstums von Wissenschaft und eines schnellen technischen und sozialen Wandels in kongenialer Weise zu ermöglichen, den Wandel zu steuern und so die wahrgenommene wachsende Komplexität zu reduzieren.[32] Zweifellos forcierten Vertreter der Kybernetik das Sprechen über Komplexität, um so zugleich den Schlüssel zur Bewältigung der Komplexität bereit zu halten und damit Sicherheit zu suggerieren. Daneben prägte die Aussicht, mittels neuer Steuerungskompetenz und Effizienz im Systemwettbewerb obsiegen zu können, das amerikanische Interesse an der Kybernetik; umgekehrt war sie dann aber auch anschlussfähig an Konvergenztheorien und die aufkommende Entspannung in den 1960er Jahren. Die Kybernetik ließ sich eben auch als

---

[25] Wiener, Mensch, S. 168, 27, 193.

[26] Vgl. Hagner, Aufstieg, S. 46–59; Galison, Ontologie; kritisch zu quantitativen Methoden zur Bewertung von Risiken Theodore M. Porter, Trust in Numbers. The Pursuit of Objectivity in Science and Public Life, Princeton 1995.

[27] Eine zentrale Rolle für die epistemologische Fundierung und Professionalisierung der Kybernetik kam den sog. Macy-Konferenzen zu, auf denen ab 1946 Vertreter aus Mathematik, Physik, Psychologie, Soziologie und Wirtschaftswissenschaft über die epistemologischen und anwendungsorientierten Grundlagen der Kybernetik diskutierten. Vgl. Pias (Hrsg.), Cybernetics; Steve J. Heims, Constructing a Social Science for Postwar America. The Cybernetics Group 1946–1953, Cambridge, Mass. 1993; Geoff Bowker, How to be Universal. Some Cybernetic Strategies 1943–70, in: Social Studies of Science 23 (1993), S. 107–127.

[28] Erich Hörl/Michael Hagner, Überlegungen zur kybernetischen Transformation des Humanen, in: Dies. (Hrsg.), Transformation, S. 7–37, hier S. 7.

[29] Beer, Cybernetics, S. 2.

[30] Ebd.; vgl. Otto Walter Haseloff, Kybernetik als soziale Tatsache, in: Bergedorfer Gesprächskreis zu Fragen der freien industriellen Gesellschaft (Hrsg.), Kybernetik als soziale Tatsache. Anwendungsbereiche. Leistungsformen und Folgen für die industrielle Gesellschaft, Hamburg, Berlin 1963, S. 9–41, hier S. 13–16.

[31] Vgl. Wiener, Mensch, S. 148f.; Karl W. Deutsch, Politische Kybernetik. Modelle und Perspektiven, Freiburg i.Br. 1969 (Orig.: The Nerves of Government, 1963); Haseloff, Kybernetik, S. 17–20; Hagner, Aufstieg, S. 38f.

[32] Vgl. z.B. Beer, Cybernetics, S. 4–5; Haseloff, Kybernetik, S. 16.

Konzentration auf Prozesslogiken und Informationsströme statt auf Ideologien verstehen.³³ Die Verbindungslinie der Kybernetik zur Prognostik war evident: Die Kybernetik beschäftigte sich ja mit Problemen der Steuerung und damit auch der „optimalen Vorhersage". Wenn Rückkopplungen berücksichtigt wurden, ließen sich – so die Überlegung – Prognosen im Planungsprozess so elastisch gestalten, dass Veränderungen und deren Wirkungen jeweils sofort in die Planung integriert werden konnten. Dies schien die Möglichkeit zu bieten, die Zukunft zu steuern und nach eigenen Zielvorstellungen planen zu können.³⁴

Mit der Kybernetik zog das Denken in Regelkreisen, in Systemstrukturen, Steuerungs- und Simulationsmodellen in die Think-Tanks ein, und dies indiziert bereits die Verbindung zur *zweiten* Theorie, der *Spieltheorie*, aus deren Hintergrund Simulationen entsprangen. Die Spieltheorie hatte ihre Vorläufer in mathematischen Überlegungen zu Nullsummenspielen zwischen zwei Spielern, dem sogenannten Minimax-Theorem, welche in den 1920er Jahren der französische Mathematiker und Wahrscheinlichkeitstheoretiker Émile Borel und der Berliner Mathematiker John von Neumann entwickelten. Damit besaß die Spieltheorie europäische Wurzeln, aber entstand in der genuinen Verbindung von angewandter Mathematik und Wirtschaftswissenschaft (und ihrem Theorem des am eigenen Nutzen orientierten *homo oeconomicus*) erst im Zweiten Weltkrieg in den USA. 1943 verfasste von Neumann, inzwischen in die USA emigriert, mit dem Ökonomen Oskar Morgenstern, ebenfalls ein Emigrant, die „Theory of Games and Economic Behaviour", ein Buch, das Weltruhm erlangte.³⁵ Die Grundlagen der Spieltheorie beschrieben von Neumann und Morgenstern als Methode zur Untersuchung und Optimierung von Entscheidungen in Konfliktsituationen. Mithin richtete sich die Spieltheorie auf menschliche Entscheidungssituationen unter Unsicherheit. Es ging also nicht um jene Entscheidungen, in denen verschiedene Aspekte präferiert werden konnten, aber die Kontrolle beim Entscheider verblieb, sondern es ging um „Probleme, die Konflikt, Kooperation oder beides mit sich bringen", weil die Entscheidungssubjekte verschiedene Zielsetzungen

---

[33] Vgl. Jakob Tanner, Komplexität, Kybernetik und Kalter Krieg. „Information" im Systemantagonismus von Markt und Plan, in: Hagner/Hörl (Hrsg.), Transformation, S. 377–413; Slava Gerovitch, From Newspeak to Cyberspeak. A History of Soviet Cybernetics, Cambridge, Mass. 2002; Heims, Science; Rolf Kreibich, Die Wissenschaftsgesellschaft. Von Galilei zur High-Tech-Revolution, Frankfurt a. M. 1986, S. 246–280; auch Schmidt-Gernig, Zeitalter.

[34] Wiener, Kybernetik, S. 29; vgl. Hagner, Aufstieg, S. 59f.; zur „elastischen" Planung Nicolaus Sombart, Krise und Planung. Studien zur Entwicklungsgeschichte des menschlichen Selbstverständnisses in der globalen Ära, Wien u. a. 1965, S. 66.

[35] Auch für das Folgende John von Neumann/Oskar Morgenstern, Theory of Games and Economic Behavior, Princeton 1943; Robert Leonard, Von Neumann, Morgenstern, and the Creation of Game Theory. From Chess to Social Science, 1900–1960, Cambridge, Mass. 2010; Andreas Ryll, Spieltheoretische Ansätze, in: Jürgen Kriz/Dieter Nohlen/Rainer-Olaf Schultze (Hrsg.), Lexikon der Politik. Band 2: Politikwissenschaftliche Methoden, München 1994, S. 431–437; zur Vorgeschichte Robert W. Dimand/Mary Ann Dimand, The Early History of the Theory of Strategic Games from Waldegrave to Borel, in: Eliot Roy Weintraub (Hrsg.), Toward a History of Game Theory, Durham, London 1992, S. 15–27.

haben, „deren Schicksal miteinander verwoben ist".³⁶ Damit umfasste die Spieltheorie jene Bereiche, in denen bestimmte Regeln eines „Spieles" vorliegen und Ziele erreicht werden sollen, aber zugleich berücksichtigt werden muss, dass andere Spieler andere Zielsetzungen haben, die den eigenen zumindest tendenziell widersprechen. Als Anwendungsbereiche der Spieltheorie galten alltägliche Interessenaushandlungen in der Familie, innerhalb oder zwischen Unternehmen, aber in besonderer Weise die Felder der Diplomatie und des Militärs. In entscheidender Weise orientierte sich die Spieltheorie am Behaviorismus, also der erfahrungswissenschaftlichen Verhaltenstheorie, die seit den 1930er Jahren die US-Wissenschaften durchdrang. Ziel des Behaviorismus war es, das Verhalten von Menschen vor allem mittels naturwissenschaftlicher Methoden, also mittels Beobachtung und Beschreibung zu erklären und zu prognostizieren. In wissenschaftstheoretischer Hinsicht galt das Verifikationsprinzip, das heißt sämtliche Aussagen mussten verifizierbar sein (im Gegensatz zur analytischen Wissenschaftstheorie, welche die prinzipielle Falsifizierbarkeit von Aussagen ins Zentrum stellt, also die Frage, ob eine Aussage widerlegt werden kann).³⁷ Die Spieltheorie konstruierte zur Darstellung der Spielkonstellation mathematische Modelle, um die Entscheidungssituation zu erforschen und Bewertungsmethoden, Präferenzen und Nutzen für einen Spieler zu beschreiben. Zwar hatte sie auch eine deskriptive Komponente, weil sie versuchte, das beobachtete Verhalten mittels rationalen Verhaltens zu erklären; doch im Allgemeinen war sie prognostisch-planerisch angelegt, weil sie Hypothesen darüber aufstellte, was die Spieler als nächstes tun würden, und in einer strategischen Perspektive Verhaltensempfehlungen an einen Spieler aussprach. Dies geschah entweder mittels einer graphischen Beschreibung, welche einen „Spielbaum" und damit Entscheidungsalternativen und deren Folgen anzeigte, oder mittels einer sogenannten strategischen Form, welche anhand von Matrizen Folgen von Entscheidungen beschrieb, berechnete und verschiedene Möglichkeiten durchspielte. Neumann und Morgenstern beschäftigten sich vor allem mit sogenannten Konstantsummenspielen (also Nullsummenspielen), in denen die Interessen beider Parteien entgegengesetzt waren und somit die Summe des Gewinns gleich blieb. Doch Neumanns Überlegungen integrierten auch erste Berechnungen zu Kooperationen bzw. Strategiekombinationen, in denen der Nutzen, also der Gewinn in einem Spiel steigerbar erschien. Die Verbindung zu RAND ergab sich über von Neumann, der Anfang der 1940er Jahre zunächst einer *Operations-Research*-Gruppe der Navy angehörte, dann am Manhattan Project beteiligt und später als Berater für RAND tätig war.³⁸ So flossen spieltheoretische Ansätze in die Arbeit von RAND, die ihren prognos-

---

[36] Martin Shubik, Spieltheorie und die Untersuchung des sozialen Verhaltens. Eine einführende Darstellung, in: Ders. (Hrsg.), Spieltheorie und Sozialwissenschaften, Hamburg 1965 (Orig. 1964), S. 13–85, hier S. 18; vgl. ebd.
[37] Vgl. Bernard Berelson, Behavioral Sciences, in: David L. Sills (Hrsg.), International Encyclopedia of the Social Sciences, New York 1968, S. 21–45.
[38] Er wirkte auch an den sogenannten Macy-Konferenzen mit; vgl. Pias, Cybernetics; Heims, Science, S. 11 f., 19 f.

tischen Gehalt in der Bildung von Szenarien und in Simulationsmodellen hatten. Diese manifestierten sich insbesondere im sogenannten *War Gaming*, also in spieltheoretisch unterfütterten Strategien im Kalten Krieg.

Die Spieltheorie mit ihrem ökonomisch-behavioristischen Axiom des rational denkenden, kühl kalkulierenden Spielers, der im Sinne einer Zweck-Mittel-Rationalität abwog, fand Eingang in die *dritte* Theorie, welche die Prognostik in den Think-Tanks prägte; diese Theorie wurde sogar mehr oder weniger bei RAND entwickelt: „It is no exaggeration to say that virtually all the roads to rational choice theory lead from RAND."[39] Die Theorie der rationalen Entscheidung *(Rational-Choice-Theorie)* ruhte auf unterschiedlichen Wissens- und Ideenbeständen: auf den Grundlagen der liberalen Ökonomie und ihres Leitbildes des rational und zum eigenen Vorteil agierenden *homo oeconomicus*, auf den Ideen des angloamerikanischen Utilitarismus, der sich mit einer pragmatischen Form des Konsequentialismus und des größtmöglichen Nutzens für alle verband, und der bereits beschriebenen Spieltheorie. Als Theorie der rationalen Entscheidung ging sie aus vom rational, also vernünftig, im Eigeninteresse und zum eigenen ökonomischen Vorteil handelnden Individuum. Stärker noch als die Spieltheorie war die Rational-Choice-Theorie anwendungsorientiert und setzte als Entscheidungsmaßstab ökonomische, quantitative Kosten-Nutzen-Erwägungen an. Dabei gewann sie eine besondere politische Konnotation, insofern sie als *Rational Choice Liberalism* im Kalten Krieg als US-amerikanischer Gegenentwurf zum Kollektivismus des Marxismus und der sozialistischen Staaten entstand bzw. dazu überhöht wurde. So fand die Rational-Choice-Theorie eine besondere ideelle und institutionelle Basis bei RAND. Damit ging eine disziplinäre Verlagerung einher: Ende der 1950er Jahre entstammte die Mehrzahl der Mitarbeiter RANDs nicht mehr der Mathematik oder den Natur- oder Ingenieurwissenschaften, sondern der Wirtschaftswissenschaft.[40] Zu einer theoretischen Grundlage von Prognostik wurde die Rational-Choice-Theorie, weil sie vom vollkommen informierten, berechenbar agierenden Handelnden ausging, dessen rational begründete Entscheidung damit als voraussagbar galt. Mithin erschien sie als „explanatory device for predicting the outcomes of human action".[41]

Die methodisch-theoretischen Wissensbestände von Kybernetik, Spieltheorie und Rational-Choice-Theorie hatten zentralen Anteil daran, dass in den US-Think-Tanks Methoden der Vorhersage entstanden. Die Methoden bauten auf dem *Operations Research* auf, das sich bei RAND zur sogenannten *Systems Analysis* weitete, welche ebenso vielgestaltig und schwer fassbar erscheint.[42] Das *Operations Research*, so RAND, sei ja im Kern ein mathematisch-statistischer Methodenkanon, von Mathematikern und Naturwissenschaftlern entwickelt und

---

[39] Amadae, Democracy, S. 11.
[40] Vgl. ebd., S. 40.
[41] Ebd., S. 28.
[42] Vgl. Ghamari-Tabrizi, Worlds, S. 46f.; Amadae, Democracy, S. 39f.; Jardini, Yonder; Fortun/ Schweber, Scientists, S. 606–613.

angewendet, im Allgemeinen mit taktischen Problemen bei der Zusammenarbeit von Mensch und Maschine beschäftigt, in denen es um Fragen der Effizienz ging. *Systems Analysis* war hingegen mehr die Wissenschaft von der Strategie („science of strategy")[43], die Bezug nahm auf das „far more complex problem of choice among alternative future systems, where the degrees of freedom and the uncertainties are large, where the difficulty lies as much in deciding what ought to be done as in how to do it".[44] Als Kennzeichen der *Systems Analysis* betrachtete RAND den mittel- und langfristigen Zeithorizont von Zukunft und Planung über kurzfristige taktische Überlegungen hinaus, das rationale Entscheiden unter größerer Unsicherheit bei komplexeren Fragestellungen (wie sie eben auch bei Spieltheorie und Rational-Choice-Theorie entwickelt worden waren) und die Modellierung größerer Probleme durch das kybernetische Denken in Systemen, welches Steuerungsmethoden und eine „optimale Vorhersage"[45] ermöglichte. *Systems Analysis* war damit im Gegensatz zum *Operations Research* genuin interdisziplinär angelegt; es schloss neben mathematischen und naturwissenschaftlichen Methoden sozial- und wirtschaftswissenschaftliche Expertise ein.[46] Hinzu kam, dass sich die *Systems Analysis* angesichts der Entwicklung der Computertechnologie – für die unter anderem John von Neumann verantwortlich zeichnete – nun in den allermeisten Fällen mit dem Einsatz des Computers und damit einer quantitativen, seriellen Prägung verband.[47] Zweifellos lassen sich so in der *Systems Analysis* Aspekte eruieren, die im *Operations Research* weniger oder nicht ausgeprägt waren. Gleichwohl ist es augenfällig, dass *Systems Analysis* bei RAND auch ein Stück weit zur neuen Meta-Methode konstruiert und ‚hochgeschrieben' wurde, um so eine Art Quantensprung in der Produktion und Ordnung von Wissen für die militärstrategische und politische Planung zu suggerieren. In diesem Sinne überrascht es nicht, dass sehr ähnliche, kybernetisch inspirierte Meta-Methoden der Produktion und Ordnung von Wissen im Bereich der Planung in anderen Think-Tanks wie dem MIT, in der NASA oder in der Wirtschaft auch als *Systems Dynamics*, *Systems Engineering* oder weiterhin als *Operations Research* firmierten; die begrifflichen Grenzen waren hier zweifellos fließend.[48]

Welche konkreten Methoden im Bereich der Vorausschau gehörten nun in den Think-Tanks zum Kanon der *Systems Analysis*?[49] Zum ersten gewannen *Simulationsmodelle* zentrale Bedeutung, welche mittels Modellen Prozesse simulieren

---

[43] Amadae, Democracy, S. 43.
[44] The RAND Corporation, The First Fifteen Years, S. 27, im Weiteren S. 26–28; Collins, Cold War, S. 170–173.
[45] Wiener, Kybernetik, S. 29; vgl. Hagner, Aufstieg, S. 59f.
[46] Vgl. The RAND Corporation, The First Fifteen Years; Herman Kahn/Irwin Mann, Techniques of Systems Analysis. Memorandum RM-1829-1-PR, Santa Monica 1957; zum wachsenden Einfluss der Sozial- und Wirtschaftswissenschaften bei RAND auch Smith, RAND, S. 17f.; Jardini, Yonder. Den kybernetischen Einfluss übersieht Ghamari-Tabrizi, Worlds, S. 124–148.
[47] Vgl. Pircher, Schatten, S. 375f.
[48] Mit einer weit gefassten Definition von Systems Analysis Ackoff, Operations. Zur Mehrdeutigkeit von Systems Analysis auch Ghamari-Tabrizi, Worlds, S. 129f.
[49] Kreibich, Zukunftsforschung Bundesrepublik, S. 46–49.

sollten, um so Erkenntnisse über die Wahrscheinlichkeit zukünftiger Entwicklungen eines Systems zu erhalten. Zu nennen ist insbesondere die sogenannte Monte-Carlo-Simulation: Physiker, Mathematiker und Statistiker – u. a. John von Neumann – entwickelten auf der Basis der Spieltheorie, der Wahrscheinlichkeitstheorie und Überlegungen aus den Wirtschaftswissenschaften zunächst in den Los Alamos Laboratories und dann bei RAND eine Methode, die komplexe Prozesse in einem konstruierten Modell nachbildete. So sollte auf echte Experimente verzichtet werden. Von Neumann ermittelte etwa anhand zahlreicher Durchläufe im Rahmen eines Simulationsmodells das Spektrum möglichen und wahrscheinlichen Verhaltens eines Neutrons beim Zusammentreffen mit Plutonium, was angesichts entstehenden Drucks und Hitze nicht in einer echten Versuchsreihe getestet werden konnte. Dabei arbeitete man mit einem Sample an scheinbar zufälligen Zahlen („,pseudo-random' numbers"), welche vergleichbare statistische Merkmale aufwiesen wie Zufallszahlen, aber in zahlreichen Durchläufen (also Simulationen) den Pfad von Entwicklungen anzeigten (und von der Zufallszahl rührte auch der Name Monte Carlo). Im Grunde ermöglichte erst der Computer die Monte-Carlo-Simulation, weil sich so eine beliebig große Zahl an Durchläufen simulieren ließ.[50] Dieses Verfahren eignete sich vor allem für Voraussagen aus dem naturwissenschaftlichen Bereich, in dem bestimmte Bedingungen und gesetzmäßige Zusammenhänge gleich blieben (Ceteris-Paribus-Annahme). Politische und soziale Zusammenhänge waren jedoch sehr viel stärker wechselnden historischen Konstellationen und individuellen Faktoren unterworfen. Dennoch erweiterten Think-Tanks wie RAND die Simulation bald auf militärstrategische und politische Fragen. Der RAND-Physiker Herman Kahn arbeitete in den 1950er Jahren mit der Monte-Carlo-Methode, indem er verschiedene Kombinationen von US-amerikanischen Flugzeugen für Bombeneinsätze gegen sowjetische Verteidigungsstellungen simulierte.[51] Mit dieser Konzentration auf die – im Allgemeinen quantitativ angelegte – Simulation schufen sich die Forscher eine eigene Welt, welche sich von der Wirklichkeit zunehmend abkoppelte: „The Rand thinkers inhabited a closed world of their own making, one in which calculations and abstractions mattered more than experiences and observations, since so few of the latter even existed to be applied".[52] In diesem Zusammenhang verselbständigte sich die Rolle des Computers: War dieser zunächst ein Instrument, schneller rechnen und genauer simulieren zu können, so rückte er zunehmend in den Mittelpunkt der Simulationsmodelle, ja avancierte geradezu zum Wesen („nature")

---

[50] Ghamari-Tabrizi, Worlds, S. 131, vgl. S. 132–137; Smith, RAND, S. 62f.; Herman Kahn/Irwin Mann, Monte Carlo, RAND Paper P-1165, 30. 7. 1957, http://www.rand.org/content/dam/rand/pubs/papers/2007/P1165.pdf (letzte Abfrage 3. 1. 2015); zum Modell in der Prognostik auch Wolfgang Gebhardt, Naturwissenschaft und Prognostik, in: Knoll/Schirmacher (Hrsg.), Zeiten, S. 225–230.

[51] Kahn/Mann, Monte Carlo, S. 5; vgl. Dies., Techniques, S. 48–55; Ghamari-Tabrizi, Worlds, S. 66;

[52] Paul N. Edwards, The Closed World. Computers and the Politics of Discourse in Cold War America, Cambridge, Mass. 1996, S. 120.

der Methode.⁵³ Einen besonders breiten Anwendungsbereich von computerunterstützten Simulationsmodellen für die Prognostik entwickelte Ende der 1960er Jahre das MIT. Der Ingenieur und Systemtechniker Jay Forrester nannte seinen Ansatz *Systems Dynamics*, mit dem er mittels computergestützter Simulationsmodelle Interaktionen innerhalb komplexer dynamischer Systeme erforschte. Diese hatten zunächst Unternehmen und Städte zum Gegenstand, schließlich Anfang der 1970er Jahre im „Weltmodell" von „The Limits to Growth" gar die globale Entwicklung von Bevölkerung, Wirtschaftsleistung, Ressourcen und Umweltverschmutzung.⁵⁴

Verwandt mit der Simulation war zum zweiten die *Szenariomethode*, welche hypothetische Veränderungen in einzelnen Entwicklungsfaktoren in größere Zukunftsbilder oder -modelle (Szenarien) goss und in Entwicklungspfaden veranschaulichte. Ausgehend von einer Problemanalyse wurde im Rahmen des Szenario-Writing entweder ein einzelnes oder ein ganzes Spektrum an Szenarien entworfen, die teilweise innerhalb eines sogenannten Szenariotrichters angeordnet und visualisiert wurden, um so wahrscheinlichere und weniger wahrscheinlichere Szenarien zu unterscheiden.

Entscheidend an der Szenario-Methode war und ist, dass immer nur gewisse Ausschnitte der Gegenwart, also Schlüsselfaktoren, im Rahmen des Szenarios betrachtet werden können. „Klassisches" Szenario war die Trendextrapolation, die einen oder mehrere Entwicklungsfaktoren linear in die Zukunft verlängerte.⁵⁵

Sicherlich spielten Szenarien in den taktischen und strategischen Überlegungen von Militär und Diplomatie seit je eine Rolle; gerade im Felde waren Szenarien notwendig, um gegnerische Taktiken und Strategien zu antizipieren. Neu waren aber nun in den 1950er Jahren die spieltheoretische Unterfütterung von Szenarien und ihre systematische Aufbereitung in qualitativen und quantitativen Studien. Bei RAND manifestierten sich Szenarien zunächst im sogenannten *War Gaming*, also in spieltheoretisch angelegten militärstrategischen und außenpolitischen Überlegungen und Berechnungen, welche das Freund-Feind-Denken des Kalten Krieges spiegelten.

Seit der Entstehung des Kalten Krieges und der Entwicklung der Atombombe trieb die Sorge vor einem Umschlagen des Kalten in einen ‚heißen' Krieg nicht nur Militär und Politik, sondern auch die Wissenschaftler in den Think-Tanks um. Dies steigerte sich mit dem sogenannten Sputnik-Schock 1957: Indem die Sowjets den ersten künstlichen Erdsatelliten ins All schickten, unterstrichen sie, dass sie die USA raumfahrttechnisch überholt hatten und mittels nuklear bestückter Interkontinentalraketen die USA anzugreifen in der Lage waren. Zunächst dominierte im Pentagon und im westlichen Verteidigungsbündnis die Überlegung, mit der Atomwaffe existiere die „absolute weapon", welche ein Nachdenken über Strategien im

---

⁵³ Vgl. Peter Galison, Computer Simulations and the Trading Zone, in: Ders./David J. Stump (Hrsg.), The Disunity of Science. Boundaries, Contexts, and Power, Stanford 1996, S. 118–157, Zit. S. 157.
⁵⁴ Vgl. Kapitel VII.
⁵⁵ Zur Szenarienbildung allgemein Kosow/Gassner, Methoden, S. 9–11; Ute von Reibnitz, Szenario-Technik. Instrumente für die unternehmerische und persönliche Erfolgsplanung, Wiesbaden 1991; Falko E.P. Wilms (Hrsg.), Szenariotechnik. Vom Umgang mit der Zukunft, Bern 2006.

Abb. 1: Szenariotrichter

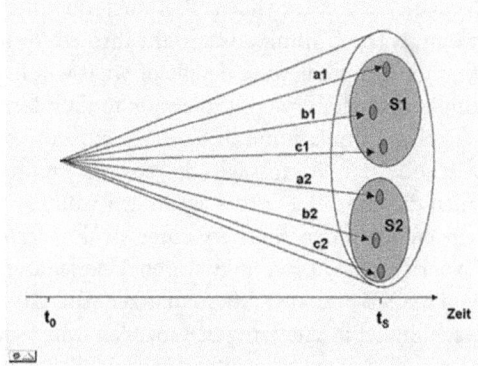

Kalten Krieg zurücktreten lasse, weil der Atomkrieg aufgrund seiner Zerstörungskraft auf beiden Seiten nicht führbar sei. Dem entsprach die militärpolitische Strategie der NATO seit dem Koreakrieg: Die relativ starre Doktrin der *Massive Retaliation* sah vor, dass ein irgendwie gearteter Angriff auf die USA oder ihre Verbündeten mit der massiven Vergeltung und damit der Atomwaffe beantwortet werden solle.[56] Hiervon setzten sich Analysten der RAND Corporation ab, die als *defense intellectuals* firmierten: Strategen wie Herman Kahn, die zum größten Teil einer anderen, jüngeren Generation angehörten als die ‚alten Kämpfer' des Zweiten Weltkrieges, die im Verteidigungsministerium überwogen, argumentierten, der mögliche Nuklearkrieg bringe eine ganz neue Konstellation mit sich. Angesichts der existentiellen Bedeutung der atomaren Bedrohung dürfe die US-Regierung nicht auf eine eindimensionale Strategie setzen. Es sei notwendig, so Kahn in Briefings und Vorträgen, aus denen später die Bestseller „On Thermonuclear War" und „Thinking about the Unthinkable" hervorgingen, über den drohenden Atomkrieg und die strategischen Möglichkeiten der US-Politik im nuklearen Zeitalter nachzudenken – also das Undenkbare zu denken. Hierzu gehörten freie Gedankenassoziationen, aber auch spieltheoretisch inspirierte Szenarien eines möglichen Krieges (das sogenannte *War Gaming*). Spieltheoretisch sei die Maximaldrohung leicht als Bluff zu durchschauen, denn die Sowjets müssten davon ausgehen, dass die Amerikaner nicht ohne weiteres das Leben von Millionen Menschen aufs Spiel setzen würden. Der moderne Krieg lasse nicht mehr die Zeit, Strategie und Abläufe noch einmal zu überdenken: „with events moving so fast, unless preattack preparations for evaluations, negotiation, and operational flexibility have been made there is no way for knowledge of the actual military course of events to improve the conduct of operations". Wichtiger sei es deshalb, in flexiblerer Form als bisher verschiedene

---

[56] Bernard Brodie, The Absolute Weapon. Atomic Power and World Order, New York 1946; vgl. Claus Pias, „One-Man Think Tank". Herman Kahn, oder wie man das Undenkbare denkt, in: Zeitschrift für Ideengeschichte 3 (2009), H. 3, S. 5–16; Ghamari-Tabrizi, Worlds, S. 58f., 85–96, 124–132; Karlheinz Steinmüller, Der Mann, der das Undenkbare dachte. Herman Kahn und die Geburt der Futurologie aus dem Geist des Kalten Krieges, in: Kursbuch (2006), H. 164, S. 99–103, hier S. 100f.

Szenarien durchzudenken, aber auch quantitativ durchzuspielen: „To some extent we must try to think a war right through to its termination. This does not mean that we can predict the details of what will happen, but only that it is valuable to think through many possible wars to their termination points".[57]

Neben Simulation und Szenario entstand bei RAND zum dritten eine zentrale Methode der Voraussage, die sowohl empirisch-positivistisch angelegt war als auch die Kraft der Intuition nutzen wollte, nämlich die *Delphi-Technik*. Prognosen entstammten hier aus einer strukturierten, systematisierten Befragung von Experten. Ausgangspunkt waren Überlegungen von Beratern bzw. Mitarbeitern von RAND um den Mathematiker Abe Girshick aus dem Jahr 1949, Experten nach ihrer Einschätzung der sozialen und technologischen Entwicklungen zu befragen.[58] Daran anknüpfend entwickelte ein Team um den Mathematiker und Philosophen Olaf Helmer und den Ingenieur Theodore J. Gordon in der Mathematischen Abteilung von RAND die Delphi-Technik als Methode der technologischen Vorausschau. Helmer arbeitete für die Air Force an einer militärstrategischen Studie und wollte die Expertenbefragung nutzen, um Einschätzungen zu militärstrategischen Planungen, insbesondere zu kommenden „bombing requirements", zu erhalten. Das Team um Helmer bat Anfang der 1950er Jahre in einem ersten Experiment sieben Experten wiederholt mittels eines Fragebogens, Faktoren zu benennen, die sie als relevant für das Problem der „bombing requirements" erachteten, sowie die Entwicklung dieser Faktoren zu schätzen und ergänzende Informationen zu liefern, die für diese Schätzung nützlich seien. Die Fragerunden waren mit einem kontrollierten Feedback verknüpft. Dabei diskutierten die Experten allerdings nicht miteinander, um direkte Konfrontationen und die Orientierung an Meinungsführern zu verhindern: „Direct confrontation [...] all too often induces the hasty formulation of preconceived notions, an inclination to close one's mind to novel ideas, a tendency to defend a stand once taken or, alternatively and sometimes alternately, a predisposition to be swayed by persuasively stated opinions of others"[59]. Stattdessen ergänzten die Bearbeiter die Fragebögen jeweils mit Zusammenfassungen der Ergebnisse bisheriger Befragungen. Durch dieses Feedback-Verfahren, das fünf Runden durchlief, sollten individuelle Wertungen eingeebnet und unterschätzte Faktoren sowie übersehene Aspekte in den Reflexionsprozess eingespeist werden. Die Einschätzungen darüber, welches Bombenreservoir erforderlich sei, glichen sich in der Tat tendenziell einander an.[60]

---

[57] Herman Kahn, On Thermonuclear War, London 1969 (Orig. 1960), S. 163; vgl. Ders., Thinking about the Unthinkable, London 1962; Pias, One-Man.

[58] Vgl. A. Kaplan/A. L Skogstad/M. A. Girshick, The Prediction of Social and Technological Events, in: The Public Opinion Quarterly 14 (1950), H. 1, S. 93–110; Nicholas Rescher, Collected Papers, Frankfurt a. M., New Brunswick 2005, S. 170 f., 198; zu Girshick auch Leonard, Von Neumann, S. 300 f.

[59] Norman Dalkey/Olaf Helmer, An Experimental Application of The Delphi Method to the Use of Experts, RAND Research Memorandum RM-727-1Abridged, July 1962, S. 1f. http://www.rand.org/content/dam/rand/pubs/research_memoranda/2009/RM727.1.pdf (letzte Abfrage 2.1.2015).

[60] Vgl. ebd., S. 3.

Abb. 2: Delphi-Studie „Report on a Long-Range Forecasting Study" (1964)

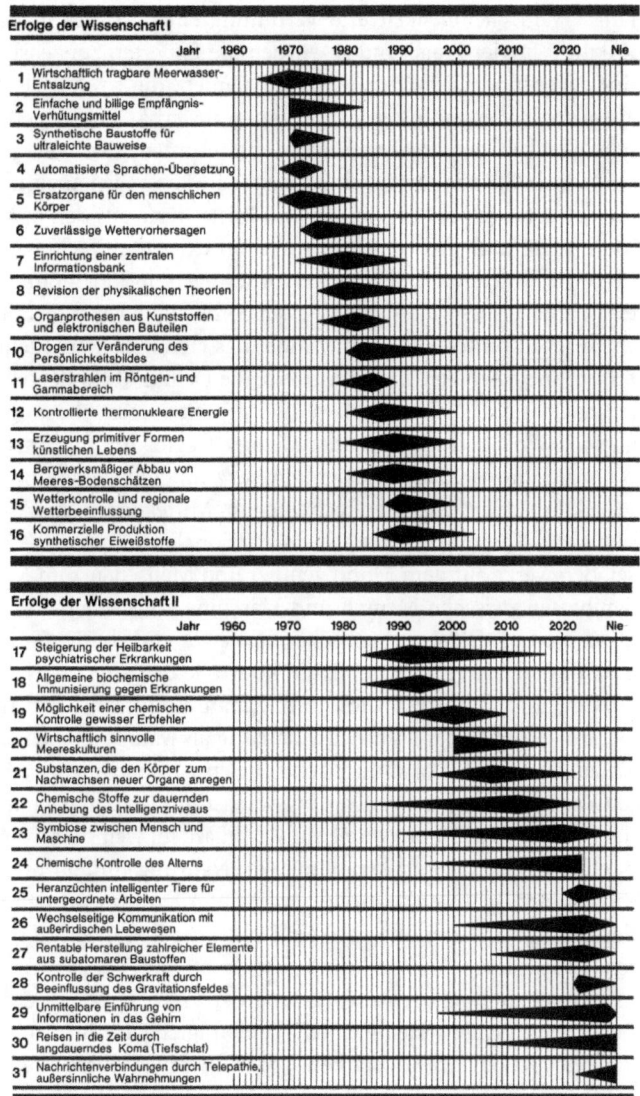

Ausgehend von diesem Experiment erprobte das Team 1964 die Delphi-Technik in einer großen „Long-Range Forecasting Study", die den Prognosezeitraum auf über 50 Jahre ausdehnte. Über 80 Experten aus verschiedenen Disziplinen bzw. Berufsfeldern – größtenteils aus dem Feld des Ingenieurwesens, der Physik und Mathematik, aber auch wenige Ökonomen, Sozialwissenschaftler und Schriftsteller – schätzten so mögliche und wahrscheinliche Entwicklungen der nächsten Jahrzehnte in spezifischen Feldern. Dabei ging es vor allem um wissenschaftlich-technische Fragen: Dies waren die Felder Bevölkerungswachstum, Automation, Raumfahrt, Wahrscheinlichkeit und Verhütung eines Krieges sowie Waffensysteme der Zukunft. In vier Fragerunden wurden die Experten zunächst gebeten, größere Erfindungen und Umwälzungen zu benennen, die sowohl als dringend notwendig als auch in den nächsten 50 Jahren realisierbar erschienen, dann deren Wahrscheinlichkeit zur Realisierung in bestimmten Zeitintervallen anzugeben und schließlich Gründe für die abweichenden Meinungen anzuführen. Dabei erhielten die Befragten jeweils Ergebnisse und Mittelwerte aus den bisherigen Fragerunden. Man fragte nach Extrapolationen schon existenter Technologien und Innovationen (wie etwa zuverlässige Wettervorhersagen und Erfindung von Verhütungsmitteln), aber insbesondere nach neuen Entwicklungen und Entdeckungen (wie die chemische Kontrolle des Alterns oder das Heranzüchten intelligenter Tiere für untergeordnete Arbeiten). So integrierte die Delphi-Technik auch normative Elemente, indem sie das Wünschenswerte ermittelte, doch überwog der explorative Zugang, der nach dem Wahrscheinlichen fragte. Im Ergebnis kam die Studie zu optimistisch-machbarkeitsorientierten, zum Teil geradezu technikeuphorischen Projektionen: Die Experten rechneten im Mittel damit, dass im Jahr 2000 die automatisierte Kommunikation als „internationale Computer-Verständigung" etabliert sei, Bergwerke auf dem Mond genutzt und Menschen zum Mars fliegen würden.[61] Symbiosen zwischen Mensch und Maschine erwartete man im Mittel für das Jahr 2010, die Entwicklung chemischer Stoffe zur Anhebung des Intelligenzniveaus für etwa das Jahr 2012, die chemische Kontrolle des Alterns bis spätestens Anfang der 2020er Jahre. Und sogar die „unmittelbare Einführung von Informationen in das Gehirn" erschien der Mehrheit langfristig als wahrscheinlich erreichbar.[62] Auch die Voraussagen zu Bevölkerungstrends fielen zuversichtlicher aus als bei einer direkten Extrapolation des Bevölkerungswachstums; so schätzten die Befragten die Zahl der Menschen 2050 im Mittel auf 7 Milliarden, weil man von einem „Fortschritt" bei der Erzeugung und Verteilung von Nahrungsmitteln und einer stärkeren Akzeptanz der Geburtenkontrolle ausging.[63] Allerdings würden die Automation und der Einsatz von Computern, so ein Drittel der Befragten, zu sozialen Unruhen führen, denen durch Entwicklung neuer Arten von Tätigkeiten, Umschulungen und Erziehung zur „besseren Anwendung der Freizeit" begegnet werden könne.[64] Im Bereich der Waffensysteme sagten die Befragten ganz im Sinne der Abschreckungslogik des Kalten Krieges stärkere „oder unverwundbare Abschreckung, die an die ‚Weltuntergangsmaschine' heranreicht", und große Waffensatelliten in der Erdumlaufbahn im Mittel bis zum Jahr 1995 voraus.[65] Das Untersuchungsteam zeigte

---

[61] Olaf Helmer, 50 Jahre Zukunft. Bericht über eine Langfrist-Vorhersage für die Welt der nächsten fünf Jahrzehnte. Unter Mitarbeit von Theodore Gordon, Hamburg 1967 (Orig.: Theodore Gordon/Olaf Helmer, Report on a Long-Range Forecasting Study, Santa Monica 1964), S. 94.
[62] Ebd., Zit. S. 47; vgl. Heinz-Joachim Kerksieck, Methoden der technologischen Vorausschau im Dienste der Forschungsplanung industrieller Unternehmungen unter besonderer Berücksichtigung der Delphi-Methode, Mannheim 1972, S. 55–67.
[63] Helmer, 50 Jahre, Zit. S. 52; vgl. S. 45–96.
[64] Ebd., S. 61.
[65] Ebd., S. 82, vgl. S. 81–86.

sich durchaus besorgt angesichts der verhältnismäßig hohen Erwartungsquote eines großen Krieges (damit rechneten 25% in den nächsten 25 Jahren) und des gleichzeitigen weitgehenden Fehlens von Überlegungen zur Verhütung des Krieges. Auch die technischen und biochemischen Möglichkeiten, in den Menschen und die Struktur seiner Gene einzugreifen, müssten angesichts ihrer inhärenten Missbrauchsmöglichkeiten diskutiert werden.[66]

Mithin wurde die Delphi-Technik in einer Phase des intensiven Nachdenkens über die Dynamik und den ‚Fortschritt' der Technik konzipiert, um mögliche, wahrscheinliche und gewünschte technische (und in ihrer Folge soziale) Entwicklungen zu projektieren. Sie besaß eine kybernetische Komponente, weil die Experten jeweils über die Ergebnisse der vorherigen Befragungen informiert wurden, also Feedback-Schleifen eingebaut und Rückkopplungen genutzt wurden. Zugleich war die Methode der Prognose intuitiv angelegt, weil sie individuelle, intuitiv formulierte und subjektive Einschätzungen von Experten heranzog. Das Resultat sollte dann jeweils ein „consensus forecast" sein.[67] Theodore J. Gordon entwickelte anschließend die Delphi-Technik zur *Cross-Impact-Analysis* weiter, welche die Wahrscheinlichkeiten der vorausgesagten Ereignisse mathematisch verknüpfte und in ihren Interdependenzen aufbereitete.[68] Die beschränkte Validität und Reliabilität der Delphi-Technik war dem Untersuchungsteam durchaus bewusst. Es sei im Bereich langfristiger Planung unvermeidlich, intuitive Voraussagen einzubeziehen.[69] In der Folge avancierte die Delphi-Technik zu einer zentralen Methode der Zukunftsforschung. Sie erschien in den 1960er Jahren als geradezu ideales Instrument für die Bestimmung von Prioritäten in der Forschungs- und Entwicklungsplanung. Zudem adaptierten sie Unternehmen für die Prognose im Bereich von Innovation und Marktentwicklungen.[70]

Diese drei im Kern empirisch-positivistischen Methoden der Vorausschau – Simulationsmodell, Szenario und Delphi – gewannen auch mit Blick auf ihre Verbreitung in den 1960er Jahren zentrale Bedeutung, aber bilden sicherlich nur eine Auswahl der in den US-Think-Tanks entstandenen Methoden zur Prognose. Als Organisations- und Planungsmethode, die auch prognostische Elemente enthält, lässt sich ferner die *Netzplantechnik* nennen. Sie nahm Anleihen an der mathematischen Graphentheorie, auf welche formale und zum Teil mathematisierbare Modelle zu Planungsabläufen zurückgingen, um so komplexe Wechselwirkungen – und im kybernetischen Sinne Rückkopplungen – abzubilden. Die Netzplantechnik zerlegte dabei ein Gesamtplanungsprojekt in einzelne Projektschritte und goss diese in einen Arbeitsplan, der Daten zu Terminen, Ressourcen und Rückkopplungsschritten enthielt und so komplexe Systemabläufe transparent machen und steuern sollte. Zur Netzplantechnik zählt auch die Critical-Path-Methode,

---

[66] Vgl. ebd., S. 97–100.
[67] Cornish, Study, S. 119.
[68] Theodore J. Gordon/H. Hayward, Initial Experiment with the Cross Impact Matrix Method of Forecasting, in: Futures 1 (1968/69), S. 100–116; Kerksieck, Methoden, S. 85–88.
[69] Helmer, 50 Jahre, S. 10, 12 f.
[70] Vgl. Cornish, Study, S. 119 f.; Kreibich, Wissenschaftsgesellschaft, S. 398 f.; Kerksieck, Methoden.

die RAND gemeinsam mit den Unternehmen Du Pont und Remington entwickelte; sie basierte auf der Überlegung, dass jedes Planungsprojekt mindestens einen „kritischen Pfad" enthält, der besonderes Augenmerk und Steuerungserfordernisse bedürfe. Ähnlich angelegt war die sogenannte Relevanzbaum-Methode. Sie sah einen Bedeutungs-, Bewertungs- oder Entscheidungsbaum vor, der von einem zu erreichenden Ziel ausging und auf aufeinanderfolgenden Ebenen Alternativen aufführte, die zur Erreichung des Zieles führen könnten. Jede Ebene wurde dann mittels einer Matrix quantitativ bewertet.[71]

Diese Prognose- und Planungstechniken verbanden sich, auch infolge neuer technischer Instrumente der Aufbereitung, mit einer neuen Dimension visueller Repräsentation von Information.[72] Pfade, Schaubilder und Diagramme sollten Abläufe und Planungskonzeptionen abbilden und damit helfen, diese schneller zu erfassen und Prozesse adäquat und effektiv zu steuern. Zugleich spiegelten sie eine Prozesslogik, welche die Handhabbarkeit und Berechenbarkeit von sozialen, technischen und politischen Prozessen suggerierte.

Damit entstanden in den 1950er Jahren in den US-Think-Tanks Methoden der Vorausschau und der wissenschaftsgestützten Planung. Diese Methoden sollten die westliche Zukunftsforschung der 1960er und 1970er Jahre prägen. Aber auch eine personelle Komponente spielte eine Rolle: In den Think-Tanks arbeiteten Wissenschaftler, die sich immer stärker nicht nur mit (Kriegs-)Strategie, sondern mit Zukunft als Gegenstand beschäftigten und nicht zuletzt auch aus einer Identitätskonstruktion des „Zukunftsforschers" in den 1960er Jahren eigene Institute gründeten (wobei wohl ebenso die Honorare, die aus der Politikberatung flossen, einen Faktor für Ausgründungen bildeten). So verließ Herman Kahn – hierauf ist unten noch genauer einzugehen – 1961 RAND und gründete mit zwei Mitstreitern in Croton-on-Hudson bei New York das Hudson Institute.[73] Olaf Helmer kehrte RAND – wie zu sehen sein wird – ebenfalls den Rücken und schuf das Institute for the Future (IFF); mit ihm wechselten zwei andere Gründungsmitglieder von RAND in das IFF nach Palo Alto.[74] Helmers Mitstreiter Theodore J. Gordon begründete mit zwei Kollegen 1971 die Futures Group, ein gewinnorientiertes Forschungsinstitut, das zu 30% von der Dreyfus Corporation finanziert wurde und sich auf die Erforschung von Trends für Unternehmen und Regierungsorganisationen spezialisierte.[75] Aus einer weiteren Ausgründung von RAND entstammte der Ökonom Hasan Ozbekhan. Anfang der 1950er Jahre hatte RAND für die Air Force ein systemorientiertes Simulationsprogramm entwickelt, das Mitarbeiter der Luftabwehr durchlaufen mussten. RAND richtete zu diesem Zweck die Air Control and Warning Station in Boron ein. Nachdem sich abzeichnete, dass sich das Programm verstetigte, wurde die Division 1957 aus RAND ausgegliedert und etablierte sich als eigenständige Stiftung namens Systems Development Corpora-

---

[71] Vgl. Kreibich, Wissenschaftsgesellschaft, S. 390–393, 401 f.
[72] Ähnlich für die Kybernetik Tanner, Komplexität, bes. S. 382 f.; Smith, Idea, S. 113–159.
[73] Ghamari-Tabrizi, Worlds, S. 81 f.; siehe Kapitel III.2.
[74] Siehe Kapitel III.2.
[75] Cornish, Study, S. 87 f.

tion.[76] Ozbekhan, der Direktor der Planungsabteilung, fand ebenfalls zu den transnationalen Netzwerken der Zukunftsforschung.[77]

Es lässt sich allerdings zeigen, dass Mitglieder der Think-Tanks erst dann von Zukunftsforschung – von *Forecasting, Future(s) Research, Futurology* und *Future(s) Studies*[78] – sprachen und sich mit einem neuen Forschungsansatz, wenn nicht einer neuen Disziplin Zukunftsforschung identifizierten, *nachdem* sich um 1960 in einem *transatlantischen* Prozess europäische und US-amerikanische Wissensbestände zu Konzeptionalisierungen von Zukunftsforschung verbanden, welche dann auch wieder in die USA zurückwirkten. Die transatlantische Zirkulation von Wissen war mithin entscheidend für die Entstehung der Zukunftsforschung, und zentrale Agenturen hierfür bildeten der Congress for Cultural Freedom und die Ford Foundation.

2. Transatlantische Plattformen: Congress for Cultural Freedom und Ford Foundation

Eine zentrale Rolle für die transatlantische Ideen- und Wissenszirkulation spielte das politisch-ideelle Netzwerk des Congress for Cultural Freedom (CCF), der Kongreß für kulturelle Freiheit[79]. Dies war eine Ideenagentur, welche im Kalten Krieg westliche, sogenannte „konsensliberale" Werte propagierte. Dem Ideenkonglomerat des US-amerikanischen Konsensliberalismus, das sich in den 1930er und 1940er Jahren bildete, neigten vor allem Linksliberale und Linksintellektuelle zu. Der Konsensliberalismus speiste sich aus den ideellen Grundlagen der „amerikanischen Sendung", also aus lockeanischem Liberalismus, Pragmatismus und Internationalismus, die sich mit den Leitprinzipien des New Deal vermengten; eine zentrale Rolle spielte zudem ein linker Antikommunismus, also eine Ablehnung des Stalinismus, die schon in den 1930er Jahren die Totalitarismustheorie ausprägte. Prominente Vertreter waren etwa der Journalist und Politikwissenschaftler Melvin Lasky und der Soziologe Daniel Bell. Aus diesem linksintellektuell-antikommunistischen Kreis entstand 1939 das Committee for Cultural Freedom, das unter Führung John Deweys die modernen Diktaturen unter dem Banner der Totalitarismustheorie kritisierte. Das Committee löste sich zwar unter dem Eindruck des Bündnisses der Westmächte mit Stalin auf, doch seine Ideen blieben unter New

---

[76] Smith, RAND, S. 63–65; Sharon Ghamari-Tabrizi, Simulating the Unthinkable. Gaming Future War in the 1950s and 1960s, in: Social Studies of Science 30 (2000), H. 2, S. 163–223, hier S. 187f.
[77] Vgl. Kreibich, Zukunftsforschung Bundesrepublik, S. 50; siehe zu Ozbekhan unten Kapitel V.1.
[78] Futurology wurde als Begriff 1945 vom deutschen Emigranten Ossip Flechtheim in den USA geprägt, vgl. Kapitel III.3.
[79] Vgl. für das Folgende Hochgeschwender, Freiheit; Peter Coleman, The Liberal Conspiracy. The Congress for Cultural Freedom and the Struggle for the Mind of Postwar Europe, New York, London 1989; Volker R. Berghahn, Transatlantische Kulturkriege. Shepard Stone, die Ford-Stiftung und der europäische Antiamerikanismus, Stuttgart 2004, S. 148–153. Zum Konsensliberalismus als analytischer Begriff eines „westernisierten" Ordnungsdenkens der 1950er und 1960er Jahre Doering-Manteuffel, Wie westlich.

Yorker Intellektuellen virulent. Mit dem Ideen- und Wissenstransfer durch die europäische Emigration und die amerikanische Besatzung Deutschlands bzw. Präsenz in Westeuropa flossen diese Ideen des amerikanischen Konsensliberalismus mit dem Gedankengut europäischer Linksintellektueller zusammen. Hierzu gehörten auch bürgerliche Marxisten und Linksintellektuelle, die in den 1920er und 1930er Jahren im Zeichen des Antifaschismus kommunistischen Parteien angehört oder mit der Sowjetunion sympathisiert hatten. Enttäuscht vom stalinistischen Kommunismus, waren sie nun offen für die Ideen des Konsensliberalismus, der liberale Ideen des „Westens" vertrat und insofern freiheitliche Werte und die Rechte des Individuums propagierte, aber eben auch einen gemäßigten Etatismus, Keynesianismus und Wohlfahrtsstaatlichkeit verwirklichen wollte. Der Kreis weitete sich rasch zum transnationalen ‚westernisierenden' Netzwerk, dem Briten wie der Labour-Politiker Anthony Crossland, liberale französische Intellektuelle wie Raymond Aron und Bertrand de Jouvenel, aber auch deutsche bzw. deutsch-österreichische Linksintellektuelle und sozialdemokratische Politiker wie Arthur Koestler, Manès Sperber, Carlo Schmid und Willy Brandt angehörten. Auf einer großen Konferenz in Berlin institutionalisierte sich das Netzwerk 1950 als Congress for Cultural Freedom (CCF), das sein Generalsekretariat in Paris ansiedelte.[80]

Mitte der 1950er Jahre erfuhr der CCF eine Neuausrichtung hin zu einer „technokratischen Phase"[81]. Der Marxismus zog zunehmend weniger Intellektuelle an, auch weil die Sowjetunion mit dem XX. Parteitag der KPdSU 1956 und der Offenbarung stalinistischer Verbrechen durch Nikita Chruschtschow in eine Legitimationskrise geriet. Der Ideenkern des Antikommunismus, der den Gegensatz zwischen westlicher Freiheit und östlicher Unfreiheit ins Zentrum setzte, und der liberale Antitotalitarismus blieben zwar Basis des CCF. Doch rückte nun eine stärker „binnenwestliche" Perspektive in den Vordergrund: Der CCF schlug aus einer gewissen Position der Stärke heraus einen flexibleren Kurs ein und verband den liberalen Antitotalitarismus mit einer Reflexion über moderne Industriegesellschaften.[82] Hieraus speiste sich auch die These vom „Ende der Ideologien", die Raymond Aron auf dem Mailänder Kongress des CCF 1955 aufbrachte und die dann die US-Soziologen und CCF-Vordenker Edward Shils und Daniel Bell ausformulierten. Aron hatte argumentiert, dass in den modernen westlichen Industriegesellschaften die Unterscheidung zwischen rechts und links an Bedeutung verliere, weil der westliche Wohlfahrtsstaat Freiheit, Planung und soziale Absicherung verbinde. Shils sah die Sowjetunion im Kampf um das Erbe der Aufklärung als den Verlierer und postulierte, der Westen könne sich von „ideological radicalism" befreien, ohne freilich die eigenen Werte aufzugeben.[83] Nach dem sogenannten Sputnik-Schock 1957, der

---

[80] Zum CCF vor allem Coleman, Conspiracy; Hochgeschwender, Freiheit; Berghahn, Kulturkriege, S. 153–170.
[81] Hochgeschwender, Freiheit, S. 580.
[82] Ebd. S. 452; vgl. Coleman, Conspiracy.
[83] Edward Shils, The End of Ideology? Letter from Milan, in: Encounter 5 (1955), 5 (Nov.), S. 52–58, Zit. S. 53; vgl. Proposal for an International Conference to be held in Milan in Sept 1955 under the auspices of the Congress for Cultural Freedom: The Future of Freedom, o. D.,

in den USA und Westeuropa eine Debatte um den Stand und die Konkurrenzfähigkeit der eigenen technologischen Modernität auslöste, verband sich die These vom „Ende der Ideologien" stärker mit einer technologieorientierten, technokratischen Komponente. Daniel Bell verwies darauf, dass die großen universalistischen und humanistischen Ideologien – wie der Marxismus – verbraucht seien. Die Ideologie sei als säkulare Religion nicht mehr zeitgemäß und nicht mehr das adäquate Mittel für moderne, technisierte Massengesellschaften, weil ihr totalisierender, anti-pluralistischer Ansatz der Komplexität und Heterogenität der modernen Gesellschaft gar nicht gewachsen sei. Notwendig sei ein pragmatischer Politikstil, der Liberalität, Wohlfahrtsstaatlichkeit und Rationalität verbinde.[84] Dies deutete auf ein neues Interesse des CCF an der Analyse moderner, technisierter Gesellschaften, welches auch von der Ford Foundation dynamisiert wurde.

Die Ford Foundation finanzierte maßgeblich den CCF, gemeinsam mit – wie in den 1960er Jahren bekannt wurde – dem CIA. Die Verbindungskanäle liefen über den Direktor der Abteilung für internationale Angelegenheiten der Ford Foundation Shepard Stone und den Leiter des Pariser Generalsekretariats des CCF, Michael Josselson.[85] Die Ford Foundation, 1936 gegründet, transportierte ein philanthropisches Interesse im Kontext des internationalen Humanitarismus, verfolgte aber nach 1945 recht politische Ziele im Rahmen der Denksysteme des Kalten Krieges. Insofern ging es ihr auch darum, ein positiv besetztes Bild der amerikanischen Kultur zu fördern und ein an der Modernisierungstheorie angelehntes westliches Demokratieverständnis in den Wissenschaften zu verankern.[86] Weil politisch-strategische Interessen im Kontext des Kalten Krieges eine so wichtige Rolle spielten, war es kein Zufall, dass die Ford Foundation auch die RAND Corporation mit begründet hatte. In den 1950er Jahren rückte zum einen die internationale Entwicklungszusammenarbeit in den Fokus der Ford Foundation, und dies bezog sich auch auf eine Sicherung des westlichen Einflusses in den Staaten der sogenannten Dritten Welt.[87] Zum anderen förderte die Stiftung be-

---

in: BNF, NAF 28143, Boîte 33; Hochgeschwender, Freiheit, S. 452, 462–477; Coleman, Conspiracy, S. 176–179.

[84] Daniel Bell, The End of Ideology. On the Exhaustion of Political Ideas in the Fifties, Glencoe 1960; vgl. Ders., Ideology – a Debate, in: Chaim I. Waxman (Hrsg.), The End of Ideology Debate, New York 1969, S. 259–271; hierzu Hochgeschwender, Freiheit, S. 466–479; Wolfram Burisch, Ideologie und Sachzwang. Die Entideologisierungsthese in neueren Gesellschaftstheorien, Tübingen 1967.

[85] Vgl. Berghahn, Kulturkriege, S. 183–313; Pierre Grémion, Intelligence de l'anticommunisme. Le Congrès pour la liberté de la culture à Paris (1950-1975), Paris 1995, S. 409–420.

[86] Peter Seybold, The Ford Foundation and the Triumph of Behavioralism in American Political Science, in: Robert F. Arnove (Hrsg.), Philanthropy and Cultural Imperialism. The Foundations at Home and Abroad, Boston 1980, S. 269–303; Nils Gilman, Mandarins of the Future. Modernization Theory in Cold War America, Baltimore u. a. 2003; John Krige, American Hegemony and the Postwar Reconstruction of Science in Europe, Cambridge, Mass. 2006; zum „Political-Philantrophic Complex" Tim B. Müller, The Rockefeller Foundation, the Social Sciences, and the Humanities in the Cold War, in: Journal of Cold War Studies 15 (2013), H. 3, S. 108–135, Zit. S. 115.

[87] Vgl. mit weiterer Literatur Corinna R. Unger, Present at the Creation: The Role of American Foundations in the International Development Arena, 1950s and 1960s, in: Stefanie Midden-

sonders behavioristische Ansätze in den Sozialwissenschaften. Der Behaviorismus erschien geeignet, mittels seiner Methoden, die sich insbesondere auf quantitative Erhebungen stützten, anwendungsorientiert menschliches Verhalten und etwa auch das Wahlverhalten zu erforschen. Kernpunkt der Ford Foundation war die Sorge, die westlichen Gesellschaften und Demokratien könnten durch den raschen technischen und sozialen Wandel destabilisiert werden. Dementsprechend war das Forschungsprogramm auch darauf ausgelegt, den Status quo zu sichern: „The stated goal of the program [der Ford Foundation, E.S.] was to reduce social disorder by proposing practical steps to aid personal adjustment rather than fundamentally altering the social structure."[88] Besaß die Ford Foundation damit großes Interesse an einer aktuellen und künftigen Stabilisierung westlicher Demokratien, so überrascht es nicht, dass sie die Schlüsselrolle in der Anbahnung eines amerikanisch-westeuropäischen – zunächst vor allem französischen – Austauschs auf dem Feld der Vorausschau und Planung spielte.

In Frankreich hatte sich, wie oben dargestellt, aus der Erfahrung der militärischen Niederlage gegen das Deutsche Reich und der folgenden Besetzung bzw. Installierung Vichy-Frankreichs das Kalkül durchgesetzt, das Land technologisch zu modernisieren und im Hinblick auf die ökonomische Revitalisierung eine indikative Rahmenplanung – die *Planification* – zu schaffen. Im fünfjährigen Planungshorizont setzte das Commissariat Général du Plan nun jeweils Orientierungspunkte der staatlichen Wirtschaftspolitik fest, ohne dass dies mit rigiden Eingriffen in die unternehmerische Freiheit verbunden war. Zwei Faktoren prägten den französischen Weg in die *Planification*: Zum einen speiste sich diese aus der zentralistischen Tradition und nahm Anleihen am Merkantilismus, welcher ja ebenfalls eine zentralistisch-planungsorientierte Wirtschaftspolitik charakterisiert hatte. Zum anderen wirkte die Tradition philosophisch gespeister Zukunftsentwürfe der französischen Spätaufklärung und ihres „rationalistisch-sozial-technischen" Geistes fort, wie sie etwa bei Comte und Condorcet fassbar geworden waren.[89] Mit der *Planification*, die angesichts des steigenden Wirtschaftswachstums in den 1950er Jahren als geglückt galt, entwickelte sich ganz notwendig ein gesteigertes Interesse an der zukünftigen ökonomischen und sozialen Entwicklung. So stützte sich die *Planification* zunächst auf kurzfristige wirtschaftliche Vorausschauen, wie sie die Commission de conjoncture vorbereitete. 1958 schuf das Finanzministerium eine Abteilung Service des études économiques et financières, welche mittel- und langfristige Studien für den Vierten Plan erstellte. Diese arbeitete mit wirtschaftswissenschaftlichen empirisch-quantitativen Methoden, also ökonometrischen Ansätzen und Extrapolationen.[90] In diesem epistemischen

---

dorf/Ulrike Schulz/Corinna R. Unger (Hrsg.), Institutional History Rediscovered: Observing Organizations' Behavior in Times of Change, Leipzig 2014, S. 66–80.

[88] Seybold, The Ford Foundation, S. 277.
[89] Prokop, Auguste Comte, S. 10.
[90] Vgl. Bernard Cazes, Un Demi-Siècle de Planification Indicative, in: Jean-Charles Asselain/Maurice Lévy-Leboyer/Jean-Claude Casanova (Hrsg.), Entre l'État et le marché. L'économie française des années 1880 à nos jours, Paris 1991, S. 473–506; Hecht, Nation.

Kontext entstanden 1954 auch Jean Fourastiés Thesen zum technischen, ökonomischen und sozialen Fortschritt. In einem geschichtsphilosophischen Verlaufsmodell ging er von einer weiteren linearen Entwicklung des technischen Fortschritts aus, der zu wachsendem Wohlstand und mehr Freizeit durch Automation führen werde. Ebenso ging er von einer wachsenden Bedeutung des tertiären, des Dienstleistungssektors aus. Diese Überlegungen sollte wenig später auch Daniel Bell mit der „post-industrial society" aufgreifen. Wichtig waren Fourastiés Thesen nicht zuletzt deshalb, weil sie für die *Planification* der späten 1950er Jahre herangezogen wurden.[91]

Das Interesse an der Erforschung der Zukunft war aber mit der *Planification* geweckt. Als wohl Erster dachte – auch im transatlantischen Kontext – der Philosoph Gaston Berger darüber nach, die Zukunft als Ganzes und interdisziplinär in den Blick zu nehmen. Der Schüler Maurice Blondels, der als Experte für Phänomenologie galt, wirkte als Directeur Général im französischen Bildungsministerium und war für die französisch-amerikanische Fulbright-Kommission zuständig. Die „Prospective", die er ab 1955 entwickelte, besaß aber wenig Bezug zur amerikanischen Forschung, sondern fußte mehr auf einer philosophischen Grundlage, die französische Wurzeln hatte. Berger stützte sich auf eine Philosophie der Zeit, die existentialistisches Gedankengut aufnahm. Die menschliche Existenz werde vom Wissen über die zeitliche Begrenztheit des Lebens geprägt. Eine Überwindung dessen gelinge nicht in der existentiellen Zeit, in der der Mensch sich über den Tod ängstige und träume, sondern nur in der operativen Zeit, in der der Mensch aktiv sei und Projekte mit einer klaren Zielsetzung entwickle. Dies war der Ausgangspunkt seiner Prospective, die er als Vorausschau der Retrospektive entgegenstellte.[92] Diese werde auch deshalb wichtiger, weil die Beschleunigung zunehme. Die Welt verändere sich schneller, die Zeit werde immer dichter, und dies ruhe in der Dynamik von Wissenschaft und Technik. Zwar habe es auch zu anderen Zeiten Beschleunigungen gegeben, doch der technische Fortschritt werde besonders wahrgenommen, weil er den Menschen direkt betreffe. Damit fülle sich die Zukunft mit Risiken, ein System von Versuch und Irrtum werde schwieriger, und es wachse die Wichtigkeit klarer Zielsetzung und entsprechender Vorausschau.[93] Die Prospective sollte allgemeine Tendenzen und Verflechtungen von Faktoren vorausdenken, um Planung zu ermöglichen. Nach Bergers Verständnis war die Prospective interdisziplinär angelegt, indem sie nicht nur statistische Methoden wie Extrapolation, sondern auch Ansätze aus Psychologie

---

[91] Jean Fourastié, Die große Hoffnung des zwanzigsten Jahrhunderts, Köln 1954. Zu Daniel Bell Kapitel III.2.

[92] Gaston Berger, L'attitude prospective (1958), in: Ders/Jacques de Bourbon Busset/Pierre Massé/Philippe Durance (Hrsg.), De la prospective. Textes fondamentaux de la prospective française, 1955–1966, Paris 2007, S. 73–80; Philippe Durance, La prospective de Gaston Berger, in: ebd., S. 13–29; Ders., Reciprocal Influences in Future Thinking between Europe and the USA, in: Technological Forecasting & Social Change 77 (2010), S. 1469–1475; Pausch, Zukunft.

[93] Vgl. Gaston Berger, L'accélération de l'histoire et ses conséquences (1957), in: Ders./de Bourbon Busset/Massé/Durance, De la prospective, S. 63–72; Ders., L'attitude prospective.

und Philosophie integrierte und auf eine Langfristperspektive von etwa 15 Jahren zielte. Sie sollte das Nachdenken über Werte und Ziele mit Techniken der Vorausschau vereinen und vom Menschen, also von Zielen und Wunschvorstellungen ausgehen. Dies war aber nicht partizipativ gedacht, weil Berger vor allem dem Politiker zugestand, Ziele zu entwickeln und durchzusetzen. Berger schuf 1957 in Paris mit Unterstützung von Georges Villiers, Präsident der Arbeitgeberorganisation Conseil national du patronat français (CNPF), das Centre International de Prospective, das sich dem Studium der technischen, wissenschaftlichen, wirtschaftlichen und sozialen Ursachen der Kräfte widmen sollte, die die moderne Welt bewegten, um eine Vorausschau abzuleiten.[94]

In Paris, dem Sitz des Generalsekretariats des CCF, regte sich Interesse an diesem wissenschaftlichen Nachdenken über die Zukunft und an den französischen Planungsmethoden. René Tavernier, ein Mitarbeiter Michael Josselsons in der Pariser CCF-Zentrale, sah etwa 1955 ein Hauptziel des Mailänder Kongresses darin, „den überholten Gegensatz von individualistischem Liberalismus und dem etatistisch-egalitaristischen Gedanken der ‚planification' endgültig auch theoretisch zu überwinden".[95] Die personelle Schnittstelle zwischen CCF, Ford Foundation und der *Planification* bildete indes nicht Berger, dessen *Prospective* wenig transatlantische Bezüge hatte und der 1960 überraschend bei einem Unfall ums Leben kam. 1958 weckte auf einem CCF-Seminar in Rhodes, das sich mit den „neuen" Demokratien in Asien beschäftigte, das Referat eines französischen Ökonomen und Politikwissenschaftlers das Interesse von Waldemar Nielsen, der für das transatlantische Forschungsprogramm der Stiftung zuständig war.[96] Der Referent argumentierte, um die Entwicklungsrichtung der „advanced" und der weniger entwickelten Gesellschaften einschätzen zu können, müssten sich die Sozialwissenschaften stärker mit der Frage des Zukünftigen beschäftigen.[97] Das Interesse Nielsens überrascht nicht – die Frage, wohin die „New States" drifteten, ob in Richtung westlicher Demokratie oder Sozialismus, war für die Denksysteme des Kalten Krieges zentral. In der Folge finanzierte die Ford Foundation den Aufbau eines internationalen Netzwerks namens Futuribles, geleitet von eben diesem Referenten.[98] Was Futuribles unter Zukunftsforschung verstand, hing von ihrem Leiter und dessen Denkstil ab – von Bertrand de Jouvenel.

---

[94] Vgl. Berger, L'attitude prospective; Durance, La prospective.
[95] Zit. nach Hochgeschwender, Freiheit, S. 451.
[96] CCF, Minutes of the Second Meeting of the Planning Committee on Tradition and Social Changes – Social Progress, 8. 2. 1958, Protokoll vom 17. 2. 1958, in: BNF, NAF 28143, Boîte 33; de Jouvenel an Edward Cornish, 3. 10. 1975, in: ebd., Boîte 297; Coleman, Conspiracy, S. 118 f.; zu Nielsen vgl. Berghahn, Kulturkriege, u. a. S. 225-228.
[97] Bertrand de Jouvenel, Manuskript „What is Democracy?" Congrès de Rhodes, 5.–13. 10. 1958, in: BNF, NAF 28143, Boîte 33; diese Passage fehlt in Ders., What is Democracy, in: Edward Shils (Hrsg.), Democracy in the New States. Rhodes Seminar Papers, New Delhi 1959, S. 27-55.
[98] Unterlagen zur Finanzierung 1960/61 und 1961-66, in: The Rockefeller Archive Center (RAC), Ford Foundation Archives (FFA), Grant Files 61-22 und 62-41.

III. Wege in die Zukunftsforschung in den 1960er Jahren: Personen, Epistemologien, Konzeptionalisierungen

1. Normativ-ontologisch: Bertrand de Jouvenel und Carl Friedrich von Weizsäcker

Abb. 3: Bertrand de Jouvenel (1958)

Bertrand de Jouvenel entstammte einem aristokratisch-großbürgerlichen und politisch liberal orientierten Hintergrund; sein Vater Henri, ein Dreyfusianer, und sein Onkel waren bedeutende Diplomaten der Dritten Republik. Der junge Bertrand de Jouvenel studierte zunächst an der Sorbonne Rechtswissenschaften, Mathematik und Biologie, schloss sich der Partei der liberalen Mitte, den *Radicaux*, an und arbeitete als Journalist. De Jouvenel gehörte in den 1920er Jahren innerhalb der *Radicaux* zu den „Jeunes Turkes", die in einem nonkonformistischen Stil für eine Erneuerung der Dritten Republik eintraten. In der Tat prägte den 1903 Geborenen eine starke generationelle Identität, indem er davon ausging, dass die eigene Generation jener, die den Krieg nicht mehr an der Front erlebten, aber seine Schrecken an der Heimatfront erfuhren, nun auch den sozioökonomischen und technischen Wandel aktiv mitgestalten müsse.[1] Im Geiste eines klassisch fortschrittsoptimistischen Liberalismus des 19. Jahrhunderts bejahte de Jouvenel den Wandel zur modernen Industriegesellschaft. Der Mensch habe keinen Grund mehr, Fatalist zu sein, sondern er könne die Welt verbessern. De Jouvenel verstand sich dabei ohne Zweifel als Sozialliberaler, der den ökonomischen, sozialen und technischen Wandel durch die Industrialisierung insoweit begrüßte, als er Möglichkeiten sah, die Gesellschaft gemeinwohlorientierter zu gestalten. Als reformistischer Liberaler stand er zwar hinter dem Kapitalismus, doch forderte er, die Politik müsse den schnellen Wandel aktiv und rational angehen und so die Zukunft gestalten. Zum einen votierte er, aufbauend auf Überlegungen reformistischer Syndikalisten, für eine „économie dirigée", die er als „programme de la nouvelle génération" bezeichnete.[2] Der Staat müsse ordnend eingreifen, um die soziale Zukunft aller zu sichern, etwa durch einen stärkeren Fokus auf Produktivitätserhöhung, die sich mit gewisser sozialer Umverteilung paaren sollte. Zugleich müsse die Dritte Republik reformiert werden, um die Politik moderner und effizienter zu gestalten. De Jouvenel forderte eine Verwaltungsreform und eine Neuordnung des Parteiensystems, um klarere Mehrheiten zu schaffen. Zum anderen plädierte er – wie andere *Radicaux* – für eine enge internationale Zusammenarbeit im Rahmen des Völkerbundes, welche die Basis für die ordnende Hand des Staates im Inneren liefere. In der Weltwirtschaftskrise vervollkommnete er zunächst seine Überlegungen zur „économie dirigée" und skizzierte eine antizyklische Wirtschaftspolitik, die im Kern Keynes' Konzept des *deficit spending* vorwegnahm: Eine expansive Investitionspolitik solle die Produktion ankurbeln und die Nachfrage steigern.[3]

Mit der Verschärfung der Krise und im Angesicht der Instabilität des parlamentarischen Systems der Dritten Republik verlor de Jouvenel dann allerdings den Glauben an das parlamentarische System und an den Liberalismus. Für ihn war die „Krise des Kapitalismus [...] zugleich die Krise des Reformismus". Ähnlich wie andere französische Intellektuelle – etwa Alfred Fabre-Luce – wandte er sich im Zeichen der Staats- und Wirtschaftskrise vom Liberalismus ab und oszillierte zwischen den politischen Extremen.[4] Im Banne wachsender nationaler Tendenzen votierte de Jouvenel nun für einen nationalen Sozialismus, der sich im Rahmen eines autoritären Systems verwirklichen sollte: „Die wirtschaftliche Unordnung der Welt erfordert die Intervention ordnender Kräfte. Da man diese nicht im internationalen Rahmen schaffen konnte, muß man im nationalen Rahmen die Ordnungsarbeit beginnen. Das ist der nationale Sozialismus". Nur eine

---

[1] Vgl. Klaus-Peter Sick, Vom Neoliberalismus zum Faschismus? Die Entwicklung der politischen Ideen von Alfred Fabre-Luce und Bertrand de Jouvenel 1918–1945, in: Lendemains 66 (1992), S. 59–75; Olivier Dard, Bertrand de Jouvenel, Paris 2008; Brian C. Anderson, Bertrand de Jouvenel's Melanchoy Liberalism, in: The Public Interest 36 (2001), S. 87–104.

[2] Bertrand de Jouvenel, L'Économie dirigée. Le programme de la nouvelle generation, Paris 1928.

[3] Vgl. Ders., La Crise du Capitalisme américain, Paris 1933; Sick, Neoliberalismus, S. 64.

[4] Zit. nach ebd., S. 65, vgl. ebd.

„autoritäre und verantwortliche Elite", so de Jouvenel, könne den Fortschritt der Zivilisation sichern.[5] Als bürgerlicher Antikapitalist wollte er mit jungen linken Kräften zur Verwirklichung einer autoritären Sozialpolitik zusammenarbeiten. 1934 verließ er die Parti Radical und unterstützte sogar das Institut zum Studium des Faschismus (INFA). Das Institut gehörte zum Dunstkreis des früheren Kommunisten Willi Münzenberg, der in der Pariser Emigration einen Medienkonzern aufbaute, der von der Komintern finanziert wurde. Münzenberg und sein Kreis entfernten sich allerdings zunehmend von der Komintern, weil sie stärker individualistisch-liberalen Ideen anhingen. Manès Sperber und Arthur Koestler, spätere Mitbegründer des CCF, waren ebenfalls für das INFA tätig.[6]

De Jouvenel aber orientierte sich rasch um: Er zeigte sich zunehmend beeindruckt von der Aufbruchstimmung, der suggerierten nationalen Einheit und einem angeblichen sozialen Ausgleich in der nationalsozialistischen „Volksgemeinschaft". So geriet er in den Dunstkreis der intellektuellen Rechten um Henri de Man und trat 1936, nach dem Sieg der Volksfront, in die rechtspopulistische und faschistisch gefärbte „Parti Populaire Français" (PPF) von Jacques Doriot ein. In dieser Partei, in der er 1938 bis ins Politbüro aufstieg, wollte er seine Konzeption eines nationalen Sozialismus verwirklichen, eine Konzeption, die sich im Grunde aus tiefer Enttäuschung, aus dem Zerrinnen des liberalen Fortschrittsoptimismus speiste. Erstens wollte er nun nicht mehr auf internationale Verständigung, sondern auf nationale Stärke bauen, wie es das nationalsozialistische Deutschland zeigte; so war de Jouvenel auch einer der führenden Vertreter einer deutsch-französischen Annäherung unter nationalen und autoritären Auspizien, die sich im Comité France-Allemagne formierten. Zweitens wich die Bejahung der industriellen Moderne einer Rückbesinnung auf das bäuerliche Leben, welches dem durch den technischen Fortschritt degenerierten Menschen Halt geben sollte. Damit verbunden entwickelte er drittens einen Antimaterialismus. Er wandte sich von einer „bürgerliche[n]' Konzeption des Glücks" ab, welche nur einem kapitalistischen „Produktivismus und schmutzigen Materialismus", ja einer zügellosen Konsumorientierung folge. Demgegenüber verstehe der Faschismus unter Sozialismus nicht nur Materielles, sondern dass Individuen in der Gemeinschaft auch „gewisse Gefühle" und individuelles Glück verwirklichen könnten.[7] Grundsätzlich sah er sich in seinen faschistischen Jahren 1936 bis 1938 in der „Wirklichkeit" angekommen, die er voluntaristisch mit Proudhon deutete: „Gerechtigkeit ist nichts anderes als die Würde der Gewalt".[8]

---

[5] Bertrand de Jouvenel (1934), zit. nach Sick, Neoliberalismus, S. 63 und 65.
[6] Vgl. Arthur Koestler, Die Geheimschrift. Bericht eines Lebens 1932 bis 1940, Wien, München, Basel 1954, S. 254; Hochgeschwender, Freiheit, S. 91. Zum INFA (ohne Erwähnung de Jouvenels) Manès Sperber, Bis man mir Scherben auf die Augen legt. Lebenserinnerungen 1933–75, Wien 1977, S. 70–75.
[7] De Jouvenel, Le Réveil de l'Europe (1938), zit. nach Sick, Neoliberalismus, S. 68; vgl. ebd.; Roland Ray, Annäherung an Frankreich im Dienste Hitlers? Otto Abetz und die deutsche Frankreichpolitik, 1930–1942, München 2000, v. a. S. 92, 162f., 177f.
[8] De Jouvenel, Le Réveil de l'Europe (1938), zit. nach Sick, Neoliberalismus, S. 69.

Erst eine Reise nach Prag während der Sudetenkrise 1938 ließ de Jouvenel an faschistischen Ordnungsvorstellungen zweifeln, nicht zuletzt weil er selbst in den 1920er Jahren kurzzeitig als Privatsekretär von Edward Beneš, dem ersten tschechoslowakischen Premier, gearbeitet hatte. Er verließ die PPF, wirkte zunächst in Kreisen des rechten Spektrums als Journalist und schloss sich 1942 der Résistance an, ehe er 1943 in die Schweiz floh.[9]

In Genf fand er nach dem faschistischen Zwischenspiel zurück zu einem erneuerten Liberalismus. Eine Rolle spielte dabei der enge Austausch mit dem Ordoliberalen Wilhelm Röpke, der ebenfalls in die Schweiz emigriert war.[10] De Jouvenel mutierte hier und nach seiner Rückkehr nach Paris zum liberalen Publizisten, der sich nach der Diktaturerfahrung mit Formen und Aufgaben staatlicher Herrschaft beschäftigte. Ausgehend von einem normativ-ontologischen Weltbild und einer breiten philosophischen Bildung, die auf Klassiker von Platon bis Jean-Jacques Rousseau rekurrierte, suchte de Jouvenel nun nach der guten politischen Ordnung. Diese sah er verkörpert in einem gesunden Ausgleich zwischen Autorität und Freiheit, einer ganzheitlich gedachten Gemeinschaftlichkeit und der Orientierung an der Kardinaltugend *sapientia* (Weisheit). In mehreren Büchern zeigte er sich als Parteigänger eines liberalen Parlamentarismus und der Westminster-Demokratie, in welcher dem Parlament die Souveränität zufiel, welches dann eine starke, zentralisierte Regierung wählte. Der moderne demokratische Staat sollte dabei das Individuum schützen, den Ausgleich zwischen Autorität und Freiheit herstellen und die Basis für eine sozialharmonische Gemeinschaft schaffen.[11] Dabei hatte sich der revitalisierte Liberale von seinem Antikapitalismus verabschiedet. De Jouvenel akzeptierte nun die Marktwirtschaft, ja neigte in den späten 1940er Jahren einem Laissez-faire-Liberalismus zu, der ihn – über den Kontakt zu Röpke – sogar zum Gründungskongress der Mont Pelerin Society führte. Zugleich verortete sich de Jouvenel nun mehr und mehr in der Ökonomie, wohl auch weil es nach dem faschistischen Zwischenspiel schwerlich möglich schien, eine akademische Karriere in den Politikwissenschaften anzustreben. Durch die Unterstützung von Georges Villiers, Präsident der Arbeitgeberorganisation CNPF, der ebenfalls von einem Anhänger Vichys zum Parteigänger der Résistance geworden war, gelang de Jouvenel der Sprung in die Wissenschaft. Villiers stellte Mittel bereit, um 1953 das Wirtschaftsforschungsinstitut SEDEIS (Société d'Études et de Documentation économiques, industriels et sociales) zu begründen, das de Jouvenel eine wissenschaftliche Heimstatt gab.[12]

---

[9] Vgl. ebd., S. 69–71.
[10] Vgl. hierzu die dichte Korrespondenz zwischen de Jouvenel und Röpke, BNF, NAF 28143, Boîte 304.
[11] Bertrand de Jouvenel, Über die Staatsgewalt. Die Naturgeschichte ihres Wachstums, Freiburg i. Br. 1972 (Orig.: Du Pouvoir, 1945); Ders., The Pure Theory of Politics, Cambridge 1963; vgl. Anderson, de Jouvenel, S. 98 f.
[12] Dennis Hale/Marc Landy, Introduction, in: Dies. (Hrsg.), Economics and the Good Life. Essays on Political Economy, New Brunswick 1999, S. 1–15, S. 2–4; vgl. Dard, de Jouvenel, S. 278–282, 290–292, 321–324.

De Jouvenel profilierte sich nun als Liberaler, der jedoch Elemente seiner Zivilisations- und Konsumkritik der 1930er Jahre durch den Austausch mit Röpke wiederbelebte. Der deutsche Emigrant hatte aufgrund der NS-Erfahrung eine tiefe „Gesellschaftskrisis" diagnostiziert, verursacht durch den „Apparat der Massenversorgung, [...] die Orgie von Technik und Organisation, die Großindustrie und Industrierreviere, [...] die traditionslos-materialistisch-rationalistische Lebensführung".[13] Röpkes wertkonservativ-kulturkritisches Idealbild einer von den Negativerscheinungen der modernen Massen- und Industriegesellschaft gereinigten, in gewisser Weise post-materialistischen Gesellschaft mit „Maß und Mitte"[14] prägte de Jouvenels Überlegungen zum Wachstumsbegriff, die er in den 1950er Jahren publizierte. Zweifellos seien, so de Jouvenel, ökonomische Produktivität und Wachstum wichtig. Dieses Wachstum sollte allen Menschen Arbeit und gewissen Wohlstand verschaffen. Doch distanzierte er sich von der Konzentration auf Produktivitätsziffern, von der Jagd nach Profit und Konsum, aber auch von Versuchen der Regierungen, eben jenes Streben der Menschen nach Reichtum zu verwirklichen. Stattdessen sprach er in Anlehnung an den britischen Ökonomen Arthur C. Pigou, der in den 1920er Jahren das Ziel des „guten" Daseins („bien-être") propagiert hatte, nun vom „besseren Leben" („mieux-vivre"). Dieses sollte über rein materielle Kriterien hinausreichen und mehr „amoenitas" – also mehr Annehmlichkeiten, Kultur, Bindung an die Heimat und bäuerliche, dörfliche Strukturen, persönliches Glück und damit einen „harmonischen Lebensstil" – umfassen. Zentrale Bedeutung maß de Jouvenel einer grundlegenden Auseinandersetzung mit menschlichen Werten und Bedürfnissen bei, aber auch der liberalen Erziehung, die auf ein Leben ohne einschnürende Bedachtnahmen hinführte.[15] In wirtschaftswissenschaftlichen Fachorganen publizierte de Jouvenel deshalb Aufsätze, die sich mit der Berechnung von Produktivität und des Bruttosozialprodukts im Rahmen der volkswirtschaftlichen Gesamtrechnung beschäftigten. Er trat dafür ein, unbezahlte Dienstleistungen (Erziehungsleistungen der Mütter, Bildung und soziale Dienste, die Arbeit für die Natur) und umgekehrt die negativen Folgen der industriellen Moderne wie die Verunreinigung der Luft in ökonomischen Kennziffern zu verorten. Die Steigerung des Lebensstandards bestehe heute nicht mehr in der Vermehrung der Güter, sondern in der Abwendung von

---

[13] Wilhelm Röpke, Die Gesellschaftskrisis der Gegenwart, Erlenbach, Zürich 1948, S. 28 f.

[14] Ders., Maß und Mitte, Erlenbach, Zürich 1950; vgl. hochinteressant, wenngleich historische Analyse, Zielsetzungen des Autors und Spekulationen über Röpkes Haltungen zur Ökologie vermengend Helge Peukert, Wilhelm Röpke als Pionier einer ökologischen Ökonomik, in: Heinz Rieter/Joachim Zweynert (Hrsg.), „Wort und Wirkung". Wilhelm Röpkes Bedeutung für die Gegenwart, Marburg 2010, S. 163–203.

[15] Bertrand de Jouvenel, Das bessere Leben in einer reichen Gesellschaft (1961), in: Ders., Jenseits der Leistungsgesellschaft. Elemente sozialer Vorausschau und Planung, Freiburg i. Br. 1971, S. 108–126, Zit. S. 115 und 125; vgl. Ders., Effizienz und Lebensart (1960), in: Ders., Leistungsgesellschaft, S. 93–107; mit Verweis auf Pigou Ders., Zur politischen Ökonomie des Unentgeltlichen (1957), in: ebd., S. 13–25, hier S. 13; Hale/Landy, Introduction.

sozialen Missständen.[16] Hier verbanden sich ein Unbehagen gegenüber der industriellen Moderne und der modernen Konsumgesellschaft, das einem wertkonservativen, aristotelischen Denkhorizont entstammte und Röpkes Überlegungen zu „Maß und Mitte" aufnahm, Anleihen aus Rousseaus Überlegungen zum guten Leben in „Arcadie"[17] und eine ambivalente Sehnsucht nach einer Verbindung des Ideals bäuerlichen Lebens und dem Wohlstand der industriellen Moderne, die durchaus typisch für französische Intellektuelle der 1950er und 1960er Jahre war[18].

Zugleich durchzogen de Jouvenels Überlegungen – für unseren Zusammenhang zentral – ab den 1950er Jahren konsensliberale Ansichten, die den Einfluss des Congress for Cultural Freedom zeigten. Über seinen tiefen Antikommunismus, den er sich bewahrt hatte, wurde de Jouvenel Mitglied dieser Plattform und Ideengemeinschaft.[19] Er war an der Organisation des CCF-Kongresses „Die Zukunft der Freiheit" in Mailand 1955 beteiligt, welchen die Ford Foundation finanzierte. Hier kam er auch in näheren Kontakt zu US-amerikanischen Intellektuellen um Daniel Bell und John Kenneth Galbraith. Seit 1955 wirkte de Jouvenel als Mitglied des Internationalen Sekretariats.[20] 1958 und 1960 war er, der seit seiner Tätigkeit als Mitarbeiter Edward Beneš' in den 1920er Jahren ein sehr gutes Englisch sprach, als Gastprofessor an den Universitäten Yale und Berkeley.[21] Durch den transatlantischen Austausch und die Einflüsse des CCF fand der Liberale de Jouvenel, der nach Kriegsende Staatsinterventionismus noch kritisch betrachtet hatte[22], erneut wie in den 1920er Jahren zu einem Leitbild des rational planenden Staates. So argumentierte er 1960 auf dem Berliner Jubiläumskongress des CCF, welcher sich mit dem Fortschrittsverständnis in der westlichen Moderne beschäftigte, dass in der Wohlstandsgesellschaft die Menschen dazu neigten, Fragen des Gemeinwesens als „lästig" zu betrachten. Man dürfe aber „nicht von den Kräften des freien Marktes erwarten, dass sie diese vielschichtigen Probleme von öffentlichem Interesse automatisch lösen". Vielmehr müsse der Staat, inspiriert von einer aufgeklärten und demokratischen Öffentlichkeit, Stadtplanung und Bildung aktiv angehen.[23]

---

[16] Vgl. de Jouvenel, Zur politischen Ökonomie des Unentgeltlichen (1957); vgl. Ders., Auf dem Weg zu einem ökologischen Bewußtsein (1965), in: Ders., Jenseits der Leistungsgesellschaft, S. 193–203; vgl. auch Ders. an Kenneth Arrow, 6.7.1966, in: BNF, NAF 28143, Boîte 294; Dard, de Jouvenel, S. 320f., 324f.

[17] Vgl. de Jouvenel, Leben, S. 110; Ders., Arcadie. Essais sur le Mieux-Vivre, Paris 1968.

[18] Vgl. Bess, Society, S. 38–53.

[19] Congrès pour la liberté de la culture, Paris, an de Jouvenel, 15.9.1950, in: BNF, NAF 28143, Boîte 297.

[20] Vgl. Grémion, Intelligence, S. 154, 419; Congrès pour la Liberté de la Culture, Manshel, an de Jouvenel, 11.2.1955, in: BNF, NAF 28143, Boîte 297; Dossier CCF 1956–1958 in: ebd., Boîte 33. Die Korrespondenz Daniel Bell – de Jouvenel im Nachlass de Jouvenels setzt im August 1955 ein; vgl. BNF, NAF 28143, Boîte 294.

[21] Korrespondenz mit Nielsen, in: RAC, FFA, Grant File 61-22; de Jouvenel an Edward Cornish, o.D. (1976), in: BNF, NAF 28143, Boîte 297.

[22] Vgl. de Jouvenel, Staatsgewalt.

[23] Fortschritt im Zeichen der Freiheit. Generalversammlung des CCF zum 10. Jahrestag der Gründung in Berlin, in: Der Monat. Eine internationale Zeitschrift 12 (1960), H. 143, S. 5–21,

1. Normativ-ontologisch 81

Zur Erforschung des Zukünftigen kam de Jouvenel über seine Reflexionen zur guten Ordnung und zum guten Leben in der industriellen Moderne, die ganzheitlich, also ontologisch und normativ angelegt waren. Dies verband sich mit dem konsensliberalen Impetus, Planung rational zu unterfüttern, und der Vorbildrolle von Gaston Bergers *Prospective*, die de Jouvenel intensiv zur Kenntnis nahm, obwohl er an Bergers Kreis nicht beteiligt war.[24] Hinzu kam eine personelle Komponente: De Jouvenel war über seine Geliebte, die Britin Martha Gellhorn, mit H. G. Wells bekannt geworden, dessen antizipatorische Kraft er bewunderte und für die eigene Beschäftigung mit dem Zukünftigen nutzen wollte.[25] 1957 schrieb de Jouvenel, mit SEDEIS ja in der Ökonomie angesiedelt, die Aufgabe der wissenschaftlichen Unterfütterung von Planung noch den Wirtschaftswissenschaften zu: Mit Blick auf die rasante Entwicklung von Technik und Gesellschaft sah er es für geboten, dass die Wissenschaft Handlungsanweisungen für die politische Planungspraxis gebe, und hier wies er der Ökonomie spezifische Aufgaben zu.[26] Neue Dynamik erfuhren diese Überlegungen 1958/59, als de Jouvenels Vertrauen in die Demokratie durch die politische Umwälzung in Frankreich erschüttert wurde. Als Anhänger der parlamentarischen Demokratie nach britischem Vorbild opponierte er gegen de Gaulles Verfassungsreform und die Etablierung der halb-präsidentiellen Fünften Republik. Die Menschen in Frankreich hätten, so de Jouvenel zugespitzt, den Eindruck gewonnen, die Kontrolle über die politische Entwicklung verloren zu haben, ja könnten ihre politischen Rechte nicht mehr ausüben. Die westliche Demokratie erweise sich als nicht so stabil wie angenommen, und es sei notwendig, mit weitaus größerer Kreativität und neuen Methoden über mögliche künftige Entwicklungen nachzudenken.[27]

Diese Überlegungen flossen in de Jouvenels Vortrag auf dem bereits genannten „Seminar on Representative Government and Public Liberties in the New States" des CCF in Rhodes Ende 1958 ein. Das relativ exklusiv gehaltene Seminar beschäftigte sich mit der Zukunft der „neuen" Demokratien in Asien und mit der Frage, wie dort liberale Ordnungsvorstellungen verankert werden könnten.[28] De

---

hier S. 15; den Kern des Referats bildete das später publizierte Papier von de Jouvenel, Better Living in the Affluent Society, in: BNF, NAF 28143, Boîte 33, Dossier 9; Bertrand de Jouvenel, A Better Life in an Affluent Society (1961), in: Hale/Landy (Hrsg.), Economics, S. 97–118, zum CCF-Kongress Materialien in: BNF, NAF 28143, Boîte 33, Dossier 7–9; Hochgeschwender, Freiheit, S. 528–534; Berghahn, Kulturkriege, S. 143–148.

[24] De Jouvenel, A Glance at the Operation of the Futuribles Project, 15.7.1961, in: RAC, FFA, Grant File 61-22; vgl. Dard, de Jouvenel, S. 327f. 1966 sprach de Jouvenel selbst von der „stratégie prospective", ohne jedoch Gaston Berger zu nennen; Bertrand de Jouvenel, Sur la stratégie prospective de l'économie sociale (1966), in: Ders., Arcadie, S. 272–317.

[25] Ders., Kunst, S. 12; zum Kontakt mit Wells auch Interview mit Hugues de Jouvenel am 28.2.2012.

[26] Vgl. de Jouvenel, Ökonomie, S. 24.

[27] Bertrand de Jouvenel an Waldemar („Wally") Nielsen, 1.10.1960, in: RAC, FFA, Grant File 61-22.

[28] CCF, Minutes of the Second Meeting of the Planning Committee on Tradition and Social Changes – Social Progress, 8.2.1958, Protokoll vom 17.2.1958, in: BNF, NAF 28143, Boîte 33; Coleman, Conspiracy, S. 118f.

Jouvenels Referat „What is Democracy?" entwickelte die Fragestellung vom Verständnis von Zeit und Fortschritt her. Der Mensch der letzten zwei Jahrhunderte gehe von einer „evolution in time", von Fortschritt aus und glaube, die zukünftige Entwicklung gestalten und kontrollieren zu können. Gerade jene, die sich in „most advanced nations" wähnten, meinten die Entwicklungsrichtung und den Fortschritt der „backward ones" zu kennen, „for their ‚road ahead' is simply some part of the ‚road' already travelled by the most advanced." Doch: „This lighting ahead of a ‚road' running through the unbroken land of time is an extremely bold venture."[29] Die ambivalente Haltung eines geläuterten Liberalen zu einem unreflektierten Fortschrittsverständnis kam hier deutlich zum Ausdruck. Diese Bemerkungen und die Forderung, die Sozialwissenschaften müssten sich intensiver mit der Zukunft beschäftigen, stießen wie erwähnt auf das Interesse des Vertreters der Ford Foundation Waldemar Nielsen. Mit ihm stand de Jouvenel in der Folge im regen Austausch. Wohl durch Nielsen, Associate Director der internationalen Abteilung, erhielt de Jouvenel im Juli 1960 ein „Travel and Study Award" des International Affairs Program der Ford Foundation, um den Herbst an der University of California in Berkeley zu verbringen.[30]

Im Herbst 1960 entwickelten beide das Konzept für ein Forschungsprogramm namens „Looking forward". Dieses sollte, so Nielsen, „the political future of Europe" zum Thema haben: Es werde die gegenwärtigen politischen Trends in Europa beleuchten und Aussichten des kommenden Jahrzehnts skizzieren. Bedeutung für Nielsen hatten wissenschaftlich-technische und gesellschaftliche Veränderungen, also der wissenschaftliche und technische „progress" unter Einschluss neuer Waffensysteme und der Effekte des Wohlstands, aber auch das politische Profil Europas um 1970 im Hinblick auf das Verfassungsrecht und den Status individueller Freiheit sowie die Rolle des Staates in Wirtschaft, Bildung und Kultur; schließlich erhoffte sich Nielsen vom Programm eine Vorausschau über wahrscheinliche und wünschbare politische Normen und Werte des künftigen Europas.[31] Nielsen und die Ford Foundation wollten vor allem erkunden, welchen Problemen sich die westliche Demokratie im Kontext des Kalten Krieges gegenübersehen werde, aber auch ob neue totalitäre Tendenzen in weniger entwickelten Ländern drohten: „In a number of the less developed countries experiments with western style parliamentary democracy have collapsed. [...] Whether a recrudescence of the totalitarian tendencies which characterized the interwar period is under way is a matter on which estimates vary. [...] It is believed by the International affairs staff that more systematic and continuing study is required." Auch wenn sich das erste

---

[29] Bertrand de Jouvenel, Manuskript: „What is Democracy?" Congrès de Rhodes, 5.–13.10.1958, in: BNF, NAF 28143, Boîte 33; diese Passage fehlt im publizierten Aufsatz.
[30] Briefwechsel de Jouvenel – Nielsen (1960) und Ford Foundation International Affairs, Research on European Constitutional Developments, 26.10.1960, in: RAC, FFA, Grant File 61-22; de Jouvenel an Edward Cornish, 3.10.1975, in: BNF, NAF 28143, Boîte 297.
[31] Waldemar Nielsen an de Jouvenel, 22.9.1960, mit Papier „Framework for Topics for ‚Looking Forward' Project: The Political Future of Europe", 23.9.1960, in: RAC, FFA, Grant File 61-22.

Papier auf Europa bezog, so war doch erkennbar, dass ein folgendes Projekt auch die Zukunft der „New States" in Asien und Afrika untersuchen solle.[32]

Präsentierte Nielsen mit seinen ersten Überlegungen zunächst ein relativ simples Schema, so argumentierte de Jouvenel, dass die Entwicklung von Methodenkenntnis grundlegend für das Projekt sei. Gegenüber Nielsen drang er darauf, die Rolle von Ideen gerade mit Blick auf die politische Zukunft stärker zu gewichten, damit auch unorthodoxe Wege zu gehen und nicht nur Trends zu extrapolieren.[33] Dies verstärkte sich im kommenden Jahr, als de Jouvenel von der französischen Regierung – konkret dem Commissariat Général du Plan – in die sogenannte Groupe 1985 berufen wurde. Der Kreis von zwölf Wissenschaftlern sollte zur Vorbereitung des Vierten Plans Überlegungen zur Vorausschau auf das Jahr 1985 erstellen und sich hier vor allem auf die *Planification* – also auf ökonomische und demographische Trends – konzentrieren.[34] Wohl auch deshalb wollte de Jouvenel mit der Ford Foundation insbesondere politische Entwicklungen betrachten und neue methodische Wege gehen.[35] Den Plan, mittelfristig auch die neuen Staaten außerhalb Europas einzubeziehen, teilte der Konsensliberale de Jouvenel – unter Verweis auf das von Unruhen erschütterte Ghana[36], aber sicherlich auch mit Blick auf Algerien.

Damit war ein gewisser Gleichklang an Interessen geschaffen. Futuribles, wie de Jouvenel das Projekt ab 1961 nannte, erhielt in der Tat rasch eine Förderung durch die Ford Foundation. 1961 überwies die Stiftung de Jouvenel 15 000 Dollar für eine „Exploratory Study of the Evolution of Political and Governmental Institutions in Europe".[37] Ab 1962 erhielt Futuribles eine halbe Million Dollar für das Projekt „Strengthening of Democratic Institutions in Europe and other Areas of the World". Das Projekt wurde, weil de Jouvenel an keiner größeren Institution verankert war, administrativ beim CCF-Kollegen Jacques Freymond am Institute Universitaire de Hautes Études Internationales in Genf angesiedelt, aber – da keine weiteren Mitarbeiter angestellt wurden – inhaltlich zunächst von de Jouvenel allein getragen.[38]

---

[32] Ford Foundation, International Affairs, Research on European Constitutional Developments, 26.10.1960, in: RAC, FFA, Grant File 61-22.

[33] De Jouvenel an Nielsen, 1.10.1960, in: RAC, FFA, Grant File 61–22.

[34] Pierre Massé als Direktor des Commissariat Général du Plan berief Ende 1962 die Groupe 1985 mit zwölf Wissenschaftlern, darunter Jean Fourastié und Bertrand de Jouvenel. Die „Réflexions pour 1985" führten dazu, dass in verschiedenen Ministerien Arbeitsgruppen für Zukunftsforschung (*Prospective*) gebildet wurden; vgl. Hecht, Nation, S. 143-154; Cazes, Demi-Siècle; Groupe 1985, Réflexions pour 1985, Paris 1964.

[35] De Jouvenel an Nielsen, 8.11.1961, in: RAC, FFA, Grant File 62–41.

[36] Ebd.; de Jouvenel, handschriftliches Papier „background", o.D., bei de Jouvenel an Ford Foundation, Shepard Stone, 11.12.1961, in: RAC, FFA, Grant File 62-41.

[37] Ford Foundation, Secretary, an de Jouvenel, 13.1.1961, in: RAC, FFA, Grant File 61-22; zum Titel „Futuribles" de Jouvenel, Futuribles: Sur l'évolution des formes de gouvernement, 28.2.1961, in: ebd.

[38] Telegramm Ford Foundation, Shepherd Stone, an de Jouvenel, 7.12.1961; Ford Foundation, Secretary Stone, an Swiss Foundation for the Study of International Relations, Institute Universitaire de Hautes Études Internationales, Jacques Freymond, 13.2.1962, in: RAC, FFA, Grant File 62–41.

De Jouvenel ging es vor allem darum, Wissenschaftler zum Nachdenken über das Zukünftige einzuladen, also ein lockeres internationales Netzwerk zu schaffen, das Raum bot für Diskussionen zur Methodologie des Zukünftigen, aber auch zum Nachdenken über die politische Zukunft Europas und der neuen Staaten Afrikas und Asiens.[39] Er organisierte internationale Konferenzen zum Thema (in Genf 1962 gemeinsam mit dem CCF, in Genf und Yale 1964 und in Paris 1965); ebenso lud er Wissenschaftler verschiedener Disziplinen zu Vorträgen nach Paris und publizierte deren Texte in der Schriftenreihe „Futuribles", um so eine neue Dynamik des Nachdenkens über die Zukunft auszulösen.[40]

Diese Dynamik schuf de Jouvenel vor allem selbst mit seiner Programmschrift „L'Art de la Conjecture" (Die Kunst der Vorausschau) von 1964, die im Grunde eine „scientific revolution" im Sinne Kuhns auslöste und anschließend als Grundlagenwerk in der entstehenden internationalen Zukunftsforschung geradezu Kultstatus erlangte.[41] Sie baute in vielem auf Gaston Bergers Überlegungen zur *Prospective* auf und integrierte Anregungen aus dem beginnenden „Futuribles"-Austausch[42], doch trug das Buch eine unverwechselbare Handschrift: Ausgehend vom Begriff der Futuribles (aus *futur* und *possible*), den er beim spanischen Jesuiten Molina entlehnte, sah de Jouvenel eine Vielzahl von möglichen Zukünften, die aus der Gegenwart entstehen könnten. Bei der Wahl des Titels „L'Art de la Conjecture" stützte er sich auf Jacques Bernoulli und dessen Buch „Ars conjectandi" (1713). Mit Bezug auf Bernoulli betonte de Jouvenel, es gebe kein Wissen über die Zukunft, sondern nur Vermutungen. Die Zukunft bzw. die Zukünfte ließen sich nicht voraussehen, weil sie eben von der Gegenwart und den gegenwärtigen Entscheidungen abhängig seien. „L'avenir est conditionnel: c'est ce charactère conditionnel que met en valeur le terme de ‚futuribles'".[43] Damit seien die Futuriblen als „augenblicklich möglich scheinende Nachfolgen des gegenwärtigen Zustands" zu verstehen. Eine Wissenschaft von der Zukunft im engeren Sinne gebe es folglich nicht.[44]

Gleichwohl sei es, so de Jouvenel, immer dringlicher, über die Zukunft nachzudenken: Die Gesellschaft orientiere sich nicht mehr am Althergebrachten, welches traditionell Sicherheit verliehen habe. Das Prinzip des „mos majorum" verliere zunehmend an Wertschätzung. Wichtiger sei heute das „Mit-der-Zeit-gehen".[45] Darüber hinaus beschleunige sich, so de Jouvenel ganz ähnlich wie Berger, der technologische Fortschritt immer mehr und verändere die soziale Lebenswelt

---

[39] De Jouvenel, A Glance at the Operation of the Futuribles Project, 15.7.1961, in: RAC, FFA, Grant File 61-22; de Jouvenel, Kunst, S. 13 f.

[40] Futuribles 1961-66 (Informationsbroschüre), in: RAC, FFA, Grant File 62-41.

[41] Vgl. de Jouvenel, Kunst. Schon 1962 hatte de Jouvenel einen „Essai sur l'Art de la Conjecture" auf der Tagung in Genf präsentiert: Ders., Essai sur l'Art de la Conjecture, Paris 1963.

[42] Discussions tenues à Paris 9-10 juillet 1963, in: RAC, FFA, Grant File 62-41; zum Austausch mit Daniel Bell unten Kapitel III.2.

[43] Bertrand de Jouvenel, o. T., o. D. (1961), Nos abonées recevront cette année..., in: RAC, FFA, Grant File 61-22.

[44] De Jouvenel, Kunst, S. 35, vgl. S. 32.

[45] Ebd., S. 23 f.

tiefgreifend.⁴⁶ Vor allem aber suche der Mensch trotz aller Unsicherheiten immer nach Möglichkeiten, den Verlauf der Entwicklung so zu ändern, dass das Wahrscheinliche sich dem Wünschenswerten annähere; dies war – auch mit Blick auf die Zukunft der Demokratie – der normative Bezugspunkt in de Jouvenels Verständnis der Vorausschau. Man könne Alternativen entwickeln, um die Zukunft – gerade des Gemeinwesens – aktiv und rechtzeitig anzugehen, um noch flexibel handeln und planen zu können und nicht schon dem „Zugzwang" ausgesetzt zu sein.⁴⁷ Dabei müssten die möglichen Zukünfte zunächst in einem Vorgang der Proferenz ermittelt und die wahrscheinlichsten Kombinationen der verschiedenen Ursachenordnungen abgeschätzt werden; dann könne man nach normativen Verbesserungen suchen. Diese intellektuelle Aufgabe sah de Jouvenel in einer aristotelisch anmutenden Wertung als ein Werk der „Kunst, in der vollen Bedeutung des Wortes".⁴⁸ Mithin hatte die „Kunst der Vorausschau" einen elitären Bezug, denn sie zielte auf die Fähigkeiten desjenigen, der die Zukünfte erforschte.

In diesem Sinne entfaltete de Jouvenel einen anspruchsvollen Methodenkanon für die Kunst der Vorausschau. Comte habe Recht, wenn er die Beobachtung der Vergangenheit zur Entschleierung der Zukunft betonte; doch habe er mit seiner Sozialphysik die wissenschaftliche Voraussage des Naturwissenschaftlers mit der Voraussage menschlichen Verhaltens verwechselt; eine historische Voraussage, welche auch menschliches Handeln prognostiziere, könne die Naturwissenschaft nicht treffen.⁴⁹ Zentral sei es deshalb, Trends und Gewohnheiten zu beobachten, und zwar sowohl von Individuen als auch von Prozessen und Kräften von außen, die in ihren Wirkungen vorausbedacht werden müssten. Obwohl er somit die Intuition des „Prävisionisten"⁵⁰ in den Mittelpunkt stellte, verwies de Jouvenel auch auf neue methodisch-theoretische Ansätze, nämlich auf die Spieltheorie, systemanalytische und mathematisch-statistische Verfahren. Die Systemanalyse war de Jouvenel durch sein Biologiestudium nicht unbekannt, spiel- und wahrscheinlichkeitstheoretische Ansätze durch seine Mathematikstudien bei Émile Borel.⁵¹ Zudem lernte er beides 1962 durch eine von Daniel Bell im Rahmen von Futuribles organisierte Forschungsreise in die USA – unter anderem durch Gespräche mit dem Leiter der Strategieabteilung von RAND, Albert Wohlstetter – besser kennen.⁵² Doch gegenüber der Systemanalyse hegte de Jouvenel gewisse Vorbehalte: Zwar argumentierte er selbst in Systemkategorien⁵³, doch urteilte er, die Systemanalyse und die Simulation hätten im Hinblick auf „human affairs"

---

⁴⁶ Vgl. ebd., S. 307–310.
⁴⁷ Ebd., Zit. S. 304; vgl. ebd., S. 13, 17–25, 35.
⁴⁸ Ebd., S. 33; vgl. S. 201, 318.
⁴⁹ Vgl. ebd., S. 122–132, 235.
⁵⁰ So der Terminus de Jouvenels in der deutschen Übersetzung, ebd., S. 198.
⁵¹ De Jouvenel an Edward Cornish, 3. 10. 1975, in: BNF, NAF 28143, Boîte 297.
⁵² Daniel Bell an de Jouvenel, 22. 8. 1962; Bell an Ford Foundation, David Heaps, 4. 10. 1962; Ford Foundation, Evans, an de Jouvenel, 20. 10. 1962 (mit dem Reiseprogramm), in: RAC, FFA, Grant File 62-41. Zur Rolle von Bell unten Kapitel III.2.
⁵³ Vgl. de Jouvenel, Kunst, S. 152, 154–160, 204f.

Schwächen, da das Phänomen des Menschen nicht in verschiedene Systemelemente aufgespalten werden könne. Hinzu komme, dass jede Repräsentation eines Systems selektiv sei und die Systemanalyse damit Faktoren vernachlässige.[54] De Jouvenel, der ja in den 1950er Jahren mehr in der Ökonomie beheimatet gewesen war, wollte auch die Methoden der Wirtschaftsvorausschau nutzen. Ohnehin müsse jede mittel- und langfristige, also mehr als fünf Jahre überblickende Wirtschaftsvorausschau soziale und politische Auspizien einbeziehen, da die Bereiche verflochten seien. In diesem Sinne war die Futuribles-Tagung in Paris 1963 auch benannt als „De la Prévision Économique à la Prévision Politique".[55] Das Spektrum prädiktiver Ansätze in der Makroökonomie handelte er allerdings relativ kritisch ab: Die Makroökonomie arbeite immer stärker mit Hypothesen, welche aus dem direkten Studium der Aggregate selbst hervorgingen, etwa wenn der Zusammenhang zwischen Produktivität, Nachfrage und Arbeitslosigkeit hergeleitet und prognostiziert werde. Hinzu kämen die neueren ökonometrischen Modelle, welche eine künstliche Simulation herstellten, um Wirklichkeit abzubilden, und die Parameter innerhalb eines Systems numerisch erfassten. Für die kurzfristige Wirtschaftsvorausschau (in der *Planification*) könnten quantitative Methoden und Ökonometrie durchaus sinnvoll sein. Doch würden auch in Modellen exogene Variablen nur geschätzt. Grundsätzlich könnten, und dies war de Jouvenels zentrales Argument, mathematische Formeln nicht einfach auf soziale Phänomene angewendet werden, auch wenn dies Sozialwissenschaftler glaubten, welche Formeln „gewissermaßen als magische Rezepte" sähen.[56]

De Jouvenel war es nicht nur darum zu tun, auf der Basis seines breiten, Geistes- und Sozialwissenschaften sowie Mathematik umgreifenden Wissens das Nachdenken über die Zukunft zu systematisieren und Methoden zu ordnen, sondern in einem aufklärerisch-normativen, sehr politischen Sinne zu wirken. Er forderte, die Politik müsse die Vorausschau systematisch in ihre Entscheidungsprozesse integrieren, und entwarf ein „prävisionelle[s] Forum"[57] *(Surmising Forum)* als institutionalisiertes Beratungsgremium für die politisch Verantwortlichen. Fachleute aus verschiedenen Feldern sollten hier Expertisen zur Vorausschau zusammentragen, wobei de Jouvenel – wie Gaston Berger[58] – die führende Rolle den Sozial- bzw. Humanwissenschaften zumaß. Drei Funktionen sollte dieses prävisionelle Forum erfüllen: Zum ersten könne die Regierung durch rechtzeitige Vorausschau ihre eigene Entscheidungsfreiheit stärken und fachlichen Rat integrieren. Zum zweiten diene dieses Forum als „intellectual challenge", als Herausforderung für die Wissenschaft. Zum dritten – und das war de Jouvenels eigent-

---

[54] De Jouvenel an Edward Cornish, 3.10.1975, in: BNF, NAF 28143, Boîte 297; vgl. de Jouvenel, Kunst, S. 318–321.
[55] Ebd., S. 239f.; zum Seminar „De la Prévision Economique à la Prévision Politique" Futuribles 1961–66 (Informationsbroschüre), in: RAC, FFA, Grant File 62-41.
[56] De Jouvenel, Kunst, S. 221; vgl. ebd., S. 201–259.
[57] De Jouvenel, Kunst, S. 303.
[58] Vgl. Durance, La prospective; Gaston Berger, Sciences humaines et prévision (1957), in: Ders./Bourbon Busset/Massé/Durance, De la prospective, S. 53–62.

Abb. 4: Carl Friedrich von Weizsäcker (1960er Jahre)

liches Anliegen – sollte das Forum in die Öffentlichkeit wirken, da die politischen Entscheidungen alle Bürger beträfen.[59] Evident wird hier die Überlegung, angesichts des Präsidentialismus in Frankreich das prävisionelle Forum auch als Korrektiv im politischen System zu verstehen, nämlich als Instanz, das dem Parlament und der Öffentlichkeit als Informationsbasis diente und die „Futuriblen" im Blick hatte.

Es ist frappierend, dass ein deutscher Wissenschaftler, Carl Friedrich von Weizsäcker, aus einem ganz ähnlichen Erfahrungshintergrund und normativ-ontologischen Denkstil zu einem fast analogen Konzept von Zukunftsforschung gelangte. Parallelen leiteten de Jouvenels und Weizsäckers Weg in die Zukunftsforschung: Beide waren geprägt von einem bildungsbürgerlich-liberalen Weltbild, einem inneren Drang des Wissenschaftlers zu gesellschaftlicher und politischer Verantwortung aus dem Wissen um eigene intellektuelle Verirrungen und Diktaturerfahrungen, aber auch von einem ontologisch angelegten Denkstil, der in einem breiten philosophisch-holistischen Verständnis nach der ‚richtigen', guten Ordnung der Welt suchte. Im Hinblick auf die *normative* Prägung wird das Beispiel

---

[59] De Jouvenel, In a society … (o. T.), o. D. (1961), und Ders., A Note to Members of the Board (1963), in: Résumé décisions prises à Paris, les 4 et 5 Juillet 1963, beides in: RAC, FFA, Grant File 61-22; vgl. Ders., Kunst, S. 303–305.

von Weizsäckers allerdings im Gegensatz zu de Jouvenel vor Augen führen, inwieweit die Zukunfts- eng mit der Friedensforschung verkoppelt war.

Als Spross einer in den Adelsstand erhobenen württembergischen großbürgerlichen Familie und Sohn eines Diplomaten entstammte der 1912 geborene von Weizsäcker ähnlich wie de Jouvenel elitär-aristokratischen und doch bildungsbürgerlichen Verhältnissen. Durch den Einfluss des Förderers und Freundes Werner Heisenberg entschied sich der junge Carl Friedrich, der sich ebenso für philosophische Fragen interessierte, Physik zu studieren. Ab 1936 arbeitete er am Kaiser-Wilhelm-Institut für Physik über theoretische Kernphysik und war 1939 bis 1942 am deutschen „Uranprojekt", dem Atomforschungsprogramm, beteiligt. In diesem Zusammenhang erstellte er auch ein Patent für die Plutoniumbombe. Hatte von Weizsäcker – erneut eine Parallele zu de Jouvenel – zu Beginn des NS-Regimes Sympathien für den NS-Bewegungscharakter und die nationale Aufbruchstimmung, so verhinderten seine Ablehnung des NS-Rassismus und ein gewisses elitäres Selbstbewusstsein eine Identifikation mit dem Regime oder eine NSDAP-Parteimitgliedschaft.[60] Gleichwohl ging von Weizsäcker wie Otto Hahn oder Werner Heisenberg im NS-Regime den „Weg einer begrenzten [...] Kooperation".[61] Während der Internierung durch die britische Besatzungsmacht im Jahr 1945 – und unter dem Eindruck der amerikanischen Atombombeneinsätze von Hiroshima und Nagasaki – entwickelte von Weizsäcker dann die Schutzbehauptung, die deutschen Physiker hätten die Atombombe aus politischen Gründen gar nicht bauen *wollen*.[62] Dieses Bild hielt Weizsäcker in den 1950er Jahren aufrecht, als ihn Robert Jungk für das Buch „Heller als tausend Sonnen" interviewte.[63]

Auch für von Weizsäckers Weg in die Öffentlichkeit spielte diese Rechtfertigungsstrategie eine gewisse Rolle. Als Abteilungsleiter im Max-Planck-Institut für Physik in Göttingen tätig, warnte er vor der atomaren Aufrüstung. 1955 wirkte er im Hintergrund an der „Mainauer Erklärung" von mehreren Nobelpreisträgern aus Westeuropa, den USA und Japan mit. Angesichts der Diskussion um die H-Bombe und der atomaren Aufrüstung auf beiden Seiten des Kalten Krieges nannte die Gruppe 1955 das Kalkül, durch ein atomares Patt den Krieg zu verhindern, eine „Selbsttäuschung" – ebenso wie die Überlegung, kleinere Konflikte nur mit

---

[60] Eine geschichtswissenschaftliche bzw. wissenschaftshistorische Biographie Carl Friedrich von Weizsäckers ist ein Desiderat der Forschung; aus dem Kreis der Schüler vor allem zu seinen Arbeiten aus der Physik Thomas Görnitz, Carl Friedrich von Weizsäcker. Ein Denker an der Schwelle zum neuen Jahrtausend, Freiburg i. Br. 1992; Michael Drieschner/Dieter Mersch, Carl Friedrich von Weizsäcker zur Einführung, Hamburg 1992; wichtig für Weizsäckers frühe physikalische Arbeiten Mark Walker, Die Uranmaschine. Mythos und Wirklichkeit der deutschen Atombombe, Berlin 1990; Rainer Karlsch, Hitlers Bombe. Die geheime Geschichte der deutschen Kernwaffenversuche, München 2005; eher oberflächlich Ino Weber, Carl Friedrich von Weizsäcker. Ein Leben zwischen Physik und Philosophie, Amerang 2012.
[61] Robert Lorenz, Protest der Physiker. Die „Göttinger Erklärung" von 1957, Bielefeld 2011, S. 75.
[62] Vgl. Dieter Hoffmann, Operation Epsilon. Die Farm-Hall-Protokolle oder Die Angst der Alliierten vor der deutschen Atombombe, Berlin 1993, S. 172 f.
[63] Robert Jungk, Heller als tausend Sonnen. Das Schicksal der Atomforscher, Stuttgart 1956, S. 100 f., 106; vgl. Ders., Trotzdem. Mein Leben für die Zukunft, München 1993, S. 298 f.; Jungk an Mark Walker, 30. 4. 1989, in: JBZ, NL Jungk, Ordner Korr. R.J. Privates.

konventionellen Waffen zu lösen. Der Atomkrieg werde ansonsten zur Auslöschung aller Nationen führen. 1957 spielte von Weizsäcker eine zentrale Rolle in der Formulierung der „Göttinger Erklärung", mit der 18 Physikprofessoren an die Öffentlichkeit gingen. Ausgelöst worden war die Erklärung vom unverhohlenen Interesse des Verteidigungsministers Franz Josef Strauß, die Bundeswehr atomar auszurüsten, und von Kanzler Konrad Adenauers Äußerung, taktische Atomwaffen seien nur eine Verbesserung und Verstärkung der Artillerie. Daraufhin erklärten die Wissenschaftler, dass keiner der Unterzeichnenden bereit sei, sich an der Herstellung, Erprobung und dem Einsatz solcher Waffen zu beteiligen.[64] Robert Lorenz sieht hierin eine konstruierte „Kontinuität des Verweigerns": Die „Göttinger Erklärung" suggerierte, dass die Physiker schon im NS-Regime eine widerständige Haltung verbunden hätte – was aber eben nicht der Fall war –, und aus dieser konstruierten Kontinuität konnten die Physiker Legitimation für ihre öffentlichen Äußerungen in den 1950er Jahren ableiten.[65] In der Tat nutzte den Physikern nun das von Weizsäcker entworfene Bild der widerständigen Wissenschaftler. Gleichwohl gründete von Weizsäckers Weg in die Öffentlichkeit – und in die Zukunftsforschung – in einem Lernprozess und der Einsicht, dass Wissenschaftler politische Verantwortung für die Folgen ihrer Erkenntnisse trügen. Dieser Lernprozess reifte mit dem Wissen um Hiroshima und Nagasaki, hing aber auch mit der Reflexion über das eigene wissenschaftliche Wirken im NS-Regime zusammen.[66] Zugleich entwickelte er sich aus dem normativ-ontologisch angelegten Denkstil eines Kreises von Wissenschaftlern und Intellektuellen um die Evangelische Studiengemeinschaft.

Wie gesehen, hatte schon der junge von Weizsäcker eine Neigung zur Philosophie ausgebildet, die sich durch die Freundschaft zum Altphilologen und Philosophen Georg Picht vertiefte. Beide hatten zudem Verbindungen zum George-Kreis, der eine elitäre Selbstwahrnehmung beider prägte.[67] Picht, Leiter des Privatgym-

---

[64] Elisabeth Kraus, Von der Uranspaltung zur Göttinger Erklärung. Otto Hahn, Werner Heisenberg, Carl Friedrich von Weizsäcker und die Verantwortung des Wissenschaftlers, Würzburg 2001, insbes. S. 47–64, 152–246, Zit. S. 162; Cathryn Carson, Heisenberg in the Atomic Age. Science and the Public Sphere, Washington, Cambridge, Mass., New York 2010, S. 317–330; Lorenz, Protest; Weizsäcker im Interview mit Konrad Lindner: Konrad Lindner/Carl Friedrich von Weizsäcker, Carl Friedrich von Weizsäckers Wanderung ins Atomzeitalter. Ein dialogisches Selbstporträt, Paderborn 2002, S. 112–126.

[65] So Lorenz, Protest, S. 215.

[66] Vgl. Kraus, Uranspaltung, S. 1–12, 104–107; Götz Neuneck, Von Haigerloch, über Farm Hall und die Göttinger Erklärung nach Starnberg. Die Arbeiten Carl Friedrich Weizsäckers zur Kriegsverhütung, Atombewaffnung und Rüstungskontrolle, in: Ders./Michael Schaaf (Hrsg.), Zur Geschichte der Pugwash-Bewegung in Deutschland, o. O. 2007, S. 63–73, hier S. 63–68.

[67] Ulrich Raulff, Kreis ohne Meister. Stefan Georges Nachleben, München 2009, S. 470–472; zu Picht prägnant Wilfried Rudloff, Georg Picht. Die Verantwortung der Wissenschaften und die „aufgeklärte Utopie", in: Theresia Bauer/Elisabeth Kraus/Christiane Kuller/Winfried Süß (Hrsg.), Gesichter der Zeitgeschichte. Deutsche Lebensläufe im 20. Jahrhundert, München 2009, S. 279–296; zur Beziehung Weizsäcker-Picht Ulrich Bartosch, Weltinnenpolitik. Zur Theorie des Friedens von Carl Friedrich von Weizsäcker, Berlin 1995, S. 197–199; Georg Picht, Laudatio auf Carl Friedrich von Weizsäcker (1963), in: Carl Friedrich von Weizsäcker, Bedingungen des Friedens, Berlin 1964, S. 31–45.

nasiums Birklehof, begründete Ende der 1940er Jahre als Platoniker das sprachwissenschaftliche Platon-Archiv. 1958 übernahm er die Leitung der Forschungsstätte der neu geschaffenen Evangelischen Studiengemeinschaft in Heidelberg und wurde 1964 Ordinarius für Religionsphilosophie an der Universität Heidelberg. Die Forschungsstätte, entstanden aus erbitterten Auseinandersetzungen in der Evangelischen Kirche um die Haltung zur Atombewaffnung, sollte vor allem interdisziplinäre Forschungen fördern, die wissenschaftlichen Fragen in der Begegnung mit dem Evangelium nachgingen, um die Prozesse der modernen Welt zu erfassen. Zentrale Bedeutung hatte die Überzeugung, dass Christen eine Verantwortung für die politische Gestaltung der Welt trügen.[68]

Um die Evangelische Studiengemeinschaft bzw. die Forschungsstätte entstand ein Netzwerk bzw. ein Denkkollektiv, dessen Mitglieder nicht exakt gleiche Ordnungsvorstellungen besaßen, aber doch relativ übereinstimmende Weltsichten. Dem Denkkollektiv, als einflussreiche „protestantische Mafia"[69] tituliert, gehörten neben von Weizsäcker und Picht u.a. der Jurist und Vorsitzende des Wissenschaftsrates Ludwig Raiser, der Intendant des WDR Klaus von Bismarck und von Weizsäckers wissenschaftlicher Mentor Werner Heisenberg an.[70] Deren Denkstil war von einem aufklärerisch-liberalen Protestantismus durchdrungen, durchaus elitär geprägt und kreiste um die Entwicklungsmöglichkeiten und Probleme der modernen technischen Welt, wie sie sich insbesondere in den Atomwaffen spiegelten. Im Sinne eines aufklärerischen Vernunftverständnisses war man sich sicher, dass der aufgeklärte Mensch die Folgen seines Handelns reflektieren und vermessen könne: Der „Begriff der Freiheit [...] wurzelt in der Freiheit, die der Mensch selbst als Person hat, als einsichtiges Wesen gegenüber den Antrieben seiner eigenen Natur".[71] Zentral sei es, von einer „blinden Vernunft", die „alles macht, was man machen kann", hin zu einer „aufgeklärten Vernunft" zu gelangen – einer Vernunft, „die ihre eigenen Möglichkeiten und Grenzen erkennt".[72] Der Kreis sah die Wissenschaft in der Pflicht, die Kräfte der Aufklärung zur Geltung zu bringen. In einem dialektischen Prozess sei es wichtig, dass die Wissenschaft

---

[68] Die Studiengemeinschaft wurde von den Evangelischen Landeskirchen, dem Leiterkreis der Evangelischen Akademien und dem Deutschen Evangelischen Kirchentag getragen; vgl. Wasmuht, Geschichte, S. 90–92; Constanze Eisenbart, Profil eines Instituts. Friedensforschung an der Forschungsstätte der Evangelischen Studiengemeinschaft, in: Wissenschaft und Frieden 11 (1993), S. 38–40; Dies., Über uns, http://www.fest-heidelberg.de/index.php?option=com_content&view=article&id=137&Itemid=147 (letzte Abfrage 2.1.2015).

[69] Claus Grossner, Herrschaft der Philosophenkönige? Georg Picht: Ein Schüler Heideggers, in: Die Zeit, 27.3.1970.

[70] Erkennbar auch in den Korrespondenzen von Weizsäcker-Picht und Picht-Raiser im BAK, N 1225, 19, 33, 108, 111, 115, 119, 123, 126, 167; vgl. Horst Kant/Jürgen Renn, Carl Friedrich von Weizsäcker in den Netzwerken der Max-Planck-Gesellschaft, in: Klaus Hentschel/Dieter Hoffmann (Hrsg.), Physik, Politik, Friedensforschung. Carl Friedrich von Weizsäcker zum 100. Geburtstag, Halle 2014, S. 213–242.

[71] Carl Friedrich von Weizsäcker, Gedanken über die Zukunft des technischen Zeitalters (1965), in: Ders., Gedanken über unsere Zukunft. Drei Reden, Göttingen 1966, S. 6–28, hier S. 28.

[72] Georg Picht, Prognose – Utopie – Planung. Die Situation des Menschen in der Zukunft der technischen Welt, Stuttgart 1967, S. 12.

sich ihrer eigenen Bedingungen bewusst werde, um der Aufklärung und der „Wahrheit" zu dienen.[73] Die Wissenschaft sei für die Erschaffung der modernen technischen Welt verantwortlich und müsse sich deshalb mit deren Folgen befassen. In der technischen Welt werde Wissen zu Macht und Verantwortung, und Verantwortung bedeute, dass „wir den Gebrauch unserer eigenen Macht durch unsere Erkenntnis der Folgen des Gebrauchs dieser Macht begrenzen."[74] Der Verweis auf die Verantwortung der Wissenschaft speiste sich auch aus einer bildungsbürgerlich-protestantischen Ethik. Christliche Gemeinde und politisches Gemeinwesen könnten nur arbeiten, wenn Gläubige und Bürger Mitverantwortung zum Wohle der Gemeinschaft trügen.[75]

Der Kreis versuchte mithin den unübersichtlichen „Fortschritt unserer wissenschaftlichen Macht" und das scheinbare „Chaos" der Moderne gedanklich zu durchdringen und im normativen Sinne zu ordnen, um Frieden und Freiheit zu sichern.[76] In die Öffentlichkeit rückte das Denkkollektiv 1959 durch eine von der Studiengemeinschaft eingesetzte Kommission zur Atombewaffnung. Unter Federführung Pichts und von Weizsäckers veröffentlichte diese die „Heidelberger Thesen" und erklärte in einer kritischen, aber salomonischen Position zur Atombewaffnung den „Weltfriede[n]" im „technischen Zeitalter" zur „Lebensbedingung".[77] 1962 entstand zudem das – unten genauer zu thematisierende – „Tübinger Memorandum".[78]

Von Weizsäckers Überlegungen zum Frieden speisten sich ferner aus einem zweiten Denkkollektiv, nämlich der internationalen Friedensforschung. Die Friedensforschung war eine junge Disziplin, deren Entstehung mit der Zukunftsforschung verwoben war. Zwar waren im Vorfeld des Ersten Weltkrieges in den USA erste Vereinigungen für Friedensfragen wie die Carnegie Endowment for International Peace entstanden. Doch den zentralen Impuls erhielt die Friedensforschung zum einen durch den Einsatz der Atomwaffe in Hiroshima und Nagasaki, zum

---

[73] Zur „Wahrheit" etwa Georg Picht, Die Kunst des Denkens (1968), in: Ders., Das richtige Maß finden. Der Weg des Menschen ins 21. Jahrhundert, Freiburg 2001, S. 26–36, hier S. 36; Carl Friedrich von Weizsäcker/Werner Bargmann/Klaus von Bismarck/Hermann Heimpel/Walther Gerlach/Werner Heisenberg, Vorschlag zur Gründung eines Max-Planck-Instituts zur Erforschung der Lebensbedingungen der wissenschaftlich-technischen Welt, 1.11.1967, in: BAK, B 196, 7168; Weizsäcker, Gedanken zur Zukunft der technischen Welt, S. 17f.

[74] Carl Friedrich von Weizsäcker, Christen und die Verhütung des Kriegs im Atomzeitalter (1958), in: Ders., Der bedrohte Friede. Politische Aufsätze 1945–1981, München 1983, S. 88–94, hier S. 91; vgl. Ders., Die Atomwaffen. Die Verantwortung der Wissenschaft im Atomzeitalter (1957), in: ebd., S. 31–42; Picht, Prognose.

[75] Ludwig Raiser, Der Wahrheitsanspruch in der Politik, in: Die Zeit, 20.4.1962.

[76] Carl Friedrich von Weizsäcker, Memorandum über den Vorschlag zur Gründung eines Max-Planck-Instituts für interdisziplinäre Forschung über die Lebensbedingungen der wissenschaftlich-technischen Welt, 28.10.1968, in: BAK, B 196, 7168.

[77] Heidelberger Thesen. Gemeinsame Erklärung der Evangelischen Studiengemeinschaft, 28.4.1959. Mitglieder der Kommission: Helmut Gollwitzer, Günter Howe, Karl Janssen, Richard Nürnberger, Georg Picht, Klaus Ritter, Ulrich Scheuner, Edmund Schlink, Wilhelm-Wolfgang Schütz, Carl Friedrich von Weizsäcker, in: Weizsäcker, Der bedrohte Friede, S. 95–106, hier S. 95.

[78] Vgl. Kapitel IX.2.

anderen durch den atomaren Rüstungswettlauf im Kalten Krieg. 1945 begründete sich in den USA die Federation of Atomic Scientists (später Federation of American Scientists). 1955, mit der Etablierung der beiden Militärblöcke im Kalten Krieg, erschien das „Russell-Einstein-Manifest": Der britische Mathematiker und Philosoph Bertrand Russell appellierte mit anderen Wissenschaftlern, unter anderem Albert Einstein, an die Regierungen der Welt, im Angesicht der Existenz von Atomwaffen und der H-Bomben Konflikte friedlich zu lösen. Aus dieser Initiative entstanden die „Pugwash Conferences on Science and World Affairs", die sich 1957 im kanadischen Städtchen Pugwash als transnationaler Akteur der entstehenden Friedensforschung formierten. Ihre Mitglieder, zunächst fast durchweg Physiker, planten Konferenzen zwischen Wissenschaftlern aus Ost und West zu organisieren, um Abrüstungsvorschläge zu diskutieren und so die gesellschaftliche Verantwortung der Wissenschaft im Zeichen der Atomwaffen zum Ausdruck zu bringen.[79] Hieraus entstand die Friedensforschung, die sich als interdisziplinäre, angewandte Wissenschaft begriff, mit der Aufgabe, Bedingungen zu ermitteln, die den „Frieden im negativen Sinne des Wortes (kein Krieg) wie im positiven Sinne (Integration, Zusammenarbeit) verhindern oder ermöglichen". Sie grenzte sich damit von der klassischen Lehre der Internationalen Beziehungen und deren Grundannahmen ab, die in der Theorie des Realismus wurzelten; dies waren die Orientierung am nationalen Interesse, die Gleichgewichtsdoktrin und das Wettbewerbsmodell, das internationale Politik letztlich als Nullsummenspiel verstand. Demgegenüber war die Friedensforschung normativ angelegt, weil sie den Wert des Friedens und seine Verwirklichung in den Mittelpunkt stellte. Die Reichweite des Friedensverständnisses blieb umstritten, und insofern bildete das Nachdenken über das Wesen des Friedens bereits einen zentralen Teil des Selbstverständnisses und der Arbeit der Friedensforschung.[80]

Von Weizsäcker gehörte zu den Begründern der Friedensforschung in der Bundesrepublik. 1957, im Jahr der „Göttinger Erklärung", gab er seine Stellung am Max-Planck-Institut für Physik auf und nahm eine Professur für Philosophie an der Universität Hamburg an. Ab 1958 nahm er an mehreren Pugwash-Konferenzen teil und gehörte zu jenen, die 1959 die Vereinigung Deutscher Wissenschaftler (VDW) als Pendant zur Federation of Atomic Scientists und bundesdeutsche

---

[79] Lawrence S. Wittner, Resisting the Bomb. A History of the World Nuclear Disarmament Movement, Stanford 1997, S. 5–7, 29–37; Karlheinz Koppe, Zur Geschichte der Friedens- und Konfliktforschung im 20. Jahrhundert, in: Peter Imbusch (Hrsg.), Friedens- und Konfliktforschung. Eine Einführung, Wiesbaden 2010, S. 17–66; Ulrike Wunderle, Atome für Krieg und Frieden. Kernphysiker in Großbritannien und den USA im Kalten Krieg, in: Neuneck/Schaaf (Hrsg.), Zur Geschichte, S. 17–29; Götz Neuneck/Michael Schaaf, Geschichte und Zukunft der Pugwash-Bewegung in Deutschland, in: ebd., S. 31–37; Klaus Gottstein, Carl Friedrich von Weizsäcker und die Pugwash Conferences on Science and World Affairs, in: Stephan Albrecht/Ulrich Bartosch/Reiner Braun (Hrsg.), Zur Verantwortung der Wissenschaft. Carl Friedrich von Weizsäcker zu Ehren, Berlin 2008, S. 57–65.
[80] Johan Galtung, Friedensforschung, in: Ekkehart Krippendorff (Hrsg.), Friedensforschung, 2. Auflage, Köln 1970, S. 519–536, hier S. 519; vgl. Koppe, Geschichte; Wasmuht, Geschichte, S. 128–133, 143–147, 165–178.

Gruppe der Pugwash-Bewegung ins Leben riefen.[81] Ausgangspunkt war die Überlegung, dass im „Atomzeitalter"[82] die Menschen „das Band friedenssichernder Institutionen [brauchen], gerade weil die Technik noch auf lange Zeit hinaus ein Bereich unvorhersehbarer Neuerungen ist."[83] Im Gegensatz zu Herman Kahn argumentierte von Weizsäcker, das „Gleichgewicht des Schreckens", also die durch ein atomares Patt verursachte Koexistenz, dürfe nicht als stabile Ordnung oder gar Friedensordnung verstanden werden.[84] Hieraus entwickelte er 1963 das an Kant angelehnte Leitbild der „Welt-Innenpolitik".[85] Angesichts der Entwicklung der Technik werde die Menschheit auf Dauer nur überleben können, wenn eine „föderative Zentralinstanz" geschaffen werde, die das Monopol an Waffen besitze.[86]

In der Folge rückte für von Weizsäcker und seinen Kreis immer stärker die *Zukunft* des technischen Zeitalters ins Blickfeld. Wie de Jouvenel betrachtete von Weizsäcker dieses mit Blick auf das „reißende Tempo der technischen Entwicklung" ambivalent.[87] Die Beschleunigung wirke auf die Lebenssituation des Menschen ein, das menschliche Dasein werde mehr und mehr bestimmt von den objektiven Notwendigkeiten des Funktionierens der Technik und von den Möglichkeiten der Machtausübung, welche die Technik biete. Zugleich sei sie ökonomisch wichtig, denn „die Technik von heute ist das Brot von morgen; die Wissenschaft von heute aber ist die Technik von morgen". Stärker als de Jouvenel, der die (frei gestaltbaren) Alternativen von Individuum und Politik betonte, verwies von Weizsäcker auf die ambivalenten Folgen des Wachstums von Wissenschaft und Technik: Diese hätten Fortschritt und Wachstum generiert, doch auch ungewollte und höchst problematische Folgen erzeugt, wie sie sich am klarsten in der Atomphysik spiegelten. Damit sei über die Folgen des beschleunigten Wandels der wissenschaftlich-technischen Entwicklung zu reflektieren: In der Weltpolitik sei dies die atomare Waffentechnik, und durch Fortschritte in Medizin und Hygiene werde auch die Bevölkerungsentwicklung und Welternährung

---

[81] Vgl. Elisabeth Kraus, Die Vereinigung Deutscher Wissenschaftler. Gründung, Aufbau und Konsolidierung (1958 bis 1963), in: Stephan Albrecht (Hrsg.), Wissenschaft – Verantwortung – Frieden. 50 Jahre VDW, Berlin 2009, S. 27–71; Wasmuht, Geschichte, S. 68–71; Carl Friedrich von Weizsäcker, Gedanken zum Arbeitsplan, in: Ders., Der bedrohte Friede, S. 181–213, hier S. 197f.
[82] Z. B. von Weizsäcker, Atomwaffen. Die Verantwortung der Wissenschaft im Atomzeitalter.
[83] Ders., Über weltpolitische Prognosen, in: Ders., Gedanken über unsere Zukunft. Drei Reden, Göttingen 1966, S. 29–53, hier S. 39.
[84] Ebd.
[85] Ders., Bedingungen des Friedens. Rede in Frankfurt am Main in der Paulskirche am 13.10. 1963, in: Ders., Der bedrohte Friede, S. 125–137, hier S. 131; vgl. Ulrich Bartosch, Unvollständige, aktive, vollstände Weltinnenpolitik. Unterwegs zum Bewußtseinswandel, in: Ders./ Klaudius Gansczyk (Hrsg.), Weltinnenpolitik für das 21. Jahrhundert. Carl Friedrich von Weizsäcker verpflichtet, Münster 2009, S. 173–179.
[86] Von Weizsäcker, Weltpolitische Prognosen, S. 48.
[87] Ders., Über die Kunst der Prognose (1968), in: Ders., Der ungesicherte Friede, Göttingen 1969, S. 57–76, hier S. 68; vgl. Picht, Prognose, S. 7.

zum Problem.⁸⁸ Es stelle sich auch die Frage, wie das ambivalente Verhältnis zwischen notwendiger Planung und der Sicherung eines Raums der Freiheit in der technischen Welt auszutarieren sei: Die technische Entwicklung erzeuge eine „Spannung zwischen den Notwendigkeiten des technischen Apparats und der legitimen Forderung des Menschen nach Freiheit".⁸⁹

Um die Folgen des bereits gegenwärtigen und kommenden „technischen Zeitalters" zu überblicken, benötige man – und dies bildete die gedankliche Brücke zur Zukunftsforschung – Wissen über die Zukunft. Notwendig sei die Anwendung der Wissenschaft auf die Zukunft bzw. die Abschätzung der „Welt der vorhersehbaren Zukunft".⁹⁰ Es gehe, und hier argumentierte von Weizsäcker ganz ähnlich wie de Jouvenel, nicht nur darum, „Informationen über den gegenwärtigen Stand und die mutmaßliche Entwicklung der entscheidenden Faktoren in Gesellschaft, Technik und Wissenschaft" zu erhalten, sondern man müsse dies mit einer „präzisen geistigen Durcharbeitung der Struktur der technischen Welt" verknüpfen. Dieser Ansatz sei „der Methode nach [...] Wissenschaft", werde aber empirische Erhebung und theoretisches Ordnen des Materials verbinden.⁹¹ Im Antrag an die Max-Planck-Gesellschaft, ein Institut zur Erforschung der Lebensbedingungen der wissenschaftlich-technischen Welt zu begründen (auf das an anderer Stelle eingegangen wird), verwiesen von Weizsäcker und sein Kreis auf die „große[n] Institute" in den USA und konkret die RAND Corporation, welche sich der Prognose und Strategie widmeten, und auf neue Grundwissenschaften wie die Spieltheorie und die Kybernetik.⁹²

Und dennoch war von Weizsäcker ähnlich wie de Jouvenel skeptisch, ob es im engeren Sinne eine Wissenschaft von der Zukunft geben könne, ja setzte sich explizit von „einer neuen Disziplin" der „Futurologen" oder einer „Wissenschaft der Prognostik" ab: Eine empirische Wissenschaft von der Zukunft sei wissenschaftstheoretisch problematisch, denn empirische Kontrolle gebe es nur für das Vergangene. Nur in den Naturwissenschaften ließen sich Prognosen aus Naturgesetzen ableiten, etwa bei der Prognose einer Sonnenfinsternis. Ansonsten könnten nur

---

[88] Carl Friedrich von Weizsäcker, Sachfragen der deutschen Politik, in: Ders., Gedanken über unsere Zukunft. Drei Reden, S. 54–78, Zit. S. 59; vgl. Ders., Gedanken über die Zukunft des technischen Zeitalters; Ders., Gedanken zur Zukunft der technischen Welt, in: Robert Jungk (Hrsg.), Menschen im Jahr 2000. Eine Übersicht über mögliche Zukünfte, Frankfurt a. M. 1969, S. 13–30; Ders./Bargmann/Bismarck/Heimpel/Gerlach/Heisenberg, Vorschlag zur Gründung eines Max-Planck-Instituts zur Erforschung der Lebensbedingungen der wissenschaftlich-technischen Welt, 1.11.1967, in: BAK, B 196, 7168; Ders., Memorandum über den Vorschlag zur Gründung eines Max-Planck-Instituts für interdisziplinäre Forschung über die Lebensbedingungen der wissenschaftlich-technischen Welt, 28.10.1968, in: ebd.
[89] Ders., Kunst, S. 68; vgl. Ders., Gedanken über die Zukunft des technischen Zeitalters, S. 28.
[90] Ders., Bedingungen, S. 127; vgl. Ders., Gedanken zur Zukunft der technischen Welt, hier S. 29.
[91] Ders./Bargmann/Bismarck/Heimpel/Gerlach/Heisenberg, Vorschlag zur Gründung eines Max-Planck-Instituts zur Erforschung der Lebensbedingungen der wissenschaftlich-technischen Welt, 1.11.1967, in: BAK, B 196, 7168.
[92] Ebd.; zu RAND Ergänzungen zu dem Antrag auf Gründung eines MPI zur Untersuchung der Lebensbedingungen der wissenschaftlich-technischen Welt, 15.2.1968, in: ebd. Zum MPI siehe Kapitel IX.2.

Wahrscheinlichkeiten abgeschätzt werden. Zudem sei der Begriff Futurologie „unschön". Stattdessen wollte von Weizsäcker wie de Jouvenel von einer „Kunst der Prognose" sprechen, die sich vor allem in den jeweiligen Disziplinen vollziehe. Deshalb brachte er den Begriff der „Mellontik" ins Spiel, die im Sinne der griechischen Bezeichnung für „ich bin im Begriff zu" das zukunftsbezogene Abschätzen gegenwärtiger Entwicklungstendenzen umfassen sollte.[93] Mit der „Mellontik" wollte sich von Weizsäcker von der „Futurologie" und vom Verständnis einer empirisch-positivistischen Vermessung der Zukunft absetzen, das er mit den Think-Tanks und dem *War Gaming* Herman Kahns verband, welches – wie zu sehen sein wird – auch in der Öffentlichkeit als Futurologie gesehen wurde. Hinzu kam, dass von Weizsäcker und de Jouvenel mit der „Kunst" in einem aristotelisch-elitären Sinne die individuellen Fähigkeiten desjenigen betonen wollten, der über die Zukunft in einem normativen und reflektierten Sinne nachdachte.[94] Dass beide, philosophisch geschult, interdisziplinär bewandert und im Kern Universalgelehrte, sich selbst als geeignet, vielleicht sogar prädestiniert sahen, die Kunst der Vorausschau trotz aller Offenheiten und Widrigkeiten auch ein Stück weit zu beherrschen, klingt immer wieder durch.

Mithin war beiden Protagonisten dieses Denkstils vieles gemein: Sie entwickelten ihre Überlegungen zur Zukunftsforschung aus einem ontologisch angelegten, liberal orientierten Denkstil, der in einem philosophisch-holistischen Verständnis nach der guten Ordnung der Welt suchte. Zudem begriffen sie das Nachdenken über das Zukünftige und die Vorausschau als komplexes, vielgestaltiges, aber normativ fundiertes wissenschaftliches Unternehmen – und als Kunst –, das aber hohe gesellschaftliche und politische Bedeutung hatte: Denn beide drängten, auch aus der Reflexion über eigene Verwirrungen, danach, als kundige Wissenschaftler gesellschaftliche und politische Verantwortung für das Zukünftige zu übernehmen. In einer Balance zwischen Liberalität und Steuerung changierten sie in ambivalenter Weise zwischen Anziehung und Ablehnung des wissenschaftlich-technischen Fortschritts. Einerseits sollten Zukünfte mittels wissenschaftlicher und technischer Methoden und Instrumente entwickelt werden, andererseits standen normative Überlegungen und Reflexionen im Mittelpunkt, welche auch dazu dienen sollten, eine neue Ordnung zu schaffen, nachdem die rasante Entwicklung von Wissenschaft und Technologie alte Ordnungen aus dem Gleichgewicht gebracht zu haben schien.

---

[93] Weizsäcker, Ergänzungen zu dem Antrag auf Gründung eines Max-Planck-Instituts zur Untersuchung der Lebensbedingungen der wissenschaftlich-technischen Welt, 15. 2. 1968, in: BAK, B 196, 7168; vgl. Ders./Bargmann/Bismarck/Heimpel/Gerlach/Heisenberg, Vorschlag zur Gründung eines Max-Planck-Instituts zur Erforschung der Lebensbedingungen der wissenschaftlich-technischen Welt, 1. 11. 1967, in: ebd.; Ders., Kunst, S. 59f. Von Weizsäcker plante mit Picht 1968 die Begründung einer Zeitschrift namens „Mellontik". Diese Spur verfolgten beide nicht weiter, als das Max-Planck-Institut realisierbar wurde: Constanze Eisenbart an Carl Friedrich von Weizsäcker, 26. 6. 1968, in: BAK, N 1225, 115.

[94] Zur nötigen „Weitsicht" beim Nachdenken über die Zukunft, die nur wenige besäßen, auch Picht, Laudatio.

2. Empirisch-positivistisch: Daniel Bell und Olaf Helmer – Herman Kahn und Karl Steinbuch

Neben diesem normativ-ontologischen Zugang formierte sich ein Denkstil der Zukunftsforschung, der als empirisch-positivistisch gefasst werden kann. Hierzu gehörten insbesondere Naturwissenschaftler, aber auch Sozialwissenschaftler, die vom Behaviorismus beeinflusst waren. In wissenschafts- und erkenntnistheoretischer Hinsicht orientierten sich diese Protagonisten am Gegebenen, Beobachtbaren (also am „Positiven"), so dass methodisch die Empirie im Vordergrund stand, welche die erfahrbare Wirklichkeit rational zu beschreiben und zu analysieren suchte, auch und gerade über die Erhebung von Daten. Damit war für dieses Denkkollektiv zu klären, wie das Zukünftige überhaupt als erfahrbare Wirklichkeit beschrieben und Prognosen über die Zukunft erstellt werden konnten.[95] Dieser Denkstil hatte seinen Schwerpunkt in den amerikanischen Think-Tanks, weil hier das Methodenwissen der Prognostik generiert wurde. Dennoch entstand dort erst durch den transatlantischen Austausch ein vertieftes Nachdenken über eine Wissenschaft von der Zukunft. Der empirisch-positivistische Denkstil prägte freilich auch Natur- und Sozialwissenschaftler in Westeuropa, die sich mit dem Zukünftigen beschäftigten. Intensiv und öffentlichkeitswirksam tat dies in der Bundesrepublik der Nachrichtentechniker Karl Steinbuch, der auf die US-Think-Tanks Bezug nahm, aber dies mit eigenen Wissensbeständen verband. Er ist im Folgenden neben US-Protagonisten darzustellen, deren Methodenwissen in Europa immer wieder zitiert wurde oder die als transatlantische Mittler wirkten: Daniel Bell, Olaf Helmer und Herman Kahn.

Empiriker und transatlantische Mittler: Daniel Bell und Olaf Helmer

Eine zentrale Rolle im Prozess des transatlantischen Entstehungs- und Konzeptionalisierungsprozesses von Zukunftsforschung spielten Daniel Bell und Olaf Helmer. Dies gründete auch darin, dass beide einem empirisch und positivistisch unterlegten Wissenschaftsverständnis folgten, aber für sozialphilosophische und hermeneutische Ansätze offen waren – Bell als Soziologe, Helmer als Mathematiker und Wissenschaftsphilosoph.

Daniel Bell, als Sohn jüdischer Einwanderer 1919 geboren, war an der Lower East Side in New York in ärmlichen Verhältnissen aufgewachsen. Wie viele jüdi-

---

[95] Dies reflektierte ja auch das Popper'sche Theorem des Kritischen Rationalismus, nach dem es aus logischen Gesichtspunkten heraus unmöglich sei, den Verlauf der Geschichte vorauszusagen; zu Karl Poppers Unterscheidung von wissenschaftlicher Prognose und „unbedingte[r] historische[r] Prophetie", wobei er Letztere vor allem in der marxistischen Geschichtsphilosophie und ihrer „historizistische[n] Doktrin" erkannte, vgl. Karl Popper, Prognose und Prophetie in den Sozialwissenschaften (Orig.: Prediction and Prophecy in the Social Sciences, 1949), in: Topitsch (Hrsg.), Logik, S. 113–125, Zit. S. 116; vgl. Ders., Die offene Gesellschaft und ihre Feinde. Band 2: Falsche Propheten, Tübingen 1970.

sche Immigranten studierte er am New Yorker City College und gehörte zum sozialistischen Diskussionszirkel Alcove No. 1. Ein Graduiertenstudium an der Columbia University brach er ab, um als Journalist und Publizist zu arbeiten; nichtsdestotrotz konnte der prominente Intellektuelle nach 1945 an der University of Chicago und dann an der Columbia University Sozialwissenschaften lehren, ehe er 1969 an die Harvard University wechselte.[96] Bell stand geradezu paradigmatisch für einen Konsensliberalen, der sich ab Mitte der 1950er Jahre im Zeichen der „end of ideology"-Debatte mit der Analyse moderner Industriegesellschaften und dem Zukünftigen beschäftigte. Im Zeichen eines behavioristischen Denkansatzes analysierte er Ende der 1950er Jahre sozialwissenschaftliche Theorien, welche das sowjetische Verhalten beurteilen und voraussagen wollten.[97]

1962 kam Bell über seine engen Kontakte zum CCF mit dem Futuribles-Projekt in Verbindung. Bell ließ Shepard Stone, Förderer des CCF und Direktor der Internationalen Abteilung der Ford Foundation, ein Manuskript mit dem Hinweis zukommen, dies sei ein Entwurf zu seinen eigenen „,Futuribles'-some speculations about the ,intellectual society' of the future".[98] Im Manuskript „The Post-Industrial Society. A Speculative View of the US in 1985 and Beyond" formulierte er erstmals Thesen zur post-industriellen Gesellschaft, die später weitreichende Wirkung erzielen sollten. Offenkundig war er nicht nur von Futuribles, sondern auch von der französischen Regierungskommission Groupe 1985 angeregt worden, eine Vorausschau zur US-Gesellschaft eben bis zum Jahr 1985 zu entwerfen. In diesem Papier kündigte Bell das Ende der „,old' industrial order" zugunsten einer „,new' society" und eines „new man" an. Das exponentielle Wachstum der Wissenschaft und die „revolution" durch die Computertechnologie und ihre neuen Methoden – wie Systemanalyse, Lineare Programmierung und Computersimulation – würden die amerikanische Gesellschaft verändern, so Bell. Die Erwerbsstruktur verschiebe sich hin zum Dienstleistungssektor, zu Handel und Finanzen und vor allem zu Bildung und Forschung. Technisches und intellektuelles, also an Universitäten und Forschungsinstituten entwickeltes Wissen erhalte eine ganz neue Bedeutung, ebenso wie deren Institutionen, denen die Führung („leadership") der neuen Gesellschaft zufallen werde.[99]

Auf Stone und die Ford Foundation hatte das Papier weitreichende Wirkung. Die Stiftung zweifelte ohnehin an der Zielgerichtetheit und Organisationskraft von de Jouvenels Futuribles-Arbeit. Von Beginn an waren ja die Intentionen der Stiftung – die sich Expertise für die Zukunft der westlichen Demokratie erhoffte

---

[96] Vgl. Malcolm Waters, Daniel Bell, London, New York 1996; Howard Brick, Daniel Bell and the Decline of Intellectual Radicalism. Social Theory and Political Reconciliation in the 1940s, Madison 1986.
[97] Daniel Bell, Ten Theories in Search of Reality. The Prediction of Soviet Behavior, in: Ders., The End of Ideology. On the Exhaustion of Political Ideas in the Fifties, Glencoe 1960, S. 300–334.
[98] Daniel Bell an Shepard Stone, 8. 6. 1962, in: RAC, FFA, Grant File 62-41.
[99] Daniel Bell, The Post-Industrial Society. A Speculative View of the US in 1985 and Beyond, Zit. S. 2f., in: ebd.

– und de Jouvenels – der sich stärker der Methodologie widmen wollte – nicht deckungsgleich gewesen. Deshalb bat die Ford Foundation Bell 1962, als Berater des Projekts zu wirken, um „a greater sense of intellectual direction" zu erhalten, Verbindungen zu amerikanischen Wissenschaftlern herzustellen und auch administrative Aufgaben zu übernehmen.[100] Auch de Jouvenel war einverstanden, weil er Bell als „very first-rate mind" schätzte und sich intellektuelle Anregungen erhoffte.[101] Rasch allerdings wurde erkennbar, dass Bell Futuribles in eine andere Richtung führen wollte – nicht zuletzt weil er erkannt hatte, dass die Zukunft als „Zeitgeist" in der Luft lag, und er das neue Feld der „sociology of the future" besetzen wollte.[102] So schrieb er de Jouvenel, eine Verschiebung des Projektzuschnitts liege ihm fern; zugleich aber schlug er vor, Beiträge von Amerikanern einzuwerben, die neue Methoden der Voraussage und Planung vorstellten, aber auch neue Techniken, welche auf der Hinzuziehung des Computers basierten. Hier sah er einen Wissensvorsprung der USA: „many individuals in other countries, lacking the statistical information or the computers, might be unable to do such work immediately". Zentral sei es deshalb, dass de Jouvenel Verbindungen zu Wissenschaftlern der RAND Corporation und des MIT erhalte.[103] Noch im Herbst 1962 organisierte deshalb Bell für de Jouvenel die erwähnte Forschungsreise in die USA.[104] 1964 organisierte Bell die Futuribles-Konferenz in Yale zum Thema „On the Surmising Forum" und ließ dort in Absprache mit de Jouvenel drei von dessen Texten aus dem eben erschienenen Band „L'Art de la Conjecture" diskutieren. An dieser Konferenz nahmen zahlreiche amerikanische Wissenschaftler teil, die an der Entwicklung neuer Methoden der Vorausschau und strategischen Planung beteiligt waren – neben Herman Kahn (der inzwischen das Hudson Institute führte) Albert Wohlstetter, Olaf Helmer und Hasan Ozbekhan aus der RAND Corporation sowie der Politikwissenschaftler Karl Deutsch, schließlich der Redakteur der Zeitschrift „Daedalus", Stephen Graubard, Mitglied der American Academy of Arts and Sciences und eine der zentralen Figuren des CCF. Auf der Konferenz reichten die Reaktionen auf de Jouvenels Papiere vom Eindruck eines dubiosen Unternehmens (so der Politikwissenschaftler Stanley Hoffman) über intensive Nachfragen zur Methodik (von Helmer) bis zur „reluctance to admit uncertainty" (Graubard).[105] Evident wurde großes Interesse an einer anwendungsbezogenen Wissenschaft von der Zukunft für die politische Planung, aber es zeigten sich auch differente epistemologische Verständnisse dessen, wie Zukunfts-Wissen generiert und verwendet werden könne.

---

[100] Ford Foundation, David Heaps, an Shepard Stone, 13.6.1962; ähnlich David Heaps, Ford Foundation, an de Jouvenel, 30.7.1962, beides in: ebd.
[101] De Jouvenel an Heaps, o.D. (1962), in: ebd.
[102] Daniel Bell, The Future as Zeitgeist, in: The New Leader, 28.10.1963, S. 17f., hier S. 17.
[103] Bell an de Jouvenel, 22.8.1962, in: RAC, FFA, Grant File 62–41.
[104] Bell an Ford Foundation, Heaps, 4.10.1962; Ford Foundation, Evans, an de Jouvenel, 20.10.1962, in: ebd.
[105] J.W. Chapman, Notes on Futuribles Conference, Yale Law School, 4–6 December 1964, in: ebd.

Dies gilt auch für Bell selbst. Schon im Sommer 1962 hatte er ein Memorandum an de Jouvenel verfasst, in dem er fünf zentrale Aufgabenfelder von Futuribles postulierte, darunter die Erschließung der Grundlagen von „prediction", die Erforschung der künftigen sozialen Organisation der Wissenschaft, der höheren Bildung und neuer „intellectual techniques", also Methoden wie *Operations Research*, Simulationstechniken und *Systems Analysis* – und damit vor allem Aspekte, welche seine Thesen von der kommenden post-industriellen Gesellschaft spiegelten.[106] Erkennbar besaß Bell mehr Vertrauen in die Wissenschaft und sah die Zukunft als voraussagbarer und planbarer an als de Jouvenel. Als Sozialwissenschaftler, vom Behaviorismus geprägt, war Bell überzeugt, dass die Wissenschaft mit ihren neuen Instrumenten Erkenntnisse auch über die Zukunft zutage fördern könne: „What stands in our favor is that knowledge is cumulative".[107] Auch er ging – ein Topos in der Begründung der Zukunftsforschung – von einem beschleunigten sozialen Wandel aus, der in der technologischen Entwicklung und dem Wachstum wissenschaftlichen Wissens gründe. Die Erkenntnis des Wandels und der Versuch, ihn zu steuern, seien eben Kennzeichen der Moderne.[108] In einem Papier für „Futuribles" namens „Twelve Modes of Prediction" skizzierte Bell die methodisch-theoretischen Zugangsweisen von *Prévision* bzw. *Prediction* aus der Perspektive der amerikanischen Sozialwissenschaften. Hier nannte er sowohl die „social physics" des Marxismus wie das behavioristisch gespeiste Suchen nach „underlying patterns of behaviour" als „Operational Code", sowohl die einfache Trendextrapolation als auch die computerunterstützte Modellsimulation und die Szenariomethode.[109] Damit präsentierte Bell ein Spektrum an Ansätzen, die auch und gerade amerikanischen Ursprungs waren. Zudem unterstrich er stärker als de Jouvenel die Bedeutung rationaler politischer Planung: Er begründete dies damit, dass die Gesellschaft „future-oriented" geworden sei, doch dies war vielmehr Überzeugung als Diagnose, es war Wunsch und nicht Wirklichkeit, denn für Bell bildete die Zukunftsorientierung ein Regulativ: „a government has to anticipate future problems; an enterprise has to plan for future needs; an individual is forced to think of long-range career choices." So stellte er fest: „A future-oriented society necessarily commits itself more and more to the idea of planning."[110] Damit maß er der neuen „intellectual technology" mehr Bedeutung für die politische Planung bei, als dies de Jouvenel tat.

Evident wird aber auch, dass Bell weder ein volles Loblied auf den technisch-wissenschaftlichen Fortschritt schrieb noch in einem rein positivischen Verständnis von Prognostik davon ausging, dass alles vorausagbar sei. So fragte er schon in

---

[106] Daniel Bell, Memorandum on „Futuribles", 11.8.1962; Notes sur les discussions tenues à Paris lors des séances du Conseil de Futuribles, les 7 et 8 dec 1962, beides in: ebd.

[107] Daniel Bell, Douze modes de prévisions en sciences sociales (Futuribles Nr. 64); auf Englisch: Ders., Twelve Modes of Prediction. A Preliminary Sorting of Approaches in the Social Sciences, in: Daedalus 93 (1964), H. 3, S. 845–880, Zit. S. 846.

[108] Ebd., S. 845 f.

[109] Vgl. ebd., Zit. S. 847, 855.

[110] Ebd., S. 869, 867.

seinem ersten Papier zur „post-industrial society" 1962 sozialkritisch, was das Schicksal jener sei, die eben keinen Zugang zu jener „new ‚intellectual society'" und neuen Formen des Wissens erhielten; dies werde wohl insbesondere die schwarze Bevölkerung treffen.[111] Auch könne das Rationale zum Mechanischen werden und dann Entscheidungsmöglichkeiten einschränken. Ebenso sah er es als fraglich an, ob im Feld der Prognose und politischen Planung wirklich alle Unsicherheiten und Komplexitäten, die den Wechselwirkungen des sozialen Wandels inhärent waren, erfasst werden könnten. Ohne die technischen Möglichkeiten des *Operations Research* leugnen zu wollen, wollte er sich deshalb gegen jene stellen, die behaupteten, dass Probleme völlig vorausgesagt werden könnten.[112]

Diese Überlegungen zu den Grenzen von Prognostik und Planung verstärkten sich noch durch den Austausch mit de Jouvenel. Bell sprach Mitte der 1960er Jahre ähnlich wie de Jouvenel von der offenen Zukunft und verwies auf eine grundsätzliche Unsicherheit des Zukünftigen. Es sei nicht möglich, spezielle „point events", also Wendepunkte der Geschichte vorauszusehen, welche den Lauf der Geschichte veränderten. Dies gelte vor allem für Konsequenzen von Entscheidungen Einzelner, die durch Modellbildungen nicht einzufangen seien. Darüber hinaus meinte Bell mit der offenen Zukunft zudem die Abgrenzung zum marxistischen Zukunftsverständnis: Dieses sehe ja die Zukunft als determiniert an, der Westen nicht. Die Denksysteme des Kalten Krieges hatte Bell offenkundig stärker als de Jouvenel internalisiert.[113] Jedenfalls betrachtete es Bell nun ähnlich wie de Jouvenel als gesellschaftliche Aufgabe der Sozialwissenschaften, alternative Zukünfte und Wege zu ermitteln. So könne die Gesellschaft das Spektrum an Handlungsmöglichkeiten ausweiten – „to widen the spheres of moral choice".[114]

Auch wenn Bell intensiv an de Jouvenels Futuribles-Projekt mitarbeitete, so war es ihm doch nicht zielgerichtet genug – im Hinblick auf die Ziele des Unternehmens, aber auch im Hinblick auf die politische Umsetzung der generierten Ideen. Es sei paradox, so Bell an Shepard Stone von der Ford Foundation, dass „de Jouvenel lacks a ‚futurible' for himself".[115] Nicht zuletzt deshalb entschied sich die Ford Foundation 1966 zu de Jouvenels großer Enttäuschung, die Projektfinanzierung für Futuribles nicht zu verlängern.[116] Die Stiftung wandte sich nun einem neuen Projekt zu, das im Umfeld der Zukunftsforschung angesiedelt war, aber sich auf die Anwendung der Systemanalyse beschränkte und im Zeichen der Entspannung über die politischen Systemgrenzen hinweg reichte: ein neues Institut

---

[111] Bell, The Post-Industrial Society, Zit. S. 48, in: RAC, FFA, Grant File 62-41.
[112] Vgl. ebd.
[113] Ders., The Study of the Future, in: The Public Interest 1 (1965/66), H. 1, S. 119–130.
[114] Ders., Modes, S. 879; vgl. Waters, Daniel Bell, S. 149.
[115] Bell an Shepard Stone, 20. 7. 1964; vgl. Ford Foundation, Stone, Notiz, 26. 6. 1963 über ein Gespräch mit Bell, in: RAC, FFA, Grant File 62-41.
[116] Ford Foundation, Joe Slater, an Jacques Freymond, 3. 11. 1966; Richard Catalano an de Jouvenel, 29. 6. 1967, in: ebd.; de Jouvenel an Edward Cornish, 4. 1. 1975, in: BNF, NAF 28143, Boîte 297.

zu den „common problems of advanced societies", das 1972 als Internationales Institut für Angewandte Systemanalyse seine Pforten öffnete.[117]

Auch Olaf Helmer kam über den transatlantischen Kontakt zu Futuribles zu seinem Konzept von *Futures Research*. Intensiver als Bell hatte er sich aber vorab mit den wissenschaftstheoretischen Implikationen der *Prediction* befasst, und stärker als Bell eignete er sich Elemente von de Jouvenels Konzept von Futuribles an. 1910 in Berlin geboren, hatte Helmer Mathematik und Logik an der Berliner Humboldt-Universität studiert und beim Wissenschaftsphilosophen Hans Reichenbach promoviert. Als Jude verfolgt, verließ er Deutschland 1934, emigrierte nach Großbritannien und erwarb an der University of London einen zweiten Doktorgrad in Philosophie. 1937 emigrierte er in die USA und arbeitete hier unter anderem mit dem ebenfalls emigrierten Rudolf Carnap, einem Begründer des Wiener Kreises, und dem Wissenschaftsphilosophen Paul Oppenheim zusammen. 1944 wirkte Helmer für das NDRC und wechselte von hier aus 1946 zur RAND Corporation.[118] Zunächst im Bereich des *War Gaming* eingesetzt, entwickelte er Ende der 1950er und Anfang der 1960er Jahre die oben beschriebene Delphi-Technik als systematische Expertenbefragung.

Helmers Wissenschaftsverständnis speiste sich aus europäischen bzw. deutschen Wurzeln, nämlich aus der Wissenschaftsphilosophie des Logischen Empirismus. Die Lehrer Helmers, Reichenbach und Oppenheim, waren in den 1920er und frühen 1930er Jahren die Gründerväter der Berliner Schule des Logischen Empirismus, die sich aus der Berliner Gesellschaft für empirische Philosophie entwickelt hatte. Die Gesellschaft war unter dem überragenden Eindruck begründet worden, den Albert Einsteins physikalische Erkenntnisse auf die Wissenschaftsphilosophie gemacht hatten. Der Logische Empirismus wandte sich gegen alle Ansätze der Metaphysik und Werttheorie in der Philosophie. Stattdessen wollte er sich an den Naturwissenschaften orientieren und das Wissenschafts- und Vernunftverständnis der Logik auf die Philosophie übertragen. So entstand eine Theorie der empirischen Wissenschaften mit Hilfe der Logik, die strikt rational mittels Beobachtungssätzen arbeitete.[119] Der Logische Empirismus, der auch als Logischer Positivismus firmiert, erhielt in den 1930er und 1940er Jahren seine volle Ausformung durch den Einfluss des amerikanischen Pragmatismus: Fast alle Protagonisten der ersten und zweiten Generation des Denkkollektivs emigrierten in den 1930er Jahren in die USA. Dieses pragmatische Element umfasste sowohl

---

[117] Für den Hinweis auf die Verbindung von Futuribles und IIASA danke ich Jenny Andersson (Paris); vgl. Leena Riska-Campbell, Bridging East and West. The Establishment of the International Institute for Applied System Analysis (IIASA) in the United States Foreign Policy of Bridge Building, 1964–1972, Helsinki 2011; Andersson, Debate; Rindzevičūte, Emergence. Zur Rolle Pecceis, des Gründers des Club of Rome, siehe Kapitel VI.

[118] Vgl. Nicholas Rescher, The Berlin School of Logical Empiricism and its Legacy, in: Erkenntnis 64 (2006), H. 3, S. 281–304, hier S. 288f.; Olaf Helmer, The Game-Theoretical Approach to Organization Theory. RAND Paper P-1026, Santa Monica 1957.

[119] Rescher, Berlin School; Bell, Foundations, S. 196f.

eine weltanschaulich pluralistische Haltung im Sinne John Deweys als auch ein anwendungsorientiertes Verständnis von Wissenschaft.

Dieses spiegelte sich in Helmers Wissenschaftsverständnis: Im Sinne einer Anwendungsorientierung, aber auch eines gewissen steuerungsorientierten Szientismus war für ihn das „ultimate goal of all scientific inquiry [...] the prediction and control of our environment".[120] Dabei beschäftigte Helmer die Frage, inwieweit man in Bereichen abseits der Naturwissenschaften (die ja experimental angelegt seien) überhaupt prognostizieren könne: Inwieweit konnte hier auf Methoden des *Operations Research* (Helmer sprach entgegen der offiziellen RAND-Linie weiter von *Operations Research* statt von *Systems Analysis*) wie Simulationen zurückgegriffen werden? Impliziter Ausgangspunkt war hier zweifellos auch das Popper'sche Theorem des Kritischen Rationalismus, also die These, dass es unmöglich sei, durch rationale Methoden und Logik die Zukunft vorauszusagen, weil auch das Wachstum des künftigen Wissens nicht vorhersehbar sei.[121] In einem wegweisenden Aufsatz zur „Epistemology in the inexact Sciences", den Helmer 1953 mit dem Reichenbach-Schüler und nunmehrigen RAND-Mitarbeiter Nicholas Rescher publizierte, entwickelten die Autoren eine „specific methodology of prediction".[122] Dabei ging man von der epistemologischen Differenz zwischen zwischen Natur- und Geistes- bzw. Sozialwissenschaften aus, also von einer Trennung in exakte und inexakte Wissenschaften. Naturwissenschaften seien exakt, wenn man Exaktheit so verstehe, dass der wissenschaftliche „reasoning process is formalized in the sense that the terms used are exactly defined and reasoning takes place by formal logico-mathematical derivation of the hypothesis (the statement of the fact to be explained or predicted) from the evidence (the body of knowledge accepted by virtue of being highly confirmed by observation)".[123] Hingegen sei in den „inexakten" Wissenschaften – den Geistes- und Sozialwissenschaften, aber auch in der Ökonomie – die Beweisführung informell. Hier herrschten eine vagere Terminologie und mehr intuitiv erfasste Fakten oder Schlussfolgerungen vor; damit könnten diese Wissenschaften weniger exakt vorhersagen. Doch Helmer und Rescher verstanden dies nicht als Abwertung der „inexakten" Wissenschaften, deren Gegenstand eben einfach komplexer sei, zumal ja auch in vielen Naturwissenschaften das Exaktheitsparadigma nicht voll zutreffe. Aus einer pragmatischen Herangehensweise, welche die Welt mittels logischer Methoden besser verstehen und Wissenschaft anwenden wollte, plädierten Helmer und Rescher dafür, sich bei der Voraussage stärker an „quasi-laws" zu orien-

---

[120] Olaf Helmer, Experimentation in the Nonexperimental Sciences (1953), in: Ders., Looking Forward. A Guide to Futures Research, Beverly Hills 1983, S. 23–25, hier S. 25 (aus einem internen RAND-Papier); zum pragmatischen Verständnis Helmers auch P.D. Aligica/R. Herritt, Epistemology, Social Technology, and Expert Judgement. Olaf Helmer's Contribution to Futures Research, in: Futures 41 (2009), H. 5, S. 253–259, hier S. 259.
[121] Vgl. Popper, Prognose und Prophetie.
[122] Rescher, Berlin School, S. 289, 292.
[123] Olaf Helmer/Nicholas Rescher, On the Epistemology of the Inexact Sciences (1953), in: Helmer, Looking Forward, S. 25–50, Zit. S. 26.

tieren. Dies sei besser als der Verzicht auf Voraussagen und Planungen. Es treffe in den inexakten Wissenschaften eben nicht zu, dass (wie im Logischen Empirismus angenommen) es eine Symmetrie zwischen Erklärung (als „logical derivation of the statement to be explained from a complex of factual statements and well-established general laws") und Voraussage gebe. Man könne hier ausgehend von Fakten in logischer Beweisführung Folgen nur bedingt (als „quasi-law") vorhersagen.[124] Angesichts dieser Asymmetrie zwischen Erklärung und Voraussage könne man sich bei Voraussagen im Bereich der Sozialwissenschaften eben nicht nur an Erklärungen der Vergangenheit oder an Statistiken orientieren, sondern – da ja die Asymmetrie mitgedacht werden musste – viel stärker an Hintergrundwissen, Intuition und stillem Wissen („tacit knowledge") des Experten in einer indirekten Beweisführung. Während bei der (zurückliegenden) Erklärung die Hypothese zuverlässiger sein müsse als ihre Negation, erfordere die Voraussage nur, dass sie zuverlässiger als jede andere vergleichbare Alternative sei. Das Hintergrund- und „stille" Wissen sei zweifellos intuitiv geprägt, könne jedoch durchaus auf einem logisch höheren Grade ansiedeln als die Statistik der Vergangenheit.[125] Diese Überlegungen bildeten die epistemologische Basis der Delphi-Methode als systematischer Expertenbefragung, die sowohl Erfahrungswissen der Probanden als auch die Intuition in einem kybernetisch gedachten Rückkopplungsverfahren einband; sie bildeten auch die Grundlage für die Anwendung von Methoden des *Operations Research*, der Modellbildung, Simulation usw. für die Vorausschau und strategische Planung.

Damit changierte Helmer ähnlich wie Daniel Bell zwischen einem positivistischen Verständnis von Prognostik und der Einsicht in deren Grenzen. Einerseits setzte er als Naturwissenschaftler auf valide Beweisführung und Objektivität und glaubte insofern Intuition mit wissenschaftlicher Rationalität verbinden zu können. In diesem Sinne betonte er den Anspruch aller (auch der „inexakten") Wissenschaften, Objektivität zu erreichen, also eine Intersubjektivität der Ergebnisse unabhängig von der eigenen Einstellung und Bewertung des Forschers herstellen zu können.[126] Andererseits war ihm klar, dass in den „inexact sciences" die Erklärung und die Voraussage auf unterschiedlichen epistemologischen Grundlagen beruhten. Der Gegenstand sei zu komplex, um exakte Voraussagen zu treffen. Auch die beschränkte Validität und Reliabilität der von ihm entwickelten Delphi-Technik war Helmer bewusst. Die Richtung der Untersuchung und die Ergebnisse seien auch von den Vorstellungen des Bearbeiterteams beeinflusst worden, so Helmer im Vorwort der Studie, und es sei nun einmal unvermeidlich, intuitive Voraussagen einzubeziehen. Angesichts des „Vakuum[s]" an Techniken langfristiger Vorhersage aber erscheine das Unternehmen von gewissem Wert, weil es zumindest den Versuch unternehme, das intuitive Urteil so systematisch wie

---

[124] Ebd., Zit. S. 31f.
[125] Ebd., S. 34f.; vgl. Aligica/Herritt, Epistemology.
[126] Helmer/Rescher, Epistemology, S. 27f.; vgl. Olaf Helmer, Social Technology, in: Ders., Looking Forward, S. 50–78, hier S. 51.

möglich und von Fachleuten abzurufen. So mache es einen Anfang im Unterfangen, „unter den Möglichkeiten der Zukunft das Wahrscheinliche vom Unwahrscheinlichen zu trennen".[127]

Über Daniel Bell kam Helmer Mitte der 1960er Jahre mit Bertrand de Jouvenel in Verbindung, und ganz ähnlich wie Bell entwickelte er aus dem transatlantischen Austausch Überlegungen zu einer eigenen Wissenschaft von der Zukunft (bzw. den Zukünften). Helmer lernte de Jouvenel offenkundig auf dessen von Bell initiierter USA-Reise Ende 1962 kennen. De Jouvenel, besonders interessiert an der Delphi-Technik, lud Helmer 1963 zu sich nach Paris ein.[128] Helmer war nach dem Besuch bei de Jouvenel „so impressed with the points of view"[129] und nahm in der Folge an zwei Futuribles-Konferenzen teil: In Yale 1964 lud ihn Daniel Bell zur Konferenz über das „Surmising Forum" ein, 1965 reiste er nach Paris zur Tagung „The Future of Political Institutions". In Yale zielten seine Fragen vor allem darauf, inwieweit für das prävisionelle Forum *(Surmising Forum)* auch intuitives Wissen und Expertengruppen eingesetzt werden könnten – also Elemente der Delphi-Technik. Erkennbar öffnete er sich aber auch de Jouvenels Denkweise von den „possible futures and desirable futures".[130] In Paris dann stellte Helmer sein Konzept von Zukunftsforschung als „Social Technology" vor.[131]

Helmer entwarf die „Social Technology" als neue „intellectual discipline" zwischen „Physical" und „Social Sciences", als eine multidisziplinäre, angewandte Wissenschaft und „constructive approach that will ensure to us some measure of control over the future of our society".[132] Ziel der „Social Technology" war somit die Steuerung zukünftiger Entwicklungen, die explizit neben technologischen Fragen auch Soziales, Ökonomie und Politik umfasste. Eine solche Ausweitung des Gegenstandes betrachtete er nun angesichts des schnellen Wandels und der Herausforderungen und Gefahren der Zukunft (wie etwa des Nuklearkrieges oder der Folgen von Automation auf die Beschäftigungssituation) als essentiell. Dabei nutze die Sozialtechnologie Techniken der Computersimulation und der Delphi-Methode, die Helmer dem *Operations Research* zuordnete, zur Klärung gesellschaftlicher und politischer Fragestellungen. Dies sei neu, da solche Techniken bislang nur in der „Physical Technology" – also in naturwissenschaftlichen

---

[127] Ders, 50 Jahre, S. 10, vgl. S. 12f.
[128] De Jouvenel an Helmer, 16.9.1963; Olaf Helmer, Memorandum an de Jouvenel, Les futuribles des Futuribles, 8.4.1965, beides in: BNF, NAF 28143, Boîte 301.
[129] RAND, Helmer, an Bertrand de Jouvenel, 30.10.1963, in: ebd.
[130] J.W. Chapman, Notes on Futuribles Conference, Yale, 4–6 December 1964, in: RAC, FFA, Grant File 62-41.
[131] Vgl. Helmer, Technologie sociale, Paris 1965. In der amerikanischen Ausgabe dankte Helmer de Jouvenel für Anregungen: Ders., Social Technology, New York 1966, S. 1; Ders., Memorandum an de Jouvenel, Les futuribles des Futuribles, 8.4.1965, in: BNF, NAF 28143, Boîte 301; Futuribles 1961–66 (Informationsbroschüre), S. 32–34, in: RAC, FFA, Grant File 62-41; Robert Jungk, Wohin steuert die Staatsrakete? In Paris konferierten die Zukunftsforscher, in: Die Zeit, 14.5.1965.
[132] Helmer, Social Technology, S. 57, 73; vgl. Ders., The Systematic Use of Expert Judgement in Operations Research (1963). RAND paper p-2795: http://www.rand.org/content/dam/rand/pubs/papers/2008/P2795.pdf (letzte Abfrage 2.1.2015).

Zusammenhängen und damit „exakten" Wissenschaften – verwendet worden seien.[133]

Ganz offenkundig beeinflusst durch de Jouvenels Verständnis der vielen möglichen Zukünfte, ersetzte Helmer 1966 „Social Technology" durch „Futures Research".[134] Letzere war für ihn (im Sinne der naturwissenschaftlichen „Science") keine volle Wissenschaft, sondern „a branch of Operations Research, and specifically that branch concerned with plans". Als empirische Forschung erschien ihm „Futures Research" vorwissenschaftlich in dem Sinne, dass sie sich nicht auf ein volles Theoriegebäude stütze und epistemologisch im Vergleich zu den Naturwissenschaften eine „relative softness" aufweise. Anwendungsorientiert habe sie die Funktion, „to provide decision makers with operationally meaningful assistance in the form of information and analysis", und dieses im Besonderen im Bereich der langfristigen Planung.[135] Helmer verortete also *Futures Research* mehr als Set wissenschaftlicher Planungstechniken innerhalb der Sozialtechnologie.[136] In der Folge verlor sich bei Helmer der Begriff der *Social Technology*, wohl weil er in semantischer Hinsicht gesellschaftssteuernde, technokratische Anklänge weckte und *Futures Research* mit dem Plural die offenen Zukünfte betonte. Im Kern aber bewegten sich sowohl Helmers Sozialtechnologie als auch *Futures Research* ganz ähnlich wie bei Bell in einer gewissen inneren Spannung zwischen einem freiheitlich gedachten und einem von Steuerungsüberlegungen geprägten Zukunftsverständnis. Helmer übernahm von de Jouvenel das Bild von den vielen „possible futures", die ja auch den Plural in *Futures Research* bedingten.[137] Dies vermengte sich mit der Aufbruchstimmung und dem auf die Technik bezogenen Machbarkeitsdenken der 1960er Jahre zu einer geradezu euphorischen Haltung gegenüber der Erforschung der Zukunft und den Möglichkeiten ihrer Gestaltung: „The future is no longer viewed as unique, unforeseeable, and inevitable; there are, instead, a multitude of possible futures, with associated probabilities that can be estimated and, to some extent, manipulated."[138] Dabei, und dies deutete das Zitat an, sah Helmer als Ziel der Sozialtechnik eine explizite Steuerungs- und Kontrollfunktion: „The ability to make contingency predictions of this kind gives us a measure of control over the future which is then put to use in such applied fields as engineering and medicine."[139]

Beide Ebenen zu verbinden versuchte Helmer – in Aneignung von de Jouvenels in Yale verhandelter Idee des *Surmising Forum* zur Politikberatung – mit dem Institute for the Future (IFF). Er verließ RAND 1968 und begründete mit Theodore

---

[133] Ders., Social Technology, Zit. S. 56.
[134] Helmer an Edward Cornish, 20. 6. 1966, in: BNF, NAF 28143, Boîte 297; vgl. auch Ders., New Developments in Early Forecasting of Public Problems. A New Intellectual Climate (1967), in: Ders., Looking Forward, S. 80f., hier S. 80.
[135] Ders., An Agenda for Futures Research, in: Futures 7 (1975), H. 1, S. 3–14, hier S. 4.
[136] So auch Bell, Foundations, S. 35.
[137] Helmer, Social Technology, S. 33.
[138] Ders., Analysis of the Future, S. 1f.
[139] Ders., Social Technology, S. 51; vgl. Ders., Systematic Use.

Gordon (seinem Mitstreiter aus der Delphi-Studie) und anderen das IFF. Dieses sollte als Institut „specifically devoted to social planning" eben Problemanalyse, multidisziplinäre und multimethodische Vorausschau sowie die Diskussion normativer, gewollter Zukünfte im Rahmen eines politikberatenden Forums verknüpfen.[140] In Abgrenzung zu RAND schloss man dabei explizit militärische Untersuchungsgegenstände aus und verpflichtete sich, alle Ergebnisse zu veröffentlichen. Gleichwohl blieb man im Kern stärker einem positivistischen und quantifizierenden Ansatz verbunden, der sich darin zeigte, dass das IFF – und dies war ja Helmers Ansatz – die Quantifizierung durch den Computer in den Mittelpunkt stellte. In der Folge war es vor allem Ziel des IFF, ein umfassendes Computersystem zur Vorhersage und Kontrolle längerfristiger Einflüsse ökonomischen und technologischen Wandels zu entwickeln.[141] Zum Board of Trustees gehörten aus der Wissenschaft neben dem Präsidenten der National Academy of Science auch Daniel Bell und Herman Kahn.[142]

Bell entwickelte ab Mitte der 1960er Jahre ebenfalls ein eigenes Konzept von Zukunftsforschung – das „Social Forecasting" –, das ganz ähnlich von einem Changieren zwischen einer positivistischen Prognostik und einer freieren, auch normativen Antizipation möglicher Zukünfte geprägt war. Es basierte auf den gemeinsamen Diskussionen im Rahmen von Futuribles, aber auch auf Verhandlungen im Rahmen der Commission on the Year 2000 der American Academy of Arts and Sciences. In der Commission, die 1966 ihre Arbeit aufnahm und deren Vorsitz Bell führte, arbeiteten 38 hochrangige amerikanische Wissenschaftler aus verschiedensten Disziplinen über ein Jahr lang zusammen. Helmer war nicht Mitglied, aber erstellte einen Beitrag für die Commission.[143] Die Idee, eine solche Commission zu schaffen, stammte vom Sozialpsychologen Lawrence K. Frank, der schon an der President's Commission der 1930er Jahre zu den „Recent Social Trends" mitgearbeitet hatte.[144] Eine entscheidende Rolle hinter den Kulissen spielte Stephen Graubard, der entsprechende Mittel der Carnegie Foundation für das Projekt rekrutieren konnte.[145]

---

[140] Zur Idee Helmers, Futuribles in den USA zu institutionalisieren, Ders., Social Technology, S. 72–78; Ders., Memorandum an de Jouvenel, Les futuribles des Futuribles, 8.4.1965, in: BNF, NAF 28143, Boîte 301.

[141] Vgl. The Futurist 2 (1968), H. 4, S. 65; Bell, Foundations, S. 34.

[142] Olaf Helmer (for the Organizing Committee of the IFF) and H. Bruce Palmer (for The Conference Board), to Advisory Council of the Institute For the Future, Progress Report, 11.12.1967, in: BNF, NAF 28143, Boîte 301.

[143] Vgl. Olaf Helmer, Accomplishments and Prospects of Futures Research (1973), in: Ders., Looking Forward, S. 102–112. Dieser Beitrag war eine Arbeit für den Abschlussbericht der Commission on the Year 2000, der aber nicht veröffentlicht wurde; so ebd., S. 102, Anm. 2.

[144] Daniel Bell, The Year 2000. The Trajectory of an Idea, in: Daedalus 96 (1967), H. 3, S. 639–651. Der Band aus der Zeitschrift „Daedalus" zur Commission on the Year 2000 erschien 1968 nochmals als eigener Band: Daniel Bell (Hrsg.), Toward the Year 2000. Work in Progress, Boston 1968, und als deutsche Übersetzung in Robert Jungks und Hans Josef Mundts Reihe „Modelle für eine neue Welt" unter dem Titel: Der Weg ins Jahr 2000. Bericht der „Kommission für das Jahr 2000". Perspektiven, Prognosen, Modelle, München, Wien, Basel 1968; zur Commission auch Bell, Foundations, S. 37–39.

[145] Vgl. Stephen R. Graubard, Vorwort, in: Jungk/Mundt (Hrsg.), Weg, S. 12f.

Bell präsentierte sich in der Kommission erneut als Mittler zwischen der offenen, normativen Suche nach den Zukünften und empirisch-positivistischen Zugängen. So beschrieb er – auch hier finden sich Anklänge an Futuribles – als Aufgabe der Commission, sich mit den kommenden Konsequenzen der jetzigen öffentlichen und politischen Entscheidungen zu beschäftigen, zukünftige Probleme zu antizipieren und damit zu beginnen, Alternativlösungen zu erarbeiten, um der Gesellschaft mehr Handlungsoptionen zu verschaffen. Er identifizierte vier zentrale Wandlungsprozesse der Gegenwart. Erstens seien dies der technologische Wandel und die „many possibilities of mastering nature"; Beispiele manifestierten sich in der Wettervorhersage und der kommenden Beeinflussung des Wetters, in „biomedical engineering" und genetischen Eingriffen, in der Computertechnologie und neuen Techniken der Simulation. Hinzu kämen zweitens die Folgen der gerechten Verteilung von Gütern und Dienstleistungen, die er als Sozialliberaler begrüßte, die aber auch – etwa an der Universität – institutionelle Veränderungen erzwängen, drittens der ökonomische Strukturwandel hin zur Dienstleistungsgesellschaft und viertens die internationalen Beziehungen mit der Entspannung im Kalten Krieg und der Rolle der „New States". Bell sprach dabei von der „urgent task of anticipating, not predicting the future", eben weil es nicht um konkrete Vorhersagen, sondern um die Erarbeitung von Handlungsoptionen auf der Grundlage ethischer Überlegungen gehe.[146]

Diese Überlegungen bildeten die Grundlage für das Konzept des *Social Forecasting*.[147] Bell verstand *Social Forecasting* als Prognose gesellschaftlicher Entwicklungen. Diese sei wichtiger als technologische, demographische oder politische Prognosen, weil gesellschaftliche Veränderungen immer auch einen Wandel in anderen Bereichen auslösten. Im gesellschaftlichen Bereich gebe es drei Möglichkeiten, Prognosen aufzustellen: Man könne erstens soziale Indikatoren projektieren, also einfach extrapolieren, was nur bei kurzfristigen Prognosehorizonten Sinn mache. Zweitens gebe es die Möglichkeit, historische „Schlüssel" als neue Hebel sozialen Wandels zu untersuchen, also etwa einen Wandel in den Wertvorstellungen oder den Prozess der Bürokratisierung, den Max Weber vorausgesehen habe; doch es sei riskant, sozialen Tendenzen nachzugehen, welche dann eben doch nicht zu einem Wendepunkt führten. Deshalb wählte Bell den dritten Zugang, projektierte Änderungen in Sozialsystemen („Social Frameworks") zu untersuchen. Diese verstand er als „Strukturen der großen, das Leben des einzelnen in der Gesellschaft ordnenden Institutionen", die organisch wüchsen und sich nur schwer umkehren ließen, also etwa „die Berufsgliederung, das Bildungswesen, die für die Beilegung politischer Konflikte gültigen Regelungen". Mit dem konzeptuellen Schema der Sozialsysteme ließen sich große soziale Prozesse abschätzen,

---

[146] Bell, Year 2000, Zit. S. 642f., 639.
[147] Ders., The Coming of Post-Industrial Society. A Venture in Social Forecasting, New York 1973.

welche die gesellschaftlichen Veränderungen prägten, ohne dass exakte Voraussagen geliefert werden könnten.[148]

Anwendung fand Bells *Social Forecasting* vor allem in der Prognose der kommenden postindustriellen Gesellschaft, die er wie gesehen schon 1962 skizziert hatte und 1973 im Buch „The Coming of Post-Industrial Society" (mit dem Untertitel „A Venture in Social Forecasting") nochmals systematisch anhand der Ermittlung von Sozialsystemen und statistischen Trends herleitete. Die sozioökonomische Struktur deute auf eine Entwicklung hin zu einem dominierenden Dienstleistungssektor, hin zu einer wachsenden Bedeutung ausgebildeter Fachleute, der Informationstechnologie und des intellektuellen Wissens im Arbeitsprozess und in der Politikberatung. Auch wenn die Gesellschaft weiterhin industrielle Elemente prägten, werde doch die Industriegesellschaft von der „post-industrial society" abgelöst.[149] In der Folge galt die These von der post-industriellen Gesellschaft als weitsichtige Theorie sozialen Wandels, die den Weg in die „Wissensgesellschaft" erkannte bzw. voraussagte. Doch die post-industrielle Gesellschaft war weniger Prognose denn politisches Programm, eine *gewollte* Zukunft.[150] So hatte Bell ja schon 1962, bevor er die These mit einer methodischen Textur unterlegte, die post-industrielle Gesellschaft prognostiziert und postuliert. Der soziale Aufsteiger begründete nämlich so auch seine eigene gesellschaftliche Funktion als Intellektueller und legitimierte damit seinen Aufstieg und sein Wirken im Grenzbereich von Wissenschaft und Politik.[151]

Waren nun Bell und Helmer die Begründer der *Futurology* in den USA? Sicherlich schärften beide im transatlantischen Austausch das methodisch-theoretische Verständnis von Zukunftsforschung: Bell als Vertreter eines für Modellbildungen offenen, aber auch qualitativ arbeitetenden *Social Forecasting* avancierte zur Kontaktperson zwischen CCF, der Ford Foundation und Futuribles; damit wurde er zu einer personellen und epistemologischen Klammer zwischen de Jouvenels normativ-ontologisch angelegter „Art de la Conjecture", den behavioristisch geprägten amerikanischen Sozialwissenschaften und den interdisziplinär arbeitenden, positivistisch geprägten Think-Tanks. Stärker noch ließ sich Helmer auf eine transatlantische Wissensaneignung ein, und mit seinen eigenen Überlegungen zur Nutzung der Intuition in der Voraussage und seinem auch durch Futuribles geschulten Konzept des *Futures Research* als angewandte wissenschaftliche Prognose- und Planungstechnik führte er unterschiedliche Wissensbestände zusammen. Doch sie sprachen nicht von *Futurology*, sondern von *Forecasting* (wie Bell)

---

[148] Ders., Die nachindustrielle Gesellschaft, S. 25; vgl. knapp Waters, Daniel Bell, S. 150 f.; Ariane Leendertz, Schlagwort, Prognostik oder Utopie? Daniel Bell über Wissen und Politik in der ‚postindustriellen Gesellschaft', in: Zeithistorische Forschungen 9 (2012), H. 1, http://www.zeithistorische-forschungen.de/16126041-Leendertz-1-2012 (letzte Abfrage 3.1.2015).

[149] Daniel Bell, Notes on the Post-Industrial Society I, in: The Public Interest 2 (1966/67), H. 6, S. 24–35; Ders., Notes on the Post-Industrial Society II, in: The Public Interest 2 (1966/67), H. 7, S. 102–168; Ders., Die nachindustrielle Gesellschaft.

[150] Vgl. auch Leendertz, Schlagwort; Reinecke, Wissensgesellschaft.

[151] Hierzu auch Graf/Priemel, Zeitgeschichte, S. 485.

oder *Futures Research* (wie Helmer). In der Folge wurde *Future(s) Research* der gängige angelsächsische Terminus für wissenschaftliche und wissensbasierte Zukunftsforschung. Dies zeigte sich etwa darin, dass Helmer 1973 einen Ruf als Professor für „Futures Research" an das neu errichtete Center for Futures Research an der University of Southern California in Los Angeles erhielt.[152] Auch die Mehrzahl US-amerikanischer und britischer Publikationen und internationale Netzwerke zur wissenschaftlichen Zukunftsforschung berief sich in der Folge auf *Future(s) Research*, wenn sie sich vom weitgreifenderen Begriff *Future(s) Studies* absetzen wollte.[153] *Futures Research* stellte die Offenheit der vielen Zukünfte in den Mittelpunkt. *Futurology* hingegen war viel stärker die Zuschreibung von außen: aus der amerikanischen, bundesdeutschen oder britischen Öffentlichkeit an die Think-Tanks[154], insbesondere an den in den 1960er Jahren vielleicht prominentesten amerikanischen Repräsentanten von Zukunftsforschung, Herman Kahn.

Im Banne des Positivismus: Herman Kahn und Karl Steinbuch

Im Gegensatz zu Daniel Bell und Olaf Helmer wurzelte Herman Kahns und Karl Steinbuchs Verständnis von Wissenschaft in einem explizit naturwissenschaftlichen Denkstil. Dies prägte ihren Weg in die und ihr Konzept von Zukunftsforschung, das positivistisch angelegt war und zugleich ein konservativ unterlegtes Ordnungsdenken integrierte.

Herman Kahn, 1922 als Sohn polnischer Einwanderer in armen Verhältnissen in New Jersey geboren, studierte Physik und angewandte Mathematik. Während des Studiums engagierte er sich in linksliberalen Vereinigungen wie Americans für Democratic Action. Im Militärdienst fiel er durch ein legendär hohes Ergebnis in einem Intelligenztest, dem Armed Forces Qualifications Test, auf. Nach Abschluss des Studiums trat er 1947 in die RAND Corporation ein. Als Physiker arbeitete er an Plänen eines nuklearen Antriebssystems für Flugzeuge mit (welches später scheiterte), war zugleich für das Lawrence Livermore Laboratory tätig, welches die Wasserstoffbombe entwickelte, und nutzte wie gesehen die Monte-Carlo-

---

[152] Vgl. Helmer, Agenda; Ders., Looking Forward; Aligica/Herritt, Epistemology; Nicholas Rescher, Profitable Speculations. Essays on Current Philosophical Themes, Lanham 1997, S. 88–90.

[153] Vgl. etwa Jungk/Galtung (Hrsg.), Mankind, der als erster Band der Reihe „Future Research Monographs from the International Peace Research Institute" firmierte; Robert Jungk, Preface, in: ebd., S. 10; Nigel Calder an Robert Jungk, 17.11.1969, in: JBZ, NL Jungk, Ordner Briefe an R.J.; Jib Fowles (Hrsg.), Futures Research. Zur Unterscheidung zwischen *Future(s) Studies* und *Future(s) Research*, die oftmals identisch verwendet wurden, vgl. Eleonora Barbieri Masini, Futures, in: Quah/Sales (Hrsg.), Handbook, S. 491–505, demnach *Futures Studies* „all ways of looking, inventing, forecasting and predicting the future, ranging from utopia to projections although always with a time frame of some decades", wohingegen *Futures Research* „refers exclusively to the knowledge and understanding of the future" (S. 491).

[154] Etwa Zukunftsforschung ohne Zukunft, in: Die Zeit, 21.11.1969; British Embassy, Washington, Makins, to Cabinet Office, 6.3.1972, in: TNA, CAB 164, 1083.

Abb. 5: Herman Kahn (1965)

Simulation im Bereich des Einsatzes von Flugzeugträgern für den Luftkrieg.[155] Doch dieser Einsatz endete aus politischen Gründen: In der Hochphase der McCarthy-Ära wurde Kahn vom FBI wegen seiner Kontakte zu Linken von Top-Secret-Aktionen wie der Atomforschung entbunden. Bei RAND wechselte Kahn auch deshalb zur Strategieabteilung, die von Albert Wohlstetter geleitet wurde, und dann zur Abteilung Civil Defense, wo er Szenarien für den Nuklearkrieg entwickelte.[156] Er gehörte wie gesehen jener Forschergruppe an, welche aus einem physikalischen Ansatz heraus die Monte-Carlo-Simulation entwickelte, und damit begründete er auch die (computerunterstützte) Modellsimulation.[157] Darüber hinaus gilt er – wie oben dargestellt – als Erfinder der modernen Szenariomethode, die er als Entwicklungen einer logischen Sequenz hypothetischer Ereignisse verstand.[158] Das Szenario spielte also in einer „Form experimentellen Erzählens" mögliche Ereignisserien durch. In gewisser Weise beruhte die Szenariomethode sogar auf dem Denkansatz der Computersimulation, weil sie „mehrfach durchlaufen, mehrfach durchgespielt werden" musste, um zu Erkenntnissen über das Zukünftige zu gelangen.[159] Kahn erschien die quantitative Dimension zentral, weil sie die Argumentation schärfe und präzisiere. Zugleich betonten Kahn und sein Mitstreiter bei RAND Irwin Mann, das Nachdenken über den Krieg sei eine Kunstfertigkeit, die stets auf Intuition zurückgreife und auch abwegige Zukunftsbilder zeichnen solle – schließlich würden die Sowjets den Amerikanern wohl nicht den Gefallen tun, bereits bekannte Strategien zu verfolgen: „the game should not necessarily concern itself only with probable situations but

---

[155] Ghamari-Tabrizi, Worlds, S. 61–82; Bruce-Briggs, Supergenius; Steinmüller, Mann, S. 99f.
[156] Ghamari-Tabrizi, Worlds, S. 79.
[157] Dies., Unthinkable, v. a. S. 171f., 209–211; siehe oben Kapitel II.1.
[158] Vgl. Bruce-Briggs, Supergenius, S. 285.
[159] Pias, One-Man, S. 12.

should also emphasize ‚interesting' situations. It is true that one way a situation can be interesting because it is probable, but it is also true that often relatively improbable situations are very interesting because if they occur they are so extraordinarily important."[160]

Kahn orientierte sich in einem pragmatisch-positivistischen Sinne am Gegebenen, nicht an normativen und ethischen Regularien. Seine Devise war: „We did not choose this world; we just live in it". In seinen Szenarien des Nuklearkrieges wog Kahn, der privat als umgänglich und kommunikativ galt, funktionalistisch, ja zynisch die möglichen Kriegsverläufe ab, wobei er jeweils auch höchste menschliche Verluste der USA einkalkulierte. Dabei hatte er durchaus eine Zielprojektion im Blick, nämlich diejenige, dass die USA als Sieger des Kalten Krieges triumphieren sollten. Seine Überlegung, es sei besser, man verliere 40 Millionen Amerikaner in einem Nuklearkrieg und der Rest könne in Freiheit leben, als den Kalten Krieg zu verlieren, setzte in einem binären Verständnis der Welt des Kalten Krieges den Wert der Freiheit absolut. Zugleich ging er von einem Nullsummenspiel aus. Insofern gehörten Kahns Szenarien zur realistischen Theorie der Lehre von den Internationalen Beziehungen und folgten im Kern nationalen Interessen.[161] Mit der Orientierung am Gegebenen stand sein Wissenschaftsverständnis im Banne des Positivismus. In diesem Sinne ging er einerseits davon aus, dass Szenarien und Modellierungen die Zukunft nicht voll abbilden könnten. So verwies er 1957 darauf, dass Zukunft in einem statistischen Sinne „uncertain" und insofern das *War Gaming* kein „oracle" sei.[162] Andererseits zeigte er ein geradezu szientistisches Vertrauen in die Wissenschaft und ihre Methoden bzw. Instrumente: Die Monte-Carlo-Simulation, so Kahn, lasse „komplette Kontrolle" des Forschers zu. Das Vertrauen in die Validität des mathematischen Verfahrens und die schier unbegrenzten Möglichkeiten der Simulation spiegeln sich in seiner Einschätzung, dass „in a Monte Carlo problem the experimenter has complete control of his sampling procedure. If, for example, he were to want a green-eyed pig with curly hair and six toes and if this event had a non-zero probability, then the Monte Carlo experimenter, unlike the agriculturist, could immediately produce the animal."[163] Zudem tendierten Menschen dazu, so Kahn, die gleichen Lösungen auf ähnliche Probleme anzuwenden: „insofar as some parts of the future are more or less determined or even over-determined by existing constraints, a war game might be successful in exploring these constraints and, therefore, useful in predic-

---

[160] Herman Kahn/Irwin Mann, War Gaming, 30.7.1957, http://www.rand.org/content/dam/rand/pubs/papers/2006/P1167.pdf (letzte Abfrage am 3.1.2015), S. 11; vgl. Kahn, On Thermonuclear War, S. xxvif.; Ders., Thinking.
[161] Ders., On Thermonuclear War, S. 649; vgl. Pias, One-Man; Bell, Foundations, S. 30–33. Kahn ventilierte eine „Doomsday Machine", also eine Weltuntergangs-Maschine, welche, wenn sich ein Angriff näherte, automatisch die Erde sprengen sollte. Die Maschine und sein Erfinder waren 1962 Vorbild für die Figur des Dr. Strangelove (Dr. Seltsam) im Film „Dr. Seltsam – oder wie ich lernte, die Bombe zu lieben"; Kahn. Duell im Dunkel, in: Der Spiegel, H. 15, 3.4.1967, S. 123–140, hier S. 124.
[162] Kahn/Mann, War Gaming, S. 11f.
[163] Dies., Monte Carlo, S. 48–55; Ghamari-Tabrizi, Worlds, S. 66.

tions." Mithin glaubte Kahn: „a realistic war game may predict the future, or at least some aspects of it, quite accurately."[164] Kahn sprach hier und auch später von *predict*, also von *vorhersagen*, und nicht wie de Jouvenel oder in den 1960er Jahren auch Bell und Helmer von *forecast (voraussagen)*.[165]

Kahn arbeitete bei RAND mit Szenarien und Simulationen in sicherheits- und außenpolitischen Fragen, und dies galt zunächst auch für das von ihm 1961 begründete Hudson Institute, das vor allem Politikforschung für das Pentagon betrieb.[166] Mitte der 1960er Jahre erweiterte Kahn das Spektrum seiner Prognostik.

Dies hing auch damit zusammen, dass Kahn ab 1962 wegen Futuribles mit Daniel Bell in Kontakt stand und von diesem 1964 zur Futuribles-Konferenz in Yale eingeladen wurde.[167] Offenkundig angeregt von Futuribles, sprach Kahn Mitte der 1960er Jahre von den „alternative futures", die durchzuspielen und zu berücksichtigen seien. Den „Alternative World Futures Approach" als methodischen Ansatz des Hudson Institutes sah er grundsätzlich darauf ausgerichtet, Wahrscheinlichkeiten abzuschätzen und zu extrapolieren, aber auch Faktoren des Wandels und unwahrscheinliche Ereignisse einzukalkulieren, die wichtige Folgen haben könnten. Insofern müssten die Grenzen der Plausibilität ebenso ausgeweitet werden wie die Imagination des Analysten. „Prediction about future possibilities depends upon an understanding of the present and past, and it also involves the making of imaginative and analytical leaps as well as extrapolations."[168]

Eine weitere Wegmarke war Kahns Mitwirkung an der amerikanischen Commission on the Year 2000, die Daniel Bell 1966 einberief. Kahn erstellte mit Co-Autor Anthony Wiener und mit Unterstützung von Mitarbeitern des Hudson Institute für die Commission ein Papier „A Framework for Speculation". Noch im gleichen Jahr erschien eine ausführlichere Version als Buch unter dem Titel „The Year 2000. A Framework for Speculation on the next 33 Years", das rasch in verschiedene Sprachen übersetzt wurde und zahlreiche Auflagen erlebte.[169] In die-

---

[164] Kahn/Mann, War Gaming, S. 11f.
[165] „Prediction" verwendete Helmer noch in: Ders./Rescher, On the Epistemology of the Inexact Sciences (1953), in: Helmer, Looking Forward, S. 31 und 37; hingegen Ders./Theodore Gordon, Report on a Long-Range Forecasting Study (Dt.: 50 Jahre Zukunft), und Ders., New Developments in Early Forecasting of Public Problems. A New Intellectual Climate (1967), in: Ders., Looking Forward, S. 80f.
[166] Ghamari-Tabrizi, Worlds, S. 81f.
[167] J. W. Chapman, Notes on Futuribles Conference, Yale Law School, 4–6 December 1964, in: RAC, FFA, Grant File 62-41; Bruce-Briggs, Supergenius, S. 287.
[168] Herman Kahn, The Alternative World Futures Approach, in: Morton A. Kaplan (Hrsg.), New Approaches to International Relations, New York 1968, S. 83–136, hier S. 85; vgl. Bruce-Briggs, Supergenius, S. 285f.
[169] Herman Kahn/Anthony J. Wiener, The next Thirty-Three Years. A Framework for Speculation, in: Daedalus 96 (1967), H. 3, S. 705–732; Dies., The Year 2000. A Framework for Speculation on the next 33 Years, New York 1967; Dies., Ihr werdet es erleben. Voraussagen der Wissenschaft bis zum Jahre 2000. Mit einem Nachwort von Daniel Bell, Wien, München 1968 (zitiert wird im Folgenden aus der Ausgabe Reinbek bei Hamburg 1971); Kahn/Wiener avec le concours des membres du „Hudson Institute", L'An 2000. Un canevas de spéculations pour les 32 prochaines années. Introduction de Daniel Bell, Paris 1968. Die amerikanische Ausgabe erlebte bis 1970 neun Auflagen, die deutsche acht.

sem Buch zeigte sich Kahn im Hinblick auf die Möglichkeiten der Prognostik etwas zurückhaltender: Es sei „zu schwierig", Voraussagen auf lange Sicht richtig zu treffen, nicht zuletzt weil die politischen Folgerungen, die dann getroffen würden, schwerlich prognostiziert werden könnten. „[S]tark ausgeprägte, langfristige Trends" seien aber leichter erkennbar und berechenbar als einmalige Ereignisse. Notwendig sei deshalb ein „gutorganisiertes interdisziplinäres Projekt", das „alle wichtigen Erkenntnisse aus den verschiedenen akademischen und technischen Bereichen" in sich vereinige: Wenn sich eine solche Studie mit realen politischen Fragen befasse, „wird sie diese auch in angemessener Form darbieten".[170] In der Tat versprach das Buch, einen „,überraschungsfreien' Entwurf" für die weltpolitischen und globalen Trends bis zum Jahr 2000 zu liefern.[171] Kahn und sein Team verstanden darunter keine hundertprozentige Treffergenauigkeit von Prognosen, sondern wollten betonen, dass sie sich vor allem auf Extrapolationen stützen, in die jeweilige Grenzen und gegenläufige Trends einbezogen, aber unwahrscheinliche Faktoren des Wandels („surprises") außen vor gelassen worden waren.[172]

In diesem Sinne arbeitete „The Year 2000" nicht – wie Kahn ehedem – mit komplexen Modellsimulationen, sondern extrapolierte vor allem globale Trends, um dann der wahrscheinlichsten „Standardwelt" verschiedene Variationen und Alternativszenarien (insbesondere im Hinblick auf die weltpolitische Entwicklung) beizustellen.[173] Zu diesen langfristigen Trends rechnete man die Ausbreitung eines säkularen Humanismus, eine Institutionalisierung im Bereich wissenschaftlich-technischer Innovationen und ein fortgesetztes kontinuierliches Wirtschaftswachstum. Auch Kahn sah wie Bell die post-industrielle Gesellschaft am Horizont stehen, die er u.a. durch die Dominanz des Dienstleistungssektors, weitgehende Kybernetisierung der Wirtschaft, die überragende Bedeutung von Weiterbildung und eine Vervielfachung des durchschnittlichen Einkommens gekennzeichnet sah.[174] Im Gegensatz zu Bell machte er sich keine Gedanken, inwiefern sich dadurch soziale Ungleichheiten verstärkten, „evidently taking the existing social order for granted", und er ging nicht davon aus, dass das theoretische und akademische Wissen sehr viel wichtiger würde: Die einzigen, die dies glaubten, seien die Professoren selbst, so Kahn amüsiert.[175]

Im Hinblick auf technologische Trends extrapolierten Kahn und sein Co-Autor einerseits Entwicklungen wie den weitverbreiteten Einsatz von Computern für Großspeicheranlagen, Forschungszentren, betriebliche Datenverarbeitung und als Lehrmittel in Schulen, wobei deren Leistungsfähigkeit durch rasante Weiterentwicklung und Miniaturisierung integrierter Schaltungen millionenmal höher läge als existierende Rechner. Dies verbände sich mit dem dynamischen Bereich der Informationsverarbeitung durch die praktische Anwendung der Drahtbildfunk-

---

[170] Kahn/Wiener, Ihr werdet es erleben, S. 17f, 20.
[171] Ebd., S. 21.
[172] Vgl. ebd., S. 23 f.; Bruce-Briggs, Supergenius, S. 289 f.
[173] Kahn/Wiener, Ihr werdet es erleben, S. 24.
[174] Vgl. ebd., S. 20–23, 175–178; Dies., Die nächsten 33 Jahre, S. 97.
[175] Bruce-Briggs, Supergenius, S. 288.

übermittlung in der Nachrichtenübertragung sowie den Einsatz von „Taschenfunkgeräte[n]" und anderen elektronischen Geräten für die geschäftliche und persönliche Kommunikation. Andererseits spekulierten die Autoren – ähnlich wie die Delphi-Studie – über nachgerade phantastische Entwicklungen, die mit horrenden Kosten verbunden waren (wie der interplanetarische Verkehr und die Schaffung künstlicher Monde) oder im szientistischen Sinne tief in den menschlichen Körper eingriffen (wie programmierte Träume und eine Verjüngung des Menschen).[176]

Ergänzend stellten Kahn und Wiener quantitativ-statistische Überlegungen an, die das Bevölkerungswachstum und das Wirtschaftswachstum in einem bestimmten Schätzungsbereich hochrechneten, also extrapolierten. Demnach schritt die USA als „postindustrielle" Vormacht mit dem höchsten erwartbaren Bruttosozialprodukt voraus, gefolgt von der UdSSR. Dies biete, so Kahn und Wiener, auch einen Zustand der Stabilität, der im Patt militärische Sicherheit offeriere. Dabei sei es an den beiden Supermächten, bei einer Bedrohung des allgemeinen Gleichgewichts „behutsam einzugreifen".[177] Mithin entwickelten Kahn und Wiener eine stabilitätsorientierte Gleichgewichtsdoktrin, die in gewisser Weise die Szenarien zum Nuklearkrieg weiterdachte und nun auf die Phase der Entspannung applizierte: Angesichts des atomaren Patts und der extrapolierten leichten Dominanz der USA gegenüber der Sowjetunion entwickelte sich Kahn zum Beschwörer des sicherheitspolitischen Status Quo, der gegenüber dritten, aufstrebenden Mächten – wie China – verteidigt werden müsse.

Ebenso begab sich Kahn, und dies war neu, auf das Terrain der Kultur. Er und Wiener bezogen sich auf den Soziologen Pitirim Sorokin, der in einem zyklischen Geschichtsmodell – angelehnt an Oswald Spengler – von einer Abfolge einer ideationellen (transzendentalen und religiösen), einer integrierten Kultur des Übergangs und einer sensualistischen Kultur ausgegangen war. Auch Kahn und Wiener sahen nun spekulativ in den USA die sensualistische, diesseitsbezogene Kultur am Zuge, die im Weltlichen und Materialen verhaftet sei. Doch sei es denkbar, dass sich diese zu einer problematischen „spätsensualistischen" Kultur verwandle, die sich durch Protest und Sensationslüsternheit äußere, ins Chaos und in die Anarchie führe und dann eine recht schmerzliche Wiedergeburt erlebe.[178] Ob dieses Kapitel auch als Kahns eigene Verarbeitung des drohenden Nuklearkrieges gelesen werden kann, bleibt offen. Wahrscheinlicher ist es, dass dieses Szenario des Jahres 1967 auf die Studentenbewegung zielte. Auch wenn Kahn proklamierte, man wolle damit nicht einen notwendigen Kreislauf der Ziviliationen beschwören, so werden doch Elemente eines wertkonservativ und kulturpessimistisch unterlegten Ordnungsdenkens erkennbar.

---

[176] Kahn/Wiener, Die nächsten 33 Jahre, S. 108; vgl. ebd., 102–109; Dies., Ihr werdet es erleben, S. 102–114, 122–132.
[177] Dies., Die nächsten 33 Jahre, S. 126.
[178] Dies., Ihr werdet es erleben, S. 54; vgl. Dies., Die nächsten 33 Jahre, S. 98–101.

Neben Trendextrapolation und Szenario rückte in „The Year 2000" in einem letzten Proferenz-Modus die historische Analogiebildung, welche bedeutsame Ereigniszusammenballungen in Zeiträumen von gut 30 Jahren identifizierte. Kahn und Wiener machten eine Periode der Überraschungen 1900 bis 1933 aus, die mit dem Ersten Weltkrieg, der Depression und dem Aufstieg faschistischer Ideologien Probleme bündelte; dem folgten eine Periode „verwirrender Ereignisse" 1933 bis 1966 mit dem Zweiten Weltkrieg, dem Kalten Krieg und dem beständigen Wirtschaftswachstum, ehe nun in Fortsetzung langfristiger Trends der Aufstieg der postindustriellen Gesellschaft mit der „weltweiten Durchsetzung der modernen Technologie" anstehe.[179]

Mit „Year 2000" galt Kahn, der noch 1964 als „Stratege", nicht als Zukunftsforscher firmiert hatte[180], als „Hohepriester der Futurologie", der eine „Bibel der Futurologie" geschaffen habe".[181] In den USA wurde das Werk als ein „new milestone in futurist literature" gefeiert.[182] Kahn, der sein „predicting" zunächst eher im Bereich des *Technological Forecasting* und des *Policy Research* verortete[183], griff die öffentliche Zuschreibung dann selbst auf. 1972 schrieb er im Buch „Things to Come", das er gemeinsam mit einem Mitarbeiterstab aus dem Hudson Institute verfasste, „Futurology" sei zwar ein „ugly word, smacking of pseudoscience", doch müsse man sich mit diesem Begriff abfinden. „The Year 2000" habe vor allem der theoretischen Rechtfertigung der „Futurology" gedient, und das neue Werk über die 1970er und 1980er Jahre präsentiere nun „examples of futurist methodology in use".[184]

Mithin war Kahns Ansatz zur Erforschung des Zukünftigen positivistisch angelegt. Er hatte eine empirische Basis, die sich an den Methoden Szenarienbildung, Trendextrapolation, Historische Analogie sowie Modellsimulation festmachte, und ruhte in einem mechanistisch anmutenden Weltbild, das nicht von menschlichen Zukünften, sondern von militärischen Strategien im Kalten Krieg und

---

[179] Ebd., S. 115; Dies., Ihr werdet es erleben, S. 28–41.
[180] Etwa „Wir würden China bombardieren". Interview mit dem US-Strategen Professor Herman Kahn, in: Der Spiegel, H. 28, 7.7.1965, S. 60–63.
[181] Zukunftsforschung ohne Zukunft, in: Die Zeit, 21.11.1969; vgl. Günter Haaf, Ihr werdet es erleben. Was Herman Kahn, der Superstar der Zukunftsforscher, 1967 so alles für das Jahr 2000 voraussagte, in: Die Zeit, 30.12.1998; The UNESCO Courier 24 (1971), April, zu „What Future for Futurology?" mit der Auflistung von „The Year 2000" in der Rubrik „Further reading on futurology", S. 32; Werbung des Rowohlt Verlages auf der Rückseite von Kahn/Wiener, Ihr werdet es erleben, S. 430 zum „führenden Futurologen" Kahn; kritisch zu Kahn Igor V. Bestuzhev-Lada, Bürgerliche „Futurologie" und die Zukunft der Menschheit (Orig. 1970), in: Alvin Toffler (Hrsg.), Kursbuch ins Dritte Jahrtausend. Weltprognosen und Lebensplanung, Bern, München 1973, S. 240–258, hier S. 249.
[182] Cornish, Study, S. 88; vgl. Jones/Wiener, Options, S. 85ff.
[183] Kahn, World, S. 89.
[184] Herman Kahn/B. Bruce-Briggs, Things to Come. Thinking about the Seventies and Eighties, New York 1972 (Dt.: Herman Kahn, Angriff auf die Zukunft. Die 70er und 80er Jahre, so werden wir leben, 1972), S. 1, 4. Zur Skepsis Kahns gegenüber *Futurology* auch Dan Seligman, der mit Kahn gut bekannt war: Seligman, Know-It-All, 2.4.2001, http://www.hudson.org/research/817-know-it-all (letzte Abfrage 3.1.2015).

Abb. 6: Karl Steinbuch (1958)

technologischen Entwicklungen ausging und das vor allem das Gegebene weiterdachte, wenn es auch auf Szenarien und die Imagination des Forschers setzte.[185] Mit dem starken Vertrauen in die Voraussagbarkeit von Trends, Prozessen und Faktoren des Wandels – nicht von Ereignissen – war Kahns Herangehensweise zunächst geradezu szientistisch, ehe er über Verbindungen zu Daniel Bell und zu Futuribles – also über transnationale Aneignungen – zu einer differenzierteren, pragmatischeren Einschätzung von Zukunftsforschung gelangte. Zugleich mengte sich in seine Prognostik entgegen des linearen Verständnisses von Geschichte auch ein kulturpessimistisches Element und zyklisches Zeitverständnis.

Der Positivismus, aber auch die Verbindung von popularisierter Prognostik und Zurückhaltung in der Konzeptionalisierung von Zukunftsforschung eröffnen Parallelen zu Karl Steinbuch.

Steinbuch, 1917 geboren, hatte ebenfalls Physik studiert, noch vor der Einziehung zur Wehrmacht promoviert und war nach 1945 sehr erfolgreich in der Industrieforschung tätig, nämlich als Labor- und Entwicklungsleiter der Standard

---

[185] Kahn, World, S. 89–108.

Elektrik Lorenz AG.[186] Zugleich qualifizierte er sich im Bereich der Verstärker- und Vermittlertechnik und der Theorie der Informationsverarbeitung. Insbesondere entwickelte er das „Informatik-System Quelle", welches das Bestellwesen der Firma Quelle automatisierte. In diesem Zusammenhang erfand er die Bezeichnung „Informatik" für die Informationstheorie. Als „Koryphäe auf dem Gebiet der technischen Nachrichtenverarbeitung"[187] erhielt Steinbuch, wiewohl nicht habilitiert, 1958 einen Ruf auf den Lehrstuhl für Allgemeine Fernmeldetechnik und Drahtnachrichtentechnik der Technischen Hochschule Karlsruhe. Den Lehrstuhl baute er rasch zum Institut für Nachrichtenverarbeitung und Nachrichtenübertragung aus. Dabei gelang es ihm auf innovative Weise, Erkenntnisse aus der Untersuchung organischer Informationsprozesse für die Informationstechnik anwendbar zu machen. Im Besonderen wirkten er und sein Mitarbeiterkreis im Bereich der automatischen Zeichenerkennung und der lernenden Maschinen, also bestimmter technischer Anlagen, die menschliches Lernverhalten imitieren und simulieren sollten. So entwickelte Steinbuch die „Lernmatrix" als elektronische Schaltung, welche Funktionen von Rechenanlagen verbessern sollte.[188] Mitte der 1960er Jahre verlor Steinbuch allerdings den Kontakt zur Forschung: Zwar erhielt sein Mitarbeiterkreis weiter Aufträge aus der DFG und dem Verteidigungsministerium. Doch Steinbuch ging den Quantensprung von der Analog- zur Digitaltechnik nicht mehr mit und widmete sich nun der Popularisierung der Kybernetik und seiner Überlegungen zur Technik der Zukunft.[189]

Damit avancierte er in den 1960er Jahren zum in der bundesdeutschen Öffentlichkeit beredtsten Verfechter der Naturwissenschaften und der Technik. In popularisierenden Bänden informierte er über die Geschichte technischer und technologischer Innovationen von den Webstühlen über die Dampfmaschine bis zur modernen Nachrichtentechnik und der Lasertechnologie und unterstrich die für ihn immense Bedeutung von Technik als modernisierende, fortschrittsorientierte und ökonomisch wirksame Kraft. Dabei wurde er nicht müde zu betonen, dass die Technik in der bundesdeutschen Gesellschaft „eine geradezu groteske Mißachtung" erfahren habe[190]: „[D]ie Technik wurde als ein Dämon empfunden". Dies habe sich in Schulen, Universitäten, Innovationssystem und forschungspolitischen Prioritäten gezeigt, ganz im Gegensatz zu den amerikanischen Universi-

---

[186] Zu Steinbuch einzig, aber instruktiv Aumann, Mode, zur Zukunftsforschung S. 156–165, 267–276, 391–410.
[187] Ebd., S. 156, vgl. weiterhin ebd., S. 156–165.
[188] Vgl. Philipp Aumann, Kybernetik als technisch bedingte Wissenschaft und als wissensbasierte Technologie. Karl Steinbuch und die Lernmatrix, in: Technikgeschichte 74 (2007), S. 311–334.
[189] Vgl. ebd.; Ders., Mode, S. 158 f.
[190] Karl Steinbuch, Die informierte Gesellschaft. Geschichte und Zukunft der Nachrichtentechnik, Stuttgart 1966. Zitiert wird aus der Neuauflage Stuttgart 1969, hier S. 6, vgl. S. 19–26; Ders., Automat und Mensch. Auf dem Wege zu einer kybernetischen Anthropologie, Berlin, Heidelberg, New York 1971 (Orig. 1961); Ders., Falsch programmiert. Über das Versagen unserer Gesellschaft in der Gegenwart und vor der Zukunft und was eigentlich geschehen müßte, 8. Auflage, Stuttgart 1970 (Orig. 1968).

täten und Think-Tanks, welche auch finanziell aus dem Vollen schöpfen könnten.[191] Steinbuch verband die Rechtfertigung des eigenen Tuns mit dem Verweis auf nationale und ökonomische Interessen: Er bemühte die vieldiskutierte technologische Lücke Westeuropas gegenüber den USA, welche sich eben in der Missachtung von Technik und Naturwissenschaften zeige und den ökonomischen Interessen der Bundesrepublik, aber auch der Gesellschaft massiven Schaden zufüge.[192] Die Erhaltung der Konkurrenzfähigkeit und Wohlfahrt einer Gesellschaft setze voraus, dass man einen möglichst großen Beitrag zum allgemeinen technischen Fortschritt liefere: „Gesellschaften, die keinen angemessenen Beitrag liefern, sinken im Lebensstandard ab und werden auch politisch einflußlos." Vor allem angesichts der wachsenden technischen Beschleunigung sei es eine „Existenzfrage", „das naive Verständnis der Technik aufzugeben und auch zum Verständnis des Gesamtphänomens Technik rationales Denken zu nutzen".[193]

Der Verweis auf die Beschleunigung macht deutlich, dass Steinbuch die technische Entwicklung nicht nur positiv wahrnahm, sondern auch ambivalent betrachtete. Er diagnostizierte eine fundamentale Beschleunigung in allen Lebensbereichen, die vor allem in der Technik wurzelte: Die Geschwindigkeit, mit der technische Innovationen aufeinander folgten, werde immer größer, weil der Anteil in der Entwicklung tätiger Menschen wachse und zugleich die Effizienz der Forschung durch Anwendung technischer Mittel – vor allem des Computers – steige.[194] In einer Risikowahrnehmung, welche tiefliegende Kontrollphantasien andeutete, verstieg sich Steinbuch zum Szenario, der wissenschaftlich-technische Fortschritt, wie er sich etwa in der militärischen Nutzung der Atomenergie manifestiere, sei im Augenblick „wie ein Vehikel, das mit zunehmender Geschwindigkeit vorwärtsrast – vorläufig noch ohne irgendeine Kontrolle".[195] Insofern sei eine Kontrolle und Steuerung der Technik durch stärkere Planung unerlässlich. Dabei hatte die Beschwörung der kommenden Krise bei Steinbuch – wie stets bei einer Warnungsprognose – instrumentellen Charakter: Er malte die drohende Krise grell an die Wand, um Aufmerksamkeit zu erregen, der eigenen Forderung nach einer stärkeren Auseinandersetzung mit Technik und ihrer Steuerung in der Zukunft Nachdruck zu verleihen und mit der Kybernetik zugleich den Schlüssel zur Lösung des Problems bereit zu halten.[196] So verschwammen Technikoptimismus und Krisenwahrnehmung. Gleichwohl: Die Sorge vor Beschleunigung und vor dem Verlust an Kontrolle gründete auch – und dies zeigt Parallelen zu Herman Kahn – in einer konservativ-kulturkritischen Orientierung. Steinbuch, der als Sol-

---

[191] Ders., Technik und Gesellschaft als Zukunftsproblem, in: Jungk (Hrsg.), Menschen, S. 65–74, Zit. S. 71; Ders., Falsch programmiert, S. 167 f.
[192] Ebd., S. 18, vgl. ebd., S. 9–14, 20, 35.
[193] Ders., Technik und Gesellschaft als Zukunftsproblem, S. 71 f.
[194] Ders., Falsch programmiert, S. 58.
[195] Ders., Technik und Gesellschaft als Zukunftsproblem, hier S. 68.
[196] Zur Warnungsprognose vgl. Merton, Eigendynamik, in: Topitsch (Hrsg.), Logik, S. 144–161; Niklas Luhmann, Risiko und Gefahr, in: Ders., Soziologische Aufklärung 5, Opladen 1990, S. 131–169.

dat den Zusammenbruch des Deutschen Reiches 1945 miterlebt hatte und seinen eigenen beruflichen Aufstieg ganz eng mit dem Technikparadigma und der Kybernetik verknüpft sah, trieb eine elementare Unsicherheit. Die Kybernetik hatte sich ihm als neue Wissensordnung abseits der belasteten organologischen und rassistischen Steuerungs- und Planungskonzeptionen der Zwischenkriegszeit geboten, als in gewisser Weise „rein", nämlich politisch unbelastet, aus technischer Rationalität geboren und Sicherheit in der Dynamik schaffend, und die Sorge vor dem Verlust dieser Sicherheit wog schwer.[197] So äußerte Steinbuch, dass die Erhaltung des Wertvollen in der schnell veränderlichen Welt manchmal nur möglich sei, wenn man bestimmte neue Methoden anwende: „Richtig verstanden ist dieses kritische Bewußtsein konservativ".[198] Damit begrüßte, ja feierte Steinbuch ein technischwissenschaftliches Fortschrittsverständnis, verband dies aber mit einer konservativen Wertorientierung. So ist Steinbuch der ideellen Strömung des technokratischen Konservatismus der späten 1950er und 1960er Jahre zuzurechnen.[199]

Kennzeichnend für Steinbuch war ein mechanistisches, ja technizistisch unterlegtes Welt- und Menschenbild. Dieses ähnelte etwas Kahns Weltsicht, erwuchs aber noch stärker aus der Identifikation mit der Kybernetik. In Publikationen der 1960er Jahre – wie „Automat und Mensch" – knüpfte Steinbuch an Überlegungen Norbert Wieners zu einem kybernetischen Menschenbild an und entwickelte diese weiter. Die Kybernetik ging von der funktionalen Gleichheit der Untersuchungsgegenstände aus; und damit war die funktionale Analogie zwischen Mensch und Maschine zentrales Thema. So betonte Steinbuch, dass man die menschlichen Denkfunktionen ebenso rational analysieren könne wie den Stoffwechsel, dass also die geistige Informationsaufnahme, -verarbeitung, -speicherung und -abgabe aus der Anordnung und der Interaktion der Teile des Organismus vollständig geklärt werden könnten. Mit technischen Geräten könnten heute Funktionen realisiert werden, die bis vor kurzem dem Menschen vorbehalten schienen. Damit ergab sich für Steinbuch die Möglichkeit, lernende Automaten zu konstruieren, die menschliches Lernverhalten imitierten. Er entwickelte die „Lernmatrix", welche mittels anorganischer Lernfunktionen dem menschlichen Gehirn, das ja ermüdete, sogar überlegen sein sollte. Sicherlich, so schränkte Steinbuch ein, hätten das menschliche Gehirn und die Maschine nicht die gleiche Substanz. Doch stand für ihn in einem mechanistischen Verständnis fest, dass der Mensch nun nicht mehr allein Informationen in sinnvoller Weise verarbeitete, sondern der „Automat" gleichziehen konnte.[200]

---

[197] Vgl. Hagner, Aufstieg, S. 51 f.; Hörl/Hagner, Überlegungen, S. 9.
[198] Steinbuch, Technik und Gesellschaft als Zukunftsproblem, S. 71.
[199] Vgl. Hagner, Aufstieg, S. 68; Axel Schildt, Konservatismus in Deutschland. Von den Anfängen im 18. Jahrhundert bis zur Gegenwart, München 1998, S. 237 f.; zum transnationalen Diskurs um das Konservative in den 1960er Jahren Martina Steber, Politische Sprachen des Konservativen in Großbritannien und der Bundesrepublik Deutschland 1945–1980, Habilitationsschrift München 2015.
[200] Vgl. Steinbuch, Automat und Mensch. In der ersten Ausgabe 1961 hieß der Untertitel noch „Über menschliche und maschinelle Intelligenz", und es fehlten auch einige markante Textpassagen zur kybernetischen Anthropologie; vgl. Aumann, Mode, S. 46–48, 267–270, 392 f.

Die Verbindung zur Zukunftsforschung war damit hergestellt. Zum einen schuf die technische Entwicklung für Steinbuch die Notwendigkeit vorauszusehen: Wenn Technik in den folgenden Jahrzehnten die Ursache stärkster Veränderungen werde, dann müsse man sich mit gesteigerter Vorausschau hierauf einstellen. Dies zeigte für ihn auch die Delphi-Studie Helmers und Gordons, deren Ergebnisse er beeindruckt referierte.[201] Zum anderen ging Steinbuch wie gesehen davon aus, dass der lernende Automat so konstruiert werden könne, dass er Daten und Informationen speicherte, um dem System die gemachten Erfahrungen für zukünftige Durchgänge wieder zur Verfügung zu stellen. Der Automat werde damit Prozesse simulieren können, um die Konsequenzen bestimmter Entscheidungen immer wieder durchzurechnen. Ab 1966 sprach Steinbuch von der „Zukunftsforschung" als „neu entstehende wissenschaftliche Aktivität". Weil die Informationstechnik in seinem Verständnis die wichtigsten Werkzeuge der Zukunftsforschung lieferte[202], wollte Steinbuch die Zukunftsforschung eng als „alle diejenigen wissenschaftlichen Bemühungen" fassen, „welche Informationen über zukünftige technische und gesellschaftliche Situationen liefern".[203] Ausgehend von einem naturwissenschaftlichen Wissenschaftsverständnis, sah er nur diejenigen Ansätze als Teil der Zukunftsforschung, die „nach erprobten Verfahren und mit den Methoden der Logik, insbesondere der Mathematik, zu gesicherten oder wahrscheinlichen Aussagen über zukünftige Situationen kommen".[204] Dabei sei die entscheidende intellektuelle Leistung der Zukunftsforschung nicht, der Phantasie freien Lauf zu lassen. Es sei auch nicht die Aufgabe der Zukunftsforschung, Ziele zu proklamieren, so Steinbuch in Abgrenzung zu normativen Ansätzen, sondern im Gegenteil müsse sie quasi wertfrei und „distanziert" die künftige Entwicklung beobachten.[205] Entscheidend sei es, „Fakten" zu sammeln und diese sinnvoll zu verknüpfen, also – im kybernetischen Sinne – die Wechselwirkungen zwischen verschiedenen Tatbeständen zu reflektieren. Hierzu benötige die Zukunftsforschung die Ideenproduktion intelligenter Individuen, die kritische Kommunikation von Experten und die Verknüpfungsarbeit großer Computer, so Steinbuch, wobei der „entscheidende" Einfluss der Technik, nämlich dem Computer und seiner Verknüpfungsleistung, zukomme.[206] Die „demoskopische Ausmittelung einzelner Prognosen", also die Ermittlung von erwarteten Zukünften durch Umfragen abseits der Fachexperten, zählte für ihn nicht zum Kernbereich der Zukunftsforschung, da man sich mit der Demoskopie zu weit von der (naturwissenschaftlichen) Erkenntnis entferne.[207] Mithin war Steinbuchs Verständnis von Zukunfts-

---

[201] Karl Steinbuch, Technik und Gesellschaft im Jahre 2000, in: Deutsches Museum – Abhandlungen und Berichte 36 (1968), H. 2, S. 5–23; Ders., Die informierte Gesellschaft, S. 221f., 235–238.
[202] Ebd., S. 220; vgl. Ders., Falsch programmiert, S. 127–144.
[203] Ders., Die informierte Gesellschaft, S. 220.
[204] Ebd., S. 230.
[205] Ebd., S. 223.
[206] Ebd., S. 231; vgl. Ders., Falsch programmiert, S. 136f.
[207] Ders., Die informierte Gesellschaft, S. 229f.

forschung sehr eng, positivistisch und empirisch angelegt und im Kern auf die Kybernetik und Informationstechnik konzentriert.

Steinbuch sprach wie gesehen explizit von „Prognosen"[208], nicht allgemeiner von Vorausschau oder gar (wie de Jouvenel) von Vermutungen. Hier leitete ihn das positivistische Wissenschaftsverständnis, und deshalb argumentierte Steinbuch, das Popper'sche Theorem des Kritischen Rationalismus sei nur „halb richtig".[209] Man könne nie exakt die Zukunft vorhersagen[210], doch „gesicherte oder wahrscheinliche" Aussagen über die Zukunft[211], ja „zutreffende Prognosen" seien möglich[212]. Dabei ließ er sich aber nicht auf tiefreichende Reflexionen über die Epistemologie ein, wie dies Helmer getan hatte, sondern bemühte recht allgemeine Argumentationsmuster. Zum einen werde die stärkste Komponente künftiger Veränderungen Technik sein, und technische Entwicklungen könnten mit höherer Wahrscheinlichkeit prognostiziert werden, denn technische Innovationen hätten lange Entwicklungszeiten und benötigten umfangreiche Mittel, so dass hier eine gewisse Stetigkeit der Veränderung fassbar werde, die die Prognostizierbarkeit erhöhte.[213] Zum anderen ging Steinbuch eben von naturwissenschaftlichen Erkenntnisgrundlagen aus. Demnach werde der Forscher, wenn unterschiedliche Aussagen zu einer Thematik vorlägen, den Vorgang experimentell herstellen und dann den beobachteten Ablauf mit den Thesen vergleichen. Wahr sei dann, „was regelmäßig zutreffende Prognosen ermöglicht."[214] Zentrale Bedeutung bei der Proferenz komme einer rationalen Herangehensweise zu: Das wesentliche Kennzeichen „zutreffender Prognosen" sei demnach, „daß sie mit der sorgfältigen rationalen Analyse des gegenwärtigen Zustandes und der Kräfte, welche diesen zu verändern suchen", begännen.[215]

Wie gesehen sah Steinbuch die Verknüpfungsleistung des Computers als zentrales Element von Zukunftsforschung an. Er selbst arbeitete aber nicht mit Computersimulationen, sondern präsentierte eher eindimensionale Trendextrapolationen, welche die Zukunft des Computers zum Gegenstand hatten. Wohl auch in Anlehnung an Kahn prognostizierte er immer schnellere und speicherfähigere Rechner und zeichnete das Bild von den kommenden „Informationsbanken" und „Lehrautomaten": Die Informationsbanken würden Daten aus Großraumspeichern, Statistischen Ämtern usw. erheben und könnten insbesondere von Regierung und Verwaltung, aber auch von Bürgern über das Fernsprechnetz abgerufen werden. Als allgemein zugängliche Wissensspeicher würden sie die alten Enzyklopädien ablösen.[216] Der Lehrautomat werde im „programmierte[n]"

---

[208] Ebd., S. 42, 127.
[209] Ders., Die informierte Gesellschaft, S. 233; vgl. S. 232.
[210] Ders., Technik und Gesellschaft im Jahre 2000, S. 5.
[211] Ders., Die informierte Gesellschaft, S. 230.
[212] Ders., Falsch programmiert, S. 42.
[213] Vgl. Ders., Die informierte Gesellschaft, S. 233.
[214] Ders., Falsch programmiert, S. 42.
[215] Ebd., S. 127, vgl. S. 128.
[216] Ders., Die informierte Gesellschaft, S. 203–216.

Unterricht rasch und individuell Informationen abrufbar machen und somit zumindest im Volksschulbereich den Lehrer teilweise ersetzen. Der Unterrichtsstoff werde in kleine Lehrschritte aufgeteilt, könne über Fernsprechleitungen abgerufen und dann im Multiple-Choice-Verfahren abgefragt werden.[217] Damit indizieren diese Prognosen nicht nur einen unreflektierten Technikoptimismus, sondern ein technizistisches, im Kern binär codiertes Verständnis von Wissen, das nur „0" und „1" – falsch und richtig – kannte.

Erkennbar drehte sich Steinbuchs Verständnis von Zukunftsforschung (und von Kybernetik) um den Begriff der Rationalität, den er fast wie eine Zauberformel benutzte. Hier verschränkten sich verschiedene Deutungen. Zum ersten umfasste Rationalität für Steinbuch wenig überraschend ein naturwissenschaftliches Wissens- und Wissenschaftsverständnis, das von objektivierbarem, beobachtbarem Wissen ausging. Hinter Naturwissenschaft und Technik stehe „ein rationale[r] Denkstil, der nach Zusammenhängen zwischen Ursachen und Wirkungen sucht"[218] und dabei „Beobachtungen" ordne, verknüpfe und so Handlungen vorbereite[219]. Eine besondere Rolle spiele – so Steinbuch ähnlich wie Kahn – der Computer: Es werde das „vermutlich endgültige Kennzeichen des Begriffes ‚rational' [sein], daß sich der betrachtete Denkprozeß in Computern nachvollziehen läßt."[220] Steinbuch ging so weit, diese computerunterstützte Rationalität auch künftigen „Wertsysteme[n]" zu empfehlen.[221] Ziel für die Zukunft sei der „kybernetische Staat", „bei welchem zwar die Funktionen bis zur höchsten Perfektion durchrationalisiert sind, aber keinem anderen Zweck dienen, als bewußte menschliche Ziele zu verwirklichen."[222] Mit dem Verweis auf das „Menschliche" setzte Steinbuch den kybernetischen Staat bemüht vom „technischen Staat" in Helmut Schelskys Verständnis ab.[223]

Zweitens war Rationalität für Steinbuch das Gegenmodell zur „Ideologie": „[Z]utreffende Prognosen" würden eben nicht mit „ideologischen Bekenntnissen begonnen", sondern mit „Rationalität".[224] Dabei konstruierte Steinbuch eine Dichotomie zwischen einem modernen rationalen und einem älteren „irrationalen, vorwissenschaftlichen Zeitalter", das noch keine „durch Erfahrung gesicherte Einsichten" besessen und deshalb mit „mystischen Deutungen" gelebt habe. So hätten sich Ideologien als gruppentypische Denkformen ergeben, die nun mit der Wissenschaftsexplosion der Vergangenheit angehörten. Dies gelte vor allem für Ideologien, welche von der Überlegenheit eines Volkes oder einer Rasse ausgegangen seien und im Zeitalter der Atomwaffen die totale Vernichtung bedeuten

---

[217] Ebd., S. 214; vgl. Ders., Technik und Gesellschaft im Jahre 2000.
[218] Ders., Technik und Gesellschaft als Zukunftsproblem, S. 68, vgl. S. 71 f.
[219] Ders., Falsch programmiert, S. 43.
[220] Ebd., S. 44 f.
[221] Ebd., S. 58 f.
[222] Ebd., S. 152.
[223] Ebd., S. 150 f.; zu Schelskys „technischem Staat" siehe Kapitel IV.
[224] Ebd., S. 127.

könnten. Hier verbände sich das rationale Zeitalter auch mit einer „neuen Ethik" abseits der Ideologie.[225]

Drittens zielte Steinbuchs Verweis auf das Rationale auf ein Verständnis von Vernunft und Kritikfähigkeit: „Die Zukunft wird immer raschere Veränderungen unserer Lebensumstände bringen. Die Ermittlung vernünftigen Verhaltens in dieser rasch veränderlichen Welt kann nicht mehr den langatmigen Weg der Tradierung und Erziehung gehen, es müssen dem einzelnen Individuum die intellektuellen Voraussetzungen zum Zurechtfinden in dieser veränderlichen Welt mitgegeben werden".[226] Das Argument, die Zukunft brauche keine Unterordnung, sondern Mitsprache und „das kritische Bewußtsein aufgeklärter Menschen"[227], diente offenkundig dazu, sich als Vertreter eines modernen, kritischen Bildungsbegriffs zu präsentieren. Auffällig ist, dass sich solche Aussagen vor allem im Jahre 1968/69 finden lassen. Steinbuch war bemüht, Anschluss an die Reform- und Partizipationsdebatte zu finden und sich im Gewande des modernen Erneuerers zu zeigen.[228] Dies galt besonders im Hinblick auf die SPD, die sich in der Großen Koalition als Reformkraft zu profilieren suchte und dabei die „zweite industrielle Revolution" und ihre Folgen, die Bildungspolitik und die Stärkung gesellschaftlicher Partizipation zum Thema machte.[229] So näherte sich Steinbuch 1968/69 der SPD an und sprach auf einem Parteitag der bayerischen Sozialdemokratie.[230]

Es nimmt also nicht wunder, dass Steinbuch 1968 auch Aussagen zur Zukunftsforschung tätigte, die früheren Überlegungen widersprachen. So argumentierte er, unabhängig vom „zunächst wertfrei[en] Erforschen der Zukunft" müsse auch der Aspekt der „wünschenswerten Zukünfte" verfolgt werden.[231] Es sei notwendig, dass die Zukunftsforschung im Austausch mit gesellschaftlichen Kräften Ziele für *gewollte* Zukünfte entwickele: „Wir brauchen vor allem konkrete, kritisierbare gesellschaftliche Utopien: Welche Lebensformen können und sollen mit Hilfe der zukünftigen Technik organisiert werden? Wir müssen mögliche Zukünfte gedanklich und öffentlich durchspielen, wir müssen ihre Voraussetzungen und ihre

---

[225] Ders., Die informierte Gesellschaft, S. 247f. Zur bewussten Abgrenzung von der Ideologie im technokratischen Konservatismus der 1960er Jahre Schildt, Konservatismus, S. 240.
[226] Steinbuch, Technik und Gesellschaft als Zukunftsproblem, S. 71.
[227] Ebd., S. 74.
[228] Vgl. Ders., Falsch programmiert, S. 37f.
[229] Waldemar von Knoeringen, Kulturpolitik und Volksbildung im weltanschaulichen, politischen und wirtschaftlichen Spannungsfeld unserer Zeit. Rede bei der Landesdelegiertenkonferenz des SPD-Landesverbands Nordrhein-Westfalen in Köln, 11.7.1964, in: Helga Grebing/Dietmar Süß (Hrsg.), Waldemar von Knoeringen, 1906–1971. Ein Erneuerer der deutschen Sozialdemokratie. Reden, Aufsätze, Briefwechsel und Kommentare zu Leben und Wirken, Berlin 2006, S. 210–226, hier S. 210; vgl. unten Kapitel X.1.
[230] Steinbuch sah in der SPD die vorausschauende Reformkraft; Steinbuch an Waldemar von Knoeringen, 23.2.1970, in: KITA, NL Steinbuch, 4; vgl. Steinbuchs Rede „Über unsere Zukunft" auf dem bayerischen SPD-Landesparteitag, 20.-22.6.1969, in: KITA, NL Steinbuch, 345; Wahlkampfanzeige der SPD für den Bundestagswahlkampf mit Steinbuch in: Der Spiegel, H. 28, 7.7.1969.
[231] Steinbuch, Falsch programmiert, S. 138.

Folgen analysieren."[232] Offenkundig versuchte Steinbuch, sein Verständnis von Zukunftsforschung für den gesellschaftlichen Zeitgeist und die SPD zu öffnen. Ebenso baute er so Brücken zu – im nächsten Punkt zu charakterisierenden – kritisch-emanzipatorisch orientierten Zukunftsforschern wie Robert Jungk, die die „gewollten Zukünfte" in den Mittelpunkt stellten.[233] Dies aber gelang nicht, auch weil Steinbuch im gleichen Atemzug mit den „gewollten Zukünften" betonte, die Zukunftsentwürfe müssten „auf einem hohen Maß an Skepsis und Rationalität aufgebaut sein. Es geht hier nicht um Zukunftsromantik oder Zukunftsmusik, sondern um nüchterne, quantifizierende Analysen." „Weitsichtige Wissenschaftler" hätten die Aufgabe, in kybernetisch angelegten „Frühwarnsysteme[n]" auf die Gefahren und Chancen zukünftiger Entwicklungen hinzuweisen.[234] Steinbuchs Versuch, Rationalität als Kritikfähigkeit auszulegen, wirkte mithin hohl; und in der Tat sollte der Dissens zwischen Steinbuch auf der einen Seite und Robert Jungk und kritischen Studenten auf der anderen 1969 zum offenen Konflikt eskalieren.[235] Steinbuch zog sich dann von den Netzwerken der Zukunftsforschung zurück und entzog auch der SPD öffentlich das Vertrauen – vielleicht auch, weil er bei der Regierungsbildung 1969 kein Ministeramt erhalten hatte.[236] In der Folge näherte er sich der CSU an. Dort fand er offenkundig jene Verknüpfung von Technologieaffinität und konservativer Wertorientierung – im Sinne eines technokratischen Konservatismus – verkörpert, die er im Grunde seit den 1960er Jahren vertreten hatte.[237]

Mithin lassen sich Herman Kahn und Karl Steinbuch als genuine Vertreter eines empirisch-positivistischen Denkstils der Zukunftsforschung charakterisieren. Erstens wurden sie von einem mechanistischen, ja tendenziell technizistischen Menschenbild geprägt, das aber eine ambivalente Verbindung mit kulturkritischen oder konservativen Ordnungsvorstellungen einging. Zweitens leitete sie in einem positivistischen Verständnis die Überzeugung, dass wissenschaftlich fundierte, rationale Prognosen oder Computer mehr oder weniger zutreffend die Zukunft erforschen könnten. Dies hing – drittens – mit einer weniger reflektierten Methodologie zusammen: Beide Protagonisten ließen sich nur bedingt auf die komplexe Frage ein, wie im positivistischen Verständnis das Beobachtbare und die erfahrbare Wirklichkeit der Zukunft beschreib- und analysierbar gemacht werden sollten, inwieweit also überhaupt belastbare, objektive Aussagen über die

---

[232] Ders., Technik und Gesellschaft als Zukunftsproblem, hier S. 72; vgl. Ders., Falsch programmiert, S. 148 f.
[233] Vgl. Kapitel III.3.
[234] Steinbuch, Technik und Gesellschaft als Zukunftsproblem, hier S. 72.
[235] Siehe hierzu unten Kapitel IX.4.
[236] Papier Arbeitsgruppe ZWL, Betr.: Personalpolitik, o. D. (1969), in: WBA, NL Brandt, A 8, Regierungsbildung 1969 (alt: 62), 1.1.69–31.12.74: Hier wurde Steinbuch als möglicher Staatssekretär im Wissenschaftsministerium genannt, an anderer Stelle als personelle Empfehlung für die Neubesetzung eines Ressorts; Karl Steinbuch, Offener Brief an Bundeskanzler Brandt, 21.2.1972, in: Die Welt, 21.2.1971; auch in KITA, NL Steinbuch, 502.
[237] Korrespondenz Steinbuch – Franz Josef Strauß aus den 1980er Jahren, in: ebd., 268.

Zukunft getroffen werden konnten. Nicht zuletzt deshalb setzten wohl beide – viertens – auf eine Popularisierung ihrer Thesen für einen breiteren Leser- und Hörerkreis, zeigten aber eine gewisse Zurückhaltung, eine Wissenschaft von der Zukunft zu konzeptionalisieren und zu entwickeln. Kahn reklamierte wie gesehen 1968 den „Alternative World Futures Approach" als methodischen Ansatz des Hudson Institute, war aber in erster Linie nicht an Zukunftsforschung interessiert, sondern an sicherheitspolitischen und technologischen Entwicklungen. Steinbuch hingegen arbeitete genuin zur Kybernetik als neuer Universalwissenschaft und zur Informationstechnik der Zukunft, griff das Thema Zukunftsforschung aber Mitte der 1960er Jahre versiert auf, als es in der Luft lag und er die Arbeit der Think-Tanks wahrnahm. Ebenfalls nur begrenzt war Steinbuch daran interessiert, die Zukunftsforschung zu konzeptionalisieren. Stattdessen schwankte er zwischen einem sehr engen empirisch-positivistischen Wissenschaftsverständnis und der Beschwörung gewollter Zukünfte, war aber im Kern davon geleitet, sein eigenes Tun und seine Identität – als Naturwissenschaftler, Techniker und Kybernetiker – mit dem Thema Zukunft zu verknüpfen und so zu legitimieren. In diesem Sinne ist die provokative Forderung zu lesen, den Naturwissenschaften nicht nur eine Suprematie gegenüber den Geisteswissenschaften einzuräumen, sondern der bundesdeutschen Gesellschaft einen technikorientierten Denkstil einzuschreiben. Diese Aussagen dienten wohl auch dazu, Aufmerksamkeit zu erlangen. Dennoch offenbart sich in dieser Technikfixierung, die geradezu ideologische Züge trug, eine fundamentale Verunsicherung, welche auch in Überlegungen zur Kontrolle der Beschleunigung greifbar wurde. Trotz gewisser Parallelen zu Kahn ist erkennbar, dass der Amerikaner mehr in einem weltanschaulichen und methodischen Pragmatismus wurzelte. In der bundesdeutschen Zukunftsforschung hingegen sollte der Technizismus, wie zu sehen sein wird, nicht nur Steinbuch, sondern auch andere Protagonisten kennzeichnen.

3. Kritisch-emanzipatorisch: Ossip K. Flechtheim und Robert Jungk

Ein dritter, kritisch-emanzipatorischer Denkstil der Zukunftsforschung war nicht mit einem naturwissenschaftlichem, sondern einem sozial- und geisteswissenschaftlichen Zugang verbunden. Dieser Denkstil gründete in drei Charakteristika, die auch erklären, warum er mit Ossip K. Flechtheim und Robert Jungk seine Köpfe in der *Bundesrepublik*[238] besaß. Diese Charakteristika waren eine politisch-ideelle Prägung durch Sozialismus und Neomarxismus, eine sozialphilosophische

---

[238] Robert Jungk war deutscher Staatsbürger, ehe er nach der Emigration die US-Staatsbürgerschaft und, nach dem Umzug nach Wien bzw. Salzburg, 1964 die österreichische Staatsbürgerschaft erhielt. Er engagierte sich jedoch weiter besonders stark in der Bundesrepublik und hatte eine Honorarprofessur in Berlin inne; vgl. Robert Jungk, Lebenslauf, o. D., in: JBZ, NL Jungk, Ordner Korr. R.J. Privates.

Ausrichtung, die epistemologisch und methodisch-theoretisch mit der Kritischen Theorie verknüpft war, und eine Nähe zur (kritischen) Friedensforschung.

Zum ersten wurzelte das kritisch-emanzipatorische Verständnis von Zukunftsforschung in der politischen Strömung des Sozialismus, die sich aus dem Ideenkontext der Arbeiterbewegung entwickelte. Grundsätzlich entfaltete der Marxismus in der deutschen Arbeiterbewegung auch des 20. Jahrhunderts stärkere Bedeutung als etwa in angloamerikanischen und romanischen Ländern, die im Zeichen angelsächsisch-pragmatischer (in Großbritannien und den USA) oder syndikalistischer bzw. anarchistischer Tendenzen (in Frankreich) standen. Gleichwohl trennten sich mit der Revisionismusdebatte und der Russischen Revolution auch in Deutschland Sozialismus und Kommunismus, wobei sich *die* sozialistische Strömung in ihrer Heterogenität – zu ihr gehörten die Sozialdemokratie, der ethische Sozialismus Leonard Nelsons usw. – kaum fassen lässt. Innerhalb des sozialistischen Ideenkonglomerats blieben zwei zentrale Programmpunkte mit dem Marxismus verknüpft, nämlich die Überwindung der kapitalistischen Klassen- und Eigentumsverhältnisse zugunsten einer egalitär angelegten und gesellschaftlich gesteuerten Wirtschaftsordnung und das Ziel gesellschaftlich-politischer Emanzipation. Doch löste man sich vom Historischen Materialismus und vom marxistischen objektivistischen Selbstverständnis eines wissenschaftlichen Sozialismus, das von naturgesetzlichen Zwangsläufigkeiten des Geschichtsprozesses ausging, von der starren Revolutionstheorie und dem Ziel einer Diktatur des Proletariats zugunsten vielschichtiger ethisch-demokratischer Ansätze und einem stärker philosophisch geprägten Wissenschaftsverständnis, welches dem marxistischen Objektivismus gegenüberstand. Auch wenn das enge lineare Fortschrittsverständnis hinterfragt wurde, standen sozialistische Ideen unter dem Signum eines geschichtlichen Ansatzes, eines Denkens in Entwicklungskategorien.[239] Die Verbindung eines Glaubens an die Befreiung des Menschen von systemischen Zwängen des Kapitalismus und ethisch-philosophischen Fragen prägten ja auch das neomarxistische Zukunftsverständnis, das in der westlichen Welt in den 1960er Jahren – wenngleich gewendet – eine Renaissance erlebte. Im Kontext eines breiten Neomarxismus ließ die Neue Linke in den 1960er Jahren Marx wieder aufleben, machte aber nicht mehr die Ausbeutung, sondern die Entfremdung des Menschen in der modernen „monopolkapitalistischen" Welt zum Thema.[240] In einem dialektischen Prozess floss dieses Denken in die Zukunftsforschung ein, und zugleich war die kritisch-emanzipatorische Strömung der Zukunftsforschung

---

[239] Vgl. Gerhard Göhler/Ansgar Klein, Politische Theorien des 19. Jahrhunderts, in: Lieber (Hrsg.), Theorien, S. 259–656, hier S. 507–577; Hans Mommsen, Typologie der Arbeiterbewegung, in: Ders., Arbeiterbewegung und nationale Frage. Ausgewählte Aufsätze, Göttingen 1979, S. 221–259; typologisch Theo Schiller, Sozialismus, in: Dieter Nohlen/Rainer-Olaf Schultze (Hrsg.), Lexikon der Politikwissenschaft. Theorien, Methoden, Begriffe, Bd. 2, München 2005, S. 916–920; Rolf Wiggershaus, Die Frankfurter Schule. Geschichte, theoretische Entwicklung, politische Bedeutung, München 1986.

[240] Vgl. Ingrid Gilcher-Holtey, Kritische Theorie und Neue Linke, in: Dies. (Hrsg.), 1968. Vom Ereignis zum Gegenstand der Geschichtswissenschaft, Göttingen 1998, S. 168–187.

auch selbst daran beteiligt, ein entsprechendes Zukunftsbild in der Neuen Linken und der Studentenbewegung zu manifestieren.

Eng damit verknüpft speisten sich *zum zweiten* die Erkenntnisgrundlagen der kritisch-emanzipatorischen Zukunftsforschung aus einer sozialphilosophischen Epistemologie und Methodik, die eine Nähe zur Kritischen Theorie und zur Sozialphilosophie Karl Mannheims besaß. Sowohl die Kritische Theorie um Max Horkheimer und Theodor Adorno als auch Karl Mannheims Werk gründeten in der Wahrnehmung einer Krise des Liberalismus und der Entstehung faschistischer und autoritärer Bewegungen im Europa der Zwischenkriegszeit, und sie gerannen aus der Emigrations- und Verfolgungserfahrung; denn sowohl Mannheim als auch das Gros der Frankfurter Schule ging in den 1930er Jahren, als Juden verfolgt, in die Emigration (wobei viele Vertreter der Kritischen Theorie Ende der 1940er Jahre nach Frankfurt zurückkehrten, um sich um das wieder gegründete Institut für Sozialforschung zu sammeln und eine neue Generation zu konstituieren, der auch Jürgen Habermas zuzurechnen ist). Zentrale Motivlagen und Fragestellungen der Kritischen Theorie drehen sich um die Analyse der bürgerlichen Gesellschaft, die man unter einem Primat des Ökonomischen stehen sah, und um die Frage nach den gesellschaftlichen und sozialpsychologischen Ursachen der Durchsetzung autoritärer und totalitärer Regime in den 1930er Jahren. In der Nachkriegszeit rückten politische und soziale Machtstrukturen in demokratischen und kapitalistischen Gesellschaften, in der „monopolistischen Ökonomie" ins Blickfeld. Zentrale erkenntnis- und wissenschaftstheoretische Elemente der Kritischen Theorie, welche später für die Zukunftsforschung eine Rolle spielten, waren der Anti-Positivismus und der Bezug auf die Dialektik der Erkenntnis, die Totalität der Gesellschaft, die (System-)Kritik und das Verständnis von geschichtlicher Zeit. So setzte sich die Kritische Theorie explizit vom Positivismus als einer an die Naturwissenschaften angelehnten Theorie ab; sie verstand sich als Theorie, die spezifische Sachverhalte analysierte, diese aber auch kritisch reflektierte und zugleich die eigene Einbindung in gesellschaftliche Zwänge und Strukturen mitdachte. Im Sinne einer inneren Dialektik waren demnach alle Tatsachen, welche der Mensch erkannte, zweifach gesellschaftlich präformiert, und zwar durch den geschichtlichen Charakter des wahrgenommenen Gegenstandes und durch den geschichtlichen Charakter dessen, der wahrnahm, also des Forschers. Im Gegensatz zum Logischen Empirismus, der – wie bei Olaf Helmer gesehen – keinen Gesellschaftsbegriff besaß, weil er alles aus der logisch vorgehenden Vernunft heraus entwickelte, ging die Kritische Theorie (zumindest in ihrer Horkheimer'schen Urform) von einer Totalität der Gesellschaft aus, also einem Gefüge, das alle Individuen mit allem verband. Insofern dachte die Kritische Theorie vom Ganzen der Gesellschaft aus, ohne das Individuum und seine Entwicklung, ja Emanzipation im gesellschaftlichen Gefüge zu vernachlässigen. Gerade Horkheimers und Adornos „Dialektik der Aufklärung" betonte, dass im Prozess der neuzeitlichen Naturaneignung und Industrialisierung die Subjekte an Identität verlören und in der ökonomisierten, technisierten Welt und der Massenkultur in ein Kollektiv gepresst würden, das sich der Mensch selbst schuf.[241] Leitbild der Kritischen Theorie war demgegenüber in einem anthropozentrischen Weltbild der freie, mündige Mensch abseits einer technisch rationalen Vernunft.[242] Dabei ging man von einem geschichtlichen Zeitverständnis aus, nämlich in historischen Kategorien der Prozesshaftigkeit und der Entwicklung. Insofern war ihr im Hegel'schen Sinne trotz aller Zeitkritik ein Fortschrittsdenken eingeschrieben, das in gewisser Weise an die Emanzipation des Menschen aus seinem selbst geschaffenen Gebäude der Unfreiheit glaubte.[243]

Hier zeigten sich Verbindungslinien zu Karl Mannheims Sozialphilosophie, die aber stärker in einer idealistischen Kulturphilosophie wurzelte und eine Ambivalenz zwischen der Krisenerfahrung des liberalen Systems und einem immanenten Fortschrittsdenken spiegelte. Diese trug insoweit liberale Züge, als sie sich von gemeinschaftsorientierten und totalitären Krisenlösungsmechanismen distanzierte, aber in der Reflexion der modernen Demokratie einer stärkeren Vergemeinschaftung und utopischen Planungsorientierung hin zur „geplanten Demokratie" das Wort redete. Zugleich betonte Mannheim die Seinsgebundenheit des Wissens; jedes wissenschaftliche Wissen hänge von den gewählten Prämissen und ideellen Prägungen des Forschers ab.[244] Gerade die Destillation von Erkenntnissen aus der Geschichte für die (zu planende) Zukunft öffnete beide Ansätze – die Kritische Theorie und die Soziologie Mannheims – für remigrierte Wissenschaftler mit ‚gebrochenen' Lebensläufen. Eben weil Flechtheim und Jungk den Nationalsozialismus und die Verfolgung schmerzhaft am eigenen Leibe erfahren hatten, dachten sie die Zukunftsforschung geschichtlich, also von einem Denken auf einer Zeitachse her, und ausgehend vom Paradigma, dass sich der Nationalsozialismus nie mehr wiederholen durfte.

Zum dritten war die kritisch-emanzipatorische Zukunftsforschung mit der (kritischen) Friedensforschung verknüpft. Wie im Zusammenhang mit Carl Friedrich von Weizsäckers Weg in die Zukunftsforschung gesehen, war die moderne Friedensforschung in den 1950er Jahren entstanden. In Westeuropa etablierte sie sich vor allem in der Bundesrepublik, den Niederlanden, den skandinavischen Ländern und Großbritannien, also überwiegend in jenen Staaten, die sich an der Schnittstelle zwischen Ost und West befanden und damit den atomaren Krieg besonders zu fürchten hatten. Zentrale Bedeutung gewann das 1959 geschaffene norwegische International Peace Research Institute in Oslo mit seinem langjährigen Direktor Johan Galtung, der zu den einflussreichsten und geradezu

---

[241] Vgl. Max Horkheimer/Theodor W. Adorno, Dialektik der Aufklärung. Philosophische Fragmente (1944), Frankfurt a. M. 1969; Wiggershaus, Schule; im Überblick auch Alfons Söllner, Kritische Theorie, in: Nohlen/Schultze (Hrsg.), Lexikon, Bd. 1, S. 499–501; Lenk, Methodenfragen, S. 1009–1015.

[242] Vgl. Max Horkheimer, Zur Kritik der instrumentellen Vernunft, Frankfurt a. M. 1967 (Orig. 1947); Jürgen Habermas, Technischer Fortschritt und soziale Lebenswelt (1965), in: Ders., Technik und Wissenschaft als Ideologie, 5. Auflage, Frankfurt a. M. 1971 (Orig. 1968), S. 104–119.

[243] Vgl. Wiggershaus, Schule; Söllner, Theorie; Lenk, Methodenfragen, S. 1009–1015.

[244] Vgl. Karl Mannheim, Freedom, Power and Democratic Planning, London 1951; Ders., Problem, S. 324f.; Hofmann, Mannheim.

idealtypischen Vertretern der Friedens- *und* Zukunftsforschung gehören sollte. Wie bereits bei von Weizsäcker angesprochen, waren die Ansätze der Friedensforschung gegen die klassische Lehre der Internationalen Beziehungen und die Theorie des Realismus gerichtet, aber in sich sehr heterogen, weil sie unterschiedliche Verständnisse von Frieden besaßen. Abseits der Pugwash-Bewegung und einer „traditionell", also in den Bahnen des internationalen Systems denkenden Friedensforschung, der im Kern auch von Weizsäcker zugehörte, entstand eine kritische Variante der Friedensforschung, die sich zum einen stärker mit der Friedensbewegung, also mit gesellschaftlicher Protestkultur und mit Selbstverständnissen und Praktiken ‚von unten', verband. Zum anderen berief sie sich explizit auf dialektische Erkenntnismodelle und auf die Kritische Theorie. Johan Galtung und andere argumentierten, die traditionelle Friedensforschung, gerade in ihrer US-amerikanischen Provenienz, suche im Grunde nur größere Systemstörungen und den Krieg zu vermeiden, stelle den Status quo jedoch nicht in Frage. Notwendig sei es dagegen, Kommunikationsstrukturen zu stärken und die tatsächlichen Konfliktursachen ausfindig zu machen, die nicht nur in den internationalen Beziehungen, sondern auch in innergesellschaftlichen Strukturen ruhten. Auch im Kontext der Protestkultur der 1960er und 1970er Jahre barg gerade diese Variante von Friedens- *und* Zukunftsforschung ein aktivistisches Momentum, das sich auf die Gestaltung der gewollten Zukunft – hin zum Frieden – richtete.[245]

Blickt man auf Ossip K. Flechtheim und Robert Jungk als repräsentative Vertreter eines kritisch-emanzipatorischen Denkstils, so lassen sich eben jene Charakteristika geradezu in paradigmatischer Weise ablesen.

Ossip K(urt) Flechtheim war geprägt von einer Verfolgungs- und Emigrationserfahrung, welche für ihn auch eine ‚gebrochene' Zeiterfahrung konstituierte. Der Sohn eines deutschen Kleinunternehmers, eines liberal orientierten Juden, und einer russischen Mutter wurde 1909 in Nikolajew bei Odessa geboren. Der hochbegabte Schüler, der in Münster und Düsseldorf aufwuchs, fand erstaunlich früh zum Marxismus. Dabei faszinierten ihn gerade der Historische Materialismus und das marxistische Geschichtsverständnis, das mit Blick auf den prognostizierten Endzustand der klassenlosen Gesellschaft sowohl einen utopisch-teleologischen Kern hatte als auch ein lineares Fortschrittsverständnis in sich trug. Flechtheim war gefangen von der Idee, „durch ein [sic] strikte Anwendung der vom Marxismus behaupteten ökonomischen Gesetze auf den Geschichtsprozess lasse sich dieser nicht nur deuten, sondern auch vorhersagen."[246]

Zu Beginn seines Studiums der Rechtswissenschaften und Soziologie in Freiburg, Heidelberg und Paris trat Flechtheim 1927 der KPD bei. In Heidelberg lernte er den Studienkollegen Richard Löwenthal kennen. Dieser verließ die Partei 1929, im Zeichen der ultralinken Wende der KPD und deren „Sozialfaschismus"-

---

[245] Vgl. Hutchinson/Inayatullah, Futures Studies and Peace Studies; Koppe, Geschichte, S. 43–47; Wasmuht, Geschichte, S. 128–133, 143–147, 165–178.

[246] Keßler, Ossip K. Flechtheim, S. 19; vgl. ebd., S. 13–19.

Thesen gegen die SPD, und wurde Mitglied der Kommunistischen Partei-Opposition (KPO). Auch Flechtheims Weltbild geriet ins Wanken. 1931 reiste er für drei Monate in die Sowjetunion, um sein Geburtsland und das Land seiner Hoffnungen kennenzulernen, und kehrte ernüchtert zurück. Zur Zeit der NS-Machtübernahme freilich gehörte Flechtheim noch der KPD an; er verließ sie wohl Anfang 1933. Der Kölner Promovend, der bei Hans Kelsen eine Dissertation über Hegels Strafrechtstheorie verfasste, wurde als rassisch Verfolgter aus dem Referendarsdienst entlassen, konnte aber das Promotionsverfahren noch im Jahr 1934 mit einem neuen Betreuer abschließen; der Doktorgrad wurde ihm allerdings 1938 aberkannt. Schon 1933 hatte sich Flechtheim der sozialistischen Splittergruppe Neu Beginnen angeschlossen, die er durch Löwenthal kennen gelernt hatte. Die Gruppe ging aus der linkssozialistischen Gruppierung Leninistische Organisation hervor, deren Mitglieder sich 1929/30 sowohl von der stalinisierten KPD als auch von der als zunehmend passiv wahrgenommenen SPD abgewendet hatten. Benannt war die Gruppe nach der Broschüre Walter Loewenheims „Neu Beginnen" von 1931. In dieser hatte Loewenheim prognostiziert, die historische Entwicklung werde nicht nach marxistischer Interpretation geschichtsnotwendig auf eine proletarische Revolution zulaufen, sondern angesichts der wirtschaftlichen Krisen seien neue faschistische Systeme zu befürchten. Insofern zog Neu Beginnen die marxistische Geschichtsphilosophie massiv in Zweifel. Neu Beginnen warb dafür, dass die Arbeiterbewegung der faschistischen Gefahr nur durch Einheit, also durch Bildung einer proletarischen Einheitspartei, und das planvolle Agieren einer neuen, revolutionären Elite begegnen könne.[247] Flechtheim übernahm illegale Kurierdienste für Neu Beginnen, ehe er 1935 kurzzeitig verhaftet wurde, aber – mangels Beweisen – rasch wieder auf freien Fuß kam. Daraufhin floh Flechtheim nach Genf, wo er über Vermittlung Hans Kelsens am Genfer Hochschulinstitut des Völkerbundes forschte und hier auch mit exilierten Vertretern des Frankfurter Instituts für Sozialforschung in Kontakt kam. Über diese Verbindung konnte Flechtheim Anfang 1939, nach der Weiteremigration in die USA, am Institute of Social Research Horkheimers an der Columbia University tätig werden. Hier arbeitete er an Franz Neumanns Buch „Behemoth" mit und freundete sich mit Erich Fromm an. Ab 1940 lehrte Flechtheim als Instructor bzw. Assistant Professor Politikwissenschaft an der Atlanta University in Georgia, dann am Bates College in Maine.[248]

Schon in Genf indes hatte sich Flechtheim von der Marx'schen Geschichtsphilosophie entfernt. In einem 1939 verfassten Text argumentierte Flechtheim, Marx habe versucht, die Geschichte zu rationalisieren, indem er die Anatomie der Gesellschaft in der politischen Ökonomie suchte, also in der Rationalisierung und Verdinglichung der bürgerlich-kapitalistischen Gesellschaft. In der Tat habe im 19. Jahr-

---

[247] Vgl. ebd., S. 24–46. Zu Neu Beginnen Miles (Walter Loewenheim), Neu beginnen! Faschismus oder Sozialismus, in: Kurt Klotzbach (Hrsg.), Drei Schriften aus dem Exil, Berlin, Bonn, Bad Godesberg 1974, S. 1–88.
[248] Vgl. Keßler, Flechtheim, S. 46–77.

hundert das wirtschaftliche Sein das Bewusstsein bestimmt. Doch Marx habe diese Gesellschaftskritik in die Zukunft transportiert und so die Geschichte vereinfachend als „Ganzes", also als „gesetzmäßig-notwendiger Fortschritt" interpretiert. Eben jene optimistische Zukunftserwartung könne nicht mehr die starke Rolle der Ideologie erklären, wie sie doch in der Russischen Revolution und im Nationalsozialismus zum Ausdruck gekommen sei. Und sie erkläre auch nicht mehr die Entleerung kommunistischer Ideologie durch bloße Machtpolitik in den 1930er Jahren.[249]

Hatte Flechtheim schon im Zweiten Weltkrieg von der Marx'schen Geschichtsdeutung und ihrer Überzeugung von einem zwangsläufigen Fortschritt in der Geschichte Abstand genommen, so löste die Kenntnis von der NS-Vernichtungspolitik und – dies traf Flechtheim fast noch härter – der Atombombenabwürfe in Hiroshima und Nagasaki eine Neujustierung seines Geschichtsbildes aus, welche ihn zur Futurologie bringen sollte. Ausgangspunkt waren die weltweiten „Krisen", die der Zweite Weltkrieg mit sich gebracht hatte, also die technologische Dynamik des Krieges, wie sie mit Hiroshima und Nagasaki offenkundig geworden war[250], und die Erwartung einer neuen atomaren Auseinandersetzung zwischen den USA und der UdSSR. Diese prognostizierte Flechtheim im September 1945 für die zweite Hälfte der 1950er Jahre. Die Zerstörung der Weltmächte werde dann auch eine Zerstörung der Zivilisation auf der nördlichen Halbkugel mit sich bringen.[251] Eben weil das Marx'sche und Hegel'sche Fortschrittsdenken im Zeichen dieser Krisen und Bedrohungen für Flechtheim nicht mehr zu halten war, er aber weiter in prozesshaften Kategorien dachte und gerade in der Krise einen Blick auf die weitere Weltgeschichte erheischen wollte, konzipierte er die Futurologie.[252] Erstmals sprach er in einem Aufsatz, der Ende 1945 in einer amerikanischen Zeitschrift erschien, von „‚futurology' as a science" und sah diese als „serious investigation into the future"[253], Ende der 1940er Jahre benannte er sie als „science" oder „‚prescentific' branch of knowledge", zumindest wenn man Wissenschaft weit als „system of organized knowledge concerning the facts of a particular subject" verstehe[254]. Mit dem Durchbruch der modernen Wissenschaft seien ältere heilsgeschichtliche Erwartungen und Prophetien verschwunden. Doch der wissenschaftliche Fortschritt, Rationalisierung und Säkularisierung hätten auch die

---

[249] Flechtheim, Zur Kritik der Marxschen Geschichtskonzeption (1939), zit. nach Keßler, Flechtheim, S. 58; vgl. ebd., S. 82–92; u. a. als Sammlung auch von Aufsätzen aus der Exilzeit Ossip K. Flechtheim, Bolschewismus 1917–1967. Von der Weltrevolution zum Sowjetimperium, Wien, Frankfurt, Zürich 1967.

[250] Ossip K. Flechtheim, Teaching the Future. A Contribution to the Intellectual and Moral Growth of the Participants, in: The Journal of Higher Education 16 (1945), H. 9, S. 460–465, hier S. 460.

[251] Flechtheim an Herz, 6. 9. 1945, zit. nach Keßler, Flechtheim, S. 76.

[252] In diese Richtung auch in der Rückschau Ossip K. Flechtheim, Warum Futurologie?, in: Futurum. Zeitschrift für Zukunftsforschung 1 (1968), H. 1, S. 3–22, hier S. 7f.

[253] Ders., Teaching the Future, S. 462. Dass Flechtheim den Begriff „Futurologie" schon 1942 entwickelt hatte, schreibt John H. Herz, Vom Überleben. Wie ein Weltbild entstand. Autobiographie, Düsseldorf 1984, S. 282.

[254] Ossip K. Flechtheim, Futurology – the New Science of Probability? (1949), in: Ders., History and Futurology, Meisenheim am Glan 1966, S. 69–80, hier S. 72.

Möglichkeit geschaffen, eine „scientific prognosis" zu etablieren. Diese könne durchaus an das anknüpfen, was im 19. Jahrhundert Hegel, Marx, Saint-Simon und Comte als „prophetic science'" entwickelt hätten. Mit der neuen wissenschaftlichen und technologischen Dynamik und dem „tremendous reservoir of knowledge", das man in den letzten Jahrzehnten gewonnen habe, werde es einerseits möglich, die Zukunft wissenschaftlich zu untersuchen. Andererseits sei der wissenschaftliche Blick auf die Zukunft angesichts der großen aktuellen „period of crisis" und der anstehenden Veränderungen elementar.[255] Die neue „Futurology" sollte dabei interdisziplinär arbeiten, also mathematisch-statistische, insbesondere wahrscheinlichkeitsorientierte Methoden und qualitative Interpretationen verbinden, um so auch das „very universal" im Blick zu behalten und der Tendenz zur Aufteilung des Wissens entgegenzuwirken.[256]

Zweifellos wollte Flechtheim aus seinem historisch-dialektischen Ansatz und der Neujustierung seines Geschichtsverständnisses ein neues wissenschaftliches Feld erschließen, von dem er sich politische Einsichten erhoffte. Und insofern hatte die Futurologie eine klare normative Grundlage. Flechtheim sah 1945 drei mögliche Wege der Weltgeschichte: Eine wünschenswerte Zukunft, die sich in Richtung Freiheit, Gleichheit und Gerechtigkeit bewege; ein Kollaps der Zivilisation durch neue Kriege; und, als wahrscheinlichste Entwicklung, das langsame Herausschälen eines weltweiten Gleichgewichts, eines „equilibrium", das wohl über Revolutionen und Problemlagen führe, aber auch erreicht werde durch Anpassungsprozesse und rationale Kompromisse. Dieser neue „world state" werde frei von Aggressionen sein und zugleich auf wissenschaftlicher und technischer Effizienz aufbauen.[257] Auch Flechtheim verwendete in diesem utopischen, naiv anmutenden Zukunftsbild der friedlichen Weltgesellschaft den Begriff des Rationalen; rational war hier in Abgrenzung etwa zu Steinbuchs Verständnis zwar auch wissenschaftlich fundiert, aber stärker mit Vernunft im Sinne des politischen Kompromisses zwischen gereiften Individuen verbunden. Dass die Futurologie als normativ fundierte Wissenschaft gedacht war, ruhte sicherlich auch darin, dass Flechtheim Analogien zur „policy science" zog, die zu diesem Zeitpunkt in den USA ebenfalls noch eine starke normative Grundlage hatte.[258] Neben den wissenschaftlichen Auspizien hatte Flechtheim freilich auch ein profaneres Motiv: Er wollte die *Futurology* als neues Lehrfach an amerikanischen Colleges ins Gespräch

---

[255] Ders., Teaching the Future, Zit. S. 461, 460; ähnlich Ders., Futurology – the New Science, S. 71. Schon 1943 bemerkte er, dass Spengler eine „sometimes ingenious insight into the future" ausgezeichnet habe: „He certainly ranks high as one of the great precursors of what one may hope will develop into a real science of ‚Futurology'": Ders., Critical Remarks on the Theories of History of Toynbee and the Webers (1943), in: Ders., History and Futurology, S. 32–49, hier S. 32, Anm. 2.

[256] Flechtheim an Robert M. Hutchins, The University of Chicago, 25. 2. 1946, in: Exilarchiv, NL Flechtheim, EB 98/179; vgl. Ders., Futurology – the New Science, S. 73–76.

[257] Ders., Teaching the Future, Zit. S. 462.

[258] So John H. Herz, Ossip K. Flechtheim (1909–1998). Wissenschaftler und Aktivist, in: Kurt Düwell (Hrsg.), Vertreibung jüdischer Künstler und Wissenschaftler aus Düsseldorf 1933–1945, Düsseldorf 1998, S. 157–164, hier S. 158 f.

bringen und hoffte so auch auf neue Beschäftigungsmöglichkeiten. Deshalb sandte er seinen Aufsatz 1945/46 an zahlreiche Dekane, um einen Lehrauftrag für *Futurology* zu erhalten. In den Schreiben warb er für übergreifende, von mehreren Dozenten geleitete Veranstaltungen, welche je die Vergangenheit, die Gegenwart und die Zukunft „of Western civilisation" berücksichtigen sollten.[259] Die Reaktionen reichten von höflichem Desinteresse zu konkreteren Fragen, wie ein solches Lehrfach denn in die College-Struktur zu integrieren sei, sein Vorstoß löste aber jedenfalls zu diesem Zeitpunkt kein größeres Interesse aus.[260]

Im Herbst 1946 aber ergab sich für Flechtheim die Möglichkeit, zumindest vorübergehend nach Deutschland zurückzukehren, nämlich als Sektionschef bei Robert M. W. Kempner, dem US-Hauptankläger in den Nürnberger Prozessen. 1951/52 dann verbrachte er ein Jahr als Gastprofessor am neuen Institut für Politische Wissenschaft der FU Berlin und der Deutschen Hochschule für Politik. Franz Neumann, mit Flechtheim aus der New Yorker Zeit gut bekannt, hatte auch dank seiner früheren Tätigkeit für das Office of Strategic Services (OSS) hervorragende Verbindungen zum amerikanischen State Department und das Institut an der FU aufgebaut. Auch weil das amerikanische Colby College, an dem Flechtheim zwischenzeitlich lehrte, keine Festanstellung für ihn bot – die KPD-Vergangenheit dürfte hier in der McCarthy-Ära nicht bedeutungslos gewesen sein –, kehrte Flechtheim 1952 ganz nach Berlin zurück.[261]

In den 1950er Jahren griff Flechtheim seine Überlegungen zur Futurologie kaum auf, auch angesichts der fehlenden Resonanz auf seinen ersten Beitrag.[262] Sie flossen aber in die Forderung ein, die Politikwissenschaft müsse grundsätzlich systemkritisch ausgerichtet sein. Diese dürfe nicht die realen Machtverhältnisse in der bürgerlich-kapitalistischen Gesellschaft verschleiern oder rechtfertigen, und dies warf er den Vertretern der „neuen" Politik- als Demokratiewissenschaft vor. Flechtheim sah sich zwar nicht mehr im engeren Sinne dem Historischen Materialismus verpflichtet, betrachtete aber doch weiterhin das Ökonomische als Schlüsselkategorie zum Verständnis der Welt und der gesellschaftlichen Herrschaftsstrukturen. Die Ökonomie wirke sich nur deshalb in der Demokratie nicht voll aus, weil der Zugriff der ökonomisch Mächtigen auf Politik und Kultur strukturell begrenzt sei. Demgegenüber müsse sich die Politikwissenschaft als Sozialwissenschaft verstehen, die sachlich-kritisch nicht nur den Staat als Herrschaftsorganisation untersuche, sondern alle Herrschaftsverhältnisse und -vorgänge, damit also auch am Gemeinwohl ausgerichtetes einzelnes oder gemeinschaftliches Verhalten, das mit dem Staat in Verbindung stehe.[263] Dass Flechtheim

---

[259] Flechtheim an Chancellor Robert M. Hutchins, The University of Chicago, 25.2.1946, in: Exilarchiv, NL Flechtheim, EB 98/179.
[260] Exilarchiv, NL Flechtheim, EB 98/179.
[261] Vgl. Keßler, Flechtheim, S. 77–108.
[262] So Flechtheim selbst, Flechtheim, Warum Futurologie, S. 3.
[263] Vgl. Ders., Zur Problematik der Politologie, in: Wilhelm Bernsdorf/Gottfried Eisermann (Hrsg.), Die Einheit der Sozialwissenschaften, Stuttgart 1955, S. 226–244; Keßler, Flechtheim, S. 108–118.

selbst seit den 1930er Jahren das Leitbild eines demokratischen oder humanitären Sozialismus verfolgte, wurde in der Folge in zahlreichen Publikationen des Politikwissenschaftlers deutlich. Dabei verstand er den sozialistischen Humanismus als dritte Position oder dritten Weg zwischen Ost und West, zwischen Kommunismus und Kapitalismus, zwischen Staatssozialismus und parlamentarischer Demokratie; dieser „sozialistische Humanismus" sollte dem Leitbild einer technisch entwickelten, aber friedlichen Weltgesellschaft folgen. Einen demokratischen Sozialismus sah Flechtheim am ehesten bei der SPD verkörpert, der er 1952 beitrat. Als der SPD-Parteivorstand, in den Spuren des Godesberger Programms, aber 1960/61 die Mitgliedschaft im immer stärker neomarxistischen Ideen folgenden Sozialistischen Deutschen Studentenbund (SDS) mit der SPD für unvereinbar erklärte, trat Flechtheim 1962 wieder aus.[264]

Vergegenwärtigt man sich Flechtheims Äquidistanz zu beiden Seiten des Kalten Krieges, seine Sorge vor dem Atomkrieg und seine Utopie der friedlichen Weltgesellschaft, so war es folgerichtig, dass er sich aktiv in der Friedensbewegung und Friedensforschung engagierte. Er war Mitglied des Kuratoriums des Ostermarsches der Anti-Atomtod-Bewegung, unterstützte die von Carl Friedrich von Weizsäcker initiierte VDW und förderte in den 1960er Jahren eine kritische Friedensforschung, wie sie vor allem im Umkreis des norwegischen Friedensforschers Johan Galtung entworfen wurde. Aus Mahatma Gandhis Ansatz der „Friedenswehr" und Galtungs Überlegungen zu einem „positiven", auch innergesellschaftlich gedachten Friedensbegriff entstanden Entwürfe und Praktiken der „Sozialen Verteidigung" in der Friedensforschung. Diese beschäftigte sich mit dem Konzept und den möglichen Folgen einer nur passiven Verteidigung der Bevölkerung im Falle eines gegnerischen Angriffs. In der Bundesrepublik wurden solche Überlegungen vor allem von Theodor Ebert weiterentwickelt, der Assistent von Flechtheim an der FU Berlin war.[265]

Erst 1963/64, durch die Verbindung mit Robert Jungk, revitalisierte Flechtheim sein älteres Konzept der Futurologie – um so im Austausch mit Jungk eine kritisch-emanzipatorische Wissenschaft von der Zukunft zu konzipieren.

Auch Robert Jungk sah in den 1960er Jahren auf eine linke politische Sozialisation und eine Emigrationserfahrung zurück. Dazu trat bei Jungk ein künstlerisch-musischer Hintergrund, der eine besondere Affinität zu imaginativen Methoden präjudizierte. Im Gegensatz zu Flechtheim und der allergrößten Mehrheit der Zukunftsforschung war Jungk nicht im engeren Sinne Wissenschaftler: Er war nach der Promotion – auch wegen der Emigration – als Journalist und Schriftsteller, eigentlich als Wissenschaftsjournalist tätig, und das Wissenschaftliche verdichtete

---

[264] Vgl. Ossip K. Flechtheim, Sozialistischer Humanismus – eine dritte Position?, in: Frankfurter Hefte 14 (1959), S. 625–632; Keßler, Flechtheim, S. 114–145.
[265] Vgl. Theodor Ebert, Einleitung. Friedensforschung und gewaltfreie Aktion, in: Ders. (Hrsg.), Ziviler Widerstand. Fallstudien aus der innenpolitischen Friedens- und Konfliktforschung, Düsseldorf 1970, S. 9–18; Roland Vogt, Konzepte der sozialen Verteidigung, in: Theodor Ebert (Hrsg.), Demokratische Sicherheitspolitik. Von der territorialen zur sozialen Verteidigung, München 1974, S. 11–39; Wasmuht, Geschichte, S. 95–102.

sich erst Ende der 1960er Jahre im Zuge einer Honorarprofessur an der TU Berlin. Insofern war Jungk innerhalb der ‚Zunft' der Zukunftsforschung – wenn es diese im engeren Sinne denn gab – ein Paradiesvogel und zugleich wegen seiner Sprachkenntnisse und seiner exzellenten Fähigkeiten zur Netzwerkbildung Knotenpunkt transnationaler Kontakte.[266]

Geboren wurde Jungk als Robert Baum 1913 in Berlin, als Sohn eines Künstlerehepaares, des Dramaturgen und Regisseurs David Baum (der den Künstlernamen Max Jungk trug) und der Schauspielerin Elli Branden. Schon als Schüler eines humanistischen Gymnasiums kam er mit jugendbewegten Organisationen in Kontakt und wurde Mitglied des Sozialistischen Schülerbunds. 1932 nahm er ein Studium der Philosophie und Psychologie an der Humboldt-Universität auf. Nachdem er – so die eigene Schilderung – im Februar 1933 NS-Plakate an der Universität abgerissen hatte, wurde er am Tag des Reichstagsbrands kurzzeitig verhaftet und floh daraufhin als Mitglied einer Reisegruppe nach Österreich, dann nach Paris. Noch im gleichen Jahr setzte er – unter dem Namen Robert Jungk – sein Studium an der Sorbonne fort, belegte nun Kurse in Soziologie und Psychologie, bewegte sich in Kreisen der künstlerischen Emigration und assistierte u. a. Max Ophüls. Nach einem illegalen Aufenthalt im NS-Regime, währenddessen er nach eigenen Angaben Kurierdienste für die sozialistische Gruppe Neu Beginnen tätigte, floh er 1937 in die Tschechoslowakei und von dort in die Schweiz. Hier führte er sein Studium der Psychologie, Soziologie und Geschichte fort, wurde dann aber wegen verbotener Pressearbeit verhaftet. In der Internierung schloss er eine geschichtswissenschaftliche Dissertation über die Schweizer Presse des 19. Jahrhunderts ab. Schon vor Kriegsende wirkte er als Korrespondent des Londoner „Observer" in der Schweiz und startete ob seiner sehr guten Auslands- und Sprachkenntnisse eine Karriere als Korrespondent für Schweizer und deutsche Zeitungen und Drehbuchautor, die ihn nach Paris und in die USA führte. Ende der 1940er Jahre lebte Jungk hauptsächlich in Los Angeles und wurde hier Zeuge der rasanten wissenschaftlich-technologischen Entwicklung und der angewandten Forschung in Industrie und Think-Tanks am Beginn des Kalten Krieges. Er besuchte das Kernforschungszentrum in Los Alamos und die RAND Corporation, reiste zum Ort der ersten Zündung einer Atombombe, nach Alamogordo in New Mexico, aber auch nach Hiroshima. Mitte der 1950er Jahre hielt sich Jungk wieder vornehmlich in Europa auf und lebte ab 1957 in Wien, später in Salzburg.[267]

Befremdet von den Begegnungen mit dem „technischen Fortschritt", wurde für Jungk die Frage, wie der Mensch der Zukunft mit der Technik umgehen, wie er sich die Zukunft selbst gestalten könne, zum Lebensthema. Dabei leitete ihn, der

---

[266] Eine Biographie über Jungk ist ein Desiderat der Forschung; vgl. Weert Canzler (Hrsg.), Die Triebkraft Hoffnung. Robert Jungk zu Ehren. Mit einer ausführlichen Bibliographie seiner Veröffentlichungen, Weinheim 1993.
[267] Vgl. Robert Jungk, Vita. Von ihm selbst verfaßt und ergänzt von Walter Spielmann, o. D., in: JBZ, NL Jungk, Ordner Vita; Ders., Lebenslauf, o. D., in: ebd., Ordner RJ Korr v.R.J. Privates; Korrespondenz mit Hermann Goldschmidt (Hermanus), in: ebd.

Psychologie und Soziologie studiert und die Theoreme der Kritischen Theorie kennengelernt hatte, stärker noch als Flechtheim, der auch in ökonomischen Kategorien dachte, ein anthropozentrisches Weltbild. Dieses stellte den Menschen, seine Entwicklung in der (Totalität der) Gesellschaft und als Individuum in den Mittelpunkt. Jungk konzipierte Zukunft – ebenso wie Flechtheim – stets in geschichtlichen Kategorien, ausgehend von der so schmerzvollen Erfahrung mit dem Nationalsozialismus, der sich nie mehr wiederholen solle – und eine neue tiefgreifende Bedrohung der menschlichen Zivilisation sah Jungk nun in einer außer Kontrolle geratenden, „ungezähmten" „Welt der Maschinen". Hier stellte sich für Jungk in den 1950er Jahren die Frage, „wie der Mensch in der ihn bedrängenden Welt der Maschinen noch Mensch bleiben könne".[268] Zugleich sah er die Bedrohung vom Menschen selbst ausgehen, der sich eben ohne jede Reflexion der Technik und Wissenschaft bediene, um so die Zukunft zu erobern, und dabei menschliche und ethische Kategorien aus dem Blick verliere.

Diese Entwicklung sah er in besonderer Weise in den USA drohen. Evident wurde dies 1952 in Jungks Bestseller „Die Zukunft hat schon begonnen". Im Stile einer wissenschaftsjournalistischen Reportage berichtete Jungk aus der Ich-Perspektive von seinen Besuchen an den Stätten wissenschaftlich-technischen Fortschritts. Er schilderte unter anderem qualvolle Experimente mit Freiwilligen und Tieren für die Raketenforschung in Las Cruces, die Isolation der Bewohner in der seelenlosen Laboratoriumsstadt Los Alamos, die von der Bevölkerung völlig unterschätzten Gefahren der Radioaktivität, wie sie in Alamogordo gegenwärtig schienen, den mechanisierten Umgang mit Tieren am Beispiel einer Massen-Hühnerfarm in Iowa, die Rationalisierung und Entindividualisierung des Arbeitslebens durch taylorisierte Zeitmessverfahren und Lochkartensysteme im Rahmen des *Social Engineering* und schließlich die Versuche im Washingtoner National Bureau of Standards, in Think-Tanks wie RAND und in Unternehmen wie dem Chemiekonzern Du Pont, unter Einsatz des Computers zukünftige Entwicklungen zu erforschen.[269] Als besonders problematisch erachtete Jungk in behavioristischen Kategorien wurzelnde Versuche mit Menschen (etwa durch Schlafentzug), welche Mediziner und Sozialpsychologen an amerikanischen Universitäten durchführten.[270] Jungk diagnostizierte einen maßlosen US-amerikanischen Fortschrittsgeist, der nicht räumlich expandieren wolle, aber dafür die Zukunft zu unterwerfen suche: Er sei bestrebt, „die Macht über das All zu gewinnen, die vollständige, absolute Herrschaft über das Universum der Natur in allen seinen Erscheinungen".[271] Dabei gehe es „dem Amerikaner nicht, wie den meisten Zukunftsdenkern anderer Länder, darum, über die Zukunft zu philosophieren, son-

---

[268] Ders., Vom blinden zum sehenden Fortschritt. Forderungen an die Technik und den Menschen der Zukunft, in: Deutsche Zeitung und Wirtschafts-Zeitung, 28.12.1957, S. 23.
[269] Ders., Die Zukunft hat schon begonnen. Amerikas Allmacht und Ohnmacht, Stuttgart, Hamburg 1952.
[270] Ders., Die Schöpfung und der menschliche Wille, in: Fritz Baade/Julius Bartels/Gerhard Heberer (Hrsg.), Wie leben wir morgen? Eine Vortragsreihe, Stuttgart 1957, S. 159–175.
[271] Ders., Die Zukunft hat schon begonnen, S. 13.

dern etwas mit ihr zu tun: sie zu erobern und ihr, soweit das menschenmöglich ist, Richtung und Marschtritt vorzuschreiben."[272] Dies gelte in besonderer Weise für die Industrie und ihre Interessen: Nirgends sei das Bemühen um „systematische Erkenntnis und zielbewußte Eroberung der Zukunft mit so viel Energie und Erfolg betrieben worden wie in der chemischen Industrie Amerikas. Sie hat es einmal verstanden, durch genaue Analyse zukünftiger Entwicklungen sich auf kommenden Bedarf einzustellen, und andererseits durch ihre eigenen auf Bestellung entwickelten ‚Wunder' diese Zukunft selbst aktiv mit- und umgestaltet."[273] Jungk scheute sich nicht, hier zumindest implizite Vergleiche mit dem Nationalsozialismus zu ziehen. Zwar sah er in den USA immer noch eine andere Seite obwalten, nämlich das demokratische und humanitäre Erbe, so dass nun „Freiheitsreste und Sklavereibeginn" nebeneinander existierten. Doch die Entwicklung in den USA weise „immer deutlicher Züge totalitärer Art auf". In den großen Rüstungsfabriken, den Laboratoriumsstädten und Komplexen industrieller und militärisch-strategischer Forschung werde die menschliche Einzelexistenz in die „Uniform der Standardisierung [ge]preßt", und das „Gleichgeschaltete" gewinne unmenschliche Züge[274], so dass der Mensch selbst als „Schöpfung Gottes" vom menschlichen Willen unterjocht werde.[275]

Erkennbar wird so eine ethisch-humanistisch fundierte Kritik an der US-Forschung, die sich ebenso gegen die technisch geprägte Zivilisation an sich und insbesondere ihre militärische Komponente wendete. Ganz ähnlich wie Flechtheim hatte auch Jungk im Blick, dass die beiden Supermächte im Zeichen des Kalten Krieges mittels technischer Innovation nicht nur neue Wege der Rüstung gingen, sondern sich in ihrer Suche nach „technisch[er] Allmacht" zugleich auch ähnelten.[276] So sah er eben in „Sowjetrußland und seinen Verbündeten" auch jene Zukunftsplanung obwalten wie in den Vereinigten Staaten.[277] Insofern nimmt es nicht wunder, dass sein Weg wie bei Flechtheim zunächst in die Friedensbewegung führte. Diese hatte Jungk mit seinem 1956 erschienenen Buch „Heller als tausend Sonnen" über das „Schicksal" der Atomphysiker und dem Band „Strahlen aus der Asche" von 1960, einem Bericht über die Opfer in Hiroshima, selbst mit befeuert.[278] So sprach Jungk 1958 in der Bundesrepublik auf Protestkundgebungen gegen die Atombewaffnung („Kampf dem Atomtod"), aber trat ebenso im internationalen Kontext hervor: Er nahm an Protesten der Campaign for Nuclear Disarmament in London teil und war einer von drei westlichen Vertretern der über die Blockgrenzen hinweg reichenden Europäischen Föderation gegen Atomrüstung, die in London gegründet worden war und immer stärker unter den

---

[272] Ebd., S. 290.
[273] Ebd., S. 291 f.
[274] Ebd., S. 10 f.
[275] Ders., Schöpfung, S. 175.
[276] Ders., Die Zukunft hat schon begonnen, S. 8.
[277] Ebd., S. 290.
[278] Vgl. Ders., Sonnen; Ders., Strahlen aus der Asche. Geschichte einer Wiedergeburt, Bern 1959.

Einfluss des kommunistisch infiltrierten Weltfriedensrats geriet. Damit eckte Jungk an: Gerade der CCF habe Friedensbewegte wie Jungk rasch als kommunistische Parteigänger gebrandmarkt, so Jungk in der Rückschau; hier verwies er insbesondere auf Friedrich Torberg. Doch weil er die Suche nach technischer Allmacht in beiden Seiten des Kalten Krieges verkörpert sah, befand sich Jungk ähnlich wie Flechtheim in einer Äquidistanz zwischen beiden Systemen.[279]

Gleichzeitig verbanden sich bei Jungk Abstoßung und Anziehung gegenüber einem technisch geprägten Zeitalter. So glaubte er in „Die Zukunft hat schon begonnen" zu erkennen, dass die Wissenschaft die Problematiken der Technik bereits reflektiere. Gerade im Institute for Advanced Studies in Princeton werde den Wissenschaftlern Raum zur zunächst zweckfreien Reflexion gelassen, suchten Wissenschaftler nach „echter historischer Erkenntnis", also den geschichtlichen Bedingungen des Werdens der Wissenschaft und somit nach Selbstreflexion. Dieser historische Zugang und der selbstreflexive Charakter von Wissenschaft dienten Jungk als Ansatzpunkte seines Gegenbildes zur unreflektierten Technikeuphorie. Wissenschaftler wie Robert Oppenheimer, die sich in Princeton zurückzogen, aber auch andere Atomphysiker, die Jungk im Buch „Heller als tausend Sonnen" interviewte, hätten längst die problematische Seite der Technik erkannt. Hier sah Jungk recht konstruiert eine epistemische Verschiebung: Diese Wissenschaftler kehrten zurück zur „rein wahrheitssuchenden, aber zugleich doch humanistisch verpflichteten Wissenschaft".[280]

Deshalb betonte Jungk in den 1950er Jahren, der Ausweg liege nicht in „Maschinenstürmerei", sondern, da die Technik dem Menschen das Leben ja auch leichter mache, in einer „Maschinendressur".[281] Man müsse nicht einem „blinden", sondern einem „sehenden Fortschritt[sverständnis]" folgen, das die Technik vernünftig nutze, dem Menschen seine „seelische Gesundheit" sichere und ihm Kraft zur schöpferischen Entfaltung gebe.[282]

Um 1960 begann sich Jungk immer stärker für Konzepte zur Erforschung und Gestaltung der Zukunft zu interessieren. Ein *erster* Anknüpfungspunkt war schon eine Episode in Hiroshima, als Jungk – nach eigener Erinnerung – von einem Leukämiekranken angesprochen wurde: „Now you protest against the bomb, but it's too late. You always begin too late."[283] Jungk, der ja auch beim Protest gegen

---

[279] Robert Jungk an Hermann Goldschmidt, 9.12.1958 mit Verweis auf eine Veranstaltung des Weltfriedensrats , in: JBZ, NL Jungk, Ordner RJ Korr. Privates; vgl. Ders., Trotzdem, S. 315–334; zur Europäischen Föderation gegen Atomrüstung S. 353f.; vgl. zum Weltfriedensrat Rüdiger Schlaga, Die Kommunisten in der Friedensbewegung – erfolglos? Die Politik des Weltfriedensrates im Verhältnis zur Außenpolitik der Sowjetunion und zu unabhängigen Friedensbewegungen im Westen (1950–1979), Münster 1991; zum CND und zur internationalen Friedensbewegung Kapitel V.1.
[280] Jungk, Die Zukunft hat schon begonnen, S. 313, 315; vgl. Ders., Sonnen.
[281] Ders., Zähmung der Technik – die große Aufgabe unserer Zeit, in: Tages-Anzeiger, 14.3.1964, S. 5.
[282] Ders., Vom blinden zum sehenden Fortschritt. Forderungen an die Technik und den Menschen der Zukunft, in: Deutsche Zeitung und Wirtschafts-Zeitung, 28.12.1957, S. 23.
[283] Zit. nach Cornish, Study, S. 148, vgl. S. 150; Jungk, Trotzdem, S. 327f.

den Nationalsozialismus aus eigener Wahrnehmung zu spät kam, sah sich verstärkt veranlasst, Krisen oder Katastrophen abzuwenden, bevor sie passierten, also vorauszudenken und Problemlagen zu antizipieren.

Wirkungsmächtiger war sicherlich ein *zweiter* Aspekt: Im Kontext des zunehmend allgegenwärtigen Planungsthemas und erster Konzeptionen zur Zukunftsforschung im westlichen Ausland wurde Jungk, der durch seine Emigrationserfahrung ein ausgezeichnetes Französisch sprach, um 1960 auf die französische *Planification*, die *Prospective* Gaston Bergers (der zu diesem Zeitpunkt schon verstorben war) und Bertrand de Jouvenels Futuribles aufmerksam. Und diese französischen Versionen erschienen ihm sehr viel offener und humaner orientiert als die Zugänge zur Vorausschau in den US-Think-Tanks und der amerikanischen Industrie, zumal de Jouvenel, wie Jungk betonte, auch die ästhetischen und kulturellen Aspekte der Zukunft im Blick hatte.[284] Schon Anfang 1962 argumentierte Jungk in Anknüpfung an Gaston Berger, dass im Zeitalter der rasanten Entdeckungen und Erfindungen die westlichen Gesellschaften sich im Augenblick auf einer „rasenden Fahrt ins Dunkel ohne Scheinwerfer" befänden. Jungk berief sich auch auf Pierre Massé aus der französischen Planungsbehörde, des Commissariat Général du Plan, dass ein Institut für Entwicklungsfragen notwendig sei, um nicht nur die nächsten fünf Jahre (wie in der *Planification* üblich), sondern die ferne Zukunft in den Blick zu nehmen. Dabei dürfe sich, so Jungk, diese Forschung aber nicht von industriellen und militärischen Interessen leiten lassen. Im Gegensatz zu den USA dürften also weder Think-Tanks wie RAND, das für militärische Auftraggeber arbeite, noch Unternehmen die Arbeit eines Instituts für Zukunftsforschung beeinflussen. Dieses Institut sei notwendig, so Jungk, weil angesichts der wissenschaftlichen und technischen Neuerungen die Zukunft „in einem viel größeren Maße als je zuvor von uns bestimmt" werde.[285] Die Zukunft schien nun also für Jungk gestalt- und planbar, und dies nahm er im Gegensatz zu den 1950er Jahren positiv wahr.

Insbesondere gründete dieser Perspektivwechsel im Kontakt zu Bertrand de Jouvenel. 1962 war Jungk erstmals Gast in einem „colloque" von Futuribles am Pariser Boulevard Saint Germain. Und damit tat er, so Jungk in der Rückschau, „einen ersten Schritt in ein neues Berufsfeld". De Jouvenel, der „aristokratisch wirkende alte Herr mit dem eleganten Spitzbart", der „mit leiser Stimme, aber sehr temperamentvoll" über den Umgang mit der Zukunft sprach, beeindruckte Jungk: „Sein Bemühen, umfassend und vorwärtsweisend zu denken, erweckte in allen, die ihm zuhörten, den Entschluß, seinem bisher vernachlässigten, von der offiziellen Wissenschaft als unseriös verketzerten Thema mehr Aufmerksamkeit zu widmen."[286] Auch an der Futuribles-Konferenz in Paris 1965 zum Thema „The Future of Political Institutions" nahm Jungk teil. Hier lernte er de Jouvenels

---

[284] Vgl. ebd., S. 342.
[285] Ders., Nicht mehr ins Dunkel irren. Wir brauchen ein Institut für Zukunftsforschung, in: Die Zeit, 5.1.1962.
[286] Ders., Trotzdem, S. 342f.

Idee des die Regierung beratenden prävisionellen Forums *(Surmising Forum)* kennen, das von politischen Weisungen und ökonomischen Interessen unabhängig sein sollte und in Paris als „Look-out-Agency" diskutiert wurde. Und doch zeigte sich Jungk von der Konferenz, dem „weiter rechts stehenden" de Jouvenel und dem Teilnehmerkreis, der „noch zu sehr in der Gewohnheit des Rechthabens und Rechtbehaltens befangen" sei, nicht ganz befriedigt.[287]

In der Tat wollte Jungk die Erforschung und Gestaltung der Zukünfte, die ihm nun zur Lebensaufgabe wurden, mehr als einen Prozess des Entwerfens betrachten. So argumentierte er, angesichts der rasanten Beschleunigung des technischen und sozialen Wandels bahne sich eine Verwandlung des Fortschritts in einen „Fortsturz" an.[288] Wichtig sei es nun, die „tollgewordene Technik" zur Vernunft zu zwingen und den ausgelaugten Ideologien neue unverbrauchte Gedanken und Visionen entgegenzusetzen. Den Begriff der Vision sah Jungk allerdings als ambivalent an, weil er Assoziationen mit „politischer Phantasterei, [...] falschem Sehertum, [...] totalitärer Heilslehre" wecke; gerade in Deutschland erinnere dies an den Nationalsozialismus und dessen Vision vom tausendjährigen Reich, aber auch – so Jungk in Äquidistanz auch nach links – an den Bolschewismus. Die NS-Vergangenheit habe dazu geführt, dass die „Klügsten" sich geschworen hätten, von Visionen Abstand zu halten und den sicheren Weg der Sachlichkeit zu beschreiten. Darüber hinaus ruhe die „Lähmung der sozialen Phantasie" auch in einem anderen Faktor, nämlich der Erkenntnis der Wirtschafts- und Sozialwissenschaften, dass Gesellschaftsordnungen immer weit komplizierter seien, als sich dies Utopisten erträumten. Wissenschaftliches Wissen habe also zu neuen Einsichten in gesellschaftliche Strukturen und sozialen Wandel geführt, ebenso wie die rasante technische Entwicklung alle gesellschaftlichen „Baupläne" schnell Makulatur werden lasse. Gleichwohl müsse die Gesellschaft, müssten die Intellektuellen wieder die eingeschlafene Kraft der sozialen Phantasie wecken, eine Vision über das „Entwerfen" von Zukunft entwickeln, und dies abseits der Enge des soziologischen Empirismus und des Pragmatismus der Naturwissenschaften. Gerade vom wissenschaftlichen „Denkstil" im engeren Sinne, der Wahrheit von ihrer Beweisbarkeit abhängig mache – also dem Kritischen Rationalismus –, setzte sich Jungk ab. Er berief sich hier auf sozialphilosophische Arbeiten, u. a. auf Hannah Arendts Überlegungen zu Descartes, aber indirekt – ohne dies zu nennen – auch auf den dialektischen Ansatz der Kritischen Theorie. Jungk ging so weit, den „Seher" zu rehabilitieren, also den Propheten, der sich auf Imagination berufe; exakte Voraussagen könnten ohnehin nicht getroffen werden, aber ein „Gefühl für die Fülle, die erstaunlichen Perspektiven und Dimensionen der Zukunft". Jungk dachte seinen Ansatz bewusst normativ: Die angewandte soziale Phantasie werde

---

[287] Robert Jungk: Wohin steuert die Staatsrakete? In Paris konferierten die Zukunftsforscher, in: Die Zeit, 14. 5. 1965; Futuribles 1961–66 (Informationsbroschüre), S. 27, in: RAC, FFA, Grant File 62-41; Olaf Helmer an Bertrand de Jouvenel, Les futuribles des Futuribles, 8. 4. 1965, in: BNF, NAF 28143, Boîte 301.
[288] Robert Jungk, Damit die Zukunft nicht aufhört, in: Ders. (Hrsg.), Menschen, S. 9–10, hier S. 9.

ohnehin nie wertfrei sein, sich also von einem wissenschaftlichen Objektivitätspostulat entfernen. Insbesondere war dies für ihn die Sicherung des Friedens.[289]

Gleichwohl war auch Jungk zunehmend geprägt von den zirkulierenden Prognose- und Planungskonzepten seiner Zeit. Er hatte ja sehr gute Kenntnis von den Entwicklungen in den Think-Tanks. Und er war hier wohl beeinflusst von Ossip Flechtheim, den er Anfang der 1960er Jahre kennenlernte.[290] Flechtheim nahm ja Mitte der 1960er Jahre befriedigt zur Kenntnis, dass auch die westlichen Staaten Planungsansätze in Wirtschafts- und Finanzpolitik integrierten.[291] Auch Jungk argumentierte nun entgegen seiner Kritik in „Die Zukunft hat schon begonnen" aus den frühen 1950er Jahren, planen müssten in der Industriegesellschaft auch die liberalen politischen Systeme; nur so könnten sie den Schritt von „irrationaler Schicksalsgläubigkeit zu rationaler Führung ihrer Geschäfte" gehen.[292] Jungk suchte deshalb nach einem Planungsverständnis, das auch insofern „rational" war, als es von einer menschlichen Vernunft ausging, die sich ständig selbst überprüfte und so erweiterte.[293] Zugleich sollte nicht ‚von oben', als „Diktatur einer kleinen Machtelite" geplant werden, sondern in einem demokratischen Sinne, und dies war für Jungk nur möglich durch eine breite Erziehung zur Planung:

> „Sollten allerdings die Debatten über die jeweiligen Zukunftsplanungen, die im Zentrum der politischen Auseinandersetzungen kommender Jahrzehnte stehen dürften, nicht zu einem Streit zwischen Experten degenerieren, dann werden weitere Millionen Menschen, die sich nicht beruflich mit der Planung zu beschäftigen haben, bis zu einem gewissen Grade zu Planern erzogen werden müssen, um ‚mitsprechen' zu können. Der im Typ des Planers sich ankündigende ‚homo novus' wird so zum Prototyp einer neuen Menschheit, die in einem kontinuierlichen geistigen und charakterlichen Wachstumsprozeß sich ‚zur Seite' (aus arbeitsteiliger Enge zur Wahrnehmung der Fülle des sich vermehrenden Wissens), ‚nach oben' (zu gesamtheitlicher Übersicht) und ‚nach vorne' (in die Zukunft hinein immer neue Ziele entwerfend) weiterentwickeln muß."[294]

Erkennbar wird ein utopischer Grundton, der Planung nicht nur von unten, also partizipativ, entwickeln wollte, sondern als Konzept der Formung eines „neuen Menschen". Jungks Gewährsmann hierfür war (ähnlich wie bei Flechtheim) der Soziologe Karl Mannheim. Von den Nationalsozialisten in die Emigration nach London getrieben, hatte Mannheim unter dem Eindruck der politisch-kulturellen Folgen der Weltwirtschaftskrise, aber auch der Verstaatlichungs- und Lenkungsmaßnahmen der Labour-Regierung nach 1945 für eine „geplante Demokratie" als

---

[289] Ders., Modelle für eine neue Welt, in: Ders./Hans Josef Mundt (Hrsg.), Griff nach der Zukunft. Planen und Freiheit, München 1964, S. 23–36, Zit. S. 25, 24, 30.
[290] Vgl. Ders., Trotzdem, S. 346.
[291] Vgl. Flechtheim, Warum Futurologie, S. 9–13.
[292] Robert Jungk, Gesucht: ein neuer Mensch. Skizze zu einem Modell des Planers, in: Ders./Mundt (Hrsg.), Griff, S. 505–516, hier S. 505.
[293] Zur „sich ständig selbst überprüfenden und erweiternden Vernunft" auch Robert Jungk, Anfänge und Zukunft einer neuen Wissenschaft. Futurologie 1985, in: Ders./Hans Josef Mundt (Hrsg.), Unsere Welt 1985. Hundert Beiträge internationaler Wissenschaftler, Schriftsteller und Publizisten aus fünf Kontinenten, München u.a. 1965, S. 13–16, hier S. 14.
[294] Jungk, Gesucht: ein neuer Mensch, S. 514, 515f.

dritten Weg zwischen Laissez-faire-Liberalismus und totalitärer Diktatur plädiert.[295] Jungk berief sich auf Mannheim, wenn er argumentierte, dass eine Gesellschaft, die auf der Stufe der „bewussten Lenkung" ihrer eigenen Geschicke angelangt sei – auch hier dachte Jungk wieder in historischen Prozessen –, sich bemühen müsste, „planmäßig die besten Menschentypen zu formen". Auch für Jungk war die geplante Demokratie nun der dritte, utopische Weg: Die Demokratie müsse ihre Geschicke lenken und hierzu Menschen als Planer ausbilden, mit deren Weitsicht, Voraussicht und Übersicht vernünftige, also rationale Planung erst möglich werde.[296] Auch das positiv besetzte Verständnis der Utopie war offenkundig von Mannheim entlehnt, der schon in den späten 1920er Jahren, unter dem Eindruck des italienischen Faschismus, zwischen „Ideologie und Utopie" unterschieden hatte. Mannheim sah damals die Utopie positiv, weil sie ein Bewusstsein verkörpere, das sich mit dem umgebenden Sein nicht in Deckung befinde, aber der es – im Gegensatz zur Ideologie – um eine wirkliche Transformation der Gesellschaftsstruktur gehe und der es auch gelinge, die Seinswirklichkeit in Richtung der eigenen Vorstellung zu transformieren.[297] Im Sinne dieser Planungsutopie wollte Jungk den heranzubildenden Planern ebenfalls eine quasi universale Kompetenz vermitteln; und hierzu berief sich Jungk auf eine aktuelle Meta-Wissenschaft, nämlich auf die Kybernetik. Dabei verstand er Kybernetik nicht wie Steinbuch im Sinne von Mensch-Maschine-Kopplungen, sondern in einem ganzheitlich-dynamischen Sinne: Die Planer sollten Interdependenzen voraussagbarer Faktoren erfassen, ganzheitliche Strukturen sichtbar machen und dynamisch auf Rückkopplungen reagieren. Hier waren für Jungk auch neue Instrumente der Informationstheorie und der Datenverarbeitung zu nutzen. Die Methoden und Instrumente der angewandten Kybernetik und des *Operations Research* würden nunmehr „vernünftige, einigermaßen verläßliche Lösungen in Aussicht stellen". Gleichwohl könnten diese die menschliche Imagination, aber auch die bewusste „Erziehung" zum „neuen Menschen" nicht ersetzen.[298]

Diese schwärmerische, utopisch getränkte Suche Jungks nach dem „neuen Menschen", der das Feld der „noch offenen, unendlich wandelbaren, erst beginnenden Menschheitsentwicklung" bestelle[299], war durchsetzt von einer Aufbruchstimmung, einem optimistischen Grundton, der von einer mehr oder weniger freien Gestaltung der Zukunft ausging. Gleichwohl thematisierte Jungk – wie Flechtheim, aber auch Bell oder Steinbuch – auch die Gefährdung der Zukunft durch ihre innere Beschleunigung. Zum einen wollte er so in einer rhetorischen Wendung die Dringlichkeit der Beschäftigung mit der Zukunft – eben den „Griff nach der Zukunft" – betonen; zum anderen trieb ihn ohne Zweifel die Sorge um die Bedrohung des Friedens im Kalten Krieg, welche eben auch im „Chaos", in

---

[295] Vgl. Mannheim, Freedom; vgl. Hofmann, Mannheim.
[296] Jungk, Gesucht, Zit. S. 506.
[297] Karl Mannheim, Ideologie und Utopie, Frankfurt a. M. 1969, Zit. S. 172.
[298] Jungk, Gesucht, Zit. S. 507f.; vgl. Ders., Modelle, hier S. 32.
[299] Ebd., Zit. S. 36.

der „Katastrophe" enden könne.[300] Mit der von Mannheim entlehnten Forderung nach der „Formung" von Menschentypen und einer Erziehung zur Planung bemühte er aber selbst gewissermaßen technokratische, also steuerungsorientierte Argumentationsmuster. Denn offen blieb, wer die Planenden erzog und welche Freiräume dem Einzelnen verblieben. Damit trug sein Planungsdenken nicht nur Elemente einer quasi-religiösen „Heilslehre mit chiliastischen Zügen"[301], welche sich das Weltheil aus der Planung versprach, sondern stand selbst im Verdacht, in totalitäre Reglementierung umschlagen zu können[302].

Mithin vereinten Jungks Überlegungen zu einer Ergründung und Gestaltung der Zukünfte in ambivalenter Weise die utopisch angelegte Suche nach dem „sehenden", imaginativen Menschen und das Konzept „rationaler" Planung. Diese Verbindung von Imagination und Prognose, von Freiheit und Planung trug seine Überlegungen, die er nun in verschiedene Kontexte einbrachte: So begründete er 1965 das Institut für Zukunftsfragen in Wien, das eben jene Unabhängigkeit besitzen sollte, wie sie sich Jungk vorgestellt hatte; das Institut schloss aber schon 1968 wieder seine Pforten, weil – so Jungk – die österreichiche Regierung ihre finanzielle Unterstützung einstellte.[303] Zudem ging auf seine Initiative die Begründung der transnationalen Organisation Mankind 2000 zurück, die sich als Verbindung von Zukunfts- und Friedensforschung verstand. Mitstreiter Jungks waren hier insbesondere Fred Polak und Johan Galtung.[304]

Polak und Galtung lassen sich neben Jungk und Flechtheim zu Vertretern des kritisch-emanzipatorischen Denkstils der Zukunftsforschung rechnen. Der 1907 geborene Polak hatte Ökonomie studiert und wie Jungk und Flechtheim einen Verfolgungshintergrund und eine tiefreichende Diktaturerfahrung. Mit der deutschen Besetzung der Niederlande ging Polak, als Jude verfolgt, in den Untergrund. Hier schrieb er eine philosophische Dissertation, die sich mit der Frage der Wertfreiheit in den Sozialwissenschaften auseinandersetzte. Auch Polak entwickelte damit seine Überlegungen zur Zukunftsforschung aus einem sozialphilosophischen Ansatz, der sich gegen eine empirisch-positivistische Engführung der Sozialwissenschaften richtete und kritisch-dialektisch angelegt war. Nach dem Krieg avancierte er zum stellvertretenden Geschäftsführer des Zentralen Planungsbüros, der niederländischen Planungsbehörde, die in Anknüpfung an Jan Tinbergens Planungskonzept aus den 1930er Jahren geschaffen wurde. Das Zentrale Planungsbüro verstand sich als Institution des Wiederaufbaus, der Rahmenplanung und der Kooperation zwischen Staat, Gewerkschaften und Arbeitgebern, also eines Korporatismus, der sich in der Folge auch mit keynesianischen Zielen verband. Polak vertrat insofern einen planungsorientierten Ansatz, als er davon ausging, dass die Sozialwissenschaften keine exakten Daten liefern, aber doch Grundlagen

---

[300] Ebd., S. 34.
[301] Helmut Schelsky, Planung der Zukunft. Die rationale Utopie und die Ideologie der Rationalität, in: Soziale Welt 17 (1966), S. 155–172, Zit. S. 162.
[302] Vgl. Hofmann, Mannheim.
[303] Vgl. Jungk, Trotzdem, S. 389f.
[304] Jungk, Trotzdem, S. 347, 379; zu Mankind 2000 siehe Kapitel V.1.

für eine valide Planung bereitstellen könnten. Dies ersetze aber nicht die zentrale Aufgabe, Ziele für die Planung zu setzen und zu verfolgen. Auch Polak interessierte sich für die Kybernetik und reiste um 1950 in die USA, um Think-Tanks wie RAND kennenzulernen; 1954 arbeitete er ein Jahr am Stanford Research Institute. Darüber hinaus wirkte Polak als Senator der niederländischen Arbeiterpartei.[305] Bereits Mitte der 1950er Jahre veröffentlichte er ein Buch namens „The Image of the Future", in dem er Vorstellungen der Zukunft und ihre kulturelle Dynamik seit der Antike darstellte. Parallel zu Jungk betonte er also einerseits die historische Dimension und Herleitung der Vorstellungen von Zukunft, aber auch die Rolle des Imaginativen und Intuitiven, ohne quantitative Methoden und Planung – gerade im Hinblick auf den Sozialstaat – ganz zu vernachlässigen. Seit den frühen 1960er Jahren verwendete auch Polak – in Anknüpfung an de Jouvenel – den Begriff der alternativen Zukünfte.[306]

Ähnlich war der biographische Hintergrund Galtungs, dessen Vater während der deutschen Besatzung Norwegens als Oppositioneller mehrere Jahre inhaftiert war. Der 1930 geborene Galtung engagierte sich in den späten 1940er Jahren in der Jugendorganisation der norwegischen Arbeiterpartei, war also links sozialisiert wie Polak. Auch Galtung studierte Soziologie mit einem sozialphilosophischen Schwerpunkt, war in den 1950er Jahren zunächst Assistent des norwegischen Philosophen Arne Naess, erforschte hier Gandhis Philosophie und Praktiken und ging dann in die USA, um als Mitarbeiter Robert Mertons zu arbeiten. Wie Polak beschäftigte er sich hier mit epistemologischen Grundlagen der Sozialwissenschaften, und er lernte mathematische sozialkybernetische Ansätze kennen, welche sein Verständnis gesellschaftlicher Konflikte und des Friedens prägen sollten. Mit der Rückkehr nach Europa begründete Galtung 1959 das International Peace Research Institute in Oslo, das Frieden in einem ganzheitlich-kommunikativen, auch kybernetischen Sinne verstand und – in einem aktivistischen Verständnis – gestalten wollte; von hier aus stellte er Verbindungslinien zur Zukunftsforschung her.[307]

Über Mankind 2000 hinaus schuf Jungk ab 1964 mit Hans Josef Mundt, dem Lektor des Desch-Verlages, eine Buchreihe namens „Modelle für eine neue Welt".[308] Für den ersten Band der Reihe, „Griff nach der Zukunft", verfasste auch Ossip Flechtheim einen Beitrag.[309] In der Tat fand Flechtheim, angeregt von den neuen Aufbrüchen zur Zukunftsforschung, eben zu jener Zeit – Ende 1963, Anfang 1964 – zurück zu seinen Futurologie-Überlegungen.[310] Seine neuen Beiträge

---

[305] Zu Polak auch im Folgenden Ruud van der Helm, The Future According to Frederik Lodewijk Polak. Finding the Roots of Contemporary Futures Studies, in: Futures 37 (2005), S. 505–519.
[306] Vgl. Fred L. Polak, The Image of the Future, Leyden 1961 (Orig. 1955).
[307] Vgl. Johan Galtung, Auf Friedenswegen durch die Welt. Eine autobiographische Reiseskizze, Münster 2006.
[308] Siehe hierzu auch Kapitel IV.
[309] Ossip K. Flechtheim, Politik und Intelligenz, in: Jungk/Mundt (Hrsg.), Griff, S. 82–110.
[310] Vgl. Ossip K. Flechtheim, Möglichkeiten und Grenzen einer Zukunftsforschung, in: Deutsche Rundschau 89 (1963), H. 12, S. 35–43; Ders., Warum Futurologie, S. 4 und 6.

zum Thema enthielten viele Gedanken aus dem 1945 in den USA publizierten Text (wie er auch in der Folge Textteile zur Futurologie immer und immer wieder aufwärmte). Deutlicher unterstrich er nun – im Zeichen der Kuba- und Berlin-Krisen – die Notwendigkeit einer Zukunftsforschung aus einer Krisenwahrnehmung: Angesichts des möglichen Atomkrieges im „Atomzeitalter", mit dem sich eine „totale und radikale Krise" des Menschen verbinde, werde die Frage „nach der Art ihrer Bewältigung um so dringlicher", und dies lege nahe, die Zukunft auch zum Gegenstand wissenschaftlich-systematischer Analysen zu machen.[311]

Auch seinen eigenen politischen Standort skizzierte Flechtheim nun mit dem theoretischen Hintergrund der Futurologie klarer. Er ging von einem historischen Zeitverständnis aus, also davon, dass die Gegenwart nur einen Schnittpunkt zwischen dem Gestern und dem Morgen ausmache. Dabei müsse die Futurologie alle drei Dimensionen umschließen und in produktiver Spannung halten. Dem Morgen sollte aber eine besondere Stellung zukommen: Die verflossene Zeit behalte stets ein Element der Entfremdung, sei totes Residuum, wohingegen die Zukunft noch bestimmbar und gestaltbar sei.[312] Dabei wollte sich Flechtheim bewusst vom Vergangenen absetzen, das er mit „konservativ" gleichsetzte, und dies verstand er pejorativ. Erkennbar wird, dass Flechtheim seine eigene politische Orientierung, seinen politischen Zukunftsentwurf in sein Konzept einer wissenschaftlichen Futurologie einschrieb, und dies war die Suche nach einer radikal anderen Zukunft, das Absetzen sowohl von der NS-Vergangenheit als auch von der als restaurativ und sozial konservativ wahrgenommenen Adenauer-Zeit. Als theoretisches Konzept diente ihm dabei ebenfalls Karl Mannheims Schrift „Ideologie und Utopie" von 1929. Mannheim hatte damals ja unter dem Eindruck des italienischen Faschismus „Ideologien" als jene seinstranszendenten Vorstellungen definiert, die „de facto niemals zu Verwirklichung des in ihnen vorgestellten Gehaltes gelangen" und „im Handlungsvollzug umgebogen" würden, also verdeckte Motive spiegelten, wohingegen die Utopie tatsächlich die seinstranszendenten, also abseits des Status quo angesetzten Vorstellungen meine und verwirkliche.[313] Flechtheim nun spitzte Mannheims Unterscheidung bewusst darauf zu, dass die Ideologie die Rechtfertigung und Verherrlichung der bestehenden Gesellschaftsordnung sei, während „Utopie" den radikalen Bruch mit der bestehenden Gesellschaftsordnung zugunsten eines neuen Ansatzes bedeute. So waren für ihn der Konservatismus, aber auch alle Philosophien, welche die bestehende Weltordnung als die beste aller Welten bezeichneten (so auch jene Hegels), und auch die neuen konsensliberalen Rufe nach der „Entideologisierung" wiederum „ideologisch". Im Zeichen eines unreflektierten Antikommunismus hätten sich, so Flechtheim, die Vertreter einer „Entideologisierung" (gemeint waren Bell und der Kreis um den CCF) an die Ideen, Gewohnheiten und „Vorurteile der tonangebenden Schichten der heutigen Gesellschaft" angepasst. Alle rechtfertigten die „sozial- und rüs-

---

[311] Ders., Möglichkeiten und Grenzen einer Zukunftsforschung, hier S. 36.
[312] Ebd., S. 41.
[313] Mannheim, Ideologie, S. 171, vgl. S. 169–184; Hofmann, Mannheim.

tungskapitalistische Massen- und Klassendemokratie", so dass die Gegensätze zwischen konservativ, liberal und sozialistisch verschwämmen.[314]

Demgegenüber sah Flechtheim die Aufgabe der Futurologie darin, sich von der Ideologie abzusetzen, indem diese das „Erfordernis der radikalen Kritik des status quo, der Orientierung der Gegenwart an der Zukunft" anerkenne. Ebenso dürfe sie aber in Abgrenzung zur Utopie die Zukunft nicht als Paradies (oder wie die Gegen-Utopie als Hölle) zeichnen, sondern die Welt von morgen als „stets offene, vielfältig-widerspruchsvolle Möglichkeit und Aufgabe des Menschen" erkennen. Dabei schaffe sie keine Synthese zwischen Ideologie und Utopie, sondern versuche in einer „einmalig dynamischen Epoche eine ‚dynamische Vermittlung' (im Sinne Karl Mannheims) von einem ‚vorwärtstreibenden Standort aus":

„Zwischen der Skylla eines ‚empirischen' Pragmatismus, der nur Vergangenheit und Gegenwart kennt, und der Charybdis eines dogmatischen Monismus, der nur die Zukunft sieht, muß die Futurologie im Wissen um die ganze Tragik der menschlichen Existenz in ihrer Endlichkeit und Entfremdung, aber auch in der ewigen Hoffnung auf Fortschritt und die Humanisierung der Menschheit ihren Weg suchen – reflektierter und kritischer, als es die Utopien und Gegenutopien tun, aktivistischer und dialektischer, als es die Ideologien vermögen".[315]

Flechtheim war es also darum zu tun, die Futurologie als Suche nach einer besseren Zukunft abseits des gegenwärtigen Gesellschaftssystems zu konzeptionalisieren. Sie sollte sich in Anlehnung an Karl Mannheim von einer Gegenwart absetzen, die er, und hier rezipierte Flechtheim auch marxistische Termini, als klassengesellschaftlich und rüstungskapitalistisch wahrnahm. Gleichwohl hatte sich Flechtheim auch von der einen, richtigen, großen Utopie der klassenlosen Gesellschaft verabschiedet, die Marx gezeichnet hatte.[316] So suchte er mit der Futurologie nach einem Ansatzpunkt, die offenen Wege in eine bessere Zukunft zu erkunden. Dieser Ansatz erschien ihm als pragmatischer Weg. Hingegen hat die These vieles für sich, dass Flechtheim in seiner einseitigen Rezeption Mannheims selbst einem ideologischen Denken anhing.

Mehr Praktikabilität erhielt Flechtheims Ansatz, wenn man sich vergegenwärtigt, dass er – der sehr gut Russisch sprach – mit der Futurologie eine Brücke zwischen Ost und West bauen wollte. Auch die Sowjetunion und die sozialistischen Staaten hatten ja nun ihr Interesse auf die Kybernetik und die Erforschung der Zukunft gerichtet. Schon Mitte der 1950er Jahre, mit dem Ende des Stalinis-

---

[314] Ossip K. Flechtheim, Ideologie, Utopie und Futurologie, in: Atomzeitalter (1964), H. 2, S. 70–73, hier S. 70; vgl. Ders., Möglichkeiten und Grenzen einer Zukunftsforschung, S. 40f.; Ders., Politik und Intelligenz, hier S. 100f.; Ders., Futurologie und demokratischer Humanismus. Brücke zwischen „West" und „Ost", in: Club Voltaire. Jahrbuch für kritische Aufklärung 3 (1967), S. 189–216, hier S. 190f.

[315] Ders., Ideologie, Utopie und Futurologie, S. 72f.; vgl. Ders., Futurologie und demokratischer Humanismus, S. 202–204.

[316] Zur weiterhin engen Verbindung Flechtheims zum Marxismus, dessen Fortschrittsidee und „technologischen Optimismus" er so eben nicht teilen wollte, auch Ders., Von der Wissenschaft der Zukunft zur Futurologie, in: Carl Böhret/Dieter Grosser (Hrsg.), Interdependenzen von Politik und Wirtschaft. Beiträge zur politischen Wirtschaftslehre, Berlin 1967, S. 61–89, Zit. S. 76.

mus, waren Wissenschaftler in den staatssozialistischen Gesellschaften auf die Kybernetik aufmerksam geworden: Zum einen war die prozessuale Steuerungslogik anschlussfähig an planwirtschaftliche Konzeptionen. Zum anderen konnte der Rekurs auf die Kybernetik den Reformern als Ansatzpunkt dienen, marktwirtschaftliche Elemente einzuführen, die sie unter den Begriff „Selbstregulation" fassen konnten.[317] Darüber hinaus avancierten auch im Osten in den 1960er Jahren die „wissenschaftlich-technische Revolution", die Auseinandersetzung mit der Technik der Zukunft und die Prognostik zum wichtigen Gegenstand in Wissenschaft und Politik.[318] Gerade in diesem Sinne wurde für Flechtheim die Futurologie zu einem „dritten Weg zwischen Ideologie und Utopie, zu einer dritten Kraft zwischen Kapitalismus und Kommunismus". Sie sollte zwischen West und Ost vermitteln, indem sie – so Flechtheims Ziel – den Weg in einen „dynamischen und demokratischen Humanismus" aufzeigte. Dieser sollte Freiheit, Gerechtigkeit und Frieden als zentrale Leitwerte verkörpern und den *Menschen*, nicht eine Ideologie in den Mittelpunkt stellen, also dessen Würde und dessen Schutz vor der Vernichtung durch Krieg. So hoffte Flechtheim, sicherlich auch ermutigt durch die einsetzende Entspannung im Kalten Krieg, über die Futurologie eine Gesprächsgrundlage und ein gemeinsames Nachdenken über die Zukunft zu initiieren. 1967 forderte er: „Eine dynamisch-demokratisch-humanistische dritte Kraft sollte zu einer dritten Front werden, die quer durch alle Blöcke verläuft. Sie könnte nicht nur zur Annäherung der beiden Machtblöcke beisteuern, sondern auch zur Liberalisierung und Humanisierung der Welt von morgen beitragen." Hoffnungen setzte er dabei insbesondere auf den Reformkommunismus in den westlichen Ländern und in der Tschechoslowakei.[319]

War damit die Futurologie für Flechtheim überhaupt noch eine Wissenschaft? Sicherlich konnte er hier an den wissenschaftlichen Sozialismus anschließen. Es fiel ihm aber erkennbar schwer, das Aufgaben- und Methodenprofil der Futurologie abseits seiner zeitphilosophischen, ideologiekritischen und politischen Überlegungen zu kennzeichnen. Hatte er 1949 noch die *Futurology* frank als Wissenschaft bezeichnet, so argumentierte er 1963 defensiver. Da die Futurologie kein ganz fest umrissenes Gebiet habe, sei sie wohl eher eine „Universaldisziplin" wie die Philosophie oder ein besonderer Forschungszweig spezifischer Disziplinen.[320] Erst als 1966/67 die Zukunftsforschung – auch durch internationale Organisationen – an Zugkraft gewann, argumentierte Flechtheim, die Entstehung einer Wissenschaft hänge immer von der geschichtlich-gesellschaftlichen Situation ab. Meist sei sie das Resultat einer langsamen Verwissenschaftlichung einer Summe von Erkenntnissen. Auf jeden Fall orientiere sich die Futurologie im Wissen-

---

[317] Vgl. Tanner, Komplexität; Gerovitch, Newspeak; genauer Kapitel V.1.
[318] Vgl. Flechtheim, Futurologie und demokratischer Humanismus, S. 200 f. Zur Prognostik im Staatssozialismus Kapitel V.1.
[319] Vgl. Flechtheim, Futurologie und demokratischer Humanismus, Zit. S. 204–206; vgl. Ders., Futurologie – Brücke zwischen Ost und West?, in: Aus Politik und Zeitgeschichte (1970), H. 37, S. 3–25.
[320] Ders., Möglichkeiten und Grenzen einer Zukunftsforschung, S. 37.

schaftsverständnis nicht an den exakten Naturwissenschaften, sondern an den Gesellschaftswissenschaften. Dabei wäre es falsch, nur jene Disziplin Wissenschaft zu nennen, die absolut sichere Erkenntnisse liefere. Denn zumindest jede Gesellschaftswissenschaft enthalte sowohl induktive Wahrscheinlichkeitsaussagen als auch deduktive Aussagen über sichere Zusammenhänge. Dass die Futurologie keine einheitliche Methode habe, spreche nicht gegen deren Wissenschaftscharakter, denn dies gelte auch nicht für die Politologie oder Soziologie. Entscheidend sei, dass der Futurologe seine eigenen Grenzen erkenne und nur Hypothesen vorschlage, statt eherne Gesetze zu postulieren.[321]

Freilich stellte sich dann die Frage, ob Flechtheims Futurologie mit ihrer normativen Suche nach dem „humanitären Sozialismus" noch eine standpunktreflektierende Wissenschaft sein konnte. Flechtheim ‚rettete' seinen Ansatz, indem er zwischen der Prognose und der Suche nach der besseren Welt trennte und hierbei dem Vernunftprinzip eine zentrale Stellung einräumte. Er argumentierte, die Futurologie werde „niemals auch nur in einem einzigen Punkt" das Prinzip der Wahrhaftigkeit und Objektivität verletzen, wenn man Objektivität verstehe als Ergebnis eines institutionell gesicherten, öffentlichen Charakters der wissenschaftlichen Methode. Wenn es um Aussagen der Wahrscheinlichkeit gehe, so dürfe die Futurologie nicht verfälschen oder übersehen. Doch in der Sphäre der offenen Möglichkeiten seien die Futurologen berechtigt, ja verpflichtet, zu postulieren, was sein solle. So bemühe man sich um die Erarbeitung einer „Wahrheit", bei welcher der Irrtum zum Verschwinden gebracht werde durch eine Methode der Konfrontation und eine „sanfte Gewalt der Vernunft".[322]

Damit hatte Flechtheim bereits Dimensionen der Futurologie – Prognose und Philosophie – unterschieden. In der Tat entwarf er 1967 eine dreidimensionale Definition. Demnach sei die Futurologie die „Lehre der Prognosen und Projektionen, eine Theorie der Programmierungen und Planungen und eine Philosophie (Methodologie, Erkenntnislehre und Ethik) der Zukunft"[323], also Zukunftsforschung, -gestaltung und -deutung.[324] Dieser Dreischritt war nicht genuin neu: Georg Picht hatte beim Nachdenken über Zukunft von „Prognose, Planung, Utopie" gesprochen, wobei Prognose die Antizipation der Zukunft durch Theorie, Planung die Antizipation der Zukunft für die Praxis und Utopie die Antizipation des zu verwirklichenden Zustandes verkörpern sollte.[325] Ähnlich zeichnete Jungk die drei Ebenen von „Voraussage, Voraussicht und Entwurf".[326] Flechtheim aber

---

[321] Vgl. Ders., Von der Wissenschaft der Zukunft zur Futurologie, S. 78–84; Ders., Futurologie. Möglichkeiten und Grenzen, Frankfurt a. M., Berlin 1968, S. 20 f.
[322] Ebd., Zit. S. 27; vgl. ebd., S. 20 f.; Ders., Von der Wissenschaft, hier S. 87 f.; Ders., Warum Futurologie, S. 14 f., 20. Flechtheim verwies hier auf Lucio Lombardo-Radice, Pluralismus in marxistischer Sicht, in: Werkhefte 19 (1965), S. 247–253.
[323] Flechtheim, Von der Wissenschaft, S. 86.
[324] Vgl. Ders., Warum Futurologie, S. 6; Ders., Futurologie. Eine Antwort auf die Herausforderung der Zukunft?, in: Jungk (Hrsg.), Menschen, S. 43–49.
[325] Vgl. Picht, Prognose.
[326] Vgl. Robert Jungk, Voraussage, Voraussicht und Entwurf, in: Karl Schlechta (Hrsg.), Der Mensch und seine Zukunft, Darmstadt 1967, S. 101–114.

legte die drei Ebenen nun explizit auf den Begriff der Futurologie an. Dieser umfasste in der *ersten* Dimension die Prognose, also die „Vorhersage", die etwa frage, in welchem Tempo die wissenschaftlich-technisch-industrielle Dynamik weitergehe, in welchem Umfang sich die Bevölkerung vermehre, die Rohstoffe erschöpften und Wasser und Luft verschmutzten[327], so Flechtheim, dessen Überlegungen hier – ganz selten vor 1970 – auf ökologische Fragen abzielten.[328] Weniger bewegte Flechtheim, welche Methoden der Vorausschau zu präferieren seien. In einem recht unklaren Bild von den Methoden der Zukunftsforschung hatte er 1963 in einem sozialwissenschaftlichen Sinne auf drei Möglichkeiten der „Daten"-Problemkonstellation verwiesen: auf eine Aufeinanderfolge identischer Sammeldaten, welche eine Extrapolation ermögliche; auf ein „Sammeldatum", das sich in der Vergangenheit regelmäßig verändert habe, so dass die Änderungsraten und -geschwindigkeiten in die Prognose einberechnet werden könnten und es so möglich sei, die „Zukunft voraus[zu]sagen" unter der Annahme, daß die Veränderung in der Zukunft nach derselben Regel vor sich gehen wird; und Prozesse oder Systemveränderungen mit neuen Faktoren, die eine Voraussage nur möglich machten, wenn die Zahl der neuen Faktoren gering sei und aus anderen Zusammenhängen der Einfluss auf ähnliche Systeme bestimmt werden könne.[329] In der *zweiten* Dimension umfasste die Futurologie für Flechtheim den anwendungsorientierten und gestaltenden Zugriff auf die Zukunft als gesellschaftliche und politische Planung. Er verwies auf Methoden und Formen des Planens, also Jahrespläne, Imperativ- und Indikativpläne in West und Ost. Auch hierzu hatte Flechtheim wenig anzumerken.[330] Sein eigentliches Interesse galt, das war offenkundig, der *dritten* Dimension, dem bereits aufgezeigten „eher philosophisch-integrierenden, ,spekulativen'"[331] Nachdenken über die Gestaltung der Zukunft, die für ihn eine explizit normative und politische Aufladung hatte. Alle drei Dimensionen aber dachte Flechtheim in eins, um so neue Synthesen des Wissens zu schaffen, welche die Wissenschaften in ihrer Dynamik dringend bedürften.[332]

In diesem Sinne begründete Flechtheim – auch auf Drängen des Verlegers Anton Hain, der die Aktualität des Themas erkannte[333] – 1968 eine neue Zeitschrift namens „Futurum". Der Gegenstandsbereich deckte sich dabei mit jenem der „Futurologie". Demnach sollte die Zeitschrift den „weiten Bereich der Prognosen und Planung systematisch behandeln, darüber hinaus aber auch die verschiedenen Probleme prinzipiell analysieren, also auch so etwas wie eine philosophische Auseinandersetzung mit der Zukunft versuchen."[334]

---

[327] Flechtheim, Futurologie. Möglichkeiten und Grenzen, S. 23.
[328] Zur Ökologisierung der Zukunftsforschung vgl. Kapitel VII.
[329] Vgl. Flechtheim, Möglichkeiten und Grenzen einer Zukunftsforschung.
[330] Vgl. Ders., Futurologie. Möglichkeiten und Grenzen, S. 22 f.
[331] Ders., Von der Wissenschaft der Zukunft, S. 86.
[332] Vgl. ebd., S. 85.
[333] Flechtheim an Georg Picht, 13. 2. 1968, in: BAK, N 1225, 113.
[334] Ebd.; vgl. Futurum 1 (1968), H. 1.

Flechtheims Konzeption von Futurologie stieß allerdings – wenig überraschend – auf Widerstände, auch innerhalb der ‚Paradigmengruppe' all jener, welche die Zukunftsforschung ebenfalls konzeptionalisierten. Zum einen hatte Flechtheims Konzeption zweifellos eine marxistische Unterfütterung, die gerade in den Verweisen auf die „radikal-utopische Haltung"[335] der Futurologie eine starke Ideologisierung zeigte.[336] Die Zeitschrift „Der Volkswirt" sah im Konzept vor allem Assoziationen an Phantasterei geweckt.[337] Zum anderen deutete der Begriff Futurologie an, es gebe eine Wissenschaft von der Zukunft, „die fähig wäre, mit Sicherheit auszusagen, was sein wird", und genau das wollte ja etwa de Jouvenel vermeiden.[338] Flechtheim hingegen argumentierte, es gehe nicht nur um die „Kunst der Vorausschau", denn Kunst sei subjektbezogen, individuell-expressiv und verkörpere das „Schöne". Die Phantasie dürfe durchaus – hier berief sich Flechtheim auf Marcuse – einen Platz in der Wissenschaft haben, doch die Wissenschaft strebe nach dem „Wahre[n]", nach der Allgemeingültigkeit, und dies müsse auch die Futurologie kenntlich machen.[339]

Flechtheims Futurologie half offenkundig, Jungks Verständnis vom Entwerfen der Zukunft zu verwissenschaftlichen. Der Aspekt der sozialen Phantasie verschwand zwar nicht aus Jungks Überlegungen, aber ab 1964/65 sprach Jungk von „Zukunftsforschung" (oder „Science of the Future" bzw. „Future Research")[340] und verwendete vereinzelt auch den Begriff der Futurologie in Anlehnung an Flechtheim.[341] Jungk erinnerte sich, er habe in den 1960er Jahren „Pioniere der verschiedensten Wissensgebiete von der Molekularbiologie bis zur Astrophysik, von der Kybernetik bis zur Hirnforschung, von der Sozialpsychologie bis zur Städteplanung" über die Perspektiven ihrer Fachgebiete befragt.[342] Explizit sah Jungk nun Zukunftsforschung als „neue Wissenschaft" bzw. „Disziplin"[343], welche aber keine Prognostik im engeren Sinne betreibe, also nicht sage:

„So wird es sein! Sie will nur sagen: Es könnte so sein. Und zu den Menschen, denen wir diese Möglichkeiten vorstellen: Ihr könnt noch eingreifen. Ihr könnt auf Grund der verschiedenen Möglichkeiten, die wir euch aufzeigen, auf Grund des heute vorhandenen Vorauswissens noch versuchen, den vermutlichen Lauf der Entwicklung zu verändern. Ihr könnt, ihr sollt sogar darauf reagieren".[344]

---

[335] Flechtheim, Futurologie. Möglichkeiten und Grenzen, S. 26.
[336] So Robert Jungk, Die neuen Fähigkeiten, in: Rolf Gössner (Hrsg.), Futurologie. Zukunftsforschung, Freiburg i. Br. 1971, S. 37–39, hier S. 37; dennoch verwendete Jungk den Begriff Futurologie um 1970 selbst, vgl. Jungk, Anfänge.
[337] Futurologie. Gespräch mit der Zukunft, in: Der Volkswirt, 30. 5. 1969, Nr. 22, S. 22–25.
[338] De Jouvenel, Kunst, S. 32.
[339] Flechtheim, Von der Wissenschaft, S. 82.
[340] Vgl. Robert Jungk, Foreword, in: Ossip K. Flechtheim (Hrsg.), History and Futurology, Meisenheim am Glan 1966, o. S.; Ders., Zukunftsforschung und Gesellschaft, in: Ernst Benda (Hrsg.), Zukunftsbezogene Politik. Notwendigkeit, Möglichkeiten, Grenzen, Bad Godesberg 1969, S. 51–67; Ders., Peace Research and Future Research, Ms. o. D., in: JBZ, NL Jungk.
[341] Ders., Anfänge und Zukunft.
[342] Ders., Trotzdem, S. 344.
[343] Ders., Anfänge, S. 13; vgl. Ders., Foreword.
[344] Ders., Zukunftsforschung und Gesellschaft, S. 51.

So liefere die Zukunftsforschung Entscheidungshilfen für Gesellschaft und Politik, indem man einen weiteren Horizont erschließe und Möglichkeiten aufzeige, also „Zukünfte" erkunde – und hier verwendete Jungk in Anknüpfung an de Jouvenel explizit den Plural: „Es gibt niemals nur eine einzige determinierte als sicher voraussehbare Zukunft, wie es ein Vulgärmarxismus sich einmal eingebildet hat, sondern viele Möglichkeiten. Es gibt zahlreiche Zukünfte [...], zwischen denen wir wählen, die wir weitgehend beeinflussen, ja gestalten können."[345]

Gleichwohl, das konzedierte Jungk, sei das Vorauswissen „meist unvollständig und oft sogar falsch". Zum einen seien viele Entwicklungen und Erfindungen nicht vorhersehbar und tauchten überraschend auf. Zum anderen bewirkten nicht selten Voraussagen selbst Veränderungen. Doch habe die Zukunftsforschung inzwischen in einem interdisziplinären Zugriff ein Repertoire an Methoden entwickelt. Jungk benannte dabei drei Richtungen, die sich auf den Bereich der Vorausschau bzw. des Nachdenkens über die Zukunft (also nicht des Planens) erstreckten. Er beschrieb die intuitive Vorausschau (*intuitive forecasting*), die sich im Brainstorming auf die besondere „Antenne" Einzelner verlasse oder versuche, so Jungk durchaus angetan von der Delphi-Technik Olaf Helmers, Experten in wiederkehrenden Befragungsrunden heranzuziehen. Hinzu komme die erkundende Vorausschau (*exploratory forecasting*), die ursachenbedingte Prognosen formuliere, indem sie Entwicklungen in die Zukunft verlängere oder in Systemanalysen eine möglichst große Zahl an Parametern ausfindig mache und zueinander mit Blick auf das ganze System in Beziehung setze; und dies ermögliche, so Jungk, nun der Computer. Wenig überraschend ist, dass Jungk als wichtigsten Ansatz die normative Vorausschau (*normative forecasting*) nannte, die sich Ziele setze und von dort aus zurück zur Gegenwart gehe.[346] In gewisser Weise diene die Apollo-Mission zum Mond als ein Beispiel – in der Rückschau aus dem Jahr 1971 urteilte er, hier sei „Zukunft gemacht" worden. Zur normativen Vorausschau gehörten für ihn Ansätze aus der Entscheidungstheorie wie die Relevanzbaummethode, die vom Ziel in absteigender Stufenfolge alle zum Ziel führenden Alternativen bewerte; hierzu rechne aber auch eine spieltheoretische Simulation, die im Spiel mögliche Konflikte und Möglichkeiten auf dem Weg zum Ziel erarbeite.[347]

Aus den Überlegungen zu normativen Zukünften entwickelte Jungk Ende der 1960er Jahre mit seinem Mitarbeiter an der TU Berlin, Norbert Müllert, eine konkrete Methode der Zukunftsforschung, nämlich die „Zukunftswerkstätte". In einem mehrstufigen Modell, das in gewisser Weise an eine Verbindung von Brainstorming und Delphi-Methode erinnerte, sollten Menschen ihre Zukunft „erfinden", also kreativ entwickeln, indem sie in einem gruppendynamischen Prozess gesellschaftliche Probleme eruierten, Lösungsideen sammelten und prüften. Erst

---

[345] Ebd., Zit. S. 52.
[346] Ebd., S. 52f.; vgl. Ders., Die Zukunftsforschung und die humanen Möglichkeiten der Technik von morgen, in: Ernst Schmacke/Rüdiger Altmann (Hrsg.), Zukunft im Zeitraffer, Düsseldorf 1968, S. 163–181; Ders., Futurologen sind die Verteidiger des Ungeborenen, in: UNESCO-Dienst 18 (1971), H. 10, S. 9–17.
[347] Ebd., S. 14; vgl. Jungk., Zukunftsforschung und Gesellschaft.

in den 1970er Jahren, im Kontext der Bürgerinitiativen und Neuen Sozialen Bewegungen, kam dieses partizipative Verfahren allerdings voll zur Anwendung.[348] Die Gefahr der normativen Vorausschau sah Jungk vor allem darin, dass die Politik einseitig Ziele setze und so ein „technokratisches" oder „neototalitäres Modell" entstehe. Deshalb seien Ziele demokratisch und diskursiv zu ermitteln, um die gesamte Gesellschaft einzubinden; dies sei möglich mithilfe eines Teams von Regierungsberatern in einem prävisionellen Forum, wie es Bertrand de Jouvenel vorgeschlagen hatte und welches dann aber mit Zielen aus der Bevölkerung rückzukoppeln sei.[349] Zugleich müsse sich der Zukunftsforscher, so Jungk wiederholt, bisweilen gegen den ‚aktuellen' Bürger als Advokat der Zukunft, nämlich der noch nicht Geborenen verstehen; gerade über deren Interessen setze man sich in der Gegenwart ja leicht hinweg.[350]

Mithin sah Jungk Mitte der 1960er Jahre die Zukunftsforschung durchaus als Wissenschaft. Zweifellos spielten hier Flechtheims Überlegungen zur Futurologie eine Rolle, denn mit Flechtheim stand Jungk nun – und auch in der Folge – in engem Austausch.[351] Darüber hinaus spielte sicherlich auch eine Rolle, dass er ab 1968 an zwei Universitäten lehrte. Ab dem Sommersemester 1968 hatte Jungk über Vermittlung von Helmut Klages, einem Soziologen und Kollegen aus der Gesellschaft für Zukunftsfragen, zunächst eine Gastdozentur, ab 1970 eine Honorarprofessur an der Philosophischen Fakultät der TU Berlin inne. Hier lehrte er etwa in einem gemeinsamen Seminar mit Klages „Science Fiction" und las über „Technologische Vorausschau". Hinzu kam durch Flechtheims Vermittlung ein Lehrauftrag am Otto-Suhr-Institut der FU Berlin; hier bot Jungk ein Seminar über „Politik und Technik" an. An beiden Universitäten wurde Zukunftsforschung nicht zum Studienfach, sondern konnte von Hörern aller Fachrichtungen besucht werden.[352]

Dabei transportierte Jungk einen kritischen Wissenschaftsbegriff, der eben davon ausging, dass Wissenschaft sich aus der Gesellschaft speise, die Gesellschaft wiederum verändere und ganz naturnotwendig normative Kategorien in sich trage: Zukunftsforschung war so keineswegs objektiv, sondern sah als „Handlungs-

---

[348] Zu „Zukunftswerkstätten" Ders., Trotzdem, S. 450; Ders., Einige Erfahrungen mit „Zukunftswerkstätten", in: APWM 5 (1973), H. 25, S. 16–19; Jim Dator, Zukunftswerkstätten, soziale Erfindungen und der lange Atem, in: Canzler (Hrsg.), Triebkraft, S. 104–111.

[349] Jungk, Zukunftsforschung und Gesellschaft, Zit. S. 59; vgl. Ders., Der gegenwärtige Stand der Zukunftsforschung, Ms., o. D., in: JBZ, NL Jungk; Ders., Zukunftsmöglichkeiten der Demokratie, in: APWM 1 (1968/69), H. 6, S. 3–5.

[350] Vgl. ebd., S. 4; Ders., Futurologen.

[351] Vgl. Ders., Mein Lesebuch, Frankfurt a. M. 1988, S. 299 („Seine Bescheidenheit, Herzlichkeit und Hilfsbereitschaft sind gegenwärtiges Beispiel für eine künftige brüderliche, schwesterliche, auf Solidarität statt auf Konkurrenz und cäsarenhaften Herrschaftswillen gegründete Weltgesellschaft"); Briefwechsel Jungk-Flechtheim, in: Exilarchiv, NL Flechtheim, I.A. Jungk, Robert; und in JBZ, NL Jungk, etwa Flechtheim an Jungk, 15.11.1973; vgl. auch Jungk, Foreword.

[352] TU Berlin, Helmut Klages, an Jungk, 15.1.1968; Otto-Suhr-Institut an der FU Berlin, Robert Jungk: Technik und Politik, WS 1969/70, Seminarplan, und Protokoll 6. Sitzung vom 2.12.1968, in: JBZ, NL Jungk, Dachboden; vgl. Ders., Trotzdem, S. 392–395.

Abb. 7: Robert Jungk und Ossip K. Flechtheim (um 1980)

wissenschaft" die Gegenwart unter dem Aspekt einer gewollten Zukunft.[353] Doch blieb diese wissenschaftstheoretische Basis blass.[354] Im Kern war Jungk ein Vertreter eines weiter gefassten Verständnisses von *Futures Studies*, aber kein Wissenschaftler.

Dass Jungk und Flechtheim paradigmatisch den kritisch-emanzipatorischen Zugang zur Zukunftsforschung und hier einen eigenen Denkstil verkörperten, war davon unbenommen. Beide werden als diejenigen Protagonisten eines Denkstils der Zukunftsforschung dargestellt, die ihn maßgeblich entwickelten, paradigmatisch prägten und sowohl auf bundesdeutscher wie transnationaler Ebene propagierten. Dies gilt sicherlich auch für Fred Polak und Johan Galtung, wenngleich Galtung immer stärker mit der *Friedens*forschung verbunden war.[355] Deren Denkstil war geprägt durch ein ganzheitliches Gesellschaftsverständnis, das vom Menschen aus dachte, eine Zeitwahrnehmung in Entwicklungskategorien, die immer auch die NS-Vergangenheit im Blick hatte, und einen historisch-dialektischen Zugang zur Wissenschaft, der die eigene Rolle des Wissenschaftlers im

---

[353] Ders., Der gegenwärtige Stand der Zukunftsforschung ... (o. T.), o. D. (1969/70), in: JBZ, NL Jungk, Dachboden.
[354] So auch Ders., Technological Forecasting as a Tool of Social Strategy, in: APWM 1 (1968/69), H. 2, S. 10–13, und den Kommentar von F. Heidtmann, in: ebd., S. 13f.
[355] Vgl. auch die Memoiren Galtungs, Friedenswegen, in denen die Zukunftsforschung nur ein untergeordnetes Kapitel bildet, S. 146–156.

Erkenntnisprozess reflektierte. Er ruhte aber auch in einer linken politischen Sozialisation und sozialistischen Ideen, die systemkritisch angelegt waren und die Emanzipation des Menschen aus den ihn einengenden politischen, ökonomischen und geistigen Strukturen in der Zukunft anstrebten. Dies hatte bei Flechtheim politisch-ökonomische Bedeutung, indem er für einen demokratischen Sozialismus eintrat, während Jungk Emanzipation stärker unter kulturellen und spielerisch-künstlerischen Auspizien betrachtete. Diese Differenz zwischen einem gewissermaßen asketischen Intellektualismus der alten Arbeiterbewegung bei Flechtheim und einem mehr auf individuelle, kreative Selbstentfaltung und postmaterielle Werte zielenden Verständnis von Emanzipation bei Jungk zeigte sich auch in deren Auftreten und Habitus. Gleichwohl wurde Jungk Ende der 1960er Jahre, vom Gedankengut der Neuen Linken beeinflusst, stärker politisiert, wie im Zweiten Teil zu sehen sein wird.[356]

Sicherlich stellten der normative Ansatz und das Zukunfts-Ziel Frieden Anknüpfungspunkte zur normativ-ontologischen Variante von Zukunftsforschung dar. Gleichwohl trennten die kritisch-emanzipatorisch denkenden Zukunftsforscher – trotz der guten Verbindungen zwischen Jungk und Bertrand de Jouvenel[357] – von der normativ-ontologischen Variante doch mindestens zwei Punkte: Zum einen der Fokus auf der Verbindung von Planung und Partizipation, zum anderen eine Systemkritik, welcher der parlamentarischen Demokratie und dem Kapitalismus eine unscharfe Utopie entgegensetzte, die auf Humanität, Egalität und den „dritten Weg" zwischen Ost und West setzte.

4. Zwischenfazit: Ein neues Paradigma Zukunftsforschung?

Grundsätzlich zeigten die vorangegangenen Kapitel, dass in den 1960er Jahren über die Grenzen unterschiedlicher Zugänge, Erkenntnistheorien und Denkstile – normativ-ontologisch, empirisch-positivistisch und kritisch-emanzipatorisch – und über nationale Grenzen hinweg Wissenschaftler und Wissenschaftsjournalisten einen neuen Forschungsgegenstand bzw. eine neue Wissenschaft entwarfen. Aus verschiedenen Disziplinen, Epistemologien und Denkstilen war etwas Neues entstanden, eine neue Wissensformation oder gar Meta-Wissenschaft, und dieser rechneten sich die Wissenschaftler zumindest temporär sehr viel stärker zu als den eigenen Disziplinen.

War dies eine „wissenschaftliche Revolution" im Sinne Thomas Kuhns? Die „wissenschaftliche Revolution" war nicht aus einem Generationenwechsel ent-

---

[356] Vgl. Kapitel V.2. und IX.4.
[357] Beide wirkten später an führender Stelle im Continuing Committee of the International Future Research Congress und dann in der World Futures Studies Federation, und den engen Kontakt bestätigte auch Sohn Hugues de Jouvenel in einem Gespräch mit der Verf. am 28.2.2012.

standen, denn es gab ja keine echte Vorläufergeneration der Zukunftsforschung; und die Gründergeneration der Zukunftsforschung, die ‚Paradigmengruppe', war – dies ist der *erste* Befund – nicht jung: Blickt man auf den hier porträtierten Kreis, so waren ihre Protagonisten zwischen 1903 (de Jouvenel) und 1922 (Herman Kahn), also zwischen der Jahrhundertwende und der unmittelbaren Nachkriegszeit geboren. Sie gehörten damit nicht mehr der Frontgeneration des Ersten, aber – wie Kahn oder Steinbuch – des Zweiten Weltkrieges an oder hatten ihn in der Emigration erlebt, und der Zweite Weltkrieg mit seiner letztendlich atomaren Dimension hatte sie alle, die nun im Kalten Krieg wieder den atomaren Schlagabtausch befürchten mussten, geprägt. Dabei war die Gründergeneration in den frühen 1960er Jahren bereits beruflich und wissenschaftlich arriviert. Aus dieser generationellen Prägung erklärt sich – *zweitens* – auch zum Teil, dass der Gruppe keine Frau angehörte; Frauen eröffneten sich mit wenigen Ausnahmen erst mit der Bildungsexpansion der 1960er Jahre Möglichkeiten einer akademischen Karriere. Darüber hinaus entstammte die Gründergeneration in ihrer Mehrheit den Natur- und Ingenieurwissenschaften, in denen sich ohnehin deutlich weniger weibliche Repräsentanten fanden. Trotz des Befundes, dass die Gründer beruflich und wissenschaftlich angekommen waren, lassen sich ihre Vertreter – *drittens* – fast durchweg als wissenschaftliche Außenseiter oder Querdenker bezeichnen. Außenseiter qua ihrer Vita waren Bell und Steinbuch, die nicht habilitiert waren. Disziplinäre Querdenker waren Kahn und Helmer, die zentrale Positionen bei RAND einnahmen, aber hier mit ihrer angewandten Forschung keiner Disziplin zurechenbar waren, aber auch von Weizsäcker, der zwischen Physik und Philosophie changierte, oder Flechtheim, der in der bundesrepublikanischen Politikwissenschaft nur schwer heimisch wurde.[358] Außenseiter in der Wissenschaft war Jungk, der aus dem Wissenschaftsjournalismus kam, aber auch de Jouvenel mit seiner problematischen rechten Vergangenheit[359]. Dieser Befund erscheint als Baustein eines neuen Paradigmas, nämlich als das Suchen einer arrivierten, aber doch in der tradierten universitären Wissenschaftslandschaft nicht heimischen Generation von Wissenschaftlern nach einer Wissenssynthese abseits ihrer Disziplinen[360] und wissenschaftlicher Traditionen, und diese Synthese des Wissens erblickte man in kongenialer Weise in kybernetischen Ansätzen.

Viertens einte all jene, die sich der Zukunftsforschung zurechneten und sie konzeptionierten, dieselbe Zeitwahrnehmung, nämlich die Wahrnehmung von Beschleunigung. Alle gingen – wohl erstmals formuliert vom früh verstorbenen

---

[358] Flechtheim löste an der FU Berlin in den 1950er Jahren mit seinem marxistisch getönten Verständnis von Politikwissenschaft Spannungen aus, gleichwohl er in den 1960er Jahren in der Studierendenschaft auf größtes Interesse stieß. Eine eigene politikwissenschaftliche Schule begründete er nicht; vgl. Keßler, Flechtheim, S. 105, 146–155; Wilhelm Bleek, Geschichte der Politikwissenschaft in Deutschland, München 2001, S. 345.

[359] Dass de Jouvenel aufgrund seiner Vergangenheit an der École des Hautes Études en Sciences Sociales keine Professur erhalten hatte, berichtete Waldemar Nielsen an Shepard Stone, 26.3.1961, in: RAC, FFA, Grant File 61-22.

[360] Zur Suche nach einer Wissenssynthese in der Zukunftsforschung auch Schmidt-Gernig, „Futurologie", S. 124f.

Gaston Berger[361] – davon aus, Zeuge eines immer schnelleren Wandels der sozialen und wissenschaftlich-technischen Entwicklung, eines „Fortsturzes" zu sein.[362] Aus dieser Wahrnehmung leitete man – *fünftens* – eine doppelte Folgerung ab: Je größer die Geschwindigkeit des Wandels wurde, umso mehr war die Fähigkeit zu einer nicht nur kurz-, sondern auch mittel- und langfristigen Vorausschau nötig. Man sorgte sich mit Blick auf die Beschleunigung um die weitere Vorwärtsentwicklung, um den „Fortschritt" und die „Sicherung" der Zukunft. Dabei schien das Wissen der Vergangenheit aber für die Lösung künftiger Probleme immer weniger von Nutzen. Zugleich aber machte – *sechstens* – in den Augen der Gründergruppe der technische und wissenschaftliche Wandel eine mittel- und langfristige Vorausschau erst *möglich*. Denn mit ihm waren neue Methoden und Instrumente entstanden, welche die Zukunft voraussag- und steuerbar machten, ja neue Synthesen des Wissens zu ermöglichen schienen. Dies waren neue Methoden der Vorausschau, die aus der Spieltheorie, der Rational-Choice-Theorie und vor allem der Kybernetik entstanden waren, also etwa spieltheoretisch angelegte Szenarien, Simulationen und die Delphi-Methode. In dieser Vorstellungswelt kam auch der elektronischen Datenverarbeitung eine zentrale Rolle zu, denn nur der Computer ermöglichte komplexere quantitative Untersuchungen und Simulationsmodelle. Vor allem schien die Kybernetik die ideale Metawissenschaft zu bilden, um die Zukunft wissenschaftlich anzugehen, Rückkopplungsprozesse zu erfassen und damit komplexe Systeme – und den immer schnelleren Wandel – zu steuern. Insofern war der Zukunftsforschung in den 1960er Jahren ein Machbarkeitsdenken eingeschrieben: Die Zukunft erschien mittels entsprechender wissenschaftlicher Instrumente lenkbar, machbar und gestaltbar. Dies verschränkte sich *siebtens* mit dem Bild der „Zukünfte". Die Überlegung von einer unendlichen Zahl möglicher Zukünfte (*futuribles*) hatte Bertrand de Jouvenel um 1960 formuliert, auch im Bewusstsein, dass es kein festes Wissen über die Zukunft geben könne, doch in der Überzeugung, dass der Mensch die wünschenswerten Zukünfte bestimmen und aktiv darangehen solle, sie umzusetzen. Andere verstanden die offenen Zukünfte (*futures*) im Sinne einer machbarkeitsorientierten Gestaltbarkeit von Zukunft: Der Mensch könne sich nun selbst eine Zukunft gestalten. Ebenso schwang die Abgrenzung zum marxistischen Zukunftsverständnis aus dem Denken des Kalten Krieges mit: Die Zukunft war im Westen eben nicht determiniert, sondern in der Planung offen. Dieser semantische Wandel eines Plurals von Zukunft war das zentrale Element eines wissenschaftlichen Paradigmas der Zukunftsforschung, welches Bestand hatte: Der Begriff der Zukünfte prägt die Zukunftsforschung noch heute.[363]

---

[361] Berger, L'accélération.
[362] Zum „Fortsturz" Jungk, Damit die Zukunft nicht aufhört, S. 9.
[363] Vgl. etwa Reinhold Popp, Partizipative Zukunftsforschung in der Praxisfalle? Zukünfte wissenschaftlich erforschen – Zukunft partizipativ gestalten, in: Ders. (Hrsg.), Zukunftsforschung und Zukunftsgestaltung. Beiträge aus Wissenschaft und Praxis, Berlin 2009, S. 131–144.

Mithin entstand eine „Konstellation von Meinungen, Werten und Techniken", welche die Konzeptionierung von Zukunftsforschung ausmachte, und damit ein Paradigma der Zukunftsforschung.[364] Dabei formierte sich dieses nicht unbedingt aus der „normalen Wissenschaft" heraus, aber es verkörperte eine neue Wissensformation und Konstellation; dieses Paradigma war mit älteren Vorstellungen von Zukunft und Planungskonzepten in der Wissenschaft insoweit inkommensurabel, als es von den Zukünften und ihrer Voraussagbarkeit und Steuerbarkeit ausging. Insofern lässt sich im Kern durchaus von einer wissenschaftlichen Revolution sprechen. Aus dem gemeinsamen Paradigma heraus, für dessen Entstehung bereits grenzüberschreitende Kontakte und transnationale Wissensaneignungen eine wichtige Rolle gespielt hatten, entwickelten die Zukunftsforscher – und das ist im Zweiten Teil darzustellen – transnationale Netzwerke und festere Kommunikationsstrukturen. Hier produzierten sie Zukunftswissen und rangen weiter um die Konzeptionalisierung von Zukunftsforschung, also darum, was Zukunftsforschung sein sollte.

---

[364] Kuhn, Struktur, S. 186.

IV. Mediale Konstruktion der Futurologie? Interaktionen zwischen Zukunftsforschung und medialer Öffentlichkeit in den 1960er Jahren

Wie gesehen bildete sich in den 1960er Jahre aus verschiedenen Zugängen und Denkstilen ein übergreifendes Paradigma der Zukunftsforschung. Eine Rolle hierfür spielten Erfahrungen, epistemische und disziplinäre, aber auch ideelle Prägungen sowie soziale Kontexte. Hinzu kommt aber ein weiterer Einflussfaktor: Immer war auch die massenmediale Öffentlichkeit mit im Spiele, welche in der Interaktion mit den Wissenschaftlern stand.

Blickt man zurück auf die geschichtswissenschaftliche Forschung zum Verhältnis von Wissenschaft und Öffentlichkeit, so dominierte zunächst der Ansatz der Wissenschaftspopularisierung. Ausgehend von der historischen Bürgertumsforschung, schöpfte dieser Forschungsansatz sein Erkenntnisinteresse aus der These, dass in der zweiten Hälfte des 19. Jahrhunderts eine „spezifische Form der Wissensvermittlung und -präsentation"[1] entstand, die öffentlich war, sich an ein Publikum wandte, das selbst nicht im Zentrum der Wissensproduktion stand, und sich vor allem auf naturwissenschaftliche Inhalte konzentrierte. In dieser Wissensvermittlung konvergierten das bürgerliche Verlangen nach Öffentlichkeit und politischer Emanzipation mit liberalen Bildungszielen, dem Aufschwung empirischer Naturwissenschaften und dem Entstehen eines öffentlichen Massenmarktes. Die Forschung verstand unter Popularisierung nicht Aufklärung der unwissenden Laien, sondern die Information und das Wirken in die (bürgerliche) Öffentlichkeit hinein, also eine Vermittlung wissenschaftlichen Wissens innerhalb eines eigenen Kommunikationsraums, der selbst eigene Wissensentwürfe hervorbrachte.[2] Dennoch ging man dabei von einem eher linearen Prozess aus.

Hingegen betont die neuere Forschung sehr viel stärker die gegenseitigen Einflussprozesse und Eigendynamiken („Kopplungen"), also auch die Komplexität des Austausches zwischen Wissenschaft und Öffentlichkeit.[3] Wissenschaftshistorische und wissenssoziologische Arbeiten zeigten, dass sich Interaktionen zwischen Wissenschaft und Öffentlichkeit als zweidimensionale Ressourcenbeziehungen deuten lassen, weil beide Seiten mobilisierbar waren (etwa im NS-Regime), aber auch grundsätzlich voneinander profitieren konnten – etwa indem ein Beitrag

---

[1] Andreas W. Daum, Wissenschaftspopularisierung im 19. Jahrhundert. Bürgerliche Kultur, naturwissenschaftliche Bildung und die deutsche Öffentlichkeit, 1848–1914, München 1998, S. 25, vgl. S. 2–29 und 33–41.

[2] Vgl. ebd.; Christian Hünemörder, Einführung zum Thema Popularisierung, in: Gudrun Wolfschmidt (Hrsg.), Popularisierung der Naturwissenschaften, Berlin 2002, S. 15–29, und Gudrun Wolfschmidt/Karin Reich/Christian Hünemörder, Methoden der Popularisierung, in: ebd., S. 20–38; Carsten Kretschmann, Wissenspopularisierung – ein altes, neues Forschungsfeld, in: Ders. (Hrsg.), Wissenspopularisierung. Konzepte der Wissensverbreitung im Wandel, Berlin 2003, S. 7–21.

[3] Vgl. Weingart, Wissenschaftssoziologie, S. 113–116; Ders., Wissenschaft, S. 9–33, zu „Kopplungseffekten" ebd., S. 12.

über eine Wissenschaft in einer populären Zeitschrift gesellschaftliche Unterstützung für die Wissenschaft mobilisierte oder indem eine wissenschaftliche Erkenntnis in einer gesellschaftlichen Diskussion ein wichtiges Argument lieferte.[4] Darüber hinaus speisen sich Überlegungen zum komplexen Austausch zwischen Wissenschaft und Öffentlichkeit aus kultur- bzw. kommunikationswissenschaftlichen Ansätzen. Wurde aus kommunikationswissenschaftlicher Perspektive herausgearbeitet, dass Medien eben keine wirklichkeitsgetreue Abbildung liefern, sondern einem eigenständigen Muster der Verarbeitung und Repräsentation von Informationen folgen und insofern selbst zum Akteur werden, so betonen kulturwissenschaftlich getränkte Arbeiten den kulturellen und sozialkonstruktiven Charakter von wissenschaftlichem Wissen; sie verstehen Wissenschaft als Teil der Kultur, der damit dem sozialen Umfeld viel näher steht als gemeinhin gedacht und zugleich sich selbst (etwa in der Öffentlichkeit) inszeniert. In der radikalen Form reicht dies bis zur These einer Einebnung von wissenschaftlichem und populärem Wissen, von Populärwissenschaft und Populärkultur.[5] Unabhängig hiervon erscheint der Ansatz der Wissenspopularisierung den komplexen gegenseitigen Einfluss- und Wirkungsprozessen nicht mehr gerecht zu werden.[6] Wichtig erscheint schließlich, dass die Forschung sektorale Öffentlichkeiten unterscheidet, die sich mit der Etablierung einer massenmedialen Öffentlichkeit des 20. Jahrhunderts herausbildeten. Diese reichen von der Fachöffentlichkeit (also die Öffentlichkeit der Wissenschaft, wie sie auf Tagungen fassbar wird) über die gebildete interessierte Öffentlichkeit (etwa abendliche Vortragsveranstaltungen) bis zur ‚breiten', massenmedial hergestellten Öffentlichkeit. Diese entwickelte sich seit den 1920er Jahren, erfuhr in den 1960er Jahren ihre Ausprägung und ist durch einen professionalisierten Apparat, Permanenz und ein abstraktes Publikum gekennzeichnet (und zeigt sich etwa in Wochenmagazinen wie dem „Spiegel").[7]

Im Folgenden soll – in einer westeuropäisch-transatlantischen Perspektive, aber mit einem Fokus auf der Bundesrepublik – untersucht werden, wie die ‚Paradigmengruppe' der Zukunftsforschung, also ihre gewissermaßen erste Generation, in der Interaktion mit der Öffentlichkeit, vor allem der massenmedialen Öffentlichkeit stand und inwiefern die Zukunftsforschung auch massenmedial konstruiert wurde: War die Zukunftsforschung Thema in den Massenmedien und

---

[4] Mitchell G. Ash, Wissenschaft, Politik und Öffentlichkeit. Zur Einführung, in: Ders./Christian Stifter (Hrsg.), Wissenschaft, Politik und Öffentlichkeit. Von der Wiener Moderne bis zur Gegenwart, Wien 2002, S. 19–43.
[5] Vgl. Weingart, Wissenschaftssoziologie, S. 116–124; Richard Whitley, Knowledge Producers and Knowledge Acquirers. Popularisation as a Relation Between Scientific Fields and Their Publics, in: Terry Shinn/Richard Whitley (Hrsg.), Expository Science. Forms and Functions of Popularisation, Dordrecht, Boston 1985, S. 3–28; zur Wissenschaft als Kultur Daston, Kultur.
[6] Vgl. Schirrmacher, Popularisierung; Weingart, Wissenschaftssoziologie, S. 116–118.
[7] Vgl. im Überblick Jörg Requate, Öffentlichkeit und Medien als Gegenstände historischer Analyse, in: GG 25 (1999), S. 5–32; Schirrmacher, Popularisierung; Weingart, Wissenschaft, S. 13, definiert Öffentlichkeit einmal analytisch als jeden Adressaten, an den sich Wissenschaft „nach außen" wendet, und dann in einem historisch-empirischen Sinn angelehnt an Habermas als offenen Raum der gesellschaftlichen Kommunikation.

der Öffentlichkeit? Wie wurde Wissenschaft öffentlich gemacht? Wie inszenierte sich die Zukunftsforschung in der Öffentlichkeit, aber auch *als* Öffentlichkeit, und auf welche Weise beeinflusste eine massenmediale Öffentlichkeit die Zukunftsforschung, inwiefern dynamisierte sie ihre Entstehung und Ausformung?[8]

Dass Ende der 1950er Jahre die Folgen des beschleunigten technischen Wandels und die Erforschung des Zukünftigen von Wissenschaftlern verstärkt diskutiert wurden, resultierte nicht zuletzt aus einer veränderten Wahrnehmung von Technik in der massenmedialen Öffentlichkeit, die wiederum auf einen verstärkten Dialog zwischen Wissenschaft und Öffentlichkeit zurückging. Die neuere Forschung betont, dass sich Wissenschaft zu Beginn des 20. Jahrhunderts in der Tendenz ausdifferenzierte und spezialisierte, aber auch institutionalisierte, und damit erwuchs eine gewisse Kluft zwischen der Wissenschaft und der gebildeten interessierten Öffentlichkeit.[9] Die Wissenschaft arbeitete zum Teil in einer selbstreferentiellen Geschlossenheit, die dann in neuen Übersetzungsleistungen überwunden werden musste.[10] In der Tat gelangten die Großforschung und die Think-Tanks in den USA in den 1950er Jahren noch kaum in die Öffentlichkeit.[11] Dies gründete auch darin, dass die westliche Forschungsförderung im Zeichen des Kalten Krieges zunächst weitgehend im Zeichen eines nationalen Konsenses stand, der von den Massenmedien nicht angetastet wurde.[12] Insofern war die Wissenschaft nicht in die Gesellschaft eingebunden oder von ihr gar kontrolliert.[13] In der Bundesrepublik konnte die Forschungsförderung ohnehin erst seit den Pariser Verträgen 1955, nach dem Ende alliierter Beschränkungen, profiliert werden. Hier dominierte in den 1950er Jahren ein „Konsensjournalismus", wie Christina von Hodenberg aufzeigte. Geprägt von der elementaren Krisenerfahrung des NS-Regimes und des Weltkrieges, pflegte die massenmediale Öffentlichkeit zunächst eine Suche nach Harmonie, innerer Einheit und Stabilität. „Autoritäre Medienpolitik, konfliktscheue Redaktionen und Harmoniesucht des Publikums" bestimmten die Massenmedien, die insofern nur eingehegte Kritik äußerten.[14]

In den späten 1950er Jahren veränderte sich das Verhältnis zwischen Wissenschaft und Öffentlichkeit, und zwar im Sinne eines intensiveren Dialogs. In den

---

[8] Vgl. insbesondere Ders., Die Wissenschaft der Öffentlichkeit und die Öffentlichkeit der Wissenschaft, S. 9–13, 28 f.; Eric J. Engstrom/Volker Hess/Ulrike Thoms, Figurationen des Experten. Ambivalenzen der wissenschaftlichen Expertise im ausgehenden 18. und 19. Jahrhundert, in: Eric J. Engstrom (Hrsg.), Figurationen des Experten. Ambivalenzen der wissenschaftlichen Expertise im ausgehenden 18. und frühen 19. Jahrhundert, Frankfurt a. M. 2005, S. 7–17.

[9] So Steven Shapin, Science and the Public, in: Robert C. Olby u.a. (Hrsg.), Companion to the History of Modern Science, London, New York 1990, S. 990–1007; Felt, Wissenschaft.

[10] Zur Selbstreferentialität von Wissenschaft Luhmann, Wissenschaft; Felt, Wissenschaft.

[11] Vgl. Whitley, Knowledge, S. 5.

[12] Unger, Cold War Science, S. 65 f.; zu Werner Heisenberg perspektivenreich Carson, Heisenberg, v. a. S. 192–217.

[13] Vgl. Thomas H. Broman, Introduction. Some Preliminary Considerations on Science and Civil Society, in: Lynn K. Nyhart/Thomas H. Broman (Hrsg.), Science and Civil Society, Chicago 2002, S. 1–21.

[14] Christina von Hodenberg, Konsens und Krise. Eine Geschichte der westdeutschen Medienöffentlichkeit, Göttingen 2006, S. 225.

Massenmedien gewann nun die Generation der „45er" mehr Einfluss, welche eine kritische, investigative Berichterstattung abseits des Harmonieideals der 1950er Jahre anstrebte. Im Sinne einer Zeitkritik, so lautete das Leitbild der neuen Journalistengeneration, sollte investigativer recherchiert und mehr Konfliktbereitschaft gewagt werden, um die Gesellschaft pluraler zu gestalten.[15] Dies ging einher mit einer größeren Offenheit für wissenschaftliche und technische Fragestellungen, die sich mit einer wachsenden Popularisierungs- und Kommunikationsbereitschaft der Wissenschaft kreuzte. Wissenschaftler gingen nun stärker mit Erkenntnissen und Ergebnissen, aber auch (politischen) Manifesten in die massenmediale Öffentlichkeit; es etablierte sich eine *Expository Science*, eine sich der Öffentlichkeit öffnende Wissenschaft[16]. Dies gilt etwa für die amerikanischen Think-Tanks, die ihr Repertoire nun über militärische und militärstrategische Fragen hinaus auf technologische Planungen erweitert hatten. Da nach der sowjetischen Lancierung des „Sputnik" 1957 und dem Weltraum-Flug Jurij Gagarins 1961 die militärstrategische Sicherheit der USA, aber auch ein mögliches technologisches Zurückbleiben gegenüber der Sowjetunion zum öffentlichen Thema avancierten, galt das amerikanische Interesse auch einem „Public Understanding of Science", um die Gesellschaft nicht nur verstärkt zu informieren, sondern wissenschaftlich-technischen Nachwuchs zu mobilisieren.[17] Die Think-Tanks konnten damit ihre Erkenntnisse nicht mehr nur intern abhandeln. Dies zeigte sich etwa in den Publikationen Herman Kahns „On Thermonuclear War" und „Thinking about the Unthinkable" oder in der Veröffentlichung von Ergebnissen technologischer Vorausschau, wie sie Helmers Delphi-Studie verkörperte[18]. Freilich wurden Auftragsforschungen etwa für das Pentagon nicht veröffentlicht, weil sie militärstrategisches Wissen lieferten, das dem militärischen Gegner nicht bekannt werden durfte. Darüber hinaus wirkte ein monetärer Aspekt: Die Wissenschaftler versuchten, aus den gesellschaftlich relevanten wissenschaftlichen Erkenntnissen finanzielle Vorteile zu ziehen. Dies war ja auch ein Movens für Kahn, 1961 das Hudson Institute zu gründen und in der Folge nicht nur Bücher zu schreiben, sondern seine Überlegungen in zahlreichen – gut bezahlten – Vortragsveranstaltungen in den USA und in Westeuropa zu präsentieren.[19] Dabei passte er seine Thesen vom führ- und gewinnbaren Atomkrieg der Öffentlichkeit an, wie eben

---

[15] Vgl. ebd., S. 245 ff.; zur These eines veränderten Verhältnisses zwischen Wissenschaft und Öffentlichkeit in der Bundesrepublik um 1960 Schirrmacher, Popularisierung, hier S. 94 f.; Jürgen Gerhards/Friedhelm Neidhardt, Strukturen und Funktionen moderner Öffentlichkeit. Fragestellungen und Ansätze, in: Stefan Müller-Doohm/Klaus Neumann-Braun (Hrsg.), Öffentlichkeit, Kultur, Massenkommunikation. Beiträge zur Medien- und Kommunikationssoziologie, Oldenburg 1991, S. 31–90.

[16] Zur „expository science" Shinn/Whitley (Hrsg.), Science; zur Wandlung des Verhältnisses von Wissenschaft und Öffentlichkeit Schirrmacher, Popularisierung.

[17] Weingart, Wissenschaftssoziologie, S. 117 f.

[18] Vgl. Kapitel III.2.

[19] Vgl. Kahn-Seminar. Dicker Denker, in: Der Spiegel, H. 14, 30. 3. 1970, S. 78–81; kritisch Jungk, Trotzdem, S. 412.

eine Verschiebung von Wissen von einem Diskurssystem in ein anderes immer mit einer sprachlichen Veränderung einhergeht.[20]

Auch in der Bundesrepublik lässt sich ein neuer Trend zur *Expository Science* feststellen. Dies zeigte sich 1955 mit der „Mainauer Erklärung" der Nobelpreisträger und dann 1957 in der „Göttinger Erklärung" von Weizsäckers und anderer Wissenschaftler, den ersten Manifesten von Wissenschaftlern in der jungen Bundesrepublik. Auch weil die Gruppe von Physikern in einem direkten Gespräch mit Verteidigungsminister Strauß auf Intransigenz gestoßen war, wandte sie sich mit dem Manifest an die Öffentlichkeit. Bemerkenswert war dabei, dass die Göttinger Wissenschaftler nicht nur allgemein für Frieden eintraten, sondern sich explizit weigerten, an der Erstellung von Atombomben mitzuwirken. Damit lösten sie ein großes Medienecho und eine kritische Berichterstattung der Presse über die bundesrepublikanische Verteidigungspolitik, ja eine „Themenkarriere"[21] von Atomwaffen aus. Die öffentliche Resonanz brachte Adenauer wiederum dazu, das direkte Gespräch mit von Weizsäcker und anderen zu suchen. Eben weil die Wissenschaftler – teilweise Nobelpreisträger – höchstes wissenschaftliches Renommee hatten, wagte niemand, deren Thesen öffentlich anzuzweifeln.[22] Hier wird ein weiteres Motiv für den Weg in die Öffentlichkeit erkennbar, nämlich indirekt Handlungsdruck auf die Politik aufzubauen. Ganz zweifellos ging es den Wissenschaftlern darum, die Bevölkerung über einen wissenschaftlichen Sachverhalt zu informieren, der nicht nur (im Falle eines Atomkrieges) elementare gesellschaftliche Relevanz hatte, sondern in der die Atomphysiker auch besondere gesellschaftliche Verantwortung für die Folgen ihrer Erkenntnisse verspürten. In ambivalenter Weise verband sich dies im Fall der Atomphysiker allerdings mit dem Versuch, eine Kontinuität widerständiger Wissenschaft vom fehlgeschlagenen NS-Uranprojekt zur drohenden Atombewaffnung der Bundesrepublik zu suggerieren – eine Kontinuität, die so nicht existierte. Für die Atomphysiker spielte also wohl auch eine Rolle, sich als am Gemeinwohl orientierte Wissenschaftler zu inszenieren und so das eigene Renommee zu steigern.[23] In der Folge war die „Göttinger Erklärung", medial vermittelt, maßgeblich für die Entstehung einer bundesrepublikanischen Friedensbewegung, insbesondere die von SPD und Gewerkschaften geleitete Initiative „Kampf dem Atomtod", an der sich wiederum Wissenschaftler wie Ossip Flechtheim beteiligten, aber auch Robert Jungk.[24] Von Weizsäcker hin-

---

[20] Vgl. Whitley, Knowledge, S. 7.
[21] Zu Themenkarrieren Barbara Pfetsch, Themenkarrieren und politische Kommunikation, in: Aus Politik und Zeitgeschichte (1994), H. 39, S. 11–20.
[22] Vgl. Görnitz, Weizsäcker, S. 139–141; Lorenz, Protest, S. 46–62, 81–125.
[23] So die These von Lorenz, Protest; zu Weizsäcker, dessen Motivlagen aber darüber hinausgingen, oben Kapitel III.1.
[24] Vgl. Holger Nehring, Cold War, Apocalypse and Peaceful Atoms. Interpretations of Nuclear Energy in the British and West German Anti-Nuclear Weapons Movements, in: Historical Social Research 29 (2004), H. 3, S. 150–170; Ders., Politics, Symbols and the Public Sphere. The Protests against Nuclear Weapons in Britain and West Germany, in: Zeithistorische Forschungen 2 (2005), H. 2, S. 180–202; Alexandra Rese, Wirkung politischer Stellungnahmen von Wissenschaftlern am Beispiel der Göttinger Erklärung zur atomaren Bewaffnung, Frank-

gegen engagierte sich, seinem bürgerlich-elitären Habitus entsprechend, nicht in der Friedensbewegung, aber blieb über weitere Stellungnahmen zur Friedenssicherung – die „Heidelberger Thesen" 1959 und seine Rede zur „Weltinnenpolitik" bei der Verleihung des Friedenspreises des deutschen Buchhandels 1963 – in der Öffentlichkeit präsent; hier wusste er ebenfalls souverän auf der medialen Klaviatur zu spielen.[25] Zugleich bildete die „Göttinger Erklärung" in ihrer starken medialen Wirkung auch einen zentralen Ausgangspunkt für die Formierung der bundesdeutschen Friedensforschung, etwa im Hinblick auf die Gründung der Vereinigung Deutscher Wissenschaftler. Die Friedensforschung war ja, wie erwähnt, darauf ausgerichtet, nicht nur zu forschen, sondern zugleich politisch und öffentlich zu *wirken*, also die Zukunft im friedlichen Sinne zu gestalten. Mithin trafen sich in den 1960er Jahren die Bereitschaft von Wissenschaftlern, in elementaren Fragen in die Öffentlichkeit zu gehen, mit neuen gesellschaftlichen Mitwirkungs- und Partizipationswünschen im sozialen Wandel.

Dass sich das Verhältnis zwischen Öffentlichkeit und Wissenschaft um 1960 veränderte, deuten auch öffentlich geführte Debatten um die Verwissenschaftlichung der modernen Gesellschaften an. Diese speisten sich aus der Wahrnehmung einer neuen gesellschaftlichen Bedeutung von Technik, wie sie ja gerade in der atomaren Bewaffnung greifbar wurde, aber auch aus neuen Formen wissenschaftlich unterstützten Planens und damit eines zunehmenden gesellschaftlichen und politischen Einflusses von nicht demokratisch legitimierten Experten und Wissenschaftlern. Eben diese wissenschaftlich unterlegte Planung war ja den Think-Tanks inhärent, aber hielt nun auch in Westeuropa Einzug. Diese Wahrnehmung verstärkte der US-Präsident Dwight D. Eisenhower in seiner Abschiedsbotschaft an die Nation im Januar 1961, als er von „unverantwortlichen Einflüssen […] in dem militärisch-industriellen Komplex" sprach. Es sei zu befürchten, dass die Politik in unzulässiger Weise abhängig von einer wissenschaftlich-technologischen Elite würde. Gerade im amerikanischen Konsensliberalismus hingegen waren zu diesem Zeitpunkt die Ideen wissenschaftlicher Planung – wie bei Daniel Bell und anderen gesehen – höchst populär.[26] Auch in Frankreich wurde, angestoßen von Pierre Bertaux' Buch „Mutation der Menschheit", über die wachsende Verwissenschaftlichung des Menschen – bis hin zum möglichen „Cyborg" – und der Politik diskutiert.[27]

---

furt a. M., New York 1999; zu kritisch gegenüber den Wissenschaftlern der „Göttinger Erklärung", die rein als Inszenierung einer politisch ‚sauberen' Physik gedeutet wird: Lorenz, Protest.

[25] Vgl. auch Elke Seefried, Die politische Verantwortung des Wissenschaftlers. Carl Friedrich von Weizsäcker, Politik und Öffentlichkeit im Kalten Krieg, in: Geschichte in Wissenschaft und Unterricht 65 (2014), S. 177–195.

[26] Zit. nach Smith, RAND Corporation, S. 19; vgl. Broman, Introduction.

[27] Vgl. Pierre Bertaux, Mutation der Menschheit. Diagnosen und Prognosen, Frankfurt a. M. 1963; Hagner, Aufstieg, S. 61 f.; Alexander Schmidt-Gernig, Europa als Kontinent der Zukunft. Pierre Bertaux und die Zeitdiagnostik der 1960er Jahre, in: Themenportal Europäische Geschichte (2007), http://www.europa.clio-online.de/site/lang__de/ItemID__144/mid__11428/40208214/default.aspx (letzte Abfrage 3. 1. 2015).

Am stärksten entbrannte die „Technokratiedebatte", auch mithilfe der Medien, in der Bundesrepublik. Angestoßen wurde sie 1961 durch die These des liberal-konservativen Soziologen Helmut Schelsky, in der modernen wissenschaftlich-technischen Zivilisation formiere sich ein „technischer Staat". Angesichts der neuen technischen Umwelten und der gesteigerten Verwissenschaftlichung verändere sich die Beziehung zwischen Mensch und Welt grundlegend. Vermittelte Information ersetze persönliche Erfahrung; die Technik sei nicht mehr Werkzeug, sondern breite sich in der Gesellschaft aus und dominiere den Menschen. Darüber hinaus trete an die Stelle von Normen und politischen Entscheidungsmöglichkeiten die wissenschaftlich-technisch bedingte „Sachgesetzlichkeit", welche eine Technokratie entstehen lasse. Schelsky sah hier eine gewisse Zwangsläufigkeit am Werke, die er aber nicht grundsätzlich in Frage stellte.[28] In der Folge entwickelte sich eine lebhafte Debatte zwischen Wissenschaftlern, welche aber nicht nur in Fachzeitschriften ausgetragen wurde, sondern ob ihrer gesellschaftlichen Bedeutung auch Wochenschriften – wie das neue Blatt „Atomzeitalter" – füllte.[29] Jürgen Habermas trat Schelsky besonders kritisch entgegen und sah in der Technokratie eine neue Ideologie entstehen, die bestimmten Herrschaftsinteressen zupass komme und kommunikatives Handeln verhindere. So entwickele sich eine Ideologie, mit der Technokraten in West und Ost die Gesellschaften nach dem Muster „selbstgeregelter Systeme zweckrationalen Handelns und adaptiven Verhaltens" rekonstruierten und damit Herrschaft nach dem Prinzip von Reiz, Reaktion und Rückkopplung stabilisierten. Aus dieser Kritik heraus entwickelte Habermas seine Theorie kommunikativen Handelns, die vom Idealbild der freien Bürgergesellschaft ausging.[30]

Die öffentliche Diskussion um Wissenschaft und Technik wurde von neuen Medien forciert. Populäre Wissenschafts-Zeitschriften wie der britisch-amerikanische „The New Scientist" (1956), das „Atomzeitalter" (1959), „Bild der Wissenschaft" (1964) und das britische „Science Journal" (1965–71) entstanden, welche den wissenschaftlich-technischen Wandel zum Thema hatten und diesen nicht nur abbildeten, sondern als Gegenstand selbst konstruierten. War „Bild der Wissenschaft" stärker technikaffin-positivistisch angelegt, so verstand sich das ge-

---

[28] Helmut Schelsky, Demokratischer Staat und moderne Technik, in: Atomzeitalter 1961, H. 5, S. 99–102, Zit. S. 99; ausführlicher Ders., Der Mensch in der wissenschaftlichen Zivilisation (1961), in: Ders., Auf der Suche nach Wirklichkeit. Gesammelte Aufsätze, Düsseldorf, Köln 1965, S. 439–480; Ders., Die sozialen Fragen der Automatisierung, Düsseldorf 1957; hierzu Hagner, Aufstieg, S. 62–65; Metzler, Konzeptionen, S. 196–207; zu Schelsky auch Hacke, Philosophie.

[29] Vgl. Alexander von Cube, Anmerkungen zur Technokratie, in: Atomzeitalter 1963, H. 9, S. 244–246; Hans Paul Bahrdt, Helmut Schelskys technischer Staat. Zweifel an „nachideologischen Geschichtsmodellen", in: Atomzeitalter 1961, H. 9, S. 195–200; aus dem Kreis der entstehenden Zukunftsforschung Helmut Krauch, Wider den technischen Staat, in: ebd., S. 201–203, der das Problem mehr in der Politik verortete, welche oft auf der „Sachebene hängen" bleibe und zu wenig normative Zielvorgaben mache (S. 202).

[30] Jürgen Habermas, Technik und Wissenschaft als „Ideologie" (1968), in: Ders., Technik und Wissenschaft als „Ideologie", Frankfurt a. M. 1971, S. 48–103, Zit. S. 96; vgl. Hagner, Aufstieg, S. 64–67.

werkschaftsnahe „Atomzeitalter" (der Begriff war von Carl Friedrich von Weizsäcker geprägt worden) als Periodikum der kritischen Reflexion über die technische Entwicklung.[31]

Der Konstruktionscharakter des technisch-wissenschaftlichen Wandels wird ebenso deutlich, wenn man auf dessen populäre audiovisuelle Verarbeitung blickt. Eine besondere Rolle gewann hier das Thema Raumfahrt; dieses besaß seit dem Gagarin-Flug 1961 und der folgenden programmatischen Rede des US-Präsidenten John F. Kennedy, dass die USA noch im gleichen Jahrzehnt einen Menschen zum Mond schicken würden, neue Aktualität. In der Tat stand die populäre Verarbeitung der Raumfahrt mehrheitlich im Zeichen eines technologischen Optimismus, ja teilweise der Technikeuphorie. Fassbar wird dies zum einen in Fernsehdokumentationen über die Raumfahrt, wie sie etwa der Fernsehjournalist und Mitbegründer der Gesellschaft für Zukunftsfragen Rüdiger Proske ab 1961 mit „Auf der Suche nach der Welt von morgen" im NDR erstellte. Die Raumfahrt-Begeisterung zeigte sich zum anderen in fiktionalen und filmischen Verarbeitungen der Science-Fiction, nämlich in den kommerziell erfolgreichen Heftromanen „Perry Rhodan, der Erbe des Universums" (ab 1961) und Fernseh-Serien wie „Star Trek/Raumschiff Enterprise" (ab 1964/65) und „Raumpatrouille" (ab 1966); gleichwohl gab es auch filmische Dystopien des Atomkrieges (so etwa in Kubricks Film „Dr. Seltsam oder wie ich lernte, die Bombe zu lieben" von 1964, die aber mehr als satirische Karikatur der Abschreckungslogik erscheint).[32]

Die wissenschaftlich-technische Entwicklung wurde schließlich in den frühen 1960er Jahren explizit von der parteinahen Presse aufgegriffen. Ihr war es darum zu tun, den Themenkreis Zukunft offensiv zu besetzen und so zugleich die aufkommenden Konzepte politischer, wissenschaftlich gestützter Planung verstärkt in den Blick zu nehmen.[33] 1960 widmete die CDU-nahe Zeitschrift „Die politische Meinung" eine ganze Ausgabe dem „Blick auf das nächste Jahrzehnt"[34], während der Gesprächskreis Wissenschaft und Politik der Friedrich-Ebert-Stiftung 1965 einen Band über „Deutschland 1975: Analysen, Prognosen, Perspektiven" veröffentlichte und die SPD 1968 über „Sozialdemokratische Perspektiven im

---

[31] An den Leser, in: Atomzeitalter 1959, H. 1, S. 1: „Die technische Entwicklung droht uns mit anonymer Allgewalt zu unterwerfen. Die Welt, in der wir leben, wird immer schneller verändert."

[32] Vgl. etwa Rüdiger Proske, Zum Mond und weiter, Bergisch Gladbach 1966; Ders., Auf der Suche nach der Welt von morgen. Ein erster Überblick, Köln 1968; von Hodenberg, Konsens, S. 253–255, 302–307; Hans-Edwin Friedrich, „One Hundred Years from this Day…". Zur Semantik der Zukunft in den 1960er Jahren. Science-Fiction in der Bundesrepublik Deutschland und Wissenschaftliche Phantastik der DDR, in: Haupt/Requate (Hrsg.), Aufbruch, S. 31–63; zur sprießenden Raumfahrtforschung nach 1945 Alexander T. C. Geppert, European Astrofuturism, Cosmic Provincialism. Historicizing the Space Age, in: Ders. (Hrsg.), Imagining Outer Space. European Astroculture in the Twentieth Century, Basingstoke 2012, S. 3–24.

[33] Zu politischen Planungskonzepten der 1960er Jahre Kapitel X.1.

[34] Vgl. das Heft „Was soll aus Deutschland werden? Blick auf das nächste Jahrzehnt", darunter etwa Alphons Horten, Die Zukunft gestalten, in: Die politische Meinung 10 (1965), H. 107, S. 4; PM, Was soll aus Deutschland werden? Eine Vorausschau auf die nächsten zehn Jahre, in: Die politische Meinung 10 (1965), H. 107, S. 5–7.

Übergang zu den 1970er Jahren" diskutierte.[35] Eben dieses neue mediale Interesse an der (wissenschaftlich-technischen) Zukunft wurde von Vertretern der entstehenden Zukunftsforschung registriert und wiederum als Argument zugunsten einer Konzeptionalisierung von Zukunftsforschung benutzt.[36]

In der Tat bildete diese mediale Verarbeitung und Repräsentation auch einen Faktor bei der Entstehung von Zukunftsforschung, die im Rahmen der interaktiven Ressourcenbeziehung gesehen werden kann.[37] Wissenschaftler bekamen nun das Thema der Folgen eines technisch-wissenschaftlichen Wandels auch mittels einer medialen Perspektive in den Blick, tauschten sich hierüber aus und sahen sich wieder im Befund einer wachsenden „Beschleunigung" bestärkt. Nicht zuletzt aus diesem Befund entwickelten sie Überlegungen zur Erforschung und Steuerung der „Zukünfte", also zur Zukunftsforschung, und bestärkten eine beginnende Themenkarriere der Zukunft der 1960er Jahre. So erklärte Daniel Bell 1963 die Zukunft zum „Zeitgeist"[38], während de Jouvenel das Thema in der europäischen Tagespresse popularisieren wollte – etwa 1964 im britischen „Spectator"[39]. Zum Teil entstammten die Protagonisten der Zukunftsforschung – wie Robert Jungk oder der britische Wissenschafts-Redakteur des „New Scientist" Nigel Calder – sogar selbst dem Raum zwischen den beiden Funktionssystemen Öffentlichkeit und Wissenschaft.

Jungk und Calder kannten die medialen Spielregeln[40] und schrieben deshalb keine dicken, fußnotenlastigen Bücher, sondern schufen Anthologien zum Thema. Voran ging Nigel Calder, der 1964 eine Artikelserie zur „World of 1984" im „New Scientist" startete. In dieser versammelte er etwa 100 knappe Überlegungen von prominenten Wissenschaftlern und Wissenschaftsjournalisten zu „likely developments of the next twenty years" mit einem Schwerpunkt auf dem wissenschaftlich-technischen Bereich: So schrieb etwa der Begründer der Kybernetik Norbert Wiener über dynamische Systeme in Physik und Biologie, Wernher von Braun zur künftigen Weltraumforschung, der Atmosphärenphysiker Fred Singer zu Wettersatelliten. Die Begründung Calders kommt bekannt vor: Der Wandel beschleunige sich durch die „scientific revolution" so sehr, dass mittelfristige Vor-

---

[35] Ulrich Lohmar (Hrsg.), Deutschland 1975. Analysen, Prognosen, Perspektiven, München 1965; Horst Ehmke (Hrsg.), Perspektiven. Sozialdemokratische Politik im Übergang zu den siebziger Jahren, Reinbek bei Hamburg 1969.
[36] Z.B. Ossip K. Flechtheim, Soziologie, Politologie, Futurologie. Begriffsbestimmungen und Problemstellungen, in: Alwin Diemer/Anton Hain (Hrsg.), Geschichte und Zukunft. Dem Verleger Anton Hain zum 75. Geburtstag am 4. Mai 1967, Meisenheim am Glan 1967, S. 119-141, hier S. 129.
[37] Vgl. Ash, Wissenschaft.
[38] Daniel Bell, The Future as Zeitgeist, in: The New Leader, 28.10.1963, S. 17f.
[39] Bertrand de Jouvenel, The Surmising Forum, in: The Spectator, 12.6.1964; zur Freude de Jouvenels über das Interesse der französischen Medien an Futuribles Ders. an Nielsen, 12.10.1961, in: RAC, FFA, Grant File 61-22.
[40] In diesem Sinne erinnerte sich auch van Steenbergen an Jungk: Bart van Steenbergen, The First Fifteen Years. A Personal View of the Early History of the WFSF, in: Futures 37 (2005), H. 5, S. 355-360, hier S. 358.

aussagen notwendig würden, „if we are not to be caught out by change". Die Artikelserie veröffentlichte Calder 1965 als zweibändigen Sammelband und damit als eine der ersten Aufsatzsammlungen zur Zukunftsforschung.[41]

Robert Jungk schuf ab 1964 mit dem Desch-Verlag und dessen Lektor Hans Josef Mundt eine Buchreihe namens „Modelle für eine neue Welt", die ebenso verständlich geschrieben und populär aufgemacht war.[42] Die Sammelbände waren zu einem nicht unwesentlichen Teil deutsche Übersetzungen englischsprachiger Titel, an denen Jungk teilweise – wie bei Calders „The World in 1984" und den Protokollen der amerikanischen Commission on the Year 2000 – auch gar nicht mitgewirkt hatte.[43] Jungk und Mundt aber war es darum zu tun, die deutschsprachige Buchreihe öffentlichkeitswirksam und massenmedial zu vermarkten. Sie planten 1965, die Autoren der Bände jeweils mit anderen „gesellschaftskritisch eingestellte[n] Autoren" zu einem Gespräch in München zu versammeln. Teile dieser Diskussion sollten im Rundfunk übertragen und das Protokoll der Diskussion in den Band integriert werden, um somit die Bücher als „Gespräch voller Anregungen" zu gestalten.[44] Eine Aufnahme der Diskussionen in die Neuauflagen der Bände ließ sich nicht umsetzen. Doch erkennbar wird das Bemühen, die Überlegungen der Zukunftsforschung auch in einem medial vermittelten Austausch mit Intellektuellen zu diskutieren und damit gewissermaßen die Grenzen zwischen Zukunftsforschung und Öffentlichkeit einzuebnen. Gerade weil Jungk immer wieder betonte, dass nicht eine technokratische Elite, sondern die Menschen selbst ihre Zukunft entwerfen sollten, gerierte und inszenierte er sich als Stimme der einfachen Menschen abseits der Eliten.[45] Darüber hinaus war er in verschiedenen gesellschaftlichen Kontexten aktiv. So referierte er sowohl vor der IG Metall als auch vor dem VDI, schrieb für die „Stimme" der Bekennenden Kirche wie für die Mitarbeiterzeitschrift von IBM und die „Süddeutsche Zei-

---

[41] Nigel Calder, Introduction, in: Ders. (Hrsg.), The World in 1984. The Complete ‚New Scientist' Series, Harmondsworth 1965, o. S.

[42] Vgl. u. a. Robert Jungk/Hans Josef Mundt (Hrsg.), Der Griff nach der Zukunft. Planen und Freiheit, München 1964; Dies. (Hrsg.), Wege ins neue Jahrtausend. Wettkampf der Planungen in Ost und West, München 1964.

[43] Jungk, Robert/Mundt, Hans Josef (Hrsg.), Unsere Welt 1985. Hundert Beiträge internationaler Wissenschaftler, Schriftsteller und Publizisten aus fünf Kontinenten, München 1965 (Orig.: Nigel Calder [Hrsg.], The World in 1984); Dies. (Hrsg.), Der Weg ins Jahr 2000. Perspektiven, Prognosen, Modelle. Bericht der „Kommission für das Jahr 2000", München, Wien, Basel 1968; Dies. (Hrsg.), Das umstrittene Experiment: Der Mensch. Siebenundzwanzig Wissenschaftler diskutieren die Elemente einer biologischen Revolution. Dokumentation des Ciba-Symposiums 1962 „Man and his Future", München u. a. 1969. Calder, der finanziell von der Übersetzung kaum profitierte, berichtete in einem Interview mit der Autorin (23. 9. 2010) über seine Verstimmung hierüber.

[44] Mundt an Jungk, 8. 12. 1965 und 23. 12. 1965, in: JBZ, NL Jungk.

[45] U. a. „Der Mensch der Gegenwart muß die Zukunft entwerfen". Der Bundesminister für Bildung und Wissenschaft überreicht die Goldmedaille an den Futurologen Dr. Robert Jungk, in: Stuttgarter Zeitung, 9. 3. 1970. Zu Jungks Eintreten für eine verständliche Wissenschaft Kontroversen: Öffentliche Wissenschaft. Hemmschuh Fachsprache?, in: Bild der Wissenschaft 12 (1975), H. 6, S. 86–101.

tung".[46] Jungk begriff sich aber selbst Mitte der 1960er Jahre als Repräsentant einer „neuen Wissenschaft", der Futurologie[47], wohingegen Calder sich stärker als Journalist mit einem Interessenschwerpunkt in der Zukunftsforschung verstand[48].

Antipode Jungks war in gewisser Weise Karl Steinbuch. Steinbuch leitete zunächst ein wissenschaftspopularisierendes Verständnis, wenn er mit Büchern wie „Automat und Mensch" 1961 über technische Entwicklungen informierte. Ab Mitte der 1960er Jahre forderte er mit griffigen, im provokativen Duktus verfassten Büchern, dass der Kybernetik, der „Technik" und der wissenschaftlichen Erforschung der Zukunft neue gesellschaftspolitische Bedeutung zukommen müsse.[49] Steinbuch trieb dabei auch persönliche Enttäuschung über die Mechanismen und Schwerpunktsetzungen universitärer und wissenschaftspolitischer Entscheidungen. Er war Anfang der 1960er Jahre an der TH Karlsruhe mit dem Antrag gescheitert, eine eigene Fakultät für Kybernetik zu begründen, und es gelang ihm wenig später auch nicht, ein Fraunhofer-Institut für Kybernetik zu initiieren.[50] Offenkundig trat er auch deshalb nun an die Öffentlichkeit. Dies geschah über Bücher, die teilweise zum Bestseller avancierten („Falsch programmiert" landete auf Platz zwei der „Spiegel"-Sachbuchliste 1968[51]), aber auch unzählige Vortragsveranstaltungen[52]. Ferner produzierte Steinbuch 1970/71 mit Rüdiger Proske eine TV-Reihe „Mensch, Technik, Zukunft" für den Süddeutschen Rundfunk, welche Thesen aus den Büchern aufgriff – und bei den Redakteuren des SDR die Kritik erntete, als „zu simpel" zu erscheinen: „Sie meinen, dass eine ins Bild gesetzte Vorlesung nicht mehr genüge, um ein anspruchsvolles Publikum zu fesseln".[53] Offenkundig war es Steinbuch darum zu tun, im Zeichen eines neuen medialen Interesses für die Wissenschaft als Popularisierer technisch-wissenschaftlichen Wissens über die Zukunft[54], aber auch als Querdenker aufzutreten. Dabei nutzte Steinbuch auch die öffentliche Wirkung einer Warnungsprognose, indem er eine kommende Krise, die durch eine weitere Missachtung technischen Wissens drohe, besonders dramatisierte: So wollte er öffentliche Aufmerksamkeit erregen, mit

---

[46] IG Metall, Vorstand, Otto Brenner, an Jungk, 15.9.1971; Jungk an IG Metall, Günter Friedrichs, 28.9.1971; VDI Berlin an Jungk, 2.7.1971, alles in: JBZ, NL Jungk, Mappe Korr. 1960–1980; Robert Jungk, Zukunftsforschung im Spannungsfeld gegensätzlicher Interessen, in: Stimme der Gemeinde zum kirchlichen Leben, zur Politik, Wirtschaft und Kultur. Eine Halbmonatsschrift der Bekennenden Kirche 22 (1970), H.21, Sp. 656–663; Ders., Können Technik und Gesellschaft künftig in Frieden leben?, in: IBM Report. Mitarbeiterzeitschrift der IBM Deutschland 19 (1970), Januar, S. 2–3; Ders., Computer-Demokratie, in: SZ, 27.9.1972, S. 12.
[47] Ders., Anfänge.
[48] Nigel Calder an Jungk, 7.3.1968, in: JBZ, NL Jungk; Gespräch der Verf. mit Calder, 23.9.2010.
[49] Vgl. Steinbuch, Die informierte Gesellschaft; Ders., Falsch programmiert; Ders., Programm 2000, Stuttgart 1971.
[50] Vgl. Aumann, Mode, S. 396ff.
[51] Vgl. Bestseller 1968, in: Der Spiegel, H.1, 6.1.1969, S. 104.
[52] Zu den zahlreichen Vortragsveranstaltungen KITA, NL Steinbuch, Findbuch.
[53] Rüdiger Proske an Steinbuch, 9.12.1971, in: KITA, NL Steinbuch, 264; Briefwechsel Proske-Steinbuch, ebd.
[54] Je weniger soziales und wissenschaftliches Prestige ein wissenschaftliches Feld hat, umso mehr Detailwissen ist nötig bei der Popularisierung, so Whitley, Knowledge, S. 18–20.

dem massenmedialen Rückenwind Gesellschaft und Politik unter Handlungsdruck setzen und zugleich mit der Kybernetik einen Schlüssel zur Lösung des Problems präsentieren. Dass bei beiden, Steinbuch wie Jungk, auch monetäre Aspekte eine Rolle dafür spielten, in die massenmediale Öffentlichkeit zu treten, bleibt dabei unbenommen, zumal Jungk ja vom Schreiben lebte[55]. Insbesondere Steinbuch allerdings kam in den Geruch, Texte in ähnlicher Form mehrmals zu veröffentlichen und so den finanziellen Aspekt des Wirkens in der Öffentlichkeit auffällig stark zu gewichten.[56] Grundsätzlich aber profitierten alle in der Öffentlichkeit präsenten Vertreter der Zukunftsforschung – Herman Kahn, Bertrand de Jouvenel, Daniel Bell, Nigel Calder, Jungk oder Steinbuch – von der Ressource Öffentlichkeit, da sie Aufmerksamkeit erzielten und damit nicht nur ihre Thesen verbreiteten, sondern auch finanziell reüssierten.[57]

Egal ob die Zukunftsforscher nun interaktiv oder monodirektional wirken wollten – grundsätzlich griff in der ‚Öffentlichkeitsarbeit' der Zukunftsforschung auch ein Mechanismus, auf den der Wissenschaftssoziologe Richard Whitley verwies: Je weniger eine Wissenschaft (noch) über standardisierte und formalisierte Methoden und symbolische Ausdrucksformen verfügt, desto eher wird sie ihre Ideen und Ergebnisse in leicht verständlichen Termini und diskursiver Sprache versuchen zu kommunizieren und zu popularisieren. Damit würden eben auch die Grenzen zwischen Spezialisten und dem Publikum durchlässiger.[58] In der Tat war diese Arbeit der Zukunftsforschung in der Öffentlichkeit und für die Öffentlichkeit ein zentraler Aspekt ihres Wirkens. Sie hatte sich in der Fachöffentlichkeit, bei benachbarten Fächern einen Platz zu erobern, von denen sie, wie immer wieder beklagt, noch nicht anerkannt wurde.[59] Auch deshalb erschien es – etwa für Jungk – wichtig, durch eine verständliche Sprache in der massenmedialen Öffentlichkeit gehört zu werden.[60]

Nur bedingt prägte die erste Generation der Zukunftsforscher hingegen das Kalkül, dass durch eine öffentliche Prognose ja auch ein bestimmtes Verhalten hervorgerufen werden konnte, also das Phänomen einer *self-fulfilling prophecy* eintrete[61], etwa bei der Prognose eines drohenden Mangels, der dann zu Panik-

---

[55] Jungk erhielt als Herausgeber der Reihe „Modelle für die Welt von morgen" etwa beim Band „Man and the Future" zwischen 700 (1.–5. Tausend) und 1680 Mark (6.–8. Tausend); Mundt an Jungk, 8.12.1965, in: JBZ, NL Jungk, Kiste Nachlass.

[56] Vgl. Claus Grossner, Programm 2000 – falsch programmiert. Warum Karl Steinbuchs Aufruf zur Umorientierung in der Bundesrepublik ein Bestseller werden konnte, in: Die Zeit, 5.6.1970; dies war auch ein Kritikpunkt des AStA der TH Karlsruhe, mit dem Steinbuch wegen „diffamierender" Flugblätter in den frühen 1970er Jahren prozessierte; vgl. KITA, NL Steinbuch, 502 und 503.

[57] Vgl. Ash, Wissenschaft.

[58] Vgl. Whitley, Knowledge, S. 18.

[59] Vgl. etwa Jungk, Anfänge, S. 16; auch zur Nicht-Anerkennung durch die „öffentlichen Stellen" ZBZ-Mitteilungen 2/75, in: IfZ, ED 701, 40.

[60] Vgl. etwa auch: Mögliche und wünschbare Zukünfte. Bergedorfer Gespräche zu Fragen der Freien Industriellen Gesellschaft, Referent: Robert Jungk, Hamburg 1968.

[61] Merton, Eigendynamik.

käufen führe. Das Kalkül, Zukunftswissen bewusst arkan zu halten, findet sich – abgesehen von militärstrategischem Wissen – vor allem im Bereich der Wirtschaftsprognostik, etwa im Fall der Prognos AG, die aber ebenfalls Teile ihres Zukunftswissens nach einer gewissen Frist in den sogenannten Prognos-Reports veröffentlichte.[62] Ansonsten überwog das Kalkül, die Zukunftsforschung als neuen Zugang auch öffentlich bekannt zu machen und so zu legitimieren, oder der Impetus, sie im Sinne des *Surmising Forums* bzw. der *Look-out-Agency* als Experteninstanz auch für die Legislative und die interessierte Öffentlichkeit zu verstehen.

Zugleich entfalteten sich in der massenmedialen Öffentlichkeit im Prozess der Entstehung von Zukunftsforschung aber auch *Eigendynamiken* der Kopplungen zwischen Wissenschaft und Öffentlichkeit.

Erstens konstruierten Massenmedien ein spezifisches Bild von der „Futurologie". Nicht nur berichteten Medien über die Futuribles-Konferenzen Anfang der 1960er Jahre[63], sondern Magazine zeichneten auch spezifische Konturen der Zukunftsforschung. So konturierte das amerikanische „Time Magazine" 1966 ein recht plastisches Bild von den „Futurists": „Leaving utopians and science-fiction far behind, a growing number of professionals have made prophecy a serious and highly organized enterprise". Das Magazin präsentierte einige charakteristische Szenarien und Prognosen zum kommenden Jahr 2000, etwa Kahns Szenarien der alltäglichen Nutzung des Roboters im Haushalt und die kommende „pleasure-oriented society", in der angesichts der Automation in den Fabriken weniger gearbeitet werde und trotzdem jeder wohlhabend sei, aber auch technikeuphorische Prognosen des General-Electric-Instituts TEMPO, demnach durch neue Kernkraftwerke, die 60 000 Megawatt Energie produzierten, nicht nur die Frage der US-Energieversorgung gelöst werde, sondern die produzierte Hitze den Smog in Los Angeles vertreibe und das Klima generell kontrolliert werden könne.[64] Das britische „Science Journal" gab 1967 in einer eigenen, reich bebilderten Ausgabe den medial bekanntesten Protagonisten der Zukunftsforschung – Robert Jungk, Olaf Helmer und Herman Kahn – die Möglichkeit, ihre Thesen einer gebildeten interessierten Öffentlichkeit zu präsentieren[65], und ähnlich platzierte das UNESCO-„International Social Science Journal" Ende 1969 eine ganze Ausgabe zur „Futurology" mit Beiträgen von Jungk und anderen.[66] Auch der bundesdeutsche „Spiegel" brachte, nachdem er vorab in kleineren Beiträgen berichtet hatte,[67]

---

[62] Siehe unten Kapitel IX.1.
[63] Réunis à Paris sur l'invitation de „Futuribles", in: Le Monde, 10.4.1965; Futuribles at Work, in: Sunday Telegraph, 18.4.1965; Robert Jungk, Wohin steuert die Staatsrakete? In Paris konferierten die Zukunftsforscher, in: Die Zeit, 14.5.1965.
[64] The Futurists. Looking Toward A.D. 2000, in: Time Magazine, 25.2.1966, S. 22f.
[65] Forecasting the Future, in: Science Journal 3 (1967), H. 10.
[66] International Social Science Journal 21 (1969), H. 4.
[67] Martin Morlock, Homo Futurus, in: Der Spiegel, H. 15, 4.4.1966, S. 177; „Die Freizeit wird das große seelische Problem". Wie der Bundesbürger im Jahre 1975 leben wird, in: Der Spiegel, H. 48, 21.11.1966, S. 75–83.

172   IV. Mediale Konstruktion der Futurologie?

Abb. 8: Der Spiegel, H. 53, 26. 12. 1966 (Titel)

Ende 1966 einen großen Leitartikel mit dem Titel „Futurologie: Die Zukunft des Menschen wird geplant"[68]

„Der Spiegel" zeichnete in seinem zehnseitigen Beitrag ein Bild von einer neuen Disziplin „Futurologie", die in dieser Eindeutigkeit 1966 (und auch später) nicht existierte. Das Blatt verwies auf die Arbeiten von de Jouvenel, Kahn, Jungk, auf den britischen Wissenschaftsautor Arthur C. Clarke[69] und die Begründung der Commission on the Year 2000, um festzuhalten:

„Vielmehr sind die meisten der Weissagungen – auch die skurril anmutenden, wie Algensteaks und Anti-Nörgel-Pille – erste Befunde einer neuen Wissenschaft, die sich seit einigen Jahren etabliert. Ihr Ziel: methodische Erforschung und Planung der möglichen Zukunft – genauer: möglicher Zukünfte. Ihr Name, geprägt von dem Berliner Politologen Professor Ossip K. Flechtheim: Futurologie."[70]

Zwar gebe es „noch" keine Lehrstühle und Lehrbücher für diese Wissenschaft, so „Der Spiegel", doch die Grundlagen seien gelegt.[71] Ganz ähnlich wie das „Time Magazine" stellte der „Spiegel" die technikeuphorischen Szenarien der US-Zu-

---

[68] Futurologie. Die Zukunft des Menschen wird geplant, in: Der Spiegel, H. 53, 26. 12. 1966. Auf dem Titel prangte ein Bild des Wiener Malers Rudolf Hausner, das eine Vision von Laokoons Todeskampf in den Fesseln der Technik darstellte.
[69] Vgl. Arthur C. Clarke, Profiles of the Future, London 1962.
[70] Zukunft. Todlos glücklich, in: Der Spiegel, H. 53, 26. 12. 1966, S. 80–90, Zit. S. 81.
[71] Ebd.

kunftsforschung in den Mittelpunkt: Er führte die Szenarien der Delphi-Studie an, die ja eine Energiegewinnung aus Kernverschmelzung bis 1985, Wetterkontrolle, Rohstoffgewinnung auf dem Mond und Haushaltsroboter bis 1990 sowie den Nachrichtenkontakt mit außerirdischen Lebewesen bis 2050 als wahrscheinlich erachtet hatte. „Der Spiegel" nannte wie das „Time Magazine" auch Kahns Szenarien über die Freizeitgesellschaft durch Automation und computerisierte Lernmaschinen.[72]

Wie oben gezeigt, wurde Mitte der 1960er Jahre die Erforschung der Zukunft konzeptionalisiert. Die ‚Paradigmengruppe' befand sich selbst noch in einer Suchbewegung, in der verschiedene Konzeptionen, Methoden und Begriffe getestet und diskutiert wurden. Mitten in diesem Prozess, der 1965 bis 1968 seine Hochphase hatte, wurden die Medien selbst zum Akteur. Sie vermittelten eine spezifische Lesart von der Futurologie, die besonders stark auf technische Innovationen abhob und eine gewisse Technikaffinität, ja Technikbegeisterung aus der US-Zukunftsforschung in den Vordergrund stellte. Damit zeichneten sie das Bild einer sehr stark auf technische Zukünfte ausgelegten, im Kern trotz aller Ambivalenzen technikoptimistischen Futurologie, das zwar den entstehenden Überlegungen nicht völlig entgegengesetzt war, aber doch spezifische Schwerpunkte setzte, welche die Heterogenität der Zukunftsforschung nicht darstellten. Zudem konnte die ‚Paradigmengruppe' der Zukunftsforscher schwerlich hinter dieses spezifische Bild der Futurologie zurück. In der Tat wurde – ohne dass die Rezeption der Beiträge je spezifisch belegt werden kann – das Jahr 1967 zum Jahr größter Dynamik in der Zukunftsforschung, in den USA mit der Publikation des Berichts der Commission on the Year 2000[73], in der Bundesrepublik mit der Gründung der Gesellschaft für Zukunftsfragen[74], transnational mit der „Mankind 2000"-Konferenz in Oslo[75].

Zweitens erntete die auf Öffentlichkeit bedachte ‚Paradigmengruppe' der Zukunftsforschung umgekehrt intellektuelle, massenmedial vermittelte Kritik. Diese formierte sich etwa im Gegensatz zu Großbritannien oder den USA in der Bundesrepublik sehr deutlich und sehr rasch, nämlich schon im Konzeptionalisierungsprozess, was auch zu einer Spaltung der Zukunftsforschung beitrug. So formulierten Vertreter einer liberalkonservativen Begründung der Bundesrepublik wie der Soziologe Helmut Schelsky Kritik: Die Zukunftsforschung – etwa Jungk – versuche, in einem utopischen Modus und einem „überdramatisierte[n] Dualismus zwischen Weltvernichtung und Weltplanung" das Planungsdenken zu einer utopisch aufgeladenen „Heilslehre mit chiliastischen Zügen" zu stilisieren.[76] Diese

---

[72] Vgl. ebd.
[73] Toward the Year 2000, in: Daedalus 96 (1967), H. 3; Bell (Hrsg.), Toward the Year 2000.
[74] Siehe Kapitel IX.4.
[75] Zu Oslo Kapitel V.1.
[76] Schelsky, Planung, Zit. S. 160, 162; ähnlich Hermann Lübbe, Ernst und Unernst der Zukunftsforschung, in: Merkur 23 (1969), H. 250, S. 125–130; zum Kreis der liberal-konservativen intellektuellen Begründer der Bundesrepublik Jens Hacke, Philosophie der Bürgerlichkeit. Die liberalkonservative Begründung der Bundesrepublik, Göttingen 2006.

intellektuelle Kritik findet sich zwar in wissenschaftsnahen Zeitschriften wie „Soziale Welt", aber drang kaum in die Massenpresse. Anders war dies hingegen mit Kritik von der anderen Seite des politischen Spektrums, von Linksintellektuellen. Der Herausgeber der Zeitschrift „Atomzeitalter" Claus Koch bezeichnete die Futurologie als „Botschaft des aufgeklärten, organisierten Kapitalismus im Schatten der Bombe". Gerade eine US-Futurologie, die Koch hier 1968 ebenso als Entität konstruierte wie zwei Jahre zuvor der „Spiegel", sah Koch als „sozialtechnische Methode der Generalstrategie plankapitalistischer Krisenverhinderung". Olaf Helmers *Social Technology* verkörperte für Koch einen „hemmungslosen Technizismus", der sich in einem „technizistische[n] Planungsdenken" verwirkliche. Dieser könne zum einen zu „unmittelbarer sozialer Manipulation" durch eine neue, antiindividuelle Planungstechnokratie führen. Noch gefährlicher sei aber zum anderen, dass mit diesen „Teilrationalisierungen und Stückwerkstechnologien" in ihrer Summe die katastrophale Gegenwart befestigt und gegen die Zukunft abgeschlossen werde.[77] Nicht nur die Manipulation des Einzelnen in Planungsprozessen befürchtete Koch also, sondern die Instrumentalisierung dieser Sozialtechnik zugunsten der Logiken der Abschreckung im Kalten Krieg und der kapitalistischen Gesellschafts- und Herrschaftsordnung.

An diese Kritik schloss abgemildert, aber in der Stoßrichtung erkennbar die liberale „Zeit" an. Auch sie wandte sich, mit Verweis auf Claus Koch, gegen die technokratischen Tendenzen der Zukunftsforschung. Insbesondere die amerikanische Zukunftsforschung mit ihrer Sozialtechnik strebe letztlich eine geschlossene Gesellschaft an, in der „kleine Gruppen innerhalb der Exekutive, fernab von der Öffentlichkeit und unkontrolliert von der Gesellschaft, Strategien [finden] und Maßnahmen [beschließen], ohne daß die Objekte dieser langfristigen Planungen an solchen Expertengesprächen beteiligt wären." Hier zeichne sich eine Okkupation der Zukunft durch staatliche und wirtschaftliche Eliten ab, welche die Frage aufwerfe, wie die Bürger an der Gestaltung der Zukunft beteiligt werden könnten.[78] Diese Kritik bildete den Hintergrund für eine öffentliche Auseinandersetzung zwischen Steinbuch und Jungk in der „Zeit", die sich zu einer tiefen Kontroverse Steinbuchs mit der „Zeit" auswuchs. Wie gesehen hatte Steinbuch versucht, mit provokativen Thesen von der bundesrepublikanischen „Hinterwelt" und ihrer Ignoranz gegenüber wissenschaftlich-technischem Fortschritt die Notwendigkeit von Zukunftsforschung zu unterstreichen, und gerade seine ersten Bucherfolge ließen ihn die Thesen zuspitzen.[79] Nicht zuletzt deshalb eskalierte 1969/70 ein Dissens mit Robert Jungk innerhalb der Gesellschaft für Zukunftsfragen, der eben in einem unterschiedlichen Verständnis von Zukunftsforschung –

---

[77] Claus Koch, Kritik der Futurologie, in: Kursbuch 14 (1968), S. 1–17, Zit. S. 2, 7, 8; vgl. mit einer ähnlichen, wenngleich gedämpften Kritik Dieter Senghaas, Rückblick auf die Zukunft. Futurologie und ihre Leerstellen, in: Neue Politische Literatur 13 (1968), S. 171–177.
[78] Keine Antennen für die Zukunft?, in: Die Zeit, 3. 1. 1969.
[79] Vgl. Steinbuch, Die informierte Gesellschaft; Ders., Falsch programmiert; Ders., Programm 2000; kritisch Grossner, Programm 2000.

empirisch-positivistisch versus kritisch-emanzipatorisch – wurzelte (wie noch genauer zu schildern sein wird[80]). Dieser Konflikt wurde auch über die „Zeit" ausgetragen, die Jungks Kritik an einer technokratischen, auch von wirtschaftlichen Interessen beeinflussten Version von Zukunftsforschung mittrug. Der Wissenschaftsjournalist Claus Grossner veröffentlichte 1970 eine kritische Rezension von Steinbuchs Werk „Programm 2000" in der „Zeit". Er warf dabei Steinbuch nicht nur vor, Textpassagen aus monetären Gründen immer wieder aufzuwärmen, sich als unbequemer Querdenker zu inszenieren und so wieder einen „Anschluß-Seller" aus der „Bestsellerfabrik" produziert zu haben, sondern auch Robert Jungk aus der Gesellschaft für Zukunftsfragen gedrängt zu haben.[81] Steinbuch wollte daraufhin in einem Leserbrief an die „Zeit" abgedruckt wissen, dass die Rezension von einer „ganze[n] Reihe objektiv nachweisbarer Unwahrheiten" und einer „extremen Ideologie" beherrscht sei.[82] Die „Zeit" teilte ihm jedoch mit, dass sie grundsätzlich keine Leserbriefe von rezensierten Autoren veröffentliche.[83] In der Folge ließ sich Steinbuch auf einen Kleinkrieg mit Grossner und der „Zeit" ein. In einem wahren Furor, der die eigene Angreifbarkeit verriet, verfasste Steinbuch zahlreiche Notizen, welche die Thesen Grossners zurückwiesen, unter anderem einen mehrseitigen Text „Überprüfbare Fakten und was Claus Grossner aus ihnen machte", den er an verschiedene Nachrichtenredaktionen sandte. In dieser Notiz und in Schreiben an Bekannte bezeichnete er Grossners Aktivitäten als „verlogene[s] Treiben".[84] Steinbuch ging sogar so weit, gegen die „Zeit" juristisch vorzugehen, um die Veröffentlichung einer Gegendarstellung durchzusetzen. In der Tat erreichte er in einem Vergleich, eine kurze Gegendarstellung abdrucken zu dürfen.[85] Nun setzte Jungk nach und konnte in einer kleinen Replik unterbringen, dass ihn Steinbuch aus der Gesellschaft für Zukunftsfragen gedrängt hatte.[86] Nachdem sich „Die Zeit" weigerte, Steinbuchs erneute Gegendarstellung abzudrucken[87], griff Steinbuch Marion Gräfin Dönhoff, die „Zeit"-Chefredakteurin, in einem neuen Buch frontal an: Einen Beitrag zur Studentenbewegung, in dem Dönhoff diese als „größte – unblutige – Revolution des 20. Jahrhunderts" be-

---

[80] Vgl. Kapitel IX.4.
[81] Vgl. Grossner, Programm 2000 – falsch programmiert. Warum Karl Steinbuchs Aufruf zur Umorientierung in der Bundesrepublik ein Bestseller werden konnte, in: Die Zeit, 5. 6. 1970.
[82] Steinbuch an Chefredakteurin der ZEIT, Gräfin Dönhoff, 10. 6. 1970, in: KITA, NL Steinbuch, 316.
[83] Die Zeit, Karl Heinz Janßen, an Steinbuch, 11. 6. 1970, in: KITA, NL Steinbuch, 316.
[84] Durchschlag Steinbuch an Prof. Dr. Ulrich Lohmar, MdB, 16. 6. 1970, in: KITA, NL Steinbuch, 4; vgl. Steinbuch, Überprüfbare Fakten und was Claus Grossner aus ihnen machte, u. a. versendet an „Die Zeit", Rüdiger Proske usw., o. D., in: KITA, NL Steinbuch, 316.
[85] Vgl. Karl Steinbuch, Überprüfbare Fakten und was Claus Grossner aus ihnen machte, o. D.; Korrespondenz Steinbuchs mit seinen Rechtsanwälten und Landgericht Hamburg Zivilkammer, Vergleich vom 10. 7. 1970; in: KITA, NL Steinbuch, 316; Karl Steinbuch, Leserbrief zu Grossner: Programm 2000 – falsch programmiert, in: Die Zeit, 24. 7. 1970.
[86] Robert Jungk, Amputiert, in: Die Zeit, 31. 7. 1970. Hierzu Kapitel IX.4.
[87] Die Zeit, René Drommert, an Steinbuch, 11. 8. 1970; Steinbuch an „Die Zeit", 13. 8. 1970, in: KITA, NL Steinbuch, 316.

zeichnet hatte[88], sah Steinbuch als eklatante Verharmlosung verbrecherischer Taten[89]. Dönhoff konterte und bezeichnete Steinbuch als „Professor, der verfälscht".[90] Die Kontroverse zwischen Steinbuch und Dönhoff wurde dann in der „Welt" fortgeführt.[91] Auch der „Spiegel" vermerkte die „gestörten Geschäfte" der Zukunftsforschung – entgegen dem 1966 noch beeindruckten Tenor – nun hämisch.[92] Zugleich attackierte Steinbuch in der „Welt" die „neomarxistische Futurologie", stellte hier Analogien zwischen den „Neo-Marxisten" und den Nationalsozialisten her.[93] Diese Konflikte beruhten auch darauf, dass Steinbuch enttäuscht war, enttäuscht darüber, dass Jungk – der Journalist – offenkundig über mehr medialen Einfluss verfügte als er[94]; und enttäuscht war Steinbuch auch über die aus seiner Perspektive fehlende Umsetzung eines kybernetischen Zukunfts- und Planungsparadigmas in der sozialliberalen Koalition, die ihn plötzlich zum Sympathisanten der Union und später der nationalen Rechten werden ließ.[95] Dieser politische Schwenk führte zu neuen Konflikten, denn Steinbuch prozessierte in der Folge gegen die „Badischen Neuesten Nachrichten" und den Allgemeinen Studentenausschuss der TH Karlsruhe. Der AStA, der Steinbuchs neue Nähe zur Union als „Kumpanei" angriff, habe „objektiv unwahre Behauptungen diffamierenden Inhalts" an Zeitungen wie die „Badischen Neuesten Nachrichten" weitergegeben.[96]

Mithin verfing sich Steinbuch in den Eigenlogiken der Massenmedien, deren Vorteile er zunächst für sich zu nutzen wusste. Als aus dem Konzeptionen-Pluralismus innerhalb der Zukunftsforschung aber um 1970 Konflikte wurden, versuchte er ohne Gespür für die mediale Situation und das Bild der Zukunftsforschung in der Öffentlichkeit seine Position rigoros durchzusetzen. Dies machte

---

[88] Marion Gräfin Dönhoff, Mitten in der Revolution. Befindet sich unsere Gesellschaft in der Auflösung?, in: Die Zeit, 6.8.1971.

[89] Karl Steinbuch, Kurskorrektur, Stuttgart-Degerloch 1973, S. 86f.

[90] Marion Gräfin Dönhoff, Ein Professor, der verfälscht. Manipulation und Verfremdung ersetzen Information, in: Die Zeit, 4.5.1973.

[91] Steinbuch an Leserbrief-Redaktion der „Zeit", 18.5.1973, in: KITA, NL Steinbuch, 316; Karl Steinbuch, Vom Feudalismus in der Publizistik, in: Die Welt, 25.5.1973; Marion Gräfin Dönhoff, Gegendarstellung, in: Die Welt, 7.6.1973; vgl. auch Gift in Dosen, in: Der Spiegel, H. 23, 4.6.1973, S. 147–150.

[92] Vgl. Futurologen. Vorauswissen ist Macht, in: Der Spiegel, H. 46, 10.11.1969, S. 204–207; Futurologie. Geschäfte gestört, in: Der Spiegel, H. 13, 23.3.1970, S. 195. Claus Grossner, der wohl diesen zweiten Artikel verfasste, hatte von Jungk den Briefwechsel zu den Konflikten in der Gesellschaft für Zukunftsfragen erhalten; Proske an Jungk, 10.3.1970, in: KITA, NL Steinbuch, 316.

[93] Karl Steinbuch, Rettet die Futurologie vor den Neo-Marxisten! Es gibt keine vernünftige Alternative zum Sachverstand der „Technokraten", in: Die Welt, Beilage Die geistige Welt, 23.5.1970.

[94] So auch Durchschlag Steinbuch an Klaus Repenning, 20.8.1970, in: KITA, NL Steinbuch, 6.

[95] Vgl. Ders., Offener Brief an Bundeskanzler Brandt, 21.2.1972, in: Die Welt, 21.2.1971; auch in KITA, NL Steinbuch, 502.

[96] Steinbuch an Badische Neueste Nachrichten, 26.1.1973, in: KITA, NL Steinbuch, 502; vgl. ebd.; Beschluss des Oberlandesgerichts vom 1.2.1974 zur einstweiligen Verfügung aus dem Jahr 1973 gegen die Badischen Neuesten Nachrichten und gegen den AStA der Universität Karlsruhe, in: ebd., 503.

ihn schrittweise zu einem medialen und politischen Außenseiter – nachdem er bereits zu einem Außenseiter der Zukunftsforschung geworden war.

Schließlich lässt sich *drittens* feststellen, dass die Eigenlogiken der massenmedialen Vermittlung auch dort griffen, wo die mediale Öffentlichkeit eine Verbreitung und Demokratisierung von wissenschaftlichem Wissen begünstigte. Denn in der Tat konnten durch die ‚Öffentlichkeitsarbeit' der Zukunftsforschung – etwa durch Jungks, Mundts und Calders Bücher, aber auch von Weizsäckers Beiträge zum „Atomzeitalter" – nicht nur die in den 1960er Jahren noch höher gewichteten Chancen, sondern in der Folge auch die problematischen Folgen von Technik in die Gesellschaft einsickern. Hier drangen die Übersetzungsleistungen der Zukunftsforschung, die eben deshalb stärker in die Öffentlichkeit drängte, weil es sich um keine feste Disziplin handelte, in die Gesellschaft ein. Und in Verbindung mit dem sozialen Wandel der 1960er Jahre, mit neuen Partizipations- und Mitbestimmungsansprüchen forderten Bürgerinitiativen und entstehende Neue Soziale Bewegungen in den 1970er Jahren wissenschaftliche Expertise nicht nur ein, sondern engagierten auch Gegen-Experten, welche Wissen für sie bereitstellten. Die Wissenschaft wurde nun eben auch stärker verpflichtet, der Öffentlichkeit Rechenschaft zu leisten. Dies zeigte sich in der Debatte um die Atomkraft ab 1974/75.[97] Diese basierte nicht nur, aber auch auf einer massenmedialen Übersetzungsleistung der Zukunftsforschung, insbesondere auf dem Diskurs um die „Grenzen des Wachstums" 1972/73, der im Zweiten Teil zu analysieren sein wird.

Mithin entstand die Zukunftsforschung auch in einer Interaktion zwischen Wissenschaft und Öffentlichkeit. Zukunftsforscher stellten den Gegenstand und den neuen Ansatz in den Medien dar, vermittelten ihre Thesen und inszenierten sich in der massenmedialen Öffentlichkeit. Sicherlich war der wissenschaftstheoretische Prozess, in dem sich die Zukunftsforschung als Meta-Disziplin oder Wissensordnung formierte, komplexer; doch eben weil die Zukunftsforschung über keine eigene Tradition, keinen festen Gegenstandsbereich und Methodenbestand verfügte, war sie besonders auf die Vermittlung und Inszenierung in der Öffentlichkeit angewiesen. Zugleich konstruierten die Medien ebenfalls eine „Futurologie", die in dieser Eindeutigkeit in den 1960er Jahren nicht existierte. Dabei trug der Außendruck auch dazu bei, einen Formierungs- und Konzeptionalisierungsprozess in der Wissenschaft voranzubringen.

---

[97] Vgl. hierzu Kapitel X.5.

Zweiter Teil: Zukunftsforschung transnational: Vernetzungen und Zirkulation von Zukunftswissen

Die Zukunftsforschung in Westeuropa und den USA entstand wie gesehen aus dem Methodenwissen zur Voraussage, das in den US-Think-Tanks nach 1945 generiert wurde, aus transnationalen Wissensaneignungen, verschiedenen Konzeptionalisierungen von Zukunftsforschung, die wiederum auf spezifischen persönlichen Erfahrungen, sozialen Kontexten, Deutungsmustern und epistemologischen Verständnissen beruhten, und Interaktionen zwischen medialer Öffentlichkeit und Wissenschaft. Trotz verschiedener Denkstile bildete sich ein gemeinsames Paradigma der Zukunftsforschung heraus. In der Folge gewann die transnationale Dimension zentrale Bedeutung für die Entwicklung der Zukunftsforschung: Verschiedene Organisationen entstanden, in denen Zukunftswissen generiert wurde und – teilweise über die Grenzen des Kalten Krieges hinweg – zirkulierte. Im Folgenden sollen drei Gruppen bzw. Organisationen untersucht werden: Mankind 2000, die World Future Studies Federation und der Club of Rome.

Nicht näher beleuchtet wird im Folgenden die World Future Society, die – entgegen ihres Namens – eine ganz überwiegend nordamerikanische Organisation bildete. Sie entstand 1966 durch das Engagement des ehemaligen „National Geographic"-Redakteurs Edward Cornish in Washington und sah es vor allem als ihre Aufgabe, das öffentliche Interesse auf Zukunftsforschung und Planung zu lenken, nicht zuletzt durch die Publikation der Zeitschrift „The Futurist".[1]

V. Mankind 2000 und die World Future Studies Federation als Brücken zwischen West und Ost

1. Friedenspläne und Steuerungsutopien: Mankind 2000

Eine wichtige transnationale Organisation der Zukunftsforschung repräsentierte Mankind 2000. Sie entsprang aus einer Verbindung von Zukunftsforschung, Friedensforschung und Friedensbewegung auf transnationaler Ebene Anfang der 1960er Jahre; mithin orientierte sie sich teilweise auch am Selbstverständnis und an den Praktiken einer sozialen Bewegung.

---

[1] Vgl. The World Future Society, in: APWM 2 (1970), H. 6, S. 30; Edward Cornish, The Professional Futurist, in: Jungk/Galtung (Hrsg.), Mankind 2000, S. 244–250; Jungk, Trotzdem, S. 369f. Die World Future Society existiert heute noch; vgl. http://www.wfs.org/ (letzter Zugriff 11.1.2015).

In den Kapiteln über von Weizsäcker und Jungk wurde bereits angesprochen, dass nach 1945 eine wissenschaftliche Beschäftigung mit Frieden, die *Friedensforschung,* entstand. Auslöser dessen war der atomare Rüstungswettlauf im Kalten Krieg, welcher die Gefahr schuf, dass sich die Menschheit mittels eines Nuklearkrieges selbst auslöschte. Und die Verantwortung hierfür schien eben nicht nur die Politik, sondern auch die Wissenschaft – spezifisch die Atomphysik – zu tragen, welche das Wissen und die Instrumente hierfür geliefert hatte. Insofern waren es „concerned scientists", welche die Friedensforschung begründeten. Ausschlaggebend für die transnationale Formierung der Friedensforschung waren der Abschluss der militärischen Blockbildung im Kalten Krieg und das Bekanntwerden der Wasserstoffbombe, die in ihrer Sprengkraft die Bomben von Hiroshima und Nagasaki um ein Vielfaches übertraf, aber auch erste Atombombentests (etwa im Bikini-Atoll). Mit dem Einstein-Russell-Manifest 1955 und der Bildung der Pugwash-Bewegung 1957 entstand eine transnationale Friedensforschung, die explizit Blockgrenzen überwand: Pugwash gehörten auch Wissenschaftler aus den sozialistischen Staaten an. Hinzu kamen mit der amerikanisch dominierten Peace Research Society und der International Peace Research Association, die in London angesiedelt war, weitere internationale Institutionen, die westlich geprägt waren.[2]

Die Friedensforschung interagierte mit der *Friedensbewegung* der 1950er Jahre. Die westliche Friedensbewegung hatte zwar, etwa mit Blick auf den Pazifismus um die Jahrhundertwende und in den 1920er Jahren, viel ältere Vorläufer. Doch als soziale Bewegung formierte sie sich im neuen, protestkulturellen Gewande Mitte der 1950er Jahre vor dem Hintergrund des Kalten Krieges und der beiderseitigen atomaren Aufrüstung.[3] Dabei verschränkten sich nationale Spezifika und transnationale Aneignungen von Ideen, Wissen und Protestkulturen. Innerhalb Westeuropas gewannen die britische und bundesdeutsche Friedensbewegung besondere Bedeutung. Ausgangspunkt der bundesdeutschen Friedensbewegung der 1950er Jahre waren die Proteste gegen die Wiederbewaffnung 1954/55. Befeuert von der öffentlichkeitswirksam platzierten „Göttinger Erklärung", entstand 1957/58 eine bundesrepublikanische Protestbewegung gegen den Nuklearkrieg. Dabei fing sie – wie im Zusammenhang mit von Weizsäcker und der massenmedialen Wirkung der „Göttinger Erklärung" angesprochen – wachsende Kritik aus Teilen der protestantischen Kirche und der SPD gegen die mögliche Atombewaffnung auf. In der Folge sammelte sich die bundesdeutsche Protestbewegung 1958 zunächst in der Initiative „Kampf dem Atomtod", die von SPD und Gewerkschaften organisiert worden war. Nachdem sich die SPD in der Folge des Godesberger Programms tendenziell von der Friedensbewegung zurückzog, ent-

---

[2] Vgl. oben Kapitel III.1. und III.3.; sowie Katsuya Kodama, International Peace Research Association, in: Nigel Young (Hrsg.), The Oxford International Encyclopedia of Peace, Bd. 2, Oxford 2010, S. 455–457.

[3] Vgl. Wittner, Bomb; Richard Taylor, Against the Bomb. The British Peace Movement, 1958–1965, Oxford, New York 1988.

wickelte sich eine eigenständige Ostermarschbewegung in Form der „Straßenpolitik". Diese stand im Zeichen sozialen Wandels, also einer entstehenden neuen Protestkultur, welche eine gewisse Distanz zum parlamentarischen System besaß.[4]

Die bundesdeutsche Ostermarschbewegung orientierte sich im Hinblick auf die Protestkultur an der britischen Friedensbewegung. In der Tat verkörperte die britische Friedensbewegung in Westeuropa neben der bundesdeutschen die zahlenmäßig stärkste und öffentlichkeitswirksamste nationale Spielart der 1950er und frühen 1960er Jahre. 1958 gründeten linke Intellektuelle und Wissenschaftler um Bertrand Russell die Campaign for Nuclear Disarmament (CND). Ziel war es, eine öffentlichkeitswirksame Kampagne für eine einseitige Abrüstung des Westens zu starten. Dabei erfuhr die CND die Unterstützung kirchlicher Gruppierungen, etwa der Quäker, der Methodisten und einzelner Protagonisten der Church of England. Stärker als die bundesdeutsche Protestbewegung war sie in das politische System eingebunden und verstand sich im Grunde als Pressure Group, welche die Nähe zu Parlamentariern suchte, um die eigenen Anliegen zu kommunizieren und umzusetzen. Diese Nähe zum politischen System führte dazu, dass (system-)kritische Intellektuelle wie Bertrand Russell 1960 die CND verließen, um das Committee of 100 zu konstituieren, das für neue partizipative Formen der Einflussnahme und der direkten Aktion warb.[5]

Aus diesen nationalen Institutionen formierten sich transnationale Organisationen der Friedensbewegung. Von Beginn an rivalisierten hier westlich und östlich dominierte Gruppierungen. Seit 1950 existierte der Weltfriedensrat (World Peace Council) als friedensbewegte Organisation zwischen Ost und West; doch wegen seiner kommunistischen Dominanz verlor er im Westen an Renommee.[6] Auf westlicher Seite ging aus der kleinen European Federation Against Nuclear Arms, in der sich westeuropäische Anti-Atomkraft-Gruppierungen und prominente Aktivisten wie Joseph Rotblat aus Großbritannien und Hans Werner Richter aus der Bundesrepublik versammelten, die International Confederation for Disarmament and Peace hervor. Die ICDP wurde 1963 auf einer Konferenz in Oxford begründet und besaß ihr Sekretariat in London. Ihr war es darum zu tun,

---

[4] Vgl. Holger Nehring, National Internationalists. British and West German Protests again Nuclear Weapons, the Politics of Transnational Communications and the Social History of the Cold War, in: Contemporary European History 14 (2005), H. 4, S. 559–582; Ders., Politics, Symbols and the Public Sphere. The Protests against Nuclear Weapons in Britain and West Germany, in: Zeithistorische Forschungen 2 (2005), H. 2, S. 180–202; Hans Karl Rupp, Außerparlamentarische Opposition in der Ära Adenauer. Der Kampf gegen die Atombewaffnung in den fünfziger Jahren, Köln 1984; Wittner, Bomb, S. 61–67; zur Straßenpolitik Thomas Lindenberger, Straßenpolitik. Zur Sozialgeschichte der öffentlichen Ordnung in Berlin, 1900–1914, Bonn 1995.

[5] Vgl. Wittner, Bomb, S. 44–51; Nehring, Politics; Ders., Internationalists, S. 563 f.

[6] Vgl. Wittner, Bomb, S. 86–89; Schlaga, Kommunisten; aus der Perspektive eines ehemaligen Friedensbewegten aus der DDR Günther Wernicke, The Communist-Led World Peace Council and the Western Peace Movements. The Fetters of Bipolarity and some Attempts to Break them in the Fifties and Early Sixties, in: Peace and Change 23 (1998), H. 3, S. 265–311.

in loser Form unabhängige Friedensorganisationen (im Gegensatz zu den als abhängig betrachteten Gruppierungen im Weltfriedensrat) aus West und Ost zusammenzubringen und „peace in the context of human rights" über die Blockgrenzen hinweg zu propagieren. Dabei integrierte man explizit auch Gruppierungen, die über direkte Aktionen, also eine aktive Protestkultur außerhalb des parlamentarischen Systems, wirken wollten. Zunächst gehörten der ICDP nur westliche Gruppierungen an, so etwa das britische Committee of 100, die CND, die bundesdeutsche Arbeitsgemeinschaft deutscher Friedensverbände und die bundesdeutsche Kampagne für Abrüstung – Ostermarsch der Atomwaffengegner, die französische Action Civique Non-Violente und die amerikanische Student Peace Union, aber auch die War Resisters International. Doch erweiterte sich der Kreis um Protagonisten aus blockfreien Staaten wie Jugoslawien und Schwellenländern wie Indien. Die ICDP konnte wenig politischen Einfluss entfalten, diente aber als Ausgangspunkt von Mankind 2000.[7]

Die ICDP wandte sich 1964 in Person des jungen Kanadiers Gerry Hunnius, Mitglied der Quäker, an Robert Jungk mit der Bitte um Unterstützung – so berichtet es zumindest Jungk. Der inzwischen in Wien lebende Jungk, mit dem Bestseller „Die Zukunft hat schon begonnen" bekannt geworden, hatte wie gesehen nicht nur gegen den technisch geprägten amerikanischen Planungsgeist, sondern auch gegen die atomare Hochrüstung im Kalten Krieg Stellung bezogen.[8] In der Überzeugung, nicht nur zu protestieren, sondern daran mitzuwirken, Zukunft zu gestalten und damit Krisen abzuwenden, bevor sie eintraten, war er in den 1950er Jahren Mitglied des Weltfriedensrates geworden; doch zog er sich von diesem wegen dessen kommunistischer Prägung zurück. Insofern war Jungk offen für ein Engagement in der Friedensbewegung, das sich mit seinem neuen Interesse für die Erforschung und Gestaltung des Zukünftigen verbinden ließ. Er schlug der ICDP vor, eine internationale Ausstellung und eine Expertenkonferenz zum Thema „A World at Peace" zu organisieren.[9] Die Ausstellung sollte unter dem Titel „Mankind 2000" „konkrete Utopien" einer friedlichen Zukunft und „Visionen einer besseren Welt" imaginieren und visualisieren.[10] Damit benannte man – noch vor der amerikanischen Commission on the Year 2000 – das Jahr 2000 als markanten langfristigen Fluchtpunkt eines Nachdenkens über die Zukunft. Anfang 1964 einigte sich die Gruppe auf dem Kongress der ICDP in Tyrin-

[7] Kenneth Lee, Confederation for Peace, in: Peace Information Bulletin 2 (1964), H. 2, S. 2; vgl. Wittner, Bomb, S. 303–306; Taylor, Against the Bomb, S. 107 f.; Nehring, Internationalists, hier S. 570–576; ICDP Continuing Committee, Peace Information Bulletin, 7.2.1963, 7.3.1963, 7.5.1963, 13.9.1963 mit einem Report on Affiliations vom 22.8.1963 und 2.12.1963, alles in: IfZ, ED 702, 53.
[8] Jungk, Trotzdem, S. 360; vgl. Kapitel III.3.
[9] Keith Robins, Report of Sub-Commission on Conferences, International Confederation for Disarmament and Peace. Report of the Inaugural Congress held at Tyringe, Sweden, 9.-13.1.1964, S. 23, in: IfZ, ED 702, 52.
[10] Jungk, Trotzdem, S. 360; vgl. James Wellesley-Wesley an Jungk, 2.1.1973, in: JBZ, NL Jungk, Ordner Briefe; Homepage von Mankind 2000: http://www.m2000.org/docs/overview.php#hist (letzter Zugriff 11.1.2015).

ge (Schweden) darauf, eine Ausstellung zu „Mankind 2000. A World at Peace" in London, eine Expertenkonferenz und, falls sich entsprechende Mittel beschaffen ließen, eine „World Conference" zum Thema im Jahr 1965 zu organisieren.[11] Gerade weil die Friedensbewegung keine institutionellen Kanäle der Repräsentation hatte, war man ja auf eine besondere öffentlichkeitswirksame Vermittlung und entsprechende Performanz angewiesen.[12]

In der Folge plante ein kleiner Kreis aus der ICDP um Hunnius, Jungk, den britischen ICPD-Präsidenten Kenneth Lee, den französischen Vize-Präsidenten Claude Bourdet und den Niederländer Maurice Rickards die Erstellung eines detaillierten Konzepts, Schritte der Umsetzung und vor allem die Finanzierung von Mankind 2000; dabei traf man sich mehrmals in Genf und London. Zunächst wollte man sich auf die Ausstellung konzentrieren. Jungk überließ es Rickards, ein entsprechendes Memorandum zu erarbeiten, das er entsprechend ergänzte.[13] Auszüge des Memorandums machen deutlich, dass das Ausstellungskonzept zwischen einer Fokussierung auf verschiedene Aspekte des Zukünftigen und einer engen Konzentration auf das Thema Frieden changierte. Als Ziel der Ausstellung galt: „presenting the ordinary man with an exciting and challenging glimpse of the possible world of the year 2000". Zwar werde man notwendigerweise vieles abbilden, was im Felde von Wissenschaft und Technologie liege, aber die Gruppe wollte betonen, dass der Hauptakzent auf dem Menschen liege, auch um zu zeigen, dass „the future is a matter of human choice and that the individual has a responsible role to play in the shaping of things to come." So sollten verschiedene Zukünfte imaginiert und visualisiert werden. Besondere Bedeutung maß der Kreis den Aspekten von „disarmament and peace" zu, um die Notwendigkeit konstruktiver Kooperation statt Krieg zu verdeutlichen.[14] Nicht Kriegshelden, sondern „heroes of peace" sollten als Identifikationsfiguren visualisiert werden.[15] Darüber hinaus galt der Blick etwa der Zukunft der Automation, der Raumfahrt, des Computers, der Energie, aber auch Fragen von Freiheit und Ordnung in der Zukunft. Hier sollten jeweils auch ethische und soziale Probleme mitgedacht werden. So wollte der Kreis den Computer unter dem Motto präsentieren: „The Computer – Master or Servant?" Gleichwohl – und dies ist paradigmatisch für die intellektuelle Beschäftigung mit Zukunft in den 1960er Jahren – ging man in

---

[11] Keith Robins, Report of Sub-Commission on Conferences, International Confederation for Disarmament and Peace. Report of the Inaugural Congress held at Tyringe, Sweden, 9.–13. 1. 1964, S. 23, in: IfZ, ED 702, 52.
[12] Vgl. Nehring, Politics; Dieter Rucht, Öffentlichkeit als Mobilisierungsfaktor für soziale Bewegungen, in: Friedhelm Neidhardt (Hrsg.), Öffentlichkeit, öffentliche Meinung, soziale Bewegungen, Opladen 1994, S. 337–358.
[13] ICDP, Minutes of the Meeting on the Mankind 2000 Project, 14. 3. 1964, Quäker International Centre, Genf; ICDP, Minutes of the Executive Meeting, 15. 3. 1964 (mit Jungk und Rickards als Gästen); ICDP, Minutes of the Administrative Committee Meeting, 31. 3. 1964, London, alles in: IfZ, ED 702, 52.
[14] Mankind 2000. A Vision of Tomorrow, in: Peace Information Bulletin 2 (1964), H. 2, S. 2f.
[15] ICDP, Minutes of the Executive Meeting, 15. 3. 1964, Quäker International Centre, Genf, mit Jungk, in: IfZ, ED 702, 52.

einem Modus des Machbarkeitsdenkens davon aus, dass man zu den Problemen gleich die möglichen Lösungen mitliefern könne. Die Zukunft erschien generell gestaltbar: „The message of the exhibition – embodied in the title of its final exhibit – is ‚It's Up To You'."[16]

Der Kreis war sich darin einig, dass die Zeit reif sei für ein solches Projekt, das explizit die Friedensbewegung einbinden, aber auch darüber hinaus jene einfangen sollte, die sich für das Thema Zukunft interessierten: Expertengruppen, interessierte Bürger und politische Organisationen. Um die Frage der Finanzierung zu klären, verabredete der kleine „Mankind 2000"-Kreis innerhalb der ICDP, mögliche Unterstützer direkt anzusprechen.[17] In der Tat gelang es, bis Herbst 1964 etwa 50 Sponsoren zu gewinnen. Hierzu gehörten vor allem Friedensforscher aus Westeuropa und Nordamerika, die sich bislang in der ICDP nicht engagiert hatten, so der bereits charakterisierte Johan Galtung als Begründer des norwegischen International Peace Research Institute, der Leiter des Kanadischen Friedensforschungsinstituts Norman Alcock sowie der US-amerikanische Ökonom und Friedensforscher Kenneth Boulding, der selbst Quäker war. Daneben engagierten sich besonders jene Protagonisten, welche einem spezifischen kritisch-emanzipatorischen Denkstil zuneigten und in diesem Sinne Zukunftsforschung konzeptionalisiert hatten, neben Jungk Ossip Flechtheim und der Niederländer Fred Polak.

Hinzu kam aus einer anderen Warte – obwohl bislang nicht in der Friedensbewegung aktiv – der britische Physiker Dennis Gabor.[18] Gabor, der auch über den CCF mit dem Thema rationaler Planung in Berührung gekommen war, verband in ambivalenter Weise ein szientistisches und technikorientiertes Steuerungs- und Machbarkeitsdenken mit elitären Ordnungsvorstellungen, welche bis zu eugenischen Überlegungen und Züchtungsutopien reichten. Diese entstammten einem genuin britischen Kontext, nämlich dem evolutionären Humanismus, den ein Kreis um den Biologen Julian Huxley vertrat und der sich von traditioneller, religiös geprägter Moral zugunsten eines Leitbilds natürlicher Evolution, wissenschaftlicher Rationalität und Ordnung absetzen wollte (und der später auch in den Club of Rome einfließen sollte). Weil Gabor die plastische Forderung eines „Inventing the Future" geprägt hatte, welche unterschiedlich auslegbar war, aber die Offenheit des Zukünftigen betonte, galt er Anfang der 1960er Jahre als Mitbegründer der Zukunftsforschung.[19]

---

[16] Mankind 2000. A Vision of Tomorrow, in: Peace Information Bulletin 2 (1964), H. 2, S. 2 f.
[17] ICDP. Minutes of the Meeting on the Mankind 2000 Project, 14. 3. 1964; und Minutes of the Executive Meeting, 15. 3. 1964 (mit Jungk und Rickards), beides in: IfZ, ED 702, 52.
[18] ICDP, Lee, an Gabor, 2. 10. 1964; Sponsors of the Mankind 2000 Project, o. D. (1965); Mankind 2000, James Wellesley-Wesley, an Gabor, 16. 12. 1965, alles in: ICA, Gabor Collection, MM/4.
[19] Dennis Gabor, Inventing the Future, in: The Encounter 14 (1960), H. 5, S. 3–16, Zit. S. 10, 15, 16; vgl. Ders., Inventing the Future, London 1963; Ders., The Future of Western Civilisation and the Responsibility of the Technologists, Address to WINCON 67, Eighth Winter Convention on Aerospace and Electronic Systems, Los Angeles, 9. 2. 1967, in: ICA, Gabor Collection, MC/1/2/3; vgl. etwa Jungk, Trotzdem, S. 346 f. Zu Julian Huxley, The Future of Man. Evolutionary Aspects, in: Gordon E. W. Wolstenholme (Hrsg.), Man and his Future. Procee-

Mithin verfügte Mankind 2000 über ein weites Feld an Unterstützern, mit deren Hilfe die ICDP 1965 ein kleines Mankind 2000 Preparatory International Secretariat im Londoner Büro der Quäker einrichten konnte. Sekretär wurde James Wellesley-Wesley, ein Spross einer alteingesessenen, vermögenden englischen Familie, der nach seinem Offiziersdienst im Zweiten Weltkrieg nun der Sache des Friedens dienen wollte und zunächst vor allem mit der Akquise von Mitteln beschäftigt war.[20] Zu Hilfe kam der Physiker Anthony de Reuck, ein gebürtiger Belgier, der in London lebte; er gehörte zu den Gründungsmitgliedern der Pugwash-Konferenz und in der Folge zu den Mitbegründern der britischen Friedens- und Konfliktforschung, nämlich der Conflict Research Society in London. Zugleich war er stellvertretender Direktor der Londoner CIBA Foundation, und in dieser Funktion gelang es de Reuck, Mittel der CIBA Foundation zu akquirieren, um im November 1965 eine kleine internationale Zusammenkunft von Mankind 2000 in London zu finanzieren. Das Londoner Meeting diente insbesondere der Einbindung von Sponsoren, aber auch der Abstimmung über das weitere Procedere.[21]

In London wurde im kleinen Kreise – Jungk war erkrankt, Sponsoren sagten ab – Mankind 2000 offiziell als internationale Organisation begründet. Zugleich konstituierten sich nationale Komitees, zumindest in Großbritannien mit einem Londoner Büro, das Wellesley-Wesley führte, und einer niederländischen Einrichtung, die sich unter dem Vorsitz Fred Polaks formierte. Die transnationale Ebene war also von Beginn an mit nationalen Organisationen verschränkt. Kenneth Lee erklärte sich bereit, vorübergehend als Chairman von „Mankind 2000 International" zu agieren, auch weil Jungk nur als Ideengeber fungieren wollte. Zugleich wurde Jungk in Abwesenheit zum Honorary President gewählt, Wellesley-Wesley zum Secretary.[22] Darüber hinaus konstituierte sich ein Finance Committee, dem neben Polak und de Reuck noch Georges Guéron angehörte, der ehedem als Mitarbeiter Gaston Bergers tätig gewesen war.[23]

---

dings of a conference sponsored by the Ciba Foundation, London 1963, S. 1–22 (interessanterweise besorgten die deutsche Übersetzung Robert Jungk und Hans Josef Mundt unter dem Titel: Das umstrittene Experiment: Der Mensch. Siebenundzwanzig Wissenschaftler diskutieren die Elemente einer biologischen Revolution, München u. a. 1969); zu Huxley nun Paul Weindling, Julian Huxley and the Continuity of Eugenics in Twentieth-Century Britain, in: JMEH 10 (2012), H. 4, S. 480–499; Korrespondenz Huxley – Gabor, in: ICA, Gabor Collection, ES/9.

[20] Vgl. Cornish, Study, S. 148; Jungk, Trotzdem, S. 361; Robert Jungk, Über „Mankind 2000", in: Stanford Anderson (Hrsg.), Die Zukunft der menschlichen Umwelt (Orig. 1968), Freiburg i. Br. 1971, S. 92–99.

[21] Mankind 2000, James Wellesley-Wesley, an Gabor, 16.12.1965, in: ICA, Gabor Collection, MM/4; The School for Conflict Analysis & Resolution, http://scar.gmu.edu/parents-of-field/anthony-de-reuck (letzter Aufruf 11.1.2015).

[22] Mankind 2000 Preparatory International Secretariat, Wellesley-Wesley, an Jungk, 22.6.1966, in: JBZ, NL Jungk; Mankind 2000 UK, Wellesley-Wesley, an Gabor, 16.12.1965, in: ICA, Gabor Collection, MM/4; ICDP, Report by General Secretary to the ICDP Conference in Höchst, 22.-26.8.1966, in: IfZ, ED 702, 52. Nigel Calder an Jungk, 7.3.1968, in: JBZ, NL Jungk, erwähnte Jungks „known reluctance to take any executive part in the operation".

[23] Mankind 2000 Preparatory International Secretariat, Wellesley-Wesley, an Jungk, 22.6.1966, in: JBZ, NL Jungk.

Die Mehrheit der Unterstützer wandte sich in London gegen das Ausstellungsprojekt. Offenkundig war das Memorandum Rickards auf Kritik gestoßen; denn Jungk musste 1966 zusagen, dieses vor einer Veröffentlichung noch einmal neu zu schreiben.[24] Jungk, der Vater der Idee einer Ausstellung, war in London ja auch nicht vor Ort. Darüber hinaus stellte die Stadt London keine Mittel für die Ausstellung zur Verfügung. Grundsätzlich rückte zudem das Konzept einer Visualisierung von Zukunft in den Hintergrund, und zwar zugunsten einer stärkeren Verwissenschaftlichung des Themas und einer weiteren internationalen Vernetzung. So beschloss die Londoner Konferenz, Verbindungen mit Gruppen aufzunehmen, die sich bereits mit der Erforschung und Gestaltung der Zukunft beschäftigten, zudem Experten, Interessengruppen und die Öffentlichkeit auf Gefahren und Möglichkeiten hinzuweisen, die in den nächsten 35 Jahren – bis zum Jahr 2000 – bevorstünden, und entsprechende Arbeitsgruppen zu fördern, welche als Aussichtswarten („Look-out-Institutions") für Politik und Öffentlichkeit fungieren könnten, also Zukunftsexpertise lieferten. Damit griff die Gruppe Bertrand de Jouvenels Konzept des prävisionellen Forums *(Surmising Forum)* auf, das Jungk auf der Futuribles-Konferenz in Paris 1965 kennengelernt hatte und das dort als „Look-out-Agency" oder „Look-out Institution" diskutiert wurde.[25] Explizit galt das Augenmerk nun der internationalen Vernetzung über den westeuropäischen Raum hinaus. Spiritus rector dieser Strategie war Johan Galtung, der in London das Projekt in Aussicht stellte, 1967 eine internationale Konferenz zum Thema „Frieden und Entwicklung" zu organisieren. Über Galtungs International Peace Research Institute konnten entsprechende Mittel akquiriert werden.[26] Darüber hinaus erhielt Mankind 2000 Gelder von der bundesdeutschen Werner-Reimers-Stiftung. Der Bad Homburger Unternehmer Reimers war mit der Evangelischen Studiengemeinschaft vertraut gewesen, und die Stiftung hatte sich offenkundig über eine ähnliche Verbindung von Friedens- und Zukunftsforschung zu einer Hilfe für Mankind 2000 bereit gefunden.[27] Carl Friedrich von Weizsäcker als eine der Kernfiguren der Studiengemeinschaft war 1966 Sponsor der ICDP geworden[28]; aktives Mitglied wurde er allerdings nicht, wohl weil die Friedensbewegung (und auch Mankind 2000) mit ihrem Bewegungscharakter nicht mit dem normativ-ontologischen Denkstil von Weizsäckers korrespondierten.

[24] ICDP, Report by General Secretary to the ICDP Conference in Höchst, 22.–26. 8. 1966, in: IfZ, ED 702, 52.
[25] Robert Jungk, Wohin steuert die Staatsrakete? In Paris konferierten die Zukunftsforscher, in: Die Zeit, 14. 5. 1965; Hasan Ozbekhan, The Idea of the „Look-out" Institution, in: RAC, FFA, Grant File 62-41; oben Kapitel III.1.
[26] Summary of Decisions reached at the Mankind 2000 International Meeting held at William Penn House on 24th May 1966, in: JBZ, NL Jungk; Mankind 2000, Wellesley-Wesley, an Jungk, 2. 1. 1973, in: ebd; Jungk, Trotzdem, S. 362.
[27] Mankind 2000 Preparatory International Secretariat, Wellesley-Wesley, an Jungk, 23. 3. 1966, in: JBZ, NL Jungk
[28] Report by General Secretary to the ICDP Conference in Höchst, 22.–26. 8. 1966, S. 7, in: IfZ, ED 702, 52.

Die internationale Vernetzung von Mankind 2000 sah intensivere Kontaktaufnahmen in drei Richtungen vor: *erstens* mit US-Experten aus den Think-Tanks, die über spezifisches Prognosewissen verfügten, *zweitens* mit Experten der sozialistischen Länder, um so dem Thema Frieden über die Grenzen des Kalten Krieges hinweg Dynamik zu verschaffen, und *drittens* mit Vertretern der Entwicklungs- bzw. Schwellenländer, weil im Sinne Galtungs Frieden immer auch globale Entwicklung und globalen Ausgleich integrierte.[29]

Erstens versuchte die Gruppe so Kontakte mit US-Forschern zu intensivieren. Diesem Ziel dienten in der Folge mehrere Reisen Jungks und Wellesley-Wesleys. Nicht zuletzt aufgrund seiner englischen und französischen Sprachkenntnisse und seiner intensiven USA-Erfahrungen war es insbesondere Jungk, der Mankind 2000 transatlantisch vernetzte[30]. Im Herbst 1966 reiste Jungk in die USA, zunächst um hier an einer Konferenz des MIT zum Thema „Planning on Diversity and Choice" teilzunehmen und Mankind 2000 als transnationale Organisation der Zukunftsforschung vorzustellen. Mankind 2000 sei, so Jungk dort, als „Appell an die Kreativität", aber auch als (wissensproduzierende) Denkfabrik geplant, welche sich dem Studium und dem Entwurf der Zukunft widmen würde, „ausgehend von dem gemeinsamen Bedürfnis nach Frieden". Es sei damit ein „internationales, interdisziplinäres und interideologisches Unternehmen, welches der Erfindung wünschenswerter zukünftiger Lebensbedingungen und dem Entwerfen von Institutionen gewidmet ist, die das Überleben der Menschheit gewährleisten sollen".[31]

In der Folge reisten Jungk und Wellesley-Wesley quer durch die USA, um mit „futurists" unterschiedlicher Couleur Kontakt aufzunehmen.[32] Jungk traf den „wendige[n]" Daniel Bell und andere Mitglieder der Commission on the Year 2000, deren vorsichtiges Vorgehen – und zweifellos auch deren Nähe zur etablierten Politik – ihm negativ aufstießen. Er sprach bei RAND mit Olaf Helmer, einem „der gründlichsten und zugleich einfallsreichsten Zukunftsforscher", den Jungk bereits bei der Futuribles-Tagung in Paris kennengelernt hatte. Dies galt auch für Hasan Ozbekhan, den Planungs-Direktor der RAND-Ausgründung Systems Development Corporation.[33]

Ozbekhan, studierter Jurist, Politik- und Verwaltungswissenschaftler, war als Sohn eines türkischen Diplomaten in den USA aufgewachsen. In den 1960er Jahren galt er als einer der führenden Experten für systemanalytisch angelegte Planung, die er als „informierte Entscheidung und kalkulierte Handlung" begriff. Doch reflektierte er zunehmend über die Problematiken von Planung und ein

---

[29] ICDP, Mankind 2000, F.C. Hunnius, an Dennis Gabor, 2.10.1964, in: ICA, Gabor Collection, MM/4. Zu Galtungs Friedensbegriff auch Kapitel III.3.

[30] Mankind 2000 Preparatory International Secretariat, Wellesley-Wesley, an Jungk, 1.9. und 27.9.1966, in: JBZ, NL Jungk.

[31] Jungk, Über „Mankind 2000", Zit. S. 92-94.

[32] Vgl. ebd.

[33] Jungk, Trotzdem, S. 363-374, Zit. S. 364, 371f.; vgl. Jungk, Wohin steuert die Staatsrakete? In Paris konferierten die Zukunftsforscher, in: Die Zeit, 14.5.1965.

technisch-funktionalistisches Machbarkeitsdenken, wie es die Think-Tanks beherrschte. In einem normativen Zugriff, und dies kam Jungk durchaus entgegen, fragte Ozbekhan nach dem „Preis" der technischen Expansion, die sich in der westlichen Planung widerspiegele: Alles, was möglich sei, was der Mensch „könne", rücke in den Vordergrund und verdränge das „sollen". Damit perfektioniere man die strategische und operationale Ebene von Planung. Doch die normative Ebene, also die Ziel-Dimension und damit die Suche nach der „gewollten Zukunft", gerieten aus dem Blickfeld.[34] Diese sollte, so Ozbekhan auf der Futuribles-Konferenz in Paris, auch durch politikberatende „Look-Out-Institutions" gestärkt werden.[35] Jungk lud Ozbekhan ebenso wie Helmer auf die Osloer Tagung von Mankind 2000 im folgenden Jahr ein.[36]

Ferner reiste Jungk nach Illinois, wo an der Southern Illinois University Richard Buckminster Fuller lehrte. Der als Erfinder und Architekt tätige Autodidakt sprengte disziplinäre Grenzen: Er interessierte sich nicht für formale Dimensionen des Bauens, sondern für das Zusammenwirken von Materialien, für eine Rationalisierung und Idealisierung von Architektur in einer globalen Perspektive. So untersuchte Fuller, inwieweit durch Synergien, Zusammendenken verschiedener Perspektiven und rationale Steuerung die Ressourcen der Erde effektiver zum Nutzen des Menschen und zur Qualität des Wohnens genutzt werden konnten. Dabei integrierte er in einem diskursiven Ansatz die gesellschaftliche Rezeption in die eigenen Entwürfe; und er verband in ambivalenter Weise Technikbegeisterung (etwa für die Raumfahrt) und eine – zu diesem Zeitpunkt wenig thematisierte – ökologische Denkweise. Bekannt wurde Buckminster Fuller vor allem mit der von ihm entwickelten geodätischen Kuppel, die auf der Weltausstellung 1967 Furore machte.[37]

Für unseren Zusammenhang – und auch für Jungks Besuch in Illinois – war wichtig, dass Buckminster Fuller Anfang der 1960er Jahre im Rahmen eines „World Resources Inventory" eine „World Design Science Decade" konzipierte, welche über die International Union of Architects alle Architekten der Erde dazu aufrief, ein Jahrzehnt lang über eine Neuorganisation der verschwenderisch ausgebeuteten Ressourcen der gesamten Welt zu reflektieren und mittels eines Com-

---

[34] Hasan Ozbekhan, Der Triumph der Technik. „Können" als „Sollen", in: Anderson (Hrsg.), Zukunft, S. 181–196, Zit. S. 184, 182, 191. Die „gewollte Zukunft" war ein Zitat des französisch-amerikanischen Mikrobiologen und Autors René Dubos; vgl. Hasan Ozbekhan, Toward a General Theory of Planning, in: Erich Jantsch (Hrsg.), Perspectives of Planning. Proceedings of the OECD Working Symposium on Long-range Forecasting and Planning. Bellagio, Italy 27th October–2nd November 1968, Paris 1969, S. 47–155, hier S. 90, Anm. 1, wonach Dubos diesen Begriff in einem privaten Gespräch geprägt hatte; vgl. René Dubos, Future-Oriented Science, in: ebd., S. 159–175, hier S. 175. Zu Ozbekhan Biographical Notes, in: University of Pennsylvania Archives.

[35] Hasan Ozbekhan, The Idea of the „Look-out" Institution (Paper Paris 1965), in: RAC, FFA, Grant File 62-41.

[36] Jungk, Trotzdem, S. 372f.

[37] Vgl. Carsten Krohn, Buckminster Fuller und die Architekten, Berlin 2004; Martin Pawley, Buckminster Fuller, New York 1990.

puterprogramms „World Game" entsprechende Daten zu sammeln.[38] Damit war eine systemisch gedachte, globale ökologische Perspektive vorgezeichnet, die 1971/72 die Zukunftsforschung mit eminenter Wirkung durchdringen sollte.[39] Zeigte sich Buckminster Fuller, so berichtete Jungk, weniger zugänglich für die Vernetzung in die Zukunftsforschung, so wurde sein Mitarbeiter John McHale für die Internationale der Zukunftsforscher gewonnen.[40] McHale, ein Schotte, ehedem Laborant, dann Künstler, hatte schon 1956 in London mit einer Gruppe von Künstlern eine Ausstellung „This is tomorrow" veranstaltet, die sich der modernen Massenkultur, insbesondere der Pop Art, gewidmet hatte. In den frühen 1960er Jahren wurde er Executive Director des World Resources Inventory und stellte in einem Band „World Design Science Decade" Verbindungen zwischen Designstrategien und Szenarien alternativer Zukünfte her. 1967 nahm er – offenbar auch durch Jungks Kontaktaufnahme – an der Konferenz von Mankind 2000 in Oslo teil.[41] Darüber hinaus wohnte Jungk in Washington der Gründungskonferenz der World Future Society bei.[42]

Ebenso wichtig erschien es für Mankind 2000 *zweitens*, den Blick gen Osten zu richten und im Zeichen der einsetzenden Entspannung mit Friedens- bzw. Zukunftsforschern der sozialistischen Staaten ins Gespräch zu kommen. Zukunftsforschung sollte so als Brücke zwischen Ost und West dienen. Dies war insbesondere das Anliegen Galtungs, der die Organisation der Osloer Tagung – als „International Future Research Inaugural Congress" – in die Hand nahm, aber auch Jungks und des Finance Committee[43].

Wie im Zusammenhang mit Flechtheim erwähnt, hatten ja in den frühen 1960er Jahren auch die sozialistischen Staaten ihr Interesse auf die Erforschung der Zukunft gerichtet. Ausgangspunkt dessen war, dass der Marxismus-Leninismus im Grunde eine verstetigte Geschichtsideologie bildete, weil er teleologisch angelegt war. Damit trug er ein Zeitverständnis in sich, das linear auf das Ziel des Kommunismus und der klassenlosen Gesellschaft zuzulaufen schien. In der Tat lässt sich die Geschichte der Sowjetunion durch das Brennglas von deren Zukunftsverständnis lesen. Dies galt für die „beschleunigte Zeit" der Revolution, als die Vergangenheit durch die Revolution quasi abgetrennt war, so dass sich alles auf die Zukunft, auf die Zeit nach der Revolution richtete. Und dies galt ebenso für die Zeit der Pläne in den 1920er und 1930er Jahren, als die Fünfjahrespläne

---

[38] Vgl. Richard Buckminster Fuller/John McHale, World Design Science Decade 1965–1975. Five Two-Year Phases of a World Retooling Design, Carbondale 1963–1967; einzusehen auch auf der Homepage des Buckminster Fuller Institute: http://bfi.org (letzte Abfrage 11.1.2015).
[39] John McHale, The Ecological Context, Carbondale 1967 (Dt.: Der ökologische Kontext, 1974).
[40] Vgl. Jungk, Trotzdem, S. 365–367.
[41] Vgl. John McHale, The Ten Year Program, Carbondale 1965; McHale, Context; Cornish, Study, S. 171–176.
[42] Vgl. Jungk, Trotzdem, S. 369f.
[43] Summary of Decisions reached at the Mankind 2000 International Meeting held at William Penn House on 24th May 1966; Mankind 2000 Preparatory International Secretariat, Wellesley-Wesley, an Jungk, 1.9.1966, in: JBZ, NL Jungk; vgl. Cornish, Study, S. 148.

eine zyklische Logik in das lineare Zukunftsdenken einschrieben.⁴⁴ Igor Bestuzhev-Lada, in den 1960er und 1970er Jahren eine zentrale Figur der sowjetischen Zukunftsforschung bzw. Prognostik, berichtete, dass Stalin im Zusammenhang mit dem ersten Fünfjahresplan (1928-32) eine erste Forschergruppe zur „UdSSR nach 1932" eingesetzt habe. Diese kam zum Ergebnis, dass Voraussagen für jene Gegenstände unmöglich seien, die durch Entscheidungen verändert werden könnten. So seien entweder nur Trends zu ermitteln, die Entscheidungsträgern vorzulegen seien, oder ausgehend von eigenen Zielen die Optimierung von Trends; in gewisser Weise wurde also auch (wie im Westen) zwischen explorativen und normativen Zugängen unterschieden. Die Forschergruppe sei den Stalin'schen Säuberungen zum Opfer gefallen, und bis Mitte der 1950er Jahre sei wissenschaftliche Prognostik nicht mehr möglich gewesen, konstatierte Bestuzhev-Lada, weil sich eben Diktatur und Voraussage ausschlössen. Dass sich dies in der Sowjetunion in den 1960er Jahren änderte, beweist freilich eher, dass in totalitären Staaten wie im Stalinismus und im Nationalsozialismus Voraussagen stark eingehegt waren, nicht aber in Diktaturen generell. Bestuzhev-Lada, als Historiker an der Erforschung von Entwicklungsprozessen interessiert, wagte es nach eigener Erinnerung 1956, mit Beginn der Chruschtschow-Ära, über eine mögliche Wissenschaft der Zukunft und – in der Konsequenz – die Zukunft der Technologie und der Internationalen Beziehungen zu schreiben. 1961 habe sich im Vorfeld des Treffens zwischen Chruschtschow und Kennedy in Wien ein sowjetischer Verlag bereit gefunden, Auszüge aus den Papieren zu publizieren; allerdings tat Bestuzhev dies unter dem Namen „Igor Lada". Das Buch habe als Szenario eine Welt der Abrüstung entworfen.⁴⁵

In der Tat war mit dem „Tauwetter" Mitte der 1950er Jahre, nach Stalins Tod, Bewegung in das sowjetische Zeit- und Zukunftsverständnis gekommen. Vor dem Hintergrund des technologischen Wettlaufs mit den USA und beflügelt von den Erfolgen des „Sputnik" 1957 und des Gagarin-Fluges 1961 rückte die „technische und wissenschaftliche Revolution", also die Wahrnehmung, ja Beschwörung einer neuen gesellschaftlichen Bedeutung von Technik und Wissenschaft ins Zentrum sozialistischer Zukunftsbetrachtungen.⁴⁶ Damit kam die Kybernetik auch im Osten zu Ehren, weil sie mit der prozessualen Steuerungslogik Anknüpfungspunkte an planwirtschaftliche Konzeptionen bot und den Reformern zugleich als Instrument dienen konnte, das Wissenschaftssystem effizienter zu gestalten und so unter dem Deckmantel der Selbstregulation marktwirtschaftliche

---

⁴⁴ Plaggenborg, Experiment, S. 83, vgl. S. 81-97.
⁴⁵ Vgl. Igor V. Bestuzhev-Lada, A Short History of Forecasting in the USSR, in: Technological Forecasting and Social Change 41 (1991), S. 341-348; zu Bestuzhevs Rolle, ohne allerdings dessen Buch zur Abrüstung zu nennen, Robert Randolph, Social and Technological Forecasting in the Soviet Union, in: Futures Research Quarterly 8 (1976), H. 6, S. 485-495.
⁴⁶ Vgl. Mikuláš Teich, J. D. Bernal. The Historian and the Scientific-Technical Revolution, in: Interdisciplinary Science Reviews 33 (2008), H. 2, S. 135-139; demnächst Stefan Guth, One Future only. The Soviet Union in the Age of the Scientific-Technical Revolution, in: JMEH; Radovan Richta u. a., The Perspective of the Scientific and Technological Revolution, in: Jungk/Galtung, Mankind 2000, S. 198-204.

Elemente einzuführen.⁴⁷ In diesem Kontext lässt sich ein neuer sowjetischer Planungshorizont deuten: Stalin hatte ja 1936 das weitgehende Erreichen des Sozialismus verkündet und damit implizit eingestanden, dass der Weg zum Kommunismus noch dauere. 1961 setzte das neue Parteiprogramm der KPdSU dann einen Planungsraum fest, der eine 20-Jahres-Perspektive enthielt: Bis 1980 werde man die materielle und technische Basis für den Kommunismus legen.⁴⁸

Im Reformklima der frühen Ära Breschnew verband sich das neue Zeitverständnis mit einer Institutionalisierung wissenschaftlicher Prognostik. Nun geriet die wissenschaftliche Beschäftigung mit der Zukunft bzw. – enger definiert als im Westen – die Prognostik in den Fokus der sowjetischen Politik. Das Nachdenken über technisch-wissenschaftliche Entwicklungstrends und ihre sozialen Folgen war politisch erwünscht, ja wurde institutionalisiert. So setzte ab 1965 eine neue Flut wissenschaftlicher Prognostik ein. In den Akademien der Wissenschaften entstanden eigene Einheiten oder Institute für Prognostik, so in der Sowjetunion im Januar 1967 das erste Institut für soziale Prognostik im Institut der Internationalen Arbeiterbewegung. Aufgabe der neuen Einheit, die Bestuzhev-Lada leitete, war es, sozioökonomische Konsequenzen der wissenschaftlich-technischen Revolution zu prognostizieren. Rasch entstanden weitere Prognostik-Institute, laut Bestuzhev-Lada waren es 1969 mehr als 1000, die sich größtenteils der industriellen Planung, zu einem Viertel der ökonomischen Planung, ferner der Stadtplanung und Sozialplanung widmeten.⁴⁹

Die Prognostik bedeutete nicht unbedingt eine Entideologisierung: Laut offizieller Vorgabe des Komitees für Wissenschaft und Technologie waren alle Prognosen an generelle Leitlinien gebunden, um die gesamtsystemische Ebene im Blick zu behalten. Das Endziel des Kommunismus blieb als quasi-offiziöses Ziel bestehen, ebenso wie die Grundaussagen marxistisch-leninistischen Geschichtsverständnisses kaum in Frage gestellt werden konnten. Die Voraussage eines Verschwindens des Kapitalismus gehörte deshalb zu jeder Prognose in den sozialistischen Staaten. Betrachtete man aber Prognostik als erste Stufe von Planung, so ging es darum, „the internal interconnections and genetics of phenomena" und „the most important factors which determine the dynamics" zukünftiger Entwicklungen zu ermitteln, so etwa im Hinblick auf die Schätzung der künftigen Nachfrage nach bestimmten Gütern und ihren ständigen Abgleich mit der Produktion.⁵⁰ Im Mittelpunkt stand dabei, nach bestimmten Gesetzen und den inneren kausalen Beziehungen zu fragen, welche das ganze Phänomen bestimmten, um so innere logische Strukturen zu ermitteln. Die Konzentration auf Strukturen und Systemlogiken war zum Teil auch dem marxistisch-leninistischen Wissen-

---

⁴⁷ Vgl. Tanner, Komplexität; Gerovitch, Newspeak; Ders., Beherrschung; Segal, Kybernetik, S. 230–233; auch Schmidt-Gernig, Zeitalter.
⁴⁸ Plaggenborg, Experiment; vgl. Bestuzhev-Lada, History, S. 343; Alfred B. Evans, Developed Socialism in Soviet Ideology, in: Soviet Studies 29 (1977), H. 3, S. 409–428.
⁴⁹ Vgl. Bestuzhev-Lada, History; zu den zahlreichen Publikationen zur wissenschaftlichen Prognostik in der Sowjetunion ab 1964/65 Randolph, Forecasting, S. 486–492.
⁵⁰ A.N. Efimov, 1971, zit. n. Randolph, Forecasting, S. 486.

schaftsverständnis geschuldet; aber es ist doch unschwer zu erkennen, dass die kybernetische Herangehensweise, das Denken in Systemen und Rückkopplungen die sowjetische Prognostik in den 1960er Jahren mindestens ebenso stark prägte wie jene des Westens. Ebenso lässt sich ein Spektrum an Methoden aufzeigen, das von Trendextrapolationen und computergestützten Modellsimulationen bis zur Expertenbefragung in Rezeption der (amerikanischen) Delphi-Methode reichte. Was fehlte, waren Umfragen in der Bevölkerung abseits von Experten. Dieser Signatur von Prognostik entspricht auch, dass nur die wenigsten Arbeiten aus den Instituten für Prognostik veröffentlicht wurden. Ohnehin vermuteten Kenner schon in den 1970er Jahren – und Bestuzhev-Lada bestätigte dies später –, dass (abseits der etablierten ökonomischen Planung in den Ministerien) die Institute für Prognostik wenig politischen Einfluss besaßen.[51]

Mit Blick auf die Rezeption der Delphi-Studie in der Sowjetunion drängt sich die Frage auf, welche Bedeutung die westliche Zukunftsforschung in den sozialistischen Staaten hatte. Bestuzhev-Lada erinnerte sich nach 1990, dass Mitte der 1960er Jahre „the tsunami of the ‚forecasting boom' arrived in the Soviet Union from the United States and Europe".[52] Inwieweit die Zukunftsforschung in der Sowjetunion auf einem Wissenstransfer aus dem Westen basierte, wäre in weiteren Studien zu klären. Erkennbar ist auf jeden Fall, dass sich die sozialistischen Staaten Mitte der 1960er Jahre wissenschaftspolitisch öffneten. Dies zeigten die Verhandlungen um ein Internationales Institut für Angewandte Systemanalyse (International Institute for Applied Systems Analysis – IIASA), das ab Ende 1966 ventiliert und 1972 in Laxenburg bei Wien eingerichtet wurde. Der Plan stammte von McGeorge Bundy, dem neuen Direktor der Ford Foundation (die ihr Engagement jetzt von Futuribles weg- und zur Systemanalyse hinbewegte). Das IIASA sollte als internationales Forschungsinstitut Methoden der Systemanalyse weiterentwickeln und konkret Fragen der Verkehrs-, Städte-, Gesundheits- und Forschungsplanung mit Methoden der Systemanalyse untersuchen, um so in der Phase der Entspannung einen Austausch wissenschaftlichen Wissens über die Grenzen des Kalten Krieges hinweg zu ermöglichen. Dabei hoffte jede Seite, von der anderen im Hinblick auf Methoden der Systemplanung und Computersimulation zu profitieren.[53] Erkennbar ist darüber hinaus, dass die Protagonisten der Prognostik in den sozialistischen Staaten sehr genau die „bürgerliche" Zukunftsforschung des Westens beobachteten.[54]

Umgekehrt rezipierte der Westen die Arbeiten der sozialistischen Staaten nur bedingt. Rasch übersetzt wurde – und das hatte Gründe – der sogenannte Richta-Report, der die gedankliche Eigenständigkeit der tschechoslowakischen Prog-

---

[51] Vgl. Randolph, Forecasting, S. 486–492; Bestuzhev-Lada, History, S. 343f.
[52] Ebd., S. 343.
[53] Vgl. Levien, RAND, S. 433–462; Riska-Campbell, Bridging; Rindzevičūte, Emergence.
[54] Vgl. Ossip K. Flechtheim, Futurologie und demokratischer Humanismus. Brücke zwischen „West" und „Ost", in: Club Voltaire. Jahrbuch für kritische Aufklärung 3 (1967), S. 189–216, S. 200f.; Fiedler/Müller, Zukunftsdenken; Igor V. Bestuzhev-Lada, „Futurologie", in: Toffler (Hrsg.), Kursbuch, S. 240–258.

nostik im Lichte des Prager Frühlings aufzeigte. Eine interdisziplinäre Forschergruppe um den Philosophen Radovan Richta in der Akademie der Wissenschaften der ČSSR entwickelte ein eigenes Interpretationsschema der „wissenschaftlich-technischen Revolution", das Reformen hin zu einem Sozialismus mit menschlichem Antlitz nahelegte. Ausgangspunkt war – dies klingt mit Blick auf die westliche Zukunftsforschung bekannt – die Wahrnehmung einer „wissenschaftlich-technischen Revolution". Diese Revolution werde zu einem Wechsel vom industriellen System und von der Industriegesellschaft hin zu einer neuen Gesellschaftsform führen, die durch Technologie und Wissen gekennzeichnet sei. Entscheidend war für die Richta-Gruppe, dass Wissenschaft zum direkten Produktionsfaktor werde; der Arbeiter werde damit aus dem Produktionsprozess herausgelöst und sei nicht mehr Teil dessen. Diese Entwicklung greife tief in das menschliche Leben ein und schaffe Unsicherheit; sie biete aber auch eine historische Chance, nämlich in gewisser Weise den Sozialismus zu vermenschlichen und damit zu vollenden. Denn auch der Sozialismus habe es nicht geschafft, tiefe Problematiken des industriellen Systems zu beseitigen und so menschliche Bedürfnisse zu befriedigen; auch im Sozialismus sei Arbeit in elementare Abschnitte zerteilt, Konsum eingeschränkt, die Umwelt verschmutzt worden. Doch eröffne sich die Möglichkeit, mit der wissenschaftlich-technologischen Revolution genau jene Probleme zu lösen. Denn nun könne Bildung zur Hauptressource werden, die Masse der Menschen sich lebenslang weiterbilden, der Mensch werde von eintönigen, ungelernten Arbeiten verschont und erhalte in einem kybernetischen, geplanten System mehr Freiräume zur kreativen Selbstverwirklichung.[55]

Die Parallelitäten zu Daniel Bells Deutung der „post-industrial society" sind frappierend. Der „Richta-Report" verband wie Bell Prognose und Programm: Zum einen prognostizierte er den Fortgang der „wissenschaftlich-technischen Revolution", an deren Beginn man ja erst stehe. Zum anderen entwarf er im normativen Sinne eine ‚gewünschte' Zukunft: Der Sozialismus stelle den Boden dar, auf dem sich die Revolution entfalten könne. Zugleich böte die Gestaltung der wissenschaftlich-technischen Revolution eine „bedeutsame Erweiterung der sozialistischen Partizipation an der Zivilisationsentwicklung"; sie könne die sozialistische Planung demokratisieren, und gerade dies sei der „Idee des Kommunismus nicht abträglich, sondern würde sie wesentlich stärken".[56] Dabei ist vor allem sprechend, wie sehr die Richta-Gruppe aus dem Leitbild kybernetischer Planung nicht eine mögliche Inkorporation und Steuerung des Einzelnen durch das System, sondern seine Lösung aus hierarchischen Verhältnissen ableitete. Man sah in

---

[55] Vgl. Radovan Richta und Autorenkollektiv, Politische Ökonomie des 20. Jahrhunderts. Die Auswirkungen der technisch-wissenschaftlichen Revolution auf die Produktionsverhältnisse, Prag 1971 (Orig. 1966); auch erschienen als Radovan Richta und Autorenkollektiv, Technischer Fortschritt und industrielle Gesellschaft, Frankfurt a. M. 1972; hierzu Stefan Bollinger, Der „Richta-Report". Vergessene marxistische Alternativen in Zeiten der Produktivkraftrevolution, in: Sitzungsberichte der Leibniz-Sozietät 76 (2005), S. 75–90.

[56] Richta/Autorenkollektiv, Ökonomie, Zit. S. 316f.

der kommenden „soziale[n] Revolution" eine „organische Notwendigkeit der kommunistischen Revolution", die endlich das marxistische Telos erfülle, den Menschen aus dem industriellen Produktionssystem zu befreien.[57] Mithin hatte der „Richta-Report" eine hochpolitische Bedeutung: Indem er die wissenschaftlich-technologische Revolution als Weg zum ‚eigentlichen' Sozialismus begriff, delegitimierte er natürlich den aktuellen Sozialismus trotz aller rhetorischer Abwendung vom Kapitalismus. Auch das momentane sozialistische System wurde ja als administrativ-direktives System begriffen, das von oben nach unten wirke und dem Einzelnen keine oder wenig Entwicklungsmöglichkeiten lasse. Es überrascht deshalb nicht, dass der „Richta-Report" rasch als revisionistische Arbeit galt, welche übersehe, dass sich im marxistischen Verständnis die ganze Arbeiterklasse in der wissenschaftlich-technischen Revolution in eine wissenschaftliche gebildete Kraft weiterentwickelte, dass also die Automation den Arbeiter entlaste, aber der industrielle Produktionsprozess mit den Werktätigen bestehen bleibe. Nach dem sowjetischen Einmarsch in die Tschechoslowakei 1968 wurde die Richta-Gruppe von ihren bisherigen Aufgaben abgezogen.[58]

Ebenso nimmt es nicht wunder, dass der „Richta-Report" im Westen stark rezipiert wurde. Vor allem Vertreter eines sogenannten Dritten Weges zwischen Ost und West, einer Annäherung kapitalistischer und sozialistischer Staaten unter dem Signum einer freiheitlichen Planung und humanen Nutzung neuer Technologien wie Ossip Flechtheim feierten den Report. Flechtheim glaubte – ausgehend von seinem Ideologie- und Utopie-Schema, das er von Karl Mannheim entlehnt hatte – nun in der Sowjetunion eine „entideologisierte' Ideologie" zu erkennen, die auf Beharrung setzte.[59] Flechtheim berief Richta in das Herausgebergremium seiner neuen Zeitschrift „Futurum", die eine ganze Ausgabe der Richta-Gruppe widmete[60]; und er gab eine der deutschen Übersetzungen des Reports heraus.[61]

Auch Mankind 2000 versuchte, die tschechoslowakische Autorengruppe für die Konferenz in Oslo zu gewinnen. Bedrich Levčík und Irena Dubská von der Autorengruppe des „Richta-Reports" sagten ihr Erscheinen zu, wohingegen Radovan Richta nicht gefragt wurde: Wellesley-Wesley berichtete, Richtas Englisch sei nicht besonders gut und er sei gesundheitlich angeschlagen[62]; in der Tat war Richta durch eine lange KZ-Haft unter der NS-Diktatur gehandicapt.

Die Veranstalter des Kongresses waren aber angesichts der Herrschaftsverhältnisse im Warschauer Pakt besonders daran interessiert, *sowjetische* Vertreter nach

---

[57] Ebd., S. 66.
[58] Vgl. Ossip K. Flechtheim, Einleitung. Der Prager Frühling und die Zukunft des Menschen, in: Richta/Autorenkollektiv (Hrsg.), Fortschritt, S. 9–31; Bollinger, „Richta-Report", S. 86.
[59] Flechtheim, Einleitung, Zit. S. 12; vgl. Robert Jungk, Prag hat seinen Brain-Trust, in: Die Zeit, 19.4.1968.
[60] Zum Herausgebergremium vgl. Futurum 1 (1968), H. 1, S. 2; zur Richta-Ausgabe Futurum 1 (1968), H. 2.
[61] Richta/Autorenkollektiv (Hrsg.), Fortschritt.
[62] Mankind 2000, Wellesley-Wesley, an Jungk, 29.4.1967, in: JBZ, NL Jungk.

Oslo zu locken.⁶³ Dies gelang im Fall von Bestuzhev-Lada. Auch Igor Glagolev, der Leiter des sowjetischen Friedensforschungs-Komitees, sagte zunächst zu.⁶⁴ Er stand mit Johan Galtung im Zeichen der Entspannung bereits seit 1964 im Kontakt. Beide waren sich auf einer Tagung der Peace Research Society in Gent im Juli 1964 begegnet. Glagolev hatte hier einen konsequenten Weg der beiderseitigen Abrüstung propagiert, wie es im Falle des Atomteststoppabkommens ja in gewisser Weise schon geglückt sei.⁶⁵ Jungk hatte Glagolev im Herbst 1966 auf einer Tagung der sowjetischen Akademie der Wissenschaften in Moskau kennen gelernt.⁶⁶ Doch Glagolev musste – wohl auf politischen Druck hin – ganz kurzfristig seine Teilnahme in Oslo absagen.⁶⁷ Hingegen folgte Stefan Żółkiewski aus der Gruppe Wissenschaftliche Prognostik der Polnischen Akademie der Wissenschaften der Einladung. Er gab vorsichtig zu bedenken, dass die polnische Gruppe noch aus „Anfänger[n]" bestehe und man deshalb „viel starker [sic] in Willen, als in Erfahrung" sei.⁶⁸ Ebenso reisten Teilnehmer aus Jugoslawien und Bulgarien an.⁶⁹

Drittens versuchte Mankind 2000, Vertreter von Entwicklungs- bzw. Schwellenländern einzubinden. Schon 1964 war dies etwa von Gerry Hunnius als Ziel formuliert worden.⁷⁰ Historischer Hintergrund dessen war der Großprozess der Dekolonisation, der dazu geführt hatte, dass zwischen 1945 und den frühen 1960er Jahren zahlreiche neue, formal unabhängige Staaten auf der Südhalbkugel entstanden waren. Gemeinsames Interesse dieser Staaten war es, zu den industrialisierten Staaten aufzuschließen, um ihren Bevölkerungen jene Entwicklung und jenen Wohlstand zu verschaffen, wie er in der industrialisierten östlichen und vor allem westlichen Welt zu finden war. Im Zeichen des Kalten Krieges und einer linear gedachten Modernisierungstheorie versuchten westliche und östliche Staaten, den Entwicklungsländern wirtschaftliche Hilfestellung zu leisten und sie so auch in den eigenen Block zu integrieren. Hingegen erwuchsen in vielen Schwel-

---

63 Mankind 2000 Preparatory International Secretariat, Wellesley-Wesley, an Jungk, 22.6.1966, 1.9.1966 und 27.9.1966; Summary of Decisions reached at the Mankind 2000 International Meeting held at William Penn House on 24th May 1966; alles in: JBZ, NL Jungk.
64 Übersetztes Schreiben von Igor Glagolev, Chairman of the Economic Commission, Soviet Peace Committee, an Wellesley-Wesley, 4.4.1967, in: JBZ, NL Jungk.
65 Vgl. Igor Glagolev, Concerning the Reduction of Military Expenditure, in: Journal of Peace Research 1 (1964), H.3, S.204f.; Johan Galtung, Foreign Policy Opinion as a Function of Social Position, in: Journal of Peace Research 1 (1964), H.3, S.206–231; vgl. Igor Glagolev/M. Goryainov, Some Problems of Disarmament Research, in: Journal of Peace Research 1 (1964), S.150–154.
66 Mankind 2000, Wellesley-Wesley, an Jungk, 27.9.1966, in: JBZ, NL Jungk.
67 Klaus Tuchel, Die Zukunft der Zukunftsforschung. In Oslo fand der erste internationale Kongreß der Futurologen statt, in: Die Zeit, 13.10.1967.
68 Polska Akademia Nauk, Professor Stefan Żółkiewski, an Jungk, 3.6.1966, in: JBZ, NL Jungk.
69 Liste der Teilnehmer (Provisional List), April 1967, International Future Research Inaugural Congress, Oslo, 12.–15.9.1967, und Mankind 2000 Preparatory International Secretariat, Wellesley-Wesley an Jungk, 3.4.1967, in: JBZ, NL Jungk.
70 ICDP, Mankind 2000, F.C. Hunnius, an Dennis Gabor, 2.10.1964, in: ICA, Gabor Collection, MM/4.

len- und Entwicklungsländern Wirtschaftsnationalismus und neue Abschließung, weil die Dekolonisierung mit einem Prozess der intensivierten weltwirtschaftlichen Verflechtung seit den 1950er Jahren zusammenfiel, der auch – in unterschiedlichem Maße – die neuen Staaten betraf. Zugleich war eine gewisse Erfolglosigkeit der Entwicklungspolitik nach 1945 – durch Armut, Hunger und wachsende Staatsverschuldung in den Entwicklungsländern – offensichtlich geworden. Fassbar wurde eine Nord-Süd-Polarisierung mit der Gründung der UN Conference on Trade and Development (UNCTAD) 1964. Die Weltwirtschaft, so paradigmatisch Raúl Prebisch, Generalsekretär der UNCTAD, zerfalle zwischen einem industrialisierten Zentrum und einer agrarisch strukturierten Peripherie, was zu sich kontinuierlich verschlechternden „Terms of Trade" für die Peripherie führe, denn die Entwicklungsländer müssten für den Import teurer Industriegüter immer mehr Agrarprodukte exportieren.[71]

Auch die Zukunft der Entwicklungsländer wollte die Konferenz in Oslo zum Thema machen.[72] Als Ankerpunkte einer normativ gedachten Zukunft galten Frieden und Entwicklung, die man in einer globalen Perspektive betrachtete und dabei explizit die Schwellen- und Entwicklungsländer einschloss. Die wachsende „Unsicherheit" über die Zukunft sahen Galtung und Jungk in den entwickelten Staaten in der Sorge vor Krieg, in den Entwicklungsländern in nicht erfüllten Erwartungen, Entwicklungsrückstände aufzuholen. Gerade die Verbindungen zwischen Frieden und Entwicklung seien in einer globalen Perspektive auszuloten, weil Frieden ohne Entwicklung nicht möglich sei. Hier machte man sich Galtungs Friedensverständnis zu eigen, um zu propagieren, dass Frieden eben nicht nur die Absenz von Krieg sei, sondern sehr viel weiter reiche: Frieden sei dort fassbar, wo die kollektive Anwendung oder Drohung von Gewalt fehlten, und damit ließ sich diese Definition auch in kongenialer Weise auf die globale Gerechtigkeit applizieren, welche Konflikte verhindere.[73] Doch entsprechende Sondierungen traten offenbar im Vorfeld des Kongresses gegenüber der Ost-West-Dimension zurück. Es waren kaum Vertreter der Schwellen- oder Entwicklungsländer in Oslo anwesend, und sie stellten keinen Referenten.[74]

---

[71] Vgl. Craig Murphy, The Emergence of the NIEO Ideology, Boulder 1984; Toye/Toye, UN, S. 184–229; Rist, History, S. 109–170; Büschel/Speich (Hrsg.), Entwicklungswelten; Sönke Kunkel, Zwischen Globalisierung, internationalen Organisationen und „Global Governance". Eine kurze Geschichte des Nord-Süd-Konflikts in den 1960er und 1970er Jahren, in: VfZ 60 (2012), H. 4, S. 555–577; zur Modernisierungstheorie in der westlichen Entwicklungshilfe bzw. -zusammenarbeit David C. Engerman/Corinna R. Unger (Hrsg.), Modernization as a Global Project, in: Diplomatic History 33 (2009), H. 3, S. 375–506.

[72] Vgl. Klaus Tuchel, Die Zukunft der Zukunftsforschung. In Oslo fand der erste internationale Kongreß der Futurologie statt, in: Die Zeit, 13. 10. 1967.

[73] Mankind 2000, Preparatory International Secretariat (mit Robert Jungk und Johan Galtung), an Dennis Gabor, 7. 2. 1967, in: ICA, Gabor Collection, MM/4; vgl. Galtung, Friedensforschung.

[74] Liste der Teilnehmer (Provisional List), April 1967, International Future Research Inaugural Congress, Oslo, 12.–15. 9. 1967, und Mankind 2000 Preparatory International Secretariat, Wellesley-Wesley an Jungk, 3. 4. 1967, in: JBZ, NL Jungk.

Dennoch trug die „International Future Research Inaugural Conference", die am 12. September 1967 bei Oslo eröffnet und formal von Mankind 2000, Galtungs International Peace Research Institute und Jungks Wiener Institut für Zukunftsfragen ausgerichtet wurde, einen internationalen Charakter. Insgesamt nahmen 65 Wissenschaftler und Intellektuelle aus 17 Nationen teil.[75] Neben den genannten Vertretern der sozialistischen Staaten und den amerikanischen Forschern Helmer, Ozbekhan, McHale und Cornish kamen etwa aus der Bundesrepublik (bzw. Österreich) Mitveranstalter Jungk sowie Flechtheim, Steinbuch, der – im Dritten Teil näher zu charakterisierende – Chemiker Helmut Krauch aus der Studiengruppe für Systemforschung sowie Peter Menke-Glückert.[76] Menke-Glückert, der Psychologie, Ökonomie und Jura studiert hatte und als Austauschstudent an der University of Berkeley gewesen war, hatte bis 1967 als Referent für Forschungsplanung im bundesdeutschen Ministerium für wissenschaftliche Forschung gearbeitet. Von einer gewissen Begeisterung für die US-Forschungspolitik getragen, forderte er hier nachdrücklich, die bundesdeutsche Wissenschaftspolitik müsse sich im Hinblick auf eine gezielte Forschungsförderung an den Think-Tanks, an Methoden des *Operations Research* und an deren Zukunftsforschung orientieren. Nun war er als Leiter der Abteilung für Wissenschaftsressourcen zur OECD gewechselt.[77]

Aus dem westeuropäischen Kontext beteiligten sich besonders intensiv die Niederländer: Schon seit den 1930er Jahren hatte hier, wie oben angesprochen, eine Tradition ökonomischer Planung existiert, die damals Jan Tinbergen personalisiert hatte, und Tinbergen reiste nun auch nach Oslo, ebenso wie Fred Polak, Mitglied von Mankind 2000, der in Oslo eine zentrale Rolle spielte.[78] Hingegen sagte Bertrand de Jouvenel aus gesundheitlichen Gründen ab. Seinen Futuribles-Fortsetzungsantrag hatte die Ford Foundation soeben abgelehnt, und de Jouvenel stürzte in eine Schaffenskrise.[79] Stark vertreten war daneben Großbritannien, und zwar vor allem mit Friedensbewegten und Friedensforschern: Von der Insel reiste neben Lee und de Reuck auch Joseph Rotblat, Mitbegründer der Internationalen Friedensforschung, an. Zudem kam Nigel Calder, ehedem Redakteur des „New

---

[75] Vgl. Klaus Tuchel, Die Zukunft der Zukunftsforschung. In Oslo fand der erste internationale Kongreß der Futurologie statt, in: Die Zeit, 13.10.1967.

[76] Ossip K. Flechtheim, Is Futurology the Answer to the Challenge of the Future, in: Jungk/Galtung (Hrsg.), Mankind 2000, S. 266–269; Karl Steinbuch, Communication in the Year 2000, in: ebd., S. 165–170; zu Menke-Glückerts Teilnahme Menke-Glückert an Picht 18.9.1967, in: BAK, N 1225, 110; Liste der Teilnehmer (Provisional List), April 1967, International Future Research Inaugural Congress, Oslo, 12.–15.9.1967, in: JBZ, NL Jungk.

[77] BMwF, Peter Menke-Glückert, II 7-3100, an Staatssekretär Wolfgang Cartellieri, 22.4.1965, in: BAK, B 138, 6585; Menke-Glückert, II 7-3104-02-6/67, an Hans Paul Bahrdt, 26.1.1967, in: ebd., 6239; zu Menke-Glückert Munzinger-Biographie (1984), http://www.munzinger.de/search/portrait/Peter+Menke+Gl%C3%BCckert/0/15250.html (letzter Aufruf 10.9.2012); Gespräch der Verf. mit Menke-Glückert am 24.10.2009.

[78] Vgl. Liste der Teilnehmer (Provisional List), April 1967, International Future Research Inaugural Congress, Oslo, 12.–15.9.1967, in: JBZ, NL Jungk.

[79] Hélène de Jouvenel an Jungk, 28.8.1967, in: JBZ, NL Jungk; vgl. de Jouvenel an Cornish, 4.1.1975, in: BNF, NAF 28143, Boîte 297.

Scientist" und Herausgeber der aufsehenerregenden Bände „The World in 1984", nach Oslo.[80] Hingegen fand sich kein Teilnehmer aus dem Umkreis des 1966 geschaffenen britischen Committee on the Next Thirty Years in Oslo ein. Die Gründerfiguren des Committee, der prominente Ökonom Andrew Shonfield und der Soziologe und Meinungsforscher Mark Abrams, entstammten dem Umfeld des Social Science Research Council und waren zwar transnational vernetzt, aber eben mit Vertretern eines empirisch-sozialwissenschaftlichen, behavioristischen Verständnisses von „forecasting" wie Daniel Bell.[81] Zwar vereinigte die Osloer Konferenz Protagonisten unterschiedlicher Denkstile, doch dominierte mit Jungk und Galtung zweifellos ein kritisch-emanzipatorischer Zugang, der die Verbindung von Friedens- und Zukunftsforschung stark machte, und davon fühlte sich offenkundig auch Bell nicht angesprochen.

Zukunfts- und Friedensforschung zu verbinden, stand für die Ausrichter der Osloer Tagung, Galtung und Jungk, im Zentrum. Dabei sollten die Themen *Frieden* und *Entwicklung* mit jenen neuen Methoden analysiert werden, welche den Think-Tanks entstammten, also Methoden der Systemanalyse, des Szenario-Writings, der Computersimulation: „In calling a conference dedicated to peace and development in the next decades, the organizers of the conference pointed to a new and urgent direction for future research. Could the new intellectual tools of information technology, systems analysis, operational research, forecasting, anticipating, scenario writing and ‚futures creation' be used on civilian problems?"[82] Entscheidend erschien es, und dies entsprach dem kritisch-emanzipatorischen Denkstil, diese Methoden nicht einer kleinen Elite zu überlassen, sondern das Nachdenken über und die Gestaltung von Zukünften zu internationalisieren und zu demokratisieren, um so Konflikte frühzeitig vermeiden zu helfen.[83] Als konkrete Ziele der Tagung sahen die Veranstalter darüber hinaus zweierlei: Zum einen sollte eine organisatorische Bündelung der internationalen Zukunftsforschung diskutiert werden (die man im Englischen in Anlehnung an Helmer als „future research" bezeichnete); in diesem Sinne war über die Gründung einer „International Future Research Association" zu verhandeln. Zum anderen ventilierte man die Idee, die schon auf der Futuribles-Konferenz in Paris 1965 und dann in der Mankind 2000-Sitzung in London angesprochen wurde, nämlich das erarbeitete Zukunftswissen als Expertise der Politik zur Verfügung zu stellen: „there is the responsibility of scientists and others to serve as some kind of ‚out-look' group for the rest of mankind, to warn of dangers ahead and, which is perhaps even more important to point out possibilities for future and better worlds".[84]

---

[80] Vgl. Calder (Hrsg.), World.
[81] Das 1966 gebildete Committee on the Next Thirty Years um Shonfield und Abrams versuchte die Verbindungen zu Bell zu intensivieren und lud diesen auf eine Tagung zu „Technology for 1980 and beyond" ein; Churchill College Archives, Papers Abrams, Box 43.
[82] Jungk, Preface, in: Jungk/Galtung (Hrsg.), Mankind 2000, S. 9–10, hier S. 10.
[83] Vgl. Jungk/Galtung, Postscript. A Warning and a Hope, in: ebd., S. 368.
[84] Mankind 2000, Preparatory International Secretariat (mit Robert Jungk und Johan Galtung), an Dennis Gabor, 7. 2. 1967, in: ICA, Gabor Collection, MM/4.

Gerade weil man Zukunftsforscher aus verschiedenen Ländern, mit verschiedenen Denkstilen und Konzeptionalisierungen eingeladen hatte, deckten die Beiträge in Oslo ein weites Spektrum ab. Erkennbar war zum einen, dass die Zukunft der Entwicklungsländer keine zentrale Rolle spielte und wenn, dann aus der Perspektive und Interessenlage der Industrieländer betrachtet wurde. Zum anderen war auch der Friede nur ein Thema unter mehreren. Konkret drehten sich die Vorträge und Diskussionen um vier Felder.

Zum ersten war dies – wie von den Veranstaltern gefordert – die Zukunft des Friedens in einer globalen Perspektive. Dabei wurde der Friede kybernetisch gedacht. Johan Galtung untersuchte Trends im internationalen System und überlegte, wie diese mit grundlegenden Werten verbunden werden könnten. Dabei sah er als Bedingung für den Frieden nicht einen dissoziativen Ansatz, der Gruppen auseinander zu halten suchte, indem man etwa ein Gleichgewicht der Kräfte anstrebte. Stattdessen suchte er nach assoziativen Bedingungen für Frieden, indem Gruppen in Kommunikation zueinander gesetzt werden sollten. Drei Punkte erschienen ihm dabei zentral: erstens eine innere Symmetrie zwischen Gruppen, also ein gewisser weltweiter Egalitarismus; zweitens eine hohe Entropie zwischen den Akteuren und im System der Interaktion, indem viele Pfade und Möglichkeiten der Interaktion bestanden; und drittens eine gewisse Zahl an Zwischenorganisationen („supra-group organizations"), und zwar sowohl NGOs als auch internationale Regierungsorganisationen (IGOs), die Kommunikation zwischen Gruppierungen ermöglichten und erleichterten. So entwarf Galtung die normative Vision einer verflochtenen „neomodern[en]" Weltgesellschaft. Erkennbar wird Galtungs Anspruch, die internationale Politik (für ihn das internationale System) kybernetisch, also in miteinander verkoppelten Kommunikationsprozessen zu entwickeln. Dabei stützte er sich *nicht* auf die „Politische Kybernetik" von Karl Deutsch, der die Politikwissenschaft für das Kybernetische geöffnet und argumentiert hatte, dass ein Gesellschaftssystem nur dauerhaft existieren könne, wenn es systemisch offen sei, also Rückkopplungsprozesse integriere. Deutsch orientierte sich erkenntnistheoretisch an Poppers Kritischem Rationalismus (und seiner „offenen Gesellschaft") und nicht an einer normativen Ebene.[85] Hingegen entwickelte Galtung ein eigenes Analyseraster, das normativ angelegt war. Damit schuf er eine grundlegende Verbindung zwischen Friedens- und Zukunftsforschung.[86]

An Galtungs Überlegungen knüpfte in Oslo Richard Behrendt an, ein Soziologe der Freien Universität Berlin, der eine frühe Theorie der Globalisierung entwarf. Ausgehend vom utopischen Leitbild einer „Weltgesellschaft", sah er als Hauptproblematik der gegenwärtigen internationalen Ordnung eine temporale Disparität: Einerseits wachse der objektive Problembereich transnationaler Ver-

---

[85] Vgl. Deutsch, Kybernetik; Jürgen P. Lang/Karl W. Deutsch, The Nerves of Government, in: Steffen Kailitz (Hrsg.), Schlüsselwerke der Politikwissenschaft, Wiesbaden 2007, S. 92–95.
[86] Johan Galtung, On the Future of the International System, in: Jungk/Galtung (Hrsg.), Mankind 2000, S. 12–41, Zit. S. 14, 23.

flechtung und „globaler Nachbarschaft" („global neighborhood") dynamisch, etwa durch die Arbeitsteilung in der immer weiter zusammenwachsenden Weltwirtschaft und das Schicksal des gemeinsamen Überlebens im Falle des Atomkrieges. Andererseits gedeihe das Bewusstsein für diese Situation sehr viel langsamer, ja es stagniere die Einsicht, Verantwortung hierfür zu übernehmen. Hingegen warb Behrendt, in offenkundiger Anknüpfung an von Weizsäcker, für die Errichtung einer „effective social unit capable of protecting the life and promoting the welfare of all its members". Diese könne aber nicht von oben implementiert werden, sondern man benötige die Einsicht in die Notwendigkeit einer solchen globalen Ordnung, die nicht Konflikte eliminiere, sondern Methoden für ihre gewaltlose Bereinigung einübe.[87]

Von den Teilnehmern aus den sozialistischen Staaten kamen zum Thema Frieden keine spezifischen, theoretisch angelegten Impulse. Man betonte grundlegend die Bereitschaft, mit der „sozialen Prognostik" auch der Entwicklung des Friedens dienen zu wollen, wollte sich aber weiter von der kapitalistischen „Propaganda" abgrenzen: „Soviet scientists categorically refuse attempts to use the problems of social prognostics for pro-capitalist propaganda purposes, that is, attempts to present as scientific prognoses the simple utopias of ‚eternal capitalism'." Gleichwohl sei man bereit, den Dialog mit westlichen Wissenschaftlern fortzusetzen, der verschiedene Themen vom Kampf gegen den weltweiten Hunger bis zum Einsatz für weltweite Abrüstung und Frieden, „for a brighter future for mankind" umfasse.[88] Ansonsten konzentrierten sich deren Beiträge vor allem auf Fragen der technisch-wissenschaftlichen Entwicklung.[89] Insofern hatte der Osloer Kongress sein Ziel, die Friedenssicherung in der Zukunft zu thematisieren, zumindest zum Teil erreicht, denn er leistete einen Beitrag zur Entspannung durch Kommunikation.

Nicht nur die Vertreter der sozialistischen Staaten hoben gezielt auf die wissenschaftlich-technische Zukunft ab. Grundsätzlich nahm – *zum zweiten* – das Feld des wissenschaftlichen und technologischen Wandels und seiner sozialen Folgen den wohl größten Teil des Osloer Kongresses ein.[90] Dies korrespondierte nicht unbedingt mit dem, was die Veranstalter vorab deklariert hatten, aber es befand

---

[87] Richard F. Behrendt, Some Structural Prerequisites for a Global Society Based on Nonviolent Conflict Solution, in: ebd., S. 66–68.

[88] Igor V. Bestuzhev-Lada, Social Prognostics Research in the Soviet Union, in: ebd., S. 299–306, hier S. 306.

[89] Vgl. etwa G. S. Khromov, Significance and Perspectives of Space Research, in: ebd., S. 178–184.

[90] Auch Menke-Glückert schrieb an Georg Picht, 18. 9. 1967, dass er in Oslo an einer Konferenz „zu Fragen der zukünftigen technologischen Entwicklungen und ihrer Folgen für die Gesellschaft von morgen" teilgenommen habe; BAK, N 1225, 110. Eigentlich hatte der Osloer Kongress kein Schwerpunktthema zur Wissenschaft und Technologie, sondern neben „International Futures", „Goals and Human Implications" und „Future Research" nur einen zu „Material and Technological Development", aber hier und auch in der Sektion zu „Goals" drehten sich die meisten Beiträge um die wissenschaftlich-technologische Entwicklung; vgl. Jungk/Galtung (Hrsg.), Mankind 2000, Gliederung, S. 6–8.

sich doch in einem gewissen Einklang mit den ersten Entwürfen zur Ausstellung und mit den Überlegungen der im ersten Teil skizzierten ‚Paradigmengruppe' von Zukunftsforschung, die ja ebenfalls den beschleunigten technischen und wissenschaftlichen (und dadurch auch sozialen) Wandel zum Ausgangspunkt der Beschäftigung mit der Zukunft gemacht hatten. So beleuchteten die Teilnehmer der Osloer Tagung Chancen und Gefahren von Technologie und Wissenschaft, von Automation und Raumfahrt, Medizin und Computerisierung. Dabei vermengten sich Risikowahrnehmung und Technikoptimismus, der sich oft in eine Technikeuphorie übersteigerte. So ging Karl Steinbuch in Oslo in einem linearen Zeitverständnis von „a steady improvement of existing technology" aus. Aufbauend auf einer Trendextrapolation argumentierte Steinbuch, dass technische Innovationen durch die Beobachtung von Forschungs- und Entwicklungstrends bereits jetzt „predicted" – vorhergesagt – werden könnten. Konkret prognostizierte er, dass das Fernsehen in Zukunft in Farbe ausgestrahlt werde und Telefone kabellos, mit besserer Akustik und einer Video-Verbindung versehen werden könnten. Der größte Fortschritt gehe von der Computertechnik aus, ohne die in Zukunft kaum mehr ein Industrieprodukt erstellt werden könne; mit der Mikrotechnologie würden die Maschinentechnik, die Managementtechnik und die wissenschaftliche Forschung, aber auch die interpersonelle Kommunikation tiefgreifend verändert werden. Insbesondere würden, so Steinbuch in einer recht treffenden Voraussage des Internets, voraussichtlich in den nächsten zwanzig Jahren „information banks" Informationen per Datenübertragung aufnehmen, speichern und für Benutzer aufbereiten. Diese könnten sowohl auf lokaler Ebene als auch, über eine Telefonverbindung, über weite Distanzen auf die Daten zugreifen. Über Informationsnetze („information grids") könnten Informationsbanken weltweit verbunden werden. Als mögliche Nutzer nannte er Presseagenturen, Forschungsinstitute, Patentbüros, aber auch die Polizei. Die Problematik des Datenschutzes und des Missbrauchs von Daten schnitt Steinbuch an, doch sah er diese durch Kontrollen als lösbar an. Auch in Oslo verwies Steinbuch – wie in anderen Zusammenhängen – auf seine Lieblingsprognose, die zugleich Programm war, nämlich die Ausbreitung des Lehrcomputers, welcher Lehr-Informationen über das Fernsprechnetz an Schüler sendete.[91] Gerade die Lehrcomputer spiegelten das auf Technik konzentrierte Machbarkeitsdenken, welches die technologische Dynamik antrieb, aber in ihrer kühlen Funktionalität kommunikative Faktoren vernachlässigte.

Das übersteigerte Machbarkeitsdenken spiegelte sich ebenso in den Überlegungen Werner Hirschs, eines US-amerikanischen Ökonomen und Begründers des Institute of Government and Public Affairs der University of California, der sich geradezu in Steuerungs- und Züchtungsutopien verfing. Sein Osloer Beitrag über die Erziehung der Zukunft warb für „computer-controlled learning machines", die mit Informationssystemen und Datenbanken verknüpft seien. Mehr Schüler

---

[91] Steinbuch, Communication, Zit. S. 165 f.; ausführlicher in Jungk (Hrsg.), Menschen, S. 65–74; vgl. Ders, Falsch programmiert, S. 160–162.

mit höherer Intelligenz versprach er sich allen Ernstes davon, Föten entsprechende Wachstumshormone zu verabreichen: „Since the problem-solving capacity in mammals appears to be expanded by increasing the number of neurons in the brain during that period, children with extraordinary learning capacity might be produced." Darüber hinaus müssten eben vor allem die hochintelligenten Studenten Kinder produzieren. Schließlich seien es Innovationsblockaden, welche das Lernen behinderten: Eltern schickten ihre Kinder auf höhere Schulen, doch wehrten sich gegen neue Werte und neue Lebensstile, weil sie an Bewährtem festhalten und ihre Kinder nicht ziehen lassen wollten. Da aber die Gesellschaft jünger werde, verkürze sich der zeitliche Abstand von Idee und Ausführung, und dies lasse hoffen: „Thus, we can anticipate more flexibility in approaches to social problems".[92]

Im Banne einer machbarkeitsorientierten Technologiefixierung standen auch Peter Menke-Glückerts planungsorientierte Überlegungen. Menke-Glückert erstellte wie Hirsch im Kern keine Szenarien oder Prognosen, sondern konzentrierte sich in einem voluntaristischen Modus auf die Gestaltung der Zukunft, und zwar durch Technik und mit Technik. So forderte er eine stärkere internationale Zusammenarbeit im Bereich von Forschung und Technologie, um Probleme in Rüstung, Verkehr, Telekommunikation und Welternährung zu lösen. Menke-Glückert sprach von neuen Formen von Forschungs- und Entwicklungsmanagement, neuen internationalen Informationsdatenbanken und Instituten für technologische Vorausschau. Auch er ging wie Hirsch davon aus, dass die Technologie neue „value systems" schaffe. Während Hirsch den erwarteten Werte-Wandel euphorisch begrüßte, war es Menke-Glückert mehr darum zu tun, eine Erforschung dieser Trends anzuregen. Auch Menke-Glückert freilich schien von einem gewissen Furor der Osloer Tagung mitgerissen, der sich emphatisch von Altem lösen und Neues entwickeln wollte; auch er äußerte, dass viele Werte „defensiv" seien, „that means they try to defend out-dated cultural patterns and preserve structures which are unadaptable to scientific and technological change".[93]

Ebenso verwies Hasan Ozbekhan in Oslo auf die technischen Möglichkeiten des Planens, auf Techniken des *Operations Research*, der Systemanalyse und Computersimulation. Doch betonte er stärker als Menke-Glückert die Bedeutung einer normativen Ebene von Planung, also den Prozess der Zielfindung, ohne jedoch konkrete Wege zur Verbindung beider Ebenen aufzuzeigen.[94] Ähnlich ausgewogen argumentierten die Vertreter der tschechoslowakischen Richta-Gruppe. Diese beleuchteten im Sinne des „Richta-Reports" die Problemlagen und Chancen der wissenschaftlich-technologischen Revolution aus sozialistischer Perspektive, gerade im Hinblick auf Automation und Freizeitgewinn. Sie

---

[92] Werner Z. Hirsch, Education and the Future, in: Jungk/Galtung (Hrsg.), Mankind 2000, S. 212–219, Zit. S. 213f., 215f.; verkürzt auf Deutsch in: Jungk (Hrsg.), Menschen, S. 226–233.
[93] Wortbeitrag Menke-Glückert, Discussion on Future Research, in: Jungk/Galtung (Hrsg.), Mankind 2000, S. 339f.
[94] Hasan Ozbekhan, The Role of Goals and Planning in the Solution of the World Food Problem, in: ebd., S. 117–150.

wollten aber betont wissen, dass die technologische Entwicklung nicht nur als solche, sondern essentiell immer auch „in man and the human society" gesehen werden müsse.[95]

Mit Technik wollten die Teilnehmer der Osloer Tagung das Problem der Welternährung bzw. der knapper werdenden Ressourcen lösen, welches zum *dritten* Kernthema der Osloer Tagung avancierte. Nicht die Zukunft der Entwicklungsländer und ihre eigenen Wege, sich eine Zukunft abseits westlicher Modernisierungstheorien zu erschließen, wurde also diskutiert, wie es sich Galtung erhofft hatte, sondern nur der Aspekt des explosiven Bevölkerungswachstums, der seit der UN-Weltbevölkerungskonferenz in Belgrad 1965 über die demographische Forschung hinaus zum Thema geworden war.[96] Die Osloer Konferenz griff dies auf, nicht zuletzt weil die Bevölkerungsentwicklung mit technischen Trends verknüpft war: Die demographische Entwicklung und damit Welternährung sah man maßgeblich durch Fortschritte in Medizin und Hygiene bedingt. Erkennbar wird, dass viele der westlichen Teilnehmer in Oslo nicht Galtungs Verständnis von Frieden und Entwicklung teilten, sondern die globale Zukunft aus einem impliziten Bewusstsein der Überlegenheit gegenüber den weniger entwickelten Ländern konzipierten und im Grunde – trotz aller objektiven Problemlagen – deren Zukunft kolonisierten. So schlug Anthony Michaelis von der Wissenschaftsredaktion des britischen „Daily Telegraph" vor, den „illiterate millions of our planet" Wissen über Verhütungsmittel und damit auch mehr Wohlstand per Weltraumsatelliten näher zu bringen. Man könne Programme senden, „which could raise illiterate communities using stone-age agricultural implements, to a level, where they can participate in, and contribute to, the ever increasing level of knowledge of the present century". Wenn Lesen und Schreiben eingeübt seien, könne man Techniken der Nahrungsmittelproduktion lehren, „ranging from use of modern fertilisers, the acceptance of new plants, and the learning of simple biology lessons, covering both human and animal reproduction". Hier grenzte sich Michaelis von Züchtungsutopien ab: „[T]hen the space age teacher must point out that animal reproduction for food is ‚good', but human reproduction beyond certain limits is ‚bad'".[97] Deutlicher wurde Dennis Gabor in seinem Beitrag über materielle Ressourcen der Zukunft. Er berief sich auf Trendextrapolationen der FAO, nach denen im Jahr 2000 nicht mehr dreieinhalb, sondern sechs Milliarden Menschen die Erde bevölkerten. Wenn die Entwicklungsländer ihre Nahrungsmittelversorgung eigenständig sichern wollten, müssten sie ihre Nahrungsmittelproduktion mit einer jährlichen vierprozentigen Zuwachsrate vervierfachen. Gabor dachte Zukunft aus der Perspektive der ehemaligen Kolonial-

---

[95] Bedrich Levčik, The Perspectives of the Scientific and Technical Revolution, in: ebd., S. 334 f.; Richta u. a., Perspective; Klaus Tuchel, Die Zukunft der Zukunftsforschung. In Oslo fand der erste internationale Kongreß der Futurologen statt, in: Die Zeit, 13.10.1967.

[96] Vgl. United Nations Department of Economic and Social Affairs (Hrsg.), Proceedings of the World Population Conference, New York 1966.

[97] Anthony R. Michaelis, Television from Space Satellite. A Solution to the Population Explosion, in: Jungk/Galtung (Hrsg.), Mankind 2000, S. 171–177, Zit. S. 171, 175 f.

macht: Diese habe die nunmehrigen Entwicklungsländer zurückgelassen, aber ihnen zuvor die moderne Medizin gebracht, was nun zu einer „Sterbekontrolle", also längerer Lebensdauer führe, und man habe die Länder zudem mit dem Nationalismus infiziert. Um sie aus der Rolle von Almosenempfängern zu befreien, müsse man Düngemittel und landwirtschaftliche Maschinen in die Entwicklungsländer exportieren, aber ihnen auch – so Gabor wie Michaelis – Fernsehgeräte zur Verfügung stellen, um so das Ziel der Geburtenkontrolle entsprechend kommunizieren zu können. Die weltweite Energieversorgung sei hingegen bis zur Jahrhundertwende gesichert, und zwar durch billiges Öl und Erdgas, aber vor allem durch die Gewinnung von Kernenergie und neue Techniken der Urangewinnung aus Meerwasser, für die Gabor auf Experimente des Kernforschungszentrums in Harwell verwies. Ohnehin ermögliche es der Fortschritt der Technik, die industrielle Produktion in den Industrieländern beständig zu steigern. Doch drohe mit der Rationalisierung und dem Sektorenwandel das Problem der Arbeitslosigkeit. Dieses könne irgendwann nur durch ein Abflachen des Wachstums verhindert werden, so Gabor, später Mitglied des Club of Rome, in Vorwegnahme der Thesen von den „Grenzen des Wachstums". Gabor glaubte also nicht an den Segen wirtschaftlichen Wachstums, aber an den Segen der Technik. Mit dieser wollte er im patriarchalischen Gestus den Entwicklungsländern helfen, deren Bewohner er als rückständig und lethargisch bezeichnete: „Technical know-how: This is the easiest. We have more than enough know-how to create a rich globe by A.D. 2000. But it is no use unless we know also how to transmit know-how to the illiterate millions of India, or to the lethargic masses of some Latin American countries, and it is doubtful whether we or they know how to achieve this."[98] Erkennbar gingen Michaelis und Gabor, beide britische Naturwissenschaftler, von einem technischen Machbarkeitsdenken und einer westlichen Ordnungsperspektive aus, was zu kolonial unterlegten Stereotypisierungen führte.

Hingegen suchte der US-Amerikaner Richard L. Meier, studierter Chemiker, dann in der Systemforschung und Regionalplanung tätig und nun Professor am Department of Natural Resources der University of Michigan, in einer explizit systemtheoretischen Planungsperspektive nach Lösungen für das Welternährungsproblem. Den Schlüssel für die Sicherung von Ressourcen in jenen armen Ländern, die wenige Rohstoffe besäßen, sah er in der Kontrolle des Konsums. Deshalb entwarf er für diese Staaten quasi auf dem Reißbrett neue „sub-systems for water, food, transport, housing, and central city organization" in neu zu planenden Städten. Hier sollte man effizient planen, Rückkopplungseffekte nutzen und Rohstoffe durch menschliche Arbeitskraft ersetzen. Diese „social technology" ermögliche schrittweise eine Optimierung der Planung: „The urban systems designer will have to utilize a good deal of it before he comes close to the opti-

---

[98] Dennis Gabor, Material Development, in: ebd., S. 156–164, Zit. S. 156; vgl. Dennis Gabor, Ernährung, Energiewirtschaft und industrielle Produktion der Zukunft, in: Jungk (Hrsg.), Menschen, S. 237–249.

mum."[99] Meier sprach damit auch vom Ziel der globalen Ressourcensicherung, das erst Anfang der 1970er Jahre ein zentrales Thema der Zukunftsforschung werden sollte. Da er aus einer Perspektive des westlichen Planers ein konkretes Programm für die urbane Zukunft der Schwellen- und Entwicklungsländer entwarf und hier etwa auch von einer zu schaffenden indischen „Megalopolis" mit 700 Millionen Menschen sprach, rief er Protest hervor; dieser kam von Europäern, aber auch von den wenigen Vertretern der Entwicklungsländer.[100]

Am zurückhaltendsten zeigte sich hier – zweifellos auch geprägt von der deutschen Vergangenheit einer nicht nur kolonialisierenden, sondern rassenideologisierten Planung – ein bundesdeutscher Referent, nämlich Fritz Baade vom Kieler Institut für Weltwirtschaft, Sozialdemokrat und Autor des Buches „Wettlauf um das Jahr 2000". Er referierte in einem empirischen Verständnis die Ist-Ziffern und Trendextrapolationen der FAO, um hieraus konkrete Handlungsstrategien zu entwickeln. Baade war freilich mindestens ebenso optimistisch wie Michaelis oder Hirsch, mit neuen Technologien das drohende Welternährungsproblem abzuwenden: Durch den Gewinn neuer Anbauflächen, die Bewässerung nicht genutzter Flächen, die Nutzung der Nahrungsreserven in den Weltmeeren und eine Steigerung des Hektar-Ertrages des Ackerlandes (durch Düngung, Schädlingsbekämpfung usw.) könne man die weltweite Getreideproduktion bis zum Jahr 2000 von 15 auf 30 Milliarden Tonnen steigern.[101]

In allen Überlegungen zu technisch-wissenschaftlichen Entwicklungen und Ressourcen wird deutlich, wie stark die Osloer Tagung im Zeichen eines dominierenden Gestaltungsoptimismus und eines technikeuphorischen Machbarkeitsdenkens stand, welche die post-industrielle Moderne konstruierten und grundsätzlich begrüßten. Trotz aller wahrgenommenen Gefahren und Risiken war man gewiss, mittels neuer Technologien und systemtheoretisch angelegter Planungsmethoden die Welternährungsprobleme zu lösen und den technischen, wirtschaftlichen und damit auch gesellschaftlichen Fortschritt voranzutreiben. So schloss etwa Hirsch seinen Beitrag: „The resources for providing for the future are at hand. We must only learn to use them wisely."[102]

Dieser Gestaltungsoptimismus ruhte auch in einem Vertrauen in die Erforschbarkeit von Zukunft, und insofern spiegelte sich all das Gesagte im *vierten* Thema. Die Osloer Tagung diskutierte nämlich in einem reflexiven Modus über die Zukunftsforschung. Dies geschah zum einen durch Olaf Helmer, der während der Tagung ein kleines Delphi-Experiment mit den Teilnehmern durchführte, um die Delphi-Technik zu illustrieren und zugleich Meinungen zu zentralen Entwicklungen einzuholen. Die Ergebnisse unterstrichen das Bild des dominieren-

---

[99] Richard L. Meier, Material Resources, in: Jungk/Galtung (Hrsg.), Mankind 2000, S. 100–115, Zit. S. 115.
[100] Tuchel, Die Zukunft der Zukunftsforschung. In Oslo fand der erste internationale Kongreß der Futurologen statt, in: Die Zeit, 13.10.1967.
[101] Fritz Baade, Material Resources for the Nutrition of Mankind, in: Jungk/Galtung (Hrsg.), Mankind 2000, S. 151–155.
[102] Hirsch, Education, S. 219.

den Machbarkeitsdenkens in Oslo; so sahen im Median die Teilnehmer das Welt-Nationalprodukt bis 1990 verdoppelt, die Kernfusion bis 1995 einsetzbar und das globale Nahrungsangebot durch Ozeanbodenkultivierung bis 2000 um 20% erhöht. Helmer ging es aber auch darum, aufzuzeigen, dass die Wechselwirkungen jeweiliger Entwicklungen mit reflektiert werden müssten.[103]

Zum anderen debattierten die Teilnehmer in Oslo über den Charakter und die Aufgabe der Zukunftsforschung. Im Sinne der Überlegungen der ‚Paradigmengruppe' gingen dabei mehr oder weniger alle Teilnehmer von der Überzeugung aus, dass die Zukunft offen sei und damit unendlich viele Zukünfte existierten. Ossip Flechtheim hielt fest: „In contrast to an ideological fixation on the past and to a utopian glorification of the future, the futurological attitude would include the future as an open dimension, thus enlarging the sphere of human action."[104] Aus dem Bild der offenen Zukunft zog man also nicht den Schluss, die Zukunft sei unvorhersagbar, sondern sah in Anknüpfung an de Jouvenel, auf den sich viele Teilnehmer beriefen, eine Fülle an Zukünften, die man mittels neuer Methoden erforschen und gestalten könne.[105] In der Tat erschien es nun möglich, aus den „many alternative futures" zu wählen: „Given his present scientific and technical knowledge, man has an enormously enhanced capacity to choose his future – both collectively and individually".[106] Aufgabe der Zukunftsforschung war es demnach, die Zukunft in einer interdisziplinären und holistischen Perspektive zu erforschen und zugleich Möglichkeiten ihrer Gestaltung zu entwickeln oder zu planen. Dies betonte etwa Fred Polak: Man müsse Wissenschaft und politisches Programm grundsätzlich in eins denken. Die Sozialwissenschaften hätten endlich Max Webers Diktum der Trennung von Wissenschaft und Politik aufzugeben und sich gesellschaftlich einzubringen.[107]

Gleichwohl wurden in Oslo unterschiedliche Herangehensweisen und Denkstile evident. Wie gesehen fokussierten mehrere Referenten aus einem empirisch-positivistischen Verständnis heraus die mögliche und wahrscheinliche Zukunft, so etwa Steinbuch, Helmer oder Baade. Im Kern rechneten auch Gabor und Hirsch mit ihrem technizistischen, westlich geprägten Ordnungsdenken diesem Denkstil zu. Hingegen lassen sich die Konferenzorganisatoren einem kritisch-emanzipatorischen Denkstil zurechnen, so Jungk und Galtung, aber auch Polak und McHale, der für eine Wiederaufnahme des ursprünglichen Ausstellungskonzepts von Jungk plädierte.[108] Der normativ-ontologische Zugang war in Oslo –

---

[103] Olaf Helmer, An Abbreviated Delphi Experiment in Forecasting, in: Jungk/Galtung (Hrsg.), Mankind 2000, S. 360–367.
[104] Wortbeitrag Flechtheim, Discussion on Future Research, in: ebd., S. 336.
[105] Vgl. z. B. Cornish, Futurist, hier S. 244f. (deutsch in: Jungk [Hrsg.], Menschen, S. 132–136, hier S. 132f.); Wortbeitrag François Hetman, Discussion on Future Research, in: Jungk/Galtung (Hrsg.), Mankind 2000, S. 337.
[106] Wortbeitrag John McHale, Discussion on Future Research, in: ebd., S. 342f.; vgl. John McHale, Future Research. Some Integrative and Communicative Aspects, in: ebd., S. 256–263.
[107] Fred L. Polak, Towards the Goal of Goals, in: ebd., S. 307–331.
[108] McHale, Future Research, S. 262; Jungk/Galtung, Postscript, S. 368.

aufgrund des Fehlens von de Jouvenel und von Weizsäckers – kaum vertreten.[109] Dennoch brach in Oslo (noch) kein offener Konflikt darüber aus: Denn im Kern verband die Denkstile die Überlegung, die Zukunftsforschung solle eben nicht nur die Zukünfte erforschen, sondern auf ihre Gestaltung drängen.

Trennlinien zeigten sich in Oslo stärker in zwei Aspekten, die freilich eng mit den Denkstilen verknüpft waren. Erstens war dies die Frage, ob die Zukunft von oben oder von unten erforscht und gestaltet wurde: Entwarfen die Eliten – die Kybernetiker wie Steinbuch, die Erzieher wie Hirsch, die Stadtplaner wie Meier – Zukunft, und inwieweit waren die Bürger hinzuziehen? Dies ging zweitens einher mit der Frage, ob es ‚objektive' Lösungsmöglichkeiten für kommende Probleme gab oder ob im Imaginieren und Präsentieren verschiedener Szenarien und im gemeinsamen dialogischen Herausfiltern gewünschter Zukünfte die Aufgabe der Zukunftsforschung lag. Zweifellos drangen in diesen Punkten die im sozialen Wandel wurzelnden Rufe nach Partizipation und Selbstverwirklichung durch, welche die Studentenbewegung in der westlichen Welt und der Prager Frühling im Osten transportierten. Polak sprach dies offen aus und warb wie Jungk, Galtung und McHale für die zweite Option: Die Zukunftsforschung dürfe nicht als „futurocracy" technokratische Zukunftsplanung unterstützen, sondern müsse als „futurocreation" den Menschen mögliche und wünschenswerte Zukünfte aufzeigen: „People do not know that and how they might choose between those alternative futures. People have not explicitly been taught that, and in what way, they can now, by using these options, determine their own fate, shape their own future, remodel and transform their own coming world".[110] Auch Jungk und Galtung forderten in ihrem Postscript des Tagungsbandes: „The future belongs to all of us, not only to small oligarchic groups and interests".[111] Auf eine partizipative Fundierung der Zukunftsforschung drängten, aus dem Kontext eines kritisch-emanzipatorischen Denkens, vor allem Forscher aus der Bundesrepublik und den Niederlanden. Ein anderer Teil der Teilnehmer, der in der Tendenz stärker dem angelsächsischen Raum entstammte, verstand im Rahmen eines empirisch-positivistischen Denkstils Modernisierung und Planung mehr als Prozess ‚von oben'.

Grundsätzlich aber stand die Osloer „First International Future Research Conference"[112] im Zeichen von Aufbruchstimmung und Machbarkeitsdenken. Beides speiste sich aus dem Vertrauen in neue Methoden der Prognostik, in den „Fortschritt" der Technik, der wachsenden Wohlstand mit sich bringe. Eben weil die Konferenz auf die Gestaltung (und nicht nur Erforschung) der Zukunft drängte und die Demokratisierung dieses Prozesses eine zentrale Rolle einnahm, überrascht es, dass die ursprüngliche Überlegung, *Look-out*-Institutionen für Politik und Öffentlichkeit zu schaffen, nicht debattiert wurde (zumindest ist dies nicht im Tagungsband dokumentiert).

---

[109] Vgl. McHale, Future Research.
[110] Polak, Goal, S. 327.
[111] Jungk/Galtung, Postscript, S. 368; ähnlich McHale, Future Research, S. 256.
[112] So Jungk, Preface, in: ebd., S. 9.

Gleichwohl bildete offenkundig Oslo den Startpunkt für eine Initiative der Kerngruppe von Mankind 2000, in die Politikberatung auf europäischer Ebene einzugreifen und beim Europarat für die Schaffung einer *Look-out-Institution* zu werben. Jungk erinnerte sich in seinen Memoiren, er habe den Kontakt zu seinem „Freund", dem Schriftsteller Nicolaus Sombart, hergestellt.[113] Sombart war seit 1954 als Dezernent für den Europarat tätig. Interessiert an Fragen der Planung[114], hatte er sich auch für die Mankind-Konferenz in Olso angemeldet.[115] Auch weil die „Consultative Assembly" des Europarates dem eigenen Arbeitsprogramm eine „forward looking dimension" geben wollte[116], wurde offenkundig am Rande der Oslo-Konferenz die Idee diskutiert, für den Europarat einen *Round Table* mit Vertretern aus dem Feld der Zukunftsforschung zu organisieren. Dieser Kreis sollte dann die Schaffung einer europäischen *Look-out-Institution* vorbereiten. Ein entsprechendes Papier erstellte Robert Jungk.[117] Hierin schlug er vor, eine europäische Look-out-Behörde solle nicht enge Politikberatung betreiben, sondern sich als wichtiger Knotenpunkt in einem Netz von kommunalen, regionalen, nationalen, kontinentalen und weltweiten „Aussichtswarten" verstehen, das wiederum mit einem weiteren Netz an entsprechenden interessengebundenen Institutionen verknüpft werden könne. Die Look-out-Behörde solle ihren Auftrag darin sehen, einen „general view" der Zukunft zu kultivieren, ein „social warning system" zu entwerfen, die Öffentlichkeit zu informieren und zu „erziehen" („education of the public") und einen „council of the wise" zu schaffen, der weitergreifende soziale Ziele entwerfe.[118] Dieser letzte Punkt entsprach genau de Jouvenels Entwurf eines „prävisionellen Forums" (*Surmising Forum*), das ja auf der Futuribles-Tagung in Paris 1965 auch durch Hasan Ozbekhans Papier als *Look-Out-Institution* diskutiert worden war. Konkret sah Jungk als Aufgabe der Look-out-Behörde, Daten zu sammeln, also Literatur verschiedenster Felder – gerade der Stadt- und Regionalplanung – zu sichten und mit anderen Dokumentationszentren zu kooperieren, um so als „ziviler Nachrichtendienst" zu agieren.[119] Ferner müsse die Behörde immer die (unerwünschten) Nebeneffekte von

---

[113] Jungk, Trotzdem, S. 367.

[114] Sombart näherte sich dem Thema Planung über eine geschichtsphilosophische Betrachtung von Fortschrittsideen seit Comte und Saint-Simon, um festzustellen, dass sich nun mit einem neuen Verständnis der Durchdringung von Zukunft, neuen Methoden und einem globalen Selbstverständnis Politik in „Planung" verwandele; Sombart, Krise, hier S. 57.

[115] Liste der Teilnehmer (Provisional List), vom April 1967, International Future Research Inaugural Congress, Oslo, 12.–15. 9. 1967, in: JBZ, NL Jungk.

[116] Long-Term Planning and Forecasting in Europe. Long-term forecasting in Europe 1968–1970. Memorandum prepared by the Division for long-term planning and policy of the Directorate of Political Affairs, Council of Europe, in: APWM 3 (1971), H. 13, S. 22–27, hier S. 22.

[117] Robert Jungk, Look-out Institutions for Shaping the Environment, in: Futures 1 (1968/69), H. 3, S. 227–231; zusammengefasst in Ders., Zukunftsforschung und Gesellschaft, in: Benda (Hrsg.), Politik, S. 61–63. Dass Jungk dieses Papier in Straßburg vorlegte, geht auch aus der Niederschrift des Protokollentwurfs einer „Table Ronde" beim Europarat in Straßburg am 6. und 7. Januar 1968 hervor, in: KITA, NL Steinbuch, 316.

[118] Jungk, Look-out Institutions, S. 227–231, Zit. S. 228, vgl. auch für das Folgende.

[119] Ders., Zukunftsforschung und Gesellschaft, Zit. S. 62.

Entscheidungen, Prozessen und Innovationen kalkulieren, mithin im klassischen Feld der Prognostik arbeiten. Darüber hinaus solle die Behörde zuständig dafür sein, nicht nur vorherzusagen, sondern auch Modelle gewünschter Zukünfte präzise zu entwickeln, also „plausible projects" zu entwerfen, mit welchen sich die Entscheidungsträger – hier der Europarat – dann beschäftigen müssten. Ziel der Institution sei eben auch „[to] encourage plans for models of a better world". Gerade in diesen Überlegungen müssten die Bürger, die „users and inhabitants of the existing world", von Beginn an eingeschaltet werden, und dabei auch der „man in the street", der seine eigene Umwelt der Zukunft mit formen könne. Eine eigene Abteilung der Behörde solle deshalb auf breitester demokratischer Ebene Diskussionen über Prognosen und Entwürfe arrangieren und begleiten.[120]

Mit diesem Konzept im Gepäck, das den in Oslo diskutierten Überlegungen zur Demokratisierung der Zukunft(sforschung) entsprach, reiste eine Kerngruppe um Mankind 2000 – nämlich Jungk und Galtung, die in Oslo anwesenden Karl Steinbuch und Helmut Krauch sowie Bertrand de Jouvenel und die beiden Mitarbeiter des italienischen Instituto per le Ricerche de Economia applicata Valerio Selan und Pietro Ferraro – im Januar 1968 nach Straßburg. Die Gruppe diskutierte zwei Tage lang mit Vertretern der Division for Long-term Planning and Policy des Directorate of Political Affairs, insbesondere mit dem Briten H. Beesley, mit Sombart und zeitweise auch mit Peter Smithers, dem Generalsekretär des Europarates. Ein Ergebnisprotokoll dokumentierte, dass der *Round Table* ein weitreichendes Vorausschau-Programm diskutierte. Demnach wollte der Europarat verschiedenste Maßnahmen zu „Europe 2000" angehen, die noch über Jungks Papier hinausgingen. Dies umfasste insbesondere die Schaffung einer Look-out-Behörde, wie sie Jungk vorgeschlagen hatte, sowie eines eigenen kleinen Expertenbüros beim Sekretariat des Europarates, das einen Newsletter herausgeben und Verbindungen zu internationalen Institutionen und Nichtregierungsorganisationen herstellen solle. Als Verbindungspersonen zu diesem Büro waren de Jouvenel, Jungk und Ferraro genannt. Darüber hinaus hielt der Kreis fest, dass es notwendig sei, Empfehlungen an die einzelnen Regierungen auszusprechen, nämlich Forschungen zur „prévision" zu stärken, neue Planungskonzepte wie das amerikanische *Planning Programming Budgeting System* (PPBS) für die nationalen Administrationen zu prüfen und entsprechende Methoden in der universitären Lehre zu verankern. Schließlich sollte eine große Konferenz organisiert werden, zu der auch Vertreter Osteuropas gebeten würden.[121]

Doch die Initiative wurde nur in sehr reduzierter Form verwirklicht. Zwar traf sich der Kreis im Frühjahr 1968 noch einmal, doch in der Folge organisierte der Europarat nur eine Umfrage unter den Mitgliedsländern und internationalen Organisationen. Auf dieser Grundlage erstellte ein Team unter der Leitung Sombarts eine Bestandsaufnahme über langfristige Planungs- und Voraussageaktivitä-

---

[120] Ders., Look-out Institutions, S. 227–231, Zit. S. 230.
[121] Conclusions de la première réunion des experts consultants „Europe 2000", 6 et 7 janvier 1968 à Strasbourg, in: KITA, NL Steinbuch, 316.

ten in Europa („inventory of European bodies engaged in long-term planning and forecasting studies and of their activities"), die sich auf die Jahre 1968 bis 1970 erstreckte und in mehreren Bänden veröffentlicht wurde.[122]

Jungk äußerte ex post, Überlegungen zur Schaffung einer „Wetterwarte" hätten „sofort" Widerstände hervorgerufen, weil „alte gewohnte Positionen und partikulare Verhaltensweisen durch eine das Ganze übersehende neue Abteilung gefährdet werden könnten".[123] Wohl stellte sich für die Planungsgruppe des Europarates die Frage, inwieweit man wegen eines neuen Expertenstabs eigene Kompetenzen teilen oder abgeben musste, wohingegen bestimmte Vorschläge – wie die Prüfung des PPBS – ja in Eigenregie verfolgt werden konnten. Zudem verkörperte schon der *Round Table* der Zukunftsforscher ein recht heterogenes Bild, das vom Kybernetiker Steinbuch über den Ökonomen Selan und den Politikwissenschaftler de Jouvenel bis zum Friedensforscher Galtung reichte und wohl Bedenken weckte, inwieweit die Expertengruppe eine einheitliche Agenda verfolgte. Schließlich ließ sich für den Europarat immer darauf verweisen, dass Initiativen ebenso von den Einzelstaaten verfolgt werden könnten. Und dies taten ja etwa die französische Regierung, die für die *Planification* 1962 die Groupe 1985 um Bertrand de Jouvenel eingerichtet hatte und in Reaktion auf deren „Réflexions" ab Mitte der 1960er Jahre Zukunftsforschungsgruppen in Ministerien einrichtete[124], die britische Regierung, die ab 1965 Long Term Groups in verschiedenen Ministerien installierte[125], und auch die Bundesregierung mit der Planungsabteilung im Kanzleramt, die im Dritten Teil zu thematisieren sein wird.

2. Technikträume und Bewegungsverständnis: Die Gründung der World Future Studies Federation

Die Veranstalter von Oslo hatten wie gesehen als Ziel der Tagung ausgegeben, über die Schaffung einer internationalen Föderation zu debattieren. Dieser Gründung stimmten in Oslo einzelne Teilnehmer zu[126]; Kritik hieran ist zumindest nicht dokumentiert. So bestimmte der Kongress am Ende ein „Continuing Committee of the International Future Research Congress"; dieses sollte eine interdisziplinär arbeitende Zukunftsforschung auf professioneller Basis fördern, einen neuen Kongress planen und eine Institutionalisierung vorantreiben. Chairman wurde Nigel

---

[122] Long-Term Planning and Forecasting in Europe 1968–1970. Memorandum prepared by the Division for long-term planning and policy of the Directorate of Political Affairs, Council of Europe, in: APWM 3 (1971), H. 13, S. 22–27; Long-Term Forecasting in Europe. Études prospectives en Europe, 10 Bde., Paris 1970.
[123] Jungk, Trotzdem, S. 367.
[124] Vgl. Cazes, Demi-Siècle de Planification; Groupe 1985, Réflexions; siehe oben Kapitel III.1.
[125] Vgl. O'Hara, Dreams; etwa zur Long-Term Population Distribution Study Group, in: TNA, EW 25, 258; zur Very Long Term Studies Group on Education, in: TNA, EW 25, 271.
[126] Vgl. etwa Polak, Goal, S. 328.

Calder[127]. Er war in Oslo durch ein methodisch vermittelndes, politisches Referat aufgefallen, das betonte, dass sich die Zukunftsforschung sui generis nie von Zielen und vom Politischen freimachen könne: Jede Prognose trage eine implizite Wertung in sich, politische Entscheidungen prägten ebenso sehr die Zukunft wie technologische Entwicklungen, und es sei auch die Aufgabe der Zukunftsforschung, Politik und Gesellschaft auf das Zukünftige vorzubereiten, Chancen und Gefahren aufzuzeigen und zu verhindern, dass Politiker nur bis zu den nächsten Wahlen dächten. Calder hatte als Beispiele Überlegungen der britischen Regierung genannt, die Computertechnik zu verstaatlichen, ohne deren Bedeutung zu überblicken, aber auch die Raumfahrt, welche Unsummen verschlinge, aber aus nationalem Interesse verfolgt werde, ohne dass eine gesellschaftspolitische Debatte dies reflektiere.[128] Calder wurde offenkundig gewählt, weil er die Bedeutung gewollter Zukünfte betonte, aber kein explizit ‚Linker' wie Jungk oder Galtung war.

Doch im Frühjahr 1968 trat Calder zurück. Da die eingeworbenen Mittel nicht genügten, um ein Büro einzurichten, und eine Hilfskraft, die freiwillig als Sekretärin diente, ausfiel, glaubte Calder den Einsatz in der Internationalen der Zukunftsforschung aus monetären Gründen nicht länger aufrechterhalten zu können. Als „independent writer with no normal office of my own" sei er gehalten, wieder stärker als Wissenschaftsjournalist tätig zu sein, informierte Calder Jungk, zumal die Zukunftsforschung immer nur einen Teil seiner Interessen betroffen habe. „[I]n view of the fact that future research represents only a part of my professional interest, the personal price of continuing with lack of support is simply too high."[129] Calder bat Jungk, nun als originärer Ideengeber von Mankind 2000 auch die Rolle des Chairman zu übernehmen. Doch Jungk, der stets administrative Funktionen ablehnte[130], folgte dem nicht. Erst mit der zweiten „International Future Research Conference" in Kyoto 1970 stellte sich die Frage des Continuing Committee und seiner Führung neu.

Warum ging man nach Japan? Schon vor der Osloer Konferenz hatte Wellesley-Wesley intensiv versucht, japanische Teilnehmer zu gewinnen, nicht nur weil in der globalen Perspektive auch der Ferne Osten vertreten sein sollte, sondern auch weil 1970 die Weltausstellung in Japan stattfand, und zwar unter dem sprechenden Titel „Progress and Harmony for Mankind".[131] In der Tat gewann Wellesley-Wesley den japanischen Erziehungswissenschaftler Hidetoshi Kato, Mitglied des Organisationskomitees der Weltausstellung, für die Osloer Konferenz.[132] Im Juli

---

[127] Nigel Calder an Jungk, 7.3.1968, in: JBZ, NL Jungk; vgl. Calder (Hrsg.), World; Gespräch der Verf. mit Calder, 23.9.2010.
[128] Vgl. Nigel Calder, Goals, Foresight, and Politics, in: Jungk/Galtung (Hrsg.), Mankind 2000, S. 251–255.
[129] Nigel Calder an Jungk, 7.3.1968, in: JBZ, NL Jungk; Gespräch der Verf. mit Calder, 23.9.2010.
[130] Nigel Calder an Jungk, 7.3.1968, in: JBZ, NL Jungk.
[131] Mankind 2000, Preparatory Int. Secretariat, James Wellesley-Wesley, an Gabor, 29.4.1967, in: ICA, Gabor Collection, MM/4.
[132] Liste der Teilnehmer (Provisional List), vom April 1967, International Future Research Inaugural Congress, Oslo, 12.–15.9.1967, in: JBZ, NL Jungk.

1968 bildete sich unter tatkräftiger Mitwirkung von Kato, der Exekutiv-Sekretär wurde, die Japan Society of Futurology. Die Japanische Futurologische Gesellschaft organisierte mit Kato an der Spitze die Konferenz in Kyoto. Mankind 2000 mit Jungk hatte eigentlich 1968 ein Papier vorbereitet, das dafür warb, nach Hiroshima zu gehen, um so die Gefahren des drohenden Atomkrieges abzubilden. Doch war es der japanischen Vereinigung darum zu tun, die Dynamik wissenschaftlich-technischer Entwicklung in der wachsenden Metropole Kyoto symbolisiert zu wissen, in der sich die Japan Society of Futurology begründete und in der auch die Weltausstellung 1970 stattfand.[133]

Die „International Future Research Conference" in Kyoto im April 1970 bildete eine erste Klimax der transnationalen Zukunftsforschung und ihrer Vernetzung. Die Konferenz mit dem Titel „Challenges from the Future" tagte eine Woche. Die Japan Society of Futurology organisierte die Tagung mit massiver finanzieller Unterstützung durch die japanische Regierung und mehrere Großunternehmen. Etwa 250 Teilnehmer fanden sich in Kyoto ein, also dreimal so viele Mitwirkende wie 1967 in Oslo. Diese tagten in acht verschiedenen Sektionen zeitgleich. Knapp 30 nationale und internationale Institutionen für Zukunftsforschung und Prognostik präsentierten sich in Kyoto im Rahmenprogramm der Öffentlichkeit. Und es erschien eine vierbändige Tagungsdokumentation mit rund 100 Beiträgen.[134]

Der Teilnehmerkreis zeigte sich geweitet und doch verengt. Dominiert wurde der Kongress in Kyoto von japanischen Teilnehmern. Die japanische Gesellschaft für Futurologie organisierte eine komplette Sektion zu „Perspectives on a multichannel society" und stellte knapp die Hälfte der Teilnehmer, darunter auch viele Studierende. Hinzu kamen westliche, also US-amerikanische, kanadische und westeuropäische Protagonisten wie Jungk, der das Eingangsreferat hielt, ferner Galtung, John McHale und Polak, und auch der bekannteste Protagonist einer empirisch-positivistisch angelegten Zukunftsforschung, Herman Kahn, fand sich in Japan ein (ohne dort zu referieren). Bertrand de Jouvenel, gesundheitlich angeschlagen, ließ hingegen ein Papier verlesen. Auch mehrere Vertreter von Entwicklungs- und Schwellenländern nahmen teil, etwa der indische Regionalwissenschaftler Madhur Iyengar oder der Präsident der Brasilianischen Society for Instruction Antonio Mendes de Almeira. Aus China war niemand anwesend, jedoch ein Vertreter Taiwans.[135]

Ins Auge springt die zahlenmäßig schwache Vertretung sozialistischer Staaten: Kein sowjetischer Teilnehmer war nach Kyoto gekommen. Aus der Tschechoslo-

---

[133] Vgl. Yujiro Hayashi, Japan Society of Futurology, in: Japan Society of Futurology (Hrsg.), Challenges, Bd. 4, S. 41–47; Fred L. Polak, Mankind 2000 International, in: ebd., S. 70–75, hier S. 71; Jungk, Trotzdem, S. 415 f.

[134] Vgl. Japan Society of Futurology (Hrsg.), Challenges; zur Finanzierung Fritz Lienemann, Internationale Zukunftsforschungskonferenz, in: APWM 2 (1970), H. 10, S. 25 f.; van Steenbergen, Years, S. 356.

[135] Vgl. Teilnehmerverzeichnis, in: Japan Society of Futurology (Hrsg.), Challenges, Bd. 4, S. 169–189.

wakei traf nur Ota Sulc ein, Leiter der Prognostikabteilung am Institut für Philosophie und Soziologie der tschechoslowakischen Akademie der Wissenschaften und damit Nachfolger des entmachteten Richta.[136] Andrzej Sicinski als Leiter der Gruppe für Soziale Prognostik am Institut für Philosophie und Soziologie der Polnischen Akademie der Wissenschaften hatte sein Kommen angekündigt, sagte aber kurzfristig ab.[137] Daneben fanden sich Vertreter Bulgariens, Rumäniens und Ungarns ein. Der Beitrag von Sulc über seine Arbeit und der in Abwesenheit verlesene Vortrag Sicinskis hinterließen einen sehr zurückhaltenden, ja blutleeren Eindruck. Sulc präsentierte verschiedene Methoden der technologischen Vorausschau, die man nutze – darunter auch die Delphi-Methode –, mied aber alle gesellschaftspolitischen Implikationen.[138] Sicinskis Papier gab kund, dass man zum einen den Wandel von Wertsystemen in der polnischen Gesellschaft der nächsten 15 bis 30 Jahre untersuche, konkret „prognoses of changes in cultural environment in Poland" und „Scientific and technical revolution, and changes in value systems". Zum anderen werde eine Gruppe sich mit methodologischen Fragen beschäftigen, unter anderem mit „Prognoses and social planning" und der Rolle von Modellen sozialen Wandels.[139] Damit setzten die Beiträge aus den sozialistischen Staaten in Kyoto – im Gegensatz zu Oslo und der Präsentation der Richta-Gruppe – keine Glanzlichter. In der Schlusskonferenz rechtfertigte eine ungarische Wissenschaftlerin die geringe sozialistische Beteiligung damit, dass die Reisekosten zu hoch gewesen seien.[140] Doch erscheint dies mit Blick auf die öffentlich-rechtliche Struktur der Prognostik in den sozialistischen Staaten und die geographische Nähe gerade zwischen der Sowjetunion und Japan wenig glaubhaft. Grund für das Ausbleiben sozialistischer Wissenschaftler war eine ideologische Einhegung der Prognostik im Gefolge der Niederschlagung des Prager Frühlings.

Wie gesehen konnte sich die Prognostik in den sozialistischen Staaten nur in gewissen politischen Grenzen bewegen. Dies hatte nach Oslo auch eine Konferenz zur Prognostik in Moskau im Oktober 1967 gezeigt, zu der Jungk und Galtung eingeladen wurden. Die Tagung war insofern zur Farce geworden, weil man die westlichen Teilnehmer zunächst grotesk isolierte; doch war es Jungk und Bestuzhev-Lada gelungen, miteinander ins Gespräch zu kommen.[141] 1968 hatte sich die Situation der sozialen Prognostik zumindest in der Sowjetunion ver-

---

[136] Vgl. Ota Sulc, A Methodology of Forecasting the Interactions Between Technological and Social Changes, in: ebd., Bd. 2, S. 159-164.
[137] Vgl. Japan Society of Futurology (Hrsg.), Challenges, Bd. 4, S. 133; Andrzej Sicinski, Polish Centres for Future Research, in: ebd., S. 60-62.
[138] Vgl. Sulc, Methodology.
[139] Sicinski, Centres.
[140] Wortbeitrag Maria Hollo-Janossy (Ungarn), Final Session, in: Japan Society of Futurology (Hrsg.), Challenges, Bd. 4, S. 158.
[141] Vgl. Jungk, Trotzdem, S. 383-386. Dies bewegte wohl auch Bestuzhev-Lada, später zu äußern, dass Jungk die Person gewesen sei, Ideen der Zukunftsforschung in die UdSSR gebracht habe; WFSF, Masini, an Jungk, 16.6.1976, in: JBZ, NL Jungk, Ordner Briefe an R.J.: „He said to me that you had been the person to introduce futures studies ideas in USSR."

schärft. Bestuzhev-Lada erinnerte sich, sein Institut für soziale Prognostik – eben erst eröffnet – sei geschlossen bzw. in das Institut für Soziologische Forschung integriert worden. Erst 1972 sei eine neue Kommission zum Thema innerhalb der Akademie der Wissenschaften entstanden. Man habe sich nun wieder stärker in die marxistisch-leninistische Ideologie fügen müssen, die Freiräume seien verschwunden.[142] In der Tat offenbart ein Beitrag Bestuzhev-Ladas für die amerikanische Zeitschrift „Political Affairs" 1970 eine Re-Ideologisierung sowjetischer Zukunftsforschung. Hier reklamierte Bestuzhev-Lada die Vaterschaft der wissenschaftlichen Prognostik für den Marxismus: Dieser habe sich mit dem Studium zukünftiger Gesellschaftskonzepte schon im 19. Jahrhundert beschäftigt, wohingegen die „bürgerliche" Philosophie wissenschaftliche Prognostik als Unmöglichkeit betrachtet habe. Ebenso habe Lenin einen entscheidenden Beitrag zur Fortentwicklung wissenschaftlicher Prognostik und sozialistischer Planung geleistet. Heute würden viele „bürgerliche" Zukunftsforscher Prognosen präsentieren, die dazu dienten, gesellschaftliche Interessen im „Staatsmonopolkapitalismus" zu kontrollieren.[143] Inwieweit die sowjetische Prognostik insgesamt tatsächlich einer Re-Ideologisierung nach 1968 unterlag, ist freilich in weiteren Studien zu prüfen.

Betrachtet man die Gesamtschau der Kyoto-Vorträge auch im Vergleich mit Oslo, so fällt auf, dass die Zukunft der internationalen Beziehungen, also die Sicherung des Friedens, keine zentrale Rolle spielte.[144] Dies war sicher dem Fernbleiben vieler Forscher aus sozialistischen Staaten geschuldet, aber wohl – paradoxerweise – dem Zug der Entspannung, der ja auf diplomatischer Ebene nur wenig beeinträchtigt vom „Verkehrsunfall" in Prag weiterlief.[145] Die Angst vor dem Atomkrieg jedenfalls trat in Kyoto zurück. Die Entwicklung in Schwellen- und Entwicklungsländern und die Sicherung der Welternährung wurden von deren Vertretern angesprochen – etwa vom Inder Iyengar –, aber prägten ebenfalls nicht die Tagung. Es standen drei Themenkreise im Mittelpunkt.

Erstens war die Zukunft von Technologie und Wissenschaft und deren Einfluss auf die Gesellschaft weiterhin ein zentraler Gegenstand, wenngleich weniger dominierend als in Oslo. Taktgebend war hier die japanische Gesellschaft für Futurologie, die sich in hochfliegenden Technik-Träumen und futuristischen Konstruktionen der post-industriellen Gesellschaft erging und damit Visionen einer „high-tech society" entwarf.[146] Grundsätzlich gingen die japanischen Referenten von einem linearen Verständnis technisch-wissenschaftlicher Entwicklung aus. Der Präsident eines japanischen Elektronikkonzerns entwarf ein elfstufiges teleo-

---

[142] Vgl. Bestuzhev-Lada, History.
[143] Bestuzhev-Lada, Bürgerliche „Futurologie", Zit. S. 245.
[144] Dies stellte auch Menke-Glückert fest: Peter Menke-Glückert, Zukunftsforschung zwischen Plan und Utopie. Futurologen-Tagung in Kyoto. Japaner lieferten die originellsten Beiträge, in: Handelsblatt, 24./25. 4. 1970.
[145] Zur Rede in diplomatischen Kreisen, der sowjetische Einmarsch in Prag sei ein „Verkehrsunfall" gewesen, Gregor Schöllgen, Die Außenpolitik der Bundesrepublik Deutschland, Bonn 1999, S. 102.
[146] Van Steenbergen, Years, S. 356.

logisches Entwicklungsschema von der primitiven Gesellschaft über die Landwirtschafts-Gesellschaft in Antike und Mittelalter, die Industriegesellschaft des 18. und 19. Jahrhunderts, die mechanische Gesellschaft bis 1945 und die Automationsgesellschaft der Gegenwart über die „Cybernation Society" 1974 bis 2005 hin zur „Optimization Society" bis 2025 und der folgenden „Autonomous Society".[147] Erkennbar wird das phantastische Element solcher Überlegungen, die nun in ihrem Voraussage- und Planungshorizont weit über das Jahr 2000 hinausreichten. Der Architekt Kiyonori Kikutake, Vorstandsmitglied der japanischen Gesellschaft für Futurologie, konstruierte eine Stufenfolge von der „pre-civilized society" zur „civilized" und „post-civilized society". Die „pre-civilized society" mit ihrer natürlichen Umwelt sah er als „animalistic and primitive environment"; dann folge die Ära der Verbindung von Natürlichem und Künstlichem in der industriellen Gesellschaft, und nun stehe die Ära der künstlichen Umwelt an.[148] Einig waren sich die japanischen Entwürfe darin, parallel zu den Überlegungen Daniel Bells das Kommen der post-industriellen Gesellschaft zu prognostizieren. Kriterien dafür waren die wachsende Verstädterung, der Wandel von der materiellen Produktion zur Technologisierung und zum Bedeutungszuwachs intellektueller Information sowie die Schaffung einer gänzlich künstlichen Umgebung des Menschen, etwa durch künstliches anstelle natürlichen Lichts, Klimaanlagen anstatt natürlicher Belüftung, den Ausbau von Hochhäusern, Schnellzügen usw. Und diese künstliche Zukunft, den „totalen" Wandel begrüßte die japanische Gruppe geradezu emphatisch: „We are entering a new age in which an entirely artificial environment is being sought and is even thought most desirable for man and communication".[149]

Auf den Wandel von Werten durch technische Innovation bezog sich der Redakteur Junnosuke Kishida: Die „multi-channel society" werde durch technische Innovation eine materiell reiche Gesellschaft sein, in der plurale Wertsysteme notwendigerweise nebeneinander existierten. Neue Technologien brächten neue Werte in das bestehende Wertsystem. „Only the society capable of embracing new value-systems can really enjoy the fruits of technological innovation. In order to achieve technological innovations, the society must be capable of permitting the co-existence of plural value-systems". Demnach war eben die technologische Innovation als Ziel oder Leit-„Wert" quasi vorgegeben und unhintergehbar, und genau in dieser Orientierung an „Wertsystemen" und ihrer Lenkbarkeit zeigt sich das Steuerungsutopische in Teilen der Zukunftsforschung der 1960er Jahre.[150] Deutlich wurde dies auch in den Ausführungen des Architekten Kiyonori Kikutake, der forderte, dass die Planung der Städte in einem systemischen Sinne

---

[147] Kazuma Tateisi, Sinic Theory. An Approach to the Future, in: Japan Society of Futurology (Hrsg.), Challenges, Bd. 4, S. 143–158.
[148] Kiyonori Kikutake, General Concept of Multi-Channel Environment, in: ebd., Bd. 2, S. 353–361.
[149] Ebd., S. 354.
[150] Junnosuke Kishida, Human Revolution. Multi-Channel Society, in: ebd., Bd. 1, S. 293–302, Zit. S. 294.

erfolgen müsse: Die bislang vor allem statische kollektive Umwelt des Menschen werde ersetzt durch eine dynamisch gestaltete kollektive Umwelt, die sich aus „space moduls" zusammensetze. Die ganze Struktur der Städte und der Architektur müsse umgebaut werden, um ein klareres Bild von der Umgebung und den aufeinander bezogenen Verbindungen zwischen den Raum-Modulen und der Umgebung zu erhalten. Ebenso gelte es aber, neben der Planung auch die Spontaneität nicht zu vergessen, also die Freiräume des Einzelnen, der sich seine individuellen Lebens-Bausteine, seine „individual life patterns" frei zusammenstellen können solle, um sich eine freundliche Umgebung zu schaffen. Beides – die geplante Umwelt, die auf Logik und Effektivität setze, und die „soft environment", die der Freiheit des Einzelnen Raum lasse – müsse dabei in einem kybernetischen Sinne zusammenwirken. Kikutake präsentierte dabei sein Modell der „marine city". Diese schwimme im Ozean und sei durch ein „floating system" verbunden. Das technische Modell, das einen kühl-funktionalistischen Geist atmete, repräsentierte für ihn die zukünftige Stadt in der künstlichen Umwelt, die durch verschiedene Ebenen, Achsen und Brücken mobil und jederzeit neu im Sinne eines modularen Systems zusammenstellbar sei. So entsprach sie für ihn der kommenden informationsorientierten, modularen Gesellschaft, einer „multi-channel society" und ihren sich wandelnden „Werten".[151]

Mithin bezog sich der Begriff der von den japanischen Referenten eingebrachten „multi-channel society" in einem kybernetischen Sinne sowohl auf die verschiedenen Funktionssysteme und -räume der Gesellschaft, etwa das Verkehrssystem, das Stadtsystem usw., als auch auf die Optionen, welche der Einzelne in der post-industriellen Gesellschaft gewinne. Faktisch aber standen nicht die Optionen, sondern die „Wertsysteme" im Mittelpunkt dieser „Viel-Kanal-Gesellschaft". Die japanischen Referenten gingen davon aus, dass Werte sich in einer Gesellschaft systemisch entwickelten, also in Rückkopplungsprozessen verbunden waren. Zugleich sahen sie diese „Wertsysteme" als von oben steuerbar an, auch wenn von einer Pluralität von Werten die Rede war.

Peter Menke-Glückert, Vorstandsmitglied der bundesdeutschen Gesellschaft für Zukunftsfragen, sah in seinen Tagungsberichten die Beiträge der Japaner als „originellste" Referate. Er deutete diese in dem Sinne, dass die Japaner in einem systemwissenschaftlichen Modus eine „Viel-Kanal-Gesellschaft" als „nach-industrielle Gesellschaft" entwarfen, die Plan und Beteiligung verbinde. Diese Gesellschaft individualisiere nämlich das wissenschaftliche und technische Problemlösungspotential und halte dieses „für jedermann nach seinen Bedürfnissen und Wünschen verfügbar"; dabei stelle es zugleich das Wertsystem als Ganzes ständig zur Disposition. „Die Viel-Kanal-Gesellschaft ist eine Mischung aus McNamara und MaoTse Tung": „Es ist der Versuch, den Änderungshorizont und Entscheidungsspielraum für eigenes individuelles Handeln bewußt zu machen und in Konfrontation mit technischen, sozialen und politischen Utopien zu erweitern".

---

[151] Kikutake, Concept, hier S. 356–361.

In allen Planungsverfahren werde ein hoher Grad an Beteiligung erreicht[152], so Menke-Glückert, der selbst (wie schon in Oslo) zwar als Liberaler das freiheitliche Element betonte, aber im Kern einer technologie- und steuerungsorientierten Zukunftskonzeption folgte.[153]

Die japanischen Referenten, aber auch andere Referenten gingen geradezu selbstverständlich von der kommenden post-industriellen Gesellschaft aus. Man diskutierte die Frage, wie der Mensch die durch Automation gewonnene Freizeit nutzen werde. Ebenso war die Rede davon, dass die post-industrielle Gesellschaft eine neue „Mentalität" benötige, die mit der neuen Informationsflut umgehen könne. Zwar werde der Computer die Informationen, ja das Wissen speichern und aufbereiten. Doch notwendig sei der Generalist, der dieses Wissen zusammenführe: „What will be important in the future is to develop the type of mentality that is capable of integrating this knowledge and this will require a new style of education and a new style of values".[154] Evident wird, dass die Entwürfe einer „Multi-Channel-Society", aber auch die Überlegungen zur automatisierten und post-industriellen Gesellschaft nicht in erster Linie auf die Individualisierung von Lebensstilen zielten, sondern implizit die Individuen zum Zwecke der Effektuierung und Ordnung der Gesellschaft in kybernetischen und technischen Systemen, in neuen „Wertsystemen" banden und uniformierten. Diese Entwürfe entsprachen damit durchaus der Ambivalenz japanischer Kultur zwischen traditionell eingehegter Individualität und moderner Technikaffinität. Sie entsprachen aber auch grundsätzlich einer Technik- und Steuerungsorientierung großer Teile der Zukunftsforschung der 1960er Jahre, die zwar nun, 1970, verstärkt von „Werten" sprach, diese aber im Gehäuse der Vision von der post-industriellen Gesellschaft steuerungsorientiert dachte.

Auch in Abgrenzung zu den High-Tech-Visionen rückten andere Referenten in Kyoto *zum zweiten* explizit die menschliche Zukunft in den Mittelpunkt. In mehreren Beiträgen – nicht nur in der Sektion „New Values: New Man"[155] – ging es um das *Individuum* und seine Gestaltungsfreiheiten in der Zukunft. Mehrere Beiträge forderten, dass die Zukunftsforschung sich stärker mit „human beings and human life" beschäftigen sollte.[156] Dies war der Wille der alten Mankind 2000-Gruppe um Jungk, Wellesley-Wesley und Polak.[157] Paradigmatisch hierfür

---

[152] Peter Menke-Glückert, Zukunftsforschung zwischen Plan und Utopie. Japaner lieferten die originellsten Beiträge, in: Handelsblatt, 24./25.4.1970; ähnlich Ders., Hat die Zukunftsforschung Zukunft?, in: Frankfurter Rundschau, 15.4.1970.

[153] Vgl. Peter Menke-Glückert, The Changing Environment for Political Innovations. Ways to Stimulate Political Innovations, in: Japan Society of Futurology (Hrsg.), Challenges, Bd. 3, S.125–142. Zu Menke-Glückert in der Gesellschaft für Zukunftsfragen siehe Kapitel IX.4., zu seiner Rolle im bundesdeutschen Forschungs- bzw. Innenministerium Kapitel X.3. und 4.

[154] Bernard Towers, Summary of Section 6: New Values, New Man, in: Japan Society of Futurology (Hrsg.), Challenges, Bd. 4, S. 134f., hier S. 134.

[155] Vgl. Japan Society of Futurology (Hrsg.), Challenges, Bd. 3.

[156] Henry David, Assumptions about Man and Society and Historical Constructs in Future Research, in: ebd., Bd. 1, S. 39–48, hier S. 41.

[157] Polak, Mankind, hier S. 71, betonte, dass Mankind 2000 1968 ein entsprechendes Papier erstellt habe.

war Wellesley-Wesleys Referat, der betonte, Jungk und er hätten schon einige Monate nach der Osloer Konferenz darin übereingestimmt, dass die Zukunftsforschung bislang dem „human factor" zu wenig Gewicht beigemessen habe. Man habe ein entsprechendes Exposé ausgearbeitet, das dann aber, weil die japanische Gruppe die Planung der nächsten Konferenz übernommen habe, nicht mehr zum Tragen gekommen sei. Die Zukunftsforschung sei, so Wellesley-Wesley, sowohl auf nationaler wie internationaler Ebene bisher zu sehr mit der Planung für die Zukunft sowie mit der Ausarbeitung von Voraussagemethoden für die ökonomische, technologische und soziale Entwicklung beschäftigt gewesen. Die Sammlung quantitativer Daten und die Ermittlung externer Gefahren und ihrer Lösungsmöglichkeiten seien zweifellos wichtig. Doch in den Mittelpunkt müsse nun rücken, „human need and human development" zu erforschen, also „the future welfare of the individual person", „safeguarding man's physical health, his psychic and essential welfare". Der Einzelne dürfe nicht den Eindruck gewinnen, nur noch Objekt der technologischen Entwicklung und der Zukunftsplanung – etwa im Erziehungswesen – zu sein. Zu berücksichtigen seien deshalb die persönlichen Bedürfnisse beider Geschlechter im Lebenszyklus und die sozialen Bedürfnisse auf der Mikro- und Makroebene. Zwar könnten technologische Fortschritte den Menschen von physischer und mentaler Arbeit entlasten und ihm mehr Zeit verschaffen, doch gehe es in erster Linie darum, wie der Mensch mit der neu gewonnenen Zeit umgehe: „How we each choose to occupy our time now will determine the quality of life in the future". Damit müsse Zukunftsforschung zwei Ebenen umfassen: Zum einen gehe es um Fragen des Transports und Verkehrs, der weltweiten Ressourcensicherung usw., und hier sei wissenschaftliches Wissen anzuhäufen. Zum anderen benötige die Zukunftsforschung eine andere Form von Wissen, nämlich Erfahrung, und dieses Wissen sammele jeder selbst im Laufe seines Lebens – „and it is direct experience which enables us to develop as human beings". Demnach müsse sich die Zukunftsforschung auch als Wissenschaft und Kunst von der menschlichen Entwicklung sehen, als „the science of man, incorporating subjective experience, and the art of living consonant with present and anticipated factors stemming from the situations in which we find ourselves."[158]

Wellesley-Wesley forderte also, die Zukunftsforschung als Wissenschaft und Kunst zu verstehen, welche nicht nur globale Entwicklungen erforsche und im quantitativen Sinne prognostiziere, sondern ebenso in einem qualitativen und künstlerischen, imaginativen Sinne vom Menschen und dessen Bedürfnissen ausgehe, der aktiv einbezogen werde. Damit nahm er Elemente des kritischemanzipatorischen Denkstils der Zukunftsforschung auf; er berief sich auf Jungk, der ja die Zukunft des Menschen und seiner freien Entwicklung auch mittels imaginativer Methoden betont und dieses Papier wohl mit verfasst hatte. Gleichwohl gingen diese Überlegungen weiter, weil sie eine neue Epistemologie

---

[158] James Frank Wellesley-Wesley, Human Development in a Critical Future, in: Japan Society of Futurology (Hrsg.), Challenges, Bd. 3, S. 31–35.

und Methode implizierten, nämlich eine explizit qualitative Komponente der Zukunftsforschung: Diese sollte in besonderer Weise nach ‚weichen' Faktoren des Wohlfühlens, der psychischen Gesundheit, der sozialen Bindungen des Einzelnen fragen.

Dabei stützte sich Wellesley-Wesley auf ein erwachendes Interesse der Sozialwissenschaften an menschlichen Bedürfnissen und Werten, in deren Kontext die behavioristische Bedürfnisforschung im Stile Maslows neu gedacht und mit keimenden kulturwissenschaftlichen, antipositivistischen Ansätzen verbunden wurde.[159] Um 1970 setzte ein wissenschaftstheoretischer Wandel in den westlichen Sozialwissenschaften ein, nämlich eine Erschöpfung des Strukturalismus, des Denkens in Systemen und Strukturen, zugunsten antipositivistischer und konstruktivistischer Ansätze und einer neuen Fokussierung der Dimension des Subjektiven, also des Menschen und seiner Wahrnehmungen. Ihre Wurzeln ruhten zum einen in der phänomenologischen Soziologie von Alfred Schütz, die sich mit der Frage der Konstruktion subjektiven Sinns beschäftigte und von seinen Schülern (wie Thomas Luckmann) in einem sozialkonstruktivistischen Sinne weiterentwickelt wurde. Zum anderen griff hier eine Dynamisierung partizipativer Ideen durch das transnationale Phänomen 1968, welche eine neue Fokussierung auf das Individuum und seine Entfremdung im kapitalistischen System thematisierte. So hatte aus dem Kontext der Kritischen Theorie Herbert Marcuse in einem kapitalismuskritischen Verständnis argumentiert, der organisierte Kapitalismus schaffe gesteuerte Bedürfnisse: „Eine Gesellschaft, die Überfluß und Freiheit in der Dynamik ungehemmten Wachstums und andauernder Herausforderung verknüpft, ist das Ideal eines Systems, das auf der Verewigung des Mangels beruht – auf einem stets künstlicher erzeugten Mangel, auf dem Bedürfnis nämlich nach stets mehr und stets neuen Gütern des Überflusses."[160] Hieran knüpfte der junge amerikanische Soziologe Amitai Etzioni an, der ebenfalls nach Kyoto gereist war. Er verband Marcuses Bedürfnisbegriff und eine an George Mead angelehnte Suche nach dem sinnhaften Handeln im Begriff der „active society". Dabei ging Etzioni davon aus, dass in fortgeschrittenen Industriegesellschaften Gefühle der Entfremdung und fehlender Authentizität fassbar würden. Dem müsse die Gesellschaft durch mehr Responsivität beggnen, indem sie sich an den menschlichen Grundbedürfnissen orientiere. Diese umfassten eben nicht (nur) elementare physische Bedürfnisse, sondern auch Zugehörigkeit, Zuneigung und Solidarität. Um diese Bedürfnisse zu ermitteln, reichten einfache Umfragen nicht aus, so Etzioni im Zeichen eines alternativen Gesellschafts- und Partizipationsverständnisses der

---

[159] Vgl. Volker Kruse, Geschichte der Soziologie, Konstanz 2008, S. 299–305; François Dosse, Geschichte des Strukturalismus, Bd. 2: Die Zeichen der Zeit, 1967–1991, Hamburg 1997, S. 394–409, 428–443.
[160] Herbert Marcuse, Das Individuum in der „Great Society" (1966), in: Ders., Ideen zu einer kritischen Theorie der Gesellschaft, Frankfurt a. M. 1969, S. 157–190, hier S. 159; vgl. Katrin Lederer/Rainer Mackensen, Gesellschaftliche Bedürfnislagen. Möglichkeiten und Grenzen ihrer wissenschaftlichen Bestimmung, Göttingen 1974.

„1968er", sondern die „active society" müsse in partizipativen Verfahren und sozialen Experimenten nach den menschlichen Bedürfnissen fahnden.[161]

Darüber hinaus griffen Referenten in Kyoto die psychologische Werteforschung auf.[162] Der amerikanische Architekt und Stadtplaner Richard P. Wakefield stützte sich im Beitrag zu „Images of Man and the Future of Human Institutions" auf eine Theorie der Persönlichkeitsentwicklung, welche der amerikanische Psychologe Clare Graves anknüpfend an die Systemtheorie entwickelt hatte. Wakefield ging von einem behavioristischen Ansatz aus, der an Maslows Bedürfnisstufen anschloss, und beschrieb „levels of existence", welche der Mensch im Laufe seines Lebens durchlief, um schrittweise sein menschliches Potential auszuweiten. Dabei stünden zuerst die „Werte" der Existenzsicherung im Mittelpunkt, dann der Sicherheit, der sozialen Bindung, bis hin zu impressionistischen Werten. In einem linearen Fortschrittsverständnis sah er also „stages of development", welche der Mensch durchlaufe. Wende man diese Theorie an, so Wakefield, so müssten soziale Institutionen grundlegend umgebaut werden, sowohl die Kleinkindfürsorge als auch Erziehung und Management. Denn sehr viel stärker sollten Menschen zusammengebracht werden, welche sich auf der gleichen Stufe der Entwicklung befänden und so gemeinsam ihr Potential weiterentwickeln könnten.[163] In einem ambivalenten Verständnis verband Wakefield damit die Suche nach Werten der Zukunft und der Potentialentfaltung des Einzelnen mit Utopien einer neuen Einhegung des Einzelnen in seiner ‚Entwicklungsstufe'.

Die Suche nach menschlichen Werten, aber auch nach Bedürfnissen in der Zukunft sollte in der Folge eine Dynamisierung erleben, nicht nur in Psychologie und Soziologie, sondern auch in der Zukunftsforschung. Sie war eine Abwehrbewegung gegen eine einseitige Orientierung an der Technologie der Zukunft, ja gegen eine regelrechte Technikeuphorie, welche in Kyoto demonstriert wurde; aber sie war auch, mit der Orientierung am Menschen und seiner Zukunft, selbst eine Inkorporation von veränderten Wertorientierungen, nämlich eine verstärkte Suche nach Individualität, Selbstverwirklichung, Authentizität und Partizipation.[164] Diese hatte der soziale Wandel angeschoben und die Studentenbewegung dynamisiert, und sie formten sich nun in einem entstehenden (links)alternativen Milieu aus. Die neuen Wertorientierungen transportierten in gewisser Weise ein

---

[161] Vgl. Amitai Etzioni, The Active Society. A Theory of Societal and Political Processes, London, New York 1968; Lederer/Mackensen, Bedürfnislagen, v. a. S. 91 f.; zu Etzionis Teilnahme an der Konferenz in Kyoto Challenges, Bd. 4, S. 171.

[162] Vgl. Wolfgang Zapf, Zur Messung der Lebensqualität, in: Zeitschrift für Soziologie 1 (1972), H. 4, S. 353–376; Ders., Social Reporting in the 1970s and in the 1990s, in: Social Indicators Research 51 (2000), H. 1, S. 1–15. Siehe Kapitel VII.

[163] Richard P. Wakefield, Images of Man and the Future of Human Institutions, in: Japan Society of Futurology (Hrsg.), Challenges, Bd. 3, S. 25–30.

[164] Zur Authentizität als zentralem Leitbild und Praxis des linksalternativen Milieus Sven Reichardt, Authentizität und Gemeinschaftsbindung. Politik und Lebensstil im linksalternativen Milieu vom Ende der 1960er bis zum Anfang der 1980er Jahre, in: Forschungsjournal Neue Soziale Bewegungen 21 (2008), H. 3, S. 118–130; Ders., Authentizität und Gemeinschaft. Linksalternatives Leben in den siebziger und frühen achtziger Jahren, Berlin 2014.

post-materialistisches Verständnis, das Kapitalismuskritik mit der Ablehnung einer Überflussgesellschaft koppelte. In diesem Kontext entstand auch die sozialwissenschaftliche Sozialindikatorenforschung, welche sich an der „Lebensqualität" (und nicht mehr nur am Kriterium des materiellen Lebensstandards) orientierte.[165] Dies stellte Verbindungslinien zum aufkommenden ökologischen Denken her und sollte die Zukunftsforschung der folgenden Jahre prägen, wie in Kapitel VII zu zeigen ist.

In Kyoto stand der ökologische Aspekt noch nicht im Zentrum. Nur Richard Meier, der System- und Regionalplaner, der schon in Oslo ressourcensichernde „Subsysteme" für neue Städte entworfen hatte, zielte nun auf den Aspekt der Ressourcenerhaltung, nicht mehr auf die Effektivierung der Stadtplanung. Seine Überlegungen griffen insofern das Ökologische auf, als sie die Natur als Organismus begriffen und hier auch Verbindungslinien zur Kybernetik herstellten. Notwendig sei ein „technological input-output model, very similar to that used to describe the metabolism of organisms because it is subject to the same physical laws of conservation".[166] Mit der Orientierung am Ökosystem und seiner *Erhaltung* wies sein Beitrag voraus in eine Ökologisierung der Zukunftsforschung der 1970er Jahre.

Dass in Kyoto immer wieder der Ruf nach „sozialen Innovationen" laut wurde, welche neben technologische Innovationen treten sollten[167], zeigte ebenfalls eine aufkeimende Orientierung am Menschen statt an der Technologie. Im Zeichen der dynamischen Beschleunigung zielte diese Forderung auf neue Verfahren der Mitbestimmung an Planungsprozessen.[168] Der Ruf spiegelte zugleich – als *dritten* Aspekt der Kyoto-Konferenz – die Formierung einer explizit herrschaftskritischen, zum Teil neomarxistisch inspirierten Zukunftsforschung. Schon in Oslo hatte sich ja ein Dissens zwischen einer von unten oder von oben zu entwickelnden Zukunft abgezeichnet, also zwischen einer partizipativen und einer stärker elitär gedachten Zukunftsforschung. Nun wurde dieser Gegensatz durch eine neue neomarxistische Aufladung des kritisch-emanzipatorischen Ansatzes dynamisiert und ideologisiert. Zugleich verband er sich mit einem generationellen Konflikt, der einen Paradigmenwechsel der Zukunftsforschung ankündigte. Auslöser waren zweifellos die Studentenbewegung und das Jahr 1968 mit seiner Dynamisierung herrschaftskritischer Ideen und Praktiken sowie generationeller Identitätskonstruktionen. Hinzu kam die Aktualisierung des Positivismusstreits mit Habermas' Schrift „Erkenntnis und Interesse", die auch in einem herrschaftskritischen Modus forderte, die „kritische" Wissenschaft müsse über die Produktion eines nomologischen Wissensbestandes hinausgehen und sehr

---

[165] Vgl. Zapf, Messung; Ders., Social Reporting.
[166] Richard L. Meier, Resource-Conserving Urbanism. Progress and Potentials, in: Japan Society of Futurology (Hrsg.), Challenges, Bd. 2, S. 385–407, Zit. S. 387. Zur Ökologisierung der Zukunftsforschung Kapitel VII.
[167] Vgl. Summary of Section 7: Social Systems and Social Innovation, in: ebd., Bd. 4, S. 136–140.
[168] Menke-Glückert, Hat die Zukunftsforschung Zukunft? In: Frankfurter Rundschau, 16.5.1970.

viel mehr Ideologiekritik wissenschaftlichen Denkens und Handelns ins Zentrum stellen.[169]

Schon Robert Jungk zeigte sich in Kyoto im Eingangspapier im Banne einer neuen Herrschaftskritik: Nicht nur die logische Imagination und die kreative Imagination seien zentral für die Zukunftsforschung, sondern auch die kritische Imagination. Weil die Zukunftsforschung auch aus dem „military establishment" und der Wirtschaft entstanden sei, hätten beide Seiten des Kalten Krieges die Methoden der Vorausschau zu einem großen Teil für die Sicherung eigener Macht entwickelt. Jungk spielte gezielt auf die US-Think-Tanks an: Den „eminent futurists" aus den Think-Tanks wie Herman Kahn und Jay Forrester fehle es an „critical imagination", und nicht einmal Olaf Helmer, der offen für andere Ansätze sei, habe in seinen Delphi-Studien die Existenz des kapitalistischen Systems in Frage gestellt. Damit legitimiere man aber die Spekulation mit Nahrungsmitteln, welche die Welternährungssituation massiv präge, oder die Eigentumsverhältnisse der Grundstücksbesitzer, also die Interessen des Kapitals. Ebenso galt der Vorwurf den sozialistischen Staaten: „[B]ureaucratic rigidities" blieben in Prognosen aus sozialistischen Staaten unterbelichtet. Jungk forderte also eine grundlegend kritische, distanzierte Haltung gegenüber beiden Systemen des Kalten Krieges. Kritische Imagination könne von niemand entwickelt werden, der zu nah am „Establishment" angesiedelt sei. Sehr viel stärker müssten in Zukunft Schwächen und innere Widersprüche der gegenwärtigen Strukturen offen gelegt, mehr gefragt werden, wer eine Zukunfts-Studie erstellt und bezahlt habe und wem die Ergebnisse nützten. Erst aus einem solch kritischen Zugang könne eine humanere und demokratischere Zukunft entwickelt werden. Jungk verwies auf die jüngere Generation der unter 30-Jährigen, die sich bislang nicht für die Zukunftsforschung interessiert habe, weil man diesen Aspekt zu wenig betont habe.[170]

In der Tat war Jungk beeinflusst von den system- und herrschaftskritischen Ideen der Neuen Linken und der Studentenbewegung, denen er – auch durch seine Honorarprofessur an der TU Berlin – sehr viel näher gekommen war. Er argumentierte 1970 in einem Brief, der Austausch mit der „völlig verkannten Jugend" habe ihn „enorm befruchtet"[171], und unterstützte das Verständnis einer „Futurologie in der zweiten Phase", die sich explizit systemkritisch positionierte[172]. Ebenso ging es Jungk aus strategischen Gründen darum, die junge Generation, die ja in der Tat auf den transnationalen Konferenzen unterrepräsentiert geblieben war, für die Zukunftsforschung zu gewinnen.[173]

---

[169] Habermas, Erkenntnis.
[170] Robert Jungk, The Role of Imagination in Future Research, in: Japan Society of Futurology (Hrsg.), Challenges, Bd. 1, S. 1–7, Zit. S. 4f.
[171] Jungk an Rüdiger Proske, 27.1.1970, in: JBZ, NL Jungk.
[172] Robert Jungk, Die Entwicklung sozialer Phantasie als Aufgabe der Zukunftsforschung, in: Dietger Pforte/Olaf Schwencke (Hrsg.), Ansichten einer künftigen Futurologie. Zukunftsforschung in der zweiten Phase, München 1973, S. 121–135.
[173] Ausführlicher hierzu Kapitel XI.4.

2. Die Gründung der World Future Studies Federation   223

Der Sprecher der jungen Generation war ein Niederländer, der junge Soziologe Bart van Steenbergen, Sekretär der Werkgroup 2000. Er entwarf ein dichotomisches Bild der Zukunftsforschung, nämlich eines zwischen der „establishment futurology" und der „critical futurology".[174] Geprägt von Ideen der *New Left*, vor allem von C. Wright Mills, aber auch von der Kritischen Theorie, leitete er diese Dichotomie aus dem Einfluss ökonomischer Interessen im modernen „geplanten Kapitalismus" ab. Die Planungsidee stammte ja ursprünglich aus der Linken, so diagnostizierte Steenbergen, doch nun gebe es ein tiefreichendes Interesse der Großindustrie an einer langfristigen Planungsperspektive; der westliche Kapitalismus versuche, die Zukunft in das bestehende politisch-ökonomische System zu integrieren und sie so zu kolonisieren: „We are facing a colonisation of the future by the modern production system, which needs future research as a method or as a social technique for the prevention of economic crises." Damit machten sich die Futurologen zu Helfershelfern des Establishments, einer „destructive, authoritarian, repressive and inhumane society". Van Steenbergen bezog sich auf den Positivismusstreit und auf Marcuses Diktum von der „Herrschaftswissenschaft", um zu betonen, dass die Sozialwissenschaften – und als deren Teil sah er auch die Futurologie – sich viel zu sehr in ihren Methoden und ihrer Epistemologie an den Naturwissenschaften orientiert hätten und nun zu Instrumenten von Kontrolle und Manipulation geworden seien. Die „Establishment-Futurologie" gehe von einer übergreifenden Ordnungs- und Stabilitätsvision aus, habe enge Bindungen zum politischen und wirtschaftlichen „Establishment" und orientiere sich am Positivismus: Man wolle Regeln aufstellen und Daten sammeln, um dann wie in der Wettervorhersage Prognosen aufzustellen. Beispielhaft hierfür sei Kahns und Wieners „The Year 2000". Dem stellte van Steenbergen in einem dichotomischen Verständnis die „critical futurology" gegenüber. Die „kritische Futurologie" gehe von einer Konflikt- (und nicht Ordnungs-)Perspektive aus; sie orientierte sich am dialektischen Ansatz, ohne ihn sklavisch zu übernehmen, und distanziere sich vom Positivismus. Vor allem aber speise sie sich aus der sozialen Protestbewegung und ihrer „cultural revolution". Diese begriff van Steenbergen als „radical revolution", die sich nicht gegen Aspekte der jetzigen Gesellschaft, sondern gegen die bestehende soziale Ordnung im Ganzen richte; dabei verstehe man Revolution nicht als *Coup d'État*, sondern als permanenten Kampf um mehr Freiheit und mehr Partizipation. Die kritische Futurologie werde nicht wahrscheinliche Zukünfte abschätzen, sondern dabei helfen, verschiedene Zukünfte zu ermitteln und zu ermöglichen. Damit sei der Futurologe kein Sozialingenieur, sondern jemand, der den Prozess der Befreiung des Menschen unterstütze.[175]

---

[174] Bart van Steenbergen, Order or Conflict. Opposite Views on Society within Futurology, in: APWM 1 (1968/1969), H. 5, S. 25.

[175] Vgl. Bart van Steenbergen, Cricital and Establishment Futurology, in: Japan Society of Futurology (Hrsg.), Challenges, Bd. 1, S. 93–101; zur Kritischen Theorie bei Steenbergen vor allem Ders., Kritische Futurologie und Utopie, in: Pforte/Schwencke (Hrsg.), Ansichten, S. 73–94; zur Wahrnehmung der Strömungen „Kritische" und „Establishment-Futurologie" Jutta Metzner, Herausforderung durch die Zukunft? International Future Research Confe-

Damit griff van Steenbergen vieles auf, was Jungk, Galtung oder Polak Mitte der 1960er Jahre formuliert hatten: Die Betonung des Imaginativen und die Einbeziehung des Einzelnen, des ‚Beplanten‘, in die Zukunftsforschung. Ebenso nahm van Steenbergen semantische Anleihen aus Flechtheims Verständnis einer kapitalismuskritischen „Futurologie", indem auch er von „Futurologie" sprach und nicht von Zukunftsforschung. Doch spitzte van Steenbergen seine Überlegungen auf eine radikal kritische Haltung zu, welche die Ideen der Neuen Linken integrierte und sich auch gegen die für ihn ‚angepasste‘ kritisch-emanzipatorische Zukunftsforschung wendete. Neomarxistisch war van Steenbergens kritische Futurologie, insoweit sie sich an der Neuen Linken, an einer Betonung der Rolle ökonomischer Interessen und am Vorwurf der ‚Entfremdung‘ des Einzelnen in der kapitalistischen Gesellschaft orientierte. Hingegen betonte van Steenbergen, dass der Marxismus ja im Kern selbst positivistisch angelegt war und der dialektische Ansatz dies zu überwinden suche. Entscheidend war, dass van Steenbergen in einer Polarisierung eine radikale Dichotomie aufbaute, die keine Kompromisslösungen zuließ, sondern die Konkurrenz im Feld der Zukunftsforschung zum zentralen Element erhob.

Diese Zuspitzung hinterließ Spuren in der Zukunftsforschung: Nicht nur bei Jungk, der versuchte, die jungen „Radikalen"– zu der in gewisser Weise auch der US-Amerikaner Arthur Waskow gehörte[176] – zu integrieren. Auch Johan Galtung, der in Kyoto über die Zukunft der „humanen Gesellschaft" sprach, entwarf eine individualistische, horizontal gegliederte „post-revolutionäre" Gesellschaft, die eine Vielfalt an Lebensformen zulasse. Dabei zeigte er Sympathien für die chinesische Kulturrevolution, die neue Gestaltungsmöglichkeiten offeriere, und zwar im Gegensatz zu den „liberalen" Gesellschaften etwa der USA oder der Sowjetunion (!), die noch zu post-revolutionären Strukturen finden müssten. Galtung sah dabei „radikale" Haltungen als relativ an: Radikal sei es, eine existierende soziale (nämlich konservative) Ordnung zu kritisieren und so die Basis für eine neue, post-revolutionäre Ordnung zu legen; mithin frönte er selbst revolutionärer Rhetorik.[177] Die argumentative Nähe nimmt nicht wunder, denn die „kritische Futurologie" van Steenbergens griff zeitgleiche Überlegungen Galtungs zur „kritischen Friedensforschung" auf. Diese wollte in systemkritischer Absicht den Zusammenhang von Unfrieden und gesellschaftlichen Herrschaftsstrukturen in den Blick nehmen. Zentrale Bedeutung gewann Galtungs Konzept der „struktu-

---

rence in Kyoto/Japan (10.–16. 4. 1970), in: Futurum. Zeitschrift für Zukunftsforschung 4 (1970), S. 627–630.

[176] Vgl. Arthur C. Waskow, Futurism. Elitist or Democratic? (Orig. 1968), in: Joseph P. Martino (Hrsg.), An Introduction to Technological Forecasting, London, Paris, New York 1972, S. 103–106, der in Oslo gewesen war, aber nicht nach Kyoto reiste.

[177] Johan Galtung, Structural Pluralism and the Future of Human Society, in: Japan Society of Futurology (Hrsg.), Challenges, Bd. 3, S. 271–308; deutsche Übersetzung als Ders., Pluralismus und die Zukunft der menschlichen Gesellschaft, in: Dieter Senghaas (Hrsg.), Kritische Friedensforschung, Frankfurt a. M. 1971, S. 164–231, Zit. S. 167; über Galtungs Sympathie für die chinesische Kulturrevolution Menke-Glückert, Zukunftsforschung zwischen Plan und Utopie. Futurologen-Tagung in Kyoto, in: Handelsblatt, 24./25. 4. 1970.

rellen Gewalt", nach dem abseits von militärischer Gewalt und Repression auch sehr viel subtilere, latente Instrumente in Gesellschaften wirkten, um Herrschaft durchzusetzen.[178] Genau diese kritische Frage nach latenten, aber wirkmächtigen inneren Herrschaftsstrukturen – gerade im Blick auf das kapitalistische System – prägte ja auch van Steenbergens kritische Futurologie.

In Kyoto gab es durchaus kritische Reaktionen, welche van Steenbergen eine „simplistic" Weltsicht attestierten[179], und auch Galtungs Sympathie für die chinesische Kulturrevolution blieb nicht unwidersprochen[180]. Doch die kritische Futurologie hatte Wirkungskraft. Menke-Glückert betonte nun in einem publizierten Resümee der Kyoto-Konferenz, dass man die inneren Herrschaftsstrukturen und ökonomischen Interessen viel mehr ins Zentrum eines Nachdenkens über die Zukunft rücken müsse; erst dann könnten soziale Phantasie freigesetzt und „wahre" Veränderungen initiiert werden.[181] Van Steenbergens Zuspitzung griff auch deshalb, weil sie den inneren Konflikt zwischen empirisch-positivistischen und kritisch-emanzipatorischen Zugängen spiegelte, welcher von Beginn an die Zukunftsforschung begleitet hatte. Der normativ-ontologische Denkstil, wie ihn de Jouvenel oder von Weizsäcker prägten, hatte die Grundlagen gelegt, verlor in dieser Polarisierung aber an Zugkraft. In besonderer Weise fiel die kritische Futurologie in der Bundesrepublik auf fruchtbaren Boden. Dies lässt sich auch damit erklären, dass der kritisch-emanzipatorische Denkstil in Deutschland seine Wurzeln hatte, und ist im Dritten Teil vertieft zu beleuchten.

Grundsätzlich aber wurde in Kyoto deutlich, dass die Zukunftsforschung trotz technikeuphorischer Zuspitzungen in einer Gegenbewegung tendenziell Abstand nahm von der Technik- und Steuerungsbegeisterung und sich einem neuen Verständnis von der Zukunft des Menschen und seiner Werte zuzuwenden begann. Deutlich wurde auch, dass sich oftmals – wie in der *Multi-Channel-Society* – beides in ambivalenter Weise vermengte. Sowohl die Orientierung am Menschen und seiner Freiheit und Selbstverwirklichung als auch die kritische Futurologie mit ihrer radikalen Kritik am „Establishment" legten nahe, dass sich Mankind 2000 und viele Protagonisten der transnationalen Zukunftsforschung in ihrem Selbstverständnis und in ihren Praktiken nicht nur als wissenschaftliche Gemeinschaft, als *Epistemic Community*, definierten, sondern auch als Zugehörige einer transnationalen sozialen Bewegung.

---

[178] Johan Galtung, Gewalt, Frieden und Friedensforschung (Orig. 1969), in: Senghaas (Hrsg.), Friedensforschung, S. 55–104, hier S. 63 und 68; vgl. Ders., Strukturelle Gewalt. Beiträge zur Friedens- und Konfliktforschung, Reinbek bei Hamburg 1975. Zur Kritik, welche argumentierte, die kritische Friedensforschung entgrenze den Gewaltbegriff, Koppe, Geschichte, S. 17–66, 43–47.

[179] Summary of Section 1: The Role of Futures and Future Research, in: Japan Society of Futurology (Hrsg.), Challenges, Bd. 4, S. 105.

[180] In der Diskussion sei Galtung „Vereinfachung" vorgeworfen worden, da trotz Konvergenz-Theorien die USA und die Sowjetunion nicht in einen Topf geworfen werden könnten; so Menke-Glückert, Zukunftsforschung zwischen Plan und Utopie. Futurologen-Tagung in Kyoto, in: Handelsblatt, 24./25. 4. 1970.

[181] Ders., Hat die Zukunftsforschung Zukunft?, in: Frankfurter Rundschau, 16. 5. 1970.

Insofern nimmt es nicht wunder, dass sich die Teilnehmer am Ende der Kyoto-Tagung nicht entschließen konnten, nun sofort eine feste Organisationsstruktur zu schaffen.[182] Während der Tagung war ein Fragebogen zirkuliert, der erkundete, ob die Teilnehmer die Bildung einer internationalen Organisation für Zukunftsforschung befürworteten. Zwar hatten drei Viertel jener Teilnehmer, die sich beteiligten (und dies waren nur etwa 25%), dafür votiert. Andere – und hierzu gehörte auch Galtung – gaben aber zu bedenken, eine feste Organisation werde die Kreativität und Entwicklungsfähigkeit – kurz: den Bewegungscharakter – der transnationalen Zukunftsforschung einschränken. Sowohl Elitismus als auch die Kolonisation künftiger Generationen seien zu verhindern. Um ein Denken in Bahnen traditioneller empirischer Forschung zu vermeiden, solle die neue Organisation auch World Future *Studies* (nicht *Research*) Association heißen.[183] Yehezkel Dror hingegen, in den 1950er Jahren Mitarbeiter von RAND und nun in Jerusalem tätig, stellte das Selbstverständnis der sozialen Bewegung in Frage. Das Mischungsverhältnis von wissenschaftlicher Arbeit und anderen, humanistischen und emotionalen Feldern sei erst noch zu bestimmen.[184] Immerhin einigte man sich in der Schlusssitzung – auch aufgrund des eindeutigen Votums in der Umfrage – auf den Vorschlag, erneut ein Continuing Committee zu schaffen. Dieses sollte einen Entwurf für eine World Future Research Association vorbereiten, also deren Ziele, Struktur und Funktionen debattieren, und diesen an die Teilnehmer der Kyoto-Konferenz versenden. Mit der Fragebogenaktion war auch erkundet worden, wen die Teilnehmer als potentielle Führungspersonen und Mitglieder des Komitees sahen. Mehrmals wurden dort Kato, der Organisator der Kyoto-Konferenz, sowie Dror, Galtung, Menke-Glückert, McHale, de Jouvenel, Jungk und zwei weitere Personen – der Österreicher Ernst F. Winter (der mit Jungk das Wiener Institut für Zukunftsfragen geleitet hatte) und der Däne Arne Sørensen – genannt, die damit im Sinne eines Wahlaktes in der Schlusssitzung zu Mitgliedern des Komitees erklärt wurden. De Jouvenel, der ja nicht nach Kyoto gereist war, schrieb man offenkundig die Rolle eines Vaters der Zukunftsforschung zu. Weitere Personen sollten, so Kato, in einem Umlaufverfahren vorgeschlagen und gewählt werden.[185]

Als Ort der neuen Organisation schlug der Inder Iyengar eine japanische Stadt vor, da Japan sowohl den Westen wie den Osten verkörpere und geostrategisch nicht zu weit von den südlichen Staaten entfernt liege. Als Ort der nächsten Zukunftsforschungskonferenz brachte Iyengar Delhi ins Spiel[186], andere Teilnehmer

---

[182] So van Steenbergen, Years, S. 356.
[183] Vgl. Johan Galtung, On Future Research and its Role in the World, in: Japan Society of Futurology (Hrsg.), Challenges, Bd. 1, S. 103–115, hier insbes. S. 113; vgl. auch Henry David, Final Session, in: ebd., Bd. 4, S. 156 f.
[184] Vgl. Wortbeitrag Yehezkel Dror, Final Session, in: ebd., S. 164.
[185] Vgl. Wortbeitrag Kato, Final Session, in: ebd., Bd. 4, S. 161; Continuing Committee World Future Research Conferences, Sørensen, Circular Letter No. 2 an das Continuing Committee, 7. 8. 1971, in: ICA, Gabor Collection, MW/13.
[186] Vgl. Wortbeitrag Iyengar, Final Session, in: Japan Society of Futurology (Hrsg.), Challenges, Bd. 4, S. 157 f.

schlugen Tansania vor. Interessant sei dieses Land deshalb, weil es womöglich direkt von der prä-industriellen in die post-industrielle Phase springen könne: „Tanzania is one of the places where we could study that".[187] Diese Stellungnahme barg allerdings einen westlich-zentrierten, post-kolonial unterfütterten Subtext: Tansania wurde hier zum Studienobjekt und eben nicht zum Land, das gleichberechtigt in die Internationale der Zukunftsforschung zu integrieren war. Ein anderes Verständnis hatte hingegen van Steenbergens Wortmeldung: Er argumentierte aus der Perspektive der kritischen Futurologie heraus, dass nicht die Zukunft des Westens, sondern die Demokratisierung der Welt und die Solidarität mit den Armen der Gegenstand von Zukunftsforschung sein müsse.[188] Hier manifestierte sich ein explizit globales Verständnis von Zukunft und Zukunftsforschung, welches auf globale Verteilungsgerechtigkeit zielte und damit auch die Bedürfnisse der Schwellen- und Entwicklungsländer gleichberechtigt integrierte. Dies sollte Anfang der 1970er Jahre in den Mittelpunkt der transnationalen Zukunftsforschung rücken und sich auch darin spiegeln, dass die internationalen Konferenzen nicht mehr als „International Future Research Conference", sondern als „World Future Research Conference" firmierten.

Mankind 2000 war mit dem Continuing Committee in gewisser Weise überflüssig geworden. Ein Kreis um Wellesley-Wesley entschied aber in Kyoto, die Vereinigung nicht aufzulösen, sondern sich als unabhängige europäische Vereinigung explizit mit Aspekten des Individuums in Planungsprozessen zu beschäftigen: „Mankind 2000's central concern is the safe-guarding of the human factor in planning for the future. It emphasizes concentration of attention upon the individual and through gaining insight into the physical, psychic and essential needs of the individual".[189] In der Folge aber wurde Mankind 2000, auch weil die „World Future Research"-Konferenzen an Dynamik gewannen, rasch zur Splittergruppe.

Das Continuing Committee bereitete in der Folge die 3. Weltzukunftsforschungskonferenz 1972 vor. Federführend wirkten hier der Däne Arne Sørensen, den die Mitglieder des Continuing Committee zu ihrem Generalsekretär bestimmten, Bertrand de Jouvenel, der Präsident des Continuing Committee wurde, und weitere Mitglieder des Steering Committee, in das neben Sørensen Galtung, Jungk, Menke-Glückert, Winter und der Schwede Lars Ingelstam gewählt wurden. Ebenso wie Mankind 2000 wurden die beiden Committees damit westeuropäisch dominiert. Die Zuwahl weiterer Mitglieder des Continuing Committee, das auf 36 Personen aufgestockt wurde, erfolgte über die gewählten Mitglieder. Gewählt werden konnte dabei per Brief oder Telegramm in einer je dreiwöchigen Wahlfrist. Das Continuing Committee war bestrebt, aus Gründen einer gleichgewichtigen globalen Repräsentation aller „drei Welten" auch Schwellen- und Entwicklungsländer einzubeziehen; so wählte man den Inder Iyengar, der bereits in Kyoto

---

[187] Wortbeitrag Sørensen und Menke-Glückert, in: ebd., S. 155.
[188] Wortbeitrag van Steenbergen, Final Session, in: ebd., S. 159.
[189] Polak, Mankind, S. 74 f.; Website von Mankind 2000: http://www.m2000.org/docs/overview.php#hist (letzter Aufruf 12.1.2015).

gesprochen hatte. Ferner wurden Bart van Steenbergen, Olaf Helmer und Dennis Gabor gewählt, also Vertreter unterschiedlicher Strömungen und Denkstile.[190] Aus den sozialistischen Staaten rückten Bestuzhev-Lada, der „considered leading futurologist of the Soviet Union", und Gennady M. Dobrov, Vizedirektor des Instituts für Kybernetik an der Ukrainischen Akademie der Wissenschaften, sowie Ota Sulc aus der Tschechoslowakei ins Committee.[191] Den sozialistischen Staaten fiel nun ohnehin – ganz im Gegensatz zu Kyoto – eine führende Rolle zu, weil das Continuing Committee als Stätte der nächsten Konferenz 1972 Rumänien wählte (ein anderes Land stand allerdings auch nicht zur Wahl).[192]

Bereits in Kyoto hatte eine ungarische Wissenschaftlerin in der Schlusskonferenz für einen sozialistischen Staat als kommenden Konferenzort plädiert. Hinter den Kulissen hatte wohl Pavel Apostol, Mitglied der rumänischen Akademie der Wissenschaften, entsprechende Kontakte geknüpft, an die sich nun anschließen ließ.[193] Hintergrund dieser Annäherung der sozialistischen Staaten nach der nur dünnen Besetzung in Kyoto war zweifellos, dass erneut die internationale Entspannung und das Bemühen um technologische Kooperation auf beiden Seiten des Kalten Krieges fassbar wurden. Dabei galt die Kooperation auf beiden Seiten immer auch dem Kalkül, wissenschaftlich-technologisches Wissen vom Gegenüber abzuschöpfen. So wurde ja – wie oben erwähnt – 1972 das gemeinsame Internationale Institut für Angewandte Systemanalyse in Laxenburg bei Wien begründet. In diesem Kalkül gründete wohl auch die Bereitschaft der rumänischen Regierung Ceaucescu, die Internationale der Zukunftsforscher nach Rumänien einzuladen, die Rumänische Akademie für Sozial- und Politikwissenschaften mit der Konferenzorganisation zu betrauen und die Konferenz insoweit zu finanzieren, als Räumlichkeiten, Personal für die Administration und Simultanübersetzung bereitgestellt wurden. Ein nationales Komitee der Rumänischen Akademie für Sozial- und Politikwissenschaften entschied gemeinsam mit dem Continuing Committee über das Programm des Kongresses.[194] Pavel Apostol, die führende Figur der rumänischen Zukunftsforschung, wurde Executive Director des Konferenzdirektorats.[195] Der rumänische Philosoph, der in den 1930er Jahren gemein-

---

[190] World Future Research Conferences, Continuing Committee, Sørensen, an Gabor, 16.2.1972, in: ICA, Gabor Collection, MW/13.

[191] Continuing Committee World Future Research Conferences, Sørensen, Circular Letter No. 2 und 4 an das Continuing Committee, 7.8.1971 und 10.12.1971, in: ICA, Gabor Collection, MW/13.

[192] Continuing Committee World Future Research Conferences, Sørensen, Circular Letter No. 2 to the Continuing Committee, 7.8.1971, in: ICA, Gabor Collection, MW/13.

[193] Vgl. Wortbeitrag Hollo-Janossy, Final Discussion, in: Japan Society of Futurology (Hrsg.), Challenges, Bd. 4, S. 158, 169.

[194] Continuing Committee World Future Research Conferences, Sørensen, Circular Letter No. 4 an das Continuing Committee, 10.12.1971, in: ICA, Gabor Collection, MW/13; Continuing Committee World Future Research Conferences, 23.12.1971, in: KITA, NL Steinbuch, 343.

[195] Directorate of the Third World Future Research Conference, Bucharest Newsletter No. 1, Jan. 1972, in: UNESCO Archives, Group 8 Central Registry Collection, 001 A 5/06 (498) 72 AMS World Futures Studies Federation; Continuing Committee World Future Research

sam mit François Mitterrand in Paris studiert hatte, war in Rumänien in den frühen 1950er Jahren wegen unorthodoxer Positionen verhaftet worden und erst nach zwei Jahren, nach dem Ende des Stalinismus, wieder freigekommen. Anschließend arbeitete er über das Dialektische in Marx' Schriften und entwickelte trotz aller marxistischen Fundierung eine pluralistische Grundhaltung, die ihn in den späten 1970er Jahren in Rumänien wieder zunehmend in Bedrängnis bringen sollte.[196] Die rumänische Regierung hatte – nicht zuletzt über Druck auf Apostol und das Konferenzdirektorat – zweifellos großen Einfluss auf die Konferenzplanung. Befürchtungen aus den Entwicklungsländern, das „plankapitalistische Establishment" werde den Kongress bestimmen, erfüllten sich aber nicht.[197]

Motto und Leitgedanken der „Third World Future Research Conference" in Bukarest 1972 hatte auch nicht Apostol entwickelt, sondern Johan Galtung. Er versandte 1971 ein Papier namens „Man's common Future", das den Trennlinien („divisions") in den Konstruktionen von der Zukunft des Menschen auf die Spur kommen wollte und hierzu zwei Dichotomien aufmachte. Zum einen war dies die bereits in Kyoto diskutierte Dichotomie zwischen der Zukunft der „Eliten" und jener der „Massen". So betonte Galtung in einer egalitär und antikapitalistisch gespeisten Deutung, dass zwar die Welt geographisch zusammenrücke, indem perfektionierte Transport- und elektronische Hilfsmittel Kommunikations- und Verkehrswege zwischen den Menschen enorm verkürzten. Gleichwohl habe sich für die Massen nur die Wahrnehmung und die weltweite Rezeption von Informationen verändert. Faktisch hätten diese nicht die Mittel, um zu reisen. Damit sei die Welt für die Massen eben doch nicht zusammengewachsen. Zum anderen führte Galtung nun jene Kritik an der Haltung der Industriestaaten gegenüber den Schwellen- und Entwicklungsländern aus, die van Steenbergen in Kyoto angedeutet hatte. Die reichen Länder ließen die armen wissen, dass deren Zukunft darin liege, zu ihnen aufzuschließen. Dies sei aber eine patriarchalische Haltung: „behind this is an analogy whereby the rich countries implicitly compare themselves to adult persons and poor countries to children, implicating that the children first have to become adults." Stattdessen müsse in der Entwicklungspolitik armen Ländern die Gelegenheit gegeben werden, eigene Zukünfte zu entwerfen und zu gestalten. Zugleich gäbe es einen „futuristic dualism", indem die internationale Arbeitsteilung und das internationale Stratifikationssystem dazu führten, dass die armen Länder immer in einer anderen Zukunft lebten, also generell schwer aufschließen konnten. Grundsätzlich müsse neu über die Zukunft des Weltsystems nachgedacht werden.[198]

Conferences, Sørensen, Circular Letter No. 4 an das Continuing Committee, 10.12.1971, in: ICA, Gabor Collection, MW/13.

[196] Vgl. Tom Rockmore, Pavel Apostol R.I.P, in: Studies in Soviet Thought 29 (1985), H. 2, S. 87.

[197] So Peter Menke-Glückert, Zukunftsbewegung oder Zukunftsberufsverband?, in: APWM 4 (1972), H. 24, S. 3.

[198] Johan Galtung, Man's Common Future. Suggested Theme for the 3rd International Future Research Conference (1971), in: ICA, Gabor Collection, MW/13.

Mithin hob Galtung auf den bereits im Zusammenhang mit Mankind 2000 angesprochenen Nord-Süd-Konflikt in den internationalen Beziehungen ab, der sich inzwischen verschärft hatte. Mitte der 1960er Jahre hatten Vertreter der Entwicklungsländer im Zusammenhang mit der Bildung von UNCTAD neue „Terms of Trade" gefordert. Die westliche Theorie nachholender Entwicklung, die im Sinne einer linear gedachten Modernisierungstheorie davon ausging, dass sich die Entwicklungsländer am Industrialisierungspfad und Wachstumsverständnis der Industrieländer orientierten, geriet in die Kritik; in den Entwicklungsländern formierten sich dependenztheoretische Ansätze, die in der Tradition älterer Imperialismustheorien standen und, oft neomarxistisch geprägt, Entwicklung innerhalb internationaler Herrschaftsbeziehungen und Ausbeutungsstrukturen deuteten. Die 25. Vollversammlung der Vereinten Nationen 1970, mit der die sogenannte Zweite Entwicklungsdekade eingeläutet wurde, diskutierte deshalb unterschiedliche Entwicklungsstrategien und -verständnisse. Viele Entwicklungsländer freilich hatten zu dieser Versammlung aus Protest nicht einmal einen Vertreter gesendet.[199] Auf diesen Komplex zielte Johan Galtung mit seiner Forderung, die Zukunft der Entwicklungsländer nicht mehr aus der Perspektive der Industrieländer im patriarchalischen Gestus abzuhandeln, sondern im Licht postkolonialer Entwicklungsverständnisse zu betrachten.

Sørensen und Apostol überarbeiteten Galtungs Konzept allerdings dahingehend, dass Fragen der Methodik stärker in den Blickpunkt rückten. Apostol und Sørensen drängten darauf, an jedem Konferenztag des einwöchigen Kongresses ein Thema in den Mittelpunkt zu stellen – etwa die Zukunft der Jugend – und dieses dann auf seine systemanalytische Anwendbarkeit, seine Operationalisierbarkeit für die Zukunftsforschung und Möglichkeiten der breiteren Partizipation zu prüfen.[200] Erkennbar wird hier Apostols Wille, die methodologische und systemanalytische Dimension von Zukunftsforschung zu stärken, wohingegen Galtung, der Friedensforscher, die internationale Politik fokussieren wollte. Das Continuing Committee schnitt deshalb gemeinsam mit Apostol das Konzept für die Plenarsitzungen der Konferenz neu zu.[201]

---

[199] Vgl. Murphy, Emergence, S. 93–105; Rist, History, S. 113–122, 140–143; Andreas Boeckh, Entwicklungstheorien. Eine Rückschau, in: Dieter Nohlen/Franz Nuscheler (Hrsg.), Handbuch der Dritten Welt, Bd. 1, Bonn 1992, S. 110–130.

[200] Continuing Committee World Future Research Conferences, Sørensen, Circular Letter No. 2 und 4 an das Continuing Committee, 7.8. und 10.12.1971, in: ICA, Gabor Collection, MW/13.

[201] Romanian Organizing Commission, Conference Directorate, 23.12.1971; Lars Ingelstam, Notes from Meeting with the Steering Committee of the Continuing Committee for World Future Research Conferences in Salzburg, 6.–7.1.1972, 10.1.1972; BMI, Menke-Glückert, an Mitglieder der GfZ, 17.1.1972, alles in: KITA, NL Steinbuch, 343; World Future Research Conferences, Continuing Committee, Arne Sørensen, Circular Letter No. 5, 16.2.1972, in: Imperial College, Gabor Collection, MW/13; Menke-Glückert, Vermerk Sitzung des Konferenz-Direktorats für den III. Weltkongreß der Zukunftsforschung am 22. April 1972 in Bukarest, 26.4.1972, und Directorate of the Third World Future Research Conference, Bucharest Newsletter No 2, Mai 1972, beides in: BAK, B 196, 52509.

Die dritte Weltzukunftsforschungskonferenz, die Anfang September 1972 in Bukarest stattfand und rund 550 Teilnehmer – und damit mehr als doppelt so viele Wissenschaftler wie in Kyoto – zusammenführte[202], drehte sich dann insbesondere um drei Aspekte. *Zum ersten* war dies die Partizipation breiter Bevölkerungsschichten, konkret der Jugend, an der Zukunftsgestaltung. So widmete sich die Konferenz in einem *Round Table* der Zukunft der Jugend und der Jugend der Zukunft.[203] In diesem Zusammenhang erhielt auch die kritische Futurologie Raum. Sie wurde insbesondere von bundesdeutscher Seite profiliert: Der Gewerkschafter Gunther Heyder warnte, dass die fortgeschrittene Technologie Instrumentarien für „Herrschaftswissen" bereithalte, welche einer Expertenelite unkontrollierbare Macht sichere.[204] Auch der junge Pädagoge Diethart Kerbs brachte in Bukarest die revolutionäre Attitüde der kritischen Futurologie auf den Punkt, indem er fragte: „Wie können wir die dem Volk von den Herrschenden notgedrungen zugestandenen Kenntnisse und Fertigkeiten so wenden und erweitern, daß sie zur Anfechtung und Abschaffung von Herrschaft tauglich werden?"[205] Diese Überlegungen riefen allerdings Kritik aus den sozialistischen Staaten (auch aus der DDR, die erstmals vertreten war) hervor, deren Vertreter im Sinne marxistisch-leninistischer Geschichtsphilosophie pflichtschuldig auf die „objektiven Gesetzmäßigkeiten der Geschichte" verwiesen und utopische Vorstellungen zurückwiesen. Auch aus den USA kamen Einwände aus einem empirisch-positivistischen Blickwinkel: Anthony Wiener, Herman Kahns Co-Autor, wandte sich gegen die „Panikmache" der kritischen Futurologie.[206]

Zum zweiten rückten Methoden der computerunterstützten Modellsimulation ins Zentrum. Diese brachten zum Vorschein, dass im Hinblick auf die Simulation die Zugänge und methodologische Verständnisse in Ost und West überraschend ähnlich waren.[207] *Dass* computerunterstützte „Weltmodelle" diskutiert wurden, gründete zweifellos in der Konjunktur von „Weltmodellen", die mit der Publika-

---

[202] Der Anteil außereuropäischer Teilnehmer betrug, berücksichtigte man die USA nicht, nur 4%. Vgl. Menke-Glückert, Zukunftsbewegung; Helmut Maier/Werner Hugger, Ist die Zukunftsforschung noch zu retten? Ein weiterer Bericht über die 3. Weltkonferenz der Zukunftsforschung in Bukarest, in: APWM 4 (1972), H. 24, S. 26f. Die Beiträge der Bukarest-Konferenz wurden nicht publiziert; nur eine knappe Zusammenschau der rumänischen Beiträge erschien: Manea Mănescu (Hrsg.), Management Science and Futures Studies in Socialist Romania. Special Issue Dedicated to the 3rd World Future Research Conference, Bucharest, September 3–10, 1972, Bukarest o. J.

[203] Directorate of the Third World Future Research Conference, Bucharest Newsletter No. 1, Jan. 1972, in: UNESCO Archives, 8 Central Registry Collection, File 001 A 5/06 (498) 72 AMS World Futures Studies Federation; Gunther Heyder, Strategien für eine humane Welt. Bericht über die 3. Weltkonferenz für Zukunftsforschung in Bukarest, in: APWM 4 (1972), H. 24, S. 25f.

[204] Ebd.

[205] Zit. nach Heyder, Strategien, S. 25.

[206] So zitiert bei ebd., S. 26; vgl. Menke-Glückert, Bericht über den 3. Weltkongreß für Zukunftsforschung in Bukarest vom 2. bis 10. September 1972, in: BAK, B 196, 52509.

[207] Klaus Repenning, Bericht über den Ablauf des 3. Weltkongresses für Zukunftsforschung in Bukarest vom 2. bis 10. September 1974, 14. 9. 1972, in: ebd.

tion von „The Limits to Growth" in aller Munde waren. Dies galt auch für den *dritten* Schwerpunkt der Konferenz, nämlich Aspekte des globalen Umgangs mit Umweltverschmutzung, das weltweite Knappwerden von Ressourcen und das neue Leitbild der „soft technology" – Themen und Felder, die im Zusammenhang mit der Diskussion um die „Grenzen des Wachstums" massiv an Brisanz gewannen, während sie vorher (wie die Ökologie) keine Rolle in der transnationalen Zukunftsforschung gespielt hatten.[208] Eine Spannung, ja ein Konflikt zwischen Nord und Süd, zwischen Industrie- und Entwicklungsländern, der nicht nur nach Ansicht bundesdeutscher Teilnehmer den Ost-West-Gegensatz abgelöst hatte[209], wurde vor allem im Lichte verschiedener Wachstumsgeschwindigkeiten und Wachstumsverständnisse diskutiert.[210] Dies zeigte plötzliche Schwerpunktverlagerungen, ja inhaltliche Neuausrichtungen an, die einer diskursiven, auch medial vermittelten Dynamik des Sommers 1972 entsprangen und im Zusammenhang mit der Debatte um die „Grenzen des Wachstums" im Folgenden zu analysieren sein werden. Ein Stück weit wurde die Zukunftsforschung hier von ihrer transnationalen Dynamik eingeholt.

In Bukarest jedenfalls, in diesem Punkt soll der Chronologie vorgegriffen werden, einigten sich die Teilnehmer auf die „Bukarester Erklärung". Demnach sollte eine Weltföderation für Zukunftsstudien (World Future Studies Federation – WFSF) in die Wege geleitet werden. Aufgabe der WFSF sei es, die Zukunftsforschung zu fördern und anzuregen, „so that they are open to all scientific initiatives in different disciplines and areas". Mithin konzentrierte sich die WFSF auf die wissenschaftlichen Initiativen, aber mit einem breiten interdisziplinären Ansatz. Die Erklärung sah die WFSF als offene Plattform: „The organizational framework should avoid both a highly centralized structure and the form of a loose movement. The Federation should be an interdisciplinary meeting place for existing professional organizations and other future research centers, organizations and acitivities." Da nicht nur Organisationen und Institute Mitglied werden konnten, sondern eben auch Einzelpersonen, barg das institutionelle Profil der WFSF genug Freiheiten für eine Entwicklung der Bewegung abseits festgefügter berufsständischer Verbandsstrukturen. Zugleich entschied die Bukarester Konferenz, dass die Weltföderation offiziell im Mai 1973 in Paris begründet werden solle.[211] Damit rückten die Association Internationale Futuribles und Bertrand de Jouvenel in den Blickpunkt, dem eine zentrale Rolle in der Zusammenführung der internationalen Zukunftsforschung zugeschrieben wurde. Freilich hatten

---

[208] Directorate of the Third World Future Research Conference, Bucharest Newsletter No 2, Mai 1972, in: ebd.
[209] Horst Geschka, Bericht über die Teilnahme am 3. Weltkongreß für Zukunftsforschung in Bukarest (2. bis 10.8.1972), in: ebd.
[210] Repenning, Bericht über den Ablauf des 3. Weltkongresses für Zukunftsforschung in Bukarest vom 2. bis 10. September 1974, 14.9.1972, in: BAK, B 196, 52509.
[211] World Future Studies Federation, Objectives, Statutes, Activities, o. D., in: Bestand Menke-Glückert; World Future Studies Federation, Stellvertretender Präsident Pavel Apostol, an die Mitglieder, 20.2.1974; Statuts de la Fédération Mondiale pour les Études sur le Futur, 20.10.1973, beides in: UNESCO Archives, Group 8 Secr., BRX/ONG.1/120 WFSF.

2. Die Gründung der World Future Studies Federation

nach dem Ende der Ford-Finanzierung für Futuribles 1966 vor allem Ehefrau Hélène und Sohn Hugues de Jouvenel die Schaffung einer neuen Organisation, der Association Internationale Futuribles in Paris, vorangetrieben, die auch ein Büro zur Verfügung stellte.[212] Zugleich entschied die Konferenz in Bukarest, die neue Weltföderation nicht formal mit UN-Organisationen zu verkoppeln, aber eine enge Kooperation mit der UNESCO und UNITAR, dem United Nations Institute for Training and Research in Genf, anzustreben, und auch deshalb wurde die Weltföderation in Paris begründet. In der Tat gelang es 1977, über Johan Galtung und Mahdi Elmandjra, Vizedirektor der UNESCO für Social and Human Sciences, den Status „B" bei der UNESCO zu erwerben. Damit konnte die WFSF Zuschüsse für die Reisekosten jener Teilnehmer der Konferenzen einwerben, welche aus den Schwellen- und Entwicklungsländern kamen.[213]

Im Frühjahr 1973 wurde auf einer Konferenz in Paris der Gründungsakt der Weltföderation vollzogen. Die Konferenz wählte Bertrand de Jouvenel zum ersten Präsidenten, Pavel Apostol – als Vertreter der sozialistischen Staaten – zu seinem Stellvertreter und Peter Menke-Glückert – als Mittler zwischen verschiedenen Denkstilen – zum Generalsekretär.[214] Dies zeigte durchaus den starken Einfluss bundesdeutscher Vertreter in der transnationalen Zukunftsforschung (so war etwa die Gesellschaft für Zukunftsfragen mit dem gesamten Vorstand von zehn Personen nach Bukarest gereist[215]). Die World Future Studies Federation war gebildet, welche die nationalen Gemeinschaften und Akteure zusammenführen sollte. Ihre Aufgabe sah sie vor allem darin, „to promote and encourage future studies and to promote innovative interdisciplinary and critical thinking among all peoples".[216]

Sowohl Mankind 2000 als auch die entstehende WFSF changierten zwischen dem expertenorientierten Selbstverständnis einer *Epistemic Community* und Praktiken einer sozialen Bewegung, welche die Zukunft offen diskutieren und hierfür die Bevölkerung mobilisieren wollte. Grundsätzlich aber lässt sich fragen, inwieweit die WFSF selbst im Prozess der Begründung eine gemeinsame Identität

---

[212] Vgl. de Jouvenel an Cornish, 4.1.1975, in: BNF, NAF 28143, Boîte 297; Gespräch der Verf. mit Hugues de Jouvenel, 28.2.2012; Application of WFSF for a category B status with UNESCO, Memo SS/74/575, 11.3.1974, in: UNESCO Archives, Group 8 Secr., BRX/ONG.1/120 WFSF.

[213] Vgl. Menke-Glückert, Zukunftsbewegung; Eleonora Barbieri Masini, Reflections on World Futures Studies Federation, in: Futures 37 (2005), S. 361–369, hier S. 362; Antrag WFSF, Johan Galtung, an Generaldirektor UNESCO, 6.7.1976 und UNESCO, John E. Fobes, an Eleonora Masini, 14.6.1977 (ein erster Antrag 1974 war erfolglos geblieben), in: UNESCO Archives, Group 8 Secr., BRX/ONG.1/120 WFSF; vgl. auch Andersson, Debate.

[214] World Future Studies Federation, Stellvertretender Präsident Pavel Apostol, an die Mitglieder, 20.2.1974, in: UNESCO Archives, Group 8 Secr., BRX/ONG.1/120 WFSF; Klaus Repenning, Bericht über den Ablauf des 3. Weltkongresses für Zukunftsforschung in Bukarest vom 2. bis 10. September 1974, 14.9.1972, in: BAK, B 196, 52509; Menke-Glückert, Zukunftsbewegung.

[215] Klaus Repenning, Bericht über den Ablauf des 3. Weltkongresses für Zukunftsforschung in Bukarest vom 2. bis 10. September 1974, 14.9.1972, in: BAK, B 196, 52509.

[216] Satzung der WFSF, 1974, in: UNESCO Archives, Group 8 Secr., BRX/ONG.1/120 WFSF.

konstruierte. Ein Stück weit erscheint der emphatische Wille, sich transnational im Zeichen der gemeinsamen Zukünfte zu vereinen, selbst als eine Art Meistererzählung, Grenzen der Zukunft zu überwinden, welche aber die materiale Ebene, nämlich unterschiedliche nationale und kontinentale Interessen und die Verteilung von Ressourcen, verdrängte. Eben dieses Feld sollte dann im Diskurs um die „Grenzen des Wachstums" neu verhandelt werden.

VI. Der Club of Rome als Träger westlichen Ordnungsdenkens

Abseits von Mankind 2000 und der WFSF entstand eine andere transnationale Organisation aus dem Kontext der Zukunftsforschung: der Club of Rome. Dieser unterschied sich von Mankind und der WFSF in drei Punkten: Zum ersten dominierte hier das Selbstverständnis und die Praxis einer *Epistemic Community*, während Bezüge zu einer sozialen Bewegung keine Rolle spielten. Zum zweiten dominierte im Club of Rome zumindest in den ersten Jahren ein westliches Selbstverständnis, das nicht die Kommunikation zwischen West und Ost bzw. Nord und Süd zum Ausgangspunkt machte, sondern – im Sinne einer gemeinsamen politischen Agenda – die globale *Ordnung* unter westlichen Auspizien. Zum dritten stand nicht das freie Nachdenken über das Zukünftige im Mittelpunkt, sondern die Prognostik und ihre Umsetzung in der politischen Planung.

Einen organisatorischen und inhaltlichen Ausgangspunkt des Club of Rome bildete – im Sinne eines *westlichen* Selbstverständnisses – die OECD. Sie war aus der OEEC (Organisation for European Economic Cooperation) hervorgegangen, die 1948 zur Verteilung und Organisation der Marshall-Plan-Hilfen entstanden war. 1961 formierte sich die OECD als Organisation for Economic Cooperation and Development mit dem Beitritt der USA und Kanadas zu einer westlichen Wirtschafts- und Entwicklungs-Behörde, zu der wenig später auch Japan stieß. Ziel der OECD war es, ökonomisches Wachstum und Beschäftigung und in der Folge auch den Lebensstandard in den Mitgliedsstaaten zu steigern und so zum Ausbau des Welthandels in einem multilateralen, nicht-diskriminierenden Sinne beizutragen. In den 1960er Jahren rückten immer stärker die Planung steten wirtschaftlichen Wachstums und die Förderung technologischer Innovation in den Kernbereich der OECD. Im Sinne der Denksysteme des Kalten Krieges war es der OECD auch darum zu tun, die Wettbewerbsfähigkeit und Entwicklungsfähigkeit westlicher Gesellschaften und Industrien in Konkurrenz mit dem ideologischen Gegner zu messen und zu fördern.[1] So wurde die OECD auch zum Ausgangspunkt der Debatten um die „technologische Lücke" Mitte der 1960er Jahre. Wie im Ersten Teil erwähnt, war die USA den westeuropäischen Staaten im Hinblick auf Forschungs- und Technologieförderung rasch weit voraus. Im Kontext des entstehenden Kalten Krieges hatte sich in den USA die *Big Science* formiert. Im Lichte einer verstärkten Zukunftsorientierung und des technikorientierten Machbarkeitsdenkens der 1960er Jahre wurde die sich öffnende Schere zu den USA –

---

[1] Vgl. Robert Wolfe, From Reconstructing Europe to Constructing Globalization. The OECD in Historical Perspective, in: Rianne Mahon/Stephen McBridge (Hrsg.), The OECD and Transnational Governance, Vancouver 2008, S. 25–42; Richard Woodward, The Organisation for Economic Co-operation and Development (OECD), London 2009; demnächst Schmelzer, Hegemony.

so sahen dies zumindest die Westeuropäer – zu einem öffentlichen Thema. Die OECD gab Anfang der 1960er Jahre eine Studie zum Vergleich der Forschungs- und Entwicklungsanstrengungen in Auftrag, die 1965 publiziert wurde.[2] Einer ihrer Autoren war der Ökonom Christopher Freeman, der später, 1969, die Forecasting Group der Science Policy Research Unit der University of Sussex leiten sollte. Die Autoren diagnostizierten eine massive Überlegenheit der USA in den Bereichen Raumfahrt, Flugzeugbau und Elektrotechnik, aber auch die Abwanderung vieler europäischer Wissenschaftler in die USA; dies könne für Westeuropa zur „technological gap", zum ökonomischen und politischen Problem werden.[3] Zwar charakterisierten die Autoren ihre Untersuchung als „Experiment", doch in der aufgeregten Diskussion um die Ergebnisse des Buches geriet dies in den Hintergrund. Publizisten heizten diese Debatte an, so etwa der französische Journalist und Intellektuelle Jean-Jacques Servan-Schreiber 1968 mit dem Werk „Le Défi Américain" (im Deutschen „Die amerikanische Herausforderung"). Das ökonomische und technologische Zurückfallen avancierte zum Politikum.[4]

Mit dem gesteigerten Interesse für die jeweiligen nationalen „Research and Development"-Bemühungen und der Debatte um die „technologische Lücke"[5] wuchs in der OECD zunehmend das Interesse an zukünftigen Entwicklungen in den Bereichen Wissenschaft, Technologie und Bildung. Um gezielt Innovationen zu fördern und so die „Lücke" zu den USA zu verkleinern, erschien es notwendig, zukünftige und zukunftsträchtige Technologien zu erschließen und Schwerpunkte zu setzen, so die OECD.[6]

Hierfür machte sich innerhalb der OECD vor allem der studierte Chemiker Alexander King stark, Direktor der Abteilung Scientific Affairs. Kings Engagement verwundert nicht, denn der gebürtige Schotte hatte eine persönliche Verbindung zum *Operations Research* des Zweiten Weltkrieges. King war Mitglied des britischen Tizard Committee, in dem sich Naturwissenschaftler und Mathematiker mit dem optimierten Einsatz des Radars beschäftigten und im Grunde das *Operational Research* erfanden.[7] Zunächst noch als Wissenschaftler im briti-

---

[2] Vgl. Christopher Freeman/A. Young, The Research and Development Effort in Western Europe, North America and the Soviet Union. An Experimental International Comparison of Research Expenditures and Manpower in 1962, Paris 1965.

[3] Vgl. Helge Majer, Die „Technologische Lücke" zwischen der Bundesrepublik Deutschland und den Vereinigten Staaten von Amerika, Tübingen 1973, S. 1–9; Johannes Bähr, Die „amerikanische Herausforderung". Anfänge der Technologiepolitik in der Bundesrepublik Deutschland, in: AfS 35 (1995), S. 115–130.

[4] Vgl. Jean-Jacques Servan-Schreiber, Die amerikanische Herausforderung (Orig. 1967), Hamburg 1968.

[5] Das Committee for Science Policy der OECD gab 1966 eine Working Group zu Gaps in Technology between Member Countries in Auftrag; OECD, Committee for Science Policy. Progress Report on Work on Gaps in Technology between Member Countries (Note by the Secretariat), 20.2.1967, SP (67) 2, in: OECD Archives, SP 1967.

[6] OECD, Committee for Science Policy: 1968 Programme of Work (Note by the Secretariat), 23.2.1967, SP (67) 3, S. 5 f., in: OECD Archives, SP 1967.

[7] Vgl. oben Kapitel I.3.; zu King vor allem Alexander King, Let the Cat Turn Round. One Man's Traverse of the Twentieth Century, London 2006.

schen Ministry of Supply tätig, wurde er 1943 Wissenschaftsattaché an der Britischen Botschaft in Washington und verkörperte somit die intensivierte britisch-amerikanische Technologiekooperation im Zeichen des Krieges, ehe er 1957 zur OECD wechselte. In der Wissenschaftsabteilung der OECD erhielt King 1967 einen neuen Mitarbeiter, nämlich Peter Menke-Glückert.

Schon 1964 plante das Committee for Scientific Research der OECD – mit King – eine Studie zu „Technological Trends in Relation to Economic Growth". Diese sollte dokumentieren, wie in den westlichen Industriestaaten technologische Trends mit langfristiger ökonomischer Planung in Verbindung gesetzt würden; entsprechende Methoden, Ziele und Anwendungen seien zu ermitteln.[8] Mit der Publikation der „Technological Gap"-Studie 1965/66 erhielt das Thema neue Dynamik. Aus dem Committee for Scientific Research war das Committee for Science Policy hervorgegangen, dessen Leitungsebene King angehörte. Das Committee for Science Policy stellte die technologische Entwicklung in den Mittelpunkt und maß der Voraussage kommender Schlüsseltechnologien und ihrer Rolle in der technologischen Innovation „high priority" zu. Das Ungleichgewicht zwischen den Möglichkeiten, welche Forschung und Entwicklung böten, und den begrenzten Ressourcen werde mit Blick auf die beschleunigte technologische Entwicklung noch wachsen. Zentral sei es deshalb, kommende technologische Potentiale zu erkennen, Faktoren zu ermitteln, welche deren Realisierung beeinflussten, und so eine effektive Basis für die Wahl zwischen Alternativen, also für Entscheidungen, zu schaffen: „To be effective, these choices must be based on forecasts of possible technological developments in future, of the magnitude, profitability or urgency of the practical needs which future technological developments must meet, and on the resources and other requirements necessary for these technologies to be successfully developed and utilised."[9] Es gehe somit weniger um Voraussage, was sein werde, sondern vor allem darum, Potentiale zu ermitteln, und zwar mittels qualitativer, vor allem aber quantitativer Methoden. Die Techniken auf diesem Feld (also im Bereich Wissenschaft und Technologie) verstand man als „technological forecasting".[10]

Mit dem Projekt zum *Technological Forecasting* wurde Erich Jantsch betraut, ein gebürtiger Österreicher, der in den USA Astrophysik studiert hatte. Zunächst für den internationalen Elektro-Konzern Brown, Boveri & Cie. in der Schweiz tätig, war Jantsch 1962 in die Wissenschaftsabteilung der OECD gewechselt. Jantsch, „brilliant, arrogant and scathing", so Alexander King, galt hier rasch als

---

[8] OECD, Committee for Scientific Research, Draft Detailed Programme and Financial Estimates for 1964, 27.5.1963, SR (63) 12 (Activity 7), in: OECD Archives, SR 63.

[9] OECD, Committee for Science Policy: 1968 Programme of Work (Note by the Secretariat), 23.2.1967, SP (67) 3, S.5f., in: OECD Archives, SP 1967; ähnlich OECD Committee for Science Policy. Report on Technological Forecasting (Note by the Secretariat), 20.2.1967, SP (67) 7, in: ebd.

[10] OECD, Committee for Scientific Research. Recognition of Future Technological Potentials (Progress Report), 25.1.1966, SR (66) 3, in: OECD Archives, SR 1966.

"eminent systems analyst".[11] Jantsch durchreiste 1965/66 dreizehn westliche Industriestaaten (u.a. die Bundesrepublik Deutschland, Frankreich, Großbritannien, Italien, Kanada und die USA) und fahndete nach Methoden und Anwendungsformen des *Technological Forecasting*. Während der Reise führte er etwa 250 Gespräche mit Vertretern internationaler Organisationen, Regierungsbehörden, von Universitäten, Forschungsinstituten, Stiftungen und Industrieunternehmen. Besondere Bedeutung maß er dabei Gesprächen mit Unternehmen, Militäradministrationen und außeruniversitären Forschungsinstituten bei.[12] Sein Report, der eine Gesamtschau von Methoden, Instituten der Zukunftsforschung in den USA, Kanada und Westeuropa sowie internationalen Organisationen und eine Literaturschau enthielt, erschien 1967 unter dem Titel „Technological Forecasting in Perspective". Der Band erhielt eine „overwhelming [...] response"[13] und galt in der Folge als „altes Testament" jener, die Aspekte technologischer Innovation in den Mittelpunkt von Zukunftsforschung stellten.[14]

Jantsch stellte in seinem Report den Technologietransfer im Bereich der „management science" ins Zentrum. Dabei begriff er die US-Forschungsinstitute und Denkfabriken als Zentren des Fortschritts, auch und gerade in der „management science":

„As in so many areas of management, behavioural, and other social sciences, the United States has taken the lead in a thorough and systematic exploration of technological forecasting and in its development from fantasy to a technical art, and ultimately perhaps to a science. If so much is being said and written today about a ‚technological gap' between the United States and other countries, it should not be forgotten that the management technologies which play a crucial role in accelerating the pace of progress are available without cost: techniques can be learned, and attitudes can be developed. To facilitate technology transfer in a relatively narrow sector of management science is the principle aim of this report."[15]

In diesem Sinne verstand Jantsch *Technological Forecasting* als „probabilistic assessment, on a relatively high confidence level, of future technology transfer", wobei *technology* „the broad area of purposeful application of the contents of the physical, life, and behavioural sciences" umfasste, also den ganzen Bereich von Anwendungen von und Ansichten („notions") über Technik[16], und dabei bildeten die Managementtechniken sowohl Grundlage als auch Anwendungsbereich des *Technological Forecasting*. Managementtechnik umfasste dabei Führungs- und Planungstechniken aus der Organisationstheorie, die auch und gerade in US-

---

[11] King, Cat, S. 284; Lebenslauf Erich Jantsch, in: JBZ, NL Jantsch, Ordner „Erich Jantsch 1977–1981".
[12] OECD Committee for Science Policy. Report on Technological Forecasting (Note by the Secretariat), 20.2.1967, SP (67) 7, in: OECD Archives, SP 1967.
[13] Erich Jantsch, Technological Forecasting in Perspective. A Framework for Technological Forecasting, its Techniques and Organisation, Paris 1967, S. 13.
[14] So ironisch Robert Jungk, Vorwort, in: Ders. (Hrsg.), Technologie der Zukunft, Berlin, Heidelberg 1970, S. V-VIII, hier S. VI; Ders., Der gegenwärtige Stand der Zukunftsforschung ... (Ms.), o. D., in: JBZ, NL Jungk.
[15] Jantsch, Technological Forecasting, S. 14.
[16] Ebd.

Think-Tanks entwickelt worden waren (wie Systemanalysen, Relevanzbaummethode oder Entscheidungsmatrizen).

Diese neue Schwerpunktsetzung im Bereich der Managementtechniken ging auf eine neue Lesart der technologischen Lücke im Wissenschaftsreferat der OECD zurück. Diese tendierte inzwischen aufgrund neuer Studien, aber auch geleitet durch die Wahrnehmung des wirtschaftlichen Aufstieg Japans, dazu, nicht die Höhe der Ausgaben für Forschung und Entwicklung als entscheidend für die wirtschaftliche Entwicklung – und die Wachstumsrate des Bruttosozialprodukts – eines Landes anzusehen. Vielmehr müsse eine Vielzahl an Faktoren betrachtet werden, etwa Fiskalpolitik, Bildungsstand, Diffusion von technologischer Innovation, aber eben auch und gerade Managementtechniken, die nun zum *Technological Forecasting* rechneten.[17]

Auffällig ist ferner, dass Jantsch von einem hohen Gewissheitsgrad („high confidence level") des *Technological Forecasting* ausging, auch in Abgrenzung zur „anticipation", die ‚nur' ein logisches Modell der *möglichen* Zukunft konstruiere.[18] Dies bedeutete aber nicht, dass Jantsch *Technological Forecasting* als sture Voraussagemethode abseits normativer Zielsetzungen betrachtete. Hingegen unterschied er – auch in Anknüpfung an Ozbekhan und Gabor – explizit in „exploratory technological forecasting", das von der heute gesicherten Wissensbasis ausgehe und die Zukunft untersuche, und dem „normative technological forecasting", das von Zielen und zukünftigen Wünschen und Bedürfnissen her denke und sich dann zurück in die Gegenwart arbeite. In diesem Sinne rechnete er zu normativen Methoden des *Technological Forecasting*, die von bestimmten Zielen ausgehend Zukünftiges entwickelten, die Relevanzbaummethode oder die Entscheidungsmatrix, und Jantsch nannte hier auch intuitive Methoden wie Brainstorming und Delphi.[19] Ebenso verwies Jantsch auf ein normatives Verständnis von *Forecasting*, indem er Dennis Gabors Motto von der „Erfindung" der Zukunft anführte.[20]

Doch genau besehen bildete Jantschs Report ein Kompendium eines managementorientierten *Social Engineering*. Ausgehend von einem behavioristischen Menschenbild, suchte es in einem technisch-funktionalistischen Verständnis nach Techniken der Vorausschau, die für das effiziente, ertragsteigernde, rationale Planen und Organisieren in Unternehmen, in Regierungsbehörden und – dies war in Jantschs Buch ein eigenes Kapitel – in der Militäradministration geeignet waren. Dementsprechend verstand Jantsch unter Techniken des normativen Zugangs eben Ansätze aus dem *Operations Research* wie die Relevanzbaummethode,

---

[17] Vgl. King, Cat, S. 280f.; OECD Committee for Science Policy. Report on Technological Forecasting (Note by the Secretariat), 20.2.1967, SP (67) 7, in: OECD Archives, SP 1967.
[18] Jantsch unterschied in „forecast" (Voraussage) als „probabilistic statement, on a relatively high confidence level, about the future", „prediction" (Vorhersage) als „an apodictic (non-probabilistic) statement, on an absolute confidence level", und „anticipation" als „logically constructed model of a possible future, on a confidence level as yet undefined"; Jantsch, Technological Forecasting, S. 15.
[19] Vgl. ebd.
[20] Ebd., S. 91f.; vgl. Gabor, Inventing the Future, 1964.

und zwar in einem steuerungsorientierten, ‚von oben' zu entwickelnden Sinne. So trug sein Begriff von *Technological Forecasting* eine normative Ordnungskomponente, entstammte jedoch ingenieurwissenschaftlichen Denkmustern, die auf das „Management" appliziert wurden.

Das Committee for Science Policy entschied 1967 im Lichte des Jantsch-Berichts, ein internationales Symposium zu organisieren, welches dem internationalen Austausch von Informationen dienen sollte: „It has been found during the visits made for the purpose of the report that an exchange of information is generally desired by people active in technological forecasting, especially in Europe."[21] Ziel des Symposiums sollte es nicht nur sein, die Befunde von Jantsch zu diskutieren, sondern auch konkrete Anwendungsmöglichkeiten des *Technological Forecasting* in Regierungsadministration und Unternehmen auszuloten.[22] „Some twenty leaders" aus dem Feld der Vorausschau und Planung wurden so zu einem „Working Symposium on Long-Range Forecasting and Planning" für den Herbst 1968 nach Bellagio geladen.[23]

King und Jantsch luden vor allem Vertreter von Planungstechniken aus amerikanischen Think-Tanks ein. Dies waren David Novick, Leiter des Cost Analysis Department der RAND Corporation, Russell Ackoff vom Management Science Center der Wharton School of Finance and Commerce der University of Philadelphia (einer der profiliertesten Vertreter des *Operations Research* in Unternehmen[24]), Stafford Beer, der bekannteste britische Theoretiker des *Operational Research* und der Kybernetik[25], Theodore J. Rubin aus dem TEMPO Center for Advanced Studies der General Electric Company und Bernard Cazes, der Leiter der französischen Planungsbehörde Commissariat Général du Plan. Hierzu gehörte auch Jay W. Forrester, Professor für Management der Alfred P. Sloan School of Management am MIT, der Vater des computerunterstützten *Systems Dynamics*, das in der Folge eine zentrale Rolle für den Club of Rome spielen sollte und auf das noch zurückzukommen ist.[26] Hinzu kamen der Planungsexperte Hasan Ozbekhan von der Systems Development Corporation und Dennis Gabor, der sein Bild einer normativ zu erfindenden Zukunft wie gesehen mit elitären Ordnungsvorstellungen, welche bis zu eugenischen Konzepten reichten, und einem technikorientierten, ja szientistischen Steuerungsdenken verband.[27]

---

[21] OECD Committee for Science Policy. Report on Technological Forecasting (Note by the Secretariat), 20.2.1967, SP (67) 7, in: OECD Archives, SP 1967; OECD, Committee for Science Policy. Proposed Programme of Work for 1969 (Note by the Secretariat), 14.6.1968, SP (68) 6, in: ebd.
[22] OECD, Committee for Science Policy, Summary Record of the 3rd Session held on 13th and 14th March 1967, 5.4.1967, SP/M (67) 1, in: OECD Archives, SR/M 1967.
[23] Foreword, in: Jantsch (Hrsg.), Perspectives, S. 5; King, Cat, S. 285.
[24] Russell L. Ackhoff, Operations Research, in: International Encyclopedia of the Social Sciences 11 (1968), S. 290–294.
[25] Beer, Cybernetics, S. 1–21.
[26] Vgl. auch für das Folgende Liste der Referenten und Teilnehmer, in: Jantsch (Hrsg.), Perspectives, S. 3, 11 f.
[27] Vgl. Ders., Technological Forecasting, S. 15 (mit Verweis auf Gabor).

Außer Ozbekhan und Gabor gab es kaum personelle Verbindungslinien zwischen dem Bellagio-Kreis und Mankind 2000. Im Kern besaßen die beiden Netzwerke unterschiedliche Wertvorstellungen, Epistemologien und politische Agenden. Dies lässt sich daran zeigen, dass Jantsch 1967 seine Zusage an Jungk, nach Oslo zu kommen, zurückzog. Er lehne es ab, das Thema Frieden über die Blockgrenzen hinweg zu diskutieren, so Jantsch an Jungk:

„Ihre Welt ist nicht meine Welt und ich möchte nichts mit den sogenannten ‚Friedens'-Bewegungen zu tun haben. Wenn wir uns in dem uns gemeinsam interessierenden Gebiet der Zukunfts-Forschung nicht treffen können, ohne dass Sie Ihre gesamte Welt mitbringen und mich in dieses Schlamassel mit hineinzuziehen versuchen, dann muss ich zu meinem Bedauern zu Hause bleiben. [...] Ich hatte meine Teilnahme an einer wissenschaftlichen Konferenz über ein wohldefiniertes Thema zugesagt; dies schloss meine Erwartung als Teilnehmer ein, dass die Organisatoren nur Beiträge zum Thema zulassen und ein gewisses Niveau halten würden. Ich habe mich in diesem Zusammenhang nicht bereit erklärt, an ideologischen Gefechten, und schon gar nicht, an einem Kampf der billigen Propaganda-Slogans und bewussten Lügen teilzunehmen."

Auf die Frage Jungks, wie man denn Beziehungen zu Zukunftsforschern des Ostens aufrechterhalten könne, antwortete Jantsch zynisch, Jungk werde nicht ernsthaft geglaubt haben, „jemand vom ‚Soviet Peace Committee' könnte über neue Wege der Zukunftsforschung berichten [...]. Ich sehe keinen Verdienst darin, *irgendeinen* Russen nach Oslo zu bringen."[28] So wird das unterschiedliche Verständnis Jantschs und Jungks von Zukunftsforschung deutlich: Nicht Kommunikation und Diskussion über Zukunft stand im Mittelpunkt von Jantschs Verständnis, und auch nicht der normative Ansatz, den Frieden der Zukunft zu sichern, sondern wissenschaftliche Vorausschau und effiziente Planung. Erkennbar wird der Wille, einem imaginären Leitbild rationaler, angeblich sachorientierter Wissenschaft und Planung zu folgen, wenngleich freilich politische Planung stets Wertbezüge und politische Implikationen enthielt und auch Jantsch einer westlichen Ordnungsperspektive folgte.

Eben jene westliche Ordnungsperspektive wurde paradigmatisch von einem Manager und Planungsexperten vertreten, der zur Gründungs- und Leitfigur des Club of Rome avancierte, welcher im Kontext der Bellagio-Konferenz geformt wurde: Aurelio Peccei. 1908 in Turin geboren, hatte Peccei Volkswirtschaftslehre studiert, während der Promotion Paris und Moskau bereist und dann als Manager bei FIAT und Olivetti Karriere gemacht. Noch 1944 war Peccei als Gegner des Faschismus kurzzeitig verhaftet worden. In den frühen 1950er Jahren erschloss er neue Niederlassungen von FIAT in Argentinien und lernte hier die politischen und sozialen Strukturen Südamerikas kennen. 1956 kehrte er nach Italien zurück, um eine Berater-Gesellschaft für Entwicklungsprojekte zu begründen; nach eigener Aussage hatte die italienische Regierung ihm diese Tätigkeit angeboten, und er sagte zu unter der Bedingung, seinen Posten bei FIAT nicht aufgeben zu müssen. Peccei gründete Italconsult, die als Beratergesellschaft Entwicklungsprojekte begleitete und einen besonderen Fokus auf Bildungsfragen legte. Ab 1964 wirkte

---

[28] Erich Jantsch an Robert Jungk, 8.9.1967 (Herv. i. O.), in: JBZ, NL Jungk, Box Zukunftsforschung.

Peccei zudem als Managing Director von Olivetti, der sich mit Entwicklungsfragen beschäftigte und eine „modernization of society" als Ziel verfolgte.[29] Zweifellos gehörte Peccei zu den Netzwerken des westlichen Konsensliberalismus. So lernte er etwa über Italconsult Mitte der 1960er Jahre Herbert Humphrey und andere führende US-amerikanische Demokraten kennen; auch auf deren Bitte hin, den privaten Sektor (und damit auch die westliche Präsenz) in Südamerika zu stärken, beteiligte er sich an der Begründung des Investment-Unternehmens ADELA (Atlantic Development of Latin America), das europäische und amerikanische Investitionen in südamerikanische industrielle Unternehmungen lenkte. Zugleich besuchte er RAND und andere Think-Tanks in den USA.[30]

Immer stärker wandte sich Peccei in der Folge globalen Fragestellungen zu, die sich mit dem Leitbild einer Planung im globalen Maßstab – eines „world planning" – und einem besonderen Interesse für Methoden und Möglichkeiten der Vorausschau verbanden.[31] Die moderne, fortgeschrittene Industriegesellschaft wandle sich, so Peccei, immer schneller, während die Welt zugleich von einer wachsenden „interdependence" geprägt sei.[32] Im Zentrum dessen sah er eine sich anbahnende zweite industrielle Revolution durch die technologische Beschleunigung: „The essential cause of this new change may be justly entitled the second industrial revolution. It is proceeding swiftly, thanks especially to electronics, which has permitted the creation of even more prodigious machines, destined to multiply, this time, the capacity of the human mind." Der Wandel vergrößere die Lücke zwischen der „first world" der westlichen industrialisierten Länder, der „second world" der sozialistischen Staaten und den Entwicklungsländern, die auch durch Mangel an technologischem Wissen immer weiter zurückfallen würden. Ebenso wichtig war für Peccei das (west-)europäische *Technological Gap* gegenüber den USA. Die nordamerikanische Gesellschaft mit ihrer extraordinären Dynamik treibe den „techno-scientific progress" voran; da jede Entdeckung an die Akkumulation von vorherigem Wissen gebunden sei und jede Erfindung Fortschritt in verschiedenen Feldern verstärke, vergrößere sich diese Lücke zunehmend.[33] Globale Bedeutung maß er zudem neuen Dimensionen der Rüstung zu: Ohne die Atomwaffen beim Namen zu nennen, verwies er auf Maschinen „capable of multiplying the power of our arm and brain".[34] Erst 1969 stellte Peccei das Problem weltweiten Bevölkerungswachstums – wohl mit Blick auf die

---

[29] Aurelio Peccei, The Chasm Ahead, London 1969, S. 145; zu Peccei als Autobiographie Ders., The Human Quality, Oxford, New York 1977; ferner Moll, Scarcity, S. 49–63.

[30] Vgl. Peccei, Quality, S. 37–42; Riska-Campbell, Bridging, S. 198–200; Herbert Humphrey an McGeorge Bundy, 3. 6. 1966, in: RAC, FFA, Gen.Corr. 1966, C 1521.

[31] Peccei, Chasm, S. 243; vgl. Ders, Developed – Underdeveloped and East West Relations. Paper Presented at the Business International Bermuda Roundtable on Corporate Planning Today for Tomorrow's World Market, 15.–17. 12. 1966, in: RAC, FFA, Gen.Corr. 1966, C 1521.

[32] Ders., Memorandum, 26. 3. 1966, in: RAC, FFA, Gen.Corr. 1966, C 1521.

[33] Ders., Challenge, Zit. S. 11 und 13.

[34] Ders., Developed – Underdeveloped and East West Relations. Paper presented at the Business International Bermuda Roundtable on Corporate Planning Today for Tomorrow's World Market, 15.–17. 12. 1966, in: RAC, FFA, Gen.Corr. 1966, C 1521.

UN-Bevölkerungskonferenz 1965 – und damit verbundene Probleme der Welternährung in den Mittelpunkt.³⁵ Die „growing world problems"³⁶ wurzelten für ihn in der wachsenden technischen und sozialen Beschleunigung, der damit verbundenen Verflechtung verschiedenster Faktoren und zunehmenden Desorganisation des „Weltsystems", also einer „disorganization of the world system, the uncontrolled forces we unleash against its compartemented structure, the exponential growth of interacting phenomena, [...] the increasing gap between the new realities surrounding us and our understanding of these realities". Diesem raschen Wandel hätten menschliche Ethik und Institutionen noch nicht ausreichend folgen können.³⁷

Gerade weil Peccei von der steigenden weltweiten Verflechtung und einem beschleunigten technischen und wirtschaftlichen Wandel ausging, sah er die globalen Planungsaufgaben wachsen. In diesem Sinne war der kulturkritische Subtext in seinen Überlegungen zu lesen, der – wie in der Folge auch im Club of Rome – als dramatisierte Warnungsprognose erschien: Peccei malte Problemlagen grell an die Wand, um daraus sofortige Planungs- und Handlungserfordernisse abzuleiten.

Ebenso zielten seine Überlegungen darauf ab, dass Planung angesichts des schnellen Wandels und der immer komplexeren Problemlagen mit einer ganz neuen Vorausschau Hand in Hand gehen müsse: „Yet it is imperative that the leaders in Government, politics, academy and business be able to lift their sights in order to look forward and aim high. The future of the world cannot be adequately assessed, nor adequate preparation can be made for it, unless a concerted effort is organized with a sense of urgency".³⁸ Sei die Voraussage ehedem auf Spekulationen beschränkt gewesen, so gebe es nun angesichts des wissenschaftlich-technischen Fortschritts ganz andere Instrumente: „we are now in a position to consider in more positive, operational terms". In diesem Sinne seien zunächst „possible futures" zu erkunden.³⁹

Welche Wert- und Ordnungsvorstellungen diesem Prognose- und Planungsprogramm zugrunde lagen, ist nicht einfach zu entschlüsseln. Idealisiertes Leitbild Pecceis war eine „humane world society", die „a new set of values" entwickele. Dabei blieb jedoch der Inhalt dieser Werte, also die Interpretation von „humane", ein Stück weit unklar.⁴⁰ Peccei sprach von „prosperity" für alle, im Sinne eines „raising of the level of life in all its aspects"⁴¹, vom Ziel „to humanize progress" durch den Schutz des Einzelnen in der von Technologie dominierten

---

³⁵ Vgl. Ders., Chasm, S. 164–176.
³⁶ Ders., Developed – Underdeveloped and East West Relations. Paper presented at the Business International Bermuda Roundtable on Corporate Planning Today for Tomorrow's World Market, 15.–17.12.1966, in: RAC, FFA, Gen.Corr. 1966, C 1521.
³⁷ Ders., Reflections on Bellagio, in: Jantsch (Hrsg.), Perspectives, S. 517–519, hier S. 518.
³⁸ Peccei, Memorandum, 26.3.1966, in: RAC, FFA, Gen.Corr. 1966, C 1521.
³⁹ Ders., Developed – Underdeveloped.
⁴⁰ Ders., Chasm, Zit. S. 219, 281.
⁴¹ Ders., Challenge, S. 16.

Massengesellschaft, durch den Ausbau der Sozialwissenschaften, des Wohlfahrtsstaates und der Bildung, durch den Ausbau von Lehrautomaten und „moulding community leaders and forward-looking *elites*".[42] Auch weil diese letzten Aussagen auf einem Kongress zur Planung für den Weltmarkt von morgen getätigt wurden, wird erkennbar, dass Peccei in einem durchaus elitären Sinne den einfachen Menschen ‚fit' für die technologisch definierte Zukunft machen und ihn zugleich vor zu großen Eingriffen schützen wollte. Auf die Frage der ideellen Verortung seines Programms ist gleich zurückzukommen. Auf jeden Fall erhob Peccei den utopischen Anspruch, dazu beizutragen, die Weltgesellschaft zu ordnen und mit einer Führungselite neue Werte zu entwickeln. Da die Verantwortung für die weltweite Planung nur über die „Western leadership" und die USA gelingen könne, nahm Pecceis Planungsprogramm Anleihen an einer technokratischen, elitären Vision, die eine Lösung der Weltprobleme unter westlicher Führung angehen wollte.[43]

In der Folge avancierte Peccei in den USA zum einflussreichen Lobbyisten für globale Planungskonzepte. Seine Überlegungen zur wachsenden weltweiten Interdependenz und zu einem neuen Zukunftsforschungs- und Planungsprogramm ließ er 1966 der Ford Foundation zukommen, verbunden mit dem Hinweis, dass das Programm die Unterstützung des US-Präsidenten benötige.[44] Über Humphrey, inzwischen US-Vizepräsident, konnte Peccei in der Folge McGeorge Bundy kennenlernen, langjähriger Sicherheitsberater des Präsidenten und nun Präsident der Ford Foundation. Humphrey bekundete gegenüber Bundy, er schätze Peccei als „remarkable man", der „exceptional managerial ability, knowledge of the international business world with a profound understanding of the implications of modern technology for civiliziation" verbinde.[45]

Wenige Monate später ließ Bundy in Absprache mit Präsident Lyndon B. Johnson ein Memorandum zu „The Study of Large Problems of Industrialized Societies" zirkulieren. Dieses warb angesichts beschleunigter Modernisierung und globaler Verflechtungen dafür, ein internationales, West und Ost umgreifendes Forschungsinstitut „for the studies of the common problems of advanced societies" zu gründen. Das Institut sollte sich Problemen fortgeschrittener Industriestaaten in ihren internationalen Verflechtungen widmen und dabei vor allem Methoden wie neue Managementtechniken untersuchen.[46] Grundelemente der Idee, so Peccei, stammten von ihm und hätten über Humphrey den Weg zu Bun-

---

[42] Ders., Developed – Underdeveloped.
[43] Ebd.; vgl. Ders., Challenge, S. 16; Ders./Manfred Siebker, Die Grenzen des Wachstums. Fazit und Folgestudie. Der Club of Rome über Initiativen, Ergebnisse und Vorhaben bei der Erforschung der Weltproblematik, Reinbek bei Hamburg 1974, S. 19–21.
[44] Aurelio Peccei, Memorandum, 26.3.1966; Ford Foundation, Richard M. Catalano, an Joe E. Slater, 9.9.1966, beides in: RAC, FFA, Gen. Corr. 1966, C 1521. Zu Kontaktaufnahmen Pecceis zur Ford Foundation 1963 Riska-Campbell, Bridging, S. 200f.
[45] Herbert Humphrey an McGeorge Bundy, 3.6.1966, in: RAC, FFA, Gen. Corr. 1966, C 1521.
[46] McGeorge Bundy, Memorandum „The Study of Large Problems of Industrialized Societies", 4.5.1967, in: BAK, B 138, 4182; siehe The Idea of a Center for the Study of Common Problems of Advanced Societies, 30.3.1967, in: OECD Archives, Box 36486, Folder 218236.

dy gefunden.[47] Dies war sicherlich übertrieben.[48] Doch in der Tat agierte Peccei in den folgenden Verhandlungen um die Gründung des Instituts als italienischer Vertreter, aber auch als zentrale Schaltfigur im engsten Kreise der amerikanisch-britisch-sowjetischen Absprachen. Die Verhandlungen liefen sich zunächst fest, auch weil die Teilnahme der DDR geklärt werden musste, die ja 1968 noch nicht von der Bundesrepublik und damit vom Westen anerkannt war. Schließlich mündeten sie aber in die Gründung des International Institute for Applied Systems Analysis in Laxenburg bei Wien 1972.[49] Kernaufgabe des Instituts sollte es sein, Probleme fortgeschrittener Industriestaaten in ihrer internationalen Verflechtung systematisch zu untersuchen und insbesondere Methoden aus dem Feld der Systemanalyse und der *Management Sciences* weiterzuentwickeln. Im Mittelpunkt stand, Methoden und Verfahrensweisen aus dem wirtschaftlichen und dem Verteidigungsbereich auf die Aufgabenstellungen von Planung und Organisation in zivilen Bereichen zu übertragen.[50] Dabei ging es zweifellos nicht nur darum, technologische Kooperation im Zeichen der Entspannung zu betreiben, sondern auch Kenntnis vom Methodenwissen der Gegenseite zu erhalten.[51]

Warum Peccei eine solch hervorgehobene Rolle in der internationalen Wissenschaftskooperation einnahm, bleibt ein Stück weit unklar. Zweifellos verfügte er über sehr gute Sprachkenntnisse (er hatte sich während des Studiums sowohl in Moskau wie in Paris aufgehalten), über Kontakte zum Weißen Haus und zu einflussreichen Netzwerken und Organisationen wie der Ford Foundation, aber auch über einen organisatorischen und finanziellen Rückhalt der Agnelli-Familie.[52] Darüber hinaus hatte er über einen Großauftrag von Olivetti im Bereich der Computertechnologie Verbindungen zum Vize-Präsidenten des sowjetischen Komitees für Wissenschaft und Technologie, Jermen Gvishiani, aufgebaut.[53]

Wichtiger für unseren Zusammenhang ist, dass Pecceis Interesse für das *Forecasting* und die angewandte Planung ihn in Verbindung zu den Überlegungen in der OECD und zu Alexander King brachte. Peccei und King erinnerten sich später, sie seien 1967 über Gvishiani miteinander bekannt geworden. Dieser habe im Rahmen einer Sitzung des UN-Advisory Council of Applied Science and Technology ein Papier mit einer Rede Pecceis gelesen und Carroll Wilson um Auskunft über Peccei gebeten. Wilson, Wissenschaftler am MIT und mit Gvishiani über

---

[47] Peccei an Detlev W. Bronk, 27.12.1969, in: RAC, Bronk Papers, Box 5, File 13; Peccei, Quality, S. 50f.
[48] Vgl. Riska-Campbell, Bridging, v.a. S. 198–202, 204–207.
[49] Vgl. ebd. Die Rolle Pecceis betont – mit Verweis auf Zuckerman – aus dem BMBW Finke, I B 5-9220-23/69, 20.5.1969; hier auch das Aide Memoire „Planning for an Institute of Applied Systems Analysis", das Bundy als amerikanischer Verhandlungsleiter, der britische Vertreter Solly Zuckerman, der sowjetische Vertreter Jermen Gvishiani und Peccei 1969 in Moskau aushandelten, in: BAK, B 138, 4182; auch in: TNA, CAB 168/130-134; Peccei, Quality, S. 51-53.
[50] BMBW, Kabinettsvorlage, I B 3 – 9057-6/72, Februar 1972, in: BAK, B 138, 4182.
[51] So auch ebd.
[52] Peccei, Quality, S. 51, 57.
[53] Vgl. Riska-Campbell, Bridging, S. 88f., 199–201.

das UN-Committee for Science and Technology for Development bekannt, habe sich an King gewandt. King und Peccei hätten sich in Paris getroffen und seien sich gerade im Hinblick auf die technologische Lücke Westeuropas gegenüber den USA, die statische europäische Politik und die Notwendigkeit langfristiger Planung einig gewesen.[54] Ebenso stimmte man in der Einschätzung einer kommenden weltweiten „problematique", eines komplexen Problembündels, überein. Noch vor der Bellagio-Konferenz luden Peccei und King im Frühjahr 1968 einen Kreis von etwa 30 europäischen Wissenschaftlern, Intellektuellen und Wirtschaftsvertretern in die Accademia dei Lincei nach Rom. Die Mittel hierfür stellte, so Peccei, die Agnelli-Stiftung zur Verfügung.[55] Erich Jantsch, den Peccei erst über King kennenlernte, erstellte ein grundlegendes Papier für diese Tagung, das unter dem Titel „A Tentative Framework for Initiating System-wide Planning of World Scope" ein „Project 68" entwarf. In diesem votierte Jantsch für eine systemanalytische Langzeitplanung globalen Anspruchs. Er verstand die Gesellschaft und ihr Umfeld als System, das durch Wachstum und Fortschritt unkontrolliert wachse und deshalb gesteuert und geordnet werden müsse:

„We are now beginning to understand human society and its environment as a system, the uncontrolled growth of which has led to the development of serious instabilities. [...] It also dawns on us now that there is no inherent cybernetics in the system, no self-regulating ‚automation' of macroprocesses: the cybernetic element in the evolution of our planet is man himself and his capacity for actively shaping the future. This task can only be accomplished effectively if control is gained over the complex systems dynamics of human society in the context of its environment – this is the principal objective of system-wide planning which may herald mankind's entry into a new phase of psychosocial evolution".[56]

So forderte Jantsch ein internationales Planungs-Board, das von Regierungen und Sponsoren ernannt werden und in Panels spezifische Probleme studieren sollte. In seinem Papier orientierte sich Jantsch, so notierte er selbst, außer an Pecceis Konzept an Hasan Ozbekhans Verständnis von technologischer Vorausschau und Planung, das von zu setzenden Zielen ausging, und an Überlegungen Julian Huxleys.[57]

Wie oben im Zusammenhang mit Dennis Gabor erwähnt, gilt der Biologe Huxley, langjähriger Generaldirektor der UNESCO, als zentrale Mittlerfigur zwischen dem eugenischen Denken der Zwischenkriegszeit und jenem der 1960er Jahre. Huxley beschwor die Bedeutung eugenischer Maßnahmen für die Zukunft der Menschheit auf einem berühmt gewordenen Symposium der Ciba Foundation 1962, die unter dem Titel „Man and his Future" eine Wiederbelebung der Eugenik in der Nachkriegszeit einleitete.[58] Hieraus entwickelte Huxley Mitte der

---

[54] Vgl. Alexander King, The Club of Rome and its Policy Impact, in: William M. Evan (Hrsg.), Knowledge and Power in the Global Society, Beverly Hills, London 1981, S. 205–224, hier S. 206 f.; Ders., Cat, S. 295 f., 313; Peccei, Quality, S. 62 f.
[55] Ebd., S. 64; King, The Club of Rome and its Policy Impact, S. 207.
[56] Jantsch, A Tentative Framework for Initiating System-wide Planning for World Scope, zit. n. Moll, Scarcity, S. 64.
[57] Ebd., S. 62 f.
[58] Vgl. Huxley, The Future of Man; Weindling, Julian Huxley.

1960er Jahre den „evolutionären Humanismus", eine naturalistische Spielart des Humanismus, die sich von traditioneller, religiös geprägter Moral zugunsten eines Leitbilds natürlicher Evolution und wissenschaftlicher Rationalität absetzte: „Die neue Denkweise [...] ruft uns ins Gedächtnis, daß die wachsende Einsicht des Menschen und die zunehmend bessere systematische Ordnung unseres Wissens ihm in der Tat Großes ermöglicht haben". Der evolutionäre Humanismus befasste sich mit dem einzelnen, dem „gut entwickelte[n], vollendete[n] Indviduum", das man in einem wissenschaftlichen Sinne als „das höchststehende Phänomen" begriff. Zugleich suchte der evolutionäre Humanismus nach Ordnung in der Gemeinschaft, im „organisch aufgebaute[n] System", das global für den „ganzen Erdkreis" gedacht war und den Wert der Gleichheit verwarf: „Unser neues Ideensystem muß die demokratische Mär von der Gleichheit über Bord werfen. Menschliche Wesen werden nicht mit gleichen Begabungen und gleichen Entwicklungsmöglichkeiten geboren". In diesem Sinne war Huxley nicht nur einer der wichtigsten Vertreter eugenischen Denkens der 1960er Jahre, sondern in einem kulturkritischen Sinne Kritiker der modernen Massen- und Konsumkultur, der er Mäßigung, Natürlichkeit und die „Qualität des Lebens" entgegensetzte, wie er überhaupt Qualität als den „beherrschende[n] Begriff unseres Glaubenssystems" sah.[59] Es liegt nahe, dass neben Jantsch auch Peccei von diesem szientistisch und elitär angelegten Verständnis von Humanismus beeinflusst war, das eine explizit globale Reichweite besaß; in der Tat sprach Peccei nicht nur in den 1960er Jahren, sondern auch für den Club of Rome immer wieder von einem „New Humanism", der die „human quality" ins Zentrum des Denkens setzen solle.[60]

Ob Huxley zur Zusammenkunft in Rom eingeladen war, ließ sich nicht klären, doch war Dennis Gabor vor Ort. Andere Geladene waren u. a. französische Zukunfts- und Planungsexperten wie Bertrand de Jouvenel, den Peccei in seiner Autobiographie als „Mentor" bezeichnete[61], Pierre Massé, zu dieser Zeit Chef des Commissariat Général du Plan, und Jean Saint-Geours, Direktor von Crédit Lyonnais, sowie Hugo Thiemann als Direktor des Schweizer Battelle-Instituts und der niederländische Diplomat Max Kohnstamm. Das Zusammentreffen in Rom verlief aber zunächst wenig ergiebig: Jantschs Papier sei sehr dicht und kompliziert gewesen, erinnerte sich Peccei, und die Gruppe habe lange um bestimmte Begriffe wie „System" und deren Bedeutung gerungen; einige hätten sich auf die komplizierten Fragen nicht mit der nötigen Konzentration eingelassen.[62]

---

[59] Julian Huxley, Die Grundgedanken des evolutionären Humanismus, in: Ders. (Hrsg.), Der evolutionäre Humanismus. Zehn Essays über die Leitgedanken und Probleme, München 1964 (Orig. 1961), S. 13–69, Zit. S. 28–32; vgl. Ders./Max Nicholson, Man's Deteriorating Environment, in: The Times, 7.10.1969, S. 8; in deutscher Übersetzung Julian Huxley, Menschheit auf Kollisionskurs, in: Die Welt, 11.11.1969.

[60] Pecceis „New Humanism" bezog sich auf „the vision of man in his totality and finality and of life in its continuum", wollte dabei in evolutionären Kategorien, in einer globalen Perspektive und in Systemen denken, aber auch soziale Gerechtigkeit betonen: Peccei, Quality, S. 130f.

[61] Ebd., S. 54.

[62] Ebd., S. 65.

King betonte, dies habe vor allem die französischen Teilnehmer betroffen.[63] Wohl ruhten die Probleme aber vielmehr darin, dass eben nicht alle Anwesenden den impliziten Subtext von Pecceis Vorstellungen und Jantschs Papier, eine spezifische Weltsicht und eine elitär-ordnende Zielsetzung, kritiklos mittrugen. Jedenfalls traf sich am Ende der Konferenz der Kern des Kreises – Peccei, King, Jantsch, Thiemann, Kohnstamm und Saint-Geours – in Pecceis Wohnung und begründete den „Club of Rome"; Kohnstamm und Saint-Geours allerdings zogen sich, da sie das Konzept einer globalen Planung als unrealistisch betrachteten, ebenfalls bald zurück, wohingegen Gabor noch Mitglied wurde.[64]

Der Club of Rome beschrieb sich selbst als eine „informal, non-political, non-national group of scientists, intellectuals, educators and business leaders who are concerned by the growth and worsening of continuous critical world problems".[65] Um den Charakter des kleinen, elitären Clubs zu bewahren, konnten ihm nur maximal 100 Personen angehören, die jeweils mittels Ernennung durch das Exekutivkomitee auf Vorschlag eines Mitglieds bestimmt wurden; dies waren vor allem Wissenschaftler, Planungsexperten und Wirtschaftsvertreter. Die politische Unabhängigkeit regelte die Bestimmung, dass die Mitgliedschaft mit einem politischen Amt unvereinbar war.[66] Auch wenn der Club rein westlichen Charakter trug, so war vor allem Peccei – der Initiator des West und Ost übergreifenden IIASA-Instituts – sehr daran interessiert, im Sinne globaler Planungen mit Gvishiani auch einen Vertreter der Sowjetunion als Berater hinzuziehen.[67] Die konkreten Ziele des Clubs formten sich im Weiteren im Kontext der Konferenz von Bellagio im Herbst 1968.

Die Konferenz von Bellagio, die Jantsch und King für die OECD organisierten, wollte sich – wie oben dargestellt – dem *Technological Forecasting*, den Management- und Planungstechniken widmen. Zwar beschäftigten sich mehrere Referate mit Planungsansätzen: So stellte etwa David Novick das PPBS in US-Ministerien vor, und Jay Forrester präsentierte sein computerunterstütztes Simulationssystem.[68] Doch sehr rasch drehte sich die Konferenz um grundsätzlichere

---

[63] King, The Club of Rome and its Policy Impact, S. 207; Ders., Cat, S. 297.
[64] Vgl. Peccei, Quality, S. 65f.; King, The Club of Rome and its Policy Impact, S. 208.
[65] Peccei an Paul A. Weiss, 17.11.1969, in: RAC, FFA, Weiss Collection, Box 89, File 1; ganz ähnlich King, Kind, S. 12.
[66] King, The Club of Rome and its Policy Impact, S. 205f.; Ders., Cat, S. 299; The Club of Rome, Statutes, 16.6.1970, in: RAC, Weiss Collection, Box 88, File 9. Vgl. im Überblick zur Struktur des Club of Rome Patrick Kupper, „Weltuntergangs-Vision aus dem Computer". Zur Geschichte der Studie „Die Grenzen des Wachstums" von 1972, in: Frank Uekötter (Hrsg.), Wird Kassandra heiser? Die Geschichte falscher Ökoalarme, Stuttgart 2004, S. 98–111, hier S. 98f.; Moll, Scarcity, S. 49–70; unkritisch Fernando Elichirigoity, Planet Management. Limits to Growth, Computer Simulation, and the Emergence of Global Spaces, Evanston 1999, S. 60–74.
[67] Peccei an Detlev Bronk, 21.12.1969, in: RAC, Bronk Papers, Box 5, File 13; The Club of Rome an Jermen M. Gvishiani, 6.3.1973, in: ICA, Gabor Collection, MC 14/2.
[68] David Novick, Long-Range Planning through Program Budgeting, in: Jantsch (Hrsg.), Perspectives, S. 257–284; Jay W. Forrester, Planning under the Dynamic Influences of Complex Social Systems, in: ebd., S. 237–256.

Fragen globaler Interdependenzen und der Notwendigkeit langfristiger Voraussage und weltweiter Planung, die Peccei und King vorab diskutiert hatten. Die in Bellagio verabschiedete Deklaration („The Bellagio Declaration on Planning") spiegelte diese Gedankengänge:

„Social institutions face growing difficulties as a result of an ever increasing complexity which arises directly and indirectly form the development and assimilation of technology. Many of the most serious conflicts facing mankind result from the interaction of social, economic, technological, political and psychological forces and can no longer be solved by fractional approaches from individual disciplines. [...] Complexity and the large scale of problems are forcing decisions to be made at levels where individual participation of those affected is increasingly remote, producing a crisis in political and social development which threatens our whole future. It is in relation to this crisis that we feel the planning function and related arts such as forecasting assume new significance."[69]

Zwar sei man sich, so die Deklaration, im Hinblick auf verschiedene Ansätze der Planung nicht einig gewesen, doch hätten alle Teilnehmer darin übereingestimmt, menschlichen Werten eine zentrale Rolle gegenüber technokratischen Zielsetzungen zuzubilligen. Zugleich müsse Planung sich mit dem ganzen System beschäftigen, um die Totalität der Faktoren zu ermitteln und damit in die Struktur eingreifen und neue Strukturen entwickeln zu können. Mithin müsse Planung in das Innere von Politik hineinreichen, verschiedene alternative Wege formulieren und neue Institutionen entwerfen. Ebenso definierte es die Bellagio-Konferenz als Aufgabe der Planung, zugrundeliegende Werte und Normen der Planung herauszufiltern und selbst zu definieren („explicit stipulation of the underlying values and norms"). Dass eine ‚Festsetzung' von Werten einen technokratischen, im Kern ja utopischen Akt bedeutete, wurde nicht thematisiert. Die methodischen Möglichkeiten für diese weitreichenden Aufgaben erblickte man vor allem in quantitativen Systemanalysen und computergestützten System-Simulationen. Zwar enthielt die Bellagio-Deklaration die Überlegung, dass Planung auf der niedrigsten effektiven Stufe umgesetzt werden solle, um ein Maximum an Partizipationsmöglichkeiten zu garantieren. Gleichwohl lautete der letzte Leitsatz, dass immer simultan auf verschiedenen Ebenen geplant werden müsse, um sie dann – im Zeichen einer „totalen" Analyse des ganzen Systems – zusammenzuführen.[70]

Wichtig ist die Bellagio-Konferenz, weil hier Konzept und Programm des Club of Rome konturiert wurden. Weiterhin standen im Sinne Pecceis die Probleme globaler Interdependenz und beschleunigter technologischer Entwicklung im Mittelpunkt, welche aus seiner Sicht zu wachsender Komplexität führten und globale Planung notwendig machten. Doch zwei Aspekte kamen hinzu, die sich gegenseitig bedingten. Zum einen verstärkte sich eine Krisenwahrnehmung, sprach Peccei von der Menschheit im Dilemma („predicament")[71], ja in dramatisierter Übertreibung vom Notfall, dem „planetary emergency".[72] Zum anderen

---

[69] The Bellagio Declaration on Planning, in: ebd., S. 7–9, hier S. 7; identisch auch in: Futures 1 (1968/69), 3, S. 182–184, und in Bestand Peter Menke-Glückert.
[70] The Bellagio Declaration on Planning, in: Jantsch (Hrsg.), Perspectives, Zit. S. 8.
[71] Peccei, Chasm, S. xvi.
[72] Ders., Reflections on Bellagio, S. 518.

rückte das Kybernetische, also ein systemanalytischer Ansatz, ins Zentrum, den Ozbekhan als Leiter der Planungsabteilung der Systems Development Corporation und Forrester mit seinem systemanalytischen Computermodell in Bellagio stark machten. Zweifellos hatten sich Peccei und King auch zuvor für die Methoden der Think-Tanks interessiert und auf der Zusammenkunft in Rom über Jantschs Papier zur Systemanalyse diskutiert; auch war Peccei wohl über die zu diesem Zeitpunkt anlaufenden Verhandlungen zum IIASA mit der Systemanalyse befasst. Doch erkennbar rückte in der Folge das Kybernetische in eine absolut zentrale Rolle. Es verwissenschaftlichte nicht nur Pecceis These von den globalen Interdependenzen und Verflechtungen von Problemen in fortgeschrittenen Industriegesellschaften, sondern es diente auch als kongeniale Methode zur Erforschung der komplexen Problemlagen. Den systemanalytischen Zugang verstand Peccei nun als notwendige Abkehr von „linear and sequential methods of the past".[73]

War damit die Kybernetik die Lösung, so bildete sie in einem dialektischen Verhältnis zugleich das Problem: In der Interaktion aller Faktoren und der daraus folgenden Komplexität sah der Club die *Problematique*[74], denn die traditionellen Institutionen und die Politik kämen eben mit dieser Vernetzung aller Probleme nicht zurecht, ja könnten sie kaum in ihrer vollen Bedeutung erfassen.[75] Im Grunde hatte damit der Club of Rome die Kybernetik – bzw. in ihrer Anwendung die Systemanalyse – zu Ende gedacht: Geplant werden konnte nur, wenn man das ganze System – und damit die Welt – einbezog; doch dabei erwiesen sich die Interaktionen auf globaler Ebene als so komplex, dass sie wiederum nur mit einem kybernetischen Ansatz betrachtet und untersucht werden konnten. So gebar die Systemanalyse ihren eigenen Gegenstand. Zugleich resultierte aus diesem Zu-Ende-Denken angewandter kybernetischer Planung eine tiefgreifende Verunsicherung: Die Interaktionen innerhalb des globalen Systems erschienen kaum kalkulierbar, und dementsprechend sah man die Menschheit im Dilemma („The Predicament of Mankind"[76]).

In diesem Sinne stand im Zentrum des Club of Rome die Überzeugung, dass ein holistischer, globaler Forschungsansatz nötig sei, um die künftigen Probleme der Menschheit zu identifizieren und zu lösen. Es sei nicht genug, individuelle Facetten der Probleme zu ermitteln, sondern angesichts der globalen Interdependenzen müssten die Probleme in ihrer Interaktion untereinander und mit dem System betrachtet werden, um dann die Öffentlichkeit und die politischen Entscheidungsträger darauf aufmerksam zu machen.[77] Die im Frühjahr 1970 verabschiedete Satzung definierte denn auch als Aufgaben des Clubs:

---

[73] Ders., Quality, S. 61.
[74] Ebd., S. 66; King, Cat, S. 301; The Executive Committee of the Club of Rome, The new Threshold, Febr. 1973, in: RAC, Bronk Papers, Box 5, File 10.
[75] King, Kind, S. 12.
[76] Ders., Cat, S. 300.
[77] Peccei, Quality, S. 66.

„a) Contribute to the comprehension of the problems of modern society taken as a whole and to the analysis of the dynamics, interdependent relations, interactions and inter-connexions of this whole [...] b) Contribute to an increasing consciousness that this complex of difficult, changing and interlocking problems constitutes a threat to all peoples irrespective of political, racial or economic differences and that it must be met by a multinational mobilization of human and material resources, c) Diffuse the results of these studies and reflexions amongst the public, amongst scientific, intellectual and political circles and amongst decision making centres at all levels, so as to influence as much as possible the conduct of world affairs in a more rational and humane direction".[78]

Über die Durchführung eines Projekts mit einem solchen systemanalytischen Zugriff entschied der Club im Rahmen eines Treffens im Tiroler Kurort Alpbach im Spätsommer 1969, wo Ozbekhan und Jantsch ein Seminar organisierten. Zum Kreis waren nun der OECD-Generalsekretär Thorkil Kristensen und die japanischen Vertreter Saburo Okita und Keichi Oshima gestoßen.[79] Dass Kristensen teilnahm, zeigte die über King hinausgehende Verbindung zur OECD. Dies war auch dahingehend wichtig, als die OECD Ende der 1960er Jahre im Kontext eines – in Kapitel VII zu erläuternden – relativ plötzlich einsetzenden Interesses internationaler Organisationen am Umweltthema mehrere Studien zum Umweltschutz erarbeitete; wohl fand auf diesem Wege die Umwelt als Gegenstandsbereich der *Problematique* in den Club of Rome.[80] In Alpbach fiel die Entscheidung für das „Project 1970", das wenig später als „Project The Predicament of Mankind" firmierte. Es diente – in Pecceis Worten – „to clarify to others as well as ourselves how the systemic nature of society's and the world's problems and therefore the critical interdependencies and interactions among them [...] can all be investigated, understood and described in such a way as to provide a basis – which is presently lacking – for the decision centers rationally and effectively to define goals, policies and strategies in meeting this congeries of problems". Konkret ging es darum, die Anwendbarkeit des systemanalytischen Ansatzes zu demonstrieren, die Methodologie zu klären und Lösungsmöglichkeiten für die *Problematique* zu eruieren. In Alpbach wurde entschieden, dass Ozbekhan das Projekt ausarbeiten und leiten solle – unterstützt vom Battelle Institut.[81] Ozbekhans „wisdom and experience" hätten, so auch King in der Rückschau, sehr viel Einfluss besessen.[82] In Alpbach kam der Club of Rome auch in näheren Kontakt

---

[78] The Club of Rome, Statutes, 16.6.1970, in: RAC, Weiss Collection, Box 88, File 9.
[79] The Club of Rome, Peccei, an Paul A. Weiss, 16.2.1970, in: ebd., Box 89, File 1; King, Cat, S. 302.
[80] Vgl. instruktiv Matthias Schmelzer, The Crisis before the Crisis. The „Problems of Modern Society" and the OECD, 1968–1974, S. 999–1020, in: European Review of History 19 (2012), H. 6, http://www.tandfonline.com/eprint/R6UxTE9SuZ6MqvyhjH37/full (letzte Abfrage 3.1.2015); Kai F. Hünemörder, Die Frühgeschichte der globalen Umweltkrise und die Formierung der deutschen Umweltpolitik (1950–1973), Stuttgart 2004, S. 137f., 345–347; siehe Kapitel VII.
[81] The Club of Rome, Peccei, an Paul A. Weiss, 16.2.1970, in: RAC, Weiss Collection, Box 89, File 1; The Club of Rome. The Predicament of Mankind. Quest for Structured Responses to Growing World-Wide Complexities and Uncertainties. A Proposal (1970), in: OECD Archives, Folder 218055, Supplement 218062.
[82] King, The Club of Rome and its Policy Impact, S. 208.

zu Eduard Pestel, Professor für Mechanik an der Technischen Hochschule Hannover und Spezialist für Systemforschung. Als Beirat der Volkswagenstiftung kümmerte er sich um eine finanzielle Förderung durch die Stiftung.[83]

Hasan Ozbekhan arbeitete in der Folge ein Projektpapier aus, das verschiedene miteinander verflochtene Weltprobleme wie Bevölkerungswachstum, Welternährung, negative Effekte der Technologie und sozialen Wandel untersuchen wollte. Das Papier sah vor, zunächst auf breiter Basis und mittels Umfragen Daten für die zu untersuchenden Weltprobleme zu eruieren, dann ein Systemmodell zu erstellen, das die verschiedenen Ebenen und Rückkopplungsprozesse erfasste, mehrere Reports hieraus abzuleiten und diese für die Politikberatung zu nutzen: „Its aim is to create new clarificatory models of the known and already described components of our complex problematic situation".[84] Auf einer Sitzung des Club of Rome im Juni 1970 in Bern stieß das Papier aber auf Kritik. Peccei argumentierte später, der Gruppe sei klar geworden, dass Ozbekhan mit seiner Systemanalyse neue Wege gehen wolle, und damit sei fraglich geworden, wann das Projekt vollendet werden könne: „We estimated that this would require such a great advance in the state of the art of systems analysis that nobody could predict whether and when the task could be accomplished."[85] Ausschlaggebend war wohl die Nachricht Pestels, dass die Volkswagenstiftung eine Entscheidung über den Antrag vertagt habe, verbunden mit der Auflage, den Antrag insbesondere im Hinblick auf die Methode zu modifizieren.[86] Ozbekhan wollte in der Tat einen differenzierten und vielschichtig angelegten Beitrag zu den Möglichkeiten einer systemischen Erfassung der Weltprobleme liefern, der keine schnellen Ergebnisse erwarten ließ, mit denen man auf Öffentlichkeit und Politik zugehen könne. Bald Ergebnisse vorlegen zu können aber schien für Peccei und andere elementar.[87]

Hingegen brachte sich in Bern Jay Forrester ins Spiel[88], der ja ebenfalls schon in Bellagio dabei gewesen war. Forrester war im Gegensatz zu Ozbekhan ein Mann der angewandten, managementorientierten Wissenschaft. Der Ingenieur hatte im Zweiten Weltkrieg im Feld des *Operations Research* für die US Air Force an der Entwicklung des Radars mitgewirkt und war dann in die Wirtschaft zu

---

[83] Vgl. Eduard Pestel, Jenseits der Grenzen des Wachstums. Bericht an den Club of Rome, Stuttgart 1988, S. 31f.; Helga Nowotny, Vergangene Zukunft. Ein Blick zurück auf die ‚Grenzen des Wachstums', in: Michael Globig (Hrsg.), Impulse geben, Wissen stiften. 40 Jahre Volkswagenstiftung, Göttingen 2002, S. 655–694; Friedemann Hahn, Von Unsinn bis Untergang. Rezeption des Club of Rome und der Grenzen des Wachstums in der Bundesrepublik der frühen 1970er Jahre, Freiburg i. Br. 2006, S. 48f.

[84] The Club of Rome. The Predicament of Mankind. Quest for Structured Responses to Growing World-Wide Complexities and Uncertainties. A Proposal (1970), Zit. S. 27, in: OECD Archives, Folder 218055, Supplement 218062; vgl. Moll, Scarcity, S. 70–81.

[85] Peccei, Quality, S. 71f.

[86] Die Stiftung Volkswagenwerk stellte freilich dennoch eine Anschubfinanzierung von 200 000 DM zur Verfügung; The Club of Rome, Peccei, an Detlev Bronk, 31. 7. 1970, in: RAC, Bronk Papers, Box 5, File 13; aus den Akten der Stiftung auch Hahn, Unsinn, S. 49.

[87] The Club of Rome, Peccei, an Detlev Bronk, 31. 7. 1970, in: RAC, Bronk Papers, Box 5, File 13.

[88] Ebd.; Jay W. Forrester an Mitglieder des Club of Rome, 3. 7. 1970, in: ebd.

Lincoln Laboratories gegangen, wo er an der Entwicklung der Computertechnologie mitwirkte. Als Professor für Management an der renommierten Alfred P. Sloan School of Management des MIT hatte er mit seinem Modell *Systems Dynamics* für Aufsehen gesorgt. Das mathematisch-quantitative Modell, das er für Wirtschafts- und Stadt-Systeme konstruiert hatte, war in zentraler Weise auf die Nutzung des Computers ausgerichtet.[89] Forrester bot an, dieses Modell auf den Weltmaßstab zu übertragen, und lud das Exekutivkomitee des Club of Rome ans MIT ein, um in einem Seminar das Projekt neu zuzuschneiden.[90] Der Club of Rome sagte zu, nicht zuletzt weil Forrester mit seinem Ansatz und dem Apparat des MIT in kürzerer Frist Ergebnisse zu erbringen versprach.[91] Dies war eine Grundsatzentscheidung, da sich das Projekt damit auf ein rein mathematisch-quantitatives Modell verengte. Peccei argumentierte intern, eine zweite Studie solle dann stärker auf Ozbekhans „advanced" Expertise setzen, doch dieser verließ enttäuscht den Club of Rome.[92] Für das von Forrester konzipierte Projekt erhielt der Club of Rome jedenfalls eine Förderung der Volkswagenstiftung in Höhe von 775 000 DM.[93] Eine Vorstudie publizierte Forrester schon ein Jahr später, 1971, unter dem Titel „World Dynamics".[94] Hieraus ging 1972 – dies ist im nächsten Kapitel zu skizzieren – „The Limits to Growth" hervor.

Grundsätzlich erfolgte die Gründung des Club of Rome, dies wurde deutlich, unter anderen Auspizien als Mankind 2000 und die WFSF. Sicherlich waren die Netzwerke nicht strikt getrennt: So hatte Gabor ja auch an der Mankind-Konferenz in Oslo teilgenommen, wurde in das Continuing Committee der „World Future Research Conferences" gewählt[95], und Peccei und Gabor waren auch an der Planung der „World Future Research Conference" in Bukarest 1972 und dann der WFSF-Konferenz in Rom 1973 beteiligt.[96] Gleichwohl war schon in Oslo und stärker noch in Kyoto und Bukarest deutlich geworden, dass bei Mankind 2000 und der WFSF auch das Selbstverständnis einer sozialen Bewegung und das Ziel einer offenen Diskussion und Demokratisierung von Zukunftsforschung eine Rolle spielten, wohingegen sich der Club of Rome aus der Selbst-

---

[89] Jay W. Forrester, Industrial Dynamics, Cambridge, Mass. 1961; Ders., Urban Dynamics, Cambridge, Mass. 1969; vgl. Moll, Scarcity, S. 72.

[90] Jay W. Forrester an Mitglieder des Club of Rome, 3.7.1970, in: RAC, Bronk Papers, Box 5, File 13.

[91] The Club of Rome, Peccei, an Detlev Bronk, 31.7.1970, in: RAC, Bronk Papers, Box 5, File 13; The Club of Rome, Peccei, an Paul A. Weiss, 15.10.1970, in: RAC, Weiss Collection, 27.12.1970; vgl. Moll, Scarcity, S. 76–81.

[92] Paul A. Weiss an Aurelio Peccei, 25.9.1970; Peccei an Weiss, 24.11.1970, beides in: RAC, Weiss Collection, Box 89, File 1.

[93] The Club of Rome, Peccei, an Paul A Weiss, 24.11.1970, in: RAC, Weiss Collection, Box 89, File 1.

[94] Jay W. Forrester, World Dynamics, Cambridge, Mass. 1971 (Deutsch: Der teuflische Regelkreis. Das Globalmodell der Menschheitskrise, Stuttgart 1971).

[95] Gabor an Arne Sørensen, 23.2.1972, in: ICA, Gabor Collection, MW/13.

[96] Peter Menke-Glückert, Vermerk Sitzung des Konferenz-Direktorats für den III. Weltkongreß der Zukunftsforschung am 22.April 1972 in Bukarest, 26.4.1972, in: BAK, B 196, 52509; IRADES/World Future Research Conferences (Hrsg.), Needs, S. 1f.

wahrnehmung einer Expertengruppe, die politikrelevantes Wissen lieferte, als *Epistemic Community* begründete. Zweitens differierte die epistemologische und methodische Basis: In Mankind 2000 reichten die Methoden von kritischen und kybernetisch angelegten Reflexionen aus dem Kontext der Friedensforschung über Szenarien und die Delphi-Methode bis zu mathematisch-statistischen Extrapolationen, während im Club of Rome das *Technological Forecasting* im Vordergrund stand, das systemanalytische Simulationen, Computermodelle und Planungstechniken enthielt und in vielem einer Applikation ingenieurwissenschaftlicher Denkmodelle auf das Zukünftige ähnelte. Drittens machten sich große Teile von Mankind 2000 und der WFSF zur Aufgabe, als *Future(s) Research* oder im weiteren Sinne als *Future(s) Studies* Zukünfte zu erforschen und zu gestalten, wohingegen der Club of Rome sich im engeren Sinne der Vorausschau und der zielorientierten, effizienten Planung verschrieb, die sich vor allem an die Regierungen und wirtschaftliche „leaders" der westlichen Welt richtete.

VII. Ökologisierung und Durchbruch der Wachstumskritik: Der Diskurs um „The Limits to Growth" 1972/73

„Während sich die Zunft der Zukunftsforscher früher vor allem damit beschäftigte, optimistisch gefärbte Prognosen über unvorstellbaren Wohlstand, ein Übermaß an Freizeit und den Sieg über Alter und Krankheit anzufertigen, malen sie heute vorwiegend schwarz", diagnostizierte die „Zeit" im Sommer 1972. Nicht nur sagten die Zukunftsforscher heute eine Katastrophe vorher, sondern sähen auch im Wachstum an sich geradezu etwas Diabolisches.[1] In der Tat durchliefen große Teile der Zukunftsforschung der westlichen Industriegesellschaften 1968 bis 1972 einen tiefgreifenden Wandel. Dieser Wandel manifestierte sich in zwei Aspekten, die eng miteinander verknüpft waren. Zum einen durchdrang Wachstumskritik die Zukunftsforschung, zum anderen ökologisierte sich die Zukunftsforschung, und in der Kombination führte dies zu neuen Subtexten, veränderten Fortschrittsverständnissen und teilweise apokalyptischen Szenarien.

Wachstumskritik kam nicht schlagartig um 1970 auf, sondern begann in den 1960er Jahren zu zirkulieren. Das Kriterium wirtschaftlichen Wachstums war in den westlichen Industriegesellschaften im Zeichen des Booms und der neoklassischen Wachstumstheorie in den Wirtschaftswissenschaften seit Ende der 1940er Jahre zum zentralen Merkmal für Wohlstand und nationalen Erfolg avanciert. Als Ort des Wachstumsparadigmas galt insbesondere die OECD, welche die Wettbewerbsfähigkeit und Entwicklungsfähigkeit westlicher Gesellschaften und Industrien über das Kriterium des Bruttosozialprodukts erfasste und prüfte.[2] Auch der CCF definierte aus dem konsensliberalen Denkhorizont heraus Fortschritt nicht nur über Freiheit, sondern auch und gerade über wirtschaftliches Wachstum.[3] Schon um 1960 jedoch stellten einflussreiche amerikanische Liberale – auch aus dem Kontext des CCF – das Leitbild des wirtschaftlichen Wachstums in Frage, um neue Konzepte von Wohlfahrt und Lebensqualität zu entwerfen. Ausgangspunkt war zum einen die Diagnose einer westlichen Überflussgesellschaft, zum anderen die Suche nach individualisierteren und ‚weicheren' Kriterien für Wohlfahrt und Glück. John Kenneth Galbraith diagnostizierte in seinem

---

[1] Michael Jungblut, Zukunftsforschung. Ist Wachstum des Teufels? in: Die Zeit, 18.8.1972; ganz ähnlich Was Menschen vom Schwein unterscheidet. Wachstum – im Wohlstand ersticken?, in: Der Spiegel, H. 2, 8.1.1973, S. 30–44.
[2] Vgl. demnächst Schmelzer, Hegemony; Reinhard Steurer, Der Wachstumsdiskurs in Wissenschaft und Politik. Von der Wachstumseuphorie über „Grenzen des Wachstums" zur Nachhaltigkeit, Berlin 2002.
[3] Diskussion im CCF um den Sinn von wirtschaftlichem Wachstum und Wohlstand 1960 in Berlin, vgl. Fortschritt im Zeichen der Freiheit. Generalversammlung des CCF zum 10. Jahrestag der Gründung in Berlin, in: Der Monat. Eine internationale Zeitschrift 12 (1960), H. 143, S. 5–21; CCF, Suggested Program for the 2nd General Assembly: The Politics of Humanity, 1960, in: BNF, NAF 28143, Boîte 33, Dossier 7.

Bestseller „The Affluent Society" 1958, dass dem wachsenden privaten Reichtum in der Überflussgesellschaft zunehmende öffentliche Armut und damit die Negierung von Bedürfnissen Einzelner gegenüberstehe.[4] Angesichts des erreichten Wohlstands müsse es auch zur liberalen Agenda gehören, über den Lebensstandard hinaus die Lebensqualität und Möglichkeiten des einzelnen zu steigern – so der Linksliberale Galbraith in den 1960er Jahren, ähnlich wie der Historiker Arthur Schlesinger.[5] Ebenso stellte Bertrand de Jouvenel in Frage, dass Produktivitätssteigerung und Wohlstand in der industriellen Gesellschaft mehr „Wohlergehen" nach sich ziehe. Der universal gebildete de Jouvenel zog Verbindungslinien zwischen Platons Überlegungen zum „guten Leben" und Rousseaus Kritik an der Ausweitung menschlicher Bedürfnisse, um eine stärkere Orientierung an der „amoenitas", den Annehmlichkeiten des Lebens zu fordern. Diese reichte für ihn über rein materielle Kriterien und den Zuwachs an Gütern hinaus und umgriff mehr Qualität, Zeit, Kultur, Bindung, kurz mehr menschliches Glück, aber auch Werte und eine liberale Erziehung, die auf ein Leben ohne einschnürende Rücksichtnahmen hinführte.[6] De Jouvenel und Galbraith orientierten sich am britischen Ökonomen der Zwischenkriegszeit Arthur Pigou, der den Begriff der „Quality of Life" geprägt hatte, um nichtökonomische Aspekte von Wohlfahrt zu beschreiben.[7] In der Dimension der Lebensqualität, die Galbraith auch in Präsident Lyndon B. Johnsons „Great Society"-Rede schrieb, sah er eine Definition dessen, was über den materiellen Lebensstandard hinaus jene sozialen und Umwelt-Aspekte umfasste, welche individuelles Glück erreichbar machten. Damit nahm er auch auf Individualisierungstendenzen in der amerikanischen Gesellschaft Bezug.[8] In „The New Industrial State" verband Galbraith 1967 seine Kritik am Wachstumsparadigma mit einer Infragestellung des damit verbundenen Fortschrittsverständnisses:

„Cultural and aesthetic progress cannot easily be measured. Who can say for sure what arrangements best allow for the development of individual personality? Who can be certain what advances the total of human happiness? Who can guess how much clean air or uncluttered highways are enjoyed? Gross National Product and the level of unemployment, on the other hand, are objective and measurable. To many it will always seem better to have measurable progress toward the wrong goals than unmeasurable and hence uncertain progress toward the right ones."[9]

---

[4] John Kenneth Galbraith, The Affluent Society, Cambridge, Mass. 1958; Galbraith sah sich als einen ‚Radikal-Liberalen', der in Europa möglicherweise ein ‚Sozialist' gewesen wäre: Glauben Sie mehr an Galbraith als an Marx. US-Ökonom John Kenneth Galbraith über die Gefahren wirtschaftlichen Wachstums, in: Der Spiegel, H. 3, 10. 1. 1972, S. 84–89, hier S. 88.
[5] Vgl. Adam Rome, „Give Earth a Chance". The Environmental Movement and the Sixties, in: The Journal of American History 90 (2003), S. 525–554, hier S. 527–529.
[6] De Jouvenel, Das bessere Leben, Zit. S. 115, 126; vgl. Ders., Effizienz; Hale/Landy, Introduction.
[7] Pigou, Economics, S. 14; mit Verweis auf Pigou de Jouvenel, Zur politischen Ökonomie, S. 13.
[8] Glauben Sie mehr an Galbraith als an Marx, S. 87; Rome, Earth, S. 527–529; Hünemörder, Frühgeschichte, S. 228–232.
[9] Galbraith, The New Industrial State, London 1971 (Orig. 1967), Zit. S. 410.

Ähnliche Schlussfolgerungen zogen auch explizit konservative Ökonomen wie der Brite Edward J. Mishan. In Analogie zu älteren Tendenzen konservativer Zivilisationskritik brandmarkte er gefährliche Tendenzen der Vermassung und der Entwertung traditioneller Werte in der modernen Industriegesellschaft, welche auch zur Umweltzerstörung führten, und in diesem Sinne forderte er eine Lösung von der modernen Fixierung auf das Kriterium wirtschaftlichen Wachstums.[10]

Diese Überlegungen zum Wachstumsbegriff stützten Neuorientierungen in den Sozialwissenschaften, die bereits im Kontext der Bedürfnisforschung erwähnt wurden. Auch unter dem Einfluss keimender kulturwissenschaftlicher Ansätze entstanden in den Sozialwissenschaften Ende der 1960er Jahre neue Konzepte der Wohlfahrtsentwicklung und -messung. Insbesondere suchte die Sozialindikatorenforschung nach einem Konzept für „Lebensqualität" als neues Kriterium der Messung von Wohlfahrt und ‚gutem Leben', das somit neben den Lebensstandard trat.[11] Dies zeigte sich auch im Bericht des National Goals Research Staff an den US-Präsidenten: Die Regierung Nixon hatte den Staff 1969 beauftragt, jährlich zentrale Problemlagen und Handlungsalternativen zu entwerfen, und der Bericht 1970 erklärte „Balanced Growth" und Lebensqualität zu einem dem Wachstum gleichgestellten Ziel.[12]

Galbraiths Überlegungen wurden zudem in einem anderen sozialen und politischen Kontext rezipiert, nämlich in der Studentenbewegung und in der Neuen Linken, welche Ende der 1960er Jahre die Wachstumsorientierung des Kapitalismus kritisierten. Freilich wirkten hier auch eigene ideelle Traditionen wie die Kritische Theorie, doch vermengten sie sich mit den Stellungnahmen zur Qualität des Lebens, wie Herbert Marcuses Papier zum „Individuum in der Great Society" zeigt. Marcuse argumentierte 1966 – im Zusammenhang mit der Bedürfnisforschung bereits erwähnt –, der organisierte Kapitalismus schaffe in der Überflussgesellschaft gesteuerte Bedürfnisse. Eine friedliche, humane Gesellschaft, „in der die Individuen zu sich selbst gekommen sind und ihre Menschlichkeit entfalten", solle den Begriff ungehemmten Wachstums ohnehin verwerfen.[13] Explizit forderte etwa 1970 der sozialistisch orientierte US-Ökonom Robert

---

[10] Edward J. Mishan, The Costs of Economic Growth, New York 1967; Ders., Growth and Antigrowth. What are the Issues, in: Andrew Weintraub/Eli Schwartz/J. Richard Aronson (Hrsg.), The Economic Growth Controversy, White Plains, New York 1973, S. 3–38; vgl. auch Mende, Nicht rechts, S. 310–315.

[11] Vgl. Heinz-Herbert Noll, Konzepte der Wohlfahrtsentwicklung. Lebensqualität und „neue" Wohlfahrtskonzepte, Berlin 2000; Dieter Masberg, Zur Entwicklung der Diskussion um ‚Lebensqualität' und ‚qualitatives Wachstum' in der Bundesrepublik, in: Helge Majer (Hrsg.), Qualitatives Wachstum. Einführung in Konzeptionen der Lebensqualität, Frankfurt a. M., New York 1984, S. 11–31; Zapf, Messung; Ders., Reporting.

[12] Vgl. National Goals Research Staff, Toward Balanced Growth. Quantity with Quality. Report of the National Goals Research Staff, Washington 1970; USA: Kommission zur Definition nationaler Ziele, in: APWM 1 (1968/69), H. 5, S. 26.

[13] Marcuse, Individuum, S. 158f.; vgl. Rome, Earth.

Heilbroner eine Wirtschaft ohne Wachstum, den „steady state".[14] In diesem Sinne sollte die antikapitalistische Lesart der Wachstumskritik 1967/68 auch in die westliche Studentenbewegung eindringen. Insbesondere in Frankreich, aber auch in der Bundesrepublik prägte die Kritik am materiell definierten Verständnis des kapitalistischen „Systems", an der Wohlstands- und Konsumgesellschaft die Studentenbewegung: „Denounced by Marcuse and by the majority of European student movements, consumer society constitutes the most insidious and refined form of industrial capitalism. The object-symbol of a high standard of living becomes an end-in-itself for the individual, and not a means toward achieving happiness. It imprisons the individual in an infernal circle of installment buying."[15]

Erkennbar wurde an verschiedenen Zitaten – etwa in Galbraiths „New Industrial State" oder bei Mishan –, dass die ab Mitte der 1960er Jahre kursierende wissenschaftliche und intellektuelle Wachstumskritik neben *sozialen* Motivlagen – im Hinblick auf neue Wohlfahrtskonzepte, Rufe nach mehr Verteilungsgerechtigkeit und kulturkritische Sorge vor der Vermassung – noch eine zweite Wurzel hatte, nämlich das ökologische Motiv. In der Tat hing die Wachstumskritik auch mit der „ökologischen Revolution" in den westlichen Industriegesellschaften um 1970 zusammen[16], die freilich weit über ein Unbehagen am Wachstumsparadigma hinausging.

Grundsätzlich war das Bestreben, die Natur zu schützen, sehr viel älter. Auch als Reaktion auf die forcierte Industrialisierung hatten sich, ausgehend von Großbritannien und den USA, Mitte des 19. Jahrhunderts Organisationen gebildet, welche sich den Schutz der Natur, der Landschaft und der Tiere zum Ziel setzten. Zudem sorgten sich Experten aus Technik und Verwaltung seit dem späten 19. Jahrhundert um konkrete Probleme des technischen Umweltschutzes wie Luftverschmutzung. Mit der International Union for Protection of Nature (später: International Union for Conservation of Nature and Natural Resources), welche auf Initiative der UNESCO 1948 gegründet wurde, verstärkte sich eine Internationalisierung des Naturschutzes. Zugleich formierten sich in Westeuropa und den USA Natur- und Heimatschutzverbände, welche sich der Erhaltung der Natur, der natürlichen Landschaften und Ressourcen in der industrialisierten Moderne widmeten und fast durchweg „im konservativ-bildungsburgerlichen Milieu beheimatet" waren.[17] Dies ging einher mit ersten öffentlichen Mahnrufen, die

---

[14] Robert L. Heilbroner, Between Capitalism and Socialism. Essays in Political Economics, New York 1970.
[15] Bess, Society, S. 79 (mit einer Übersetzung eines Zitats aus Alain Buhler, Petit dictionnaire de la révolution étudiante, Paris 1968, S. 45f.).
[16] Joachim Radkau, Die Ära der Ökologie. Eine Weltgeschichte, München 2011, S. 134.
[17] Jens Ivo Engels, Umweltschutz in der Bundesrepublik. Von der Unwahrscheinlichkeit einer Alternativbewegung, in: Sven Reichardt/Detlef Siegfried (Hrsg.), Das Alternative Milieu. Antibürgerlicher Lebensstil und linke Politik in der Bundesrepublik Deutschland und Europa 1968–1983, Göttingen 2010, S. 405–422, hier S. 409; vgl. Ders., Naturpolitik in der Bundesrepublik. Ideenwelt und politische Verhaltensstile in Naturschutz und Umweltbewegung 1950–1980, Paderborn 2006, S. 43–92; John McCormick, Reclaiming Paradise. The Global Environmental Movement, Bloomington 1989, S. 1–46; Anna-Katharina Wöbse, Weltnaturschutz.

Natur zu achten. Henry Fairfield Osborn, der Präsident der amerikanischen Conservation Foundation, verwies 1948 in „Our plundered Planet" auf den steigenden Verbrauch von Ressourcen und auf die Notwendigkeit, im Einklang mit der Natur zu leben.[18]

Mit Blick auf die wachsende *Umweltverschmutzung* in den westlichen Industriestaaten sprach der Umwelthistoriker Christian Pfister von einem „1950er-Syndrom". Er führte an, dass mit der starken Wachstumsdynamik des Bruttoinlandsprodukts, dem Massenkonsum und der Ausweitung des Verkehrs auch der Energieverbrauch, der Flächenbedarf von Siedlungen, das Müllaufkommen sowie Luft- und Wasserverschmutzung überproportional stark anwuchsen. Damit habe sich das Mensch-Umwelt-Verhältnis tiefgreifend gewandelt.[19] Dem stellte Patrick Kupper die „1970er-Diagnose" entgegen. Blicke man auf die *Wahrnehmungsebene*, so müsse immer auch die soziale und diskursive Konstruktion von Umweltproblemen betrachtet werden, da die Umwelt in gewisser Weise auch schon im 19. Jahrhundert verschmutzt war.[20] Es mache deshalb mehr Sinn, eine Zäsur in den 1970er Jahren anzusetzen. In diesem Jahrzehnt hätten die Mensch-Umwelt-Beziehungen eine „Neudefinierung" erlebt.[21]

Für die Zukunftsforschung wird im Folgenden gezeigt, dass in der Tat die Jahre 1968 bis 1972 einen tiefgreifenden Wandel hin zur Ökologisierung brachten. Dabei rezipierte man veränderte Umweltbedingungen und neue Wahrnehmungen der Umwelt, die bis in die späten 1950er Jahre zurückreichen, aber um 1970 eine Dynamisierung erfuhren. Entscheidend war, dass der moderne Umweltgedanke nun nicht mehr den Schutz der gegebenen Natur, sondern den Schutz der menschlichen und vom Menschen gestalteten *Umwelt* in den Mittelpunkt stellte.[22]

Erstens erlebte die Ökologie seit den späten 1950er Jahren eine Renaissance. Die dem 19. Jahrhundert entstammende Ökologie als Wissenschaft von den Interaktionen zwischen lebenden Organismen und ihrer Umwelt fokussierte auf

---

Umweltdiplomatie in Völkerbund und Vereinten Nationen 1920–1950, Frankfurt a. M. 2011; Franz-Josef Brüggemeier, Tschernobyl, 26. April 1986. Die ökologische Herausforderung, München 1998, S. 49–128.

[18] Henry Fairfield Osborn, Our plundered Planet, Boston 1948; vgl. Hünemörder, Frühgeschichte, S. 115–118; Björn-Ola Linnér, The Return of Malthus. Environmentalism and Post-War Population-Resource Crises, Isle of Harris 2003.

[19] Christian Pfister, Das „1950er Syndrom". Die umweltgeschichtliche Epochenschwelle zwischen Industriegesellschaft und Konsumgesellschaft, in: Ders. (Hrsg.), Das 1950er Syndrom. Der Weg in die Konsumgesellschaft, Bern 1995, S. 51–95; zum Naturschutz der 1950er Jahre auch Franz-Josef Brüggemeier, Schranken der Natur. Umwelt, Gesellschaft, Experimente 1750 bis heute, Essen 2014, S. 241–250.

[20] So auch Niklas Luhmann, Ökologische Kommunikation. Kann die moderne Gesellschaft sich auf ökologische Gefährdungen einstellen?, Opladen 1986.

[21] Patrick Kupper, Die „1970er Diagnose". Grundsätzliche Überlegungen zu einem Wendepunkt der Umweltgeschichte, in: AfS 43 (2003), S. 325–348, hier S. 328.

[22] Vgl. John R. McNeill, The Environment, Environmentalism, and International Society in the Long 1970s, in: Ferguson u. a. (Hrsg.), Shock, S. 262–278; Ders., Blue Planet. Die Geschichte der Umwelt im 20. Jahrhundert, Bonn 2005 (Orig. 2000), S. 356–360.

das geschlossene Ökosystem, von dem die Erde abhing, und auf die Evolutionen und Krisen des globalen Gleichgewichts. Die neue Bedeutung, welche die Ökologie in wissenschaftlichen Kontexten erfuhr, hatte mit einem deutlich erweiterten Wissen über die Erde innerhalb des Ökosystems zu tun.[23] Ebenso verband sie sich in den USA mit einer verstärkten medialen Aufmerksamkeit für das Ökologische, nicht zuletzt im Kontext von Rachel Carsons aufrüttelndem Bestseller „Silent Spring" von 1962, welcher die möglichen Auswirkungen des Umgangs mit Pestiziden für die natürliche Umwelt des Menschen plastisch darstellte und ebenfalls auf die fragile Balance zwischen Menschheit und Natur abhob.[24] Auch Bertrand de Jouvenel hatte bereits 1957/58 die Notwendigkeit einer „écologie politique" gefordert.[25] Hier spielten erneut konsensliberale Netzwerke eine Rolle: US-Präsident Harry S. Truman hatte 1951 eine „Materials Policy Commission" – die sogenannte Paley-Commission – einberufen, welche Bestand und Verbrauch von natürlichen Ressourcen bis in die 1970er Jahre eruieren sollte. Die Commission stand ganz im Zeichen eines westlichen Antikommunismus, welche in ihrem Report „Resources for Freedom. Foundations for Growth and Security" „the needs of the free world" in den Blick nahm, das wirtschaftliche Wachstum zum zentralen Ziel erklärte und die Schaffung einer unabhängigen Organisation zur Erforschung natürlicher Ressourcen empfahl. Diese Organisation, Resources for the Future, wurde 1952 mit Geldern der Ford Foundation ins Leben gerufen.[26] De Jouvenel griff in den späten 1950er Jahren, auch im Kontext seiner Verbindungen zur Ford Foundation, das Thema Ressourcenbewahrung auf.[27] Nach der Lektüre des „Paley Report" argumentierte er, die westliche Menschheit müsse erkennen, dass das menschliche Leben nur ein abhängiger Teil des gesamten Ökosystems sei. In der folgenden Dekade – bis Ende der 1960er Jahre – spielte das Ökologische in de Jouvenels „Kunst der Vorausschau" jedoch keine Rolle mehr.[28] Dennoch entstand ab Mitte der 1960er Jahre – zunächst in den USA –

---

[23] Vgl. Lars-Göran Engfeldt, From Stockholm to Johannesburg and Beyond. The Evolution of the International System for Sustainable Development Governance and its Implications, Stockholm 2009, S. 29 f.; Engels, Naturpolitik, S. 322-399; zur Geschichte des ökologischen Gedankens Donald Worster, Nature's Economy. A History of Ecological Ideas, Cambridge, New York 1994.

[24] Vgl. Rachel Carson, Silent Spring, New York 1962; vgl. Christof Mauch, Blick durchs Ökoskop. Rachel Carsons Klassiker und die Anfänge des modernen Umweltbewusstseins, in: Zeithistorische Forschungen 9 (2012), H. 1, S. 156-160.

[25] Bertrand de Jouvenel, From Political Economy to Political Ecology (Orig. De l'économie politique à l'écologie politique, 1957), in: Hale/Landy (Hrsg.), Economics, S. 235-245, hier S. 245; vgl. Roger Cans, Petite histoire du mouvement écolo en France, Paris 2006, S. 81 f.; Hale/Landy, Introduction, S. 11 f.

[26] Resources for Freedom. Summary of Volume I of a Report to the President by The President's Materials Policy Commission, Washington 1951, Zit. S. 1; James G. McGann, Think Tanks and Policy Advice in the United States, New York u. a. 2007, S. 166 f.

[27] Vgl. Dard, de Jouvenel, S. 321; Hugues de Jouvenel im Gespräch mit der Verfasserin, 28. 2. 2012.

[28] De Jouvenel, From Political Economy, S. 245; vgl. Cans, Petite histoire, S. 81 f.; Hale/Landy, Introduction, S. 11 f.

eine ökologische Ökonomie, die sich mit kursierenden Überlegungen zu neuen Wohlfahrtskonzepten im Zeichen der Überflussgesellschaft verband und zu der auch Galbraith neigte. Die ökologische Ökonomie wurde durch einen weiteren Faktor dynamisiert, nämlich eine Anschlussfähigkeit der Ökologie an die Kybernetik und das Systemdenken. In diesem Kontext muss die symbolträchtige und einflussreiche Metapher vom „Spaceship Earth" (Raumschiff Erde) gesehen werden. Erstmals formuliert von der britischen Ökonomin Barbara Ward, die den Begriff 1965 in eine Rede des US-Botschafters Adlai Stevenson schrieb[29], wurde die Metapher vom „Raumschiff Erde" vom US-Ökonomen Kenneth Boulding popularisiert. Er entwarf 1966 eine „Economics of the Coming Spaceship Earth", welche angesichts weltweit limitierter Ressourcen nicht mehr als „cowboy economy" sinnlos Rohstoffe verbrauchen würde, sondern als „spaceman economy" arbeite, „in which the earth has become a single spaceship, without unlimited reservoirs of anything either for extraction or for pollution, and in which, therefore, man must find his place in a cyclical ecological system which is capable of continuous reproduction of material form".[30] In einer explizit globalen Perspektive verwies also Boulding auf die Begrenztheit der Erd-Ressourcen, betonte aber zugleich die menschlichen Steuerungsmöglichkeiten zur effektiven Nutzung dieser Ressourcen. Auch Richard Buckminster Fuller dynamisierte nun die Metapher vom „Spaceship Earth", entsprach sie doch sowohl seiner Begeisterung für die Raumfahrt wie seiner Vision einer ressourcenschonenden Zukunft im globalen Maßstab.[31] Das deutungsoffene Bild der Erde als Raumschiff versinnbildlichte geradezu kongenial die Fragilität der Erde, ihren Systemcharakter durch die kontinuierliche Reproduktion der Ressourcen, aber auch ihre Steuerbarkeit; sie strukturierte damit Argumentationsmuster des „Umweltzeitalters". Zur „mythische[n] Figur des Umweltzeitalters" wurde das „Raumschiff Erde" dann im Sommer 1969 mit der Apollo-Mission und der Mondlandung. Deren Bilder vom blauen Planeten Erde gingen um die Welt und schienen die Verletzlichkeit der Erde zu zeigen.[32]

Die Entstehung der ökologischen Ökonomie ging *zweitens* Hand in Hand mit der Entstehung der modernen Umweltpolitik. Während in Westeuropa bis Ende

---

[29] McCormick, Paradise, S. 67f.; Barbara Ward, Spaceship Earth, New York 1966.
[30] Kenneth Boulding, The Economics of the Coming Spaceship Earth (1966), in: Herman E. Daly/Kenneth N. Townsend (Hrsg.), Valuing the Earth. Economics, Ecology, Ethics, Cambridge, Mass. 1993, S. 297–310, hier S. 303; hierzu Sabine Höhler, Raumschiff Erde. Eine mythische Figur des Umweltzeitalters, in: Dies./Fred Luks (Hrsg.), Beam us up, Boulding! 40 Jahre „Raumschiff Erde", Karlsruhe, Hamburg 2006, S. 43–52; Dies., „Raumschiff Erde". Lebensraumphantasien im Umweltzeitalter, in: Iris Schröder/Sabine Höhler (Hrsg.), Welt-Räume. Geschichte, Geographie und Globalisierung seit 1900, Frankfurt a.M., New York 2005, S. 258–281.
[31] Vgl. Richard Buckminster Fuller, Bedienungsanleitung für das Raumschiff Erde (Orig.: Operating Manual for Spaceship Earth, 1969), in: Ders., Bedienungsanleitung für das Raumschiff Erde und andere Schriften, Reinbek bei Hamburg 1973, S. 9–72.
[32] Sabine Höhler, Raumschiff Erde. Eine mythische Figur des Umweltzeitalters, in: Dies./Fred Luks (Hrsg.), Boulding, S. 43–52, hier S. 47.

der 1960er Jahre kaum Bewegung in diesem Politikfeld auszumachen ist, entwickelte sich in den USA in den 1960er Jahren aus dem Naturschutz die moderne Umweltpolitik als eigenes Handlungs- und Politikfeld mit entsprechender staatlicher Institutionalisierung. Stewart L. Udall, schon als Kongressabgeordneter für Arizona in naturschutzpolitischen Angelegenheiten aktiv, startete als Beauftragter für Umweltschutz innerhalb der Kennedy-Administration Anfang der 1960er Jahre erste Schutzmaßnahmen im Bereich der Luftverschmutzung. In der Regierungszeit Lyndon B. Johnsons und im ersten Jahr der Ära Nixon folgten zahlreiche weitere Maßnahmen und Gesetze, die zunehmend nicht nur auf die Erhaltung der Natur und der *wilderness*, sondern auf den Schutz der *Umwelt* des Menschen zielten. Dies war nicht nur dem medialen Interesse im Kontext von „Silent Spring" geschuldet, sondern auch der Konjunktur des Planungsdenkens: Umweltschutz wurde zum Gegenstand modernen Regierens im Zeichen eines Verständnisses von Politik, das auf Machbarkeit und Planbarkeit setzte. In diesem Sinne dominierte ein Verständnis von technischem Umweltschutz, der auf die Lösung von Umweltproblemen angelegt war und nicht die Industriemoderne in Frage stellte.[33] In der Folge internationalisierte sich der moderne Umweltschutz in den westlichen Industriestaaten: Nixon initiierte einen Ausschuss für eine „dritte Dimension" der NATO, welche auch Umweltprobleme in den Blick nahm. Die OECD und viele westliche Regierungen – wie die sozialliberale Koalition in der Bundesrepublik – griffen 1969/70 den Umweltschutz als neues Politikfeld auf, die UNESCO organisierte 1968 eine Konferenz „Man and Biosphere" in Paris, und die Vereinten Nationen entschieden 1968 auf den Vorschlag Schwedens hin, im Jahr 1972 eine „Conference on the Human Environment" in Stockholm einzuberufen.[34]

Zum *dritten* gewann die Ökologie ab Mitte der 1960er Jahre – zunächst in den USA – ihre Anhänger in einem eigentlich links kodierten Milieu, aus der die moderne Umweltbewegung hervorging. Diese baute zwar teilweise auf den traditionellen Naturschutzorganisationen auf, aber entsprang dem *counterculturalism*, der vieldeutigen, generationell geprägten, links kodierten gegenkulturellen Bewegung, die mit der Studentenbewegung nicht identisch war, aber sich mit ihr verschränkte. In den US-*counterculturalism* drang das Ökologische ab Mitte der 1960er Jahre, in das westeuropäische alternative Milieu erst Anfang der 1970er Jahre ein. In der Tat protestierte die amerikanische Studentenbewegung auch gegen den Krieg gegen die Natur, wie er sich in Atomwaffentests und im Einsatz von Chemiewaffen im Vietnamkrieg manifestierte. Fassbar etwa im „Earth Day"

---

[33] Vgl. Richard N. L. Andrews, Managing the Environment, Managing Ourselves. A History of American Environmental Policy, New Haven 1999, S. 203ff; Rome, Earth, S. 531–534.

[34] Thorsten Schulz-Walden, Anfänge globaler Umweltpolitik. Umweltsicherheit in der internationalen Politik (1969–1975), München 2013, S. 79–152; Kai F. Hünemörder, Environmental Crisis and Soft Politics. Détente and the Global Environment, 1968–1975, in: Corinna R. Unger/John Krige (Hrsg.), Environmental Histories of the Cold War, New York 2010, S. 257–276; Engfeldt, Stockholm, v. a. S. 32–43; McCormick, Reclaiming Paradise, S. 56–60; nicht nur zur Bundesrepublik Hünemörder, Frühgeschichte, S. 121–181.

1970, entstand in den USA die moderne Umweltbewegung, die geprägt war von zivilgesellschaftlichen Selbstwahrnehmungen und Praktiken sowie Lebenskonzepten und Werten des alternativen Milieus, welche sich um die Leitbilder Authentizität und Freiheit gruppierten.[35] Damit wurden neue Wertorientierungen fassbar, die zum Teil „post-materialistischen" Charakter hatten, obwohl die Ökologie ja einen starken materialen Bezug besaß.[36]

Viertens lassen sich objektive Veränderungen und Problematiken benennen, welche die Konjunktur der Umweltthematik ab Mitte der 1960er Jahre stützten. Neue Technologien und gestiegener Energiebedarf verursachten seit den 1950er Jahren wachsende Verschmutzungen – etwa durch den Ausbau der Kohlekraftwerke. Zugleich ermöglichten neue Techniken auch genauere Messungen der Verschmutzung. Hinzu kamen Umweltkatastrophen wie die Tankerunglücke der britischen Torrey Canyon 1967 und im amerikanischen Santa Barbara 1969. Moderne Kommunikationsmittel popularisierten entsprechende Nachrichten zudem sehr viel schneller und konnten diese entsprechend visualisieren.[37]

Die kursierende Wachstumskritik und das Ökologische durchdrangen 1968 bis 1972 große Teile der Zukunftsforschung. Obwohl wie gesehen de Jouvenel schon Ende der 1950er Jahre über eine Neuinterpretation des Wachstumsverständnisses nachgedacht hatte, war die westliche Zukunftsforschung bis Ende der 1960er Jahre einem Fortschrittsverständnis gefolgt, das zwar – etwa mit Blick auf die Atomwaffe – die Rolle der Technik teilweise kritisch reflektierte, aber ökonomisches Wachstum und moderne Technologie als Basis seines im Kern linearen Fortschrittsverständnisses betrachtete. Auch das Ökologische hatte bislang in der westlichen Zukunftsforschung keine Bedeutung besessen. Dies änderte sich nun rasant, und damit veränderte sich auch das bisherige Fortschrittsverständnis.

In den ersten Texten Pecceis aus dem entstehenden Club of Rome 1966 bis 1969 spielte das Ökologische keine Rolle[38], wohingegen es 1971/72 mit der Publikation von „World Dynamics" und „The Limits to Growth" auf einmal zentralste Bedeutung für die eigene Arbeit erhielt. Hatten auf der Mankind-Konferenz in Oslo 1967 und der zweiten internationalen Zukunftsforschungskonferenz in

---

[35] Vgl. Rome, Earth, S. 541–551; Brian Doherty, Ideas and Actions in the Green Movement, London 2002, S. 7–66; Hünemörder, Frühgeschichte, S. 114–126. Zum alternativen Milieu Reichardt/Siegfried (Hrsg.), Milieu; Reichardt, Authentizität und Gemeinschaft. Besonders US-amerikanische Historiker fokussieren auch ökonomische Faktoren, indem sie argumentieren, die Wohlstandsgesellschaft habe erst den Raum für „postmaterialistische" Überlegungen geöffnet; vgl. z. B. Samuel P. Hays, The Limits to Growth Issue, in: Ders./Joel A. Tarr (Hrsg.), Explorations in Environmental History. Essays, Pittsburgh 1998, S. 3–23, hier S. 9.

[36] Einen Wandel hin zu „postmaterialistischen" Werten diagnostizierte Ronald Inglehart, The Silent Revolution. Changing Values and Political Styles among Western Publics, Princeton 1977. Dies ist zum einen kritisch zu betrachten, weil „materialistische" Werte keineswegs verschwanden (auch Ökologie hatte ja eine materiale Basis), zum anderen weil Inglehart – ebenso wie Helmut Klages – aus einem spezifischen gesellschaftlichen und wissenschaftlichen Kontext der 1970er Jahre – einer Orientierung an „Werten" – zu dieser These gelangte; zu Klages Kapitel IX.5.

[37] Vgl. McNeill, Environment, S. 262–278.

[38] Vgl. Peccei, Chasm, S. viii.

Kyoto 1970 die Ökologie und das Wirtschaftswachstum keine Diskussionsgegenstände gebildet, so rückte beides in Bukarest 1972 und – wie zu sehen sein wird – auf der Konferenz in Rom 1973 ins Zentrum. Das britisch-amerikanische Magazin „Futures" veröffentlichte 1970 einen Beitrag des Biologen Gordon Rattray Taylor, in dem er festhielt: „Futures research has so far taken too little note of the fact that the world of the future is a world for people to live in."[39] Alvin Toffler, ein amerikanischer Schriftsteller und ehedem Mitarbeiter des Magazins „Fortune", der an Zukunftsforschungs-Konferenzen teilnahm und sich als Futurologe bezeichnete, hieb 1970 in diese Kerbe. Er prognostizierte – in den USA enorm öffentlichkeitswirksam – den „Future Shock". In diesem beschrieb er ein „cultural lag", eine immer weiter wachsende Lücke zwischen der Dynamik technologischer und sozialer Innovation – erkennbar etwa in der modernen Industrie- und Konsumgesellschaft – und der menschlichen Verarbeitungsfähigkeit dieser Dynamik.[40]

Auch für den bundesdeutschen Kontext lässt sich der Wandel zeigen. Im November 1971 erschien in den „Analysen und Prognosen über die Welt von morgen", dem zentralen Organ des Zentrums Berlin für Zukunftsforschung und der Gesellschaft für Zukunftsfragen, ein Heft, das sich fast ausschließlich mit der „Umweltzerstörung" befasste. Ab 1969 hatte die Zeitschrift eine Rubrik „Umwelt im Wandel" besessen, hier aber den Begriff der Umwelt rein im Verständnis *menschlicher* Umwelten, also als Begriff für den Bereich der Infrastruktur erfasst. 1971 aber sprach Robert Jungk im Editorial von der „Umweltkrise", die „ein Umdenken und Neu-Entwerfen" verlange, das „alle Bereiche menschlichen Handelns, Schaffens und der ihnen zugrunde liegenden Wertvorstellungen betrifft."[41] Auch die Fernsehdokumentationsreihe „Auf der Suche nach der Welt von morgen", die vom Fernsehjournalisten und Mitbegründer der Gesellschaft für Zukunftsfragen Rüdiger Proske produziert wurde, änderte schlagartig ihr Gesicht: War sie bis Ende der 1960er Jahre im Taumel der Raumfahrtbegeisterung, so kritisierte Proske nun offen eine herrschende „Wachstumsideologie" und prognostizierte das nahende „Ende unserer Zukunft".[42]

Warum dieser Wandel erfolgte – und warum er so tiefgreifend erfolgte –, dafür lassen sich unterschiedliche Erklärungen anführen. Sicherlich lässt sich allgemein auf ein eingetrübtes weltwirtschaftliches Klima verweisen, das mit dem Ende des Weltwährungssystems von Bretton Woods zusammenhing. Mit dem sogenannten „Nixon-Schock" vom August 1971, mit dem die USA aufgrund des eigenen Handelsbilanzdefizits und der Dollarschwäche die Konvertibilität des Dollars in Gold suspendierten, zeichnete sich eine gewisse Instabilität des Weltwährungs-

---

[39] Gordon Rattray Taylor, The Environment and Futures Research, in: Futures 2 (1970), H. 4, S. 300–301; vgl. Paul Meadows, The Contemporary Rediscovery of the Environment, in: ebd., H. 18, S. 26f.
[40] Alvin Toffler, Future Shock, New York 1970; nur oberflächlich hierzu Connelly, Future.
[41] Robert Jungk, Umweltkrise – Umweltfriede, in: APWM 3 (1971), H. 18, S. 3.
[42] Zu spät, in: Die Zeit, 17. 9. 1971.

systems ab.⁴³ In der Zukunftsforschung freilich wurde dies nicht explizit thematisiert.

Wichtiger waren wohl andere Faktoren: *Erstens* gab es zweifellos Verbindungslinien zwischen der „kritischen Futurologie" und einer antikapitalistisch getönten Wachstumskritik, wie sie etwa in der Studentenbewegung zirkulierte. Auch van Steenbergen und Jungk hatten ja die Fixierung auf das Materielle in der „Establishment-Futurologie" angeführt, und von hier leitete ein erkennbarer Pfad zur generellen Infragestellung des Leitbilds wirtschaftliches Wachstum.

Zweitens existierten Parallelitäten zwischen dem Kybernetischen der Zukunftsforschung und der Ökologie, die ja auch in Kreisläufen dachte. Dies zeigte vor allem die Metapher vom Raumschiff Erde, die um 1970 von der Zukunftsforschung aufgegriffen wurde.⁴⁴ Das Bild vom Raumschiff als geschlossenem System, welches durch rationale Ökonomie seine Ressourcen zirkulär wiederverwertete, war eben geradezu kongenial kybernetisch angelegt und insoweit anschlussfähig für verschiedene Strömungen und Denkstile der Zukunftsforschung.

Drittens führte das Steuerungsdenken in seiner Übersteigerung selbst in die Krisenwahrnehmung. Wie im Zusammenhang mit der Gründung des Club of Rome ausgeführt, versuchte dieser die Prinzipien der Kybernetik zu Ende zu denken, indem man auf globaler Ebene alle Interaktionen berücksichtigen und kalkulieren wollte. Daraus aber resultierte eine tiefgreifende Verunsicherung, weil die Interaktionen auf globaler Ebene eben nicht überschaubar waren. Dies zeigte die Bellagio-Deklaration von Ende 1968, welche bereits eine wachstumskritische Note enthielt: Angesichts der tiefgreifenden Folgen des technologischen Wandels sah der Kreis nun jene Zeiten ans Ende gekommen, in denen Technologie ohne Reflektion der sozialen Folgen entwickelt werde; und dies gelte auch für wirtschaftliches Wachstum: „The time is past when economic growth can be promoted without consideration of social consequences and when technology can be allowed to develop without consideration of the social pre-requisites of change or the social consequences of such change. Diagnosis is often faulty and remedies proposed often merely suppress symptoms rather than attack the basic cause."⁴⁵ Die Bellagio-Deklaration verwies dabei auch auf die „quality of individual life and that of the community", die sich so schnell veränderten und in vielerlei Hinsicht verschlechterten, etwa mit Blick auf die wachsende Verflechtung aller Faktoren,

---

⁴³ Doering-Manteuffel, Nach dem Boom, S. 565.
⁴⁴ Vgl. z. B. Peter Menke-Glückert, Eco-Commandments for World Citizens, Paper für UNESCO-Konferenz „Man and Biosphere", 9.3.1968, zit. in Kai F. Hünemörder, 1972 – Epochenschwelle der Umweltgeschichte?, in: Franz-Josef Brüggemeier/Jens Ivo Engels (Hrsg.), Natur- und Umweltschutz nach 1945. Konzepte, Konflikte, Kompetenzen, Frankfurt a.M., New York 2005, S. 124–144, hier S. 129; Ossip K. Flechtheim, Ein „dritter Weg" in eine „dritte Zukunft"?, in: APWM 6 (1974), H. 33, S. 3; zur Erde als „Raumkapsel" auch Bertrand de Jouvenel, Wir bearbeiten unsere Erde (Orig. 1967), in: Ders., Leistungsgesellschaft, S. 277–291, hier S. 277.
⁴⁵ The Bellagio Declaration on Planning, in: Jantsch (Hrsg.), Perspectives, hier S. 7.

welche Planung erschwere.[46] Erkennbar wird, dass aus der kybernetischen Herleitung der globalen Verflechtung aller Faktoren auch das Steuerungsdenken, das zunächst vom Vertrauen in die neuen technischen Möglichkeiten lebte, kippte.

Viertens interagierte die Zukunftsforschung mit Medien und medial aufbereiteten „Prophecies of Doom". Der „Spiegel" etwa warnte in seiner ersten Ausgabe 1970 plötzlich vor dem unkalkulierbaren „Ritt auf dem Tiger" des technischen Fortschritts und hüllte sich in eine dunkle Sorge vor dem, was denn das neue Jahrzehnt bringen werde. So nannte er – wohl auf die veröffentlichte Bellagio-Deklaration bezogen – unheilschwanger den drohenden Welthunger durch Überbevölkerung, ökologische Probleme, Kriegsgefahr und die „Informationskatastrophe" durch die wachsende Zahl von Einzelinformationen – also in ähnlicher Weise wie der Club of Rome die Problematik dauernder Beschleunigung und wachsender globaler Verflechtungen. Der „Spiegel" verband dies mit einer Infragestellung des Ziels wirtschaftlichen Wachstums und mit Kritik an der Wissenschaft, die ohne Reflexion den technischen Fortschritt vorantreibe: „Immer fragwürdiger wird eine Wissenschaft, die alles auszuführen trachtet, was sie zu bewerkstelligen imstande ist – ohne im voraus die moralischen und sozialen Konsequenzen ihres Tuns zu überdenken. Und vollends überholt erscheint die naiv-positivistische These der liberalen Marktwirtschaftler, die da meinen, alles werde sich schon zurechtlaufen, wenn man nur genügend produziere."[47] Ebenso häuften sich nun, und dies in Interaktion mit dem Feld der Zukunftsforschung und großem medialen Interesse, Mahnrufe, ja apokalyptische Szenarien aus Ökologie und Biologie. Diese ersten „Prophecies of Doom" wurden zunächst vor allem in den USA publiziert.[48] Zu diesen gehörte „The Population Bomb" des US-Biologen Paul Ehrlich. Dieser prognostizierte mittels kybernetischer Modelle ein exponentielles globales Bevölkerungswachstum, welches das Ende des bisherigen wirtschaftlichen Wachstumsprozesses bedeuten würde.[49] Der US-Ökologe Barry Commoner sah 1971 in der „Umweltkrise" „das unvermeidliche Resultat dieser antiökologischen Wachstumsstruktur"[50], und der britisch-amerikanische Biologe Gordon Rattray Taylor veröffentlichte 1971 das „Doomsday Book", das eine ökologische Katastrophe in allen Einzelheiten prognostizierte.[51]

---

[46] Ebd.
[47] Ritt auf dem Tiger. Zukunftsplanung, in: Der Spiegel, H. 1/2, 5. 1. 1970, S. 34–47, Zit. S. 35.
[48] McCormick, Paradise, S. 69; vgl. ebd., S. 69–87; Kai F. Hünemörder, Kassandra im modernen Gewand. Die umweltapokalyptischen Mahnrufe der frühen 1970er Jahre, in: Uekötter (Hrsg.), Kassandra, S. 78–97; Hünemörder, Frühgeschichte, S. 209–221.
[49] Paul R. Ehrlich, The Population Bomb, New York 1968 (Deutsch: Die Bevölkerungsbombe, 1971); vgl. Sabine Höhler, Die Wissenschaft von der „Überbevölkerung". Paul Ehrlichs „Bevölkerungsbombe" als Fanal für die 1970er-Jahre, in: Zeithistorische Forschungen/Studies in Contemporary History Online 3 (2006), H. 3, http://www.zeithistorische-forschungen.de/16126041-Hoehler-3-2006 (letzte Abfrage 2. 1. 2015).
[50] Barry Commoner, The Closing Circle. Nature, Man, and Technology, New York 1971 (Deutsch: Wachstumswahn und Umweltkrise, 1973).
[51] Gordon Rattray Taylor, The Doomsday Book. Can the World Survive?, New York 1970 (Deutsch: Das Selbstmordprogramm. Zukunft oder Untergang der Menschheit, 1971).

Entscheidend war *fünftens* ein diskursiver Aspekt, der zum Durchbruch ökologischer Wachstumskritik in der Zukunftsforschung führte, nämlich die Debatte um „The Limits to Growth" (deutsch: „Die Grenzen des Wachstums"), den ersten Bericht an den Club of Rome. Den Boden bereitete die Vorstudie „World Dynamics" von Jay Forrester, die 1971 erschien. Beide Studien verbanden eine systemanalytische Modellbildung mit ökologischer Wachstumskritik.

Forresters Modell *Systems Dynamics* ging grundsätzlich davon aus, dass in einem dynamischen System die einzelnen Elemente des Systems miteinander in Wechselwirkung treten. Dabei maß Forrester der Struktur eines Systems, also den Interaktionen zwischen den Elementen, ebenso große Bedeutung für das Verhalten des Gesamt-Systems bei wie den einzelnen Komponenten, also den Elementen. Für sein „Weltmodell" (*World Model*) legte Forrester, ohne dies genauer zu begründen, fünf globale Grundgrößen fest (Bevölkerungszahl, Kapitalinvestition, Rohstoffreserven, Erzeugung landwirtschaftlicher Güter und Umweltverschmutzung) und suchte die Wechselwirkungen zwischen den Grundgrößen in einer Struktur von Regelkreisen zu erfassen, um so positive und negative Rückkopplungen zu ermitteln. Eine abhängige Variable in Forresters Modell bildete die „Lebensqualität", die sich aus den Faktoren materieller Lebensstandard, Nahrungsmittelangebot, Ballungsgrad und Verschmutzungszustand zusammensetzte, also quantitativ ermittelt wurde. Dem Computer kam in diesem Weltmodell zentrale Bedeutung zu: Zwar könne, so Forrester, der menschliche Geist die Wechselwirkungen abschätzen. Doch das „dynamische Verhalten" des Gesamtsystems aufgrund innerer Wechselwirkungen könne nur der Computer erfassen und damit „die exakten Folgen" aufzeigen, die sich aus den Annahmen ergäben.[52] Diese Modellrechnungen publizierte Forrester 1971 als „World Dynamics" (deutsch: „Der teuflische Regelkreis") mit einem knappen Begleittext. Bereits in der Einleitung verwies er auf die Problematik des „exponentiellen Wachstums" von Bevölkerung, Kapitalinvestitionen und Abfallmengen. Erste Modelldurchläufe mit beschränkter Datenbasis zeigten denn auch auf, dass das exponentielle Wachstum zu Krisen der Umweltverschmutzung, Nahrungsmittel- und Rohstoffknappheit führen würde. Die „Grenzen des Wachstums", so Forrester, zeichneten sich ab. Doch man müsse nicht fürchten, so Forrester zynisch, dass die Bevölkerung noch unabsehbar weiter wachsen werde. Diese werde „mit Sicherheit völlig automatisch gestoppt, und zwar durch die Kräfte, die in der natürlichen Umwelt und im Gesellschaftssystem wirksam werden, wenn das Wachstum eine gewisse Grenze erreicht hat." Die Frage sei aber, wann und wie dies geschehe.[53] Das Modell simulierte verschiedene Lösungsversuche (durch Bevölkerungskontrollen, geringere Umweltverschmutzung, erhöhte Kapitalinvestition und landwirtschaftliche Produktion), die aber auch kombiniert nur einen

---

[52] Forrester, Regelkreis, S. 31 (mit dreimaligem Verweis auf die „exakte" Arbeit des Computers); zur Lebensqualität S. 24f.
[53] Ebd., S. 66.

"verzögerten Beginn des Bevölkerungskollapses" anzeigten.[54] Einen Ausweg sah Forrester in einem utopisch anmutenden „Gleichgewichtszustand", der u. a. durch erhebliche Senkung der Geburtenziffern, die massive Reduzierung von Verschmutzung und Kapitalerzeugung sowie des Verbrauchstempos von Rohstoffen erreicht werden sollte.[55]

Die Idee des „Gleichgewichts" entwickelte ein Team des MIT weiter, welches das grob strukturierte[56] Modell Forresters als „World3"-Modell verfeinerte, während sich Forrester aus dem Projekt zurückzog. Die Leitung des interdisziplinären, internationalen Teams übernahm der junge Ökonom und Forrester-Schüler am MIT Dennis Meadows. Mit dem Ökonomen Erich Zahn, der am MIT und im Industrieseminar Mannheim studiert hatte, und dem jungen Soziologen Steffen Harbordt wirkten auch zwei Bundesdeutsche im Team mit.[57] Sehr rasch, nämlich 1972 und damit bereits ein Jahr nach dem Forrester-Bericht, publizierten das MIT-Team und das Exekutivkomitee des Club of Rome „The Limits to Growth".[58] Auch das Meadows-Team stützte sich auf die fünf globalen Grundgrößen Bevölkerungszahl, industrielle Produktion, Nahrungsmittel, Rohstoffvorräte und Umweltverschmutzung, verfeinerte aber das System der Wechselwirkungen und die Datenbasis. Auch hier waren zentrale Elemente des Modells „the scientific method, systems analysis, and the modern computer".[59] Zwar wiesen die Autoren darauf hin, dass es sich um das Durchspielen von Szenarien und „not exact predictions"[60] handele. Doch unterstrichen sie wiederholt auch ihr Vertrauen in die Validität des Computermodells, etwa wenn sie argumentierten, dass die „implications for the future behavior of the world system can be traced without error by a computer, no matter how complicated they become."[61]

Der „Standard Run", also das Durchlaufmodell unter der Voraussetzung, dass keine größeren Veränderungen physikalischer, sozialer oder politischer Art eintreten, kam wie im Modell Forresters zu dramatischen Ergebnissen geradezu apokalyptischen Ausmaßes. Angesichts des exponentiellen Wachstums von Bevölkerung und Wirtschaft würden die Wachstumsgrenzen der Erdbevölkerung bis zum Jahr 2100 erreicht. Dann werde ein rasches Absinken der Bevölkerungszahl

---

[54] Ebd., S. 97.
[55] Ebd., S. 101.
[56] So auch Eduard Pestel, Einführung, in: Forrester, Regelkreis, S. 9–13, hier S. 12.
[57] Vgl. Dennis L. Meadows/Donella Meadows/Erich Zahn/Peter Milling, The Limits to Growth. A Report for the Club of Rome's Project on the Predicament of Mankind, New York 1972 (Deutsch: Die Grenzen des Wachstums, 1972), S. 8; The Club of Rome, Peccei, an Paul A. Weiss, 24.11.1970, in: RAC, Weiss Collection, Box 89, File 1; zum Konzept Dennis Meadows, M.I.T. – Club of Rome Project on the Predicament of Mankind, The Dynamics of Global Equilibrium, 14.1.1972, in: ebd., Box 88, File 7.
[58] Der technische Bericht wurde 1973 veröffentlicht: Donella Meadows/Dennis L. Meadows, Toward Global Equilibrium. Collected Papers, Cambridge, Mass. 1973 (Deutsch: Das globale Gleichgewicht, 1974).
[59] Meadows/Meadows/Zahn/Milling, Limits, S. 21.
[60] Ebd., S. 93.
[61] Ebd., S. 22.

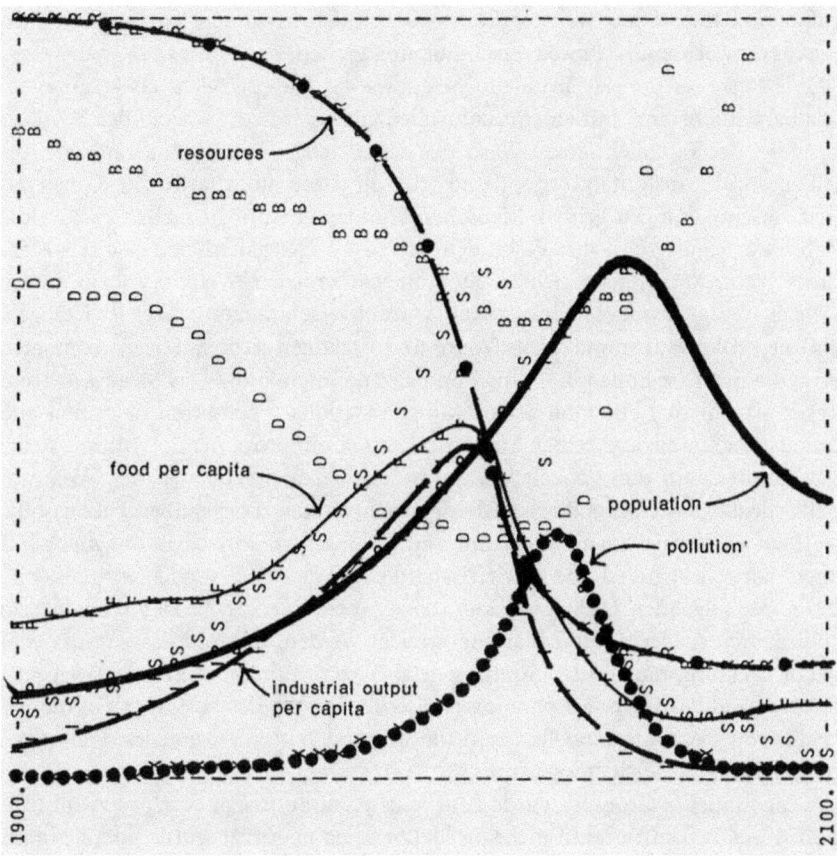

Abb. 9: „The Limits to Growth": World Model Standard Run

und der industriellen Kapazität folgen. „The behavior mode of the system [...] is clearly that of overshoot and collapse."[62]

Als Grundproblem identifizierte die Gruppe das exponentielle Wachstum von bestimmten Faktoren, nämlich der Bevölkerung und der industriellen Produktion, in einer begrenzten Welt („a finite world"[63]). Dabei benötige das rasant wachsende industrielle Kapital immer mehr Ressourcen und verschmutze die Umwelt; die Preise für Rohstoffe würden mit dem wachsenden Verbrauch stark ansteigen, so dass immer mehr Investitionen getätigt werden müssten, ehe das industrielle Wachstum erlahme und durch den Kollaps auch die Bevölkerungszahl einbreche. Zu mehr oder weniger diesem Ergebnis – dem Kollaps – kam das MIT-Team auch in Alternativrechnungen mit kleineren Variationen (wie Substi-

[62] Ebd., S. 125.
[63] Ebd., S. 155.

tution von Rohstoffen, weniger Rohstoffverbrauch usw.); hier werde dann eben die rasant wachsende Umweltverschmutzung greifen.[64]

Wie Forrester sah das Team um Meadows das Gleichgewicht als Lösung, ein „global equilibrium" mit einem „controlled end to growth" sowohl der Bevölkerung wie des Kapitaleinsatzes. Diese Idee des Gleichgewichtszustands machte Anleihen an ein Austeritätskonzept und trug durchaus autoritative Züge, da Freiheitseinschränkungen griffen. Menschen könnten eben nicht mehr frei über die Zahl ihrer Kinder und den Verbrauch von Rohstoffen entscheiden, so das Meadows-Team. Man müsse sich in Zukunft stärker jenen Aktivitäten zuwenden, welche wenig Ressourceneinsatz und Umweltverschmutzung nach sich zögen, also den Fokus auf immaterielle Werte und Praktiken richten. Hierzu rechneten etwa die Bereiche Erziehung, Kunst und soziale Interaktion. Das Meadows-Team berief sich hierbei auf John Stuart Mill: „a stationary condition of capital and population" impliziere keinen Stopp des „human improvement".[65] Mithin stellte das Autorenteam der Apokalypse, welche nach den Ergebnissen des „Weltmodells" drohe, das Gegenbild des Gleichgewichtszustands gegenüber. Dieses sollte statt auf wirtschaftlichem Wachstum und technischem Fortschritt auf menschlichem Fortschritt fußen und auf wirtschaftliches Wachstum verzichten (dies wurde in der folgenden Diskussion auf „zero-growth" verkürzt). Der Weg dorthin sollte durch Austerität und Planung erreicht werden. Obwohl das zugrundeliegende Deutungsmuster der Studie sich also von Technikoptimismus weit entfernte, stand das Buch fast paradoxerweise im Zeichen des Vertrauens in die Validität von Computermodellen und die Machbarkeit eines globalen Planungs-, nämlich Gleichgewichtsprogramms.[66]

„The Limits to Growth" wurde zum weltweiten Bestseller, der etwa zwölf Millionen Mal verkauft und in mehr als 30 Sprachen übersetzt wurde und allein bis Herbst 1973, also in den ersten anderthalb Jahren, das Thema von mindestens 20 Fernsehsendungen und 50 Konferenzen war.[67]

Für die überaus starke Resonanz auf „The Limits to Growth" wurde auch die geschickte „mediale Inszenierung" der Studie angeführt.[68] Zweifellos gelang es dem Team um Meadows und dem Club of Rome, das Buch und seine weitrei-

---

[64] Ebd., S. 125.
[65] Ebd., Zit. S. 179, 170, 175; vgl. John Stuart Mill, Principles of Political Economy with some of their Applications to social Philosophy, London 1848, Buch IV, Kap. 6, hier S. 311; vgl. Grober, Entdeckung, S. 220–227.
[66] Zu dieser Ambivalenz vgl. auch den knappen, aber treffenden Beitrag von Kupper, Weltuntergangs-Vision.
[67] Vgl. http://www.clubofrome.org/?p=375 (letzter Aufruf 13. 1. 2015); Brüggemeier, Tschernobyl, S. 271, gibt 10 Millionen verkaufte Bücher an; McNeill, Environment, S. 393, spricht von 30 Millionen verkauften Exemplaren; Dennis L. Meadows, Kurskorrektur oder bis zur Kollision, in: Horst-Eberhard Richter (Hrsg.), Wachstum bis zur Katastrophe? Pro und Contra zum Weltmodell, Stuttgart 1974, S. 98–107, hier S. 98, nannte im Herbst 1973 2,5 Millionen verkaufte Bände.
[68] Steurer, Wachstumsdiskurs, S. 430. Die Zuspitzung des Umweltthemas in Politik und Öffentlichkeit und die publizistische Vorbereitung betont auch Hünemörder, Kassandra, S. 87.

chenden Thesen öffentlichkeitswirksam zu präsentieren. Grundsätzlich war in der Studie ja der drohende ‚Untergang' in ambivalenter Weise nicht nur Ergebnis der Modelle, sondern auch eine Denkfigur, welche die Dringlichkeit eines Umdenkens unterstreichen sollte; die Krise wurde so auch ein Stück weit konstruiert, um Aufmerksamkeit zu erheischen und einem Neuanfang den Boden zu bereiten.[69] Auch in seiner Aufmachung konnte der verhältnismäßig knappe Band die schlagenden Thesen rasch und einprägsam vermitteln. Der Text, zu größten Teilen von Meadows' Frau Donella, einer Physikerin, verfasst, war allgemeinverständlich und einprägsam. Die zahlreichen Schaubilder und Graphen visualisierten die Thesen und vermittelten mit den steil nach unten verlaufenden Kurven (außer im Schaubild zum „Equilibrium") eine klare Botschaft. Insbesondere die Geschichte vom Seerosenteich, welche die Dynamik exponentiellen Wachstums unterstreichen sollte, wurde Legende: Das Zuwachsen des Sees werde eben so lange nicht ernst genommen, als immer noch mehr als die Hälfte des Sees frei sei; dann aber werde von einem auf den anderen Tag der Teich ganz bedeckt, und es sei zu spät.[70]

Auch die massenmediale Vermittlung verlief höchst professionell: Der Club of Rome, über Peccei hervorragend vernetzt, organisierte gemeinsam mit dem Woodrow Wilson International Center for Scholars und dem amerikanischen Verlag, in dem „The Limits to Growth" erschien, am 2. März 1972 eine eintägige Pressekonferenz in Washington. Das Buch wurde nicht nur Vertretern großer Zeitungen und Zeitschriften präsentiert, sondern auch amerikanischen Politikern und Repräsentanten der Vereinten Nationen wie dem US Secretary for Health, Education and Welfare Elliot Richardson und dem Under General Secretary der Vereinten Nationen Philippe de Seynes sowie hohen Repräsentanten der Wirtschaft (wie dem Präsidenten von Merck). Etwa 5000 „key persons in the United States and furthermore" sowie 500 ausländische Staats- und Regierungschefs, Außenminister und Botschafter in Washington erhielten ungefragt ein Exemplar per Post, welches der Verlag zur Verfügung stellte.[71] Dennis Meadows begab sich in der Folge auf Vortragsreisen, auch und gerade nach Europa, um die Thesen des Buches zu popularisieren.[72] Das Thema Ökologie lag auch durch die „Prophecies of Doom" in der Luft; und so griffen die amerikanischen und westeuropäi-

---

[69] Diese Dimension der Krisenkonstruktion zeigte für die Weimarer Republik Rüdiger Graf auf; vgl. Graf, Zukunft; zur Warnungsprognose Merton, Eigendynamik, S. 144–161.
[70] Vgl. Meadows/Meadows/Zahn/Milling, Limits, S. 29. Dass „The Limits to Growth" auch wegen der sprachlichen Klarheit und der geschickten Visualisierung von Zusammenhängen auf so große Resonanz stieß, merkt ebenso Kupper, Weltuntergangs-Vision, an.
[71] The Club of Rome, Aurelio Peccei, an die Clubmitglieder, 9.2.1972, in: RAC, Weiss Collection, Box 89, File 1; Robert Gillette, The Limits to Growth. Hard Sell for a Computer View of Doomsday, in: Science, 10.3.1972, S. 1088–1092.
[72] Vgl. Richter (Hrsg.), Wachstum, dessen Band auf einer öffentlichen Diskussion mit Dennis Meadows beruht.

schen Medien die Thesen des Buches begierig auf und spitzten sie auf den kommenden „Weltuntergang aus dem Computer" zu.[73]

Mindestens ebenso entscheidend für die wissenschaftliche und politische Wirkung von „The Limits to Growth" war der Diskurs um das Buch, welcher 1972/73 geführt wurde und nicht nur die Zukunftsforschung verändern sollte. Die Debatte gruppierte sich um zwei Aspekte, um *Prognostik* und ökologische *Wachstumskritik*. Forrester und das Team um Meadows hatten ja ganz im Geist des Prognose- und Planungsdenkens gearbeitet, welches die 1960er Jahre so stark beherrscht hatte. Dabei verbanden sie in ambivalenter Weise die Persistenz des Vertrauens in kybernetisch inspirierte, computergestützte Methoden der Vorausschau mit jenen Ansätzen der ökologischen Wachstumskritik, die um 1970 wie gesehen aus ganz verschiedenen Kontexten zu keimen begannen.[74] Damit dynamisierten und verwissenschaftlichten sie diese Wachstumskritik eben mittels eines Computermodells, sie verliehen ihr Plausibilität.[75] Hinzu kam dann, dass die Ölkrise 1973 zu bestätigen schien, dass in der Tat die Grenzen von Ressourcen und Wachstum drohten. In der Debatte wurden beide Aspekte – das Computermodell und die Wachstumskritik – thematisiert, begrüßt oder kritisiert. Sie verbanden sich aber zu einer Diskursformation, in der allein das Sprechen über Weltmodelle und über Wachstum im wahrsten Sinne des Wortes nachhaltige Wirkung erzielte.

Zunächst stieß „The Limits to Growth", ja eine Auftragsarbeit, im Exekutivkomitee des Club of Rome selbst auf gemischte Resonanz, wie das Nachwort des Bandes deutlich machte. Dass die Menschheit schon in einem Dilemma stecke, das sich noch verstärken werde, wie Peccei und andere ja schon 1969 geäußert hatten, schien nun bestätigt. Insofern sah man den Zweck des Projekts erfüllt: Die Studie sei „a bold step toward a comprehensive and integrated analysis of the world situation" und öffne neue Perspektiven „for continual intellectual and practical endeavor to shape the future". Insbesondere habe es die Studie geschafft, eine neue Aufmerksamkeit für die Interaktionen zwischen der Zukunft und poli-

---

[73] McCormick, Paradise, S. 69; vgl. Weltuntergangs-Vision aus dem Computer, in: Der Spiegel, H. 21, 15.3.1972, S. 126–129; Thomas von Randow, So geht die Welt zugrunde: Eine Bombe im Taschenbuchformat, in: Die Zeit, 17.3.1972; Predicament of Mankind, in: The Guardian, 6.3.1972; Nils Freytag, „Eine Bombe im Taschenbuchformat?". Die Grenzen des Wachstums und die öffentliche Resonanz, in: Zeithistorische Forschungen, Online-Ausgabe 3 (2006), H. 3, http://www.zeithistorische-forschungen.de/3-2006/id=4478 (letzte Abfrage 2.1.2015).

[74] Vgl. auch Hünemörder, Epochenschwelle, S. 133, 142; Kupper, Weltuntergangs-Vision.

[75] Das Meadows-Team und Befürworter der Studie argumentierten in der folgenden Debatte, dass „The Limits to Growth" nur verschiedene quantitative Szenarien erstellt habe, indem Wechselwirkungen geklärt wurden, und keine spezifische Prognose; vgl. Donella Meadows/Dennis L. Meadows/Jørgen Randers/William W. Behrens III, A Response to Sussex, in: Futures 5 (1973), H. 1, S. 135–152. Gleichwohl hatte der „Standard Run" des Buches durchaus prognostische Qualität, weil mehrmals betont wurde, dass die „Auswirkungen der Annahmen […] exakt mit Hilfe des Computers verfolgt" worden seien und trotz aller Einschränkungen auch die vorliegenden Daten „allein schon ausreichend (seien), um die Grundverhaltensweisen des Weltsystems festzulegen und zu erkennen"; zudem wurde das Ergebnis ja auch in den Alternativdurchrechnungen nicht im Grundsatz widerlegt; Meadows u. a., Grenzen, S. 15, 10.

tischen Entscheidungen zu erregen. Niemals mehr werde es möglich sein, Bevölkerungsfragen, Wirtschaftswachstum und andere Probleme als voneinander getrennte Bereiche zu betrachten.[76] Allerdings flossen in die Stellungnahme des Exekutivkomitees durchaus kritische Akzente ein, etwa indem man darauf verwies, dass Daten aggregiert und nur eine begrenzte Zahl von Variablen verwendet worden sei. Auch habe das Modell keine Wertvorstellungen berücksichtigt, die eben nicht quantitativ beschreibbar seien, und es fehle eine regionale Differenzierung. Aber der Report zeige, dass es sehr bald notwendig werde, eine radikale Reform („radical reform") von Institutionen und politischen Prozessen auf allen Ebenen, auch und gerade auf der höchsten Ebene der Weltpolitik, einzuleiten. Ein erster Schritt sei die Schaffung eines „world forum", in dem Staatsmänner, Politiker und Wissenschaftler die Gefahren und Hoffnungen des zukünftigen Weltsystems diskutierten, um eine gemeinsame Langzeitplanung anzugehen.[77] Dass man sich selbst als geeignete Expertengruppe betrachtete, die Politik entsprechend zu beraten, liegt auf der Hand.

Die vorsichtige Distanzierung, welche das Exekutivkomitee im Nachwort anklingen ließ, reagierte bereits auf erste methodische und inhaltliche Kritik am Report. Diese formulierten in den westlichen Industriestaaten insbesondere Wirtschaftswissenschaftler, die zum Teil auch explizit der Wirtschaftsprognostik entstammten. Sie bemängelten im Hinblick auf das Computermodell – also die Prognostik – Methode, Datenbasis und fehlenden ökonomischen Sachverstand: Die Studie basiere auf einem viel zu eindimensionalen, einfachen Modell und einem zu kleinen Datenbestand; und sie vernachlässige den Preismechanismus, welcher im Falle von Engpässen in einer Marktwirtschaft greife und zu technischer Innovation führe.[78]

Aus dem Feld der Zukunftsforschung formulierte eine erst 1969 gebildete britische Arbeitsgruppe der Science Policy Research Unit der University of Sussex die weltweit am stärksten beachtete und methodisch fundierteste Kritik an „The Limits to Growth". Die Gruppe um das Programm „Social and Technological Alternatives for the Future" (STAFF), die Sussex Group, wie sie rasch genannt wurde, setzte sich aus einem heterogenen Kreis zusammen, der aus der empirischen Sozialforschung, der wirtschaftswissenschaftlichen Innovationsforschung und den Ingenieurwissenschaften bzw. der Physik stammte.[79] Begründer und wissenschaftlicher Leiter war Christopher Freeman, ein Ökonom, der für die

---

[76] Alexander King u. a., Commentary by the Club of Rome Executive Committee, in: Meadows/Meadows/Zahn/Milling, Limits, S. 185–197, hier S. 186; vgl. Peccei/Siebker, Grenzen, S. 29–37.
[77] King u. a., Commentary, Zit. S. 193, 196; vgl. Peccei/Siebker, Grenzen, S. 29–37.
[78] Wilfred Beckerman, Economists, Scientists, and Environmental Catastrophe, in: Oxford Economic Papers (New Series) 24 (1972), S. 327–344; Ders., In Defense of Economic Growth, London 1976.
[79] Die Forecasting-Gruppe hatte auf Antrag Freemans Mittel des Social Science Research Council erhalten; The University of Sussex, SPRU, Freeman, an Andrew Shonfield, SSRC, 7.7.1970, mit Application to SSRC for Support for a Programme of Forecasting Research, in: TNA, EY 2, 216.

OECD über Westeuropas *Technological Gap* geforscht hatte, eigentlich aber einen linken, nämlich ehedem kommunistischen Hintergrund hatte.[80] Dies gilt auch für die zweite intellektuelle Leitfigur der Gruppe, die Sozialpsychologin Marie Jahoda, eine gebürtige Österreicherin, die mit dem Buch „Die Arbeitslosen von Marienthal" in den 1930er Jahren eine Leitstudie der empirischen Sozialforschung vorgelegt hatte.[81] Gelernter Physiker war hingegen der frisch promovierte Hugh Cole, der das Computermodell nachbildete und aufzeigte, dass man mit geringfügigen Daten-Modifikationen zu gänzlich anderen Szenarien gelangte.[82] Die Kritik der Gruppe, die mithin fachlich heterogen war, aber stärker einen empirisch-positivistischen Denkstil verkörperte, erschien 1973 im Band „Thinking about the Future".[83] Dennis Meadows erinnert sich, Freeman habe ihn nach Erscheinen des Bandes nach Brighton eingeladen. Im Rahmen eines Workshops habe man der britischen Gruppe umfangreiches Material zum Computermodell zukommen lassen, doch sei es Meadows dann nicht ermöglicht worden, auf die Kritik im Rahmen des Bandes „Thinking about the Future" zu entgegnen.[84]

Die Sussex-Gruppe bemängelte insbesondere das Computermodell und damit den erkenntnistheoretischen und methodischen Determinismus von „The Limits to Growth". Das „technokratische" Computermodell[85] stütze sich nicht nur auf eine viel zu simple Verknüpfung von Variablen. Entscheidend sei, dass das Computer-Modell das Individuum, dessen Potentiale und den technischen Fortschritt negiere. So suggeriere das Buch im Sinne eines „Computer-Fetischismus" Allgültigkeit und Exaktheit, wo doch grundsätzlich in jede Prognose Wertvorstellungen des Forschers einflössen.[86] Hingegen sollte Zukunftsforschung breiter ausgerichtet sein, so vor allem Marie Jahoda, und dem Menschen, seinen Werten und Bedürfnissen stärkere Aufmerksamkeit widmen. Schließlich seien die Zukünfte offen. „Forecasting [...] cannot predict history to come, it is limited to the identification of possible futures and of problems that might have to be faced on

---

[80] Freeman/Young, Research; vgl. zu Freeman Nicholas Stern, Pioneering Analytical Economist who Retained Human Touch, in: The Financial Times, 25.8.2010.

[81] Marie Lazarsfeld Jahoda/Hans Zeisl, Die Arbeitslosen von Marienthal. Ein soziographischer Versuch über die Wirkungen langdauernder Arbeitslosigkeit, Leipzig 1933; zu Jahoda Lebenslauf und persönliche Dokumente in: SPRU Library, Box Marie Jahoda, 1960–1979; Chris Freeman, Marie Jahoda: Psychology, Economics and Technology, 5th Annual Marie Jahoda Lecture, 10.10.2001, in: ebd., Box Marie Jahoda Memorial Service & Lecture.

[82] Hugh S.D. Cole/R. C. Curnow, Bewertung der Weltmodelle, in: Hugh S.D. Cole/Christopher Freeman/Marie Jahoda/K. L. R. Pavitt (Hrsg.), Die Zukunft aus dem Computer? Eine Antwort auf die „Grenzen des Wachstums", Neuwied, Berlin 1973 (Orig.: Thinking about the Future. A Critique of the Limits to Growth, 1973), S. 173–212; Hugh S.D. Cole, Die Struktur der Weltmodelle, in: ebd., S. 17–44; zu Cole Christopher Freeman, Computer-Malthusianismus, in: ebd., S. 3–16, S. 5.

[83] Cole/Freeman/Jahoda/Pavitt (Hrsg.), Zukunft.

[84] Dennis Meadows an die Verf., 5.4.2011.

[85] Harvey Simmons, Systems Dynamics und Technokratie, in: Cole/Freeman/Jahoda/Pavitt (Hrsg.), Zukunft, S. 317–343.

[86] Freeman, Computer-Malthusianismus, S. 7.

the way to such futures".[87] Demgegenüber verteidigten sich Meadows und der Club of Rome, die Modellsimulation sei grundsätzlich nicht als Prognose, sondern nur als Szenario zu verstehen, das die Interaktion zwischen verschiedenen Variablen aufzeigte und in unterschiedlichen Durchläufen projektierte. Insofern sei das Buch, so Alexander King, eben „prophylactic futurology", da es aufzeige, was passieren werde, wenn sich gegenwärtige Politik und gesellschaftliche Einstellungen nicht änderten.[88]

Im Hinblick auf den zweiten Aspekt, die Wachstumskritik in „The Limits to Growth", waren ebenfalls Wirtschaftswissenschaftler die Hauptkritiker. Sie sahen den Verzicht auf wirtschaftliches Wachstum weder als sinnvoll noch als umsetzbar an. Der britische Ökonom Wilfred Beckerman, Mitglied der Royal Commission on Environmental Pollution, urteilte geradezu vernichtend, bei „The Limits to Growth" handele es sich um „a brazen, impudient piece of nonsense". Auch der amerikanische Wirtschaftswissenschaftler und Nobelpreisträger Robert Solow[89], der deutsche Protagonist einer keynesianischen Wachstumstheorie und Mitbegründer der Prognos AG Gottfried Bombach[90] oder der bundesdeutsche Ökonom Knut Borchardt[91] argumentierten, es gebe keine Alternative zur Marktwirtschaft und zur Förderung neuer Technologien, welche dann auch die Probleme der Umweltverschmutzung und Rohstoffknappheit lösen könnten. Zudem habe nur das rasche Wachstum der marktwirtschaftlich geprägten Nachkriegszeit breiten Wohlstand begründet und so politische Stabilität generiert.

Von einer anderen Warte aus – nämlich im Hinblick auf sozialen Ausgleich und Verteilungsgerechtigkeit – übte die Sussex-Gruppe harte Kritik an den Forderungen nach „Gleichgewicht" und Wachstumsverzicht. Soziale Faktoren seien in der Studie völlig unberücksichtigt geblieben, so Jahoda, welche doch für die gegenwärtige Situation, aber auch für die Zukunft von Wachstum von zentraler Bedeutung seien. Ohne wirtschaftliches Wachstum könne es keine Verteilungsge-

---

[87] Marie Jahoda, Introduction, in: Christopher Freeman/Dies. (Hrsg.), World Futures. The Great Debate, New York 1978, S. 1–6, hier S. 2; vgl. Marie Jahoda, Postscript on Social Change, in: Cole/Freeman/Jahoda/Pavitt (Hrsg.), Future, S. 209–215.
[88] King, Kind, S. 13.
[89] Beckerman, Economists, S. 327; Robert Solow, Is the End of the World at Hand?, in: Weintraub/Schwartz/Aronson (Hrsg.), Growth, S. 39–61.
[90] Gottfried Bombach, Planspiele zum Überleben. Prophezeiungen des Club of Rome, in: Mitteilungen der List-Gesellschaft 8 (1973), H. 1, S. 3–16; ausgewogener Ders., Konsum oder Investitionen in die Zukunft?, in: Günter Friedrichs (Hrsg.), Aufgabe Zukunft. Qualität des Lebens, Bd. 7: Qualitatives Wachstum. Beiträge zur vierten internationalen Arbeitstagung der IG Metall für die Bundesrepublik Deutschland 11. bis 14. April 1972 in Oberhausen, Frankfurt a. M. 1973, S. 38–73; Ders., Wachstumstheorie und Grenzen des Wachstums, in: Gottfried Bombach/Bernhard Gahlen/Alfred Eugen Ott (Hrsg.), Ausgewählte Probleme der Wachstumspolitik, Tübingen 1976, S. 135–159.
[91] Knut Borchardt, Legt wissenschaftliche Erkenntnis eine Verlangsamung des Wachstums nahe?, in: Mitteilungen der Deutschen Gruppe der Internationalen Handelskammer 1972, 4, S. 6–20; das Manuskript dieses Vortrages, den Borchardt im Oktober 1972 im Ifo-Institut hielt, lag auch Bundeskanzler Helmut Schmidt vor; AsD, Depositum Helmut Schmidt, 1/ HSAA007742.

rechtigkeit geben.[92] Dies bezog die Sussex-Gruppe sowohl auf soziale Gerechtigkeit im nationalen Rahmen als auch auf die Situation in den Entwicklungsländern, die auf wirtschaftliches Wachstum angewiesen seien.[93] Diese Kritik spitzten in der Folge linke Intellektuelle und Wissenschaftler zu. Hans Magnus Enzensberger argumentierte im „Kursbuch", die „Technokraten" der Unternehmergruppe des Club of Rome könnten es sich eben leisten, Wachstum in Frage zu stellen.[94] Johan Galtung bezeichnete das Buch als malthusianische „Klassenpolitik" einer „technokratischen Elite", die Übel entdeckt hätten, die in den ärmsten Gegenden der Welt schon seit langem existierten. Denke man etwa an Kalkutta, so würden Überbevölkerung, Umweltverschmutzung und Rohstoffausbeutung schon heute evident. Da nun Umwelt- und Rohstoffprobleme die reichsten Regionen erreichten, wolle der Club of Rome diese mit zentralistischer Politik und technizistischen Instrumenten auf Kosten der ärmsten Regionen lösen. Zu diesem Urteil war Galtung auch durch Diskussionen über „The Limits to Growth" auf der Zukunftsforschungskonferenz 1972 in Bukarest und dann – wie noch zu schildern sein wird – auf der Konferenz 1973 in Rom gekommen.[95]

Ebenso kam aus den Schwellenländern der Vorwurf, die Forderung nach globalem Wachstumsverzicht werde eine Barriere für Schwellen- und Entwicklungsländer bilden, sozial und wirtschaftlich aufzuschließen. Notwendig sei eine kontinentale bzw. regionale Differenzierung, denn es müsse die spezifische Situation der Schwellen- und Entwicklungsländer berücksichtigt werden, die weiterhin auf wirtschaftliches Wachstum angewiesen seien. Schon im Rahmen eines Seminars des Club of Rome in Rio de Janeiro im Sommer 1971 – also wenige Monate vor der Publikation von „The Limits to Growth" – hatten lateinamerikanische Wissenschaftler kritisiert, die Forderung nach weltweitem „zero-growth" nehme Entwicklungs- und Schwellenländern die Chance aufzuschließen und kolonialisiere deren Zukunft.[96] Die Autoren von „The Limits to Growth" hatten zwar argumentiert, dass die Gleichgewichtspolitik nicht überkommene Ungleichheiten der Nahrungsmittelverteilung stabilisieren dürfe; deshalb müsse dem Ziel, Nahrung „for all people" zu produzieren, besondere Bedeutung beigemessen werden. Eine regionale Aufteilung war aber nicht in das Computermodell aufgenommen worden.[97]

---

[92] Vgl. Jahoda, Postscript.
[93] Vgl. Christopher Freeman, Malthus with a Computer, in: Futures 6 (1973), S. 5–13; Jahoda, Postscript.
[94] Hans Magnus Enzensberger, Zur Kritik der politischen Ökologie, in: Kursbuch 9 (1973), H. 33, S. 1–52, hier S. 6; vgl. Mende, Nicht rechts, S. 306f.
[95] Johan Galtung, Wachstumskrise und Klassenpolitik, in: Heinrich von Nußbaum (Hrsg.), Die Zukunft des Wachstums. Kritische Antworten zum „Bericht des Club of Rome", Düsseldorf 1973, S. 89–102, Zit. S. 89, 95, 101; vgl. fast identisch der Abendvortrag Galtungs in Rom: Galtung, „The Limits to Growth" and Class Politics, in: IRADES/World Future Research Conferences (Hrsg.), Needs, Bd. V, S. 174–197.
[96] The Executive Committee of the Club of Rome, The new Threshold, Febr. 1973, in: RAC, Bronk Papers, Box 5, File 10; Amílcar Oscar Herrera/Hugo D. Scolnik et al., Catastrophe or New Society? A Latin American World Model, Ottawa 1976; Moll, Scarcity, S. 118.
[97] Meadows/Meadows/Zahn/Milling, Limits, S. 164.

Hingegen zeigten sich andere Protagonisten der Zukunftsforschung – gerade aus der empirisch-positivistischen Strömung – von der computergestützten Modellsimulation beeindruckt, die neue Wege aufzuzeigen schien. So äußerte Heinz Hermann Koelle, der Vorsitzende des Zentrums Berlin für Zukunftsforschung, zwar, das Weltmodell sei nicht fein genug strukturiert, das MIT-Team sei mit zu pessimistischen Vorannahmen an die Modellbildung herangegangen und habe die menschlichen Reaktionen und Lernfortschritte, also – im kybernetischen Duktus – „die Rückkopplung des Objektsystems mit dem Zielsystem der Gesellschaft" kaum berücksichtigt. Doch sah er das Modell ähnlich wie Karl Steinbuch als „Riesenschritt voran auf dem Gebiet der Simulation komplexer Systeme".[98] Dies galt ebenfalls für den niederländischen Ökonomen Jan Tinbergen, der anmerkte, das Modell sei sicherlich geographisch zu grob strukturiert und für gewisse Koeffizienten zu empfindlich; doch der Meadows-Bericht müsse auch dann positiv bewertet werden, wenn neue Modelle zu völlig anderen Resultaten führten. Sein Verdienst sei es eben, erstmals in einem systematischen Denkmodell die miteinander verknüpften Probleme von Bevölkerungsentwicklung, Umweltverschmutzung und Rohstofferschöpfung aufgezeigt zu haben.[99] Interessant ist, dass sich diese Empiriker nun Aspekte der Wachstumskritik bzw. das Leitbild Lebensqualität aneigneten: Koelle sprach vom „Zielsystem" der Qualität des Lebens, das in die Zukunftsforschung integriert werden müsse, da das materielle Wachstum begrenzt sei.[100] Tinbergen postulierte, dass die reicheren Länder der Erde ihr Wachstum „ohne Schwierigkeiten bis zum quantitativen Nullwachstum (‚zerogrowth') verlangsamen" könnten.[101] Steinbuch, der ja auch vorab Technikoptimismus mit Kulturkritik verbunden hatte, passte die Wachstumskritik in sein ideelles Koordinatensystem ein und verwies nun auf das globale Bevölkerungswachstum und die wachsende „Umweltzerstörung", aber auch auf das Verkehrswesen, das zeige, „daß die bisherige Entwicklung nicht mehr länger unkontrolliert weitergehen kann."[102] Im Sommer 1972 postulierte er: „Die menschliche Kultur ist an einer Wendemarke ihrer Entwicklung, das bisher mögliche Wachstum stößt an eine unüberschreitbare Grenze." Bewusster Verzicht sei unumgänglich.[103] Die Verunsicherung Steinbuchs ist auch daran erkennbar, dass er nun entgegen seiner früheren Gewissheit einräumte, Voraussagen über die Zukunft

---

[98] Heinz Hermann Koelle, Wie schlüssig und aussagefähig ist das MIT-Weltmodell?, in: APWM 5 (1973), H. 29, S. 18f.; vgl. Ders., Ein Zielfindungsexperiment über die Qualität des Lebens, in: ebd. 4 (1972), H. 24, S. 15; Heinz Busch (Leiter des Planungsbereichs der MBB), Systems Dynamics, in: ebd., H. 23, S. 3f.
[99] Jan Tinbergen, Entwicklungspolitik und Umweltschutz. Zukunftsentwürfe für die Eine Welt, in: Nußbaum (Hrsg.), Zukunft, S. 77–87.
[100] Koelle, MIT-Weltmodell, Zit. S. 19.
[101] Tinbergen, Entwicklungspolitik, S. 82.
[102] Karl Steinbuch, Über die Zukunft unserer Gesellschaft, München o. J. (1973), Zit. S. 5f.
[103] Dem Konsum abschwören. Fragen an Karl Steinbuch zum wirtschaftlichen Wachstum, in: Die Zeit, 2. 6. 1972.

seien „immer unsichere Aussagen. Wer behauptet, hier sichere Aussagen machen zu können, ist nicht ernst zu nehmen".[104]

Zukunftsforscher aus einem normativ-ontologischen Denkstil argumentierten ähnlich. Bertrand de Jouvenel sah im Club of Rome industrielle Interessen am Werke (obwohl er selbst an der Gründung beteiligt war und später Mitglied wurde). Ebenso wie Carl Friedrich von Weizsäcker verwies er zudem darauf, dass der Wert wissenschaftlicher Prognosen immer von der Plausibilität der Anfangsannahmen abhänge.[105] Beide merkten an, das Computermodell verlasse sich in gewisser Weise ganz auf jene Technik, die es umgekehrt kritisiere.[106] Gleichwohl stützten beide die wachstumskritischen Thesen. Bertrand de Jouvenel hatte ja schon in den 1950er Jahren einen anderen Wachstumsbegriff gefordert. Er sei ja selbst „un auteur dont les thèmes principaux depuis quinze ans ont été les ombres de plus en plus marcantes accompagnant la marche triomphale de la production, et l'erreur de se fier aux seuls indicateurs économiques pour guides la marche de la société". Man habe, so Jouvenel, das „Wieviel" zum Götzen gemacht: „On l'a [le combien, E.S.] fait idole, et cela de la façon la plus incommode, en s'attachant à la croissance sous la forme de taux." Es sei das größte Verdienst der Meadows-Studie, dass sie die Menschheit veranlasse, schon jene Sprache in Frage zu stellen, die immer nur von Wachstumsraten spreche.[107] Auch von Weizsäcker stimmte zu, dass in der Tat bei einem exponentiellen Anwachsen der Ausbeutung jeder Rohstoff eines Tages erschöpft sein werde. Ähnliches gelte für die prognostizierte Verschmutzungskatastrophe.[108]

Robert Jungk und Ossip Flechtheim hingegen passten die Wachstumskritik in ihren kritisch-emanzipatorischen, kapitalismuskritischen Denkstil ein. Zwar kritisierte Jungk, dass sich „The Limits to Growth" ganz auf den Computer als „ein fast unfehlbare[s] Orakel" stütze, wohingegen der Faktor Phantasie vernachlässigt worden sei: Die menschliche Fähigkeit, neue Lösungen zu suchen und zu finden, werde auch in der kommenden „Krisensituation" eine Rolle spielen, doch könne dies in ein quantitatives Modell schwer integriert werden.[109] Vom Simula-

---

[104] Steinbuch, Über die Zukunft, S. 4.

[105] Bertrand de Jouvenel, Sur la croissance économique, in: Lionel Stoléru (Hrsg.), Économie et Société humaine. Dialogue Général des Recontres Internationales du Ministère de l Économie et des Finances, Paris 1972, S. 43–94; Carl Friedrich von Weizsäcker, Die Grenzen des Wachstums, in: Naturwissenschaften 60 (1973), S. 267–273; Ders., Rettung der Lebenswelt, in: Carlo Schmid/Helmut Gollwitzer/Heinrich Böll (Hrsg.), Anstoß und Ermutigung. Gustav W. Heinemann, Bundespräsident 1969-1974, Frankfurt a. M. 1974, S. 153–165; zu Jouvenels Mitgliedschaft im Club of Rome Members of the Club of Rome, in: Malaska/Vapaavuori (Hrsg.), Club, S. 42.

[106] Von Weizsäcker, Grenzen; de Jouvenel, Croissance; vgl. Georg Picht, Die Bedingungen des Überlebens. Von den Grenzen der Meadows-Studie, in: Merkur 27 (1973), S. 211–222; Ders., Wir brauchen neue Überzeugungen. Von der Wechselwirkung zwischen Wachstum und Werten, in: Evangelische Kommentare 6 (1973), S. 329–333.

[107] De Jouvenel, Croissance, Zit. S. 43 und 77.

[108] Von Weizsäcker, Rettung, Zit. S. 157.

[109] Jungk, Umweltkrise, S. 3, der auf die publizierte Arbeit von Forrester, die laufende Studie von Meadows und die ganz ähnlichen Überlegungen des Schweizer Ingenieurs Ernst Basler

tionsmodell zeigte sich Jungk gleichwohl beeindruckt: Es bilde einen „Durchbruch" auf den Gebieten Prognostik und Planung.[110] Vor allem sah sich Jungk, der im Kontext der „kritischen Futurologie" seit 1970/71 systemkritischer argumentierte und seit 1971 ökologische Kategorien in die Zukunftsforschung einbringen wollte[111], bestätigt: Das „ganze System" einer „profitorientierten Massenproduktion nach der kapitalistischen Industriephilosophie" müsse sich in „Richtung Lebensqualität" verändern mit den „sozialen Kennziffern Gesundheit, Gerechtigkeit, Zufriedenheit" und einer stärkeren Einbeziehung der Folgen von Umweltschäden.[112] Ähnliche Schlussfolgerungen zog Flechtheim: Ziel müsse nun die „Humanisierung von Staat und Gesellschaft" durch eine Konzentration auf menschliche Bedürfnisse sein. Humanisierung verstand er als neutralistisch inspirierte und an seine „Dritte Weg"-Vorstellungen anknüpfende „liberal-sozialistische Weltdemokratie".[113]

Es wird erkennbar, dass mit der Debatte die ökologische Wachstumskritik in der Zukunftsforschung einen Durchbruch erfuhr, und dies verband sich mit einer Reflexion über die, ja einer teilweisen Infragestellung der Industriemoderne. Mit dem Nachdenken über den Wert von (wirtschaftlichem) Wachstum wurde auch das Fortschrittsverständnis der Zukunftsforschung erschüttert. Das mehr oder weniger lineare Fortschrittsdenken, das den Übergang von der Industrie- zur wissens- und dienstleistungsorientierten „post-industriellen" Gesellschaft postuliert hatte, trat zurück. Dieses war zunächst darauf angelegt gewesen, den durch die technische Entwicklung drohenden „Fortsturz" wieder in lineare Bahnen zu lenken. Im Zuge der Wachstumsdebatte drangen Gleichgewichts- und Kreislaufmetaphoriken in die Zeitwahrnehmung der Zukunftsforschung ein, und fassbar wurden Zweifel, ob die modernen Industriegesellschaften nicht Kräfte entfesselt hätten, die sich nun schwerlich bändigen ließen, so dass eine gewisse Regulierung, eine Schubumkehr bis hin zur Integration agrarischer Strukturen und Verhaltensmuster angezeigt schien, und apokalyptische Szenarien kursierten. Dass etwa von Weizsäcker von der „Krise" sprach, musste nicht grundsätzlich überraschen, da er ja vor der Gefährdung der menschlichen Lebensbedingungen durch den möglichen Atomkrieg seit den späten 1950er Jahren warnte. Nun aber sah er nicht mehr nur die Folgen technischer Entwicklungen, sondern generelle Wachstumsorientierung in den Industrieländern – auch in ökonomischer und sozialer Hinsicht – als Problem, ja als Faktor einer „Bewußtseinskrise" an.[114] Noch dezidierter kulturkritisch argumen-

---

verwies; vgl. Ernst Basler, Zukunftsforschung und Fortschrittsglaube, in: APWM 3 (1971), H. 18, S. 14–18.
[110] Robert Jungk, Zukunftsforschung. Dennis Meadows: Die Grenzen des Wachstums, in: Universitas 27 (1972), H. 10, S. 1113 f.
[111] Vgl. Jungk, Umweltkrise.
[112] Zukunftsforscher Jungk über Berufsmüdigkeit: „Keine Sonderlinge", in: Capital 12 (1973), H. 11, S. 191–193, hier S. 191 und 193.
[113] Ossip K. Flechtheim, Futurologie in der zweiten Phase?, in: Pforte/Schwencke (Hrsg.), Ansichten, S. 17–25.
[114] Von Weizsäcker, in: Zeit-Forum: Ölkrise: Episode oder Ende einer Ära? In: Die Zeit, 22. 2. 1974.

tierte Georg Picht, der sich dem Club of Rome anschloss. Picht sah in der „einseitige[n] Förderung industriellen Wachstums" die Wurzeln einer tiefgreifenden Krise. Diese äußere sich im „Wachstum der Ballungsräume, des Verkehrs, der Umweltverschmutzung und -vergiftung jeglicher Art, [im] Wachstum des Energieverbrauchs, des Wasserbedarfs", in wachsender Kriminalität und „Krisen der Jugend", so dass sich die „Qualität des Lebens" ständig verschlechtere. Nicht Konsum steigere die Lebensqualität, sondern eine „Umwertung der Werte", die sich in „Verzicht" niederschlagen müsse. Nur mit einem „Übergang vom extensiven zu einem intensiven Wachstum" könne die „kollektive Krise der Industriestaaten" abgewendet werden.[115] Aus einer protestantischen Weltdeutung rückte für Picht, aber auch für von Weizsäcker eine neue Ethik hin zu Verinnerlichung und Rückbesinnung auf (spirituelle und immaterielle) Werte bis hin zur Askese ins Zentrum.

Aus dem Club of Rome kamen Stimmen, die ein kulturkritisches Unbehagen an der industriellen Moderne mit einem gewissen Elitismus verbanden, der sich gegen die Massengesellschaft und – in Großbritannien in der Phase der großen Streiks – gegen die Arbeiterbewegung richtete. Alexander King argumentierte, die sozialen und kulturellen Auswirkungen von Technologie in der Überflussgesellschaft müssten zur Kenntnis genommen werden. Diese Folgen manifestierten sich für ihn in „large cities, often associated with high industrial density, pollution and over-crowding and where, with greater leisure, more sophisticated but not always wise amenities arise".[116] Man könne die industrielle Aktivität nicht einschränken, da hieran auch Beschäftigung gebunden sei, doch müsse die Gesellschaft neue Werte entwickeln, die sich eben nicht in materiellen Aspekten wie Konsum erschöpften, sondern sich an der „Quality of Life" orientierten.[117] Weiter ging in einem elitären Verständnis von Wachstumskritik Dennis Gabor. Unter dem Eindruck der Ölkrise und der 1972/73 heftigsten Streiks in Großbritannien sah er das Szenario von „The Limits to Growth" bestätigt. So prognostizierte er weitere Krisen aufgrund einer „exhaustion of natural resources" und der zunehmenden Sättigung der Konsumgesellschaft. Notwendig sei deshalb der Ausstieg westlicher Industriegesellschaften aus der Wachstumsspirale durch Restriktionen des Kapitalmarktes, Bevölkerungskontrollen, aber auch durch radikale Einschränkung der Streikmöglichkeiten, um Lohnsteigerungen zu verhindern.[118]

Die radikalste Kritik an der modernen Industriegesellschaft äußerte in dieser Debatte die britische Zeitschrift „The Ecologist". Gegründet worden war diese vom Philosophen und Ökonomen Edward (Teddy) Goldsmith. Er hatte auf

---

[115] Picht, Überzeugungen, Zit. S. 330–332; vgl. zu Pichts Rolle in der Bildungsdiskussion der 1960er Jahre Grossner, Herrschaft der Philosophenkönige? Georg Picht. Ein Schüler Heideggers, in: Die Zeit, 27. 3. 1970; Georg Picht, Die deutsche Bildungskatastrophe. Analyse und Dokumentation, Olten 1964; Rudloff, Picht, S. 279–296.
[116] King, Kind, Zit. S. 9.
[117] Alexander King, Science Policy, Economic Growth and the Quality of Life, in: Science Policy News 2 (1970), H. 1, S. 1–6; Ders., Kind.
[118] Dennis Gabor, Thoughts on the Future, 20. 10. 1973, in: ICA, Gabor Collection, MC/1/2,3; vgl. ders., Der Club of Rome. Was ist er und was will er?, 5. 10. 1973, in: ebd., MM/10.

Weltreisen eine Affinität zu subsistenzorientierten und traditional-agrarischen Lebensweisen entwickelt, die er mit einem Interesse für Kybernetik, einem holistischen Welt- und Wissenschaftsverständnis und ökologischen Ideen zu einer ambivalenten konservativ-ökologischen Weltsicht verband. Nach der Lektüre von Forresters „World Dynamics" war Goldsmith in die USA gereist, um mit dem Meadows-Team zentrale Thesen zu diskutieren. So ging der „Ecologist" im Januar 1972 – also kurz vor Erscheinen von „The Limits to Growth" – mit einer Ausgabe namens „A Blueprint for Survival" an die Öffentlichkeit. Im Vorwort definierte sich das „Ecologist"-Team als „national movement" des Club of Rome, „complementing the invaluable work being done by the Club of Rome". Man griff zentrale Thesen von Forrester und von „The Limits to Growth" auf, um dann in Zielsetzungen und Programm über das Meadows-Team hinauszugehen. Wenn aktuelle Trends ohne einen radikalen Kurswechsel fortdauerten, werde, so der „Ecologist", „the breakdown of society [...] on this planet" unausweichlich sein. Wachstumsideologie und Konsummentalität in den westlichen Industrieländern hätten zu Umweltverschmutzung und Rohstoffknappheit geführt.[119] Rettung verspreche die „sustainable society"[120] oder „stable society"[121], in der sich die Menschen in kleinen Kommunen selbst versorgten, Materialien wiederverwendeten, aber eine starke Regierung harte Bevölkerungskontrollen durchsetzte. Mithin geißelte der „Ecologist" die moderne Industrie- und Konsumgesellschaft und warb in einem kulturkritischen Geiste für die Rückkehr zur Natur und zu einer Ethik des Verzichts, die im Hinblick auf die Bevölkerungspolitik Anleihen an der Rechten nahm, aber im Kern einer konservativ-ökologischen Weltsicht entsprang. Angehängt war ein von namhaften britischen Wissenschaftlern unterschriebener Aufruf für ein „Movement for Survival". Auch Julian Huxley fand sich auf der Liste der Unterstützer.[122]

Zentrale Bedeutung hatte im Hinblick auf die Folgen und Wirkung der weit über die Zukunftsforschung hinausgehenden Debatte, dass sich aus dem Diskurs, aus dem kontinuierlichen Sprechen über die Grenzen des Wachstums und das

---

[119] Edward Goldsmith/Robert Allen/Michael Allaby/John Davoll/Sam Lawrence, A Blueprint for Survival. Preface, in: The Ecologist 2 (1972), H. 1, S. 1; als Buch: Edward Goldsmith u. a., Blueprint for Survival, Harmondsworth 1972 (Deutsch: Planspiel zum Überleben. Ein Aktionsprogramm, Stuttgart 1972).

[120] Introduction. The Need for Change, in: The Ecologist 2 (1972), H. 1, S. 2–7, Zit. S. 2; vgl. Edward Goldsmith, in: Willem L. Oltmans (Hrsg.), Die Grenzen des Wachstums. Pro und Contra, Reinbek bei Hamburg 1974, S. 131–137; Many Show Interest in Doomwatch, in: The Guardian, 15. 1. 1972; Andy Beckett, When the Lights went out. Britain in the Seventies, London 2009, S. 235–244.

[121] Towards the Stable Society. Strategy for Change, in: The Ecologist 2 (1972), H. 1, S. 8–19.

[122] Vgl. Movement for Survival, in: The Ecologist 2 (1972), H. 1, S. 23; From Sir Julian Huxley, in: ebd., H. 3, S. 20; zum Movement for Survival als Gründungsgruppe der britischen *People Party*, aus der später die *Ecology Party* und die *Green Party* wurden, vgl. Christopher A. Rootes, Britain. Greens in a Cold Climate, in: Dick Richardson/Chris Rootes (Hrsg.), The Green Challenge. The Development of Green Parties in Europe, London 1995, S. 66–90; Philip D. Lowe/Wolfgang Rüdig, The Withered „Greening" of British Politics. A Study of the Ecology Party, in: Political Studies 34 (1986), S. 262–284.

Weltmodell eine diskursive Dynamik entwickelte, welche einen *neuen*, qualitativen Wachstumsbegriff entstehen ließ.

In der Tat herrschte im Feld der Zukunftsforschung bald mehr oder weniger Konsens darüber, wirtschaftliches Wachstum nicht grundsätzlich zu verwerfen, sondern einen neuen, Wachstumsbegriff zu entwickeln. Bertrand de Jouvenel hatte ähnlich ja schon Ende der 1950er Jahre argumentiert. Nun forderte er, man dürfe Wachstum nicht quantitativ, also in Produktivitätskennziffern und der Zahl der Güter fassen, sondern qualitativ, indem die Bedürfnisse des Menschen, als Bürger einer Stadt, als Verbraucher von Produkten, als Mensch in seiner Umwelt Berücksichtigung fänden.[123] Auch Robert Jungk propagierte die Suche nach dem „andere[n]", dem „qualitative[n]" Wachstum. Dieses sei ökologisch ausgerichtet, verkörpere Qualität statt Quantität[124] und lasse materielle Aspekte wie „Karrierismus, Profitjagd und Konsumleidenschaft" hinter sich, um so den Aspekt der „Lebensqualität" zu stärken.[125] Das andere Wachstum setzte Jungk aber auch – im emanzipatorischen Sinne – mit einer partizipativen politischen Struktur in Verbindung. Ebenso rekurrierte Jungk auf Dezentralität, auf kleine Einheiten und dörfliche Strukturen. Er stützte sich dabei auf den britischen UNESCO-Mitarbeiter und Mitglied der WFSF Robin Clarke.[126] Dieser hatte das Konzept einer ökologisch ausgerichteten „soft technology" entwickelt, und in diesem Sinne sprach Jungk vom Ziel einer „sanfte[n] technische[n] Gemeinschaft".[127] Ohne dies explizit zu nennen, orientierte sich Jungk auch am ehemaligen Chefökonomen der britischen Kohleberhörde Ernst F. Schumacher. In seinem Bestseller „Small is Beautiful", 1973 publiziert, kritisierte Schumacher die Fixierung moderner Industriegesellschaften auf das Materielle und das ‚Immer mehr'. „Worum es jedoch geht, ist, dem Gedanken des Wachstums eine qualitative Bestimmung zuzuordnen, denn es gibt immer viele Dinge, die wachsen und viele, die kleiner werden müßten." Notwendig sei die Orientierung am Prinzip der Lebensqualität sowie an einer dezentral ausgerichteten, umwelt- und ressourcenschonenden, den Menschen wieder in den Mittelpunkt rückenden „mittlere[n] Technologie". Schumacher entwickelte mit seiner Orientierung an Leitbildern der Kleinräumigkeit und Mäßigung Prinzipien für Bewusstseinsformen und Lebensstile in modernen

---

[123] De Jouvenel, Croissance, S. 47, 79.
[124] Robert Jungk, Anfänge eines anderen Wachstums, in: Christopher Horn/Martin P. von Walterskirchen/Jörg Wolff (Hrsg.), Umweltpolitik in Europa. Referate und Seminarergebnisse des 2. Symposiums für Wirtschaftliche und Rechtliche Fragen des Umweltschutzes an der Hochschule St. Gallen vom 31. Oktober bis 2. November 1972, Frauenfeld, Stuttgart 1973, S. 34–44.
[125] Zukunftsforscher Jungk über Berufsmüdigkeit: „Keine Sonderlinge", in: Capital 12 (1973), H. 11, S. 193.
[126] Jungk an Clarke, o. D., in: NL Jungk, Ordner Korr. R.J. Privat; vgl. Robin Clarke, Technology for an Alternative Society, in: New Scientist, 11.1.1973, S. 66–68. Robin Clarke agierte 1973 bei der WFSF-Konferenz in Rom als Mitglied des Wissenschaftlichen Rates (Scientific Council): IRADES/World Future Research Conferences (Hrsg.), Needs, S. 21.
[127] Jungk, Anfänge eines anderen Wachstums; Ders., Zukunftsforschung. Dennis Meadows.

Industriegesellschaften, die als „Small is beautiful" zum Topos wurden.¹²⁸ Auch Jungk kritisierte ein rein technisch-funktionalistisches, entmenschlichtes Technologieverständnis, wie er dies schon 1952 in „Die Zukunft hat schon begonnen" getan hatte; zugleich idealisierte er Authentizität, Sanftheit und Wärme, was Verbindungslinien zu Leitbildern des entstehenden linksalternativen Milieus aufzeigte.¹²⁹

Ebenso suchte der Club of Rome nun den Wachstumsbegriff zu differenzieren. Alexander King konzedierte, dass ein völliger Verzicht auf Wachstum nicht umsetzbar und vom Club of Rome auch nicht intendiert worden sei. Grundsätzlich erschienen nur die gegenwärtige Form von Wachstum und die Methoden, wie Wachstum gemessen werde, problematisch: „It is not therefore growth which is at fault but the present kind of growth and, one might add, our methods of measuring growth." So verstehe sich der „steady state" mehr als dynamisches denn als statisches Konzept, da mit Ausnahme von Bevölkerungszahl und Kapital ja menschliche Aktivitäten wie Erziehung, Bildung, Gesundheit, Forschung oder Kunst *nicht* zum Stillstand kommen müssten. Mithin sollten Industriegesellschaften nicht nur in „purely material terms" denken: „In such circumstances, it is our present economy of waste and of artificially stimulated consumption which is on trial". Darüber hinaus ging es King darum, Wachstum neu zu definieren, und zwar mit Blick auf Umweltverschmutzung und schnelllebige Ressourcenverschwendung. Im Zentrum stand für ihn, Technologien gegen die Umweltverschmutzung zu entwickeln und erneuerbare Energien zu fördern, aber auch das Kriterium des Bruttoinlandsprodukts neu zu verhandeln: Ökologische und soziale Aspekte müssten in die Kennziffer aufgenommen werden; auch mache sich bislang Arbeitszeitverkürzung im GNP negativ bemerkbar, wo diese doch unbestreitbar positive soziale Auswirkungen trage.¹³⁰

Eine Neudefinition des Bruttosozialprodukts und damit des Kriteriums von Wachstum erschien, und dies ist zentral, auch Kritikern von „The Limits to Growth" einleuchtend, ja notwendig. So sprach der Mitbegründer von Prognos, Gottfried Bombach, der das Buch kritisiert hatte, 1973 gar von einer Theorie des „qualitativen Wachstums". Diese müsse den Wachstumsbegriff modifizieren und insbesondere die sozialen Kosten der Umweltverschmutzung in das Bruttosozialprodukt aufnehmen. Eine Theorie des qualitativen Wachstums solle auch die langfristige Generationengerechtigkeit berücksichtigen.¹³¹ Ebenso zeigten sich

---

[128] Ernst F. Schumacher, Die Rückkehr zum menschlichen Maß, Reinbek bei Hamburg 1978 (Orig.: Small is Beautiful. Economics as if People Mattered, 1973), Zit. S. 142, 144; vgl. Mende, Nicht rechts, S. 268.

[129] Jungk, Anfänge; Sven Reichardt, „Wärme" als Modus sozialen Verhaltens? Vorüberlegungen zu einer Kulturgeschichte des linksalternativen Milieus vom Ende der 1960er bis Anfang der 1980er Jahre, in: Vorgänge 44 (2005), S. 175–187.

[130] King, Kind, Zit. S. 17f.; ähnlich Peccei/Siebker, Grenzen, S. 40.

[131] Bombach, Konsum; ähnlich auch die Beiträge auf einem Symposium von Wirtschaftswissenschaftlern in Sankt Gallen in: Horn/von Walterskirchen/Wolff (Hrsg.), Umweltpolitik.

Mitglieder der Sussex-Gruppe in der Folge im Kreise der WFSF offen für eine Neudefinition von Wachstum zugunsten sozialer und ökologischer Kriterien.[132]

Mithin formte sich im Diskurs um „The Limits to Growth" ein neuer Wachstumsbegriff, der zugleich ein neues Fortschrittsverständnis indizierte. Das Leitbild der post-industriellen, hochtechnisierten und wissensbasierten Gesellschaft, deren Basis stetes wirtschaftliches Wachstum war, war ins Rutschen gekommen. Nicht nur der Begriff von Wachstum, sondern das Bild von der gewollten Zukunft erweiterte sich nun zugunsten ökologischer und sozialer Kriterien. Da ein Wachstumsverzicht und damit ein Gleichgewicht im Meadow'schen Verständnis utopisch anmutete, kristallisierte sich im Diskurs das qualitative Wachstum als Leitbild heraus, und damit wurde auch das Fortschrittsverständnis der Zukunftsforschung rekonzeptionalisiert. Indem immer wieder davon die Rede war, dass Zukunft nur über einen Ausgleich ökonomischer, ökologischer und sozialer Kriterien denkbar und gestaltbar sei, waren im Kern die Grundlagen für das Konzept der nachhaltigen Entwicklung (bzw. Nachhaltigkeit) gelegt. Der Begriff der Nachhaltigkeit stammte zunächst aus der Forstwissenschaft und bezog sich auf einen achtsamen Umgang mit Ressourcen, der nicht mehr verbrauchte, als im gleichen Zeitraum nachwachsen konnte. In „The Limits to Growth" war die Rede vom Ziel eines „sustainable" Weltsystems, doch setzte sich der Begriff zunächst nicht durch.[133] Dies gründete darin, dass er sich hier mit dem Verzicht auf Wachstum, also mit Konsumeinschränkungen verband. Dies war weder in der engeren wissenschaftlichen noch in der politischen Debatte mehrheitsfähig, im Gegensatz zum polyvalenten und vagen Konzept des qualitativen Wachstums. Letzteres zielte ja auf eine Erweiterung des Wachstumsverständnisses zugunsten ökologischer und sozialer Kriterien und besaß mit der Einbindung von Repräsentanten der Schwellen- und Entwicklungsländer auch eine Verbindungslinie zur internationalen Entwicklungspolitik. Dieses erweiterte Wachstumsverständnis bildete den inhaltlichen Nukleus des vieldeutigen Konzepts der „nachhaltigen Entwicklung", das in der internationalen Umwelt- und Entwicklungspolitik ökologische, ökonomische und soziale Kriterien in einer Zukunftsperspektive auszubalancieren suchte und 1987 mit dem „Brundtland-Bericht" konzeptionalisiert wurde.[134]

Auch wenn das Wissen um Grenzen des Wachstums und die Infragestellung von Wachstum insgesamt in die westliche Zukunftsforschung eindrangen, so lassen sich doch spezifische Unterschiede in der Rezeption und Wirkung aufzeigen. Es ist nämlich auffallend, dass die Debatte in der bundesdeutschen Zukunftsfor-

---

[132] Vgl. Sam Cole/Ian Miles, Assumptions and Methods. Population, Economic Development, Modelling and Technical Change, in: Freeman/Jahoda (Hrsg.), World Futures, S. 51–75.
[133] Meadows/Meadows/Zahn/Milling, Limits, S. 158.
[134] Vgl. World Commission on Environment and Development. Our Common Future, New York 1987, genannt „Brundtland-Bericht"; zur nachhaltigen Entwicklung/Nachhaltigkeit Grober, Entdeckung; Moll, Scarcity, S. 207–223; Armin Grunwald/Jürgen Kopfmüller, Nachhaltigkeit, Frankfurt a. M. 2012; Pamela M. Barnes/Thomas C. Hoerber (Hrsg.), Sustainable Development and Governance in Europe. The Evolution of the Discourse on Sustainability, London, New York 2013; Elke Seefried, Rethinking Progress. On the Origin of the Modern Sustainability Discourse, in: JMEH (in Vorb.).

schung eine besonders aufgeregte Reaktion und tiefreichende Wirkung hatte; ähnliche Bedeutung hatte „The Limits to Growth" in den Niederlanden.[135] Die Wachstumskritik, die Infragestellung der Industriemoderne und die Apokalyptik besaßen hier besondere Tiefenkraft. Wie lässt sich dies erklären? Zum einen besaßen die bundesdeutsche und auch die niederländische Zukunftsforschung wie gezeigt eine auffallend starke Bastion in einem kritisch-emanzipatorischen Denkstil bzw. der „kritischen Futurologie", welche epistemologische und ideelle Elemente der Kritischen Theorie integrierte. Hier fand man den Gedanken vom Nullwachstum auch deshalb anziehend, weil er sich antikapitalistisch lesen ließ. Zum anderen wirkten in der bundesdeutschen Zukunftsforschung (gerade in ihrem kritisch-emanzipatorischen Denkkollektiv) mehrere Intellektuelle und Wissenschaftler mit einer tiefsitzenden Emigrations- und Diktaturerfahrung. Grundsätzlich fehlte in der Bundesrepublik angesichts der NS-Erfahrung das Vertrauen in evolutionäre Entwicklungen, dominierte also ein gebrochener Erfahrungshintergrund, was eine größere Affinität zu Zukunftsangst und apokalyptischen Szenarien bedingte. Die Apokalyptik ließ sich in ideologische Argumentationsmuster einpassen, welche nur Rettung oder Untergang verhießen. So trat Flechtheim für die „liberal-sozialistische Weltdemokratie" ein. Ansonsten drohe, so Flechtheim in einem apokalyptischen Duktus, das „Dark Age", das „Finstere Zeitalter" mit einem „Zusammenbruch aller modernen Kultur und Zivilisation" und einer Rückentwicklung zu einer Agrargesellschaft oder gar „Steinzeitgesellschaft" nach einem totalen Krieg oder einer Umweltzerstörung; möglich sei dann auch das „Ende des Menschen", seine „absolute Vernichtung und Zerstörung".[136]

Auch in anderen westlichen Ländern – etwa in den USA und Frankreich – wurde in der Debatte dezidierte Kapitalismuskritik fassbar.[137] In der Tendenz aber wurde hier mehr der Industrie*kapitalismus*, nicht die technologische Entwicklung in Frage gestellt. Grundsätzlich dominierte gerade in den USA, aber auch in Frankreich, den Niederlanden und Großbritannien stärker eine Überzeugung, dass die moderne, technisch orientierte Gesellschaft die anstehenden Probleme durchaus lösen könne. In den USA zeigte sich etwa Herman Kahn ohnehin explizit ablehnend gegenüber der Wachstumskritik. Kahn stellte dem die Prognose einer „nachindustrielle[n] Kultur" gegenüber, in der genügend Wohlstand für den allergrößten Teil der Weltbevölkerung herrsche, in der genug Rohstoffe vorhanden seien (da stets substituiert werden könne) und eine breite Basis für die Kontrolle der Umweltverschmutzung bestehe.[138] Auch Daniel Bell verwies auf neue Rohstoff- und Energiequellen durch neue Technologien und lehnte die dezidierte Wachstumskritik ab.[139] In Frankreich argumentierte etwa Bertrand de

---

[135] Zur Reaktion in den Niederlanden King, The Club of Rome and its Policy Impact, S. 211.
[136] Flechtheim, Futurologie, S. 24; vgl. Ders., Beunruhigend und unbequem, in: Umwelt 4 (1972), S. 34–36.
[137] Vgl. Robert L. Heilbroner, Die Zukunft der Menschheit, Frankfurt a. M. 1976 (Orig. 1974); Roger Garaudy, L'individu comme travailleur, in: Stoléru (Hrsg.), Économie, S. 97–109.
[138] Herman Kahn, in: Oltmans (Hrsg.), Grenzen, S. 51–62, Zit. S. 52.
[139] Bell, Gesellschaft, S. 340–342.

Jouvenel, die moderne Gesellschaft könne die anstehenden Probleme durchaus lösen. Mittels eines französischen und europäischen „Gesamtplans" („un grand dessein français et européen") solle die europäische Gesellschaft, von der die Moderne ja auch ihren Ausgang genommen habe, sich zur „Zivilisation" weiter entfalten. In gewisser Weise dachte de Jouvenel so – obwohl er eine Fixierung auf wirtschaftliches Wachstum kritisierte – weiterhin in einem linearen Fortschrittsmodell.[140] Weder die Technik an sich noch die Planung wurden in Frankreich mit seiner langen Tradition der zentralstaatlichen Planung so stark hinterfragt wie in der Bundesrepublik.[141] Nach 1944 hatte sich infolge des nationalen Traumas der Okkupation eine Affinität zu Großtechnologie und „technological Darwinism" der französischen Mentalität bemächtigt, die auch in den 1970er Jahren nicht völlig schwand.[142]

In Großbritannien war in der Debatte von „soft technology" die Rede. Doch dominierten eine zurückhaltende Reaktion und ein epistemologischer und ideeller Pragmatismus. Dies gilt neben der Sussex-Gruppe auch für den Herausgeber der britischen Zeitschrift „Nature" John Maddox oder Beiträge im „New Scientist".[143] Zum einen hatte man in Großbritannien stärker eine spektakuläre fehlgeschlagene *britische* Prognose im Sinne, nämlich den „Essay on the Principle of Population" von Robert Malthus: Auch dieser, so Freeman, habe doch zu Unrecht die Potentiale technischen Fortschritts und menschlicher Entwicklungsfähigkeiten ausgeblendet; „The Limits to Growth" sei im Grunde „Computer-Malthusianismus".[144] Zum anderen grenzte man sich methodisch und inhaltlich stärker von den USA ab. Systemanalysen könnten durchaus nützlich sein, so Freeman, doch dokumentiere „The Limits to Growth" einen „starken, fast messianischen Glauben an die moderne Kybernetik", wie er für das „heutige amerikanische Denken typisch" sei.[145] Hingegen votierte die Sussex-Gruppe für eine methodische Breite im Bereich des „Forecasting".[146] In der Tat orientierte sich die britische Zukunftsforschung stärker an Umfragen. Der Sozialwissenschaftler Mark Abrams, Ideengeber für das Committee on the Next Thirty Years, wollte auch durch Umfragen Entwicklungen und Trends ermitteln, um der Gesellschaft die Möglichkeit zu geben, „the sort of future it wants" zu wählen und zugleich zu sichern, dass die Demokratie mit den neuen Entwicklungen umgehen könne.[147]

---

[140] De Jouvenel, Croissance, S. 94.
[141] Vgl. aus der Diskussion auch Paul Delouvrier, in: Stoléru (Hrsg.), Économie, S. 110–113.
[142] Bess, Society, S. 20f.; Graeme Hayes, Environmental Protest and the State in France, Basingstoke 2002.
[143] Another Whiff of Doomsday, in: Nature, 10. 3. 1972, S. 47–49; John Maddox, The Doomsday Syndrome, London 1972; zur Zurückhaltung in Großbritannien King, The Club of Rome and its Policy Impact, S. 211.
[144] Freeman, Computer-Malthusianismus.
[145] Ebd., S. 9.
[146] Jahoda, Postscript.
[147] Dieses Vorgehen präferierten die Sozialwissenschaftler Mark Abrams und Michael Young, welche zentrale Protagonisten des britischen Committee on the Next Thirty Years waren; Mark Abrams/Michael Young, Papier o. T., 2. 3. 1966; Mark Abrams, Future Perspective of

Dagegen hatte sich die empirisch-positivistisch arbeitende Zukunftsforschung in der Bundesrepublik in den 1960er Jahren – in einer wahrgenommenen Ermangelung eigener positiv konnotierter Planungs-Traditionen – stärker an die US-Zukunftsforschung angelehnt und sich besonders intensiv auf die Systemanalyse bezogen (dies wird im Dritten Teil zu zeigen sein). Deshalb war man auch von den systemanalytischen Computersimulationen des MIT stark beeindruckt.

Die besondere Wirkung der Debatte in der Bundesrepublik zeigte sich darin, dass die Wachstumskritik in verschiedenste gesellschaftliche Kontexte eindrang. Auch über Picht und von Weizsäcker griffen protestantische Intellektuellenzirkel wie die Evangelische Studiengemeinschaft und Evangelische Gemeinden die Debatte um das Wachstum auf.[148] Die Gewerkschaften rezipierten Überlegungen zu einem „qualitativen" Wachstum im Jahr 1972/73 über das zu diesem Zeitpunkt diskutierte Konzept einer „Humanisierung der Arbeit", in die sich die Lebensqualität als Leitziel passgenau einsetzen ließ.[149] Zudem war die Debatte um die „Grenzen des Wachstums" die Initialzündung dafür, dass in Westeuropa – und besonders in der Bundesrepublik – im alternativen Milieu, in den Neuen Sozialen Bewegungen und Teilen der SPD das Thema Ökologie nun einen kometenhaften Aufstieg erfuhr. Dies hing auch damit zusammen, dass Jungk und Flechtheim in den 1970er Jahren eine wichtige Rolle im alternativen Milieu und dann in der Anti-Atomkraft- und Friedensbewegung spielten. So diffundierte deren Wachstumskritik, die sich durch die Rezeption von „The Limits to Growth" erst ausgebildet hatte, in das linksalternative Milieu und die Neuen Sozialen Bewegungen. Weil auch einzelne Konservative wie Herbert Gruhl Überlegungen zu einem neuen Wachstumsverständnis anstellten, vermengten sich konservative und linke Denkmuster, und dies war der Ausgangspunkt für die Bildung der Grünen Ende der 1970er Jahre.[150]

Wirkungen über die Zukunftsforschung hinaus löste „The Limits to Growth" besonders in den Niederlanden aus. Hier setzte eine ökologische Welle ein, die sich wohl auch daraus speiste, dass man mit der fragilen Küstenlage stets von den

---

the General Population, 6.11.1969, beides in: CCA, Abrams Papers, 25; Committee on the Next 30 Years, Protokoll der Sitzung vom 11.3.1966, in: ebd., 43. Ein Aufsatz der Verf. zu Abrams ist in Vorbereitung.

[148] Dies zeigt die Korrespondenz Pichts, etwa die Einladung zu einer Tagung der Evangelischen Akademie Bad Boll, Abt. Kulturelle Fragen, an Picht, 21.2.1973, zum Thema „Wirtschaftswachstum oder Lebensqualität?", oder Evangelische Akademie Tutzing an Clubmitglieder, 3.5.1973, zur XX. Sommertagung des Politischen Clubs der Akademie zum Thema „Lebensqualität – Maßstäbe für eine humane Gesellschaft"; oder Evangelisches Studentenpfarramt Freiburg i. Br. an Picht, 25.7.1973, alles in: BAK, N 1225, 124.

[149] Vgl. Friedrichs (Hrsg.), Aufgabe, hierin u.a. Fred L. Polak, Technik und Forschung als Hilfsmittel der Gesellschaft, in: Bd.7, S.119–145; Robert Jungk, Politik und Technokratie, in: Bd.8, S.113–133.

[150] Grundlegend zur Bildung der Grünen mit Verweis auf die „Grenzen des Wachstums" Mende, Nicht rechts, S.292–296, 299; zu Flechtheim Keßler, Flechtheim, S.199f.; zu Jungk als Netzwerker Mathias Greffrath, Der Netzemacher, in: Canzler (Hrsg.), Triebkraft, S.225–238; Engels, Naturpolitik, S.321f., 349. Zur SPD bzw. sozialliberalen Koalition siehe Kapitel X.4.

Wechselfällen der Natur abhängig gewesen war. Während aber in der Bundesrepublik die ökologische Wachstumskritik kurzzeitig eine apokalyptische Aufladung zu besitzen schien, orientierten sich die niederländische Sozialdemokratie und die Gewerkschaften – geprägt von ihrer Planungstradition seit Tinbergen – stärker an Planung als Lösung des Problems.[151]

Dies zeigte sich auch auf der Ebene der EG-Politik. Sicco Mansholt, niederländischer Sozialdemokrat, Vizepräsident der Europäischen Kommission und dann Präsident der Kommission der EWG, hatte von einem Arbeitsbericht der Meadows-Gruppe bereits 1971 Kenntnis erlangt. Im Februar 1972 – kurz vor Erscheinen von „The Limits to Growth" – ging er mit einem „offenen Brief zur Revision der europäischen Gesamtwirtschaftspolitik" an die Öffentlichkeit; dieser Brief, der einen Aktionsplan enthielt, war tief von den MIT-Thesen geprägt. Ausgangspunkt für Mansholt war allerdings eine bereits eingetretene Krise, nämlich das Scheitern des Weltwährungssystems von Bretton Woods und die damit – und mit der Überhitzung der weltwirtschaftlichen Konjunktur – verbundene wachsende Inflation. Angesichts dieser aktuellen Probleme, aber auch der kommenden Problemlagen der Menschheit, nämlich der Überbevölkerung, der Rohstoff- und Umweltkrisen, könne die künftige Gesellschaft „nicht wachstumsorientiert sein", so Mansholt. Er schlug vor, den Problemen mit einem „europäischen Zentralplan" zu begegnen. Dabei verwies er eben nicht auf die USA, die angesichts ihrer monetären Schwierigkeiten nicht mehr in der Lage seien, globale Problemlagen zu lösen. Deshalb müsse nun Europa handeln. Mansholts Plan sah vor, jedem europäischen Bürger nurmehr eine Existenzsicherung zu gewähren, die freie Verfügung von Gütern zu rationieren und umweltschonende Produktionssysteme einzuführen. Als Ausgleich für den verminderten Lebensstandard sollte der Staat die geistige und kulturelle Entfaltung des Einzelnen stärker fördern.[152] Mithin wollte Mansholt statt ökonomischen Wachstums die ökologische Balance priorisieren. In der Europäischen Kommission konnte Mansholt allerdings mit seinem Plan ebenso wenig durchdringen wie in der Fraktion der Sozialisten im Europäischen Parlament und in den europäischen Regierungen. Der französische Vizepräsident der Kommission, Raymond Barre, etwa äußerte im Einvernehmen mit der französischen Regierung, es habe sich immer ein Ausweg für Überbevölkerung gefunden. Energieprobleme etwa werde demnächst der „Schnelle Brüter" lösen.[153] Die britische Regierung setzte als Reaktion auf „Blueprint for Survival" und „The Limits to Growth" ein interministerielles Committee on Future World Trends ein. Das Committee identifizierte als zentrale künftige Probleme das Bevölkerungswachstum in den Entwicklungsländern und die britische Abhängigkeit von Nahrungsmittel- und Rohstoffimporten; Wachstumskritik spielte hier keine

---

[151] Vgl. Polak, Technik; King, The Club of Rome. An Insider's View, S. 37.
[152] Sicco Mansholt, Offener Brief zur Revision der europäischen Gesamtwirtschaftspolitik, Brief an Franco Maria Malfatti (Präsident der Europäischen Kommission), 9.2.1972, in: Nußbaum, Zukunft, S. 333–339, Zit. S. 333, 336.
[153] Vgl. ebd., S. 331.

Rolle.¹⁵⁴ In der sozialistischen Fraktion des Europäischen Parlaments begrüßten viele Abgeordnete „The Limits to Growth" als Studie, die wichtige Problemlagen aufzeige. Zweifellos war das globale Planungsmodell bei vielen Sozialdemokraten anschlussfähig an die eigene Planungstradition. Doch das Austeritätskonzept Mansholts werde, so befürchteten viele Abgeordnete in der sozialistischen EP-Fraktion, Unruhen auslösen und zu wachsender sozialer Ungleichheit führen, da der Plan zunächst ökonomische Friktionen hervorrufen und damit die Arbeitslosigkeit ansteigen lassen werde.¹⁵⁵

Einfluss hatte die Debatte zudem auf die OECD. Wie gesehen entstammte ja Jantschs Konzept von *Technological Forecasting* dem Kontext der OECD, wie auch die Begründung des Club of Rome mit Alexander King und der Bellagio-Konferenz eng mit der OECD verwoben war. Die OECD hatte im Kontext der Konjunktur des Umweltschutzes dieses Thema bereits ab 1968 intensiv aufgegriffen, folgte hier aber einem „economic approach": „One of the main concerns of the OECD was to prove through comparative systematic studies that the effects of sincere environmental action by governments would not significantly diminish GNP growth rates"¹⁵⁶. 1969 aber speisten Generalsekretär Thorkil Kristensen und Alexander King als Generaldirektor für Wissenschaft die Frage der „Problems of the Modern Society" in die Arbeit der OECD ein, die sich in mehreren Arbeitsgruppen mit der Thematik beschäftigte.¹⁵⁷ Dabei rückte die Kritik am Leitbild wirtschaftlichen Wachstums ins Zentrum der Diskussion. Wichtig war dies deshalb, weil die OECD bis dahin ja fundamental dem Paradigma wirtschaftlichen Wachstums verbunden war. Schon Anfang der 1970er Jahre aber wich, auch durch den Einfluss des neuen Generalsekretärs Emile van Lennep, die Wachstumskritik einer ausgewogeneren Haltung, welche „zero-growth" ablehnte, das Leitbild des qualitativen Wachstums beschwor, aber auf diese Weise die Wachstumsfrage in den ökonomischen Ansatz integrierte, so kritisch Matthias Schmelzer.¹⁵⁸ Dass sich ein differenzierterer Wachstumsbegriff in der OECD durchgesetzt hatte, bestätigte die „Interfutures"-Studie, welche van Lennep 1975 in Auftrag gab. 1979 unter dem Titel „Facing the Future. Mastering the Probable and Managing the Unpredictable" erschienen, nahm sie auf die physischen Grenzen des Wachstums Bezug und drang auf Grundlagenforschung zum Klimawan-

---

[154] Her Majesty's Stationary Office, Cabinet Office, Future World Trends. A Discussion Paper on World Trends in Population, Resources, Pollution etc., and their Implications, London 1976.
[155] Hans-Jürgen Wischnewski an Mitglieder des SPD-Präsidiums, 7.6.1972, über Sitzung der sozialistischen Fraktion des Europäischen Parlaments, in: AsD, HSAA005764, und Kommission der Europäischen Gemeinschaften, Generalsekretariat, SEK (72) 2068, Barre, 19.6.1972, in: AsD, HSAA007742. Der Einfluss von „The Limits to Growth" auf die Bundesregierung wird im Kapitel X.4. thematisiert.
[156] Schmelzer, Crisis, S. 1008.
[157] Memorandum Problems of the Modern Society, Bo Kjellén an Secretary General, 10.10.1969; Protokoll Groupe de coordination inter-Secrétariat sur les problems de la Société Moderne, 11.2.1970, beides in: OECD Archives, Box 36486, Folder 218236.
[158] Schmelzer, Crisis, S. 1008.

del. Im Zentrum standen Szenarien hin zu langfristigem „sustained non-inflationary growth and full employment" in den Industrie- und den Entwicklungsländern.[159]

In der Tat hatte die Debatte um „The Limits to Growth" Wirkungen auf die internationale Entwicklungspolitik. Wie gesehen war ein zentraler Kritikpunkt am MIT-Modell die fehlende Differenzierung in Regionen und damit Wachstumsgruppen. Damit wurde der Diskurs um das Buch zu einem dynamischen Beschleuniger der Entwicklungsdebatte. Mitte der 1960er Jahre war Bewegung in die internationale Entwicklungspolitik gekommen, weil Vertreter der Entwicklungsländer bessere „Terms of Trade" forderten und eine gewisse Erfolglosigkeit der Entwicklungspolitik nach 1945 evident geworden war. Das westliche Konzept nachholender Entwicklung, das sich im Sinne der Modernisierungstheorie am Industrialisierungspfad der Industrieländer orientierte, war in die Kritik geraten, und die 25. Vollversammlung der Vereinten Nationen 1970, mit der die Zweite Entwicklungsdekade eingeläutet wurde, hatte verschiedene Strategien diskutiert. Ein Papier relativierte den Maßstab wirtschaftlichen Wachstums: Es sei nötig, aber solle mehr grober Indikator sein.[160] In diese Situation stieß „The Limits to Growth". Die Debatte um „zero-growth" verlieh einer Neuorientierung internationaler Entwicklungsstrategien enorme Schubwirkung. So propagierte Mahbub Ul Haq, der Direktor des Policy Planning Department der Weltbank, in einer Rede auf der „International Development Conference" in Washington Ende April 1972 – wenige Wochen nach Erscheinen von „The Limits to Growth" – öffentlichkeitswirksam eine „new development strategy", die das Schielen nach hohen Wachstumsraten in den Entwicklungsländern grundsätzlich in Frage stellte. Es habe sich gezeigt, dass hohe Wachstumsraten nicht die Optionen einer Gesellschaft erhöhten, sondern dass es auf die Struktur des Wachstums und seine Verteilung ankomme. Dies gelte gerade mit Blick auf die aktuelle Debatte um „zero growth". Stattdessen sollten bei der Planung von Produktionszielen die „basic minimum needs" der 40–50% Ärmsten eines Landes fokussiert werden. Damit solle der Marktmechanismus der Nachfrage explizit ausgeschaltet werden, um Basisbedürfnisse der Ärmsten zu decken. Ebenso müsse auf eine höhere Beschäftigungsrate geachtet werden, weil diese Wachstum verteile, auch wenn darunter die Wachstumsrate insgesamt leide.[161] Diese von Ul Haq und wenig später von Robert McNamara als Präsident der Weltbank propagierte Grundbedürfnisstrategie leitete einen Wandel der Entwicklungsstrategie der Weltbank ein. Wirtschaftliche sollte mit sozialer Entwicklung verbunden werden, zugunsten einer raschen Deckung der Grundbedürfnisse der Ärmsten statt einer kapitalintensiven Industrialisierung. Der Fokus in der internationalen Entwicklungsarbeit richtete

---

[159] OECD, Interfutures. Facing the Future. Mastering the Probable and Managing the Unpredictable, Paris 1979, S. 410.
[160] Siehe Kapitel V.1.
[161] Mahbub Ul Haq, Crisis in Development Strategies, in: World Development 1 (1973), H. 7, S. 29–31, Zit. S. 29f.

sich nun auf Wasserversorgung, neue Anbaumethoden, Gesundheits- und Bildungsprogramme als Beispiele im Rahmen einer neuen Grundbedürfnisstrategie, und ebenso galt die erste Priorität der Stärkung der Beschäftigung, auch wenn dies mit niedrigeren Wachstumsraten einherging.[162] Grundsätzlich ging es darum, den Entwicklungsländern Raum für ein eigenes Wachstumsmodell zu geben, das nicht im Sinne nachholender Entwicklung dem Wachstumsverlauf der Industriestaaten entsprechen müsse, sondern sich an eigenen kulturellen und ökonomischen Auspizien, mithin an regionalen und lokalen Strukturen, Traditionen und Wissensbeständen orientieren konnte. So gerieten für die Industriestaaten modernisierungstheoretische und „zivilisationsmissionarische Gewissheiten" ins Rutschen.[163]

Mit der Ölkrise 1973 erhielten Forderungen nach einer neuen, fairen Weltwirtschaftsordnung, einer „New International Economic Order", neue Zugkraft, weil die Durchsetzung von Rohölpreiserhöhungen und Drosselung von Fördermengen durch die OPEC jene Entwicklungsländer, die kein Öl hatten, besonders hart traf.[164] Dies zeigte sich in der UN-Generalversammlung 1974, als die Gruppe 77 der Entwicklungs- und Schwellenländer ultimativ die Forderung nach einer neuen Weltwirtschaftsordnung erhob, welche auch Fragen der kommenden Chancengleichheit und Verteilung des wirtschaftlichen Wachstums aufs Tapet brachte.[165] Gerade jene Zukunftsforscher, die auch in der Friedensforschung aktiv waren – wie Galtung oder Menke-Glückert –, griffen die Forderung in der Folge energisch auf und machten sich die Sache einer gerechten Weltwirtschaftsordnung zu eigen.[166] Damit rückte mit der Diskussion um „The Limits to Growth" die globale Dimension und Verteilung von Wachstum in das Rampenlicht sowohl der Zukunftsforschung wie auch der Politik und der Öffentlichkeit. Auch weil im Zeichen der Entspannung in den frühen 1970er Jahren die Ost-West-Dimension in den internationalen Beziehungen zeitweilig an Bedeutung verlor, fand die Nord-Süd-Dimension, ja ein „Nord-Süd-Konflikt", verstärkte Aufmerksamkeit.

---

[162] Vgl. Philipp H. Lepenies, Lernen vom Besserwisser. Wissenstransfer in der „Entwicklungshilfe" aus historischer Perspektive, in: Büschel/Speich (Hrsg.), Entwicklungswelten, S. 33–59, hier S. 39 f.; Rist, History, S. 162–165; ohne Verweis auf den Diskurs um „The Limits to Growth", aber mit Hinweisen auf das Bariloche-Modell Gerhard Nagel, Grundbedürfniskonzepte zur Entwicklungspolitik. Wurzeln – Umriß – Chancen, München 1985, S. 19–23.

[163] Hubertus Büschel/Daniel Speich, Einleitung. Konjunkturen, Probleme und Perspektiven der Globalgeschichte von Entwicklungszusammenarbeit, in: Dies. (Hrsg.), Entwicklungswelten, S. 7–29, hier S. 8; vgl. Gilman, Mandarins, S. 250–252.

[164] Vgl. Toye/Toye, The UN and Global Political Economy, S. 231 – 242; Rüdiger Graf, Between National and Human Security. Energy Security in the United States and Western Europe in the 1970s, in: Historical Social Research 35 (2010), H. 4, S. 329–348, hier S. 342 f.; Ders., Öl und Souveränität; Murphy, Emergence, S. 112 f.

[165] Vgl. Rist, History, S. 143–154; Kunkel, Globalisierung.

[166] Etwa Peter Menke-Glückert, Das BARILOCHE-Modell. Eine Chance zum Überleben, in: APWM 9 (1977), H. 51, S. 3 f.; Amílcar Oscar Herrera/Hugo D. Scolnik/Ders. (Hrsg.), Grenzen des Elends. Das Bariloche-Modell. So kann die Menschheit überleben. Mit einem Vorwort von Peter Menke-Glückert, Frankfurt a. M. 1977; Moll, Scarcity, S. 157–181.

Damit globalisierte der „Limits to Growth"-Diskurs auch die westliche Zukunftsforschung. Sicherlich hatte Mankind 2000 schon in den 1960er Jahren die weltweite Entwicklung in den Blick genommen. Doch im Vordergrund standen damals noch der Ost-West-Gegensatz oder auf den Westen zentrierte Überlegungen, welche die Zukunft der Entwicklungsländer – etwa in Oslo – mehr in kolonialen Denk- und Sprachmustern verhandelten. In besonderer Weise gilt dies für den Club of Rome, der wie gesehen zunächst kommende globale Probleme in einem westlich geführten „world planning" zu lösen gedachte. Doch nun schob sich die Nord-Süd-Dimension nach vorne, und mit ihr ein explizit globales Selbstverständnis. Zugleich rückte durch den Diskurs um „The Limits to Growth" und die fast zeitgleich stattfindende UN-Umweltkonferenz in Stockholm 1972 die Wahrnehmung des Globalen hin zur „Einen Welt" in den Blickpunkt, der Welt als System, in dem alles mit allem verknüpft war.[167] Mithin verband sich die neue Forderung nach qualitativem Wachstum mit Überlegungen zu Chancen- und Verteilungsgerechtigkeit in globaler, nationaler und lokaler Perspektive. Dies erklärt auch die einsetzende „Glokalisierung" der Zukunftsforschung[168], die in globalen Kategorien dachte, aber in lokalen Kategorien forschen und Zukunft gestalten wollte.

---

[167] Als Kurzfassung des Abschlussberichts der Stockholmer United Nations Conference on the Human Environment, Barbara Ward/René Dubos, Only One Earth. The Care and Maintenance of a Small Planet. An Unofficial Report Commissioned by the Secretary-General of the United Nations Conference on the Human Environment, Prepared with the Assistance of a 152-Member Committee of Corresponding Consultants in 58 Countries, Harmondsworth 1972; konzis Kuchenbuch, „Eine Welt".

[168] Zur „Glokalisierung" als Signum globalen Denkens der 1970er und 1980er Jahre ebd., S. 162; Wolfgang Bonß, Globalisierung, Regionalisierung, Glokalisierung. Zur Bedeutung des Regionalen in der modernisierten Moderne, in: Jahrbuch für Regionalgeschichte 25 (2007), S. 15–28.

VIII. Weltmodelle, Bedürfnisse, Lebensqualität: Globales Selbstverständnis und neue Ansätze Mitte der 1970er Jahre

Die Diskussion um „The Limits to Growth" und einen neuen Wachstumsbegriff, aber auch das neue Globalitätsverständnis durchdrangen die World Future Studies Federation. Wie im Kapitel zur Gründung der WFSF erläutert, war sie im Mai 1973 in Paris als globale „umbrella organization" für alle Aktivitäten auf dem Gebiet der Zukunftsforschung entstanden. In einer bewusst weiten Definition rechnete sie „all scientific initiatives in different disciplines and areas", die sich mit dem Nachdenken über die Zukunft beschäftigten, zum Feld der Zukunftsforschung.[1] Die WFSF sah ihre Aufgaben darin, regelmäßige Weltkonferenzen zu organisieren[2], ferner den Austausch zwischen den *Futurists* durch Newsletter und Kontaktlisten zu pflegen, eine Datenbank zur Zukunftsforschung zu erstellen, aber auch die Politikberatung durch Bildung von „advisory teams" zu fördern. Methodisch sah man sich einem weiten Ansatz verpflichtet, der sowohl explorative als auch normative Methoden umfasste, aber – stärker als in den 1960er Jahren – partizipative Methoden fördern wollte. In diesem Sinne betonte die WFSF zum einen die prinzipielle Offenheit der Zukunft bzw. der „Zukünfte" und die demokratische Fundierung von Zukunftsforschung zugunsten der ‚Beplanten', die ja auch schon in Oslo und Kyoto diskutiert worden war: „All activities of WFSF explore alternative futures, alternative planning schemes which identify with the desired and wanted futures of the people being subject to planning and very often forgotten in expert planning processes."[3]

Zum anderen prägte die Debatte um „The Limits to Growth", prägten die Thesen von einer binären Codierung der Zukunft – als Überleben oder Untergang – auch die WFSF nun elementar, und zwar in mehrfacher Hinsicht: Ökologie machte nun einen zentralen Bestandteil allen Nachdenkens über die Zukunft aus. Dies galt ebenso für die Frage der globalen Ressourcenknappheit und eine globale Perspektive, welche die Weltmodelle weiterentwickelte und die Entwicklungsländer explizit einschloss, ja im Zeichen der „Eine Welt"-Rhetorik in den Mittelpunkt stellte. Die Sorge um das Überleben der Menschheit, um das „Survival" schwang – trotz aller Betonung einer gestaltungsoffenen Zukunft – in vielerlei

---

[1] World Future Studies Federation, Objectives, Statutes, Activities, o. D. (ca. 1974), in: Bestand Menke-Glückert; vgl. General Assembly of World Future Studies Federation March 29th and 30th at UNESCO in Paris, in: APWM 6 (1974), H. 3, S. 24f.

[2] Da eine jährliche Weltkonferenz organisatorisch nicht zu leisten war, beschloss das Continuing Committee der World Future Research Conferences bereits vor der offiziellen Gründung der WFSF, sich an einem zweijährigen Turnus zu orientieren; vgl. World Future Research Conferences, Arne Sørensen, Circular Letter No. 5 to Members of the Continuing Committee, 16. 2. 1971, in: ICA, Gabor Collection, MW /13.

[3] General Assembly of World Future Studies Federation March 29th and 30th at UNESCO in Paris, in: APWM 6 (1974), H. 3, S. 24f.

Kontexten mit. Als ideelle Klammern fungierten dabei die interpretationsoffenen Kategorien einer „humanistischen" Zukunft und einer Orientierung an menschlichen Bedürfnissen und Werten. Damit sah die WFSF sich 1974 in erster Linie „integrative future studies of a humanistic, policy-conscious and global nature" verpflichtet.[4]

Dies zeigte die „Special Conference" der WFSF in Rom im Herbst 1973. Valerio Selan aus der Zukunftsforschungs-Gruppe des italienischen Forschungsinstituts IRADES (Istituto Ricerche Applicate Documentazione e Studi) hatte angeboten, 1973 eine vierte Weltkonferenz in Rom zu organisieren. Das Steering Committee der World Future Research Conferences entschied aber, diese Tagung nach der großen Bukarest-Konferenz nur als „Special Conference" mit kleinerem Teilnehmerkreis abzuhalten, um dann im folgenden Jahr eine größere Konferenz zu planen.[5] 120 Teilnehmer aus westlicher, östlicher und „Dritter Welt" diskutierten mithin im Herbst 1973 eine Woche lang über „Human Needs – New Societies – Supportive Technologies".[6] Den Zuschnitt der Konferenz lenkte ein Wissenschaftliches Komitee, dessen Zusammensetzung verdeutlichte, dass der Club of Rome nun auch in die WFSF hineinwirkte, sich also die Netzwerke stärker überschnitten. Dies war zum einen sicherlich der intensiven Debatte um „The Limits to Growth" 1972/73 geschuldet. Zum anderen lebten zentrale Figuren des Club of Rome ja in Rom, so Aurelio Peccei, aber auch Dennis Gabor, der neben seinem Londoner Anwesen ein zweites Domizil in der Nähe von Rom besaß; beide wirkten nun im Wissenschaftlichen Komitee der Rom-Konferenz der WFSF.[7] Neben Selan, der die Organisation vor Ort leitete, gehörten zum Komitee u. a. Robert Jungk, Peter Menke-Glückert, James Wellesley-Wesley und der Franzose Jacques Delors.[8] Der Sozialist war über die Debatte um „The Limits to Growth" – deren Thesen er ernster nahm als Valéry Giscard d'Estaing – zur WFSF gekommen.[9] Darüber hinaus arbeitete Eleonora Barbieri Masini, eine junge Soziologin und Leiterin der Abteilung für Social and Human Forecasting bei IRADES, als Sekretärin des Exekutivkomitees; sie sollte in der Folge zur Schaltfigur (und 1980 zur Präsidentin) der WFSF avancieren und damit der Organisation – und der Zukunftsforschung insgesamt – erstmals ein weibliches Gesicht geben.[10] Zum weiteren Kreis des wissenschaftlichen Beirats der Konferenz gehörten unter anderem Igor Bestuzhev-Lada, Johan Galtung, John McHale und Bart van Steenber-

---

[4] World Future Studies Federation, Objectives, Statutes, Activities, o. D. (ca. 1974), in: Bestand Menke-Glückert.

[5] World Future Research Conferences, Arne Sørensen, Circular Letter No. 5 to members of the Continuing Committee, 16. 2. 1971, in: ICA, Gabor Collection, MW/13.

[6] Vgl. IRADES/World Future Research Conferences (Hrsg.), Needs; hierin Eleonora Barbieri Masini, Guide Lines of the Conference, in: ebd., Bd. 1, S. 104–107.

[7] Zu Gabor, der ein Haus in Lavinio besaß, etwa Gabor, Lavinio, an Umberto Colombo, 25. 9. 1972, in: ICA, Gabor Collection, MC/14/1.

[8] IRADES/World Future Research Conferences (Hrsg.), Needs, Bd. 1, S. 80.

[9] Jacques Delors, in: Stoléru (Hrsg.), Économie, S. 399–408.

[10] IRADES/World Future Research Conferences (Hrsg.), Needs, Bd. 1, S. 80; vgl. Barbieri Masini, Reflections, S. 361–369; Dies., Futures Research, in: Quah/Sales (Hrsg.), Handbook, S. 491–505.

gen, also Figuren, die auch die Kyoto-Konferenz bestimmt hatten bzw. – wie Bestuzhev-Lada – damals aus politischen Gründen nicht vor Ort sein konnten. Hingegen hatten sich die zentralen Protagonisten eines empirisch-positivistischen Denkstils von der WFSF verabschiedet – weder Herman Kahn oder Anthony Wiener, noch Olaf Helmer oder Karl Steinbuch waren vor Ort.[11]

Weil die Konferenz von Rom als „Special Conference" einen kleineren Kreis von Zukunftsforschern versammelte, wurden interdisziplinäre, international besetzte Arbeitsgruppen gebildet, welche bereits vor der Konferenz intensiv an bestimmten Themenkomplexen arbeiteten. Dieses Verfahren sollte dazu dienen, konkrete Ergebnisse zu produzieren und so in die Gestaltung von Zukunft eingreifen zu können.[12] Mithin schien die Konferenz von einem starken Aktivismus geprägt. Die Themen der Arbeitsgruppen gerannen aus einem Meinungsbildungsprozess, der das partizipative Selbstverständnis der WFSF, aber eben in einem ambivalenten Mischungsverhältnis auch die hervorgehobene Rolle bestimmter Personen als Experten und Leitfiguren spiegelte. Das Komitee hatte vorab zunächst 20 Experten gebeten, Themen zu generieren; das Programm wurde dann mit der Bitte um Ergänzungen noch an weitere 100 Personen gesandt. So sollte das Programm „on the demands of various persons representing various countries, cultures and ideologies" basieren, und all diese Personen waren „united in their preoccupation with the future of man and his needs".[13] Schließlich gliederte sich die Konferenz von Rom in neun Arbeitsgruppen, die ihre Ergebnisse in Plenary Sessions der Konferenz präsentieren sollten, um so – im kybernetischen Sinne – „a continuous feedback" zwischen Gruppen und Konferenz zu ermöglichen.[14]

Die Themenstellung der Konferenz, der Panels und Arbeitsgruppen verdeutlichen, wie stark die Ökologisierung und der Diskurs um „The Limits to Growth" die Zukunftsforschung verändert hatten. So präsentierte John McHale zwei übergreifende Papiere, die sich mit „Attitudes and criticism facing the problems which have arisen during the last few years concerning the relationship between population and natural resources" und mit „Natural resources, preservation and the shape of the environment" beschäftigten.[15] Die Sussex-Gruppe stellte an einem Abend mit einer Präsentation zum Thema „Computer Models and World Problems" die Bedeutung von großen Computer-Modellen und die Kritik am Weltmodell des MIT vor.[16] Ebenso erhielt Edward Goldsmith Gelegenheit, seine Thesen zur Kritik an der Industriegesellschaft und zur „Social Stability" – die ja in vielerlei Hinsicht denen des Meadows-Teams ähnelten – in der Arbeitsgruppe 5

---

[11] IRADES/World Future Research Conferences (Hrsg.), Needs, Bd. 1, S. 79f.
[12] Eleonora Barbieri Masini, Guide Lines of the Conference, in: IRADES/World Future Research Conferences (Hrsg.), Needs, Bd. 1, S. 104–108.
[13] The Rome Special World Conference on Futures Research 1973. Program, in: IRADES/World Future Research Conferences (Hrsg.), Needs, Bd. 1, S. 80.
[14] Ebd., S. 83.
[15] Memorandum 7, August 1973, in: ebd., S. 69.
[16] Sam Cole, Computer Models and World Problems, in: ebd., S. 109–111.

zu „physical and ecological survival" zu präsentieren[17], und Ernst F. Schumacher zeigte in einem Plenums-Vortrag seine Thesen zu „Alternatives to existing Technologies" und „Intermediate Technologies" auf.[18]

IRADES und das Wissenschaftliche Komitee bestimmten als übergreifendes Motto („theme") der Konferenz: „Man must try to discover himself, his aims and needs, inasfar as, and perhaps to a greater extent than, he tries to discover the world he wants to change." Dies lehnte sich an das Nachwort in „The Limits to Growth" an.[19] Die Konferenz müsse, so das Komitee, den Hintergrund derjenigen Problemlagen ausleuchten, welche die Situation des Menschen heute und in Zukunft bestimmten und von welchen ausgehend er neue Wertsysteme für sein Überleben und seine Selbstverwirklichung entwickeln könne („new systems of values for his continuing survival and possibilities of fulfilment").[20] Mithin ging die WFSF von (kommenden) Problemen aus, welche „The Limits to Growth" aufgezeigt bzw. visualisiert hatte und welche als existenzbedrohend für den Menschen interpretiert wurden. Dennoch war es nicht nur Aufgabe der Zukunftsforschung, das Überleben des Menschen zu sichern, sondern vor allem die Selbstverwirklichung des Menschen zu ermöglichen; beides erschien nur erreichbar, wenn Bedürfnisse und Werte des Menschen ermittelt würden.

Die Orientierung an der Selbstverwirklichung des Menschen, an seinen Bedürfnissen und Werten, avancierte in den 1970er Jahren zu neuen Leitbildern der WFSF. Der Blick galt nun individuellen, immateriellen und geistigen, ja spirituellen Aspekten. Dabei orientierte man sich – wie erwähnt – an antipositivistischen Strömungen in Psychologie und Sozialwissenschaft, nämlich der humanistischen Psychologie, die sich von rein quantitativen Modellen distanzierte und die Psychologie menschlicher Gesundheit in den Vordergrund stellte, und kulturwissenschaftlichen Strömungen in der Soziologie, welche – abseits rein empirischer Befunde – die subjektive Dimension des Menschen und seine Interpretation der Welt untersuchen wollten.[21] Dies war nicht neu – wie gesehen hatten Wellesley-Wesley und Wakefield schon 1970 in Kyoto in diese Richtung argumentiert. Doch diese Neuorientierung gewann erheblich an Dynamik. Die Orientierung an Technologien, das Leitbild der post-industriellen, wissensbasierten Gesellschaft, aber auch das Steuerungsdenken hatten sich offenkundig erschöpft. Zudem hatte ja „The Limits to Growth" am Ende des Reports auf Bedürfnisse hingewiesen und diesen Aspekt für jene, die empirisch arbeiteten, in den Vordergrund geschoben. Provokativ hatte das Meadows-Team angemerkt: „The final, most elusive, and

---

[17] Edward Goldsmith, Principle of Social Stability. A Model of Industrializiation, in: ebd., Bd. 3, S. 201–222.

[18] Ernst F. Schumacher, Man's Impact on Technology, Alternatives to Existing Technologies. Old Technologies Reformed, Intermediate Technologies, Innovative Technologies, in: ebd., S. 174–177.

[19] King u. a., Commentary, S. 197: „Man must explore himself – his goals and values – as much as the world he seeks to change"; IRADES, Memorandum 4, March 1973, in: IRADES/World Future Research Conferences (Hrsg.), Needs, Bd. 1, S. 26 f.

[20] Ebd., S. 27.

[21] Kruse, Geschichte, S. 199–202; Kapitel V.2..

most important information we need deals with human values". Wenn eine Gesellschaft erkenne, dass sie nicht alles für jeden maximieren könne, müsse sie wählen, ob sie mehr Menschen oder mehr Reichtum, mehr Natur, mehr Autos oder mehr Nahrungsmittel priorisiere.[22] Schließlich interagierte die Zukunftsforschung hier mit der Entwicklungsdebatte, die sich wie gesehen ja ebenfalls – dynamisiert durch „The Limits to Growth" – mit der Kategorie des „Bedürfnisses" beschäftigte.

In Rom war diese humane Wendung in der Zukunftsforschung deutlich erkennbar. Die Arbeitsgruppe 1, der mehrere bislang in der transnationalen Zukunftsforschung nicht in Erscheinung getretene Soziologen, Psychologen und Psychiater angehörten, widmete sich den „Alternative concepts of human development, including personal development as a complement or alternative to economic development".[23] Hier versuchte etwa der Psychiater P. R. Bize, tätig am National Conservatory of Arts and Trades in Paris, Bedürfnis zu definieren. Dieses korrespondiere, so Bize, nicht nur mit einem Mangel, der ein Bedürfnis erzeuge, sondern könne ebenso aus einem „too-much", einem Zuviel an etwas, entstammen. Bedürfnisse entstünden, wenn ein Zuwenig oder Zuviel im Verhältnis zu einer biologischen oder soziokulturellen Norm innerhalb eines Systems fassbar würde. Die Befriedigung des Bedürfnisses führe dann zu einem Gefühl der Freude (*pleasure*) und einer neuen Balance, während die Nicht-Erfüllung physiologische und psychologische Störungen auslöse. Damit gehe im Grunde jedem Bedürfnis ein Zwang, ausgelöst durch ein Ungleichgewicht, voraus. Wünsche und Aspirationen könnten Bedürfnisse werden, wenn sie besonders intensiv würden. Bize wies die Überlegung zurück, dass es biologische und soziale Bedürfnisse gebe; jedes Bedürfnis sei ein „bio-psycho-sociological complex". Gleichwohl könnten Bedürfnisse klassifiziert werden. Anknüpfend an Maslows Bedürfnisbegriff, unterschied Bize verschiedene Bedürfnis-Stufen. Dabei korrespondierten Bedürfnisse mit bestimmten Komponenten des Menschen, eben dem „corporal being" mit seinen Bedürfnissen nach Nahrung, Reproduktion, Wohnung, Kleidung, Aktivität und Ruhe, dem „relational being" mit seinen Bedürfnissen nach sozialer Einordnung, Hierarchien, Selbst-Respekt, ökonomischer und professioneller Einordnung, dem „thinking being" mit Bedürfnissen nach Wissen, Kreativität, Ästhetik, Unterhaltung, Glück, Entwicklung und Integration, und dem „specific being" mit je eigenen, personalisierten Bedürfnissen. Ebensolche Bedürfnisse prägten Gruppen und Gesellschaften. Materielle und immaterielle Bedürfnisse ließen sich dabei, so Bize, kaum trennen.[24]

Die Kategorie des Bedürfnisses hing untrennbar mit der Kategorie der Werte und dem Leitbild der Lebensqualität in der Zukunftsforschung zusammen. Denn

---

[22] Meadows/Meadows/Zahn/Milling, Limits, S. 181.
[23] Memorandum 7, in: IRADES/World Future Research Conferences (Hrsg.), Needs, Bd. 1, S. 69f.
[24] P. R. Bize, The Problem of the Needs of Man and the Needs of Society's Exhaustive Interaction, in: ebd., Bd. 1, S. 195–206, Zit. S. 198, 199, 200.

Lebensqualität erschien nur möglich, wenn die Bedürfnisse des Menschen erfüllt werden könnten, und um Prioritäten zu setzen, hatte nicht nur jedes Individuum sein „Wertsystem" zu bestimmen, sondern auch in der Gesellschaft musste – so die Wahrnehmung der Zukunftsforschung – eine Diskussion über Werte geführt werden. So diskutierte Arbeitsgruppe 3, der etwa Pavel Apostol und Arne Sørensen angehörten, über ein „Meta-scenario of alternative quality-of-life models, new societies based not only on the feasible but also on the desirable". Mithin befasste sich die Gruppe mit der Bestimmung und Messung der Lebensqualität als Leitbild wünschbarer Zukünfte.[25] Pavel Apostol argumentierte in seinem Referat, ein normativer Ansatz der Zukunftsforschung müsse zunächst die eigenen Ziele und das eigene Wertsystem klären. Arbeite man mit dem Ziel der Lebensqualität, müsse diese definiert werden. Dabei berief er sich auf Bertrand de Jouvenels Aufsatz über das „gute Leben". Demnach sah auch Apostol die natürlichen und kulturellen Annehmlichkeiten sowie die Breite und Qualität der für die Mitglieder einer Gesellschaft erreichbaren Güter und Dienstleistungen als zentrale Elemente der Lebensqualität an. Noch stärker als de Jouvenel betonte Apostol darüber hinaus den Aspekt der menschlichen Freiheit, die sich auch darin ausdrücke, dass der Mensch die Wahl habe, welche Annehmlichkeiten er vorziehe und welchen Wert er diesen zubillige. Grundsätzlich aber müsse, und hier bezog sich Apostol explizit auf die globale Ebene und die Lebensqualität in Entwicklungsländern, immer die Möglichkeit bestehen, basale Bedürfnisse und Wünsche zu erfüllen.[26]

Mithin teilten auch Zukunftsforscher aus sozialistischen Staaten die Suche nach der Lebensqualität und die darin implizierte Kritik an wirtschaftlichem Wachstum. Rekurrierte der Rumäne Pavel Apostol auf den Aspekt der Freiheit, so postulierte Jan Danecki aus dem Komitee Poland 2000 der Polnischen Akademie der Wissenschaften vor allem einen neuen Fortschrittsbegriff, der materielle und immaterielle Subsysteme verbinde: „We are now living in a period in which the myth about an automatism of the favourable effects of the progress in science, technique, and industry has definitely collapsed." Statt nach immer mehr ökonomischem Wachstum zu streben, müsse an eine Optimierung des „whole system" gedacht werden, zu dem neben dem ökonomischen Subsystem auch das ökologische und soziale System gehörten. Ziel sei damit „social progress", der nicht nur durch materielle Aspekte, sondern auch durch die „quality of life" definiert werde. Dies bedeute kein Nullwachstum, denn zur Lebensqualität gehörten auch elementare Bedürfnisse wie eine geräumige Wohnung, voller Zugang zu medizinischer Versorgung, angenehme Arbeitsbedingungen usw. Gerade was die Aspekte soziale Gerechtigkeit angehe, könnten sozialistische Staaten den sozialen Fortschritt leichter verwirklichen, weil hier keine mächtigen Interessengruppen existierten. Auch hier aber stelle sich die Frage einer hierarchischen Ordnung von

---

[25] Memorandum 7, August 1973, in: ebd., S. 70 f.
[26] Vgl. Pavel Apostol, Quality of Life and Freedom as its Basic Constituent, in: ebd., S. 219–226.

Bedürfnissen.²⁷ Damit passte Danecki das diskutierte Leitbild Lebensqualität und die Kategorie der Bedürfnisse in ein sozialistisches Verständnis ein, ohne sie mit dem Historischen Materialismus in Deckung bringen zu können.

Die Technologie bildete nun nicht (mehr) den zentralen Gegenstand des Nachdenkens über die Zukunft, sondern es ging nun um die „man-centred futures". So erklärte das Scientific Council der Konferenz von Rom zum Ziel der Zukunftsforschung: „Further education towards the future for the group of futurists and those other persons who have a certain impact on the future through their scientific and operational activities by promoting man-centred futures".²⁸ Technik bzw. Technologie wurden nicht gänzlich verworfen, aber neu konzeptionalisiert und sollten dem Menschen dienlich sein. In Rom kursierte ein neues Verständnis von Technologie, das von Richard Meier, dem Regionalplaner, stammte: „It is a reverse of a position: man using technologies as tools in the interest of mankind not man vis à vis technologies, technologic development should be a planned solution to man's needs."²⁹ Die Technologie sollte nun also dem Menschen und seinen Bedürfnissen dienen, damit keinen Gegenstand der Zukunftsforschung sui generis mehr bilden, sondern nurmehr in einer abgeleiteten Funktion – der Relevanz für den Menschen und dessen ureigene Bedürfnisse – Bedeutung erlangen. Man billige der Untersuchung von Technologien nur insoweit Relevanz zu, als sie in Verbindung mit Nahrung, Energie, Rohstoffen, Architektur und Kommunikation stattfand. Zufriedenheit („satisfaction") war dabei das neue Zauberwort, wenn die Zukunft der Technologie beleuchtet werden sollte, eben auch im Sinne einer Befriedigung von Bedürfnissen. Die Zufriedenheit sollte dabei gegenüber dem Leitbild der Effizienz, welches wie gesehen die Zukunftsforschung der 1960er Jahre mit ihrer Suche nach Technikoptimierung und Effektuierung geprägt hatte, priorisiert werden³⁰.

Nicht nur soziale, ökologische und materielle Bedürfnisse machten die wünschbaren Zukünfte aus, sondern auch ein spiritueller Aspekt. Dies war bereits im Wachstumsdiskurs fassbar geworden. Ernst Fritz Schumacher hatte durch einen Asien-Aufenthalt Zugang zum Buddhismus gefunden und schöpfte hieraus auch eine Skepsis gegenüber der Industriemoderne. Gerade der Buddhismus bot Anknüpfungspunkte für eine Konzentration auf das Wesentliche, auf Verinnerlichung und eine asketische Kultur, die sich über eine holistische Weltsicht und die Vorstellung einer stetigen Interaktion innerhalb des menschlichen Systems und des Systems mit seiner Umwelt auch kongenial mit der Kybernetik und der Ökologie verbinden ließen.³¹ Auch über die asiatischen Teilnehmer der WFSF-Konferenzen wurden die Verbindungslinien zu fernöstlichen Religionen offenkundig gestärkt. Eine Arbeitsgruppe der WFSF-Konferenz in Rom beschäftigte sich mit

---

[27] Jan Danecki, Economic Development and Social Goals, in: ebd., S. 231–242, S. 231, 233, 235 f.
[28] IRADES (Istituto Ricerche Applicate Documentazione e Studi), Memorandum 4, in: ebd., S. 24.
[29] IRADES, Memorandum 2, in: ebd., S. 9.
[30] Ebd., S. 10.
[31] Schumacher, Small is Beautiful.

der Religion als „menschliches Bedürfnis und integrativer Faktor menschlicher Beziehungen".[32] James Wellesley-Wesley, Mitbegründer von Mankind 2000, kam hier auf seine Überlegungen aus Kyoto zurück, dass „human development" im Zentrum jeder Beschäftigung mit der Zukunft stehen müsse. Neu war aber, dass er sein Leitbild sakralisierte. Dabei berief er sich auf den chinesischen Philosophen Lao Tzu, der als Ergebnis menschlicher Entwicklung ehedem beschrieben hatte: „contribution without possession; action without self-assertion; development without domination; to cultivate our receptivity; to abjure all force and coercion". Ebenso könne „human development" gedeutet werden als „,Christconsciousness' potential in every man", welche den Menschen frei mache von alten Bindungen, gegenwärtigen Belastungen und zukünftigen Hoffnungen. Mit dieser Bewusstwerdung müsse der Mensch auch die gewisse Unsicherheit des Lebens akzeptieren.[33] Ganz im Duktus spiritueller Bewusstheitssuche des „New Age" argumentierte Elise Boulding, die Ehefrau Kenneth Bouldings. Sie propagierte ebenfalls eine neue Hinwendung zur Religion als „seeing the religious dimension as at once the least developed human capacity and the critical source of clues regarding the evolutionary development of humankind in social space and time". Grundsätzlich könne die Zukunft nicht genau prognostiziert werden, so Boulding. Denn die Menschheit könne eben nicht die dunkle Wolke des Unbekannten durchdringen, welche, so die buddhistische Deutung, „forever veils the alpha-cum-omega of existence".[34]

Diese Beiträge verdeutlichen, dass eine Suche nach Spiritualität und Verinnerlichung in die Zukunftsforschung eingedrungen war. Diese Suche entstammte zum Teil der Alternativkultur der 1960er Jahre, also dem Drang nach Authentizität und Selbstverwirklichung in der *counterculture* und der Studentenbewegung. Zum Teil verkörperte sie auch eine neue Form der Verinnerlichung und Bewusstseinswerdung, welche im Grunde nicht Teil der Studentenbewegung war – die eher nach außen, auf eine Änderung der Gesellschaft gerichtet war –, sondern mehr das „New Age" der 1970er und 1980er Jahre prägte. Im Zeichen der Hinterfragung der Industriemoderne und ihrer Lebensformen begann eine neue Suche nach dem Selbst.[35] Mittels „Selbsttechniken" wie Verinnerlichung, Meditation und Religiosität suchten viele ‚Bewegte', die oft aus dem alternativen Milieu stammten, nach neuer Bewusstheit für die Verbindung von Körper und Geist und damit nach Selbstverwirklichung.[36] Diese Verinnerlichung hatte zweifellos irrationale Bezüge, weil die „dunkle Wolke" des Eigentlichen und Ganzen eben

---

[32] „The participation of all people in human development, understood as the integral development of man on the individual and societal level: *religion* as a human need and integrative factor in human relations": Memorandum 7, August 1973, in: IRADES/World Future Research Conferences (Hrsg.), Needs, Bd. 1, S. 73f.

[33] James Frank Wellesley-Wesley, Human Development, in: ebd., S. 146-155, Zit. S. 155.

[34] Elise Boulding, Societal Complexity and Religious Potential, in: ebd., S. 14-36, Zit. S. 14f.

[35] Zur Spiritualität als „innere[r], freigeistige[r] Umgang mit religiösen Themen" im alternativen Milieu Reichardt, Authentizität, S. 807-831, Zit. S. 807.

[36] Pascal Eitler, Körper – Kosmos – Kybernetik. Transformationen der Religion im „New Age" (Westdeutschland 1970-1990), in: Zeithistorische Forschungen 4 (2007), H. 1+2, S. 5; Michel

für den Menschen nicht ganz fassbar schien. Damit löste sich dieser Spiritualismus in der Zukunftsforschung von Bezügen auf das Rationale, welches doch die Zukunftsforschung der 1960er Jahre so stark geprägt hatte. Statt des kühlen Steuerungsdenkens wurde nun in einer Gegenbewegung, die zweifellos auch Ausdruck einer gewissen Verunsicherung war, die Wissenschaft sakralisiert.[37] Weiterhin prägte eine kybernetische Deutung auch die spirituellen Auslassungen in der Zukunftsforschung, insofern als eine holistische und systemorientierte Weltsicht, ein Wissen um die Interaktion von allem mit allem grundlegend für diese Strömung war. Je mehr alles interagierte, umso schwerer wog die „Complexity", die ein Durchdringen dessen für den Einzelnen unmöglich machte. Eine Prognose im eigentlichen Sinne erschien damit kaum mehr möglich, und damit beschworen nun Teile der Zukunftsforschung geradezu die Akzeptanz von Unsicherheit und ein ‚Fallenlassen' in Gottes Hände, wie dies etwa Wellesley-Wesley tat.

Unabhängig von dieser Suche nach neuer Spiritualität in Teilen der WFSF aber zeigte die Konferenz von Rom, dass das „Bedürfnis" zum konzeptionellen Leitbild der transnationalen Zukunftsforschung der 1970er Jahre avancierte. Dies ruhte vor allem darin, dass das Bedürfnis ganz verschiedene Zuschreibungen und Interpretationsmuster ermöglichte, also polyvalent nutzbar war. Es war erstens normativ aufgeladen, weil es wünschbare Zukünfte – an den menschlichen Bedürfnissen gemessen – umfasste. Zweitens leitete die Suche nach Bedürfnissen zu einer Orientierung am Menschen, den Individuen und Gesellschaften der Zukunft – und nicht der „Dingwelt" und der Technik. Drittens deutete die Einbeziehung von Bedürfnissen in die Zukunftsforschung an, dass die Zukunft „von unten", eben vom Einzelnen aus erforscht und entwickelt wurde, und verarbeitete damit das Bild einer partizipativen Erforschung und Gestaltung der Zukunft. Viertens ließ sich das Bedürfnis sowohl immateriell lesen, im Hinblick auf Kritik an wirtschaftlichem Wachstum, an Konsummentalität und Technikfixierung in den Industrieländern, als auch materiell, nämlich im Hinblick auf die Bedürfnisse in Schwellen- und Entwicklungsländern und deren Forderung nach wirtschaftlichem Wachstum, Befriedigung der Grundbedürfnisse und einer Angleichung an Lebensstandard und Lebensqualität der Industriestaaten. Schließlich ermöglichte die Einbeziehung von Bedürfnissen fünftens eine neomarxistisch aufgeladene, „kritische" Betonung menschlicher Bedürfnisse der Zukunft abseits kapitalistischer Strukturen und „Entfremdung". Diese Aufladung, an Marcuse angelehnt, kultivierten Vertreter der „kritischen Futurologie", die sich vor allem in der Bundesrepublik sammelten und hier 1972/73 eine „Zukunftsforschung in der zweiten Phase" propagierten. In diesem Kreis um Flechtheim und Jungk stellte man die „Establishment-Futurologie" als „spätbürgerliches ohnmächtiges Pendant" dem

---

Foucault, Technologien des Selbst, in: Ders., Schriften. In vier Bänden. Dits et écrits, Frankfurt a. M. 2005, S. 966–998.
[37] Hier auch instruktiv Eitler, Körper.

Marxismus gegenüber, dessen politische Ökonomie sich „an den wahren Bedürfnissen des Menschen" orientiere.[38]

Mithin wurde die Zukunfts-Kategorie „Bedürfnis" polyvalent aufgeladen. Die Autoren von „The Limits to Growth" waren ja noch von objektiven Problemlagen (Rohstoffmangel, Umweltverschmutzung, Überbevölkerung) ausgegangen, welche gelöst werden müssten, um die Bedürfnisse der Menschen zu befriedigen; zudem hatte das Exekutivkomitee des Club of Rome die Lösung der Probleme nur in einer globalen Planung durch die Regierungen vor allem der westlichen Länder gesehen.[39] Demgegenüber war in der WFSF – und dies entsprach dem Selbst- und dem Zukunftsverständnis der WFSF – von einer Bedürfnisermittlung von *unten* die Rede. Insofern hatte man die Thesen von „The Limits to Growth" in die Programmatik der WFSF eingepasst.

In Rom wurde Johan Galtung zum Nachfolger Bertrand de Jouvenels als Präsident der WFSF gewählt, Peter Menke-Glückert zum Generalsekretär. Darüber hinaus vereinbarte man, Workshops und „Future Courses" zu organisieren. Diese sollten sich mit den Themen Umwelt und Entwicklung der Zukunft beschäftigen, vor allem Studierende ansprechen und insofern die Forderung nach einer partizipativen Fundierung der Zukunftsforschung einlösen. Bart van Steenbergen war hier besonders aktiv und organisierte jährliche Sommerkurse für Studierende, die an der Universität Dubrovnik stattfanden, welche auch die nächste Weltkonferenz der WFSF im Jahr 1976 ausrichtete.[40]

Die Konferenz in Dubrovnik, wieder im Gegensatz zu Rom als ‚volle' Konferenz organisiert, lockte allerdings nur 125 Teilnehmer an, also deutlich weniger als Kyoto oder Bukarest. Insgesamt gehörten der WFSF nun 150 Personen an. Prominente Köpfe der WFSF – unter anderem Johan Galtung und Pavel Apostol – votierten im Vorfeld der Weltkonferenz dafür, die Kategorie der menschlichen Bedürfnisse mit den Weltmodellen zu kontrastieren.[41] So wurde die Gegenüberstellung von „World Alternative Systems versus Needs" zum Kernthema der Konferenz.[42] In diesem Sinne beschäftigte sich die Konferenz zum einen erneut mit menschlichen Bedürfnissen, diesmal zugeschnitten auf das Thema Bildung. Diskutiert wurden Lehrpläne für den Bildungsbereich, welche sich – in einem antiautoritären Sinne – an den Bedürfnissen der Kinder orientieren und zugleich einen sozialen Wandel in der Gesellschaft anstoßen sollten. Den Wandel begrüßten die Teilnehmer, da die Gegenwart als unvermindert krisenhaft erlebt wurde: „There is the acute crisis which demands immediate solutions – but there

---

[38] Pforte/Schwencke, Ansichten, S. 15; vgl. Flechtheim, Futurologie; zur notwendigen Anpassung der Produktion an die „menschlichen Bedürfnisse" S. 22.
[39] Vgl. Kapitel VI.
[40] General Assembly of World Future Studies Federation March 29th and 30th at UNESCO in Paris, in: APWM 6 (1974), H. 3, S. 24 f.; van Steenbergen, Years.
[41] WFSF, Eleonora Masini, an Jungk, 30.7.1975, in: JBZ, NL Jungk, Korr. 1960–1980; Fifth World Futures Studies Conference, Dubrovnik, March 28–April 2, 1976, in: APWM 8 (1976), H. 45, S. 29; zur Mitgliederzahl WFSF, Galtung, an UNESCO, M.'Bo, 6.7.1976, in: UNESCO Archives, Group 8 Secr., BRX/ONG.1/120 WFSF.
[42] Barbieri Masini, Reflections, S. 364.

is also the feeling that there is a deeper and more fundamental crisis in the world society, which has to be solved by quite different means". Zum anderen diskutierte die Konferenz von Dubrovnik „global models and systems analysis", wollte diese aber nur dann goutieren, wenn sie relevantes Wissen dafür liefern konnten, kommende politische Probleme zu lösen und „human needs" zu befriedigen.[43] Damit war das Denken in Systemen nicht verschwunden, aber dem Ziel der menschlichen, bedürfnisgerechten Zukunftsgestaltung untergeordnet worden.

In der Tat hatte die Debatte um „The Limits to Growth" – und gerade auch die Kritik daran – dazu geführt, dass nach 1972 neue, eben ‚bessere' Weltmodelle erstellt wurden. Nun ging es darum, ausgefeiltere, aber auch mehr auf spezifische Bedürfnisse achtende Weltmodelle zu konstruieren.

Voran ging – wenig überraschend – der Club of Rome selbst. Bereits bevor „The Limits to Growth" erschien, hatte das Club-of-Rome-Mitglied Eduard Pestel Überlegungen zu einem verbesserten Weltmodell angestellt. Pestel hatte nach eigener Erinnerung schon 1970 auf der Zusammenkunft in Bern, als Forrester den Zuschlag für das Projekt erhielt, die fehlende Regionalisierung als Manko angesehen. Ebenso kritisierte er den mechanischen und deterministischen Charakter des Modells, in dem die Interrelationen zwischen den Variablen nicht mehr veränderbar waren und soziale Faktoren keine Rolle spielten. Bei einem Besuch am MIT habe Pestel Mihajlo Mesarović, einen Ökonomen an der Case Western University in Cleveland, kennengelernt. Daraufhin hätten beide mit einem transatlantischen Team ein neues, regionalisiertes Weltmodell entwickelt, das stärker der „Mannigfaltigkeit der verschiedenen Weltregionen Rechnung" tragen wollte.[44] Auch wenn Pestel Wert darauf legte, dass das Projekt schon vor der Publikation „The Limits to Growth" begonnen hatte und mit diesem nicht allzu viel gemein hatte[45], dynamisierte zweifellos die Kritik am Meadows- bzw. Forrester-Modell das neue Projekt. Das neue Modell unterteilte die Welt in sieben interdependente Regionen, ermöglichte auch, verschiedene Ziele und politische Entscheidungen in das Modell einzuspeisen, und enthielt damit einen „interactive mode of operation". Die Ergebnisse wurden 1974 unter dem Titel „Mankind at the Turning Point" (deutsch: Menschheit am Wendepunkt) publiziert.[46] Die Studie galt als Nachfolgeprojekt von „The Limits to Growth" und war als zweiter Bericht an den Club of Rome betitelt. Auch hier diente dank Pestels Vermittlung die Volkswagenstiftung als Geldgeber. Die Studie kam trotz der Modifizierungen zu einem kaum weniger apokalyptischen Szenario. Doch propa-

---

[43] Fifth World Futures Studies Conference, Dubrovnik, March 28 – April 2, 1976, in: APWM 8 (1976), H. 45, S. 29.

[44] Mihajlo D. Mesarović/Eduard Pestel, Mankind at the Turning Point. The Second Report to the Club of Rome, New York u. a. 1974 (Dt.: Menschheit am Wendepunkt. 2. Bericht an den Club of Rome zur Weltlage, 1974), Zit. aus der deutschen Ausgabe, S. 8; Eduard Pestel an Detlev W. Bronk, 2. 2. 1973; Pestel, Apercue on the Mesarovic-Pestel-Project „Strategy for Survival", 2. 2. 1973, beides in: RAC, Bronk Papers, Box 5, File 10; Pestel, Grenzen, S. 35 f.

[45] Pestel, Apercue on the Mesarovic-Pestel-Project „Strategy for Survival", 2. 2. 1973, in: RAC, Bronk Papers, Box 5, File 10.

[46] Ebd.; vgl. Mesarović/Pestel, Mankind.

gierte sie nicht Wachstumsverzicht wie die Meadows-Studie, sondern „organic growth". Im Gegensatz zum exponentiellen, „undifferenciated" Wachstum flache organisches Wachstum langsam ab. Dieses kontrollierte Wachstum müsse durch einen „master plan" umgesetzt werden. Es sei aber auch notwendig, eine „new ethic in the use of material resources" zu entwickeln, welche die kommenden Mängel akzeptiere, und die Harmonie zwischen Mensch und Natur in den Vordergrund zu rücken.[47]

Auch der Club of Rome war mithin in seinem Steuerungsansatz vorsichtiger geworden, auch wenn der Glaube an globale Planung nicht verschwunden war. Das Leitbild des *qualitativen* Wachstums hatte man ja bereits im Nachgang zu „The Limits to Growth" entwickelt. Beibehalten wurde auch das dramatisierte Verständnis des Dilemmas, in dem sich die Menschheit befände, und umso dringlicher beschwor man eine Umkehr hin zu neuen „Wertsystemen":

> „[T]he debate on the problematique may well generate a new search which the social scientists, including the behaviorists, have hardly dared to tackle. In the meantime, as the crisis mounts, we may have to adopt a supreme ethic of survival for the human race and in our decisions measure the possible effects of alternative actions in the light of their possible positive or negative influences on the probability of survival, and at the same time consider the extent to which the quest for quality of life can pave the way towards a new system of values".[48]

In der Folge spezifizierte der Club of Rome seine Szenarien zur globalen Entwicklung, indem er neue Projekte initiierte, etwa die von Dennis Gabor geleitete Studie zu Nahrungsmitteln, Energie und Rohstoffen, welche 1976 unter dem Titel „Beyond the Age of Waste" erschien.[49] Damit verbunden warb er dafür, neue, differenziertere Wachstumsindizes zu definieren, welche das GNP ergänzten.[50] Welche Kriterien dies waren, blieb aber ein Stück weit offen. Papiere des Club of Rome sprachen von einer „harmonious socio-economic development to replace the narrowly economic criteria of development today, and taking account of longer term needs", von der „quality of life", die in den Entwicklungsländern auch materielles Wachstum erfordere, der Beschränkung von Konsum in den industrialisierten Ländern, der Bewahrung der nichterneuerbaren Ressourcen und Suche nach neuen Energiereserven, der gerechten Verteilung von Reichtum zwischen den Ländern, einer internationalen Bevölkerungspolitik und der Entwicklung humaner Potentiale durch eine bessere Bildung.[51] Erkennbar wurde jedenfalls, dass sich der Club of Rome – obwohl weiterhin westlich dominiert – ei-

---

[47] Ebd., Zit. S. 1, 7, 9, 147.
[48] The Executive Committee of the Club of Rome, The new Threshold, February 1973, in: RAC, Bronk Papers, Box 5, File 10.
[49] Dennis Gabor/Umberto Colombo with Alexander King and R. Galli, Beyond the Age of Waste. A Report to the Club of Rome, London 1976 (Dt.: Am Ende der Verschwendung. Zur materiellen Lage der Menschheit. Ein Tatsachenbericht an den Club of Rome, Stuttgart 1976).
[50] The Executive Committee of the Club of Rome, The New Threshold, February 1973, in: RAC, Bronk Papers, Box 5, File 10.
[51] The Club of Rome, Draft: A few Preliminary Considerations for the Schloss Klessheim Meeting on Problems of World Society, 23. 11. 1973, in: RAC, Weiss Collection, Box 89, File 1.

nem stärker an den Interessen der Entwicklungsländer orientierten Verständnis von Entwicklung öffnete. In diesem Sinne suchte er nach den „long term needs of world harmony". So stand die Jahresversammlung des Club of Rome 1974 in Berlin unter dem Motto „Towards a More Equitable Development of World Society". UNEP-Generalsekretär Maurice Strong präsentierte hier die „Cocoyoc-Deklaration".[52] Die von UNCTAD und dem UN Environment Programme (UNEP) organisierte Konferenz im mexikanischen Cocoyoc hatte soeben einen neuen Entwicklungsbegriff propagiert, der im Lichte der „Limits to Growth"-Debatte die wachstumsorientierte, auf nachholende Entwicklung nach dem westlichen Modell setzende Strategie attackierte: „Our first concern is to redefine the whole purpose of development. This should not be to develop things but to develop man. Human beings have basic needs: food, shelter, clothing, health, education. Any process of growth that does not lead to their fulfilment – or, even worse, disrupts them – is a travesty of the idea of development."[53]

In der Tat dynamisierte der Diskurs um „The Limits to Growth" die internationale Diskussion um Entwicklungsstrategien und die „New International Economic Order", wie sie auf der UN-Vollversammlung im Mai 1974 zum Durchbruch kam. Die Debatte wurde forciert durch die erwähnte Kritik am MIT-Modell aus den Schwellen- und Entwicklungsländern. Vor allem eine argentinische Wissenschaftlergruppe argumentierte, das MIT-Modell wurzele in einer westlichen Weltsicht und reflektiere nicht, dass etwa Ressourcenmangel für zwei Drittel der Weltbevölkerung bereits die Gegenwart präge. Ein „steady state", also die Festschreibung von Wachstum, werde gegenwärtige weltweite Ungleichheiten zementieren und nehme mithin den Entwicklungs- und Schwellenländern die Chance aufzuschließen. Hingegen sei es notwendig, vom Ziel der Nivellierung globaler sozialer Ungleichheit auszugehen statt Trends fortzuschreiben. Die Gruppe hatte diese Kritik bereits nach einer Projektpräsentation des Club of Rome 1971 – vor Erscheinen von „The Limits to Growth" – formuliert und konnte ihre Thesen auf der Jahresversammlung des Club of Rome in Berlin 1974 vorstellen. Die Bariloche-Gruppe, benannt nach der argentinischen Stiftung Bariloche, welche das Vorhaben finanzierte, erstellte ein eigenes Weltmodell, das von einer Förderung des Wachstums in den Entwicklungsländern und einem Wachstumsverzicht in den Industrieländern ausging, also ein Modell mit einer a priori festgelegten Zielsetzung, das insoweit die Entwicklungsdebatten der frühen 1970er Jahre abbildete und dynamisierte.[54]

---

[52] The Club of Rome, Peccei, an Clubmitglieder, 9. 4. und 25. 7. 1974; The Club of Rome Annual Meeting 1974, Berlin (West), 14–17 Oct 1974, 16. 7. 1974; Programme, 8. 10. 1974, alles in: RAC, Weiss Collection, Box 89, File 6; Roberto Vacca, Some Operational Considerations Prompted by the Club of Rome Symposium held in Berlin in October 1974, in: ebd., File 7; Georg Picht an U.J. Schabram, 17. 10. 1974, in: BAK, N 1225, 129.
[53] The Cocoyoc Declaration (1974), in: International Organization 29 (1975), H. 3, S. 893–901, Zit. S. 896.
[54] The Executive Committee of the Club of Rome, The new Threshold, Febr. 1973, in: RAC, Bronk Papers, Box 5, File 10; The Club of Rome Annual Meeting 1974, Berlin (West), 14–17

Die Diskussion um Entwicklungsstrategien wirkte wieder auf die Zukunftsforschung zurück, welche nun intensiv über die *globale* Zukunft und Entwicklung diskutierte. Dies galt auch für die WFSF und hier für jene Forscher, die im Bereich der Friedensforschung arbeiteten – wie Johan Galtung und Peter Menke-Glückert. Sie machten sich die Sache der Entwicklungsländer geradezu emphatisch zu eigen und forderten einen „Weltlastenausgleich", welcher eine Wachstumsbeschränkung der Industrieländer mit einer Wachstumsförderung der Entwicklungsländer verband, und eine weltwirtschaftliche Konzentration auf die „Social Minima". Demnach sollte es im Zentrum einer weltwirtschaftlichen Neuorientierung stehen, zunächst für alle Menschen die zentralen Bedürfnisse Nahrung, Wohnen, Gesundheit, Arbeit und Bildung zu sichern. Auch im Kontext der internationalen Entwicklungsdebatte diskutierte die Zukunftsforschung, ebenso „Social Maxima" zu definieren, welche gewissermaßen das Höchstmaß an Wohlstand in den Industrieländern bedeuten sollten und damit erneut eine Wachstumsbeschränkung ins Spiel brachten. Zum „Weltlastenausgleich" veranstaltete das bundesdeutsche Zentrum Berlin für Zukunftsforschung (ZBZ) 1975 eine Spezialkonferenz der WFSF. Diese Initiative ruhte in den Händen von Peter Menke-Glückert, Generalsekretär der WFSF und Vorsitzender der bundesdeutschen Gesellschaft für Zukunftsfragen, die eng mit dem ZBZ verbunden war. Menke-Glückert propagierte:

„The theme for the Berlin Future Research Conference ‚Social Minimum and Social Maximum' is concentrating on one of the most urgent and difficult global problems of today [...] birthright of every human being on earth to live or more precisely survive on a social minimum of food, shelter, health, work, clothes, education and other benefits of modern civilization – not to mention fulfillment of other basic human needs as opportunities for creativity, communication, political participation, freedom of expression and ideas. [...] Recently the problem of fundamental human social and political rights has taken a new dimension: the idea of a social maximum, or a ceiling beyond which no country should be located, beyond which no person or at least not many should be found."[55]

Mithin verstärkte die Debatte um die Weltmodelle auch in ambivalenter Weise die Konzentration auf menschliche Bedürfnisse und eine humane Zukunft. Ebenso dynamisierte sie die explizite Globalisierung der internationalen Zukunftsforschung, die auch darin Ausdruck fand, dass 1977 Mahdi Elmandjra aus Marokko die Präsidentschaft der WFSF übernahm.[56]

Ein weiteres Weltmodell erstellte die britische Sussex-Gruppe, welche ja erkenntnistheoretische und methodische Grundlagen, aber auch die Schlussfolgerungen und Thesen von „The Limits to Growth" in Zweifel gestellt hatte, ge-

---

Oct 1974, 16. 7. 1974; Programme, 8. 10. 1974, beides in: RAC, Weiss Collection, Box 89, File 6; Herrera/Scolnik et al., Catastrophe; Moll, Scarcity, S. 118.

[55] WFSF, Menke-Glückert, Circular Letter 2/1975, 20. 3. 1975, in: JBZ, NL Jungk, Korr 1960–1980; vgl. World Future Studies Federation. Objectives, Statutes, Activities, o. D. (ca. 1974), in: Bestand Menke-Glückert.

[56] Hans Buchholz/Wolfgang Gmelin for WFSF (Hrsg.), Science and Technology and the future. Proceedings and joint report of the World Future Studies Conference and DSE preconference, München u. a. 1979, S. 255.

meinsam mit der Systems Analysis Research Unit. Wie erwähnt, hatte die britische Regierung Heath 1972, in Reaktion auf „Blueprint for Survival" und „The Limits to Growth", ein interministerielles Committee on Future World Trends eingerichtet. Das Committee sollte den umstrittenen Thesen besonders im globalen Maßstab nachgehen und nach außen zunächst Handlungsfähigkeit der Regierung demonstrieren.[57] Ebenso schuf die Regierung die Forschungsgruppe Systems Analysis Research Unit (SARU) im Department on the Environment. Diese hatte die Aufgabe, sich insbesondere mit Problemen des *World Modelling* zu befassen. Das SARUM-Modell, von SARU und der Sussex-Gruppe gemeinsam erstellt, erweiterte im Vergleich zu „The Limits to Growth" die Zahl der Regelkreise und damit Interaktionsmechanismen zwischen den Grundgrößen und integrierte den Preismechanismus, Substitutionsmöglichkeiten für Rohstoffe sowie Differenzierungen zwischen industrialisierten und Entwicklungsländern in das Modell. Ebenso betonte man, nicht voraussagen zu können, sondern „to discover the region of choice left when the many constraints have been taken into account". Das Modell erwies sich als relativ stabil, nur wenige Parameter prägten signifikant den Kurvenverlauf. Dies waren die Weltbevölkerung und globale Handelsbarrieren. In gewisser Weise hatte das Modell damit doch einen inhärenten normativen Bezug, weil es zum Ergebnis kam, Handelsbarrieren könnten eine weltweite Nahrungsmittel-Katastrophe auslösen.[58] Auf Basis dieser Ergebnisse rückte das Committee on Future World Trends im offiziellen Bericht die Aspekte des globalen Bevölkerungswachstums, der weltwirtschaftlichen Ressourcenverteilung und Welternährung in den Mittelpunkt, was auch der britischen Interessenlage als Sitz des Commonwealth of Nations und globaler Handelsnation geschuldet war.[59]

Zugleich begannen sich die Wege von Zukunftsforschung und *Global Modelling* zu trennen. Waren Peccei aus dem Club of Rome und die Sussex-Gruppe zunächst noch in Verbindung mit dem transnationalen Netzwerk der Zukunftsforscher gestanden, so differenzierte sich die Methodendiskussion um die Weltmodelle in der Folge aus. Deren institutioneller Kern indessen wurde das bereits genannte Internationale Institut für Angewandte Systemanalyse (IIASA) in Laxenburg bei Wien, eine Einrichtung, die sich insbesondere mit methodischen und konzeptionellen Fragen der Systemanalyse beschäftigte und sowohl westliche Wissenschaftler als auch Vertreter der sozialistischen Staaten beherbergte. Das IIASA veranstaltete – teilweise in Kooperation mit dem Club of Rome – 1976 und 1977 internationale Symposien, um die methodischen Grundlagen, aber auch die inhärenten inhaltlichen Vorannahmen und Grundverständnisse der „Weltmodelle" zu diskutieren. Hieraus entwickelte sich ein eigenes Netzwerk, das

---

[57] Alan Cottrell an Prime Minister, 23. 2. 1972, in: TNA, CAB 164, 1083.
[58] Vgl. P. C. Roberts, SARUM 76 – A Global Modelling Project, in: Futures 9 (1977), February, S. 3–16, Zit. S. 7.
[59] Robert Press an John Hunt, 12. 6. 1975, in: TNA, CAB 178, 20; vgl. Her Majesty's Stationary Office, Cabinet Office, Future World Trends.

mit der WFSF im Austausch stand, aber doch mehr und mehr von *Global Modelling* und nicht mehr von Zukunftsforschung sprach.[60]

Die WFSF war auch noch Ende der 1970er Jahre auf der Suche nach den globalen, Nord und Süd gleichermaßen befriedigenden menschlichen Bedürfnissen und stand im Banne eines partizipativen Verständnisses von Zukunft. Gleichwohl ist erkennbar, dass die Gegenstände Wissenschaft und Technologie wieder etwas mehr Gewicht erlangten. Dies hing zum einen damit zusammen, dass die wachsende Bedeutung der Informationstechnologie in aller Munde war. Der Sprung zur Mikroelektronik und der Einsatz der digitalen Technik in Unternehmen hatten massive Auswirkungen auf viele klassische Branchen – wie etwa die Schriftsetzer und Drucker – und führten gerade im Zeichen der zweiten Öl- und Wirtschaftskrise 1979/80 zu Debatten um weitere Rationalisierungen und damit Wegfall von Arbeitsplätzen.[61] Zum anderen wurde auch in internationalen Organisationen der Zusammenhang von Technologie und Entwicklung diskutiert. Die Vereinten Nationen veranstalteten im Sommer 1979 eine Konferenz zu Wissenschaft, Technologie und Entwicklung in Wien.[62] Im Vorgriff hierauf beschäftigte sich eine Spezialkonferenz der WFSF, die auf Einladung des Instituts für Zukunftsforschung (als Nachfolger des ZBZ) in Berlin stattfand, mit „Science and Technology and the Future". Dabei zielte sie auf eine eingehegte, ausschließlich humanen Zwecken und Bedürfnissen dienbar gemachte Technologie, die sich auf die spezifischen Bedürfnisse von Nord und Süd auszurichten hatte.[63] Es nimmt deshalb nicht wunder, dass die WFSF die Konferenz gemeinsam mit der Deutschen Stiftung für Internationale Entwicklung veranstaltete. Peter Menke-Glückert, als Generalsekretär der WFSF von Eleonora Masini abgelöst, aber weiterhin im Executive Committee der WFSF und zugleich Konferenzchef, propagierte: „The WFSF World conference here in Berlin is part of an ongoing learning and preparation process to initiate on a global scale worldwide action to use all brains, ideas, science, and technology capacities for narrowing the widening gaps between industrially advanced and less developed parts of our world". Nicht der Nord-Süd-Transfer von Wissen über die Lösung spezifischer technischer Probleme, wie dies die UN-Konferenz plane, führe jedoch zur Entwicklung, sondern die Konzentration auf Ziele, Visionen und Konzepte von Entwicklung selbst. Dementsprechend orientiere sich die WFSF nicht an organisierter Technologie und „BIG-technology" im traditionellen westlichen Verständnis, sondern an einem Nord-Süd-Dialog und einer Diskussion um spezifische menschliche Bedürfnisse

---

[60] Vgl. Donella Meadows/John Richardson/Gerhart Bruckmann, Groping in the Dark. The first Decade of Global Modelling, Chichester 1982; auch im Club of Rome schwanden die Verbindungen und Bezugnahmen auf die Zukunftsforschung.
[61] Vgl. unten Kapitel X.5.
[62] Vgl. United Nations (Hrsg.), Report of the United Nations Conference on Science and Technology for Development. Vienna (20–31 August 1979), New York 1979.
[63] Peter Menke-Glückert, Executive Secretary of WFSC, in: Buchholz/Gmelin for WFSF (Hrsg.), Science and Technology and the Future, S. 157–161; Ders., BMI, an Hans Buchholz, GZ, und an alle Vorstandsmitglieder der GZ, 30.1.1979, in: IZT, Ordner GZ/IFZ.

in Nord und Süd.⁶⁴ In einem offiziellen Statement stellte die WFSF fest, dass Wissenschaft und Technologie unerlässlich seien, wenn in 30 Jahren etwa 10 Milliarden Menschen auf der Welt ernährt werden müssten. Zentral müsse es aber sein – und dies war ein Appell an die Vereinten Nationen –, Ziele und Methoden der Entwicklung öffentlich zu diskutieren, spezifische menschliche Bedürfnisse, kulturelle und regionale Identitäten, aber auch Effekte für die Umwelt zu berücksichtigen und stärker auf „soft technologies" zu setzen.⁶⁵ So verabschiedete die Berlin-Konferenz am Ende das Statement:

„Mankind has arrived at a turning point in the global effort to bridge the gaps which are widening between the peoples of the developed and the developing world. To close these gaps concerted governmental and nongovernmental action on an international, regional, and local level is needed to avoid too centralized, too academic, too bureaucratic, or too technical problem-solving approaches".⁶⁶

Zugleich war die Berliner Konferenz geprägt von Krisenszenarien, ja dunklen Untergangsphantasien. So beschwor Robert Jungk die Delegierten in (West-)Berlin, dass diese Stadt ja schon einmal, nämlich 1945, völlig zerstört worden sei, und eine solche Zerstörung der Zivilisation, geradezu „the end of the world", drohe nun erneut durch „future wars". Jungk bezog sich auf das Ende der Entspannung und den „Zweiten Kalten Krieg", der mit der sowjetischen Stationierung von SS-20-Raketen in Ostmitteleuropa und der sich ankündigenden westlichen Nachrüstung erkennbar wurde. Dies nahm Jungk zum Anlass, auch die Verantwortlichen in „New York, London, Moscow, and Peking" dazu aufzufordern, den Weg in die Zukunft neu zu denken.⁶⁷ Auch die WFSF-Weltkonferenz in San José 1984, die „The Futures of Peace" zum Thema hatte, stellte auf den Zusammenhang von Frieden und Zukunft ab.⁶⁸

Die Berliner Konferenz 1979 verband die Suche nach einer menschlichen Technologie mit dem allgegenwärtigen Hinweis auf die partizipative Fundierung von Zukunftsforschung, die sich auch aus den Partizipationsforderungen der Neuen Sozialen Bewegungen speiste. In diesem Sinne propagierte etwa Menke-Glückert: „Only the people themselves can define properly their basic needs, this is the very reason why we must acknowledge a citizen's right to plan, to participate at the earliest stage possible in decision-making processes or planning designs."⁶⁹ Wie dies konkret umgesetzt wurde, soll im Dritten Teil am Beispiel des Instituts für Zukunftsforschung näher erläutert werden. Erkennbar wurde jeden-

---

⁶⁴ Ders., Secretary, S. 158.
⁶⁵ Ders., Statement der WFSF, in: ebd., S. 248.
⁶⁶ Ebd.
⁶⁷ Robert Jungk, in: ebd., S. 250f.; vgl. zum „Zweiten Kalten Krieg" Schöllgen, Geschichte, S. 358–388; Philipp Gassert/Tim Geiger/Hermann Wentker (Hrsg.), Zweiter Kalter Krieg und Friedensbewegung. Der NATO-Doppelbeschluss in deutsch-deutscher und internationaler Perspektive, München 2011.
⁶⁸ Luis Garita/World Futures Studies Federation, Los futuros de la paz. Perspectivas culturales. VIII Conferencia Mundial, Federacio n de Estudios del Futuro/The Futures of Peace. Cultural Perspectives, San José 1986.
⁶⁹ Menke-Glückert, Secretary, S. 158.

falls ein Selbstverständnis der WFSF, das zwischen wissenschaftlicher *Epistemic Community* und sozialer Bewegung changierte und eine gewisse Politisierung anzeigte. Diese prägte die Zukunftsforschung sicherlich von Beginn an, weil ja etwa auch in Oslo 1967 die Suche nach Frieden im Kalten Krieg und die Sicherung der Welternährung – also höchst politische Themen – im Mittelpunkt standen. Dennoch rückten nun in der WFSF wissenschaftliche Aspekte zugunsten einer emphatischen Identifikation mit den Bedürfnissen der Entwicklungsländer und der Suche nach Frieden in den Hintergrund.

Aus dem Zurücktreten des Wissenschaftlichen in der World Futures Studies Federation (die also nun die *Futures* in ihren Namen integrierte) lässt sich auch ein Stück weit ihr relativer Bedeutungsverlust erklären. Mit der Stationierung von Mittelstreckenraketen in Westeuropa im Jahr 1983 verlor die Friedensbewegung an Dynamik, wie die Neuen Sozialen Bewegungen insgesamt im Laufe der 1980er Jahre abebbten. Hingegen machten monetaristische, ‚neoliberale' Tendenzen in der Wirtschaftspolitik vieler westlicher Länder und in der internationalen Entwicklungspolitik die 1980er Jahre zu einer „Lost Decade" in der Entwicklungsdiskussion.[70] Dies war mit dem Kurs der WFSF schwerlich in Einklang zu bringen. Die Geschichte der WFSF der 1980er Jahre ist an anderer Stelle zu schreiben, doch erkennbar wird, dass die WFSF einen relativen Bedeutungsverlust erfuhr und organisatorische Einschnitte erlebte.[71] Das Büro der WFSF, seit 1973 in Rom angesiedelt, transferierte Eleonora Masini Ende der 1970er Jahre in ihre Wohnung.[72] Jim Dator, Präsident der WFSF, forderte jedenfalls Anfang der 1990er Jahre, die WFSF müsse sich erneuern. Die „Golden Years", als Masini Generalsekretärin und dann Präsidentin der WFSF gewesen sei, könnten aber niemals zurückgeholt werden.[73]

Auch eine empirisch angelegte, technikaffine Zukunftsforschung, die sich insbesondere in den USA hielt, erlebte um 1980 einen Abschwung. Herman Kahn wies in mehreren Publikationen der 1970er und frühen 1980er Jahre Wachstumskritik und Krisenszenarien entschieden zurück und prognostizierte den kommenden wachsenden Wohlstand der westlichen Industriegesellschaften, aber mit seinem Tod 1983 richtete sich das Hudson Institute wieder stärker auf eine gegenwartsorientierte Politikberatung aus.[74] Daniel Bell, der 1973 die Überlegungen zur „Post-Industrial Society" als Buch veröffentlichte und sich von Wachstumskritik distanzierte, offenbarte mit „The Cultural Contradictions of Capitalism" wenig später selbst kulturkritische Züge und hatte kaum mehr Ver-

---

[70] Jolly u. a., UN Contributions, S. 145–149.
[71] So auch Peter Menke-Glückert in einem Gespräch mit der Verf., 30.6.2011; zum „relativen Niedergang" der Zukunftsforschung in den 1980er Jahren Schmidt-Gernig, Ansichten, S. 43.
[72] Barbieri Masini, Reflections, in: Futures 37 (2005), S. 361–369, hier S. 365.
[73] Jim Dator, President's Report to the General Assembly of the World Futures Studies Federation, 25.8.1993, in: UNESCO Archives, Group 8 Secr., BRX/ONG.1/120 WFSF.
[74] Herman Kahn/William M. Brown/Leon Martel, The next 200 Years. A Scenario for America and the World, New York 1976 (Dt.: Vor uns die guten Jahre, 1977); Herman Kahn, The Coming Boom. Economic, Political, and Social, New York 1982 (Dt.: Der kommende Boom. Programm für eine zukunftsorientierte Wirtschafts- und Geldpolitik, 1983).

bindungen zur Zukunftsforschung.[75] Zweifellos verlor in den 1970er Jahren die Prognostik ihren Glanz, weil sich alle rosigen Konjunkturprognosen als Makulatur erwiesen hatten[76] und weil – auch infolge neuer monetaristischer Tendenzen in der Wirtschaftspolitik – großangelegte Steuerungs- und Modernisierungskonzepte stärker in Frage gestellt wurden; hierauf wird im Dritten Teil zurückzukommen sein. Gleichwohl verschwand *Forecasting* nicht von der politischen Bühne: So begründete die EG-Kommission 1978 das Programm FAST (*Forecasting and Assessment in Science and Technology*), das in weiteren Studien zu prüfen ist. Das Programm sollte Langzeitanalysen zum wissenschaftlichen und technologischen Wandel und zu seinen Wechselwirkungen mit ökonomischen und wirtschaftlichen Fragen in der EG und auf globaler Ebene erstellen. Hierbei konzentrierte man sich auf Biotechnologien, Arbeitsmarkt und die Informationsgesellschaft.[77] Mit dem letzten Punkt griff man die in den 1980er und 1990 Jahren erneut kursierenden Konzepte der Wissens- und Informationsgesellschaft auf[78], die nun eine ambivalente Melange mit ‚neoliberalen' Ideen eingingen und deren Wurzeln in Bells Thesen von der wissensbasierten, nachindustriellen Gesellschaft ruhten.

---

[75] Bell, Gesellschaft, S. 342–342; Ders., The Cultural Contradictions of Capitalism, London 1976.
[76] Für die Bundesrepublik Schanetzky, Ernüchterung.
[77] Vgl. Steinmüller, Zukunftsforschung in Europa, in: Ders./Kreibich/Zöpel (Hrsg.), Zukunftsforschung, hier S. 47–49; Böhme/Stehr, Society, S. 25–51.
[78] Vgl. Heidenreich, Debatte; Kapitel X.5.

Dritter Teil: Zukunftsforschung national: Zukunftswissen und Verbindungslinien in die Politik am Beispiel der Bundesrepublik

Im Folgenden soll die Zukunftsforschung in einem nationalen Kontext analysiert werden. Im Zentrum stehen nicht nur Institutionen der Zukunftsforschung und deren Produktion von Zukunftswissen, sondern auch Interaktionen mit der Politik, also die Frage, auf welche Weise, mit welchen Veränderungen und Wirkungen Zukunftsexpertise aus dem Feld der Zukunftsforschung in die Politik – konkret in die Bundesregierung – floss und wie dies auf die Zukunftsforschung zurückwirkte.

IX. Formation: Institutionen und die Produktion von Zukunftswissen

1. Wirtschaftsprognostik als Zukunftsforschung: Die Prognos AG

Blickt man zurück auf die Paradigmengruppe der Zukunftsforschung, ihre Konzeptionalisierungen und transnationalen Vernetzungen, so wird evident, dass das Ökonomische nur einen Randaspekt der Zukunftsforschung bildete. Rechnete die Wirtschaftsprognostik überhaupt zur Zukunftsforschung?

Die deutsche Nationalökonomie unterlag nach 1945 einer tiefgreifenden Ausdifferenzierung und Neuorientierung. Die Historische Schule, die auf eine Verbindung von Ökonomie, Geschichte, Soziologie und kulturellen Faktoren ausgerichtet war, wich nach 1945 dem Ordoliberalismus, der vor allem die institutionellen Grundlagen wirtschaftlichen Handelns in den Blick nahm und den Rahmen für eine stabile wirtschaftliche Ordnung schaffen wollte. Schon in 1950er Jahren aber verblasste der Ordoliberalismus in der Bundesrepublik und Westeuropa zugunsten angloamerikanisch beeinflusster mathematisch-quantitativ arbeitender, ökonometrischer Methoden.[1] Der Keynesianismus gewann – zunächst in Großbritannien, den Niederlanden und anderen westeuropäischen Ländern, dann auch in der Bundesrepublik – an Boden. Indem der Keynesianismus eine Stimulation der gesamtwirtschaftlichen Nachfrage und damit des Konjunkturver-

---

[1] Vgl. Nützenadel, Stunde, S. 27–62; Bertram Schefold, Der Nachklang der historischen Schule in Deutschland zwischen dem Ende des Zweiten Weltkrieges und dem Anfang der sechziger Jahre, in: Karl Acham/Knut Wolfgang Nörr/Bertram Schefold (Hrsg.), Erkenntnisgewinne, Erkenntnisverluste. Kontinuitäten und Diskontinuitäten in den Wirtschafts-, Rechts- und Sozialwissenschaften zwischen den zwanziger und den fünfziger Jahren, Stuttgart 1998, S. 31–70.

laufs durch staatliche Eingriffe und Investitionen guthieß, verband er sich auch mit einem wirtschaftspolitischen Steuerungsaspekt, der einen zumindest mittelfristigen Zeithorizont – durch eine kurzfristige Stimulation und eine folgende Einsparung der Mittel in der Hochkonjunktur – enthielt.[2] In diesem Kontext entwickelte sich eine empirische Wirtschaftsforschung, die sich in den fünfziger und sechziger Jahren in besonderer Weise im Bereich der Wirtschaftsprognostik profilierte und damit in gewisser Weise zu einer eigenen „Zukunftswissenschaft" avancierte.[3] Hierzu gehörten insbesondere die fünf großen Institute für angewandte Wirtschaftsforschung – das Deutsche Institut für Wirtschaftsforschung, das Kieler Institut für Weltwirtschaft, das Rheinisch-Westfälische Institut für Wirtschaftsforschung, das Hamburgische Welt-Wirtschafts-Archiv und das Ifo-Institut in München –, die sich seit den 1950er Jahren mit Konjunkturprognosen beschäftigten. Und hierzu gehörte auch der 1963 errichtete Sachverständigenrat zur Begutachtung der gesamtwirtschaftlichen Entwicklung, der mit seinen Jahresgutachten die wirtschaftliche Entwicklung in der Bundesrepublik prognostizierte.[4] Gleichwohl lässt sich Wirtschaftsprognostik sui generis in unserem Verständnis nicht zur Zukunftsforschung rechnen, denn die Wirtschaftsprognose wurde – sowohl von der Wirtschaftsforschung selbst als auch vom Feld der Zukunftsforschung – nicht als Teil der Zukunftsforschung wahrgenommen; sie stand im Zeichen anderer Selbstwahrnehmungen und Praktiken. Die Wirtschaftsprognostik, wie sie etwa das Ifo-Institut leistete, folgte nicht einem holistischen Verständnis, Zukunft (oder Zukünfte) in einer mittel- und langfristigen Perspektive mittels übergreifender, kybernetisch angelegter Methoden zu erforschen und zu gestalten. Hingegen dominierten hier die Konzentration auf die Ökonomie – und nicht ein holistischer Ansatz –, ein kurz- bis allenfalls mittelfristiger Zeithorizont und ein wirtschaftsmathematisches Instrumentarium, das man in der eigenen Fachtradition entwickelt hatte. Gleichwohl bildeten sich Schnittmengen, denn Akteure der empirischen Wirtschaftsforschung versuchten, sich zwischen Wirtschaftsprognostik und Zukunftsforschung anzusiedeln bzw. in die Zukunftsforschung auszugreifen. Dies gilt insbesondere für die schweizerisch-deutsche Prognos AG und das – an anderer Stelle zu skizzierende – Wickert-Institut für wirtschaftliche Zukunftsforschung.[5]

---

[2] Vgl. Peter A. Hall (Hrsg.), The Political Power of Economic Ideas. Keynesianism across Nations, Princeton 1989.

[3] Alexander Nützenadel, Die Vermessung der Zukunft. Empirische Wirtschaftsforschung und ökonomische Prognostik nach 1945, in: Hartmann/Vogel (Hrsg.), Zukunftswissen, S. 55–75, hier S. 55.

[4] Vgl. Ders., Wissenschaftliche Politikberatung in der Bundesrepublik. Die Gründung des Sachverständigenrats zur Begutachtung der gesamtwirtschaftlichen Lage (sic) 1963, in: VSWG 89 (2002), S. 288–306; Schanetzky, Ernüchterung, S. 56–81.

[5] Elke Seefried, Technikeuphorie und Konsumgesellschaft. Das Wickert-Institut für wirtschaftliche Zukunftsforschung (i.V.). Dieses Kapitel zieht auch Formulierungen aus einem bereits publizierten Aufsatz heran: Elke Seefried, Prognostik zwischen Boom und Krise. Die Prognos AG und ihre Zukunftsprognosen für die Entwicklung der Bundesrepublik in den sechziger und siebziger Jahren, in: Hartmann/Vogel (Hrsg.), Zukunftswissen, S. 76–106.

In der Gründungsgeschichte der Prognos AG bündelten sich zwei Strömungen der Nationalökonomie, nämlich eine integrativ angelegte „Politische Ökonomie" und die Ökonometrie. Für Erstere stand eine Strömung der jüngsten Historischen Schule, die sich um einen Kreis um den Nationalökonomen Edgar Salin und die Friedrich List-Gesellschaft gruppierte.[6] Salin, stärker noch als Georg Picht und Carl Friedrich von Weizsäcker ein „Jünger" des George-Kreises, hatte Nationalökonomie und Philosophie studiert und habilitierte sich als Schüler von Alfred Weber in Heidelberg mit einer Arbeit über Platon. 1927 nahm er einen Lehrstuhl für Nationalökonomie an der Universität Basel an. Salin vertrat einen integrativen Ansatz der Historischen Schule, der ökonomische, historische, soziologische und philosophische Aspekte mit statistischen Methoden zu verbinden trachtete. Er prägte den Begriff der „Politischen Ökonomie", die sich explizit gesellschaftlichen und politischen Problemstellungen öffnete und im Sinne eines freiheitlichen, aber staatsinterventionistischen Liberalismus für eine aktive Wirtschafts- und Sozialpolitik stand. Insofern nimmt es nicht wunder, dass es auch Anliegen Salins war, wissenschaftliche Expertise politikberatend einzubringen, und dies zeigte sich an seiner zentralen Rolle in der national-liberal orientierten Friedrich List-Gesellschaft der Weimarer Republik. Die Gesellschaft, der liberale und konservative Wissenschaftler und Politiker wie Theodor Heuss oder Johannes Popitz angehörten, hatte List als Vorläufer der Historischen Schule der Nationalökonomie zum Ahnherr gewählt, nicht zuletzt weil List, so Salin, seine Nationale Ökonomie mit dem Blick in die Zukunft verbunden habe. In diesem Sinne begriff es die Friedrich List-Gesellschaft als ihre Aufgabe, wissenschaftliche Erkenntnisgrundlagen für zukunftsorientierte Politik zu liefern und die Träger der Weimarer Republik zu beraten. Sie organisierte internationale Konferenzen mit Wissenschaftlern und Politikern, die sich brennenden Fragen im Schnittpunkt wirtschaftlicher und politischer Probleme wie jener der Reparationen widmete. Nach der NS-Machtübernahme löste sich die Gesellschaft auf; doch sie begründete sich 1955 als List-Gesellschaft unter Führung Salins in einer schweizerisch-deutschen Verbindung in Basel neu.[7] Der Gesellschaft angeschlossen war ein wirtschaftswissenschaftliches List-Institut.[8]

Die List-Gesellschaft und die Universität Basel bildeten auch den Rahmen für die Gründung der Prognos AG: Im Oktober 1959 rief eine konstituierende Generalversammlung aus dem Kreise der List-Gesellschaft in Basel die Aktiengesellschaft ins Leben. Teilhaber waren neben Salin u. a. der aus Deutschland emigrierte,

---

[6] Zu Salin Anton Föllmi, Edgar Salin – sein Leben und Denken, in: Georg Kreis (Hrsg.), Zeitbedingtheit – Zeitbeständigkeit. Professoren-Persönlichkeiten der Universität Basel, Basel 2002, S. 75–95; Bertram Schefold, Nationalökonomie als Geisteswissenschaft. Edgar Salins Konzept einer Anschaulichen Theorie, in: List Forum für Wirtschafts- und Finanzpolitik 18 (1992), S. 303–324; zur Friedrich List-Gesellschaft in der Weimarer Republik Hermann Brügelmann, Politische Ökonomie in kritischen Jahren. Die Friedrich List-Gesellschaft e.V. von 1925–1935, Tübingen 1956.

[7] Vgl. Brügelmann, Ökonomie, v. a. S. 15; 169–175; Nützenadel, Stunde, S. 29 f.

[8] Broschüre List-Institut (Hrsg.), List Gesellschaft, 1964, in: UB Basel, NL Salin, E 1.

nun in Princeton lehrende Ökonom Oskar Morgenstern, der mit John von Neumann in den USA die Spieltheorie begründet hatte, der Basler Ordinarius für Nationalökonomie Hans Guth, der Herausgeber der liberalen Basler „National-Zeitung" Fritz Hagemann und der Düsseldorfer Wirtschaftsprüfer Herbert Rätsch.[9]

Den Vorsitz im wissenschaftlichen Beirat übernahm Gottfried Bombach, ebenfalls Mitglied der List-Gesellschaft. Er verkörperte die zweite, offenkundig stärkere Prägelinie von Prognos, nämlich die ökonometrische Wirtschaftsforschung. Bombach war Schüler Erich Schneiders am Kieler Institut für Weltwirtschaft, der in Kiel eine Hochburg mathematischer Wirtschaftstheorie geschaffen und den Keynesianismus in Deutschland maßgeblich mit gefördert hatte. Bombach galt als wichtiger Vertreter der ökonometrischen Wirtschaftsforschung, welche vor allem mathematisch-quantitativ arbeitete, und der postkeynesianischen Wachstumstheorie, die den Keynesianismus um dynamische Überlegungen erweiterte und die mittel- und langfristigen Faktoren für wirtschaftliches Wachstum (technischer Fortschritt, Produktionsbedingungen usw.) erforschte.[10] Nach einer Tätigkeit beim Europäischen Wirtschaftsrat nahm Bombach 1957 einen Ruf nach Basel an und leitete hier das Institut für angewandte Wirtschaftsforschung, das mit Prognos und dem List-Institut in enger Verbindung stand.[11] Erste wissenschaftliche Mitarbeiter der AG, die 1971 75 Mitarbeiter beschäftigte, waren Schüler Salins wie Peter Rogge, der von 1962 bis Ende der siebziger Jahre als Geschäftsführer von Prognos agierte, und Dieter Schröder, der Bombach aus Kiel nach Basel gefolgt war und lange Jahre als stellvertretender Direktor von Prognos wirkte.[12]

Es war Ziel der Prognos AG als „Europäisches Zentrum für Angewandte Wirtschaftsforschung", Grundlagen für zukunftsorientierte Entscheidungen zu erarbeiten und dabei sowohl wirtschaftsberatend tätig zu sein als auch – in der Tradition der List-Gesellschaft – wissenschaftliche Expertise in die Politik zu tragen, dabei aber als Aktiengesellschaft unabhängig von der Politik zu bleiben. Zugleich

---

[9] Vgl. Aloys Schwietert, Prognos – ein Name, ein Programm, in: Heik Afheldt u. a. (Hrsg.), Das Phänomen Prognos. Ein Rückblick auf 40 Jahre Forschung und Beratung aus Anlass des 70. Geburtstages von Peter G. Rogge, Basel o. J., S. 9–12; Gottfried Bombach, Persönliche Erinnerungen, in: ebd., S. 13–27.

[10] Vgl. Gottfried Bombach, Erich Schneider – Mensch und Werk, in: Ders./Herbert Giersch (Hrsg.), Erich Schneider in memoriam. Ansprachen auf der akademischen Trauerfeier am 18. Juni 1971 im Institut für Weltwirtschaft an der Universität Kiel, Kiel 1971, S. 12–33; Ders., Zur Theorie des wirtschaftlichen Wachstums, in: Weltwirtschaftliches Archiv 70 (1953), S. 110–162; Nützenadel, Stunde, S. 75–80; Harald Hagemann, Wachstums- und Entwicklungstheorien. Vom Beginn der 1960er Jahre bis Ende der 1980er Jahre, in: Karl Acham/Knut W. Nörr/Bertram Schefold (Hrsg.), Der Gestaltungsanspruch der Wissenschaft. Aufbruch und Ernüchterung in den Rechts-, Sozial- und Wirtschaftswissenschaften auf dem Weg von den 1960er zu den 1980er Jahren, Stuttgart 2006, S. 187–212; Jürgen Kromphardt, Von der Globalsteuerung der Nachfrage zur Verbesserung der Angebotsbedingungen. Zu den Ursachen des Bedeutungsverlusts des Keynesianismus, in: ebd., S. 301–333.

[11] Vgl. Nützenadel, Stunde, S. 75 f.

[12] Vgl. Bombach, Erinnerungen, S. 13; Aloys Schwietert, Die 60er Jahre. Prognosen werden hoffähig, in: Afheldt u. a. (Hrsg.), Phänomen, S. 29–43, hier S. 31; Abkommen der Gesellschafter, 31. 3. 1970, in: UB Basel, NL 114, Fa 3453–3461.

sollte der wissenschaftliche Nachwuchs Gelegenheit erhalten, die erworbenen theoretischen Kenntnisse in der Beratungspraxis zu erproben. Der Fokus der AG war ein europäischer, da man für die EG-Kommission und Schweizer Unternehmen sowie Kantone arbeitete, doch richtete sich das Augenmerk von Prognos besonders auf die Bundesrepublik. Dies erklärt sich nicht nur aus der deutschen Herkunft der Gründerfiguren wie Salin, Bombach oder Rogge, sondern auch aus dem im Vergleich zur Schweiz größeren Beratungsmarkt.[13]

Das Selbst- und Planungsverständnis der Gründerfiguren zeigte sich in deren Beiträgen zur bundesrepublikanischen Diskussion um die Legitimation von Planung Anfang der 1960er Jahre.[14] Die List-Gesellschaft organisierte 1963 eine Tagung mit dem Titel „Planung ohne Planwirtschaft". Salin argumentierte, jede Politik bedeute Planung, und diese sei auch mit marktwirtschaftlichen Strukturen vereinbar. Bombach äußerte, für langfristige wirtschaftliche Strukturplanungen (im Bereich Infrastruktur, Bildung und Sozialeinrichtungen) benötige man Wachstumsprognosen über die mittel- und langfristige strukturelle Entwicklung. Diese könnten nicht exakt sein, insbesondere wenn es sich um langfristige Projektionen über ein oder zwei Jahrzehnte handelte, so musste Bombach zugestehen. Aber Wachstumsprognosen mit Sektorendifferenzierung könnten doch „ein gutes Abbild der tatsächlichen Entwicklung"[15] liefern. Diese Prognosen seien durch wissenschaftliche Institute „in aller Stille" zu erarbeiten[16]. Weniger auf die Öffentlichkeit zielte also Prognos ab, sondern auf Entscheidungsträger in Politik und Wirtschaft, denen Arkanwissen geliefert werden sollte. Mit diesem Wissen sollten Entscheidungsträger im Sinne eines Frühwarnsystems strukturelle Probleme rechtzeitig erkennen können.

Anfang der 1960er Jahre erstellte Prognos Marktanalysen für große Unternehmen wie AEG und VW. Zugleich fand die AG den Einstieg in die Politikberatung. Nachdem Edgar Salin 1960 auf dem Deutschen Städtetag in Augsburg für eine „Formung der Stadt" geworben hatte[17], erhielt Prognos Aufträge von mehreren bundesdeutschen Städten – unter anderem Augsburg – für Basisstudien über kommunale Wirtschafts- und Bevölkerungsentwicklungen. Hierbei operierte man mit einem ökonometrischen, iterativ (also mehrschleifig) angelegten und

---

[13] Vgl. Schwietert, Prognos, S. 9; Föllmi, Salin, S. 91 f.
[14] Vgl. Nützenadel, Stunde, S. 214–222, 234–244; Metzler, Konzeptionen, S. 225–231; Kapitel X.1.
[15] Gottfried Bombach, Über die Möglichkeiten wirtschaftlicher Voraussage, in: Kyklos 15 (1962), S. 29–67, hier S. 41; vgl. Edgar Salin, Planung – der Begriff, seine Bedeutung, seine Geschichte, in: Alfred Plitzko i.A. der List Gesellschaft (Hrsg.), Planung ohne Planwirtschaft. Frankfurter Gespräch der List-Gesellschaft, 7.–9. Juni 1963, Basel, Tübingen 1964, S. 2–11; Ders., in: Planung in der freien Marktwirtschaft. Bergedorfer Gesprächskreis zu Fragen der freien industriellen Gesellschaft. Referent: Edgar Salin, Diskussionsleiter: Gottfried Bombach, Hamburg 1964, S. 5–9.
[16] Gottfried Bombach, Einführung. Rahmenplan oder Zahlenzwang?, in: Plitzko (Hrsg.), Planung, S. 46–55, hier S. 49.
[17] Edgar Salin, Urbanität, in: Erneuerung unserer Städte. Vorträge, Aussprachen und Ergebnisse der 11. Hauptversammlung des Deutschen Städtetages, Augsburg, 1.–3. Juni 1960, Stuttgart/Köln 1960, S. 9–34, Zit. S. 34.

damit Rückkopplungsprozesse integrierenden Modell, das sich bewährte und in der Folge als spezifische Modellierung geradezu Markenkern von Prognos werden sollte. Das Modell berücksichtigte nämlich Struktur- und Standortfaktoren gleichermaßen; es prognostizierte also die Entwicklung von Wertschöpfung und Arbeitsplatzangeboten in Wirtschaftssektoren und Industriezweige aufgeteilt, aber auch regionale Dispositionen. Hinzu kamen ab Mitte der 1960er Jahre Expertisen für Länderregierungen und die Bonner Bundesregierung, die sich mit Modellierungen und quantitativen Szenarien im Bereich der Bildungsplanung, der Forschungs- und Umweltplanung beschäftigten, also weit über das genuin ökonomische Feld hinausgriffen.[18]

Ferner erstellte Prognos Grundlagenreports zur ökonomischen und demographischen Entwicklung in der Bundesrepublik. Aus den Regionalstudien erstellte die Prognos-Arbeitsgruppe „Allgemeine Wirtschaftsforschung" Daten und Modell für die Prognos-Deutschlandreports, welche die wirtschaftliche und demografische Entwicklung in der Bundesrepublik prognostizierten. Mit ihnen konnte der interne Bedarf an Grundlagenprognosen für Teilstudien gedeckt werden, und die Reports ließen sich ebenso an Unternehmen und öffentliche Körperschaften verkaufen.[19] Zunächst erschien 1962 nach mehrmonatigen Recherchen eines Forscherteams in Statistischen Landesämtern und im Statistischen Bundesamt eine Studie für die Regionalplanung über die wirtschaftliche und demographische Entwicklung in städtischen Gebieten 1950 bis 1975, dann 1965 der erste Prognos-Report: „Die Bundesrepublik Deutschland 1980".[20] Man trat hier also an die Öffentlichkeit, trug aber einem spezifischen Verständnis von Adressaten Rechnung, indem man sich nur an die Zielgruppe der „Entscheidungsträger" richtete. Die Regulierung erfolgte über den Preis: Der erste Band mit 216 Tabellen und 90 Seiten Text, von dem Prognos 116 Exemplare verkaufte, kostete stolze 2800 DM.[21] Bis Ende der siebziger Jahre folgten drei weitere Reports, welche jeweils einen Prognosehorizont von zwölf bis 15 Jahren besaßen. Ab 1971 traten ferner „Euro-Reports" hinzu.[22]

---

[18] Vgl. Schwietert, Jahre, S. 32–34; vgl. zu einem Prognos-Gutachten für den Wirtschaftsraum Augsburg, das eine Zunahme der Beschäftigten im tertiären Bereich bis 1980 und einen Rückgang der Textilindustrie prognostizierte, Protokolle Stadtplanungsamt 2.9. und 27.9.1966, in: StadtAA, 53, 316; zur Bundesregierung Kapitel X.2 und 3.

[19] Vorschau auf den prognos report nr. 3, in: BAK, B 138, 6231; „Prognos"-Prognose. Trist im Revier, in: Der Spiegel, H. 27, 27.6.1966, S. 26.

[20] Vgl. Die wirtschaftliche und demographische Entwicklung in der Bundesrepublik Deutschland und in den Bundesländern 1950 bis 1975. Arbeitsgruppe Stadtentwicklung der Prognos AG, Basel 1962; Schwietert, Jahre, S. 32–34.

[21] Vorschau auf den prognos report nr. 3, in: BAK, B 138, 6231; „Prognos"-Prognose. Trist im Revier, in: Der Spiegel, H. 27, 27.6.1966, S. 26.

[22] Vorschau auf den prognos report nr. 3; Prognos, Aloys Schwietert, an BM für wissenschaftliche Forschung, 2.5.1969, beides in: BAK, B 138, 6231; Schwietert, Jahre, S. 34 f.; vgl. Prognos AG, Prognos Report Nr. 1: Die Bundesrepublik Deutschland 1980. Die Entwicklung von Wirtschaft und Bevölkerung in der Bundesrepublik und den Bundesländern 1950–1980. Bearbeitet von Aloys Schwietert/W. Uebe unter Mitarbeit u. a. von Dieter Schröder, Basel 1965; Prognos AG, Prognos Report Nr. 5: Die Bundesrepublik Deutschland 1985. Die Entwicklung

Damit lieferte Prognos – ganz Salins integralem Verständnis von Ökonomie entsprechend – nicht nur Wirtschaftlichkeitsrechnungen für Unternehmen, sondern produzierte Zukunftswissen für vielerlei Verwendungszusammenhänge. Zweifellos war der Prognos-Führung Mitte der 1960er Jahre bewusst geworden, wie sehr die Prognose mit dem neuen Zeitgeist der Zukunft harmonierte. Dies zeigte sich auch darin, dass Geschäftsführer Rogge und das langjährige Mitglied der Geschäftsleitung Heik Afheldt 1968 aktive Mitglieder der – noch darzustellenden – Gesellschaft für Zukunftsfragen wurden, die sich explizit als Plattform der bundesdeutschen Zukunftsforschung verstand. Ebenso manifestiert es sich darin, dass Prognos im gleichen Jahr eine Tagung zur „Langfristplanung" in der Industrie veranstaltete, an der Karl Steinbuch den Schlussvortrag hielt.[23] Zugleich weitete Prognos das Spektrum der bearbeiteten Gegenstände auf Felder der Bildungs-, Forschungs- und Umweltplanung aus, und man erweiterte das methodische Instrumentarium auf Simulationsmodelle, welche etwa die Entwicklung von Schülerzahlen in verschiedenen Schulformen und den entsprechenden Personalbedarf modellierte und mit dem iterativen Ansatz Rückkopplungen in die Modellierung einbezog; hinzu kamen Szenarien, die spieltheoretische Ansätze integrierten. Man griff damit von der angewandten Wirtschaftsforschung in die Zukunftsforschung aus.[24]

Betrachtet man die Prognos-Deutschlandreports, so arbeitete Prognos in den 1960er Jahren im Zeichen eines empirisch-positivistischen Wissenschaftsverständnisses. Man war gewiss, dass die zukünftige Entwicklung von Wirtschaft und Gesellschaft prognostizierbar und damit die Zukunft der Bundesrepublik planbar war, wenn die Entscheidungsträger in Wirtschaft und Politik die entsprechenden strukturellen Daten berücksichtigten. Der Prognos-Report 1965 betonte einleitend: „Die Erkenntnis in die Notwendigkeit und der Wille, weitreichende Investitionsentscheidungen nur von einer möglichst rationalen Entscheidungsgrundlage aus zu fällen, setzen sich in der privaten Wirtschaft und öffentlichen Verwaltung in den letzten Jahren immer mehr durch. Entsprechend steigt das Bedürfnis nach zuverlässigen, aktuellen und möglichst spezifizierten Planungsunterlagen. [...] Hierfür notwendige Basisinformationen bietet der prognos report."[25] Jede mak-

von Wirtschaft und Bevölkerung in der Bundesrepublik und den Bundesländern 1960–1985. Bearbeitet von Detlef Franzen/Aloys Schwietert u. a., Basel 1973; Prognos AG, Prognos Report Nr. 7: Die Bundesrepublik Deutschland 1980, 1985, 1990. Die Entwicklung von Wirtschaft und Bevölkerung in der Bundesrepublik und den Bundesländern 1960–1990. Bearbeitet von Detlef Franzen/Peter Hofer/Otakar Kurz unter Mitarbeit u. a. von Dieter Schröder, Basel 1976; Prognos AG, Prognos Report Nr. 9: Die Bundesrepublik Deutschland 1985, 1990, 1995. Die Entwicklung von Wirtschaft und Bevölkerung in der Bundesrepublik und den Bundesländern 1966–1995. Bearbeitet von Christel Bergmann u. a., Basel 1979.

[23] Zur Gesellschaft für Zukunftsfragen Kapitel IX.4; zur Konferenz Prognos, Rogge, an Steinbuch, 30. 8. und 26. 9. 1968, in: KITA, NL Steinbuch, 13.

[24] Vgl. Schwietert, Jahre; Heik Afheldt, Prognos: 50 Jahre auf der Suche nach der besseren Zukunft, in: Christian Böllhoff/Hans J. Bahrdt (Hrsg.), Der Zukunft auf der Spur. Analysen und Prognosen für Wirtschaft und Gesellschaft. Festschrift zum 50. Jubiläum, Stuttgart 2009, S. 3–16, hier S. 4–8; Bombach, Erinnerungen, S. 13–27; siehe auch Seefried, Experten.

[25] Prognos Report Nr. 1, S. 1.

roökonomische Prognose müsse zwar davon ausgehen, dass man mit nationalökonomischen Modellen den Wirtschaftsablauf nicht völlig erklären könne. Eine weiterhin gültige Stabilität bestimmter Beziehungen zwischen den Aggregaten des Wirtschaftskreislaufs müsse vorausgesetzt werden, wobei Stabilität nicht Konstanz, aber eine Stetigkeit der Veränderung bedeute, so dass auch Modifikationen der Parameter eingeschlossen werden könnten. Das Fehlerrisiko werde dabei umso geringer, je höher der Aggregationsgrad der analysierten und prognostizierten Daten sei.[26] Dabei arbeitete Prognos mit iterativen Systemanalysen und -prognosen. Man stützte sich also nicht auf Trendextrapolationen, welche Entwicklungen der Vergangenheit linear fortschrieben, und auch nicht auf rein statistisch-mathematische Modelle, sondern ging mehrstufig vor. Zunächst legte das Bearbeiterteam Variablen für die wirtschaftliche und demographische Entwicklung fest und prognostizierte deren Entwicklung mit Hilfe sowohl ökonometrischer Verfahren als auch qualitativer Szenariotechniken, um diese dann in einem iterativen Anpassungsprozess zu verknüpfen, so dass Querverbindungen und – im kybernetischen Sinne – Rückkopplungseffekte einbezogen werden konnten.[27] Angebots- und Nachfrageprognosen wurden parallel erstellt, also auf der einen Seite die Entstehungsrechnung (die Schätzung von Produktionszahlen in den Basissektoren und in anderen Produktionssektoren, die Prognose der Produktivität des Wachstums und der Verteilungsrechnung), auf der anderen Seite die Verwendungsrechnung (also privater Verbrauch, Staatsverbrauch, private Investitionen und Auslandsnachfrage), die Bevölkerungsentwicklung sowie die Arbeitsmarktsituation.[28]

Prognos kam in den 1960er Jahren zu optimistischen Voraussagen, die das starke Wachstum der 1950er Jahre nicht in seiner exponentiellen Form fortschrieben, aber – ähnlich wie der Sachverständigenrat und der interministerielle Arbeitskreis von Gutachtern im Bundeswirtschaftsministerium – von hohen Zuwachsraten des Bruttosozialprodukts ausgingen. Prognos ermittelte im ersten Report von 1965 Wachstumsraten zwischen 4,5 und 4% für 1970 bis 1980. Die Wachstumsschwäche der 1970er Jahre, die ja nicht nur auf exogene Auslöser wie die Ölkrise 1973 zurückzuführen war, sondern auch auf strukturelle Ursachen wie die Krise der Stahlindustrie und den technologischen Wandel, sollte Prognos also ebenso überraschen wie etwa den Arbeitskreis des Wirtschaftsministeriums oder den Sachverständigenrat.[29] Gleichwohl nahm Prognos den sektoralen Wandel explizit in den Blick: Der Prognos-Report von 1965 formulierte eine negative Prognose für die Stadtstaaten Hamburg und Bremen mit ihrer kriselnden Werftindustrie, und ähnlich skeptisch schätzte man die Entwicklung der Kohleförderung an Ruhr

---

[26] Vgl. Prognos Report Nr. 5, S. 29 f.
[27] Vgl. Prognos Report Nr. 1, S. 4–16; Prognos Report Nr. 5, S. 29–31. Zum ähnlichen Vorgehen des Sachverständigenrates, der allerdings mit einer Zielprojektion arbeitete, Nützenadel, Stunde, S. 328–330.
[28] Vgl. Prognos Report Nr. 5, S. 32 f.; vgl. ähnlich Prognos Report Nr. 1, S. 4–16.
[29] Vgl. Prognos Report Nr. 1, S. 48; vgl. Statistisches Bundesamt (Hrsg.), Datenreport 1992, S. 266–268; zu diesem Komplex profund Schanetzky, Ernüchterung, S. 188 f.

und Saar ein, die aber durch eine dynamische Entwicklung anderer Regionen ausgeglichen werde. Überrascht zeigte sich Prognos 1973 von der raschen Freisetzung von Arbeitskräften in der Landwirtschaft, die man 1965 in dieser Dynamik nicht erwartet hatte.[30] Der grundsätzlich hohen Zunahme der Produktion sah Prognos 1965 ein „außerordentlich verlangsamtes Wachstum der Erwerbstätigkeit" gegenüber: Arbeitskräfte würden vor allem in den fünf Jahren von 1965 bis 1970 und dann bis 1975 so knapp wie nie zuvor. Grund seien die noch geburtenschwächeren Jahrgänge der beiden Weltkriege und der Weltwirtschaftskrise. Diese Entwicklung werde auch von den steigenden „Gastarbeiter"-Zahlen nicht aufgefangen. Erst nach 1970 sah man aus der natürlichen Bevölkerungsentwicklung wieder ein steigendes Angebot an Arbeitskräften entspringen, so dass die Zahl der Erwerbstätigen dynamisch wachse.[31] Im Hinblick auf die demographische Entwicklung wurde der soziale und kulturelle Wandel der sechziger Jahre – der Wandel der Geschlechterverhältnisse und -wahrnehmungen, die wachsende Berufstätigkeit der Frau, aber auch die Folgen der „Pille" – im Prognos-Report von 1965 noch nicht registriert. Mithin prognostizierte dieser eine leicht steigende Fruchtbarkeitsziffer: Die Bevölkerung werde – angesichts der fallenden Sterbeziffer – 1970 auf 61,4 Millionen, 1980 auf 64,2 Millionen wachsen. 1973 sah das Prognos-Team die Bevölkerungsprognosen als stark revisionsbedürftig an: Man konstatierte, dass hier durch Wertewandel, Empfängnisverhütung und die zu erwartende Reform des § 218 Veränderungen anstünden, die schwer abzuschätzen seien; Prognos ging nun nur von konstanten Fruchtbarkeitsziffern ab 1970 aus, wonach jede Frau knapp zwei Kinder bekommen werde. Deshalb werde die Bevölkerung angesichts der steigenden Besetzung der relevanten Frauen-Altersklassen leicht, angesichts der Wanderungsgewinne durch den Zuzug von „Gastarbeitern" erkennbar wachsen (1985 mit Wanderungen auf 62,8 Millionen).[32]

Mithin atmeten die Prognos-Deutschlandreports der 1960er Jahre einen fortschrittsoptimistischen, auf wirtschaftliches Wachstum orientierten Geist, der im Verhältnis zur Paradigmengruppe der Zukunftsforschung geradezu einen flagranten Optimismus in Bezug auf die epistemologischen Grundlagen eigener Untersuchungen spiegelte. Prognos, das mit einem komplexen, iterativen Prognosemodell arbeitete, zeigte sich gewiss, dass die Kombination ökonometrischer und kybernetisch inspirierter systemanalytischer Methoden gesichertes und objektives wissenschaftliches Wissen produziere. Dabei rechnete die Prognos-Gruppe trotz aller ermittelten Strukturprobleme mit konstanten Wachstumsraten in der Bundesrepublik.

Dies änderte sich im Nachgang der Öl- und Wirtschaftskrise 1973/74, welche das Bruttosozialprodukt 1975 schrumpfen ließ, grundlegend. Nachdem sich die Wachstums-Prognosen von Prognos, aber auch der großen Wirtschaftsfor-

---

[30] Vgl. Prognos Report Nr. 5, S. 19f., 42.
[31] Von 1961 26,5 Millionen auf 1970 27,0 Millionen (also mit 2% Zuwachs) und 1980 28,5 Millionen (also mit 5,4% Zuwachs), vgl. Prognos Report Nr. 1, S. 95.
[32] Vgl. Prognos Report Nr. 5, S. 14, 34–38.

schungsinstitute allesamt als Makulatur erwiesen hatten[33], zeigte das Institut plötzlich Zurückhaltung, ja Selbstkritik. So thematisierte der Prognos-Report von 1976 für die 1980er Jahre tiefgreifende sozialstrukturelle Veränderungen. Durch die Emanzipation und berufliche Tätigkeit der Frau seien die Fruchtbarkeitsziffern rückläufig, die Bevölkerungszahl sänke. Die Fruchtbarkeitsziffern würden sich wohl auf dem Niveau von 1974 einpendeln, aber die Bevölkerung werde durch die Verminderung der ausländischen Bevölkerung auf 59,7 Millionen im Jahr 1980 (57,9 Millionen in 1985) schrumpfen. Als Folge dieser Entwicklung würden Beitragszahler im Rentenversicherungssystem stärker belastet. Diese in der heutigen Diskussion zentrale Konsequenz des demographischen Wandels geriet nun ins Blickfeld der Prognos-Forschergruppe.[34]

Prognos sah nun zudem ein „Gastarbeiterproblem" voraus, welches aufgrund unterschiedlicher Kulturkreise zu einer „Massenkonfrontation", ja „politischen Radikalisierung" führen werde; man empfahl, die Zahl der „Gastarbeiter" zu verringern oder – was mit dem Anwerbestopp 1973 ja bereits entschieden war – höchstens zu belassen.[35] Im Hinblick auf den Arbeitsmarkt betrachtete man nun – wie auch andere Wirtschaftsforschungsinstitute ab 1975/76 – Vollbeschäftigung als illusorisch. Durch die geburtenstarken Jahrgänge und die wachsende Berufstätigkeit der Frau drängten mehr Menschen auf den Arbeitsmarkt; damit würden 1985 knapp eine Million Menschen und 1990 – nachdem der Bevölkerungsrückgang greife – noch 460 000 Menschen arbeitslos sein. Auch das Wachstum werde sich weniger dynamisch entwickeln: Wegen Sättigungstendenzen der Nachfrage nach dauerhaften Konsumgütern prognostizierte man ein Abflachen des Wachstums auf jährlich etwa 3,4% – und lag damit noch unter den Projektionen etwa des Wirtschaftsministeriums.[36] Zudem verwies man nun – ganz im Gegensatz zu den Reports der 1960er Jahre – auf kommende Umweltprobleme und die Begrenzung weltweiter Rohstoffvorräte. Die Verschmutzung durch Schadstoffe wurde als so brisant gewertet, dass man selbst sehr restriktive Auflagen als nicht mehr ausreichend ansah: „man wird mehr und mehr auch zu Ansiedlungsverboten in einzelnen Regionen übergehen müssen."[37] Wie stark die Prognose im Kern eine Zeitdiagnose war, wurde gerade in diesem Umwelt-Aspekt und seiner Wahrnehmung in den 1970er Jahren deutlich.

Nicht nur stellte Prognos in den 1970er Jahren negativ perzipierte Entwicklungen in den Blickpunkt. Auch grundsätzlich erschienen Selbstbild und Anspruch der Prognostik erschüttert. Dies lässt sich an den einleitenden Ausführungen zur

---

[33] Vgl. Schanetzky, Ernüchterung; Geyer, Rahmenbedingungen, S. 50–53.
[34] Vgl. Prognos Report Nr. 7, S. 25; zur Bevölkerungsentwicklung in der BRD im Überblick Statistisches Bundesamt, Datenreport 1992, S. 38–42.
[35] Prognos Report Nr. 7, S. 25, 27.
[36] Vgl. ebd., S. 14–17, 25f. Zu den Wachstumsraten in der Bundesrepublik, die 1973 bis 1980 bei jährlich 2,2%, 1980 bis 1987 wegen der zweiten Ölpreiskrise bei 1,4% lagen, Geyer, Rahmenbedingungen, S. 51; Michael von Prollius, Deutsche Wirtschaftsgeschichte nach 1945, Göttingen 2006, S. 190.
[37] Prognos Report Nr. 7, S. 28.

1. Wirtschaftsprognostik als Zukunftsforschung: Die Prognos AG 323

Methode und zum Vorgehen in den Reports ablesen.[38] Im Report von 1976 betonte das Prognos-Team zwar die „relativ hohe Treffsicherheit" der bisherigen Reports[39], doch konzedierte man, dass Prognosen ihre Rechtfertigung nicht in einer „vermeintlichen Prognosemündigkeit der Sozialwissenschaften" fänden, sondern allein darin, dass unternehmerische und staatliche Entscheidungen häufig weit in die Zukunft reichten. Grundsätzlich sei durch veränderte Rahmenbedingungen, nämlich eine Verknüpfung konjunktureller und struktureller Problematiken, eine „wesentlich größere Unsicherheit" entstanden. Es wachse der Fehlerspielraum, je weiter man in die Zukunft vordringe, weshalb man in den Mittelfristprognosen in Intervallen von je fünf Jahren vorgehe (also 1976 für die Jahre 1980/1985/1990 prognostizierte).[40] Der Prognos-Report von 1979 bemängelte gar eine allgemeine „zunehmende Prognosegläubigkeit" der sechziger Jahre, welche „naiv" gewesen sei, da Prognosen immer nur Näherungswerte seien.[41] Prognos empfahl neben den kürzeren Intervallen nun Langfristprognosen, die den Mittelfristprojektionen von Prognos (auf 15 Jahre) vorgeschaltet werden müssten, Langfristprognosen, wie sie eben der Club of Rome entworfen habe „bei allen Vorbehalten, die gegenüber dem spekulativen Charakter solcher Zukunftsprojektionen oder gar -visionen anzumelden sind".[42] Die langfristigen Trends benannte Prognos nun zu Beginn als „Grundannahmen der Vorausschätzung".[43] Mithin wurde sich Prognos der Grundproblematiken von Prognostik, zumal in Zeiten wirtschaftlicher und kultureller Umbrüche, bewusst. In den Blickpunkt rückten nun die Kontingenz von Zukunft und die Überlegung, dass jede Prognose an Ausgangsannahmen gebunden war.

Mit Blick auf das „betont vorsichtig[e]" Szenario sprach das Prognos-Team 1976 Handlungsempfehlungen an die Politik aus, die sich am Konzept staatlicher Eingriffe in den Wirtschaftsprozess orientierten. 1967 habe die Globalsteuerung zum Wiedereinschwenken in den langfristigen Wachstumspfad wesentlich beigetragen. Man unterstelle, dass diese Instrumente auch weiterhin und eher noch wirkungsvoller als bisher (zum Beispiel durch bessere Einschätzung der Zeitverzögerung zwischen Maßnahme und Wirkung) eingesetzt würden.[44] Erforderlich seien weitere nachfrageorientierte Maßnahmen, unter anderen der Verzicht auf Protektionismus gegenüber Entwicklungs- und Schwellenländern und aktive Entwicklungshilfe, um Absatzmärkte für eigene Produkte zu schaffen. Man drang auch auf aktive Forschungsförderungs-, Technologie- und Bildungspolitik, also auf stärker angebotsorientierte Strukturpolitik.[45] Der Report von 1979 urteilte, Mitte der siebziger Jahre sei eine 25-jährige Epoche zu Ende gegangen, in der die

[38] Ebd., S. 12.
[39] Ebd., S. 23.
[40] Ebd., S. 24 und 19; vgl. S. 12, 19f.
[41] Prognos Report Nr. 9, S. 13.
[42] Prognos Report Nr. 7, S. 24.
[43] Prognos Report Nr. 9, S. 15–21.
[44] Prognos Report Nr. 7, S. 35, vgl. S. 33–35.
[45] Ebd., S. 39f.

Angebotsseite den limitierenden Faktor gebildet habe. In den nächsten zehn Jahren werde aber die Nachfrage den limitierenden Faktor darstellen. Dementsprechend habe man die Analyse umgestellt und in einem nachfrageorientierten Ansatz die Nachfragekomponenten als „Kernstück der Ergebnisse" zuerst geschätzt.[46] Prognos stand also im Gegensatz zum Sachverständigenrat, der 1977/78 einen grundlegenden Schwenk zu einer angebotsorientierten Politik vollzogen hatte[47]. Dies gründete in der Überlegung, die wachsende Internationalisierung auch als Chance für neue Absatzmärkte zu begreifen, lässt sich aber wohl auch mit Eigeninteresse erklären, da sich mit der notwendig aktiven Rolle des Staates, den die Nachfrageorientierung betonte, auch das Erfordernis prognostischer Beratung begründen ließ. Mithin standen die Prognos-Reports ab Mitte der siebziger Jahre im Zeichen der Zurückhaltung. Man betonte die Kontingenz und mangelnde Verbindlichkeit von Wissen gerade in Zeiten struktureller Umbrüche, ja räumte ein, dass sich Prognosen nicht von implizierten Ausgangsüberlegungen und normativen Bindungen lösen ließen. Damit reagierte man auf eine offenkundige Krise der (Wirtschafts)Prognostik, die ihren Glanz der 1960er Jahre verloren hatte.

2. Friedens- und Zukunftsforschung: Carl Friedrich von Weizsäckers Max-Planck-Institut in Starnberg und die Gesellschaft zur Förderung von Zukunfts- und Friedensforschung

Wie oben im Zusammenhang mit Carl Friedrich von Weizsäcker, Robert Jungk und Mankind 2000 gesehen, besaß die Zukunftsforschung erkennbare Schnittmengen mit der entstehenden Friedensforschung.[48] Dementsprechend verwundert es nicht, dass Institute mit einem dualen Charakter entstanden. In der Bundesrepublik war dies im Besonderen das Max-Planck-Institut zur Erforschung der Lebensbedingungen der wissenschaftlich-technischen Welt, das maßgeblich auf Carl Friedrich von Weizsäcker zurückging. Dieser hatte wie gesehen aus Protest über eine ventilierte atomare Bewaffnung der Bundeswehr 1957 die „Göttinger Erklärung" initiiert, die Friedensforschung in der Bundesrepublik mit begründet und aus der Beschäftigung mit Frieden und Technik heraus über die Zukunft des Menschen im technischen Zeitalter und ihre Erforschung reflektiert.

Von Weizsäckers Denkstil und Engagement speisten sich – auch dies wurde im Kapitel über ihn thematisiert – aus einem Denkkollektiv des intellektuellen Protestantismus, das sich um die Forschungsstätte der Evangelischen Studiengemein-

---

[46] Prognos Report Nr. 9, S. 12.
[47] Vgl. Schanetzky, Ernüchterung, S. 191 f.; Kromphardt, Globalsteuerung, S. 316–318.
[48] Vgl. Francis P. Hutchinson/Sohail Inayatullah, Futures Studies and Peace Studies, in: Nigel Young (Hrsg.), The Oxford International Encyclopedia of Peace. Volume 2, Oxford 2010, S. 174–180; Kapitel III.1 und 3 sowie IV.1.

schaft (FEST) formierte. Die Forschungsstätte mit Georg Picht an der Spitze vereinte einen Kreis an Intellektuellen und Wissenschaftlern. Diese befassten sich aus theologisch-philosophischen Erkenntnis- und Denkgrundlagen heraus mit den menschlichen Lebensbedingungen im technischen Zeitalter. Man ging davon aus, dass Christen eine Verantwortung für die politische Gestaltung der Welt trügen. Eine von der Evangelischen Studiengemeinschaft eingerichtete Kommission veröffentlichte 1959 unter Federführung Pichts und von Weizsäckers wie erwähnt die „Heidelberger Thesen". Ebenso trug das „Tübinger Memorandum", mit dem sich 1961 acht protestantische Intellektuelle und Wissenschaftler – darunter von Weizsäcker, Picht, Ludwig Raiser und Werner Heisenberg – an die bundesdeutschen Parteien wandten, die gedankliche Handschrift des Kreises um die Evangelische Studiengemeinschaft. Das Memorandum ging auch auf innenpolitische Fragen ein. Es forderte aber vor allem eine Außenpolitik, die am Ziel der Wiedervereinigung festhalte, doch mit dem Verzicht auf die Ostgebiete zu einer Normalisierung der Beziehungen zu den östlichen Nachbarn beitrage. Als ebenso notwendig sah man einen bundesdeutschen Verzicht auf Atomwaffen zur Sicherung des Friedens.[49] Die Forderung nach Anerkennung der Oder-Neiße-Linie war zu diesem Zeitpunkt geradezu revolutionär und auch in der Evangelischen Kirche höchst umstritten; doch im Kern nahm man hier die Grundgedanken des „Wandels durch Annäherung" vorweg und wirkte im Folgenden insbesondere in die SPD hinein. Grundsätzlich speiste sich das Memorandum aus dem Geist eines liberalen und bildungsbürgerlichen Protestantismus, der mehr politische Weit- und Umsicht einforderte; es kritisierte „fehlende Voraussicht", das Finassieren und Taktieren in der bundesrepublikanischen Politik, statt der Bevölkerung endlich unbequeme, aber unausweichliche Wahrheiten zu verkünden.[50] Unter dem Motto „Mehr Wahrheit in der Politik" formulierte der Kreis den doppelten Anspruch an die politische Elite, Konzeptionen und Handeln stärker normativ und zugleich rationaler, im Sinne eines ordnenden Vernunftverständnisses, anzulegen.

Hieraus entwickelte der Kreis um von Weizsäcker Überlegungen zur notwendigen Verwendung wissenschaftlichen Wissens in der Politik. Mit der „Herrschaft der Wissenschaft über unsere geschichtliche Welt" bedürfe die Politik der „Hilfe der wissenschaftlich geschulten Vernunft". Die Struktur der Wissenschaft, ihre „Rationalität, ihre funktionale Verknüpfung, ihre Spezialisierung, ihre objektivierende Methode und ihr rastloser Fortschritt" prägten mehr und mehr auch die Organisation der Gesellschaft und die Methoden der Politik.[51] Zugleich müsse sich die Wissenschaft in einem dialektischen Prozess ihrer eigenen Bedingungen bewusst werden, um als Kraft der Aufklärung und der Vernunft wirken zu kön-

---

[49] Vgl. Martin Greschat, „Mehr Wahrheit in der Politik!". Das Tübinger Memorandum von 1961, in: VfZ 48 (2000), H. 3, S. 491–513. Das Memorandum unterschrieben neben den bereits Genannten Günter Howe, der Jurist und Bildungsforscher Hellmut Becker, Präses D. Joachim Beckmann und der Intendant Klaus von Bismarck.

[50] Tübinger Memorandum (1961), in: von Weizsäcker, Der bedrohte Friede, S. 107–114, hier S. 108.

[51] Picht, Laudatio, Zit. S. 41 f.; vgl. Rudloff, Picht.

nen.[52] In einem platonischen Verständnis sahen von Weizsäcker und Picht den Wissenschaftler als unabhängigen, weisen Berater der Politik. Der Wissenschaftler müsse als „Wächter" mit dem fünfzigsten Lebensjahre den „Staat, die einzelnen und sich selbst zur Ordnung führen", so zitierte Picht Platon 1963 in einer Laudatio auf von Weizsäcker – der soeben sein 50. Lebensjahr vollendet hatte.[53]

Diese Stimme wurde durchaus gehört: Picht beriet in den 1960er Jahren das Baden-Württembergische Kultusministerium, und von Weizsäcker, der ja schon in den 1950er Jahren Mitglied der Deutschen Atomkommission gewesen war, stieß in der Folge eine Ausweitung der bundesdeutschen Politikberatung selbst mit an. Ein Ausgangspunkt war ein Treffen zahlreicher bundesdeutscher Wissenschaftler, Wissenschaftsfunktionäre und Politiker mit amerikanischen Kollegen aus den Think-Tanks und dem President's Science Advisory Committee Anfang 1967 im von Werner Heisenberg geleiteten Max-Planck-Institut für Physik in München. Hier sollten Fragen und Formen der wissenschaftlichen Politikberatung diskutiert werden.[54] Von Weizsäcker, der mit Picht teilnahm[55], wurde anschließend – wie auch Raiser – Mitglied im 1967 geschaffenen Beratenden Ausschuss für Forschungspolitik des Bundesministeriums für wissenschaftliche Forschung und warb hier für eine intensivierte wissenschaftliche Politikberatung der Bundesregierung.[56]

Eine Institution, die bereits seit 1959 wissenschaftliches Wissen für Öffentlichkeit und Politik aufbereitete, war die Vereinigung Deutscher Wissenschaftler (VDW). Wie oben erwähnt, hatte von Weizsäcker an deren Begründung mitgewirkt. Ein Kreis bundesdeutscher Wissenschaftler, fast alle Physiker und Unterzeichner der „Göttinger Erklärung", rief auf einer Tagung des Verbandes Deutscher Physikalischer Gesellschaften die VDW als Pendant zur amerikanischen Federation of Atomic Scientists und bundesdeutsche Gruppe der Pugwash-Bewegung ins Leben. Aus dem Kontext der Friedensforschung entstanden, begriff es die VDW als ihre Aufgabe, interdisziplinär „die Auswirkungen wissenschaftlicher und technischer Entdeckungen auf die menschlichen Lebensbedingungen im Interesse einer möglichst frühzeitigen Wahrnehmung von Fehlentwicklungen zu untersuchen" und das „Bewusstsein sowohl der in Forschung und Entwicklung Tätigen als auch der Öffentlichkeit für die Folgen wissenschaftlich-technischer Entwicklungen zu schärfen". Mit der Forschungsstätte der Evangelischen Studien-

---

[52] Vgl. Picht, Laudatio, S. 44; von Weizsäcker, Sachfragen, in: Ders., Gedanken, S. 55–57.
[53] Picht, Laudatio, S. 45.
[54] MPI für experimentelle Medizin, Friedrich Cramer, an Georg Picht, 10.4.1967, in: BAK, N 1225, 110; vgl. Seefried, Verantwortung; Ariane Leendertz, Ein gescheitertes Experiment. Carl Friedrich von Weizsäcker, Jürgen Habermas und die Max-Planck-Gesellschaft, in: Klaus Hentschel/Dieter Hoffmann (Hrsg.), Carl Friedrich von Weizsäcker. Physik – Philosophie – Friedensforschung, Halle 2014, S. 243–262; zu Pichts Beratertätigkeit Rudloff, Picht.
[55] Picht an Peter Menke-Glückert, 26.1.1967, in: BAK, N 1225, 110; Kurt Birrenbach an Carl Friedrich von Weizsäcker, 3.5.1967, in: ebd., 111.
[56] Ebd.; Ludwig Raiser und Carl Friedrich von Weizsäcker, Entwurf einer Neufassung Vorlage 50/69, 18.4.1969, bei Raiser an Bundesminister Gerhard Stoltenberg, 30.9.1969, in: BAK, N 1287, 28.

gemeinschaft war die VDW verknüpft – schließlich war die Evangelische Kirche auch einer der größten Geldgeber der VDW.[57]

Stand zunächst die Information der Mitglieder und einer akademischen Öffentlichkeit im Mittelpunkt, so konnte die VDW Anfang der 1960er Jahre mit einem publizierten Memorandum zum mangelhaften Zivilschutz im Falle eines Krieges Einfluss auf die Gesetzgebung zum Luftschutzbau nehmen. In der Folge richtete die VDW auf Drängen von Weizsäckers und unterstützt von der Volkswagenstiftung eine kleine Forschungsstelle in Hamburg ein, um die wissenschaftliche Politikberatung zu professionalisieren. Doch Mittel und Umfang der Forschungsstelle wurden rasch knapp; ein größeres Institut sollte die wissenschaftlichen Arbeitsmöglichkeiten verbessern.[58]

Von Weizsäcker und sein Kreis nahmen deshalb spätestens 1967 Planungen zu einem Max Planck-Institut zur Erforschung der Lebensbedingungen der wissenschaftlich-technischen Welt auf. Das Institut sollte nach den gesellschaftlichen Folgen wissenschaftlicher und technologischer Entwicklungen fragen; dies war im Bereich der Weltpolitik die neue Waffentechnik, ferner die Bevölkerungsentwicklung und Welternährung aufgrund von Fortschritten in Medizin und Hygiene sowie die Entwicklung von Wirtschaft und Gesellschaft im Zeichen neuer Technologien. Das Wachstum von Wissenschaft und Technik sei zu fördern, aber die ambivalenten Folgen, die Chancen und Gefahren dieser Entwicklungen müssten abgeschätzt werden, um die Verantwortung für das Leben der Menschheit tragen zu können und einen Raum der Freiheit inmitten der „technokratisch verwalteten Welt" zu sichern. Dabei gehe es nicht nur darum, so ein Papier des Kreises für die Max-Planck-Gesellschaft und das Forschungsministerium, Informationen über den Stand und die mutmaßliche Entwicklung der entscheidenden Faktoren in Gesellschaft, Technik und Wissenschaft zu erhalten, sondern dies mit einer „präzisen geistigen Durcharbeitung der Struktur der technischen Welt" zu verknüpfen. Man wolle empirisches Material erheben, es theoretisch ordnen, hieraus Prognosen „versuche[n]" und mit der Erfahrung vergleichen. Die konkreten Arbeitsthemen und Methoden des Instituts blieben zunächst vage: Es sollte seine Themen völlig frei wählen können, sich zum einen mit neuen Grundwissenschaften wie Spieltheorie und Kybernetik und ihrem Verhältnis zu anderen Wissenschaften beschäftigen; zum anderen werde es auch „spezielle konkrete Themen von direkter praktischer Relevanz behandeln", wie eben Fragen der kommenden Welternährung, Waffentechnik, Strukturprobleme hochindustrialisierter Gesellschaften und *Technological Forecasting*. Es solle eine anregende, vermittelnde und

---

[57] Vereinigung Deutscher Wissenschaftler VDW. Aufgaben, Struktur, Satzung, Mitglieder. Informationsschrift (1980), in: JBZ, NL Jungk; vgl. Kraus, Vereinigung; Wasmuht, Geschichte, S. 68–71; Carl Friedrich von Weizsäcker, Gedanken zum Arbeitsplan, S. 197f.; Koppe, Geschichte, S. 32f.

[58] Vereinigung Deutscher Wissenschaftler e.V., Ziviler Bevölkerungsschutz heute, Frankfurt a. M. 1962; vgl. Kraus, Uranspaltung, S. 311–321; Dies., VDW, S. 35–65; Neuneck/Schaaf, Geschichte und Zukunft; Klaus Gottstein, Erinnerungen an Pugwash und an die Rolle der VDW als deutsche Pugwash-Gruppe, in: ebd., S. 39–51.

koordinierende Funktion ausüben und dabei insbesondere der internationalen Zusammenarbeit eine zentrale Bedeutung beimessen.[59]

Der Kreis um von Weizsäcker wendete sich an die Max-Planck-Gesellschaft, weil man mit dieser eng vernetzt war: Von Weizsäcker hatte bis 1957 dem Max-Planck-Institut für Physik angehört, Werner Heisenberg war Direktor dieses Instituts und Vizepräsident der Max-Planck-Gesellschaft, und der Jurist und Bildungsforscher Hellmut Becker, nach 1945 Strafverteidiger Ernst von Weizsäckers, hatte 1963 das MPI für Bildungsforschung begründet. Auch deshalb wurde der Kreis in den 1960er Jahren als einflussreiche „protestantische Mafia" bezeichnet.[60] Zudem versprach ein MPI – im Sinne des Harnack-Prinzips der Max-Planck-Gesellschaft, das sich an besonderen Forscherpersönlichkeiten orientierte – große Handlungsfreiheiten für von Weizsäcker.[61] Den Vorschlag unterzeichneten mehrere Senatoren der Max-Planck-Gesellschaft, darunter zwei Mitautoren des Tübinger Memorandums, Heisenberg und Klaus von Bismarck, Intendant des WDR und Vorstandsmitglied des Deutschen Evangelischen Kirchentages. Aktive Unterstützung erhielt von Weizsäcker zudem vom Präsidenten der MPG Adolf Butenandt, einem Sympathisanten des Tübinger Memorandums[62], und Generalsekretär Friedrich Schneider[63].

Obwohl das geplante Institut von der informierten Presse als „Institut für Zukunftsforschung" oder „Futurologie" wahrgenommen wurde[64], wollte von Weizsäcker es nur begrenzt unter dem Etikett Zukunftsforschung betrachten. Im An-

---

[59] Von Weizsäcker/Bargmann/Bismarck/Heimpel/Gerlach/Heisenberg, Vorschlag zur Gründung eines Max-Planck-Institus zur Erforschung der Lebensbedingungen der wissenschaftlich-technischen Welt, 1.11.1967, in: BAK, B 196, 7168; nur wenig konkreter von Weizsäcker, Ergänzungen zu dem Antrag auf Gründung eines Max-Planck-Instituts zur Untersuchung der Lebensbedingungen der wissenschaftlich-technischen Welt, 15.2.1968, in: ebd. Ex post sah Weizsäcker die Begründung des Starnberger Instituts als Schritt zur „Beschäftigung mit Politik"; Carl Friedrich von Weizsäcker im Gespräch mit Peter Koslowski. Zeugen des Jahrhunderts, hrsg. von Wolfgang Homering, Berlin 1999, S. 107.

[60] Claus Grossner, Herrschaft der Philosophenkönige? Georg Picht: Ein Schüler Heideggers, in: Die Zeit, 27.3.1970; vgl. Horst Kant/Jürgen Renn, Carl Friedrich von Weizsäcker in den Netzwerken der Max-Planck-Gesellschaft, in: Hentschel/Hoffmann (Hrsg.), Carl Friedrich von Weizsäcker, S. 213–242.

[61] Vgl. Konrad Lindner, Carl Friedrich von Weizsäckers Wanderung ins Atomzeitalter. Ein dialogisches Selbstporträt, Paderborn 2002, S. 138f.; Michael Drieschner, Die Verantwortung der Wissenschaft. Ein Rückblick auf das Max-Planck-Institut zur Erforschung der Lebensbedingungen der wissenschaftlich-technischen Welt, in: Rudolf Seising (Hrsg.), Wissenschaft und Öffentlichkeit, Frankfurt a.M., Berlin, Bern, New York, Paris, Wien 1996, S. 173–198, hier S. 176.

[62] Vgl. Greschat, Wahrheit, S. 502; Protokoll der Sitzung des Senats der MPG am 27.6.1968 in Mainz, in: BAK, B 196, 7168.

[63] Schneider zeigte Interesse für europäische Entwicklungen in der Zukunftsforschung; vgl. Schneider an Constanze Eisenbart, 5.8.1967, in: BAK, N 1225, 111; so auch Drieschner, Verantwortung, S. 176.

[64] Dieter Lechner, Forschungsprojekt Zukunft. Weizsäckers Pläne in dem Max-Planck-Institut für Futurologie, in: Bremer Nachrichten, 11.7.1969; Claus Grossner, Zerstrittene Zukunftsforscher, in: Die Zeit, 19.9.1969; Biographische Information zu Weizsäcker in: Carl Friedrich Freiherr von Weizsäcker, Die Zukunft der Wissenschaft, in: Die Zeit, 12.12.1969; Martin Urban, Wie frei ist die deutsche Zukunftsforschung? Die Geschichte der Institutsgründung. SZ-Gespräch mit Carl Friedrich von Weizsäcker, in: SZ, 22.5.1970.

trag war zwar von den „große[n] Institute[n]" in den USA die Rede, welche sich der Prognose und Strategie widmeten, und auch von den neuen Ansätzen der Kybernetik und der Spieltheorie, welche für das Institut wichtig wären.[65] Doch distanzierte sich von Weizsäcker von einer „Futurologie". Wie oben dargestellt, sah er eine empirische Wissenschaft von der Zukunft wissenschaftstheoretisch als problematisch an und sprach lieber vom zukunftsbezogenen Abschätzen gegenwärtiger Entwicklungstendenzen, der „Mellontik".[66] Im Bundesministerium für wissenschaftliche Forschung war zunächst von einem „Institut für Friedensforschung" die Rede, doch drang Minister Gerhard Stoltenberg darauf, dass das Institut anstelle des „provokatorischen" Begriffs Friedensforschung lieber unter dem Rubrum Zukunftsforschung firmieren solle.[67]

Im Senat der MPG erhielt von Weizsäcker in der Tat Rückendeckung von Forschungsminister Stoltenberg, der – wie noch zu sehen sein wird – der mittel- und langfristigen Prognose und Forschungsplanung Bedeutung beimaß.[68] Hingegen kam aus der Ministerialbürokratie der Vorwurf, von Weizsäckers Konzept lasse noch nicht das nötige Profil erkennen und müsse überarbeitet werden[69]. Vor allem aber stieß das Konzept auf Kritik von Seiten namhafter Vertreter der chemischen Industrie im MPG-Senat: Carl Wurster, Vorstandsvorsitzender der BASF, und Karl Winnacker, Vorstandsvorsitzender der Hoechst AG, argumentierten, das geplante Institut passe nicht in Tradition und Rahmen der MPG. Dieses habe immer „exakte Wissenschaften" gefördert. Demgegenüber lasse sich von Weizsäckers Institut eher im Bereich der Politikvorbereitung verorten und sei dem „Subjektivismus und dem Zeitgeist unterworfen". Die Friedensforschung bringe das MPG sogar in Berührung mit militärpolitischen Fragen.[70] Die Industrievertreter plagte zweifellos die Sorge, so sahen es auch die „Süddeutsche Zeitung" oder „Der Spiegel", das Institut könne die Industrie in ihrer Innovationsfreiheit beschränken,

---

[65] Von Weizsäcker/Bargmann/von Bismarck/Heimpel/Gerlach/Heisenberg, Vorschlag zur Gründung eines Max-Planck-Institus zur Erforschung der Lebensbedingungen der wissenschaftlich-technischen Welt, 1.11.1967, in: BAK, B 196, 7168.
[66] Von Weizsäcker, Ergänzungen zu dem Antrag auf Gründung eines Max-Planck-Instituts zur Untersuchung der Lebensbedingungen der wissenschaftlich-technischen Welt, 15.2.1968, in: BAK, B 196, 7168; Kapitel III.1.
[67] BMwF, Vermerk II B 2-3104-01, 24.6.1968, in: BAK, B 138, 1549.
[68] Auszug aus Niederschrift über die Sitzung des Senats der MPG am 27.6.1968, in: BAK, B 196, 7168.
[69] BMwF, Günther Lehr, II A-3622-So51-1/69, an Ministerialdirektor Werner Krüger, Leiter Planungsstab im BKA, 21.5.1969, in: BAK, B 196, 7168.
[70] Die Zitate entstammen ohne namentliche Zuordnung dem Papier der Generalverwaltung der MPG, Zusammenfassende Darstellung der Erwägungen zur Gründung eines Instituts zur Erforschung der Lebensbedingungen der wissenschaftlich-technischen Welt, bei Vermerk Trabandt, 19.5.1969, in: BAK, B 196, 7168. Die Warnung, man solle in der MPG nicht „etwas schaffen, was bei aller wissenschaftlichen Fassade doch dem Subjektivismus und dem Zeitgeist unterworfen ist", stammt laut eines Protokollauszugs einer Sitzung des Erweiterten Verwaltungsrats der MPG vom 15.7.1968 von Karl Winnacker: Warnungen aus der Groß-Chemie. Dokumente zur Gründungsgeschichte des Weizsäcker-Instituts in Starnberg, in: Der Spiegel, H. 52, 21.12.1970, S. 125; Auszüge aus Niederschrift über die Sitzung des Senats der MPG am 27.6.1968 und am 25.11.1969, in: BAK, B 196, 7168; vgl. Leendertz, Experiment, S. 246–249.

etwa im Hinblick auf eine ethische Infragestellung technischer Innovationen (wie Untersuchungen zu den Folgen eines Einsatzes chemischer Düngemittel). In der Tat folgte das Institut ja einem normativen Ansatz und wurde mit von Weizsäcker von einem Wissenschaftler geleitet, der sich vom „Interesse irgendwelcher wirtschaftlicher Gruppen" explizit distanzierte.[71]

Von Weizsäcker zog wegen der Kritik, die medial breit thematisiert und regelrecht zu einem „Widerstand" aus der chemischen Industrie hochgespielt wurde[72], die Pläne für den projektbezogenen Arbeitsteil zurück. Stattdessen wollte er sich zunächst auf die theoretische Grundlagenarbeit in einer „Anfangsphase" konzentrieren und damit auch den Umfang des interdisziplinären Instituts erheblich einschränken. Die Zahl der geplanten wissenschaftlichen Mitarbeiter wurde von etwa 60 auf 15 reduziert. Mit diesen Kautelen genehmigte der Senat der MPG 1968 die Schaffung des Instituts. Nur „ausnahmsweise" solle es Forschungsaufträge von Regierungsseite erhalten. Diese Einengung des Instituts auf die rein theoretische Arbeit erregte wiederum Unmut im Forschungsministerium.[73] Doch hatten sich hier jene durchgesetzt, die dem Institut und seinem Leiter keine explizit politikberatende Funktion zubilligen wollten.[74] Dies galt verstärkt, nachdem von Weizsäcker zum Herbst 1971 Jürgen Habermas als zweiten, gleichberechtigten Direktor an das MPI holte, galt doch Habermas im MPG-Senat als kritischer Sozialwissenschaftler und Philosoph, der „eine einseitig marxistische Ausrichtung des Instituts" präjudizieren könne.[75]

Grundsätzlich führte die Berufung Habermas' das Max-Planck-Institut ein Stück weit weg von einem Institut zur Zukunfts- und Friedensforschung. Habermas war nach Starnberg gekommen, um hier unbelastet von den Lehrverpflichtungen forschen zu können und insbesondere an großen theoriegeleiteten Werken zu arbeiten.[76] Dies war neben der Theorie des kommunikativen Handelns die

---

[71] Von Weizsäcker im Interview mit der „Süddeutschen Zeitung": Martin Urban, Wie frei ist die deutsche Zukunftsforschung? Die Geschichte der Institutsgründung. SZ-Gespräch mit Carl Friedrich von Weizsäcker, in: SZ, 22.5.1970; vgl. Futurologen. Vorauswissen ist Macht, in: Der Spiegel, H. 46, 10.11.1969, S. 204–207, hier S. 204–206. Die Bedenken der chemischen Industrie benannte auch Peter Menke-Glückert, in den 1970er Jahren Ministerialdirektor im Innenministerium, im Interview mit dem Verf., 30.6.2011.

[72] Vgl. Leendertz, Experiment, S. 252.

[73] Von Weizsäcker, Memorandum über den Vorschlag zur Gründung eines Max-Planck-Instituts für interdisziplinäre Forschung über die Lebensbedingungen der wissenschaftlich-technischen Welt, 28.10.1968; Generalverwaltung der MPG, Zusammenfassende Darstellung der Erwägungen zur Gründung eines Instituts zur Erforschung der Lebensbedingungen der wissenschaftlich-technischen Welt mit hs. Anmerkungen aus dem BMwF, bei Vermerk Trabandt, 19.5.1969; BMwF, Vermerk Trabandt, III A 3-3620, an Parlamentarischen Staatssekretär von Dohnanyi, 9.6.1970, alles in: BAK, B 196, 7168; vgl. Carl Friedrich von Weizsäcker, Unser Schicksal hängt von der Wissenschaft ab, in: SZ, 11.7.1969.

[74] Diesen Aspekt betonte Peter Menke-Glückert, Ministerialrat im Forschungsministerium bis 1967 und später Ministerialdirektor im Innenministerium, im Interview mit dem Verf., 30.6.2011.

[75] Auszug aus Niederschrift einer Sitzung des Senats der MPG am 24.11.1970, in: BAK, B 196, 7168.

[76] Habermas an von Weizsäcker, 3.1.1971, in: AMPG, III. Abt., NL von Weizsäcker, 4; vgl. Drieschner, Verantwortung, S. 183.

Spätkapitalismustheorie. Diese Krisentheorie besaß zwar Anknüpfungspunkte zu von Weizsäckers Plänen, weil sie ebenfalls nach (gegenwärtigen und kommenden) gesellschaftlichen, ökonomischen und politischen Krisenpotentialen fragte.[77] Insofern sah das Institut auch die Erforschung von „Krisentendenzen und Fehlentwicklungen, die die (weithin unerforschten) fundamentalen Lebensbedingungen komplexer Gesellschaften gefährden", und die Suche nach ihren „strukturellen Ursachen" 1974 als zentrale gemeinsame Basis an.[78] Mit der These von den überforderten Steuerungskapazitäten des Staates im Spätkapitalismus streifte die Theorie auch die Planungsforschung. Die Planungsprobleme des spätkapitalistischen Systems thematisierten im Starnberger Institut in der Folge vor allem Habermas' Mitarbeiter Volker Ronge und Günter Schmieg im Rahmen ihrer Krisentheorie des Kapitalismus. Diese machte 1971 die Fixierung auf das wirtschaftliche Wachstum und den Widerspruch zwischen einer zunehmenden Vergesellschaftung der Produktionsmittel und beibehaltener Privatheit als Hintergründe des aktuellen Planungsdenkens aus; man argumentierte neomarxistisch inspiriert, dass letztlich die Begrenztheit des staatlichen Steuerungsvermögens aus der staatlichen Unterwerfung unter das Kapital herrühre.[79] In diese Kerbe hieb in Habermas' Arbeitsbereich auch Ulrich Rödel: Im Nachgang zur Technokratiedebatte setzte er „Vertretern eines technokratischen Gesellschaftsmodells" entgegen, nicht die technischen Sachgesetzlichkeiten dominierten gegenüber politischen und ökonomischen Entscheidungen, sondern – so argumentierte er am Negativbeispiel der US-Forschungs- und Technologiepolitik – die Verwaltung sei den „privilegierten organisierten Interessen" faktisch verantwortlich, und dies mache eine zentrale Koordinierung politischer Entscheidungen, also Planung, unmöglich.[80] Auch aus diesen beiden Werken, welche eine Großtheorie mit empirischem Material zu belegen suchten, lässt sich ablesen, dass die Spätkapitalismustheorie im Kern auf ökonomische Kategorien abgestellt war, den „organisierten Kapitalismus" unter neomarxistischen Auspizien untersuchte und in einem aus der Kritischen Theorie kommenden ideellen Fundament wurzelte, dem von Weizsäcker fern stand. Aus seinem normativ-ontologischen Denkstil heraus betrachtete von Weizsäcker den Marxismus skeptisch; nicht zufällig habe sich dieser in bürokratischen und autoritären Regimen realisiert. Gleichwohl sah er es in einem explizit liberalen Verständnis als notwendig an, marxistischen Theorieansätzen im Institut – und auch in seinem Arbeitsbereich – Raum zu geben.[81]

---

[77] Vgl. Jürgen Habermas, Legitimationsprobleme im Spätkapitalismus, Frankfurt a. M. 1973.
[78] Information über Aufbau und Tätigkeit des MPI zur Erforschung der Lebensbedingungen der wissenschaftlich-technischen Welt (1970–1974), April 1974, in: BAK, B 196, 16765.
[79] Vgl. Volker Ronge/Günther Schmieg (Hrsg.), Politische Planung in Theorie und Praxis, München 1971; Dies. (Hrsg.), Restriktionen politischer Planung, S. 24.
[80] Ulrich Rödel, Forschungsprioritäten und technologische Entwicklung. Studie über Determinanten der Forschung und Schwerpunkte der Technologiepolitik in den USA, Frankfurt a. M. 1972, Zit. S. 11, 236; vgl. zur Technokratiedebatte und den Thesen Schelskys oben Kapitel IV.
[81] Vgl. Weizsäcker, Gedanken zum Arbeitsplan, S. 211.

Grundsätzlich aber war der Arbeitsbereich von Habermas sozialwissenschaftlich und sozialphilosophisch ausgerichtet; er integrierte zunächst neben den Gruppen zu (a) Theorien bzw. sozialwissenschaftlichen Grundlagenproblemen, (b) zur Erforschung ökonomischer Krisentendenzen und (c) zu politisch-administrativen Handlungssystemen auch (d) ein empirisch arbeitendes, sozialpsychologisch angelegtes Projekt über Konflikt- und Rückzugspotentiale von Jugendlichen.[82] Mit der explizit interdisziplinären Zusammenarbeit zwischen Natur-, Sozial- und Geisteswissenschaften, welche die Basis des Weizsäcker'schen Konzepts bildete, konnte Habermas, so erinnerte sich zumindest von Weizsäckers Mitarbeiter Michael Drieschner, weniger anfangen – er „verabscheute das Unhandwerkliche" interdisziplinärer Arbeitsweise.[83]

Diese Integration verschiedener Disziplinen unter dem Dach einer „Mellontik" erwies sich auch in von Weizsäckers Arbeitsbereich als schwierig. Zwischen den Arbeitsgruppen zu „Strategie und Außenpolitik", zur „Ökonomie der Entwicklungsländer", zur Wissenschaftspolitik und zur Quantenphysik – später kam die Gruppe „Umwelt und Wachstum" hinzu – ließ sich trotz gemeinsamer Kolloquien, so erinnerte sich auch ein ehemaliger Mitarbeiter, schwerlich ein gemeinsamer Nenner finden.[84] Am stärksten in einem Zugang zur Friedensforschung *als Zukunftsforschung* wurzelte die Gruppe „Strategie und Außenpolitik", in der auch von Weizsäcker stark engagiert war.

Schon seit den 1960er Jahren trieb von Weizsäcker wie gesehen die Sorge vor der „tödliche[n] Gefahr des atomaren Weltkriegs" um.[85] Unter Einbeziehung spieltheoretischer Ansätze argumentierte er, das „Gleichgewicht des Schreckens", also die durch ein atomares Patt verursachte Koexistenz, dürfe keinesfalls als Friedensordnung verstanden werden.[86] Nach der Theorie der „second strike capability" beruhe die Sicherheit der beiden Weltmächte darauf, dass die angegriffene Macht immer noch imstande sei, einen Zweitschlag durchzuführen. Dieser „komplizierte Zug der Waffentechnik" als das „prekäre Gleichgewicht des Schreckens" könne versagen, wenn antiballistische Raketen entwickelt würden oder andere Mächte eingriffen.[87] In einer kybernetisch unterlegten Deutung konstruierte er einen zyklisch angelegten weltpolitischen Prozessverlauf, der zwischen gegnerischer Bipolarität, Multipolarität und kooperativer Bipolarität wechselte; diese drei Formen hätten die Tendenz, „sich in einem gewissen Zyklus (einem ‚Regelkreis') gegenseitig der Reihe nach hervorzubringen". Nach 1945 habe sich eine gegneri-

---

[82] Information über Aufbau und Tätigkeit des MPI zur Erforschung der Lebensbedingungen der wissenschaftlich-technischen Welt, 1970–1974, April 1974, in: BAK, B 196, 16765.
[83] Drieschner, Verantwortung, S. 183 f.; dagegen betonte Habermas gegenüber von Weizsäcker sein Interesse an dessen Arbeiten zu theoretischen Grundlagen der Physik und zur Zeitphilosophie, 3. 1. 1971, in: AMPG, III. Abt., NL von Weizsäcker, 4.
[84] Drieschner, Verantwortung, S. 180 f., 185–188; Information über Aufbau und Tätigkeit des MPI zur Erforschung der Lebensbedingungen der wissenschaftlich-technischen Welt, 1970–1974, April 1974, in: BAK, B 196, 16765.
[85] Von Weizsäcker, Sachfragen, S. 67.
[86] Ders., Über weltpolitische Prognosen, S. 39.
[87] Ders., Kunst, S. 71–76, Zit. S. 72.

sche Bipolarität zwischen den USA und der Sowjetunion entwickelt, die wegen des atomaren Patts nicht eskaliert sei. Im Zeichen der Koexistenz und der Entspannung sei die Weltpolitik in multipolare, also polyzentrische Formen übergegangen, in der Westeuropa und China an Einfluss gewonnen hätten. Angesichts dessen drohe nun eine kooperative Bipolarität im Gewande einer Pax Russo-Americana, welche den beiden Supermächten Bewegungsspielraum sichere; der eigentliche Machtkonflikt werde jedoch nicht entschärft und schlage womöglich wieder in eine gegnerische Bipolarität um. Jede der drei Strukturen berge die Gefahren des Weltkrieges, so von Weizsäcker, das multipolare System etwa durch die Verbreitung von Atomwaffen. Deshalb müsse eine möglichst gefahrlose vorläufige Ordnung zwar viele Elemente des Polyzentrismus enthalten, auch um Rechtsnormen zur Durchsetzung zu verhelfen; sie solle aber mit der kooperativen Bipolarität kombiniert werden. Eine Überwindung des Kalten Krieges durch die einseitige Implosion spielte in von Weizsäckers Überlegungen keine Rolle.[88] Als „utopisches Ziel"[89] formulierte er aber schon Mitte der 1960er Jahre das Leitbild der „Welt-Innenpolitik", das er in den 1970er Jahren weiter verfolgte.[90] Angesichts der dauernden Fortentwicklung der Technik werde die Menschheit auf Dauer nur überleben können, wenn eine „föderative Zentralinstanz", die das Monopol an Waffen besitze, geschaffen werde.[91] Der Weltinnenpolitik kam in der Folge weitreichende Bedeutung als Leitbegriff einer von der Friedensforschung inspirierten idealistischen Lehre von den internationalen Beziehungen und von späteren Verständnissen von „Global Governance" zu. Doch dem Konzept der Weltinnenpolitik waren auch realistische Elemente inhärent: Von Weizsäcker stellte nüchtern fest, dass der Kampf um Macht nie aufhöre, so dass man ihn in übernationale Organisationen kleiden müsse, um zumindest eine bestimmte Form des Austrags von Konflikten zu eliminieren. Das Konzept lässt sich so auch als „atomarer Realismus" lesen[92], wenngleich evident ist, dass von Weizsäckers Überlegungen stets normativ geprägt waren, wenn er vom Ziel des „Weltfriede[ns]" als „Lebensbedingung" ausging.[93]

Aus dem grundsätzlichen Movens von Weizsäckers, die Strategie der Abschreckung zu dekonstruieren, entsprang das Projekt „Kriegsfolgen und Kriegsverhütung" der Forschungsgruppe Strategie und Außenpolitik. Von Weizsäcker erinnerte sich, Herman Kahns umstrittenes Buch „On Thermonuclear War", das ja aus den spieltheoretischen Überlegungen heraus geradezu zynisch über mögliche Folgen des Atomkrieges nachdachte und ein gewisses Ausmaß an Verlusten kühl einkalkulierte, habe ihn zu einem Projekt geleitet, das die gesellschaftlichen und wirtschaftlichen Folgen eines atomaren Krieges abschätzen wollte. Zudem nahm er Bezug auf das Gutachten zum zivilen Bevölkerungsschutz, das die VDW in den

---

[88] Ders., Über weltpolitische Prognosen, S. 41–53; vgl. Bartosch, Weltinnenpolitik, S. 302–307.
[89] Von Weizsäcker, Gedanken über die Zukunft des technischen Zeitalters, S. 23.
[90] Ders., Bedingungen des Friedens, in: Ders., Der bedrohte Friede, S. 131; vgl. Bartosch, Unvollständige Weltinnenpolitik, S. 173–179; von Weizsäcker, Rettung.
[91] Ders., Über weltpolitische Prognosen, S. 48.
[92] Vgl. Bartosch, Weltinnenpolitik, S. 238–251.
[93] Von Weizsäcker, Über weltpolitische Prognosen, S. 37; vgl. Ders., Bedingungen, S. 127.

1960er Jahren erstellte hatte.[94] Eben diese Auswirkungen eines auf dem Territorium der Bundesrepublik geführten Krieges in verschiedenen „Kriegsbildern"[95] – also in verschiedenen Szenarien – zu untersuchen und so „Prognosen über die Sicherheit der Bundesrepublik" zu erstellen[96], nahm sich die VDW-Forschungsstelle vor. Hierbei wurde sie zunächst mit Mitteln der Volkswagenstiftung unterstützt, ehe die Studie namens „Kriegsfolgen und Kriegsverhütung" im Rahmen des Starnberger Max-Planck-Instituts abgeschlossen wurde. Federführend bearbeitete sie Horst Afheldt, ein studierter Ökonom, der aber als langjähriger Geschäftsführer der VDW zu einem Experten für Fragen der Außen- und Sicherheitspolitik avanciert war; hinzu kamen die beiden von Weizsäcker aus Hamburg mit nach Starnberg geholten Mitarbeiter Philipp Sonntag, ein Physiker, und der Ökonom Utz-Peter Reich; auch die Prognos AG erhielt einen Unterauftrag für die Erstellung eines mathematischen Simulationsmodells[97].

Erstens schätzte die Forschergruppe mittels systemanalytischer Modelle zivile Kriegsschäden. Mithilfe eines quantitativen, computerunterstützten Simulationsmodells, welches den Raum der Bundesrepublik in Zonen („Karrees") einteilte, entstanden verschiedene Szenarien, die die entstehenden Verluste an Menschen, gesundheitliche Schäden und den Verlust an Wohnraum und Industrieanlagen prognostizierten. Diese Szenarien konzentrierten sich auf den Einsatz atomarer Waffen. Man ging von vier Szenarien aus: a) einem lokal begrenzten Kampf im Lande, b) dem Versuch eines Gegners, die Bundesrepublik zu erobern, c) dem Versuch eines Gegners, die Bundesrepublik physisch zu zerstören, und d) einem Krieg im Land, der nur ein Teil eines größeres Krieges zwischen den beiden Blöcken sei. In keinem der genannten Szenarien, so das Ergebnis, besitze die Bundesrepublik eine Verteidigung, also ein Vermögen, den Gegner durch Einsatz militärischer Mittel an der Verwirklichung der Drohung zu hindern, und sie habe auch keine Aussicht, eine solche im kommenden Jahrzehnt aufzubauen. Die Bundesrepublik könne sich nicht effektiv schützen, wenn der Gegner beschlösse, sie ohne Rücksicht auf eigene Verluste auszulöschen; sie könne dem Gegner nur androhen, dass die Kosten eines Angriffs für ihn unkalkulierbar hoch seien. Dies gelte im Prinzip für alle Industrienationen, doch angesichts ihrer geographischen und politischen Position für die Bundesrepublik in besonderer Weise. Da man also keine Aussicht habe, einen Krieg zu überleben, sei man darauf angewiesen, ihn zu verhindern.[98]

Mithin entwickelte die Gruppe *zweitens* Strategien der Kriegsverhinderung. Ohnehin hatte man für die Szenarienbildung die politischen Ziele kriegführender

---

[94] Ders., Gedanken zum Arbeitsplan, S. 201.
[95] Ders., Einleitung, in: Ders./Horst Afheldt (Hrsg.), Kriegsfolgen und Kriegsverhütung, München 1971, S. 3–21, hier S. 3.
[96] Horst Afheldt, Analyse der Sicherheitspolitik durch Untersuchung der kritischen Parameter (Methodik der Studie, Zusammenhang und Ergebnisse der Arbeit), in: ebd., S. 23–74, hier S. 25.
[97] Vgl. Erwin Rahner/Prognos AG, Die Zerstörung des Agrarpotentials und die Überlebenschancen der Bevölkerung. Ein Simulationsmodell, in: ebd., S. 457–502; zu Reich und Sonntag Drieschner, Verantwortung, S. 178.
[98] Vgl. von Weizsäcker, Einleitung, in: Ders./Afheldt, Kriegsfolgen, S. 3–12.

Parteien und deren militärische Strategie abgeschätzt. Die *derzeitige* Strategie der Kriegsverhinderung liege, so die Gruppe, im System der Abschreckung. Deren Erfolg hänge an der Glaubwürdigkeit der Drohung. Deshalb werde derzeit der Weltkrieg durch die Fähigkeit beider Weltmächte und ihrer Verbündeten zum Zweitschlag, also die sogenannte „second strike capability", verhindert. Damit werde im obersten Bereich der Waffen der Begriff der Verteidigung außer Kraft gesetzt und durch Abschreckung ersetzt. Zwar gebe es kleinere, konventionelle Verteidigungswaffen, doch drohe stets die Eskalation bis hin zum atomaren Konflikt. Die USA habe deshalb ihre Strategie mit der „flexible response" flexibler gestaltet. Durch Weiterentwicklung der „technische[n] Welt"[99] aber werde das rüstungspolitische Gleichgewicht gefährdet; dies seien vor allem Anti-Ballistic-Missiles, welche als Verteidigungsinstrument anfliegende Raketen vor Erreichung des Ziels vernichteten, und Raketen mit mehrfachen Sprengköpfen. Für beide Waffentypen ermittelte die Bearbeitergruppe anhand von mathematischen Modellen Szenarien für verschiedene Variationsbreiten von Treffwahrscheinlichkeiten (zwischen 8 und 100%), um dann die Stabilität oder Destabilisierung der Abschreckung abschätzen zu können. Im Ergebnis sah man die Auffassung gestützt, dass eine echte Gefahr der Destabilisierung des Abschreckungssystems durch weitere Rüstung bestehe. Von Weizsäckers These der 1960er Jahre, dass die technische Entwicklung eine permanente Stabilisierung der Abschreckung kaum möglich mache, wurde so bestätigt. Nicht Abschreckung, sondern nur die *Politik* könne den Krieg verhüten. Für die weltpolitische Entwicklung erstellte Afheldt drei Szenarien, die qualitativen Charakter trugen: Ein Duopol als nächstliegende Variante werde an der Schwierigkeit kranken, die Balance zwischen den beiden Mächten zu erhalten und das Aufschließen anderer Mächte zu verhindern. Ein Monopol als zweites Szenario sei ohne Waffengang – und damit den großen Krieg – kaum vorstellbar. Es bleibe als idealistisch inspirierte dritte Variante ein durch internationale Organisationen gesichertes politisches System, das Abrüstung initiiere; da diese Variante auch Souveränitätsverzichte impliziere, sei sie „unplausibel".[100]

Die Ergebnisse des Gesamtprojekts sah von Weizsäcker als „tief beunruhigend" an.[101] In epistemologischer Hinsicht freilich hatte man den Gegenstand – Kriegsschäden, Stabilität der Abschreckung und politische Kriegsverhütung – so gewählt, dass eine Bestätigung von Weizsäckers Thesen nicht allzu sehr überraschte: Das System der Abschreckung erschien angesichts der dynamischen technischen Entwicklungen als wenig verlässlich und stabil, eine politische, über- bzw. supranationale Lösung auf dem Weg zu einer „Weltinnenpolitik" als objektiv beste, wenngleich noch wenig realistische Lösung. Grundsätzlich aber zeigte dieses Projekt die epistemologische und operative Verbindung zwischen Friedensforschung

---

[99] Ebd., S. 15.
[100] Ebd., S. 20; vgl. Horst Afheldt, Entwicklungstendenzen der Sicherheitspolitik in Europa und umfassendere Ansätze zur Friedenssicherung, in: von Weizsäcker/Afheldt (Hrsg.), Kriegsfolgen, S. 417–453.
[101] Von Weizsäcker, Einleitung, S. 20.

und einer Zukunftsforschung, die einen normativen und handlungsorientiert angelegten Bezugspunkt besaß.

Die Arbeitsgruppe, die Mitte der 1970er Jahre am Starnberger Institut als Gruppe Kriegsverhütung firmierte, erarbeitete in der Folge weitere Publikationen zur Sicherheitspolitik. In diesen argumentierte das Bearbeiterteam des Kriegsverhütungsprojekts, dass das Abschreckungssystem der Bundesrepublik auch einen Spielraum eröffne, rüstungspolitische Entscheidungen als Mittel der Außenpolitik einzusetzen.[102] Horst Afheldts Arbeit „Verteidigung und Frieden" reflektierte über die Überwindung des Niederwerfungskonzepts in der NATO-Strategie und warb für nicht bedrohende Formen der Verteidigung.[103] Damit entwickelte man in einem Modus, der mehr der Friedens- und Konfliktforschung ähnelte, Elemente des Konzepts der „Sozialen Verteidigung" weiter. Das Konzept hatten unter anderem Johan Galtung und der Flechtheim-Schüler Theodor Ebert aus den Schriften Gandhis entworfen. Es sah keine militärische Verteidigung eines Territoriums, sondern die gewaltlose Verteidigung durch Erhaltung der zivilgesellschaftlichen Strukturen im Fall eines Übergriffs vor.[104] Bereits 1966 und 1967 hatte die VDW zwei Tagungen zum gewaltfreien Widerstand veranstaltet, die von Weizsäcker initiiert, aber auch kritisch begleitet hatte. Theodor Ebert hatte damals ein Szenario für einen Angriff der DDR auf die Bundesrepublik und eine zivile Verteidigung der bundesdeutschen Bürger präsentiert, und dieses Szenario hatte sich auf das Leitbild einer „partizipierende[n] Demokratie" gestützt, die im „antiautoritären Sozialismus" wurzelte. Auf der Konferenz hatte von Weizsäcker die Besorgnis geäußert, „angesichts der bekannten Schwäche der Religion und der Moral" werde eine Ausbildung gewaltloser Kader und der gewaltlose Widerstand zu einem Partisanenkrieg ausarten, „der die verlogene Maske der Gewaltlosigkeit trägt".[105] Insofern entwickelte das MPI die Überlegungen des Konzepts der „Sozialen Verteidigung" im Hinblick auf Szenarien ihrer Anwendung weiter; doch distanzierte sich von Weizsäcker von inhärent neomarxistischen Tönen im ursprünglichen Modell. Die Strategiepapiere Afheldts zu Verteidigung und Frieden lösten aber in den 1970er Jahren eine Debatte über Sicherheitspolitik aus, in deren Folge von Weizsäcker 1977 auf einer Kommandeurstagung der Bundeswehr die Position der Arbeitsgruppe präsentierte.[106]

---

[102] Horst Afheldt u. a., Durch Kriegsverhütung zum Krieg? Die politischen Aussagen der Weizsäcker-Studie „Kriegsfolgen und Kriegsverhütung", München 1972.

[103] Horst Afheldt, Eine andere Verteidigung. Alternativen zur atomaren Abschreckung, München 1973; Ders., Verteidigung und Frieden. Politik mit militärischen Mitteln, München 1976; Arbeitsbericht des MPI zur Erforschung der Lebensbedingungen der wissenschaftlich-technischen Welt, Juni 1976–Mai 1977, in: BAK, B 196, 20327.

[104] Vgl. Theodor Ebert, Gewaltfreier Aufstand – Alternative zum Bürgerkrieg, Freiburg 1968; Vogt, Konzepte, S. 11; Wasmuht, Geschichte, S. 95–102.

[105] Verteidigung/Gewaltlosigkeit: Deutsches Modell, in: Der Spiegel, H. 37, 9. 9. 1968, S. 36–38; vgl. Klaus Gottstein (Hrsg.), Wissenschaftliches Kolloquium über Fragen des Übergangs in die Weltordnung des Atomzeitalters. Tagungsbericht, o. O. 1966.

[106] Vgl. Arbeitsbericht des MPI zur Erforschung der Lebensbedingungen der wissenschaftlich-technischen Welt, Juni 1976–Mai 1977, in: BAK, B 196, 20327.

2. Carl Friedrich von Weizsäckers Max-Planck-Institut und die GFZFF   337

Aus dieser Verbindung von Friedens- und Zukunftsforschung innerhalb des VDW bzw. des Starnberger MPI entsprangen nationale und transnationale Kontakte und Verflechtungen mit Zukunfts- und Friedensforschern. Wohl weil von Weizsäcker gegenüber dem Begriff der Zukunftsforschung gewisse Vorbehalte hegte, unterblieb seine Teilnahme an den „World Future Research"-Konferenzen in Oslo und Kyoto; doch stellte er Robert Jungk einen Beitrag für den deutschen Tagungsband zur Osloer Mankind 2000-Konferenz zur Verfügung[107], stand mit Pavel Apostol aus der WFSF[108] und mit Christopher Freeman und der Sussex-Gruppe in Verbindung[109]. Zudem entsprang aus der Weizsäcker-Afheldt-Arbeitsgruppe eine transnationale Zusammenarbeit mit dem in den USA angesiedelten, aber transnational angelegten World Order Models Project (WOMP). Dieses changierte ebenfalls zwischen Friedensforschung und Zukunftsforschung. Das Projekt war von Saul Mendlovitz, Professor für International Law an der Rutgers University, 1968 am World Law Fund in New York begründet worden. Es umfasste unterschiedliche Zugänge zur Friedensforschung, suchte aber in einem idealistischen Verständnis Zielsetzungen und Wertmaßstäbe zu definieren und zu popularisieren, die als „models of a preferred world" fungieren könnten. Mendlovitz zeigte größtes Interesse an von Weizsäckers Formel von der „Weltinnenpolitik" und der inhärenten Forderung nach einer Weltordnung, in der eine Zentralinstanz als Art „Weltregierung" den Weltfrieden im Kalten Krieg sichern sollte.[110] Das WOMP-Projekt brachte zudem von Weizsäcker und Galtung wieder in näheren Kontakt, und dies war wohl auch ein Grund, warum Weizsäcker – trotz gewisser Unterschiede im Denkstil – 1973 mit seiner Bitte erfolgreich war, dass Galtung Mitglied des wissenschaftlichen Beirats des Starnberger Instituts werden solle.[111]

Im Vergleich zum MPI weit weniger wissenschaftstheoretisch versiert und produktiv war ein anderer bundesdeutscher Versuch der 1960er Jahre, Zukunfts- und Friedensforschung institutionell zu verknüpfen. Dies war die Gesellschaft zur Förderung von Zukunfts- und Friedensforschung (GFZFF). Auch diese Initiative

---

[107] Vgl. von Weizsäcker, Gedanken zur Zukunft der technischen Welt, in: Jungk (Hrsg.), Menschen, S. 13–30.
[108] Apostol an von Weizsäcker, 8.7.1970, über ein Gespräch über Zukunftsforschung, ebenso Apostol an Weizsäcker, 12.4.1971; Weizsäcker an Apostol, 19.6.1971, alles in: AMPG, III. Abt., NL von Weizsäcker, 5.
[109] SPRU, Freeman, an von Weizsäcker, 11.12.1970, 7.4. und 21.7.1971 mit Einladungen nach Brighton, um über *Technological Forecasting* zu diskutieren, in: AMPG, III. Abt., NL von Weizsäcker, 4 bzw. 5.
[110] Saul Mendlovitz, World Law Fund, an von Weizsäcker, 9.7.1971, in: AMPG, III. Abt., NL von Weizsäcker, 5; Korrespondenz von Weizsäcker – Mendlovitz 1976/77, in: ebd., Neu M 1976 und Neu M 1977; vgl. Saul H. Mendlovitz (Hrsg.), On the Creation of a Just World Order, New York 1975; Information über Aufbau und Tätigkeit des MPI zur Erforschung der Lebensbedingungen der wissenschaftlich-technischen Welt (1970–74), April 1974, S. 19, in: BAK, B 196, 16765.
[111] Johan Galtung, Universität Oslo, an Carl Friedrich von Weizsäcker, 27.2.1973, in: AMPG, III. Abt., NL von Weizsäcker, 7.

gründete in einem kritischen Reflexionsprozess von Naturwissenschaftlern im Angesicht des drohenden atomaren Konflikts im Kalten Krieg. Doch entwickelte sie im Gegensatz zum Kreis um von Weizsäcker wenig wissenschaftliche Aktivität, sondern rezipierte vor allem Wissen und Ideen aus anderen Denkkollektiven der Zukunfts- und Friedensforschung und versuchte diese über die Fachöffentlichkeit hinaus in die interessierte gebildete Öffentlichkeit zu tragen. Ausgangsfigur dieser Initiative war der Physiker Lothar Schulze, Mitarbeiter am Institut für Strahlenbiologie der Technischen Hochschule Hannover. Auch Schulze diagnostizierte – ein Topos der Zukunftsforschung – eine Beschleunigung des technischen Wandels. Der beschleunigte und „bedenkenlose Einsatz der Technik" berge viele Gefahren[112], von denen aber der „totale Atomkrieg" das entscheidende Teilproblem bilde.[113] Schulze, der auch als Funktionär in der Initiative Kampf dem Atomtod gewirkt hatte[114] und Mitglied der Pugwash-Bewegung war[115], sah die atomare Aufrüstung auf beiden Seiten des Kalten Krieges als „Irrsinn, und doch ist dieser Irrsinn in gewisser Weise logisch. Es ist kein Ausweg zu sehen, wie man sich seinem Zwang entziehen kann." Angesichts der Gefährlichkeit und Dringlichkeit der Problematiken sei eine wissenschaftliche Beschäftigung mit der Thematik unerlässlich.[116] So begründete Schulze mit einem kleinen Kreis von sechs Mitstreitern 1964 in Hannover einen eingetragenen Verein als Gesellschaft zur Förderung von Zukunfts- und Friedensforschung.[117] Dem Verein gehörten nicht nur Wissenschaftler, sondern Akademiker und Laien aus verschiedensten Berufsfeldern an. In der Gründungsversammlung überwog eindeutig ein ingenieur- bzw. naturwissenschaftlicher Hintergrund.[118]

Sowohl der methodisch-theoretische Ansatz als auch die konkrete Aufgabenbeschreibung der GFZFF blieben allerdings diffus. So klärte die Gesellschaft nicht, ob sie sich der Friedens- *als Zukunftsforschung* oder der Friedens- *und* Zukunftsforschung – im Sinne eines weiteren Radius, in dem auch die Folgen des technischen und sozialen Wandels betrachtet wurden – widmen wollte. Blickt man in die seit 1965 in unregelmäßigen Abständen von der GFZFF herausgegebene Broschüre „Zukunfts- und Friedensforschung Information", so wird deutlich, dass die Friedensforschung der eigentliche Gegenstand der Gesellschaft war: Das Blatt druckte Beiträge international renommierter Friedensforscher in deutscher Sprache ab und referierte die „Peace Research Abstracts" des Canadian Peace Research Institute.[119] Die Broschüre gab die GFZFF in Verbindung mit der kleinen Deut-

---

[112] GFZFF, Skizze, o. D., in: IfZ, ED 701, 1.
[113] Lothar Schulze, Die Friedensforschung als Mittel zur Zukunftssicherung, 30.12.1963, in: ebd.
[114] Ders., Kampf dem Atomtod, Oktober 1962, in: ebd.
[115] Ders., Notizen zur Hauptversammlung der GFZFF, 20.11.1964, in: IfZ, ED 701, 8.
[116] GFZFF, Skizze, o. D., in: IfZ, ED 701, 1.
[117] Gründungs- und Wahlprotokoll der GFZFF, 13.3.1964, in: ebd.
[118] So zählten etwa eine Ärztin, zwei Architekten und ein Berufsberater zu den Gründungsmitgliedern; Gründungs- und Wahlprotokoll, 13.3.1964, in: ebd.
[119] Vgl. u. a. Norman Z. Alcock, Über die Ursachen des Krieges, in: Zukunfts- und Friedensforschung Information 2 (1966), H. 2, S. 25–29; Eine Auswahl aus den Peace Research Abstracts,

schen Sektion der Forschungsgesellschaft für Friedenswissenschaft in München heraus, die in Erinnerung an die Physikerin und Pazifistin Freda Wüsthoff 1958 von der Psychologin Christel Küpper begründet wurde. Diese erste bundesdeutsche Gruppe, die sich der Friedensforschung bzw. der „Friedenserziehung" widmen wollte, firmierte 1965 ebenfalls kurzzeitig als Deutsches Institut für *Zukunfts- und* Friedensforschung, ehe sie 1966 in Studiengesellschaft für Friedensforschung umbenannt wurde.[120] Obwohl die GFZFF also mehrheitlich in der Friedensforschung beheimatet war, wollte sie sich dieser nicht offen zurechnen: Die Begriffe Frieden und Friedensforschung seien, so Schulze, in der Bundesrepublik negativ besetzt.[121] In der Tat schwelte ja in den 1950er Jahren der Vorwurf des Neutralismus gegen die Friedensbewegung.[122] Der Politisierung wollte die Gesellschaft mit der Integration des in den 1960er Jahren omnipräsenten Zukunftsbegriffs entkommen.

Schulze ging in einer mehr oder weniger naiven wissenschaftlichen Selbstsicht davon aus, dass die Wissenschaft Probleme „objektiv" angehen und „grundsätzliche Fragen aller Gebiete" lösen könne.[123] Stets betonte er, dass die eigene Arbeit „politisch neutral" sei.[124] Dass die GFZFF zwar einerseits dezidiert apolitisch auftrat, aber andererseits Ossip K. Flechtheim und Robert Jungk, die ja in den späten 1960er Jahren als kritisch-emanzipatorisch orientierte Zukunftsforscher gewissermaßen Ideen und Praktiken der 1968er verwissenschaftlichten[125], als Mitglieder des Kuratoriums warb[126], unterstreicht ihr widersprüchliches Profil. Ebenso fehlte ein konsistentes Methoden- und Aufgabenprofil. Ein frühes Papier verwies darauf, ein Gremium von Experten solle die „vordringlichen Arbeiten" identifizieren und koordinieren.[127] Ein Informationspapier für die Öffentlichkeit forderte, Wissenschaftler müssten nun Fragen des Friedens mit wissenschaftlichen Methoden untersuchen und „beauftragt werden, das Problem der Erhaltung des Friedens zu lösen".[128] Es rekurrierte also auf die Experten. Andererseits lag die Haupt-

---

in: ebd., S. 45–48; Norman Z. Alcock, Die Brücke der Vernunft, Genf 1962 (Orig.: The Bridge of Reason, 1961).

[120] Vgl. Lothar Schulze, Zum Inhalt, in: Zukunfts- und Friedensforschung Information 1 (1965), H. 1, S. 1f.; Christel Küpper, Frieden und Zukunft als Aufgabe der Forschung, in: ebd., S. 2–4; Wasmuht, Geschichte, S. 80–87; zur heute noch existenten Studiengesellschaft http://www.studiengesellschaft-friedensforschung.de/ (letzte Abfrage 14.1.2015) sowie der Nachlass Küppers im IfZ, ED 702.

[121] Z. B. Schulze an Linus Pauling, 20.5.1964, und an Norman Alcock, 30.6.1964, in: IfZ, ED 701, 4.

[122] Alexander Gallus, Die Neutralisten. Verfechter eines vereinten Deutschland zwischen Ost und West 1945–1990, Düsseldorf 2001.

[123] Informationsbroschüre Gesellschaft zur Förderung von Zukunfts- und Friedensforschung e.V., o.D., in: IfZ, ED 701, 1.

[124] Schulze an ZBZ, Koelle, 24.6.1968, in: ebd., 40.

[125] Siehe Kapitel III.3.

[126] Schulze an Robert Jungk, 15.1.1964, und Jungk an Schulze, 11.2.1964, in: IfZ, ED 701, 4; Rundbrief Schulze, 29.10.1963, in: ebd., 1.

[127] GFZFF, Skizze o.D., in: ebd.

[128] Gesellschaft zur Förderung von Zukunfts- und Friedensforschung e.V., o.D., in: ebd.

aktivität der Gesellschaft bis zu den frühen 1970er Jahren darin, die „Zukunfts- und Friedensforschung Information" herauszugeben, die sich erkennbar an ein breites, nicht-wissenschaftliches Publikum richtete.[129] Zudem verwies Schulze darauf, der GFZFF sei es darum zu tun, nicht nur Wissenschaftler, sondern alle Bevölkerungsschichten, „also auch ‚Lieschen Müller'" anzusprechen. Im gleichen Schreiben kündigte er aber an, man plane eine Umfrage unter Friedensforschern – also *Wissenschaftlern* – in der Bundesrepublik, um Träger und Institutionen sowie Vorstellungen von der Friedensforschung zu ermitteln und zu fragen, ob die Etablierung der Friedensforschung innerhalb eines engen Aufgabenkreises oder in der Form der „big science" erfolgen solle. Er selbst betonte allerdings, die Fragen der Friedensforschung seien so umfangreich, dass sie nur mit Mitteln von Großforschungseinrichtungen bearbeitbar schienen.[130] Ein fast zeitgleich entstandener Projektentwurf „Systemplanung für ein Big Science Projekt", welcher der Ermittlung der notwendigen Voraussetzungen für „erfolgversprechende Forschungsarbeit mit dem Ziele der Zukunfts- und Friedensforschung" dienen sollte, wollte denn auch erarbeiten, „wie man mit Hilfe der Großprojektforschung wesentlich zur Zukunfts- und Friedenssicherung beitragen kann". So sollte ein Regelsystem erarbeitet werden, mit dessen Hilfe „Grundfragen unserer Existenz" beherrschbar gemacht werden sollten. Erkennbar wird zum einen, dass auch die GFZFF in den Kategorien der Kybernetik dachte. Zum anderen ist evident, dass sie von einem Machbarkeitsdenken geprägt war, das sich aus einer Überschätzung sowohl eigener Mittel und Möglichkeiten als auch des kybernetischen Ansatzes speiste.[131]

Eine Orientierung an einem interaktiven Ansatz, der sich an die interessierte gebildete Öffentlichkeit wandte, setzte in der GFZFF erst 1970/71 ein. Nun entwarf Schulze Pläne zur Schaffung eines Informations- und Koordinationszentrums für Zukunfts- und Friedensforschung in Hannover. Dass das Aufgabenprofil neu austariert wurde, lag wohl auch daran, dass 1970, nicht zuletzt durch explizite Förderung von Bundespräsident Gustav Heinemann und Kanzler Willy Brandt, die Deutsche Gesellschaft für Friedens- und Konfliktforschung (DGFK) geschaffen wurde; diese erhielt Mittel von der Bundesregierung und den Länderregierungen, den christlichen Kirchen und dem Zentralrat der Juden sowie den Spitzenverbänden der Arbeitgeber und Arbeitnehmer.[132] Damit war der Bereich der Friedens- und Konfliktforschung ohnehin in einem größeren Forschungszusammenhang abgedeckt. Die GFZFF wollte sich nun auf die Verbindungslinien zwischen Friedens- und Zukunftsforschung konzentrieren, die man insbesondere in einem systemanalytischen Zugriff identifizierte. Schulze plante zum einen, einen EDV-gestützten Literaturberatungsdienst für Interessierte einzurichten. Zentrale

---

[129] Vgl. Lothar Schulze, Die Lawine des guten Willens oder Wie kann die Friedensforschung vorangetrieben werden?, in: Zukunfts- und Friedensforschung Information 1 (1965), H. 1, S. 1f.
[130] Schulze an ZBZ, Koelle, 24.6.1968, in: IfZ, ED 701, 40.
[131] GFZFF, Schulze, an DGFK, 31.3.1971, Anlage: Unterprojektantrag Systemplanung, in: ebd., 4.
[132] Vgl. Wasmuht, Geschichte, S. 11, 197–231; Koppe, Geschichte, S. 37–42.

Schriften aus der internationalen Friedensforschung – von Alcock und Galtung –, aber auch aus der „Systemplanung" sollten mittels elektronischer Datenverarbeitung gesammelt, aufbereitet und zugänglich gemacht werden. Zum anderen wollte der Kreis Seminare zum Themenkreis der Friedens- und Zukunftsforschung veranstalten.[133] Der Literaturberatungsdienst, der insbesondere die kanadischen „Peace Research Abstracts" für Interessierte aufbereitete, kam 1970 in Gang.[134] Ein Kommunikationszentrum, das sich stärker auf die Zukunftsforschung ‚von unten' und dialogische Praktiken einließ, entstand aber erst 1976/77 nach der Fusion der GFZFF mit der Gesellschaft für Zukunftsfragen und dem ZBZ.

Fraglich bleibt, warum die GFZFF überhaupt als eigenständige Institution abseits der VDW und des Starnberger Max-Planck-Instituts entstand. Schulze berichtete, von Weizsäcker habe ihm 1963 angeboten, ein Projekt innerhalb der VDW zu bearbeiten, um so eine Zersplitterung der Kräfte zu vermeiden, doch er habe abgelehnt.[135] Dass Schulze, der spätestens 1967 VDW-Mitglied war[136], eine eigene Gesellschaft begründete, wurzelte offenkundig in einer stärkeren Orientierung an einer (system-)kritischen Friedensforschung, wie sie Galtung oder Flechtheim vertraten, so dass die Gesellschaft unabhängig von Weizsäcker bleiben wollte. Hinzu kam die lokale bzw. regionale Verankerung der Gesellschaft: Schulzes Wirken zielte auch darauf, sich innerhalb der Gesellschaft eine eigene berufliche Perspektive zu eröffnen, und diese sollte – wohl aus privaten Gründen – in Hannover liegen. Trotz des schwankenden Profils konnte die Gesellschaft aber einen wachsenden Mitgliederstamm verzeichnen, der von zunächst 40 bis 1966 auf 140 Mitglieder anwuchs und 1970 300 betrug; dies dokumentierte, dass eine – wenn auch im Profil unklare – Friedens- und Zukunftsforschung auch in der Phase der Entspannung im Kalten Krieg auf Interesse stieß.[137] Aus den Mitgliedsbeiträgen ließ sich zu einem Großteil das Blatt „Friedens- und Zukunftsforschung Information" finanzieren. Eine Anschubfinanzierung für den Aufbau des Literaturberatungsdienstes und die Stelle Schulzes leistete ab 1971 die Deutsche Gesellschaft für Friedens- und Konfliktforschung[138], ehe dann ab 1973 zumindest befristet die Stadt Hannover[139] und die Volkswagenstiftung finanzielle Hilfen bereitstellten.[140]

---

[133] Flechtheim an Niedersächsisches Kultusministerium, 2.1.1971, in: IfZ, ED 701, 2.
[134] Schulze an Max Goldschmidt, 1.9.1967, in: IfZ, ED 701, 4; Protokoll der 7. Hauptversammlung der GFZFF, 21.11.1970, in: ebd., 8.
[135] Notiz Schulzes über ein Gespräch mit Carl Friedrich von Weizsäcker, 26.10.1963, in: IfZ, ED 701, 1; Rundbrief Schulze, 29.10.1963, in: ebd.
[136] Gesprächsnotiz Lothar Schulze mit BMwF, Dr. Sauer, 7.9.1967, in: ebd., 4.
[137] Protokoll der 1. und 3. Hauptversammlung der GFZFF, 11.11.1964 und 26.11.1966, in: ebd., 8; Entwurf Schreiben an BMBW, o. D., in: ebd., 2.
[138] GFZFF, Schulze, an DGFK, 31.3.1971; DGFK an Schulze, 5.5.1971, 23.11.1971, 18.10.1972, alles in: ebd., 4; GFZFF an Fraktionen des Niedersächsischen Landestages und Rat der Stadt Hannover, April 1973, in: ebd., 3.
[139] Landeshauptstadt Hannover an Schulze, 13.11.1973, in: ebd., 5; Schulze an FDP-Ratsfraktion, Karl-Geert Klostermann, 18.11.1974, in: ebd., 3.
[140] Protokoll Mitgliederversammlung, 20.11.1974, und Schulze an Friedrich Adolf Schütte, 19.6.1975, in: ebd.

Anfang der 1970er Jahre floss in die GFZFF verstärkt ökologische Wachstumskritik ein. Dies manifestierte sich an zirkulierenden Thesen von der wachsenden „Fortschrittskrise" der Menschheit[141] und den kommenden „Grenzen des Wachstums". In besonderer Weise rezipierte die GFZFF das regionalisierte Weltmodell von Mesarović und Pestel, das die Arbeit des Vereins 1974/75 beherrschte. So trat man an politische Akteure – etwa die FDP-Stadtratsfraktion in Hannover – heran, um zu betonen, dass das Pestel-Buch „mit erschreckender Deutlichkeit" zeige, „dass uns nur wenig Zeit zur Lösung unserer Probleme bleibt." Im Grunde seien seine Thesen nicht weniger alarmierend als jene des Meadows-Bandes, „da regionale Zusammenbrüche bereits viel früher prognostiziert werden, wenn nichts entscheidendes geändert wird". Auch die GFZFF orientierte sich nun nicht mehr nur am Thema Frieden in der Zukunft, sondern problematisierte die Umweltverschmutzung und vor allem das globale Bevölkerungswachstum: Die Region Südasien bedürfe dringend, so Schulze, Maßnahmen zur Geburtenregelung.[142] Hier bestätigt sich der Befund, wie nachhaltig gerade die bundesdeutsche Zukunfts- (und Friedens-)Forschung die Thesen von den Wachstumsgrenzen aufnahm. Hintergrund für die besondere Rezeption des Buches von Pestel und Mesarović war zweifellos, dass Pestel ebenfalls in Hannover lebte und hier an der TU wirkte. Wohl spielte ebenso das Kalkül eine Rolle, von Pestels guten Verbindungen zur Volkswagenstiftung profitieren zu können.

Damit machte sich die GFZFF in der Folge die Aufklärung über die vernetzte Welt und ihre Wachstumsgrenzen zur Kernaufgabe. So weitete sie ihr Themen- und Arbeitsspektrum und versuchte sich stärker im Bereich der Wissensvermittlung in die interessierte Öffentlichkeit zu profilieren.[143] In diesem Sinne organisierte die kleine GFZFF-Gruppe mit Pestel im Frühjahr 1975 ein Colloquium, das im Kern einen Workshop bildete. Mit einem Kreis Interessierter aus Politik, Wirtschaft und Verwaltung und mithilfe eines Doktoranden, der die Hard- und Software vorbereitete, simulierte Schulze die Arbeit an den Weltmodellen – also die Simulation.[144]

Weil die finanzielle Situation der GFZFF immer prekärer wurde, nachdem die Stadt Hannover die finanzielle Förderung unterbrach[145], beschlossen die Mitglieder 1975, mit den beiden größten bundesdeutschen Organisationen für Zukunftsforschung, dem Zentrum Berlin für Zukunftsforschung und der Gesellschaft für Zukunftsfragen, zu fusionieren, um den Bestand zu retten.[146] Inwieweit dies im

---

[141] GFZFF, Schulze, an DGFK, 31.3.1971, Anlage: Unterprojektantrag Systemplanung, in: ebd., 4.
[142] Schulze, GFZFF, an FDP-Ratsfraktion der Stadt Hannover, 18.11.1974; Aktennotiz Schulze, 5.3.1975, beides in: IfZ, ED 701, 3.
[143] Datenbogen zur Erstellung eines Beitrages über die GFZFF im Vademecum der politischen Bildungsarbeit, 27.7.1976, in: ebd.
[144] Protokoll der 11. Mitgliederversammlung, 19./20.11.1974, und Schulze, GFZFF, an FDP-Ratsfraktion der Stadt Hannover, 18.11.1974; Aktennotiz Schulze, 5.3.1975, alles in: ebd.
[145] Landeshauptstadt Hannover an Schulze, 5.11.1974, in: ebd.
[146] Friedrich Adolf Schütte an Gesellschaft für Zukunftsfragen, Klaus Repenning, 10.1.1975, über eine Abstimmung der Mitglieder der GFZFF über eine Fusion mit der Gesellschaft für Zukunftsfragen, und Aktennotiz zu einer Mitgliederversammlung, 6.3.1975, beides in: ebd.

veränderten öffentlichen und politischen Klima der Bundesrepublik gelang, wird in Kapitel IX.5 zu klären sein.

Auch im Starnberger MPI rückten Anfang der 1970er Jahre neue Zugänge und Themenfelder in den Vordergrund, die sich allerdings nur in einem weiteren Radius der Zukunftsforschung zurechnen lassen. Für unseren Zusammenhang zentral ist, dass das MPI in Teilen die Wachstumskritik der frühen 1970er Jahre aufnahm und die Ökologisierung der Zukunftsforschung nachvollzog.

So sickerte Wachstumskritik in die Gruppe zur Planungsforschung bzw. Planungstheorie um Claus Offe ein. Hier argumentierte man kapitalismuskritisch, im Spätkapitalismus werde wirtschaftliches Wachstum propagiert, um Vollbeschäftigung und Wohlstand zu sichern. Doch viele Anzeichen sprächen dafür, dass die industrielle Produktion Wachstumspfaden folge, die kaum zu einer Steigerung der Lebensqualität der Bevölkerung beitrügen. Die Probleme staatlicher Steuerung verortete die Gruppe im spätkapitalistischen System, in dem sich der Staat informationell und handlungsmäßig dem Kapital unterwerfen müsse.[147]

Eine Arbeitsgruppe um Horst Afheldt widmete sich dem Themenkreis „Umwelt und Wachstum" und entwickelte im Kontext der Debatte um den Wachstumsbegriff eine neue Definition des Bruttosozialprodukts, welche die Aufwendungen zur Beseitigung von Wachstums-Schäden (wie Verkehrsopfer und Umweltverschmutzung) nicht als Investitionen, sondern als Kostenfaktoren integrierte.[148]

Weiter ging Klaus Michael Meyer-Abich, der aus den Thesen von den „Grenzen des Wachstums" Überlegungen zu einer grundsätzlichen Umstellung der Energiepolitik ableitete. Der 1936 geborene Meyer-Abich hatte Physik, Philosophie und Wissenschaftsgeschichte studiert, umgriff also Natur- und Geisteswissenschaft ebenso wie Carl Friedrich von Weizsäcker. Mit von Weizsäcker aus Hamburg nach Starnberg gekommen, folgte er 1972 einem Ruf für Naturphilosophie an die Universität Essen. In einer kritischen Weiterentwicklung der Thesen von den „Grenzen des Wachstums" argumentierte Meyer-Abich, dass ein extrapoliertes Wachstum des Energieumsatzes grundsätzlich problematisch sei, weil dann klimatische Wirkungen drohten. Dies gelte auch für die Atomenergie, aber in besonderer Weise für die Verbrennung fossiler Brennstoffe, da beide Abwärme produzierten und so Wärmebelastungen auslösten, die angesichts des wachsenden Energiebedarfs durch höheren Verbrauch, exponentiell steigende Weltbevölkerung und den Nachholbedarf der Entwicklungsländer zu einer Klimaveränderung führen würden. Die einzige Ausnahme bilde die Solarenergie. Einsparungen des Energieein-

---

[147] Vgl. Information über Aufbau und Tätigkeit des MPI zur Erforschung der Lebensbedingungen der wissenschaftlich-technischen Welt, April 1974, S. 5ff, in: BAK, B 196, 16765; Claus Offe, Strukturprobleme des kapitalistischen Systems. Aufsätze zur Politischen Soziologie, Frankfurt a. M. 1972.
[148] Vgl. Information über Aufbau und Tätigkeit des MPI zur Erforschung der Lebensbedingungen der wissenschaftlich-technischen Welt, April 1974, S. 5ff, in: BAK, B 196, 16765; Max-Planck-Institut zur Erforschung der Lebensbedingungen der wissenschaftlich-technischen Welt, in: APWM 5 (1973), H. 30, S. 23 f.

satzes und die Reflexion über einen neuen Wachstumsbegriff seien unabdingbar. Meyer-Abich zog hierbei Überlegungen des US-Atomexperten Alvin Weinberg heran, der Gründungsdirektor des Institute for Energy Analysis war.[149] Meyer-Abich war, soweit ermittelbar, der erste, der das Phänomen der Klimaerwärmung in der Bundesrepublik in die Öffentlichkeit transportierte.[150] Nach Einsetzen der Ölkrise 1973 argumentierte Meyer-Abich, dass nun „auch energiepolitisch die Grenzen des sinnvollen Wachstums absehbar" geworden seien: Unter umwelt- und gesellschaftspolitischen Gesichtspunkten stelle sich die Frage, ob der Aufwand, zur Sicherung des Wirtschaftswachstums den dauernden Energiebedarf zu decken, in Zukunft nicht größer sein werde als der wirtschaftliche Nutzen des Wirtschaftswachstums. Energiepolitik müsse in Zukunft nicht mehr Wachstumspolitik sein, sondern sich an neuen Zielen orientieren[151], nämlich dem Leitbild des „qualitativen Wachstum[s]"[152].

Auch Carl Friedrich von Weizsäckers Vertrauen in die Beherrschbarkeit der Atomenergie schwand. In den 1960er Jahren hatte Weizsäcker ja die *friedliche* Nutzung der Atomenergie noch uneingeschränkt positiv betrachtet: In Atomkernen steckten ungeheure Energien, die das Millionenfache derjenigen Energie lieferten, welche die Atomhülle böte, aus der konventionelle Energien stammten; deshalb werde die Atomenergie auf lange Frist die entscheidende Energiequelle bilden.[153] Doch Anfang der 1970er Jahre geriet er in Zweifel, ob er die zivile Nutzung der Atomenergie weiter befürworten sollte. Dies ruhte zum Gutteil in der Rezeption der omnipräsenten Wachstumskritik, die wie gesehen eine Diskursformation mit Kritik an der technisch geprägten Zivilisation bildete. Dies verband sich mit der Suche nach Verinnerlichung und Spiritualität, welche von Weizsäcker seit einer Indienreise 1969 verfolgte – durchaus im Trend der internationalen Zukunftsforschung der frühen 1970er Jahre.[154] So lebte bei von Weizsäcker, Mahner vor dem Atomkrieg, eine „alte Beunruhigung über die Rolle von Kernreaktoren

---

[149] Vgl. Klaus Michael Meyer-Abich, Die ökologische Grenze des Wirtschaftswachstums, in: Umschau 72 (1972), S. 645–649; Ders., Bedingungen der mittel- und langfristigen Energieversorgung, in: Pierre Fornallaz (Hrsg.), Technik für oder gegen den Menschen. Die neue Aufgabe der Hochschule, Basel, Stuttgart 1975, S. 185–195; Ders., Die Begrenzung des herkömmlichen Wirtschaftswachstums durch die klimatischen Wirkungen des Einsatzes von Energie, in: Wirtschaftspolitische Blätter 20 (1973), S. 306–310.

[150] Meyer-Abich bezog sich hier auch auf Hermann Flohn, der wohl als erster in Deutschland bereits 1941 einen Aufsatz zum „Menschen als Klimafaktor" vorgelegt hatte und 1973 ein Buch zum globalen Klimawandel veröffentlichte; Hermann Flohn, Globale Energiebilanz und Klimaschwankungen, Opladen 1973; zur Geschichte der Entdeckung der Klimaerwärmung aus angloamerikanischer Perspektive Spencer R. Weart, The Discovery of Global Warming, Cambridge, Mass., London 2003.

[151] Klaus Michael Meyer-Abich, Neue Ziele der Energiepolitik, in: BP-Kurier 26 (1974), H. 2, S. 32–35.

[152] Ders., Umweltpolitik und qualitatives Wachstum, in: BP-Kurier 26 (1974), H. 3, S. 14–18.

[153] Carl Friedrich von Weizsäcker, Gedanken zur Zukunft der technischen Welt, in: NZZ, 11.10.1967.

[154] Vgl. Ders., Sie wollten das Wohl der Menschen, in: Wolfgang Rapp (Hrsg.), Glaubwürdig und unbequem. Erhard Eppler zum 70. Geburtstag, Baden-Baden 1996, S. 157; zu spirituellen Tendenzen in der WFSF siehe Kapitel VIII.

im Fall eines nuklearen Bewegungskriegs" neu auf und verstärkte sich zu einem grundsätzlichen Unbehagen über die Atomenergie und die technische Zivilisation als solche.[155] In semantischer Hinsicht rückte nun der Begriff des „Risikos" verstärkt in von Weizsäckers Sprachhaushalt.[156] Die Zukunftsforschung der 1960er Jahre hatte selten vom „Risiko" gesprochen; man betonte die Beschleunigung und so die Notwendigkeit, die Zukunft zu erforschen, zu steuern und damit in ihrer Aufwärtsbewegung zu sichern. Das „Risiko", aus der versicherungstechnischen Sicherheits- und Unfallanalyse kommend, indizierte wachsende Ungewissheit über den technischen, sozialen und politischen Wandel und eine gesteigerte Problematisierung der Technik, die nun nicht mehr beherrschbar schien.[157]

Von Weizsäcker suchte, um Klarheit über die Risiken der Kernenergie zu erhalten, 1975 Rat bei US-Experten und reiste mit seinem Mitarbeiter Klaus Gottstein in die Vereinigten Staaten. In den USA, führend in der Kerntechnik, war eine Kontroverse um die Kernkraft bereits voll ausgebrochen und hatte zur Auflösung der Atomkommission geführt.[158] Die Mehrheit der befragten Experten wollte an der Kernenergie festhalten und sah kommende Gefahren allenfalls in dem Szenario repräsentiert, dass Terroristen Plutonium entwenden sollten. Nachdenklicher argumentierte Alvin Weinberg. Er gab zu bedenken, dass man noch nicht über die Effekte der unterschiedlichen Arten von Energieerzeugung auf das Klima Bescheid wisse. Zudem sehe er persönlich die Lagerung radioaktiven Abfalls über Grund als „moralisch nicht zu vertreten". Alternative Energiequellen wie Sonnenenergie sollten zumindest wettbewerbsfähig gemacht werden. Grundsätzlich aber müsse man den Menschen erläutern, dass man immer Risiken eingehe.[159]

Von Weizsäcker wog in der Folge in Artikeln in der „Zeit"[160] Vor- und Nachteile verschiedener Arten der Energieerzeugung ab, ohne sich klar festzulegen. Spürbar ist das Abwägen, die philosophisch durchtränkte Suche nach der „Wahrheit", der besten Lösung, die er auch in die Öffentlichkeit transportieren wollte. Er argumentierte, fossile Energieträger seien endlich und umweltschädlich in Bezug auf die Emission von Schwefeldioxyd und anderen Stoffen, aber auch auf die klimatischen Auswirkungen durch Abwärme. Auch die Kernspaltung erzeuge Abwärme. Probleme stellten sich im Hinblick auf die Endversorgung im Normalbetrieb, da es noch keine Methode gebe, radioaktive Abfälle auf lange Sicht zu si-

---

[155] Ders., Ohne Atomkraft leben? (Schluß), in: Die Zeit, 11.7.1975.
[156] Z.B. Ders., Mit der Kernenergie leben. Die friedliche Nutzung des Atoms – die Risiken sind begrenzt, in: Die Zeit, 17.3.1978.
[157] Zum Begriff des Risikos Markus Zeilhofer, Technikfolgenpolitik, S. 26–34; Krohn/Krücken, Risiko.
[158] Joachim Radkau, Von der Kohlennot zur solaren Vision. Wege und Irrwege bundesdeutscher Energiepolitik, in: Hans-Peter Schwarz (Hrsg.), Die Bundesrepublik Deutschland. Eine Bilanz nach 60 Jahren, Köln 2008, S. 461–486, S. 473.
[159] Klaus Gottstein, Bericht über die Reise des Vorsitzenden des Beratenden Ausschusses für Forschung und Technologie (BAFT) Professor C.F. von Weizsäcker in die USA, o.D., April 1975, in: BAK, B 196, 30858.
[160] Vgl. auch für das Folgende Carl Friedrich von Weizsäcker, Ohne Atomkraft leben?, 3 Teile, in: Die Zeit, 27.6., 4.7., 11.7.1975.

chern, aber auch im Hinblick auf Risiken durch technische Unfälle, Sabotage und den Kriegsfall, so von Weizsäcker in Übernahme von Positionen Weinbergs. Von Weizsäcker zog auch den sogenannten Rasmussen-Bericht des MIT heran, der die Risiken der Kernkraft untersucht hatte und die Wahrscheinlichkeit eines großen Schadens durch technischen Unfall als sehr gering einschätzte. Der größte anzunehmende Unfall sei das Durchschmelzen des Reaktorkerns beim Versagen des Kühlungssystems und das Sich-Herausfressen der geschmolzenen Masse durch die Betonwände. Auch von Weizsäcker betrachtete den GAU als sehr unwahrscheinlich; die herausgetretene Masse werde im Wesentlichen an Ort und Stelle liegenbleiben. Beim schwersten aller Unfälle, so der Rasmussen-Bericht, müsse mit 3300 Toten, 45 000 Kranken und 14 Billiarden Dollar Sachschäden gerechnet werden. Gleichwohl trieb von Weizsäcker der Gedanke des nie wirklich kalkulierbaren Risikos der Atomenergie um, des „Faustian bargain", wie es Weinberg genannt hatte. Dies betraf vor allem die Risiken der Sabotage und des Kriegsfalls. Die Sonnenenergie sei nicht gefährlich, aber im großtechnischen Maßstab wenig rentabel. Sie verdiene aber als zusätzliche Energiequelle intensive Förderung. Zentrale Bedeutung maß Weizsäcker nun dem Energiesparen zu. Man müsse sich fragen, wie weit das Wachstum des Energiekonsums denn noch gehen dürfe. Es sei zweifelhaft, „ob das bisher schon erreichte Niveau des Energiekonsums in den Industrieländern eigentlich einem legitimierbaren Bedürfnis entspricht". Dies gelte mit Blick auf die Konsumgesellschaft, betreffe aber auch die Frage der „Struktur unserer Technik" und ihrer Anwendung. So existiere „zwischen Energiekonsum und Sozialprodukt nicht aus Gründen technischer Notwendigkeit eine so enge Kopplung", wie meist angenommen werde. Sicherlich bestehe eine Korrelation. Doch ließe sich ein gedankenloser Umgang mit Energie durch intelligenten ersetzen, etwa durch wärmedämmende Bauweise, energiesparende Maschinen usw. Eine Verteuerung der Energie könne bereits einen Anreiz zur Entwicklung energiesubstituierender Techniken bedeuten.[161]

Diese Überlegungen zur Konsumzurückhaltung spitzte von Weizsäcker so zu, dass er sich 1978 in einem Vortrag vor politischer Prominenz im Rahmen einer Festveranstaltung der Max-Planck-Gesellschaft und in der „Zeit" zu einer „asketischen Weltkultur" bekannte. Die „selbsterzeugten Gefahren" der technischen Zivilisation blieben bestehen; wohl sei „Verzicht auf die fortschreitende Technik, auch wo er heilsam wäre, in einer unerleuchteten Menschheit wie der heutigen politisch und ökonomisch nicht durchsetzbar; in einer ihrer Situation bewussteren Menschheit aber wäre er vermutlich überflüssig. Bewußtseinsentwicklung ist die Aufgabe, welche die technische Entwicklung uns stellt".[162] Fassbar wird hier ein grundsätzliches Unbehagen an der technischen Zivilisation und der Industrie-

---

[161] Ders., Ohne Atomkraft leben? (Schluß), in: Die Zeit, 11. 7. 1975; vgl. Ders., Ohne Atomkraft leben? I und II, in: Die Zeit, 27. 6. und 4. 7. 1975; Rasmussen-Bericht, in: ebd., 21. 1. 1977..
[162] Die friedliche Nutzung der Kernenergie. Chancen und Risiken. C.F. von Weizsäcker setzt Energieersparnis als erste Priorität/Stunde der Askese?, in: MPG-Spiegel H. 2/1978, S. 32–38, hier S. 33, 37, in: BAK, B 196, 20327; ähnlich Ders., Mit der Kernenergie leben. Die friedliche Nutzung des Atoms – die Risiken sind begrenzt, in: Die Zeit, 24. 3. 1978.

2. Carl Friedrich von Weizsäckers Max-Planck-Institut und die GFZFF 347

moderne, das weit über die Bedenken gegenüber der Atomwaffe hinausreichte, und dies verband sich mit einer Suche nach Verinnerlichung, die eine Hinwendung zum Spirituellen indizieren. Die Überlegungen zur Energiepolitik sollte von Weizsäcker in den 1970er Jahren in die Politik einspeisen, wie in Kapitel X.5 zu sehen sein wird.

Von Weizsäckers Max-Planck-Institut allerdings wurde 1981 aufgelöst. Schon von Beginn an unterlag es ja der Kritik, „kein geschlossenes, konkretes Arbeitsprogramm" zu besitzen[163]; seinen Gegnern, vor allem aus der Bayerischen Staatsregierung, galt es als „linke Kaderschmiede", in der revolutionäre Auffassungen kursierten.[164] Auch im Forschungsministerium geriet der holistische Ansatz des Instituts unter Druck. Schon mit der Berufung Habermas' 1971 war ja eine von der Kritischen Theorie geprägte Sozialwissenschaft zum zweiten methodisch-theoretischen Ansatzpunkt des Instituts geworden. Mitte der 1970er nahm das Bundesforschungsministerium das Starnberger Institut nicht mehr als Institution der Zukunfts- oder Friedensforschung oder Institut übergreifenden Zuschnitts wahr, sondern als „sozialwissenschaftliches Institut".[165] So sollte es in den neuen Förderungsbereich „Sozialforschung" integriert werden und anwendungsorientierter arbeiten: Es war intendiert, dass der Bereich – mit dem neuen Wissenschaftszentrum Berlin als Fixpunkt – mehr auf die „praktischen Probleme der Gesellschaft eingehen und konkrete Antworten dafür suchen" solle.[166] Hintergrund war hier auch ein verändertes politisches Erwartungsprofil an die im Umbruch begriffene Sozialwissenschaft, explizit die Soziologie und die Politikwissenschaft. Beide waren nach 1945 stark von US-amerikanischen Vorbildern und Methoden geprägt worden. In der Soziologie hatte in den 1960er Jahren vor allem die empirisch-quantitativ orientierte „Kölner Schule" um René König im Banne der Modernisierungstheorie gestanden; in enger Verbindung mit der Politik hatte man sich hier die rationale und planungsorientierte Gestaltung der Moderne zum Ziele gesetzt, ehe dann kulturwissenschaftliche und antipositivistische Theorien an Zulauf gewannen. Für die Politikberatung nützlich erschienen freilich vor allem praxisnahe Ansätze.[167] Eine 1977 eingesetzte Kommission der Geisteswissenschaftlichen Sektion der Max-Planck-Gesellschaft, welche über die Zukunft des Starnberger MPI beriet, kam zum Schluss, den Arbeitsbereich I mit von Weizsäckers Emeritierung zu schließen und aus dem Arbeitsbereich II von Habermas ein „MPI für Sozialwissenschaften" zu machen.[168] Schließlich schloss, weil Habermas zurücktrat, das Starnberger Institut 1981 ganz seine Pforten, zugunsten des

---

[163] BMFT, Vermerk Trabandt, 214-3627-1-So27, 7.1.1975, in: BAK, B 196, 16765.
[164] Ariane Leendertz, Die pragmatische Wende. Die Max-Planck-Gesellschaft und die Sozialwissenschaften 1975–1985, München 2010, S. 14.
[165] BMFT, Vermerk 214-3627-1-So 27 an den Parlamentarischen Staatssekretär, 7.2.1975, in: BAK, B 196, 16765.
[166] Pressemitteilung des BMFT: Staatssekretär Hauff kündigt Förderungsbereich Sozialforschung an, 9.1.1975, in: BAK, B 196, 16765.
[167] Vgl. Kruse, Geschichte; Leendertz, Wende.
[168] Bericht und Empfehlung der Kommission, 27.8.1978, in: BAK, B 196, 20327.

1984 errichteten Max-Planck-Instituts für Gesellschaftsforschung in Köln, das sich unter der Leitung von Renate Mayntz als empirisch arbeitendes, pragmatisch angelegtes sozialwissenschaftliches Institut begriff.[169]

3. Systemdenken und Steuerungseuphorie: Die Anfänge der Studiengruppe für Systemforschung und des Zentrums Berlin für Zukunftsforschung

Abseits der Wirtschaftsprognostik und der Zukunfts- als Friedensforschung arbeitete die Zukunftsforschung in der Bundesrepublik der 1960er Jahre vor allem mit systemanalytisch angelegten Simulationsmodellen, welche teilweise mit hypertrophen Steuerungsvorstellungen verbunden waren. Dies lässt sich an der Studiengruppe für Systemforschung, die teilweise in die Zukunftsforschung hineinreichte, und am Zentrum Berlin für Zukunftsforschung (ZBZ) zeigen.

Ausgangspunkt für die Begründung der Studiengruppe für Systemforschung war eine interdisziplinäre Reflexion über technologische Innovationen und ihre gesellschaftlichen Folgen Ende der 1950er Jahre. Eine kleine Gruppe von Natur- und Geisteswissenschaftlern begründete Anfang 1958 in Heidelberg die Arbeitsgemeinschaft für Entwicklungsfragen, welche sich in einem interdisziplinären Ansatz den Wandlungen und Auswirkungen technischer Entwicklungen und technologischer Prozesse auf Wirtschaft und Gesellschaft widmen wollte. Hierzu gehörte der Chemiker und Soziologe Helmut Krauch, dem sich wenig später der Chemiker und Philosoph Werner Kunz und der Mathematiker, Soziologe und Rektor der Hochschule für Gestaltung Ulm Horst Rittel anschlossen; die drei zentralen Protagonisten waren also ähnlich wie Carl Friedrich von Weizsäcker sowohl natur- wie geistes- bzw. sozialwissenschaftlich geschult. Zentral für die Bildung der Gruppe waren transatlantische Erfahrungen. Den Mitbegründer und Leiter der Studiengruppe Krauch und andere Mitglieder einte, dass sie jeweils Studien- oder Forschungsaufenthalte in den USA durchlaufen hatten. Hinzu kam die sich abzeichnende Prägekraft der Kernenergie. Nachdem mit den Pariser Verträgen 1955 alle alliierten Beschränkungen für die bundesdeutsche Forschung entfallen waren, entstanden 1956 die Kernforschungsanlage Jülich und die Kernreaktor-Bau- und Betriebsgesellschaft am Kernforschungszentrum Karlsruhe. Zugleich zeigten die Debatte um die atomare Bewaffnung der Bundeswehr, die durch die „Göttinger Erklärung" 1957 ausgelöst worden war, und die Initiative „Kampf dem Atomtod" die gesellschaftliche Sprengkraft der militärischen Nutzung der Kernenergie. Die Forschungsgruppe für Entwicklungsfragen der Atomkernenergie, wie sie sich nun bezeichnete, erhielt deshalb ab 1959 eine finanzielle Förderung des von Siegfried Balke geleiteten Bundesatomministeriums. Die inzwischen als Studiengruppe für angewandte Radio- und Strahlenchemie firmie-

---

[169] Vgl. Leendertz, Wende.

3. Studiengruppe für Systemforschung und Zentrum Berlin für Zukunftsforschung

rende Gruppierung widmete sich zunächst atomtechnischen Fragestellungen. Dass darüber hinausgehend auch grundsätzliche Fragen der Planung und insbesondere Forschungsplanung das Interesse des Kreises weckten, zeigte die Verbindung mit Edgar Salin und der List-Gesellschaft, mit der kurzzeitig auch die gemeinsame Begründung eines Instituts für langfristige Planungsforschung ventiliert wurde. Bis Ende der 1960er Jahre war die Studiengruppe, nun vom Bundesministerium für wissenschaftliche Forschung (als Nachfolger des Atomministeriums) finanziell gefördert, rechtlich der Gesellschaft für Kernforschung zugeordnet. 1969 wurde sie unter der Ägide des Ministeriums in einen eingetragenen Verein verselbständigt. Hintergrund war zum einen, dass der Haushaltsausschuss des Bundestages drängte, die Forschungsprojekte der Studiengruppe einer „strengeren wissenschaftlichen ‚Aufsicht'" zu unterstellen; zum anderen hatte Gutachter Karl Steinbuch 1967 moniert, die finanzielle Ausstattung der Studiengruppe sei zu schwach. Dem neuen Verein gehörten neben dem Ministerium auch die Gesellschaft für Kernforschung und andere Großforschungsinstitutionen an. Den Vorsitz im Kuratorium übernahm Ministerialdirektor Karl-Friedrich Scheidemann aus dem Forschungs- bzw. Bildungs- und Wissenschaftsministerium, welches die Arbeit der Studiengruppe 1969 mit 837 000 DM, 1973 mit 1,9 Millionen unterstützte. Mithin war die Studiengruppe, die 1969 über 81 fest angestellte Mitarbeiter verfügte, als Non-Profit-Organisation konzipiert; eng an das Bildungs- und Wissenschaftsministerium gebunden, war sie doch rechtlich nicht voll in das Ministerium integriert und konnte auch Aufträge anderer Institutionen wie des Kanzleramtes bearbeiten.[170]

Im Vergleich zu von Weizsäcker und seinem Kreis um die FEST und die VDW zeigte sich die Studiengruppe zunächst ganz vom technologischen Fortschritt überzeugt. Dies zeigte sich 1962, nachdem mehrere Mitglieder der Studiengruppe eine Studienreise zu US-Think-Tanks, zur RAND Corporation und zur Systems Development Corporation unternommen hatten. Das Atomministerium und das Rationalisierungskuratorium der deutschen Wirtschaft finanzierten diese Reise. Als Ergebnis entstand eine Expertise über Forschungsplanung in den USA, wel-

---

[170] Zur Studiengruppe auch für das Folgende Brinckmann, Wissenschaftliche Politikberatung; Kai F. Hünemörder, Die Heidelberger Studiengruppe für Systemforschung und der Aufstieg der Zukunftsforschung in den 1960er Jahren, in: Technikfolgenabschätzung 13 (2004), H. 1, S. 8–15; Helmut Krauch, Bildung und Entfaltung der Studiengruppe für Systemforschung 1957–1973, http://www.usf.uni-kassel.de/usf/archiv/dokumente/krauch/studiengruppe.pdf (letzte Abfrage 3.1.2015); BMwF, Scheidemann, II 1 – 6021-8/65, Aufzeichnung über Gruppe für Systemforschung für Minister und Staatssekretär, 20.7.1966, in: BAK, B 138, 6238; Ministerialrat Trabandt, II 1-3750, Vermerk für Minister Stoltenberg, 9.1.1968, in: ebd., 6801; vgl. Claus Grossner, Deutschlands Denkfabrik am Ende? Wie die Ministerialbürokratie kritische Institutionen zähmt, in: Die Zeit, 15.3.1974; zur Finanzierung BMwF, Menke-Glückert, II 7-3104-02-5/67, an Minister, Staatssekretär und Abteilungsleiter II, 23.1.1967 (hier Zitat); BMwF, Trabandt, II 1, Vermerk, 1.3.1967, beides in: BAK, B 138, 6239; BMFT, Schmidt-Küntzel, III A 1 – 3750-1/23, an Minister und Parlamentarischen Staatssekretär, 17.5.1973, und Übersicht Finanzielle Entwicklung der Studiengruppe, beides in: ebd., B 196, 17267; zu Steinbuch Vermerk BMwF, II A 2- 3750-1, von Massow, an Minister Stoltenberg über Staatssekretäre und AL II, 27.6.1968, in: ebd., B 138, 6801.

che in abgewogenem Ton, aber doch in hoher Anerkennung die US-Forschungspolitik beschrieb. Der Bericht betonte die Vorreiterrolle der Vereinigten Staaten in der staatlichen Forschungsförderung, der Forschungsplanung und -organisation und der Zusammenführung der Interessen von Staat, Militär, Industrie und Wissenschaft. Ebenso akzentuierte der Bericht die Bedeutung systemanalytischer Ansätze für Fragen der Forschung und Forschungsplanung.[171]

In der Tat geriet die Studiengruppe, die – nomen est omen – ab 1964 als Studiengruppe für Systemforschung firmierte, nun ganz in den Bannkreis der Kybernetik bzw. der Systemanalyse.[172] Übergreifende Problemstellungen in Forschungs- und Planungsprozessen sollten in einem systemanalytischen Zugriff, der Regelkreis- und Rückkopplungsmechanismen berücksichtigte, bearbeitet werden. Helmut Krauch definierte die Systemforschung vage als Methode, die sich „mit der Untersuchung von Realsystemen, d. h. Natur- und/oder Sozialsystemen" beschäftige und „problemorientiert und [...] interdisziplinär" arbeite. Sie berücksichtige „alle als relevant erkannten Beziehungen". Ziel sei es, „ein neues System zu erstellen, das die Aufgaben des bestehenden qualitativ besser, mit weniger Aufwand, also rationeller erfüllt."[173] Mithin ging es darum, Systeme in ihrer Ganzheit zu erfassen und diese möglichst effektiv zu steuern. Dabei orientierte man sich an den US-Think-Tanks. Die RAND Corporation und andere Institute hätten gezeigt, so die Studiengruppe, dass die Systemanalyse als „Werkzeug zur Analyse komplexer Sachverhalte" und neuer Methode für die Planung und Bewertung von Systemen eine zentrale Rolle spiele und auf Forschungsfragen – in der sogenannten Systemforschung – angewendet werden könne.[174]

Die Studiengruppe befasste sich also mit Fragen der Forschungsplanung, mit der Informationstechnik und -verarbeitung in Verwaltungsabläufen und Entscheidungsstrukturen, der Anwendung der Datenverarbeitung in Forschung und Entwicklung und der Beratung der öffentlichen Hand in Fragen der Systemforschung. Mitte der 1960er Jahre besaß sie die Abteilungen „Forschungsplanung", „Organisationsanalyse von Forschung und Verwaltung", „Dokumentationsforschung/Informationstechnik" und „Entscheidungsforschung". 1969 wurde die Studiengruppe umstrukturiert in die Arbeitsbereiche „Forschungsplanung" bzw.

---

[171] Helmut Krauch/Werner Kunz/Horst Rittel, Forschungsplanung. Eine Studie über Ziele und Strukturen amerikanischer Forschungsinstitute, München 1966.

[172] Satzung der Studiengruppe für Systemforschung e.V., Heidelberg, Fassung vom 20.12.1968; BMwF, Trabandt, II 1-3750, Vermerk für Minister Stoltenberg, 9.1.1968; Denkschrift der Abt. II, 20.9.1968; Vermerk von Massow, II A 2, 18.10.1968, in: BAK, B 138, 6801; Auflistung der Arbeitsbereiche und Arbeitsprogramme der Studiengruppe, o.D. (hs. Jo[chimsen] 8/12), in: ebd., 6804.

[173] Helmut Krauch, Systemforschung, o.D., in: BAK, B 138, 6239; vgl. Ders., Wege und Aufgaben der Systemforschung, in: Ders. (Hrsg.), Systemanalyse in Regierung und Verwaltung, Freiburg 1972, S. 27–47; SfS, Werner Kunz, an Menke-Glückert, 3.8.1965: Zusammenfassung über Stand und Umfang der Arbeit auf den Gebieten „Forschungsplanung" und „Forschung über Forschung", Anl. 1: Systemforschung: Geschichte und Aufgaben, in: BAK, B 138, 6238.

[174] Hans Paul Bahrdt/Bruno Fritsch/Helmut Krauch u.a., Eindrücke und Ergebnisse von der Columbus-Konferenz und der Studienreise „Forschungsplanung", in: Krauch/Kunz/Rittel (Hrsg.), Forschungsplanung, S. 22–25.

"Planung und Entscheidung", den Krauch leitete, und "Dokumentationsforschung", dem Kunz vorstand, sowie den Bereich "Manpower-Bedarfsschätzung und Informationsökonomie", den der Heidelberger Ökonom Carl Christian von Weizsäcker (der Sohn Carl Friedrichs) koordinierte und mit seiner Arbeitsgruppe für empirische Bildungsforschung verknüpfte; diese Abteilung integrierte sich aber nur bedingt in die Studiengruppe. Hinzu trat wenig später als vierter Bereich "Beratung, Ausbildung, Publikation".[175] Verbindendes Element war die Orientierung an systemanalytischen Methoden und Interpretationen.

Mit der Zukunftsforschung war die Studiengruppe für Systemforschung vor allem durch die Abteilung Forschungsplanung bzw. Planung und Entscheidung verknüpft, da es hier um zukunftsgerichtete, mittel- bis langfristige, durchaus holistisch verstandene Fragen der Planung – also der Umsetzung von Prognosen – ging. Die Abteilung suchte im Hinblick auf Forschungstrends verschiedene Entwicklungsaspekte zu isolieren und dann deren Wechselwirkungen aufzuzeigen, also die Forschungstrends selbst im systemanalytischen Sinne zu analysieren.[176] In diesem Bereich war es der Studiengruppe vor allem darum zu tun, gegenüber dem Forschungsministerium, aber auch in Wissenschaft und Öffentlichkeit für eine deutliche Erhöhung staatlicher Aufwendungen für Forschung und Entwicklung in der Bundesrepublik und die Errichtung zukunftsorientierter, nämlich interdisziplinärer, teamorientierter Wissenschaftsstrukturen (im Sinne der Großforschung) zu werben, aber auch für eine Förderung systemanalytischer Methoden einzutreten. Leitend waren hier die US-Erfahrungen während der Forschungsreise 1962, aber auch nachfolgende enge Kontakte zu US-Think-Tanks, wie sie die Studiengruppe etwa zum Stanford Research Institute aufbaute. Krauch betonte: "In den USA erfüllen die verschiedenen Federal Contract Research Centers und gemeinnützige Institute, wie das Stanford Research Institute, eine Mittlerrolle. In diesen Instituten werden nicht nur die gesellschaftlichen und politischen Bedürfnisse analysiert, d.h. die Voraussetzungen für die Prioritätslisten geschaffen, sondern es werden auch technische Möglichkeiten entworfen und auf ihre Ausführbarkeit untersucht. Berücksichtigt man die Größenverhältnisse und die Aufgaben der Bundesrepublik, so fehlen uns mindestens 1000 Wissenschaftler und Techniker, die in staatlich geförderten Forschungszentren auf dem Gebiet der Planungsforschung und Systementwicklung arbeiten müßten."[177] In einem interdiszipli-

---

[175] BMwF, von Massow, II 7-3750, an Minister Stoltenberg über Staatssekretär, 19.3.1968, in: BAK, B 138, 6801; Auflistung der Arbeitsbereiche und Arbeitsprogramme der Studiengruppe, o.D. (hs. Jo[chimsen] 8/12), in: ebd., 6804; Übersicht über Studien, Projekte und Sondervorhaben, o.D. (1973), in: ebd., B 196, 17267; Brinckmann, Politikberatung, S. 30f., 121–125.
[176] BMwF, Menke-Glückert, II 7-3104-02-8/66, an Helmut Krauch, Studiengruppe für Systemforschung, 14.4.1966; vgl. Ders, II 7-32021-67, an Staatssekretär und Abteilungsleiter, 27.7.1964; Ders, II 7-3104-2, an Referat I A 4, 27.4.1966, alles in: BAK, B 138, 6238; BMwF, von Massow, II A 2-3750, Vermerk, 23.7.1969, in: ebd., 6231; Stanford Research Institute an BMwF, 12.12.1963, in: ebd., 6239; BMwF, Erläuterungen zu den Forschungsvorhaben der SfS, o.D., in: ebd., 6801.
[177] Helmut Krauch, Umfang und Förderungsmethoden der technischen Entwicklung im europ. Ausland und in den USA, in: VDI-Zeitschrift 108 (1966) H.1, S. 1–8, in: ebd., 6238; vgl.

nären Ansatz müsse die Forschungspolitik Naturwissenschaftler, Ökonomen und Sozial- und Geisteswissenschaftler zusammenbringen, um unter dem Signum neuer Methoden – insbesondere der Systemforschung – übergreifende und zukunftsorientierte Fragestellungen anzugehen.

Dabei gebe es, so Krauch in einem Vortrag vor Organisationsreferenten der Bundesregierung, sogar eine deutsche Tradition der Systemforschung. Die Think-Tanks sähen in Erich von Manstein den „Schöpfer eines wichtigen methodischen Teilgebietes der Systemforschung, nämlich der Simulation von Situationen durch aktives Rollenspiel", wie dies Manstein in den 1920er Jahren für einen kommenden deutsch-polnischen Konflikt erprobt habe: „Manstein ist, wie wir bei Besuchen bei der RAND Corporation feststellen konnten, dort hoch geachtet als Pionier der Methode des Planspiels." Damit bezogen sich die Amerikaner auf einen deutschen Wissensbestand, der in der Bundesrepublik wegen Mansteins Wirken im NS-Regime nur sehr bedingt anführbar schien. Krauch bemühte sich hingegen, diesen in ein quasi-objektives größeres Wissenssystem der Systemforschung einzubetten. Auf jeden Fall habe RAND aus diesen Überlegungen seit den 1940er Jahren mathematische Modelle entwickelt, um ökonomische Zusammenhänge und Machtverhältnisse zu beschreiben. Eine zentrale Rolle spielten Computer-Modelle in Kombination mit Rollensimulationen. Die Bundesrepublik stehe gegenüber solchen Innovationen zurück. Während man in angelsächsischen Ländern Neuentwicklungen, besonders wenn sie praktischen Nutzen brächten, mit weniger Vorurteilen gegenüberstehe, habe man in der Bundesrepublik die neuen Ansätze der Kybernetik und Systemforschung erst mit zehn- bis 20-jähriger Verspätung wahrgenommen.[178] Mithin griff die Studiengruppe für Systemforschung die Thesen der OECD auf, welche die „technologische Lücke" Westeuropas gegenüber den USA thematisiert hatten. Die Studiengruppe machte sich diese Überlegungen zu eigen und spitzte sie auf die Bundesrepublik zu, die sich im Gegensatz zu den angelsächsischen Ländern nicht genug für Innovationen öffne und so neue Entwicklungen der Systemforschung verschlafen habe. So fachte sie selbst die Diskussion um die „technologische Lücke" in der Bundesrepublik maßgeblich an.[179]

Zugleich reflektierte die Studiengruppe für Systemforschung selbst über die Möglichkeiten und Gefahren wissenschaftlicher Politikberatung. Mehrere ihrer Protagonisten – Werner Kunz und Helmut Krauch – beteiligten sich aktiv an der oben erwähnten Technokratiedebatte. Diese hatte Helmut Schelsky mit der These

---

Ders., Staatliche Forschung in USA. Planung und Organisation staatlich finanzierter Forschung, in: Atomzeitalter 1962, H. 7/8, S. 179–188.

[178] Helmut Krauch, Über Grundlagen und Anwendungen der Systemforschung, Vortrag vor den Organisationsreferenten der Bundesregierung im BMI, 14. 2. 1968, in: BAK, B 138, 6239.

[179] Vgl. Bähr, Herausforderung; Helmuth Trischler, Das bundesdeutsche Innovationssystem in den „langen 70er Jahren". Antworten auf die „amerikanische Herausforderung", in: Johannes Abele (Hrsg.), Innovationskulturen und Fortschrittserwartungen im geteilten Deutschland, Köln 2001, S. 47–70; Gerhard A. Ritter/Margit Szöllösi-Janze/Helmuth Trischler (Hrsg.), Antworten auf die amerikanische Herausforderung. Forschung in der Bundesrepublik Deutschland und der DDR in den „langen" siebziger Jahren, München 1999.

angestoßen, in der modernen Industriegesellschaft formiere sich ein „technischer Staat", in dem an die Stelle von Normen und politischen Entscheidungsmöglichkeiten zunehmend wissenschaftlich-technisch bedingte Sachgesetzlichkeiten träten.[180] Die Studiengruppe stützte in der Debatte die Thesen von Jürgen Habermas, nach denen im Bereich der Politikberatung weder das „technokratische Modell" des Entscheidens nach Sachgesetzlichkeiten noch das dezisionistische Modell der strikten Trennung zwischen Politik und Beratung anzustreben sei, sondern das pragmatistische Modell einer ständigen Kommunikation zwischen Politikern und Beratern, das die Vermittlung durch die politische Öffentlichkeit einbeziehe. In der Forschungspolitik, so Kunz, sei eine enge Partnerschaft zwischen Politikern und Wissenschaftlern vonnöten, in der weder – wie im „Liberalismus", so Kunz in Anspielung auf Max Weber – Politik und Wissenschaft getrennt seien noch Experten die politischen Entscheidungen „über den immanenten Sachzwang" träfen.[181]

Die Studiengruppe für Systemforschung warb also für eine zukunftsorientierte Forschungsplanung, feierte die Think-Tanks als Zentren der wissenschaftlichen Modernität und propagierte Methoden der Systemanalyse, welche auch für Voraussagetechniken zentral waren. Damit legte man die Fundamente für die Verwissenschaftlichung der Zukunft im Zeichen kybernetischer Ansätze in der Bundesrepublik. Dies war auch die Wahrnehmung der informierten Presse.[182] In der Tat nahm Direktor Helmut Krauch ab Mitte der 1960er Jahre – gemeinsam mit Jungk, Flechtheim und Steinbuch – eine führende Rolle darin ein, die Zukunftsforschung in der Bundesrepublik als neue Wissenschaft zu etablieren. Dies geschah z.B. 1965 bei einer Tagung der Evangelischen Akademie zu „Deutschland – wie es die Futurologen sehen".[183] Ebenso gehörte Krauch zum ersten Aktionskomitee der noch darzustellenden Gesellschaft für Zukunftsfragen. Krauch, der auch an der Osloer Konferenz von Mankind 2000 1967 teilnahm, bemühte sich in der Folge, in Abstimmung mit der Gesellschaft für Zukunftsfragen eine große internationale Tagung zur Zukunftsforschung namens „Research on the Future" in Heidelberg zu organisieren, die an Oslo anknüpfen sollte. Wohl aufgrund fehlender finanzieller Mittel scheiterte dieses Vorhaben zunächst. Karl Steinbuch nahm das Projekt dann als „SYSTEMS 69" für die Gesellschaft für Zukunftsfragen in die Hand (hierauf wird im Folgenden zurückzukommen sein).[184]

---

[180] Schelsky, Mensch, Zit. S. 453; vgl. Metzler, Konzeptionen, S. 196–207; Kapitel IV.
[181] Werner Kunz, Systemforschung, in: BAK, B 138, 6238; vgl. Jürgen Habermas, Verwissenschaftlichte Politik in demokratischer Gesellschaft, in: Krauch/Kunz/Rittel, Forschungsplanung, S. 103–144; Krauch, Forschung, S. 181 f.; Brinckmann, Politikberatung, S. 88–93, 97–102.
[182] So Claus Grossner, der wiederholt über die Entwicklung der Zukunftsforschung berichtete und über Jungk Zugang zu internen Korrespondenzen besaß; Claus Grossner, Zukunftsforschung ohne Zukunft, in: Die Zeit, 21.11.1969.
[183] Deutschland – wie es die Futurologen sehen. Eine Tagung der Evangelischen Akademie in Berlin, in: Die Welt, 20.11.1965; vgl. Programmschrift der Evangelischen Akademie, o.D., in: BAK, B 138, 1549.
[184] Siehe Kapitel IX.4.

Mit ihren Arbeiten zur Systemanalyse legte die Studiengruppe für Systemforschung in gewisser Weise das methodische Fundament für die Begründung des Zentrums Berlin für Zukunftsforschung (ZBZ). Dieses entstand im Februar 1968 als Institution, die sich explizit der Erforschung der Zukunft widmete und sich zunächst in besonderer Weise der Methode einer computerunterstützten Modellsimulation verschrieb.

Im Gründungsaufruf propagierte das ZBZ: „Wir stehen in dieser Stadt, in diesem Land, in diesem Erdteil, auf diesem Planeten heute mit immer stärkerer Dringlichkeit vor der Aufgabe, *Prioritäten* zu setzen." Angesichts der Dynamik in Wissenschaft und Technik und der „weltweit gewordenen Geschehensverflechtungen" sei die „Komplexität der dabei zu berücksichtigenden Zusammenhänge sehr weitgehend". Diese Aufgabe

„kann nur dann bewältigt werden, wenn alle vorhandenen wissenschaftlichen und technischen Möglichkeiten optimal genutzt und neue Methoden, zu denen insbesondere die *Systemanalyse* gehört, mit großem Nachdruck weiterentwickelt werden. [...] Einmal kommt es uns darauf an, diejenigen *Probleme*, die heute dem Fortschritt der Zivilisation entgegenstehen oder mit deren Entstehung in absehbarer Zukunft gerechnet werden muß, sichtbar zu machen und akzeptablen Lösungen zuzuführen.[...] Andererseits wollen wir aber ebenso darauf bedacht sein, Überholtes zu markieren und *innovative Potenzen* möglichst frühzeitig erkennbar und hinsichtlich ihres Zukunftsgehaltes abschätzbar werden zu lassen. [...] Auch wollen wir auf diesem Wege bei der Entstehung *neuer Wertmaßstäbe* behilflich sein, die in eindeutigerer Weise als bisher an den Möglichkeiten der Zukunft orientiert sind".[185]

Das ZBZ wollte deshalb „mit wissenschaftlichen Methoden und Hilfsmitteln auf interdisziplinärer Basis die Zukunft [...] erforschen und nach Alternativen [...] suchen, die eine positive und rasch fortschreitende Evolution der menschlichen Zivilisation sichern." So beabsichtigte es dazu beizutragen, „eine bessere Welt für bessere Menschen" zu gestalten.[186] Dazu habe man, so war sich das ZBZ sicher, „die Erfahrung, Gedankenmodelle zu konstruieren, die es erlauben, alternative Entwürfe und Problemlösungen auf rationale Weise miteinander zu vergleichen". Konkret nannte man das *Operations Research* und seine Anwendung in der „simulativ arbeitenden Systemanalyse".[187]

Evident wird, dass die Gründung des ZBZ einem auf die technische Entwicklung ausgerichteten Fortschrittsverständnis, einem ausgeprägten Machbarkeitsdenken und einem Vertrauen in die Systemanalyse als Methode der Prognostik und Gestaltung von Zukunft entsprang. Zwar schien der „Fortschritt" durch Beschleunigung und wachsende Komplexität bedroht – und diese Wahrnehmung von Komplexität ruhte ähnlich wie im Club of Rome darin, dass man die Betrachtung des ganzen „Systems" zu Ende dachte und mithin davon ausging, entsprechend der allseitigen Vernetzungen gleich von einer globalen, planetarischen Ebene ausgehen zu müssen. Gleichwohl war man gewiss, auf die optimale Nutzung neuer Methoden und eigene Erfahrungen mit Verfahren, welche eben das „rationale",

---

[185] Informationsbroschüre des ZBZ (1968), S. 8, in: BAK, B 138, 1550; gekürzt in: APWM 1 (1968/69), H. 1, S. 2 (H.i.O.).
[186] Satzung des ZBZ, § 3, in: IfZ, ED 701, 40.
[187] Informationsbroschüre des ZBZ (1968), S. 8, in: BAK, B 138, 1550.

also sachgemäße, wissenschaftliche und richtige Vorgehen erlaubten, vertrauen zu können. Die Probleme, die dem Fortschritt entgegenstanden, erschienen so lösbar und damit die Zukunft, ja eine bessere Welt steuerbar und gestaltbar. Dies ging durchaus Hand in Hand mit dem Verständnis, die Zukunft entsprechend des Fortschrittsverständnisses weiter zu „sichern", also in ihrer Aufwärtsentwicklung zu stützen, auch wenn dazu neue Wertmaßstäbe entwickelt werden müssten.[188]

Erkennbar wird in diesem Aufruf auch, dass sich das ZBZ als wissenschaftliche und interdisziplinäre Initiative verstand. Ihr gehörten fast ausschließlich Wissenschaftler an, die zum großen Teil an der Technischen Universität bzw. der Freien Universität Berlin lehrten. Die akademische bzw. fachliche Qualifikation war Voraussetzung für die Aufnahme in den eingetragenen Verein: Ordentliche Mitglieder des Vereins sollten „nur solche Persönlichkeiten" werden, „die interessiert und qualifiziert sind, aktiv auf dem Gebiet der Zukunftsforschung mitzuarbeiten"; die Aufnahme erfolgte deshalb durch Kooptation.[189] Insofern überrascht es nicht, dass etwa ein Drittel der Mitglieder als Hochschullehrer wirkte und der Hochschulabschluss die Regel war: Etwa ein Drittel der Mitglieder entstammte den Ingenieurwissenschaften, je etwa 15% den Natur-, den Wirtschafts- und den Geisteswissenschaften und nur 5% den Sozialwissenschaften.[190] Die Zahl der Mitglieder stieg von 90 im Herbst 1968 auf 171 Mitglieder im Jahre 1973, fiel dann und erreichte 1975 nochmals 175.[191] Etwa die Hälfte der Mitglieder war in Berlin (West) ansässig.[192]

Das ZBZ begründete sich bewusst in Berlin: „Berlin eignet sich unserer Ansicht nach in hervorragendem Maße für wissenschaftliche schöpferische Arbeiten auf dem Sektor der Zukunftsforschung." Die Stadt verfüge über einen großen Fundus an Dokumentationszentren und über Universitäten mit einer Zahl „hervorragender Wissenschaftler". Zudem stehe Berlin als „Grenzschicht" zwischen West und Ost und „Mittelpunkt Europas" für Weltoffenheit und politisches Interesse.[193] Die Überlegung, mit der Zukunftsforschung eine Brücke zwischen westlichen und östlichen Planungsverständnissen zu bilden und hierfür (West-)Berlin als Standort zu wählen, spielte für das ZBZ-Gründungsmitglied Robert Jungk durchaus eine Rolle.[194] Hinzu kam aber auch das Kalkül, vom Senat und vom Bund eine besondere politische und finanzielle Berlin-Förderung für das Institut erhalten zu können.[195] Einen Anstoß für die Gründung des Instituts in Berlin bildete

---

[188] Zu diesem optimistischen Verständnis von einer „Sicherung" der Zukunft Conze, Sicherheit.
[189] Vgl. Informationsbroschüre des ZBZ (1968), S. 13, vgl. S. 10, in: BAK, B 138, 1550.
[190] Jahresbericht 1971, in: APWM 4 (1972), H. 21, S. 27. Der Rest verteilte sich auf Journalisten, Juristen und Ärzte.
[191] Vgl. Jahresbericht 1969, in: APWM 2 (1970), H. 8, S. 23; Protokoll der Mitgliederversammlung des ZBZ, 7. 12. 1973, in: IfZ, ED 701, 40; ZBZ-Jahresbericht 1974, 21. 2. 1975, und ZBZ-Mitteilungen 3/75, in: ebd.; Koelle, Werden, S. 273, 279.
[192] Vgl. Jahresbericht 1971, in: APWM 4 (1972), H. 21, S. 27.
[193] Informationsbroschüre des ZBZ (1968), S. 11, in: BAK, B 138, 1550.
[194] Vgl. Jungk, Trotzdem, S. 392f.
[195] Vgl. Protokolle der Vorstandssitzungen des ZBZ vom 20. 2. 1969 und 9. 7. 1970, in: IfZ, ED 701, 40.

die Berufung Robert Jungks als Gastdozent bzw. dann Honorarprofessor für Zukunftsforschung an die TU Berlin im Januar 1968, welche insbesondere Helmut Klages, der Direktor des Instituts für Soziologie an der TU, durchgesetzt hatte.[196] Darüber hinaus engagierte sich der Direktor des Instituts für Raumfahrttechnik an der TU, Heinz Hermann Koelle, für die Begründung des Instituts und avancierte zum ersten Vorsitzenden.[197] Selbstwahrnehmung, Repräsentation und das methodische Setting des Instituts wurden denn auch besonders von den Denkstilen geprägt, zu denen sich die Gründungsfiguren rechneten.

Robert Jungk, Galionsfigur einer kritisch-emanzipatorisch orientierten Zukunftsforschung, fiel zunächst die Aufgabe zu, das ZBZ in der Gründungsphase in der internationalen *Epistemic Community* der Zukunftsforschung zu verorten. Jungk zitierte dabei Olaf Helmer, den er ja auf der Futuribles-Konferenz in Paris 1965 kennengelernt hatte. In einer teilweisen Übersetzung eines Beitrags von Helmer argumentierte auch Jungk bzw. das ZBZ im Geiste technikorientierten Machbarkeitsdenkens: „Man beginnt einzusehen, dass es eine Fülle möglicher Zukünfte gibt und diese Möglichkeiten durch entsprechende Interventionen verschieden gestaltet werden können." Man müsse aufhören, Zuschauer der Zeitgeschichte zu bleiben, und an ihr mit der Absicht wirken, die Zukunft zu gestalten. In der Tat, so Jungk, habe sich im Verhältnis des Menschen zur Zukunft eine entscheidende Veränderung angebahnt. Deren Ursachen lägen in der wissenschaftlich-technischen Entwicklung, nämlich in den „einander verstärkende[n] ‚Durchbrüche[n]' auf fast allen Gebieten der Forschung". Diese Durchbrüche seien meist Endresultate sorgfältiger Planung und Teamarbeit, wie sie insbesondere in den US-Denkfabriken fassbar geworden seien. Über militärstrategische Fragestellungen hinaus hätten sich hier Methoden interdisziplinärer, systemorientierter Zukunftsaussicht herausentwickelt, welche nun auch auf zivile Themenfelder angewendet werden sollten. Ebenso habe, dies benannte Jungk allerdings auch, die wissenschaftlich-technische Entwicklung erschreckende Möglichkeiten der Zerstörung durch Planlosigkeit und Willkür aufgezeigt. Deshalb seien langfristige Zukunftsstrategien notwendig. Überall in Europa seien solche „Look-out-Institutionen" geschaffen worden, so Jungk in Anlehnung an seine Initiative beim Europarat, und die Bundesrepublik dürfe sich dem nicht verwehren. Denn, so Jungk, „[m]ehr um die Welt von morgen wissen, um sie menschlich zu entwerfen und gestalten zu können, das ist die Forderung der Zukunft an die Gegenwart".[198]

Überraschend stark betonte Jungk hier ein technisch orientiertes Machbarkeitsdenken und die Vorbildrolle der amerikanischen Think-Tanks. Zwar reflektierte er ebenso über die Zerstörungspotentiale des technisch-wissenschaftlichen

---

[196] TU Berlin, Helmut Klages, an Jungk, 15.1.1968, in: JBZ, NL Jungk, Dachboden.
[197] Vgl. APWM 1 (1968/69), H. 1, S. 2; Koelle, Werden, S. 272.
[198] Robert Jungk, Weltweite Zukunftsforschung, in: Informationsbroschüre des ZBZ (1968), S. 4–7, in: BAK, B 138, 1550. Das „Hauptziel", eine „bessere Welt für bessere Menschen" zu schaffen, findet sich auch in der Satzung des ZBZ, § 3, in: IfZ, ED 701,40; vgl. Helmer, Analysis, S. 1f. Zum Europarat oben Kapitel V.1.

„Fortschritts" und die Suche nach der humanen Zukunft. Doch auch Jungk wurde 1968 – wie oben gezeigt – vom Geist des Machbarkeitsdenkens ein Stück weit mitgerissen. Zudem sollte der Leittext, auch wenn er von Jungk verfasst war, zweifellos eine Schnittmenge der Positionen innerhalb des Gründungskreises des ZBZ repräsentieren, die sich eben in einer Orientierung an der Erforschung und Gestaltung der Zukünfte manifestierte. Diejenigen Personen im Gründerkreis, mit denen sich Jungk abstimmte, waren der Soziologe und erste stellvertretende Vorsitzende des ZBZ Helmut Klages, der 1968 plante, gemeinsam mit Jungk mehrere US-Denkfabriken zu bereisen[199], und der erste Vorsitzende des ZBZ, der Raumfahrtingenieur Heinz Hermann Koelle.

Helmut Klages, ein Schüler Helmut Schelskys, war 1964 von der Sozialforschungsstelle Dortmund an die TU Berlin berufen worden. Klages und Jungk hatten sich offenbar in einem Seminar des amerikanischen Center for the Study of Democratic Institutions 1965 in Santa Barbara kennengelernt.[200] Das Center, in den frühen 1950er Jahren mit Mitteln der Ford Foundation im konsensliberalen Geist geschaffen, gewann in den 1960er Jahren wie der CCF eine neue Ausrichtung und stellte pragmatischer die Entwicklung der demokratischen Institutionen und die Ideen rationaler Zukunftsgestaltung in den Mittelpunkt. Damit widmete man sich nun dem gesellschaftlichen Umgang mit Technik, der Einbindung der Wissenschaft in die Verfassung, aber eben auch der Zukunft der Weltordnung und der *Futurology*.[201] Klages' Konzept einer Zukunftsforschung entwickelte sich so aus einer produktiven Spannung zwischen einer empirischen Soziologie mit sozialphilosophischen Wurzeln, für die Schelsky stand, Luhmanns Systemtheorie und dem kritisch-emanzipatorischen, von der Kritischen Theorie beeinflussten Denkstil Jungks und Flechtheims. Klages wollte sich nicht nur von Max Webers Neopositivismus und einem „planstabilisierten Pluralismus" absetzen, welcher die gesellschaftlichen innovativen Potentiale nicht genügend beachte, sondern auch von der dialektischen Soziologie, die im Glauben an eine „universalhistorische Vernunft- und Sinnlinie" verharre. Demgegenüber warb Klages für eine „projektive Soziologie".[202] Auch Klages entwickelte den projektiven Ansatz aus der Wahrnehmung einer Dynamik, Interdependenz und Komplexität der modernen Gesellschaft, welche der Planung und Zukunftsforschung dringend bedürfe. Die „bis tief in die Substanz des Menschen hineinzielenden Ergebnisse der Wissenschaft und Technik und die sich immer mehr ausbreitenden Methoden und Praktiken der Planung" hätten, so Klages im Stile eines euphorischen Planungsdenkens, „die Welt in einem früher unvorstellbaren Sinne ,offen' und ,machbar' werden" lassen. Insofern gewinne utopisches Denken heute zunehmend realisti-

---

[199] Klages an Jungk, 20. 5. und 31. 5. 1968, in: JBZ, NL Jungk, Ordner Briefe an R.J.
[200] So Jungk, Trotzdem, S. 392.
[201] James Real, The Center for the Study of Democratic Institutions, in: Change 7 (1975), H. 1, S. 38–43, hier S. 43.
[202] Helmut Klages, Soziologie zwischen Wirklichkeit und Möglichkeit. Plädoyer für eine projektive Soziologie, Köln, Opladen 1968, Zit. S. 50; zu Schelskys Verortung auch Kruse, Geschichte, S. 256f.

sche Züge.[203] Die projektive Soziologie sollte deshalb den Möglichkeitsraum darstellen, Machbarkeiten ausloten und die Innovativität in Projektionen aufdecken. Als „Programm einer futuristischen Erweiterung der wissenschaftlichen Rationalität in Richtung auf Imagination und konkrete Utopie" sei dies die Weiterentwicklung der Soziologie zur Zukunftsforschung. Im Mittelpunkt stünde damit die Verbindung von Imagination und Rationalität.[204]

Wie Jungk bezog sich Klages mit dem Bezug auf das Utopische und der Forderung nach der „ideologiefreie[n]" „Gesamtplanung" auf Karl Mannheim. In einer modernen arbeitsteiligen Gesellschaft wachse Rationalität, müsse systemisch geplant werden. Diese „freiheitliche Planung" distanziere sich im Sinne Mannheims sowohl von totalitärem Planen als auch von „liberalistischem" Laissez-faire. Freiheitliche Planung entwickele kein dogmatisches „Richtigkeitsbild von der Welt" und verstehe sich als „vollendete Rationalität". Schließlich flocht Klages um 1970 auch Niklas Luhmanns Systemtheorie ein, wenn er darauf verwies, Planung solle sich an den „systemtheoretischen Fortschrittskriterien" der Flexibilität und der möglichst weitgehenden Autonomie der Subsysteme orientieren.[205] Zukunftsforschung sei zweifellos ein hochriskantes Unternehmen, so Klages in Auseinandersetzung mit Hermann Lübbes und Karl Poppers Kritik an der Zukunftsforschung.[206] Die Zukunftsforschung müsse sich die Revision ihrer Hypothesen immer wieder offenhalten. Doch in der Empirie sah Klages die Lösung, und hier flossen auch Elemente der empirischen Soziologie aus der Schelsky-Schule ein. Neue computerunterstützte Simulationsmodelle seien nämlich in der Lage, „höchst komplexe Zusammenhänge unter Einbeziehung unterschiedlicher Zielsetzungen der Modellbenutzer" immer wieder durchzuspielen.[207] Wichtig sei es, nicht nur Trends zu verlängern, sondern von Handlungszielen auszugehen. So ließe sich eine „zukunftsorientierte – das heißt: langfristige und zielbezogene – umfassende Planung (oder: ‚Gesamtplanung' bzw. ‚Gesellschaftsplanung')" realisieren.[208]

Sah Klages also im computerunterstützten Simulationsmodell die zentrale Methode der Zukunftsforschung und damit einer (trotz Verweisen auf die Imagination) technokratisch anmutenden Gesamtplanung, so galt dies noch stärker für Heinz Hermann Koelles Verständnis von Zukunftsforschung. Der erste Vorsitzende des ZBZ hatte Maschinenbau studiert und war in den 1950er Jahren als Mitarbeiter Wernher von Brauns mit diesem in die USA gegangen. Dort hatte er als Abteilungsleiter der US Army Ballistic Missile Agency und Direktor am George C. Marshall Space Flight Center der NASA gewirkt. 1965 kehrte er nach Berlin zu-

---

[203] Helmut Klages, Aufgaben und Ziele der Zukunftsforschung, in: APWM 1 (1968/69), H. 5, S. 13–16, Zit. S. 15; fast identisch in: Arbeitsgemeinschaft Weltgespräch (Hrsg.), Möglichkeiten und Grenzen der Zukunftsforschung, Wien u. a. 1970, S. 9–19.
[204] Klages, Soziologie, Zit. S. 47, 52 f.
[205] Vgl. Ders., Planungspolitik. Probleme und Perspektiven der umfassenden Zukunftsgestaltung, Stuttgart u. a. 1971, Zit. S. 9, 14 f., 143; vgl. Niklas Luhmann, Politische Planung, Opladen 1971.
[206] Siehe zu Popper Kapitel III.2., zu Lübbe IV.
[207] Klages, Aufgaben, S. 13–16; vgl. Ders., Soziologie, S. 59–63.
[208] Ders., Planungspolitik, S. 9; vgl. Ders., Soziologie, S. 60 f.

rück, um den Lehrstuhl für Flug- bzw. Raumfahrttechnik zu übernehmen. Aufgrund seiner US-Erfahrungen förderte er an der TU Berlin die Institutionalisierung eines neuen Fachgebietes Systemtechnik (*Systems Engineering*) als systemische Herangehensweise an ingenieurwissenschaftliche Projekte. „Das ‚Systems-Engineering' war während des APOLLO-Programms in den USA stark ausgebaut worden, ich selbst habe daran mitgewirkt und konnte so die gesammelten Erkenntnisse weitergeben."[209] Koelle verstand sich damit als Experte für die computerunterstützte systemanalytische Simulation, die er im Sinne eines Machbarkeitsdenkens „aktionsorientiert" auf ganz unterschiedliche Problemzusammenhänge anwenden wollte. Das Spezifische am ZBZ sei, so Koelle, die „zukunftsgerichtete, aktionsorientierte, interdisziplinäre Systemanalyse", die „überwiegend computerorientiert" arbeite und „überwiegend politische Entscheidungshilfe" biete.[210] Man wolle keine „dicke[n] Berichte" schreiben, sondern Forschung betreiben, die mit möglichst kleinem Aufwand schnellstens zu greifbaren Resultaten gelange.[211] Insofern stand Koelle geradezu paradigmatisch für zirkuläre Wissensaneignungen, die sich im transatlantischen Raum vollzogen, und für eine empirisch-positivistische, technik- und machbarkeitsorientierte Zukunftsforschung.

Alle drei Gründungsfiguren des ZBZ – Jungk, Klages und Koelle – votierten mithin für ein interdisziplinär arbeitendes Zentrum für Zukunftsforschung, das mit kybernetisch inspirierten Methoden arbeitete. Sehr viel stärker als es Jungk intendierte, standen im ZBZ in der Folge aber die Computersimulation und formalisierte Methoden der Entscheidungsfindung und Modellbildung im Mittelpunkt.[212] Zwar sah die Satzung des ZBZ vor, dass der Verein auch im Bereich der Organisation wissenschaftlicher Veranstaltungen und der Information der Öffentlichkeit aktiv werden sollte.[213] Die Wissenspopularisierung bzw. Interaktion mit der Öffentlichkeit erfolgte zum einen in Veranstaltungen, in denen Wissenschaftler gesellschaftlich relevante zukunftsorientierte Fragestellungen wie etwa „Massenmedien und Zukunft" diskutierten.[214] Jungk warb als Kuratoriumsmitglied öffentlich für eine „Demokratisierung" der Zukunftsforschung durch „Beteiligung aller Schichten". Die Ergebnisse der Zukunftsforschung müssten, so Jungk, in verständlicher Form dargestellt werden, auch wenn dadurch Effizienzverluste hingenommen werden müssten.[215] Doch diese Überlegungen versandeten zunächst. Man erreichte nur eine sehr kleine Fachöffentlichkeit oder interessierte Öffentlichkeit West-Berlins[216], auch weil – wie zu sehen sein wird – die kybernetische, von Koelles *Systems Engineering* geprägte Fachterminologie für eine breitere Öffentlichkeit mehr oder weniger unverständlich war.

[209] Koelle, Werden, S. 267, vgl. ebd., S. 267–272.
[210] Ders., Protokoll der ZBZ-Vorstandssitzung vom 9.7.1970, in: IfZ, ED 701, 40.
[211] Informationsbroschüre des ZBZ (1968), S. 11, in: BAK, B 138, 1550.
[212] Ebd., S. 8, 10f.
[213] Satzung des ZBZ, §3, in: IfZ, ED 701, 40.
[214] ZBZ-Mitteilungen 5/69, S. 3, in: IfZ, ED 701, 40.
[215] Marion Schreiber, Ungewisse Zukunft der Zukunftsforschung, in: Die Zeit, 4.10.1968.
[216] ZBZ Mitgliederversammlung vom 12.6.1972, Protokoll vom 19.6.1972, in: IfZ, ED 701, 40.

Zum anderen publizierte das ZBZ den Informationsdienst „Analysen und Prognosen über die Welt von morgen", der in einer Auflage von 3000 Exemplaren erschien und trotz (oder gerade wegen) des stolzen Preises von fünf Mark ein Zuschussgeschäft blieb. Die Zeitschrift enthielt jeweils eine knappe Presseschau zu Ergebnissen und Nachrichten mit „Zukunftsgehalt" aus den Bereichen Rohstoffe, Energie, Verkehr, Wissenschaft und Forschung, Raumfahrt, Meeresforschung, Datentechnik, Informationstechnik, Militär, Wohnungsbau, Wirtschaft, Bevölkerung, Ernährung, Medizin und Bildung (ab 1971 auch Umwelt), daneben Beiträge von Zukunftsforschern zur Entwicklung und zur Reflexion über das eigene „Fach" sowie zusammenfassende Ergebnisse der ZBZ-Auftragsforschungen.[217] Ebenso wie in der Informationsbroschüre zur Begründung des ZBZ wurde auch in den ersten Heften der „Analysen und Prognosen über die Welt von morgen" die Orientierung an den USA evident: Zahlreiche Artikel der ersten Ausgaben informierten geradezu euphorisiert über die Denkfabriken wie das MIT, deren Methoden wie *Systems Analysis* und die „Einbeziehung des Computers in die Gesellschaft". Hier griffen sie eine relativ unkritische Selbstinszenierung der Think-Tanks als anwendungsorientierte ‚objektive' Wissensproduzenten auf.[218]

Das ZBZ hatte als zentrale Aufgabe definiert, „Orientierungs- und Entscheidungshilfen für bessere und schnellere Entscheidungen in Politik, Verwaltung, Forschung und Wirtschaft" bereitzustellen, indem man (neben selbstgestellten Forschungen) auch Forschungsaufträge und Gutachten von politischen, wirtschaftlichen und technischen Entscheidungsträgern bearbeiten wollte.[219] Diese ersten Forschungsprojekte des ZBZ leiteten Heinz Hermann Koelle und Helmut Klages. Hinzu kamen für die Dauer der Projekte angestellte wissenschaftliche Mitarbeiter aus verschiedenen Disziplinen; diese mussten zunächst eilig akquiriert werden, nachdem entsprechende Forschungsaufträge eingeworben worden waren.[220] 1969 beschäftigte das ZBZ acht wissenschaftliche Mitarbeiter[221], 1971 15[222], 1973 elf[223], die mehrheitlich Volkswirtschaftler, ferner Ingenieure, Politikwissenschaftler und Soziologen waren. Aufgrund der fehlenden Grundlagenfinanzierung fluktuierte der Mitarbeiterstab sehr stark[224]. In Arbeitskreisen der

---

[217] Heinz-Hermann Koelle, Zum Geleit, in: APWM 1 (1968/69), H. 1, S. 4; ZBZ-Mitteilungen 1/74, in: IfZ, ED 701, 40.
[218] Vgl. z. B. APWM 1 (1968/69), H. 1 mit: Emmanuel Mesthene (Harvard University), Technische Innovation und Gesellschaft, S. 6–9; Alain Enthoven (Assistant Secretary of Defense), Systems Analysis Shown as Good Management Tool, S. 20f.; Robert M Fano (MIT), Einbeziehung des Computers in die Gesellschaft, S. 21f.; Jay W. Forrester (MIT), Komplexe Gesellschafts-Systeme, S. 22f.
[219] Informationsbroschüre des ZBZ (1968), S. 8, in: BAK, B 138, 1550; auch in: APWM 1 (1968/69), H. 1, S. 2; Satzung des ZBZ, §3, in: IfZ, ED 701, 40.
[220] Aufruf in den ZBZ-Mitteilungen 5/69, in: IfZ, ED 701, 40.
[221] APWM 2 (1970), H. 8, S. 24.
[222] ZBZ Jahresbericht 1971, in: APWM 4 (1972), H. 21, S. 27–30, hier S. 27.
[223] ZBZ-Mitteilungen 1/73, in: IfZ, ED 701, 40.
[224] ZBZ Jahresbericht 1971, in: APWM 4 (1972), H. 21, S. 27–30, hier S. 27; Protokoll Mitgliederversammlung des ZBZ, 7. 12. 1973, in: IfZ, ED 701, 40.

Abb. 10: *Analysen und Prognosen über die Welt von morgen 1 (1968/69), H. 1 (Titel)*

Mitglieder wurden zudem laufende Auftragsforschungsprojekte diskutiert, um diese „unter dem multidisziplinären Aspekt" einer Kontrolle zu unterwerfen.[225]

Obwohl das ZBZ zu Beginn auch die Wirtschaft als Adressat von Forschungen nannte[226], konzentrierte sich das Zentrum fast ausschließlich auf die Aufträge aus der Politik.[227] Zum einen wandten sich Unternehmen wohl vor allem an bereits etablierte Institute wie die Prognos AG, an das 1969/70 gegründete Industrie-Institut zur Erforschung technologischer Entwicklungslinien[228] oder an die aufkommende Unternehmensberatung[229]. Zum anderen hegten die Wissenschaftler des ZBZ selbst Bedenken, dort ihr wissenschaftliches Wissen verwenden und ‚verkaufen' zu können: Koelle befürchtete – womöglich nach negativen Sondierungserfahrungen, die sich aber nicht belegen lassen –, in Unternehmen sei „Kritik nicht gerne gesehen". Klages argumentierte, Unternehmen hätten im Allgemeinen einen geringeren Planungsbedarf, da die Detailforschung Kapazitäten absorbiere.[230] Insofern bildeten die Honorare für Gutachten und Expertisen, welche das

---

[225] Heinz Hermann Koelle, Zentrum Berlin für Zukunftsforschung, in: Jungk (Hrsg.), Menschen, S. 136–140, hier S. 139.
[226] Informationsbroschüre des ZBZ (1968), S. 8f, in: BAK, B 138, 1550.
[227] Vgl. z. B. Protokoll Vorstandssitzung vom 20. 2. 1969, in: IfZ, ED 701, 40.
[228] Vgl. Kapitel IX.4.
[229] Zur Rolle McKinseys siehe unten Kapitel X.2.
[230] Protokoll Mitgliederversammlung 7. 12. 1973, in: IfZ, ED 701, 40.

ZBZ für die Bundesregierung, für den West-Berliner Senat und Bundesinstitutionen wie das Umweltbundesamt erstellte, zunächst die Haupteinnahmequelle des Vereins.[231] Es war geplant, dass der Verein neben Mitgliedsbeiträgen, Spenden und Honoraren auch eine institutionelle Förderung durch den Berliner Senat bzw. das Bundesministerium für Bildung und Wissenschaft erhalten könne; doch entsprechende Anträge verliefen zunächst erfolglos.[232]

In den Offerten für Forschungsaufträge griff das ZBZ weit aus: Man könne Forschungsplanungsmodelle erstellen, aber auch im Bereich Budgetplanung und Unternehmens-Optimierung tätig sein, ebenso Energie-, Berufsstruktur-, Produktionssystem-, Verkehrs- und Bevölkerungsmodelle erstellen, ferner lokale Problemstellungen durch Universitäts-, Berliner Wissenschafts- und Berliner Stadtforschungs-Modelle lösen sowie Weltregierungs-, Europa- und Deutschlandmodelle (zur „Deutschlandfrage") konstruieren.[233] Deutlich wird, dass für das ZBZ mit seinem holistischen Verständnis von und systemanalytischen Zugriff auf die Zukünfte nicht mehr der Gegenstand – das „Was" – entscheidend war, sondern das „Wie": Jede Thematik erschien mit der Methode der systemanalytischen Modellsimulation bearbeitbar.

Inwiefern wollte das ZBZ mit Modellen die Zukunft erforschen? Ähnlich wie die Studiengruppe für Systemforschung und in offenkundiger Anlehnung an die Think-Tanks ging das ZBZ-Team – insbesondere Koelle – davon aus, dass die Zukunftsforschung die Aufgabe habe, „decisionmakers" zu unterstützen, indem sie mittels neuer Methoden der Entscheidungsvorbereitung dazu beitrage, Prioritäten zu setzen, Probleme frühzeitig erkennbar zu machen und innovative Potentiale von Entwicklungen aufzuzeigen.[234] Zur Reduktion von Komplexität bedürfe es moderner Methoden und Hilfsmittel, vor allem systemanalytischer Methoden.[235] Da sich Gesellschaft und Umwelt ständig veränderten, habe der Prozess der Entscheidung nämlich systemischen Charakter: „Es handelt sich also im weitesten Sinne um einen Regelvorgang mit vielen Rückkoppelungsschleifen und Wechselwirkungen zwischen den vorhandenen Einflußgrößen". Eine Entscheidungshilfe müsse Entscheider befähigen, so Koelle selbstgewiss, „rechtzeitig die richtigen Probleme anzugehen", und dürfe ihnen gerade das nötige Maß an Aufmerksamkeit, Energie und Zeit abfordern.[236] Das ZBZ beschäftigte sich mithin

---

[231] Insgesamt dürfte das ZBZ bis Ende der 1970er Jahre bis zu 20 Experten für die Bundesregierung bearbeitet haben, vgl. Koelle, Werden, S. 274–276; zu einer Liste mit Aufträgen aus der Bundesregierung etwa Protokoll der Mitgliederversammlung des ZBZ, 7.12.1973, in: IfZ, ED 701, 40.

[232] Protokoll Vorstandssitzung vom 9.7.1970; Protokoll Mitgliederversammlung vom 12.6.72; Protokoll Mitgliederversammlung vom 7.12.1973; alles in: IfZ, ED 701, 40.

[233] Informationsbroschüre des ZBZ (1968), S. 15f, in: BAK, B 138, 1550.

[234] Ebd., S. 19, vgl. S. 3, 8; Rainer Mackensen, Leitlinien für ein mittelfristiges Forschungsprogramm des ZBZ, in: APWM 3 (1971), H. 14, S. 13–17.

[235] Ebd., S. 13; Informationsbroschüre des ZBZ (1968), S. 8, in: BAK, B 138, 1550.

[236] Warnsystem bezüglich der Lebensfähigkeit von Berlin (West). Definitionsstudie von M. Birreck und H.H. Koelle. Kondensat, in: APWM 3 (1971), H. 15, S. 21 f.; vgl. Heinz Hermann Koelle, Zur Problematik der Zielfindung und Zielanalyse, in: ebd., H. 16, S. 13–16.

3. Studiengruppe für Systemforschung und Zentrum Berlin für Zukunftsforschung

Schaubild eines modernen Entscheidungsprozesses

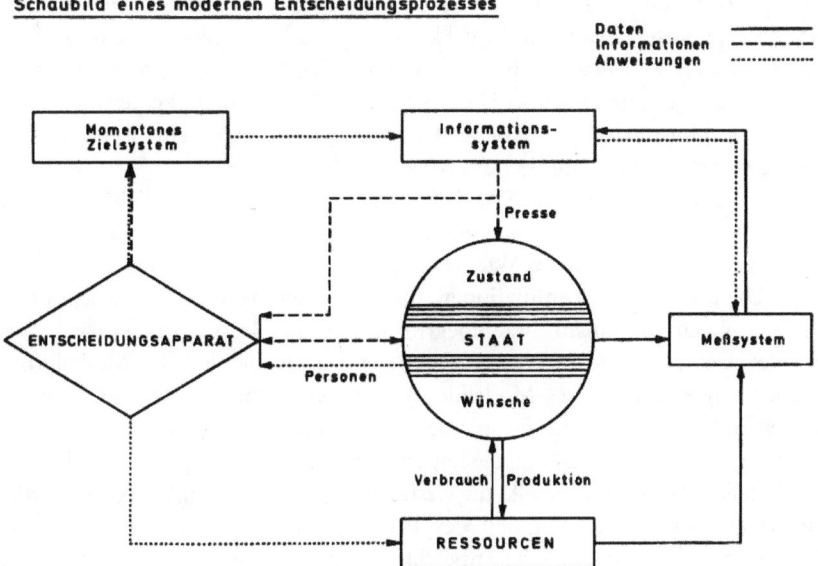

Abb. 11: Schaubild eines modernen Entscheidungsprozesses

mit der Erforschung und Steuerung von Entscheidungsprozessen, um „rationale" – also sach- und wissenschaftsbasierte – Entscheidungen zu ermöglichen. Hierzu gehörten Fragen der Definition von Zielvorstellungen, der Prioritätensetzung, der Entwicklung von Lösungsalternativen und Entscheidungskriterien sowie der Simulation von Konsequenzen der Alternativen; dies konnte vom Gedankenmodell bis zur Computersimulation reichen. Daraus sollten dann Empfehlungen und Aktionsprogramme abgeleitet werden. Um die Dynamik der Veränderungen zu erfassen und durchzuspielen – also zu simulieren –, gehöre der „Modellversuch", so Koelle, zu jeder sorgfältigen Entscheidungsvorbereitung.[237]

Im Mittelpunkt stand damit, Entscheidungsprozesse zu systematisieren, zu simulieren und zu visualisieren, um so die Folgen von Entscheidungen abschätzen zu können. Besondere Bedeutung gewann die Formalisierung und Visualisierung der Prozesse. Wie gesehen spielte ja auch in den Think-Tanks die Visualisierung von Problemlagen in den Planungsmodellen des *Operations Research* eine wichtige Rolle, etwa in der Netzplantechnik und der Relevanzbaum-Methode. Doch sowohl in den ersten internen Papieren des ZBZ, die im Bereich der Politikberatung entstanden, als auch in den publizierten Texten in „Analysen und Prognosen über die Welt von morgen" gewann die formalisierte, quantifizierte Darstellung von Entscheidungsabläufen und „Zielfindungsprozessen" eine Dominanz, die

---

[237] Systematische Entscheidungsvorbereitung politischer Probleme, Bearb. von Heinz Hermann Koelle u. a., in: APWM 1 (1968/69), H. 4, S. 12–19, Zit. S. 18; vgl. Rainer Mackensen, Leitlinien; Informationsbroschüre des ZBZ (1968), in: BAK, B 138, 1550.

frappiert. Das frühe ZBZ war in der Eigenlogik eines Denkens gefangen, das um formalisierte Prozessabläufe und Rückkopplungsmechanismen kreise und davon ausging, dass Erkenntnis nur über die quantitative Vermessung dieser systemischen Abläufe gewonnen werde. Dies zeigte etwa das „Schaubild eines modernen Entscheidungsprozesses" aus Koelles Überlegungen zur „Systematische[n] Entscheidungsvorbereitung politischer Probleme".[238]

Dass dieses Schaubild den „Staat" und seine „Wünsche" als „Zielsystem", die Ressourcen und das „Informationssystem" bzw. den Datenfluss visualisierte, ohne den Bürger bzw. verschiedene Akteure im politischen System abzubilden, ist kein Zufall. Die ersten Modellsimulationen, die unter Leitung vor allem Koelles entstanden, gingen von einem Systembegriff aus, der auf Informationsströme ausgerichtet war und soziale Akteure abseits des Staates allenfalls als Modellgröße berücksichtigte. Dass dieses Modelldenken in seiner quantitativen und formalisierten Struktur nicht nur frappierend unterkomplex war, sondern mit einer Steuerungseuphorie einherging, die hypertrophe Züge trug, zeigte sich in den ersten Modellen. So entwarf Koelle im Gestus globalen Steuerungsdenkens SEMPE (Ein sozio-ökonomisches Modell des Planeten Erde), das den „Zustand der Zivilisation" sowie die „zeitliche Entwicklung der menschlichen Gesellschaft und ihrer Umwelt quantitativ messen", also die „Fortschrittsrate der Zivilisation feststellen" wollte. Dieses Modell soll hier nicht in allen Einzelheiten vorgestellt werden, aber wichtig erscheint, dass Koelle 81 „Meßzahlen" für acht (!) „Teilbereiche der Zivilisation" (Nationale Wirtschaft, Lebensstandard, Bildungswesen, Verkehrswesen, Staats- und Gemeinwesen, Gemeinschaftsempfinden, Geisteshaltung und Moral) bestimmte. So ging er allen Ernstes davon aus, globale Entwicklungen vermessen zu können.[239] Wie Koelle vorgehen wollte, um die „Zivilisationsrate" zu messen, zeigt sein „Logik-Diagramm" (abgebildet auf der folgenden Seite).

Auch die folgenden Modellsimulationen, welche Koelle in den ersten Jahren des ZBZ mit Teams in Angriff nahm, spiegeln die Modellierungs- und Steuerungseuphorie. So konstruierte Koelle ein „Warnsystem", das für verschiedene Träger und Planungsaufgaben nutzbar gemacht werden sollte. Zunächst wurde es in einer Definitionsstudie für (West-)Berlin entwickelt, dessen „Lebensfähigkeit" in einer Modellsimulation zu ermitteln war. Das Warnsystem sah vor, dass zunächst der „‚Zustand' eines Gesellschaftssystems" in einzelne Aktivitätssektoren und diese in Komponenten aufgespalten werden sollten. Zugleich wollte man die wichtigsten Merkmale dieses Zustandes durch Messwerte (Indikatoren) erfassen. Die Vollständigkeit der Erfassung sei, so Koelle in völliger Unterschätzung sozialer und politischer Komplexität, „primär eine Frage des eingesetzten Aufwandes".

---

[238] ZBZ-Arbeitskreis Politische Entscheidungshilfen (Heinz Hermann Koelle unter Mitwirkung von C. Böhret, G. Brand, O.K. Flechtheim, H. Kundler, F. Lienemann, A. Nagel, J. Severin, G. W. Tumm), Systematische Entscheidungsvorbereitung politischer Probleme. Wege zur Verbesserung der Präzision und Transparenz sowie zur Beschleunigung komplexer politischer Entscheidungen, in: APWM 1 (1968/69), H. 5, S. 12–19.

[239] Heinz Hermann Koelle, SEMPE – Ein sozioökonomisches Modell des Planeten Erde, in: APWM 1 (1968/69), H. 1, S. 11–15.

Abb. 12: Logik-Diagramm für die erste Entwicklungsstufe des „SEMPE"

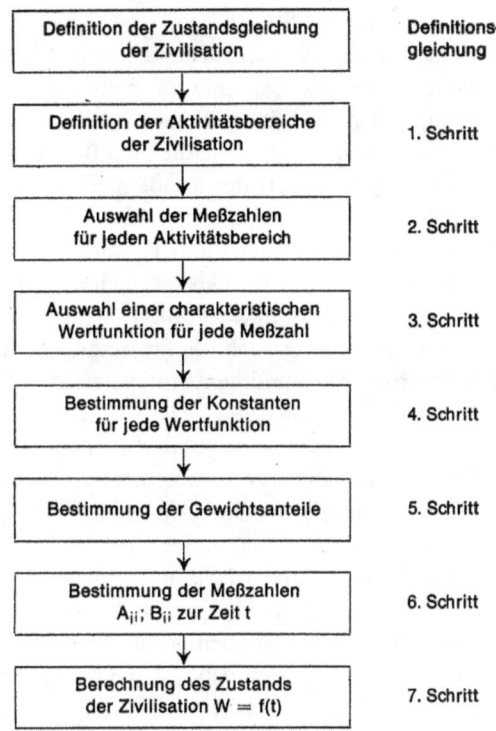

Darüber hinaus müssten die Entscheidungsträger kurz-, mittel- und langfristige Zielsetzungen erarbeiten; es könnte hier aber auch z. B. die Regierungserklärung des Regierenden Bürgermeisters, in Variablen zerlegt, eingespeist werden. Zu den Zielsetzungen gehörten Zielwerte der einzelnen Indikatoren, Zeitvorstellungen, wann die Zielwerte erreicht werden sollten, und Schwellenwerte, welche den „Zielrahmen" definierten. Dass eine Regierungserklärung schwerlich quantifizierbar und in Faktoren zerlegbar war, wurde offenkundig nicht reflektiert. Nachdem dann die Indikatoren mit konkreten Daten belegt würden, könne ein „Warnsystem" rechtzeitig ein Signal setzen, wenn einer der Indikatoren die gesetzten Schwellenwerte zu überschreiten drohe. Mithin sollten die verfügbaren Informationen in einem „Informationssystem" so aufbereitet werden, dass mögliche Folgewirkungen geplanter Entscheidungen immer wieder nachgebildet und durchgespielt – also simuliert – würden. Das Warnsystem diente als „Teilsystem eines Führungssystems", um problematische Entwicklungen frühzeitig zu erkennen und den Zustand von Komponenten oder des Gesamt-Systems (wie der Stadt) am „,gewünschten Zukunftszustand'" – also an den vorgegebenen Zielen – zu messen, argumentierte Koelle.[240]

---

[240] Warnsystem bezüglich der Lebensfähigkeit von Berlin (West). Kondensat, in: APWM 3 (1971), H. 15, S. 21 f.; vgl. Koelle, Problematik, in: ebd. 3 (1971), H. 16, S. 13–16.

In der Folge entwickelte Koelle mit sieben wissenschaftlichen Mitarbeitern (aus verschiedenen Disziplinen, die aber mehrheitlich den Ingenieurwissenschaften entstammten) das Warnsystem zum Simulationsmodell BESI (Berliner Simulationsmodell) weiter. Die Leitung dieses Modells „zum Studium der Entwicklung und des Strukturwandels von Großstädten am Beispiel von Berlin (West)", das für die Politikberatung konzipiert wurde, übernahm er selbst. Die Finanzierung sicherten der Berliner Senator für Wirtschaft und – als Modellprojekt – auch die neugebildete Projektgruppe Regierungs- und Verwaltungsreform im Bundesinnenministerium, auf die im Kapitel zur Politikberatung noch zurückzukommen sein wird.[241]

Doch das Projekt stockte: „BESI" wurde in der Pilotphase gestoppt, weil der Berliner Senat, dann auch die Projektgruppe für Regierungs- und Verwaltungsreform (bzw. das Bundesinnenministerium) die Projektfinanzierung 1972 bzw. 1974 schrittweise einstellten. Die Gründe dafür werden – auch im Zusammenhang mit dem Ende einer politischen Planungsbegeisterung – in Kapitel X ausführlicher zu analysieren sein. Zentrale Bedeutung hatte aber, dass das „Warnsystem" nicht nur in seiner Performanz und Sprache nicht kongruent mit der Ministerialbürokratie war, ja im Grunde einer eigenen, kybernetisch definierten Sprache folgte[242], sondern dass es in einem utopischen Sinne davon ausging, Problemlagen und Entscheidungsprozesse vollständig erfassen und quantifizieren zu können. Modellsimulationen versuchen die komplexe Realität zu imitieren und zu visualisieren, können dabei aber nur lückenhaftes Wissen über eine virtuelle Modellwelt liefern, welche soziale Komplexität nicht abbilden kann.[243] Das „Warnsystem" sah zwar Wertgrößen vor (im „Zielsystem"), doch sollten diese innerhalb eines Variablenmodells quantifiziert und damit errechnet werden, um eine rationale – also im Sinne des ZBZ wissenschaftsbasierte – Entscheidung zu gewährleisten. Koelle und das ZBZ gingen in einem ingenieurwissenschaftlich angelegten Machbarkeitsdenken und euphorisiert von den Möglichkeiten des Computers darüber hinweg, dass Problemlagen und Zielfindungsprobleme in Politik, Wissenschaft und Wirtschaft nicht in allen Facetten abbildbar und erst recht nicht quantifizierbar waren. Ebenso kam nicht zur Sprache, dass Werte nicht einfach vorgegeben oder in einer Abstimmung zwischen politischen und gesellschaftlichen Akteuren ‚festgestellt' werden konnten. Und schließlich übersah man, dass die Interaktion zwischen staatlicher Steuerung, gesellschaftlichem Wandel und den Einflüssen der Experten – Experten wie Koelle selbst, der seine Erkenntnisse

---

[241] BKA, Planungsstab, Ergebnisprotokoll über Erfahrungsaustausch über die Planungseinrichtungen der obersten Bundesbehörden vom 12.6.1970, 13.7.1970, in: BAK, B 136, 14064; BKA, Abt. V (Planungsabteilung), 55-27091-Zc2, Ergebnisprotokoll der Ressortbesprechung vom 3.12.1970, 7.12.1970, in: ebd., 14536; siehe Kapitel X.1 und 2.

[242] Zum weiterentwickelten EIPE-Projekt des ZBZ BMI, Vermerk Lutterbeck, 12.9.1973: „Es wurde vereinbart, daß das ZBZ bis Ende d. M. ein *verständliches* Papier vorlegt.", in: BAK, B 106, 54323.

[243] Johannes Lenhard/Günter Küppers, Computersimulationen – Wissen über eine imitierte Wirklichkeit, in: Peter Weingart/Martin Carrier/Wolfgang Krohn (Hrsg.), Nachrichten aus der Wissensgesellschaft, Weilerswist 2007, S. 111–138.

ja veröffentlichte[244] – weitaus komplexer war als in einem Modell abbildbar. So stieß denn 1972 das „Warnsystem" auch im ZBZ auf die Kritik, dass der quantifizierende und automatisierende Zugang nur beschränkt einsatzfähig sei; er müsse einem pragmatisch-qualitativen Vorgehen nachgeordnet werden.[245]

Auffällig ist, dass sich das ZBZ in den ersten Jahren sehr stark auf Simulationsmodelle stützte, die Koelle aus dem *Systems Engineering* entwickelte. Dies verband sich mit Projekten, die auf eine EDV-gestützte Datensammlung und -auswertung in einem systemanalytisch gedachten Planungsprozess (etwa zur Verfahrensplanung) setzten. Hierzu gehörte insbesondere das große PLABUND-Projekt (Untersuchung der Möglichkeiten und Grenzen der Anwendung der Datenverarbeitung zur Planungshilfe in der Bundesverwaltung) für die Projektgruppe für Regierungs- und Verwaltungsreform und die Planungsabteilung des Bundeskanzleramtes – auf das im Zusammenhang mit der Politikberatung einzugehen sein wird. Ein Teilprojekt ZIEBUV (Entwurf alternativer Zielsysteme für den Verkehrsbereich als Anwendungsbeispiel experimenteller EDV-gestützter Planungshilfen), das Koelle leitete, versuchte etwa, ein vom Verkehrsministerium entwickeltes „Zielsystem" durch Definition von „Zielgewichte[n] und Nutzwertfunktionen" zu ergänzen und für die EDV-Bearbeitung aufzubereiten. Auch hier spielte ein qualitativer Ansatz zunächst eine untergeordnete Rolle; im Mittelpunkt stand die Aufbereitung von Daten für das EDV-Modell.[246] Helmut Klages wies zwar schon 1968 darauf hin, dass neben Modellierungen und EDV-Systemen ebenso qualitative Szenarios dafür in Frage kämen, die Konsequenzen von Alternativlösungen zu ermitteln.[247] Auch betonte eine ZBZ-Arbeitsgruppe zur „systematischen Entscheidungsvorbereitung" 1969, dass mit einem „Entscheidungssystem" kein „fertiges ‚Rezept'" geschaffen werde. Man müsse ebenso Elemente der qualitativen Entscheidungsvorbereitung prüfen, nicht zuletzt weil die „instrumentelle Rationalität" von Technik nicht immer mit politischer Rationalität übereinstimme.[248] Doch zunächst dominierten die computerbasierte Modellsimulation und Datensammlung, weil man ganz auf eine instrumentelle und quasi-objektive Rationalität der Modellierung und des Computers setzte. Die Entwürfe möglicher Zukünfte im Sinne „alternative[r] Gedankenmodelle", dies konstatierte das ZBZ 1971 selbst, blieben zunächst hinter der Erstellung von formalen Entscheidungsmodellen zurück.[249]

Die skizzierten Probleme betreffen im Kern auch ein interaktives Projekt, welches Koelle 1970 für das ZBZ initiierte (ob es Jungk als Kuratoriumsmitglied an-

---

[244] Zur „Rekursivität" von Expertise auch Schanetzky, Ernüchterung.
[245] Dieter Schumacher, Zieltheorie vs. Zielpraxis, in: APWM 4 (1972), H. 19, S. 26f.
[246] Vgl. Kapitel X.2.; zu ZIEBUV etwa ZBZ-Mitteilungen 1/74, in: IfZ, ED 701, 40; Akte ZIEBUV, in: BAK, B 108, 40451–54.
[247] Vgl. Klages, Vorwarnsystem, in: Informationsbroschüre des ZBZ (1968), S. 19, in: BAK, B 138, 1550.
[248] Systematische Entscheidungsvorbereitung politischer Probleme, Bearb. von Heinz Hermann Koelle u. a., in: APWM 1 (1968/69), H. 4, Zit. S. 12, 14.
[249] Mackensen, Leitlinien, S. 14.

geregt hatte, ließ sich nicht belegen, liegt aber nahe). Um die „Zielforschung" im Bereich politischer Simulationsmodelle zu verbessern und ein „gültiges Wertsystem" zu ermitteln, das für „einen größeren Teil der Gesellschaft die Grundlage ihres Handelns sein könnte", entwarf Koelle gemeinsam mit einem Arbeitskreis „Zielfindungsexperiment" eine Fragebogenaktion. Diese orientierte sich an der Delphi-Methode. Man bat interessierte Leser der „Analysen und Prognosen über die Welt von morgen", wiederholt einen Fragebogen auszufüllen und hierin verschiedene gesamtgesellschaftliche Ziele (u. a. Schaffung ausreichender Bildungsmöglichkeiten, Eliminierung des Hungers, gerechte Einkommensverteilung und Befriedigung des Individuums durch freie Wahl des Lebensraums, Sicherung der geistigen Freiheit, Genuss des Schönen usw.) zu gewichten. Die Ziele sollten aus der subjektiven Sicht und aus der Sicht des „typischen Westeuropäers" priorisiert werden, und zwar aus heutiger Sicht und aus der projizierten Sicht des Jahres 2000. Die Fragebögen wurden mittels elektronischer Datenverarbeitung ausgezählt. Sie hatten, weil ja freiwillige Interessierte gewonnen wurden, keine Repräsentativität.[250] Damit integrierte das ZBZ einen partizipativen Ansatz in die ansonsten technokratisch und ‚top down' angelegte Arbeit und fahndete nach Zielen bzw. dahinterliegenden Werten für die Entscheidungsfindung in der Bevölkerung; hinter dieser Bevölkerung verbargen sich freilich die Leser von „Analysen und Prognosen über die Welt von morgen", die Koelles Aufrufe gelesen hatten. Auch hier ging es zudem um einen quantifizierenden Ansatz, weil „Ziele" und Wertgrößen, in verschiedene Auswertungskategorien verteilt, prozentual gemessen wurden.

Eine erste Befragungsrunde 1971, an der 150 Teilnehmer teilnahmen, ergab ein disparates Bild. Acht Prozent der Befragten schätzten, dass im Jahr 2000 in Westeuropa die Erhaltung der natürlichen Umwelt als wichtigstes Ziel gelten werde; es folgten bestmögliche Bildungschancen (6,9%), soziale Sicherung (6,4%) und, als utopisches Ziel, die Eliminierung physischer Krankheiten (5,9%). Interessant war, dass Umweltfragen zunächst nicht auf der Liste der Ziele vermerkt wurden. Koelle hatte diesem Aspekt noch keine Aufmerksamkeit gewidmet, doch wurde die Zukunftsforschung – wie oben ausgeführt – genau in jenem Jahr vom ökologischen Gedanken durchdrungen.[251] Eine dritte Umfragerunde von 1972 umfasste 172 Personen. Die durchschnittliche formale Berufsausbildung umfasste 18 Jahre, es waren also fast ausschließlich Akademiker an der Befragung beteiligt. 16% der Teilnehmer waren weiblich, was erneut die These von der männlichen Prägung der frühen Zukunftsforschung unterstreicht. Nun konnten die Teilnehmer Punkte auf verschiedene Ober- und Unterziele vergeben, dabei in den Kategorien für die eigene Person heute, für Westeuropa heute, für die Bevölkerung eines Entwicklungslandes heute und für Westeuropa aus der Sicht des Jahres 2000. Auffällig ist

---

[250] Heinz Hermann Koelle, Ein Experiment auf dem Gebiet der Zielforschung, in: APWM 2 (1970), H. 12, S. 22f.; vgl. zum Arbeitskreis „Zielfindungsexperiment", der 1973 zweimal tagte, ZBZ-Jahresbericht 1973, in: ebd. 6 (1974), H. 35, S. 24.
[251] Heinz Hermann Koelle, Zielfex '71, in: ebd. 3 (1971), H. 17, S. 16; vgl. Kapitel VII.

	Subjektiv heute	Westeuropa heute	Entwickl.-Land heute	Westeuropa 2000
Anzahl der Teilnehmer	169	164	167	164
Zwischenziele:				
Verbesserung der Wohnqualität	46	68	82	35
Verbesserung der Versorgungsqualität	44	64	109	37
Bessere wirtschaftliche Nutzung der Ressourcen	49	63	96	63
Verminderte Zerstörung von Sachwerten	41	46	53	43
Erhaltung u. Verbesserung d. Gesundheitszustandes	68	67	94	64
Reduzierung der Gewaltanwendung	57	62	72	54
Wiederherstellung der Gesundheit	42	55	67	49
Verminderung der Umweltbelastung	114	109	45	112
Verbesserung der Bildungschancen und Bildungseinrichtungen	68	81	104	62
Bessere Nutzung des vorhandenen Wissens	78	70	51	79
Vermehrung der geistigen Fähigkeiten und des Wissens	85	66	60	74
Verbesserung der kulturellen Umwelt	47	42	23	55
Verbesserte Nutzung individueller Anlagen und Fähigkeiten	79	56	44	73
Verbesserte Harmonie in der häuslichen Gemeinschaft	46	41	21	52
Ausweitung der Mitarbeit in erweiterten sozialen Gemeinschaften	66	54	38	72
Intensivierung der Mitarbeit bei der Anhebung des moralisch-ethischen Zustandes	71	57	38	76
Oberziele:				
Verbesserung der materiellen Lebensqualität	180	241	341	178
Verbesserung der physischen Lebensqualität	280	293	280	279
Verbesserung der geistigen Lebensqualität	278	258	238	270
Verbesserung der seelischen Lebensqualität	262	208	141	274

Abb. 13: Mittelwerte der „Zielfex"-Befragung 3 (Mitte 1972)

hier zum ersten, dass die Ziele nun lebensnäher und erreichbarer formuliert waren (es fehlten also utopische Ziele wie die Eliminierung physischer Krankheiten). Zum zweiten sticht der Bezug auf die Entwicklungsländer ins Auge, welcher der Globalisierung der Zukunftsforschung im Zeichen der Debatten um „The Limits to Growth" geschuldet war. Drittens waren alle Oberziele unter das neue Rubrum der „Lebensqualität" platziert (Verbesserung der materiellen Lebensqualität, der physischen Lebensqualität, der geistigen Lebensqualität, der seelischen Lebensqualität).[252] Dies lag wie gesehen an der Konjunktur des Begriffs im Zusammen-

---

[252] Ders., Ein Zielfindungsexperiment über die Qualität des Lebens, in: ebd. 4 (1972), H. 24, S. 15–19.

hang mit der Ökologisierung der Zukunftsforschung und der Wachstumsdebatte 1972/73. Dabei sahen die Befragten aus subjektiver Sicht die physische Dimension – und hier mit weitem Abstand die Verringerung der Umweltbelastung – an der Spitze; es folgte die geistige Lebensqualität und hier die Vermehrung der geistigen Fähigkeiten und des Wissens, dann die seelische Lebensqualität mit einer besonderen Präferenz auf der verbesserten Nutzung individueller Fähigkeiten. Der materiellen Dimension (Wohn- und Versorgungsqualität, wirtschaftliche Nutzung von Sachwerten) wurde wenig Gewicht beigemessen, und dies traf ähnlich auf die Projektion westeuropäischer Ziele im Jahre 2000 zu. Es fehlte die finanzielle Dimension, also materieller Reichtum als subjektive Zielsetzung, der man im Zeichen der Wachstumskritik offenkundig wenig Gewicht zumaß.[253]

Interessant ist das „Zielfindungsexperiment" vor allem, weil es zu einer gewissen epistemischen Modifikation führte, nämlich zur Pragmatisierung. Denn Koelle und sein Team schraubten im Prozess ihre Erwartungen an die Gültigkeit und Reichweite des Umfrageinstruments immer weiter zurück. In der ersten Befragungsrunde äußerten 100 von 150 Teilnehmern methodische Bedenken bzw. Verbesserungsvorschläge für die Nennung von Zielen. So wurden der methodische Ansatz und die Reichweite des Verfahrens selbst zum Gegenstand des Experiments. Das konstruierte eigene Ziel eines ermittelbaren und übergreifend geltenden gesellschaftlichen „Zielsystems" rückte in den Hintergrund. Das Bearbeiterteam begnügte sich damit, die am meisten genannten Werte aufzulisten und Veränderungen in der Gewichtung zu thematisieren. Als Ziele des Experiments galten nun, das Problembewusstsein im Bereich gesamtgesellschaftlicher Zielfindung zu erhöhen, methodische Probleme aufzuzeigen und Zielstrukturen zu entwerfen, welche „in erster Näherung" die Werthaltungen und Zielvorstellungen transparent machen „können". Dies sollte dann in einem größeren Experiment, das einen repräsentativen Querschnitt der Bevölkerung umfasste, reflektiert werden.[254]

Die Öffnung des ZBZ hin zu einer größeren methodischen Reflexion und partizipativen Verfahren folgte im Grunde einer vorausgegangenen epistemischen Modifikation in der Studiengruppe für Systemforschung. Denn Teile der Studiengruppe – vor allem Koordinator Helmut Krauch – suchten schon Ende der 1960er Jahre Planung und insbesondere Forschungsplanung stärker am Bürger auszurichten, also zu demokratisieren. Krauch hatte bereits 1961/62 trotz aller Begeisterung für die effiziente und innovative, „rationale" Forschung in den Think-Tanks den starken Einfluss militärischer und industrieller Interessen auf die Forschung in den USA problematisiert. Der Bürger habe demgegenüber kaum Mitbestimmungsmöglichkeiten. In der Technokratiedebatte hatte er für eine stärkere Rückbindung der Forschungspolitik an das Parlament geworben.[255] Ausgehend von

---

[253] Ebd., S. 15–19.
[254] Ebd., Zit. S. 15; vgl. Ders., Zielfex; Ders., 5. Runde des Zielfindungsexperiments beendet!, in: ebd. 6 (1974), H. 31, S. 268.
[255] Helmut Krauch, Forschungsplanung für Entwicklungsländer, in: Atomzeitalter 1961, S. 80–83; Ders., Forschung, S. 181f.; Brinckmann, Politikberatung, S. 88–93, 97–102.

Partizipationsforderungen im Kontext der Studentenbewegung formte sich bei Krauch die Überlegung, Forschungsplanung partizipativ anzulegen. Dem lagen erneut transatlantische Wissenstransfers zu Grunde. Sicherlich hatte auch Jungk in den 1960er Jahren die Demokratisierung von Planung betont[256], und Jungk selbst hatte 1965, wie oben beschrieben, das Center for the Study of Democratic Institutions in Santa Barbara besucht und hier über „Social Inventions" gesprochen, also sein Wissen in die USA transferiert[257]. Krauch aber wurde wohl stärker als Jungk von US-amerikanischen Überlegungen zur Demokratisierung von Planung inspiriert. Schon 1965 war er ebenfalls am Center for the Study of Democratic Institutions gewesen. Krauch traf hier den Philosophen und Systemwissenschaftler C. West Churchman, einen führenden Vertreter des *Operations Research* an der University of Berkeley, der in seinen Überlegungen, Planung zu demokratisieren, offenkundig immer mehr von der Dynamik der Studentenbewegung, gerade in Berkeley, mitgerissen wurde.[258] 1967 verbrachte Krauch einen längeren Forschungsaufenthalt an der University of Berkeley bei Churchman. Schon in Santa Barbara entstanden Überlegungen, Organisationsformen politischer Partizipation heranzuziehen, um die gesellschaftlich eminent wichtige Frage der Prioritätensetzung in der Forschungspolitik und Forschungsplanung zu verhandeln.[259] So öffnete sich Krauch für Hutchins' Konzept einer Sokratischen Methode, der sogenannten maieutischen Planung, die die Weltsicht und die Antizipationen der teilnehmenden Akteure berücksichtigen sollte. Krauch erinnerte sich, er habe hieraus ein Konzept der „maieutischen Systemanalyse" entwickelt, das im Gegensatz zur „instrumentellen" Systemanalyse auf die partizipierenden Akteure eingehe: „Durch geduldiges und geschicktes Fragen wird dabei versucht, latent vorhandene Wissensbestände und Kritiken zu aktivieren".[260] Darüber hinaus entstand hier und in Berkeley die Idee eines technisch unterstützten, interaktiven (und damit im systemanalytischen Sinne Rückkopplungsprozesse berücksichtigenden) Austauschs zwischen Politik, Experten, Interessenvertretern und Bürgern im Forum der Massenmedien. Im „Organisierten Konflikt" sollten Politiker, Experten und Bürger über eine vorab festgelegte Problemstellung diskutieren. Das teilnehmende Publikum hatte in Vertretung der Öffentlichkeit die Argumen-

---

[256] Wann sich Jungk und Krauch näher kennenlernten, ließ sich nicht klären. 1968 betonte Jungk jedenfalls die „ausgezeichnete[n] Untersuchungen" Krauchs zur demokratischen Bewusstseinsbildung; Vermerk Jungk, o. D., Mappe Wand 1968–69. Sendereihe 1968: Das Experiment Zukunft. Konzepte und Utopien aus der Perspektive von heute. 1971 duzten sich beide: Krauch, SfS, an Jungk, 19. 1. 1971, beides in: JBZ, NL Jungk.
[257] Robert Jungk, The Need for Social Invention, in: The Center Diary (Center for the Study of Democratic Institutions) 18 (1967), May/June, S. 48.
[258] Vgl. Charles West Churchman, Prediction and Optimal Decision. Philosophical Issues of a Science of Values, Englewood Cliffs 1964; Krauch, Bildung, S. 6; Brinckmann, Politikberatung, S. 131.
[259] Vgl. Thomas Wind, 40 Jahre Computer-Demokratie – Liquid Democracy, nur ein alter Piraten-Hut?, in: Institut für Zielgruppenkommunikation, http://ifz-online.de/40-jahre-computer-demokratie/ (letzte Abfrage 3. 1. 2015).
[260] Krauch, Bildung, S. 14; vgl. Ders., Von der instrumentellen zur maieutischen Systemanalyse, in: Ders./Tom Sommerlatte (Hrsg.), Bedürfnisse entdecken, Frankfurt a. M. 1997, S. 73–96.

te fortlaufend zu bewerten und konnte so mit Fragen in den Diskussionsverlauf eingreifen. In Berkeley erprobte Krauch den Organisierten Konflikt durch Übertragung einer Diskussion über eine Radiostation, welche Bürgern die Möglichkeit gab, sich einzuschalten.[261] In Heidelberg spann Krauch diese Überlegungen weiter. Die Studiengruppe für Systemforschung entwarf das „phone-in", ein Rückkopplungs-System zwischen Rundfunkanstalt und Zuhörerschaft.[262]

Aus dem Organisierten Konflikt wurde das sogenannte ORAKEL-Modell (Organisierter Konflikt einer repräsentativen Auswahl von Bürgern zur Artikulation kritischer Entwicklungslücken) – ein Begriff, der damit im Akronym auch das Element der Vorhersage abbildete. ORAKEL sah vor, dass Politiker, Experten, Interessenvertreter und „nichtorganisierte Betroffene", die vorab möglichst repräsentativ ausgewählt wurden, diskutierten. Das Publikum im Raum, aber auch Interessierte konnten mittels Telefonanrufen anhand interaktiver Elemente in die Gespräche eingreifen und zugleich in einer quantitativ angelegten Erhebung ihre Meinung kundtun. Dies wurde mittels elektronischer Datenverarbeitung ausgewertet, aber – da im Lochkartensystem keine rasche Auswertung möglich war – nicht mehr in die Sendung eingespeist. Ihre erste Erprobung fand ORAKEL 1971 auf Initiative von Werner Höfer im WDR in drei Fernsehdiskussionen namens „ORAKEL, ein Sozialexperiment für Fernsehen und Zuschauer". Krauch war zufrieden: Der WDR organisiere ORAKEL, und dabei laufe, so Krauch an Jungk, „so ziemlich alles nach Wunsch".[263] Aus dem Experiment ging in der Folge die Fernsehsendung „Pro und Contra" hervor, in der das Studiopublikum am Ende einer Expertenauseinandersetzung eine Position prämieren konnte.

Sein Konzept legte Krauch 1972 im Buch „Computer-Demokratie" dar, das Jungk in der „Süddeutschen Zeitung" begeistert rezensierte.[264] Krauch argumentierte, ORAKEL habe „einige wesentliche Vorteile" gegenüber Meinungsbefragungen: Die Zeitdifferenz zwischen Datenerhebung und Benutzung der Ergebnisse entfalle, ein direkter Kontakt zwischen Fragesteller und Öffentlichkeit sei gewährleistet, Fragen könnten während der Diskussion modifiziert und unter neuen Blickwinkeln betrachtet werden, und grundsätzlich „lerne" der teilnehmende „Bürger", weil er durch die Möglichkeit der aktiven Teilnahme motiviert werde. Mithin habe ORAKEL einen demokratisierenden Effekt, weil es mithilfe von Computern und Nachrichtentechnik individuelle Wünsche und Handlungsspielräume aufeinander abstimme. Darüber hinaus stellte Krauch einen direkten Bezug zur notwendigen Zukunftsorientierung in der Demokratie her: ORAKEL habe einen verstärkten Zukunftsbezug „mit dem Ziel, die Teilnehmer aus der Einstellung zu den Bindungen ihres alltäglichen Daseins zu lösen und sie über ihre

---

[261] Vgl. Wind, 40 Jahre; Helmut Krauch, Computer-Demokratie. Hilft uns die Technik entscheiden? München 1972, S. 54f.
[262] Georg Rudinger/Helmut Krauch, Ein Rückkoppelungs-System zwischen Rundfunkanstalt und Zuhörerschaft: phone-in, in: APWM 3 (1971), H. 15, S. 17–21.
[263] Helmut Krauch, SfS, an Robert Jungk, 19.1.1971, in: JBZ, NL Jungk; vgl. Krauch, Computer-Demokratie, S. 54–82; Brinckmann, Politikberatung, S. 130–137.
[264] Robert Jungk, Computer-Demokratie, in: SZ, 27.9.1972.

langfristige Zukunft lernen und urteilen zu lassen. Auf diese Einübung zukunftsorientierten demokratischen Verhaltens kommt es in den hochentwickelten Gesellschaften besonders an. Die rasche Entwicklung von Technik und Wissenschaft und die zunehmende wirtschaftliche und gesellschaftliche Komplexität erfordern das, wenn uns die wissenschaftlich-technische Zivilisation nicht noch mehr als bisher als fremder Sachzwang gegenüberstehen soll".[265] Mit Blick auf die Technokratiedebatte, aber auch auf die einsetzende Infragestellung der technischen Zivilisation im Kontext der Wachstumsdebatte sah Krauch eine responsive und lebendige Gestaltung der Demokratie *mittels* Technik als elementar an.

Hatte ORAKEL damit einen indirekten Bezug zur Zukunftsforschung, weil es das partizipative Element politischer Zielsetzungen und damit Planung spiegelte, so arbeitete die Studiengruppe für Systemforschung 1969/70, auf dem Höhepunkt der Reformära und des Suchens nach „mehr Demokratie", auch generell an einer partizipativen Fundierung der Forschungsplanung. Demnach sollte Forschungsplanung demokratisiert, also an den Zielen und Bedürfnissen der Bürger ausgerichtet werden. Diese Zielsetzungen wollte man mittels experimenteller Methoden ermitteln, um so Exekutive und Legislative Kriterien für die Festsetzung von Prioritäten in der Forschungsplanung an die Hand zu geben. Die Gruppe um Krauch erprobte ein Experiment, das eng an die Delphi-Methode der Zukunftsforschung angelehnt war. Beamte aus dem Forschungsministerium und Studierende wurden in jeweils eine Gruppe zusammengefasst und aufgefordert, eine Präferenzordnung für die staatliche Forschungsförderung zu entwickeln, allerdings unter „‚idealisierten' Entscheidungsbedingungen, das heißt, dass sich die Versuchspersonen in aus der Institution gelösten Situationen befanden". Zunächst wurden den Probanden die wichtigsten Forschungsprogramme des Bundes präsentiert. Dann hatte jeder Proband die Qualität der Informationen mittels einer Skala zu beurteilen und zu schätzen, wie hoch die Verwirklichungschancen der Programme, ihr gesellschaftlicher und ihr wirtschaftlicher Nutzen sein würden; ebenso wurden die Probanden gebeten, ihre Präferenzen zu notieren. Daran schloss sich eine Diskussion in der jeweiligen Gruppe an. Nach der Diskussion wurden die Probanden erneut gebeten, eine individuelle Präferenzordnung zu erstellen. Es zeigten sich – das war für die Gruppe um Krauch überraschend – wenige Unterschiede zwischen den Präferenzen beider Gruppen. Doch für wichtig hielt Krauch zum ersten, dass die *Verwirklichungschancen* der hoch alimentierten Programme (Kernenergie, Weltraumforschung) ebenfalls hoch bewertet wurden. Dies, so Krauch, zeige, dass eine weitere Verschiebung von Mitteln hin zu den ohnehin stark geförderten Gebieten problematisch sei, weil die Bürger diese automatisch als besonders erfolgreich und sicher in der Verwirklichung der angekündigten Vorteile erachteten. Hingegen sahen die Probanden zum zweiten nur einen mittelstarken Zusammenhang zwischen *Förderungswürdigkeit* und Verwirklichungschancen, was als Spannungssymptom gewertet wurde. Zum dritten ergab sich – und dies betonte Krauch – eine deutliche Diskrepanz zwischen den Präfe-

---

[265] Krauch, Computer-Demokratie, Zit. S. 58–60; vgl. Wind, 40 Jahre.

renzen beider Gruppen und der tatsächlichen Förderungspraxis: Beide Gruppen präferierten EDV, Lehren und Lernen und medizinische Forschung, nicht hingegen militärische und Weltraumforschung.[266] Ein ähnlich gelagertes Experiment zur Demokratisierung der Forschungsplanung sollte Krauch 1972/73 für den Bundestags-Ausschuss für Forschung und Technologie durchführen, nun unter dem Signum des neuen Leitbildes „Qualität des Lebens", wie im Folgenden zu sehen sein wird.[267]

Dieser Ansatz, das Nachdenken über und das Planen der Zukunft zu demokratisieren, durchdrang Anfang der 1970er Jahre – ähnlich wie im transnationalen Zusammenhang die WFSF – auch das ZBZ. Wie gesehen hatte Koelle schon ab 1970 – wenngleich auf der Suche nach dem übergreifenden „Zielsystem"– das Umfrage-Experiment gestartet. Ganz grundsätzlich aber wich 1972/73 die Konzentration auf die Modellsimulation einer neuen Schwerpunktsetzung auf partizipative und qualitative Methoden; zugleich rückten im Hinblick auf die zu erforschenden Themen abseits holistischer Modelle und verfahrensplanerischer Überlegungen Umwelt, Wohnen und Freizeit (eben die „Lebensqualität") in den Vordergrund. Auch weil für diese Umorientierung nicht nur der Diskurs um Wachstum und Lebensqualität 1972/73, sondern auch der Einfluss der „kritischen Zukunftsforschung" und das Zerwürfnis in der Gesellschaft für Zukunftsfragen 1969/70 eine zentrale Rolle spielten, soll diese Phase des ZBZ nach der Analyse der Gesellschaft für Zukunftsfragen dargestellt werden.

4. Von der Ideologisierung bundesdeutscher Zukunftsforschung: Gründung und Krise der Gesellschaft für Zukunftsfragen

Im Laufe des Jahres 1967 regten sich in der Bundesrepublik Initiativen, die Strömungen der Zukunftsforschung in der Bundesrepublik in einem Dachverband zu bündeln. Werner Holste, Vorstandsmitglied der DEMAG (Deutsche Maschinenbau-Aktiengesellschaft), drang auf eine Verbindung zukunftsorientierter Forschungen in Industrie und Wissenschaft, um die vielbeschworene technologische Lücke der Bundesrepublik Deutschland gegenüber den Forschungsanstrengungen und -investitionen der USA schließen zu helfen. Im Oktober 1967 hielt der Maschinenbauingenieur Holste einen auch vom Bundeskanzleramt beachteten Vortrag auf der Kunststoffmesse in Düsseldorf. In diesem prognostizierte er das Anbrechen des „Kunststoffzeitalters". Zugleich aber übte er grundsätzliche Kritik an der staatlichen Forschungsförderung in der Bundesrepublik. Nötig sei neben

---

[266] Krauch, Bildung, S. 12f., Zit. S. 12; vgl. Studiengruppe für Systemforschung, Erläuterungen zu den Forschungsvorhaben, o. D. (1968), in: BAK, B 138, 6801; Helmut Krauch/Hubert Feger/Werner Opgenoorth, Forschungsplanung I: Verwirklichungschancen und Förderungswürdigkeit von Forschungsschwerpunkten im Urteil von Fachleuten und Studenten, in: Zeitschrift für Sozialpsychologie 1 (1970), H. 1, S. 155-166.
[267] Siehe Kapitel X.3.

einem höheren finanziellen Engagement des Bundes eine verstärkte Koordinierung entsprechender Bemühungen in Wissenschaft, Wirtschaft und Staat. Dies gelte insbesondere für den Bereich der Zukunftsforschung, für den der Bund bislang nichts getan habe, „obwohl sich der Gedanke, daß unsere wirtschaftliche Zukunft nur durch eine intensive Forschung gesichert werden kann", durchgesetzt habe. Holste warb deshalb für die Gründung eines „Deutschen Instituts für Zukunftsforschung", das entsprechende Forschungen koordinieren, dokumentieren und durchführen solle.[268] Holste, der wenig später zum Forschungsvorstand bei Volkswagen avancierte[269], forderte also angesichts der wechselseitigen Abhängigkeit von technologischer und industrieller Entwicklung eine Koordination zukunftsorientierter Forschungen in Wirtschaft und Wissenschaft und eine öffentliche Förderung der Zukunftsforschung. Davon sollte auch das eigene Unternehmen profitieren: Zukunftsforschung sei „reale Prognostik", so Holste, welche „Marktzuwachs [...] und damit auch Zuwachs für das einzelne Unternehmen" ermögliche[270].

Einen Verbündeten fand Holste in dem prominenten Fernsehjournalisten Rüdiger Proske. Fasziniert von den Möglichkeiten moderner Technologien, insbesondere im Bereich der Raumfahrt, hatte er seit Anfang der 1960er Jahre die vielbeachtete NDR-Reihe „Auf der Suche nach der Welt von morgen" produziert. Proske drang auf die Gründung einer übergreifenden Gesellschaft für Zukunftsfragen, die als „zukunftsbezogene Synthese" sowohl industrielle Interessen als auch gesellschaftliche Zukunftsvorstellungen integrierte.[271] Zu einem Vorgespräch im Hotel Atlantic in Hamburg, dem Wohnort Proskes, trafen sich deshalb im November 1967 Holste, Proske, Robert Jungk, der Publizist und stellvertretende Hauptgeschäftsführer des Deutschen Industrie- und Handelstages Rüdiger Altmann sowie der Leiter der Abteilung Automation beim Vorstand der IG Metall Günter Friedrichs.[272] In den 1960er Jahren hatte die IG Metall unter Federführung Friedrichs' drei große Konferenzen zu den Folgen der Automation und des technischen Wandels – im Hinblick auf eine Rationalisierung und den Wegfall von Arbeitsplätzen – organisiert und sich mit Zukunftsfragen beschäftigt.[273]

---

[268] Werner Holste, Kunststoff – der Motor der modernen Forschung, Vortragsmanuskript o. D., bei: Chef des BKA, Grundschöttel, I/3 K 46238/67 an BMwF, 16.10.1967, in: BAK, B 138, 1550.

[269] Holste an BMwF, Staatssekretär Hans von Heppe, 13.8.1968, in: ebd.

[270] So Holste in: Futurologie. Gespräch mit der Zukunft, in: Der Volkswirt 23 (1969), H. 22, S. 22-25, hier S. 22; und Ders. in: Zukunftsforschung. Vorauswissen ist Macht. Interview mit Werner Holste, in: ebd., S. 25.

[271] Rüdiger Proske an Karl Steinbuch, 28.12.1981, in: KITA, NL Steinbuch, 264; Proske, Mond; Ders., Suche.

[272] Aktenvermerk betr. Gesellschaft für Zukunftsfragen (Juni 1968), in: BAK, B 138, 1550.

[273] Günter Friedrichs (Hrsg.), Automation und technischer Fortschritt in Deutschland und den USA. Ausgewählte Beiträge zu einer internationalen Arbeitstagung der Industriegewerkschaft Metall für die Bundesrepublik Deutschland, Frankfurt a. M. 1963; Ders. (Hrsg.), Automation. Risiko und Chance. Beiträge zur zweiten Internationalen Arbeitstagung der Industriegewerkschaft Metall für die Bundesrepublik Deutschland über Rationalisierung, Automatisierung und Technischen Fortschritt, 16. bis 19. März 1965 in Oberhausen, 2 Bde.,

Friedrichs stieß wohl über den Sozialdemokraten Proske zum Kreis. Am Treffen in Hamburg nahm auch Peter Menke-Glückert teil, ehedem Referent im Bundesministerium für wissenschaftliche Forschung und inzwischen Leiter der Gruppe „Science Resources" bei der OECD.[274] Er kannte Jungk seit 1966 und hatte wenige Wochen vorher an der von Jungk organisierten Mankind-Tagung in Oslo teilgenommen.[275] Im Hamburger Gespräch nahm der Plan für eine rasche Begründung einer Gesellschaft für Zukunftsfragen Form an. Die Gründungsversammlung des eingetragenen Vereins fand wenige Wochen später, am 8. Dezember 1967, in Duisburg, dem Sitz der DEMAG, statt. Den ersten Vorstand konstituierten neben Holste und Proske dann Karl Steinbuch, der Schweizer Nationalökonom Bruno Fritsch, ZBZ-Vorstand Helmut Klages und Ossip Flechtheim.[276] Ein „Aktionskomitee" integrierte neben Jungk, Friedrichs, Altmann und Menke-Glückert u. a. den Direktor der Studiengruppe für Systemforschung Helmut Krauch sowie als einzige Vertreterin aus der Politik die hessische Kultus-Staatssekretärin und Protagonistin einer reformorientierten Bildungspolitik Hildegard Hamm-Brücher. Die Studiengruppe für Systemforschung trat als assoziiertes Mitglied der Gesellschaft ebenso bei wie wenig später das im Februar 1968 gegründete ZBZ.[277] Im Folgenden erweiterte sich der Kreis der Mitglieder um zahlreiche weitere Protagonisten, die sich auf dem Feld der Zukunftsforschung publizistisch oder wissenschaftlich betätigten. Hierzu gehörten Peter G. Rogge und Heik Afheldt aus der Prognos AG, Heinz-Hermann Koelle aus dem ZBZ und Horst Geschka aus dem Battelle-Institut.[278] Gehörten der Gesellschaft im März 1969 noch 35 persönliche und fünf korporative Mitglieder an, so wuchs sie bis Ende 1971 auf über 180 Mitglieder.[279]

Der Führungs- und Mitgliederkreis der Gesellschaft für Zukunftsfragen war von Beginn an sehr heterogen. Dies galt für die soziale Basis und politische Orientierung der Mitglieder: Die Gesellschaft integrierte Wissenschaftler, Publizisten, Gewerkschafter, Vertreter der Industrie und Politiker; sie umfasste eher konserva-

---

Frankfurt a. M. 1965; Otto Brenner (Hrsg.), Automation und technischer Fortschritt in der Bundesrepublik. Computer und Angestellte. Dritte Internationale Arbeitstagung über Automatisierung, Rationalisierung und Technischen Fortschritt der Industriegewerkschaft Metall für die Bundesrepublik Deutschland, Frankfurt a. M. 1968.

[274] Aktenvermerk betr. Gesellschaft für Zukunftsfragen (Juni 1968), in: BAK, B 138, 1550; Menke-Glückert an Karl-Friedrich Scheidemann, 15. 8. 1968, in: ebd., 1549.

[275] BMwF, Menke-Glückert, II 7-3104-01-22/66, an Robert Jungk, 14. 11. 1966, in: ebd.; Kapitel V.1.

[276] Aktenvermerk betr. Gesellschaft für Zukunftsfragen (Juni 1968), in: BAK, B 138, 1550; Satzung der GfZ, o. D., in: ebd.

[277] Aktenvermerk betr. Gesellschaft für Zukunftsfragen (Juni 1968); Liste der Mitglieder des Aktionskomitees, o. D., beides in: ebd.; Liste der Mitglieder und des Aktionskomitees, 7. 12. 1968, in: IfZ, ED 701, 7.

[278] Liste der Mitglieder der GfZ e.V., 1. 1. 1974, in: IfZ, ED 701, 7; Listen der Mitglieder, 31. 12. 1970 und 1. 1. 1972, in: KITA, NL Steinbuch, 343.

[279] Protokoll der Mitgliederversammlung vom 14. 2. 1970, S. 2, in: KITA, NL Steinbuch, 316; vgl. Liste der Mitglieder der GfZ zum 31. 12. 1970, in: ebd., 343. Im November 1971 gehörten der Gesellschaft 183 Mitglieder an; Protokoll der Mitgliederversammlung am 6. 11. 1971, in: ebd.

tiv orientierte Protagonisten wie den früheren Berater Ludwig Erhards Rüdiger Altmann, Freidemokraten wie Menke-Glückert und Hamm-Brücher, Sozialdemokraten wie Proske und links von der SPD positionierte Wissenschaftler wie Flechtheim. Friedrichs und Altmann sollten offenkundig die Interessen der Arbeitnehmer und Arbeitgeber in der Gesellschaft repräsentieren. Darüber hinaus differierten die epistemologischen und methodischen Orientierungen: Der Gesellschaft gehörten Historiker und Philosophen wie Jungk, Sozialwissenschaftler wie Flechtheim, Klages und Proske, Ökonomen wie Fritsch und Friedrichs, Juristen wie Menke-Glückert und Altmann und Ingenieure bzw. Naturwissenschaftler wie Steinbuch, Holste und Krauch an. Sie umfasste sowohl kritisch-emanzipatorisch orientierte Sucher nach wünschbaren Zukünften wie Jungk und Flechtheim als auch Vertreter empirisch-positivistischer Zugänge wie Steinbuch. Auffällig ist, dass viele Protagonisten der Gesellschaft einen längeren Aufenthalt in den USA hinter sich hatten, sei es in der Emigration, zum Studium oder aus anderen Gründen. Dies galt für Friedrichs, Menke-Glückert, Jungk, Krauch, Proske und Flechtheim.[280] Sie besaßen insofern einen internationalen Fokus, aber auch eine intime Kenntnis der USA. Diese konnte sich – wie oben im Falle Jungks und Flechtheims beschrieben – als Sorge äußern, die Orientierung an technologischer Innovation und Forschung im Dienste militärstrategischer Interessen begrabe den Menschen unter dem Ideal technischen Fortschritts; sie konnte aber auch – im Falle etwa Proskes und zunächst auch Krauchs und Menke-Glückerts – zu einer Bewunderung amerikanischer wirtschaftlicher Stärke, technologischer Innovation und gezielter Forschungsplanung führen. Grundsätzlich integrierte die Gesellschaft Vertreter unterschiedlicher Denkstile, was den Keim ihrer Krise in sich trug, wie zu zeigen sein wird.

Der heterogene Mitgliederkreis spielte sicherlich auch eine Rolle dafür, dass die Gesellschaft für Zukunftsfragen von Beginn an Ziele und Aufgaben des Vereins betont breit anlegte. Gemeinsam wollte man „Entwicklungstendenzen der modernen Gesellschaft, in Besonderheit auf dem Gebiet der Wissenschaft, Technik, Wirtschaft, Politik und Kultur [...] analysieren, um deren Folgewirkungen, Risiken und Chancen im Hinblick auf die Gestaltung der Zukunft rechtzeitig zu erkennen". Aufgabe sollte es sein, eine Plattform für den Informationsaustausch über Zukunftsfragen zu bilden, hierbei in einem pluralistischen Sinne „unterschiedliche Denkweisen im Dialog fruchtbar zu machen", Forschungsvorhaben öffentlichen Interesses zu formulieren, das Interesse der Öffentlichkeit durch die Organisation von Veranstaltungen und Publikationen auf Themen der Zukunft zu lenken[281], aber auch „Orientierungs- und Entscheidungshilfen" im Hinblick auf Zukunftsfragen für Verwaltung, Wirtschaft und Politik zu vermitteln.[282] Ziel

---

[280] Zu Friedrichs Günter Friedrichs, in: Der Spiegel H. 14, 1.4.1964, S. 51; zu Krauch 75 Jahre Helmut Krauch. Systematischer Vor- und Querdenker, http://www.idw-online.de/pages/de/news47232 (letzte Abfrage 14.1.2015); zu Proske Proske an Rainer Mackensen, 7.1.1982, in: KITA, NL Steinbuch, 264.

[281] Beide Zitate aus der Satzung der Gesellschaft, 9.12.1967, in: BAK, B 138, 1549.

[282] Satzung 1969, §2, in: IfZ, ED 701, 7.

war es also nicht, eigene Forschungen durchzuführen, sondern in einer Dachverbandsfunktion als „Drehscheibe" den Austausch von Zukunftswissen zwischen Wirtschaft, Wissenschaft, Politik und Öffentlichkeit zu koordinieren.[283] Werner Holste, der erster Vorsitzender der Gesellschaft wurde, schwebte die Bildung eines „Aktionsgremiums" der Gesellschaft mit Vertretern aus Wissenschaft, Industrie und Wissenschaftsministerium vor, das die Förderung konkreter Programme im Bereich der Zukunftsforschung und der neuen Technologien koordinieren solle.[284] Nachdem er zum Forschungsvorstand der Volkswagen AG aufgestiegen war, erreichte Holste durch eine umfangreiche Spendenzusage von VW – die Rede war von 150 000 DM –, dass die finanzielle Grundlage der Gesellschaft mit einer eigenen Geschäftsstelle und einem kleinen Nachrichtenorgan namens „future trends" gesichert war.[285]

Manche Aktivitäten der Gesellschaft für Zukunftsfragen erschöpften sich in Absichtserklärungen. Dies betrifft etwa den Aufruf der Gesellschaft an die neue sozialliberale Bundesregierung, der auf eine nachhaltige, fast utopisch anmutende Förderung der Zukunftsforschung drang: Unter Federführung des IG-Metall-Vertreters Günter Friedrichs forderte die Gesellschaft für Zukunftsfragen, mindestens sechs Großinstitute für Zukunftsforschung mit je mindestens einhundert Mitarbeitern zu schaffen bzw. existierende Institutionen (wie etwa das ZBZ) auszubauen. Diese Institute sollten sich unterschiedlichen Schwerpunkten widmen, so u.a. der Friedensforschung (die hier als Teilbereich der Zukunftsforschung firmierte), der Wirtschafts- und Technologieförderung mit ihren Folgen für die Beschäftigungsstruktur, der Entwicklung moderner Informationssysteme in der Verwaltung, der Erforschung alternativer zukünftiger Bildungssysteme oder alternativer Freizeitmöglichkeiten. Diese Institute müssten einen Jahresetat in der Größenordnung von je acht Millionen DM erhalten und weitgehend aus öffentlichen Mitteln finanziert werden.[286]

Dieser Aufruf wurde wenig überraschend nicht umgesetzt[287], doch versandete auch eine andere Initiative der Gesellschaft für Zukunftsfragen: Die Begründung einer eigenen, größeren Zeitschrift namens „Zukünfte", welche Robert Jungk und

---

[283] BMwF, Vermerk II A2-3104-01-36/69 über Gespräch im Wissenschaftsministerium zwischen Angehörigen der Ministerialbürokratie und den Herren Holste, Fritsch und Proske, 27.9.1968, in: BAK, B 138, 1550.

[284] BMwF, Vermerk IIA2 – 3104-01, von Massow, an Abteilungsleiter II, 27.8.1968, in: ebd., 1549; Holste an BMwF, Staatssekretär Hans von Heppe, 5.6.1968; BMwF, Vermerk IIA2-3100-4, Theis, 19.9.1968, beides in: ebd., 1550.

[285] Im „Spiegel" und in der „Zeit" war die Rede von 150 000 DM; vgl. Claus Grossner, Zerstrittene Zukunftsforscher. Konkurrenz zwischen Industrie, Wissenschaft und Gewerkschaft, in: Die Zeit, H. 38, 19.9.1969; Futurologen. Vorauswissen ist Macht, in: Der Spiegel, H. 46, 10.11.1969, S. 204–207, hier S. 206. Die Gesellschaft erhielt 1969 50 600 DM und Anfang 1970 25 000 DM an Spenden, die wohl auf VW zurückgingen; vgl. Protokoll der Mitgliederversammlung am 14.2.1970, in: KITA, NL Steinbuch, 316.

[286] Förderung der Zukunftsforschung. Vorschlag der Gesellschaft für Zukunftsfragen e.V. an die Regierung der Bundesrepublik Deutschland, in: APWM 2 (1970), H. 7, S. 18–21; vgl. Protokoll Mitgliederversammlung vom 14.2.1970, in: KITA, NL Steinbuch, 316.

[287] Siehe Kapitel X.3.

Karl Steinbuch Anfang des Jahres 1968 planten, kam nicht zustande. Der „Umschau"-Verlag zog seine Offerte zurück, das Periodikum zu verlegen. Die Gesellschaft einigte sich dann mit dem Zentrum Berlin für Zukunftsforschung, deren „Analysen und Prognosen über die Welt von morgen" auch als Organ der Gesellschaft für Zukunftsfragen zu nutzen. Der Aufbau der Zeitschrift ähnelte dann in trefflicher Weise jenen Überlegungen, die Robert Jungk zunächst für die „Zukünfte" skizziert hatte.[288]

Hingegen konnten Vorstand und Aktionskomitee bereits 1968 einen gemeinsamen Sammelband namens „Zukunft im Zeitraffer" publizieren, den Ernst Schmacke herausgab, Mitarbeiter Holstes als Referent für Öffentlichkeitsarbeit der DEMAG. Dieser Band, in dem fast alle Vorstandsmitglieder mit einem Beitrag vertreten waren, spiegelte geradezu paradigmatisch das weite Spektrum der bundesdeutschen Zukunftsforschung. Schmacke betonte in der Einleitung, dass „der technische Fortschritt [...] unsere Generation in das Zeitalter der scheinbar unbegrenzten Möglichkeiten" führe; zwar gebe es die Angst vor dem Ungewissen, aber die „Hoffnung auf eine bessere Zukunft überwiegt. Dieser Fortschrittsglaube ist Teil unseres Lebens geworden". Die Zukunftsforschung sei notwendig, so das machbarkeitsorientierte Credo eines rein technischen Fortschrittsverständnisses, um die „Zukunft der Bundesrepublik zu sichern".[289] Hingegen plädierte Robert Jungk für die „Humanisierung der Technik". Bei ihm klang ein „tiefe[s] Unbehagen an der Technik" an, weil diese trotz aller „Segnungen" eben Macht über Menschen gewinne; deshalb müsse die Technik nicht für die Kriegführung eingesetzt werden, sondern vor allem zur künftigen Verhinderung von Hungersnöten, etwa durch neue Transportmittel (interkontinentale Pipelines), Anlagen zur Meerwasserentsalzung oder zur Herstellung von biologischen Mikroorganismen, zur Rohstoffförderung und Perfektion neuer thermoelektrischer Energiequellen. Gleichwohl sah Jungk – im Gegensatz zu den 1970er Jahren – in der Technik noch durchaus ein Instrument, die Zukunft zu verbessern. Auffallend ist zudem, dass Jungk Szenarien aus Kahns und Wieners Werk „The Year 2000" entnahm, also aus einem empirischen und dezidiert technikaffinen Buch, so etwa den Hinweis auf eine kommende Nutzung biologischer Prozesse zur Förderung von Mineralien. Jungk stellte die epistemologische und inhaltliche Substanz dieser Szenarien (noch) nicht in Frage.[290]

Eine Polarisierung innerhalb der Gesellschaft für Zukunftsfragen setzte allerdings wenig später ein, im Zusammenhang mit den zwei gewichtigsten Aktivitäten der Gesellschaft. Zum *ersten* war dies die Gründung des Industrie-Instituts zur Erforschung technologischer Entwicklungslinien (ITE) aus den Reihen der Gesellschaft heraus. Nachdem sich das von Holste erhoffte Aktionsgremium nicht

---

[288] Steinbuch an Jungk, 16.2.1968; Jungk, 1. Entwurf Zukünfte, 12.2.1968; Jungk an Steinbuch, 4.3.1968; Protokoll der Mitgliederversammlung vom 14.2.1970, alles in: KITA, NL Steinbuch, 316.
[289] Ernst Schmacke, Einleitung, in: Ders. (Hrsg.), Zukunft, S. 7f.
[290] Robert Jungk, Die Zukunftsforschung und die humanen Möglichkeiten der Technik von morgen, in: ebd., S. 163–181, hier S. 163 und 165.

verwirklichen ließ[291], versuchten Holste, Schmacke und das Mitglied der Gesellschaft Wolfgang Michalski (stellvertretender Direktor des Hamburger Weltwirtschaftsarchivs) seit Anfang 1969, ein eigenes Forschungsinstitut zu gründen. Dieses sollte sich auf die Erforschung technologischer Entwicklungen und ihre Anwendung in der Unternehmensforschung konzentrieren und mit der Gesellschaft für Zukunftsfragen in engem Austausch stehen. Holste gewann, wohl über seine neue Funktion bei Volkswagen, die Unterstützung des niedersächsischen Finanzministers Alfred Kubel, der zugleich Aufsichtsratsvorsitzender der Deutschen Messe- und Ausstellungs-AG in Hannover war. Zudem gelang es Holste, Industrieunternehmen für den Plan des Industrie-Instituts zu erwärmen, so neben dem Volkswagenwerk Bosch, Siemens, den Flugzeugbauer Bölkow und die Gutehoffnungshütte, die sich am Institut beteiligen sollten.[292] Dass ein Industrie-Institut für Zukunftsforschung in Hannover geschaffen werden solle, verkündete im April 1969 anlässlich der Hannover-Messe Forschungsminister Gerhard Stoltenberg.[293] Die Gründung des ITE erfolgte dann im Februar 1970, nachdem die Finanzierung gesichert war: Das Institut mit 31 wissenschaftlichen Mitarbeitern, das Räume in der Hannover-Messe erhielt, wurde im Rahmen eines rechtsfähigen Vereins unterhalten, dem 60 Wirtschaftsunternehmen angehörten. Diese finanzierten mit Jahresbeiträgen von 5000 bis 100 000 DM Verein und Institut. Hinzu kamen Zuwendungen sowohl des niedersächsischen Finanzministeriums als auch des Bundesministeriums für wissenschaftliche Forschung sowie Einnahmen aus Forschungsaufträgen. Plante Holste, dass das ITE schrittweise einen Etat von 10 bis 15 Millionen DM erhalten sollte, so startete es 1970 aber nur mit einem Etat von gut einer Million, der 1973 auf zwei Millionen wuchs.[294]

Das ITE konzentrierte sich ganz darauf, industriebezogene langfristige Entwicklungslinien auf technologischem Gebiet auszumachen. Auch hier stand die systemanalytische Modellbildung im Vordergrund: Vorhandene technologische Systeme sollten erfasst, neue Systeme entworfen und mit den darin enthaltenen Abhängigkeiten und Wirkungsmechanismen in Modellen abgebildet werden. Anhand der Modelle waren Prognosen über die wahrscheinliche künftige Entwicklung zu treffen, um daraus neue Verfahren zu entwerfen. Damit wollte man Entwicklungsmöglichkeiten und Bedingungen für neue technologische Konzepte auf

---

[291] BMwF, Vermerk von Massow, II A 2-3104-01-36/69, an Minister über Staatssekretär, 30. 1. 1969, in: BAK, B 138, 1550.
[292] BMwF, Vermerk IIA2-3104-01-36/69 II, 7. 2. 1969, über Gespräch Holstes, Kubels und Schmackes mit Minister Stoltenberg, in: BAK, B 138, 1550-2; Claus Grossner, Zerstrittene Zukunftsforscher. Konkurrenz zwischen Industrie, Wissenschaft und Gewerkschaft, in: Die Zeit, 19. 9. 1969.
[293] Gerhard Stoltenberg, Die Erforschung technologischer Entwicklungslinien. Vortrag auf der Hannover-Messe anläßlich des Gesprächs über Technologische Forschung und der Einberufung des Gründungsausschusses des „Industrie-Instituts zur Erforschung technologischer Entwicklungslinien" am 27. 4. 1969, in: APWM 1 (1968/69), H. 4, S. 20f.
[294] Vgl. Institut zur Erforschung technologischer Entwicklungslinien: Aufgaben, Arbeitsweise und Organisation, Hannover 1970; Industrie-Institut zur Erforschung technologischer Entwicklungslinien, in: APWM 1 (1968/69), H. 4, S. 21; Institut zur Erforschung technologischer Entwicklungslinien, in: ebd. 2 (1970), H. 9, S. 30.

einem technischen Kenntnisstand aufzeigen, der in einzelnen Unternehmen im Allgemeinen nicht vorhanden sei. Die Realisierung blieb den Mitgliedsunternehmen überlassen. Um Praxisnähe zu gewährleisten, sollten die Projektgruppen des ITE durch Angestellte der Mitgliedsunternehmen ergänzt werden. Die ersten Einzelprojekte des ITE lagen im Bereich der Erarbeitung von langfristigen wirtschaftlichen Basisdaten für die Bundesrepublik und das Ausland (hier stand Asien und vor allem Japan im Blickpunkt), der Raum- und Verkehrsplanung (etwa zu urbanen Transportsystemen und dem Stadtverkehr in Süd- und Ostasien) und zur Anwendung und Verarbeitung von Werkstoffen (etwa zu faserverstärkten Hochleistungs-Verbundwerkstoffen). Der erste Teilbereich sollte in Abstimmung mit dem Hamburger Weltwirtschafts-Archiv erarbeitet werden.[295]

In der Tat erstellte das ITE mehrere Studien etwa zu Perspektiven der wirtschaftlichen Entwicklung in Japan und Indonesien oder zum kommenden Arbeitskräftepotential in der Bundesrepublik, Großbritannien und Japan. Damit rückte in der Zukunftsforschung erstmals Japan als Beispiel einer aufstrebenden hochtechnologisierten Wirtschaft, deren Unternehmen moderne Managementtechniken anwandten, in den Blickpunkt. Doch über die Anlaufphase kam das ITE nicht hinaus. In der chemischen Industrie hatte von Beginn an Skepsis geherrscht, ob es sinnvoll sei, größere Mittel in ein Institut zu investieren, das doch nur „allgemeine" Voraussagen liefere. „Wir brauchen uns nicht von Fachfremden sagen zu lassen, was wir in Zukunft tun sollen", so BASF-Chef Timm. Zudem wollten die teilnehmenden Unternehmen, so das „Manager-Magazin", nicht hohe Beiträge für ein Institut entrichten, das die übergreifenden Studien ohnehin publizierte und damit den Teilnehmern keine Wettbewerbsvorteile verschaffte. Nachdem Vorstandsvorsitzender Kurt Lotz und Holste VW verließen und Siemens sich nach dem Tod eines Ex-Vorstandsmitglieds und ITE-Verfechters aus dem ITE zurückzog, wurde dieses Ende 1973 aufgelöst und die verbliebene Wirtschafts- und Verkehrsabteilung in das Hamburger Weltwirtschaftsarchiv integriert.[296]

Die *zweite* gewichtige Aktivität der Gesellschaft für Zukunftsfragen war ein internationales Symposium „SYSTEMS 69", das Karl Steinbuch im November 1969 im Namen der Gesellschaft und des ZBZ organisierte. Zunächst hatte sich Helmut Krauch aus der Studiengruppe für Systemforschung bemüht, für die Gesellschaft für Zukunftsfragen eine große internationale Tagung zur Zukunftsforschung namens „Research on the Future" in Heidelberg zu organisieren, die im Juni 1969 stattfinden sollte. Eingeladen wurden prominente internationale Zukunftsforscher wie Herman Kahn, Bertrand de Jouvenel und Richard L. Meier, den Krauch

---

[295] Institut zur Erforschung technologischer Entwicklungslinien. Aufgaben, Arbeitsweise und Organisation, Hannover 1970; vgl. Institut für Zukunftsforschung in Hannover gegründet, in: Handelsblatt, 3.2.1970; Futurologie. Gespräch mit der Zukunft, in: Der Volkswirt 23 (1969), H. 22, S. 22–25; Krach um Deutschlands Denkfabrik, in: Capital 8 (1969), H. 10, S. 42–46.

[296] Zit. nach Zukunftsforschungsinstitut. Zum Rückzug geblasen, in: Manager-Magazin 1973, H. 10, S. 27; vgl. Futurologie. Gespräch mit der Zukunft, in: Der Volkswirt 23 (1969), H. 22, S. 22–25.

auf der Osloer Mankind-Konferenz kennengelernt hatte. Hinzu kamen Protagonisten einer als innovativ erachteten US-Forschung wie der Raketenforscher Wernher von Braun.[297] Da sich das Forschungsministerium nur symbolisch im Rahmen eines Festvortrages von Minister Stoltenberg einbringen wollte, versuchte Krauch die Tagung über Spenden zu finanzieren.[298] Warum die Heidelberger Veranstaltung nicht zustande kam, lässt sich aus den Quellen nicht klären. De Jouvenel und Horst Rittel, ehedem bei der Studiengruppe für Systemforschung und nun am College of Environmental Design der University of California, hatten bereits zugesagt.[299] Offenkundig gelang es Krauch nicht, die finanziellen Mittel für die Heidelberger Veranstaltung aufzubringen. Dafür sprang Karl Steinbuch ein, der nun die Planung für ein Münchener Symposium selbst in die Hand nahm und zahlreiche Wirtschaftsunternehmen einband. An der Tagung auf dem Münchener Messegelände nahmen etwa 750 Vertreter der Industrie, 250 Wissenschaftler, etwa 50 Verwaltungsbeamte und wenige Vertreter der Politik – aber unter anderem der Münchener Oberbürgermeister Hans-Jochen Vogel – teil.[300] Eine zugehörige Ausstellung präsentierte auf 3000 Quadratmetern neue Technik in den Bereichen Energie, Chemie, Informationstechnik, Städte- und Verkehrsplanung, Luft- und Raumfahrt und Meeresforschung, unter anderem Fernsehtelefone oder digitale Plotter, die etwa von den Unternehmen AEG, Hewlett-Packard, IBM oder Siemens gestellt wurden.[301] Darüber hinaus wurde der Kongress über den relativ hohen Teilnahmebeitrag von 145 DM finanziert.[302]

Steinbuch, der die Tagung konzipierte und leitete, hatte sie ganz auf die neuen Technologien – den technischen „Fortschritt" – zugeschnitten: „Das Internationale Symposium soll die deutsche Öffentlichkeit und insbesondere die für Zukunftsplanung Verantwortlichen in Staat, Wirtschaft und Wissenschaft über den voraussehbaren technischen Fortschritt und dessen Dynamik unterrichten." Man wende sich also an die Planenden und Verantwortlichen und wolle diesen die Wechselwirkungen zwischen verschiedenen Sachgebieten aufzeigen. Die Aufmerksamkeit gegenüber Naturwissenschaft und Technik in diesem Lande, so Steinbuchs Credo, sei nicht sehr groß. Doch es erscheine essentiell, sich mit der Zukunft des technischen Fortschritts auseinanderzusetzen, denn nur durch vorausschauende Planung könnten Chancen genutzt, aber auch die negativen Folgen der Technik umgangen werden. Zweifellos aber stelle der technische Fortschritt

---

[297] Helmut Krauch, SfS, u. a. an Herman Kahn, Richard L. Meier, 31. 7. 1968; Krauch an Josh Lederberg, Biology Division, Stanford University, Bertrand de Jouvenel, Werner Freiherr von Braun, 16. 8. 1968; Krauch, SfS, an Ernst Schmacke, Gesellschaft für Zukunftsfragen, 9. 10. 1968, alles in: BAK, B 138, 6240.
[298] BMwF, II A 2, von Massow an AL II, 23. 8. 1968, in: ebd.
[299] Helmut Krauch, SfS, an Ernst Schmacke, Gesellschaft für Zukunftsfragen, 9. 10. 1968, in: ebd.
[300] Vgl. Zdenek Novak, Systems 69, in: Futures 2 (1970), March, S. 90–92, hier S. 90.
[301] Vgl. Heinz Seifert, Geschäftsführer der Münchener Messe- und Ausstellungs-GmbH, Ms., und Presseerklärung: Systems 69 – Ausstellung neuer Techniken, 7. 11. 1969, beides in: KITA, NL Steinbuch, 324; Zukunftsmusik auf der Theresienhöhe, in: SZ, 10. 11. 1969.
[302] Robert Jungk, Bemerkungen zum „System Steinbuch". Rundschreiben an die Mitglieder des Aktionskomitees der GfZ, 12. 2. 1970, in: KITA, NL Steinbuch, 316.

eine „unbestreitbare Vermehrung registrierbarer Vermögen" dar.[303] Das Symposium bot neben übergreifenden Diskussionsrunden Vorträge von Wissenschaftlern in verschiedenen Panels über Energie- und Grundstoffversorgung, Chemie, Informationstechnik, Städte- und Verkehrstechnik, Luft- und Raumfahrt und Meeresforschung. Eines von zwei Grundsatzreferaten zum „technischen Fortschritt" übernahm Steinbuch selbst. Darin forderte er, die pädagogische Arbeit müsse sich weg vom historisch-philologischen Denkmodell hin zu Naturwissenschaft und Technik orientieren. Hierzu gehörten ein modernisierter Technikunterricht und der Einsatz von Lehrautomaten. Angesichts der „unerhörten Beschleunigung des technischen Fortschritts" sei zudem eine „Kettenreaktion" zu verhindern, indem der Fortschritt – und dies spiegelt Steinbuchs Motivlage – kontrolliert werde. Dazu seien Entwicklungen vorauszusagen, ihre Wirkungen zu ermitteln und Spielräume für Alternativen abzuschätzen.[304] Konkret präsentierte er im Stile seiner Bücher Prognosen zur Entwicklung der Nachrichtentechnik, die im Kern aus der Extrapolation von Trends gerannen: Er prognostizierte – ähnlich wie in Oslo – lernende Automaten, „programmierte[n]" Unterricht und „Informationsbanken" als allgemein zugängliche Wissensspeicher.[305]

Werner Holstes Überlegungen waren ähnlich gelagert. Er präsentierte gemeinsam mit einem Verkehrsexperten der MBB-Werke Überlegungen zur Zukunft des Verkehrs. Beide forderten, mittels eines systemanalytischen Modells den Ist-Zustand des gesamten Verkehrssystems zu analysieren und dann zu extrapolieren. „Wertvorstellungen" könnten hierbei einfließen. Auf humanökologische Aspekte wie Lärm und Luftverschmutzung ging der Vortrag nur am Rande ein.[306] Auf die Verbindung von systemanalytischer Planung und Partizipation hoben demgegenüber Menke-Glückert sowie Krauch und Rittel aus der Studiengruppe für Systemforschung ab: Menke-Glückert warb geradezu euphorisch für Methoden der Systemplanung als neue Möglichkeit, komplexe soziale Systeme darzustellen und zu planen, und das Denken in Systemen liefere erst die Voraussetzung für Zukunftsforschung und eine gesellschaftliche Diskussion von Planungszielen. Hingegen plädierten Krauch und Rittel dafür, Ziele in der Forschungs- und Stadtplanung partizipativ zu ermitteln.[307] Dennis Gabors Vortrag spiegelte seine technisch

---

[303] Karl Steinbuch, SYSTEMS 69. Vortrag bei der Pressekonferenz am 10.10.1969 in München; ganz ähnlich Ders., Ansprache anläßlich der Pressekonferenz am 7.11.1969, beides in: KITA, NL Steinbuch, 324; Steinbuch, Zur Systemanalyse des technischen Fortschritts, in: Ders. (Hrsg.), SYSTEMS 69. Internationales Symposium über Zukunftsfragen, Stuttgart 1970, S. 9–20, hier S. 9.

[304] Ebd., S. 19; vgl. Systems 69 in München: Professor Steinbuch: Fortschrittslawine bändigen, in: Münchner Merkur, 11.11.1969.

[305] Vgl. Ders., Ansprache anläßlich der Pressekonferenz von SYSTEMS 69 am 7.11.1969, in: KITA, NL Steinbuch, 324; Ders., Die informierte Gesellschaft, S. 203–216; zu Oslo siehe Kapitel V.1.

[306] Werner Holste/Jürgen Helling, Zukünftige Verkehrstechnik, in: Steinbuch (Hrsg.), SYSTEMS 69, S. 204–219, Zit. S. 217; vgl. Futurologie – Systems 69. Falsch programmiert, in: Der Spiegel, H. 47, 17.11.1969, S. 124f.

[307] Vgl. Peter Menke-Glückert, Systemplanung von Grundstoffen und Nahrungsmittelreserven, in: Steinbuch (Hrsg.), SYSTEMS 69, S. 53–86; Krauch, Forschungsplanung, in: ebd., S. 41–50;

gedachte Planungsperspektive, aber auch Krisenszenarien aus dem Kontext des Club of Rome und der Bellagio-Konferenz. Er warnte vor der kommenden Überbevölkerung, dem drohenden Vernichtungskrieg und den verhängnisvollen Tendenzen der Verstädterung. Entscheidend sei es, die wachsende technische Intelligenz für die Leitziele des Friedens und der Stabilität auf einer „hohen technischen Kulturstufe" zu gewinnen.[308]

Die ambitionierte Zielsetzung Steinbuchs, über den „voraussehbaren technischen Fortschritt" zu informieren (und nicht zu diskutieren) und das Interesse der Politik zu wecken, erfüllte sich nur bedingt. Technische Probleme mit Mikrophonen, Lautsprechern und Diaprojektoren – grotesk auf einem Symposium zur Zukunft der Technik – störten den Ablauf.[309] Die informierte Presse, aber auch Beobachter etwa des ZBZ merkten an, vielen Beiträgen habe die Einordnung in übergreifende Zusammenhänge gefehlt. Entweder hätten sich die Vorträge stark im entsprechenden Fachjargon oder wie im Falle Gabors im Bereich „vorwissenschaftliche[r] Zukunftslyrik" bewegt.[310] Es habe sich der Eindruck aufgedrängt, eine fertige Wissenschaft solle vorgestellt werden, die es aber noch nicht gebe, die eben noch nach Erkenntnisgrundlagen, Methoden und Zielvorstellungen suche.[311] In einem Leserbrief konterte Steinbuch, aufgrund der noch unbefriedigenden theoretisch-methodischen Basis der Zukunftsforschung müsse eben auch geforscht werden.[312]

Entscheidend aber war, dass die methodisch-theoretische Engführung auf die Technik der Zukunft und die dominierende simple Extrapolation von Trends auf Kritik stieß. Dies betraf die Presse, aber auch kritische Nachfragen und Zwischenrufe aus dem Publikum, die Tagung sei, in Anlehnung an Steinbuchs Bestseller, „falsch programmiert".[313] Vor allem junge Studierende argumentierten, die Zukunft der Technik sei nicht ohne ihre sozialen Konsequenzen und in Alternativen zu denken; auch definiere sich Zukunftsforschung ja als Disziplin, die holistisch, interdisziplinär und eben nicht partialanalytisch angelegt sei.[314] Steinbuch rechtfertigte sich zum einen in einer Pressekonferenz, die Diskussion anderer Aspekte

---

Pressemeldung Systems 69: Die Städte der Zukunft, 12.11.1969, in: KITA, NL Steinbuch, 324; Robert Gerwin, Mehr Demokratie bei der Forschungsplanung. Zur Zukunft der Zukunftsforschung. Ein Bericht vom System-Kongreß in München, in: SZ, 12.11.1969.

[308] Dennis Gabor, Prognosen des technischen Fortschritts, in: Steinbuch (Hrsg.), SYSTEMS 69, S. 21–29, Zit. S. 26; vgl. Zukunftsforscher tagen in München. Kongreß „Systems 69" eröffnet, in: SZ, 11.11.1969; Systems 69 in München: Professor Steinbuch: Fortschrittslawine, in: Münchner Merkur, 11.11.1969.

[309] SYSTEMS 69. Falsch programmiert, in: Der Spiegel, H. 47, 17.11.1969, S. 124f.

[310] Wolfram Schmidt, SYSTEMS 69, in: APWM 2 (1970), H. 7, S. 21–23, hier S. 22; vgl. SYSTEMS 69. Falsch programmiert, in: Der Spiegel, H. 47, 17.11.1969, S. 124f.; Martin Urban, Futurologen – falsch programmiert, in: SZ, 14.11.1969.

[311] R. G., Kritik an der Zukunftsforschung. Lehren des Futurologen-Kongresses „Systems 69", in: FAZ, 26.11.1969.

[312] Karl Steinbuch, Leserbrief: Das Symposium „Systems 69", in: FAZ, 12.12.1969.

[313] Vgl. Martin Urban, Futurologen – falsch programmiert, in: SZ, 14.11.1969; R. G., Kritik an der Zukunftsforschung. Lehren des Futurologen-Kongresses „Systems 69", in: FAZ, 26.11.1969; SYSTEMS 69. Falsch programmiert, in: Der Spiegel, H. 47, 17.11.1969, S. 125; Ritt auf dem Tiger. Zukunftsplanung, S. 47.

[314] Schmidt, SYSTEMS 69, S. 21f.; Novak, Systems 69, in: Futures 2 (1970), March, S. 90–92.

4. Gründung und Krise der Gesellschaft für Zukunftsfragen   385

zukunftsorientierten Denkens werde in anderen Veranstaltungen stattfinden.[315] Zum anderen beziehe doch eine „Systemanalyse" des technischen Fortschritts die „gesellschaftlichen und technischen Randbedingungen des technischen Fortschritts" ein.[316] Erkennbar wies er damit dem Gesellschaftlichen den Charakter einer Randbedingung zu. In der Folge eskalierte die Situation. Mehrere Studierende kritisierten die „konventionelle Form" der Tagung[317], die auf Vorträgen von Fachgrößen und wenig auf Kommunikation und Diskussion mit dem Plenum fußte, „aggressiv"[318]: Man drang auf die Herstellung einer „echten Öffentlichkeit", also einer kritischen, massenmedialen Öffentlichkeit und mehr Transparenz, und beklagte, dass sich eine „bestimmte Art von Elite [anmaße], ihre Vorstellungen über die Zukunft als allein möglich" hinzustellen. Zudem votierten die Studierenden für eine Diskussion der gesellschaftlichen Auswirkungen des technischen Fortschritts, also eine methodische und inhaltliche Öffnung der Tagung.[319] Nachdem Steinbuch ein Mikrofon der Studierenden abschalten ließ, solidarisierten sich Teile des Plenums mit den Studierenden und erarbeiteten im Sitzungssaal der Kongresshalle und im nahen „Bavaria-Keller" Flugblätter und Zwischenfragen. So befragte die ca. 80-köpfige „Initiativgruppe" etwa den Referenten zur Zukunft der Informationstechnik, ob die geplanten „Datenbanken" nicht eine „Herrschaft durch Informationsverfügung" auslösen könnten und inwieweit der Referent einen „Eid des Hippokrates" für Datenverarbeiter befürworte.[320] Die Digitalisierung erschien – sehr zukunftsweisend, denkt man an die aktuelle Situation – als Feld, in dem eine Kolonialisierung der Zukunft durch Eliten drohte. Deshalb forderte die Initiativgruppe Transparenz in der Diskussion und eine Demokratisierung von Zukunftsforschung.

Der Konflikt bei SYSTEMS 69 hing mit tiefer liegenden Differenzen innerhalb der Gesellschaft für Zukunftsfragen zusammen, die 1969/70 eskalierten. Drei übergreifende Faktoren für Differenzen lassen sich ausmachen, die jeweils ineinandergriffen.

Zum *ersten* entstanden Auseinandersetzungen um die Frage, wie stark die Gesellschaft für Zukunftsfragen und damit auch die Zukunftsforschung in der Bundesrepublik ein Projekt und Produkt ökonomischer Interessen werden dürfe. Wie gesehen betrachtete der erste Vorsitzende Holste die Gesellschaft vor allem als Plattform für eine engere und effizientere Zusammenarbeit von Industrie und

---

[315] Karl Steinbuch, Ansprache anläßlich der Pressekonferenz am 7.11.1969, in: KITA, NL Steinbuch, 324.
[316] Ders, SYSTEMS 69. Vortrag anläßlich der Pressekonferenz am 7.11.1969, in: KITA, NL Steinbuch, 324.
[317] SYSTEMS 69. Falsch programmiert, in: Der Spiegel, H. 47, 17.11.1969, S. 125.
[318] Martin Urban, Futurologen – falsch programmiert, in: SZ, 14.11.1969; auch R. G., Kritik an der Zukunftsforschung. Lehren des Futurologen-Kongresses „Systems 69", in: FAZ, 26.11.1969.
[319] Presseerklärung Systems 69: Zukunftsforschung braucht Öffentlichkeit, 10.11.1969, in: KITA, NL Steinbuch, 324.
[320] SYSTEMS 69. Initiativgruppe, Fragen zum Referat „Zukunftsentwicklung der Informationstechnik", o. D., in: KITA, NL Steinbuch, 324; vgl. SYSTEMS 69. Falsch programmiert, in: Der Spiegel, H. 47, 17.11.1969, S. 125.

Wissenschaft und zur Akquirierung öffentlicher Mittel für die Förderung technisch-wissenschaftlicher Innovationen. Pate hierfür stehe, so Holste, das Deutsche Atomforum; dies unterstreicht Holstes Intention, die Gesellschaft für Zukunftsfragen auch als Lobbyorganisation der deutschen Industrie zu verstehen.[321] Durch die Spendenzusage von VW hatte Holste eine gewichtige Position innerhalb der Gesellschaft eingenommen. Und VW-Chef Lotz verwies ebenso wie Holste bei der Eröffnung des ITE darauf, dass die Gesellschaft für Zukunftsfragen Mitinitiatorin des ITE sei. Da das Aktionskomitee der Gesellschaft für Zukunftsfragen aber erst unmittelbar, teilweise sogar erst nach der Hannover-Messe über das Industrie-Institut informiert worden war, warf Robert Jungk dem Vorstand „undemokratische", ja „semitotalitäre Methoden" vor.[322]

Im Kern aber drehte sich der Konflikt darum, dass Jungk und Flechtheim andere Vorstellungen von den Aufgaben der Gesellschaft für Zukunftsfragen hatten, und dies wurde im Konflikt um die Gründung des ITE deutlich. Jungk befürchtete, dass das Industrie-Institut „zu einer einseitigen, auf industrielle Ziele ausgerichteten Orientierung der Zukunftsforschung führen wird, ja führen muss". In einem wütenden Brief an Holste äußerte er den Verdacht, die Gesellschaft für Zukunftsfragen sei für gewisse Mitglieder nur die „Startrampe" gewesen, um „sich vor der Öffentlichkeit als objektive Zukunftsforscher zu etablieren". Da dieser ‚take-off' gelungen sei, würden „sie wohl die Gesellschaft wie die erste Stufe einer Rakete abwerfen und in weitere Karrierehimmel vorstoßen".[323] Flechtheim unterstützte Jungk: Es sehe nun so aus, als „ob die Zukunftsforschung in Deutschland ganz zu einer Angelegenheit der Industrie, der Bürokratie und der Technokratie wird". Auch Günter Friedrichs von der IG Metall opponierte gegen die Gründung des Industrie-Instituts. In den Gewerkschaften hegte man nun konkrete Pläne, ein eigenes Institut für Zukunftsfragen zu schaffen, das von den Einzelgewerkschaften, der Bank für Gemeinwirtschaft, der Neuen Heimat und Konsumgenossenschaften finanziert werden sollte.[324] Es kam aber – wohl aufgrund finanzieller Überlegungen – dann doch nicht zustande.[325] Es wird deutlich, dass eine Verbindung von Zukunftsforschung mit Unternehmensinteressen in der Bundesrepublik von verschiedenen Seiten rigoros abgelehnt wurde: Von der Arbeitnehmerseite – den Gewerkschaften – als Versuch, die Wissenschaft

---

[321] BMwF, Vermerk II A2-3104-01-36/69 über Gespräch mit Holste, Fritsch und Proske, 27.9.1968, in: BAK, B 138, 1550.

[322] Protokoll der Mitgliederversammlung der GfZ am 14.2.1970, in: KITA, NL Steinbuch, 316.

[323] Der Brief Jungks an Holste vom 20.5.1969 wird zitiert in Futurologen. Vorauswissen ist Macht, in: Der Spiegel, H.46, 10.11.1969, S.204–207, hier S.207. Autor war wohl Claus Grossner, dem Jungk den Briefwechsel übergeben hatte; Rüdiger Proske an N.N., 10.3.1970, in: KITA, NL Steinbuch, 316. Die Antwort von Holste mit Empörung über den „beleidigenden Brief" liegt im Nachlass Steinbuchs; Holste an Jungk, 12.6.1969, in: ebd.

[324] Zit. nach Futurologen. Vorauswissen ist Macht, S.207; zum geplanten Institut der Gewerkschaften Krach um Deutschlands Denkfabrik, in: Capital 8 (1969), H.10, S.42–46; Claus Grossner, Zerstrittene Zukunftsforscher. Konkurrenz zwischen Industrie, Wissenschaft und Gewerkschaft, in: Die Zeit, H.38, 19.9.1969.

[325] Protokoll der Mitgliederversammlung der GfZ am 14.2.1970, in: KITA, NL Steinbuch, 316.

für den eigenen Vorteil zu instrumentalisieren und, so Friedrichs, „die Grundlagenforschung des Volkswagenwerks mit öffentlichen Mitteln und steuerbegünstigt zu finanzieren".[326] Kritisch-emanzipatorisch orientierte Zukunftsforscher wie Jungk oder Flechtheim wendeten sich gegen die Verquickung von Wissenschaft und industriellen Interessen, da, so Jungk, Zukunftsforschung keine „Geheimwissenschaft" sein solle, sondern die „Menschen unserer Zeit nicht nur zu Wissensempfängern, sondern zu Mitschöpfern, Mitforschern, Mitentwerfern der Zukunft, der Zukünfte" werden sollten.[327] Das Industrie-Institut schien also Transparenz und Demokratisierung der Zukunftsforschung zu unterlaufen. Diese klare Haltung gegenüber einer Finanzierung der Zukunftsforschung durch Industrieunternehmen ist auch insofern interessant, als sie international hervorstach. In Großbritannien wurde die Frage, inwieweit eine Beeinflussung durch die Industrie drohe, nicht thematisiert. An der Begründung des Committee on the Next Thirty Years, das vom Social Science Research Council organisiert wurde, war auch die Forschungsabteilung der Imperial Chemical Industries beteiligt, ohne dass dies zu Widersprüchen führte. In den USA nahmen RAND und andere Think-Tanks selbstverständlich auch Aufträge von Unternehmen an. Helmers Institute of the Future wollte sich zunächst von industriellen Interessen fernhalten, aber wich dann doch dem Druck, um das Institut schnell aufbauen zu können.[328]

Hingegen führte der Streit hierüber in der Gesellschaft für Zukunftsfragen zur Demission Holstes. Er trat im Juli 1969 zurück, war aber dann bereit, noch bis zur Wahl eines neuen Aktionskomitees zu amtieren.[329] Sein Nachfolger wurde Klaus Repenning, Chemiker in einer Stabsabteilung der Deutschen BP. Er war bemüht, wieder eine Kooperation zwischen „Industrieforschung und der ‚freien' Futurologie" zu initiieren.[330] Unangenehme Folge des Konflikts war, dass Holste sich weigerte, eine weitere Großspende von VW – die laut Repenning fest vereinbart und bereits in den Haushaltsplan für 1970 aufgenommen war – zu realisieren: VW wolle zunächst einmal die weitere Entwicklung der Gesellschaft abwarten.[331] Damit aber stürzte er die Gesellschaft für Zukunftsfragen in veritable Finanzpro-

---

[326] Zit. nach Krach um Deutschlands Denkfabrik, in: Capital 8 (1969), H. 10, S. 46.
[327] Der Mensch der Gegenwart muß die Zukunft entwerfen. Der Bundesminister für Bildung und Wissenschaft überreicht die Goldmedaille an den Futurologen Dr. Robert Jungk, in: Stuttgarter Zeitung, 9. 3. 1970.
[328] Protokolle des Committee on the Next Thirty Years; Mark Abrams an ICI, Research and Development Department, 27. 5. 1966, alles in: CCA, Abrams Papers, 43; zum IFF Bell, Foundations, S. 34; Hannigan, Fragmentation, S. 323.
[329] Protokoll der Mitgliederversammlung der GfZ am 14. 2. 1970, in: KITA, NL Steinbuch, 316; Holste an den Vorstand der GfZ, 24. 7. 1969, in: ebd.; Krach um Deutschlands Denkfabrik, in: Capital 8 (1969), H. 10, S. 42–46.
[330] Klaus Repenning, BP, an Jungk, TU Berlin, 16. 2. 1970, in: JBZ, NL Jungk, Dachboden; vgl. zu Repenning Ernst Schmacke (Hrsg.), Hamburg auf dem Weg in das Jahr 2000. Prognosen, Düsseldorf 1970, S. 362.
[331] Abschrift Holste an Klaus Repenning, 5. 6. 1970; Aktennotiz über ein Gespräch zwischen Holste, Repenning und Gerlich am 25. 5. 1970 in Wolfsburg, 26. 5. 1970, und revidierter Haushaltsplan der Gesellschaft für Zukunftsfragen für 1970, alles in: KITA, NL Steinbuch, 6.

bleme; diese musste ihre Geschäftsstelle schließen bzw. in das Büro Repennings verlegen.[332]

Eine *zweite*, mit dem ersten Punkt verknüpfte Konfliktlinie innerhalb der Gesellschaft für Zukunftsfragen waren die differierenden Vorstellungen von den epistemologischen und methodischen Grundlagen der Zukunftsforschung. Dass kritisch-emanzipatorisch und empirisch-positivistisch orientierte Protagonisten von ganz unterschiedlichen Erkenntnis- und Rationalitätsbegriffen, Weltbildern und Erwartungen an die Zukunftsforschung ausgingen, kam im Frühjahr 1968 zum Ausdruck. Karl Steinbuch hatte Robert Jungk gebeten, sein Werk „Falsch programmiert" für die „Zeit" zu rezensieren.[333] Jungk erklärte Steinbuch nach der Lektüre in durchaus verbindlichem Ton, dass er diese Rezension nicht verfassen könne. Denn das von Steinbuch entworfene Menschenbild sei „so eng, so ‚eindimensional' (um mit Marcuse zu sprechen), dass dieser angeblich rationale, in Wahrheit aber beschränkte Mensch gar nicht fähig wäre, künftige menschlichere gesellschaftliche Verhältnisse zu entwerfen." Die Lektüre des Bandes habe sein, Jungks, Vorurteil gegenüber Steinbuchs Rationalismus eher noch verstärkt. Zwar unterstütze er die im letzten Kapitel genannten Forderungen, die eine stärkere Beschäftigung mit der Zukunft anmahnten, die nicht fatalistisch erwartet, sondern verantwortlich gestaltet werden müsse. Doch widerspreche dies im Grunde den in den anderen Kapiteln entwickelten Ansichten.[334] In der Tat hatte Steinbuch ja in „Falsch programmiert" gefordert, dass den Naturwissenschaften eine Suprematie gegenüber den Geisteswissenschaften zukommen müsse; die Intellektuellen nannte er „geborene Maschinenstürmer".[335] So brach nun der epistemologische und methodische Graben zwischen zwei Herangehensweisen an die Zukunftsforschung auf. Auf der einen Seite stand die kritisch-emanzipatorisch angelegte Zukunftsforschung Jungks, die sich als nicht objektive, sondern durchaus wertende und wertgebundene „Handlungswissenschaft"[336] verstand, und auf der anderen Seite ein Verständnis von Wissenschaft bei Steinbuch, das sich an einem naturwissenschaftlichen Positivismus und am Kritischen Rationalismus Popper'scher Prägung orientierte, ohne freilich Thesen für das Zukünftige falsifizieren zu können.[337] Obwohl Jungk die „Zeit" bat, einen anderen Rezensenten zu finden, der das Buch positiv besprechen könne[338], war Steinbuch tief getroffen.[339]

---

[332] GfZ, Repenning, an Mitglieder der GfZ, 25.6.1970, in: KITA, NL Steinbuch, 6.
[333] Steinbuch an Jungk, 21.12.1967, in: JBZ, NL Jungk, Ordner Korr. an R.J.; vgl. Steinbuch, Falsch programmiert, S. 145–176.
[334] Jungk an Steinbuch, 13.3.1968, in: KITA, NL Steinbuch, 316; vgl. Steinbuch, Falsch programmiert.
[335] Ebd., S. 64.
[336] Robert Jungk. Der gegenwärtige Stand der Zukunftsforschung… (o. T.), o. D. (1969/70), in: JBZ, NL Jungk, Dachboden.
[337] Vgl. Claus Grossner, Zukunftsforschung ohne Zukunft, in: Die Zeit, 21.11.1969.
[338] Jungk an Steinbuch, 13.3.1968 und 13.7.1969, in: KITA, NL Steinbuch, 316.
[339] Karl Steinbuch, Über Robert Jungk's „Kritische Zukunftsforschung" und deren totale Sterilität, o. D. (Ende 1969), in: KITA, NL Steinbuch, 316; Peter Menke-Glückert an Jungk, 29.12.1969, in: JBZ, NL Jungk, Mappe Korr. 1960–1980.

Verständnis fand Steinbuch bei Klaus Repenning, dem neuen Vorsitzenden der Gesellschaft für Zukunftsfragen. Der Diplom-Chemiker drang auf einen „Adaptionsprozess" der verschiedenen Strömungen innerhalb der Gesellschaft, aber machte gegenüber Steinbuch seinen disziplinären Standort durchaus deutlich: Man müsse den „Geisteswissenschaftlern klar [...] machen, daß sie ohne naturwissenschaftliche Bildung der Entwicklung der Zukunft hilflos gegenüberstehen. So wenig, wie ein Theologe heute noch berechtigt ist, über Metaphysik zu sprechen, da ihm die elementaren Neuentwicklungen der Physik fremd sind, so wenig kann ein Soziologe ohne Abschätzung technologischer Zwänge in die Zukunft hineinphilosophieren."[340]

Die *dritte* Konfliktlinie innerhalb der Gesellschaft für Zukunftsfragen wurzelte in der Politisierung und Ideologisierung der bundesdeutschen Zukunftsforschung 1968 bis 1970, die sich unmittelbar mit dem sozialen Protest und der Renaissance neomarxistischer Ideen im Gefolge von 1968 in Verbindung bringen lassen. Erkennbar wurde dies beim Symposium SYSTEMS 69. Jungk votierte in der Podiumsdiskussion zur „Zukunft der Zukunftsforschung" dafür, „auf neue Geleise zu springen". Zukunftsforschung dürfe nicht als „Verlängerung der Gegenwart" – also als Trendextrapolation – betrieben werden, sondern sie müsse „neue Zukünfte erfinden". Dies war durchaus nicht neu, doch unterstrich er nun, die Zukunftsforschung habe die Aufgabe, „radikale Kritik" an der Gegenwart zu üben.[341] Ihn unterstützte eine Gruppe Studierender und Doktoranden der TU Berlin, an der Jungk ja eine Gastdozentur für Zukunftsforschung inne hatte.[342] Jungk, der sich am Rande des Kongresses massiv über die hohen Teilnahmegebühren von 145 DM ausließ, hatte den Studierenden einen Reisezuschuss durch die VW-Stiftung verschafft.[343] Nach Jungks Abreise war die Situation eskaliert, indem Steinbuch nach harter Kritik Mikrofone abschalten ließ und sich eine Initiativgruppe absonderte. Evident wurde ein tiefer Riss zwischen den technikaffinen und empirisch-positivistisch orientierten Wissenschaftlern und kritisch-emanzipatorisch argumentierenden Protagonisten wie Jungk und den Studierenden. Steinbuchs Verweis, dass die Diskussion von politischen und sozialen Konsequenzen des technischen Fortschritts erst einmal die Einsicht in technische Sachverhalte bedinge, sah man hier als gefährliche autokratische Ideologie, die mit vermeintlichen Sachzwängen argumentierte.[344]

---

[340] Klaus Repenning an Karl Steinbuch, 9.6.1970, in: KITA, NL Steinbuch, 316.
[341] Presseerklärung Systems 69: Zukunftsforschung braucht Öffentlichkeit, 10.11.1969, in: KITA, NL Steinbuch, 324.
[342] TU Berlin, Helmut Klages, an Jungk, 15.1.1968, in: JBZ, NL Jungk, Dachboden.
[343] Robert Jungk: Bemerkungen zum „System Steinbuch". Rundschreiben an die Mitglieder des Aktionskomitees der GfZ, 12.2.1970, in: KITA, NL Steinbuch, 316.
[344] Presseerklärung des wissenschaftlichen Tagungsleiters Steinbuch, 14.11.1969, in: KITA, NL Steinbuch, 324; Schwierigkeiten beim Planen der Zukunft. Leserbriefe, in: SZ, 29./30.11.1969; Karl Steinbuch, Zuviel illusionäre Futurologie. Leserbrief, in: SZ, 13./14.12.1969; N.N., München, an Steinbuch, 15.12.1969 (als Reaktion auf den Leserbrief Steinbuchs), in: KITA, NL Steinbuch, 324.

In der Folge entwickelte sich eine dezidiert linke, neomarxistisch gefärbte Zukunftsforschung. In der Tat hatten ja zunächst einige Linke die Zukunftsforschung – wie etwa Claus Koch im „Atomzeitalter" – polemisch als „hemmungslosen Technizismus" verworfen. Man stelle sich hier in den Dienst einer „technokratischen Politikverwaltung".[345] Auch die Studierenden der FU Berlin betrachteten Robert Jungk, der hier ebenfalls eine Gastdozentur inne hatte, als „Bestsellerautor" und Vertreter einer anderen Generation zunächst skeptisch.[346] Doch durch Jungk begann sich im studentischen „linken Berliner braintrust"[347] Interesse an einer „anderen", einer kritischen Zukunftsforschung[348] zu entwickeln.

Dies war ein transnationales Phänomen: Wie gesehen hatte 1969/70 der junge Niederländer Bart van Steenbergen auf der Konferenz in Kyoto anknüpfend an Flechtheims Futurologie-Verständnis eine Dichotomie zwischen einer „Kritischen Futurologie" und einer „Establishment-Futurologie" konstruiert, und dies hatten schon in Kyoto Vertreter einer kritisch-emanzipatorischen Zukunftsforschung wie Robert Jungk und Johan Galtung unterstützt. In der bundesdeutschen Zukunftsforschung radikalisierte sich diese Systemkritik und wurde explizit auf die ökonomisch gedeuteten Machtverhältnisse in der westlichen Welt zugespitzt.

Diese spiegelte sich paradigmatisch in dem Band „Herausforderung an die Zukunft", der 1970 in Jungks Reihe „Modelle für eine neue Welt" erschien. Linke Autoren aus West-Berlin, vom Friedensforscher Dieter Senghaas bis zum „Sozialistischen Autorenkollektiv an der Pädagogischen Hochschule Berlin", reflektierten hier über die „politischen Zukunftsbedingungen".[349] Damit standen nicht methodisch reflektierte Szenarien und Prognosen im Mittelpunkt, sondern neomarxistisch inspirierte Systemkritik und die Forderung nach Schaffung der sozialistischen Gesellschaft. So propagierte etwa das Sozialistische Autorenkollektiv der Pädagogischen Hochschule: Da in der „BRD" die „Schule gerade in der Phase des staatsmonopolistischen Kapitalismus, die durch eine immer enger werdende Verflechtung des Monopolkapitalismus mit dem Staat charakterisiert ist, als staatliche Institution Teil des gesellschaftlichen Überbaus und als solcher von der Produktionssphäre abhängig" sei, könnten die Probleme im Ausbildungssektor „nur in Verbindung mit der qualitativen Veränderung der Produktions- und Eigentumsverhältnisse, der Emanzipation des Proletariats" gelöst werden.[350]

---

[345] Koch, Kritik, S. 8f.
[346] Norbert L. Müllert, Mit jedem weiteren Lebensjahr radikaler. Laudatio an Robert Jungk zum 70. Geburtstag, in: AAZ, 11.5.1983.
[347] Ulrich Greiwe, Es gibt kein Schicksal. Zur Geschichte dieses Buches, in: Ders. (Hrsg.), Herausforderung an die Zukunft. Die kritische Generation an der Jahrtausendwende, München, Wien, Basel 1970, S, 7–14, hier S. 8.
[348] So auch Robert Jungk, „Opas Futurologie", Ms., o. T., o. D. [1970], in: JZB, NL Jungk, Dachboden; abgedruckt in: Greiwe (Hrsg.), Herausforderung an die Zukunft, S. 14.
[349] Greiwe, Schicksal, S. 11.
[350] Sozialistisches Autorenkollektiv an der Pädagogischen Hochschule Berlin, Bildungskatastrophe bis zum Jahre 2000? Wie die Industrie die Schule manipuliert, in: Greiwe (Hrsg.), Herausforderung, S. 28–55, hier S. 54f.; vgl. Rolf Seeliger, Gegen die Opas der Futurologie. Junge Zukunftsdenker entwerfen Gegenmodelle, in: Badische Neueste Nachrichten, 25.7.1970.

Dieser Sammelband war in seiner kaum verbrämten marxistischen Orientierung und seiner starken Konzentration auf das Ökonomische durchaus paradigmatisch für eine Ideologisierung in der bundesdeutschen Zukunftsforschung um 1970. Jungk ging zwar nicht ganz so weit, zeichnete aber in einem Interview um die Jahreswende 1969/70 ein ähnlich dichotomisches Bild von einer „kritischen" versus einer „konservativen" Zukunftsforschung: Die kritische Zukunftsforschung, wozu er, Jungk, gehöre, sei im Grunde „kritische Gegenwartsbetrachtung. Allerdings von künftigen Notwendigkeiten her gesehen." Diese reiche über den „landläufigen Marxismus" hinaus und integriere technische und wissenschaftliche Aspekte. So gehe man davon aus, dass in Zukunft „die wissenschaftlich-technische Intelligenz für die Veränderung der gesellschaftlichen Verhältnisse eine wichtigere Rolle spielen dürfte als die Arbeiterschaft". Damit basiere diese Spielart der Zukunftsforschung auf einer Erweiterung der bisher üblichen Gesellschaftskritik. Eine dominierende konservative Strömung hingegen gehe davon aus, dass man technologische Lösungen für gesellschaftliche Probleme erproben könne. Unterstützt von der Industrie, sehe man sich hier dem technischen und wissenschaftlichen Fortschritt verpflichtet und erkenne nicht, dass man „ein gefährliches, für die Unordnung und Grausamkeit in dieser Welt weitgehend verantwortliches Herrschaftssystem" unterstütze. Deshalb sei Aufklärungsarbeit vonnöten, wie sie eben auf dem Kongress SYSTEMS 69 die Studierenden unternommen hätten. Jungk grenzte sich hier noch von der APO und der „Linken" ab: Diese arbeite oftmals mit einer veralteten Konzeption und Sprache in Marx'schen Kategorien und sei nicht bereit, die eigene Ideologie auf den Prüfstand zu stellen.[351]

In einem Schreiben an Rüdiger Proske, der Jungk aufforderte, seine Position zu benennen, stellte sich Jungk aber Anfang 1970 auf die Seite der Studierenden: Nicht die Bürger und ihre gewählten Vertreter herrschten in der „BRD", sondern „ökonomisch vorherrschende Interessengruppen und eine über ihre eigentliche Funktionsberechtigung hinausgehende Bürokratie". Die Entscheidung über Prioritäten bei der Zuweisung öffentlicher Mittel verlagere sich im kapitalistischen System zunehmend in die Hand einer kleinen Zahl wirtschaftlicher Kontrollgruppen. Wirklich tiefe Strukturveränderungen würden deshalb eine „Neuordnung der wirtschaftlichen Machtverteilung" voraussetzen. Deshalb habe er eine „viel weniger naive Vorstellung von ‚Pluralismus' als noch vor zwei Jahren". Sein Ideal liege eher in einem „humanen Sozialismus", wie ihm die ČSSR im Prager Frühling ein wenig nahe gekommen sei. Doch wolle er nicht einer Diktatur des Proletariats das Wort reden, denn die Freiheit sei die unabdingbare Wächterin der Gerechtigkeit. Seine „kritische Zukunftsforschung" komplettiere damit als normative Vorausschau nur das „normative forecasting" auf der anderen Seite, in Industrie und Militär. Jungk sprach gar von der „Revolution", die er sowohl im wissenschaftlichen als auch im gesellschaftspolitischen Sinne verstand: Thomas Kuhn habe ja gezeigt, dass in bestimmten Zeitspannen bestehende Konzepte mit neuen

---

[351] Peter Knorr, Rein in die fetten 70er Jahre? Über die Zukunft der Zukunftsforschung. Interview mit Robert Jungk, in: Pardon 1970, H. 1, S. 8–10.

Erkenntnissen und Ereignissen nicht mehr vereinbar seien. Ein radikal neues Konzept sei dann notwendig. Ebenso solle die „Revolution" durch wachsenden politischen Druck parlamentarischer und außerparlamentarischer Kräfte vorangetrieben werden, aber im Gegensatz zu den Studierenden lehne er Gewalt ab.[352]

Proske, der lange mit Jungk befreundet war[353], wandte sich nun von diesem ab. Zwar, so schrieb er Jungk, sei er mit ihm einig, dass die Zukunftsforschung nicht nur gegebene Zustände in die Zukunft verlängern, sondern auch gesellschaftsbezogen ausgerichtet sein solle. Doch nun habe sich ein Bruch zwischen einer „neomarxistisch/totalitäre[n]" und einer „demokratisch/liberale[n] Zukunftsforschung" aufgetan, der vorläufig nicht zu überwinden sei: Er, Proske, werbe für eine pluralistisch, liberal und pragmatisch angelegte Zukunftsforschung und verweigere sich der „autoritäre[n] Ideologisierung des neuen zukunftsgerichteten Denkansatzes" der kritischen Zukunftsforschung[354], die im Grunde die Zukunftsforschung „zu einer Art Hebel zum Umsturz der bestehenden Verhältnisse umfunktionieren" wolle[355]. Jungk trete, so Proske, als „Bannerträger des Humanismus auf. Aber wenn man das Fahnentuch ein wenig lüftet, zeigt sich eine Ideologie, die als Gesellschaftsform einen liberalisierten Kommunismus anstrebt".[356]

Welche Auslöser und Triebkräfte für die Polarisierung und Ideologisierung der Zukunftsforschung in der Bundesrepublik lassen sich ausmachen? Für Jungks Wendung ins Ideologische spielte die universitäre Erfahrung mit den Berliner Studierenden und deren ideellen Leitbildern eine wichtige Rolle. Gegenüber Proske argumentierte er, der Austausch mit der „völlig verkannten Jugend" habe ihn „enorm befruchtet". Die „Linken" seien nicht dumm oder uninformiert, es fehle ihnen nur an politischer Erfahrung und „auf sympathische Weise ‚Geschicklichkeit'", und es fehlten ihnen Gesprächspartner, die ihre „oft auch doktrinär starren Taktiken" kritisierten. Jungk solidarisierte sich empathisch mit der jungen Linken und grenzte sich damit zugleich von Proske (der ja Sozialdemokrat war) und dem als „konservativ" wahrgenommenen Gros der Zukunftsforschung ab: „Nicht unsere Wege müssen sich trennen, wir sind wohl einfach durch eine Zeit getrennt. Ich stehe wenigstens mit einem Bein bei den Jungen, also bei der Welt von morgen. Und dieses Bein werde ich nicht zurückziehen."[357] Hinzu kam der engere Austausch Jungks mit Flechtheim, der ebenfalls in Berlin lehrte und schon seit den 1950er Jahren eine politisiertere Version von Zukunftsforschung vertrat: „Futurologie" sollte als Brücke zwischen West und Ost dienen.[358] Dynamisiert durch die politisch aufgeheizte Atmosphäre Berlins und die

---

[352] Jungk an Rüdiger Proske, 27. 1. 1970, in: JBZ, NL Jungk, Dachboden.
[353] Proske an Hans Mundorf, Chefredaktion des Industriekurier, 10. 3. 1970, in: KITA, NL Steinbuch, 316.
[354] Proske an Jungk, 10. 3. 1970, und Proske an Der Spiegel, 15. 4. 1970, beides in: KITA, NL Steinbuch, 316; vgl. Rüdiger Proske, Zukunftsforschung, in: Industriekurier, Nr. 20, 7. 2. 1970, S. 2.
[355] Ebd.
[356] Proske an Hans Mundorf, 10. 3. 1970, in: KITA, NL Steinbuch, 316.
[357] Jungk an Rüdiger Proske, 27. 1. 1970, in: JBZ, NL Jungk.
[358] Vgl. Kapitel III.3.; Flechtheim an Egon Bahr, 23. 11. 1977, in: Exilarchiv, NL Flechtheim, I.C.Bahr.

ideelle Radikalisierung der Studentenbewegung, entwickelten sich hier die Voraussetzungen für eine dezidiert systemkritische Zukunftsforschung. In der Folge wirkte Jungk an Bestrebungen Flechtheims und eines Kreises neomarxistisch inspirierter Zukunftsforscher mit, eine „kritische Futurologie" zu schaffen. Diese verstehe sich nicht wie die „Establishment-Futurologie" als „ökonomische und technologische Langfristplanung militärischer und industrieller Strategen mit dem Ziel der Stabilisierung herrschender Systeme", sondern beziehe sich auf die „revolutionäre, weltverändernde Lehre des Marxismus, die von Anfang an auf eine soziale und demokratische Zukunft gerichtet ist und deren politische Ökonomie sich nicht an Profitmaximierungen orientierte, sondern an den wahren Bedürfnissen des Menschen."[359]

Zudem wuchs die Ideologisierung auch durch Gegendruck: Karl Steinbuch machte für die negative Presseberichterstattung über SYSTEMS 69 das „primitive Maschinenstürmertum" Jungks und der Studierenden verantwortlich[360] und sprach in einem Brief an die Mitglieder der Gesellschaft für Zukunftsfragen von den „weltfremde[n] Phantast[en]" innerhalb der Gesellschaft, welche „gigantische und nie verwirklichbare Heilsentwürfe" konstruierten.[361] Unterstützt von Holste und Protagonisten aus dem Umfeld des Industrie-Instituts, weigerte sich Steinbuch, weiter mit Jungk zusammenzuarbeiten, und verfolgte geradezu getrieben dessen Ausschluss aus der Gesellschaft für Zukunftsfragen – die „Amputation".[362]

Dass auch auf Steinbuchs Seite eine Ideologisierung einsetzte, zeigte sich in seinem Aufruf in der „Welt" „Rettet die Futurologie vor den Neo-Marxisten!". Steinbuch zeigte sich hier als Vertreter des empirischen Positivismus, der sich den „[a]ufgeklärte[n] Wissenschaften" zurechnete, die erfahrungswissenschaftlich angelegt waren und statt von „Wahrheit" lieber von Aussagen sprächen, die noch nicht falsifiziert worden seien. Er gehöre zu den „Technokraten", den Naturwissenschaftlern und Ingenieuren, welche Sachverstand praktizierten und die Lösung von gegenwärtigen und künftigen Problemen in einer rationalen Systemanalyse und den Fortschritten im wissenschaftlich-technischen Bereich suchten. Steinbuch wollte sich sowohl von „Heilsentwürfe[n]" der Konservativen als auch von

---

[359] Pforte/Schwencke, Ansichten, S. 15; vgl. Flechtheim, Futurologie in der zweiten Phase; Jungk, Entwicklung sozialer Phantasie.

[360] Steinbuch, in: Fragen an Prof. Steinbuch: Wer ist hier falsch programmiert?, in: Münchener Merkur, 14.11.1969, S. 21; zur Presse Urban, Futurologen – falsch programmiert, in: SZ, 14.11.1969, S. 4; R. G., Kritik an der Zukunftsforschung. Lehren des Futurologen-Kongresses „Systems 69", in: FAZ, 26.11.1969; SYSTEMS 69. Falsch programmiert, in: Der Spiegel, H. 47, 17.11.1969, S. 125.

[361] Karl Steinbuch, Bemerkungen zu SYSTEMS 69, in: KITA, NL Steinbuch, 316; vgl. Futurologie. Geschäfte gestört, in: Der Spiegel, H. 13, 23.3.1970, S. 195. Claus Grossner, der wohl auch diesen Artikel verfasste, hatte von Jungk Briefe aus der Gesellschaft für Zukunftsfragen erhalten; Proske an Jungk, 10.3.1970, in: KITA, NL Steinbuch, 316.

[362] Steinbuch an Holste, 18.11.1969 und 2.12.1969; vgl. Holste an Steinbuch, 26.11.1969; Steinbuch an Jungk, 15.12.1969; Steinbuch an Holste, 16.12.1969; Steinbuch, Bemerkungen, alles in: KITA, NL Steinbuch, 316; Klaus Roemer, Kein Tummelplatz für Ideologen, in: Unternehmerbrief des Deutschen Industrieinstituts 19 (1969), H. 49, S. 1f.

einer „neomarxistischen" Futurologie distanzieren, welche sich im „Besitz einer höheren Rationalität" glaube, die „über die Bestätigung durch die Erfahrung erhaben ist." Diese Vertreter der „kritischen Zukunftsforschung" entstammten, so Steinbuch, einer Geisteswissenschaft, die sich von der Orientierung an der Religion gelöst habe, aber sich *noch* nicht an den Erfahrungswissenschaften orientiere. So bewegten sie sich im praxisfernen Elfenbeinturm, konzipierten eine „Wunschzettel-Futurologie", die Wünsche in die Zukunft projiziere, ohne an deren Realisierbarkeit zu denken, und sprächen von Weltfrieden, während sie Aggressivität praktizierten. Vor allem aber folgten sie einer neomarxistischen Heilslehre, wohingegen ihre „wahnhafte Verkennung der Realität" es verhindere, mit „Andersgläubigen" gleichberechtigt zu verhandeln. Dass Steinbuch in seinem polemischen Beitrag so weit ging, Analogien zwischen den „Neo-Marxisten" in der Futurologie und den Nationalsozialisten herzustellen[363], brachte ihm eine bittere Replik des „Zeit"-Autors Claus Grossner ein.[364]

Auf der Mitgliederversammlung der Gesellschaft für Zukunftsfragen im Februar 1970 schlug der Vorstand auf Druck Steinbuchs und unter Widerspruch Flechtheims vor, Jungk nicht mehr in das Aktionskomitee zu wählen; Jungk akzeptierte dies, und Steinbuch war bereit, sich dann ebenfalls zurückzuziehen.[365] Doch folgten neue Verwicklungen, weil Jungk in der Sitzungspause einen Brief Steinbuchs aus Fritschs Unterlagen entwendete und dann in der Presse lancierte, in dem das sprechende Wort von der „Amputation" auftauchte.[366] Schließlich erklärte Jungk im März 1970 öffentlichkeitswirksam seinen Austritt aus der Gesellschaft für Zukunftsfragen und wandte sich gegen die „perfektionierte, gegen ‚Laien' weitgehend abgeschirmte, von Machteliten beherrschte" Zukunftsforschung.[367]

Die Krise der Gesellschaft für Zukunftsfragen umfasste viel mehr als nur einen Konflikt zwischen Personen oder Methoden. Sie spiegelte die auffallend starke Ideologisierung und Polarisierung der bundesdeutschen Zukunftsforschung. Wie oben angedeutet[368], ruhte dies in mehreren Aspekten, nämlich der starken Rezeption der Kritischen Theorie durch die Zukunftsforschung in der Bundesrepublik und in ‚gebrochenen' Erfahrungsräumen durch Diktaturerfahrung und Emigra-

---

[363] Steinbuch, Rettet die Futurologie vor den Neo-Marxisten! Es gibt keine vernünftige Alternative zum Sachverstand der „Technokraten", in: Die Welt, Beilage Die geistige Welt, 23.5.1970.
[364] Grossner, Programm 2000; Claus Grossner an Steinbuch, 10.6.1970, in: KITA, NL Steinbuch, 316.
[365] Protokoll der Mitgliederversammlung vom 14.2.1970, in: JZB, NL Jungk; Steinbuch an Fritsch, 23.1.1970; OECD, Peter Menke-Glückert, an Steinbuch, 18.6.1970, beides in: KITA, NL Steinbuch, 316.
[366] Fritsch an Steinbuch, 17.2.1970, in: JZB, NL Jungk; vgl. Robert Jungk, Amputiert, in: Die Zeit, 31.7.1970.
[367] Phantasie und Zukunftsforschung. Aus der Rede von Dr. Robert Jungk, in: Stuttgarter Nachrichten, 9.3.1970; vgl. Robert Jungk: Ich trete ab, in: ebd., 9.3.1970; „Der Mensch der Gegenwart muß die Zukunft entwerfen". Der Bundesminister für Bildung und Wissenschaft überreicht die Goldmedaille an den Futurologen Dr. Robert Jungk, in: Stuttgarter Zeitung, 9.3.1970; Jungk an Gesellschaft für Zukunftsfragen, Austrittserklärung, o.D., in: JBZ, NL Jungk, Ordner RJ Korr.; Jungk an Repenning, 10.3.1970, in: KITA, NL Steinbuch, 316.
[368] Siehe Kapitel VII.

tion, während in der angloamerikanischen Zukunftsforschung ideengeschichtliche Traditionen des Pragmatismus dominierten und sich in Frankreich ein aufklärerisches Verständnis von Planung mit einer zentralistischen Planungtradition verband. In der Bundesrepublik erwies sich angesichts der NS-Erfahrung das Vertrauen in evolutionäre Entwicklungen als brüchig. Allen drei Denkkollektiven – den Empirikern um Steinbuch, den Normativ-Ontologischen um Weizsäcker und den Kritisch-Emanzipatorischen um Jungk – fehlte wegen der NS-Vergangenheit eine evolutionäre, ungebrochene Zeiterfahrung, und überall findet sich die Sorge, in einem zirkulären Prozess könne die Vergangenheit in der Zukunft wiederaufleben. Insofern überrascht es nicht, dass sowohl Steinbuch wie Jungk in der jeweiligen Abgrenzung die NS-Vergangenheit bemühten.

Obwohl Jungk die Gesellschaft für Zukunftsfragen verließ, zog sich Steinbuch, von einem antimarxistischen Furor erfasst, von der Gesellschaft für Zukunftsfragen und Schritt für Schritt von der Zukunftsforschung insgesamt zurück. In der Folge erschien er kaum mehr zu Sitzungen der Gesellschaft.[369] Holste distanzierte sich nach den Konflikten mit Jungk ebenso von der Gesellschaft wie Proske und Altmann.[370] Damit verschwanden die dezidierten Vertreter bestimmter Denkstile sowohl in epistemologischer als auch in gesellschaftspolitischer Hinsicht. Die Gesellschaft für Zukunftsfragen verlor ihre engagiertesten und bekanntesten Köpfe, doch führte sie dies auch in ruhigeres Fahrwasser. In der Folge initiierte sie verschiedene regional und thematisch gegliederte Arbeitskreise.[371] Produktiv waren allerdings nur wenige Arbeitskreise wie derjenige in Düsseldorf unter Leitung Ernst Schmackes, der mehrere Sammelbände mit regionalem Zuschnitt veröffentlichte, die einen stark technikaffin-empirischen Geist atmeten.[372]

Darüber hinaus stand im Vordergrund, die Gesellschaft für Zukunftsfragen auch auf internationaler Ebene zu vernetzen und zu vertreten. Diese Aufgabe übernahm Menke-Glückert, der aufgrund seiner Tätigkeit in der OECD über internationale Kontakte verfügte und der zugleich als Vermittler zwischen den ‚Lagern' bzw. Denkstilen agierte. Um die internationale Vernetzung voranzutreiben, reiste eine zehnköpfige Delegation der Gesellschaft aus Repenning, Menke-Glückert und anderen 1972 zur Weltkonferenz der WFSF nach Bukarest.[373] Dass Menke-Glückert, der zunächst stellvertretender Vorsitzender, dann 1975 Vorsitzender der Gesellschaft für Zukunftsfragen wurde[374], 1973 auch zum Generalse-

---

[369] Vgl. etwa Steinbuch an Repenning, 22.9.1970, in: KITA, NL Steinbuch, 6.
[370] Vgl. Protokolle der Mitgliederversammlungen vom 31.10.1970 und 6.11.1971 sowie die Mitgliederlisten vom 31.12.1970 und 1.1.1972, in: KITA, NL Steinbuch, 343.
[371] Vgl. Protokolle der Mitgliederversammlungen vom 31.10.1970 und 6.11.1971, in: KITA, NL Steinbuch, 343.
[372] Vgl. Schmacke (Hrsg.), Hamburg; Ders. (Hrsg.), Nordrhein-Westfalen auf dem Weg in das Jahr 2000. Sechzehn Prognosen, Düsseldorf 1970; Ders. (Hrsg.), 1980 ist morgen. Technik und Forschung der nächsten zehn Jahre, Düsseldorf 1970.
[373] Klaus Repenning, Bericht über den Ablauf des 3. Weltkongresses für Zukunftsforschung in Bukarest vom 2. bis 10. September 1974, 14.9.1972, in: BAK, B 196, 52509.
[374] Jahresmitgliederversammlung der Gesellschaft für Zukunftsfragen e.V., in: APWM 8 (1976), H. 43, S. 15.

kretär der WFSF aufrückte, indiziert, wie stark sich die bundesdeutsche Zukunftsforschung in die internationale Arbeit einbrachte. Menke-Glückert, der 1970 zum Leiter des neuen Referats Umwelt-Koordination im von Hans-Dietrich Genscher geführten Innenministerium avancierte[375], wurde immer stärker zur Schaltfigur in der bundesdeutschen Zukunftsforschung. Auch aufgrund dieser personellen Verflechtungen waren Menke-Glückert und die gesamte Gesellschaft für Zukunftsfragen Mitte der 1970er Jahre gefragt, dem ZBZ und der GFZFF beizuspringen, um deren Bestand zu retten.

5. Sozialplanung und Partizipation: Neuformierungen Mitte der 1970er Jahre

Die bundesdeutsche Zukunftsforschung organisierte sich Mitte der 1970er Jahre neu. Die Gesellschaft für Zukunftsfragen, das ZBZ und die GFZFF fusionierten zum 1.1.1977 unter dem Namen Gesellschaft für Zukunftsfragen (GZ).[376] Die GZ, der nun insgesamt knapp 600 Mitglieder angehörten, fungierte als eingetragener Verein im Sinne einer übergeordneten Dachgesellschaft, welche ihren Sitz ebenfalls in Berlin nahm, die „Analysen und Prognosen über die Welt von morgen" herausgab und der zwei Einrichtungen als gemeinnützige GmbHs zugehörten: das Institut für Zukunftsforschung, welches das ZBZ ersetzte und viele ZBZ-Mitarbeiter übernahm, und das Kommunikationszentrum für Zukunfts- und Friedensforschung als Nachfolger der GFZFF in Hannover.[377]

Für das ZBZ war die Fusion überlebenswichtig, weil es weiterhin ganz von Aufträgen abhängig war.[378] Aufträge aus der öffentlichen Hand aber flossen nurmehr kümmerlich, nicht nur weil im Zeichen der Wirtschaftskrise weniger Verteilungsspielräume bestanden, sondern auch weil – dies ist in Kapitel X auszuführen – Probleme in den Politikberatungsprozessen zum Abebben der politischen Planungsbegeisterung und zu größerer Distanznahme der Politik gegenüber dem ZBZ führten. Auch ein Hilferuf an den Minister für Forschung und Technologie,

---

[375] Etwa BMI, Referat UK, Menke-Glückert, an Minister Genscher, 27.11.1970, in: BAK, B 106, 29373.

[376] Protokoll der ZBZ-Mitgliederversammlung, 21.2.1975 und Auszug aus Protokoll der Mitgliederversammlung des ZBZ, 27.3.1976, in: IfZ, ED 701, 40 bzw. 3; ZBZ-Mitteilungen 3/75, in: ebd., 40; zum GFZFF Lothar Schulze und Redetzki an Jürgen Bommer, ZBZ, 20.5.1975, in: ebd., 7; Protokoll Hauptversammlung GFZFF, 24.4.1976, in: ebd., 8.

[377] Gesellschaft für Zukunftsfragen e.V. GZ Berlin-Hannover, Satzung, 1.1.1977, und Gesellschaftsvertrag der Firma Institut für Zukunftsforschung GmbH, in: IZT, Ordner GF; GZ Mitteilungen für die Mitglieder, 2/1978, in: Exilarchiv, NL Flechtheim, Kiste IFZ. Zu den Mitgliederzahlen GZ-Mitteilungen 1/78 mit dem Verweis auf 577 Mitglieder, in: IfZ, ED 701, 42.

[378] ZBZ-Mitteilungen 1/74 und 2/75 deuteten dies an, beides in: IfZ, ED 701, 40. Koelle sah als Vorstandsmitglied Ende 1975 keine aktuelle Gefahr einer „Pleite", da man im ungünstigen Fall 1975 allenfalls etwa 10 000 DM ins Minus rutschen werde. Die finanzielle Situation sei aber mit „Risiken behaftet"; Koelle, ZBZ, an Repenning, GfZ, 14.10.1975, in: ebd., 7.

Hans Matthöfer, und den Parlamentarischen Staatssekretär Volker Hauff zeigte keine nachhaltige Wirkung. So musste 1975 die Hälfte der Mitarbeiter entlassen werden.[379]

Dies war auch insoweit misslich, als das ZBZ Anfang der 1970er Jahre auf die Probleme in der Politikberatung reagiert und das methodische Spektrum der eigenen Arbeit Zug um Zug erweitert hatte. Dies war freilich nicht der einzige Grund für Veränderungen. Es flossen auch Anregungen aus der kritischen Zukunftsforschung in das ZBZ. Die dezidierte Systemkritik der „Kritischen Futurologie" hatte sich zwar etwas gemäßigt, doch ihre Kernpunkte – im Sinne einer Stärkung partizipativer Verfahren, sozialer Themen und ‚linker' Argumentationsmuster – vertraten die Kuratoriumsmitglieder Flechtheim und Jungk, die 1975 zu Ehrenmitgliedern des ZBZ ernannt wurden[380]. Zudem hinterließ – dies klang bereits im transnationalen Kapitel zum Diskurs um „The Limits to Growth" an – die Wachstumsdebatte Spuren. Die Zeitschrift „Analysen und Prognosen über die Welt von morgen" zeigte sich Anfang der 1970er Jahre im Banne des Wachstumsbegriffs und der neuen Weltmodelle.[381] Auch im ZBZ wurden freilich die Thesen von den „Grenzen des Wachstums" nicht kritiklos begrüßte: Koelle sprach zwar 1972 vom „Riesenschritt voran auf dem Gebiet der Simulation komplexer Systeme"[382], doch überwogen bald Wortmeldungen, welche die Starrheit des Modells und insbesondere den neokolonialen Blick auf die Entwicklungsländer bemängelten.[383] Auch dies zeigte aber, wie sehr der Diskurs um Wachstum das ZBZ veränderte.

Damit wandelten sich 1973/74 sowohl Inhalte als auch Methoden der ZBZ-Forschungen. Im Sinne dessen, dass Modelle im Zeichen der Weltmodelle durchaus noch *en vogue* waren, aber der Fokus nun auf sozialen Themen lag, sprach der ZBZ-Vorstand von einem dualen Ansatz: Die Schwerpunkte lägen im Bereich der „Computergestützten Planungs- und Entscheidungshilfen" und der „Langfristigen Sozialplanung".[384]

Zu ersterem Schwerpunkt zählten die teilweise noch in Anschlussfinanzierungen laufenden Modellsimulationen und Folgeprojekte des PLABUND-Großauftrags, etwa ein Abschlussprojekt des von Koelle geleiteten ZIEBUV-Projekts zu „Verkehrssystemen", das nun direkt dem Verkehrsministerium zugeordnet war. Erkennbar wird hier eine methodische Erweiterung. „ZIEBUV Ib" sollte nun

---

[379] ZBZ, Jürgen Bommer, an BM für Forschung und Technologie, Hans Matthöfer, 20.3.1975. Zu einem Gespräch Bommers, Menke-Glückerts und Repennings mit Hauff auch ZBZ-Mitteilungen 3/75, beides, in: IfZ, ED 701, 40.

[380] Rainer Mackensen, ZBZ ehrt Robert Jungk und Ossip K. Flechtheim, in: APWM 7 (1975), H. 42, S. 16.

[381] Koelle, MIT-Weltmodell; vgl. Ders., Zielfindungsexperiment; Busch, Systems; Steffen Harbordt, Der Einfluß sozialer und politischer Faktoren auf die „Grenzen des Wachstums", in: APWM 6 (1974), H. 33, S. 14–21; Helmut Klages, Nullwachstum – ein soziales Stabilitätsrisiko?, in: ebd., H. 31, S. 3.

[382] Koelle, MIT-Weltmodell, S. 19; vgl. Ders., Zielfindungsexperiment; Busch, Systems.

[383] Rainer Mackensen, Fortschritt – wohin?, in: APWM 5 (1973), H. 27, S. 24f.; Ders., Ist langfristige Sozialplanung aktuell?, in: ebd. 7 (1975), H. 38, S. 5.

[384] ZBZ-Jahresbericht 1974, in: ebd., H. 39, S. 24; Jahrestagung 1975, in: ebd., H. 38, S. 3.

nicht mehr auf einem festen, sondern einem „flexible[n] Zielsystem" basieren, und zur „Strukturierung des Entscheidungshintergrundes" zog Koelle ebenso die Szenario-Methode und eine Delphi-Befragung heran.[385] Hinzu kamen Projekte, die sich mit Umwelt- und Energiefragen beschäftigten, so etwa eine Zusammenstellung von „Umweltmodellen" im Auftrag des Umweltbundesamts und ein Simulationsmodell zu den Energiebilanzen Berlins bis 1990.[386]

Wichtiger aber wurde der zweite Schwerpunkt, die „langfristige Sozialplanung". Rainer Mackensen, Soziologieprofessor an der TU Berlin und Vorstandsmitglied des ZBZ, umschrieb diese in einem Grundsatzpapier, um so auch deren Bedeutung für die Politikberatung zu unterstreichen. Zugleich zeigte das Papier nachgerade paradigmatisch den Lernprozess in der Zukunftsforschung. So sah Mackensen den Auftrag der Zukunftsforschung darin, der politischen Entscheidungsfindung im Interesse der Bevölkerung vorzuarbeiten. Sie untersuche mögliche Entwicklungen, ihre Auswirkungen auf die Lebensbedingungen, ihre Bewertbarkeit unter verschiedenen Zielvorstellungen und ihre Beeinflussbarkeit durch öffentliche Entscheidungen. Damit liefere sie Orientierungswissen und sei der wissenschaftliche Teil langfristiger Sozialplanung. Dabei, und hier wird die Orientierung am neuen Wachstumsverständnis deutlich, bedeute ihr die Sicherung des ökologischen Bestandes mehr als die Steigerung des Wohlstandes auf dessen Kosten. Ebenso, und dies indiziert einen gewissen Einfluss der „kritischen Futurologie", sei der Zukunftsforschung die Stärkung der Fähigkeit zur Lebensbewältigung vieler wichtiger als die „eindrucksvolle Demonstration technischer Leistungsfähigkeit". Die Zukunftsforschung beurteile Folgen von Entscheidungen aus der Sicht von Personen in ihrer sozialen Abhängigkeit, nicht nach Messzahlen wirtschaftlicher oder technischer Erfolge. Hierfür verwende sie greifbare gesellschaftswissenschaftliche, systemanalytische und technische Verfahren. Zentral sei somit das Gewinnen größerer Übersicht über die Folgen von Regelungen, die Menschen betreffen. Die Zukunftsforschung helfe, das Potential für eine „gründlichere Erwägung der öffentlichen Entscheidungen auszunutzen".[387] Die Distanzierung von der Phase der Modellsimulation springt in Mackensens ausgewogenem Papier geradezu ins Auge, obwohl auch er keinen Abgesang auf die Systemanalyse hielt. Eher ging es darum, die Systemanalyse in einen Methodenmix zu integrieren, unter dem Signum eines reflektierten, sozial orientierten Verständnisses von Zukunftsforschung. Dabei betonte Mackensen durchaus die normative Basis dieser Zukunftsforschung als „langfristige Sozialplanung" – wie eben die Präferenz des Sozialen und Ökologischen gegenüber dem Materiellen und Technischen. Pragmatisch war dieses Verständnis dennoch, weil es die Möglichkeiten und Grenzen der Zukunftsforschung abgewogen und realistisch beurteilte.

Beispielhaft für den neuen Schwerpunkt Sozialplanung war das Projekt „BEDÜRFNISSE", das sich somit – denkt man an die WFSF – genau im Trend der

---

[385] ZBZ-Mitteilungen 1/74, in: IfZ, ED 701, 40.
[386] ZBZ-Mitteilungen 3/75, in: ebd.
[387] Mackensen, Ist langfristige Sozialplanung aktuell?, S. 4f.

transnationalen Zukunftsforschung bewegte. Das Projekt sollte sich mit den Möglichkeiten und Grenzen der Bestimmung gesellschaftlicher Bedürfnislagen beschäftigen. Finanziert wurde es von der Kommission für wirtschaftlichen und sozialen Wandel. Als „typisches Kind der Planungseuphorie" war die Kommission 1971 eingerichtet worden, hervorgegangen aus dem Arbeitskreis Automation, den die Bundesregierung schon 1967 im Rahmen der Konzertierten Aktion geschaffen hatte. Dementsprechend stützte sich auch die Kommission auf eine tripartistische Struktur, indem sie sich aus je fünf Vertretern von Wirtschaftsverbänden und Gewerkschaften sowie sieben Hochschullehrern zusammensetzte. Ihre Aufgabe war nicht weniger, als gesellschaftliche Entwicklungstendenzen in der Bundesrepublik zu erforschen und hierbei im Besonderen die sozialen Folgen des technischen Fortschritts im Blick zu behalten. Die Kommission vergab bis 1974 144 Forschungsaufträge.[388] Mackensen, neues Vorstandsmitglied im ZBZ, bearbeitete dieses Projekt mit der Soziologin Katrin Lederer. Lederer argumentierte, dass in dem Maße, in dem „Fragen der ‚Lebensqualität' in den Mittelpunkt der gesellschaftlichen Diskussion gerückt sind", auch die Erforschung menschlicher Bedürfnisse an Aktualität gewonnen habe. Sie nahm eine Sichtung der bereits genannten internationalen sozialwissenschaftlichen Bedürfnisforschung vor, ausgehend vom behavioristischen Verständnis Maslows über die kritischen Auslassungen Marcuses bis zu den „konstruktiven" Ansätzen Galbraiths oder Etzionis. Bedürfnisse seien, so Lederer, veränderlich, nicht objektiv messbar und abhängig von Situationen, aber auch manipulierbar: Die Fähigkeit, sich über eigene Bedürfnisse „Rechenschaft abzulegen" und sie zu artikulieren, sei unterschiedlich. In diesem Sinne müsse ein „‚unechte[r]' Überhang an Konsumbedürfnissen", wie er in der Werbung fassbar werde, kritisch reflektiert werden. Ebenso seien sozial schwache Bevölkerungsgruppen am wenigsten in der Lage, Bedürfnisse in die Auseinandersetzung um Ressourcen einzubringen. Deshalb genügten einfache „Wunschbefragungen", also Umfragen, nicht, um Bedürfnisse zu ermitteln. Auch eine generelle Beobachtung des Versorgungsstandes, wie sie die Sozialindikatorenforschung vornehme, reiche nicht aus. Stattdessen müssten verschiedene quantitative und qualitative Verfahren verbunden werden. Diese Ermittlung einer problemorientierten Methodik, welche auch für die Vertreter öffentlicher Belange einfach zu handhaben sei, sei das Ziel der Untersuchung. Intensivere Forschungen könnten gesellschaftliche Folgen der Bedürfnisversagung durch Stress, Vereinsamung usw. angehen; eine bedürfnisgerechte Planung wäre mithin nicht nur human, sondern auch „gesellschaftlich-rational".[389]

Erkennbar wird eine epistemische Modifikation im ZBZ: Nicht mehr ‚objektives' Prognosewissen war zu erforschen, sondern in einem konstruktivistischen Sinne sollte über das Zustandekommen des Bedürfnisbegriffs und seine Anwendung in der gesellschaftlichen und politischen Planung nachgedacht werden. Es

---

[388] Schanetzky, Ernüchterung, S. 171–177, Zit. S. 171.
[389] Katrin Lederer, Stichworte zur Bedürfniserforschung, in: APWM 7 (1975), H. 39, S. 23f.; Lederer/Mackensen, Bedürfnislagen.

ging nicht mehr um die Orientierung an quantitativen Daten, sondern in erster Linie um Reflexion, um hieraus einen methodischen Zugang zu erarbeiten. „Rational" war demnach nicht mehr nur die sachorientierte, effiziente Herangehensweise, sondern die vernünftige; das Verständnis von rational verschob bzw. öffnete sich also. Damit erhielt auch der Planungsbegriff – der ja weiter im Zentrum des ZBZ stand – eine andere Konnotation.

In der Tat änderten sich nun die Methoden des ZBZ im Feld der Sozialplanung. Die ZBZ-Mitteilungen wollten auf „kritische" Beurteilungen und konstruktive Handlungsmaximen im Bereich der Prognose Wert legen: „Das erfordert die Einbeziehung der fachspezifischen und der gesellschaftlich-übergreifenden Bewertungsproblematik in die Lösungsansätze".[390] Zum einen zielte das ZBZ auf das kritische Arbeiten, also das Erfassen und Entwerfen von Zukunft ‚von unten' und einer Distanz zum (politischen und wirtschaftlichen) System. Partizipative Elemente gewannen so ganz neue Bedeutung, die von zivilgesellschaftlichen Ideen ausgingen und die Forderungen der Studentenbewegung 1968, der Neuen Sozialen Bewegungen – also der Bürgerbewegungen, der entstehenden Umwelt- und Anti-Kernkraftbewegung –, aber auch der „kritischen Futurologie" aufnahmen. Waren zunächst die Arbeitskreise und Diskussionsforen des ZBZ vor allem auf die wissenschaftlichen Mitglieder ausgerichtet, so organisierte das ZBZ 1975/76 „Seminare", die sich an die interessierten Bürger Berlins wandten. Gemeinsam wurden kommunale Entwicklungen und Probleme der langfristigen Stadtentwicklung in Berlin diskutiert.[391]

Diese Seminare lehnten sich zweifellos an die von Robert Jungk entworfenen „Zukunftswerkstätten" an. Jungk hatte an der TU Berlin mit seinem Mitarbeiter Norbert Müllert die bereits in den späten 1960er Jahren entwickelte Idee von den „Zukunftswerkstätten" konzeptionalisiert. Die Zukunftswerkstätte sollte den Betroffenen konkrete Gestaltungsmöglichkeiten für die eigene Zukunft eröffnen: In einem Dreischritt von der Bestandsaufnahme (Kritikphase) über das Entwickeln von Zukunftsideen (Utopiephase) bis hin zu konkreten Handlungsschritten (Realisierungsphase) konnte Zukunft gemeinsam imaginiert, diskutiert und entwickelt werden. Die Zukunftswerkstätte wurde in der Folge insbesondere im kommunalen Bereich eingesetzt.[392] Erkennbar orientierten sich die Zukunftswerkstätten nicht an wissenschaftlichem Wissen, sondern nahmen alltägliches Wissen aus dem kommunalen Umfeld oder Stadtbezirk, aber auch Ideen und subjektive Zielvorstellungen auf.

Zum anderen stützte sich das ZBZ Mitte der 1970er Jahre auf ein qualitatives Szenario-Writing. Damit sollten kausale Prozesse ermittelt, mit unterschiedlichen Grundannahmen des Wandels verbunden und so verschiedene Alternativszenarien entwickelt werden. Als Arbeitsschritte identifizierte der ZBZ-Mitarbeiter und Volkswirt Hartmut Pichlmayer die Strukturierung der gegenwärtigen Ausgangs-

---

[390] ZBZ-Mitteilungen 2/74, in: IfZ, ED 701, 40.
[391] Termine, in: ZBZ-Mitteilungen 2/75, in: ebd.; Institut für Zukunftsforschung (Hrsg.), Operationalisierte Planung mit Sozialindikatoren am Beispiel der kommunalen Entwicklungsplanung. Bericht zum ZBZ-Seminar II, Berlin 1975.
[392] Vgl. Jungk, Erfahrungen, S. 16–19.

lage, die Hypothesenbildung, die qualitative, auch auf historische Entwicklungen fußende Simulation des Teilbereichs in die Zukunft, die Querschnittsbeschreibung als Darstellung von Veränderungen und neuen Faktoren sowie die Prüfung von Alternativen. Sehr viel stärker rückte nun ein historischer Zugang ins Blickfeld, der auch längerfristige Entwicklungslinien in die Konstruktion der Szenarien einbezog. Insbesondere gehe es, so Pichlmayer, um Auswirkungen möglicher Randbedingungen von Prozessen, die bereits in der Gegenwart angelegt seien, um die Berücksichtigung von Interdependenzen und um eine Stärkung qualitativer Aussagen. Explizit wollte man keine Trends fortschreiben, wie Herman Kahn dies in „The Year 2000" getan habe. Dass auch das Szenario „methodisch unzulänglich" sei, betonte Pichlmayer. Gerade diese reduzierte Erwartungshaltung war – neben der Betonung des Qualitativen und des Denkens in Alternativen statt der Formalisierung von Prozessen – die grundlegende Differenz zur Phase der Modellsimulation im ZBZ.[393]

Umgesetzt wurde dies etwa im Projekt „FREIZEIT", das die Kommission für wirtschaftlichen und sozialen Wandel anregte und das Bundesministerium für Familie, Jugend und Gesundheit mit 75 000 DM finanzierte.[394] In diesem Projekt entwarf das ZBZ 1974 drei feuilletonistische Szenarien, die im Sinne von Kurzgeschichten schilderten, wie Arbeitnehmer zukünftig ihre Freizeit verbringen würden bzw. könnten und welche gesellschaftlichen Folgen dies nach sich zöge. Alternativ skizzierten die Geschichten eine Stärkung der Familien, eine enge Kopplung von Arbeit und Freizeit oder die Selbstentfaltung durch Basisarbeit und freiwillige Mitarbeit in der Entwicklungshilfe. Das ZBZ wollte so „Bilder alternativer Zukünfte" entwerfen.[395] Das Projekt entstand noch im Zeichen prognostizierter kürzerer Arbeitszeiten durch Automation, ging von einer Verteilung von Arbeit aus und thematisierte die einsetzende Wirtschaftskrise und Arbeitslosigkeit nicht. Auch dieses Projekt leitete Rainer Mackensen, der 1974 zum stellvertretenden Vorsitzenden des ZBZ aufrückte.

Ein verbindendes Element beider Schwerpunkte (Computergestützte Planungshilfen und Sozialplanung) bildeten die Arbeiten zu Entwicklungsstrategien und globalen Zukünften. 1975 organisierte das ZBZ eine Konferenz namens „Soziales Minimum – Soziales Maximum". In Berlin referierten der Doyen der kritisch-emanzipatorischen Friedens- und Zukunftsforschung Johan Galtung, aber auch einer der Autoren des argentinischen Bariloche-Modells, Carlos Mallmann, der sein „normatives, bedürfnisorientiertes Weltmodell" vorstellte. Ferner sprachen Peter Menke-Glückert, der wenig später Vorstandsvorsitzender des ZBZ

---

[393] Hartmut Pichlmayer, Zu den inhaltlichen Anforderungen und normativen Beschränkungen des Scenario-writing als einer Methode der Zukunftsforschung, in: APWM 7 (1975), H. 38, S. 25–27; vgl. Vollmar R. von Bieberstein/W. Bormann, Die Scenariomethode als Verfahren zur zukunftsorientierten Untersuchung komplexer sozialer Probleme, in: ebd., H. 37, S. 21–23.

[394] Kommission für wirtschaftlichen und sozialen Wandel, Sekretariat, PB 38–40/Nr. 18, Projektvorschläge zum Problembereich „Freizeit". Arbeitsunterlage für die Sitzung am 18./19. 10. 1973, Punkt 6 der Tagesordnung; BMJFG, Affeld, 135-1870-12, Vermerk, 8. 3. 1974; BMJFG, 135-1820, an ZBZ, J. Wever, 16. 5. 1974, alles in: BAK, B 189, 15652.

[395] ZBZ, Erläuterungen zum Schema: Modellkonzeption zur Erzeugung von Scenarios, o. D.; ZBZ, von Bieberstein, an BMJFG, 135-1820, 25. 9. 1974, beides in: ebd.

wurde[396], sowie die Soziologen Rainer Mackensen und Katrin Lederer, die über „Bestimmung gesellschaftlicher Bedürfnislagen" referierten und damit das Kondensat des „Bedürfnisse"-Projekts des ZBZ auf die entwicklungspolitische Ebene applizieren konnten. Im Rahmen der Tagung übertrug die Generalversammlung der WFSF (deren Köpfe ja Galtung und Generalsekretär Menke-Glückert waren) dem ZBZ die Aufgabe, Projekte der WFSF zu organisieren, und das ZBZ bot an, Tagungen zur „Bedürfnisforschung" für die WFSF zu veranstalten (die dann wegen fehlender finanzieller Mittel nicht zustande kamen).[397] Erkennbar wurde, wie stark sich das ZBZ, wie stark sich gerade Menke-Glückert emphatisch in die internationale Entwicklungsdiskussion einschaltete und hier mit dem Konzept des „Weltlastenausgleichs" eine idealistisch anmutende Wachstumsreduktion in den Industrieländern befürwortete. Menke-Glückert schrieb denn auch wenig später das Vorwort zur deutschen Übersetzung des Bariloche-Modells.[398] Damit deutete sich erneut an – wie in der Debatte um die kritische Futurologie 1970/71 –, dass der bundesdeutschen Zukunftsforschung eine starke Politisierung, ja teilweise Ideologisierung inhärent war.

Nachdem sich das methodische Spektrum, aber auch die Themenstellungen des ZBZ so stark wandelten, nimmt es nicht wunder, dass das Zentrum eine neue Führung erhielt. Heinz Hermann Koelle hatte sich zwar mit seinem „Zielfindungsexperiment" für eine partizipativ ermittelte, also auf Umfragen fußende Zukunftsforschung geöffnet und hier auch das Ziel „Qualität des Lebens" entdeckt. Gleichwohl stand er paradigmatisch für die erste Phase des ZBZ, die so nachdrücklich mit den formalisierten Simulationsmodellen verbunden war. Er trat Anfang 1973 zurück, und kurzzeitig agierte Helmut Klages als Vorsitzender, der aber wenig später einen Ruf nach Speyer erhielt.[399] Ende 1973 folgte ihm der Ingenieur Jürgen Bommer, der schon Ende der 1960er Jahre als Geschäftsführer des ZBZ agiert hatte, aber dann zur Lufthansa gewechselt war. Als Stellvertreter Bommers agierte Rainer Mackensen, der wie gesehen den neuen Schwerpunkt „Langfristige Sozialplanung" bestimmte. 1976 dann übernahm im Vorfeld der Fusion mit der Gesellschaft für Zukunftsfragen Menke-Glückert den Vorsitz.[400]

In der Tat hatten im Februar 1975 ZBZ-Vorstand und Mitglieder in Absprache mit der Gesellschaft für Zukunftsfragen entschieden, das ZBZ zu schließen und ein Institut für Zukunftsforschung (IFZ) zu schaffen, in dem alle Forschungsaktivitäten des ZBZ gebündelt werden konnten[401] und das über die Konstruktion

---

[396] Protokoll der gemeinsamen Vorstandssitzungen der GfZ und des ZBZ, 12.8.1976, in: IfZ, ED 701, 7.
[397] ZBZ-Mitteilungen 2/75, in: IfZ, ED 701, 40; APWM 7 (1975), H. 39, S. 14–22.
[398] Peter Menke-Glückert, Vorwort, Zit. S. 14.
[399] ZBZ-Mitteilungen 1/73 und 2/75, in: IfZ, ED 701, 40.
[400] ZBZ-Jahresbericht 1973, in: APWM 6 (1974), H. 35, S. 23f.; ZBZ-Mitteilungen 1/74, in: IfZ, ED 701, 40; Protokoll der gemeinsamen Vorstandssitzungen der Gesellschaft für Zukunftsfragen und des ZBZ, 12.8.1976, in: ebd., 7.
[401] Jahrestagung 1975, in: APWM 7 (1975), H. 38, S. 3; Entwurf Gesellschaftsvertrag für die Einrichtungen des eingetragenen Vereins „Gesellschaft für Zukunftsfragen e.V.", Juli 1976, und Eintrag in Amtsgericht Charlottenburg, in: IfZ, ED 701, 41.

einer GmbH mit der Gesellschaft für Zukunftsfragen als einzigem Gesellschafter eine belastbarere Finanzgrundlage versprach. Treibende Kraft war der Vorsitzende der alten und neuen Gesellschaft für Zukunftsfragen Peter Menke-Glückert. Er bemühte sich in der Folge gemeinsam mit dem IFZ-Geschäftsführer Hans Buchholz um eine institutionelle Förderung durch den Berliner Senat, da die Aufträge aus Politik und öffentlichen Institutionen weiterhin spärlich flossen. Durch einen Kontakt des Kuratoriumsmitglieds Ossip K. Flechtheim in die West-Berliner SPD, nämlich zum Berliner Wissenschaftssenator Peter Glotz, gelang es 1978 tatsächlich, eine Grundfinanzierung über 230 000 DM zu erlangen, welche den Fortbestand zunächst sicherte.[402] Hinzu kam eine kleine Unterstützung durch die Stiftung Volkswagenwerk, die ja bereits seit den 1960er Jahren verschiedene Zukunftsforschungsprojekte – wie „The Limits to Growth" – unterstützt hatte.[403]

Methodisch und thematisch folgte das IFZ dem ZBZ der 1970er Jahre. Im Bereich der computerunterstützten Planung arbeitete das IFZ vor allem zur Energie- und Umweltplanung, etwa indem es für das Umweltbundesamt Energie- und Umweltdaten für ein Modell der OECD sammelte, welches die quantitativen Zusammenhänge zwischen Energiesystem und Umweltbeeinflussung zu ermitteln suchte.[404] Im Bereich der „Sozialplanung" rückten im lokalen Zugriff die Migration und die Integrationspolitik in den Blickpunkt. Mit Einsetzen der Wirtschaftskrise 1973/74 und der wachsenden Arbeitslosigkeit hatte die sozialliberale Koalition ja einen Stopp des Zuzugs von „Gastarbeitern" verhängt, und der Aspekt der mittel- und langfristigen Integration der Migranten in die bundesdeutsche Gesellschaft, bislang von der Zukunftsforschung nicht beachtet, wurde nun zum Gegenstandsbereich eines Projekts des IFZ. Finanziell unterstützt durch die Stiftung Volkswagenwerk, konnte 1976 das Projekt „Lernstatt im Wohnbezirk" starten, das mittels qualitativer Erhebungen in Berlin-Wedding untersuchte, inwieweit die in- und ausländische Wohnbevölkerung ihre soziale Umwelt „gemeinsam erkunden" und neue Lebens- und Wohnformen entdecken könnten. Das Projekt wurde von einem Sprachtraining für die teilnehmenden Migranten begleitet und trug damit sehr viel mehr den Charakter der Sozialarbeit denn der Zukunftsforschung.[405]

Hinzu trat ein Auftrag des Umweltbundesamtes, mit dem das IFZ erkundete, inwieweit es gelingen könne, Bürgerinitiativen in eine aktive Umweltpolitik einzubeziehen. Ein IFZ-Team analysierte die Strukturen und Ziele von Bürgerinitiativgruppen anhand einer standardisierten schriftlichen Befragung, die quantitativ ausgewertet wurde, und ergänzte dies durch Interviews mit Vertretern jener Institutionen, die mit Bürgerinitiativen im Rahmen der Umweltpolitik kooperierten (Umweltbeirat, Aktionszentrum Umweltschutz usw.). Anschließend entwarf das Team „Modelle verbesserter Partizipation", also Vorschläge zur verstärkten Einbindung von Bürgerinitiativgruppen. Auch hier arbeitete man mit einer Visuali-

---

[402] Ossip Flechtheim an Peter Glotz, 13.2.1978, und GZ/IFZ, Buchholz, an GFZFF, Schulze, 14.2.1978, in: IfZ, ED 701, 46.
[403] GZ, Buchholz, an Stiftung Volkswagenwerk, 16.3.1977, in: ebd., 47.
[404] IFZ-Forschungsprojekte, in: APWM 9 (1977), H.49, S.2.
[405] Ebd.; ZBZ-Pressemitteilung 2/1977, 10.3.1977, in: IfZ, ED 701, 47.

sierung der „Informationsströme im Partizipationsmodell", entwarf die Möglichkeiten einer verbesserten Interaktion im politischen System aber unabhängig von diesem Modell vor allem anhand einer Auswertung der Literatur – und mit Verweis auf die Zukunftswerkstätten Jungks.[406] Mithin bewegte sich das IFZ zunehmend im Arbeitsfeld einer empirischen, gegenwartsbezogenen Sozial- und Politikforschung, die es mit ergänzenden Elementen des Szenario-Writing und partizipativen Methoden wie den Zukunftswerkstätten verband.

Dies gilt im Kern auch für das von Helmut Klages initiierte Werte-Projekt. Klages war wohl schon auf der Weltkonferenz in Kyoto 1970 mit dem Vortrag Wakefields auf das Werte-Thema aufmerksam geworden.[407] 1971 dynamisierte der US-Soziologe Ronald Inglehart die Werteforschung, indem er einen Wertewandel in den westlichen Industriestaaten der 1960er Jahre diagnostizierte: Demnach hätten sich die Wertorientierungen von materialistischen zu post-materialistischen Werten verschoben.[408] Klages griff das Thema Wertewandel auf und veranstaltete 1978 gemeinsam mit dem Pädagogen Herbert Stachowiak ein Symposium des IFZ und der Gesamthochschule Paderborn zu „Werteinstellung und Wertwandel".[409] Dieses bildete den Ausgangspunkt für Klages' neues Forschungsthema, die Analyse des bisherigen und Prognose des kommenden Wertewandels in der bundesdeutschen Gesellschaft. Klages stützte sich auf Umfragen zur Messung des bisherigen Wandels, um daraus abgeleitet qualitative Szenarien zur Deutung des kommenden Wandels zu entwerfen; hierin spiegelten sich die methodischen Veränderungen der Zukunftsforschung in den späten 1970er Jahren geradezu paradigmatisch. Er gelangte so zu der These, dass weniger die Dimension Materialismus/Postmaterialismus entscheidend sei, sondern eine vielschichtigere Veränderung von Pflicht- und Akzeptanz- hin zu Selbstverwirklichungs- und Genusswerten.[410] Interessant ist, dass der „Wertewandelsschub" der 1960er Jahre auch in der Geschichtswissenschaft lange mit einem direkten Verweis auf Inglehart und Klages konstatiert wurde und dies erst in letzter Zeit der Differenzierung unterliegt.[411] Klages' These aber gerann erkennbar aus dem Klima der 1970er Jahre, aus dem Umfeld einer partizipativ angelegten, in die Neuen Sozialen Bewegungen drängenden Zukunftsforschung, welche ihre Überzeugungen vom Wan-

---

[406] Vgl. ebd.; Walter Andritzky/Ulla Wahl-Terlinden, Mitwirkung von Bürgerinitiativen an der Umweltpolitik. Forschungsbericht, Berlin 1978.

[407] Zur Teilnahme Klages' vgl. Helmut Klages, Methodological Problems of Measuring Social Innovation, in: Japan Society for Futurology (Hrsg.), Challenges, Bd. 3, S. 147–153; ebd., Bd. 4, S. 176.

[408] Ronald Inglehart, The Silent Revolution in Europe. Intergenerational Change in Post-Industrial Societies, in: American Political Science Review 65 (1971), S. 991–1017.

[409] GZ e.V., IFZ, Informationen zum Symposium „Werteinstellung und Wertwandel", Paderborn, 25.–27. Mai 1978, in: IfZ, ED 701, 47.

[410] Helmut Klages (Hrsg.), Symposion Werteinstellung und Wertwandel, Berlin 1978; Helmut Klages, Wertorientierungen im Wandel. Rückblick, Gegenwartsanalyse, Prognosen, Frankfurt a. M. 1984.

[411] Dies zeigten etwa Graf/Priemel, Zeitgeschichte, S. 479–508, S. 487f.; als Replik Dietz/Neumaier, Nutzen; zur neuesten Forschung Andreas Rödder, Wertewandel im geteilten und vereinten Deutschland, Köln 2012.

5. Sozialplanung und Partizipation   405

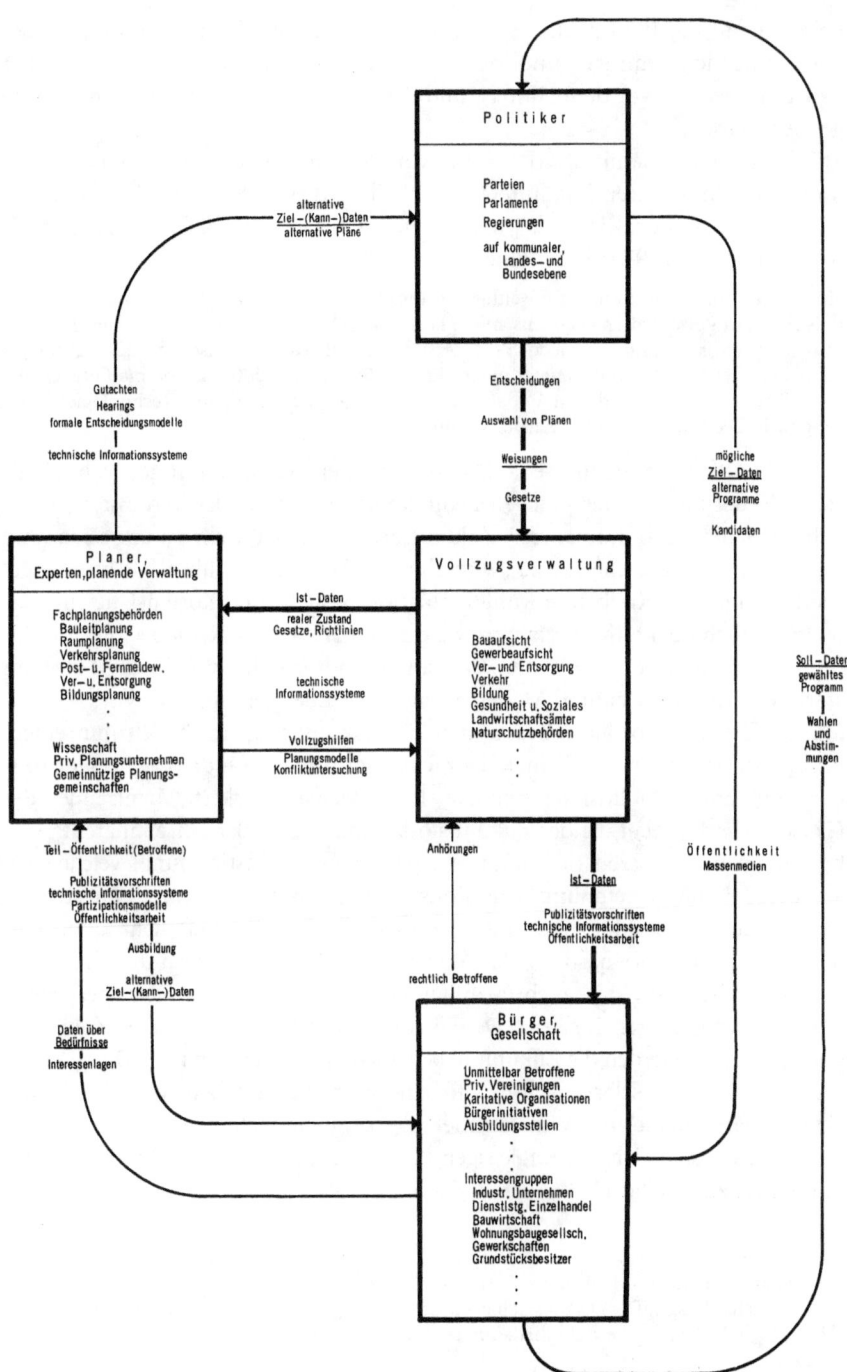

Abb. 14: Informationsströme im Partizipationsmodell (IFZ-Studie)

del dann auf die 1960er Jahre rückprojizierte. Unabhängig von der Validität der entsprechenden Umfragen und Szenarien muss die These vom Wertewandel der 1960er Jahre auch vor dem Hintergrund der Zukunftsforschung der 1970er Jahre gelesen werden.[412]

Erkennbar war damit das IFZ weiter von der Suche nach der „Lebensqualität" und den „wünschbaren Zukünften" getrieben. In diesem Sinne hielt der Physiker und Sozialwissenschaftler Rolf Kreibich, einer von drei Geschäftsführern und Direktoren des IFZ, 1979 als Leitlinie fest:

„In der Vergangenheit dominierte weithin ein ungebrochener Fortschrittsoptimismus als Ausfluß eines fast götzenhaften Glaubens an die Lösungsmacht von Wissenschaft und Technologie. In den letzten Jahrzehnten hat jedoch die Zerstörungskraft von Wissenschaft und Technologie Ausmaße erreicht [...], so dass nicht mehr ohne weiteres entscheidbar ist, ob die Entwicklung von Wissenschaft und die darauf aufbauende Technologieentwicklung und Technologieeinführung mehr Lebensqualität oder weniger schafft."[413]

Die Zukunftsforschung müsse deshalb untersuchen, welche künftigen technologischen Neuerungen unter welchen Bedingungen im Sinne der Verbesserung von Lebensqualität und humanerer Zukunftsgestaltung wünschenswert seien und welche Strategie am ehesten zu „wünschbaren Zukünften" führe. Als bevorzugte Methoden nannte Kreibich sowohl Simulationsmodelle und Kosten-Nutzen-Analysen als auch qualitative Verfahren wie die Szenario-Technik, die Delphi-Methode, Brainstorming und Zukunftswerkstätten, und er selbst war in der Folge am stärksten mit Szenarien und Modellierungen zur Energiepolitik befasst.[414]

Auch die übergeordnete Gesellschaft für Zukunftsfragen sah sich nun einem partizipativen Ansatz verpflichtet, der nicht nur normativ fundiert sein sollte, sondern fundamentalpolitisiert anmutete. Peter Menke-Glückert, Vorsitzender der GZ, kultivierte erneut die der Zukunftsforschung der 1970er Jahre inhärente Verbindung von Krisenszenarien und partizipativer Aufbruchstimmung, welche eben aus der Krisenwahrnehmung neue Konzentration und Gestaltungskraft ableiten wollte. Die „hochkomplizierte Industriegesellschaft" sei immer mehr „Störmöglichkeiten" unterworfen, so Menke-Glückert, und Entscheidungen in Politik, Verwaltung, Wirtschaft, aber auch im Alltag erfolgten unter „mehr Unsicherheiten" und „immer größeren Risiken". Dennoch sei die Zukunft, seien die „Zukünfte" gestaltbar: „Wir werden die Zukunft haben, die wir haben wollen".[415] Dies lebe die Zukunftsforschung selbst mit ihrer offenen und pluralen Arbeitsweise vor, indem sie Gegenargumente und Widerstände zu wissenschaftlich-technokratischer Planung zulasse, statt sich „an eingleisigen Planungsmodellen" und „Routinemodellschreinerei zu beteiligen".[416] Auch deshalb propagierte er 1978:

---

[412] Vgl. kritisch Heiner Meulemann, Wertewandel als Diagnose sozialer Integration, in: Jürgen Friedrichs (Hrsg.), Die Diagnosefähigkeit der Soziologie, Opladen 1998, S. 256–285.
[413] Kreibich, Forschungsbereichsgliederung, o. D., in: IZT, Ordner GZ/IFZ Protokolle.
[414] Ebd.
[415] Menke-Glückert, Mitglieder-Rundbrief, 31. 3. 1978, in: IfZ, ED 701, 42.
[416] Menke-Glückert, BMI, an Hans Buchholz, GZ, und an alle Vorstandsmitglieder der GZ, 30. 1. 1979, in: IZT, Ordner GZ/IFZ.

„Ziel aller Arbeit muß es sein, die notwendigen Änderungen in dieser Welt zu erreichen, die allein die Hoffnung auf eine gute Zukunft erlauben. [...] Dieses Handeln wird aber nur möglich sein, wenn es von der öffentlichen Meinung getragen wird. Weder Emotionen noch kaltes technokratisches Denken ohne Berücksichtigung der Bedürfnisse der Menschen können hier weiterhelfen".[417]

Die „öffentliche Meinung" sah Menke-Glückert insbesondere im alternativen Milieu und den Neuen Sozialen Bewegungen verkörpert, welche die Dynamik der Gesellschaft bestimmten und deren Bedürfnissen sich die Zukunftsforschung öffnen müsse. So müsse sie sich einstellen auf neue Vorstellungen, Wünsche und Ängste, wie sie im „Dauerprotest der jungen Generation", in „neue[n] alternative[n] Lebensstilen" wie ökologischen Kommunen, in „Zehntausende[n] von Bürgerinitiativen" erkennbar würden. Konkret identifizierte Menke-Glückert Zweifel an der „Zentralisierung", „Zweifel an Gigantomanie in Technik und Organisation", Kritik an Überbürokratisierung und die Suche nach „mittlerer Technologie – umweltfreundlicher, menschlicher, an kulturelle, regionale Grundbedürfnisse der Erdenbürger besser angepasst". Bedürfnisorientierung und Skepsis gegenüber Großtechnologien im alternativen Milieu waren ja – in der Wachstumsdebatte – zum Teil von der Zukunftsforschung mit induziert worden und wirkten nun wieder auf sie zurück. Die Gesellschaft für Zukunftsfragen müsse, so Menke-Glückert, ein Forum bieten, Diskussionen vorbereiten, stimulieren und vorantreiben, auch durch ungewohnte Szenarios. Orte dessen seien sowohl das „Status-Seminar über die Zukunft Berlins" als auch die „Hamburger Ökologie-Gruppe, die einen Weg zur lebendigen City sucht", ebenso „Bürger-Happenings" und neue Formen der Mitverwaltung und Nachbarschaftshilfen.[418]

Diesen partizipativen Ansatz zu praktizieren oblag vor allem der Hannoveraner Gruppe (der ehemaligen GFZFF), die zum Kommunikationszentrum für Zukunfts- und Friedensforschung GmbH mutierte. Ihren Geschäftsanteil an der GmbH, den Vorstandsmitglied Adolf Friedrich Schütte offenbar zunächst aus eigenen Mitteln vorschoss, übertrug sie an die Gesellschaft für Zukunftsfragen, die zum alleinigen Gesellschafter des Kommunikationszentrums wurde und in der Folge das Zentrum mit zunächst 20 000 DM, dann noch 5000 DM jährlich unterstützte; hinzu kam ein Zuschuss der Stadt Hannover.[419] Damit rückte nun statt der Dokumentation die Wissensvermittlung in das Aufgabenfeld des Hannoveraner Zentrums, das sich dafür zuständig erklärte, Zukunftswissen in „allgemeinverständliche[r]" Form zu verbreiten und zu visualisieren, indem es Seminare, Tagungen und Ausstellungen organisierte und „als neutraler Mittler das gegenseitige Verständnis über fachwissenschaftliche und andere Barrieren hinweg för-

---

[417] Pressedienst GZ, o. D., zur Jahrestagung am 18./19. 3. 1977, in: IfZ, ED 701, 7.
[418] Menke-Glückert, Mitglieder-Rundbrief der GZ, 31. 3. 1978, in: IfZ, ED 701, 42.
[419] Kommunikationszentrum für Zukunfts- und Friedensforschung in Hannover GmbH, Eintrag in Handelsregister, Amtsgericht Hannover, 12. 12. 1977; GZ Mitteilungen für die Mitglieder, 2/1978, in: Exilarchiv, NL Flechtheim, Kiste IFZ; Notarielle Beurkundungen, 13. 10. 1978 und 17. 3. 1980, beides in: IfZ, ED 701, 55. Zur Beihilfe der Stadt Hannover über 3500 DM für das Jahr 1980 CDU-Fraktion im Rat der Landeshauptstadt Hannover an Kommunikationszentrum ZZF, 18. 3. 1980, in: ebd., 61.

derte". Insofern ging es nicht nur um die Wissensvermittlung in die interessierte Öffentlichkeit, sondern auch um die Kontaktaufnahme zu Fachwissenschaftlern abseits der Zukunfts- und Friedensforschung. Die Friedensforschung, die man als Teilbereich der Zukunftsforschung verstand, wollten Schulze, Schütte und andere nicht aus dem Titel des Zentrums verschwinden lassen, obwohl sich das Kommunikationszentrum nun sehr viel stärker in der Zukunftsforschung bewegte.[420] Dass das Kommunikationszentrum zunächst ein hypertrophes, im Kern szientistisches Ziel einer „Erziehung" der Öffentlichkeit durch eine „neutrale" Wissenschaft verfolgte, wurde im Gründungsdokument ebenfalls fassbar: Zweck sei, so war dort zu lesen, die „optimale Erziehung der Öffentlichkeit zu Denk- und Handlungsweisen, die der Sicherstellung einer menschenwürdigen Zukunft dienen können." Freilich verband sich dies in ambivalenter Weise mit einem kommunikativen Ansatz, der Kommunikation selbst als Praxis systemanalytischen, nun „biokybernetische[n] Denken[s] ansah.[421] Das Zentrum berief sich dabei auf den Biochemiker Frederic Vester. Diesem war es gelungen, die Verbindung des kybernetischen Ansatzes mit dem Gegenstand Ökologie in einer globalen Perspektive, die im Grunde schon in „The Limits to Growth" steckte, öffentlichkeitswirksam zu besetzen und so im alternativen Milieu Kultstatus zu erlangen.[422] Im Sinne der Biokybernetik seien, so das Kommunikationszentrum Hannover, die „Probleme unserer Welt in komplizierter Weise vernetzt". Deshalb könnten Probleme meist nur gelöst werden, wenn auch andere mit angepackt würden. In diesem Sinne wollte das Kommunikationszentrum sowohl fachübergreifende Gespräche forcieren[423] als auch Vesters Thesen im Rahmen einer Ausstellung „Unsere Welt – Ein vernetztes System" an ein breiteres Publikum vermitteln.[424] Indem die Ausstellung „vernetztes Denken" lehre, werde sie „Menschen besser befähigen, die Probleme des Überlebens zu meistern."[425] Hierbei kooperierte das Kommunikationszentrum Hannover mit der kleinen Gesellschaft für Zukunftsmodelle und Systemkritik in Gelsenkirchen, die der in der Datenverarbeitung tätige Werner Mittelstaedt 1977 gegründet hatte. Sie sah sich ebenfalls einem ökokybernetischen Leitbild verpflichtet, das sich stark an Vester und an Flechtheims linke Systemkritik anlehnte.[426]

---

[420] Kommunikationszentrum für Zukunfts- und Friedensforschung in Hannover GmbH, Eintrag in Handelsregister, Amtsgericht Hannover, 12.12.1977, in: IfZ, ED 701, 55.
[421] Ebd.
[422] Frederic Vester, Das kybernetische Zeitalter. Neue Dimensionen des Denkens, Frankfurt a. M. 1974.
[423] Kommunikationszentrum für Zukunfts- und Friedensforschung – Hannover GmbH, o. D. (bei Gesellschaft für Zukunftsfragen e.V., Satzung), in: IZT, Ordner GF.
[424] IFZ an N.N., 24.11.1977 und 13.12.1977, in: IfZ, ED 701, 47.
[425] KZ ZFF (Kommunikationszentrum für Zukunfts- und Friedensforschung) an Oberstadtdirektor der Stadt Hannover, 3.7.1978, in: ebd., 55.
[426] GZS (Gesellschaft für Zukunftsmodelle und Systemkritik) an GZ, 9.8.1978, in: ebd., 47; zur Gesellschaft für Zukunftsmodelle und Systemkritik, die 2007 aufgelöst wurde, vgl. http://www.zukunft-gzs.de/ (letzte Abfrage 15.1.2015).

In der Folge bewegte sich das Kommunikationszentrum ganz in der Dynamik der Bürgerinitiativen und Neuen Sozialen Bewegungen. So organisierte man Gespräche zur Stadtplanung mit Bürgerinitiativen und Schülergruppen, aber auch ein „Fachgespräch" zur Situation der „Ausländer" in Berlin mit Wissenschaftlern des IFZ, Mitgliedern der Gesellschaft für Zukunftsfragen, Mitarbeitern des Ausländersekretariats des DGB, Repräsentanten der Kirche, der Stadt Berlin und ausländischen Mitbürgern.[427] Mit der Fundamentalpolitisierung infolge des NATO-Doppelbeschlusses und der Formierung der Friedensbewegung um 1980 orientierte sich das Kommunikationszentrum an den Neuen Sozialen Bewegungen und den entstehenden Grünen. 1981 organisierte es eine Zukunftswerkstatt zum Thema Ökologie und Frieden mit Robert Jungk und Petra Kelly.[428] Im Rahmen dessen erlebte nicht nur das Zukunfts-Ziel Frieden eine Renaissance in der Hannoveraner Gruppe, sondern es kam auch der Begriff der Zukünfte zu neuen Ehren, indem von „ökologische[n] Zukünfte[n]" die Rede war.[429] Dieser Kurs, sich so dezidiert auf dialogische Praktiken und zivilgesellschaftliche Akteure einzulassen, war schon nicht mehr der Kurs Lothar Schulzes, der sich 1980 vom Kommunikationszentrum zurückzog und den Stab des Geschäftsführers an den Soziologen Peter-Kristian Ledig übergab. Dieser machte in den Zukunftswerkstätten Jungks das Zukunfts-Modell der Zukunftsforschung aus. Er ventilierte 1981 auch die Umbenennung des Kommunikationszentrums in „Zukunftswerkstatt. Institut für Friedensforschung und Systemgestaltung GmbH", da der Begriff „Kommunikationszentrum" zu wenig auf aktive Kooperation ausgerichtet sei und zu wenig impliziere, „dass wir zu den Menschen gehen".[430]

Doch Anfang 1982 schlossen die Gesellschaft für Zukunftsfragen, das Institut für Zukunftsforschung und das Hannoveraner Kommunikationszentrum ihre Pforten. Die Grundfinanzierung des Berliner Senats für das IFZ war im Zeichen der erneuten Rezession infolge der zweiten Ölkrise nicht mehr verlängert worden; dasselbe galt für das Kommunikationszentrum und dessen Unterstützung durch die Stadt Hannover.[431] Aufträge aus öffentlichen Institutionen versiegten. Die Versuche Menke-Glückerts und Buchholz', über eine Kapitalerhöhung den Bestand des IFZ zu retten, kreuzten sich mit Initiativen aus der verbliebenen Belegschaft des IFZ, mit einem „Mitarbeiterbeteiligungsmodell" nicht nur das Institut zu retten, sondern auch Mitbestimmung bzw. „Selbstbestimmung" zu leben; dabei forderten die Mitarbeiter geradezu ultimativ jene Partizipation ein, welche sich doch das IFZ in seiner inhaltlichen Arbeit auf die Fahnen geschrieben hat-

---

[427] Schulze an Integrierte Gesamtschule Roderbruch, 19. 9. 1980, in: IfZ, ED 701, 61.
[428] Peter-Kristian Ledig, Aufstellung Kommunikationszentrum ZFF im 1. Halbjahr 1981, o. D., in: ebd., 55.
[429] Rüdiger Lutz an N.N., 20. 2. 1981, in: ebd., 61.
[430] KZ ZFF, Buchholz, an GZ, Menke-Glückert, 1. 9. 1981; KZ ZFF, Peter-Kristian Ledig, an Menke-Glückert, 7. 7. 1980, beides in: IfZ, ED 701, 55.
[431] IFZ, Erläuterungen zum Wirtschaftsplan 1981, 30. 9. 1980, mit der Angabe von 350 000 DM, die aber dann offenbar entfielen; vgl. Vorlage zur Vorstandssitzung der GZ: Sanierungskonzept IFZ, 30. 3. 1981, in: IZT, Ordner GZ/IFZ; Landeshauptstadt Hannover an Kommunikationszentrum ZFF, 13. 6. 1980, in: IfZ, ED 701, 55.

te.⁴³² Hinzu kamen tiefe Konflikte zwischen IFZ-Geschäftsführer Kreibich und dem Vorsitzenden der Gesellschaft für Zukunftsfragen Menke-Glückert, die sich um die Finanzen und Bilanzierungsfragen drehten, aber auch mit der Machtfrage in den Berliner Institutionen zu tun hatten.⁴³³

Menke-Glückert hatte schon 1979 enttäuscht festgestellt, dass in der „Krise" eben immer „Krisenmanager, kurz: Macher, nicht langfristige Überlegungen" gefragt seien.⁴³⁴ Ganz offenkundig war die Zukunftsforschung, waren Gesellschaft für Zukunftsfragen, IFZ und Kommunikationszentrum in den 1970er Jahren selbst in eine Krise geraten. Daran war nicht allein die Wirtschaftskrise schuld, die sicherlich politische Spielräume verengte, aber doch auch neue Nachfrage für politische Orientierung geboten hätte. Fragen lässt sich vielmehr, ob die drei Institutionen – und dies betraf im Grunde auch das Starnberger Institut – nicht zu sehr vom eigentlichen Ziel abgekommen waren, nämlich in einem wissenschaftlichen Sinne über Zukünfte nachzudenken und Szenarien zu erstellen. Zum einen bewegte man sich nun sehr stark im Feld der Alternativen und der Neuen Sozialen Bewegungen. Über Ökologie, Partizipation und internationale Entwicklung dachten aber schon deren Protagonisten nach, und sie gestalteten diese Überlegungen ebenso in der Praxis, in Anti-AKW-Gruppen, Friedensdemonstrationen und „Eine Welt"-Läden. Für die Zukunftsforschung war hier wenig Raum. Zum anderen war gerade das IFZ (und ähnlich das Starnberger Institut) stark im Bereich der empirischen Sozialforschung engagiert. Hier konkurrierte man mit der Soziologie und zunehmend mit der aufstrebenden Politikwissenschaft – die ja das Denken in Systemen in der „Systemelehre", aber auch die empirische Politische Soziologie in ihr Repertoire integriert hatte. Dass sich die Zukunftsforschung so nachdrücklich auf das Terrain der Neuen Sozialen Bewegungen und der (gegenwartsbezogenen) Sozialforschung begab, gründete in zwei Motiven: Zum einen war es eine Gegenbewegung zum Selbstverständnis der rationalen Prognostik und zu hypertrophen Steuerungsvorstellungen der 1960er Jahre, deren Grenzen sich abgezeichnet hatten. Zum anderen hatte das Zukunfts- und Planungsthema – in Politik und Öffentlichkeit – an Bedeutung verloren. Diese beiden Punkte hingen zusammen, denn die Grenzen der Prognostik und der Steuerungsbegeisterung waren auch in Politikberatungsprozessen offenkundig geworden. Dies wird im folgenden Kapitel zu untersuchen sein.

---

432 Vorstand der GZ, Vorlage zur Vorstandssitzung: Sanierungskonzept IFZ, 30.3.1981, sowie Positionspapier I der Mitarbeiter zur GZ-Vorstandssitzung am 28.4.1981 in Berlin, in: IZT, Ordner GZ/IFZ.
433 Rolf Kreibich und Peter Menke-Glückert machten hierzu in Gesprächen mit der Verf. (am 11.6.2009 bzw. 24.10.2009) unterschiedliche Aussagen. Kreibich gründete dann mit der Unterstützung eines Teils des Kuratoriums der Gesellschaft für Zukunftsfragen und des IFZ (Flechtheim und Mackensen) ein neues Institut für Zukunftsstudien und Technologiebewertung in Berlin, das – so Kreibich – es zunächst sehr schwer hatte, Aufträge zu akquirieren, aber heute noch existiert.
434 GZ, Menke-Glückert an Mitglieder, 2.4.1979, in: IfZ, ED 701, 42.

X. Diffusion und Verwendung von Zukunftswissen: Zukunftsforscher und Bundesregierung zwischen Planungseuphorie und Wachstumskritik

1. Die Konjunktur politischer Planung in den 1960er Jahren

Auf der Basis des wirtschaftlichen Booms, eines gesteigerten Reform- und Modernisierungswillens und eines positiv konnotierten Wissenschaftsverständnisses entwickelte sich in den westlichen Industriestaaten der 1950er und 1960er Jahre ein gestärktes politisches Interesse an Planungsansätzen. Sicherlich war Planung nicht neu: Versteht man (politische) Planung als „öffentlicher, verfahrensgestützter Vorgriff auf die Zukunft", der die Ausgestaltung von Gesellschaften zum Gegenstand hat[1], so wurde im Ersten Teil erläutert, dass sich Planungskonzepte und Planungspraxis Ende des 19. Jahrhunderts intensivierten, als aus den Ansprüchen des sich formierenden Sozialstaates, den Erfordernissen der „totalen" Kriegswirtschaft des Ersten Weltkrieges und dem Geist des *Social Engineering* Planung zunehmend verwissenschaftlicht wurde.[2] Nach 1945 etablierte sich in Frankreich relativ rasch eine staatliche Wirtschaftssteuerung als indikative Rahmenplanung, die *Planification Économique*. Ähnlich war dies in den Niederlanden mit dem Zentralen Planbureau. Zudem hatten Ansätze keynesianischer Steuerung die US-amerikanische New-Deal-Politik geprägt und flossen nach 1945 in die britische und amerikanische Wirtschaftspolitik ein.[3] In den 1960er Jahren galt politische Planung in den westlichen Industriestaaten geradezu als *trendy*, eben als modern, weil sie auf rationalen Auspizien und wissenschaftlichem und technischem Wissen zu basieren schien und die Zukunft – eine weitere Leitvokabel der 1960er – im Sinne einer Reformbegeisterung zu gestalten und zu steuern versprach. Dabei galt der Blick in Westeuropa meist den USA und deren Anstrengungen auf dem Feld der Forschungsplanung. Dies beeinflusste auch das ökonomisch zurückfallende Großbritannien: „If there was one concept at the heart of the raised expectations and dashed hopes of British politics in the 1960s, it was ‚planning'", konstatierte jüngst der Oxforder Historiker Glen O'Hara. Planung stand für „ideas of

---

[1] Van Laak, Planung, S. 306. Mit einer Umschau zeitgenössischer Definitionen von Planung, welche fast durchweg auf den Rationalitätsbegriff abheben, Klaus Lompe, Gesellschaftspolitik und Planung. Probleme politischer Planung in der sozialstaatlichen Demokratie, Bern, Stuttgart 1976, S. 25–37.
[2] U.a. Etzemüller (Hrsg.), Ordnung; van Laak/Metzler, Konkretion, S. 23–43; übergreifend Hölscher, Entdeckung.
[3] Zum Keynesianismus oben Kapitel I.2; vgl. auch Hall (Hrsg.), Power.

‚high modernism', a view of the world at once positivistic, linear and rational, celebrating the machine".[4]

Befruchtet wurden Planungsüberlegungen Anfang der 1960er Jahre in den Staaten der Europäischen Wirtschaftsgemeinschaft durch ein von der EWG-Kommission veröffentlichtes „Memorandum über das Aktionsprogramm der Gemeinschaft für eine zweite Stufe" des Integrationsprozesses. Dieses schlug eine mehrjährige „Programmierung" für eine stabilitätsorientierte Wachstumspolitik der EWG vor. Das Papier speiste sich aus dem Geist der *Planification*, spiegelte aber auch den neuen Planungsgeist und wurde auch von bundesdeutschen christdemokratischen Politikern – wie dem Präsidenten der EWG-Kommission Walter Hallstein – unterstützt.[5]

In der bundesdeutschen Politik zeigte man sich gegenüber Konzepten sektoren- und regionenübergreifender Planung zumindest auf bundespolitischer Ebene noch bis in die 1960er Jahre reserviert. Eine Rolle spielte hier die Zwangswirtschafts-Erfahrung des NS-Regimes und der unmittelbaren Nachkriegszeit; hinzu kam aber vor allem die delegitimierende Wirkung durch die DDR-Planwirtschaft. Erst Anfang der 1960er Jahre verliehen erste Entspannungssignale konvergenztheoretischen Ansätzen Auftrieb und nahmen der Diskussion um Planung die ideologische Schärfe. Abgesehen von Kanzler Ludwig Erhard, der Planung mit Dirigismus gleichsetzte, öffneten sich nun Teile der Union keynesianischen und planerischen Ideen; vor allem in der CSU – mit Franz Josef Strauß an der Spitze – wuchs das Interesse für den technisch-wissenschaftlichen Fortschritt und seine Steuerung.[6]

Die SPD war nach der Verabschiedung des Godesberger Programms zunächst noch zurückhaltend mit dem Planungsbegriff in Abgrenzung zur DDR-Planwirtschaft. Doch erschien ihr Planung ab Mitte der 1960er Jahre immer stärker als kongeniales Einfallstor zu einem Leitbild modernen, rationalen Regierens, welche ein Abgrenzungsmerkmal zumindest zur Erhard-CDU zu bieten schien. Zugleich

---

[4] O'Hara, Dreams, S. 1.
[5] Memorandum der Kommission über das Aktionsprogramm der Gemeinschaft für die zweite Stufe, Kap. VII, in: Plitzko (Hrsg.), Planung, S. 285–296, Zit. S. 288 f.; vgl. Walter Hallstein, Vorausschauende Wirtschaftspolitik in der EWG, in: ebd., S. 11–17; Nützenadel, Stunde, S. 214–222; Metzler, Konzeptionen, S. 232–240.
[6] Vgl. ebd., v. a. S. 225–306; Dies., Am Ende aller Krisen? Politisches Denken und Handeln in der Bundesrepublik der sechziger Jahre, in: Historische Zeitschrift 275 (2002) S. 57–103; Ruck, Planungsdiskurse, S. 289–325; Hans Günter Hockerts, Planung. Einführung, in: Frese/Paulus/Teppe (Hrsg.), Demokratisierung, S. 249–257; wichtig auch zum Planungsdenken Süß, Ganze; zum Planungsdiskurs in den frühen 1960er Jahren Plitzko (Hrsg.), Planung; Bergedorfer Gesprächskreis zu Fragen der freien industriellen Gesellschaft (Hrsg.), Nr. 13: Planung; Herbert Giersch/Knut Borchardt (Hrsg.), Diagnose und Prognose als wirtschaftswissenschaftliche Methodenprobleme. Verhandlungen auf der Arbeitstagung des Vereins für Sozialpolitik, Gesellschaft für Wirtschafts- und Sozialwissenschaften in Garmisch-Partenkirchen 1961, Berlin 1962; zum offeneren Planungsverständnis in der bayerischen Industrie- und Strukturpolitik schon in den 1950er Jahren Stefan Grüner, Geplantes „Wirtschaftswunder"? Industrie- und Strukturpolitik in Bayern 1945 bis 1973, München 2009; hier etwa Alfons Goppel, Ein Land plant seine Zukunft, in: Ernst Schmacke (Hrsg.), Bayern auf dem Weg in das Jahr 2000. Prognosen, Düsseldorf 1971, S. 11–29.

konnte die SPD an das tradierte Fortschrittsverständnis der Arbeiterbewegung anknüpfen.[7] In den vom Vorstand erstellten und vom Parteitag in Nürnberg 1968 verabschiedeten „Sozialdemokratischen Perspektiven im Übergang zu den siebziger Jahren" propagierte sie, die SPD sei „die fortschrittliche Volkspartei der Bundesrepublik, sie hat aus der Vergangenheit die notwendigen Lehren gezogen, sie kennt ihre Verantwortung in der Gegenwart und sie unternimmt alle Anstrengungen, um den Anschluß des deutschen Volkes an die Zukunft zu sichern".[8] An diese Überlegungen knüpfte der 1970 vom Saarbrücker Parteitag in Auftrag gegebene „Orientierungsrahmen 85" an.[9] Nicht ganz so begeistert wie der britische Labour-Vorsitzende Harold Wilson begrüßten viele Sozialdemokraten den wissenschaftlich-„technische[n] Fortschritt".[10] Im technologischen und wissenschaftlichen Wandel erblickte man die „Zweite industrielle Revolution"[11], welche die Modernisierung bewerkstelligte, aber auch eine Herausforderung, weil sie den Charakter von Arbeit grundlegend verändern werde und eine „planvolle Vorsorge für neu auftretende Strukturwandlungen in Wirtschaft und Gesellschaft" erfordere.[12]

Vor allem Sozialdemokraten diagnostizierten nun (ähnlich wie die Protagonisten der Zukunftsforschung), dass der „schnelle technische, wissenschaftliche, wirtschaftliche und soziale Wandel, der unsere Zeit wie keine Epoche vorher kennzeichnet"[13], und das damit verbundene Wachstum sozialer Komplexität die Anforderungen an die Politik explosionsartig zu erhöhen schienen. Überkommene Entscheidungs- und Handlungsstrukturen in Regierung und Verwaltung könnten diese Anforderungen nicht mehr adäquat erfüllen. Insofern schien es erforderlich, dass der Staat den gesellschaftlichen Wandel und seine Implikationen abfing und aktiv steuerte. Im Zeichen einer Modernisierung der Politik müsse sich diese planerischen und wissenschaftlichen Methoden öffnen, um Aufgaben,

---

[7] Michael Ruck, Von der Utopie zur Planung. Sozialdemokratische Zukunftsvisionen und Gestaltungsentwürfe vom 19. Jahrhundert bis in die 1970er Jahre, in: Ders./Michael Dauerstädt, Zur Geschichte der Zukunft. Sozialdemokratische Utopien und ihre gesellschaftliche Relevanz, Bonn 2011, S. 7–77, hier S. 10–18.

[8] Sozialdemokratische Perspektiven im Übergang zu den siebziger Jahren, in: Ehmke (Hrsg.), Perspektiven, S. 24.

[9] Vgl. Geyer, Rahmenbedingungen, S. 27–30; Ruck, Utopie, S. 53–55.

[10] Sozialdemokratische Perspektiven, in: Ehmke (Hrsg.), Perspektiven, S. 33; David Edgerton, Doomed to Failure? Wilsons' ‚White Heat of the Scientific Revolution' and Renewal of Britain, in: British Politics Review 9 (2014), H. 3, S. 12f.; Maurice W. Kirby, Blackett in the „white heat" of the Scientific Revolution. Industrial Modernization under the Labour Governments, 1964–1970, in: The Journal of the Operational Research Society 55 (1999), S. 985–993.

[11] Waldemar von Knoeringen, Kulturpolitik und Volksbildung im weltanschaulichen, politischen und wirtschaftlichen Spannungsfeld unserer Zeit. Rede bei der Landesdelegiertenkonferenz des SPD-Landesverbands Nordrhein-Westfalen in Köln, 11.7.1964, in: Grebing/Süß (Hrsg.), Waldemar von Knoeringen, S. 210; vgl. Nützenadel, Stunde, S. 214–222, 234–244; Metzler, Konzeptionen, S. 225–231.

[12] Sozialdemokratische Perspektiven, in: Ehmke (Hrsg.), Perspektiven, S. 23.

[13] Reimut Jochimsen, Vorwort, in: Hans Werner Kettenbach (Hrsg.), Der lange Marsch der Bundesrepublik. Aufgaben und Chancen der inneren Reformen, Düsseldorf, Wien 1971, S. 7–16, hier S. 8; fast wortgleich Goppel, Land.

Verfahren und Ressourcen „rational" zu planen.[14] Angesichts des Wandels der Gesellschaft, so argumentierten die sozialdemokratischen „Perspektiven", müsse eine „zukunftsorientierte Politik" von „dem Willen beseelt sein, erkennbare und unerwünschte Entwicklungen zu unterbinden, erkennbare und unvermeidliche Entwicklungen frühzeitig in den Griff zu bekommen, vor allem aber: wünschenswerte Entwicklungen zu erkennen, zu fördern und einzuleiten."[15] Im Kern wollte die Sozialdemokratie den zukünftigen Fortschritt mit Planung kontrollieren, also „sichern"[16], und ihn zugleich gestalten. Ebenso müsse Planung, so der Sozialdemokrat und Leiter der Planungsabteilung im Kanzleramt Reimut Jochimsen, als notwendig erachtete Umstrukturierungen durchschaubar machen. Der Bürger sollte durch Planung über die Alternativen der Zukunft informiert werden, also in die Planungsprozesse einbezogen werden. Jochimsen konstruierte eine direkte Verbindung von Planung und Partizipation und propagierte, Planung könne den „gesellschaftlichen Horizont" erweitern".[17] Damit war für Jochimsen Planung Voraussetzung für „Freiheitssicherung und -mehrung": In einer Gesellschaft des permanenten Wandels sei Freiheit ohne ein Mindestmaß an wirtschaftlicher und sozialer Unabhängigkeit sowie Chancengleichheit nicht zu verwirklichen, und hierfür bedürfe man der Sicherung durch „langfristige Planung".[18]

Der Sozialdemokrat Jochimsen freilich entstammte – ebenso wie Ehmke und der Exponent der „Globalsteuerung" Karl Schiller – der Wissenschaft und war nun in die Politik gewechselt. Die Parteiführung – in Gestalt von Parteichef Willy Brandt, aber auch Stellvertreter Helmut Schmidt – trug diese euphorische Deutung von Planung nur bedingt mit und sah sich einem Verständnis von Zukunftspolitik verpflichtet, das zwar auf Reformen und Mittel- bis Langfristigkeit[19] ausgerichtet war, aber doch nicht den *Modus* Planung, sondern die politischen *Ziele* in den Vordergrund stellte. So informierte sich Brandt Mitte der 1960er Jahre in den USA über die Planungsansätze der Think-Tanks und verlieh sich damit den Anstrich des progressiven, modernen Politikers, der ja auch Anregungen für eine „moderne" Wahlkampfführung aus den USA mitbrachte.[20] Im Kern aber sah

---

[14] Jochimsen, Vorwort, S. 12; vgl. Ders., Planung der Aufgabenplanung, in: Finanzpolitik und Landesentwicklung. Forschungsberichte des Ausschusses „Raum und Finanzen" der Akademie für Raumforschung und Landesplanung, Hannover 1972, S. 61–70; zu Leitbildern des Planens Hartmut Bebermeyer, Regieren ohne Management? Planung als Führungsinstrument moderner Regierungsarbeit, Stuttgart 1974, S. 9–24; zahlreiche Beispiele zum Rationalitätsdiskurs bei Metzler, Konzeptionen, S. 209–218.
[15] Sozialdemokratische Perspektiven, in: Ehmke (Hrsg.), Perspektiven, S. 33.
[16] Zur Gesellschaft, die „die Zukunft des deutschen Volkes sichert", ebd., S. 24.
[17] Reimut Jochimsen, Die Zukunft in den Griff bekommen. Reformen aus der Sicht des Planers, in: Hans D. Kloss (Hrsg.), Damit wir morgen leben können. Innere Reformen – politische Antworten auf Mängel im Industriestaat, Stuttgart 1972, S. 123–134, hier S. 134.
[18] Ders., Vorwort, S. 11.
[19] Im Verständnis der Parteien und der Exekutive umfasste mittelfristige Planung meist Zeiträume zwischen drei und fünf Jahren, darüber hinaus ging – bis zu 15 Jahren – die längerfristige Planung; vgl. Süß, Ganze, S. 358–366; Metzler, Konzeptionen, S. 354–356.
[20] Auf dem Weg in die Zukunft, in: Vorwärts, 8.7.1964; zur „Amerikanisierung" von Brandts Wahlkampfstrategien Julia Angster, Der neue Stil. Die Amerikanisierung des Wahlkampfs und

Brandt Zukunftspolitik aus der Warte übergreifender leitender Zielsetzungen – dies waren die Friedenssicherung mit der Neuen Ostpolitik, die Schaffung sozialer Gerechtigkeit und die Stärkung von Chancengleichheit in der Bildungs- und Sozialpolitik. Auch Brandt und Schmidt registrierten, dass Wissenschaft und Technik den Wandel beschleunigten, und wollten Politik längerfristig angehen. Doch ging es ihnen vor allem darum, im Wandel die Leitwerte soziale Gerechtigkeit und Chancengleichheit zu stärken und so die Reformpolitik mit „Stabilität" zu verbinden – also den Fortschritt durch Reformen auf Dauer zu sichern. Brandt argumentierte:

„Wir dürfen nicht in die Zukunft blind hineinstolpern. Für die Bewältigung der Zukunft hat meine Partei, die SPD, ein realistisches Konzept entwickelt, das wir als führende Kraft der deutschen Politik verwirklichen werden. Eine Reformpolitik, die die Stabilität unserer wirtschaftlichen und gesellschaftlichen Ordnung garantiert, notwendige Änderungen beschleunigt und damit unsere Sicherheit erhöht".[21]

Gleichwohl: Zunächst schien Planung sich selbst zu bestätigen. Denn nachdem die kurze wirtschaftliche Krise 1966/67 rasch einem neuen Aufschwung gewichen war, überwog in allen Parteien der – in der Forschung nicht belegte – Eindruck, dass hier der Einsatz der ökonomischen Globalsteuerung Schillers gewirkt habe. Planung wurde nun „eine schillernde Metapher für Modernität, Fortschrittsglauben und Veränderungswillen", die nicht unumstritten war, doch die „diskursbeherrschend[e]" Züge trug.[22]

In Verbindung mit dem Planungsbegriff avancierte „Rationalität" Mitte der 1960er Jahre geradezu zur „politische[n] Leitvokabel"[23]. „Einer konsequenten politischen Führung", so nicht nur Reimut Jochimsen, „ist Planung notwendiges Mittel, die Folgen politischen Handelns zu erkennen, Alternativen aufzuzeigen und so künftige Entscheidungen vorbereitend zu rationalisieren".[24] Die Überlegung, Entscheidungen zu „rationalisieren", speiste sich zum ersten aus der genannten Verunsicherung angesichts einer wahrgenommenen Beschleunigung des sozialen und technischen Wandels, in der Rationalität als wissenschaftliche, systematische Problembehandlung Sicherheit versprach und in der Komplexität der Gegenwart Ordnung schaffen sollte.[25] Zum zweiten lässt sich der Rekurs auf

---

der Wandel im Politikverständnis bei CDU und SPD in den 1960er Jahren, in: Frese/Paulus/Teppe (Hrsg.), Demokratisierung, S. 181–204.

[21] Willy Brandt, Interview für die Illustrierte „Jasmin", Telegramm 20.5.1969, in: AsD, WBA, 1/WBA-Publ0331 (alt 308); ähnlich Willy Brandt, Redemanuskript o. T., 22.4.1964, in: ebd., A3 (neu) Publ., 1/WBA-Publ0194 (alt: 178), 16.4.64–29.4.64; zu diesem Verständnis von Zukunftssicherung Conze, Sicherheit, S. 372; vgl. ähnlich Helmut Schmidt, in: Ehmke (Hrsg.), Perspektiven, S. 35–38; zur Diskussion in der SPD um den Kerntext von Ehmke in den „Perspektiven" Klaus Schönhoven, Wendejahre. Die Sozialdemokratie in der Zeit der Großen Koalition 1966–1969, Bonn 2004, S. 643–666.

[22] Süß, Ganze, betont die Bedeutung, welche die Überwindung der wirtschaftlichen Krise 1966/67 für die Planungseuphorie besaß, Zit. S. 349.

[23] Metzler, Konzeptionen, S. 209, vgl. ebd., S. 209–225.

[24] Jochimsen, Vorwort, S. 12.

[25] Vgl. Süß, Ganze, S. 362; zur Planung als Ordnungsreflex Doering-Manteuffel, Ordnung, S. 398–406.

Rationalität einem „konsensliberalen" Denken zuordnen, welches sich vor allem das linksliberale und das sozialdemokratische Spektrum der Bundesrepublik in den 1950er Jahren aneigneten. Wie im Zusammenhang mit dem Congress for Cultural Freedom dargestellt, besaß der Konsensliberalismus seine Wurzeln im angelsächsischen Liberalismus und seiner lockeanischen Tradition, die das vernunfthafte, fortschrittsoptimistische Individuum mit seinen persönlichen Rechten und Freiheiten betonte, sowie im US-amerikanischen Pragmatismus. Gemäßigt etatistisch ausgerichtet, integrierte „konsensliberales" Denken auch die Planung sozialer und wirtschaftlicher Vorgänge und eine „rational geplante Reformpolitik". Hier stand Rationalität für die im CCF auch von Daniel Bell beschworene „post-ideologische" Versachlichung.[26] Ebenso konnte drittens unter Rationalität die Tradition der Aufklärung verstanden werden, in der der mündige, vernünftige Mensch sich freie Entscheidungs- und Partizipationsmöglichkeiten schafft. In diesem Sinne hatte etwa auch Jochimsen mit der Verbindung von Planung und Partizipation argumentiert.[27]

Gerade im Lichte der Suche nach „Rationalität" verband sich die Planungskonjunktur mit einem Schub der Verwissenschaftlichung. Zweifellos – dies zeigte Kapitel II – hatte die wissenschaftliche Politikberatung schon im Zweiten Weltkrieg eine neue Dimension erreicht. Doch je mehr Planung, also die aktive Zukunftsgestaltung, als Aufgabe des Staates bzw. der Politik erschien, desto mehr brauchte man für die expandierenden Staatsfunktionen auch die entsprechenden Analysen und „systematisch erzeugtes Wissen", eben Expertise.[28] Expertise wird hier verstanden als sachkundiges, also nicht zwingend wissenschaftliches Wissen, das einen Bezug zur politischen Problembearbeitung und Entscheidung hat, mithin im gewissen Sinne Handlungswissen darstellt. Damit hebt es auf den Anspruch der potentiellen Experten bzw. die Erwartung der potentiellen Klienten ab, die „Sachverständigen könnten mit ihrem Wissen einen Beitrag zur Identifizierung oder Lösung relevanter gesellschaftlicher Probleme leisten".[29] Experten können für verschiedene Aufgaben innerhalb des Politikzyklus eingesetzt werden. Sie wirken etwa im Bereich der Problemdefinition und Agenda-Gestaltung, indem sie Themen setzen, sie liefern Handlungswissen und versachlichen, also rationalisieren

---

[26] Doering-Manteuffel, Wie westlich, S. 89, vgl. ebd., S. 75–90; Hochgeschwender, Freiheit; Metzler, Konzeptionen, S. 215f.
[27] Vgl. Jochimsen, Zukunft, S. 134; so auch aus der Zukunftsforschung Helmut Klages, Planungspolitik. Probleme und Perspektiven der umfassenden Zukunftsgestaltung, Stuttgart u. a. 1971.
[28] Peter Weingart/Martin Carrier/Wolfgang Krohn, Experten und Expertise, in: Dies (Hrsg.), Nachrichten aus der Wissensgesellschaft. Analysen zur Veränderung der Wissenschaft, Weilerswist 2007, S. 293–304, S. 73.
[29] Saretzki, Wissen, S. 348; vgl. Ders., Demokratisierung von Expertise? Zur politischen Dynamik der Wissensgesellschaft, in: Ansgar Klein/Rainer Schmalz-Bruns (Hrsg.), Politische Beteiligung und Bürgerengagement in Deutschland. Möglichkeiten und Grenzen, Baden-Baden 1997, S. 277–313, S. 277f.; Cornelia Altenburg, Kernenergie und Politikberatung. Die Vermessung einer Kontroverse, Wiesbaden 2010, S. 32. Weingart/Carrier/Krohn, Experten, S. 293, sehen enger noch die Expertise als „für den Spezialfall generiertes Handlungswissen", S. 293.

Konflikte während der Politikimplementation, und sie kontrollieren und legitimieren Entscheidungen, indem sie ex post deren sach- und vernunftgestützte Basis aufzeigen.[30] In der Tat lässt sich zeigen, dass in den 1950er und 1960er Jahren die Einbindung wissenschaftlicher und sachverständiger Expertise einen Schub erlebte. So expandierten in der Bundesrepublik die Zahl der Beiräte, der staatlichen und parteinahen Forschungsinstitute sowie die Auftragsvergabe an unabhängige Forschungseinrichtungen.[31] Experten unterschiedlicher Provenienz dienten als Berater und Wissensproduzenten, darunter die angewandte Wirtschaftsforschung bzw. Unternehmensberatungen, Natur- und Sozialwissenschaftler, aber auch die Zukunftsforschung.[32]

Dass die Zukunftsforschung eingebunden wurde, überrascht insofern nicht, als die Planungsverständnisse der 1960er Jahre ja von der Überlegung geprägt wurden, Probleme systematisch und längerfristig zu antizipieren. Die sozialdemokratischen „Perspektiven" stellten Anfang 1969 den direkten Bezug zwischen Planung und Zukunftsforschung her:

„Die Zukunft hat schon begonnen. Der gegenwärtige Stand und die vorausschaubare Entwicklung der Forschung und der Technologie ermöglichen sowohl die Zerstörung der Welt als auch die Lösung ihrer Probleme. […] Der Stand der Wissenschaft erlaubt es heute, vorauszuschauen. […] Daher ist neben der Teamarbeit der politisch Verantwortlichen die Zusammenarbeit der Politiker mit Wissenschaftlern und Technikern zwingende Voraussetzung zur Bewältigung der Zukunftsaufgaben. Die Zukunftsforschung, die bei uns in der Bundesrepublik praktisch noch nicht existiert, in anderen Ländern jedoch schon seit längerem betrieben wird, gestattet uns, einige wichtige Entwicklungsstufen der siebziger Jahre zu erkennen."[33]

Dabei ging es der SPD nicht nur darum, mit den Projektionen der Zukunftsforschung eine Grundlage zu schaffen, um „in die siebziger Jahre mit neuen, richtig eingepaßten politischen Zielsetzungen hineingehen zu können".[34] Ebenso wollte der planungsbegeisterte Teil der Sozialdemokraten mit Zukunfts-Expertise den „Staat" modern, effizient und damit leistungsfähig gestalten; denn auf dem Staat, so der SPD-Politiker Klaus von Dohnanyi, in den 1960er Jahren Leiter der Abteilung Planung und Prognosen des Sozial- und Meinungsforschungsinstituts Infratest und 1968 zum Staatssekretär im Wirtschaftsministerium avanciert, gründe die moderne Industriegesellschaft mit ihren Leistungen für den Bürger. Eine zen-

---

[30] Von Beyme, Politik; Mai, Politikberatung, S. 662f.; Ralf Herbold, Wissenschaft für die Politik, in: Weingart/Carrier/Krohn (Hrsg.), Nachrichten, S. 83–92, hier S. 87–92.

[31] Mit Zahlen Wilfried Rudloff, Einleitung, in: Fisch/Rudloff, Experten, S. 13–57; vgl. Ders., Verwissenschaftlichung, S. 216–257; Peter Weingart/Günter Küppers, Forschung im Dienst des Staats, in: Weingart/Carrier/Krohn (Hrsg.), Nachrichten, S. 72–82; vgl. auch die Literaturhinweise in der Einleitung.

[32] Zur angewandten Wirtschaftsforschung Nützenadel, Stunde, v. a. S. 328–336; zum Spektrum von Beratern z. B. für die Projektgruppe für Regierungs- und Verwaltungsreform Winfried Süß, „Rationale Politik" durch sozialwissenschaftliche Beratung? Die Projektgruppe Regierungs- und Verwaltungsreform 1966–1975, in: Fisch/Rudloff (Hrsg.), Experten, S. 329–348; Kreibich, Zukunftsforschung Bundesrepublik, S. 82–87; als Quelle Rainer Waterkamp, Futurologie und Zukunftsplanung. Forschungsergebnisse und Ansätze öffentlicher Planung, Stuttgart u. a. 1970, v. a. S. 11–15.

[33] Sozialdemokratische Perspektiven, in: Ehmke (Hrsg.), Perspektiven, S. 33.

[34] Helmut Schmidt, in: ebd., S. 36.

trale Planungsstelle im Kanzleramt solle deshalb „differenzierte methodische Ansätze" wie das computerunterstützte US-„Planning-Programming-Budgeting-System" verwenden. Auch in den Ministerien müsse das „Verhältnis von zentraler Zielformulierung zu dezentraler, selbstverantwortlicher Durchführung, verflochten durch zweispurige Informationssysteme" hergestellt werden.[35] Mithin erhoffte sich die Sozialdemokratie von der Zukunftsexpertise – auch von Akteuren der Zukunftsforschung –, Entwicklungen und Folgen politischen Handelns systematisch zu antizipieren, um in der Phase der Problemdefinition und des Agenda-Settings frühzeitig reagieren und die Entwicklung steuern zu können, und begleitendes Handlungswissen im Bereich der Organisations- und Verfahrensplanung zu liefern.

2. Holistisches Planungsverständnis: Expertisen für die Planungsabteilung des Bundeskanzleramts 1966–1973

Das zentrale „Planungsfeld" der Bundespolitik ab Mitte der 1960er bis in die frühen 1970er Jahre bildete der Aufbau ressortübergreifender Planungskapazitäten im Bundeskanzleramt. Das Kanzleramt, in der Adenauer-Ära unter Staatssekretär Hans Globke effizientes Koordinationszentrum, geriet in der Regierungszeit Ludwig Erhards und Kurt Georg Kiesingers in die Kritik. Vor dem Hintergrund des skizzierten wissenschaftlichen, politischen und auch medialen Interesses am „modernen" Regieren kritisierten die Presse, aber auch administrative Eliten Aufbau, Ablaufplanung und Ausstattung des Kanzleramtes. Es komme seiner Aufgabe als Koordinations-, Informations- und Kontrollorgan nur unzureichend nach, da es auf „moderne Führungsstäbe", „politische Planung und systematische Datenverarbeitung" verzichte[36]; zudem weise es, so der „Spiegel", gravierende technische Schwächen auf, bis hin zu nicht funktionierendem Kopiergerät und ausgefallener Gegensprechanlage im Kanzlervorzimmer.[37] Erste Reformversuche leitete noch Ludwig Erhard ein, indem er 1965 ein Referat „Politische Planung" einrichtete, das sich weitgehend auf die Organisation eines informellen Beraterkreises des Kanzlers beschränkte. Anfang 1967 installierte Kurt Georg Kiesinger einen Planungsstab, der als Informationsorgan für den Kanzler dienen, wissenschaftlich fundierte Unterlagen vorbereiten und damit die Richtlinienkompetenz des Kanzlers stärken sollte. Realiter widmete sich der Planungsstab insbesondere der Vergabe von Forschungsaufträgen zur Verbesserung von Planungs- und Entscheidungssystemen in der Bundesregierung, aber auch gesellschafts- und wirtschafts-

---

[35] Klaus von Dohnanyi, Regierung und Verwaltung, in: ebd., S. 156–159, Zit. S. 156, 158. Zu Dohnanyi vgl. Information, in: Ehmke (Hrsg.), Perspektiven, S. 171.
[36] Rolf Zundel, Hofstaat oder Kanzlerstab? Erkenntnis aus der Wehrkrise? Kiesinger fehlt ein brauchbares Regierungsinstrument, in: Die Zeit, 28.7.1967; vgl. die Kritik des Ministerialrates im Bundeskanzleramt Klaus Seemann, Werden wir modern regiert?, in: Die Welt, 25.1.1967; für das Folgende Süß, Ganze.
[37] Vgl. Der Macher, in: Der Spiegel, H. 6, 1.2.1971, S. 28–42.

politischen Analysen und der ad-hoc-Beratung in aktuellen Fragen. Kiesinger verlor allerdings zunehmend das Interesse am Planungsstab, den er nach dem Anziehen der Konjunktur wohl auch weniger dringend brauchte. Ohnehin war der Stab nur wenig in die Strukturen des Kanzleramtes eingepasst worden, weil zum einen die Fachreferate um ihre Scharnierfunktion besorgt waren und zum anderen die zentralen Entscheidungen in der Großen Koalition nicht im Kanzleramt, sondern in den Fraktionsführungen fielen.[38]

Noch in der Großen Koalition rückte neben der Aufgabenplanung – als Abstimmung von Handlungsfeldern auf einen Zielkatalog – die Verfahrensplanung, also die Steuerung und Organisation politischer Prozesse, in den Mittelpunkt der Tätigkeit des Planungsstabes. Verantwortlich hierfür war auch die Projektgruppe für Regierungs- und Verwaltungsreform. Dieses Gremium aus Vertretern des Kanzleramtes und weiterer Ministerien, dem ein Kabinettsausschuss übergeordnet war, war noch während der Großen Koalition Anfang 1969 auf Drängen des SPD-Politikers Horst Ehmke eingerichtet worden. Es sollte Vorschläge für eine Kabinettsreform erarbeiten, welche insbesondere eine bessere Koordination zwischen den Ministerien umfasste. Bundesregierung und Verwaltung sollten in ihren Arbeiten „den Bedürfnissen der staatlichen Gemeinschaft und ihren Zukunftsproblemen gerecht" werden. Die Gruppe schlug im Bereich der Planung z. B. die Schaffung eines Planungsdatenspeichers und eine Arbeitsgemeinschaft von Planungsbeauftragten der Ministerien vor – Punkte, die nach dem Regierungswechsel weitgehend übernommen wurden.[39]

Mit dem Regierungswechsel 1969 erweiterte sich der Planungsstab zur Planungsabteilung, und dies stand ganz im Kontext einer propagierten Reformpolitik: Die Regierung müsse, so Brandt in seiner Regierungserklärung, „bei sich selbst anfangen, wenn von Reformen die Rede ist". Das Bundeskanzleramt und die Ministerien würden „in ihren Strukturen und damit auch in ihrer Arbeit modernisiert".[40] In der Folge machte Brandts neuer Kanzleramtsminister Horst Ehmke in einem auffälligen, technikaffinen Reformelan die Planungspolitik zum

---

[38] BKA, Vermerk Bebermeyer, 6.3.1967, und Protokoll über Besprechung „Gedankenaustausch über Planungseinrichtungen der obersten Bundesbehörden" am 8.10.1968, vom 29.10.1968, in: BAK, B 136, 14064; vgl. Süß, Ganze, S. 351–357; Heribert Schatz, Auf der Suche nach neuen Problemlösungsstrategien. Die Entwicklung der politischen Planung auf Bundesebene, in: Mayntz/Scharpf (Hrsg.), Planungsorganisation, S. 26 f.

[39] Hans Hegelau, Die Arbeit der Projektgruppe „Regierungs- und Verwaltungsreform" als Beispiel einer Kooperation zwischen Verwaltung und Verwaltungswissenschaft, in: Wissenschaftszentrum Berlin (Hrsg.), Interaktion von Wissenschaft und Politik. Theoretische und praktische Probleme der anwendungsorientierten Sozialwissenschaften, Frankfurt a. M., New York 1977, S. 166–188, Zit. S. 170; vgl. Heribert Schatz, Funktionsbedingungen und Konfliktsituationen verwaltungswissenschaftlicher Forschung und Beratung, dargestellt am Beispiel der Projektgruppe Regierungs- und Verwaltungsreform, in: ebd., S. 189–226; zentral Süß, Politik; Ders., Ganze, S. 358 f.

[40] Willy Brandt, Regierungserklärung vom 28.10.1969, in: Klaus von Beyme (Hrsg.), Die großen Regierungserklärungen der deutschen Bundeskanzler von Adenauer bis Schmidt, München, Wien 1979, S. 250–281, hier S. 261.

bevorzugten Aktivitätsfeld. Der „Macher" Ehmke, so der „Spiegel"[41], berief den jungen Professor für wirtschaftliche Staatswissenschaften Reimut Jochimsen zum Leiter der Planungsabteilung. Dieser brachte – dies wurde bereits im vorigen Abschnitt deutlich – ein geradezu euphorisches Verständnis von Planung mit ins Kanzleramt. Dementsprechend veränderte sich das Planungsverständnis im neu besetzten Kanzleramt. Zum ersten sollte der Planungsstab weniger die Richtlinienkompetenz des Kanzlers stärken, sondern die Kooperation zwischen den Ressorts verbessern. Dies war schon Ende 1968 formuliert worden.[42] Nach dem Regierungswechsel rückte die koordinierende Funktion der Planungsabteilung zwischen den Ressorts sowie zwischen Kanzleramt und Ressorts in den Fokus. Planungsbeauftragte der Ministerien wirkten nun mit der Planungsabteilung im Planungsverbund zusammen, um Vorhaben und Prioritäten abzusprechen und zu entwickeln. Zum zweiten weiteten sich der Anwendungsbereich und die Reichweite von Planung: Explizit alle gesellschaftlichen Bereiche sollten Gegenstand von Planung werden, nicht nur die bislang im Mittelpunkt stehenden Fragen der Wirtschafts- und Finanzpolitik. Deshalb wurde auch der Anteil von Sozialwissenschaftlern in der Planungsabteilung gestärkt. Eine „integrierte" politische Planung verstand sich als „systematische und durchsetzungsorientierte Erarbeitung strategischer Konzeptionen zur Lösung komplexer politischer Probleme unter Berücksichtigung ihrer Zusammenhänge und längerfristigen Folgen". Insofern sollte Planung zum dritten auch einen mittel- bis langfristigen Zeithorizont aufweisen.[43]

Kernstück der Reformpläne der Planungsabteilung war ein Frühkoordinierungssystem für die Bundesregierung: Ab Anfang 1970 meldeten die Planungsbeauftragten der Ministerien monatlich alle „politisch gewichtigen" Vorhaben der nächsten sechs Monate auf einem Datenblatt an die Planungsabteilung. Diese erfasste und systematisierte die Informationen per Computer und stellte sie allen Ressorts zur Verfügung. Darüber hinaus registrierte die Planungsabteilung alle Gesetzgebungsvorhaben der Regierung; hieraus sollte eine Prioritätenliste der geplanten Maßnahmen hervorgehen. Ebenso bildete die Liste das Fundament für ein gleitendes Vierjahresprogramm, das sich langfristig auf 12 bis 15 Jahre ausdehnen sollte.[44] „Damit", so Jochimsen, werde „eine in dieser Intensität bisher nicht gegebene Abstimmung der Ministerien untereinander und eine bessere Vorbereitung der Entscheidungen des Kabinetts und der mittelfristigen Planung der Regierungsarbeit möglich. Frühkoordinierung durch bessere, schnellere und

---

[41] Der Macher, in: Der Spiegel, H. 6, 1.2.1971, S. 28–42; Metzler, Konzeptionen, S. 364f.
[42] BKA, Vermerk Planungsstab, Bebermeyer, 12.11.1968, in: BAK, B 136, 14064; zum Planungsverständnis der sozialliberalen Koalition konzis Süß, Ganze, S. 358–363; Metzler, Konzeptionen, v. a. S. 354–360.
[43] BKA, Planungsstab, Bebermeyer/Schmoeckel/Stöber/Wagenknecht, Ausbau der politischen Planung im BKA, 20.10.1969, S. 3, in: BAK, B 136, 14064; vgl. Süß, Ganze, S. 358–366; Ders., Politik.
[44] BKA, V/4, Theis, Sprechzettel für Jochimsen, 12.6.1970; Protokoll über den Erfahrungsaustausch über die Planungseinrichtungen der obersten Bundesbehörden am 12.6.1970, 13.7.1970, Anlage 1: Planungsstab, Entwicklung eines Frühkoordinierungssystems für die Bundesregierung, 1.6.1970, in: BAK, B 136, 14064; Süß, Ganze, S. 364–369.

transparentere Information erlaubt zugleich, Politik als Ganzes besser zu erkennen und zu betreiben, die Auswahl des weiteren Kurses sowie die Konsensbildung zu erleichtern."[45]

Inwieweit zogen Kanzleramt und Projektgruppe für Regierungs- und Verwaltungsreform nun Akteure aus dem Feld der Zukunftsforschung für ihre Konzepte und Initiativen heran? Die Prognos AG erhielt im September 1968 ihren ersten Auftrag vom Planungsstab des Bundeskanzleramtes. Prognos sollte eine Studie über „Gesellschaftliche Grundlagen der längerfristigen Sicherung des wirtschaftlichen Wachstums" anfertigen. Diese sei, so der Planungsstab, als „Arbeitsheft für die Ermittlung von längerfristigen ressortübergreifenden Zielvorstellungen" gedacht.[46] Die „Determinanten des wirtschaftlichen Wachstums", die „politischen Steuerungsmöglichkeiten" dieser Determinanten und die rechtlichen sowie politischen Voraussetzungen der Steuerungsmöglichkeiten sollten ermittelt werden. Die Aufgabenstellung, so der Planungsstab, sei „bewußt breit konzipiert", um aus einem Spektrum wissenschaftlich fundierter Aussagen „Anstöße für politisches Handeln zu gewinnen" und Diskussionen innerhalb des Regierungssystems zu initiieren.[47]

Zwei Jahre später lieferte Prognos der Planungsabteilung die Studie, welche einen grundsätzlich optimistischen Geist atmete. Aufbauend auf den Daten der für den „Deutschland-Report" erstellten Voraussagen über die Entwicklung von Wirtschaft und Bevölkerung in der Bundesrepublik, prognostizierte das Institut mit einer iterativen Systemprojektion das durchschnittliche reale Wachstum des Bruttosozialprodukts in der Bundesrepublik für die folgenden zehn bis 15 Jahre. Konkrete Prognose war ein Wachstum von jährlich 4,4%. Ausgehend von dieser Voraussage untersuchte die Studie, wo wachstumspolitische Sackgassen und Engpässe in der Bundesrepublik bestünden und wie längerfristig ein kräftiges Wirtschaftswachstum zu sichern sei. Hierbei sah sich Prognos geprägt vom Vertrauen in die Marktkräfte. Als wachstumspolitische „Engpasskomplexe" identifizierte Prognos u. a. die Infrastruktur (Bildung, Informationswesen, Forschung), Strukturpolitik (wie Energiepolitik), fehlendes wachstums- und gesellschaftspolitisches „Bewusstsein" der politischen Führungsgremien sowie einen Mangel an sozialwissenschaftlichem „Systemwissen". Hieraus entwickelte Prognos ein wachstumspolitisches Konzept: Bei einer Vervierfachung des Sozialprodukts von 1965 auf 1985 müssten die öffentlichen Ausgaben um das 4,7-fache steigen. Dies impliziere

---

[45] Jochimsen, Vorwort, S. 12f.; vgl. Ders., Die Artisten im Kanzleramt – planend, in: Werden. Jahrbuch für die Gewerkschaften, Frankfurt a. M. 1971, S. 39–44; Ders., Zum Aufbau und Ausbau eines integrierten Aufgabenplanungssystems und Koordinationssystems der Bundesregierung, in: Bulletin des Presse- und Informationsamtes der Bundesregierung, 16. 7. 1970, S. 949–957.

[46] BKA, Bebermeyer, PL-I8, an Minister für Bildung und Wissenschaft Hans Leussink, Staatssekretär von Dohnanyi und Parlamentarische Staatssekretärin Hamm-Brücher, 3. 3. 1970, in: AsD, NL Jochimsen, 1/RJAC0000034. Die Akte ist im Bundesarchiv nicht mehr auffindbar und wohl kassiert worden.

[47] BKA, Planungsabteilung, 5. 8. 1970: Stellungnahme zum Gutachten der Prognos AG, in: AsD, 1/RJAC0000034.

eine Erhöhung der öffentlichen Kreditaufnahme von 2,4% des BSP 1965 auf 8% 1985. Notwendig sei eine Verzehnfachung der Ausgaben im Bereich Unterricht, Kultur und Wissenschaft von 1965 bis 1985. Prognos schlug – ganz im Trend der aktuellen Debatten[48] – vor allem die Einrichtung bzw. den Ausbau von Gesamthochschulen und Gesamtschulen sowie die Verlagerung der Kompetenzen für Hochschulen und Forschung auf den Bund und eine entschiedene Förderung des Informationswesens und der Computerisierung vor. Ebenso votierte man für einen starken Ausbau der Atomenergie. Zudem enthielt das Papier die Forderung nach einer tiefgreifenden Verwaltungsreform mit der Schaffung einer viergliedrigen Struktur (Bund, ca. fünf Länder, Regionen und Regionalbezirke). Und schließlich warb Prognos – wohl nicht ganz uneigennützig – dafür, Berater der Bundesregierung hauptberuflich in General- und Fachkommissionen zu beschäftigen, um eine Institutionalisierung des Sachverstandes zu erreichen. Grundsätzlich sei es notwendig, längerfristige Entwicklungstendenzen zu berücksichtigen und Wahlmöglichkeiten der Politik zu schaffen, indem mögliche zukünftige Entwicklungsabläufe vorausgedacht und eine „Rahmenplanung" eingerichtet würden.[49]

Mithin legte Prognos eine Studie vor, die eine mehr oder weniger lineare Erhöhung des wirtschaftlichen Wachstums prognostizierte und diese zugleich als übergeordnete Zielsetzung formulierte. Wissenschaft, Bildung und die neue Mikrotechnologie galten als zentrale Wachstumskräfte. Um längerfristig – also über zehn Jahre hinaus – hohe Wachstumsraten zu sichern, schlug Prognos tiefgreifende – und realiter kaum umsetzbare – Strukturreformen wie eine Länderneugliederung vor. Mit dem Ratschlag, notfalls die Verschuldung fast zu vervierfachen, bewegte sich Prognos im Trend einer keynesianisch verstandenen Ausgabenpolitik, die nach Überwindung der Rezession 1966/67 an Zugkraft gewonnen hatte, aber nicht dem eigentlichen Modell des keynesianischen „deficit spending" entsprach, welches ja das Sparen in der Hochkonjunktur vorsah.[50] Inwiefern zwischen der dezidiert marktwirtschaftlichen Position und der Forderung nach einer Rahmenplanung eine Zielkonkurrenz bestand, wurde – das hielt auch die Planungsabteilung fest – nicht thematisiert.[51]

Die Planungsabteilung der sozialliberalen Koalition urteilte, dass die Prognos-Studie „eine Fülle von Gedanken und Anregungen" enthalte, „die für die planerische und operative Arbeit ausgewertet werden können".[52] Wertvoll sei vor allem

---

[48] Vgl. Picht, Bildungskatastrophe; Ders., Prognose; Rudloff, Bildungsplanung; zur Beratung der Bundesregierung durch die Zukunftsforschung in diesem Feld siehe Seefried, Experten.

[49] Dieter Schröder unter Mitarbeit von Konrad Roester/Gotthold Zubeil, Wachstum und Gesellschaftspolitik. Gesellschaftliche Grundlagen der längerfristigen Sicherung des wirtschaftlichen Wachstums, Stuttgart u. a. 1971; hierzu insbesondere BKA, Planungsstab, 5. 8. 1970: Stellungnahme zum Gutachten der Prognos AG, in: AsD, 1/RJAC000034; Heimfrid Wolff, Die 70er Jahre. Energiekrise – Trendbrüche noch und noch, in: Afheldt u. a., Phänomen, S. 45–58, hier S. 46 f.

[50] Vgl. Nützenadel, Stunde, S. 350 f.

[51] BKA, Vermerk Planungsstab, 5. 8. 1970, in: AsD, 1/RJAC0000034.

[52] BKA, Beyermeyer, PL – I 8, an Minister Leussink, Staatssekretär von Dohnanyi und Parlamentarische Staatssekretärin Hamm-Brücher, 3. 3. 1970, in: AsD, 1/RJAC000034.

die Erkenntnis, dass für eine langfristige Wachstumssicherung „Engpaßkomplexe" ermittelt worden seien, deren Beseitigung „komplexe Planung" voraussetze. Ob soziale Ungleichheiten in der Regel Übergangsphänomene seien, die mit zunehmendem Wachstum verschwänden, wie Prognos behauptete, wollte die Planungsabteilung nicht ohne weiteres teilen; eine aktive Steuerungsfunktion des Staates sei stets notwendig. Einen weiteren Kritikpunkt identifizierte man darin, dass die Studie häufig nur eine Problemlösung und ein quantifiziertes Ergebnis vorlege, wo Alternativen aufgezeigt werden sollten, um Wahlmöglichkeiten abzuleiten. Da die genuine Beratungsakte nicht überliefert ist, lässt sich die weitere Handhabung der Ergebnisse nicht rekonstruieren. Doch zunächst sah sich die Planungsabteilung zufrieden: Das wissenschaftlich fundierte Gutachten liefere eine Diskussionsbasis zur Frage langfristiger Wachstumssicherung; einer Veröffentlichung wurde zugestimmt.[53] Mithin entsprach die Studie einem umfassend verstandenen und wissenschaftlich zu untermauernden Planungsgedanken, den die Planungsabteilung als essentiell betrachtete, um mit der Komplexität der Zukunft umzugehen; gleichwohl stimmte sie der Konzentration der Studie auf das wirtschaftliche Wachstum als einziger Zielkategorie nicht ungeteilt zu. Mit der Ölkrise 1973/74 und dem Einbrechen der Wachstumsraten wurde die Prognos-Wachstumsstudie freilich von der Gegenwart eingeholt.

Diente die Prognos-Studie dazu, ausgehend von einer Prognose Vorschläge für die *Aufgabenplanung* vorzulegen, so wurden die Studiengruppe für Systemforschung und das Zentrum Berlin für Zukunftsforschung für den Planungsstab in der *Verfahrensplanung* tätig. Stärker lag hier also das Element der Zukunftsforschung nicht in der Prognose, sondern in der Lieferung von zielorientiertem Planungswissen – was die Zukunfts-Experten aber, wie zu sehen sein wird, in Konkurrenz zu anderen Expertengruppen bis hin zu Unternehmensberatungen brachte.

Der Planungsstab beauftragte schon im Oktober 1968 die Studiengruppe für Systemforschung mit einer Organisationsanalyse des Kanzleramtes: Mittels einer Systemanalyse sollten die Funktionen des Amtes geprüft, eine Reorganisation des Amtes überdacht und untersucht werden, wie die Information des Kanzlers durch moderne technische Mittel in einem „Kanzler-Informations-System" verbessert werden könne.[54] Die Planungsabteilung ergänzte dies nach dem Regierungswechsel um eine „Ist-Analyse des Informationsflusses" und Vorschläge „zur Verbesserung des internen und externen Informationssystems". Minister Ehmke bot nach dem Regierungswechsel an, mit der Studiengruppe für das Kanzleramtsprojekt einen längerfristigen, etwa dreijährigen Vertrag abzuschließen.[55] Hierfür erhielt

---

[53] BKA, Vermerk Planungsstab, 5.8.1970, in: AsD, 1/RJAC000034; Schröder u. a., Wachstum.
[54] BKA, Staatssekretär Carstens, an Abteilungsleiter, 3.12.1968, in: BAK, B 136, 3994; vgl. Brinckmann, Politikberatung, S. 142f.; knapp auch Metzler, Konzeptionen, S. 366f.
[55] BKA, Planungsstab, Bebermeyer/Schmoeckel/Stöber/Wagenknecht, Ausbau der politischen Planung im BKA, 20.10.1969, S.3, in: BAK, B 136, 14064; vgl. BKA, Hegelau, Vermerk über Besprechung bei Minister Ehmke am 13.11.1969, 17.11.1969, in: ebd., 3995.

die Studiengruppe zwischen 1968 und 1971 über 1,1 Millionen DM.[56] Die Studiengruppe kam für diesen Auftrag wohl zum einen deshalb in Betracht, weil sie ein Jahr zuvor mit einer Systemanalyse für das Deutsche Patentamt begonnen hatte, die ebenfalls der Prüfung des Informationsflusses und der Einführung „maschineller Datenverarbeitung" dienen sollte.[57] Zum anderen hatte der Planungsstab aufgrund der Finanzierung der Studiengruppe durch die Regierung offenkundig keine andere Wahl, obwohl der damalige Leiter des Planungsstabes Werner Krüger Skepsis aufgrund der theoretischen Ausrichtung der Studiengruppe äußerte.[58]

Die Studiengruppe drang darauf, eng mit höheren und mittleren Beamten des BKA zusammenzuarbeiten, und führte Interviews, um Aufgaben, Informationsquellen und Informationsergebnisse zu ermitteln. Dies entsprach durchaus dem skizzierten neuen Ansatz, Planung an den Betroffenen auszurichten. Krauch verwies in der Rückschau auf sein Konzept einer „maieutischen Systemanalyse", die im Gegensatz zur „instrumentellen" Systemanalyse den Willen, die Weltsicht und die Antizipationen der partizipierenden Akteure berücksichtige: „Durch geduldiges und geschicktes Fragen wird dabei versucht, latent vorhandene Wissensbestände und Kritiken zu aktivieren".[59] In den Akten fand sich allerdings kein Hinweis auf die Maieutik.

1970 legte die Studiengruppe für Systemforschung einen Zwischenbericht vor. Sie hielt fest, das Kanzleramt könne seine Koordinierungs- und Informationsfunktion nur mangelhaft ausfüllen; es habe nicht genügend Überblick über den Geschäftsablauf der Regierung und keine Aufgabenplanung. Deshalb erstellte man zwölf „Funktionsmodelle" für das Kanzleramt.[60] Man plädierte für ein „Prioritäten- und Koordinationsplanungsmodell" mit einer variierbaren „Koordinations- und Führungskomponente", welches die „Variationen der Führungszentralisierung und koordinierenden Dezentralisierung" noch offen ließ. Die Funktionen des Kanzleramts lägen ja in der Artikulation des Regierungsprogramms, der Erfolgskontrolle der „Programmdurchführung" und der Vorplanung von Prioritäten. Die Studiengruppe plädierte für eine Erweiterung um die Vorausschau als „Ausbau seiner Fähigkeit zu gezielter Vorausschau neuartiger Bedürfnisstrukturen in der Gesellschaft, [...] zur informationellen Erfassung von autonomen, sich aus der Gesellschaft ergebenden, politischen Impulsen, sowie zur antizipatorischen Krisensensibilität". Zudem sei eine Ausweitung der System-

---

[56] Übersicht Finanzielle Entwicklung der Studiengruppe, 1973, in: BAK, B 196, 17267.
[57] Erläuterungen zu den Forschungsvorhaben der SfS, o.D. (pag. 66–85), in: ebd., B 138, 6801.
[58] Brinckmann, Politikberatung, S. 139.
[59] Krauch, Bildung, S. 14; vgl. ebd.; Kanzleramt – System Orakel, in: Der Spiegel, H. 44, 26.10.1970, S. 41–44. Krauch stützte sich hier auch auf das von der Studiengruppe für Systemforschung entwickelte ORAKEL-Modell; vgl. Ders., Von der instrumentellen zur maieutischen Systemanalyse; Brinckmann, Politikberatung, S. 130–137; dagegen ohne Verweis auf die „Maieutik" BKA, Staatssekretär Carstens, an Abteilungsleiter, 3.12.1968, und Planungsstab, SfS, Coenen, Vermerk, 17.3.1969, beides in: BAK, B 136, 3994.
[60] Jochimsen, Artisten, S. 41.

analyse auf das gesamte Regierungssystem zu empfehlen.[61] Ein Ergebnisbericht vom Oktober 1970 schlug ferner die Schaffung eines Gesamtkoordinators im Kanzleramt und den Ausbau der Organisationsreferate des Amtes und der Ressorts durch Analysten und Organisationsfachleute vor.[62]

Erkennbar wird, dass die „Systemanalyse" zwar anhand qualitativer Interviews Probleme in der Aufbau- und Ablaufplanung eruierte, aber kaum konkrete Handlungsvorschläge machte: Gefangen im systemanalytischen Sprach- und Denkmodell, empfahl man zunächst, die politische Vorausschau generell zur Aufgabe des Kanzleramtes zu machen sowie den Apparat und die „Systemanalyse" auszubauen, damit freilich auch den eigenen Auftrag mittelfristig zu sichern.

Auch deshalb traten Friktionen mit der Ministerialbürokratie auf. Aus der Administration kamen Bedenken wegen der Sicherheit von Informationen und der starken Arbeitsbelastung von Mitarbeitern durch die Arbeit der Expertengruppe. Die geplante Befragung aller Amtsangehörigen konnte deshalb zunächst nicht stattfinden.[63] Nach dem Regierungswechsel 1969 formierte sich Widerstand aus der neu geschaffenen Organisationsabteilung des Kanzleramts, die wohl auch um ihren eigenen Einflussbereich fürchtete. Sie argumentierte, dass der Auftrag an die Studiengruppe obsolet sei. Organisationsprobleme des Amtes seien in der Tat lange vernachlässigt worden, wenngleich schon 1968 der Anlass für den Auftrag „von der Masse der Amtsangehörigen nicht verstanden" worden sei; nun aber seien die Probleme ohnehin angegangen worden. Minister Ehmke habe bereits die Funktionen des Amtes definiert. Die Frage der Einführung von EDV liege bei der Planungsabteilung. Eine Organisationsanalyse im Hinblick auf die Zuständigkeiten von Planungsabteilung und Fachabteilungen könne auch die Wirtschaftsberatungsgesellschaft Quickborn übernehmen, die das Konzept für den Neubau des Kanzleramts erstellte; dies gelte ebenso für die Frage der Bürotechnik (wie Einführung der Mikroverfilmung und Ausbau der Gegensprechanlagen). Darüber hinaus wurden grundsätzlich Effizienz und Anwendungsorientierung der Systemanalyse in Frage gestellt. Die Studiengruppe habe zehn Bände mit Aufgabenbeschreibungen, Statistiken und „abstrakten Denkmodellen" vorgelegt. Mit „großem Aufwand" seien verschiedene Funktionsmodelle entworfen worden, aber die Auswahl unter diesen verbleibe wohl dem Kanzleramt. Hierfür habe man fast 10% des Organisations-Etats des Hauses ausgegeben. Konkret kritisierte die Organisationsabteilung, dass die Studiengruppe im Falle des Telefonsystems – „typisch" – nur auf die Existenz neuer technischer Möglichkeiten hinweise; zu

---

[61] Studiengruppe für Systemforschung, Funktionsbestimmung des Bundeskanzleramtes, 1. Zwischenergebnis, 31.3.1970, Zit. S.20, in: BAK, B 136, 3994; Brinckmann, Politikberatung, S.143–146.

[62] Studiengruppe für Systemforschung, Andreas Jentzsch, Friedrich Latzelsberger, Heinrich Reinermann, Jürgen Wild, Projekt Systemanalyse im BKA, Vertraulicher Ergebnisbericht zur Reorganisation, Nr.21010. Sollkonzeption einer effizienten Gestaltung des BKA, Oktober 1970, in: BAK, B 136, 3995.

[63] BKA/Studiengruppe für Systemforschung, Vermerk Coenen, 17.3.1969, in: ebd., 3994; Leiter der Abteilung V, Jochimsen, Vermerk, 24.7.1970, in: ebd., 3995.

dieser Information wäre auch ein Referent gelangt. Deshalb plädierte man für eine Kündigung der Studiengruppe.⁶⁴

Planungschef Jochimsen und Minister Ehmke stimmten mit der Kritik aus der Ministerialbürokratie „nicht überein". Jochimsen argumentierte, das Team von Quickborn könne „aus seiner Grundauffassung heraus, nach der lediglich die in der Organisation selbst vorhandenen Kenntnisse aktiviert werden sollen, keine Impulse über die mit dem Neubau BK [des Kanzleramts, E.S.] verbundenen Probleme hinaus für die Organisation des Hauses geben." Dagegen lasse die Studiengruppe Ideen aus anderen Bereichen von Wissenschaft und Praxis einfließen.⁶⁵ Damit zielte Jochimsen auf das wissenschaftliche Wissen, das die Studiengruppe in Abgrenzung zu Quickborn lieferte, und das systemanalytische Planungsverständnis. Das Kanzleramt müsse in Zukunft von einer „reaktiven Bearbeitung laufender Probleme" zu einer längerfristigen planenden Arbeit übergehen. So könnten Konflikte vorweggenommen und die laufende Arbeit erleichtert werden. Die Planungen müssten, so Jochimsen gegen das Argument, man habe auch bisher geplant, „längerfristiger, systematischer, konsistenter und politischer werden". Die Studiengruppe drang darauf, im Sinne eines übergreifenden Verständnisses die „vorausschauende Problemsuche" zur Aufgabe des Kanzleramtes zu machen. Ebenso müsse der Kanzler selbst, so die Studiengruppe ähnlich wie Jochimsen, in das Planungsmodell einbezogen werden, weil „gerade durch Planung dem Kanzler Freiheit zur Entscheidung politischer Alternativen geschaffen werde".⁶⁶

Mithin protestierten Teile der Ministerialbürokratie des Kanzleramtes gegen die Beratung durch die Studiengruppe für Systemforschung, die als zu teuer, wenig effizient, nicht anwendungsorientiert und – wegen des Mangels „praktischer Erfahrung" der Experten⁶⁷ – als unqualifiziert bewertet wurde. Demgegenüber hielt Jochimsen (mit Rückendeckung durch Ehmke) an seinem Planungsverständnis fest. Systematische und längerfristige, damit moderne Planung verhindere Konflikte und sichere Freiheit, weil der Politik so erst mehrere Alternativen geboten würden.

Auch Jochimsen betonte allerdings, dass die Systemanalyse ohne Wert sei, wenn die Organisationsabteilung diese nicht voll unterstütze.⁶⁸ Gegenüber der Studiengruppe für Systemforschung argumentierte er, dass das Kanzleramt nur eine „sehr beschränkte Aufnahmekapazität" für weitere Aufträge habe, „die pragmatisches

---

⁶⁴ BKA, Ref. I/1 Org., Theißinger, an Minister, 26. 3. 1970; Vermerk Theißinger, 8. 6. 1970; Gruppe I/1 Org., PL-S, Vermerk, 2. 6. 1970, alles in: BAK, B 136, 3994.

⁶⁵ BKA, Jochimsen, an Abteilungsleiter I, 20. 6. 1970, in: ebd.; vgl. Vermerk Jochimsen, 24. 7. 1970, in: ebd., 3995.

⁶⁶ BKA, Gruppe V/4, Wittig, Protokoll der Besprechung vom 26. 10. 1970 zwischen Studiengruppe für Systemforschung und BKA, in: ebd.

⁶⁷ Im Text des „1. Zwischenergebnisses" hatte ein Ministerialbeamter notiert: „Ein Gespräch mit wenigen wirklich Sachverständigen ist mehr wert als 100 Interviews ohne Auslotung der Probleme und praktische Erfahrung über das Wünschbare und Machbare"; Studiengruppe für Systemforschung, Funktionsbestimmung des Bundeskanzleramtes, 31. 3. 1970, S. 16, in: ebd., 3994; vgl. Schatz, Funktionsbedingungen, S. 207.

⁶⁸ BKA, Jochimsen, an Abteilungsleiter I, 20. 6. 1970, in: BAK, B 136, 3994.

Handeln nach den konkreten Bedürfnissen erfordere".[69] Man einigte sich darauf, dass die Studiengruppe bis Ende des Jahres 1970 ihren Vertrag erfülle und dann einzelne Mitarbeiter für das Kanzleramt freistelle, die das Kanzlerinformationssystem und die Studie über die EDV abschlössen.[70] Da die Studiengruppe Sorge über ihre Finanzierung äußerte, bat Ehmke auf Wunsch Jochimsens das Bildungs- und Wissenschaftsministerium, die Studiengruppe personell zu stärken.[71] Für das „Kanzlerinformationssystem" schlug die Studiengruppe schließlich vor, Computer zur besseren und schnelleren Erschließung der Informationen sowie Konferenztelefonschaltungen zu nutzen. Krauch empfahl öffentlichkeitswirksam eine „Mixed-Media-Anlage für Bild und Ton", die dem Kanzler visuell vermittelt kurzgefasste Informationen liefern sollte.[72] Doch auch Jochimsen, der das Kanzlerinformationssystem „im tiefen Keller" verschwinden lassen wollte, sah nun die Ergebnisse des Quickborn-Teams als praxisnäher an.[73] 1973 konstatierte das Forschungsministerium, dass die Studiengruppe ihrem Anspruch, Entscheidungshilfen für die Verwaltung zu liefern, nur zum Teil genügt habe. Diese hätten wegen mangelnder Praxisnähe häufig nicht befriedigt; hinzu käme mangelndes Fachwissen.[74] Auf der anderen Seite zeigte sich Helmut Krauch aus der Studiengruppe 1971 enttäuscht und zugleich erleichtert, dass das Kanzleramts-Projekt abgewickelt worden war. Gegenüber Robert Jungk äußerte er: „Mit dem Kanzleramt hat sich allerhand geändert. Mir ist ein Mühlstein von der Seele gerollt, als wir unsere Projektgruppe bei Jahresende auflösen konnten. Die beiden letzten Jahre waren für mich bedrückend und aufreibend. Trotz wahnsinniger Anstrengung ist kaum was herausgekommen".[75] Öffentlich äußerte er in einer Podiumsdiskussion zu „Politik und Zukunftsforschung", welche die Gesellschaft für Zukunftsfragen 1972 organisierte, seine Erfahrungen mit Bonner Ministerien hätten gezeigt, dass der Wissenschaft dort nur eine „Alibi-Funktion" zukomme.[76]

Worin wurzelten die Probleme der Expertenberatung durch die Studiengruppe für Systemforschung? Andrea Brinckmann, die sich mit der Studiengruppe intensiv beschäftigte, verweist auf die „Beharrungskraft von Verwaltungsroutinen".[77] In der Tat setzte sich die Ministerialbürokratie des Bundes der späten 1960er Jahre

---

[69] BKA, Protokoll der Besprechung vom 16.9.1970 zwischen Studiengruppe für Systemforschung und BKA, 30.9.1970, in: ebd., 3995.

[70] BKA, Abteilungsleiter V, Jochimsen, an Abt. I, 21.8.1970, und Abt. I an Jochimsen, 23.9.1970, in: ebd.

[71] BKA, Protokoll der Besprechung vom 16.9.1970 zwischen Studiengruppe für Systemforschung und BKA, 30.9.1970; Chef des BKA, Ehmke, an Bundesminister Leussink, 14.10.1970, beides in: ebd.

[72] Kanzleramt. System Orakel, in: Der Spiegel, H. 44, 26.10.1970, S. 41–44, hier S. 41; Brinckmann, Politikberatung, S. 144–147.

[73] Claus Grossner, Wenn Zukunft verplant wird, in: Die Zeit, 9.4.1971; Finanzielle Entwicklung der Studiengruppe, Anlage 2 zu BMFT, Schmidt-Küntzel, III A 1 - 3750-1/23, an Ehmke, 17.5.1973, in: BAK, B 196, 17267.

[74] BMFT, Schmidt-Küntzel, III A 1- Zu 3250-1, 30.4.1973, in: ebd.

[75] SfS, Helmut Krauch, an Robert Jungk, 19.1.1971, in: JBZ, NL Jungk.

[76] Politik und Zukunftsforschung, in: APWM 5 (1973), H. 27, S. 26.

[77] Brinckmann, Politikberatung, S. 146.

noch vor allem aus Juristen zusammen, die in erster Linie in formalen und hierarchischen Kategorien dachten, auch wenn das Kanzleramt mit einigen Kräften von außen besetzt worden war.[78] Das Ordnungsdenken der Ministerialbürokratie war nur schwerlich mit dem abstrakten Modelldenken und der kybernetisch durchdrungenen Sprache der Studiengruppe für Systemforschung zu vereinbaren, zumal sich innerhalb der Studiengruppe selbst tiefgreifende Veränderungen ankündigten. Zunehmend wandten sich Teile der Studiengruppe um Krauch, geprägt von der Dynamik der Partizipationsforderungen und der Studentenbewegung, gegen eine „instrumentelle Systemanalyse", die im Grunde nur den Status quo erhalte.[79] Dieser Reformwille kreuzte sich wohl auch schon mit dem nachlassenden Planungsgeist in der Bundesregierung, was noch deutlicher im folgenden Projekt des ZBZ erkennbar werden sollte. Doch entscheidend dürfte gewesen sein, dass die Systemanalyse – angesichts der in der Tat hohen Kosten – wenig anwendungsorientiert war: Die Befragungen ermittelten zwar technische Probleme – die auch auf einfacherem Wege hätten aufgezeigt werden können – und Mängel in Organisationsstruktur und Ablauforganisation. Doch der abstrakte kybernetische, fast hermetische Sprachduktus der Studiengruppe diente eben gerade nicht dazu, der mehrheitlich mit Juristen besetzten Ministerialbürokratie Vorschläge für verbesserte Abläufe und Informationswege zu eröffnen. Dabei war es wenig hilfreich, wenn Krauch im „Spiegel" Ende 1970 nassforsch äußerte: „Mit dem jetzigen Stab im Bundeskanzleramt geht's sicher nicht. Wenn man mit altmodischen, knöchernen Juristen arbeitet, setzt es doch tausend Schwierigkeiten." Man müsse deshalb technisch versierte Sozialforscher ins Kanzleramt entsenden, die das Personal „umschulen".[80] Solche Äußerungen zielten nicht nur auf eine erneute Aufblähung des Apparates, sondern spiegelten und vertieften die Gräben, die durch unterschiedliche Sprach- und Denkmuster zwischen den Planungsexperten und der Verwaltung entstanden waren.

Ähnlich verlief das größte Beratungsprojekt des ZBZ für die Bundesregierung, das Projekt PLABUND für die Planungsabteilung des Kanzleramts, die Projektgruppe für Regierungs- und Verwaltungsreform und das Bildungs- und Wissenschaftsministerium. Das Bundeskanzleramt sei „stark an soziologisch orientierten Vorausschauen orientiert", verlautete auf einer Vorstandssitzung des ZBZ. Zu diesem Zeitpunkt stand Heinz Hermann Koelle bereits in Kontakt zu Ministerialrat Adolf Theis aus der Planungsabteilung des Kanzleramtes, der zugleich der Projektgruppe für Regierungs- und Verwaltungsreform vorsaß.[81] In der Tat gehörte Theis zu jenen Vertretern der Ministerialbürokratie, die sich 1969/70 ausge-

---

[78] Die Projektgruppe für Regierungs- und Verwaltungsreform war überwiegend mit Juristen besetzt; Hegelau, Arbeit, S. 169; Bebermeyer, Regieren, S. 18 f.; grundsätzlich Schatz, Funktionsbedingungen.
[79] Vgl. Helmut Krauch, Systemanalyse; Ders., Wege.
[80] Kanzleramt. System Orakel, in: Der Spiegel, H. 44, 26. 10. 1970, S. 44.
[81] ZBZ-Vorstandssitzung vom 9. 7. 1970, Protokoll vom 13. 7. 1970, Wortmeldung Busch, in: IfZ, ED 701, 40; PRVR-214/3, Vermerk Seiler, EIPE, 16. 5. 1973, in: BAK, B 106, 49611.

sprochen aufgeschlossen für Zukunftsplanung und Zukunftsforschung zeigten.[82] Koelle hielt Anfang 1970 einen Vortrag vor der Projektgruppe über „Gedanken eines Systemingenieurs zur Regierungs- und Verwaltungsreform" und bot dem Planungsverbund an, das für den Berliner Senat im Aufbau befindliche kommunale Informationssystem BESI zu präsentieren, welches als Frühwarnsystem eine Vorausschau auf kommende Probleme ermögliche. Theis hielt nach dem Vortrag Koelles fast euphorisch fest, dass „es sich hier um ein Experiment im Bereich der Konzeptionsplanung, der Datenaufbereitung, der Simulation und der Entwicklung von Entscheidungsmodellen und Operationssystemen handelt, das z. Zt. zumindest in der Bundesrepublik einmalig ist. [...] Auf längere Sicht ist staatliche Planung nur möglich, wenn in der Wissenschaft in weit größerem Umfange als bisher die Entwicklung von Methoden und Techniken der Planung vorangetrieben wird."[83] Eine Ressortbesprechung unter Leitung des Kanzleramtes zeigte im Dezember 1970 „besondere[s] Interesse" für die Arbeit des ZBZ. Eine interministerielle Arbeitsgruppe unter Einschluss des Kanzleramts und der Projektgruppe für Regierungs- und Verwaltungsreform sollte sich mit den Arbeitsvorschlägen befassen.[84]

Mithin erhielt das ZBZ im April 1971 den Auftrag für PLABUND. Das Gesamtkonzept, so das ZBZ, werde von der Vorstellung geleitet, dass „Planungsprozesse im Bereich der Bundesverwaltung [...] nur [...] durch spezifische, in ihrem Funktionsprofil aufeinander abgestimmte Planungshilfen entscheidend verbessert werden können."[85] Zu PLABUND gehörten ENIS (Entwicklung eines experimentellen Informationssystems für den Energiesektor der BRD), das unter der fachlichen Lenkung des Wirtschaftsministeriums stand[86], ZIEBUV (Entwurf alternativer Zielsysteme für den Verkehrsbereich als Anwendungsbeispiel experimenteller EDV-gestützter Planungshilfen), dessen fachliche Lenkung das Verkehrsministerium übernahm, und schließlich als übergreifendes Projekt das „Experimentelle integrierende Planungs- und Entscheidungssystem" (EIPE), das zunächst von der Planungsabteilung des Bundeskanzleramtes betreut wurde. Für PLABUND und die Fortsetzungsprojekte erhielt das ZBZ die stolze Summe von zweieinhalb Millionen DM.[87]

---

[82] BMBW, Günter Marx, Zur Gründung eines Arbeitskreises für Zukunftsplanung, 9. 6. 1970, in: BAK, B 136, 14064.
[83] PRVR, Vermerk Theis, 23. 11. 1970, zitiert in Vermerk vom 16. 5. 1973, in: BAK, B 106, 49611; BKA, Planungsstab, Protokoll über Erfahrungsaustausch über die Planungseinrichtungen der obersten Bundesbehörden vom 12. 6. 1970, 13. 7. 1970, in: BAK, B 136, 14064.
[84] BKA, Planungsabteilung, 55-27091-Zc2, Protokoll der Besprechung vom 3. 12. 1970, 7. 12. 1970, in: ebd., 14536; vgl. PRVR-214/3, Vermerk Seiler, EIPE, 16. 5. 1973, in: BAK, B 106, 49611.
[85] ZBZ, Überblick über das Forschungsvorhaben PLABUND, 26. 4. 1973, in: ebd., 54323.
[86] Die entsprechenden Akten des Wirtschaftsministeriums ließen sich im BAK nicht ermitteln.
[87] EIPE hieß später „Experimentelles, integriertes Informations- und Planungssystem zur Entscheidungsvorbereitung"; PRVR-214/3, Vermerk Seiler, EIPE, 16. 5. 1973; BMFT, IV A 3-5939-DV 5108/73, an ZBZ, 24. 9. 1973, und 413-5939-DV 5108 an ZBZ, 10. 4. 1975; Entwurf PRVR-214/3, Märten, an BMFT, 22. 4. 1974; alles in: BAK, B 106, 49611.

Die Teilprojekte ENIS und ZIEBUV galten als Beispielfelder, an denen auch die Möglichkeiten und Grenzen des Einsatzes elektronischer Datenverarbeitung in der Bundesverwaltung aufgezeigt werden sollten. ZIEBUV war zunächst so konstruiert, dass es Zielfindung, Zielstrukturierung und Zielbewertung in der Verkehrsplanung in einem übergreifenden Rahmen „gesamtgesellschaftlicher Forderungen" untersuchen sollte; doch drang das Verkehrsministerium darauf, die Datenverarbeitung und Programmierung in den Vordergrund zu rücken. Die ZIEBUV-Gruppe arbeitete dann an der Entwicklung von Software, um eine im Aufbau befindliche Verkehrsdatenbank zu nutzen. ENIS sollte ein Simulationsmodell für den Energiesektor entwickeln. Auch hier drang das Innenministerium auf die Erstellung der Strukturen einer Datenbank, also auf konkrete Arbeiten im Bereich der Datenverarbeitung.[88]

Das EIPE-Projekt, das im ZBZ von Helmut Klages geleitet wurde, hatte dagegen übergreifenden Charakter, indem es eine Koordinationsfunktion für ENIS und ZIEBUV innehaben sollte. Darüber hinaus war zunächst davon die Rede, es solle ein „Grundraster von gesellschaftlichen Führungssystemen" und „punktuelle Entscheidungshilfen" entwickeln. In Abstimmung mit der Planungsabteilung des Bundeskanzleramts wurde das Projekt allerdings wiederholt neu zugeschnitten. Aus Befragungen von Referenten sollte ein „Zielraster" erstellt und daraus ein Simulationsmodell entwickelt werden, mit dem die Wirkungen alternativer Entscheidungen sichtbar gemacht werden könnten. An diesem Konzept, das an Koelles Simulationsmodelle angelehnt war, wurde Kritik laut: Der Politikwissenschaftler Fritz Scharpf, der mehrere Jahre an der Yale University tätig gewesen war und nun als Berater für die Projektgruppe für Regierungs- und Verwaltungsreform agierte, äußerte Bedenken und forderte ein engeres, besser handhabbares Vorgehen. In der Folge beschlossen das ZBZ und das Kanzleramt, „wesentlich bescheidener" vorzugehen und nur die „Realannahmen über die Umwelt" in der Verwaltung zu ermitteln.[89] Demnach sollte EIPE „Grundlagen und Gestaltungskriterien für den Aufbau eines ressortübergreifenden Informationssystems im Bereich von Regierung und Verwaltung" erarbeiten. Man versuchte – so das ZBZ in schwer verständlichem Duktus – den „Erwägungsraum von Entscheidungsvorbereitungsarbeiten an Basiseinheiten der Bundesverwaltung" – mithin die Entscheidungsfindungsprozesse und Handlungsspielräume – zu ermitteln. Bislang erschwere die Entscheidungsvorbereitung in den Referaten nämlich den Entscheidern – also den Ministern – Bewertungen „im Sinne einer Einordnung in ein

---

[88] ZBZ, Förderungsvorhaben DV 5.108/72: PLABUND: Fachliche Beschreibung des Gesamtvorhabens, o. D. [Anfang 1973], in: ebd., 49614; vgl. ZBZ, Überblick über das Forschungsvorhaben PLABUND, 26.4.1973, in: ebd., 54323; BKA, V/4-1-4-2, Protokoll der Besprechung vom 1.2.1971, 5.2.1971, in: BAK, B 136, 14536; vgl. Institut für Zukunftsforschung (vormals ZBZ), Manfred Birreck/Dieter Kolb/Peter Rosolski, Einsatz von Planungsmodellen in der Verwaltung. Analyse der Pilotprojekte ENIS und ZIEBUV und Untersuchung der Möglichkeiten ihres Einsatzes in weiteren Bereichen der Verwaltung, Berlin 1976, S. 16–30.
[89] PRVR-214/3, Vermerk Seiler, EIPE, 16.5.1973; vgl. ZBZ, Überblick über das Teilvorhaben EIPE, o. D., in: BAK, B 106, 49611; vgl. Institut für Zukunftsforschung, Birreck/Kolb/Rosolski, Einsatz, S. 13–15; zur Rolle Scharpfs, eines Schülers von Ehmke, vgl. Süß, Politik, S. 332 f.

politisches Gesamtkonzept". Zugleich sollten die Daten, in einem „Informationssystem" gesammelt, zur Früherkennung hinsichtlich möglicher Krisen genutzt werden und eine aufeinander bezogene Fachplanung innerhalb der Aufgabenplanung des Bundes ermöglichen. Damit seien „nicht rationale Determinanten politisch-administrativen Handelns" „zumindest tendenziell abzubauen".[90] Grundsätzlich versuchte das ZBZ also, Informationsströme im Ministerium zu vermessen und zu quantifizieren, Arbeitsabläufe zu „rationalisieren" und transparent zu machen und zu prüfen, welche Handlungsspielräume die Verwaltung besaß bzw. – dies entgegen des ursprünglichen Modells – wie sie mit der politischen Linie zu durchdringen war. Auf dieser Grundlage sollte später ein Informationssystem entwickelt werden, welches „Anknüpfungspunkte" zur Weiterentwicklung des Frühkoordinierungssystems und des Einsatzes der Datenverarbeitung biete. Auch hier zeigte sich ein epistemologisches Verständnis von Zukunftsforschung, das um formalisierte Prozessabläufe kreiste und davon ausging, dass Erkenntnis nur über die systemanalytische Durchdringung, quantitative Vermessung und Formalisierung der Abläufe gewonnen werde.[91] Nachdem das Setting des Projekts festgelegt war, bat die Planungsabteilung des Kanzleramts Ende 1971 die Projektgruppe für Regierungs- und Verwaltungsreform, die Betreuung des Projekts zu übernehmen.[92]

Das Projektteam des ZBZ wollte nun „grundlegende Annahmen und zuzuordnende Informationsbestände" der Referenten „über soziale, ökonomische und politische Voraussetzungen im Tätigkeitsbereich" ermitteln. Diese sollten durch „integrierte Mitarbeit" erhoben werden, die sich an der Methode der teilnehmenden Beobachtung orientierte. Mitarbeiter des ZBZ (zwei Diplom-Politologen, ein Soziologe und ein Diplomkaufmann) wurden deshalb für etwa drei Monate in ausgewählten Referaten von vier Ministerien als Hilfsreferenten eingesetzt. Flankierend sollten Intensivinterviews mit Referenten stattfinden. Die ermittelten Informationen waren in einem „kategoriale[n] Ablageinstrumentarium" zu erfassen.[93]

EIPE löste ähnliche Widerstände der Verwaltung wie das Kanzleramtsprojekt der Studiengruppe aus: Das Raumordnungsreferat des Kanzleramts kritisierte die mangelnde Verwaltungserfahrung der Zukunftsforscher und damit „die Gefahr, dass die wesentliche Arbeit nicht von den in Verwaltungsdingen unerfahrenen Herrn des ZBZ, sondern von den Beamten der in die Untersuchung einbezogenen Referate geleistet werden muß".[94] Die Projektgruppe für Regie-

---

[90] ZBZ, Überblick über das Teilvorhaben EIPE, 13.4.1973, in: BAK, B 106, 54323; PRVR, 214/3, Vermerk Randel, 22.9.1972; ZBZ, Überblick über das Teilvorhaben EIPE, o.D., in: ebd., 49611.
[91] So das ZBZ, PRVR-214/3, Vermerk Gespräch mit dem EIPE-Team am 22.3.1972 vom 28.3.1973, in: ebd.
[92] PRVR, Faude, an BKA, Jochimsen, 7.12.1971, in: ebd.
[93] ZBZ, Überblick über das Teilvorhaben EIPE, 13.4.1973, in: BAK, B 106, 54323; PRVR-214/3, Randel, Vermerk: Rückkopplungsgespräch am 25.1.1973, 27.2.1973; BMFT, IV A 3-5959-3, Ergebnisniederschrift der Besprechung vom 7.11.1972, 31.1.1973, in: ebd., 49611.
[94] BKA, Brodeßer, III/3, 23520-Üm 22/72, an PRVR, Faude, 19.4.1972, und III/3-23583-Pl 1/72 an Faude, 13.11.1972, in: ebd.

rungs- und Verwaltungsreform drang darauf, nicht subjektive „Grundannahmen" der Referenten zu untersuchen, die einem ständigen Wandel (nicht zuletzt durch Fluktuation) unterlägen, sondern „allgemein bekannte oder von allen erkennbare Grundannahmen".[95] Umgekehrt argumentierte das ZBZ, verantwortlich für Probleme sei „eine durchgängig feststellbare kritische Einschätzung des Forschungsvorhabens durch die Verwaltungsmitglieder", welche sich „gegen eine allgemeine Verfügbarmachung von ‚Erfahrungs- und Hintergrundwissen' bzw. ‚Führungswissen' richtete".[96] In der Tat löste wohl der Ansatz, die Handlungsspielräume der Referenten zu vermessen, um die Verwaltung stärker mit der politischen Linie zu durchdringen, Bedenken aus, Spielräume könnten beschnitten werden. Die mangelnde Verständlichkeit der verfassten Texte monierte auch der zunächst so positiv gestimmte Theis, der wenig später wegen eines Rufes an die Universität Tübingen aus der Bundesverwaltung ausschied. Schließlich, und dies war essentiell, argumentierte die Projektgruppe, es fehle dem Vorhaben und dem ZBZ an „der notwendigen Eigenständigkeit".[97] Das ZBZ werde sich wohl weiter damit begnügen, so ein Mitglied der Projektgruppe 1973, die Überlegungen aus der Bundesregierung zu übernehmen und in die „überhöhte ZBZ-Sprache" umzuformen.[98]

Die Projektgruppe Regierungs- und Verwaltungsreform, die ohnehin auch bei Ehmke an Unterstützung verloren hatte[99], sah ihre Hauptaufgabe nun in der Betreuung einer Studie der Unternehmensberatung McKinsey, die am Beispiel des Landwirtschaftsministeriums ein Planungsverfahren entwickelte, das Programm-, Haushalts- und Finanzplanung verknüpfte; dieses Verfahren wurde dann auch umgesetzt. McKinsey gehe, so die Projektgruppe, im Gegensatz zum ZBZ von einem „pragmatischen Ansatz" aus[100]; den „praktische[n] Nutzen" von EIPE bezweifelte man hingegen.[101] Die interministerielle Arbeitsgruppe einigte sich im Mai 1973 darauf, dem ZBZ noch einen Abwicklungsvertrag für EIPE anzubieten, zudem ein reduziertes Anschlussprojekt, das aus den Ergebnissen von ENIS und ZIEBUV übergreifende Aussagen gewinnen solle. Die Vertreter des Wirtschafts- und des Verkehrsministeriums bedauerten den Stopp von EIPE, wo doch nun

---

[95] PRVR, Stellungnahme von Peter, Protokoll der Großgruppensitzung vom 26.4. und 30.4.1973; vgl. ZBZ, EIPE, Stellungnahme zum bisherigen Verlauf des Teilvorhabens EIPE, Oktober 1972, in: ebd.
[96] ZBZ, 2. Zwischenbericht zu EIPE, Januar 1973, zit. nach Institut für Zukunftsforschung, Birreck/Kolb/Rosolski, Einsatz, S. 14.
[97] PRVR 214/3, Vermerk Thomas, 19.9.1972; Vermerk Randel, 22.9.1972; PRVR-214/3, Vermerk Seiler, EIPE, 16.5.1973, alles in: BAK, B 106, 49611.
[98] PRVR, Großgruppensitzung am 26.4.1973, Protokoll 30.4.1973, in: ebd.
[99] Vgl. Süß, Politik, S. 345.
[100] BMFT, IV A 3-5959-3-10/73, Protokoll Besprechung über PLABUND am 30.5.1973, 18.6.1973, in: BAK, B 106, 49611; vgl. PRVR an BKA, Jochimsen, 27.4.1971, in: AsD, 1/RJAC0000039-40; Hegelau, Arbeit, S. 175, 186; zur Rolle von Beratungsunternehmen Schatz, Funktionsbedingungen, S. 196f.
[101] PRVR, Protokoll Besprechung PRVR und ZBZ-EIPE, Gesprächsbeitrag Piduch, 2.3.1973, in: BAK, B 106, 49611.

brauchbare Ergebnisse für das Datenverarbeitungsprogramm bald vorlägen.[102] Nicht zuletzt durch Fürsprache des Wirtschaftsministeriums konnte ein kleines Anschlussprojekt finanziert werden, dessen fachliche Betreuung die Datenverarbeitungs-Koordinierungsstelle des Innenministeriums übernahm.[103] Gegenüber dem Innenministerium gestand das ZBZ ein, die Kooperation mit den Verwaltungseinheiten als „Prozeß der Verbindung von theoretisch-wissenschaftlichen Überlegungen mit den Anforderungen der Praxis" sei „nicht immer reibungslos verlaufen".[104]

Im Verkehrsministerium, das dem ZBZ 1973 ebenfalls einen Anschlussvertrag für ein erweitertes Modell gewährte, konnte das Modell-Wissen Koelles hingegen verwertet werden. So urteilte der zuständige Referent im Verkehrsministerium 1974, der ZIEBUV-Forschungsbericht enthalte eine „große Zahl wertvoller, methodischer Hinweise und Anregungen." Die Hinweise für den Einsatz der EDV im Planungsmodell hätten sich als „wesentlich" erwiesen, die entwickelten Zielsysteme seien im Rahmen der Fortschreibung der Bundesverkehrswegeplanung bei der Erarbeitung der Zielstruktur verwertet worden."[105] Dass die Modelle dennoch zu formalisiert und damit wenig verwendungsorientiert waren, bemängelte allerdings der Referatsleiter, der zunächst von einer Weiterentwicklung der Modelle absehen wollte: Weitere Studien des ZBZ seien „erst dann wieder aktuell, wenn Modell, Zielstruktur und Bewertungsverfahren verbessert, d. h. an die Bedürfnisse der planenden Verwaltung angepaßt worden sind (also keine dringliche, wenngleich längerfristig notwendige Aufgabe)". Die Sichtung der zur Verfügung stehenden Daten und der Aufbau, das Erstellen und Programmieren von Modellen zur Schließung der Datenlücke „dürfte angesichts der bisherigen Erfahrungen mit ZIEBUV keine Aufgabe sein, die besonders kompetent vom ZBZ-Team gelöst werden könnte."[106]

Trotz Problemen in der Interaktion waren die ZIEBUV-Erkenntnisse also im Hinblick auf Überlegungen zum EDV-System für die Ministerialbürokratie von Nutzen. Die Ergebnisse von EIPE fanden hingegen keinen direkten Weg in Regierung und Verwaltung. Im Endbericht, in dem das ZBZ das „Referat als informationsverarbeitendes System" untersuchte, sah die Projektgruppe „keine unmittelbar in die Praxis umsetzbaren Ergebnisse". Der Bericht nehme sich im Hinblick auf den Ansatz verhältnismäßig bescheiden aus. Doch könne er als positiver Beitrag zur Diskussion um Entscheidungsprozesse in der öffentlichen Verwaltung ange-

---

[102] PRVR-214/3, Seiler, Besprechung über PLABUND am 30.5.1973, 4.6.1973; vgl. PRVR-214/3, Vermerk Randel, 4.6.1973; BMWi, Sittig, Z A 4-002507/3, an BMFT, Grunau, 16.8.1973; BMWi, Z 4 – 002507/3, Vermerk EIPE, 26.3.1973; PRVR-214/3, Märten, an BMFT und BMI, 22.4.1974, alles in: ebd.

[103] PRVR-214/3, Seiler, Protokoll Besprechung mit ZBZ am 18.6./21.9.1973, 3.10.1973; BMWi, Z A 4-002507/3, an BMI, 16.8.1974; BMFT, 413-5939-DV 5108, an ZBZ, 10.4. und 29.10.1975, in: ebd.; BMI, Lepper, 131111-8/1, an Leiter PRVR, 2.1.1974, in: ebd., 54323.

[104] ZBZ, Erdmann, an BMI, Lutterbeck, 20.6.1973, in: ebd.

[105] BMV, Entwurf Ref. A 15/16.32/ZBZ, an BMFT, 19.12.1975, in: BAK, B 108, 40454.

[106] BMV, Ref. A 15/16.32/ZBZ, Vermerk, 29.10.1974: Forschungsvorhaben ZIEBUV, Anschlussfinanzierung durch das BMV, in: ebd.

sehen werden, da er zeige, dass weiterführende Untersuchungen nötig seien.[107] Dieses Urteil verdeutlicht die Ernüchterung nach Abschluss des EIPE-Projekts.

Welche Gründe für die Probleme im Politikberatungsprozess sind festzuhalten? Grundsätzlich fehlte dem Projekt – wohl stärker noch als der Kanzleramtsstudie der Studiengruppe für Systemforschung – die Anwendungsbezogenheit. Der Plan, „Grundannahmen" und „Informationsbestände" der Referenten zu erforschen, versandete, nicht nur weil unklar blieb, welche „Grundannahmen" konkret ermittelt werden sollten und wie mit diesen umzugehen war, sondern auch weil die Verwaltung den sich im Verlauf des Projekts herausbildenden Ansatz, die politische Gesamtlinie stärker zum Tragen zu bringen, als gewisse Misstrauensbekundung begriff. Die von Kybernetik und Informationstheorie geprägte, fast hermetische Sprache sollte wohl die Spezifik des eigenen Wissens in Abgrenzung zur Ministerialbürokratie, aber auch zu Unternehmensberatungen suggerieren – also die Zukunftsforschung legitimieren –, musste aber zu Kommunikationsproblemen mit der Verwaltung führen.[108] Während das Projekt den hohen Anspruch besaß, zur „Rationalisierung" – also Versachlichung und Verwissenschaftlichung – von Kommunikation und zu mehr Transparenz in der Administration beizutragen, um so die Verfahrensplanung zu verbessern, konnten die Experten selbst keine Kommunikation mit der Verwaltung herstellen. Und schließlich zeigte die fehlende Abstimmung zwischen den drei Teilprojekten EIPE, ZIEBUV und ENIS, dass auch beim Berater die Projekte nicht ineinandergriffen, also der Kommunikationsfluss nicht funktionierte.

Hinzu kam – nun deutlicher als im Kanzleramtsprojekt der Studiengruppe –, dass sich der Planungswind ohnehin gedreht hatte. Die Neustrukturierung des Kanzleramts und die Vorhabenerfassung stärkten zwar den Informationsaustausch zwischen Kanzleramt und Ressorts, wie insgesamt „Ansätze informationsgesteuerten vorausschauend-systematisierenden Handelns" an Bedeutung gewannen – und dies wurde auch zeitgenössisch so interpretiert.[109] Doch die Ergebnisse blieben weit hinter den Erwartungen zurück, ja der auf Langfristigkeit und tiefgreifende Reform der Regierungsstrukturen setzende Planungsansatz im Kanzleramt scheiterte: Die erweiterte Aufgabenplanung wurde 1973 eingestellt. Ehmke wechselte 1972 ins Forschungs- und Technologieministerium. Jochimsen betonte nun einschränkend, die politischen Planer sollten „nicht selbstherrlich an die Spitze einer Planungshierarchie" treten, sondern – vielleicht auf die Probleme mit dem ZBZ anspielend – „moderierend" wirken. Er ging 1973 als Staatssekretär ins

---

[107] Entwurf PRVR-214/3, Märten, an BMFT, Ref. 413, 22.4.1974, in: BAK, B 106, 49611.
[108] Sprechend ist eine Notiz aus dem Innenministerium o.D., welche aus dem ZBZ-Abschlußbericht zu EIPE unter der Überschrift „Unübersichtlichkeit der verwendeten Begriffe" folgenden Passus zitierte: „Dem müßte eine Bestandsaufnahme und Ermittlung des Funktionsprofils gegenwärtiger Informationsverarbeitungspraktiken vorausgehen, um sodann gemäß der Zweckbestimmung der jeweils zur Anwendung gelangenden Informationsverarbeitungsform aus dem verfügbaren Informationsorganisationsinstrumentarium entsprechende Systematisierungsgrundlagen abzuleiten", in: ebd.
[109] Süß, Ganze, S. 372; vgl. ebd., S. 372f.; Der Macher, in: Der Spiegel, H. 6, 1.2.1971, S. 28–42.

Bildungs- und Wissenschaftsministerium. So verließen die politischen Advokaten eines umfassenden Planungsverständnisses das Kanzleramt; sie wurden durch Protagonisten ersetzt, die stärker an ad-hoc-orientierter und pragmatischer Politikberatung interessiert waren. Die Projektgruppe für Regierungs- und Verwaltungsreform wurde 1975 aufgelöst.[110] Ein gewichtiger Faktor für das Ende der Projektgruppe war, dass sich in den um ihren Einflussbereich fürchtenden Ressorts Kritik an den ausgreifenden Planungsprojekten des Kanzleramts formierte. Im Kabinett, in dem das Wort von der Planungsabteilung als „Kinderdampfmaschine" die Runde machte, geriet der ehrgeizige und allgegenwärtige Ehmke zunehmend unter Druck. Finanzminister Helmut Schmidt, der die ausgreifenden Planungskonzepte skeptisch sah, verhinderte eine direkte Abstimmung von Finanz- und Aufgabenplanung zwischen Finanzministerium und Kanzleramt, und nicht zuletzt aufgrund von Rivalitäten im Kabinett hatte Ehmke 1972 ins Technologieministerium zu wechseln.[111] Ferner zeigte sich schon im Sommer 1971, dass die Verteilungsspielräume angesichts der freigebigen Reformpolitik für die erstellte „Prioritätenliste" nicht ausreichten. Die Öl- und Wirtschaftskrise entzog der übergreifenden Planungsgruppe dann den Boden, denn der Planungsverbund war nicht „zur Moderation von Verteilungskonflikten vor dem Hintergrund knapperer Ressourcen geeignet".[112] Mit dem Einzug Helmut Schmidts ins Kanzleramt im Frühjahr 1974 hatte sich der euphorisch unterlegte Planungsgeist bereits weitgehend erledigt.

3. Aufbrüche: Forschungsplanung der 1960er und frühen 1970er Jahre

Die Zukunftsforschung konnte am stärksten im Feld der Forschungsplanung beratend für die Bundesregierung tätig werden. Dies nimmt nicht wunder, war doch die Technik der Zukunft bzw. das *Technological Forecasting* ein zentrales Arbeitsfeld der Zukunftsforschung jener Jahre.

Aufgrund alliierter Beschränkungen und unklarer Kompetenzabgrenzungen zwischen Bund, Ländern und Wissenschaftsorganisationen etablierte sich die Forschungspolitik als Politikfeld des Bundes erst relativ spät. Einen ersten Schritt

---

[110] Reimut Jochimsen, Planung des Staates in der technisierten Welt, in: Ders., Die Herausforderung der Zukunft. Ein Cappenberger Gespräch, Köln 1972, S. 14–27, hier S. 25; vgl. Süß, Politik, S. 345; Ders., Ganze, S. 369–377; Herbert Permantier, Probleme bei der Einführung und Anwendung moderner Planungs- und Entscheidungshilfen auf Bundesebene, in: Hans-Christian Pfohl/Bert Rürup (Hrsg.), Anwendungsprobleme moderner Planungs- und Entscheidungstechniken, Hanstein 1978, S. 259–274.

[111] Wolfgang Jäger, Die Innenpolitik der sozial-liberalen Koalition 1969–1974, in: Ders./Werner Link, Republik im Wandel, 1969–1974. Die Ära Brandt, Stuttgart, Mannheim 1986, S. 15–160, hier S. 32–34, Zit. S. 33; Süß, Ganze, S. 369–377; Schönhoven, Wendejahre, S. 649; Der Macher, in: Der Spiegel, H. 6, 1.2.1971, S. 28–42; Vision von 1985; in: ebd., H. 29, 12.7.1971, S. 26 f.

[112] Süß, Ganze, S. 375; vgl. ebd.

bildete die Deutsche Atomkommission, die Ende 1955 institutionalisiert wurde. Neue Dynamik entfaltete sich mit der Erweiterung des Atomministeriums zum Bundesministerium für wissenschaftliche Forschung 1962, das nun die allgemeine Planungs- und Koordinierungskompetenz für Wissenschaft und Forschung erhielt, und mit einem Verwaltungsabkommen 1964, das den Bund in der Forschungsfinanzierung stärkte. In der Folge rückte – im Zeichen des gewachsenen öffentlichen und politischen Interesses an der Wissenschaft und eines breit rezipierten Schreckbilds der „technologischen Lücke" Westeuropas gegenüber den USA – die aktive Forschungsförderung und -planung in den Fokus des Ministeriums. Die Minister Hans Lenz und Gerhard Stoltenberg forderten einen erheblichen Mittelzufluss für Wissenschaft und Hochschulen und eine Stärkung der Großforschungszentren, der *Big Science*. Unter Stoltenberg verstärkte sich zudem im Zeichen der wachsenden Planungsorientierung bundesdeutscher Politik ein mittelfristig angelegter Planungsansatz: Eine drei- bis fünfjährige „Programmierung" der Forschung sollte die bundesdeutsche Forschungspolitik prägen und die „Lücke" zur USA schließen helfen. Mit dem wachsenden Anteil von Bundesmitteln an der Forschungsförderung geriet auch die richtige, rationale Prioritätensetzung der Forschungsplanung im Hinblick auf zukunftsträchtige Felder stärker ins Blickfeld. Noch vor dem Regierungswechsel rückte die Forschungsförderung mit der Grundgesetzänderung (Art. 91a/b) zur Gemeinschaftsaufgabe von Bund und Ländern auf, ehe mit der Rahmenvereinbarung Forschungsförderung 1975 ein neues Gleichgewicht zwischen Bund und Ländern erreicht wurde.[113]

Nach dem Regierungswechsel setzte Willy Brandt in seiner Regierungserklärung vom Oktober 1969 die Förderung von „Wissenschaft und Forschung" neben der Bildung „an die Spitze der Reformen".[114] Die sozialliberale Koalition kündigte eine aktive Technologiepolitik an, welche eine „umfassende Forschungsplanung" unter Einbeziehung der Öffentlichkeit vorsah.[115] Aus dem Bundesministerium für wissenschaftliche Forschung wurde das Ministerium für Bildung und Wissenschaft mit Hans Leussink an der Spitze, einem Professor für Bauingenieurwesen an der TH Karlsruhe und zuletzt Vorsitzender des Wissenschaftsrates. Er kam damit Karl Steinbuch zuvor, der sich der SPD genähert und sich wohl ebenfalls

---

[113] Vgl. Gerhard Stoltenberg, Ziele und Methoden der Wissenschaftspolitik, in: Ders., Staat und Wissenschaft. Zukunftsaufgaben der Wissenschafts- und Bildungspolitik, Stuttgart 1969, S. 25–51; Margit Szöllösi-Janze, Geschichte der Arbeitsgemeinschaft der Großforschungseinrichtungen, 1958–1980, Frankfurt a. M., New York 1990, S. 84–94; Helmuth Trischler, Die „amerikanische Herausforderung" in den „langen" siebziger Jahren, in: Ritter/Szöllösi-Janze/Trischler, Antworten, S. 11–18; Ritter, Großforschung, S. 91–95; Brinckmann, Politikberatung, S. 68–72, 114–117; Wolfgang Bruder/Nicolai Dose, Forschungs- und Technologiepolitik in der Bundesrepublik Deutschland, in: Dies. (Hrsg.), Forschungs- und Technologiepolitik in der Bundesrepublik Deutschland, Opladen 1986, S. 11–75; im Überblick Wolfgang Krieger, Zur Geschichte von Technologiepolitik und Forschungsförderung in der Bundesrepublik Deutschland. Eine Problemskizze, in: VfZ 35 (1987), S. 247–271, v. a. S. 262 f.
[114] Brandt, Regierungserklärung vom 28.10.1969, S. 265.
[115] Zit. nach Ritter, Großforschung, S. 97; vgl. auch im Folgenden zur sozialliberalen Forschungspolitik ebd., S. 97–103; Brinckmann, Politikberatung, S. 117, 154–157.

Hoffnungen auf das Amt gemacht hatte[116]; tatsächlich war Steinbuch im Herbst 1969 in der SPD als Staatssekretär für Bildung und Wissenschaft im Gespräch, doch war Leussink mit seinen Erfahrungen aus dem Wissenschaftsrat zweifellos profilierter in der Wissenschaftspolitik.[117]

Die Forschungsplanung setzte nun vor allem auf einen verbesserten Technologietransfer, was eine schnellere, effizientere wirtschaftliche und politische Verwertbarkeit von Wissenschaft und Forschung, insbesondere der Großforschung (Kernforschung, Weltraum- und Luftfahrttechnik, Datenverarbeitung) implizierte. Dies verstärkte sich, als Ende 1972 ein eigenes Bundesministerium für Forschung und Technologie unter dem nunmehr hierher „versetzten" Ehmke geschaffen wurde. Zum Nutzen einer Effektuierung, aber auch Demokratisierung von Planung betonte Ehmke, der Planer aus dem Kanzleramt, nochmals explizit die Bedeutung von Vorausschau und Prognose in der Forschungsplanung.[118] Schon 1972 allerdings war im Ministerium von den „Grenzen der Planung" die Rede, die sich mit „zunehmender Komplexität des Planungsgegenstandes", aber auch mit zunehmendem Planungszeitraum zeigten. Planungen müssten, so der Bundesbericht Forschung IV, deshalb regelmäßig überprüft werden, und die Planungsverfahren seien zu verbessern, die nun vor allem „einfach" und „praxisnah" gestaltet sein sollten.[119]

Welche Verbindungen existierten zwischen Ministerium und Zukunftsforschung, welche Rolle spielten Protagonisten aus dem Feld der Zukunftsforschung als Politikberater im Bereich der Forschungsplanung? Eine zentrale Transfer- und Vermittlerrolle zwischen Administration und Wissenschaft gewann der 1964 als Referent für Forschungsplanung ins Ministerium gekommene Ministerialrat Peter Menke-Glückert, von dem bereits im Zusammenhang mit der WFSF und der Gesellschaft für Zukunftsfragen die Rede war. Geprägt von einem Reformhabitus, den Zeitgenossen auch als „übertriebene Betriebsamkeit" wahrnahmen[120], sog Menke-Glückert die Thesen von der „technologischen Lücke" der Bundesrepublik gegenüber den USA geradezu in sich auf. Die Bundesregierung müsse sich im Hinblick auf Planungsmethoden ganz neu aufstellen, so Menke-Glückert 1966 an Georg Picht:

---

[116] Karl Steinbuch, Über unsere Zukunft. Rede auf dem bayerischen SPD-Landesparteitag, 20.–22. 6. 1969, in: KITA, NL Steinbuch, 345; Wahlkampfanzeige der SPD für den Bundestagswahlkampf mit Steinbuch in: Der Spiegel, H. 28, 7. 7. 1969.

[117] SPD Arbeitsgruppe ZWL, Betr. Personalpolitik, o. D. (1969), in: WBA, A 8, Regierungsbildung 1969 (alt: 62), 1. 1. 69–31. 12. 74.

[118] Vgl. Horst Ehmke, Forschungspolitik. Stetigkeit und Neuorientierung (1973), in: Ders., Politik als Herausforderung. Reden, Vorträge, Aufsätze 1968–1974, Karlsruhe 1974, S. 49–63.

[119] Bundesministerium für Bildung und Wissenschaft, Bundesbericht Forschung IV, S. 10, in: Verhandlungen des Deutschen Bundestages, Drs. VI/3251, 13. 3. 1972.

[120] Picht an Carl Friedrich von Weizsäcker, 11. 1. 1968, in: BAK, N 1225, 115: „Er ist ein ziemlich unruhiger Geist und neigt zu übertriebener Betriebsamkeit", doch er sei „wirklich intelligent und hat besser als die meisten unserer Gesprächspartner begriffen, auf welche Fragen es heute ankommt".

„Die Bundesregierung braucht dringend ein modernes Informationssystem mit einer Datenbank (oder besseren mehreren kleinen Datenbanken), einem formalisierten Berichtssystem (das Kontrolle der Planungen und Korrektur der Planziele ermöglicht) und einem ‚zivilen Generalstab' im BKA, das alle diese Instrumente für eine bessere Politik nutzt. Hinzu kommen muß ferner eine andere Juristenausbildung (Spezialisierung nach 4. Semester nach Justiz, Verwaltung, Wirtschaft und Abschaffung des völlig unnützen Ref[erendariat] […]. Scharfe Auswahl für Stabsfunktionen (concours, Fortbildungsmöglichkeiten, Verkleinerung der Stellen, mehr Verantwortung in jungen Jahren usw. usw.). Die Franzosen und Amerikaner (auch Russen) machen es uns vor."[121]

Insbesondere warb Menke-Glückert im Forschungsministerium dafür, sich im Hinblick auf eine gezielte Forschungsförderung intensiv mit den neuen Methoden des *Operations Research* zu befassen, das er als „Planungsforschung" definierte. Dies war im Kern identisch mit dem, was die Studiengruppe für Systemforschung unter „Systemforschung" verstand. Menke-Glückert argumentierte, er ziehe den Begriff Planungsforschung vor, weil dieser den gemeinten „Problembereich" bezeichne (und nicht die Methode, die Systemanalyse). Zum Vorbild auch Menke-Glückerts avancierten die US-Think-Tanks mit ihrer Interdisziplinarität, ihrer „Effektivität und wissenschaftliche[n] Autorität", wie sie idealtypisch die RAND Corporation verkörpere. Auch in der Bundesrepublik sehe man, so Menke-Glückert, zunehmend die „Notwendigkeit, Probleme der Wirtschafts-, Verteidigungs- oder Außenpolitik mit Mitteln der Planungsforschung durchzurechnen und modelltypische Alternativen für strategische Planungsaufgaben dem Politiker an die Hand zu geben", wie dies etwa die RAND Corporation leiste. Dies bildete die Brücke zur sich formierenden Zukunftsforschung, denn Menke-Glückert argumentierte, die bundesrepublikanische Forschung müsse sich dem Zukünftigen widmen und hieraus entsprechende Ziele ableiten: Langfristige Planung setze die „Kenntnis der Gesellschaft der Zukunft voraus. Nur aus dem Modell der Gesellschaft der Zukunft können Zielwerte für den Ausbau von Bildungs- und Forschungseinrichtungen oder anderer Sachbereiche […] abgeleitet werden." Es sei notwendig, die Entwicklung der Gesellschaft etwa 15 bis 20 Jahre vorauszuschätzen und hieraus die politischen Zielwerte für Wirtschaft, Sozialstruktur, Außenpolitik usw. zu bestimmen. Deshalb drängte er darauf, dass deutsche Wissenschaftler in den Think-Tanks ausgebildet würden. Zudem sollte ein Institut für Planungsforschung gegründet werden, welches eben jene übergreifenden Prognose- und Planungsaufgaben übernehme.[122]

Es wird erkennbar, dass es in Menke-Glückerts Verständnis von Planungsforschung nicht mehr nur um Planungsmethoden und ihre Umsetzung ging, sondern um mehr, nämlich um eine gesamtgesellschaftliche Prognostik, aus der gestalterische Ziele und Planungsschritte abzuleiten waren. Zum Begriff Zu-

---

[121] Menke-Glückert an Picht, 21.12.1966, in: ebd., 107.
[122] BMwF, Menke-Glückert, an Staatssekretär Wolfgang Cartellieri, 12.5.1965 (hs.: ab am 17.5.); vgl. BMwF, Menke-Glückert, II7-3100-47/65, Sprechzettel für Herrn Staatssekretär zur Vorbereitung der Sitzung am 26. Juli 1965, 22.7.1965, und Anlage 2: Unterlage zur Besprechung, 26.7.1965, alles in: BAK, B 138, 6585; Menke-Glückert, II 7-3104-02-6/67, an Hans Paul Bahrdt, 26.1.1967, in: ebd., 6239.

kunftsforschung gelangte er Ende 1966, als er eine Tagung des Bergedorfer Gesprächskreises zum Thema „Ist der Weltfriede unvermeidlich?" in Hamburg besuchte. Hier lernte er Carl Friedrich von Weizsäcker kennen, der den Eröffnungsvortrag hielt, aber auch Robert Jungk, an den Menke-Glückert wenige Tage später schrieb, um festzuhalten: „Die Gespräche in Hamburg werden mir noch für lange Zeit Stoff zum Nachdenken geben."[123] Ein Jahr später wechselte Menke-Glückert – auch um den transnationalen Aspekten der Zukunfts- und Friedensforschung nachzugehen – als Leiter der Gruppe Wissenschaftsressourcen zur OECD.[124]

Nach Menke-Glückerts Weggang mäßigte sich im Ministerium die Begeisterung für die Zukunftsforschung, aber auch für die Think-Tanks. Auf eine Kleine Anfrage der SPD im Oktober 1967, ob nicht angesichts des „bedeutenden Vorsprunges anderer Länder mit hochentwickelter Industrie" ein „Institut zur Zukunftsforschung" notwendig sei[125], bereitete Oberregierungsrat Hans Sauer eine abwägende Antwort vor. Der Beachtung der „Zukunftsaufgaben für Forschung und Entwicklung" komme besondere Bedeutung zu. Doch diese Aufgaben seien so vielfältig, dass sie nicht durch die Einrichtung eines Instituts für Zukunftsforschung bewältigt werden könnten. Auf dem Gebiet der Bestimmung von Prioritäten in der Forschungsplanung arbeiteten auch der Wissenschaftsrat, die VDW und insbesondere die Studiengruppe für Systemforschung, mit der das Ministerium eng zusammenarbeite; ebenso seien viele Institutionen an Universitäten mit „zukunftsbezogenen Forschungsaufgaben" beschäftigt.[126] Stoltenberg verwies dann in der Beantwortung der Anfrage – auch auf weitere Nachfragen – recht knapp darauf, dass verschiedene wissenschaftliche Institute „Teilfragen der Zukunftsforschung" behandelten und technische oder wirtschaftliche Prognosen erarbeiteten. Insbesondere nannte er das angedachte, auch von ihm unterstützte Max-Planck-Institut von Weizsäckers sowie „Forschungsunternehmen", die mittelfristige Prognosen über Demographie, Wirtschaftswachstum, Bildung und Arbeitsmarktveränderungen erstellten, nämlich Prognos, Infratest und das Battelle-Institut.[127]

In der Tat setzte das Forschungsministerium auf anwendungsorientierte Zukunftsexpertise, und dies führte zur Förderung der Initiative Werner Holstes aus der DEMAG, die Zukunftsforschung zu institutionalisieren und zunächst eine Gesellschaft für Zukunftsfragen zu gründen. Holste wandte sich 1967 direkt an Minister Gerhard Stoltenberg und sprach 1968 bei Staatssekretär Hans von Heppe vor, der die Angelegenheit als „so bedeutsam" ansah, dass er sie dem Minister

---

[123] BMwF, Menke-Glückert, II 7-3104-01-22/66, an Robert Jungk, 14.11.1966; Menke-Glückert, II7-3104-01-21/66, an den Geschäftsführer der VDW, Afheldt, 24.11.1966, beides in: ebd., 1549; Bergedorfer Gesprächskreis zu Fragen der freien industriellen Gesellschaft (Hrsg.), Ist der Weltfriede unvermeidlich? Referent: Carl Friedrich von Weizsäcker, Hamburg 1967.
[124] Gespräch der Verf. mit Menke-Glückert, 24.10.2009.
[125] Anfrage Klaus Hübner MdB, 10.10.1967, in: BAK, B 138, 1549.
[126] BMwF, Entwurf ORR Sauer, II7-3104-01-14/67, 17.10.1967, in: ebd.
[127] Verhandlungen des Deutschen Bundestages, V. Wahlperiode, 130. Sitzung vom 27.10.1967, S. 6598.

vortrug.[128] In der Tat erklärte sich auch Stoltenberg bereit, Holstes Initiative zu unterstützen und Holste zu einem Gespräch zu empfangen. Dem Vorschlag von Heppes, eine ständige Arbeitsgruppe für Fragen der Zukunftsforschung im Ministerium einzurichten, stimmte er zu.[129] Die Arbeitsgruppe sollte Regierungsdirektor Valentin von Massow leiten, der sich jedoch zurückhaltend äußerte:

„Die Zukunftsforschung ist in den letzten Jahren rasch in den Vordergrund getreten, doch fehlt es an einer allgemein akzeptierten, exakten Bestimmung des Begriffs, der Methode und der Objekte. Ursachen hierfür sind die verschiedenen Ansatzpunkte, die von der Friedens- und Konfliktforschung über die allgemeine Erforschung der Lebensbedingungen der wissenschaftlich-technischen Welt bis zur technologischen Vorausschau und Planung reichen. Entsprechend weit differieren auch die Arbeitsmethoden vom philosophisch-spekulativen Ansatz bis zu den formalisierten und mathematisierten Methoden des Technological Forecasting und der Systemanalyse".[130]

Von Massow verwies also auf die Probleme, Zukunftsforschung wissenschaftstheoretisch einzuordnen, aber auch auf ihre Heterogenität; dass die philosophischen Ansätze – auch aus dem Feld der Friedensforschung – in der Administration mit Vorsicht betrachtet wurden, liegt nahe. Für anwendungsorientierte Prognosen gebe es ja Institute, die Teilbereiche abdeckten, etwa die Wirtschaftsforschungsinstitute. Grundlagenforschung werde das neue MPI von Weizsäckers liefern, das als Ansatzpunkt einer Initiative unterstützt werden könne. Darüber hinaus ließen sich „vorhandene Ansätze", wie sie im Zentrum Berlin für Zukunftsforschung fassbar würden, durch Aufträge oder regelmäßige Zuschüsse unterstützen. Möglich sei angesichts der Bedeutung des Themas ein „größeres Programm" zur Förderung der Zukunftsforschung. Doch von Massow legte nahe, angesichts des „noch unsicheren und ungesicherten Status" der Zukunftsforschung zu prüfen, ob nicht auch die DFG und die Stiftung Volkswagenwerk zu entsprechenden Initiativen auf diesem Gebiet angeregt werden sollten.[131] Von Massow lud in der Folge Holste, Proske und Bruno Fritsch aus der Gesellschaft für Zukunftsfragen zum Gespräch; doch eine ständige Arbeitsgruppe im Ministerium bildete sich nicht, und entsprechende Absprachen mit DFG und Volkswagenstiftung ließen sich nicht eruieren.[132]

Anfang 1969 sprach Holste bei Minister Stoltenberg vor und konnte ihn für seinen Plan gewinnen, ein Institut zur Erforschung technologischer Trends (das spätere Industrie-Institut zur Erforschung technologischer Entwicklungslinien)

---

[128] BMwF, St (Staatssekretär Hans von Heppe), Vermerk vom 4.6.1968; Holste an Minister Gerhard Stoltenberg, 15.11.1967 und an Hans von Heppe, 5.6.1968 und 13.8.1968, alles in: BAK, B 138, 1550.
[129] BMwF, St (Staatssekretär Hans von Heppe), Vermerk vom 7.6.1968 mit Antwortentwurf an Holste; Holste an Hans von Heppe, 13.8.1968, beides in: ebd.
[130] BMwF, von Massow, II A 2-3104-01, an Minister Stoltenberg, 19.8.1968, in: ebd.
[131] Ebd.; fast wörtlich findet sich dies auch in einem Interview Stoltenbergs mit der Zeitschrift „plus-plus forum" 1969, in: BAK, B 138, 1551; ähnlich distanziert BMBW, Jost, Zukunftsforschung und Wissenschaftspolitik, 17.2.1970; Jost, III A 2-3104-01-16/70II, an Abteilungsleiter III, 31.3.1970, in: ebd., 6230.
[132] BMwF, Vermerk IIA2-3104-01-36/69, 27.9.1968: Gesellschaft für Zukunftsfragen eV, in: BAK, B 138, 1550.

in Hannover zu unterstützen.¹³³ Stoltenberg erklärte sich bereit, das ITE finanziell zu unterstützen, und präsentierte es im Rahmen der Hannover-Messe im Frühjahr 1969 einer interessierten Öffentlichkeit.¹³⁴ In der Rede verwies er explizit darauf, dass nur eine unmittelbar anwendungsbezogene, und zwar wirtschaftlich verwertbare Zukunftsforschung auf eine Unterstützung des Ministeriums rechnen konnte: Große Firmen hätten sich entschlossen, „systematischer und umfassender die [...] zivilisatorischen Zukunftsaufgaben und -tendenzen zu analysieren, in einer ständigen engen Wechselwirkung mit unternehmerischen Entscheidungen und Planungen". Und von dieser praxisbezogenen Form wissenschaftlich-technischer Analysen versprach sich das Ministerium viel. Nicht nur könne sich ein enger Dialog zwischen Wissenschaftlern, Ingenieuren und Unternehmen ergeben, also ein Austausch zwischen Wissenschaft und ökonomischer Praxis. Da Unternehmen konkret disponieren und über Investitionen entscheiden müssten, werde sich die Arbeit des Instituts „realitätsbezogen" und „verbindlich" gestalten. Damit halte man, so Stoltenberg explizit, „das spekulative Element der Zukunftsforschung in engen Grenzen".¹³⁵ Dem Ministerium waren auch wohl die bereits ausgebrochenen internen Konflikte innerhalb der Gesellschaft für Zukunftsfragen und die neue Ideologisierung der Zukunftsforschung im Dunstkreis der „kritischen Futurologie" Flechtheims und Jungks nicht verborgen geblieben. Dies unterminierte die Wahrnehmung der Zukunftsforschung im Ministerium, zumal auch das ITE wie gesehen Friktionen auslöste.

Jedoch sah das Ministerium eine explizit anwendungsorientierte Prognostik als wichtigen Baustein der Forschungs- und Entwicklungsplanung an. In diesem Sinne erhielten aus dem Dunstkreis der Zukunftsforschung vor allem die mit dem Ministerium verbundene Studiengruppe für Systemforschung und die Prognos AG als „Forschungsunternehmen" Forschungs- und Beratungsaufträge. Wie oben kurz erwähnt, beriet die Studiengruppe für Systemforschung das Forschungsministerium (ab 1969 Bildungs- und Wissenschafts-, ab Ende 1972 Forschungs- und Technologieministerium) im Hinblick auf Forschungsplanung und -förderung sowie Planungs- und Entscheidungstechniken. Sie widmete sich insbesondere der Datensammlung und Bewertung von Forschungs- und Entwicklungsprogrammen im internationalen Vergleich, um so auch Informationen für die Bundesberichte Forschung II und III zu beschaffen. Insbesondere war sie dafür zuständig,

---

¹³³ BMwF, Vermerk IIA2-3104-01-36/69, 27.9.1968: Gesellschaft für Zukunftsfragen eV; Vermerk IIA2-3104-01-36/69 II über ein Gespräch Stoltenbergs mit Holste und Minister Kubel, 7.2.1969: Deutsches Institut für Forschung und Technik in Hannover, alles in: ebd.

¹³⁴ BMwF, Vermerk IIA2-3104-01-36/69 II, 7.2.1969, über Gespräch Holstes, Kubels und Schmackes mit Minister Stoltenberg, in: ebd.; Claus Grossner, Zerstrittene Zukunftsforscher. Konkurrenz zwischen Industrie, Wissenschaft und Gewerkschaft, in: Die Zeit, 19.9.1969; Institut zur Erforschung technologischer Entwicklungslinien: Aufgaben, Arbeitsweise und Organisation, Hannover 1970; vgl. Kapitel IX.4.

¹³⁵ Stoltenberg, Erforschung, S. 21; vgl. Holste an Minister Gerhard Stoltenberg, 15.11.1967 mit hs. Bemerkungen Stoltenbergs; Stoltenberg an Holste, II7-3100-1-19/67, 15.1.1968 und Entwurf mit hs. Änderungen Stoltenbergs; Vermerk Hans von Heppe, 7.6.1968, Vermerk über den Besuch Holstes, IIA2-3104-01-36/69 II, 7.2.1969; alles in: BAK, B 138, 1550.

Informationen über „Forschungstrends" in den USA zu liefern, über die sie durch Kontakte Krauchs und anderer zu US-Think-Tanks vertiefte Kenntnis besaß, und sie suchte auch entsprechende Verbindungen des Ministeriums dorthin zu intensivieren.[136] *Dass* die Regierung in den 1960er Jahren eine deutliche Erhöhung der Ausgaben für Forschung und Entwicklung auf das US-amerikanische Niveau von 3% des Bruttosozialproduktes ankündigte, lässt sich sicherlich nicht nur, aber wohl auch auf das kontinuierliche Drängen der Studiengruppe zurückführen.[137] Das Ministerium verstand die Studiengruppe als „ausgelagerte Planungskapazität", welche insbesondere das für die Forschungspolitik erforderliche Planungswissen liefere. „Die von der Studiengruppe bearbeiteten Probleme sind die Probleme des BMwF im Bereich der Forschungsplanung; wenn es die Studiengruppe nicht gäbe, müßte das BMwF selbst diese Forschung betreiben." Deshalb entschied das Ministerium 1967, die Studiengruppe *„nachhaltig"* zu fördern.[138]

Laut einer internen Aufstellung wollte das Forschungsministerium die Prognos AG vor allem mit Prognosen der wirtschaftlichen und technischen Entwicklung betrauen.[139] In diesem Sinne lud Stoltenberg Gottfried Bombach 1968 zu einem Gespräch ins Ministerium ein, der so den ersten Auftrag für Prognos aus dem Forschungsministerium akquirieren konnte. Stoltenberg bat Prognos um eine Vorstudie „zu der Frage der technischen und ökonomischen Relevanz einzelner Forschungsgebiete (‚Ausstrahlungseffekt') unter Berücksichtigung des Forschungsstandes in den USA", welche auch Vorschläge für eine möglichst umfangreiche Untersuchung in Deutschland und für die Erarbeitung von Prioritätsentscheidungen liefern könne.[140] Das Referat beauftragte Prognos dann konkret mit einer Vorstudie zur „Fundierung der Forschungsplanung" in der Bundesrepublik. Die Studie sollte die „Bedingungen und Möglichkeiten für eine auf die Wachstumsziele der Bundesregierung abgestellte Forschungs- und Entwicklungspolitik" vermessen. In einer Hauptuntersuchung sei dann zu prüfen, welche Erfolgschancen und Effizienz spezielle Förderungsmaßnahmen besäßen. Prognos wollte das

---

[136] BMwF, Menke-Glückert, II 7-3104-02-8/66, an Helmut Krauch, Studiengruppe für Systemforschung, 14.4.1966; ferner Ders., II 7-32021 67, an Staatssekretär und Abteilungsleiter, 27.7.1964; Ders., II 7-3104-2, an Referat I A 4, 27.4.1966, alles in: ebd., 6238; BMwF, von Massow, II A 2-3750, Vermerk, 23.7.1969, in: ebd., 6231; Stanford Research Institute an BMwF, 12.12.1963, in: ebd., 6239; BMwF, Erläuterungen zu den Forschungsvorhaben der SfS, o. D., in: ebd., 6801.
[137] Bundesministerium für wissenschaftliche Forschung, Bundesbericht Forschung II, in: Verhandlungen des Deutschen Bundestages, Drs. V/2054, 28.7.1967, S. 11; Bundesbericht Forschung III, in: ebd., Drs. V/4335, 12.6.1969, S. 11.
[138] BMwF, II 1, Trabandt, Vermerk, 1.3.1967 (Herv. i.O.), in: BAK, B 138, 6239; BMwF, Scheidemann, II 1 - 6021-8/65, Aufzeichnung für Minister und Staatssekretär, 20.7.1966, in: ebd., 6238.
[139] BMwF, Notiz Referat II 7, 15.3.1968, in: BAK, B 138, 1549; BMwF, Vermerk II A 2, von Massow, über Besprechung bei Minister Stoltenberg am 17.10.1968 mit Staatssekretär von Heppe, 18.10.1968, in: ebd., 6801.
[140] BMwF, Stoltenberg, an Gottfried Bombach, 24.1.1968; Prognos, Peter G. Rogge, an Stoltenberg, 21.2.1968; Bombach an Stoltenberg, 23.2.1968, in: ebd., 6230; von Massow an Stoltenberg, 28.5.1969, mit Vermerk Stoltenbergs, in: ebd., 6231.

Problem der Verteilung von Forschungsmitteln auf Forschungsdisziplinen rein nach wachstumspolitischen Zielsetzungen lösen, insofern also die gleiche Zielrichtung einschlagen wie in der Studie für das Kanzleramt. Die Forschungspolitik sei, so Prognos, „künftig stärker als bisher an rationalen Kriterien" auszurichten. In der Hauptuntersuchung sollte eine Prognose der Produktionsstruktur erfolgen, die man aus den Prognos-Deutschland-Reports ableiten konnte; diese war mit sogenannten „Forschungsproduktivitäten", dem Verhältnis von bewirktem Wachstum und Forschungsaufwand, zu koppeln. So sollten Prioritäten gesetzt, der „optimale Mitteleinsatz" errechnet und alternative Förderungspakete präsentiert werden, um zu prüfen, wie die Forschung „durch eine Auswahl förderungswürdiger Projekte und einen schwerpunktartigen Mitteleinsatz zu einer größtmöglichen Effizienz" gelangen könne.[141]

Evident wird, dass Prognos davon ausging, objektives, „rationales" Wissen zur Forschungsplanung zu erarbeiten und so eine optimale, effiziente Mittelverteilung berechnen zu können. Dies sorgte im Forschungsministerium, in dem die Studie zirkuliert war, für Skepsis. Zwar betrachtete man die Vorstudie von Prognos als „gute Übersicht über die Problematik", welche gewisse Ansätze zur Lösung der Problematik der Mittelverteilung „aus ökonomischer Sicht" präsentiere. Doch spreche aus dem Text auch „eine merkliche Überschätzung der eigenen Leistungsfähigkeit" und ein „hoher Abstraktionsgrad".[142] Die Überlegungen seien „sehr optimistisch".[143] Der Optimierungsansatz müsse daran scheitern, dass der Produktionseffekt der Forschung nun einmal unbestimmbar sei: Der Wirkungsgrad menschlichen Geistes lasse sich nicht wie der Wirkungsgrad von Maschinen berechnen. Zudem sei es schwer, die Voraussetzungen für „rationale" Forschungspolitik dadurch zu erfüllen, dass man ihre Ziele klar definiere – denn Ziele seien nun einmal nicht unverrückbar.[144] Der Referent von Massow drängte darauf, die Hauptuntersuchung nicht mehr in Auftrag zu geben, da die Gefahr bestehe, dass „viel Geld in eine Sache gesteckt wird, die schon wegen ihrer anspruchsvollen Zielsetzung zum Scheitern verurteilt ist".[145] Ein Folgeauftrag unterblieb zunächst.

Nach dem Regierungswechsel erhielt das Bundesministerium für Bildung und Wissenschaft vom Bundeskanzleramt offiziell die Zuständigkeit für die „Förderung der Zukunftsforschung" übertragen, ohne dass eine direkte Förderung von Instituten abseits des Industrie-Instituts nochmals thematisiert

---

[141] Prognos, Gedanken zur Fundierung der Forschungsplanung in der Bundesrepublik, Ms., und BMwF, Vermerk von Massow, II A 2-3104-01-7/68, 11.7.1968, in: ebd., 6230; Vermerk Söllner/von Massow, III 1-3/04, 16.1.1970, in: ebd., 6231.

[142] BMwF, Finke, I B 5, an von Massow, 2.12.1968; positiv dagegen Spaeth, IV A 1, 17.12.1968, in: ebd., 6230.

[143] BMwF, Vermerk von Massow, 14.3.1968, in: ebd.

[144] BMwF, Vermerk AL III an von Massow, 6.1.1969, in: BAK, B 138, 6231.

[145] BMwF, von Massow, II A 2-3104-01-42/69, an Minister Stoltenberg 28.5.1969; BMBW, Vermerk Söllner/von Massow, 16.1.1970; von Massow, III A 1-3104-1, an Parlamentarischen Staatssekretär von Dohnanyi, 1.4.1970; Vermerk von Massow an Staatssekretärin Hamm-Brücher, 9.7.[1970], alles in: ebd.

wurde.¹⁴⁶ Rasch flammte aber die Frage der rationalen Prioritätensetzung in der Forschungsplanung wieder auf. Um also Zukunftsexpertise im Bereich der Programmformulierung und Schwerpunktsetzung zu erhalten, forderte Staatssekretär Klaus von Dohnanyi von verschiedenen Instituten Gutachten zu Methoden der Prioritätsbestimmung in der Forschungsplanung an, die publiziert wurden.¹⁴⁷ Auch die Prognos AG wurde gefragt, die hier manches aus der Vorstudie einbringen konnte. Sie empfahl, um Forschungsprogramme „rational" abzuwägen, nicht mehr weitere Planungstechniken zu entwickeln, sondern „mittels langfristig orientierter Forschung über die Forschung die Informationsbasis" zu erweitern. Grundsätzlich werde aber – und dies deutet auf eine gewisse Pragmatisierung im Hinblick auf das Vertrauen in Planungstechniken – wohl die Forschung in diesem Bereich „suboptimal" bleiben müssen. Prognos schlug den Aufbau eines eigenen Planungsstabes für Forschung und Entwicklung vor – also die Schaffung neuer Planungskapazitäten; dies war sicherlich auch dem Eigeninteresse geschuldet, dann noch mehr Projekte für das eigene Unternehmen akquirieren zu können.¹⁴⁸

Auch das ZBZ wurde aufgefordert, ein entsprechendes Gutachten über Methoden zur Prioritätsbestimmung zu erstellen. In diesem hob es 1971 hervor, die Forschungspolitik solle „effizienter, demokratischer und sozialer" angegangen werden. Das „Zielsystem" staatlicher Forschungspolitik müsse deshalb „aus den mit Hilfe des demokratischen Willensbildungsprozesses identifizierten gesellschaftspolitischen Grundaufgaben" abgeleitet, also in einem demokratischen Prozess ermittelt werden. Da im Gutachten der Zielkatalog über „Methoden der Systemanalyse und Zukunftsforschung" bestimmt werden sollte, blieb offen, wie die Verbindung zur demokratischen Fundierung der Ziele hergestellt werden konnte. Die Methoden zur Prioritätsbestimmung wurden anhand „verschieden akzentuierter Bewertungssysteme" in „verschiedene Rangfolgen" gesetzt. Das komplizierte systemanalytische Verfahren, um Verfahren zu bewerten, musste – auch im Vergleich zum Prognos-Gutachten – die Anschaulichkeit und den Nutzen der ZBZ-Expertise für das Ministerium stark einschränken.¹⁴⁹ Wohl bestärkte gerade dieses Gutachten das Wissenschaftsministerium auch darin, 1972 im Bundesbericht Forschung IV darauf zu verweisen, dass man Studien zu Planungsverfahren in Auftrag gegeben habe, doch dass der praktische Nutzen von Planungsverfahren

---

146 BMBW, Haunschild, I A 3-1002-04, an Chef des Bundeskanzleramtes, 7.7.1970, und Chef des Bundeskanzleramts, Grundschöttel, I/3-14007-Zu19/1/70, an BMBW, 24.7.1970, in: BAK, B 136, 4665.
147 BMBW, von Massow, III A 1-3104-01, an Parlamentarischen Staatssekretär von Dohnanyi, 1.4.1970, in: BAK, B 138, 6231. Die Beratungsakten ließen sich im BAK nicht eruieren und sind wohl kassiert worden.
148 Gotthold Zubeil/Richard Engl unter Mitarbeit von René L. Frey/Hans Jürgen Ramser/Dieter Schröder, Methoden der Prioritätsbestimmung II. Verfahren zur Planung von Staatsausgaben unter besonderer Berücksichtigung von Forschung und Entwicklung. Studie der Prognos AG im Auftrage des Bundesministers für Bildung und Wissenschaft, Bonn 1971, Zit. Zusammenfassung (o. S.) sowie S. 159.
149 Zentrum Berlin für Zukunftsforschung e.V., Methoden der Prioritätsbestimmung III. Methoden zur Prioritätsbestimmung innerhalb der Staatsaufgaben, vor allem im Forschungs- und Entwicklungsbereich, Bonn 1971, Zit. S. 3–5, 7, 60.

„häufig überbewertet" werde; deshalb werde man in Zukunft „praxisnahe" und „einfache" Verfahren präferieren.[150]

Zeitgleich mit Prognos und dem ZBZ beauftragte das Bildungs- und Wissenschaftsministerium die Studiengruppe für Systemforschung, eine entsprechende Studie zu erstellen. Wie gesehen, hatte insbesondere Krauch seine Vorstellungen von einer demokratischen Grundlage zukünftiger Forschungsplanung zunehmend gestärkt. Krauch reflektierte damit auch über die Problematik wissenschaftlicher Politikberatung sui generis: Durch „die zahlreichen Gutachter- und Beratergremien fließen technisch-wissenschaftlich hochkompetente, jedoch interessenorientierte Informationen in die Entscheidungsvorbereitung" ein. Es sei zu prüfen, ob die Gutachter und die an „die Bürokratie herantretenden Interessenverbände einigermaßen vollständig die Interessen der Bevölkerung repräsentiert[en]".[151] 1969/70 führte die Studiengruppe das bereits erwähnte Experiment durch, das die Präferenzen von Experten und Studierenden im Abgleich mit der staatlichen Forschungspolitik ermittelte und in dem sich gewisse Unterschiede zwischen den Präferenzen und der Prioritätensetzung in der Forschungspolitik zeigten; zudem hatte sich angedeutet, dass die Verwirklichungschancen der hoch alimentierten Programme (Kernenergie, Weltraumforschung) ebenfalls hoch bewertet worden waren. Dies, so Krauch, impliziere die Gefahr einer Verschiebung der Mittelverteilung hin zu den ohnehin stark geförderten Gebieten.[152] Diese Thesen vertrat Krauch auch im 1970 angeforderten Gutachten, das zudem vorhandene Techniken der technologischen Prognose (wie Trendextrapolationen, Analogien, Delphi und Simulationsmodelle) charakterisierte. Hierin betonte die Studiengruppe die Bedeutung der „Zukunftsforschung", auch wenn durch Prognosen und Planung nicht alle möglichen zukünftigen Probleme vermieden werden könnten. Im Vorwort erwähnte die Studiengruppe, dass man auf eine „kritische Analyse" bisheriger Methoden der Prioritätensetzung Wert gelegt und damit die vom Ministerium formulierte Fragestellung weiter interpretiert habe, als es wohl ursprünglich in der Absicht der Auftraggeber gelegen habe. In der Tat war das Gutachten im Ministerium umstritten, was mit der forschen Infragestellung der Grundbausteine bisheriger Forschungspolitik durch eine im Kern vom Ministerium finanzierte Institution zusammenhing.[153] Mithin lieferte die Studiengruppe für Systemforschung – stärker als Prognos und das ZBZ – empirisch ermittelte Expertise

---

[150] Bundesbericht Forschung IV, S. 10, in: Verhandlungen des Deutschen Bundestages, Drs. VI/3251 (mit Nennung der Gutachten von Prognos, des ZBZ, der SfS und des Battelle-Instituts).

[151] Helmut Krauch, Zur Analyse der Forschungspolitik – Probleme der Repräsentation gesellschaftlicher Ziele in der staatlichen Forschungsplanung, in: Ders., Prioritäten für die Forschungspolitik, München 1970, S. 9–51, hier S. 31.

[152] Vgl. ebd., S. 13–30; kritischer gegenüber der Forschungspolitik der Regierung Krauch, Bildung, S. 12f.; vgl. Brinckmann, Politikberatung, S. 133f.

[153] Herbert Paschen/Helmut Krauch, Vorwort, in: Dies. (Hrsg.), Methoden und Probleme der Forschungs- und Entwicklungsplanung, München, Wien 1972, S. 7–10, Zit. S. 7; Reinhard Coenen, Technologische Prognosen: Vorhandene Techniken und ihre Anwendungsmöglichkeiten in der Forschungs- und Entwicklungsplanung, in: ebd., S. 147–174; zu Kritik aus dem

und theoretisch reflektierte, aber sehr konkrete Handlungsvorschläge. Diese lösten insoweit Wirkungen aus, als auf einer Sitzung des Planungsstabes des Wissenschaftsministeriums mit der Studiengruppe Ende 1970 Einigkeit darüber erzielt wurde, dass in der Forschungs- und Entwicklungsplanung nun Methoden präferiert würden, die mehr Transparenz schafften und Bedürfnisse aus der Gesellschaft berücksichtigten.[154] Jedoch fiel die Forschungspolitik 1972 an das neue Ministerium für Forschung und Technologie, und damit wurden die Karten neu gemischt.

In der Folge wurden stärker denn je unterschiedliche Interessen, aber auch unterschiedliche Wissenschafts- und Prognoseverständnisse zwischen Krauch und dem Forschungsministerium evident. Die Studiengruppe für Systemforschung erhielt nun vom Bundestagsausschuss für Bildung und Wissenschaft den Auftrag, im Hinblick auf den zu erstellenden Bundesbericht Forschung IV eine Expertise zur Frage der Prioritätenfindung in der Forschungsplanung vorzulegen. Federführend für den Ausschuss war der mit Krauch bekannte SPD-Forschungspolitiker Ulrich Lohmar.[155] Da dies ebenso in den Arbeitsbereich des Bundesministeriums bzw. des Ausschusses für Forschung und Technologie gehörte und auch der neue Forschungsminister Horst Ehmke eine „Prioritätensetzung in den Großforschungsbereichen" für „wesentlich" hielt, wurden der Bundestags-Ausschuss für Forschung und Technologie und das Forschungsministerium hinzugezogen.[156] Krauch schlug vor, einerseits „urteilsfähige Personen", also Wissenschaftler und Forschungsmanager nach ihren Vorschlägen für die Priorisierung der Forschung zu befragen und andererseits eine Repräsentativstudie auf Stichprobenbasis durchzuführen. Um die Meinungen der Bevölkerung einzuholen, wollte man aber keine demoskopische Umfrage in Auftrag geben, sondern ein Seminar organisieren, dessen Teilnehmer durch eine repräsentative Stichprobe bestimmt werden sollten.[157] Doch der Ausschuss entschied, nur urteilsfähige Personen zu befragen.[158] So verschickte die Studiengruppe Fragebögen an „Persönlichkeiten des öffentlichen Lebens, die zum größten Teil mit Forschung zu tun haben"; dies waren vor allem Vertreter aus den Bereichen Forschung, Wirtschaft und Politik. 100 Per-

---

Planungsstab des Ministeriums am Gutachten Claus Grossner an Krauch, 9.5.1971, in: BAK, B 196, 17266.

[154] So Paschen/Krauch, Vorwort, S. 8. Vgl. aber zur Mittelverteilung in der Forschungspolitik 1975, die nun einen Schwerpunkt in der Energieforschung (36%, mit der Kernenergie als Löwenanteil) und der Weltraumforschung (14%) besaß, aber etwa für Medizinforschung weiterhin prozentual geringe Mittel vorsah: Übersicht des BAFT, in: ebd., 30860.

[155] SfS, Helmut Krauch, an BMBW, Scheidemann, 27.3.1972; Kurzprotokoll Verhandlungen des Deutschen Bundestages, 6. WP, 59. Sitzung des Ausschusses für Bildung und Wissenschaft, 12.4.1972, BB Forschung IV; Ausschuß für Bildung und Wissenschaft, Vorsitzender Ulrich Lohmar, an SfS, Krauch, 23.6.1972, alles in: BAK, B 196, 97218.

[156] Kurzprotokoll Deutscher Bundestag, 7. WP, Ausschuß für Forschung und Technologie und für das Fernmeldewesen, Vorsitzender Ulrich Lohmar, 2. Sitzung des Ausschusses, 14.2.1973, in: ebd.

[157] SfS an Weyand, Bundestagsverwaltung, 25.4.1972, in: ebd.

[158] Dt. Bundestag Auschuß für Bildung und Wissenschaft, der Vorsitzende, Ulrich Lohmar, an SfS, Krauch, 23.6.1972, in: ebd.

sonen beurteilten 13 vom Staat geförderte Forschungsbereiche nach acht forschungspolitischen Zielsetzungen und überlegten, wie sie das Forschungsbudget der Bundesrepublik für 1976 – immerhin 10 Milliarden DM – verteilen würden.[159]

Das Gutachten ermittelte 1973 einen „krasse[n] Unterschied"[160] zwischen der Befragung und der tatsächlichen Mittelverteilung, der an das Experiment Krauchs von 1969 erinnerte, aber nun vor allem eine neue Wendung hin zum allgegenwärtigen Leitbild der „Lebensqualität" anzeigte: „Die Bevölkerung in der Bundesrepublik erwartet von der staatlich geförderten Forschung und technischen Entwicklung eine Verbesserung der Lebensqualität." Das Ziel der Sicherung der Lebensqualität übertreffe, so Krauch, auch die Vorsorge für wirtschaftliche Leistungs- und Wettbewerbsfähigkeit durch technologischen Fortschritt. So wollten die Befragten die Ausgaben für Gesundheitsforschung, Bildungs- und Umweltforschung stark wachsen sehen (jene für Umwelt um das Fünffache im Vergleich zu 1971), während jene für Verteidigungsforschung und Kernenergie reduziert werden sollten. Krauch erklärte, eine „Faktorenanalyse" mache deutlich, dass sich zwei Gruppen von Förderungsgebieten erkennen ließen, nämlich die „Verbesserung der Lebensqualität" und die „Hebung des technologischen Niveaus". Im Hinblick auf das technologische Niveau wollten die Befragten nicht Verteidigungs- oder Weltraumforschung fördern, sondern die elektronische Datenverarbeitung. Interessant im Hinblick auf die Selbstwahrnehmung und Erwartungshaltung an Prognostik war zudem, dass Krauch ganz deutlich machte, dass die „technologische Prognose", also das *Technological Forecasting*, überholt sei: Die Prioritätsdiskussion sowohl in den USA als auch in der Bundesrepublik sei lange davon ausgegangen, dass es möglich sein könnte, aus der Kenntnis der Wissenschaftsentwicklung selbst „objektive Kriterien" für eine wünschenswerte Förderung herauszuarbeiten. Als Methode hierfür sei die technologische Prognose angesehen worden. Doch diese sei problematisch, zumal für künftige technologische Entwicklungen gerade nicht oder nicht vornehmlich diejenigen Technologien interessierten, die gegenwärtig bekannt seien. Ebenso könne man nicht „Kriterienkataloge aus einem System gesamtgesellschaftlich anerkannter Ziele und anerkannter Werte", aus Relevanzbäumen u.ä. ermitteln, denn es gebe kein übergreifendes und ableitbares Ziel- und „Wertsystem". „Es entspricht nun aber gerade dem Wesen einer pluralistischen Gesellschaft, daß um solche Ziele und Werte eine permanente Auseinandersetzung zwischen den Gruppen stattfindet".[161]

Mithin mahnte Krauch in diesem wichtigen Papier, das auch der „Spiegel" vorab in Auszügen abdruckte[162], nicht nur eine Demokratisierung der Forschungspolitik bzw. eine Annäherung an Werte und Prioritäten informierter, „urteilsfähi-

---

[159] SfS: Prioritäten in der Forschungspolitik (Vortrag Krauch), März 1973, in: ebd.; vgl. Eine Empfehlung von 100 Weisen, in: Der Spiegel, H. 12, 19.3.1973, S. 16.
[160] Ebd.
[161] SfS: Prioritäten in der Forschungspolitik: Vortrag Krauch, März 1973, in: BAK, B 196, 97218.
[162] Eine Empfehlung von 100 Weisen, in: Der Spiegel, H. 12, 19.3.1973, S. 16.

ger" Personen an. Er stellte auch positivistische Prognoseverständnisse in Zweifel, argumentierte, dass „Wertsysteme" in einer pluralistischen Gesellschaft nicht existierten, und verband damit die Zukunftsforschung mit pluralistischen Ideen. Dazu kam, dass Krauch das kursierende Leitbild der frühen 1970er Jahre und der Wachstumsdebatte, nämlich Lebensqualität, aufgenommen und zum Kern seiner Prioritätenstudie gemacht hatte.

Schon vor dem Hearing hatte das Forschungsministerium Krauchs Papier erhalten und moniert, die Umfrage leide unter „methodischen Mängeln" sowie dem „unzulänglichen Informationsstand und mangelnden Problembewußtsein der Befragten, die die Lösungsbeiträge der verschiedenen Wissenschaftsbereiche zu dem Zielsystem kaum kennen." Viele Befragten hätten zu hohe Budgetangaben gemacht, die Zuordnung zu Forschungsarbeiten sei oft nicht eindeutig. Die Liste der Forschungsbereiche sei zudem unvollständig. Das Ministerium konzedierte aber, dass sich die Prioritäten der Forschungspolitik wie der öffentlichen Meinung offenbar verschoben hätten, und zwar „von Prioritäten rein naturwissenschaftlich-technischen Inhalts zu solchen, die global ‚Qualität des Lebens' heißen". Der heutige Forschungshaushalt trage dem schon in höherem Maße Rechnung als etwa 1971.[163]

Das Hearing im Ausschuss für Forschung und Technologie im März 1973, an dem auch die Spitzen des Forschungsministeriums teilnahmen, wurde so in gewisser Weise zum Showdown verschiedener Verständnisse von Forschungsplanung und Prognostik. Auch die ARD übertrug Auszüge.[164] Krauch stellte seine Thesen unter Nutzung neuer, dreidimensionaler Visualisierungs- und Präsentationstechniken vor – den Zuhörern wurden hierfür 3-D-Brillen aufgesetzt.[165] Das Ministerium hingegen hielt anschließend fest, Krauchs Forderung nach einer Neuorientierung der Forschungspolitik sei schon wegen der methodischen Kritik an der Studie unter den Tisch gefallen.[166] In der Tat drehte sich die Sitzung vor allem um die Methodik und die Art der Fragestellung in der Untersuchung der Studiengruppe. Minister Ehmke betonte, dass in den Auswahlmöglichkeiten nicht klar differenziert worden sei, denn die EDV gelte zwar als Technologie, trage aber in ihrem Einsatz in der Medizin wesentlich zur Lebensqualität bei. Staatssekretär Hauff verwies auf die „Emotionalität der Antworten". Insofern wurde implizit der Vorwurf laut, die Gruppe um Krauch sei mit einer vorgefassten Haltung an die Untersuchung herangegangen. Krauch ruderte zurück – so beschrieb es zumindest die Ministerialbürokratie – und meinte auf „peinliche Befragung", dass man das Ergebnis der Untersuchung nur als Orientierungshilfe verwenden könne, dass

---

[163] BMFT, III A 1, Tannhäuser, an Minister, Kab.Ref., 16.3.1973, in: BAK, B 196, 97218.
[164] BMFT, IIIA 1, Tannhäuser, an UAL IIIA, 22.3.1973, in: ebd.
[165] Vgl. Brinckmann, Politikberatung, S. 170–174; Andreas Lenz, Zur Entstehungsgeschichte von Umweltsystemforschung und Technikfolgenabschätzung. Das Bundestagshearing am 21. März 1973 und die Experimente der Studiengruppe für Systemforschung/Perspektiven der elektronischen Demokratie, http://www.usf.uni-kassel.de/usf/archiv/dokumente/krauch/bundestagshearing.htm (letzte Abfrage 3.1.2015).
[166] BMFT, IIIA 1, Tannhäuser, an UAL IIIA, 22.3.1973, in: BAK, B 196, 97218.

Befragungen immer methodisch begrenzt seien und politische Entscheidungen nicht ersetzen könnten. Es müssten hier weitergehende „Strukturanalysen", etwa zur Interdependenz zwischen Forschungsbereichen, erfolgen.[167] Dies bedeutete freilich kein Zurückrudern von Krauch, sondern entsprach seiner grundsätzlichen Einschätzung der Verlässlichkeit seiner Befragungsmethode und von Prognostik insgesamt. Wohl war es aber nicht von der Hand zu weisen, dass das Experiment rekursiv war, und dies hatte Krauch nicht explizit benannt: Mit der Art der Befragung lösten die Experten ja bestimmte Wünsche und Forderungen der Befragten erst aus; die Experten waren insofern immer Teil ihres Experiments.

Im Hinblick auf die Kopplung von Wissenschaft und Politik wurde zweierlei erkennbar: Krauch hatte mit seinem Papier die Ausrichtung der bisherigen Forschungsplanung im Grundsatz angegriffen und wurde hierfür von der Ministeriumsspitze getadelt. Wohl waren Ehmke und Hauff auch durch die kritischen Notizen aus der Ministerialbürokratie angestachelt worden – einer Ministerialbürokratie, welcher die freigebige Ministeriums-Förderung der recht eigenständigen Studiengruppe wohl teilweise ein Dorn im Auge war.[168] Zudem war Ehmke wohl Krauch nach der im Grunde katastrophal verlaufenen Systemanalyse der Studiengruppe für Systemforschung für das Kanzleramt nicht ganz vorurteilslos gegenübergetreten. Tiefer liegend aber waren grundsätzliche Differenzen im Verständnis von Forschungsplanung. Die Studiengruppe bzw. Krauch hatten sich zunehmend von technokratischen Methoden und Systemanalysen gelöst, welche auf Rationalisierung von Abläufen und Planungszielen ausgerichtet waren, nicht zuletzt weil sie den Widerspruch zwischen dem Partizipationsanspruch der sozialliberalen Reformpolitik und dessen Planungsparadigma reflektierten. So drängte Krauch auf eine partizipativ ermittelte und legitimierte Zukunft der Forschungspolitik. Doch dies stieß auf Widerstand im Ministerium, das die Strukturen und Prioritäten der Forschungsplanung eben nicht kurzfristig zugunsten neuer Schwerpunkte (wie der „Lebensqualität") umwerfen wollte. Damit rivalisierten in der Forschungsplanung die Ziele Partizipation und Effizienzsteigerung, die Ehmke beide bei seinem Amtsantritt 1972 verkündet hatte.[169] Zugleich liefen die verschiedenen Aufladungen von Rationalität, die sich – wie oben dargestellt – im Planungsdenken verbargen, auseinander: Die Studiengruppe für Systemforschung orientierte sich an einer Rationalität, welche im aufklärerischen Sinne die Mündigkeit des Einzelnen in der Planungspolitik verortet wissen wollte und insofern die Liberalisierung und Partizipationsforderungen der 1960er Jahre in sich aufnahm. Hingegen zielte der Planungsbegriff Ehmkes – und der Administration –

---

[167] BMFT, IIIA 1, Tannhäuser, Ergebnisbericht zum Hearing vom 21.3.1973, 22.3.1973, in: ebd.

[168] Dies klingt in verschiedenen internen Papieren an, etwa im Hinweis Krauchs, die Zusammenarbeit zwischen SfS und Ministerium sei 1972 „verbessert" worden, wenn auch nicht im von der SfS gewünschten Umfang; SfS, Vorläufiges Arbeitsprogramm 1973, Sept. 1972, in: BAK, B 196, 97206.

[169] Ehmke, Forschungspolitik; zum Konflikt zwischen Planungs- und Partizipationsverständnis in der ersten sozialliberalen Koalition auch Metzler, Konzeptionen, S. 358f.

doch mehr auf Rationalität als „post-ideologische" Versachlichung.[170] Hinzu kam noch ein Aspekt, der in ähnlicher Weise für die ZBZ-Studien galt: Die Wissenschaftler agierten im Bereich der Forschungspolitik nicht nur als Expertengruppen und Berater, sondern zugleich als Interessenten und Entscheidungsadressaten; denn sie planten ja auch ihre eigene Zukunft bzw. wollten weitere Aufträge akquirieren, was das Interaktionsverhältnis verkomplizierte.[171]

Der Ausschussvorsitzende Lohmar, der sich – zumindest nach dem Ministeriumsprotokoll – in der Diskussion um Krauchs Papier zurückgehalten hatte, drängte auf eine repräsentativdemokratische Lösung des Problems, indem das Parlament stärker an der Forschungsplanung beteiligt werde. In der Tat warb er für ein „Amt für die systemanalytische Bewertung von wissenschaftlichen und technischen Entwicklungen des Bundestages".[172] Lohmar bezog sich hier auf ein mögliches Büro für Technikfolgenabschätzung beim Deutschen Bundestag, das die wissenschaftliche Beratungskapazität des Parlaments im Bereich der Technologie- und Forschungsplanung stärken sollte. Vorbild für solche Überlegungen war erneut eine US-amerikanische Institution. Das Office of Technology Assessment (OTA) war 1972 geschaffen worden, um den US-Kongress im Hinblick auf wichtige Forschungs- und Technikentscheidungen zu beraten. Zum einen ging es dabei um eine Stärkung der Legislative im Bereich der Forschungsplanung, die – wie gesehen – als immer komplexer wahrgenommen wurde und deshalb, so die Wahrnehmung, einer eigenen beratenden Expertise bedurfte. Zum anderen fußte der Ansatz der Technikfolgenabschätzung auch auf einer kritischeren wissenschaftlichen und gesellschaftlichen Haltung gegenüber der modernen technischen Zivilisation und einer neuen Orientierung an der Lebensqualität, wie sie in der transnationalen Debatte um „The Limits to Growth" fassbar wird. Auch Bundeskanzler Brandt hatte ja in der Regierungserklärung vom Januar 1973 angekündigt, alle technischen Projekte seien in Zukunft daran zu messen, „was sie zur Verbesserung der Lebensbedingungen der Menschen beitragen". Demnach sollte die Analyse möglicher Folgewirkungen von Technologien für Gesellschaft und Umwelt eine wichtigere Rolle spielen.[173] Die CDU/CSU-Opposition griff die zirkulierenden Ideen auf und brachte im April 1973 einen Antrag ein, ein Amt zur „Bewertung technologischer Entwicklung" beim Deutschen Bundestag zu schaffen. Zur Begründung verwies die Opposition explizit auf die „weltweite Diskus-

---

[170] Ähnlich Metzler, Konzeptionen, S. 358f.
[171] Vgl. Hannes Friedrich, Staatliche Verwaltung und Wissenschaft. Die wissenschaftliche Beratung der Politik aus der Sicht der Ministerialbürokratie, Frankfurt a.M. 1970, S. 213–215; Renate Mayntz, Politikberatung und politische Entscheidungsstrukturen: Zu den Voraussetzungen des Politikberatungsmodells, in: Axel Murswieck (Hrsg.), Regieren und Politikberatung, Opladen 1994, S. 17–29, hier S. 22.
[172] BMFT, IIIA 1, Tannhäuser, Ergebnisbericht zum Hearing vom 21.3.1973, 22.3.1973, in: BAK, B 196, 97218.
[173] Willy Brandt, Regierungserklärung vom 18.1.1973, in: von Beyme (Hrsg.), Regierungserklärungen, S. 283–312, hier S. 302; ähnlich Bundesbericht Forschung IV, S. 7; zur Umweltpolitik Kapitel X.4.

sion um den Begriff der Qualität des Lebens, des Wirtschaftswachstums und der Energieprobleme".[174]

Die Idee eines Büros für Technikfolgenabschätzung konnte sich allerdings zu diesem Zeitpunkt noch nicht durchsetzen. Zunächst blockierten sich unterschiedliche Beratungsmodelle: Die SPD schlug vor, analog zum Sachverständigenrat zur Begutachtung der gesamtwirtschaftlichen Entwicklung einen Sachverständigenrat zur technologischen Entwicklung bei der Regierung zu schaffen. Dabei brachte sie Carl Friedrich von Weizsäcker ins Spiel[175], der für die Bundesregierung bereits als Experte in den Verhandlungen um die Gründung des Internationalen Instituts für Angewandte Systemanalyse tätig geworden war.[176] Die SPD wollte also die Expertise bei der Regierung ansiedeln, um der Opposition keine Wissensbasis für die Kontrolle technologiepolitischer Entscheidungen zu verschaffen. Dass eine wie auch immer geartete Institution zur Technikfolgenabschätzung die von Ehmke avisierte Effektuierung der Forschung durch eine stärker zivilisationskritische Technikwahrnehmung konterkarieren konnte, dürfte hinzugekommen sein. Jedenfalls versandete die Initiative, zumal als die wenig später einbrechende Wirtschaftskrise ökonomische Fragen in den Vordergrund schob.[177]

In gewisser Weise aber wurde ein Teil der Studiengruppe für Systemforschung in der Folge zum institutionellen und ideellen Kern der Technikfolgenabschätzung. Während Krauch, nicht zuletzt wegen der enttäuschenden Erfahrungen in der Politikberatung, einen Ruf für Systemdesign an die Universität Kassel annahm, geriet die Studiengruppe für Systemforschung im Ministerium zunächst ins Abseits. Hier wirkten nicht nur das bereits oben im Zusammenhang mit dem Kanzleramt skizzierte Nachlassen der Planungsbegeisterung, sondern auch die Probleme in den letzten Politikberatungsprozessen. Die Studiengruppe für Systemforschung habe, so eine interne Aufzeichnung im Ministerium kurz nach dem Bundestags-Hearing, der Aufgabe, sowohl Grundlagenforschung zu leisten als auch Entscheidungshilfen für die öffentliche Verwaltung zu liefern, „nur zum Teil genügt". Gezeigt hätten sich „mangelnde Praxisnähe", „häufig mangelndes Fachwissen" und – mit dem Hinweis auf die Bundestags-Studie – „der Versuch, gegen den Willen des Auftraggebers eigene Ideen und Wertvorstellungen durchzusetzen".[178] Die Studiengruppe wurde zum 1.1.1975 aufgelöst. Die Abteilung Information und Dokumentation wanderte zur neu gegründeten Gesellschaft für Information und Dokumentation nach Frankfurt, die Abteilung Planung und

---

[174] Antrag der CDU/CSU-Fraktion, 16.4.1973, in: Verhandlungen des Deutschen Bundestages, Drs. VII/468; zum Komplex vgl. Armin Grunwald, Technikfolgenabschätzung. Eine Einführung, Berlin 2010, hier S. 65–74.

[175] Lohmar bat Carl Friedrich von Weizsäcker, als Sachverständiger für die öffentliche Ausschusssitzung in dieser Frage zur Verfügung zu stehen; Deutscher Bundestag, Ausschuss für Forschung und Technologie, Ulrich Lohmar, an von Weizsäcker, 18.10.1973, und Weizsäcker an Lohmar, 13.11.1973, in: AMPG, III. Abt., NL von Weizsäcker, 8.

[176] Vgl. Seefried, Verantwortung; Akte in: BAK, B 138, 4182.

[177] Vgl. Grunwald, Technikfolgenabschätzung, hier S. 65–74.

[178] BMFT, Vermerk III A 1, Schmidt-Küntzel, 30.4.1973, hs: Zu 3250 1, mit einem roten Haken des Parlamentarischen Staatssekretärs Hauff, in: BAK, B 196, 17267.

Entscheidung kam zum Institut für angewandte Systemanalyse und Reaktorphysik am Kernforschungszentrum Karlsruhe. Diese Abteilung, die seit 1977 den Namen Abteilung für Angewandte Systemanalyse (AFAS) trug, beschäftigte sich in der Folge mit Technikfolgenabschätzung und wurde 1995 in Institut für Technikfolgenabschätzung und Systemanalyse (ITAS) umbenannt. Es geht heute in einem übergreifenden Sinne den Folgen neuer Technologien nach und beleuchtet gesellschaftliche, wirtschaftliche, politische, kulturelle und ökologische Aspekte.[179] Das ITAS war es auch, welches 1990 dann das Büro für Technikfolgen-Abschätzung beim Deutschen Bundestag einrichtete, und insofern gelangte das Wissen der Studiengruppe um eine Demokratisierung von Forschungs- und Entwicklungsplanung eben doch, selektiert und transformiert, in den politischen Prozess.[180] Inwiefern und auf welchen Wegen das Wissen aus dem Diskurs um „The Limits to Growth" – insbesondere die bereits angeklungene „Lebensqualität" – in die Bundesregierung gelangte, ist im folgenden Kapitel zu skizzieren.

4. Im Zeichen der Wachstumskritik? Die Bundesregierung und die „Grenzen des Wachstums" 1972/73

„Wohlstandsüberdruß und Kritik an Wirtschaftswachstum ist derzeit in den westlichen Industriestaaten in Mode. Das Unbehagen am ökonomischen Fortschritt, das vor wenigen Jahren noch das Exklusivrecht der Philosophen zu sein schien, ist so allgemein geworden, daß es außer Poptribünen sogar die Amtszimmer der Politiker erreichte".[181]

Wachstumskritik greife um sich in den westlichen Industriegesellschaften, diagnostizierte der „Spiegel" in seinem Titelbeitrag „Wachstum – im Wohlstand ersticken?" Anfang 1973, und verwies explizit auf „The Limits to Growth".[182]

Inwieweit spitzte der „Spiegel" hier wissenschaftliche bzw. intellektuelle, doch nicht mehrheitsfähige Tendenzen einer Wachstumskritik, die insbesondere der Zukunftsforschung entstammten, auf gesamtgesellschaftliche bzw. politische Bezüge hin zu? Prägten die Thesen von den Grenzen des Wachstums die „Amtszimmer", die bundesdeutsche Exekutive? In diesem Kapitel ist zu prüfen, inwieweit, über welche personelle Verflechtungen und auf welchen Wegen, aber auch mit welchen Folgen die Thesen von den kommenden „Grenzen des Wachstums" und von einem neuen Wachstumsverständnis in die Bundesregierung diffundierten.

---

[179] Vgl. Grunwald, Technikfolgenabschätzung; Axel Zweck, Foresight, Technologiefrüherkennung und Technikfolgenabschätzung. Instrumente für ein zukunftsorientiertes Technologiemanagement, in: Reinhold Popp/Elmar Schüll (Hrsg.), Zukunftsforschung und Zukunftsgestaltung. Beiträge aus Wissenschaft und Praxis, Berlin, Heidelberg 2009, S. 195–206.

[180] Vgl. Brinckmann, Politikberatung, S. 161–165, 169–174; Dies., Von der Studiengruppe für Systemforschung zum Institut für Technikfolgenabschätzung und Systemanalyse, in: Reinhard Coenen/Karl-Heinz Simon (Hrsg.), Systemforschung – Politikberatung und öffentliche Aufklärung, Kassel 2011, S. 20–41; Reinhard Coenen, Von der Studiengruppe für Systemforschung zum Institut für Technikfolgenabschätzung und Systemanalyse, in: ebd., S. 41–45.

[181] Was Menschen vom Schwein unterscheidet. Wachstum – im Wohlstand ersticken?, in: Der Spiegel, H. 2, 8.1.1973, S. 30–44.

[182] Ebd.

Abb. 15: Der Spiegel, H. 2, 8.1.1973 (Titel)

Zum *ersten* diskutierten gerade die Planungseliten in Regierung und Verwaltung die Thesen von den „Grenzen des Wachstums". Dabei war man – ganz ähnlich wie in der Zukunftsforschung etwa Karl Steinbuch – einerseits beeindruckt vom systemanalytischen Computermodell, das die vielbeschworene Komplexität reduzieren sollte; andererseits wirkte in einer ambivalenten Verbindung wohl auch eine gewisse Enttäuschung über die Probleme einer Implementation von Prognose- und Planungsansätzen in der Bundesverwaltung, die oben dargestellt wurden: In den Ministerien und im Kabinett formierte sich Kritik an den zum Teil euphorisch unterlegten Planungsvorstellungen und den interministeriell ausgreifenden Projekten der Planungsabteilung des Kanzleramtes, wohingegen schon 1971 die Verteilungsgrundlagen für langfristige Planungen schwanden. In diesem Sinne wurde Klaus von Dohnanyi wichtiger Befürworter des Club of Rome innerhalb der Bundesregierung. Von Dohnanyi, zunächst Leiter der Planungs- und Prognoseabteilung von Infratest, war 1968 Staatssekretär im Wirtschaftsministerium geworden und hatte hier an der Umsetzung von Karl Schillers Konzept der Globalsteuerung mitgewirkt, ehe er ins Bundesministerium für Bildung und Wissenschaft wechselte, das er ab 1972 leitete. Bei von Dohnanyi fielen das Modell – und damit auch die Thesen – von „The Limits to Growth" auf fruchtbaren Boden. Aus Anlass des Erscheinens der deutschen Ausgabe des Buches lud das Ministerium bereits im April 1972 das Exekutivkomitee des Club of Rome zu einem „Sachgespräch" ein. Den Kontakt stellte Eduard Pestel her, der als deutscher Sprecher des Exekutivkomitees des Club of Rome agierte. Von Dohnanyi und sein Staatssekretär Hans Hilger Haunschild initiierten zudem einen Empfang für das Exekutivkomitee bei Bundespräsident Gustav Heinemann.[183] Dabei verband sich eine Bewunderung des Weltmodells mit einer Öffnung für die Thesen des Club of Rome – die wachsende Komplexität und die globale „problematique". Dies zeigte eine Notiz des Oberregierungsrats Hans Sauer aus dem BMBW: „Erst in jüngster Zeit stehen der Wissenschaft die Mittel zu Gebote, die sehr komplexen Zusammenhänge unserer Lebensbedingungen in großen Zügen mit vereinfachenden, aber klaren Annahmen exakt zu berechnen." Selbstverständlich sei das Maß der Vereinfachung und Abstraktion außerordentlich hoch, doch sollten die aufgeworfenen Probleme aufmerksame Besorgnis wecken und weiterhin geprüft werden.[184]

Auch der Planungsverbund, also die Vertreter der Planungsabteilung des Kanzleramtes und die Planungsbeauftragten der Ministerien, diskutierten 1972 die Thesen von „The Limits to Growth". Diese rezipierte man auch durch die Brille von Fritz Scharpf, der nun vom Planungsexperten zum Wachstumskritiker mutiert war. So referierte der Planungsbeauftragte aus dem Bundesministerium für wirtschaftliche Zusammenarbeit, Winfried Böll, im Planungsverbund über die Thesen von „The Limits to Growth" und kam zum Schluss, dass die anstehenden Probleme einen „Komplexitätsgrad erreicht haben, dem die heute verfügbaren Lösungsmöglichkeiten nicht mehr gewachsen seien." Deshalb komme es darauf an, das Weltbild der heutigen Generation, das von der Unbegrenztheit der natürlichen Ressourcen ausgehe, zu ändern. Nötig sei (hier berief sich Böll auf von Weizsäcker) eine „Weltinnenpolitik", die „sich nicht von der Wachstumsideologie faszinieren lasse, sondern ein kritisches Bewußtsein dafür entwickele, wann der für das Wachstum zu zahlende Preis zu hoch sei."[185] Grundsätzlich berief sich Böll auf einen Text von Fritz Scharpf über „Langfristplanung und Reformpolitik". Scharpf, wie gesehen zuletzt Planungsexperte für das Bundeskanzleramt und die Projektgruppe für Regierungs- und Verwaltungsreform, hatte nun aus der Rezeption der Spätkapitalismus-Theorie Offes und der „Grenzen des Wachstums"-Debatte eine kritische Haltung gegenüber der Industriemoderne entwickelt. So argumentierte Scharpf, dass „viele gerade der gravierendsten Probleme und Krisen moderner Gesellschaften in der Tat Folgeprobleme der wirtschaftlichen Entwicklung, genauer gesagt: des wirtschaftlichen Wachstums sind". Dies gelte für die „Umweltverseuchung", für das Zusammenbrechen des innerstädtischen Verkehrs, für die Zerstörung der Stadtkerne und „Verwüstung unserer Landschaft in den Ballungsräumen". Dementsprechend werde das politische „System" auf absehbare

---

[183] BMBW, Staatssekretär Haunschild, an den Chef des BPAmtes, Dieter Spangenberg, 17.3.1972; Bundespräsidialamt, Vermerk Schmidt-Brunschede, I/1-SB-I/2-5101-7120/72, an Bundespräsident Heinemann, 5.4.1972; von Dohnanyi an Eppler, 28.4.1972; BMBW, Vermerk Schmidt-Brunschede, I/1-SB-5101-7120/72, 4.5.1972, alles in: BAK, B 122, 9428.
[184] Bundesministerium für Bildung und Wissenschaft, Hans Sauer, Anmerkungen zum Buch „Grenzen des Wachstums", 27.4.1972, in: BAK, B 136, 25584.
[185] BKA, Chef des BKA, V/3-14224, Arbeitsunterlage Nr. 115, 4.5.1972, Kurzprotokoll der 45. Sitzung der Planungsbeauftragten am 4.5.1972, in: ebd., 13755.

Zeit nicht mehr in der Lage sein, „alle Folgeprobleme wirtschaftlicher Wachstumsprozesse zu verarbeiten", und deshalb müsse man von der rein quantitativen zu einer „selektiven, qualitativen Wachstumspolitik" übergehen, deren Erfolg nicht mehr allein am aggregierten Bruttosozialprodukt gemessen werden könne. Damit transformierte Scharpf seinen Planungsansatz von einer auf Effektivität zielenden funktionalistischen Strategie in ein ökologisiertes Planungsdenken, das die Probleme der Industriemoderne in den Mittelpunkt stellte.[186]

Auch Scharpf überdachte mithin seinen Planungsansatz; hinter der dezidierten Kulturkritik, die Scharpf erkennen ließ, steckte zweifellos auch eine gewisse Enttäuschung über die Probleme der Umsetzung hochfliegender Planungskonzepte in Regierung und Verwaltung. In der Tat reflektierte Scharpf wenig später auch abseits der Wachstumskritik über die „Schranke[n] der politischen Planung", die Folgen der komplexen Probleme von Steuerung seien; er diagnostizierte „politische[n] Immobilismus" und eine beginnende Handlungsunfähigkeit des Staates und stieß so die – in allen westlichen Industriestaaten einsetzende – Unregierbarkeitsdebatte mit an. Zweifellos ruhte die Unregierbarkeitsdebatte vor allem in der Wirtschaftskrise und verkleinerten Verteilungsspielräumen in den westlichen Gesellschaften, die aus der Erfahrung des wirtschaftlichen Booms weiter steigende Ansprüche an staatliche Leistungen formulierten; hinzu kam die Erfahrung wachsender globaler Interdependenz infolge der Ölkrise.[187] Die Unregierbarkeitsthese ging aber ebenso auf Enttäuschung über die Planungsprobleme in der ersten sozialliberalen Koalition zurück, die sich 1972 – wie im Falle Scharpfs – im Zeichen zirkulierender Wachstumskritik mit einer Krisentheorie fortgeschrittener Industriegesellschaften verbanden.

Der Planungsverbund diskutierte die „Grenzen des Wachstums" in der folgenden Sitzung intensiv und kam zum Schluss, dass, so das Konzept des Protokolls, die „herrschenden Wachstumskonzepte […] revisionsbedürftig" seien. Das offizielle Protokoll, vom Leiter der Planungsabteilung Jochimsen abgezeichnet, setzte allerdings hinzu, dass Einigkeit darüber bestanden habe, *keinen* Verzicht auf wirtschaftliches Wachstum anzustreben. Notwendig sei eine gezielte Förderung des Wachstums von sozialen Bereichen, was positive Folgewirkungen auf die „verbesserungsbedürftigen Lebensqualitäten" hätte.[188] Auch Jochimsen hatte nämlich die Kategorie der „Lebensqualität" entdeckt und mit einer Reflektion über die Grenzen der Planung verknüpft. Auf einer Tagung der IG Metall zur „Qualität des Lebens" im April 1972 hatte er zwar am Leitbild rationaler, langfristiger Planung festgehalten, aber – weniger stark als Scharpf – Wachstumskritik einfließen lassen. So sah er nun in einem Beitrag über die Regionalentwicklung die bestehenden

---

[186] Fritz W. Scharpf, Langfristplanung und Reformpolitik, 6. 1. 1972, in: ebd.
[187] Scharpf, Komplexität; Ders., Politischer Immobilismus und ökonomische Krise. Aufsätze zu den politischen Restriktionen der Wirtschaftspolitik in der Bundesrepublik, Kronberg/Ts. 1977; wichtig Metzler, Staatsversagen, S. 243–260, die auch auf einen anderen Kontext der Unregierbarkeitsthese, nämlich einer neokonservativen „Tendenzwende", verweist.
[188] BKA, Chef des BKA, V/3-14224, Arbeitsunterlage Nr. 119, 5. 6. 1972: Kurzprotokoll der 47. Sitzung der Planungsbeauftragten am 5. Juni 1972, in: BAK, B 136, 13755.

Konzeptionen zur „Beeinflussung der Raumstruktur" als „unzureichend" an. Insbesondere seien die Entwicklungsziele an „überholten Wachstumsmaßstäben ausgerichtet" und könnten so nicht die Anforderungen an die künftige „Qualität des Lebens" berücksichtigen.[189]

Eine *zweite* Verbindungslinie bildete die Abteilung Umweltschutz des FDP-geführten Bundesinnenministeriums. Die sozialliberale Koalition hatte Ende 1969 die Abteilung Wasserwirtschaft, Reinhaltung der Luft, Lärmbekämpfung vom Gesundheits- ins Innenministerium verschoben. Auf dem Höhepunkt des sozialliberalen Reformgeistes avancierte diese Abteilung Umwelt-Koordination, die zunächst administrative Maßnahmen im Bereich des Luft- und Gewässerschutzes bündeln sollte, rasch zum institutionellen Ausgangspunkt eines neuen Politikfeldes „Umweltschutz". Dass eine Umwelt-Abteilung eingerichtet wurde, folgte dem amerikanischen Vorbild, wo sich die Umweltpolitik bereits als eigenes Politikfeld zu etablieren begann. Ab 1966/67 begann das Umwelt-Thema – wie in Kapitel VII dargestellt – in NATO, OECD und in der UN zu zirkulieren. Dabei wurde Umweltschutz zunächst nicht in ökologischen Dimensionen als grundsätzliches Problem industrieller Zivilisation wahrgenommen, sondern im Sinne des Planungs- und Steuerungsverständnisses verstanden, nach dem Umweltverschmutzung ein technisches und finanzielles Problem war und mittels Planung angegangen werden sollte. Dementsprechend ging die Abteilung sofort daran, ein Umweltprogramm zu erarbeiten. Dieses sollte nicht nur die Luft- und Gewässerreinhaltung regeln, sondern auch das Verursacherprinzip festlegen, nach dem jeder, der die Umwelt schädigte, für die Beseitigung der Kosten dieser Belastung aufkommen sollte. Auch für diese Überlegungen spielte im von Hans-Dietrich Genscher geführten Ministerium das Wirken des FDP-Mitglieds Menke-Glückert im Hintergrund eine zentrale Rolle. Menke-Glückert, von der OECD als Leiter des Referats Umwelt-Koordination ins Innenministerium gewechselt, war wie gesehen einer der Köpfe der bundesdeutschen und internationalen Zukunftsforschung. Nun wirkte er erneut – wie im Forschungsministerium der 1960er Jahre – an einer Schnittstelle zwischen Politik, Verwaltung und Wissenschaft. Dabei war er, dies wurde auch im Zusammenhang mit seiner Rolle in der Forschungsplanung und seinen Beiträgen auf den Zukunftsforschungs-Konferenzen von Oslo und Kyoto deutlich, aus einem im Kern empirisch-positivistischen Denkstil zur Zukunftsforschung gekommen; in der Systemanalyse sah er geradezu das methodische Allheilmittel für politische Planung. Zwar ging er auch von Normen aus – er war ja ebenso Mitbegründer der Friedensforschung in der Bundesrepublik –, aber verband dies in ambivalenter Weise mit einem funktionalistischen Verständnis, das mittels Prognose und Planung Zielen zur Durchsetzung verhelfen wollte. Mit dem Feld Umweltforschung war Menke-Glückert in der OECD in Berührung gekommen und hatte 1968 an einer UNESCO-Konferenz „Man and Biosphere" in

---

[189] Reimut Jochimsen, Qualität der Regionalentwicklung, in: Friedrichs (Hrsg.), Aufgabe Zukunft, Bd. 6, S. 159–171, hier S. 170.

Paris teilgenommen.¹⁹⁰ So verwundert es nicht, dass Menke-Glückert das Thema Umwelt – das in den 1960er Jahren keinerlei Rolle in der Zukunftsforschung spielte – ab 1970/71 auch als einer der ersten in die bundesdeutsche Zukunftsforschung einbrachte. Verbindungslinien bildeten hier – dies wurde in Kapitel VII über „The Limits to Growth" thematisiert – die Ökologie und das Bild vom „Raumschiff Erde", welche kongenial kybernetisch angelegt waren. Dass die „Freiburger Thesen" der FDP 1971 als erstes Parteiprogramm einen Abschnitt über Umweltschutz enthielten, war übrigens zu Teilen Menke-Glückert geschuldet.¹⁹¹

Menke-Glückert ging zunächst ebenfalls davon aus, dass sich Umweltschutz sachorientiert und wissenschaftlich planen ließe.¹⁹² Diese Haltung prägte bis 1972 die Umweltpolitik. Im Vorfeld der Umweltkonferenz der Vereinten Nationen, die im Sommer 1972 in Stockholm stattfinden sollte, richtete die Bundesregierung einen interministeriellen Stockholm-Ausschuss ein, und Teile der Administration waren gezwungen, eine nationale Stellungnahme zu globalen Umweltfragen auszuarbeiten.¹⁹³ Zunächst gaben die Koordinatoren im Stockholm-Ausschuss die Losung aus, dass die Studie „The Limits to Growth" „in ihren Prämissen und Folgerungen den Vorstellungen der Bundesregierung nicht entspricht".¹⁹⁴ Im Innenministerium, das ja für die Vorbereitung der Umwelt-Konferenz in Stockholm zuständig war, urteilten Minister Hans-Dietrich Genscher und sein Staatssekretär Günter Hartkopf, ebenfalls FDP-Mitglied, noch im April und Mai 1972, technischer Fortschritt und wirtschaftliches Wachstum seien unbeeinträchtigt von Umweltschutz. Wirtschaftswachstum sei für den Fortbestand der Gesellschaft notwendig.¹⁹⁵

Doch im Sommer 1972 flossen ökologische Wachstumskritik und Thesen aus „The Limits to Growth" in die Leitung des Ministeriums ein. Eine Rolle spielte hier zweifellos Menke-Glückert. Die Wahrnehmung einer tiefgreifend bedrohten Umwelt- und Ressourcensituation im global gedachten „Spaceship Earth" und die ökologisch aufgeladene Wachstumskritik prägten bald seine Überlegungen;

---

[190] Zur OECD etwa Committee for Research Co-Operation, Programme of Work for 1967, 3.6.1966, über Sitzung vom 28.2.–2.3.1966: Hier wurde „Environmental Research" im Hinblick auf Wasserverschmutzung, Luftverschmutzung und Pestizide als neuer Gegenstandsbereich begriffen; OECD Archives, RC-SP-STP 1966–1968, STP 1966–1968; Hünemörder, Frühgeschichte, S. 137f., 345–347; Interview der Verf. mit Peter Menke-Glückert am 30.6.2011.

[191] So Menke-Glückert gegenüber der Verf. am 24.10.2009; vgl. auch Edda Müller, Innenwelt der Umweltpolitik: Sozial-liberale Umweltpolitik. (Ohn)macht durch Organisation, Opladen 1986, S. 84f.

[192] Peter Menke-Glückert, Konflikt durch Überfluß. Ohne Umweltschutz gibt es keine gesicherte Zukunft, in: Kloss (Hrsg.), Reformen, S. 15–25; Ders., Anforderungen der Umweltpolitik an die Wissenschaft, in: Planung für den Schutz der Umwelt. Materialien zum Siedlungs- und Wohnungswesen und zur Raumplanung, Münster 1973, S. 11–28.

[193] Vgl. Hünemörder, Frühgeschichte, S. 245–255.

[194] Zit. nach Ders., Epochenschwelle, S. 134.

[195] Vgl. ebd.; Günter Hartkopf, Rede vor Vertretern der Umweltausschüsse des BDI, 24. April 1972, in: Bulletin des Presse- und Informationsamtes der Bundesregierung, 3.5.1972, S. 900–904.

dies gilt auch im Hinblick auf eine notwendige Beschränkung des Wachstums in den Industrieländern zugunsten des Wachstums der Entwicklungsländer im Sinne eines „Weltlastenausgleichs". In diesem Sinne wollte Menke-Glückert die Thesen von „The Limits to Growth" nicht voll teilen, weil er sich sehr rasch der Kritik aus den Schwellen- und Entwicklungsländern anschloss, wonach in der Studie die territoriale Differenzierung fehle.[196] Dennoch fungierte er als Transmissionsriemen dafür, dass die ökologisch aufgeladene Kritik am wirtschaftlichen Wachstum in die bundesdeutsche Umweltpolitik gelangte. Fassbar wird dies in Genschers Rede vor der Umweltkonferenz in Stockholm, die teilweise von Menke-Glückert stammte.[197] Hier findet sich der Passus, dass es – wie in „The Limits to Growth" formuliert – ein Spannungsverhältnis zwischen Umweltschutz und Wirtschaftswachstum gebe: „Das Spannungsverhältnis von Umweltschutz und Wirtschaftswachstum muß erkannt und beachtet werden. Wir müssen überall die rein quantitativen Aspekte des wirtschaftlichen Wachstums in ihren positiven, aber auch in ihren negativen Auswirkungen auf die qualitativen Aspekte einer menschenwürdigen Umwelt überprüfen".[198] In einer fast zeitgleich gehaltenen Rede im Juni 1972 erwähnte Genscher erneut, das Verhältnis von Wachstum und „Lebensqualität" sei zu überdenken, denn es gehe um die Frage, „wie das ‚Überleben' der Menschheit gesichert werden kann."[199] Auch Genscher sprach also im Sommer 1972, auf dem Höhepunkt des Wachstumsdiskurses, von den möglichen negativen Auswirkungen wirtschaftlichen Wachstums.

Einen *dritten*, wohl wichtigsten Kanal der Diffusion von Wissen aus der Wachstums-Diskussion der Zukunftsforschung in die Bundesregierung bildete eine Rezeptionslinie aus dem intellektuellen Protestantismus und der Entwicklungszusammenarbeit. Sie verkörperte insbesondere Erhard Eppler als Bundesminister für wirtschaftliche Zusammenarbeit. Eppler war aus der Gesamtdeutschen Volkspartei zur SPD gestoßen, wirkte als Mitglied der Kammer für öffentliche Verwaltung der Synode der Evangelischen Kirche in Deutschland und stand mit dem Denkkollektiv um die Evangelische Studiengemeinschaft im Austausch. Insofern war er auch vom Ziel weltweiten Friedens geleitet.[200] 1971 argumentierte Eppler vor dem Hintergrund der UN-Vollversammlung 1970, welche die Zweite Entwicklungsdekade ausrief, dass ein „Aufholen" der Entwicklungsländer gegenüber den Industrieländern fraglich sei. Da die „Dritte Welt" von grundverschieden an-

---

[196] Peter Menke-Glückert, Weltlastenausgleich?, in: Merkur 29 (1975), H. 331, S. 1095–1107.
[197] So Menke-Glückert gegenüber der Autorin am 30.6.2011; der Stockholmer Rede-Entwurf Genschers (o. D.) enthält Menke-Glückerts handschriftliche Korrekturen, in: BAK, B 106, 29433.
[198] Hans-Dietrich Genscher, Umweltschutz und Umweltpolitik als weltweite Aufgabe. Rede vor dem Plenum der UNO-Umweltschutzkonferenz, 9.6.1972, in: Bulletin der Bundesregierung, 13.6.1972, S. 1185–1187, hier S. 1186.
[199] Hans-Dietrich Genscher, Initiativen für den Umweltschutz, Eröffnung der Umweltschutzkampagne der Aktion Gemeinsinn „Tu etwas", 19.6.1972, in: ebd., 21.6.1972, S. 1250–1251.
[200] Von Weizsäcker, Wohl der Menschheit. Demnach lernten sich beide 1968 kennen. Eppler erinnerte sich in einem Gespräch mit der Verf. am 24.6.2011, dass die Verbindung über die Evangelische Studiengemeinschaft zustande kam.

deren gesellschaftlichen und ökonomischen Voraussetzungen starte, könne hier Entwicklungshilfe im Sinne des Marshall-Plans nicht erfolgreich sein, zumal auch deren ökologische Komponente bedacht werden müsse.[201] Insofern überrascht es nicht, dass Eppler 1972 die Thesen von „The Limits to Growth" geradezu in sich aufsog. Er fand so zu einer Generalabrechnung mit der Kultur der Industriemoderne, deren Fixierung auf „wirtschaftliches Wachstum" er verwarf und stattdessen den „Übergang vom ökonomischen zum ökologischen Denken" propagierte. Die Studie zeige nun auf, dass die „Menschheit in durchaus absehbarer Zeit an Grenzen stößt": „Spätere Generationen werden wahrscheinlich die Köpfe darüber schütteln, wie lange wir zu der simplen Einsicht gebraucht haben, daß auf einem endlichen Erdball mit endlichen Ressourcen die Zahl der Menschen, die Verbrauchsziffern für Rohstoffe, Energie oder Wasser nicht beliebig ansteigen können." Eppler ging sogar so weit, eine „historische Zäsur" der frühen 1970er Jahre zu verkünden, welche „die Einsicht der modernen Wissenschaft in die Grenzen des wirtschaftlichen und demographischen Wachstums" mit sich bringe.[202] Darin sah er sich mit Picht durchaus einig, der ebenfalls kulturkritisch argumentierte.[203]

Stärker als Picht leitete Eppler, der Politiker, aber aus der Krisendiagnose politischen Gestaltungswillen ab; gerade die apokalyptische Semantik, mit der Eppler den drohenden Untergang beschwor, diente dazu, seiner Forderung Wirkung zu verleihen. Der Schlüssel zur Lösung der Krise lag für Eppler in der Kategorie der „Qualität des Lebens". Er verweigerte zwar deren genaue Definition, um den Begriff polyvalent zu halten, subsumierte aber darunter Freiheit, Solidarität, Selbstbestimmung, Teilhabe an Natur und Kultur und eine Gemeinwohlformel, die an Galbraiths Forderung nach Priorität des öffentlichen Eigentums erinnerte. Die Lebensqualität sollte als Amalgam sozialer und ökologischer Kategorien den Weg in qualitatives Wachstum weisen.[204] Damit wollte auch Eppler Fortschritt neu definieren: Es würden „Progressive" sein, so Eppler, die „sich fragen, was innerhalb der nun sichtbar werdenden Grenzen Fortschritt sei. Und sie werden gründliche Kurskorrekturen verlangen, nicht weil sie behaupten, den Weg zur Glückseligkeit gefunden zu haben, sondern weil sie begriffen haben, daß Fortschreibung des Gewohnten nicht nur keine ideale, sondern gar keine Zukunft mehr ergibt."[205]

---

[201] Erhard Eppler, Wenig Zeit für die Dritte Welt, Stuttgart u. a. 1971, Zit. S. 26f.; vgl. ohne Kontextualisierung der globalen Entwicklungs- und Wachstumsdebatte Bastian Hein, Die Westdeutschen und die Dritte Welt. Entwicklungspolitik und Entwicklungsdienste zwischen Reform und Revolte 1959–1974, München 2006, S. 196f., zur Forderung Epplers nach einer deutlichen Erhöhung der Mittel für Entwicklungshilfe S. 197–202.

[202] Erhard Eppler, Die Qualität des Lebens, in: Friedrichs (Hrsg.), Aufgabe Zukunft, Bd. 1, S. 86–101, hier S. 87; zu Epplers Orientierung an der „Lebensqualität" auch Geyer, Rahmenbedingungen, S. 82f.

[203] Vgl. Picht, Bedingungen.

[204] Eppler, Qualität des Lebens, in: Friedrichs (Hrsg.), Aufgabe Zukunft; vgl. Ders., Die Qualität des Lebens, in: Ders. (Hrsg.), Überleben wir den technischen Fortschritt. Analysen und Fakten zum Thema Qualität des Lebens, Freiburg, Basel, Wien 1973, S. 9–21.

[205] Eppler, Qualität, in: Friedrichs (Hrsg.), Aufgabe Zukunft, S. 98.

In der Folge konzeptionalisierte Eppler einen ökologischen Sozialismus. So griff er den 1973/74 in der Zukunftsforschung und eben auch in der Entwicklungs-Diskussion florierenden Begriff des Bedürfnisses auf und deutete diesen in einem sozialistischen, ja kurzzeitig revolutionären Sinne. Er sprach von menschlichen „Bedürfnissen", welche eine größere Rolle in der Politik spielen müssten. Notfalls werde dies mit „revolutionären Konsequenzen" für den westlichen Kapitalismus und östlichen Staatssozialismus erfolgen: Lebensqualität werde in einer „Epoche des freiheitlich-demokratischen Sozialismus" möglich werden.[206] Mithin entwarf Eppler in Äquidistanz zu westlichem Kapitalismus und östlichem Sozialismus einen Dritten Weg der Entwicklung und Planung, der auf ökologischen und sozialen, ja sozialistischen Prinzipien fußen sollte und sich im Begriff der Lebensqualität bündeln ließ. Diese sozialistisch-revolutionäre Rhetorik mäßigte sich 1974/75 dahingehend, dass Eppler nun – mit weitreichenden Folgen – den Konservatismusbegriff neu auflud. In seinem Buch „Ende oder Wende" berief er sich nun auf den zweiten Bericht an den Club of Rome, auf die Mesarović/Pestel-Studie, die ja im Hinblick auf das Wachstum differenzierte und nicht mehr auf Wachstumskritik, sondern auf „organisches" Wachstum abzielte. Eppler verwies erneut auf die Grenzen der industriegesellschaftlichen Lebensweise, die Lebensqualität als Amalgam ökologischer und sozialer Kategorien und die Notwendigkeit einer Neudefinition von Fortschritt. Er machte aber nun eine Unterscheidung zwischen „Strukturkonservatismus" und „Wertkonservatismus" auf: Der Strukturkonservatismus versuche „das ökonomische System mit seinen Machtstrukturen" zu retten und setze Wachstum mit Fortschritt gleich, wohingegen der Wertkonservatismus „Natur, Landschaft, Urbanität, Gesundheit, menschliche Bindungen, Solidarität" – also kurz: Lebensqualität – erhalten wolle.[207] Damit stilisierte sich Eppler selbst zu einem Gewährsmann einer neuen Spielart des Konservatismus und verließ insoweit die sozialistische Rhetorik. Hintergrund war zweifellos ein verstärkter Austausch mit dem Denkkollektiv um die Evangelische Studiengemeinschaft, das zwar ebenfalls teilweise in der Entwicklungsdebatte linke Argumentationsmuster aufgriff, aber – etwa bei Picht – doch auch kulturkritisch-konservativ gegen die moderne Massengesellschaft argumentierte. In der Tat hatte Eppler enge Verbindungen zu von Weizsäcker aufgenommen, den er auf dessen Alm in Kärnten besuchte.[208] Epplers „Ende oder Wende" rezensierte Weizsäcker zustimmend: Eppler habe die Dringlichkeit der Situation erkannt.[209] Epp-

---

[206] Ebd., S. 99.
[207] Ders., Ende oder Wende. Von der Machbarkeit des Notwendigen, Stuttgart 1975, Zit. S. 29, 32.
[208] Von Weizsäcker an Eppler, 17. 10. 1975 über einen Besuch Epplers auf von Weizsäckers Grießer Alm mit dem Wortlaut: „Ihr Besuch hat auf der Griesser Alm noch lange nachgeklungen. Fast in jedem zweiten Gespräch wurde erwogen, was Sie wohl dazu sagen würden", in: AMPG, III. Abt., NL von Weizsäcker, 11-2. Eppler schrieb von Weizsäcker rückblickend am 30. 12. 1996: „Sie waren für mich einer der wenigen Menschen, an denen ich mich orientiert habe. Auch wo ich zeitweise einen Schritt weiter ging, war mir wichtig, was Sie dachten." In: Ebd., Mappe Eppler (neue Sortierung).
[209] Carl Friedrich von Weizsäcker, Fragen zur Zukunft. Strategie für eine Welt von morgen, in: Die Zeit, 18. 7. 1975.

ler changierte somit zwischen Sozialismus und Konservatismus, und dies mit enorm wirkmächtigen Folgen. Denn damit deutete sich an, dass das politische Rechts-Links-Spektrum, das sich seit der Französischen Revolution herausgebildet hatte, im Zeichen neuer Diskurskoalitionen zu bröckeln begann: Weil der Begriff der Lebensqualität, der aus dem Diskurs um die „Grenzen des Wachstums" zurückblieb, sowohl bewahrende, ökologische als auch progressive, soziale Ideenbestände enthielt, überschritt er die Grenzen des tradierten Rechts-Links-Kontinuums, und hieraus gingen auch die Grünen hervor.[210]

Eine konkrete politische Stoßrichtung nahmen Epplers Überlegungen im Hinblick auf die Entwicklungspolitik. Hier knüpfte er an seine bereits 1971 aufgestellten Überlegungen zu einer Abkehr von modernisierungstheoretischen Entwicklungskonzeptionen an und spitzte diese in einem gewissen antikapitalistischen Sinne zu. Gerade der „ungesteuerte Marktmechanismus" habe für die Entwicklungsländer verheerende Folgen. Um ein „humane Gesellschaft" zu schaffen, wollte Eppler die Entwicklungshilfe deutlich ausbauen und stärker an den Grundbedürfnissen der Menschen ausrichten. Dies implizierte durchaus ein Wachstum des Konsums (und damit auch der Gesamtwirtschaft). In den Industriegesellschaften hingegen müsse die Fixierung auf wirtschaftliches Wachstum beendet werden.[211]

Vor allem Eppler war es, der Teile der SPD, der Gewerkschaften und der Bundesregierung für die Thesen und die Debatte um „The Limits to Growth" öffnete. Die IG Metall rezipierte die „Qualität des Lebens" im Rahmen der Diskussion um die „Humanisierung des Arbeitslebens", welche Willy Brandt mit der Regierungserklärung 1969 zum Ziel erklärt hatte. Meinte die Humanisierung der Arbeit zunächst mehr den klassischen Arbeitsschutz[212], so ließ sie sich kongenial mit dem unscharfen Leitbild der Lebensqualität verknüpfen. Die IG Metall – bzw. deren Abteilung Automation unter Führung von Günter Friedrichs – hatte in den 1960er Jahren mehrere Kongresse zu den Folgen der Automation organisiert und plante für 1972 einen Kongress namens „Aufgabe Zukunft". Dieser sollte nicht nur grundsätzlich diskutieren, ob „Zukunft machbar" sei – allein diese Frage distanzierte sich vom Machbarkeitsdenken der 1960er Jahre –, sondern auch Zukunftsaufgaben zur „qualitativen Verbesserung der allgemeinen Lebensbedingungen" ausfindig machen.[213] Die „Qualität des Lebens" rückte dann im April 1972 in den Titel des Kongresses.[214] In diesem Rahmen, in dem Eppler seine Überlegungen zur Lebensqualität präsentierte, schälte sich das „qualitative Wachstum" als neues Wachstums- und Fortschrittsverständnis heraus: Der stellvertretende Vorsitzende der IG Metall argumentierte in der Schlussansprache, Nullwachstum

---

[210] Das ist die zentrale These von Mende, Nicht rechts.
[211] Erhard Eppler, Alternative für eine humane Gesellschaft, in: Nußbaum (Hrsg.), Zukunft, S. 231–246, hier S. 244; vgl. auch Ders., Lebensqualität als politisches Programm. Alternativen für eine humane Gesellschaft, in: Evangelische Kommentare 6 (1973), S. 457–461.
[212] Willy Brandt, Regierungserklärung vom 28. 10. 1969, S. 272.
[213] IG Metall, Otto Brenner, an BMI, Menke-Glückert, 27. 8. 1971, in: BAK, B 106, 29396.
[214] Friedrichs (Hrsg.), Aufgabe Zukunft. Qualität des Lebens.

sei „gefährlich", weil es zu Arbeitslosigkeit führe. Doch mit dem qualitativen Wachstum verbinde sich die „Berücksichtigung gesellschaftspolitischer Prioritäten in der Wirtschaftspolitik", also ein vermehrtes und verbessertes Angebot an öffentlichen Dienstleistungen wie Bildung, Umweltschutz und Gesundheitswesen, aber auch eine Demokratisierung aller Lebensbereiche.[215]

Zudem griff Kanzler Willy Brandt den Wachstumsdiskurs im Lichte der UN-Umweltkonferenz von Stockholm offensiv auf, verwies aber auch explizit auf „The Limits to Growth". Man werde sicherlich über die Bewertung einzelner Fakten in „The Limits to Growth" streiten können, und das technokratische Weltmanagement, das dem Club of Rome vorschwebe, sei nicht erfolgversprechend. Doch der Bericht habe eindrucksvoll die Interdependenzen zwischen Rohstoffreserven, Nahrungsmittelproduktion, Bevölkerungswachstum, Industrialisierung und Umweltverschmutzung belegt. Damit sei die „Einsicht in die schädlichen Auswirkungen eines einseitig quantitativ orientierten Wachstums rasch [...] über den Kreis der Theoretiker hinausgedrungen". Auch Brandt wollte differenzieren: Die Losung vom Nullwachstum sei ein Hohn für jene, die in Armut lebten, gerade in den Entwicklungsländern. Insofern gehe es nicht darum, das Wachstum anzuhalten, „sondern es umzustrukturieren!" Er sah verschiedene Ansatzpunkte: Man müsse im Bereich der Umweltplanung handeln, indem etwa das Wachstum bestimmter Produkte gedrosselt, jenes umweltfreundlicher Produkte gesteigert werden sollte. Das Umweltprogramm der Bundesregierung gehe bereits in diese Richtung. Zudem zog Brandt, der Außenpolitiker, die Thematik auf die internationale Ebene. Der Bericht an den Club of Rome habe eindringlich auf die Notwendigkeit hingewiesen, Umweltprobleme „weltweit" zu sehen. Brandt lobte dabei ausdrücklich Sicco Mansholts zentralen Plan für Europa. Dessen Vorschläge zur Förderung umweltfreundlicher Technologien, zur Verlängerung der Lebensdauer von Produktionsgütern und zur Entwicklung umweltschützender Produktionssysteme wollte er unterstützen. Zentral sei die Kooperation mit den Entwicklungsländern, die einerseits im Hinblick auf die Eindämmung der Bevölkerungsexplosion, andererseits beim Aufbau umweltfreundlicher Produktionsverfahren unterstützt werden müssten. Auch Brandt stand verstärkt ein globalisiertes Verständnis der Problemlagen vor Augen: „[N]iemand kann sich vor der Erkenntnis verschließen, daß die Welt unteilbar geworden ist".[216]

Brandt und die SPD erhoben nun die „Qualität des Lebens" zum Leitbild. Man müsse prüfen, so Brandt, ob das bisherige gesellschaftliche „Wertsystem der Forderung nach einer angemessenen Qualität des Lebens standhält."[217] Das SPD-Wahlprogramm für die Wahl im Herbst 1972 lautete: „Mit Willy Brandt für Frie-

---

[215] Eugen Loderer, Qualität des Lebens und Gewerkschaften, in: ebd., Bd. 1, S. 244–255, hier S. 245. Ein Band der Reihe (Bd. 7) war mit „Qualitatives Wachstum" betitelt.
[216] Willy Brandt, Umwelt als internationale Aufgabe. Rede auf der Tagung der Nobel-Preisträger in Lindau, 26. 6. 1972, in: Bulletin der Bundesregierung, 28. 6. 1972, S. 1285–1289, Zit. S. 1286 f.; zu Mansholt oben Kapitel VII.
[217] Brandt, Umwelt, S. 1285.

den, Sicherheit und eine bessere Qualität des Lebens".[218] Auf dem Wahlparteitag versuchte Brandt, die Wachstumsdebatte und das Leitbild der Lebensqualität in sein eigenes ideelles Koordinatensystem, in die Verbindung von Freiheit, Partizipation und sozialer Gerechtigkeit, einzupassen. So deutete er Lebensqualität zum einen im Sinne von Freiheit und Partizipation, zum anderen im Sinne von Gesundheits- und Arbeitsschutz, Teilhabe an der Natur und Kultur:

„Lebensqualität, so sagen wir weiter, ist mehr als höherer Lebensstandard. Lebensqualität setzt Freiheit voraus, auch Freiheit von Angst. Sie ist Sicherheit durch menschliche Solidarität, die Chance zu Selbstbestimmung und Selbstverwirklichung, zu Mitbestimmung und Mitverantwortung, zum sinnvollen Gebrauch der eigenen Kräfte in Arbeit, Spiel und Zusammenleben, Teilhabe an der Natur und den Werten der Kultur, die Chance, gesund zu bleiben oder es zu werden. Lebensqualität bedeutet Bereicherung unseres Lebens über den materiellen Konsum hinaus."[219]

Auch die erste Regierungserklärung Brandts im Januar 1973, nach dem Sieg der sozialliberalen Koalition, stand noch einmal im Zeichen der Lebensqualität: „Lebensqualität ist mehr als Lebensstandard. Sie ist Bereicherung unseres Lebens über Einkommen und Konsum hinaus."[220]

Die mit der Wachstumskritik im Diskurs verbundene Infragestellung der technisch-industriellen Moderne und des dominierenden Verständnisses von Fortschritt griff Brandt ebenso auf. So sprach er mit Verweis auf Eppler kulturkritisch von den „Gefahren, die eine ungesteuerte technisch-industrielle Zivilisation für Mensch und Gesellschaft mit sich bringt". Wachstum sei nicht mehr „als alleiniger Maßstab für den Fortschritt" geeignet.[221] Auf dem Wahl-Parteitag wollte Brandt, um Aufbruchstimmung in der Partei zu erzeugen, den kulturkritischen Aspekt allerdings nicht mehr betonen. Er argumentierte nun, „[d]üstere Prognosen" wie jene des Club of Rome, auch wenn in der Tendenz schwer widerlegbar, dürften die Partei nicht entmutigen. Die SPD habe ohnehin den „blinden Fortschrittsglauben längst überwunden. Aber der Wille zu einer besseren Zukunft ist dadurch nicht schwächer, sondern stärker geworden". Die Technikkritik las er nun als Distanzierung vom Marktkapitalismus: Sozialdemokraten müssten dafür sorgen, dass Mensch und Natur „nicht durch eine ungezügelte Technologie und eine mißverstandene Verabsolutierung des Marktmechanismus gefährdet oder zerstört werden." Man habe die „Gefahren einer Technisierung unserer Welt, an der die Zivilisation zu ersticken droht", erkannt.[222]

---

[218] Sozialdemokratische Partei Deutschlands (Hrsg.), Wahlprogramm der SPD 1972. Mit Willy Brandt für Frieden, Sicherheit und eine bessere Qualität des Lebens, Bonn 1972.
[219] Willy Brandt, Die SPD vor den Wahlen, in: Sozialdemokratische Partei Deutschlands (Hrsg.), Außerordentlicher Parteitag der Sozialdemokratischen Partei Deutschlands. 12. bis 13. Oktober 1972, Dortmund, Westfalenhalle. Protokoll der Verhandlungen, o.O. 1972, S. 45–79, hier S. 61.
[220] Ders., Regierungserklärung vom 18.1.1973, in: von Beyme, Regierungserklärungen, S. 296f.
[221] Ders., Die „Qualität des Lebens", in: Die neue Gesellschaft 19 (1972), S. 739–742, Zit. S. 741. Das Bundeskanzleramt sammelte im April 1972 Literatur zum Thema „Qualität des Lebens": BKA, V/3 – 07070, 25.4.1972: Literaturhinweise zum Thema „Quality of Life", in: BAK, B 136, 25584.
[222] Brandt, SPD vor den Wahlen, S. 61f.

Mithin rezipierten Teile der Bundesregierung zwar Thesen aus „The Limits to Growth", orientierten sich aber nicht an der fundamentalen Wachstumskritik, sondern am Diskurs um das Buch, der sich um einen neuen, ökologisierten, sozialen und „humanen" Wachstumsbegriff drehte. In diesem Sinne stellten sie das polyvalente, nämlich ökologische, ökonomische und soziale Dimensionen vereinende Leitbild der „Lebensqualität" in den Mittelpunkt. Die starke Rezeption der „Limits to Growth"-Debatte hatte mehrere Gründe: Zum ersten wirkten engagierte Protagonisten der Diskussion (wie Peter Menke-Glückert oder Erhard Eppler) auf die Regierung ein. Zum zweiten machte es auch die öffentliche Resonanz der Studie und der Wachstums-Diskussion zunehmend politisch opportun, die Thematik nicht zu missachten, sondern aktiv in das eigene Programm zu integrieren – der Weg der Implementation von Wissen verlief hier also zunächst vor allem über den öffentlichen Diskurs. Zum dritten war in der Regierung Brandt 1971/72 ja ein zentrales Leitbild in die Kritik geraten, nämlich der Planungsbegriff. In den Ministerien und im Kabinett formierte sich Kritik an den technokratisch anmutenden, auf Effizienz zielenden Planungsvorstellungen und den ausgreifenden Projekten der Planungsabteilung des Kanzleramtes, wohingegen schon 1971 die Verteilungsgrundlagen für langfristige Planungen schwanden.[223] Die „Qualität des Lebens" diente der Bundesregierung 1972/73 als neues Paradigma, welches im Zeichen der gewissen Krise des Planungsgedankens nun im Hinblick auf Ökologie und Ressourcensicherung den Planungsaspekt integrierte, aber von seiner technokratischen, ‚kalten' Hülle befreite und mit ‚Wärme', mit Mitmenschlichkeit und globalem Verantwortungsbewusstsein füllte.

Insofern diente die „Lebensqualität" kurzzeitig als neues Regulativ. Sicherlich veränderte sich die Politik der sozialliberalen Koalition damit nicht fundamental. Zum einen hatte der Bezug auf Lebensqualität ebenso propagandistischen Wert, diente der Abgrenzung vom politischen Gegner und der Integration des Zeitgeistes; erst allmählich sickerten Wissens- und Ideenbestände, die sich damit verbanden, in den politischen Prozess ein. Zum anderen standen mit Beginn der neuen Legislaturperiode 1973 andere Problemzusammenhänge im Vordergrund: Der Abschluss der Ostverträge mit dem Prager Vertrag, die Aufwertungsdiskussion im Zusammenhang mit den Verwerfungen des Weltwährungssystems und der Fluglotsenstreik und seine Implikationen für Tarifstruktur.[224] An drei Beispielen lässt sich allerdings zeigen, dass die Wachstumsdebatte und das Leitbild der Lebensqualität noch vor der Ölkrise in das operative ‚Geschäft' der Bundesregierung eindrangen.

Zum ersten lieferte die Debatte um „The Limits to Growth" den Startschuss für eine Europäisierung der Umweltpolitik. Zwar stießen wie gesehen die weitgehenden Thesen Mansholts auf Kritik; doch auf der ersten Konferenz der Umweltminister der EG in Bonn im Oktober 1972 konnte man sich auf gemeinsame dekla-

---

[223] Vgl. Metzler, Konzeptionen, S. 404–418; Süß, Ganze, hier S. 375 f.
[224] Vgl. etwa Peter Merseburger, Willy Brandt 1912–1993. Visionär und Realist, Stuttgart 2002, S. 657 f.

ratorische umweltpolitische Ziele wie das Verursacherprinzip einigen. Gastgeber Genscher betonte auch mit Verweis auf die Diskussion um die Grenzen des Wachstums, dass die EG-Staaten neue umweltpolitische Anforderungen angehen müssten. Der Ministerrat genehmigte dann im November, dass ein erstes Aktionsprogramm ausgearbeitet wurde, das sich mit der Angleichung von Rechtsvorschriften und der stärkeren Unterrichtung der Öffentlichkeit befasste.[225]

Zum zweiten prägte das Wissen aus der Wachstumsdebatte 1972/73 die Politik Hans-Jochen Vogels, des neuen Bundesministers für Raumordnung, Bauwesen und Städtebau. Vogel, ja bereits als Münchener Oberbürgermeister bei „SYSTEMS 69" anwesend und an Fragen der Stadtplanung interessiert, hatte sein Münchener Amt auch wegen interner Auseinandersetzungen in der lokalen SPD aufgegeben. Diese persönliche Zäsur und die enttäuschende Erfahrung in München machten ihn wohl besonders empfänglich für eine auch zivilisationskritisch getränkte Interpretation der Thesen von den „Grenzen des Wachstums". Vogel bezog sich nun in mehreren Reden und Artikeln direkt auf Bertrand de Jouvenels Suche nach dem „guten Leben" und auf die Ergebnisse von „The Limits to Growth", um die Fixierung auf das „quantitative Wirtschaftswachstum" moderner Industriegesellschaften zu kritisieren. Gerade das wirtschaftliche Wachstum habe doch unwirtliche Städte, Umweltgefahren und Verkehrsengpässe hervorgebracht, so Vogel.[226] Dabei wollte Vogel Wachstum und steigender industrieller Produktion keine generelle Absage erteilen; dies wäre, so Vogel, „realitätsferne und auch unsoziale Bilderstürmerei".[227] Doch die „Sicherung und Verbesserung unserer Lebensqualität" betrachtete er als neue Leitlinie seines Wirkens. In diesem Sinne habe das ökonomische Prinzip dort zurückzutreten, wo es die natürlichen Lebensgrundlagen der Menschen gefährde.[228] Einen konkreten Anknüpfungspunkt sah Vogel in der Verkehrspolitik. Hier fragte er, inwieweit die „Übermotorisierung unverändert fortschreiten" solle, trotz der vielen Verkehrstoten und der „Vergift[ung]" der Innenstädte. Vogel warb dafür, das Automobil allmählich aus den Innenstädten zu verdrängen – also die heute umgesetzte Umweltzone einzuführen.[229] Diese Forderung stieß allerdings nicht nur mit Blick auf die Stärke der bundesdeutschen Autoindustrie, sondern auch wegen möglicher sozialer Härten auf Kritik.[230] Vogel griff diese Forderung dann nicht mehr auf, auch als die Ölkrise in der Tat zu den Sonntagsfahrverboten führte.

---

[225] Vgl. Hünemörder, Frühgeschichte, S. 274 f.
[226] Hans-Jochen Vogel, Wirtschaftswachstum. Qualität des Lebens, in: Aspekte. Das deutsche Studienmagazin (1973), H. 7/8, S. 2; ganz ähnlich Ders., Wirtschaftswachstum – gefährdet die Umwelt, Vortrag vor dem Wirtschaftsbeirat der SPD in Bayern am 22.11.1973 in München, in: AsD, Depositum Vogel (mit einem direkten Verweis auf die Studie „The Limits to Growth").
[227] Hans-Jochen Vogel, Kommentar für Rias am 25.1.1973, in: BAK, B 134, 12793.
[228] Vogel, Wirtschaftswachstum. Qualität des Lebens.
[229] Vogel, Wirtschaftswachstum – gefährdet die Umwelt, Vortrag vor dem Wirtschaftsbeirat der SPD in Bayern am 22.11.1973 in München, in: AsD, Depositum Vogel.
[230] Georg Willeuthner, Es gibt noch keine Alternative, in: ADAC-Rundschau, Juli 1973, S. 3; vgl. Vogel an „Die Welt", 16.5.1973, in: BAK, B 134, 12793.

Einen weiteren konkreten Ansatzpunkt für die Verwirklichung der „Lebensqualität" sah Vogel im neuen Bodenrecht. Eine Reform des Bodenrechts war Teil des sozialdemokratischen Reformpakets. Die Gemeinden sollten größere Planungsspielräume erhalten und überproportionalen Wertzuwachs des Grund und Bodens, der durch städtebauliche Maßnahmen bedingt war, abschöpfen können, um so eine Sozialbindung des Wohneigentums zu fördern. Ebenso ging es um eine bessere Information der Bürger über stadtplanerische Maßnahmen. Vogel wollte nun gerade mit Blick auf die „Erfordernisse der Lebensqualität" in den Städten handeln und damit ein neues Wachstumsverständnis mit Planung verbinden: Eine Fehlakkumulation müsse durch „Abschöpfung müheloser Riesengewinne einzelner Bodeneigentümer" verhindert werden. Zugleich sollte das neue Bodenrecht die gemeindliche Entscheidung „aus den materiellen Fesseln einseitiger Entschädigungspflichten" lösen.[231] Die Bodenrechts-Novelle, im Sommer 1974 verabschiedet, stärkte in der Tat die Mitwirkungs- und Informationsrechte der Bürger in Planungsprozessen. Zudem enthielt sie den Passus, dass Wertsteigerungen von Grund und Boden, die durch Planungsänderungen der Gemeinde hervorgerufen würden, zu 50% an die Gemeinde fielen, allerdings nur, wenn der Planungsvorteil auch durch Verkauf oder Bebauung genutzt wurde. Freilich konnte damit, so argumentierten Kritiker, weiterhin wertvolles Bauland „gehortet" werden.[232] Vogel aber sah in dem Gesetz ein Instrument, „mit dessen Hilfe der Gefahr der Selbstzerstörung unserer Städte" wirksamer als bisher begegnet werden könne.[233]

Zum dritten orientierte sich die entwicklungspolitische Strategie der Bundesregierung bis zum Rücktritt Epplers 1974 an denjenigen Leitlinien, die dem Diskurs um Wachstum und einem neuen Entwicklungsbegriff entstammten. In diesem Sinne standen nicht mehr eine Modernisierung der Entwicklungsländer nach westlichem Vorbild und die Stärkung des Wirtschaftswachstums im Vordergrund, sondern die Grundbedürfnisse der Menschen. Die Arbeitslosigkeit sollte durch arbeitsintensive Landwirtschafts- und Infrastrukturmaßnahmen bekämpft werden. Bildung war mehr – so zumindest das Credo – an den Bedürfnissen der Menschen vor Ort auszurichten, nicht mehr an einer Eliteförderung, und insgesamt sollte die Entwicklungshilfe deutlich ausgeweitet werden. Regierungsdirektor Horst P. Wiesebach aus dem Ministerium etwa argumentierte, die MIT-Studie habe zwar die Erde als zusammenhängendes System untersucht, doch übersehen, dass man differenzieren müsse. In diesem Sinne sei ein „globaler Finanzausgleich"

---

[231] Vogel, Wirtschaftswachstum – gefährdet die Umwelt, Vortrag vor dem Wirtschaftsbeirat der SPD in Bayern am 22.11.1973 in München, in: AsD, Depositum Vogel.

[232] Wer hortet, zahlt nichts, in: Der Spiegel, H. 19, 6.5.1974, S. 43–44; Sepp Binder, Bremse für Spekulanten. Das Bundesbaugesetz macht Ernst mit der Sozialbindung des Eigentums, in: Die Zeit, 4.10.1974.

[233] Hans Jochen Vogel, Reform des Bodenrechts war überfällig: Sozialpflichtigkeit des Eigentums durch Koalition konkretisiert. SPD-Pressedienst, 30.4.1974, in: BAK, B 134, 12795; Entwurf eines Gesetzes zur Änderung des Bundesbaugesetzes, 22.8.1974, in: Verhandlungen des Deutschen Bundestages, Drs. VII/2496.

nötig, aber auch die Überlegung, dass die Industrieländer „materielle Ansprüche reduzieren" müssten, um die großen Probleme zu lösen.[234] Der „Weltlastenausgleich", wie ihn auch Zukunftsforscher wie Menke-Glückert forderten, also der Verzicht auf Wirtschaftswachstum in den Industrieländern zugunsten des Südens, mutete freilich utopisch an. Als Kanzler Schmidt 1974 Budgetkürzungen für das Ministerium durchsetzen wollte, trat Eppler zurück.[235]

Dem Politikfeld Umwelt hingegen gereichte die argumentative Verbindung zwischen Wirtschaftswachstum und Umweltverschmutzung, die „The Limits to Growth" herstellte, sogar zum Nachteil. Wirtschafts- und Finanzminister Helmut Schmidt forderte nämlich eine ausführliche Stellungnahme zu „The Limits to Growth" an. Ein Referent aus dem Wirtschaftsministerium fasste die Kritik an der Studie – insbesondere jene Knut Borchardts – zusammen, also Verweise auf die ungenügende Datenbasis der Studie, die Unterschätzung der vorhandenen Ressourcen und des technischen Fortschritts, mit dem sich ja auch Probleme der Umweltverschmutzung lösen ließen. Doch kam der Referent – etwas einseitig – zum Ergebnis, dass auch Kritiker nur von einem „Aufschub bzw. späteren Eintritt der ‚Katastrophe' für die Menschheit sprechen". Die Studie stelle insofern trotz aller Mängel einen Erfolg dar, als es ihr gelungen sei, „die Weltöffentlichkeit aufzurütteln und die Wichtigkeit der Aufgabe einer umfassenden Erforschung der Zukunft der Menschheit deutlich gemacht zu haben." Der Referent verwies schließlich auf Möglichkeiten politischer Reaktion und erläuterte, dass ein ausreichender Umweltschutz bis 1985 einen höheren Anteil der Umweltschutzinvestitionen an den Investitionen des Staates und der Unternehmen voraussetze. Da der Investitionsquote Grenzen gesetzt seien, könnten zusätzliche Umweltschutzmaßnahmen nur zu Lasten der produktiven Investitionen vorgenommen werden. Diesen Satz unterstrich Schmidt. Der Referent argumentierte jedenfalls, dass infolge der Umweltschutzinvestitionen das reale Bruttosozialprodukt sinken werde.[236] Mithin blieb als Ergebnis zurück, Umweltschutz koste Wirtschaftswachstum. Dass Umweltschutz auch mit Entwicklung neuer Technologien einhergehen und damit das Wachstum ankurbeln könne, dass zudem die Beseitigung von Umweltschäden teuer werden konnte, wurde im Papier nicht thematisiert. Ohnehin teilte der Ökonom Schmidt die Kritik am wirtschaftlichen Wachstum nicht, die ja post-materialistisch und wohl aus der Sicht Schmidts gesinnungsethisch aufgeladen war.[237]

---

[234] Horst P. Wiesebach, Thesen zur Revision der Wachstumspolitik, in: BP Kurier 26 (1974), H. 2, S. 4–7.
[235] Menke-Glückert, Weltlastenausgleich; vgl. knapp Hein, Westdeutschen, S. 263–267; Renate Faerber-Husemann, Der Querdenker. Erhard Eppler. Eine Biographie, Bonn 2010, S. 96–101.
[236] Der Bundesminister für Wirtschaft, I D 3 – 44 00 92, 15.3.1973, Vermerk: MIT-Studie des „Club of Rome", in: AsD, Depositum Schmidt, 1/HSAA007742. Schmidt war bis Mitte Dezember Wirtschafts- und Finanzminister, dann Finanzminister, aber er forderte wohl die Studie noch in seinem Doppelamt Ende 1972 an.
[237] Vgl. Geyer, Rahmenbedingungen, S. 83; zur Rezeption von Max Webers Dichotomie von Gesinnungsethik und Verantwortungsethik bei Schmidt Hartmut Soell, Helmut Schmidt 1918–1969. Vernunft und Leidenschaft, München 2003, S. 10, 354f.

Doch trug wohl auch diese Expertise zur Entscheidung der sozialliberalen Koalition unter dem nunmehrigen Kanzler Helmut Schmidt bei, infolge der Wirtschaftskrise 1974/75 und steigender Arbeitslosigkeit die Umweltpolitik zurückzustellen: Auf einer Klausur in Schloss Gymnich entschied im Sommer 1975 das Kabinett unter Einbeziehung von Vertretern der Länderregierungen, der Industrie und Gewerkschaften, aus Rücksicht auf die „gegenwärtige konjunkturelle und finanzielle Situation […] die gesamtwirtschaftlichen Auswirkungen umweltpolitischer Maßnahmen deutlicher als bisher zu kennzeichnen. Damit sind Kosten und Erträge auch im Hinblick auf längerfristige Auswirkungen abzuwägen." In Zukunft sollten unzumutbare Belastungen durch Übergangsregelungen aufgefangen werden; vom Verursacherprinzip konnte die Regierung in Ausnahmefällen abweichen. Indem die Regierung so stark auf die „Belastungen der Wirtschaft" hinwies, welche nicht überschritten werden durften[238], setzte sie klare Prioritäten zugunsten von wirtschaftlicher Entwicklung und Beschäftigungssituation. Umweltschutz galt nun als Wachstumsbremse.

Dennoch entfalteten in der Folge Wissensbestände aus der Debatte um die „Grenzen des Wachstums" in der SPD Wirkung. In den 1970er und frühen 1980er Jahren entwickelte sich ein links-ökologischer Flügel der Partei um Eppler und Oskar Lafontaine heraus, der in der Umwelt-, der Kernkraft- und in der Außen- und Sicherheitspolitik andere Wege als Kanzler Schmidt gehen wollte.

5. Technologie, Arbeitsmarkt, Kernenergie: Modellbildungen und Risikoabschätzung in der Zukunftsexpertise für die Bundesregierung ab Mitte der 1970er Jahre

Die großen Planungsentwürfe, die in der Bundesregierung – vor allem im Kanzleramt – kursiert waren, waren wie gesehen schon vor 1973 an ihre praktischen Grenzen gestoßen. Mit der Öl- und Wirtschaftskrise erlebten Planungsvorstellungen einen weiteren Einschnitt. Die Wirtschaft schrumpfte[239], und trotz gewisser Erholungseffekte infolge einer Nachfragesteigerung aus den OPEC-Ländern, von der auch die bundesdeutsche Wirtschaft profitierte, hatten sich die wirtschaftlichen Rahmendaten gegenüber den 1960er Jahren massiv verändert.[240] Insofern hatten sich die optimistischen Wachstumsprognosen – auch jene von Prognos – im Grunde erledigt. Damit verlor die Prognostik insgesamt ihren Glanz.[241] In der Wirtschaftskrise, in der die Exekutive stärker auf rasche Verwendbarkeit der Ex-

---

[238] Verlautbarung der Bundesregierung, These 4, zit. nach Müller, Innenwelt, S. 99; vgl. hier auch zu Gymnich und zu einem perzipierten Zielkonflikt zwischen Ökonomie und Ökologie, S. 97–102, 106–114.
[239] Günther Schmid/Frank Oschmiansky, Arbeitsmarktpolitik und Arbeitslosenversicherung, in: Geyer (Hrsg.), Geschichte der Sozialpolitik in Deutschland seit 1945. 1974–1982, S. 312–363, hier S. 313, 315.
[240] Vgl. Geyer, Rahmenbedingungen, S. 49–53.
[241] Vgl. Schanetzky, Ernüchterung.

pertise zielte, erwies sich der holistische Ansatz der Zukunftsforschung ohnehin von Nachteil. Hinzu kamen die problematischen Erfahrungen, welche in der Bundesregierung etwa mit dem ZBZ gemacht worden waren.[242] Kanzler Helmut Schmidt, schon in den 1960er Jahren Gegner ausgreifender Planungskonzepte, distanzierte sich jedenfalls auf einer Sitzung des SPD-Parteivorstands 1974 von den „Futurologen" vom Schlage Jungks und zugleich von einer zu starken Verwissenschaftlichung der Politik: Die SPD sei keine „futurologische Seminareinrichtung", sondern werbe um das Vertrauen der Menschen; und damit könne sie nur so weit vor den Menschen vorweggehen, wie man den vorigen Schritt zu deren Befriedigung getan habe.[243]

Dies bedeutete freilich nicht, dass in der Regierung die politische Strategie, vorauszudenken und im Vorgriff auf die Zukunft zu handeln, völlig verschwand. Planungs- und Steuerungsüberlegungen in der Regierung – konkret in der SPD – richteten sich aber nun nicht mehr in erster Linie auf die Priorisierung von Ausgaben im Zeichen des wirtschaftlichen Wachstums und auf den *Ausbau* von Forschungsförderung, Bildung und der technischen Ausstattung der Ministerien, sondern stärker auf eine Effektivierung von Mitteln, Abfederung sozialer Härten und Befriedung von Konflikten im Zeichen eines diagnostizierten wirtschaftlichen Strukturwandels. Erkennbar war das ökonomische Kalkül ins Zentrum gerückt, das aber mit dem neuen Leitbild der Lebensqualität in Einklang gebracht werden sollte. Auch hierfür benötigte die Regierung Zukunftsexpertise, die sich an den neuen Auspizien auszurichten hatte. Zum Einsatz kamen dabei eine pragmatisierte Version der Modellsimulation und die Szenarienbildung im Sinne einer Risikoabschätzung. Dies ist im Folgenden anhand von Politikberatungsprozessen im Bereich der Technologie-, der Arbeitsmarkt- und der Energiepolitik nachzuzeichnen.

Die Technologiepolitik, dies war bereits im Zusammenhang mit der Forschungsplanung der späten 1960er und frühen 1970er Jahre deutlich geworden, war im besonderen Maße Zukunftspolitik und stützte sich hierbei auch auf Expertise aus dem Feld der Zukunftsforschung und Prognostik. Mitte der 1970er Jahre stand die Technologiepolitik der Bundesregierung in einem ambivalenten Spannungsverhältnis zwischen Wachstumskritik, sozialen Interessen und Modernisierungsdenken. Dies ruhte auch in der Person des neuen Ministers für Forschung und Technologie, Hans Matthöfer, der dieses Amt im Mai 1974, nach dem Rücktritt Brandts und der Kabinettsumbildung, von Horst Ehmke übernahm.

---

[242] Neben den skizzierten Fällen – der PLABUND/EIPE- und der Forschungsprioritäten-Studie – stießen etwa auch die Expertisen des ZBZ zu einem Deutschen Zentrum für Altersfragen (BAK, B 189, 11406) und zu „Privater Konsum und Umweltgefährdung am Beispiel von Berlin-West" (BAK, B 107, 29454) auf Skepsis, ja Ablehnung in den Ministerien. So schrieb beispielsweise das Umweltreferat im Innenministerium zu letzterem Gutachten an Menke-Glückert: „Es erscheint unverständlich, wie diese Arbeitsgruppe, deren Kenntnisse auf dem Gebiet der Luftreinhaltung offenbar fast mit Null anzusetzen sind, mit dieser Studie betraut werden konnte": BMI, U II 4-010-2-51/71, an Referat UK, 21. 6. 1971, in: ebd.

[243] Helmut Schmidt, in: Sitzung des SPD-Parteivorstands am 8. 3. 1974, in: Ders., Kontinuität und Konzentration, Bonn 1975, S. 161. Ich danke Johannes Hürter für diesen Hinweis.

Der langjährige Abteilungsleiter für Bildungspolitik im Vorstand der IG Metall gehörte dem gemäßigt linken Partei- und Gewerkschaftsflügel an. Da Matthöfer davor zwei Jahre als Staatssekretär im Bundesministerium für wirtschaftliche Zusammenarbeit unter Eppler gewirkt hatte, war er mit der Wachstumsdebatte sehr gut vertraut; er teilte Epplers Überlegungen zu einer neuen Entwicklungsstrategie, welche auf Sicherung der Lebensqualität in Nord und Süd und einen neuen Wachstumsbegriff zielten. Es nimmt deshalb nicht wunder, dass Matthöfer etwa im Juli 1975 an der Jahrestagung des Club of Rome in Guanajuato (Mexiko) teilnahm.[244] Ebenso sah sich Matthöfer dem Ziel der bereits Anfang der 1970er Jahre von den Gewerkschaften kolportierten Forderung nach einer „Humanisierung des Arbeitslebens" verbunden, das sich ja sehr gut mit dem vagen Leitbild der „Lebensqualität" verbinden ließ. In Überlegungen zu „Perspektiven deutscher Forschungs- und Technologiepolitik" suchte Matthöfer so nach einer Antwort auf die Frage, ob es möglich sei, „Alternativen" zu entwickeln, welche die negativen Begleiterscheinungen von Technik und Wachstum und „Folgen der technischen Zivilisation" – „Erschöpfung natürlicher Ressourcen, Stumpfsinn und Streß am Arbeitsplatz, Verödung der Städte" – mindern könnten.[245] Dies galt ebenso für seinen Parlamentarischen Staatssekretär Volker Hauff, der, aus Baden-Württemberg stammend, Epplers Ideen von „Lebensqualität" rezipiert und auch an der Oberhausener Tagung „Qualität des Lebens" der IG Metall 1972 teilgenommen hatte.[246]

Dennoch war mit der Wirtschaftskrise der Wert von wirtschaftlichem Wachstum – auch in seinen Effekten für die Beschäftigung – deutlich geworden. Ebenso hatte die Ölkrise gezeigt, wie stark die westlichen Industriestaaten von den Rohstoffimporten gerade aus den Schwellenländern abhängig waren. So flammte eine – von Ökonomen und rasch auch Politikern geführte – Diskussion darüber auf, inwieweit nun ein langer Wachstumszyklus zu Ende gegangen sei und wie stark dies mit einer grundlegenden Internationalisierung der Wirtschaft und einem „Strukturwandel" in den Industriestaaten zusammenhänge: Musste die bundesdeutsche Politik auf die Herausforderungen der Internationalisierung reagieren, indem sie im Sinne einer aktiven Wirtschaftsstrukturpolitik auf neue Basisinnovationen und damit Produktionszweige setzte und so Wachstumsfelder auftat? Dass in der Debatte um den „Strukturwandel" Daniel Bells Thesen von der „postindustrial society", 1973 als Buch erschienen, eine Rolle spielten, lag auf der Hand.

---

[244] BMFT, Schroeter, 213-3510-1-5/75, an Vomstein, Deutsche Stiftung für internationale Entwicklung, 18.6.1975, in: BAK, B 196, 16587; Hans Matthöfer, Arbeit des „Club of Rome" muß nationale Konsequenzen ermöglichen, in: APWM 7 (1975), H. 41, S. 3.

[245] Hans Matthöfer, Perspektiven deutscher Forschungs- und Technologiepolitik, in: Ders. (Hrsg.), Menschlich überleben. Technologien für den Frieden, Wuppertal 1976, S. 9–20, Zit. S. 10; zu Matthöfer Werner Abelshauser, Nach dem Wirtschaftswunder. Der Gewerkschafter, Politiker und Unternehmer Hans Matthöfer, Bonn 2009.

[246] Vgl. Volker Hauff, Rationalisierung oder Humanisierung der Arbeit – eine falsche Alternative, in: Ders., Damit der Fortschritt nicht zum Risiko wird. Forschungspolitik als Zukunftsgestaltung, Stuttgart 1978, S. 43–50; Gespräch der Verf. mit Eppler am 24.6.2011; Gespräch der Verf. mit Volker Hauff im Mai 2014.

Oder sollte die Regierung die konsumtiven Ausgaben des Staates reduzieren und damit der Selbstregulierung wirtschaftlicher Prozesse seinen Lauf lassen? Letztere Argumentation gewann in der zweiten Hälfte der 1970er Jahre in der FDP mit Bezug auf den Monetarismus und kursierende ‚neoliberale' Ideen zunehmend Anhänger.[247]

Matthöfer sah sich ersterer Lösung verpflichtet – einer aktiven Strukturpolitik im Technologiebereich unter Berücksichtigung der Arbeitnehmerinteressen. Volker Hauff hatte diesen Weg soeben gemeinsam mit Fritz Scharpf (der sich von der Wachstumskritik verabschiedet hatte) als „Modernisierung der Volkswirtschaft" konzeptionalisiert.[248] Matthöfer ging es vor allem darum, die „Polarisierung zwischen Wirtschaft und Qualität des Wachstums, zwischen Wirtschaftsinteressen und sozialen Interessen" zu überwinden. Die Wirtschaftskrise habe gezeigt, wie wichtig das Funktionieren der Wirtschaft auch für die Sicherung der Arbeitsplätze sei. Es stehe nun ein „Zwang zum Strukturwandel" an, weil die internationale Konkurrenz auf dem Markt ständig zunehme, die Verflechtungen der Wirtschaft mit internationalen Kapitalbewegungen wüchsen. Insofern müsse die bundesdeutsche Wirtschaft, so Matthöfer, auf die Möglichkeit eingestellt sein, Absatzmärkte zu verlieren, Produktionszweige einzuschränken und dann für die verloren gegangenen Arbeitsplätze Ersatz zu finden.[249] Die Bundesrepublik solle sich, so auch Hauff, nicht gegen Produktionsverlagerungen in Schwellenländer sperren und hier Subventionen verschleudern, sondern sich mehr auf die Suche nach Basisinnovationen begeben und auf hoch produktive Wirtschaftssektoren konzentrieren.[250] Für Matthöfer ließ sich dies durchaus global denken: Neue Technologien könnten die deutsche Wirtschaft in die Lage versetzen, sich auf veränderte Wettbewerbsverhältnisse einzustellen und den Strukturwandel zu bewältigen; ebenso halfen diese Technologien Ländern der „Dritten Welt", Arbeitsplätze zu schaffen, um die basalen Bedürfnisse der Bevölkerung zu befriedigen – so Matthöfer in Anlehnung an die neue, auch von Eppler gestützte Entwicklungsstrategie.[251]

In diesem Sinne erhielt das Ziel der „Modernisierung der Volkswirtschaft" 1975 erste Priorität im „Bundesbericht Forschung V". Als zentrale Aufgabenbereiche nannte der Bericht die stärkere Förderung von Forschung, Entwicklung und Innovation und die Förderung hochwertiger Technologien, um die „Leistungs- und Wettbewerbsfähigkeit der Wirtschaft und damit die Arbeitsplätze durch Modernisierung zu sichern", wohingegen das Ziel der Lebensqualität nach hinten rückte.[252]

---

[247] Vgl. Geyer, Rahmenbedingungen, S. 58–64; Werner Abelshauser, Deutsche Wirtschaftsgeschichte seit 1945, München 2004, S. 423; Szöllösi-Janze, Geschichte, S. 208–210.
[248] Volker Hauff/Fritz W. Scharpf, Modernisierung der Volkswirtschaft. Technologiepolitik als Strukturpolitik, Köln 1975; vgl. Geyer, Rahmenbedingungen, S. 65–67.
[249] Matthöfer, Perspektiven, Zit. S. 10, 12.
[250] Vgl. Hauff/Scharpf, Modernisierung.
[251] Vgl. Matthöfer, Perspektiven, Zit. S. 12.
[252] Bundesbericht Forschung V, 28.4.1975, in: Verhandlungen des Deutschen Bundestages, Drs. VII/3574, hier S. 10; vgl. BMFT an BKA, Planungsabteilung, Übersicht über die Problembereiche, die im mittelfristigen Zeitraum politisches Handeln erfordern, 25.6.1975, in: BAK, B 136, 13782.

Gerade für die aktive Struktur- und Technologiepolitik brauchte es einen steuernden Ansatz. Im Zeichen dessen rief das Forschungsministerium Ende 1974 zwei neue Beratungsorgane ins Leben, zum einen den Beratenden Ausschuss für Forschung und Technologie, auf den im Zusammenhang mit der Energiepolitik zurückzukommen sein wird, zum anderen den Diskussionskreis für Analyse und Prognose des Forschungsbedarfs. Vom Diskussionskreis für Analyse und Prognose erhoffte sich das Ministerium Vorschläge für „systemanalytische Studien" zu wirtschaftlichen und technologischen Strukturveränderungen.[253] Die Orientierung am methodischen Leitbild der Systemanalyse prägte also weiter politische Planungsüberlegungen der 1970er Jahre, wie sich auch 1973 an der Einrichtung des Arbeitskreises Angewandte Systemanalyse der Arbeitsgemeinschaft der Großforschungseinrichtungen zeigte, den noch Ehmke ins Leben gerufen hatte.[254] Als sich Hugh Cole aus der britischen Science Policy Research Group – also der Sussex-Gruppe – 1975 an das Ministerium wandte, um nach Institutionen für „Longrange forecasting" in der Regierung zu fahnden, verwies das Ministerium auf den Diskussionskreis: Dessen Aufgabe sei es, „to find alternatives for a West German technology policy in the light of structural changes in West German society and economy in particular, structural changes in the world economy and their feedbacks on Germany, changing patterns of resources dependency [...], long term changes in Germany's role in the international division of labor".[255]

Im Lichte der alte Gewissheiten ins Wanken bringenden Öl- und Wirtschaftskrise und des erwarteten Strukturwandels wollte die Regierung also strukturelle Veränderungen in der deutschen Gesellschaft und Wirtschaft, aber auch in weltwirtschaftlicher Hinsicht ermitteln. Zweifellos wirkte bei der Einrichtung des neuen Diskussionskreises auch die Erfahrung, dass die Prognosen konstanten Wachstums des Bruttosozialprodukts, welche die deutschen Wirtschaftsforschungsinstitute und Prognos vorgelegt hatten, mit der Wirtschaftskrise Makulatur geworden waren. Hierauf reagierte das Ministerium zum einen, indem es nicht mehr nach konkreten Prognosen, sondern mehr nach strukturellen Wandlungsprozessen fragte. Dass Prognosen niemals auch nur annähernd präzises Wissen über die Zukunft liefern konnten, realisierte auch das Ministerium. So schrieben die Referenten in einen Redetext von Staatssekretär Hauff: „Es ist klar, daß ein solcher Versuch nicht von Anfang an jedermann wird zufriedenstellen können. Im Gegenteil: in diesen Versuchen ist der Irrtum bereits eingeschlossen. Die Wissenschaftler, das ist das entscheidende, sind aufgerufen, sich praktischen Problemen zuzuwenden und bei der Lösung konkreter und drängender Fragen dieser

---

[253] BMFT, 126, Mönig, an BMBW, IIA6-2991-P009300, 16. 1. 1978, in: BAK, B 138, 18909; vgl. BMFT, Schroeter, Manuskript Rede-Entwurf in Ettlingen, an PSt Hauff, 9. 9. 1975, in: ebd., B 196, 16588. Die Entstehung des Diskussionskreises ist nicht mehr direkt zu rekonstruieren, da Teile der Akten (B 196, 16589-95) im Bundesarchiv vermisst sind.
[254] Szöllösi-Janze, Geschichte, S. 248–268.
[255] BMFT, Entwurf Pestel, 213-3510-1-2/75, an H.S.D. Cole, The University of Sussex, SPRU, 14. 2. 1975; vgl. schon BMFT, Rembser, an Cole, 10. 12. 1974, beides in: BAK, B 196, 16587.

Gesellschaft mitzuarbeiten".[256] Zum anderen war der Diskussionskreis als neues Forum explizit interdisziplinär zusammengesetzt. Er umgriff sowohl Wirtschaftswissenschaftler wie Carl Christian von Weizsäcker, Politikwissenschaftler wie Fritz Scharpf, Kernphysiker wie den Schüler Carl Friedrich von Weizsäckers Wolf Häfele, der stellvertretender Direktor am Internationalen Institut für Angewandte Systemanalyse in Laxenburg war, und – zeitweise – Carl Friedrich von Weizsäcker selbst. Auch Dieter Schröder aus der Prognos AG gehörte dem Kreis an. Hinzu kamen Wirtschaftsvertreter wie Hans-Joachim Burchard vom Mineralölwirtschaftsverband sowie Gewerkschaftsfunktionäre.[257]

Der Diskussionskreis beschloss, Studien zu wirtschaftlichen und technologischen Entwicklungslinien in Auftrag zu geben, und hierzu gehörte auch ein Auftrag an Eduard Pestel und Mihajlo Mesarović, die Autoren des „Limits to Growth"-Nachfolgemodells „Menschheit am Wendepunkt". Beide hatten bereits im Sommer 1974 auf der Jahrestagung des Club of Rome in Berlin zahlreichen Vertretern bundesdeutscher Politik – etwa Entwicklungshilfeminister Egon Bahr – und der Öffentlichkeit die Ergebnisse des Buches vorgestellt. Pestel ließ Minister Matthöfer und Staatssekretär Hans Hilger Haunschild ein Exemplar des Buches zukommen.[258] Zudem besaß Pestel einen engen persönlichen Kontakt ins Forschungsministerium: Sohn Robert wirkte hier als Forschungsreferent. Auch weil die Diskussion um die „Weltmodelle" weiter wucherte, beauftragte das Forschungsministerium Eduard Pestel 1975, das Weltmodell aus „Menschheit am Wendepunkt" mit seinen Mitarbeitern zu einem „Deutschlandmodell" umzugestalten. In der Folge lagerte Pestel diese Expertise aus seinem Lehrstuhl an der TH Hannover aus und gründete in Hannover das Institut für Angewandte Systemanalyse und Prognose, das ähnlich wie die Studiengruppe für Systemforschung zwischen Systemforschung und Zukunftsforschung changierte.[259] Zudem wurde die Gruppe um Mesarović in Cleveland beauftragt, das Weltmodell durch eine stärkere Unterteilung der Region Westeuropa zu erweitern, um die Integration der Bundesrepublik in das „Weltsystem" besser abzubilden. Mesarović kooperierte dabei mit dem 1972 gegründeten, heute noch existierenden Institut für Systemtechnik und Innovationsforschung (ISI) der Fraunhofer-Gesellschaft, das sich insbesondere mit den Programmbereichen Systemtechnik, Innovationsforschung und Technologietransfer beschäftigte. Das Mesarović-Projekt finanzierte das

---

[256] BMFT, Schroeter, Manuskript Rede-Entwurf in Ettlingen, an PSt Hauff, 9.9.1975, in: BAK, B 196, 16588.

[257] Akten des DKAP in: ebd., 19352; BMFT, Aktenvermerk Schroeter, 213-3510-13, 30.11.1976, in: ebd., 19929.

[258] Eduard Pestel an Staatssekretär Hans Hilger Haunschild, 14.11.1974, in: ebd., 16587; zur Jahrestagung des Club of Rome in Berlin, in dessen Rahmen die Köpfe des Club of Rome ein Gespräch mit Bundespräsident Walter Scheel führten, vgl. BAK, B 122, 17751.

[259] Zum Institut für Angewandte Systemanalyse und Prognose existiert bislang keine Literatur. Eine Anfrage der Verf. wurde vom Institut, das inzwischen als Eduard Pestel-Institut für Systemforschung firmiert, nicht beantwortet; vgl. die Homepage des Instituts: http://www.pestel-institut.de/sites/1002261125480.html (letzte Abfrage 16.1.2015).

Ministerium gemeinsam mit der Stiftung Volkswagenwerk, zu der Pestel beste Verbindungen besaß.[260]

Das Ministerium versprach sich vom „Deutschlandmodell" zum einen eine methodische Verbesserung des Instruments der Modellsimulation. Auf der Suche nach Zukunftsexpertise zur „Modernisierung der Volkswirtschaft" sah das Forschungsministerium hier eine Möglichkeit, die Dynamik und Interaktion von Entwicklungen in verschiedenen gesellschaftlichen und politischen Feldern in ihren Rückkopplungen berücksichtigen zu können. Weil das Modell neben den Kriterien Bevölkerungs- und Wirtschaftsentwicklung auch die Beschäftigungssituation, sektorale Strukturen des Wirtschaftswachstums und die weltwirtschaftliche Situation mit berücksichtigte, erhoffte sich das Ministerium zum anderen, mit dem Modell Rückwirkungen technischer Entwicklungen auf die Wirtschaft abzuschätzen und umgekehrt Anforderungen an das technische Leistungsvermögen aus wirtschaftlichen Vorgaben abzuleiten – also die Verknüpfung technologischer Innovation und wirtschaftlicher Entwicklung.[261]

Der systemanalytische Ansatz, Rückkopplungen zu erfassen, erschien mithin dem Forschungsministerium als geeignet, die Komplexität des Gegenstandes – nämlich die demographische, ökonomische, ökologische und technologische Entwicklung der Bundesrepublik innerhalb der Weltwirtschaft – abzubilden. Doch ging man nicht mehr von einem so einseitig steuerungsorientierten ‚top down' angelegten Modell aus, wie es Koelle um 1970 erstellt hatte. Vielmehr sollte nun – und das zeigte auch die epistemische Pragmatisierung in der Prognostik bzw. Zukunftsforschung – die Modellsimulation mit der Erarbeitung von Szenarien verbunden werden. Die Szenarien sollten dabei relativ offen verschiedene mögliche und/oder wünschbare Entwicklungen und Maßnahmen kennzeichnen und mit dem quantitativen Modell verbinden.[262] In diesem Sinne ging ein erstes Szenario vom „Normalfall" ökonomischer und technologischer Entwicklungen aus. Ein zweites Szenario kalkulierte vor dem Hintergrund der globalen Debatte um eine „Neue Weltwirtschaftsordnung", wie dies die Entwicklungsländer auf der UN-Vollversammlung 1974 gefordert hatten, weltwirtschaftliche Verschiebungen ein: So ging man von verstärkten „Kapitalgeschenke[n] an Drittländer" aus. Ein drittes Szenario bezog eine Beschränkung des Außenhandels im Zeichen tiefer weltwirtschaftlicher Verwerfungen ein.[263] Auch auf Drängen von Wolf Häfele,

---

[260] BMFT, Mönig, IIA6-2991-P009300, an BMBW, 16.1.1978, in: BAK, B 138, 18909; BMFT, Schroeter/Pestel, 213-3510-1-17/75, an ZBZ, Mackensen, 12.12.1975, in: BAK, B 196, 16588. Zu Pestels Verbindungen zur Stiftung Volkswagenwerk oben Kapitel VI. Zum ISI vgl. Institut für Systemtechnik und Innovationsforschung, in: APWM 5 (1973), H. 29, S. 19f.

[261] BMFT, Protokoll Sitzung des DKAP, 3.11.1975, in: BAK, B 196, 19352; BMFT, 126, Mönig, an BMBW, IIA6-2991-P009300, 16.1.1978, in: BAK, B 138, 18909.

[262] BMFT, DKAP, DK-Untersuchung: Anpassung des Mesarović-Pestel-Weltmodells zur Anwendung auf forschungs- und technologierelevante Fragestellungen aus der Sicht der Bundesrepublik, Zusammenfassung aus dem 2. Zwischenbericht, 13.2.1976, in: BAK, B 196, 19352.

[263] BMFT, Aktenvermerk Salz, 213-3510-13, Unterausschusssitzung des DK am 29.3.1976, 2.4.1976, in: ebd., 19928.

Vorsitzender des Unterausschusses zum Pestel-Modell, berücksichtigte ein weiteres Szenario eine wachsende Energieknappheit. Häfele, Vater des „Schnellen Brüters", wollte hier ein Szenario vertreten wissen, das eine Verbesserung der Energieeffizienz (wie sie eben auch die Kernenergie versprach) einpreiste.[264]

Auffallend am „Deutschlandmodell" ist, dass die Arbeitsgruppe um Pestel nun einem deutlich pragmatischeren Grundverständnis folgte. Sie verabschiedete sich von apokalyptischen Szenarien und begriff sowohl technologischen Fortschritt als auch das Bruttosozialprodukt wieder als positive Faktoren. Residuen der Wachstumskritik – die im Mesarović-Pestel-Modell ja ohnehin zur Formel des „organischen Wachstums" abgemildert war – blieben allerdings erhalten. Die Forschergruppe um Pestel ging davon aus, dass das Wachstum mittelfristig – bis zum Jahr 2000 – durchschnittlich nur etwa 2,4% betragen werde, und betrachtete dies nicht als Kern des Problems: „Zwar ist sicher, daß mehr Wachstum die Probleme etwas lindern würde, doch machen unsere Untersuchungen deutlich, daß sie mit Wachstum allein nicht zu lösen sind, ganz abgesehen von der Frage, wo das höhere Wachstum herkommen soll und welche sonstigen Folgewirkungen etwa auf den Energie- und Rohstoffbedarf oder die Umwelt sich aus ihm ergeben würden".[265]

Als die Ergebnisse des „Deutschlandmodells" 1977/78 vorlagen, hatte sich inzwischen das Problem der Sockelarbeitslosigkeit als so zentral erwiesen, dass das Arbeitsmarktmodell in der Deutung des Ministeriums und der Öffentlichkeit ins Zentrum rückte. Das „Deutschlandmodell" ermittelte – wie etwa auch Prognos – wegen sinkender Fertilitätsraten eine schrumpfende Bevölkerung (bis zum Jahr 1990 auf 57 Millionen). Zugleich wurde im „Normalmodell" ein stark ansteigendes Bildungsniveau prognostiziert. Die Verbesserung des Ausbildungsniveaus werde erhebliche Auswirkungen auf das Arbeitskräfteangebot haben, weil die Erwerbsquote zunehme. Dabei maß die Pestel-Gruppe – wie auch Prognos in seinem „Deutschlandreport" 1979 – der Nachfragekomponente weitreichende Bedeutung zu, weil aufgrund der abnehmenden Bevölkerung und gewisser Sättigungstendenzen im Konsumbereich die Verwendungsseite des BSP der limitierende Faktor des Wirtschaftswachstums werde. Das Wirtschaftswachstum sei zu schwach, um das Arbeitskräfteangebot voll auszuschöpfen. Deshalb ergab ein Referenzszenario einen Anstieg der Arbeitslosenzahl von etwa einer Million auf knapp vier Millionen zu Beginn der 1980er Jahre. Da der Bevölkerungsrückgang dann greife, werde die Arbeitslosenzahl im Verlauf der 1980er und 1990er Jahre auf unter eine Million sinken. Angesichts dieser mehr oder weniger dramatischen Prognose berücksichtigte die Forschergruppe im Modell auch die Auswirkungen von beschäftigungspolitischen Alternativen. Mithin empfahl man arbeitszeitver-

---

[264] Wolf Häfele, Diskussionskreis für Analyse und Prognose des Forschungsbedarfs, DK-Untersuchung Anpassung des Mesarović-Pestel-Weltmodells zur Anwendung auf forschungs- und technologierelevante Fragestellungen, Kommentar, 19. 2. 1976, in: ebd., 19352.
[265] Eduard Pestel u. a., Das Deutschlandmodell. 1990. 2,5 Millionen potentielle Arbeitslose, in: Bild der Wissenschaft 15 (1978), H. 1/2, S. 22–36, 96–104, hier S. 32.

kürzende Maßnahmen (auch durch Frühverrentung) und aktive Arbeitsförderung. Die aktive Strukturpolitik und Förderung von Schlüsseltechnologien hatte das Pestel-Modell nicht zur Lösung erhoben, und insofern zeigte sich das Forschungsministerium zurückhaltend: Das Modell liefere wichtige Denkanstöße, aber da nicht alle ökonomischen Wirkungszusammenhänge abgebildet seien, könnten hieraus keine tragfähigen Empfehlungen abgeleitet werden.[266]

Die Studie wurde, wie im Ministerium üblich, nach der internen Auswertung veröffentlicht. War zunächst geplant, den Untertitel in Analogie zu den „Grenzen des Wachstums" mit „Die Grenzen von Arbeit, Energie und Wirtschaft" zu benennen, so entschied sich die Pestel-Gruppe kurzfristig, stattdessen von „Herausforderungen auf dem Weg ins 21. Jahrhundert" zu sprechen. Gleichwohl löste die Studie mit Blick auf die prognostizierte wachsende Arbeitslosigkeit 1978 eine mediale Welle aus: Mehrere Tageszeitungen berichteten ausführlich über das Deutschlandmodell, das 1990 mit 2,5 Millionen Arbeitslosen rechne, und auch Eduard Pestel selbst meldete sich in „Bild der Wissenschaft" zu Wort. Insbesondere stieß die im Modell integrierte Verbindung zwischen erhöhtem Ausbildungsniveau und wachsender Arbeitslosigkeit auf mediales Interesse – mit der Schlussfolgerung, Bildung lohne sich offenkundig nicht mehr.[267] Reimut Jochimsen, Staatssekretär im Bildungs- und Wissenschaftsministerium, sah sich deshalb veranlasst, gegenüber „Bild der Wissenschaft" klarzustellen, dass die Studie nur den vorausgeschätzten Erwerbspersonenzahlen einen Arbeitskräftebedarf gegenüberstelle. In der Tendenz führe die Ausweitung der Bildung wohl tatsächlich zu höherer Erwerbsneigung und damit mehr Erwerbspersonen. Doch zum einen hänge alles von der „,Richtigkeit' der gestellten Bedarfs- und Erwerbspersonen-Prognosen" ab. Und die bisherigen Erfahrungen mit längerfristigen Prognosen seien „in dieser Beziehung nicht gerade ermutigend". Zum anderen erscheine ihm die Bildungspolitik, also die Steuerung von Ausbildungsangeboten, als Instrument der Arbeitsmarktpolitik untauglich. Schließlich sei die Politik verpflichtet, in bestmöglicher Weise für alle Bürger dieses Staates zu sorgen, und zur bestmöglichen Sorge gehöre auch die Einlösung berechtigter Ansprüche auf Ausbildung. Bildung und Ausbildung förderten die „Teilhabe und Mitverantwortung als mündiger Bürger und Wähler in einem ständig komplexer werdenden demokratischen Gesellschaftssystem".[268] Mithin zeigte sich der ehedem euphorisch auf „rationale" Planung vertrauende Jochimsen im Hinblick auf die Leistungsfähigkeit von Prognose und Planung in der Komplexität der Gegenwart geläutert. Zugleich fand die Zukunftsexpertise des Pestel-Modells Aufmerksamkeit in der Spitze der Bundes-

---

[266] BMFT, 126, Mönig, IIA6-2991-P009300, an BMBW, 16.1.1978, in: BAK, B 138, 18909; Eduard Pestel u. a., Das Deutschlandmodell. Herausforderungen auf dem Weg ins 21. Jahrhundert, München 1978.
[267] Pestel u. a., Das Deutschlandmodell. 1990 2,5 Millionen potentielle Arbeitslose, in: Bild der Wissenschaft 15 (1978), S. 22–36, 96–104; Dies, Das Deutschlandmodell; 2,5 Millionen Arbeitslose im Jahr 1990?, in: SZ, 21.12.1977; Computer-Gaukelei, in: FAZ, 21.12.1977.
[268] BMBW, Staatssekretär Reimut Jochimsen, an Redaktion Bild der Wissenschaft, 9.2.1978; BMBW, Vermerk Friedrich, II A 6-2123-2, an Staatssekretär, 24.1.1978, in: BAK, B 138, 18909.

regierung: Kanzler Schmidt forderte nämlich im März 1979 eine erneute Zusammenfassung des Deutschlandmodells an.[269] Ob dies konkrete Entscheidungen nach sich zog, ließ sich allerdings bislang nicht ermitteln.

Wie die Exekutive die Ergebnisse von Zukunftsexpertisen bewertete und nutzte, ist grundsätzlich schwer zu vermessen. Hinweise liefert in diesem Beratungsfall der zuständige Referent im Forschungsministerium, der Ende 1976 eine Einschätzung der Leistung und Grenzen des Diskussionskreises für Analyse und Prognose zu Papier brachte. Die Diskussion sei meist „auf hohem Aggregationsniveau" und fruchtbar geführt worden, wobei vieles von dem, was gesagt worden sei, sich wohl auch in guten Zeitungen fände. Eine „echte" Politikberatung habe der Diskussionskreis damit nicht liefern können; dies sei wohl nur in einem sehr kleinen Gremium möglich. Deshalb seien auch kleinere Arbeitsgruppensitzungen besonders ergiebig gewesen. Zudem verwies der Referent auf die problematische demokratische Legitimation des Kreises. Er griff hier Krauchs Argument auf, dass die „wirklichen Bedürfnisse der Bürger" nicht artikuliert worden seien. Ein Diskussionskreis, in dem vor allem Vorstände, Direktoren und Institutsleiter säßen, könne die Bedürfnisse der Bürger nicht spiegeln.[270] Auch der Referent griff damit den im Kontext der Wachstumsdebatte und der Neuen Sozialen Bewegungen ubiquitären Begriff der Bedürfnisse auf.

Der Referent merkte schließlich an, dass es für die Zukunft sinnvoller sei, weniger Experten für die allgemeine Systemanalyse zu rekrutieren und dafür mehr Fachleute für bestimmte Themen zu wählen.[271] In der Tat begann sich das politische Interesse an der Systemanalyse abzukühlen. Rein aus dem Wissen um die Methode ließen sich, so erkannte auch der Referent im Ministerium, schwerlich Handlungsempfehlungen ableiten. Ein holistischer Ansatz, der in Form einer Systemanalyse alle Gegenstandsbereiche erforschen wollte, wie sie idealtypisch Koelle im ZBZ verfolgt hatte, erwies sich als wenig tragfähig.

Es war deshalb nicht verwunderlich, dass auch das Forschungs- und Technologieministerium eine Förderung des ZBZ ablehnte. Ossip Flechtheim, Mitglied des Kuratoriums des ZBZ, hatte – auch weil er von Matthöfers Teilnahme an einer Tagung des Club of Rome las – im Ministerium angefragt, ob es eine Möglichkeit direkter oder gutachterlicher Förderung für das finanziell darbende ZBZ gäbe. Eventuell könne das ZBZ zur „Zentralstelle für die Sammlung und Sicht möglicher neuer zukunftweisender Institutionen, Strategien und Planungen" ausgebaut werden.[272] Ein Referent notierte auf dem Brief: „keine neuen Institutionalisierungen" und bei der Passage zu einer möglichen Zentralstelle: „davon haben wir doch bereits eher zuviel als zu wenig".[273] Flechtheim erhielt eine höfliche Absage, ebenso wie der Vorstandsvorsitzende Bommer, der mit Menke-Glückert und

---

[269] BKA, Vermerk Lersch, 52-C21 00 BU 2, Oktober 1978, und von Globig an Herrn Bundeskanzler, 6.3.1979, in: AsD, Depositum Schmidt, 1/HSAA009690.
[270] BMFT, Aktenvermerk Schroeter, 213-3510-13, 30.11.1976, in: BAK, B 196, 19929.
[271] Ebd.
[272] Ossip Flechtheim an Minister Hans Matthöfer, 20.10.1975, in: BAK, B 196, 16588.
[273] Kopie des Briefes von Flechtheim mit Randbemerkungen Cu 12/11, in: ebd.

Repenning, den Vorständen der Gesellschaft für Zukunftsfragen, beim Parlamentarischen Staatssekretär Volker Hauff vorsprach.[274] Rainer Mackensen vom ZBZ führte Ende 1975 ein Gespräch mit dem zuständigen Ministerialreferenten, der Mackensen riet, Anträge über „Probleme der Entwicklung im tertiären Sektor" oder die politischen Indikatoren im Weltmodell zu stellen. Gerade mit dem wirtschaftlichen Strukturwandel beschäftigte sich das ZBZ, das sich der „Sozialplanung" und den globalen Entwicklungsstrategien widmete, aber kaum. Als Mackensen anfragte, ob es die Möglichkeit gebe, eine deutsche Übersetzung des Bariloche-Modells finanziell zu unterstützen, teilte ihm das Ministerium mit, in der gegenwärtigen Phase seien Inhalt und Arbeitsteilung des „Deutschlandmodells" bereits festgelegt, und eine Kooperation mit dem ZBZ sei in diesem Zusammenhang nicht möglich.[275]

Nicht zuletzt die beunruhigenden Ergebnisse des Pestel-Modells im Hinblick auf die Beschäftigungssituation führten – dies ist das *zweite* Beratungsbeispiel – zu einer „Kabinettsstudie", welche die „Zusammenhänge von technischem Fortschritt und Beschäftigung" untersuchen sollte. Hintergrund war ein wachsender Konflikt zwischen nachfrage- und angebotsorientierten wirtschaftspolitischen Konzeptionen in der sozialliberalen Koalition. Gerade in der FDP setzte sich zunehmend eine Haltung durch, welche angesichts der Investitions- und Wachstumsschwäche und der Probleme des Strukturwandels für einen Rückzug des Staates aus der aktiven Steuerung und eine Politik der Investitionsanreize plädierte und sich hier an einer monetaristischen Wirtschaftstheorie orientierte.[276] So hatte Wirtschaftsminister Otto Graf Lambsdorff, ein Vertreter der Angebotspolitik, 1978 mit Blick auf die letzten Tarifabschlüsse in der Druckindustrie davor gewarnt, Rationalisierungen wegen eines möglichen Verlustes von Arbeitsplätzen aufhalten zu wollen. Die Gewerkschaften hatten hier bestimmte Schutzbestimmungen für Fachkräfte – vor allem Schriftsetzer – durchgesetzt. Proteste aus den Gewerkschaften veranlassten das Kabinett, zur Versachlichung der Debatte Experten einzuschalten. Das Wirtschafts- und das Forschungsministerium erhielten den Auftrag, die Auswirkungen des technischen Fortschritts auf Tarifverträge untersuchen zu lassen. Dem Ministerium für Forschung und Technologie oblag es, Expertisen zu voraussichtlichen technischen Entwicklungen einzuholen, die (eventuell auch bruchartige) Auswirkungen auf die Beschäftigung haben könnten.[277] Dabei ging es dem

---

[274] ZBZ, Jürgen Bommer, an BM für Forschung und Technologie, Hans Matthöfer, 20. 3. 1975. Zu einem Gespräch Bommers, Menke-Glückerts und Repennings mit Hauff auch ZBZ-Mitteilungen 3/75, beides, in: IfZ, ED 701, 40.

[275] ZBZ, Mackensen, an BMFT, Ministerialdirektor Rolf Berger, 20. 11. 1975 mit einem Papier „Zur Notwendigkeit eines neuen Konzepts für die Infrastrukturplanung", 15. 11. 1975, und BMFT, Schroeter/Pestel, 213-3510-1-17/75, an Mackensen, ZBZ, 12. 12. 1975, in: BAK, B 196, 16588.

[276] Vgl. Schanetzky, Ernüchterung, S. 211–229.

[277] BMWi, IIa – 31320, Rosenmöller, 19. 4. 1978; BMWi, I C 5-240076/11, an alle Minister, 3. 4. 1978, und Manuskript der Rede Graf Lambsdorffs in Saarbrücken, 8. 4. 1978, beides in: BAK, B 149, 30751.

Wirtschaftsministerium um die Legitimierung der These, dass tiefgreifende Veränderungen des „Strukturwandels" und ihrer Auswirkungen auf die Arbeitnehmerschaft eben nicht zu stoppen seien[278] – und damit um eine Gegenposition zum Forschungsministerium, in dem die Steuerungsvorstellungen Hauffs kursierten.[279]

Das Projekt sollte zunächst „Technischer Fortschritt und Besitzstandswahrung" heißen, es wurde dann aber angesichts des sprechenden Titels umbenannt in „Technischer Fortschritt und seine wechselseitigen Auswirkungen auf Wirtschaft und Arbeitsmarkt". Das Forschungsministerium entschied sich – im Gegensatz etwa zu Beratungen der späten 1960er Jahre – dafür, trotz des knappen Zeitbudgets insgesamt zwölf Institute anzuschreiben und Angebote einzuholen. Das Institut für Zukunftsforschung (als Nachfolger des ZBZ) fand sich nicht darunter, hingegen die Prognos AG. Das Ministerium vergab zwei konkurrierende Aufträge, was auch ein Indiz dafür war, dass das Zutrauen in die wissenschaftliche Prognose bröckelte (und sich damit das Verständnis von Prognostik pragmatisierte). Den Zuschlag erhielten zum einen das Ifo-Institut, zum anderen die Prognos AG, die gemeinsam mit der Unternehmensberatung Mackintosh Consultants Company antrat. Das Angebot von Prognos und Mackintosh decke, so das Forschungsministerium, die Aufgabe ab, und die Qualifikation der Mitarbeiter lasse ein wissenschaftlich korrektes und politisch verwertbares Ergebnis erwarten.[280] Prognos untersuchte, wie sich die absehbaren technischen Entwicklungen auf die Zahl und das Qualifikationsprofil der Arbeitsplätze bis 1990 auswirkte, wie die betroffenen Unternehmen und Arbeitnehmer die damit verbundenen Anpassungsprozesse bewältigten und welche Konsequenzen dies auf das Innovationsklima, die Struktur und Anforderungen einzelner Wirtschaftszweige in Arbeitsmarkt und Bildungssystem habe. Dabei wollte man – auch hier zeigte sich die methodische Pluralisierung der 1970er Jahre – qualitative Überlegungen mit einer iterativen, quantitativen Systemanalyse und einer Delphi-Studie kombinieren. Das Wirtschaftsministerium drang darauf, auch die Arbeitnehmerseite explizit zu befragen, und wollte insbesondere die Auswirkungen einer breiten Einführung von Mikroprozessoren auf die Qualifikationsanforderungen der Arbeitnehmer und die Bildungspolitik berücksichtigt wissen. Erkennbar wurde, wie sehr die Mikrotechnologie nun als neue Schlüsseltechnologie galt. Prognos, das die Federführung des Auftrags übernahm, und Mackintosh erhielten für die Studie insgesamt 1,2 Millionen DM.[281]

---

[278] BMWi, I a 1-02 03 26/14, an Wirtschaftsministerien der Länder, 6.6.1980, in: ebd., 39227.
[279] Geyer, Rahmenbedingungen, S. 67.
[280] BMFT, 12 A – 3522-2-1/78, an BMA und BMWi, 2.6.1978; BMWi, IA1-021406/14, und BMFT, 12A-3522-2-1/78, an Forschungsinstitute, 20.6.1978; BMWi, Schneider, Ia1-15100.2, Vermerk zu Besprechung der Ressorts, 31.7.1978; BMWi, Vermerk, Ia2-11452, 7.8.1978, alles in: BAK, B 149, 30751.
[281] BMWi, Vermerk Ia2-11452, 7.8.1978, und Vermerk 16.8.1978; Prognos, Dieter Schröder, an BMFT, 24.8.1978, alles in: ebd.; vgl. Prognos AG/Mackintosh Consultants (Hrsg.), Technischer Fortschritt. Auswirkungen auf Wirtschaft und Arbeitsmarkt, Düsseldorf, Wien 1980.

Im Frühsommer 1980 lagen die Ergebnisse der Gutachten vor. Beide Gutachten – also auch die Prognos-Studie – kamen ähnlich wie das Pestel-Modell zur Einschätzung, dass in der ersten Hälfte der 1980er Jahre eine demographisch und technologisch bedingte Beschäftigungslücke die bundesdeutsche Wirtschaft treffen werde. Sah Prognos – ebenso wie das Ifo-Institut – die Arbeitsmarktperspektive deshalb skeptisch, so bemühte sich die Bundesregierung, die Thesen der Studie ins Positive zu wenden. Der technische Fortschritt beeinflusse das Wirtschaftswachstum und den Produktivitätsfortschritt. Zudem lasse die technologische Entwicklung auch ein beträchtliches Potential an arbeitsplatzschaffenden Innovationen erkennen. Dabei werde die technologische Innovation aber – und dies betonte die Regierung – im folgenden Jahrzehnt nicht zu einer „revolutionären Entwicklung" führen. In der Tat hatten beide Gutachten argumentiert, dass jene Technologien, die bis 1990 die bundesdeutsche und weltweite Wirtschaft prägen würden, bereits bekannt oder eingeführt seien – vor allem die Mikroelektronik in Verbindung mit Daten- und Nachrichtentechnik und die Energietechnik. Da etwa noch kein ausreichendes Verfahren zur Funktionssicherheit der Datenverarbeitungssysteme bestehe und etwa kohlenstofffaserverstärkte Kunststoffe noch teuer seien, werde die Geschwindigkeit der Einführung und Verbreitung dieser Technologien noch gebremst. Es sei aber, und dies war die Crux dessen, was die Regierung aus den beiden Gutachten entnahm, unabdingbar, in Zukunft eine breite berufliche Erstausbildung und die Fortbildung während des Arbeitslebens zu stärken: „Die beruflichen Qualifikationen weiter zu verbessern, die Bereitschaft zur Einstellung auf neue Anforderungen zu fördern und notwendige Anpassungsprozesse in sozial angemessenen Formen zu erleichtern, wird eine Schwerpunktaufgabe der Bildungs- und Arbeitsmarktpolitik, aber auch der Tarifvertragsparteien sein."[282] Mithin begrüßte die Bundesregierung die Gutachten als Beiträge zur „Versachlichung" der Diskussion. Volker Hauff, der inzwischen das Amt des Ministers von Matthöfer übernommen hatte, richtete in der Folge einen „Technologiepolitischen Dialog" ein, um Vertreter verschiedener Interessengruppen einzubinden. Hier drang man mehrheitlich auf konkrete Wachstumsimpulse im Bereich verschiedener Produktionszweige, um so Probleme auf dem Arbeitsmarkt zu dämpfen, also keynesianische Lösungsmuster.[283] Dies ging allerdings einher mit einer zunehmend dezentralisierten Förderung von Technologien über die Großforschungseinrichtungen, womit sich das Forschungsministerium aus der Steuerungsrolle zurückzog; insbesondere wurde dies nach dem Regierungswechsel 1982 fassbar.[284] Zurück blieb von den beiden Studien zum „technischen

---

[282] Pressemitteilung Presse- und Informationsamt der Bundesregierung: Stellungnahme der Bundesregierung zu den Gutachten „Technischer Fortschritt – Auswirkungen auf Wirtschaft und Arbeitsmarkt", 9.6.1980; ähnlich BMWi, Stellungnahme Ia1-15100-2, Nov. 1982, beides in: BAK, B 149, 39227.

[283] BMFT, 13A, Protokoll des 3. Sitzung des Technologiepolitischen Dialogs vom 22.5.1980, an BMA, 27.5.1980; vgl. BMFT, Volker Hauff, an BMA, Herbert Ehrenberg, 9.5.1979, beides in: ebd.

[284] Vgl. Geyer, Rahmenbedingungen, S. 67.

Fortschritt" aber vor allem, dass im Zeichen des Strukturwandels die Befähigung eines jedes Arbeitnehmers gefordert wurde, sich auf neue Arbeitsstrukturen, Produktionsmethoden und Technologien „flexibel einzustellen".[285] Damit bewegte sich die selektive Deutung der Prognos-Studie im Dunstkreis aufkommender Vorstellungen von der flexiblen Wissensgesellschaft, in der sich das einzelne Individuum flexibel auf den Strukturwandel und seine Implikationen einstellte – mithin auf eine ‚neoliberale' Deutung, die in den 1980er Jahren an Gewicht gewinnen sollte.[286]

Ein *dritter* Politikberatungsprozess drehte sich um die zweite politische Kernfrage der 1970er Jahre neben dem Problem der Sockelarbeitslosigkeit, nämlich die zivile Nutzung der Kernenergie. Hier avancierte Carl Friedrich von Weizsäcker zu einem wichtigen Berater der Bundesregierung, der seine Überlegungen nicht mehr im engeren Sinne als Zukunftsforschung, aber als Nachdenken über „Risiken" von Technologien in den politischen Prozess einspeiste. Dabei wurde im Abwägen von Risiken auch die Dimension des Nicht-Wissens virulent, was zu Verunsicherung auf Seiten des Experten führte, aber auch zu einer „fragmentation of authority", einer Polarisierung zwischen Expertise und Gegenexpertise im Zeichen gesellschaftlicher Konflikte um die Expertise.[287]

Die sozialliberale Koalition plante 1972/73 – bevor die akute Phase der Ölkrise begann – einen Ausbau der Kernenergie. Das erste Energieprogramm der Bundesregierung vom Oktober 1973 sah einen zügigen Ausbau der Kernenergie vor. Diese sei ein „in hohem Maß umweltfreundlicher Energieträger" und besonders versorgungssicher. 1972 hatte die Kernenergie nur 3,1% des gesamten Primärenergieverbrauchs der Bundesrepublik geliefert, 1980 sollte sie nach dem Willen der Bundesregierung 9%, 1985 15% erzeugen.[288] Das 4. Atomprogramm der

---

[285] Gesprächskreis Modernisierung der Volkswirtschaft – Elektronik, Produktivität, Arbeitsmarkt. Diskussionsergebnis, 20.12.1978, in: BAK, B 149, 39227; auch in: Diese Umschichtung sichert den Anstieg des Lebensstandards, in: Frankfurter Rundschau, 22.3.1979.

[286] Vgl. Doering-Manteuffel/Raphael, Nach dem Boom, S.63f., 71–73; Wirsching, Abschied, S.259f, 441–444; Ders., Geschichte Europas, S.247–266.

[287] Peter A. Hall, Policy Paradigms, Experts, and the State. The Case of Macroeconomic Policy-Making in Britain, in: Stephen Brooks/Alain Gagnon (Hrsg.), Social Scientists, Policy, and the State, New York 1990, S.53–78, hier S.68f.; in diesem Sinne auch Altenburg, Kernenergie, S.274. Zu Expertise und Gegenexpertise seit den 1970er Jahren und zur Politisierung wissenschaftlichen Wissens in der Politikberatung Weingart, Verwissenschaftlichung; Ders., Die Stunde der Wahrheit? Zum Verhältnis der Wissenschaft zu Politik, Wirtschaft und Medien in der Wissensgesellschaft, Weilerswist 2001, v. a. S.115–133; Ders./Martin Carrier/ Wolfgang Krohn, Experten, S.293–304; Helga Nowotny, Experten, Expertisen und imaginierte Laien, in: Borgner/Torgersen (Hrsg.), Wozu Experten, S.33–44.

[288] Die Energiepolitik der Bundesregierung, 3.10.1973, in: Verhandlungen des Deutschen Bundestages, Drs. VII/1057, Zit. S.10; vgl. Jens Hohensee, Der erste Ölpreisschock 1973/74. Die politischen und gesellschaftlichen Auswirkungen der arabischen Erdölpolitik auf die Bundesrepublik Deutschland und Westeuropa, Stuttgart 1996, S.213f. Im Folgenden werden Formulierungen aus einem bereits veröffentlichten Aufsatz verwendet: Elke Seefried, Ohne Atomkraft leben? Carl Friedrich von Weizsäcker als Experte in der Kernenergiedebatte der 1970er Jahre, in: Hentschel/Hoffmann (Hrsg.), Carl Friedrich von Weizsäcker, S.389–412.

Bundesregierung vom Dezember 1973 gewährte Forschungsminister Horst Ehmke dann im Zeichen der Ölkrise Bundesmittel von über sechs Milliarden Mark für die Kernforschung, und die Fortschreibung des Energieprogramms im Oktober 1974 sah vor, dass die Kernenergie bis 1985 etwa 45% der bundesdeutschen Stromerzeugung liefern solle. Obwohl in der Ölkrise Maßnahmen und Aufrufe zur Energieeinsparung erfolgten, ging die Bundesregierung davon aus, dass der Energiebedarf weiter ansteigen werde.[289] Forschungsminister Hans Matthöfer sah 1975 in der Kernenergie „die einzige neue Energiequelle, die wirklich fühlbar zur Energieversorgung in den kommenden zehn Jahren beitragen kann." Er hoffte, in der „Öffentlichkeit" für mehr Vertrauen in diese Technik werben zu können.[290]

Dies erschien notwendig, weil sich im Zeichen kursierender Wachstums- und Technologiekritik und eines zivilgesellschaftlichen Aufbruchs Proteste gegen den Bau von Kernkraftwerken formierten. Vor 1970 war nur ganz vereinzelt Kritik an der zivilen Nutzung der Kernenergie geübt worden. Nun aber entstand eine breite Protestbewegung. Im südbadischen Wyhl erreichte diese mit 25 000 Demonstranten und der Besetzung des Bauplatzes im Februar 1975 eine neue Dimension.[291] Dies verband sich mit ersten kernkraftkritischen Stimmen unter Experten. Im Dezember 1974 organisierte der Innenausschuss des Deutschen Bundestages eine öffentliche Anhörung zum „Risiko Kernenergie". Auch Klaus Michael Meyer-Abich, bis 1972 Mitarbeiter des Starnberger MPI, äußerte sich hier kritisch.[292]

Fast zeitgleich nahm ein neues politikberatendes Gremium der Bundesregierung seine Arbeit auf, das sich – unter anderem – ebenfalls mit der Kernenergie beschäftigen sollte. Minister Ehmke hatte 1974 den Beratenden Ausschuss für Forschung und Technologie des Ministeriums für Forschung und Technologie (BAFT) initiiert und vorab Carl Friedrich von Weizsäcker gebeten, den Vorsitz zu übernehmen. Von Weizsäcker erhielt die Möglichkeit, die Agenda des Ausschusses mit zu entwickeln. Offenkundig ging es der Regierung darum, die Debatte mittels einer wissenschaftlichen – und seit der „Göttinger Erklärung" auch öffentlichen

---

[289] Fortschreibung des Ersten Energieprogramms, 30.10.1974, in: Verhandlungen des Deutschen Bundestages, Drs. VII/2713, v. a. S. 6f., 15f.; Hans Matthöfer, Gemeinsam unsere Energieversorgung sichern. Interview mit Hans Matthöfer, Bundesminister für Forschung und Technologie, in: Siemens Aktiengesellschaft (Hrsg.), Energie für morgen. Beiträge aus Politik, Wirtschaft, Technik, Forschung, Berlin 1975, S. 9–14; Hohensee, Ölpreisschock, S. 213–216; Joachim Radkau, Fragen an die Geschichte der Kernenergie. Perspektivenwandel im Zuge der Zeit (1975–1986), in: Jens Hohensee/Michael Salewski (Hrsg.), Energie – Politik – Geschichte. Nationale und internationale Energiepolitik seit 1945, Stuttgart 1993, S. 101–126, hier S. 472.
[290] Matthöfer, Energieversorgung, S. 11, 14.
[291] Vgl. Engels, Naturpolitik, S. 344–376 mit einer Diskussion von Forschungspositionen zu den Motivlagen der bundesdeutschen Anti-AKW-Bewegung; Mende, Nicht rechts, S. 330–339; Radkau, Fragen.
[292] Vgl. Presse- und Informationsamt des Deutschen Bundestages (Hrsg.), Umweltschutz (IV), Das Risiko Kernenergie. Aus der öffentlichen Anhörung des Innenausschusses des Deutschen Bundestages am 2. und 3. Dezember 1974, Bonn 1974; Bundesminister für Forschung und Technologie (Hrsg.), Dokumentation über die Öffentliche Diskussion des 4. Atomprogramms der Bundesrepublik Deutschland für die Jahre 1973–1976, Bonn 1974.

– Autorität zu versachlichen.²⁹³ Dem BAFT gehörten neben Weizsäcker 15 hochrangige Vertreter aus Wissenschaft, Industrie und Gewerkschaften an, so etwa der Ökonom Harald Gerfin, Ernst Wolf Mommsen aus der Friedrich Krupp AG sowie Günter Friedrichs als Leiter der Abteilung Automation beim Vorstand der IG Metall; sie berieten das Forschungsministerium mit dem Minister Matthöfer und dem Parlamentarischen Staatssekretär Hauff. Der Ausschuss sollte sich – dies hatte von Weizsäcker in Absprache mit Ehmke entschieden – mit Grundsatzfragen der staatlichen Förderung von Forschung beschäftigen, insbesondere mit innovationspolitischen Konzeptionen, Rohstoff- und Verkehrstechnologie sowie Grundsatzentscheidungen im Energiebereich, und dabei nicht nur dem Informationsaustausch dienen, sondern Einfluss entfalten.²⁹⁴

Von Weizsäcker hielt in einer der ersten Sitzungen im Juni 1975 ein Grundsatzreferat zur Energiepolitik. Hier stellte er die bereits im Zusammenhang mit dem Starnberger Institut ausgeführten, abwägenden Überlegungen zur künftigen Ausrichtung der bundesdeutschen Energiepolitik vor. Privat bekannte er, dass es nur eine geringe Chance gebe, „in einer wichtigen Frage auf Entscheidungen, die notwendigerweise sehr schwer sind, Einfluss zu gewinnen". Doch die Chancen seien größer, wenn sie in abwägender Form und nicht mit der „Geste des Propheten" vorgebracht würden.²⁹⁵ Gleichwohl sprach er am Ende des Vortrages Empfehlungen aus: Er warb dafür, energiesparenden Techniken „erste Förderungspriorität" zuzubilligen, und zwar nicht nur durch direkte Förderung, sondern auch durch eine Energiepolitik, die Marktanreize für Energiesubstitution setze. Es sei nicht Aufgabe des Staates, für einen niedrigen Energiepreis zu sorgen. Gerade in der Entwicklung substituierender Techniken bestehe eine künftige Konkurrenzchance der Bundesrepublik auf dem Weltmarkt. Er sah „keine zwingenden materiellen Gründe", vom bis 1985 befristeten Reaktorbauprogramm abzuraten, doch er forderte eine Reihe von Untersuchungen vor einer endgültigen Festlegung, so etwa eine genauere Prüfung des sogenannten Rasmussen-Berichts des MIT unter Berücksichtigung der bundesdeutschen Situation. Auf jeden Fall seien Studien zur Kernfusion und besonders zur Sonnenenergie als langfristige Alternativoptionen „so intensiv als möglich" zu fördern. Der Rede folgte eine „Persönliche Schlussbemerkung", in der von Weizsäcker seine Empfehlungen wieder tendenziell in Frage stellte. Die Gefahren der Kernenergie könnten nicht geleugnet werden, müssten aber im Rahmen jener Gefahren gesehen werden, die mit dem erheblichen weiteren Wachstum der Energieproduktion verbunden seien und welche ein möglicher Krieg hervorbringe. Möglicherweise könne eine Politik, die auf sehr geringes

---

[293] BMFT, Vermerk 12, Borst an Minister, 30.5.1974; von Weizsäcker an die Mitglieder des BAFT, 7.10.1974, in: BAK, B 196, 30873.

[294] BMFT, Entwurf des Ministers Horst Ehmke an von Weizsäcker, 1.3.1974 (als Ergebnis eines Telefongesprächs über Aufgabe und Zusammensetzung des BAFT), in: ebd.; BMFT, Protokoll 3. Sitzung des BAFT, 7.2.1975; Carl Friedrich von Weizsäcker, Vorschlag zum Arbeitsprogramm des BAFT für 1975 und 1976, o. D., beides in: ebd., 30859.

[295] Carl Friedrich von Weizsäcker an Max Himmelheber, 17.1.1975, in: AMPG, III. Abt., NL von Weizsäcker, 10.

Wachstum der Energieproduktion ziele, den Übergang auf eine „vielleicht auf Sonnenenergie beruhende [Produktion, E.S.] ohne eine Phase der Dominanz der Kernenergie leisten". Dies aber werde wohl eine „politisch folgenlose persönliche Meinung bleiben". Als Berater einer Regierung und einer Öffentlichkeit, die zu einem anderen Kurs entschlossen sei, könne er keine zwingenden Gründe nennen, von diesem Kurs abzuraten.[296]

Der Ausschuss wollte von Weizsäcker zu einer klaren Aussage bewegen. Im Forschungsministerium war das Papier zunächst als weitgehende Zustimmung zur Energiepolitik der Bundesregierung verstanden worden[297], doch in der Diskussion wurde klar, dass die persönlichen Schlussbemerkungen argumentatives Sprengpotential enthielten, weil sie im Grunde die zumindest mittelfristige Befürwortung der Kernkraft wieder unterminierten. Der Parlamentarische Staatssekretär Hauff sah die Empfehlungen von Weizsäckers durch die Schlussbemerkungen verwässert. Mommsen als Vertreter der Industrie argumentierte, der Kanzler habe sich doch schon klar für Kernkraftwerke ausgesprochen. Die Empfehlungen machten das „Papier kaputt". Erkennbar wird hier, dass es dem Ausschuss vor allem darum ging, eine eigentlich gefallene Entscheidung durch von Weizsäcker legitimieren zu lassen. Dieser aber weigerte sich, eine klare Stellungnahme zur Kernenergie oder zum Moratorium zu machen, deutete aber an, er würde „nicht leiden, falls ein Moratorium beschlossen würde". Der Ausschuss verwies die Angelegenheit – um Zeit zu gewinnen – in einen Unterausschuss. Zugleich gab man ein Gutachten in Auftrag, das die wirtschaftlichen Folgen eines Moratoriums ermessen sollte.[298]

In von Weizsäckers Referat kam die Verunsicherung eines Wissenschaftlers und Experten zum Ausdruck, der nach „Wahrheit" suchte und doch zu erkennen gab, dass die Komplexität des Gegenstandes einfache Antworten unmöglich machte und den Wissenschaftler an Grenzen brachte. Dabei ging es nicht nur um die Gefahren, die Atomkraftwerke als Zielpunkte in einem möglichen Krieg in sich trugen; ihn beschäftigten auch die nicht kalkulierbaren Probleme der Endlagerung atomarer Abfälle und der klimatischen Folgen fossiler Energiegewinnung. In diesem Sinne versuchte von Weizsäcker Risiken abzuschätzen. Da die gesellschaftlichen Folgen eines GAUs so schwerwiegend waren, müsse der Eintritt des Risikofalles unbedingt vermieden werden.[299]

Wie gesehen ging von Weizsäcker davon aus, dass sich Politik und „Öffentlichkeit" für den Atomenergie-Kurs entschieden hätten. Doch zu diesem Zeitpunkt – 1975 – setzte die Protestwelle gegen Kernkraftwerke ein, und von Weizsäcker konnte die Problematik nicht mehr als quasi-objektiver Experte von außen be-

---

[296] Carl Friedrich von Weizsäcker: Notizen zum Energieproblem für die Sitzung des BAFT am 11.6.1975, in: BAK, B 196, 30858.
[297] BMFT, Vermerk 311, Popp, 5.6.1975: Notizen von Weizsäcker, in: ebd.
[298] Diskussionsbemerkungen zu Punkt 3 TO der 5. Sitzung und handschriftliches Protokoll, o.D., in: ebd.
[299] Zur These, dass Unsicherheiten in der Expertise immer gravierender werden, je enger die Expertise an Entscheidungen gekoppelt ist und je folgenreicher die Entscheidungen sind, auch Weingart/Carrier/Krohn, Experten, in: Dies. (Hrsg.), Nachrichten, S. 293–304, hier S. 296f.

trachten. Erhard Eppler, soeben als Bundesminister für wirtschaftliche Zusammenarbeit zurückgetreten und mit von Weizsäcker über die Evangelische Studiengemeinschaft bekannt, lud ihn ein, einen Vortrag zur Energiepolitik auf einer Konferenz der baden-württembergischen SPD zu halten.[300] Eppler hatte ja wie gesehen die Thesen von den „Grenzen des Wachstums" aufgesogen. Sein Buch „Ende oder Wende", das in apokalyptischen Tönen den drohenden Untergang beschwor, rezensierte von Weizsäcker positiv: Eppler habe die Dringlichkeit der Situation erkannt.[301] Ende Juni 1975 – kurz nach der ersten BAFT-Sitzung zur Energiepolitik – referierte von Weizsäcker auf der SPD-Konferenz mit Parteimitgliedern und Experten in Reutlingen; hier trug er seine Thesen zur Energiepolitik fast wortgleich zum Ausschussbeitrag öffentlich vor.[302] Anschließend publizierte er die Rede in drei Teilen in der „Zeit".[303] Damit beförderte von Weizsäcker eine Diskussion über die Kernenergie innerhalb der SPD. Wie gesehen hatte sich ja im Zeichen der Wachstumsdebatte ein ökologischer Flügel um Eppler formiert, der Schnittmengen mit den entstehenden Neuen Sozialen Bewegungen besaß. Die Reutlinger Konferenz mit von Weizsäcker stärkte in der SPD eine kernkraftkritische Haltung, so Eppler in der Rückschau. In der Folge erstellte Eppler ein Alternativszenario zur Energiepolitik, das explizit auf Energieeinsparung zielte.[304]

Zugleich hatte von Weizsäcker mit seiner Publikation in der „Zeit" gewissen Handlungsdruck auf den Ausschuss des Forschungsministeriums aufgebaut. Dieser trat im Herbst 1975 erneut zusammen und entschied, auch weil die Rede von Weizsäckers nun ja ohnehin bekannt war, seine Empfehlungen als Votum des ganzen BAFT dem Ministerium zu übermitteln. Überlegungen zu einem Moratorium verfolgte die Regierung – auch aufgrund der Kosten und der Außenwirkung einer solchen Entscheidung – nicht weiter. In einem Punkt allerdings wich das Papier des Ausschusses von den Empfehlungen ab: Der Ausschuss strich den Satz, dass der Staat nicht verpflichtet sei, für einen niedrigen Energiepreis zu sorgen. Es gebe ja, so der Ausschuss, ohnehin keinen ungestörten Energiemarkt wegen der Existenz multinationaler Gesellschaften. Zudem brauche die bundesdeutsche Industrie günstige Energie. Auch aus sozialen Gründen sah es die Bundesregierung als ihre Aufgabe, günstige Energiekosten längerfristig zu sichern.[305]

---

[300] Zur Einladung Weizsäcker an Eppler, 31. 1. 1975, in: AMPG, III. Abt., NL von Weizsäcker, 10.
[301] Carl Friedrich von Weizsäcker, Fragen zur Zukunft. Strategie für eine Welt von morgen, in: Die Zeit, 18. 7. 1975.
[302] Ders., Entwicklung und Deckung unseres Energiebedarfs, Referat in Reutlingen, 21. 6. 1975, in: AsD, Depositum Erhard Eppler, 1/EEAC000154.
[303] Ders., Ohne Atomkraft leben?, in: Die Zeit 27. 6., 4. 7., 11. 7. 1975.
[304] Zur Verbindung Weizsäcker – Eppler Kapitel X.4. Zur Bedeutung der Reutlinger Konferenz Erhard Eppler, Wie das Aufbegehren Schule machte, in: FAZ, 7. 6. 2011. Zu Epplers Energieszenario vgl. Dämmplatten sind billiger als Kernkraft, in: Der Spiegel, H. 25, 18. 6. 1979, S. 20.
[305] Ergebnisniederschrift 6. Sitzung des BAFT am 14. 10. 1975, in: BAK, B 196, 30865. Zu Überlegungen im BAFT, die Unterausschuss-Sitzung zu streichen, weil Weizsäckers Thesen mit der Veröffentlichung ja ohnehin allgemein bekannt waren, Klaus Gottstein an Weizsäcker, 23. 7. 1975, Weizsäcker an Kurt Lotz, 6. 8. 1975, und Lotz an Weizsäcker, 11. 8. 1975, alles in: AMPG, III. Abt., NL von Weizsäcker, 11-1.

Wirkungen hatte das Weizsäcker-Papier aber im Hinblick auf eine Priorisierung des Energiesparens: Nicht nur erfolgte im Juli 1976 das Energieeinsparungsgesetz. Auch teilte das Ministerium in einer Sitzung des BAFT im März 1977 mit, dass die vom Kabinett beschlossenen „Grundlinien und Eckwerte für die Fortschreibung des Energieprogramms" von erheblich reduzierten Zuwachsraten beim Primärenergieeinsatz ausgingen und der sparsamen Energieverwendung Priorität zubilligten; dies seien Folgerungen, so der Ausschuss, die aus den Empfehlungen von Weizsäckers gezogen worden seien.[306]

Die Anti-Kernkraft-Bewegung aber wuchs. 1979 waren am sogenannten Gorleben-Treck 100 000 Kernkraftgegner beteiligt.[307] Zugleich avancierte die Energiepolitik zum Politikfeld, das zum Gegenstand intensiver Debatten von ‚Laien', also Bürgern und Öffentlichkeit(en), und Experten wurde.[308] Entscheidend war dabei, dass wissenschaftliches Wissen nun politisiert wurde und den Nimbus der Objektivität verlor. Die Anti-AKW-Bewegung argumentierte zum einen, die Kernfragen der Energiediskussion seien gar nicht so komplex, um nicht auch von ganz normalen Menschen verstanden zu werden; „eher sind sie zu einfach und zu politisch, um von technischen Experten verstanden zu werden."[309] Zum anderen suchte sie sich angesichts der Anschuldigung ihrer Gegner, sie verbreite irrationale Ängste, eigene Experten. Damit stießen Expertise und Gegenexpertise aufeinander, und wissenschaftliche Diskussionen konnten in diesem Fall nicht mehr auf der Basis von wahr oder falsch geführt werden.[310]

Angesichts zunehmend festgefahrener Fronten in der Kernenergie-Frage empfahl von Weizsäcker dem BAFT und Kanzler Helmut Schmidt, eine wissenschaftliche Kommission mit „bedeutenden und anerkannten unabhängigen Persönlichkeiten" einzuberufen, welche ein allgemeinverständliches Gutachten zur Sicherheit von Nuklearanlagen erstellen solle.[311] Hieran seien sowohl Wissenschaftler zu beteiligen, die für die Kernenergie eingetreten seien, als auch wissen-

---

[306] Ergebnisniederschrift 14. Sitzung des BAFT am 28. 3. 1977, in: BAK, B 196, 30869; vgl. mit Verweis auf den Erfolg seiner Empfehlungen Carl Friedrich von Weizsäcker, Die offene Zukunft der Kernenergie. Eine Analyse des Energiebedarfs und der Gefahren, in: Die Zeit, 8. 6. 1979; zum Energieeinsparungsgesetz Helmut Düngen, Zwei Dekaden deutscher Energie- und Umweltpolitik. Leitbilder, Prinzipen und Konzepte, in: Hohensee/Salewski (Hrsg.), Energie, S. 35–50, hier S. 53.

[307] Vgl. Engels, Naturpolitik, S. 346.

[308] Vgl. Radkau, Fragen, S. 465; Altenburg, Kernenergie, S. 277 ff.

[309] Anmerkung von Hatzfeld und de Witt, in: Carl Friedrich von Weizsäcker, Friedliche Nutzung der Kernenergie. Chancen und Risiken (mit Anmerkungen von Hermann Hatzfeldt und Siegfried de Witt), in: Günter Altner/Carl Amery/Robert Jungk u. a. (Hrsg.), Zeit zum Umdenken! Kritik an v. Weizsäckers Atom-Thesen, Reinbek bei Hamburg 1979, S. 17–60, hier S. 21.

[310] Vgl. Hall, Policy; Altenburg, Kernenergie, S. 274.

[311] BMFT, Protokoll 14. Sitzung BAFT, 28. 3. 1977. Hierin unterstützte ihn der BAFT: Protokoll 15. Sitzung, 16. 6. 1977, beides in: BAK, B 196, 30869. Weizsäcker hatte sich allerdings offenbar schon Anfang 1977 direkt an den Bundeskanzler gewendet: Aktennotiz Carl Friedrich von Weizsäckers, 18. 7. 1977, zum Vorschlag eines Kommissionsberichts zur Versachlichung der Kernenergiedebatte, in: ebd., 30874.

schaftliche Kritiker. Erfolge dieser Dialog in „ruhig urteilender Form", so lasse sich der Öffentlichkeit vor Augen führen, dass die Debatte einer Versachlichung zugänglich sei. Mit dieser Initiative hatte von Weizsäcker eine Verbindung beider Handlungsebenen – die Erarbeitung von handlungsorientiertem Wissen und die Wirkung in der massenmedialen Öffentlichkeit – im Auge. Der Kanzler entschied sich allerdings gegen diese Initiative. Entscheidend für ihn war das Kalkül, die Beauftragung von Experten könne den Eindruck hervorrufen, in der Regierung bestünden trotz ihrer öffentlichen Äußerungen zugunsten der Kernenergie noch Zweifel. Den Vorschlag Schmidts, von Weizsäcker könne ja aus eigener Initiative mit mehreren Wissenschaftlern einen Bericht vorlegen, wies von Weizsäcker zurück, da dem „Sachverstand" das notwendige Gehör doch dadurch verschafft würde, dass die höchste demokratisch legitimierte Instanz die Wissenschaftler beauftrage; ansonsten werde die öffentliche Wirkung verpuffen.[312]

Die Initiative von Weizsäckers bedeutete nicht, dass dieser im Habermas'schen Sinne einer kritischen Öffentlichkeit zentrale Bedeutung für den gesellschaftlichen Diskurs zuschrieb oder sich selbst als Teil der Öffentlichkeit verstand. In einem Vortrag im Rahmen der Max-Planck-Gesellschaft 1978 bekannte sich von Weizsäcker, dies wurde oben erwähnt, zu einer „asketischen Weltkultur" und zu nicht durchsetzbaren Überlegungen, auf ein Fortschreiten der Technik bewusst zu verzichten. Grundsätzlich sei es eine „wichtige Funktion einer kulturellen Minderheit, einer Avantgarde, sich dem Tageserfolg zu versagen, um ein höheres Ideal vorzuleben". Fassbar wird hier nicht nur Sympathie für eine freiwillige Beschränkung irdischer Bedürfnisse, sondern auch ein Selbstverständnis, einer wissenschaftlichen und damit gesellschaftlichen „Avantgarde", einer Elite anzugehören, die Verantwortung übernahm und Leitvorstellungen für die Gesellschaft entwarf.[313]

Ohnehin war von Weizsäcker mit seiner abwägenden Haltung, ja mit seiner Quasi-Anerkennung der Entscheidung der Bundesregierung zugunsten der Kernenergie im harten Kern der Anti-Kernkraft-Bewegung wenig gelitten.[314] Antipode von Weizsäckers wurde hier Robert Jungk. Dieser wandte sich scharf gegen das Starnberger MPI. Hier spielten auch alte Differenzen eine Rolle: In den 1950er Jahren hatte von Weizsäcker in einem Interview mit Jungk für das Buch „Heller als tausend Sonnen" abgestritten, während der NS-Zeit die Uranspaltung angestrebt zu haben, und Jungk hatte dies zu von Weizsäckers Rechtfertigung angeführt, aber später die Unhaltbarkeit der Argumentation konstatiert.[315] Zentral für den aktuellen Konflikt war zum einen, dass beide nun konträre Auffassungen

---

[312] Aktennotiz Carl Friedrich von Weizsäckers, 18.7.1977 zum Vorschlag eines Kommissionsberichts zur Versachlichung der Kernenergiedebatte, in: BAK, B 196, 30874.
[313] Die friedliche Nutzung der Kernenergie. C.F. von Weizsäcker setzt Energieersparnis als erste Priorität/Stunde der Askese? In: MPG-Spiegel H.2/1978, S.32–38, hier S.33; zweites Zitat von Weizsäcker, Mit der Kernenergie leben. Die friedliche Nutzung des Atoms, in: Die Zeit, 17.3.1978.
[314] Vgl. etwa Altner/Amery/Jungk u.a. (Hrsg.), Umdenken.
[315] Jungk, Sonnen (zur „Resistenz" der Atomphysiker); vgl. Jungk, Trotzdem, S.298f.; Jungk an Mark Walker, 30.4.1989, in: JBZ, NL Jungk, Ordner Korr. R.J. Privates.

über den Begriff Sicherheit innerhalb der Risikokalkulation besaßen. Für Jungk und andere relativierte von Weizsäcker den Sicherheitsbegriff, indem er auf technische Verbesserungen setzte, wohingegen Kernkraftgegner „ausreichende Sicherheit" nur im völligen Verzicht auf Kernkraft gewährleistet sahen.[316] Wollte von Weizsäcker also durch mehr Wissen Sicherheit schaffen, so glaubten Kritiker, nur durch den Verzicht auf den Ursprung des Risikos könne Sicherheit erreicht werden; das Risiko schien auch durch mehr Wissen nicht kalkulierbar.

Zum anderen – damit verbunden – setzten beide unterschiedliche Strategien ein, um ihre Thesen in Politik und Öffentlichkeit zu transportieren. Jungk, der eine zentrale Rolle in der Anti-AKW-Bewegung der 1970er Jahre spielte, ging die Kernenergiepolitik der westlichen Industriestaaten in seinem Bestseller „Der Atom-Staat" frontal an: Die Pläne der amerikanischen Regierung, die Atomreaktoren nicht nur in „Festungen" zu verwandeln, sondern aus Vorsorge vor Sabotage und nuklearer Erpressung auch Überwachungsmaßnahmen anzuordnen, ja Spitzel einzusetzen, verglich er implizit mit dem NS-Staat.[317] Von Weizsäcker lehnte diese Strategie, Sachgegner zu „verunglimpfen" und so die Debatte öffentlich anzuheizen, statt sie zu versachlichen, kategorisch ab.[318] Suchte von Weizsäcker zur Mäßigung beizutragen, etwa indem er das Gorleben-Hearing der niedersächsischen Landesregierung 1979 moderierte[319], so wählte Jungk den Weg über die Öffentlichkeit bzw. die Neuen Sozialen Bewegungen, denen er sich zugehörig fühlte. In diesem Sinne ging Jungk in einem Vortrag ebenso die „Expertokratie", nämlich die wissenschaftlichen Politikberater, welche der Regierung treu ergeben seien, scharf an. In dieser Frage geriet er mit einem Mitarbeiter des Starnberger MPI aneinander. Dieser argumentierte: „Die Expertokratie unseres Landes anzugreifen, heißt nichts anderes, als die Rationalität unserer politischen Handlungsweise anzugreifen, die eine Verwissenschaftlichung der Politik voraussetzt."[320] Erkennbar wird eine Differenz in der Strategie, Ideen und Wissen in den politischen Prozess einzuspeisen, nämlich entweder von unten – wie Jungk dies über die Neuen Sozialen Bewegungen und die breite Öffentlichkeit tat – oder über die Exekutive, wie dies Teile des MPI praktizierten. Dabei wurde in der Kernenergiefrage auch klarer denn je, dass Wissen und Expertise in einer so komplexen und weitreichenden Frage nicht rein auf Vernunft und Sachverstand basieren konnten, sondern grundsätzlich auch auf eigenen Bewertungskategorien und Wertmaßstäben.

Gleichwohl – und dies verweist auf den Aspekt der Interaktion zwischen Wissenschaft, Politik und Öffentlichkeit – veränderte die zivilgesellschaftliche Dyna-

---

[316] Anmerkungen von Hermann Hatzfeldt und Siegfried de Witt, in: Weizsäcker, Nutzung, S. 49.
[317] Robert Jungk, Kein Atomstaat?, in: Altner/Amery/Jungk (Hrsg.), Umdenken, S. 103–108, Zit. S. 104; vgl. Ders., Der Atom-Staat. Vom Fortschritt in die Unmenschlichkeit, München 1977.
[318] Carl Friedrich von Weizsäcker, Die offene Zukunft der Kernenergie, in: Niedersächsische Landeszentrale für Politische Bildung (Hrsg.), Kernenergie – Lebensnotwendige Kraft oder tödliche Gefahr?, Hannover 1979, S. 9–24, hier S. 22.
[319] Vgl. ebd.
[320] Jörn Behrmann, MPI zur Erforschung der Lebensbedingungen der wissenschaftlich-technischen Welt, an Jungk, 7.12.1978, in: JBZ, NL Jungk, Ordner Briefe an R.J.

mik auch von Weizsäckers Haltung zur Kernenergie. Unter dem Eindruck der Proteste gegen die atomare Wiederaufarbeitungsanlage in Gorleben[321] bekannte er, dass er nun eine „Wandlung in der öffentlichen Meinung ernst" nehme, welche er ehedem noch nicht vorausgesehen habe.[322] Ebenso reagierte die Bundesregierung und suchte mit der Enquete-Kommission des Bundestages „Zukünftige Kernenergiepolitik" die Frage in die Legislative zu lenken und damit Planung zu demokratisieren.[323] Die Kommission, in der Meyer-Abich eine wichtige Rolle spielte, erarbeitete 1979 bis 1982 vier unterschiedliche „Pfade" einer Energiepolitik, also unterschiedliche Szenarien, die sowohl quantitativ als auch qualitativ arbeiteten. Zwei Szenarien beschrieben die bundesdeutsche Energiepolitik ohne atomare Komponente, zwei sahen eine Beibehaltung der Kernenergie vor.[324] Mit dem Regierungswechsel 1982 wurden deren Erkenntnisse allerdings nicht weiter verfolgt. Infolge des Tschernobyl-Unfalls 1986 entschied sich die christlich-liberale Koalition dann, weiter auf Kernenergie zu setzen, aber die Solarenergie im größeren Stil zu fördern.[325]

Wie oben angesprochen, musste das Starnberger MPI 1981 zugunsten des wenig später in Köln etablierten Max-Planck-Instituts für Gesellschaftsforschung schließen. Ebenso endete 1981/82 die Geschichte der Gesellschaft für Zukunftsfragen, des Instituts für Zukunftsforschung und des Kommunikationszentrums Hannover. Rolf Kreibich begründete ein neues Institut für Zukunftsstudien und Technologiebewertung, das es zunächst schwer hatte, Aufträge zu akquirieren, aber heute noch existiert.[326] Die wissenschaftliche Expertise im Bereich Planungsforschung zog nun vor allem die Sozialwissenschaft, insbesondere das empirisch arbeitende Kölner Institut unter der Leitung von Renate Mayntz an sich.[327] Die Expertise im Bereich der Umwelt- und Energiepolitik füllten neue, fachspezifische Institute wie das 1977 gegründete Öko-Institut, das 1978 geschaffene Institut für Energie- und Umweltforschung (IFEU) in Heidelberg und das 1991 von Weizsäckers Sohn Ernst Ulrich gegründete Wuppertal-Institut für Klima, Umwelt und Energie.[328] Für die bundesdeutsche Zukunftsforschung begann eine Phase, in der sie sich erst langsam wieder regenerieren und neu aufbauen musste – aber das wäre eine andere Geschichte.

---

[321] Vgl. Engels, Naturpolitik, S. 346.
[322] Weizsäcker, Die offene Zukunft der Kernenergie, in: Die Zeit, 8. 6. 1979.
[323] Vgl. zur Kritik an der „technokratischen" Planung etwa Karolus Heil, Der Bürger und die Planung, in: BP Kurier 26 (1974), H. I, S. 14–19.
[324] Vgl. hierzu Altenburg, Kernenergie.
[325] Vgl. Radkau, Fragen; zur Reaktion der Bundesregierung Wirsching, Abschied, S. 383–392.
[326] Gespräch der Verf. mit Rolf Kreibich am 11. 6. 2009.
[327] Vgl. Leendertz, Wende.
[328] Vgl. www.wupperinst.org/das-wuppertal-institut/geschichte/ (letzte Abfrage 16. 1. 2015); Ernst Ulrich von Weizsäcker, Erdpolitik. Ökologische Realpolitik an der Schwelle zum Jahrhundert der Umwelt, Darmstadt 1989. Dass Ernst Ulrich von Weizsäcker um die Jahrtausendwende ebenfalls wieder einem holistischen Ansatz folgte, widerspricht dem durchaus nicht, sondern verdeutlicht eine Renaissance der Erforschung des Zukünftigen; vgl. etwa Ernst Ulrich von Weizsäcker/Marianne von Beisheim/Oran R. Young u. a. (Hrsg.), Limits to Privatization, Sterling 2005.

Fazit

Daniel Bell stellte 1963 in einem Zeitschriftenbeitrag namens „The Future as Zeitgeist" fest: „One of the hallmarks of modernity is the awareness of change, and the struggle to control its direction and pace".[1] In der Tat entstand die Zukunftsforschung in den westlichen Industriegesellschaften der 1950er und 1960er Jahre aus der Überlegung, den schnellen Wandel der wissenschaftlich-technischen und damit sozialen Entwicklung zu erfassen, Zukünfte als Wege in die Zukunft zu ermitteln, zu steuern und zu gestalten. Das Machbarkeits- und Steuerungsdenken, das sich hier zeigte, speiste sich in erster Linie aus dem Wissen um neue Methoden und Instrumente der Erforschung des Zukünftigen und seiner Steuerung – insbesondere der Kybernetik –, aber auch aus einer auffälligen Technikaffinität, ja teilweise einer – so Bell wenig später selbst – „bewitchment of technology".[2] Um 1970 allerdings schwand das Vertrauen in die Voraussagbarkeit und Steuerbarkeit der Zukünfte, und dies lag vor allem an der Zukunftsforschung selbst.

Wie gezeigt wurde, liegen die Wurzeln der Zukunftsforschung im Fortschrittsverständnis der Aufklärung, wie es Auguste Comte oder Henri de Saint-Simon verkörperten, in der marxistischen Geschichtsphilosophie, die mit der Revolutionserwartung ein modernes teleologisches Zukunftsverständnis schuf, und in der Antizipation wissenschaftlich-technischer Entwicklungen mit dem Beginn der „Hochmoderne" der 1890er Jahre, für die paradigmatisch H. G. Wells steht. Programmatische Kernelemente der Erforschung und Steuerung von Zukunft finden sich in Konzeptionen verwissenschaftlichter Planung seit den 1920er Jahren, die vom *Social Engineering* der Zwischenkriegszeit über das „radikale Ordnungsdenken" in Nationalsozialismus und Stalinismus bis zu Ideen ökonomischer Steuerung im Keynesianismus reichen. Der Zweite Weltkrieg erwies sich als Katalysator staatlicher Planung, und zugleich entstanden mit dem britisch-amerikanischen *Operations Research* Elemente des Methodenwissens, welche die Vorausschau nach 1945 prägten. Auf der wissenschaftstheoretischen Basis des Behaviorismus und neuer methodisch-theoretischer Zugänge – der Spieltheorie, der *Rational-Choice*-Theorie und der Kybernetik als systemischer Steuerungswissenschaft – formte sich in den amerikanischen Think-Tanks ein Methodenwissen der Vorausschau und Planung, aber auch ein neues Wissenschaftsverständnis der „rationalen", wissenschaftsgestützten Prognostik. Entstammte das Methodenwissen der Prognostik – über die Computersimulation, das Szenario und die Delphi-Technik – zum allergrößten Teil den USA, so bildete sich die Zukunftsforschung als neue Wissensformation, als Meta-Disziplin um 1960 im westeuropäisch-transatlantischen Austausch. Die theoretische, auch philosophisch unterlegte Reflexion über die Möglichkeiten und Grenzen der Vorausschau, die prinzipiell offenen Zukünfte und die normative Dimension der erwünschten Zukünfte kam vor allem

---

[1] Daniel Bell, The Future as Zeitgeist, in: The New Leader, 28. 10. 1963, S. 17f., hier S. 18.
[2] Bell, Year 2000, hier S. 640.

von Wissenschaftlern westeuropäischer Provenienz, etwa von Bertrand de Jouvenel, der über die *Futuribles* nachdachte, oder Ossip K. Flechtheim, der die Futurologie konzipierte. Dabei zirkulierte Wissen zum einen über Emigranten wie Flechtheim, der seine Überlegungen als Emigrant in den USA entwarf, oder Olaf Helmer, der die deutsche Schule des Logischen Empirismus mit amerikanischem Methodenwissen der RAND Corporation verband. Zum anderen führte der Kalte Krieg zu einer Wissenszirkulation. Bertrand de Jouvenel konzipierte das Programm Futuribles aus dem Kontext der konsensliberalen Plattform des Congress for Cultural Freedom und gefördert durch die Ford Foundation, die sich von der Zukunftsforschung eine Stabilisierung des westlichen Demokratiemodells versprach. Zwar avancierten die Think-Tanks in den späten 1950er und 1960er Jahren in Westeuropa – und insbesondere in der Bundesrepublik, wo man aufgrund der NS-Großforschung auf keine eigene positiv konnotierte Planungstradition zurückgreifen konnte – zum vielbewunderten Vorbild; dennoch entstand die Zukunftsforschung nicht aus einer einseitigen Amerikanisierung, sondern aus einem „westernisierenden" transatlantischen Austausch und aus gegenseitigen Wissensaneignungen.

Erkennbar wird, dass die Zukunftsforschung eng mit den Denksystemen des Kalten Krieges verwoben war. Dies gilt nicht nur für die Ford Foundation und die Think-Tanks, deren Methodenwissen in erster Linie militärisch-strategischen Planungen entstammte, sondern auch für das normative Projekt, vor dem Hintergrund der drohenden atomaren Auseinandersetzung den künftigen Frieden zu sichern, was die Zukunftsforschung eng mit der entstehenden Friedensforschung verband. Zudem spielte die Interaktion zwischen Wissenschaft und massenmedialer Öffentlichkeit eine Rolle, welche das neue Vorhaben Futurologie interessiert aufgriff und ihm eigene Zuschreibungen verlieh.

‚Die' Zukunftsforschung entstand auch über ihre Konzeptionalisierung, die auf jeweiligen persönlichen Erfahrungen, sozialen, ideellen und erkenntnistheoretischen Kontexten und transnationalen Wissensaneignungen beruhte. Dabei sind verschiedene Denkstile zu unterscheiden, die mit jeweiligen Konzeptionen von Zukunftsforschung zusammenhingen und von einer philosophisch durchtränkten Hermeneutik über einen naturwissenschaftlich geprägten Positivismus bis zu einem kritisch-dialektischen Verständnis der Geschichte reichten. Vertreter eines *ersten, normativ-ontologischen* Verständnisses von Zukunftsforschung – wie ihn paradigmatisch de Jouvenel und Carl Friedrich von Weizsäcker verkörperten – entwickelten das Nachdenken über die Zukunft und ihre Erforschung als normativ fundiertes wissenschaftliches Unternehmen, das sich dem Ziel der Wiederherstellung von Ordnung und Frieden in der beschleunigten wissenschaftlich-technischen Moderne, im „technischen Zeitalter" (von Weizsäcker), widmete. Dieser Zugang reflektierte am stärksten über die epistemologischen und wissenschaftstheoretischen Probleme einer Erforschung des Zukünftigen, und auch deshalb sprach man von den Zukünften, weil man im engeren Sinne kein Wissen über die Zukunft ausmachen konnte. Zugleich begriff man die Vorausschau als „Kunst", was in einem aristotelisch-elitären Sinne die individuellen Fähigkeiten desjenigen betonte, der über die Zukunft reflektierte. Schließlich lässt sich vom ontologischen Verständnis auch eine Verbindung zu einer religiösen Aneignung von Zukunft herstellen; diese verkörperten von Weizsäcker und die Evangelische Studiengemeinschaft, die über die Verantwortung des Christen für die Gestaltung der Welt und die Sicherung von Freiheit und Frieden nachdachten.

Hingegen gehörten zu einem *zweiten, empirisch-positivistischen* Zugang insbesondere Naturwissenschaftler, Sozial- und teilweise Wirtschaftswissenschaftler – wie Daniel Bell, Olaf Helmer, Herman Kahn oder Karl Steinbuch–, die auf einer positivistischen wissenschaftstheoretischen Basis Zukunft vermessen wollten. Dieser Denkstil hatte seinen Schwerpunkt in den USA und in den Think-Tanks. Hier dominierten ein Empirismus, der meist systemanalytisch-quantitativ arbeitete, und ein Verständnis von Prognose und Planung, das am stärksten davon ausging, Zukunft im Sinne einer objektiven Wissensproduktion ‚berechnen' zu können und das bis zu mechanistischen Welt- und Menschenbildern reichte. Im Zeichen einer starken Technikaffinität, die auf Modernität, effiziente Planung und auf die Sicherung eines linear gedachten Fortschritts ausgerichtet war, stand im Fokus, technisch-wissenschaftliche Entwicklungen – wie die Zukunft der Datenverarbeitung – zu extrapolieren oder Entscheidungsprozesse zu formalisieren, Daten zu quantifizieren und damit in Computersimulationen Folgen bestimmter Entwicklungen zu ermitteln. Erkennbar wurde allerdings bei Bell und Helmer, aber auch bei Kahn, dass sich durch den transatlantischen Austausch im Rahmen von Futuribles deren positivistisches Verständnis von der Erforschung des Zukünftigen abschwächte. Zudem versuchten Akteure aus der angewandten Wirtschaftsforschung wie die Prognos AG, in die Zukunftsforschung auszugreifen, und nutzten in methodischer Hinsicht sowohl ökonometrische Modellrechnungen als auch das Instrumentarium der Zukunftsforschung (etwa die Delphi-Methode).

Ein *dritter, kritisch-emanzipatorischer* Weg in die Zukunftsforschung, in besonderer Weise mit der deutschen Geschichte verknüpft, speiste sich aus der persönlichen Erfahrung von Verfolgung und Diktatur, der politisch-ideellen Prägung durch den Sozialismus und einer sozial- und geschichtsphilosophischen Wissensbasis, die epistemologisch und methodisch-theoretisch eine Nähe zur Kritischen Theorie besaß. In der kritisch-emanzipatorischen Strömung wurde die Zukunftsforschung oder Futurologie als Verbindung von Sozialplanung und partizipativer Gestaltung der Zukünfte, aber auch als kreative Visualisierung und Gestaltung von (kybernetisch angelegten) Kommunikationsmodellen der Friedenssicherung in der technisch-gerüsteten Moderne verstanden. Weil das Wissen über Zukünfte auch in einem systemkritischen Sinne als Herrschaftswissen gedeutet wurde, besaß dieser Denkstil gemeinsame Wurzeln mit der kritischen Friedensforschung. Der kritisch-emanzipatorische Denkstil verdichtete sich 1969/70 zur „kritischen Futurologie". Diese gründete in der Fundamentalpolitisierung um 1968, einer neomarxistischen Ideologisierung und einem gewissen Generationswechsel in der Zukunftsforschung zugunsten junger Kräfte und hatte mit Robert Jungk und Ossip K. Flechtheim eine besondere Stärke in der Bundesrepublik. Dies stellte auch Rüdiger Proske, Mitbegründer der Gesellschaft für Zukunftsfragen, in der Rückschau fest: Die Kunst der Prognose als Kunst des Wahrscheinlichen „mochte den Angelsachsen genügen. Den Deutschen mit ihrem Hang zu Sonderwegen und in Erinnerung an den ersten Futurologen der Welt, Karl Marx, genügte das nicht."[3]

Damit gab es nicht ‚die' Zukunftsforschung in den westlichen Industriegesellschaften. Dennoch einte die Gründergeneration, die Paradigmengruppe der Zukunftsforschung, die ihre Konzeptionen im Austausch entwickelte, verschiedene Überzeugungen. *Erstens* war dies die Überzeugung, dass viele Zukünfte existierten. Dieses Verständnis einer offenen Zukunft wurzelte wiederum in verschiedenen Aspekten: Wenngleich kaum explizit thematisiert, ruhte sie in den sich eröffnenden Handlungsspielräumen und Verteilungsgrundlagen des wirtschaftlichen Booms, der überhaupt die Möglichkeit bot, von einer stabilisierten Vorwärts-Entwicklung auszugehen und mögliche und gewollte Zukünfte eruieren zu können. Hinzu trat das erwähnte Machbarkeitsdenken, das aus der starken Identifikation mit den Möglichkeiten der Technik die Vorstellung von der Gestaltbarkeit der Zukünfte ableitete. Zudem schwang aus den Denksystemen des Kalten Krieges – etwa bei Daniel Bell, Bertrand de Jouvenel und Herman Kahn – die Abgrenzung zum marxistischen Zukunftsverständnis mit: Der Westen konnte und wollte voraussehen und planen, aber auf einer freiheitlichen Grundlage; die Zukunft war hier nicht determiniert, sondern offen. Dies galt im Kern auch für ‚Linke' wie Flechtheim und Jungk, die aus den offenen Zukünften Verbindungslinien mit nonkonformistischen Wissenschaftlern der sozialistischen Staaten abzuleiten suchten. *Zweitens* verband sich das Paradigma der Zukunftsforschung mit neuen Methoden und Verfahren, welche die Handhabe zu bieten schienen, die Zukunft abschätzen, ja mittel- und langfristig gestalten und aktiv steuern zu können. Mit Blick auf die wahrgenommene Beschleunigung ging die erste Generation von Zukunftsforschern davon aus, dass die wissenschaftlich-technische Entwicklung auch die Instrumente bot, der Beschleunigung Herr zu werden und die Zukunft nach zu ermittelnden Zielen zu gestalten. Instrumente waren dabei eine „rationale", also wissenschaftsgestützte, ent-ideologisierte, aber auch vernunftgemäße Herangehensweise an Prognose und Planung, der Computer als Instrument zur Sammlung von Daten und Simulation von Prozessen und die Kybernetik, welche die notwendige Wissens-Synthese und das Instrumentarium zur Reduktion von Komplexität und zur rückkoppelnden Steuerung des Wandels zu bieten schien. So stellte Peter Menke-Glückert, Mitbegründer der Gesellschaft für Zukunftsfragen und der World Future Studies Federation (WFSF), fest: „Ohne Systemplanung wäre Zukunftsforschung nicht denkbar. Erst die Verfeinerung der System-Theorie hat zusammen mit modernen Computer-Techniken Zukunftsforschung überhaupt möglich gemacht."[4] Hieran knüpft der *dritte*

---

[3] Rüdiger Proske, Das Ende der Politik. Auf der Suche nach der Welt von morgen, Berlin 1992, S. 130f.
[4] Menke-Glückert, Systemplanung, S. 53.

Aspekt des Paradigmas an, nämlich ein holistischer Blick auf die Zukunft als Gegenstandsbereich: Die Zukunft bzw. die Zukünfte waren nicht isoliert, sondern im Kontext der Kybernetik als Ganzes in ihren Interaktionen zu analysieren. Der holistische Ansatz grenzte die Zukunftsforschung auch von der Wirtschaftsprognostik ab. Zugleich gebar der holistische Ansatz die Internationalität der Zukunftsforschung: Dachte man den System-Ansatz zu Ende und wollte das ganze System und seine Zukunft untersuchen, so erschien es notwendig, sich von nationalen Grenzen zu lösen. Insofern war die Internationalität der Zukunftsforschung – und ihre Globalität, die ab 1970 stärker in den Vordergrund rückte – dem eigenen Ansatz inhärent.

Die Paradigmengruppe der Zukunftsforschung hatte zwar teilweise den Anspruch, die Zukunftsforschung zu einer neuen Wissenschaft zu erheben. Doch wurde die Zukunftsforschung keine eigenständige Wissenschaft mit einem festen Gegenstandsbereich und Methodenkanon. Nicht nur reichte sie über die disziplinären Grenzen hinweg. Auch nahm sie zum Teil explizit außerwissenschaftliches, alltägliches Wissen auf und ergründete Wege, die ermittelten und gestaltbaren Zukünfte umzusetzen (über Konzepte der „Look-Out-Agencies" und aktive Versuche, die Exekutive zu beraten, über den konsequenten Weg in die Öffentlichkeit oder über partizipative Methoden wie die Zukunftswerkstätten). Damit reichte sie über das Wissenschaftliche hinaus und wurde zu einem Feld des Nachdenkens, der Vorausschau und der Gestaltung der Zukunft, das einem wissenschaftlichen Kontext entstammte, aber den Anspruch hatte, die Zukunft mit zu gestalten.

Auch aufgrund dieses Anspruchs und der unterschiedlichen Denkstile entstand keine übergreifende Begrifflichkeit für die Zukunftsforschung. So firmierte sie in den USA und Westeuropa meist im Sinne Olaf Helmers als *Future(s) Research*, in Frankreich dominierte *Futuribles* oder der von Gaston Berger geprägte Begriff der anwendungsorientierten *Prospective*. Vor allem eine sich dynamisierende mediale Zuschreibung führte dazu, dass *Futurology* um 1970 in den USA zu einer Selbstbezeichnung vieler *Futuristen* wurde. In den 1970er Jahren setzte sich dann *Futures Studies* durch, ein Begriff, der breiter angelegt war und alle Ansätze der Beschäftigung mit Zukunft, der Vorausschau und Gestaltung der Zukünfte umfassen sollte.[5]

Die Entstehung von Zukunftsforschung ging einher mit der Bildung transnationaler Netzwerke und Organisationen. Dies war zunächst Futuribles, von Bertrand de Jouvenel und der Ford Foundation 1960/61 begründet, das sich der Vorausschau auf die Zukunft westlicher Gesellschaften und der „New States" bis ca. 1970 widmen sollte, um daraus Überlegungen abzuleiten, wie das westliche Demokratiemodell mittelfristig stabilisiert werden könne. Zunehmend wurde aber erkennbar, dass es de Jouvenel vor allem darum zu tun war, über *Futuribles* und Methoden ihrer Erforschung zu diskutieren, und auch diese fehlende Zielrichtung des Projekts leitete die Ford Foundation dazu, diesem 1966 keine Verlän-

---

[5] Vgl. Barbieri Masini, Futures, in: Quah/Sales (Hrsg.), Handbook, S. 491–505, hier S. 491; John McHale/Magda Cordell McHale, Assessment; Hannigan, Fragmentation, S. 321–324.

gerung zu gewähren und stattdessen – auch im Zeichen der weltpolitischen Entspannung – ein neues Institut zu begründen[6], welches anwendungsorientierteres Wissen bot. Dies war das Internationale Institut für Angewandte Systemanalyse in Laxenburg bei Wien.

Hingegen entstammte Mankind 2000, 1964 gegründet, einem kritisch-emanzipatorischen Hintergrund und der Friedensbewegung. Doch weitete es sich zum übergreifenden Netzwerk, das sich verschiedenen Themen – Kommunikationsmodellen zur Schaffung von Frieden, Prognosen zur Sicherstellung der Welternährung und geradezu hypertrophen Technikvisionen – widmete. Dabei weitete sich das Netzwerk, das einen westeuropäisch-amerikanischen Hintergrund hatte, gen Osten. Es integrierte auch „Prognostiker" aus den sozialistischen Staaten, die sich intensiver mit der „wissenschaftlich-technischen Revolution" und ihren Folgen beschäftigten. Die gemeinsame Gesprächsbasis bildete zum einen die Suche nach der Sicherung des Friedens zwischen Ost und West, zum anderen das Denken in Systemen, das ebenso die Wissenschaftler der sozialistischen Staaten erfasst hatte. Parallelitäten ergaben sich insbesondere im Hinblick auf die positiv perzipierte „post-industrielle" Gesellschaft, welche etwa die tschechoslowakische Richta-Gruppe im Lichte des Prager Frühlings als Weg hin zu einem menschlichen Sozialismus verstand. Dabei changierten Mankind 2000 bzw. die World Future Research Conferences und die WFSF, die 1973 hieraus hervorging, zwischen dem Selbstverständnis eines transnationalen Expertennetzwerks, einer *Epistemic Community*, und Elementen einer sozialen Bewegung, die Zukunft im sozialen Wandel kommunizierte und partizipativ gestaltete. Damit unterschieden sich die WFSF und ihre Vorläufer vom Club of Rome.

Im Club of Rome dominierten das Selbstverständnis, einem internationalen Expertenkreis, einer *Epistemic Community* anzugehören, und eine westliche Identität, die nicht die Kommunikation zwischen West und Ost bzw. Nord und Süd zum Ausgangspunkt machte, sondern die globale *Ordnung*. Die Gründung des Club of Rome hing auch mit dem Interesse der OECD am *Technological Forecasting* zusammen, welches wiederum auf die Debatte um eine technologische Lücke Westeuropas gegenüber den USA zurückging, also im Kern einem empirisch-positivistischen Ansatz, der aber mit einer starken Ordnungsperspektive verbunden wurde. Viel spricht dafür, dass den Gründungskern des Club of Rome dabei auch ein Ideenkonglomerat eines evolutionären Humanismus prägte, das sich von traditioneller, religiös geprägter Moral zugunsten eines Leitbilds natürlicher Evolution, wissenschaftlich geplanter Rationalität und neuer Ordnung absetzen wollte. Auch der Club of Rome wollte die Kybernetik zu Ende denken und gelangte zu der Überlegung, dass die kommenden komplexen Probleme des ganzen „Systems" – im globalen Maßstab – erforscht werden mussten, und zwar mit systemanalytischen Methoden; dann sollte die Politik globale – also in einem ‚top-down'-Prozess gedachte – Planungen einleiten.

---

[6] Vgl. Andersson, Debate.

Damit war die westliche Zukunftsforschung der späten 1950er und 1960er Jahre – trotz der nachdenklichen Stimmen, wie sie von Weizsäcker oder Jungk repräsentierten – weitgehend von einem Machbarkeitsdenken geprägt, das die technisch-wissenschaftliche „post-industrielle" Moderne konstruierte und begrüßte. Die Technikaffinität, ja Technikeuphorie war auf der Konferenz in Kyoto 1970 mit den phantastischen Entwürfen der Japan Society of Futurology noch einmal fassbar geworden.

Doch zeichnete sich in Kyoto 1970 auch eine Gegenbewegung ab. Dort wurden Stimmen zugunsten einer humanen Zukunftsforschung laut, die abseits kühler Technikvisionen den Menschen und seine Bedürfnisse oder – im Sinne der „kritischen Futurologie" – die Demokratisierung der Zukunft in den Mittelpunkt stellte. Dies ruhte zum einen in der gesellschaftlichen Individualisierung und in der Dynamisierung von Partizipationsforderungen im Kontext von 1968. Zum anderen wirkte ein wissenschaftstheoretischer Wandel in den Sozialwissenschaften, der eine Erschöpfung des Strukturalismus anzeigte und hin zu antipositivistischen Ansätzen führte, die wieder mehr das menschliche Subjekt und seine Wahrnehmungen und Bedürfnisse in den Mittelpunkt stellten.

Diese ‚Humanisierung' der Zukunftsforschung ging Hand in Hand mit einem weiteren, noch tiefgreifenderen Wandlungsprozess, nämlich der Durchdringung der Zukunftsforschung mit ökologischer Wachstumskritik, und dies verband sich mit einer Konjunktur von Krisenszenarien Anfang der 1970er Jahre. Die Verbindung schuf die Ökologie, die im Zusammenhang mit dem Aufkommen der modernen Umweltbewegung in den USA neue Zugkraft erhielt und durch ihr Denken in Kreisläufen eine Nähe zur Kybernetik besaß. Zudem wurzelte der Wandel in der spezifischen Anlage der Zukunftsforschung, in Wachstumskritik und Krisenkonstruktionen umzuschlagen. Durch ihre Fixierung auf die Kybernetik strebte sie – wie der Club of Rome – danach, das ganze System in seinen Interaktionen zu erfassen, und das führte sie fast notwendigerweise auf die globale Ebene. Dabei wurde rasch erkennbar, dass diese Interaktionen zu komplex waren, um sie zu erfassen oder gar globale Planungen einzuleiten, und die Komplexität und Interdependenz der globalen Probleme – die „problematique" – wurde zum programmatischen Kernbestand des Club of Rome und einer neuen Krisenwahrnehmung. Nur das globale Gleichgewicht und ein Ende des wirtschaftlichen Wachstumsprozesses schienen für den Club of Rome Instrumente zu sein, die Krise abzuwenden. In der Folge drang die Wachstumskritik in die Zukunftsforschung ein. Zentrale Bedeutung hatte der Diskurs über die Studie „The Limits to Growth". Aus der Kritik an den methodischen und inhaltlichen Schwächen des systemanalytischen Weltmodells entstand eine Debatte, die weit über die Zukunftsforschung hinausreichte und sich mit einer Hinterfragung der technisch-industriellen Moderne sui generis verband. Dabei kippten Teile der westlichen Zukunftsforschung kurzzeitig in eine pessimistische, ja katastrophische Zukunftsaneignung, die nicht mehr die Zukunft erforschen, gestalten und optimieren, sondern das Schlimmste verhindern wollte. Die „Krise" bildete hier in ambivalenter Weise auch eine rhetorische Denkfigur einer Warnungsprognose, welche die Dringlichkeit eines Umdenkens unterstreichen sollte. Zugleich trug die Zukunftsforschung mit der Verwissenschaftlichung der Krise dazu bei, Krisenwahrnehmungen zu verstärken, vor allem nachdem die Ölkrise 1973 die Grenzen der Ressourcen und des Wachstums zu bestätigen schien.[7]

Der Diskurs über „The Limits to Growth" forcierte das Nachdenken über neue Wachstumsbegriffe. Die Zukunftsforschung propagierte in der Folge „qualitatives" Wachstum, welches nicht nur ökonomische Kriterien aufnehmen, sondern ebenso ökologische und soziale Aspekte integrieren sollte. Damit konzeptionalisierte die Zukunftsforschung Wachstum und nährte neue Verständnisse von Fortschritt – mit weitreichenden Folgen. Denn hier liegen die Wurzeln des Konzepts der nachhaltigen Entwicklung, das in den 1980er Jahren mit dem Bericht der Brundtland-Kommission konzeptionalisiert wurde.

Außerdem verstärkte sich durch die Debatte und die neuen Weltmodelle, die in der Folge entstanden, die Globalisierung der Zukunftsforschung. Bereits 1970/71 hatte sich die *mental map* von Mankind 2000 bzw. der World Future Research Conferences von der Ost-West- in eine Nord-Süd-Dimension bzw. eine globale Weltsicht gewendet. Im Zeichen der Entspannung, welche die Ost-West-Dimension entschärfte, aber auch neuer Bewegung in der internationalen Entwicklungszusammenarbeit – mit der Ausrufung der Zweiten Entwicklungsdekade der Vereinten Nationen 1970 – richtete die transnationale Zukunftsforschung ihren Fokus auf einen Ausgleich zwischen Nord und Süd. Dieser Fokus entsprach dem eigenen Verständnis einer – im kybernetischen Sinne – globalen Interdependenz, aber auch einer kritischen Zukunfts- und Friedensforschung, die davon ausging, dass Frieden nicht nur die Absenz von Krieg sei, sondern dort fassbar werde, wo die kollektive Anwendung oder Drohung von Gewalt fehlten; und damit ließ sich diese Definition ebenso auf die globale Gerechtigkeit applizieren. Mit der Wachstumsdebatte verstärkte sich dies. Die Forderung nach globalem Wachstumsverzicht in „The Limits to Growth", die als „Nullwachstum" diskutiert wurde, führte zu harter Kritik aus Entwicklungs- und Schwellenländern. In der Folge globalisierte sich die Zukunftsforschung, weiteten sich also die Netzwerke. In der WFSF, aus der sich Vertreter ‚harter' empirisch-positivistischer Zukunftsforschung wie Herman Kahn zurückzogen, aber auch im ZBZ entwickelte sich ein globales Interdependenzbewusstsein und eine „Eine Welt"-Rhetorik, die sich mit der politischen Diskussion um eine neue Weltwirtschaftsordnung bündelte. Die Zukunftsforschung griff emphatisch Forderungen nach einem globalen „Weltlastenausgleich" mit einem Wachstumsverzicht der Industrieländer auf. Damit trug man zum Wandel in der westlichen Entwicklungspolitik der 1970er Jahre bei, die sich nun an „Basic Needs", an einem Grundbedürfnis-Ansatz orientierte.

Mitte der 1970er Jahre betonte die Zukunftsforschung verstärkt Unsicherheitspotentiale der Vorausschau, und damit verband sich auch eine gewisse Pragmatisierung. Die Gewissheit schwand, überhaupt belastbare Aussagen über die Zukünfte treffen zu können, und die Zukunftsforschung reflektierte über ihre

---

[7] So auch Kupper, Weltuntergangs-Vision.

eigenen Grundlagen. Für die Empiriker – wie Prognos – spielte die Wirtschaftskrise eine Rolle, die von Prognos nicht vorausgesagt worden war. In der Folge wuchs Unsicherheit über Methoden und Verständnisse von Prognostik, so dass die Erwartungen an Prognosen reduziert, eigene Grundannahmen a priori kenntlich gemacht (etwa in den Prognos-Deutschlandreports) und die Komplexität sozialen und politischen Wandels und seiner Steuerung stärker reflektiert wurden. Ein wichtigerer Faktor aber war eine Verunsicherung durch die eigenen Krisenszenarien, mit denen das Vertrauen in Modernisierungs- und Steuerungskonzepte und das bisherige Fortschrittsverständnis in Frage gestellt wurde. Auch wenn sich das Szenario von den Grenzen des Wachstums mit der Ölkrise zu bestätigen schien, waren durch die Rekonzeptionalisierung von Fortschritt – hin zu ‚weichen' Faktoren, zu Humanität und zum Einklang von Mensch und Ökosystem – die Grundlagen der Zukunftsforschung neu zu denken. So entstanden im Zuge eines verstärkten Zweifels an der Beherrschbarkeit von Technik Risikoabschätzungen, und dies sollte auch die Technikfolgenabschätzung prägen, die sich in der Bundesrepublik aus der Studiengruppe für Systemforschung herausbildete.

Gleichzeitig pluralisierte sich die Zukunftsforschung in methodischer Hinsicht. Die überragende Bedeutung von Trendextrapolationen, quantitativen Modellierungen und Computersimulationen wich einer Vielfalt an Methoden, die von neuen, methodisch und regional differenzierteren Weltmodellen und der Delphi-Befragung über qualitative Szenarien zu intuitiven und partizipativen Methoden (wie Zukunftswerkstätten) reichte. In diesen partizipativen Methoden ging es verstärkt darum, Wünsche und Ideen der Bürger auf kommunaler Ebene, aber auch alltägliches Wissen in die Zukunftsforschung einzubringen, sie somit für andere Wissensbestände und Akteure zu öffnen und damit den Anspruch der partizipativen Gestaltung von Zukünften einzulösen. Das Kybernetische trat zurück, verschwand aber nicht – nicht nur wegen der weiterhin wichtigen systemanalytisch angelegten Modellierungen, sondern auch, weil ja in partizipative Verfahren Feedback-Elemente eingebaut waren (etwa in den Zukunftswerkstätten). Zugleich entfernte sich die Zukunftsforschung in den westlichen Industriestaaten tendenziell von amerikanischen Methoden; die Zukunftswerkstätten wurden beispielsweise von Robert Jungk entwickelt. Die in qualitativen Szenarien und Zukunftswerkstätten erarbeiteten Alternativen und Gestaltungsoptionen wurden auch weiterhin mit Zukünften betitelt, also mit Semantiken einer offenen Zukunft, die jetzt aber nicht mehr gesteuert, sondern gemeinsam entwickelt werden sollten. Insgesamt wurde das Methodenspektrum der Zukunftsforschung vielschichtiger, qualitativer und im Objektivitäts- und Validitätsanspruch reduzierter.

Zugleich verkleinerten sich in der Tendenz Prognose- und Planungshorizonte, und dies reichte so weit, dass die Zukunftsforschung – in Verbindung mit einer neuen Orientierung am Menschen und an der „Lebensqualität" statt an der Technik – zum Teil zur gegenwartsbezogenen Sozialforschung mutierte. Statt ‚kaltem' technokratischen Denken wollte sich die Zukunftsforschung nun den menschlichen Bedürfnissen und Werten widmen. Das Bedürfnis eignete sich insofern kongenial als Gegenstandsbereich der Zukunftsforschung der 1970er Jahre, weil es polyvalent war: Es führte zu einer Orientierung am Menschen, den Individuen und Gesellschaften der Zukunft – und nicht der Technik. Es deutete an, dass die Zukunft des Menschen erforscht werden sollte, und zwar von unten, und damit verarbeitete es das nun zentrale Paradigma einer partizipativen Zukunftsforschung. Die Kategorie des Bedürfnisses ließ sich sowohl immateriell lesen, also im Hinblick auf Kritik an wirtschaftlichem Wachstum, an Konsummentalität und Technikfixierung in den Industrieländern, als auch materiell, im Hinblick auf soziale Gerechtigkeit auf lokaler, nationaler und globaler Ebene. Ebenso einer Rückwendung zum Humanen geschuldet war die Werteforschung der 1970er Jahre, welcher die später viel zitierten Thesen Klages' zum Wertewandel entsprangen. Im Zeichen einer Spiritualisierung von Teilen der Zukunftsforschung, die auch der Verunsicherung entsprang, ging es zudem bisweilen mehr um Selbstfindung statt um Prognostik.

Mit dieser partizipativen Neuorientierung und dem Leitbild der Lebensqualität näherten sich große Teile der Zukunftsforschung den Neuen Sozialen Bewegungen. Dabei waren methodische Pragmatisierung und Politisierung (die ja auch schon in der „kritischen Futurologie" 1969/70 fassbar geworden war) nicht unbedingt ein Widerspruch. Denn gerade weil die Zukunftsforschung ihre eigenen Vorannahmen und Zielsetzungen offenlegte, politisierte sie sich.[8] Mit der Annäherung an die Neuen Sozialen Bewegungen verband sich auch eine Glokalisierung. Einerseits rückten in den 1970er Jahren lokale Gegenstände in den Vordergrund, nämlich „Bedürfnisse" in der Stadt-, Umwelt- und Infrastrukturplanung, aber auch die Integration von Migranten auf Stadtteilebene. Andererseits diskutierte man „Social Minima" und „Social Maxima" in der internationalen Entwicklungspolitik. Mithin verknüpfte die Zukunftsforschung der 1970er Jahre ein globales, bisweilen emphatisches Selbstverständnis der „Einen Welt" mit dem partizipativen Anspruch eines Forschens und Gestaltens vor Ort. Dabei war die „Eine Welt" vernetzt[9] und interdependent – und damit kybernetisch gedacht.

Mithin zeigen die Ökologisierung und ‚Humanisierung' der Zukunftsforschung um 1970, die Krisenkonstruktionen der frühen 1970er Jahre, aber auch die Wachstumsdebatte und das neue Globalitätsverständnis, dass die Jahre um 1970 eine Zäsur für die transnationale Zukunftsforschung bildeten.

Die Neuorientierung am Menschen der Zukunft und die methodische Pragmatisierung der Zukunftsforschung waren – dies ließ sich an der Bundesrepublik zeigen – auch den Problemen in der Politikberatung geschuldet. Blickt man auf die Expertise, welche das Feld der Zukunftsforschung für die Bundesregierung erbrachte, so zeigt sich, dass Wissenschaft und Politik „unterschiedlichen Rationalitäten" folgten und sich hieraus „schwer überwindliche Kommunikationshemmnisse" ergaben.[10] Hatte die Große Koalition, insbesondere Forschungsminister Gerhard Stoltenberg, vor allem die explizit anwendungsorientierte, in Unterneh-

---

[8] So auch Schanetzky, Ernüchterung, S. 249.
[9] Vgl. zur „Einen Welt" auch Kuchenbuch, „Eine Welt".
[10] Rudloff, Einleitung, S. 18 f.

men angesiedelte Zukunftsforschung fördern wollen, so besaß die sozial-liberale Koalition hohe Erwartungen an die Zukunftsforschung und an Planung im Grundsätzlichen. Diese Erwartungen speisten sich aus unterschiedlichen Quellen, nämlich dem wirtschaftlichen Boom und seinen Verteilungsgrundlagen, dem auf Langfristigkeit angelegten Reformeifer, den die SPD in den 1960er Jahren verströmte, aber auch einem positiv konnotierten Wissenschaftsverständnis, eben der Überzeugung, dass objektives Wissen erzeugbar und direkt in die Politik implementierbar sei, um so die Zukunft zu „sichern", also in ihrer Aufwärtsbewegung zu stabilisieren.[11] Diese Überzeugung von der notwendigen Reform und Planung unter wissenschaftsgestützten Auspizien zogen politische Akteure wiederum aus der Wissenschaft. Gleichwohl ist hier zu differenzieren, denn ein vom Ziel der Verwissenschaftlichung der Politik ausgehendes Planungsverständnis erfasste nur einen Teil der sozial-liberalen Koalition – aus der SPD vor allem Horst Ehmke, Klaus von Dohnanyi und Reimut Jochimsen.

Jedenfalls führte auch die von der Wissenschaft und von der Zukunftsforschung aufgebaute Erwartung zu Enttäuschungen.[12] Die Interaktionen mit der Ministerialbürokratie in den Politikberatungsprozessen entwickelten sich spannungsreich. Die Zukunftsforschung mit ihrem holistischen Ansatz, ihrer kybernetischen Theoretisierung und ihren überzogenen Steuerungsvorstellungen konnte zunächst nur sehr eingeschränkt rasch verwendbares Wissen produzieren. Dies gilt insbesondere für die Simulationsmodelle des Zentrums Berlin für Zukunftsforschung, aber auch für die „Systemanalyse" der Studiengruppe für Systemforschung. Gefangen in der Eigenlogik formalistischer Steuerungsvorstellungen, geriet die Komplexität gesellschaftlichen und politischen Handelns und der komplizierte Mechanismus von Interaktionen zwischen staatlicher Steuerung, Experteneinflüssen und gesellschaftlicher Entwicklung aus dem Blick[13], ebenso wie die Reflexion darüber, dass Steuerungsmodelle und Systemanalysen eben individuelle und soziale Faktoren[14], ja ganz grundsätzlich Kontingenzen des Wandels nicht einfangen konnten. Dies verband sich mit einer kybernetisierten, geradezu hermetischen Sprache der Zukunfts-Expertisen, die den Eindruck erweckte, die bemühte Distanzierung von der Verwaltungssprache sollte dazu dienen, das eigene Wissen zu legitimieren; umgekehrt zeigte sich die vorwiegend juristisch geschulte Ministerialbürokratie wenig bereit, sich auf Sprach- und Denkmuster der Zukunftsforschung einzulassen. Ebenso problematisch war es, dass die Zukunftsforschung selbst (etwa Heinz Hermann Koelle) eine Allkompetenz reklamierte, der dann die Grenzen aufgezeigt wurden. Schließlich erwiesen sich weitgreifende Planungskonzepte in der sozial-liberalen Koalition schon vor der Ölkrise als nicht verwirklichbar. Die Ressorts fürchteten um ihre Handlungsspielräume, und 1971 deutete sich an, dass die Mittel für eine auf Expansion der

---

[11] So auch Conze, Sicherheit.
[12] Vgl. als paradigmatisches Beispiel Mackensen, Sozialplanung.
[13] Hierzu auch, bezogen auf die Wirtschaftsprognostik, Schanetzky, Ernüchtung.
[14] Ähnlich Schmidt-Gernig, Ansichten, S. 416.

Staatsausgaben und der Staatsaufgaben setzende Planungspolitik nicht ausreichten. Die Öl- und Wirtschaftskrise entzog einer euphorisch unterlegten Planung den Boden[15], zumal sich nun ja die großen Wachstumsprognosen als Fehlschlag erwiesen hatten. Zukunftsforschung und Planung verloren ihren Glanz, und auch im Hinblick auf das politische Planungsverständnis bilden die frühen 1970er Jahre einen Einschnitt.

Akteure aus dem Feld der Zukunftsforschung konnten so Mitte der 1970er Jahre nur noch punktuell als Experten agieren. Die Bundesregierung arbeitete weiterhin mit Planungskonzepten und fragte Zukunftsexpertise nach, aber mit reduzierten Erwartungen und mit anderer Zielsetzung. Planung richtete sich jetzt nicht mehr in erster Linie auf die Priorisierung von Maßnahmen im Zeichen großer Handlungsspielräume und wirtschaftlichen Wachstums, sondern stärker auf eine Effektivierung von Mitteln, Abfederung sozialer Härten und Befriedung von Konflikten im Zeichen eines diagnostizierten wirtschaftlichen Strukturwandels. Damit war das ökonomische Kalkül ins Zentrum gerückt, das mit dem Leitbild der Lebensqualität in Einklang gebracht werden sollte. Dies galt wie gesehen für die Forschungs- und Technologiepolitik. Hier fanden sich am stärksten Residuen der Steuerungsideen, die nun unter dem Motto der „Modernisierung der Volkswirtschaft" darauf angelegt waren, mit vorausdenkender Strukturpolitik die negativen Folgen des Strukturwandels abzufangen. Der holistische Ansatz der Zukunftsforschung aber, wie ihn ja besonders das Zentrum Berlin für Zukunftsforschung verkörpert hatte, führte gerade in der Wirtschaftskrise, in der die Regierung auf rasche Verwendbarkeit des Wissens zielte, nicht weiter. Versuchten die Experten hingegen partizipative Verfahren in der Forschungsplanung heranzuziehen, wie dies nun – geläutert – die Studiengruppe für Systemforschung tat, so gerieten sie ebenfalls ins Abseits. Horst Ehmke sah sich als Forschungsminister zwar noch der Prognostik verbunden, doch im Mittelpunkt stand im Zeichen der Wirtschaftskrise die Effektivierung der Forschung – und nicht (mehr) die demokratische Fundierung von Planung. Dass die Experten im Bereich der Forschungspolitik sowohl Berater als auch Interessenten und Entscheidungsadressaten waren, verkomplizierte zudem das Interaktionsverhältnis. In der Kernenergiepolitik hingegen fiel Experten wie von Weizsäcker die Aufgabe zu, den Konflikt zwischen Regierung und Anti-AKW-Bewegung zu versachlichen und die im Grunde gefallene Entscheidung für die Kernenergie ex post zu legitimieren. Von Weizsäcker aber machte deutlich, dass seine Expertise von Unsicherheit und von Werturteilen ausging; und eben jene Offenlegung von Werturteilen trug – gemeinsam mit dem Aufkommen von Expertise und Gegenexpertise – umgekehrt dazu bei, das „Modell der ‚rationalen' Politik" zu entzaubern.[16]

Interessant ist an dieser Stelle ein internationaler Vergleich der Kopplungen von Zukunftsforschung und Politik, und dies eröffnet neue Forschungsperspektiven. Die bundesdeutsche Zukunftsforschung betonte beständig die eigenen

---

[15] Vgl. auch Süß, Ganze; Metzler, Konzeptionen, S. 404 ff.
[16] Schanetzky, Ernüchterung, S. 241.

schlechten Startbedingungen; Zukunftsforschung werde in anderen westlichen Industriestaaten stärker gefördert und/oder in staatliche Strukturen eingebunden. Dies gilt sicherlich für die amerikanischen Think-Tanks, die als große Non-Profit-Institute mit festen staatlichen Auftragsbeständen im Zeichen der *Cold War Science* in ganz anderen Sphären schwebten; gerade im Bereich der Verteidigungs- und Weltraumforschung besaßen sie politischen Einfluss, wenngleich zweifelhaft bleibt, ob die Prognose- und Planungsexpertise stets erfolgreich implementiert wurde (auch das Planungsprogramm PPBS wurde ja in den 1970er Jahren wieder eingestellt).

Explizite staatliche Unterstützung erfuhr die Zukunftsforschung auch in Frankreich. Bertrand de Jouvenel wurde zwar zunächst von der Ford Foundation unterstützt; aber als diese 1966 aus der Förderung ausstieg, sprang die französische Regierung ein, um die Association Internationale Futuribles von Sohn Hugues de Jouvenel mit zu finanzieren. Ebenso zog die Regierung 1962 mit der Groupe 1985 einen Kreis an Wissenschaftlern heran, der Expertisen für den Vierten Plan erstellte; auch weil die Expertengruppe dies in ihren „Réfléxions pour 1985" vorschlug, entstanden in der Folge Zukunftsforschungs-Abteilungen in vielen Ministerien. Zudem wurde 1963 die Raumordnungsbehörde DATAR mit einem langfristigen Raumplanungs-Ansatz geschaffen. Die nachhaltige staatliche Inkorporation von Zukunftsforschung beruhte darauf, dass grundsätzlich seit dem Merkantilismus staatliche Planung in Frankreich einen höheren Stellenwert besaß und eine private Stiftungstradition hier wenig ausgeprägt war. Gleichwohl ebnete sich der Planungsansatz in den 1980er Jahren ein.[17]

Anders gelagert ist das britische Beispiel. Zwar installierte die Regierung 1965/66 Long Term Groups in verschiedenen Ministerien; doch waren diese mit Fachleuten aus den Ministerien besetzt, nicht mit Protagonisten einer entstehenden übergreifenden Zukunftsforschung, die sich mit dem Committee on the Next Thirty Years institutionalisierte. Der Ausbau des Committee in ein Institute of Forecasting Studies scheiterte jedoch daran, dass das Technologieministerium die kontinuierliche Förderung nicht übernehmen wollte. Die Sussex-Gruppe hingegen finanzierte sich ab 1970 über eine Forschungsförderung des Social Science Research Council und des britischen Chemieunternehmens Imperial Chemical Industries.[18] Zudem entstand 1972 im Gefolge der „Limits to Growth"-Debatte die Forschungsgruppe SARU (Systems Analysis Research Unit) im Department on the Environment, die sich mit Methodenfragen der Systemanalyse und den Weltmodellen beschäftigte. Das Committee on Future World Trends aus Regie-

---

[17] Vgl. Groupe 1985, Réflexions pour 1985; Cazes, Langfristige Zukunftsstudien; Moll, Zukunftsforschung in Frankreich; J. Landrieu, La DATAR: un motor de la prospective, in: Les Cahiers Francais, Nr. 232, Juli/Sept. 1987, S. 11 f.; Hugues de Jouvenel in einem Gespräch mit der Verf. am 28.2.2012.

[18] The University of Sussex, SPRU, Christopher Freeman, an Andrew Shonfield, SSRC, 7.7.1970, mit Application to SSRC for Support for a Programme of Forecasting Research, in: TNA, EY 2, 216. Zum Committee on the next 30 Years CCA, Abrams Papers, Box 43; Healey, Next Thirty Years Committee an Bertrand de Jouvenel, 12.10.1970, in: TNA, EY 2, 216.

rungsmitgliedern beauftragte SARU mit einem eigenen Weltmodell, um Expertise in der „Limits to Growth"-Debatte zu erhalten. SARU wurde dann 1981 unter Margaret Thatcher aufgelöst.[19] Auffällig ist am britischen Beispiel, dass die Zukunftsforschung keinerlei Bedenken hatte, Mittel aus privater Hand, von Unternehmen zu akquirieren, um die eigene Forschung zu fördern – dies galt auch für ‚linke' Forscher wie Christopher Freeman. Auch an dieser Stelle zeigte sich eine gewisse Ideologisierung der bundesdeutschen Zukunftsforschung, die sich (unter anderem) über diesen Punkt zerstritt und in der viele nur in einer betont großen Distanz zu wirtschaftlichen Interessen und dem kapitalistischen „System" arbeiten wollten.

Auch wenn in der Bundesrepublik die Politikberatung der Zukunftsforschung wenig erfolgreich war, so entfalteten die diskursiv über die Öffentlichkeit vermittelten, kontextualisierten Wissensbestände der Zukunftsforschung politische Wirkung. Dies gilt für die Wachstumsdebatte. Dass in der sozial-liberalen Bundesregierung der optimistische Modus, der sich mit der Erwartung eines konstanten wirtschaftlichen Wachstums verbunden hatte, 1972/73 recht schnell zerstob und ein „Diskurs über Unsicherheit" zur „regulativen Instanz" auch des politischen Lebens wurde[20], lag sicherlich zu einem Gutteil an der Öl- und Wirtschaftskrise sowie den Problemen, die überzogenen Planungsvorstellungen in die Praxis zu übertragen. Auch wenn eine durch die Wachstumskritik induzierte Krisenstimmung nur einen kleinen Teil der Bundesregierung – etwa Erhard Eppler, Hans-Jochen Vogel, aber auch Willy Brandt – erfasste und sich die dezidierte Wachstumskritik mit dem rasanten Anwachsen der Arbeitslosigkeit verlor, so lässt sich doch erkennen, dass die medial angeheizte Diskussion um die Grenzen des Wachstums und der Ressourcen, die ja mit der Ölkrise tatsächlich erreicht schienen, an der Bundesregierung nicht spurlos vorbeiging.

Dies zeigte sich insbesondere mit Blick auf das amorphe, medial vermittelte Leitbild der „Lebensqualität", welches ökonomische, soziale und ökologische Aspekte verbinden sollte. Die SPD nutzte dieses Leitbild 1972, um Planung von ihrer technokratischen, ‚kalten' Hülle zu befreien und die Kernkompetenz des Sozialen mit ökologischen Auspizien zu verbinden. Damit öffneten sich über die „Lebensqualität" Teile der Linken generell für den Gegenstand Ökologie. Dies gilt nicht nur für dogmatische und undogmatische Linke und andere Gruppierungen, aus denen – in Verbindung mit Wertkonservativen – die Grünen entstanden.[21] Dies gilt auch für die Bildung eines links-ökologischen Flügels in der SPD um Eppler und Oskar Lafontaine, der in der Umwelt-, der Kernkraft- und in der Außen- und Sicherheitspolitik andere Wege als Kanzler Schmidt gehen wollte. Deren Ideen entstammten sicherlich nicht nur der Debatte um die „Grenzen des Wachstums". Gleichwohl führten die Wachstumsdebatte und das Leitbild der Lebens-

---

[19] Zu SARU Akte TNA, AT 82, 90; Committee on Future World Trends, z. B. Protokoll der Sitzung vom 23. 1. 1974, in: TNA, CAB 134, 3859.
[20] Geyer, Rahmenbedingungen, Zit. S. 48.
[21] Vgl. Mende, Nicht rechts.

qualität dazu, dass das Ökologische und das Bild der *einen*, interdependenten Welt, die auch im Hinblick auf globale Ressourcen gemeinsame Lösungen finden müsse, sich in der SPD verfestigten; dies hatte weitreichende Folgen für eine innere Zerreißprobe in der Partei, die schließlich auch zur Abwahl Kanzler Schmidts 1982 beitrug.

Außerdem hatte die Zukunftsforschung insofern eine diskursiv vermittelte Wirkung auf die Bundesregierung und auf die bundesdeutsche Politik, als ihre Prognosen und Entwürfe der „post-industriellen Gesellschaft" in den politischen Begriffs-, aber auch Ideenhaushalt einsickerten. Wohl von Jean Fourastié als erstem benannt und von Daniel Bell in den 1960er Jahren am öffentlichkeitswirksamsten propagiert, prognostizierten viele andere Akteure – von Herman Kahn über die tschechoslowakische Richta-Gruppe und die Japanische Gesellschaft für Futurologie bis zu Karl Steinbuch – die kommende post-industrielle, wissens- und technologiebasierte Gesellschaft, die dabei stets nicht nur Zukunftsentwurf, sondern auch Programm war; denn sie würde, so die Erwartung, trotz notwendigen Anpassungsdrucks mehr Freizeit durch Automation, mehr Bildung und mehr technologischen Fortschritt durch Innovation ermöglichen. In den späten 1970er Jahren griff die Bundesregierung diese Überlegungen im umgekehrten Sinne auf, als die notwendige „Modernisierung der Volkswirtschaft" und die Flexibilisierung des Arbeitsmarktes sich mit Verweis auf den Strukturwandel rechtfertigen ließen. So schuf die transnationale Zukunftsforschung mit der These von der post-industriellen Gesellschaft einen Kernbestand eines heterogenen Ideenkonglomerats, welches in den 1980er und 1990er Jahren, auch in Verbindung mit dem Monetarismus, ‚neoliberalen' Konzeptionen und Vorstellungen der „selbstorganisierten" Netzwerkgesellschaft, zum vielschichtigen Bild der flexiblen Wissensgesellschaft zusammenfand. Mit Blick auf den als Herausforderung erlebten globalen Wettbewerb wurde aus der Wissensgesellschaft eine „Art kulturelle[r] Code, der zunehmend auch der Ökonomisierung des Bildungssystems den Weg ebnete", und dies reichte über die Epochengrenze 1989/90 hinweg.[22] Damit etablierte sich eine neue technikaffine Steuerungsidee. Weil diese aber neue Elemente, nämlich flexible Netzwerke, Selbstorganisations- und Marktkonzepte integrierte, besaß sie eine andere Qualität als das Steuerungsdenken der 1960er Jahre.

Auch wenn sie sich in weiten Teilen pragmatisiert hatte, war die Zukunftsforschung selbst mit der skizzierten Erosion wissenschaftlicher und politischer Steuerungskonzepte der späten 1970er Jahre in eine Krise geraten. Einerseits hatte man sich mit der Orientierung an gegenwartsnahen Fragen weit vom eigentlichen Ziel entfernt, nämlich in einem wissenschaftlichen Sinne über Zukünfte nachzudenken und Szenarien, Prognosen und Planungskonzepte zu erstellen. Stattdessen arbeitete die Zukunftsforschung zu einem beträchtlichen Teil auf dem Feld einer

---

[22] Andreas Wirsching, Bildung als Wettbewerbsstrategie, in: Greiner/Müller/Weber (Hrsg.), Macht, S. 223–238, Zit. S. 230; vgl. Heidenreich, Debatte; Doering-Manteuffel/Raphael, Boom, S. 66–70, 98–102, 105–107; Richard Sennett, Der flexible Mensch. Die Kultur des neuen Kapitalismus, Berlin 1998.

gegenwartsnahen Sozialforschung und näherte sich den Neuen Sozialen Bewegungen, wodurch sich die Spielräume verengten. Andererseits hatte man mit der Wachstumsdebatte, der Hinterfragung der Industriemoderne und der Forderung nach einem neuen Entwicklungsbegriff selbst dazu beigetragen, Modernisierungs- und Planungskonzepte zu unterminieren. Dass diese an Boden verloren hatten, indizierten um 1980 bzw. Mitte der 1980er Jahre die Postmoderne-Diskussion und die Theorien der „reflexiven Moderne".[23] Hinzu kamen – was die Bundesrepublik betrifft – die schwache Institutionalisierung der Zukunftsforschung und ihre inneren Konflikte, die alte Wunden aus dem Konflikt um die kritische Futurologie wieder aufrissen. Als innerwissenschaftlicher Faktor der Destabilisierung wirkte die Chaostheorie, welche den Glauben an Prognostizierbarkeit und Planbarkeit unterminierte, indem sie aufzeigte, dass dynamische Systeme eben von Regeln bestimmt seien, die sich nicht berechnen ließen.[24] Die Verunsicherung über die Zukünfte diagnostizierte und verstärkte Niklas Luhmann, der das immer weitere Auseinandertreten zwischen der „gegenwärtigen Zukunft", die ja generell offen sei, und den „zukünftigen Gegenwarten" thematisierte. Gerade weil die gegenwärtige Gesellschaft in ihren Folgen besser beschreibbar sei, aber die funktionale Systemdifferenzierung wachse, sei eine Perzeption der Zukunft nur noch über das gegenwärtige Risiko, also in Form des Abwägens von „Schadenshöhe und Wahrscheinlichkeit" möglich.[25] Schließlich büßte die Zukunft in den 1980er Jahren insgesamt als wissenschaftliche und gesellschaftliche Kategorie an Bedeutung ein, und zwar zugunsten der Vergangenheit. Dies hing mit einem verstärkten öffentlichen Interesse am Nationalsozialismus zusammen: Mit der US-Serie „Holocaust" wurde der Völkermord an den Juden gerade in der Bundesrepublik im Jahr 1979 zum öffentlichen Thema. Dies verband sich mit einem neuen Geschichtsboom, der Ausstellungen und Museen betraf, und einer gesteigerten Suche nach Identität gerade in der Bundesrepublik, welche die Geschichtspolitik der Regierung Kohl aufgriff und verstärkte.[26]

Jene, die sich weiter der Zukunftsforschung zurechneten, reagierten, indem sie Erkenntnisse aus der Chaos-Forschung über das Verhalten komplexer dynamischer, nicht-linearer Systeme in die eigene Arbeit aufzunehmen suchten und in „Selbstorganisationskonzepte" und partizipative Verfahren einpassten.[27] Insofern orientierte sich die Zukunftsforschung zum Teil an Luhmanns Thesen von der Autonomie gesellschaftlicher Subsysteme, zum Teil in einer Verbindung esoterischer und wissenschaftlicher Wissensbestände an einem ganzheitlich-systemischen, ökologisierten Spiritualismus, wie ihn Fritjof Capra vertrat.[28]

---

[23] Vgl. Lyotard, Wissen; Beck, Risikogesellschaft; Ders./Giddens/Lash, Reflexive Modernisierung.
[24] Vgl. Werner Mittelstaedt, Zukunftsgestaltung und Chaostheorie, Frankfurt a. M. 1993; Gebhardt, Naturwissenschaft.
[25] Niklas Luhmann, Die Beschreibung der Zukunft, in: Ders., Beobachtungen, Zit. S. 140 f., 143.
[26] Vgl. Assmann, Zeit; Wirsching, Abschied, S. 466–491.
[27] Kreibich, Zukunftsforschung, in: Tietz/Köhler/Zentes (Hrsg.), Handwörterbuch, Sp. 2832; Gespräch Kreibichs mit der Verf. am 11.6.2009.
[28] Vgl. Fritjof Capra, Wendezeit, Berlin 1983; Mittelstaedt, Zukunftsgestaltung.

Seit den 1990er Jahren verzeichnet die Zukunftsforschung wieder Aufwind, befördert von einem neuen Technikoptimismus, Ideen der Wissensgesellschaft und flexiblen Netzwerken, zu denen auch Protagonisten wie Capra gefunden hatten. Im Gegensatz zu den 1970er Jahren, als die Wirtschaftskrisen das Steuerungsdenken unterminierten, profitierte sie in den 2000er Jahren von der Dotcom-Krise und der Finanzkrise, weil sich Politik und Unternehmen von einer pragmatisierten, managementorientierten Zukunftsforschung neue Orientierung erhofften. Damit lassen sich nicht nur die Jahre um 1970 als Zäsur in der Zukunftsforschung bezeichnen, sondern deutet sich eine erneute Wendung um 1990 an, die in weiteren Untersuchungen zu prüfen wäre.

Zur Zukunftsforschung zählt heute nicht nur die Technikfolgenabschätzung, deren Wurzeln in die Studiengruppe für Systemforschung reichen und die technologisch ausgerichtetes Systemdenken mit wissenschaftstheoretischem Nachdenken über Zukünfte verknüpft[29], sondern auch die „Technologiefrüherkennung", die im Umfeld der Innovationsforschung entwickelt wurde und empirisch-positivistisch arbeitet[30]. Hinzu kommt das „Foresight", das sich der Antizipation und Reflexion von sozioökonomischen und wissenschaftlich-technischen Trends widmet und in seinen Methoden neben Altbekanntem – Delphi, Szenarien, Modellierungen und Zukunftswerkstätten – bewusst auf das Dialogische im Austausch mit dem „Kunden" setzt.[31] Damit sind in gewisser Weise die alten Denkstile wieder abgebildet – normativ-ontologisch, empirisch-positivistisch, kritisch-emanzipatorisch. Die Vorstellung von den offenen, zu erkundenden Zukünften blieb. Doch zwei entscheidende Elemente waren verschwunden: *Zum einen* war dies das Emanzipatorische, das im sozialen Wandel und in der Fundamentalpolitisierung der 1960er und 1970er Jahre gründete. *Zum anderen* erodierte der Anspruch, den Wandel und damit die Zukünfte voraussagen und steuern, also rationalisieren zu können. Diese Steuerungseuphorie, welche großen Teilen der Zukunftsforschung der 1960er Jahre eingeschrieben war und in den 1970er Jahren zerfiel, hatte tatsächlich mit einer „bewitchment of technology" zu tun.

---

[29] Vgl. den Beitrag des heutigen Leiters des Instituts für Technikfolgenabschätzung und Systemanalyse Grunwald, Zukunftsforschung; Ders., Technikfolgenabschätzung; Ders./Kopfmüller, Nachhaltigkeit.

[30] Zur Trias Zweck, Foresight, der sich selbst, beim VDI tätig, der „Technologiefrüherkennung" zurechnet.

[31] Vgl. ebd.; Interview der Verf. mit Philine Warnke (Fraunhofer-Institut für System- und Innovationsforschung [ISI]/Austrian Institute of Technology) am 23.1.2013.

Abbildungsverzeichnis

Abb. 1, S. 63: Szenariotrichter, aus: Hannah Kosow/Robert Gassner, Methoden der Zukunfts- und Szenarioanalyse. Überblick, Bewertung und Auswahlkriterien, Berlin 2008, S. 13.

Abb. 2, S. 65: Schaubild aus der Delphi-Studie Report on a Long-Range Forecasting Study (1964), aus: Olaf Helmer, 50 Jahre Zukunft. Bericht über eine Langfrist-Vorhersage für die Welt der nächsten fünf Jahrzehnte. Unter Mitarbeit von Theodore Gordon, Hamburg 1967, S. 46 f. (Nachdruck mit freundlicher Genehmigung der RAND Corporation, Santa Monica).

Abb. 3, S. 75: Bertrand de Jouvenel (1958), aus: Privatbesitz Hugues de Jouvenel.

Abb. 4, S. 87: Carl Friedrich von Weizsäcker (1960er Jahre), aus: Archiv der Max-Planck-Gesellschaft, Berlin-Dahlem.

Abb. 5, S. 110: Herman Kahn (1965), aus: Library of Congress, Prints and Photographs Division, Washington D.C.

Abb. 6, S. 116: Karl Steinbuch (1958), aus: Archiv des Karlsruher Instituts für Technologie, 27048, 615.

Abb. 7, S. 153: Robert Jungk und Ossip K. Flechtheim (um 1980), aus: Mario Keßler, Ossip K. Flechtheim. Politischer Wissenschaftler und Zukunftsdenker (1909–1998), Köln 2007, Bildteil S. 7 (Nachdruck mit freundlicher Genehmigung von Mario Keßler).

Abb. 8, S. 172: Der Spiegel, H. 53, 26. 12. 1966 (Titel).

Abb. 9, S. 269: World Model Standard Run, aus: Dennis L. Meadows/Donella Meadows/Erich Zahn/Peter Milling, The Limits to Growth. A Report for the Club of Rome's Project on the Predicament of Mankind, New York 1972, S. 124.

Abb. 10, S. 361: Analysen und Prognosen über die Welt von morgen 1 (1968/69), H. 1 (Titel).

Abb. 11, S. 363: Schaubild eines modernen Entscheidungsprozesses, aus: ZBZ-Arbeitskreis Politische Entscheidungshilfen (Heinz Hermann Koelle u. a.), Systematische Entscheidungsvorbereitung politischer Probleme. Wege zur Verbesserung der Präzision und Transparenz sowie zur Beschleunigung komplexer politischer Entscheidungen, in: Analysen und Prognosen über die Welt von morgen 1 (1968/69), H. 4, S. 13.

Abb. 12, S. 365: Logik-Diagramm für die erste Entwicklungsstufe des „SEMPE", aus: Heinz Hermann Koelle, SEMPE – Ein sozioökonomisches Modell des Planeten Erde, in: Analysen und Prognosen über die Welt von morgen 1 (1968/69), H. 1, S. 12.

Abb. 13, S. 369: Mittelwerte der „Zielfex"-Befragung 3 (Mitte 1972), aus: Heinz Hermann Koelle, Ein Zielfindungsexperiment über die Qualität des Lebens, in: Analysen und Prognosen über die Welt von morgen 4 (1972), H. 24, S. 16.

Abb. 14, S. 405: Informationsströme im Partizipationsmodell, aus: Walter Andritzky/Ulla Wahl-Terlinden, Mitwirkung von Bürgerinitiativen an der Umweltpolitik, Berlin 1978, S. 141 (dort Nachdruck aus: Klaus-Peter Fehlau/Martin Neddens, Bürgerinformation im politischen Willensbildungsprozeß, Göttingen 1975, S. 59).

Abb. 15, S. 453: Der Spiegel, H. 2, 8. 1. 1973 (Titel).

Abkürzungsverzeichnis

ADELA	Atlantic Development of Latin America
AfS	Archiv für Sozialgeschichte
AMPG	Archiv der Max-Planck-Gesellschaft
APO	Außerparlamentarische Opposition
APWM	Analysen und Prognosen über die Welt von morgen
AsD	Archiv der sozialen Demokratie
AStA	Allgemeiner Studierendenausschuss
BAFT	Beratender Ausschuss für Forschung und Technologie
BAK	Bundesarchiv Koblenz
BB Forschung	Bundesbericht Forschung
BBU	Bundesverband Bürgerinitiativen Umweltschutz
BDI	Bundesverband der Deutschen Industrie
BESI	Berliner Simulationsmodell
BKA	Bundeskanzleramt
BLK	Bund-Länder-Kommission
BM	Bundesministerium
BMA	Bundesministerium für Arbeit und Sozialordnung
BMBW	Bundesministerium für Bildung und Wissenschaft
BMFT	Bundesministerium für Forschung und Technologie
BMI	Bundesministerium des Innern
BMwF	Bundesministerium für wissenschaftliche Forschung
BMWi	Bundesministerium für Wirtschaft
BMV	Bundesministerium für Verkehr
BNF	Bibliothèque nationale de France
BP	Bundespräsident
BPA	Bundespräsidialamt
BSP	Bruttosozialprodukt
CCA	Churchill College Archives, Cambridge
CCF	Congress for Cultural Freedom
CND	Campaign for Nuclear Disarmament
CNPF	Conseil national du patronat français
ČSSR	Tschechoslowakische Sozialistische Republik
DEMAG	Deutsche Maschinenbau-Aktiengesellschaft
DFG	Deutsche Forschungsgemeinschaft
DGFK	Deutsche Gesellschaft für Friedens- und Konfliktforschung
DIW	Deutsches Institut für Wirtschaftsforschung
DK	Diskussionskreis
DKAP	Diskussionskreis für Analyse und Prognose des Forschungsbedarfs
Drs.	Drucksache
DVL	Deutsche Versuchsanstalt für Luftfahrt

EG	Europäische Gemeinschaft
EIPE	Experimentelles integrierendes Planungs- und Entscheidungssystem/Experimentelles, integriertes Informations- und Planungssystem zur Entscheidungsvorbereitung
ENIS	Experimentelles Informationssystem für den Energiesektor der BRD
FAO	Food and Agriculture Organization of the United Nations
FBI	Federal Bureau of Investigation
FEST	Forschungsstätte der Evangelischen Studiengemeinschaft
FFA	Ford Foundation Archives
GfZ	Gesellschaft für Zukunftsfragen
GFZFF	Gesellschaft zur Förderung der Zukunfts- und Friedensforschung
GG	Geschichte und Gesellschaft
GNP	Gross National Product
GZ	Gesellschaft für Zukunftsfragen
GZS	Gesellschaft für Zukunftsmodelle und Systemkritik e.V.
IBM	International Business Machines Corporation
ICA	Imperial College Archives
ICDP	International Confederation for Disarmament and Peace
IFEU	Institut für Energie- und Umweltforschung
IFF	Institute for the Future
IfZ	Institut für Zeitgeschichte, Archiv
IFZ	Institut für Zukunftsforschung
IG Metall	Industriegewerkschaft Metall
IGO	Intergovernmental Organisation
IIASA	International Institute of Applied Systems Analysis, Laxenburg
INFA	Institut zum Studium des Faschismus
IPRA	International Peace Research Association
IRADES	Istituto Ricerche Applicate Documentazione e Studi
ITE	Industrie-Institut zur Erforschung technologischer Entwicklungslinien
IZT	Institut für Zukunftsstudien und Technologiebewertung
JBZ	Robert-Jungk-Bibliothek für Zukunftsfragen
JMEH	Journal of Modern European History
KITA	Karlsruher Institut für Technologie, Archiv
KPdSU	Kommunistische Partei der Sowjetunion
KPO	Kommunistische Partei-Opposition
KZ ZFF	Kommunikationszentrum für Zukunfts- und Friedensforschung Hannover
LSE	London School of Economics Archives
MIT	Massachusetts Institute of Technology
MPI	Max-Planck-Institut
NGO	Non-Governmental Organization

NL	Nachlass
NASA	National Aeronautics and Space Administration
NATO	North Atlantic Treaty Organization
NDRC	National Defense Research Committee
o. D.	ohne Datum
OECD	Organisation for Economic Cooperation and Development
OEEC	Organisation for European Economic Cooperation
OPEC	Organization of the Petroleum Exporting Countries
OR	Operations Research
ORAKEL	Organisierter Konflikt einer repräsentativen Auswahl von Bürgern zur Artikulation kritischer Entwicklungslücken
OSRD	Office of Scientific Research and Development
OSS	Office of Strategic Services
OTA	Office of Technology Assessment
PLABUND	Untersuchung der Möglichkeiten und Grenzen der Anwendung der Datenverarbeitung zur Planungshilfe in der Bundesverwaltung
PPBS	Planning Programming Budget System
PRVR	Projektgruppe für Regierungs- und Verwaltungsreform
PSt	Parlamentarischer Staatssekretär
RAC	Rockefeller Archive Center
RAND	Research and Development Corporation
SARU	Systems Analysis Research Unit
SDR	Süddeutscher Rundfunk
SEDEIS	Société d'Études et de Documentation économiques, industrielles et sociales
SfS	Studiengruppe für Systemforschung
SPRU	Science Policy Research Unit, University of Sussex, Brighton
SSRC	Social Science Research Council
StadtAA	Stadtarchiv Augsburg
STAFF	Social and Technological Alternatives for the Future
TNA	The National Archives of Great Britain, Kew
UAL	Unterabteilungsleiter
UNCTAD	United Nation Conference on Trade and Development
UNESCO	United Nations Educational, Scientific and Cultural Organization
UNITAR	United Nations Institute for Training and Research
UNO	United Nations Organization
VDI	Verein Deutscher Ingenieure
VDW	Vereinigung Deutscher Wissenschaftler
VfZ	Vierteljahrshefte für Zeitgeschichte
VSWG	Vierteljahrsschrift für Sozial- und Wirtschaftsgeschichte
WBA	Willy-Brandt-Archiv im Archiv der sozialen Demokratie, Bonn
WFS	World Future Society

WFSF	World Future Studies Federation
WOMP	World Order Models Project
WP	Wahlperiode
ZBZ	Zentrum Berlin für Zukunftsforschung
ZIEBUV	Entwurf alternativer Zielsysteme für den Verkehrsbereich als Anwendungsbeispiel experimenteller EDV-gestützter Planungshilfen

Ungedruckte Quellen

Archiv der Max-Planck-Gesellschaft (AMPG), Berlin
III. Abt., Nachlass Carl Friedrich von Weizsäcker (ZA 54)
III. Abt., Depositum Klaus Gottstein (ZA 58)

Archiv der Prognos AG, Basel

Archiv der sozialen Demokratie (AsD), Friedrich-Ebert-Stiftung, Bonn
Willy-Brandt-Archiv (WBA)
Depositum Horst Ehmke (HEAA)
Depositum Erhard Eppler (EEAC)
Depositum Helmut Schmidt (HSAA)
Nachlass Reimut Jochimsen (RJAC)

Archiv des Instituts für Zeitgeschichte (IfZ), München
Gesellschaft zur Förderung der Zukunfts- und Friedensforschung (ED 701)
Nachlass Christel Küpper (ED 702)

Archiv des Karlsruher Instituts für Technologie (KITA), Karlsruhe
Nachlass Karl Steinbuch (27048)

Archiv für christlich-demokratische Politik (ACDP), St. Augustin
Bundespartei, Grundsatzkommission (07-001)
Nachlass Gerhard Stoltenberg (01-626)

Bibliothèque nationale de France (BNF), Paris
Fonds Bertrand de Jouvenel (NAF 28143)

Bodleian Library, University of Oxford, Modern Papers Department, Oxford
Conservative Research Department (CRD)

Bundesarchiv (BAK), Koblenz
Bundesministerium für Wirtschaft (B 102)
Bundesministerium des Innern (B 106)
Bundesministerium für Verkehr (B 108)
Bundesministerium für Raumordnung, Bauwesen und Städtebau (B 134)
Bundeskanzleramt (B 136)
Bundesministerium für wissenschaftliche Forschung bzw. Bundesministerium für Bildung und Wissenschaft (B 138)
Bundesministerium für Arbeit und Sozialordnung (B 149)
Bundesministerium für Familie, Jugend und Gesundheit (B 189)
Bundesministerium für Forschung und Technologie (B 196)
Nachlass Georg Picht (N 1225)
Nachlass Ludwig Raiser (N 1287)

Churchill College Archives (CCA), Cambridge
Mark Abrams Papers
Michael Young Papers

Deutsches Exilarchiv, Deutsche Nationalbibliothek, Frankfurt a. M.
Nachlass Ossip K. Flechtheim

Imperial College Archives (ICA), London
Dennis Gabor Collection

516   Ungedruckte Quellen

Institut für Zukunftsstudien und Technologiebewertung (IZT), Berlin
Akten zum Zentrum Berlin für Zukunftsforschung, zur Gesellschaft für Zukunftsfragen und zum Institut für Zukunftsforschung

London School of Economics Archives (LSE), London
Nachlass Andrew Shonfield
Political and Economic Planning Association

The National Archives (TNA), Kew, Surrey
CAB (Cabinet)
EY (Social Science Research Council)
FCO (Foreign and Commonwealth Office)
PREM (Prime Minister)

OECD Archives, Paris
Committee for Scientific Research (SR 63, SR 1964-1966)
Committee for Science Policy (SP-STP 1966-1968, SP/M 1967, SP 1967, SP 1969)
Boxes 36478, 36480, 36486

Robert Jungk Bibliothek für Zukunftsfragen (JBZ), Salzburg
Nachlass Erich Jantsch
Nachlass Robert Jungk

The Rockefeller Archive Center (RAC), Sleepy Hollow, New York
Ford Foundation Archives
Paul A. Weiss Collection (450 W 436)
Detlev W. Bronk Papers (FA 965)

Science Policy Research Unit (SPRU), University of Sussex, Brighton
Archives of the Science Policy Research Unit

UNESCO Archives, Paris
Archive Group 8 Secretariat Records
Archive Group 8 Central Registry Collection

Universitätsbibliothek (UB) Basel
Nachlass Edgar Salin
Bestand List-Gesellschaft

University of Pennsylvania Archives, Philadelphia
Akten zu Hasan Özbekhan

Private Bestände
Depositum Peter Menke-Glückert (Bonn-Bad Godesberg)

Interviews
Heik Afheldt, Berlin (06/2009)
Hans J. Barth, Basel (03/2010)
Hugues de Jouvenel, Paris (02/2012)
Nigel Calder, Crawley (09/2010)
Erhard Eppler, Schwäbisch Hall (06/2011)
Volker Hauff, Köln (05/2014)
Rolf Kreibich, Berlin (06/2009)
Dennis Meadows (schriftliche Befragung) (April 2011)
Peter Menke-Glückert, Augsburg und Bonn-Bad Godesberg (10/2009 und 06/2011)
Philine Warnke, Bielefeld (01/2013)

Gedruckte Quellen und Literatur

Abella, Alex, Soldiers of Reason. The RAND Corporation and the Rise of the American Empire, Orlando 2008.
Abelshauser, Werner, Deutsche Wirtschaftsgeschichte seit 1945, München 2004.
Abelshauser, Werner, Nach dem Wirtschaftswunder. Der Gewerkschafter, Politiker und Unternehmer Hans Matthöfer, Bonn 2009.
Ackoff, Russell L., Operations Research, in: International Encyclopedia of the Social Sciences 11 (1968), S. 290-294.
Addison, Paul/Jones, Harriet (Hrsg.), A Companion to Contemporary Britain, 1939-2000, Malden 2005.
Afheldt, Heik, Infrastrukturbedarf bis 1980 (Prognos-Studien), Stuttgart u. a. 1967.
Afheldt, Heik, Prognos. 50 Jahre auf der Suche nach der besseren Zukunft, in: Christian Böllhoff/Hans J. Barth (Hrsg.), Der Zukunft auf der Spur. Analysen und Prognosen für Wirtschaft und Gesellschaft, Stuttgart 2009, S. 3-16.
Afheldt, Heik u. a. (Hrsg.), Das Phänomen Prognos. Ein Rückblick auf 40 Jahre Forschung und Beratung aus Anlass des 70. Geburtstages von Peter G. Rogge, Basel o. J.
Afheldt, Horst, Analyse der Sicherheitspolitik durch Untersuchung der kritischen Parameter, in: Carl Friedrich von Weizsäcker/Horst Afheldt (Hrsg.), Kriegsfolgen und Kriegsverhütung, München 1971, S. 23-74.
Afheldt, Horst, Entwicklungstendenzen der Sicherheitspolitik in Europa und umfassendere Ansätze zur Friedenssicherung, in: Carl Friedrich von Weizsäcker/Horst Afheldt (Hrsg.), Kriegsfolgen und Kriegsverhütung, München 1971, S. 417-453.
Afheldt, Horst/Weizsäcker, Carl Friedrich von, Durch Kriegsverhütung zum Krieg? Die politischen Aussagen der Weizsäcker-Studie „Kriegsfolgen und Kriegsverhütung", München 1972.
Afheldt, Horst, Eine andere Verteidigung. Alternativen zur atomaren Abschreckung, München 1973.
Afheldt, Horst, Verteidigung und Frieden. Politik mit militärischen Mitteln, München 1976.
Agar, Jon, The Government Machine. A Revolutionary History of the Computer, Cambridge, Mass. 2003.
Albrecht, Stephan/Bartosch, Ulrich/Bartosch, Reiner (Hrsg.), Zur Verantwortung der Wissenschaft. Carl Friedrich von Weizsäcker zu Ehren, Berlin 2008.
Alcock, Norman Z., Die Brücke der Vernunft, Genf 1962 (Orig.: The Bridge of Reason, 1961).
Alcock, Norman Z., Über die Ursachen des Krieges, in: Zukunfts- und Friedensforschung Information 2 (1966), H. 2, S. 25-29.
Aligica, P.D./Herritt, R., Epistemology, Social Technology, and Expert Judgement. Olaf Helmer's Contribution to Futures Research, in: Futures 41 (2009), H. 5, S. 253-259.
Altenburg, Cornelia, Kernenergie und Politikberatung. Die Vermessung einer Kontroverse, Wiesbaden 2010.
Amadae, Sonja M., Rationalizing Capitalist Democracy. The Cold War Origins of Rational Choice Liberalism, Chicago 2003.
Anderson, Brian C., Bertrand de Jouvenel's Melancholy Liberalism, in: The Public Interest 36 (2001), S. 87-104.
Anderson, Stanford (Hrsg.), Die Zukunft der menschlichen Umwelt (Orig. 1968), Freiburg i. Br. 1971.
Andersson, Jenny, Choosing Futures. Alva Myrdal and the Construction of Swedish Futures Studies 1967-1972, in: International Review for Social History 51 (2006), S. 277-295.
Andersson, Jenny, The Great Future Debate and the Struggle for the World, in: American Historical Review 117 (2012), H. 5, S. 1411-1430.
Andrews, Richard N., Managing the Environment, Managing Ourselves. A History of American Environmental Policy, New Haven 1999.
Andritzky, Walter/Wahl-Terlinden, Ulla, Mitwirkung von Bürgerinitiativen an der Umweltpolitik. Forschungsbericht, Berlin 1978.

Angster, Julia, Der neue Stil. Die Amerikanisierung des Wahlkampfs und der Wandel im Politikverständnis bei CDU und SPD in den 1960er Jahren, in: Matthias Frese/Julia Paulus/Karl Teppe (Hrsg.), Demokratisierung und gesellschaftlicher Aufbruch. Die sechziger Jahre als Wendezeit der Bundesrepublik, Paderborn 2003, S. 181-204.
Apostol, Pavel, Quality of Life and Freedom as its Basic Constituent, in: IRADES/World Future Research Conferences (Hrsg.), Human Needs, News Societies, Supportive Technologies. Collected Documents Presented at the Rome Special World Conference on Futures Research 1973, Bd. 2, Rom o. J., S. 219-226.
Arbeitsgemeinschaft Weltgespräch (Hrsg.), Möglichkeiten und Grenzen der Zukunftsforschung, Wien, Freiburg 1970.
Arbeitsgruppe Stadtentwicklung der Prognos AG, Die wirtschaftliche und demographische Entwicklung in der Bundesrepublik Deutschland und in den Bundesländern 1950 bis 1975, Basel 1962.
Arndt, H. W., The Rise and Fall of Economic Growth. A Study in Contemporary Thought, Melbourne 1978.
Arnove, Robert F. (Hrsg.), Philanthropy and Cultural Imperialism. The Foundations at Home and Abroad, Boston 1980.
Ash, Mitchell G., Wissenschaft und Politik als Ressourcen füreinander, in: Rüdiger vom Bruch/Brigitte Kaderas (Hrsg.), Wissenschaften und Wissenschaftspolitik. Bestandsaufnahmen zu Formationen, Brüchen und Kontinuitäten im Deutschland des 20. Jahrhunderts, Stuttgart 2002, S. 32-51.
Ash, Mitchell G., Wissenschaft, Politik und Öffentlichkeit. Zur Einführung, in: Mitchell G. Ash/Christian Stifter (Hrsg.), Wissenschaft, Politik und Öffentlichkeit. Von der Wiener Moderne bis zur Gegenwart, Wien 2002, S. 19-43.
Ash, Mitchell G., Wissenschaft und Politik. Eine Beziehungsgeschichte im 20. Jahrhundert, in: AfS 50 (2010), S. 11-46.
Asselain, Jean-Charles/Lévy-Leboyer, Maurice/Casanova, Jean-Claude (Hrsg.), Entre l'Etat et le marché. L'économie française des années 1880 à nos jours, Paris 1991.
Assmann, Aleida, Ist die Zeit aus den Fugen? Aufstieg und Fall des Zeitregimes der Moderne, München 2013.
Aumann, Philipp, Kybernetik als technisch bedingte Wissenschaft und als wissensbasierte Technologie. Karl Steinbuch und die Lernmatrix, in: Technikgeschichte 74 (2007), S. 311-334.
Aumann, Philipp, Mode und Methode. Die Kybernetik in der Bundesrepublik Deutschland, Göttingen 2009.
AutorInnenkollektiv (Hrsg.), Wissen und soziale Ordnung. Eine Kritik der Wissensgesellschaft, Berlin 2010.
Aveni, Anthony F., Rhythmen des Lebens. Eine Kulturgeschichte der Zeit, Stuttgart 1991.
Baade, Fritz/Bartels, Julius/Heberer, Gerhard (Hrsg.), Wie leben wir morgen? Eine Vortragsreihe, Stuttgart 1957.
Baade, Fritz, Der Wettlauf zum Jahre 2000. Paradies oder Selbstvernichtung, Berlin-Grunewald 1960.
Baade, Fritz, Material Resources for the Nutrition of Mankind, in: Robert Jungk/Johan Galtung (Hrsg.), Mankind 2000, London 1969, S. 151-155.
Bähr, Johannes, Die „amerikanische Herausforderung". Anfänge der Technologiepolitik in der Bundesrepublik Deutschland, in: AfS 35 (1995), S. 115-130.
Bahrdt, Hans Paul, Helmut Schelskys technischer Staat. Zweifel an „nachideologischen Geschichtsmodellen", in: Atomzeitalter (1961), H. 9, S. 195-200.
Bahrdt, Hans Paul/Fritsch, Bruno/Krauch, Helmut u. a., Eindrücke und Ergebnisse von der Columbus-Konferenz und der Studienreise „Forschungsplanung", in: Helmut Krauch/Werner Kunz/Horst W. J. Rittel (Hrsg.), Forschungsplanung. Eine Studie über Ziele und Strukturen amerikanischer Forschungsinstitute, München 1966, S. 22-25.
Barbieri Masini, Eleonora, Guide Lines of the Conference, in: IRADES/World Future Research Conferences (Hrsg.), Human Needs, News Societies, Supportive Technologies. Collected Documents Presented at the Rome Special World Conference on Futures Research 1973, Bd. 1, Rom o. J., S. 104-108.

Barbieri Masini, Eleonora, We are moving towards the Need for a great Transformation in Man's Evolution. In this Process, all People must take part, to determine their own Needs and to develop their own Fulfilment, in: IRADES/World Future Research Conferences (Hrsg.), Human Needs, News Societies, Supportive Technologies. Collected Documents Presented at the Rome Special World Conference on Futures Research 1973, Bd. 1, Rom o. J., S. 163-173.

Barbieri Masini, Eleonora, Futures Research and Sociological Analysis, in: Stella R. Quah/Arnaud Sales (Hrsg.), The International Handbook of Sociology, London, Thousand Oaks 2000, S. 491-505.

Barbieri Masini, Eleonora, Reflections on World Futures Studies Federation, in: Futures 37 (2005), S. 361-369.

Barnes, Pamela M./Hoerber, Thomas C. (Hrsg.), Sustainable Development and Governance in Europe. The Evolution of the Discourse on Sustainability, London, New York 2013.

Brown, Michael Barratt/Emerson, Tony/Stoneman, Colin, Resources and the Environment. A Socialist Perspective, Nottingham 1976.

Barthelt, Klaus/Montanus, Klaus, Begeisterter Aufbruch. Die Entwicklung der Kernenergie in der Bundesrepublik Deutschland bis Mitte der siebziger Jahre, in: Jens Hohensee/Michael Salewski (Hrsg.), Energie – Politik – Geschichte. Nationale und internationale Energiepolitik seit 1945, Stuttgart 1993, S. 89-100.

Bartosch, Ulrich, Weltinnenpolitik. Zur Theorie des Friedens von Carl Friedrich von Weizsäcker, Berlin 1995.

Bartosch, Ulrich, Unvollständige, aktive, vollständige Weltinnenpolitik. Unterwegs zum Bewußtseinswandel, in: Ders./Klaudius Gansczyk (Hrsg.), Weltinnenpolitik für das 21. Jahrhundert. Carl Friedrich von Weizsäcker verpflichtet, Münster 2009, S. 173-179.

Bartz, Olaf, Der Wissenschaftsrat. Entwicklungslinien der Wissenschaftspolitik in der Bundesrepublik Deutschland 1957-2007, Stuttgart 2007.

Basler, Ernst, Zukunftsforschung und Fortschrittsglaube, in: APWM 3 (1971), H. 18, S. 14-18.

Batlle, Annie, Les travailleurs du futur, Paris 1986.

Bauchet, Pierre, La planification française. Du premier au sixième plan, 5. Auflage, Paris 1966.

Bauman, Zygmunt, Moderne und Ambivalenz. Das Ende der Eindeutigkeit, Frankfurt a. M. 1995 (Orig. 1991).

Bauman, Zygmunt, Dialektik der Ordnung. Die Moderne und der Holocaust, Hamburg 1992.

Bavaj, Riccardo, Das Phänomen einer europäischen Moderne. Überlegungen zu Gestalt und Periodisierung, in: Moderne. Kulturwissenschaftliches Jahrbuch 1 (2005), S. 83-96.

Bavaj, Riccardo, Intellectual History, 13. 9. 2010, http://docupedia.de/zg/Intellectual_History (letzte Abfrage 2. 1. 2015).

Bebermeyer, Hartmut, Regieren ohne Management? Planung als Führungsinstrument modernen Regierungsarbeit, Stuttgart 1974.

Beck, Ulrich, Risikogesellschaft. Auf dem Weg in eine andere Moderne, Frankfurt a. M. 1986.

Beck, Ulrich/Bonß, Wolfgang, Verwissenschaftlichung ohne Aufklärung? Zum Strukturwandel von Sozialwissenschaft und Praxis, in: Dies. (Hrsg.), Weder Sozialtechnologie noch Aufklärung? Analysen zur Verwendung sozialwissenschaftlichen Wissens, Frankfurt a. M. 1989, S. 7-45.

Beck, Ulrich, Das Zeitalter der Nebenfolgen und die Politisierung der Moderne, in: Ders./Anthony Giddens/Scott Lash (Hrsg.), Reflexive Modernisierung. Eine Kontroverse, Frankfurt a. M. 1996, S. 19-112.

Beck, Ulrich/Bonß, Wolfgang/Lau, Christoph, Theorie reflexiver Modernisierung. Fragestellungen – Hypothesen – Forschungsprogramme, in: Ulrich Beck/Wolfgang Bonß (Hrsg.), Die Modernisierung der Moderne, Frankfurt a. M. 2001, S. 11-59.

Beckerman, Wilfred, Economists, Scientists, and Environmental Catastrophe, in: Oxford Economic Papers (New Series) 24 (1972), S. 327-344 (Dt. Naturwissenschaftler, Wirtschaftswissenschaftler und Umweltkatastrophe, Tübingen 1972).

Beckerman, Wilfred, In Defense of Economic Growth, London 1976.

Beckett, Andy, When the Lights Went out. Britain in the Seventies, London 2009.

Beer, Stafford, What has Cybernetics to do with Operational Research?, in: Operational Research Quarterly 10 (1959), H. 1, S. 1-21.

Behrendt, Richard F., Some Structural Prerequisites for a Global Society Based on Non-violent Conflict Solution, in: Robert Jungk/Johan Galtung (Hrsg.), Mankind 2000, London 1969, S. 66-68.
Behrisch, Lars, „Politische Zahlen". Statistik und die Rationalisierung der Herrschaft im späten Ancien Régime, in: Zeitschrift für Historische Forschung 31 (2004), S. 551-577.
Bell, Daniel, Ten Theories in Search of Reality. The Prediction of Soviet Behavior, in: Ders., The End of Ideology. On the Exhaustion of Political Ideas in the Fifties, Glencoe 1960, S. 300-334.
Bell, Daniel, The End of Ideology. On the Exhaustion of Political Ideas in the Fifties, Glencoe 1960.
Bell, Daniel, The Future as Zeitgeist, in: The New Leader, 28.10.1963, S. 17f.
Bell, Daniel, Twelve Modes of Prediction. A Preliminary Sorting of Approaches in the Social Sciences, in: Daedalus 93 (1964), H. 3, S. 845-880.
Bell, Daniel, The Study of the Future, in: The Public Interest 1 (1965/66), H. 1, S. 119-130.
Bell, Daniel, Notes on the Post-Industrial Society I, in: The Public Interest 2 (1966/67), H. 6, S. 24-35.
Bell, Daniel, Notes on the Post-Industrial Society II, in: The Public Interest 2 (1966/67), H. 7, S. 102-168.
Bell, Daniel, Summary by the Chairman, in: Daedalus 96 (1967), H. 3, S. 975-977.
Bell, Daniel, The Year 2000. The Trajectory of an Idea, in: Daedalus 96 (1967), H. 3, S. 639-651.
Bell, Daniel (Hrsg.), Toward the Year 2000. Work in Progress. Commission on the Year 2000, Boston 1968.
Bell, Daniel, Ideology – a Debate, in: Chaim I. Waxman (Hrsg.), The End of Ideology Debate, New York 1969, S. 259-271.
Bell, Daniel, Die nachindustrielle Gesellschaft, Reinbek bei Hamburg 1979 (Orig.: The Coming of Post-Industrial Society. A Venture in Social Forecasting, 1973).
Bell, Wendell, Foundations of Futures Studies. History, Purposes, and Knowledge, New Edition, New Brunswick 2003.
Benda, Ernst (Hrsg.), Zukunftsbezogene Politik. Notwendigkeit, Möglichkeiten, Grenzen, Bad Godesberg 1969.
Berelson, Bernard, Behavioral Sciences, in: David L. Sills (Hrsg.), International Encyclopedia of the Social Sciences, New York 1968, S. 21-45.
Bergedorfer Gesprächskreis zu Fragen der freien industriellen Gesellschaft (Hrsg.), Kybernetik als soziale Tatsache. Anwendungsbereiche. Leistungsformen und Folgen für die industrielle Gesellschaft, Hamburg, Berlin 1963.
Bergedorfer Gesprächskreis zu Fragen der freien industriellen Gesellschaft (Hrsg.), Planung in der freien Marktwirtschaft. Referent: Edgar Salin, Hamburg 1964.
Bergedorfer Gesprächskreis zu Fragen der freien industriellen Gesellschaft (Hrsg.), Ist der Weltfriede unvermeidlich? Referent: Carl Friedrich von Weizsäcker, Hamburg 1967.
Bergedorfer Gesprächskreis zu Fragen der freien industriellen Gesellschaft (Hrsg.), Mögliche und wünschbare Zukünfte. Referent: Robert Jungk, Hamburg 1968.
Berger, Gaston, Sciences humaines et prévision (1957), in: Ders./Jacques de Bourbon Busset/ Pierre Massé/Philippe Durance (Hrsg.), De la prospective. Textes fondamentaux de la prospective française, 1955-1966, Paris 2007, S. 53-62.
Berger, Gaston, L'accélération de l'histoire et ses consequences (1957), in: Ders./Jacques de Bourbon Busset/Pierre Massé/Philippe Durance (Hrsg.), De la prospective. Textes fondamentaux de la prospective française, 1955-1966, Paris 2007, S. 63-72.
Berger, Gaston, L'attitude prospective (1958), in: Gaston Berger/Jacques de Bourbon Busset/ Pierre Massé/Philippe Durance (Hrsg.), De la prospective. Textes fondamentaux de la prospective française, 1955-1966, Paris 2007, S. 73-80.
Berger, Peter L./Luckmann, Thomas, Die gesellschaftliche Konstruktion der Wirklichkeit. Eine Theorie der Wissenssoziologie, Frankfurt a. M. 1969.
Berghahn, Volker R., Transatlantische Kulturkriege. Shepard Stone, die Ford-Stiftung und der europäische Antiamerikanismus, Stuttgart 2004.
Bernecker, Walther L., Port Harcourt, 10. November 1995. Aufbruch und Elend in der Dritten Welt, München 1997.

Bertaux, Pièrre, Mutation der Menschheit. Diagnosen und Prognosen, Frankfurt a. M. 1963.
Bess, Michael, The Light-Green Society. Ecology and Technological Modernity in France, Chicago, London 2003.
Bestuzhev-Lada, Igor V., Social Prognostics Research in the Soviet Union, in: Robert Jungk/Johan Galtung (Hrsg.), Mankind 2000, London 1969, S. 299-306.
Bestuzhev-Lada, Igor V., Bürgerliche „Futurologie" und die Zukunft der Menschheit (Orig. 1970), in: Alvin Toffler (Hrsg.), Kursbuch ins Dritte Jahrtausend. Weltprognosen und Lebensplanung, Bern, München 1973, S. 240-258.
Bestuzhev-Lada, Igor V., A Soviet Scientist Looks at Futurology, in: The UNESCO Courier 24 (1971), April, S. 22-27.
Bestuzhev-Lada, Igor V., A Short History of Forecasting in the USSR, in: Technological Forecasting and Social Change 41 (1991), S. 341-348.
Beyme, Klaus von, Politik und wissenschaftliche Information der Politiker in modernen Industriegesellschaften, in: Ders., Der Vergleich in der Politikwissenschaft, München 1988, S. 347-368.
Beyrau, Dietrich, Das bolschewistische Projekt als Entwurf und soziale Praxis, in: Wolfgang Hardtwig (Hrsg.), Utopie und politische Herrschaft im Europa der Zwischenkriegszeit, München 2003, S. 13-39.
Bialas, Volker, Johannes Kepler, München 2004.
Bieber, Hans-Joachim, Die VDW zwischen Gründung und Schließung ihrer Forschungsstelle (1964 bis 1975), in: Stephan Albrecht (Hrsg.), Wissenschaft – Verantwortung – Frieden. 50 Jahre VDW, Berlin 2009, S. 91-249.
Bieberstein, Vollmar R. von/Bormann, W., Die Scenariomethode als Verfahren zur zukunftsorientierten Untersuchung komplexer sozialer Probleme, in: APWM 7 (1975), H. 37, S. 1-23.
Biess, Frank/Roseman, Mark/Schissler, Hanna (Hrsg.), Conflict, Catastrophe and Continuity. Essays on Modern German History, New York 2007.
Birkhoff, G. D., What is the Ergodic Theorem?, in: The American Mathematical Monthly 49 (1942), H. 4, S. 222-226.
Birreck, Manfred/Kolb, Dieter/Rosolski, Peter, Einsatz von Planungsmodellen in der Verwaltung. Analyse der Pilotprojekte ENIS und ZIEBUV und Untersuchung der Möglichkeiten ihres Einsatzes in weiteren Bereichen der Verwaltung, APEV, Berlin 1976.
Bize, P.R., The Problem of the Needs of Man and the Needs of Society's exhaustive Interaction, in: IRADES/World Future Research Conferences (Hrsg.), Human Needs, News Societies, Supportive Technologies. Collected Documents Presented at the Rome Special World Conference on Futures Research 1973, Bd. 1, Rom o. J., S. 195-206.
Black, Lawrence/Pemberton, Hugh (Hrsg.), An Affluent Society? Britain's Post-War ‚Golden Age' revisited, Aldershot 2004.
Black, Lawrence, Redefining British politics. Culture, Consumerism and Participation, 1954-70, Basingstoke, Hampshire, New York 2010.
Black, Lawrence/Pemberton, Hugh, Introduction. The Benighted Decade? Reassessing the 1970s, in: Dies./Pat Thane (Hrsg.), Reassessing 1970s Britain, Manchester 2013, S. 1-24.
Blanchard, Élodie Vieille, Croissance ou stabilité? L'entreprise du Club de Rome et le débat autour des modèles, in: Amy Dahan-Dalmédico (Hrsg.), Les modèles du futur, Paris 2010, S. 21-43.
Bleek, Wilhelm, Geschichte der Politikwissenschaft in Deutschland, München 2001.
Bluma, Lars, Norbert Wiener und die Entstehung der Kybernetik im Zweiten Weltkrieg. Eine historische Fallstudie zur Verbindung von Wissenschaft, Technik und Gesellschaft, Münster 2005.
Boeckh, Andreas, Entwicklungstheorien. Eine Rückschau, in: Dieter Nohlen/Franz Nuscheler (Hrsg.), Handbuch der Dritten Welt, Bd. 1, Bonn 1992, S. 110-130.
Böhme, Gernot/Stehr, Nico, The Knowledge Society. The Growing Impact of Scientific Knowledge on Social Relations, Dordrecht, Boston 1986.
Böllhoff, Christian/Barth, Hans J. (Hrsg.), Der Zukunft auf der Spur. Analysen und Prognosen für Wirtschaft und Gesellschaft, Stuttgart 2009.
Bollinger, Stefan, Der „Richta-Report". Vergessene marxistische Alternativen in Zeiten der Produktivkraftrevolution, in: Sitzungsberichte der Leibniz-Sozietät 76 (2005), S. 75-90.

Bombach, Gottfried, Persönliche Erinnerungen, in: Heik Afheldt u. a. (Hrsg.), Das Phänomen Prognos. Ein Rückblick auf 40 Jahre Forschung und Beratung aus Anlass des 70. Geburtstages von Peter G. Rogge, Basel o. J., S. 13-27.

Bombach, Gottfried, Zur Theorie des wirtschaftlichen Wachstums, in: Weltwirtschaftliches Archiv 70 (1953), S. 110-162.

Bombach, Gottfried, Über die Möglichkeiten wirtschaftlicher Voraussage, in: Kyklos 15 (1962), S. 29-67.

Bombach, Gottfried, Einführung. Rahmenplan oder Zahlenzwang?, in: Alfred Plitzko (Hrsg.), Planung ohne Planwirtschaft. Frankfurter Gespräch der List-Gesellschaft, 7.-9. Juni 1963, Basel, Tübingen 1964, S. 46-55.

Bombach, Gottfried, Erich Schneider. Mensch und Werk, in: Ders./Herbert Giersch (Hrsg.), Erich Schneider in memoriam. Ansprachen auf der akademischen Trauerfeier am 18. Juni 1971 im Institut für Weltwirtschaft an der Universität Kiel, Kiel 1971, S. 12-33.

Bombach, Gottfried, Konsum oder Investitionen in die Zukunft?, in: Günter Friedrichs (Hrsg.), Aufgabe Zukunft. Qualität des Lebens. Beiträge zur vierten internationalen Arbeitstagung der Industriegewerkschaft Metall für die Bundesrepublik Deutschland, 11. bis 14. April 1972 in Oberhausen, Bd. 7, Frankfurt a. M. 1973, S. 38-73.

Bombach, Gottfried, Planspiele zum Überleben. Prophezeiungen des Club of Rome, in: Mitteilungen der List-Gesellschaft 8 (1973), H. 1, S. 3-16.

Bombach, Gottfried (Hrsg.), Der Keynesianismus I. Theorie und Praxis keynesianischer Wirtschaftspolitik. Entwicklung und Stand der Diskussion, Berlin 1976.

Bombach, Gottfried, Wachstumstheorie und Grenzen des Wachstums, in: Ders./Bernhard Gahlen/Alfred Eugen Ott (Hrsg.), Ausgewählte Probleme der Wachstumspolitik, Tübingen 1976, S. 135-159.

Bonß, Wolfgang, Globalisierung, Regionalisierung, Glokalisierung. Zur Bedeutung des Regionalen in der modernisierten Moderne, in: Jahrbuch für Regionalgeschichte 25 (2007), S. 15-28.

Borchardt, Knut, Legt wissenschaftliche Erkenntnis eine Verlangsamung des Wachstums nahe?, in: Mitteilungen der Deutschen Gruppe der Internationalen Handelskammer (1972), H. 4, S. 6-20.

Borchardt, Knut, Dreht sich die Geschichte um? Denkmodelle für Wachstumsschranken, Ebenhausen bei München 1974.

Borscheid, Peter, Das Tempo-Virus. Eine Kulturgeschichte der Beschleunigung, Frankfurt a. M. 2004.

Böschen, Stefan (Hrsg.), Wissenschaft in der Wissensgesellschaft, Wiesbaden 2003.

Boulding, Elise, Societal Complexity and Religious Potential, in: IRADES/World Future Research Conferences (Hrsg.), Human Needs, News Societies, Supportive Technologies. Collected Documents Presented at the Rome Special World Conference on Futures Research 1973, Bd. 4, Rom o. J., S. 14-36.

Boulding, Kenneth, The Economics of the Coming Spaceship Earth (1966), in: Herman E. Daly/Kenneth N. Townsend (Hrsg.), Valuing the Earth. Economics, Ecology, Ethics, Cambridge, Mass. 1993, S. 297-310.

Bourdieu, Pierre, The Specificity of the Scientific Field and the Social Conditions of the Progress of Reason, in: Social Science Information 14 (1975), H. 6, S. 19-47.

Bowker, Geoff, How to be Universal. Some Cybernetic Strategies 1943-70, in: Social Studies of Science 23 (1993), S. 107-127.

Bracher, Karl Dietrich/Jäger, Wolfgang/Link, Werner, Republik im Wandel, 1969-1974. Die Ära Brandt, Stuttgart, Mannheim 1986.

Brandt, Willy, „Umwelt als internationale Aufgabe". Rede auf der Tagung der Nobel-Preisträger in Lindau, 26. 6. 1972, in: Bulletin des Presse- und Informationsamtes der Bundesregierung 28. 6. 1972 (1972), S. 1285-1289.

Brandt, Willy, Die Qualität des Lebens, in: Die neue Gesellschaft 19 (1972), H. 10, S. 739-742.

Brandt, Willy, Die SPD vor den Wahlen, in: Sozialdemokratische Partei Deutschlands (Hrsg.), Außerordentlicher Parteitag der Sozialdemokratischen Partei Deutschlands. 12. bis 13. Oktober 1972, Dortmund, Westfalenhalle. Protokoll der Verhandlungen, o. O. 1972, S. 45-79.

Brandt, Willy, Regierungserklärung vom 28.10.1969, in: Klaus von Beyme (Hrsg.), Die großen Regierungserklärungen der deutschen Bundeskanzler von Adenauer bis Schmidt, München, Wien 1979, S. 250-281.

Braun, Hans-Jürg (Hrsg.), Utopien. Die Möglichkeit des Unmöglichen, Zürich 1987.

Brehmer, Arthur (Hrsg.), Die Welt in 100 Jahren (Orig. 1910), neu herausgegeben von Georg Ruppelt, Hildesheim, Zürich, New York 2010.

Brenner, Otto (Hrsg.), Automation und technischer Fortschritt in der Bundesrepublik. Computer und Angestellte. Dritte internationale Arbeitstagung über Automatisierung, Rationalisierung und Technischen Fortschritt der Industriegewerkschaft Metall für die Bundesrepublik Deutschland, Frankfurt a. M. 1968.

Brick, Howard, Daniel Bell and the Decline of Intellectual Radicalism. Social Theory and Political Reconciliation in the 1940s, Madison 1986.

Brick, Howard, Transcending Capitalism. Visions of a New Society in Modern American Thought, Ithaca 2006.

Brinckmann, Andrea, Wissenschaftliche Politikberatung in den 60er Jahren. Die Studiengruppe für Systemforschung, 1958 bis 1975, Berlin 2006.

Brinckmann, Andrea, Von der Studiengruppe für Systemforschung zum Institut für Technikfolgenabschätzung und Systemanalyse, in: Reinhard Coenen/Karl-Heinz Simon (Hrsg.), Systemforschung. Politikberatung und öffentliche Aufklärung, Kassel 2011, S. 20-41.

Brinkley, Alan, The New Deal and the Idea of the State, in: Steve Fraser/Gary Gerstle (Hrsg.), The Rise and Fall of the New Deal Order, 1930-1980, Princeton 1989, S. 85-121.

Brock, Ditmar/Junge, Matthias/Krähnke, Uwe, Soziologische Theorien von Auguste Comte bis Talcott Parsons. Einführung, 2. Auflage, München, Wien 2007.

Brodie, Bernard, The Absolute Weapon. Atomic Power and World Order, New York 1946.

Broman, Thomas H., Introduction. Some Preliminary Considerations on Science and Civil Society, in: Lynn K. Nyhart/Thomas H. Broman (Hrsg.), Science and Civil Society, Chicago 2002, S. 1-21.

Bruce-Briggs, B., Supergenius. The Mega-Worlds of Herman Kahn, Frankfurt a. M., New York 2000.

Brückweh, Kerstin/Schumann, Dirk/Wetzell, Richard F./Ziemann, Benjamin (Hrsg.), Engineering Society. The Role of the Human and Social Sciences in Modern Societies, 1880-1980, Basingstoke 2012.

Bruder, Wolfgang/Dose, Nicolai, Forschungs- und Technologiepolitik in der Bundesrepublik Deutschland, in: Dies. (Hrsg.), Forschungs- und Technologiepolitik in der Bundesrepublik Deutschland, Opladen 1986, S. 11-75.

Brügelmann, Hermann, Politische Ökonomie in kritischen Jahren. Die Friedrich List-Gesellschaft e. V. von 1925-1935, Tübingen 1956.

Brüggemeier, Franz-Josef, Tschernobyl, 26. April 1986. Die ökologische Herausforderung, München 1998.

Brüggemeier, Franz-Josef, Schranken der Natur. Umwelt, Gesellschaft, Experimente 1750 bis heute, Essen 2014.

Buchholz, Hans/Gmelin, Wolfgang (Hrsg.), Science and Technology and the Future. Proceedings and Joint Report of World Future Studies Conference and DSE-Preconference held in Berlin (West) 4th-10th May 1979, München u. a. 1979.

Budde, Gunilla-Friederike/Conrad, Sebastian/Janz, Oliver (Hrsg.), Transnationale Geschichte. Themen, Tendenzen und Theorien, Göttingen 2006.

Buhler, Alain, Petit dictionnaire de la révolution étudiante, Paris 1968.

Bulmer, Martin (Hrsg.), Social Science and Social Policy, London, Boston, Sydney 1986.

Bulmer, Martin (Hrsg.), Social Science Research and Government. Comparative Essays on Britain and the United States, Cambridge, Mass., New York 1987.

Burisch, Wolfram, Ideologie und Sachzwang. Die Entideologisierungsthese in neueren Gesellschaftstheorien, Tübingen 1967.

Burke, Peter, A Social History of Knowledge. From Gutenberg to Diderot, Cambridge, Mass. 2008.

Burmeister, Klaus/Steinmüller, Karlheinz (Hrsg.), Streifzüge ins Übermorgen. Science Fiction und Zukunftsforschung, Weinheim 1992.

Busch, Heinz, Systems Dynamics, in: APWM 4 (1972), H. 23, S. 3-4.
Büschel, Hubertus/Speich, Daniel, Einleitung. Konjunkturen, Probleme und Perspektiven der Globalgeschichte von Entwicklungszusammenarbeit, in: Dies. (Hrsg.), Entwicklungswelten. Globalgeschichte der Entwicklungszusammenarbeit, Frankfurt a. M. 2009, S. 7-29.
Büschel, Hubertus, Geschichte der Entwicklungspolitik, Version 1.0, 11. 2. 2010, http://docupedia.de/zg/Geschichte_der_Entwicklungspolitik (letzte Abfrage 2. 1. 2015).
Cabinet Office Her Majesty's Stationary Office, Future World Trends. A Discussion Paper on World Trends in Population, Resources, Pollution etc., and their Implications, London 1976.
Calder, Nigel, Introduction, in: Ders. (Hrsg.), The World in 1984. The Complete ‚New Scientist' Series, Harmondsworth 1965, o. S.
Calder, Nigel (Hrsg.), The World in 1984. The Complete ‚New Scientist' Series, Harmondsworth 1965.
Calder, Nigel, Goals, Foresight, and Politics, in: Robert Jungk/Johan Galtung (Hrsg.), Mankind 2000, London 1969, S. 251-255.
Cans, Roger, Petite histoire du mouvement écolo en France, Paris 2006.
Canzler, Weert (Hrsg.), Die Triebkraft Hoffnung. Robert Jungk zu Ehren, Weinheim 1993.
Capra, Fritjof, Wendezeit, Berlin 1983.
Carson, Cathryn, Heisenberg in the Atomic Age. Science and the Public Sphere, Washington, Cambridge, Mass., New York 2010.
Carson, Rachel, Silent Spring, New York 1962.
Cazes, Bernard, Langfristige Zukunftsstudien und ihre Rolle in der französischen Planung, in: Stanford Anderson (Hrsg.), Die Zukunft der menschlichen Umwelt, Freiburg i. Br. 1971, S. 55-72.
Cazes, Bernard, Histoire des futurs. Les figures de l'avenir de St Augustin au XXIe siècle, Paris 1986.
Cazes, Bernard, Un Demi-Siècle de Planification Indicative, in: Jean-Charles Asselain/Maurice Lévy-Leboyer/Jean-Claude Casanova (Hrsg.), Entre l'Etat et le marché. L'économie française des années 1880 à nos jours, Paris 1991, S. 473-506.
Churchman, Charles West, Prediction and Optimal Decision. Philosophical Issues of a Science of Values, 2. Auflage, Englewood Cliffs 1964.
Churchman, Charles West/Ackoff, Russell L./Arnoff, E. L., Operations Research. Eine Einführung in die Unternehmensforschung, 3. Auflage, Berlin 1969.
Clark, Ronald William, The Huxleys, London 1968.
Clarke, Arthur C., Profiles of the Future, London 1962.
Clavin, Patricia, Defining Transnationalism, in: Contemporary European History 14 (2005), S. 421-439.
Closkey, Joseph F. M., The Beginnings of Operations Research: 1934-1941, in: Operations Research 35 (1987), S. 143-152.
Closkey, Joseph F. M., U.S. Operations Research in World War II, in: Operations Research 35 (1987), S. 910-925.
Coenen, Reinhard, Technologische Prognosen. Vorhandene Techniken und ihre Anwendungsmöglichkeiten in der Forschungs- und Entwicklungsplanung, in: Herbert Paschen/Helmut Krauch (Hrsg.), Methoden und Probleme der Forschungs- und Entwicklungsplanung, München, Wien 1972, S. 147-174.
Coenen, Reinhard, Von der Studiengruppe für Systemforschung zum Institut für Technikfolgenabschätzung und Systemanalyse, in: Ders./Karl-Heinz Simon (Hrsg.), Systemforschung. Politikberatung und öffentliche Aufklärung, Kassel 2011, S. 41-45.
Cole, Hugh S. D., Die Struktur der Weltmodelle, in: Ders./Christopher Freeman/Marie Jahoda/Keith Pavitt (Hrsg.), Die Zukunft aus dem Computer? Eine Antwort auf die „Grenzen des Wachstums", Neuwied, Berlin 1973, S. 17-44.
Cole, Hugh S. D./Curnow, R. C., Bewertung der Weltmodelle, in: Hugh S. D. Cole/Christopher Freeman/Marie Jahoda/Keith Pavitt (Hrsg.), Die Zukunft aus dem Computer? Eine Antwort auf die „Grenzen des Wachstums", Neuwied, Berlin 1973, S. 173-212.
Cole, Hugh S. D./Christopher Freeman/Marie Jahoda/Keith Pavitt (Hrsg.), Die Zukunft aus dem Computer? Eine Antwort auf die „Grenzen des Wachstums", Neuwied, Berlin 1973 (Orig.: Thinking about the Future. A Critique of the Limits to Growth, 1973).

Cole, Sam, Computer Models and World Problems, in: IRADES/World Future Research Conferences (Hrsg.), Human Needs, News Societies, Supportive Technologies. Collected Documents Presented at the Rome Special World Conference on Futures Research 1973, Bd. 1, Rom o. J., S. 109-111.

Cole, Sam, The Global Futures Debate 1965-1976, in: Christopher Freeman/Marie Jahoda (Hrsg.), World Futures. The Great Debate, New York 1978, S. 9-49.

Cole, Sam/Miles, Ian, Assumptions and Methods. Population, Economic Development, Modelling and Technical Change, in: Christopher Freeman/Marie Jahoda (Hrsg.), World Futures. The Great Debate, New York 1978, S. 51-75.

Coleman, Peter, The Liberal Conspiracy. The Congress for Cultural Freedom and the Struggle for the Mind of Postwar Europe, New York, London 1989.

Collins, Martin J., Cold War Laboratory. RAND, the Air Force, and the American State, 1945-1950, Washington 2002.

Commoner, Barry, The Closing Circle. Nature, Man, and Technology, New York 1971.

Comte, Auguste, Plan der wissenschaftlichen Arbeiten, die für eine Reform der Gesellschaft notwendig sind, München 1973 (Orig.: Prospectus des travaux scientifiques necessaires pour réorganiser la société, 1822).

Caritat de Condorcet, Marie Jean Antoine Nicolas, Entwurf einer historischen Darstellung der Fortschritte des menschlichen Geistes, Frankfurt a. M. 1976 (Orig.: Esquisse d'un tableau historique des progres de l'esprit humain, 1797).

Conze, Eckart, Sicherheit als Kultur. Überlegungen zu einer „modernen Politikgeschichte" der Bundesrepublik Deutschland, in: VfZ 53 (2005), H. 3, S. 357-381.

Conze, Eckart, Die Suche nach Sicherheit. Eine Geschichte der Bundesrepublik Deutschland von der Gegenwart bis zu den Anfängen, München 2009.

Cornish, Edward, The Professional Futurist, in: Robert Jungk/Johan Galtung (Hrsg.), Mankind 2000, London 1969, S. 244-250.

Cornish, Edward, The Study of the Future. An Introduction to the Art and Science of Understanding and Shaping Tomorrow's World, Washington 1977.

Cournand, André/Lévy, Maurice (Hrsg.), Shaping the Future. Gaston Berger and the Concept of Prospective, New York 1972.

Cube, Alexander von, Anmerkungen zur Technokratie, in: Atomzeitalter (1963), H. 9, S. 244-246.

Dalkey, Norman/Helmer, Olaf, An Experimental Application of The Delphi Method to the Use of Experts, 1962, http://www.rand.org/content/dam/rand/pubs/research_memoranda/2009/RM727.1.pdf (letzte Abfrage 2. 1. 2015).

Daly, Herman E., Steady-State Economics. The Economics of Biophysical Equilibrium and Moral Growth, San Francisco 1977.

Daly, Herman E./Townsend, Kenneth N. (Hrsg.), Valuing the Earth. Economics, Ecology, Ethics, Cambridge, Mass. 1993.

Danecki, Jan, Economic Development and Social Goals, in: IRADES/World Future Research Conferences (Hrsg.), Human Needs, News Societies, Supportive Technologies. Collected Documents Presented at the Rome Special World Conference on Futures Research 1973, Bd. 1, Rom o. J., S. 231-242.

Daniel, Ute, Kompendium Kulturgeschichte. Theorien, Praxis, Schlüsselwörter, 5. Auflage, Frankfurt a. M. 2006.

Dard, Olivier, Bertrand de Jouvenel, Paris 2008.

Daston, Lorraine, Die Kultur wissenschaftlicher Objektivität, in: Otto Gerhard Oexle (Hrsg.), Naturwissenschaft, Geisteswissenschaft, Kulturwissenschaft. Einheit, Gegensatz, Komplementarität?, Göttingen 1998, S. 11-39.

Dator, Jim, Zukunftswerkstätten, soziale Erfindungen und der lange Atem, in: Weert Canzler (Hrsg.), Die Triebkraft Hoffnung. Robert Jungk zu Ehren. Mit einer ausführlichen Bibliographie seiner Veröffentlichungen, Weinheim 1993, S. 104-111.

Daum, Andreas W., Wissenschaftspopularisierung im 19. Jahrhundert. Bürgerliche Kultur, naturwissenschaftliche Bildung und die deutsche Öffentlichkeit, 1848-1914, München 1998.

David, Henry, Assumptions about Man and Society and Historical Constructs in Future Research, in: Japan Society of Futurology (Hrsg.), Challenges from the Future. Proceedings of the International Future Research Conference, Bd. 1, Tokyo 1970, S. 39-48.

David, Henry, Final Session, in: Japan Society of Futurology (Hrsg.), Challenges from the Future. Proceedings of the International Future Research Conference, Bd. 4, Tokyo 1970, S. 156f.

Davoll, John, The Conservation Society, in: The Ecologist 2 (1972), H. 4, S. 28f.

Della Solla Price, Derek J., Little Science, Big Science, New York u. a. 1963.

Delors, Jacques, in: Lionel Stoléru (Hrsg.), Économie et Société humaine. Dialogue Général des Recontres Internationales du Ministère de l'Économie et des Finances, Paris 1972, S. 399-408.

Delouvrier, Paul, in: Lionel Stoléru (Hrsg.), Économie et Société humaine. Dialogue Général des Recontres Internationales du Ministère de l'Économie et des Finances, Paris 1972, S. 110-113.

Deutsch, Karl W., Politische Kybernetik. Modelle und Perspektiven, Freiburg i. Br. 1969 (Orig.: The Nerves of Government, 1963).

Dietz, Bernhard/Neumaier, Christopher, Vom Nutzen der Sozialwissenschaften für die Zeitgeschichte. Werte und Wertewandel als Gegenstand historischer Forschung, in: VfZ 60 (2012), H. 2, S. 293-304.

Dimand, Robert W./Dimand, Mary Ann, The Early History of the Theory of Strategic Games from Waldegrave to Borel, in: Eliot Roy Weintraub (Hrsg.), Toward a History of Game Theory, Durham, London 1992, S. 15-27.

Dipper, Christof, Moderne, 25. 8. 2010, https://docupedia.de/zg/Moderne?oldid=80259 (letzte Abfrage 2. 1. 2015).

Dittmann, Frank, Kooperation trotz Konfrontation. Wissenschaft und Technik im Kalten Krieg, in: Osteuropa 59 (2009), S. 101-119.

Dobusch, Leonhard/Quack, Sigrid, Epistemic Communities and Social Movements. Transnational Dynamics in the Case of Creative Commons. Max Planck Institut für Gesellschaftsforschung Discussion Paper 08/8, http://www.mpifg.de/pu/mpifg_dp/dp08-8.pdf (letzte Abfrage 2. 1. 2015).

Doering-Manteuffel, Anselm, Wie westlich sind die Deutschen? Amerikanisierung und Westernisierung im 20. Jahrhundert, Göttingen 1999.

Doering-Manteuffel, Anselm, Nach dem Boom. Brüche und Kontinuitäten der Industriemoderne seit 1970, in: VfZ 55 (2007), S. 559-581.

Doering-Manteuffel, Anselm, Ordnung jenseits der politischen Systeme. Planung im 20. Jahrhundert, in: GG 34 (2008), S. 398-406.

Doering-Manteuffel, Anselm/Raphael, Lutz, Nach dem Boom. Perspektiven auf die Zeitgeschichte seit 1970, 2. Auflage, Göttingen 2010.

Doherty, Brian, Ideas and Actions in the Green Movement, London 2002.

Dohnanyi, Klaus von, Regierung und Verwaltung, in: Horst Ehmke (Hrsg.), Perspektiven. Sozialdemokratische Politik im Übergang zu den siebziger Jahren, Reinbek bei Hamburg 1969, S. 156-159.

Dosse, François, Geschichte des Strukturalismus. Bd. 2: Die Zeichen der Zeit, 1967-1991, Hamburg 1997.

Drieschner, Michael/Mersch, Dieter, Carl Friedrich von Weizsäcker zur Einführung, Hamburg 1992.

Drieschner, Michael, Die Verantwortung der Wissenschaft. Ein Rückblick auf das Max-Planck-Institut zur Erforschung der Lebensbedingungen der wissenschaftlich-technischen Welt, in: Rudolf Seising (Hrsg.), Wissenschaft und Öffentlichkeit, Frankfurt a. M., Berlin, Bern, New York, Paris, Wien 1996, S. 173-198.

Dubos, René, Future-Oriented Science, in: Erich Jantsch (Hrsg.), Perspectives of Planning. Proceedings of the OECD Working Symposium on Long-range Forecasting and Planning. Bellagio, Italy 27th October-2nd November 1968, Paris 1969, S. 159-175.

Düngen, Helmut, Zwei Dekaden deutscher Energie- und Umweltpolitik. Leitbilder, Prinzipen und Konzepte, in: Jens Hohensee/Michael Salewski (Hrsg.), Energie – Politik – Geschichte. Nationale und internationale Energiepolitik seit 1945, Stuttgart 1993, S. 35-50.

Dupree, A. Hunter, The Great Instauration of 1940. The Organization of Scientific Research for War, in: Gerald Holton (Hrsg.), The Twentieth-Century Sciences. Studies in the Biography of Ideas, New York 1972, S. 443-467.

Durance, Philippe, La Prospective de Gaston Berger, in: Gaston Berger/Jacques de Bourbon Busset/Pierre Massé/Philippe Durance (Hrsg.), De la prospective. Textes fondamentaux de la prospective française, 1955-1966, Paris 2007, S. 13-29.

Durance, Philippe, Reciprocal Influences in Future Thinking between Europe and the USA, in: Technological Forecasting & Social Change 77 (2010), S. 1469-1475.

Ebert, Theodor, Gewaltfreier Aufstand. Alternative zum Bürgerkrieg, 2. Auflage, Freiburg i. Br. 1968.

Ebert, Theodor, Einleitung. Friedensforschung und gewaltfreie Aktion, in: Ders. (Hrsg.), Ziviler Widerstand. Fallstudien aus der innenpolitischen Friedens- und Konfliktforschung, Düsseldorf 1970, S. 9-18.

Ebert, Theodor (Hrsg.), Demokratische Sicherheitspolitik. Von der territorialen zur sozialen Verteidigung, München 1974.

Eder, Franz X., Historische Diskursanalysen. Genealogie, Theorie, Anwendungen, Wiesbaden 2006.

Edgerton, David, Doomed to Failure? Wilsons' ‚White Heat of the Scientific Revolution' and Renewal of Britain, in: British Politics Review 9 (2014), H. 3, S. 12f.

Edwards, Paul N., The Closed World. Computers and the Politics of Discourse in Cold War America, Cambridge, Mass. 1996.

Ehmke, Horst (Hrsg.), Perspektiven. Sozialdemokratische Politik im Übergang zu den siebziger Jahren, Reinbek bei Hamburg 1969.

Ehmke, Horst, Forschungspolitik. Stetigkeit und Neuorientierung, in: Ders., Politik als Herausforderung. Reden, Vorträge, Aufsätze, Karlsruhe 1974, S. 49-63.

Ehmke, Horst, Politik als Herausforderung. Reden, Vorträge, Aufsätze, Karlsruhe 1974.

Ehrlich, Paul R., The Population Bomb, New York 1968.

Eisenbart, Constanze, Profil eines Instituts. Friedensforschung an der Forschungsstätte der Evangelischen Studiengemeinschaft, in: Wissenschaft und Frieden 11 (1993), S. 38-40.

Eisenbart, Constanze, Über uns: Historie, http://www.fest-heidelberg.de/index.php/ueber-uns/historie (letzte Abfrage 2. 1. 2015).

Eitler, Pascal, Körper – Kosmos – Kybernetik. Transformationen der Religion im „New Age" (Westdeutschland 1970-1990), in: Zeithistorische Forschungen 4 (2007), H. 1/2, http://www.zeithistorische-forschungen.de/16126041-Eitler-2-2007 (letzte Abfrage 2. 1. 2015).

Eley, Geoff, End of the Post-war? The 1970s as a Key Watershed in European History, in: JMEH 9 (2011), H. 1, S. 12-17.

Elichirigoity, Fernando, Planet Management. Limits to Growth, Computer Simulation, and the Emergence of Global Spaces, Evanston 1999.

Engels, Jens Ivo, Naturpolitik in der Bundesrepublik. Ideenwelt und politische Verhaltensstile in Naturschutz und Umweltbewegung 1950-1980, Paderborn 2006.

Engels, Jens Ivo, Umweltschutz in der Bundesrepublik. Von der Unwahrscheinlichkeit einer Alternativbewegung, in: Sven Reichardt/Detlef Siegfried (Hrsg.), Das Alternative Milieu. Antibürgerlicher Lebensstil und linke Politik in der Bundesrepublik Deutschland und Europa 1968-1983, Göttingen 2010, S. 405-422.

Engerman, David C./Unger, Corinna R. (Hrsg.), Modernization as a Global Project, in: Diplomatic History 33 (2009), H. 3, S. 375-506.

Engfeldt, Lars-Göran, From Stockholm to Johannesburg and Beyond. The evolution of the international system for sustainable development governance and its implications, Stockholm 2009.

Engstrom, Eric J./Hess, Volker/Thoms, Ulrike, Figurationen des Experten. Ambivalenzen der wissenschaftlichen Expertise im ausgehenden 18. und 19. Jahrhundert, in: Eric J. Engstrom (Hrsg.), Figurationen des Experten. Ambivalenzen der wissenschaftlichen Expertise im ausgehenden 18. und frühen 19. Jahrhundert, Frankfurt a. M. 2005, S. 7-17.

Enzensberger, Hans Magnus, Zur Kritik der politischen Ökologie, in: Kursbuch 9 (1973), H. 33, S. 1-52.

Eppler, Erhard, Wenig Zeit für die Dritte Welt, Stuttgart u. a. 1971.

Eppler, Erhard, Alternative für eine humane Gesellschaft, in: Heinrich von Nußbaum (Hrsg.), Die Zukunft des Wachstums. Kritische Antworten zum „Bericht des Club of Rome", Düsseldorf 1973, S. 231-246.

Eppler, Erhard, Die Qualität des Lebens, in: Günter Friedrichs (Hrsg.), Aufgabe Zukunft. Qualität des Lebens. Beiträge zur vierten internationalen Arbeitstagung der Industriegewerkschaft Metall für die Bundesrepublik Deutschland, 11. bis 14. April 1972 in Oberhausen, Bd. 1, Frankfurt a. M. 1973, S. 86-101.

Eppler, Erhard, Die Qualität des Lebens, in: Ders. (Hrsg.), Überleben wir den technischen Fortschritt? Analysen und Fakten zum Thema Qualität des Lebens, Freiburg i. Br., Basel, Wien 1973, S. 9-21.

Eppler, Erhard, Lebensqualität als politisches Programm. Alternativen für eine humane Gesellschaft, in: Evangelische Kommentare 6 (1973), S. 457-461.

Eppler, Erhard, Ende oder Wende. Von der Machbarkeit des Notwendigen, Stuttgart 1975.

Estrin, Saul/Holmes, Peter, French Planning in Theory and Practice, London, Boston 1983.

Etzemüller, Thomas, Ein ewigwährender Untergang. Der apokalyptische Bevölkerungsdiskurs im 20. Jahrhundert, Bielefeld 2007.

Etzemüller, Thomas (Hrsg.), Die Ordnung der Moderne. Social Engineering im 20. Jahrhundert, Bielefeld 2009.

Etzemüller, Thomas, Social Engineering, 11. 2. 2010, http://docupedia.de/zg/Social_engineering?oldid=84654 (letzte Abfrage 2. 1. 2015).

Etzioni, Amitai, The Active Society. A Theory of Societal and Political Processes, London, New York 1968.

Evangelista, Matthew, Unarmed Forces. The Transnational Movement to End the Cold War, Ithaca, New York 1999.

Evans, Alfred B., Developed Socialism in Soviet Ideology, in: Soviet Studies 29 (1977), H. 3, S. 409-428.

Faerber-Husemann, Renate, Der Querdenker. Erhard Eppler. Eine Biographie, Bonn 2010.

Felt, Ulrike/Nowotny, Helga/Taschwer, Klaus, Wissenschaftsforschung. Eine Einführung, Frankfurt a. M. u. a. 1995.

Felt, Ulrike, Wissenschaft, Politik und Öffentlichkeit. Wechselwirkungen und Grenzziehungen, in: Mitchell G. Ash/Christian Stifter (Hrsg.), Wissenschaft, Politik und Öffentlichkeit. Von der Wiener Moderne bis zur Gegenwart, Wien 2002, S. 47-72.

Ferguson, Niall u. a. (Hrsg.), The Shock of the Global. The 1970s in Perspective, Cambridge, Mass. 2010.

Fiedler, Frank/Müller, Werner, Zukunftsdenken im Kampf der Ideologien – eine Kritik der „Futurologie", in: Deutsche Zeitschrift für Philosophie 15 (1967), H. 3, S. 253-272.

Finanzpolitik und Landesentwicklung. Forschungsberichte des Ausschusses „Raum und Finanzen" der Akademie für Raumforschung und Landesplanung, Hannover 1972.

Fisch, Stefan/Rudloff, Wilfried (Hrsg.), Experten und Politik. Wissenschaftliche Politikberatung in geschichtlicher Perspektive, Berlin 2004.

Flechtheim, Ossip K., Teaching the Future. A Contribution to the Intellectual and Moral Growth of the Participants, in: The Journal of Higher Education 16 (1945), H. 9, S. 460-465.

Flechtheim, Ossip K., Zur Problematik der Politologie, in: Wilhelm Bernsdorf/Gottfried Eisermann (Hrsg.), Die Einheit der Sozialwissenschaften, Stuttgart 1955, S. 226-244.

Flechtheim, Ossip K., Sozialistischer Humanismus – eine dritte Position?, in: Frankfurter Hefte 14 (1959), S. 625-632.

Flechtheim, Ossip K., Möglichkeiten und Grenzen einer Zukunftsforschung, in: Deutsche Rundschau 89 (1963), H. 12, S. 35-43.

Flechtheim, Ossip K., Ideologie, Utopie und Futurologie, in: Atomzeitalter (1964), H. 2, S. 70-73.

Flechtheim, Ossip K., Politik und Intelligenz, in: Robert Jungk/Hans Josef Mundt (Hrsg.), Der Griff nach der Zukunft. Planen und Freiheit, München 1964, S. 82-110.

Flechtheim, Ossip K., Critical Remarks on the Theories of History of Toynbee and the Webers (1943), in: Ders., History and Futurology, Meisenheim am Glan 1966, S. 32-49.

Flechtheim, Ossip K., Futurology – the New Science of Probability? (1949), in: Ders., History and Futurology, Meisenheim am Glan 1966, S. 69-80.

Flechtheim, Ossip K., Bolschewismus 1917-1967. Von der Weltrevolution zum Sowjetimperium, Wien, Frankfurt, Zürich 1967.
Flechtheim, Ossip K., Futurologie und demokratischer Humanismus. Brücke zwischen „West" und „Ost", in: Club Voltaire. Jahrbuch für kritische Aufklärung 3 (1967), S. 189-216.
Flechtheim, Ossip K., Soziologie, Politologie, Futurologie. Begriffsbestimmungen und Problemstellungen, in: Alwin Diemer/Anton Hain (Hrsg.), Geschichte und Zukunft. Dem Verleger Anton Hain zum 75. Geburtstag am 4. Mai 1967, Meisenheim am Glan 1967, S. 119-141.
Flechtheim, Ossip K., Von der Wissenschaft der Zukunft zur Futurologie, in: Carl Böhret/Dieter Grosser (Hrsg.), Interdependenzen von Politik und Wirtschaft. Beiträge zur politischen Wirtschaftslehre, Berlin 1967, S. 61-89.
Flechtheim, Ossip K., Die Politologie zwischen Ideologie und Utopie, in: Heinz Maus/Wolfgang Abendroth (Hrsg.), Gesellschaft, Recht und Politik, Neuwied 1968, S. 85-105.
Flechtheim, Ossip K., Futurologie. Möglichkeiten und Grenzen, Frankfurt a. M., Berlin 1968.
Flechtheim, Ossip K., Warum Futurologie?, in: Futurum. Zeitschrift für Zukunftsforschung 1 (1968), H. 1, S. 3-22.
Flechtheim, Ossip K., Futurologie. Eine Antwort auf die Herausforderung der Zukunft?, in: Robert Jungk (Hrsg.), Menschen im Jahr 2000. Eine Übersicht über mögliche Zukünfte, Frankfurt a. M. 1969, S. 43-49.
Flechtheim, Ossip K., Is Futurology the Answer to the Challenge of the Future, in: Robert Jungk/Johan Galtung (Hrsg.), Mankind 2000, London 1969, S. 266-269.
Flechtheim, Ossip K., Futurologie – Brücke zwischen Ost und West?, in: Aus Politik und Zeitgeschichte (1970), H. 37, S. 3-25.
Flechtheim, Ossip K., Beunruhigend und unbequem, in: Umwelt 4 (1972), S. 34-36.
Flechtheim, Ossip K., Einleitung. Der Prager Frühling und die Zukunft des Menschen, in: Radovan Richta und Autorenkollektiv (Hrsg.), Technischer Fortschritt und industrielle Gesellschaft, Frankfurt a. M. 1972, S. 9-31.
Flechtheim, Ossip K., Futurologie in der zweiten Phase?, in: Dietger Pforte/Olaf Schwencke (Hrsg.), Ansichten einer künftigen Futurologie. Zukunftsforschung in der zweiten Phase, München 1973, S. 17-25.
Flechtheim, Ossip K., Ein „dritter Weg" in eine „dritte Zukunft"?, in: APWM 6 (1974), H. 33, S. 3.
Fleck, Ludwik, Entstehung und Entwicklung einer wissenschaftlichen Tatsache. Einführung in die Lehre vom Denkstil und Denkkollektiv, Basel 1935.
Föllmer, Moritz/Graf, Rüdiger (Hrsg.), Die „Krise" der Weimarer Republik. Zur Kritik eines Deutungsmusters, Frankfurt a. M., New York 2005.
Föllmi, Anton, Edgar Salin – sein Leben und Denken, in: Georg Kreis (Hrsg.), Zeitbedingtheit – Zeitbeständigkeit. Professoren-Persönlichkeiten der Universität Basel, Basel 2002, S. 75-95.
Forrester, Jay W., Industrial Dynamics, Cambridge, Mass. 1961.
Forrester, Jay W., Urban Dynamics, Cambridge, Mass. 1969.
Forrester, Jay W., Planning under the Dynamic Influences of Complex Social Systems, in: Erich Jantsch (Hrsg.), Perspectives of Planning. Proceedings of the OECD Working Symposium on long-range Forecasting and Planning. Bellagio, Italy 27th October-2nd November 1968, Paris 1969, S. 237-256.
Forrester, Jay W., Der teuflische Regelkreis. Das Globalmodell der Menschheitskrise, Stuttgart 1971 (Orig.: World Dynamics, 1971).
Fortun, Mike/Schweber, S. S., Scientists and the Legacy of the World War II. The Case of Operations Research (OR), in: Social Studies of Science 23 (1993), S. 595-642.
Foucault, Michel, Der Wille zum Wissen, Frankfurt a. M. 1977.
Foucault, Michel, The Order of Discourse, in: Michael J. Shapiro (Hrsg.), Language and Politics, New York 1984, S. 108-138.
Foucault, Michel, Technologien des Selbst, in: Ders., Schriften. In vier Bänden. Dits et écrits, Frankfurt a. M. 2005, S. 966-998.
Fourastié, Jean, Die große Hoffnung des zwanzigsten Jahrhunderts, Köln 1954.
Fowles, Jib (Hrsg.), Handbook of Futures Research, Westport 1978.

Freeman, Christopher/Young, A., The Research and Development Effort in Western Europe, North America and the Soviet Union. An Experimental International Comparison of Research Expenditures and Manpower in 1962, Paris 1965.
Freeman, Christopher, Computer-Malthusianismus, in: Hugh S. D. Cole/Christopher Freeman/Marie Jahoda/Keith Pavitt (Hrsg.), Die Zukunft aus dem Computer? Eine Antwort auf die „Grenzen des Wachstums", Neuwied, Berlin 1973, S. 3-16.
Freeman, Christopher, Malthus with a Computer, in: Futures 6 (1973), S. 5-13.
Frese, Matthias/Paulus, Julia/Teppe, Karl (Hrsg.), Demokratisierung und gesellschaftlicher Aufbruch. Die sechziger Jahre als Wendezeit der Bundesrepublik, Paderborn 2003.
Freytag, Nils, „Eine Bombe im Taschenbuchformat?". Die Grenzen des Wachstums und die öffentliche Resonanz, 2006, in: Zeithistorische Forschungen, Online-Ausgabe 3 (2006), H. 3, http://www.zeithistorische-forschungen.de/3-2006/id=4478 (letzte Abfrage 2.1.2015).
Friedrich, Hannes, Staatliche Verwaltung und Wissenschaft. Die wissenschaftliche Beratung der Politik aus der Sicht der Ministerialbürokratie, Frankfurt a. M. 1970.
Friedrich, Hans-Edwin, „One Hundred Years from this Day…". Zur Semantik der Zukunft in den 1960er Jahren. Science Fiction in der Bundesrepublik Deutschland und Wissenschaftliche Phantastik der DDR, in: Heinz Gerhard Haupt/Jörg Requate (Hrsg.), Aufbruch in die Zukunft. Die 1960er Jahre zwischen Planungseuphorie und kulturellem Wandel. DDR, ČSSR und Bundesrepublik Deutschland im Vergleich, Weilerswist 2004, S. 31-63.
Friedrichs, Günter (Hrsg.), Automation und technischer Fortschritt in Deutschland und den USA. Ausgewählte Beiträge zu einer internationalen Arbeitstagung der Industriegewerkschaft Metall für die Bundesrepublik Deutschland, Frankfurt a. M. 1963.
Friedrichs, Günter (Hrsg.), Automation. Risiko und Chance. Beiträge zur zweiten Internationalen Arbeitstagung der Industriegewerkschaft Metall für die Bundesrepublik Deutschland über Rationalisierung, Automatisierung und Technischen Fortschritt, 16. bis 19. März 1965 in Oberhausen, 2 Bde., Frankfurt a. M. 1965.
Friedrichs, Günter (Hrsg.), Aufgabe Zukunft. Qualität des Lebens. Beiträge zur vierten internationalen Arbeitstagung der Industriegewerkschaft Metall für die Bundesrepublik Deutschland, 11. bis 14. April 1972 in Oberhausen, Frankfurt a. M. 1973.
Fritzen, Florentine, Gesünder leben. Die Lebensreformbewegung im 20. Jahrhundert, Stuttgart 2006.
Fuller, Richard Buckminster/McHale, John, World Design Science Decade 1965-1975. Five Two-Year Phases of a World Retooling Design, Carbondale 1963-1967.
Fuller, Richard Buckminster, Bedienungsanleitung für das Raumschiff Erde (Orig.: Operating Manual for Spaceship Earth, 1969), in: Ders., Bedienungsanleitung für das Raumschiff Erde und andere Schriften, Reinbek bei Hamburg 1973, S. 9-72.
Funtowicz, Silvio O./Ravetz, Jerome R., The Emergence of Post-Normal Science, in: René von Schomberg (Hrsg.), Science, Politics, and Morality. Scientific Uncertainty and Decision Making, Durham, London 1993, S. 85-123.
Gabor, Dennis, Inventing the Future, in: The Encounter 14 (1960), H. 5, S. 3-16.
Gabor, Dennis, Inventing the Future, London 1963.
Gabor, Dennis, Ernährung, Energiewirtschaft und industrielle Produktion der Zukunft, in: Robert Jungk (Hrsg.), Menschen im Jahr 2000. Eine Übersicht über mögliche Zukünfte, Frankfurt a. M. 1969, S. 237-249.
Gabor, Dennis, Material Development, in: Robert Jungk/Johan Galtung (Hrsg.), Mankind 2000, London 1969, S. 156-164.
Gabor, Dennis, Prognosen des technischen Fortschritts, in: Karl Steinbuch (Hrsg.), SYSTEMS 69. Internationales Symposium über Zukunftsfragen, Stuttgart 1970, S. 21-29.
Gabor, Dennis/Umberto Colombo with Alexander King and R. Galli, Beyond the Age of Waste. A Report to the Club of Rome, London 1976 (Dt.: Am Ende der Verschwendung. Zur materiellen Lage der Menschheit. Ein Tatsachenbericht an den Club of Rome, Stuttgart 1976).
Gagnon, Alain, The Influence of Social Scientists on Public Policy, in: Stephen Brooks/Alain Gagnon (Hrsg.), Social Scientists, Policy, and the State, New York 1990, S. 1-18.
Galbraith, John Kenneth, The Affluent Society, Cambridge, Mass. 1958.
Galbraith, John Kenneth, The New Industrial State, 2. Auflage London 1971 (Orig. 1967).

Galison, Peter/Hevly, Bruce William (Hrsg.), Big Science. The Growth of Large-Scale Research, Stanford 1992.

Galison, Peter, Die Ontologie des Feindes. Norbert Wiener und die Vision der Kybernetik (Orig. 1994), in: Michael Hagner (Hrsg.), Ansichten der Wissenschaftsgeschichte, Frankfurt a. M. 2001, S. 433-485.

Galison, Peter, Computer Simulations and the Trading Zone, in: Peter Galison/David J. Stump (Hrsg.), The Disunity of Science. Boundaries, Contexts, and Power, Stanford 1996, S. 118-157.

Galison, Peter/Stump, David J. (Hrsg.), The Disunity of Science. Boundaries, Contexts, and Power, Stanford 1996.

Gallus, Alexander, Die Neutralisten. Verfechter eines vereinten Deutschland zwischen Ost und West 1945-1990, Düsseldorf 2001.

Galtung, Johan, Different Concepts of Defense, Oslo 1964.

Galtung, Johan, Foreign Policy Opinion as a Function of Social Position, in: Journal of Peace Research 1 (1964), H. 3, S. 206-231.

Galtung, Johan, Friedensforschung (1968), in: Ekkehart Krippendorff (Hrsg.), Friedensforschung, 2. Auflage, Köln 1970, S. 519-536.

Galtung, Johan, On the Future of the International System, in: Robert Jungk/Johan Galtung (Hrsg.), Mankind 2000, London 1969, S. 12-41.

Galtung, Johan, Gewalt, Frieden und Friedensforschung (Orig. 1969), in: Dieter Senghaas (Hrsg.), Kritische Friedensforschung, Frankfurt a. M. 1971, S. 55-104.

Galtung, Johan, On Future Research and its Role in the World, in: Japan Society of Futurology (Hrsg.), Challenges from the Future. Proceedings of the International Future Research Conference, Bd. 1, Tokyo 1970, S. 103-115.

Galtung, Johan, Structural Pluralism and the Future of Human Society, in: Japan Society of Futurology (Hrsg.), Challenges from the Future. Proceedings of the International Future Research Conference, Bd. 3, Tokyo 1970, S. 271-308 (Dt.: Pluralismus und die Zukunft der menschlichen Gesellschaft, in: Dieter Senghaas (Hrsg.), Kritische Friedensforschung, Frankfurt a. M. 1971, S. 164-231).

Galtung, Johan, Wachstumskrise und Klassenpolitik, in: Heinrich von Nußbaum (Hrsg.), Die Zukunft des Wachstums. Kritische Antworten zum „Bericht des Club of Rome", Düsseldorf 1973, S. 89-102.

Galtung, Johan, Strukturelle Gewalt. Beiträge zur Friedens- und Konfliktforschung, Reinbek bei Hamburg 1975.

Galtung, Johan, Auf Friedenswegen durch die Welt. Eine autobiographische Reiseskizze, Münster 2006.

Garaudy, Roger, L'individu comme travailleur, in: Lionel Stoléru (Hrsg.), Économie et Société humaine. Dialogue Général des Recontres Internationales du Ministère de l'Économie et des Finances, Paris 1972, S. 97-109.

Gassert, Philipp, Amerikanismus, Antiamerikanismus, Amerikanisierung, in: AfS 39 (1999), S. 531-561.

Gassert, Philipp, Transnationale Geschichte, 16. 2. 2010, http://docupedia.de/zg/Transnationale_Geschichte?oldid=75537 (letzte Abfrage 2. 1. 2015).

Gassert, Philipp/Geiger, Tim/Wentker, Hermann (Hrsg.), Zweiter Kalter Krieg und Friedensbewegung. Der NATO-Doppelbeschluss in deutsch-deutscher und internationaler Perspektive, München 2011.

Gebhardt, Wolfgang, Naturwissenschaft und Prognostik, in: Joachim H. Knoll/Wolfgang Schirmacher (Hrsg.), Von kommenden Zeiten. Geschichtsprophetien im 19. und 20. Jahrhundert, Stuttgart u. a. 1984, S. 219-233.

Geppert, Alexander T. C., European Astrofuturism, Cosmic Provincialism. Historicizing the Space Age, in: Ders. (Hrsg.), Imagining Outer Space. European Astroculture in the Twentieth Century, Basingstoke 2012, S. 3-24.

Gerhards, Jürgen/Neidhardt, Friedhelm, Strukturen und Funktionen moderner Öffentlichkeit. Fragestellungen und Ansätze, in: Stefan Müller-Doohm/Klaus Neumann-Braun (Hrsg.), Öffentlichkeit, Kultur, Massenkommunikation. Beiträge zur Medien- und Kommunikationssoziologie, Oldenburg 1991, S. 31-90.

Gerovitch, Slava, From Newspeak to Cyberspeak. A History of Soviet Cybernetics, Cambridge, Mass. 2002.

Gerovitch, Slava, Die Beherrschung der Welt. Die Kybernetik im Kalten Krieg, in: Osteuropa 59 (2009), H. 9, S. 43-56.

Gerstle, Gary/Fraser, Steve, Introduction, in: Dies. (Hrsg.), The Rise and Fall of the New Deal Order, 1930-1980, Princeton 1989, S. ix-xxv.

Geulen, Christian, Die vergreiste Zukunft. Zu Aldous Huxleys „Brave New World" – nach 80 Jahren, in: Zeithistorische Forschungen 8 (2011), H. 3, http://www.zeithistorische-forschungen.de/16126041-Geulen-3-2011 (letzte Abfrage 2. 1. 2015).

Geyer, Martin H., Die Gleichzeitigkeit des Ungleichzeitigen. Zeitsemantik und die Suche nach Gegenwart in der Weimarer Republik, in: Wolfgang Hardtwig (Hrsg.), Ordnungen in der Krise. Zur politischen Kulturgeschichte Deutschlands 1900-1933, München 2007, S. 165-187.

Geyer, Martin H., Rahmenbedingungen. Unsicherheit als Normalität, in: Ders. (Hrsg.), Geschichte der Sozialpolitik in Deutschland seit 1945. 1974-1982. Bundesrepublik Deutschland, Baden-Baden 2008, S. 1-110.

Ghamari-Tabrizi, Sharon, Simulating the Unthinkable. Gaming Future War in the 1950s and 1960s, in: Social Studies of Science 30 (2000), H. 2, S. 163-223.

Ghamari-Tabrizi, Sharon, The Worlds of Herman Kahn. The Intuitive Science of Thermonuclear War, Cambridge, Mass. 2005.

Giersch, Herbert/Borchardt, Knut (Hrsg.), Diagnose und Prognose als wirtschaftswissenschaftliche Methodenprobleme. Verhandlungen auf der Arbeitstagung des Vereins für Sozialpolitik, Gesellschaft für Wirtschafts- und Sozialwissenschaften, in Garmisch-Partenkirchen 1961, Berlin 1962.

Gieryn, Thomas F., Boundary-Work and the Demarcation of Science from Non-Science. Strains and Interests in Professional Ideologies of Scientists, in: American Sociological Review 48 (1983), H. 6, S. 781-795.

Gilcher-Holtey, Ingrid, Kritische Theorie und Neue Linke, in: Dies. (Hrsg.), 1968. Vom Ereignis zum Gegenstand der Geschichtswissenschaft, Göttingen 1998, S. 168-187.

Gilman, Nils, Mandarins of the Future. Modernization Theory in Cold War America, Baltimore 2003.

Glagolev, Igor, Concerning the Reduction of Military Expenditure, in: Journal of Peace Research 1 (1964), H. 3, S. 204f.

Glagolev, Igor/Goryainov, M., Some Problems of Disarmament Research, in: Journal of Peace Research 1 (1964), S. 150-154.

Göhler, Gerhard/Klein, Ansgar, Politische Theorien des 19. Jahrhunderts, in: Hans-Joachim Lieber (Hrsg.), Politische Theorien von der Antike bis zur Gegenwart, Bonn 1993, S. 259-656.

Goldsmith, Edward, Planspiel zum Überleben. Ein Aktionsprogramm, Stuttgart 1972 (Orig.: Blueprint for Survival, 1972).

Goldsmith, Edward/Allen, Robert/Allaby, Michael/Davoll, John/Lawrence, Sam, A Blueprint for Survival. Preface, in: The Ecologist 2 (1972), H. 1, S. 1.

Goldsmith, Edward, Principle of Social Stability. A Model of Industrializiation, in: IRADES/World Future Research Conferences (Hrsg.), Human Needs, News Societies, Supportive Technologies. Collected Documents Presented at the Rome Special World Conference on Futures Research 1973, Bd. 3, Rom o. J., S. 201-222.

Goldsmith, Edward, in: Willem L. Oltmans (Hrsg.), Die Grenzen des Wachstums. Pro und Contra, Reinbek bei Hamburg 1974, S. 131-137.

Goppel, Alfons, Ein Land plant seine Zukunft, in: Ernst Schmacke (Hrsg.), Bayern auf dem Weg in das Jahr 2000. Prognosen, Düsseldorf 1971, S. 11-29.

Gordon, Theodore J./Hayward, H., Initial Experiment with the Cross Impact Matrix Method of Forecasting, in: Futures 1 (1968/69), S. 100-116.

Görnitz, Thomas, Carl Friedrich von Weizsäcker. Ein Denker an der Schwelle zum neuen Jahrtausend, Freiburg i. Br. 1992.

Gössner, Rolf (Hrsg.), Futurologie. Zukunftsforschung, Freiburg i. Br. 1971.

Gottstein, Klaus, Erinnerungen an Pugwash und an die Rolle der VDW als deutsche Pugwash-Gruppe, in: Götz Neuneck/Michael Schaaf (Hrsg.), Zur Geschichte der Pugwash-Bewegung in Deutschland. Symposium der deutschen Pugwash-Gruppe im Harnack-Haus Berlin, 24. Februar 2006, o. O. 2007, S. 39-51.

Gottstein, Klaus, Carl Friedrich von Weizsäcker und die Pugwash Conferences on Science and World Affairs, in: Stephan Albrecht/Ulrich Bartosch/Reiner Braun (Hrsg.), Zur Verantwortung der Wissenschaft. Carl Friedrich von Weizsäcker zu Ehren, Berlin 2008, S. 57-65.

Gottstein, Klaus, Die VDW und die Pugwash Conferences on Science and World Affairs, in: Stephan Albrecht (Hrsg.), Wissenschaft – Verantwortung – Frieden. 50 Jahre VDW, Berlin 2009, S. 359-370.

Graf, Rüdiger, Die Grenzen des Wachstums und die Grenzen des Staates. Konservative und die ökologischen Bedrohungsszenarien der frühen 1970er Jahre, in: Dominik Geppert/Jens Hacke (Hrsg.), Streit um den Staat. Intellektuelle Debatten in der Bundesrepublik 1960-1980, Göttingen 2008, S. 207-228.

Graf, Rüdiger, Die Zukunft der Weimarer Republik. Krisen und Zukunftsaneignungen in Deutschland 1918-1933, München 2008.

Graf, Rüdiger, Between National and Human Security. Energy Security in the United States and Western Europe in the 1970s, in: Historical Social Research 35 (2010), H. 4, S. 329-348.

Graf, Rüdiger, Zeit und Zeitkonzeptionen in der Zeitgeschichte, 2012, https://docupedia.de/zg/Zeit_und_Zeitkonzeptionen_Version_2.0_R.C3.BCdiger_Graf?oldid=84945 (letzte Abfrage 2.1.2015).

Graf, Rüdiger/Priemel, Kim Christian, Zeitgeschichte in der Welt der Sozialwissenschaften. Legitimität und Originalität einer Disziplin, in: VfZ 59 (2011), H. 4, S. 479-508.

Graf, Rüdiger, Öl und Souveränität. Petroknowledge und Energiepolitik in den USA und Westeuropa in den 1970er Jahren, München 2014.

Graubard, Stephen R., Vorwort, in: Robert Jungk/Hans Josef Mundt (Hrsg.), Der Weg ins Jahr 2000. Perspektiven, Prognosen, Modelle. Bericht der „Kommission für das Jahr 2000", München, Wien, Basel 1968, S. 12f.

Grebing, Helga/Süß, Dietmar (Hrsg.), Waldemar von Knoeringen, 1906-1971. Ein Erneuerer der deutschen Sozialdemokratie. Reden, Aufsätze, Briefwechsel und Kommentare zu Leben und Wirken, Berlin 2006.

Greffrath, Mathias, Der Netzemacher, in: Weert Canzler (Hrsg.), Die Triebkraft Hoffnung. Robert Jungk zu Ehren. Mit einer ausführlichen Bibliographie seiner Veröffentlichungen, Weinheim 1993, S. 225-238.

Greiwe, Ulrich, Es gibt kein Schicksal. Zur Geschichte dieses Buches, in: Ders. (Hrsg.), Herausforderung an die Zukunft. Die kritische Generation vor der Jahrtausendwende, München u. a. 1970, S. 7-14.

Grémion, Pierre, Intelligence de l'anticommunisme. Le Congrès pour la liberté de la culture à Paris (1950-1975), Paris 1995.

Greschat, Martin, „Mehr Wahrheit in der Politik!". Das Tübinger Memorandum von 1961, in: VfZ 48 (2000), H. 3, S. 491-513.

Grober, Ulrich, Die Entdeckung der Nachhaltigkeit. Kulturgeschichte eines Begriffs, München 2010.

Grossner, Claus, Herrschaft der Philosophenkönige? Georg Picht: Ein Schüler Heideggers, in: Die Zeit, H. 13, 27.3.1970.

Grossner, Claus, Programm 2000 – falsch programmiert. Warum Karl Steinbuchs Aufruf zur Umorientierung in der Bundesrepublik ein Bestseller werden konnte, in: Die Zeit, H. 23, 5.6.1970.

Groupe 1985, Réflexions pour 1985, Paris 1964.

Gruhl, Herbert, Ein Planet wird geplündert. Die Schreckensbilanz unserer Politik, Frankfurt a. M. 1975.

Grüner, Stefan, Geplantes „Wirtschaftswunder"? Industrie- und Strukturpolitik in Bayern 1945 bis 1973, München 2009.

Grunwald, Armin, Wovon ist die Zukunftsforschung eine Wissenschaft?, in: Reinhold Popp (Hrsg.), Zukunftsforschung und Zukunftsgestaltung. Beiträge aus Wissenschaft und Praxis, Berlin 2009, S. 25-36.

Grunwald, Armin, Technikfolgenabschätzung – eine Einführung, 2. Auflage, Berlin 2010.

Grunwald, Armin/Kopfmüller, Jürgen, Nachhaltigkeit, 2. Auflage, Frankfurt a. M. 2012.

Gumbrecht, Hans Ulrich, Modern, Modernität, Moderne, in: Otto Brunner/Werner Conze/ Reinhart Koselleck (Hrsg.), Geschichtliche Grundbegriffe. Historisches Lexikon zur politisch-sozialen Sprache in Deutschland, Bd. 4, Stuttgart 1978, S. 93-131.
Haaf, Günter, Ihr werdet es erleben. Was Herman Kahn, der Superstar der Zukunftsforscher, 1967 so alles für das Jahr 2000 voraussagte, in: Die Zeit, H. 1, 30. 12. 1998.
Haas, Peter M., Introduction. Epistemic Communities and International Policy Coordination, in: International Organization 46 (1992), H. 1, S. 1-35.
Habermas, Jürgen, Technischer Fortschritt und soziale Lebenswelt (1965), in: Ders., Technik und Wissenschaft als Ideologie, 5. Auflage, Frankfurt a. M. 1971, S. 104-119.
Habermas, Jürgen, Verwissenschaftlichte Politik in demokratischer Gesellschaft, in: Helmut Krauch/Werner Kunz/Horst W. J. Rittel (Hrsg.), Forschungsplanung. Eine Studie über Ziele und Strukturen amerikanischer Forschungsinstitute, München 1966, S. 103-144.
Habermas, Jürgen, Erkenntnis und Interesse, Frankfurt a. M. 1968.
Habermas, Jürgen/Luhmann, Niklas, Theorie der Gesellschaft oder Sozialtechnologie. Was leistet die Systemforschung?, Frankfurt a. M. 1971.
Habermas, Jürgen, Technik und Wissenschaft als „Ideologie" (1968), in: Ders., Technik und Wissenschaft als „Ideologie", 5. Auflage, Frankfurt a. M. 1971, S. 48-103.
Habermas, Jürgen, Legitimationsprobleme im Spätkapitalismus, Frankfurt a. M. 1973.
Hacke, Jens, Philosophie der Bürgerlichkeit. Die liberalkonservative Begründung der Bundesrepublik, Göttingen 2006.
Haeckel, Ernst, Die Welträtsel. Gemeinverständliche Studien über monistische Philosophie, Bonn 1899.
Hagemann, Harald, Wachstums- und Entwicklungstheorien. Vom Beginn der 1960er Jahre bis Ende der 1980er Jahre, in: Karl Acham/Knut Wolfgang Nörr/Bertram Schefold (Hrsg.), Der Gestaltungsanspruch der Wissenschaft. Aufbruch und Ernüchterung in den Rechts-, Sozial- und Wirtschaftswissenschaften auf dem Weg von den 1960er zu den 1980er Jahren, Stuttgart 2006, S. 187-212.
Hagner, Michael (Hrsg.), Ansichten der Wissenschaftsgeschichte, Frankfurt a. M. 2001.
Hagner, Michael, Vom Aufstieg und Fall der Kybernetik als Universalwissenschaft, in: Ders./ Erich Hörl (Hrsg.), Die Transformation des Humanen. Beiträge zur Kulturgeschichte der Kybernetik, Frankfurt a. M. 2008, S. 38-72.
Hahn, Friedemann, Von Unsinn bis Untergang. Rezeption des Club of Rome und der Grenzen des Wachstums in der Bundesrepublik der frühen 1970er Jahre, Dissertation Freiburg i. Br. 2006, http://www.freidok.uni-freiburg.de/volltexte/2722/pdf/hahn_friedemann_2006_von_ unsinn_bis_untergang.pdf (letzte Abfrage 1. 2. 2015).
Haldane, J. B. S., Daedalus oder Wissenschaft und Zukunft, München 1925 (Orig.: Daedalus or Science and the Future, 1923).
Hale, Dennis/Landy, Marc, Introduction, in: Dies. (Hrsg.), Economics and the Good Life. Essays on Political Economy, New Brunswick 1999, S. 1-15.
Hall, Peter A., Governing the Economy, The Politics of State Intervention in Britain and France, Cambridge, Mass. 1986.
Hall, Peter A., Policy Paradigms, Experts, and the State. The Case of Macroeconomic Policy-Making in Britain, in: Stephen Brooks/Alain Gagnon (Hrsg.), Social Scientists, Policy, and the State, New York 1990, S. 53-78.
Hallstein, Walter, Vorausschauende Wirtschaftspolitik in der EWG, in: Alfred Plitzko (Hrsg.), Planung ohne Planwirtschaft. Frankfurter Gespräch der List-Gesellschaft, 7.-9. Juni 1963, Basel, Tübingen 1964, S. 11-17.
Hammann, Peter/Erichson, Bernd, Marktforschung. 54 Tabellen, 4. Auflage, Stuttgart 2000.
Hannigan, John A., Fragmentation in Science. The Case of Futurology, in: The Sociological Review 28 (1980), S. 317-332.
Harbordt, Steffen, Der Einfluß sozialer und politischer Faktoren auf die „Grenzen des Wachstums", in: APWM 6 (1974), H. 33, S. 14-21.
Harman, Willis W., Gangbare Wege in die Zukunft? Zur transindustriellen Gesellschaft, Darmstadt 1978 (Orig.: An Incomplete Guide to the Future, 1976).
Hartkopf, Günter, Rede vor Vertretern der Umweltausschüsse des BDI, 24. April 1972, in: Bulletin des Presse- und Informationsamtes der Bundesregierung, 3. 5. 1972, S. 900-904.

Hartmann, Heinrich/Vogel, Jakob (Hrsg.), Zukunftswissen. Prognosen in Wirtschaft, Politik und Gesellschaft seit 1900, Frankfurt a. M. u. a. 2010.

Hartog, François, Régimes d'historicité. Présentisme et expériences du temps, Paris 2003.

Hartz, Louis, The Liberal Tradition in America. An Interpretation of American Political Thought since the Revolution, San Diego u. a. 1991.

Haseloff, Otto Walter, Kybernetik als soziale Tatsache, in: Bergedorfer Gesprächskreis zu Fragen der freien industriellen Gesellschaft (Hrsg.), Kybernetik als soziale Tatsache. Anwendungsbereiche. Leistungsformen und Folgen für die industrielle Gesellschaft, Hamburg, Berlin 1963, S. 9-41.

Hauff, Volker/Scharpf, Fritz W., Modernisierung der Volkswirtschaft. Technologiepolitik als Strukturpolitik, Frankfurt a. M. 1975.

Hauff, Volker, Damit der Fortschritt nicht zum Risiko wird. Forschungspolitik als Zukunftsgestaltung, Stuttgart 1978.

Haupt, Heinz Gerhard/Requate, Jörg (Hrsg.), Aufbruch in die Zukunft. Die 1960er Jahre zwischen Planungseuphorie und kulturellem Wandel. DDR, ČSSR und Bundesrepublik Deutschland im Vergleich, Weilerswist 2004.

Hayashi, Yujiro, Japan Society of Futurology, in: Japan Society of Futurology (Hrsg.), Challenges from the Future. Proceedings of the International Future Research Conference, Bd. 4, Tokyo 1970, S. 41-47.

Hayes, Graeme, Environmental Protest and the State in France, Basingstoke 2002.

Hays, Samuel P., Beauty, Health, and Permanence. Environmental Politics in the United States, 1955-1985, New York 1987.

Hays, Samuel P., The Limits to Growth Issue, in: Ders./Joel A. Tarr (Hrsg.), Explorations in Environmental History. Essays, Pittsburgh 1998, S. 3-23.

Hecht, Gabrielle, Planning a Technological Nation. Systems Thinking and the Politics of National Identity in Postwar France, in: Agatha C. Hughes/Thomas P. Hughes (Hrsg.), Systems, Experts, and Computers. The Systems Approach in Management and Engineering, World War II and after, Cambridge, Mass. 2000, S. 133-160.

Hegelau, Hans, Die Arbeit der Projektgruppe „Regierungs- und Verwaltungsreform" als Beispiel einer Kooperation zwischen Verwaltung und Verwaltungswissenschaft, in: Wissenschaftszentrum Berlin (Hrsg.), Interaktion von Wissenschaft und Politik. Theoretische und praktische Probleme der anwendungsorientierten Sozialwissenschaften, Frankfurt a. M., New York 1977, S. 166-188.

Heidenreich, Martin, Die Debatte um die Wissensgesellschaft, in: Stefan Böschen (Hrsg.), Wissenschaft in der Wissensgesellschaft, Wiesbaden 2003, S. 25-51.

Heil, Karolus, Der Bürger und die Planung, in: BP Kurier. Vierteljahresschrift der BP Benzin und Petroleum Aktiengesellschaft 26 (1974), I, S. 14-19.

Heilbroner, Robert L., Between Capitalism and Socialism. Essays in Political Economics, New York 1970.

Heilbroner, Robert L., Die Zukunft der Menschheit, Frankfurt a. M. 1976 (Orig. 1974).

Heims, Steve J., John von Neumann and Norbert Wiener. From Mathematics to the Technologies of Life and Death, Cambridge, Mass. 1980.

Heims, Steve J., Constructing a Social Science for Postwar America. The Cybernetics Group 1946-1953, Cambridge, Mass. 1993.

Hein, Bastian, Die Westdeutschen und die Dritte Welt. Entwicklungspolitik und Entwicklungsdienste zwischen Reform und Revolte 1959-1974, München 2006.

Heisenberg, Werner/Heisenberg, Elisabeth, Meine liebe Li! Der Briefwechsel 1937-1946, St. Pölten, Salzburg 2011.

Helm, Ruud van der, The Future According to Frederik Lodewijk Polak. Finding the Roots of Contemporary Futures Studies, in: Futures 37 (2005), S. 505-519.

Helmer, Olaf, Experimentation in the Nonexperimental Sciences (1953), in: Ders., Looking Forward. A Guide to Futures Research, Beverly Hills 1983, S. 23-25.

Helmer, Olaf/Rescher, Nicholas, On the Epistemology of the Inexact Sciences (1953), in: Olaf Helmer, Looking Forward. A Guide to Futures Research, Beverly Hills 1983, S. 25-50.

Helmer, Olaf, The Game-Theoretical Approach to Organization Theory. RAND Paper P-1026, Santa Monica 1957.

Helmer, Olaf, The Systematic Use of Expert Judgement in Operations Research (1963), RAND paper p-2795, http://www.rand.org/content/dam/rand/pubs/papers/2008/P2795.pdf (letzte Abfrage 2.1.2015).
Helmer, Olaf, 50 Jahre Zukunft. Bericht über eine Langfrist-Vorhersage für die Welt der nächsten fünf Jahrzehnte. Unter Mitarbeit von Theodore Gordon, Hamburg 1967 (Orig.: Theodore Gordon/Olaf Helmer, Report on a Long-Range Forecasting Study, 1964).
Helmer, Olaf, Social Technology, New York 1966.
Helmer, Olaf, Social Technology (1966), in: Ders., Looking Forward. A Guide to Futures Research, Beverly Hills 1983, S. 50-78.
Helmer, Olaf, Analysis of the Future. The Delphi Method, Santa Monica 1967.
Helmer, Olaf, New Developments in Early Forecasting of Public Problems. A New Intellectual Climate (1967), in: Ders., Looking Forward. A Guide to Futures Research, Beverly Hills 1983, S. 80f.
Helmer, Olaf, An Abbreviated Delphi Experiment in Forecasting, in: Robert Jungk/Johan Galtung (Hrsg.), Mankind 2000, London 1969, S. 360-367.
Helmer, Olaf, Accomplishments and Prospects of Futures Research (1973), in: Ders., Looking Forward. A Guide to Futures Research, Beverly Hills 1983, S. 102-112.
Helmer, Olaf, An Agenda for Futures Research, in: Futures 7 (1975), H. 1, S. 3-14.
Helmer, Olaf, Looking Forward. A Guide to Futures Research, Beverly Hills 1983.
Henn, Volker, Materialien zur Vorgeschichte der Kybernetik, in: Studium Generale 22 (1969), S. 164-190.
Herbert, Ulrich, Europe in High Modernity. Reflections on a Theory of the 20th Century, in: JMEH 5 (2007), S. 5-21.
Herbold, Ralf, Wissenschaft für die Politik, in: Peter Weingart/Martin Carrier/Wolfgang Krohn (Hrsg.), Nachrichten aus der Wissensgesellschaft. Analysen zur Veränderung der Wissenschaft, Weilerswist 2007, S. 83-92.
Herrera, Amílcar Oscar/Scolnik, Hugo D. u. a., Catastrophe or New Society? A Latin American World Model, Ottawa 1976 (Deutsch: Grenzen des Elends. Das Bariloche-Modell. So kann die Menschheit überleben. Mit einem Vorwort von Peter Menke-Glückert, Frankfurt a. M. 1977).
Herz, John H., Vom Überleben. Wie ein Weltbild entstand. Autobiographie, Düsseldorf 1984.
Herz, John H., Ossip K. Flechtheim (1909-1998). Wissenschaftler und Aktivist, in: Kurt Düwell (Hrsg.), Vertreibung jüdischer Künstler und Wissenschaftler aus Düsseldorf 1933-1945, Düsseldorf 1998, S. 157-164.
Heyder, Gunther, Strategien für eine humane Welt. Bericht über die 3. Weltkonferenz für Zukunftsforschung in Bukarest, in: APWM 4 (1972), H. 24, S. 25f.
Hirsch, Werner Z., Education and the Future, in: Robert Jungk/Johan Galtung (Hrsg.), Mankind 2000, London 1969, S. 212-219.
Hitzler, Ronald, Wissen und Wesen des Experten. Ein Annäherungsversuch – zur Einleitung, in: Ronald Hitzler/Anne Honer/Christoph Maeder (Hrsg.), Expertenwissen. Die institutionalisierte Kompetenz zur Konstruktion von Wirklichkeit, Opladen 1994, S. 13-30.
Hochgeschwender, Michael, Freiheit in der Offensive? Der Kongress für Kulturelle Freiheit und die Deutschen, München 1998.
Hockerts, Hans Günter, Planung. Einführung, in: Matthias Frese/Julia Paulus/Karl Teppe (Hrsg.), Demokratisierung und gesellschaftlicher Aufbruch. Die sechziger Jahre als Wendezeit der Bundesrepublik, Paderborn 2003, S. 249-257.
Hodenberg, Christina von, Konsens und Krise. Eine Geschichte der westdeutschen Medienöffentlichkeit, Göttingen 2006.
Hoffmann, Dieter, Operation Epsilon. Die Farm-Hall-Protokolle oder, Die Angst der Alliierten vor der deutschen Atombombe, Berlin 1993.
Hoffmann, Dieter, Wer nicht das Gleiche glaubt, ist auszurotten, in: FAZ, 16.11.2011, S. N3.
Hofmann, Wilhelm, Karl Mannheim zur Einführung, Hamburg 1996.
Hoghton, Charles de/Page, William/Streatfeild, Guy, And now the Future. A P.E.P. Survey of Futures Studies, London 1971.

Hohensee, Jens, Der erste Ölpreisschock 1973/74. Die politischen und gesellschaftlichen Auswirkungen der arabischen Erdölpolitik auf die Bundesrepublik Deutschland und Westeuropa, Stuttgart 1996.

Höhler, Sabine, „Raumschiff Erde". Lebensraumphantasien im Umweltzeitalter, in: Iris Schröder/Sabine Höhler (Hrsg.), Welt-Räume. Geschichte, Geographie und Globalisierung seit 1900, Frankfurt a. M., New York 2005, S. 258-281.

Höhler, Sabine, Die Wissenschaft von der „Überbevölkerung". Paul Ehrlichs „Bevölkerungsbombe" als Fanal für die 1970er-Jahre, in: Zeithistorische Forschungen/Studies in Contemporary History Online 3 (2006), H. 3, http://www.zeithistorische-forschungen.de/16126041-Hoehler-3-2006 (letzte Abfrage 2. 1. 2015).

Höhler, Sabine, Raumschiff Erde. Eine mythische Figur des Umweltzeitalters, in: Dies./Fred Luks (Hrsg.), Beam us up, Boulding! 40 Jahre „Raumschiff Erde", Karlsruhe, Hamburg 2006, S. 43-52.

Hölscher, Lucian, Weltgericht oder Revolution. Protestantische und sozialistische Zukunftsvorstellungen im deutschen Kaiserreich, Stuttgart 1989.

Hölscher, Lucian, Die Entdeckung der Zukunft, Frankfurt a. M. 1999.

Holste, Werner/Helling, Jürgen, Zukünftige Verkehrstechnik, in: Karl Steinbuch (Hrsg.), SYSTEMS 69. Internationales Symposium über Zukunftsfragen, Stuttgart 1970, S. 204-219.

Holton, Gerald (Hrsg.), The Twentieth-Century Sciences. Studies in the Biography of Ideas, New York 1972.

Holzner, Burkart, Reality Construction in Society, Cambridge, Mass. 1968.

Holzner, Burkart/Marx, John H., Knowledge Application. The Knowledge System in Society, Boston 1979.

Hooks, Gregory, Forging the Military-Industrial Complex. World War II's Battle of the Potomac, Urbana 1991.

Horkheimer, Max/Adorno, Theodor W., Dialektik der Aufklärung. Philosophische Fragmente, Frankfurt a. M. 1969 (Orig. 1944).

Hörl, Erich/Hagner, Michael, Überlegungen zur kybernetischen Transformation des Humanen, in: Dies. (Hrsg.), Die Transformation des Humanen. Beiträge zur Kulturgeschichte der Kybernetik, Frankfurt a. M. 2008, S. 7-37.

Horn, Christopher/Walterskirchen, Martin P. von/Wolff, Jörg (Hrsg.), Umweltpolitik in Europa. Referate und Seminarergebnisse des 2. Symposiums für Wirtschaftliche und Rechtliche Fragen des Umweltschutzes an der Hochschule St. Gallen vom 31. Oktober bis 2. November 1972, Frauenfeld, Stuttgart 1973.

Horten, Alphons, Die Zukunft gestalten, in: Die politische Meinung 10 (1965), H. 107, S. 4.

Hübinger, Gangolf, Einführung, in: Ders. (Hrsg.), Europäische Wissenschaftskulturen und politische Ordnungen in der Moderne (1890-1970), München 2014, S. 1-28.

Hughes, Thomas P., Ein Mann vieler Eigenschaften. Walther Rathenau und die Kultur der Moderne, Berlin 1990.

Hughes, Thomas P./Koskull, Hans-Jürgen, Die Erfindung Amerikas. Der technologische Aufstieg der USA seit 1870, München 1991.

Hünemörder, Christian, Einführung zum Thema Popularisierung, in: Gudrun Wolfschmidt (Hrsg.), Popularisierung der Naturwissenschaften, Berlin 2002, S. 15-29.

Hünemörder, Kai F., Vom Expertennetzwerk zur Umweltpolitik. Frühe Umweltkonferenzen und die Ausweitung der öffentlichen Aufmerksamkeit für Umweltfragen in Europa (1959-1972), in: AfS 43 (2003), S. 275-296.

Hünemörder, Kai F., Die Frühgeschichte der globalen Umweltkrise und die Formierung der deutschen Umweltpolitik (1950-1973), Stuttgart 2004.

Hünemörder, Kai F., Die Heidelberger Studiengruppe für Systemforschung und der Aufstieg der Zukunftsforschung in den 1960er Jahren, in: Technikfolgenabschätzung 13 (2004), H. 1, S. 8-15.

Hünemörder, Kai F., Kassandra im modernen Gewand. Die umweltapokalyptischen Mahnrufe der frühen 1970er Jahre, in: Frank Uekötter (Hrsg.), Wird Kassandra heiser? Die Geschichte falscher Ökoalarme, Stuttgart 2004, S. 78-97.

Hünemörder, Kai F., 1972 – Epochenschwelle der Umweltgeschichte?, in: Franz-Josef Brüggemeier/Jens Ivo Engels (Hrsg.), Natur- und Umweltschutz nach 1945. Konzepte, Konflikte, Kompetenzen, Frankfurt a. M., New York 2005, S. 124-144.

Hünemörder, Kai F., Environmental Crisis and Soft Politics. Détente and the Global Environment, 1968-1975, in: Corinna R. Unger/John Krige (Hrsg.), Environmental Histories of the Cold War, New York 2010, S. 257-276.

Hunt, Lynn, Measuring Time, Making History, Budapest, New York 2008.

Hustler, Everard, Das Jahrhundert des Radiums, in: Arthur Brehmer (Hrsg.), Die Welt in 100 Jahren (Orig. 1910), neu herausgegeben von Georg Ruppelt, Hildesheim, Zürich, New York 2010, S. 245-266.

Hutchinson, Francis P./Inayatullah, Sohail, Futures Studies and Peace Studies, in: Nigel Young (Hrsg.), The Oxford International Encyclopedia of Peace. Bd. 2, Oxford 2010, S. 174-180.

Huxley, Aldous, Brave New World. A Novel, London 1932.

Huxley, Julian, The Future of Man. Evolutionary Aspects, in: Gordon E. W. Wolstenholme (Hrsg.), Man and his Future. Proceedings of a Conference Sponsored by the Ciba Foundation, London 1963, S. 1-22.

Huxley, Julian, Die Grundgedanken des evolutionären Humanismus, in: Ders., Der evolutionäre Humanismus. Zehn Essays über die Leitgedanken und Probleme, München 1964, S. 13-69.

Inglehart, Ronald, The Silent Revolution in Europe. Intergenerational Change in Post-Industrial Societies, in: American Political Science Review 65 (1971), S. 991-1017.

Inglehart, Ronald, The Silent Revolution. Changing Values and Political Styles among Western Publics, Princeton 1977.

Institut für Zukunftsforschung (Hrsg.), Operationalisierte Planung mit Sozialindikatoren am Beispiel der kommunalen Entwicklungsplanung. Bericht zum ZBZ-Seminar II, Berlin 1975.

Institut zur Erforschung technologischer Entwicklungslinien (Hrsg.), Institut zur Erforschung technologischer Entwicklungslinien. Aufgaben, Arbeitsweise und Organisation, Hannover 1970.

International Union for Conservation of Nature and Natural Resources, World Conservation Strategy. Living Resource Conservation for Sustainable Development, Gland 1980.

IRADES/World Future Research Conferences (Hrsg.), Human Needs, News Societies, Supportive Technologies. Collected Documents Presented at the Rome Special World Conference on Futures Research 1973, Rom o. J.

Jacob, Jean, Histoire de l'écologie politique, Paris 1999.

Jacob, Margaret C., Science and Politics in the Late Twentieth Century, in: Dies. (Hrsg.), The Politics of Western Science, 1640-1990, Atlantic Highlands 1994, S. 1-17.

Jäger, Wolfgang, Die Innenpolitik der sozial-liberalen Koalition 1969-1974, in: Karl Dietrich Bracher/Wolfgang Jäger/Werner Link, Republik im Wandel, 1969-1974. Die Ära Brandt, Stuttgart, Mannheim 1986, S. 15-160.

Jahoda Lazarsfeld, Marie/Zeisl, Hans, Die Arbeitslosen von Marienthal. Ein soziographischer Versuch über die Wirkungen langdauernder Arbeitslosigkeit, Leipzig 1933.

Jahoda, Marie, Postscript on Social Change, in: Hugh S. D. Cole/Christopher Freeman/Marie Jahoda/Keith Pavitt (Hrsg.), Thinking about the Future. A Critique of the Limits to Growth, London 1973, S. 209-215.

Jahoda, Marie, Introduction, in: Christopher Freeman/Marie Jahoda (Hrsg.), World Futures. The Great Debate, New York 1978, S. 1-6.

Jantsch, Erich, Technological Forecasting in Perspective. A Framework for Technological Forecasting, its Techniques and Organisation, Paris 1967.

Jantsch, Erich (Hrsg.), Perspectives of Planning. Proceedings of the OECD Working Symposium on Long-range Forecasting and Planning. Bellagio, Italy 27th October-2nd November 1968, Paris 1969.

Japan Society of Futurology (Hrsg.), Challenges from the Future. Proceedings of the International Future Research Conference, Tokyo 1970.

Jarausch, Konrad H. (Hrsg.), Das Ende der Zuversicht? Die siebziger Jahre als Geschichte, Göttingen 2008.

Jardini, David R., Out of the Blue Yonder. How RAND Diversified into Social Welfare Research, 1998, http://www.rand.org/publications/randreview/issues/rr-fall-98/blue.html (letzte Abfrage 3.1.2015).
Jasanoff, Sheila, Technologies of Humility. Citizen Participation in Governing Science, in: Alexander Bogner/Helge Torgersen (Hrsg.), Wozu Experten? Ambivalenzen der Beziehung von Wissenschaft und Politik, Wiesbaden 2005, S. 370-389.
Jochimsen, Reimut, Zum Aufbau und Ausbau eines integrierten Aufgabenplanungssystems und Koordinationssystems der Bundesregierung, in: Bulletin des Presse- und Informationsamtes der Bundesregierung, 16.7.1970, S. 949-957.
Jochimsen, Reimut, Die Artisten im Kanzleramt – planend, in: Werden. Jahrbuch für die Gewerkschaften (1971), S. 39-44.
Jochimsen, Reimut, Vorwort, in: Hans Werner Kettenbach/Willy Brandt (Hrsg.), Der lange Marsch der Bundesrepublik. Aufgaben und Chancen der inneren Reformen, Düsseldorf, Wien 1971, S. 7-16.
Jochimsen, Reimut, Die Zukunft in den Griff bekommen. Reformen aus der Sicht des Planers, in: Hans D. Kloss (Hrsg.), Damit wir morgen leben können. Innere Reformen – politische Antworten auf Mängel im Industriestaat, Stuttgart 1972, S. 123-134.
Jochimsen, Reimut, Planung der Aufgabenplanung, Finanzpolitik und Landesentwicklung, in: Forschungsberichte des Ausschusses „Raum und Finanzen" der Akademie für Raumforschung und Landesplanung, Hannover 1972, S. 61-70.
Jochimsen, Reimut, Planung des Staates in der technisierten Welt, in: Ders./Friedrich Tenbruck (Hrsg.), Die Herausforderung der Zukunft. Ein Cappenberger Gespräch, Köln 1972, S. 14-27.
Jochimsen, Reimut/Tenbruck, Friedrich (Hrsg.), Die Herausforderung der Zukunft. Ein Cappenberger Gespräch, Köln 1972.
Jochimsen, Reimut, Qualität der Regionalentwicklung, in: Günter Friedrichs (Hrsg.), Aufgabe Zukunft. Qualität des Lebens. Beiträge zur vierten internationalen Arbeitstagung der Industriegewerkschaft Metall für die Bundesrepublik Deutschland, 11. bis 14. April 1972 in Oberhausen, Bd. 6, Frankfurt a. M. 1973, S. 159-171.
Jolly, Richard u. a., UN Contributions to Development Thinking and Practice, Bloomington/Indianapolis 2004.
Jones, Thomas E./Wiener, Anthony J., Options for the Future. A Comparative Analysis of Policy-oriented Forecasts, New York 1980.
Jouvenel, Bertrand de, L'Économie dirigée. Le programme de la nouvelle generation, Paris 1928.
Jouvenel, Bertrand de, La crise du Capitalisme américain, Paris 1933.
Jouvenel, Bertrand de, Über die Staatsgewalt. Die Naturgeschichte ihres Wachstums, Freiburg i. Br. 1972 (Orig.: Du Pouvoir, 1945).
Jouvenel, Bertrand de, Zur politischen Ökonomie des Unentgeltlichen (Orig. 1957), in: Ders., Jenseits der Leistungsgesellschaft. Elemente sozialer Vorausschau und Planung, Freiburg i. Br. 1971, S. 13-25.
Jouvenel, Bertrand de, From Political Economy to Political Ecology (Orig. 1957), in: Dennis Hale/Marc Landy (Hrsg.), Economics and the Good Life. Essays on Political Economy, New Brunswick 1999, S. 235-245.
Jouvenel, Bertrand de, What is Democracy?, in: Edward Shils (Hrsg.), Democracy in the New States. Rhodes Seminar Papers, New Delhi 1959, S. 27-55.
Jouvenel, Bertrand de, Effizienz und Lebensart (Orig. 1960), in: Ders., Jenseits der Leistungsgesellschaft. Elemente sozialer Vorausschau und Planung, Freiburg i. Br. 1971, S. 93-107.
Jouvenel, Bertrand de, Das bessere Leben in einer reichen Gesellschaft (Orig. 1961), in: Ders., Jenseits der Leistungsgesellschaft. Elemente sozialer Vorausschau und Planung, Freiburg i. Br. 1971, S. 108-126.
Jouvenel, Bertrand de, A Better Life in an Affluent Society (Orig. 1961), in: Dennis Hale/Marc Landy (Hrsg.), Economics and the Good Life. Essays on Political Economy, New Brunswick 1999, S. 97-118.
Jouvenel, Bertrand de, Essai sur l'art de la conjecture, Paris 1963.
Jouvenel, Bertrand de, The Pure Theory of Politics, Cambridge 1963.
Jouvenel, Bertrand de, Die Kunst der Vorausschau, Neuwied 1964 (Orig.: L'art de la conjecture).
Jouvenel, Bertrand de, The Surmising Forum, in: The Spectator, 12.6.1964.

Jouvenel, Bertrand de, Auf dem Weg zu einem ökologischen Bewußtsein (Orig. 1965), in: Ders., Jenseits der Leistungsgesellschaft. Elemente sozialer Vorausschau und Planung, Freiburg i. Br. 1971, S. 193-203.
Jouvenel, Bertrand de, Sur la stratégie prospective de l'économie sociale (Orig. 1966), in: Ders., Arcadie. Essais sur le Mieux-Vivre, Paris 1968, S. 272-317.
Jouvenel, Bertrand de, Wir bearbeiten unsere Erde (Orig. 1967), in: Ders., Jenseits der Leistungsgesellschaft. Elemente sozialer Vorausschau und Planung, Freiburg i. Br. 1971, S. 277-291.
Jouvenel, Bertrand de, Arcadie. Essais sur le Mieux-Vivre, Paris 1968.
Jouvenel, Bertrand de, Sur la Croissance Économique, in: Lionel Stoléru (Hrsg.), Économie et Société humaine. Dialogue Général des Recontres Internationales du Ministère de l'Économie et des Finances, Paris 1972, S. 43-94.
Jouvenel, Bertrand de, La civilisation de puissance, Paris 1976.
Judt, Tony, Geschichte Europas von 1945 bis zur Gegenwart, München u. a. 2006.
Jungk, Robert, Die Zukunft hat schon begonnen. Amerikas Allmacht und Ohnmacht, Stuttgart, Hamburg 1952.
Jungk, Robert, Heller als tausend Sonnen. Das Schicksal der Atomforscher, Stuttgart 1956.
Jungk, Robert, Die Schöpfung und der menschliche Wille, in: Fritz Baade/Julius Bartels/Gerhard Heberer (Hrsg.), Wie leben wir morgen? Eine Vortragsreihe, Stuttgart 1957, S. 159-175.
Jungk, Robert, Strahlen aus der Asche. Geschichte einer Wiedergeburt, Bern 1959.
Jungk, Robert, Anfänge und Zukunft einer neuen Wissenschaft. Futurologie 1985, in: Hans Josef Mundt/Robert Jungk (Hrsg.), Unsere Welt 1985. Hundert Beiträge internationaler Wissenschaftler, Schriftsteller und Publizisten aus fünf Kontinenten, München 1965, S. 13-16.
Jungk, Robert, Gesucht: ein neuer Mensch. Skizze zu einem Modell des Planers, in: Robert Jungk/Hans Josef Mundt (Hrsg.), Der Griff nach der Zukunft. Planen und Freiheit, München 1964, S. 505-516.
Jungk, Robert, Modelle für eine neue Welt, in: Ders./Hans Josef Mundt (Hrsg.), Der Griff nach der Zukunft. Planen und Freiheit, München 1964, S. 23-36.
Jungk, Robert/Mundt, Hans Josef (Hrsg.), Der Griff nach der Zukunft. Planen und Freiheit, München 1964.
Jungk, Robert/Mundt, Hans Josef (Hrsg.), Wege ins neue Jahrtausend. Wettkampf der Planungen in Ost und West, München 1964.
Jungk, Robert, Wohin steuert die Staatsrakete? In Paris konferierten die Zukunftsforscher, in: Die Zeit, H. 20, 14. 5. 1965.
Jungk, Robert/Mundt, Hans Josef (Hrsg.), Unsere Welt 1985. Hundert Beiträge internationaler Wissenschaftler, Schriftsteller und Publizisten aus fünf Kontinenten, München 1965 (Orig.: Nigel Calder [Hrsg.], The World in 1984).
Jungk, Robert, Foreword, in: Ossip K. Flechtheim, History and Futurology, Meisenheim am Glan 1966, o. S.
Jungk, Robert, The Future of Future Research, in: Science Journal 3 (1967), H. 10, S. 3.
Jungk, Robert, The Need for Social Invention, in: The Center Diary 18 (1967), May/June, S. 48.
Jungk, Robert, Voraussage, Voraussicht und Entwurf, in: Karl Schlechta (Hrsg.), Der Mensch und seine Zukunft, Darmstadt 1967, S. 101-114.
Jungk, Robert, Die Zukunftsforschung und die humanen Möglichkeiten der Technik von morgen, in: Ernst Schmacke/Rüdiger Altmann (Hrsg.), Zukunft im Zeitraffer, Düsseldorf 1968, S. 163-181.
Jungk, Robert, Über „Mankind 2000", in: Stanford Anderson (Hrsg.), Die Zukunft der menschlichen Umwelt, Freiburg i. Br. 1971, S. 92-99 (Orig. 1968).
Jungk, Robert/Mundt, Hans Josef (Hrsg.), Der Weg ins Jahr 2000. Perspektiven, Prognosen, Modelle. Bericht der „Kommission für das Jahr 2000", München, Wien, Basel 1968.
Jungk, Robert, Look-out Institutions for Shaping the Environment, in: Futures 1 (1968/69), H. 3, S. 227-231.
Jungk, Robert, Technological Forecasting as a Tool of Social Strategy, in: APWM 1 (1968/69), H. 2, S. 10-13.
Jungk, Robert, Zukunftsmöglichkeiten der Demokratie, in: APWM 1 (1968/69), H. 6, S. 3-5.

Jungk, Robert, Damit die Zukunft nicht aufhört, in: Ders. (Hrsg.), Menschen im Jahr 2000. Eine Übersicht über mögliche Zukünfte, Frankfurt a. M. 1969, S. 9f.

Jungk, Robert (Hrsg.), Menschen im Jahr 2000. Eine Übersicht über mögliche Zukünfte, Frankfurt a. M. 1969.

Jungk, Robert/Galtung, Johan (Hrsg.), Mankind 2000, London 1969.

Jungk, Robert, Preface, in: Ders./Johan Galtung (Hrsg.), Mankind 2000, London 1969, S. 9-10.

Jungk, Robert/Galtung, Johan, Postscript. A Warning and a Hope, in: Dies. (Hrsg.), Mankind 2000, London 1969, S. 368.

Jungk, Robert, Zukunftsforschung und Gesellschaft, in: Ernst Benda (Hrsg.), Zukunftsbezogene Politik. Notwendigkeit, Möglichkeiten, Grenzen, Bad Godesberg 1969, S. 51-67.

Jungk, Robert/Mundt, Hans Josef (Hrsg.), Das umstrittene Experiment: Der Mensch. Siebenundzwanzig Wissenschaftler diskutieren die Elemente einer biologischen Revolution, Dokumentation des Ciba-Symposiums 1962 „Man and his Future", München u. a. 1969.

Jungk, Robert, Können Technik und Gesellschaft künftig in Frieden leben?, in: IBM Report. Mitarbeiterzeitschrift der IBM Deutschland 19 (1970), Januar, S. 2f.

Jungk, Robert, The Role of Imagination in Future Research, in: Japan Society of Futurology (Hrsg.), Challenges from the Future. Proceedings of the International Future Research Conference, Bd. 1, Tokyo 1970, S. 1-7.

Jungk, Robert, Vorwort, in: Ders. (Hrsg.), Technologie der Zukunft, Berlin, Heidelberg 1970, S. V-VIII.

Jungk, Robert, Zukunftsforschung im Spannungsfeld gegensätzlicher Interessen, in: Stimme der Gemeinde zum kirchlichen Leben, zur Politik, Wirtschaft und Kultur. Eine Halbmonatsschrift der Bekennenden Kirche 22 (1970), H. 21, Sp. 656-663.

Jungk, Robert, Die neuen Fähigkeiten, in: Rolf Gössner (Hrsg.), Futurologie. Zukunftsforschung, Freiburg i. Br. 1971, S. 37-39.

Jungk, Robert, Futurologen sind die Verteidiger des Ungeborenen, in: UNESCO-Dienst 18 (1971), H. 10, S. 9-17.

Jungk, Robert, Umweltkrise – Umweltfriede, in: APWM 3 (1971), H. 18, S. 3.

Jungk, Robert, Zukunftsforschung. Dennis Meadows: Die Grenzen des Wachstums, in: Universitas 27 (1972), H. 10, S. 1113f.

Jungk, Robert, Anfänge eines anderen Wachstums, in: Christopher Horn/Martin P. von Walterskirchen/Jörg Wolff (Hrsg.), Umweltpolitik in Europa. Referate und Seminarergebnisse des 2. Symposiums für Wirtschaftliche und Rechtliche Fragen des Umweltschutzes an der Hochschule St. Gallen vom 31. Oktober bis 2. November 1972, Frauenfeld, Stuttgart 1973, S. 34-44.

Jungk, Robert, Die Entwicklung sozialer Phantasie als Aufgabe der Zukunftsforschung, in: Dietger Pforte/Olaf Schwencke (Hrsg.), Ansichten einer künftigen Futurologie. Zukunftsforschung in der zweiten Phase, München 1973, S. 121-135.

Jungk, Robert, Einige Erfahrungen mit „Zukunftswerkstätten", in: APWM 5 (1973), H. 25, S. 16-19.

Jungk, Robert, Politik und Technokratie, in: Günter Friedrichs (Hrsg.), Aufgabe Zukunft. Qualität des Lebens. Beiträge zur vierten internationalen Arbeitstagung der Industriegewerkschaft Metall für die Bundesrepublik Deutschland, 11. bis 14. April 1972 in Oberhausen, Bd. 8, Frankfurt a. M. 1973, S. 113-133.

Jungk, Robert, Zukunftsforschung und Zukunftsgestaltung. Plädoyer für eine „neue Wissenschaft", in: Alfred Grosser/Eberhard Jäckel/Robert Jungk u. a. (Hrsg.), Wirtschaft. Gesellschaft. Geschichte, Stuttgart 1974, S. 247-263.

Jungk, Robert, Der Atom-Staat. Vom Fortschritt in die Unmenschlichkeit, 3. Auflage, München 1977.

Jungk, Robert, Kein Atomstaat?, in: Günter Altner/Carl Amery/Robert Jungk u. a. (Hrsg.), Zeit zum Umdenken! Kritik an v. Weizsäckers Atom-Thesen, Reinbek bei Hamburg 1979, S. 103-108.

Jungk, Robert, Trotzdem. Mein Leben für die Zukunft, München 1993.

Kaelble, Hartmut, The 1970s. What Turning Point?, in: JMEH 9 (2011), H. 1, S. 18-20.

Kahn, Herman/Mann, Irwin, Monte Carlo, 30. 7. 1957, http://www.rand.org/content/dam/rand/pubs/papers/2007/P1165.pdf (letzte Abfrage 3. 1. 2015).

Kahn, Herman/Mann, Irwin, War Gaming, 30. 7. 1957, http://www.rand.org/content/dam/rand/pubs/papers/2006/P1167.pdf (letzte Abfrage 3. 1. 2015).

Kahn, Herman/Mann, Irwin, Techniques of Systems Analysis. Memorandum RM-1829-1-PR, Santa Monica 1957.

Kahn, Herman, On Thermonuclear War, 2. Auflage, London 1969 (Orig. 1960).

Kahn, Herman, Thinking about the Unthinkable, London 1962.

Kahn, Herman/Anthony J. Wiener, The Next Thirty-Three Years. A Framework for Speculation, in: Daedalus 96 (1967), H. 3, S. 705-732 (Dt.: Die nächsten 33 Jahre. Rahmen für Spekulationen, in: Robert Jungk/Hans Josef Mundt (Hrsg.), Der Weg ins Jahr 2000. Perspektiven, Prognosen, Modelle. Bericht der „Kommission für das Jahr 2000", München, Wien, Basel 1968, S. 97-126).

Kahn, Herman/Anthony J. Wiener, The Year 2000. A Framework for Speculation on the next 33 Years, New York 1967 (Dt.: Ihr werdet es erleben. Voraussagen der Wissenschaft bis zum Jahre 2000, Neuauflage Reinbek bei Hamburg 1971).

Kahn, Herman, The Alternative World Futures Approach, in: Morton A. Kaplan (Hrsg.), New Approaches to International Relations, New York 1968, S. 83-136.

Kahn, Herman/Bruce-Briggs, B., Things to Come. Thinking about the Seventies and Eighties, New York 1972 (Dt.: Herman Kahn, Angriff auf die Zukunft. Die 70er und 80er Jahre. So werden wir leben, 1972).

Kahn, Herman, in: Willem L. Oltmans (Hrsg.), Die Grenzen des Wachstums. Pro und Contra, Reinbek bei Hamburg 1974, S. 51-62.

Kahn, Herman/William M. Brown/Leon Martel, The next 200 Years. A Scenario for America and the World, New York 1976 (Dt.: Vor uns die guten Jahre).

Kahn, Herman, The Coming Boom. Economic, Political, and Social, New York 1982.

Kaldor, Mary, Christopher Freeman Obituary. He was a Pioneer in Science and Technology Studies, 2010, www.guardian.com/education/2010/sep/08/christopher-freeman-obituary, 2010 (letzte Abfrage 3. 1. 2015).

Kant, Horst/Renn, Jürgen, Carl Friedrich von Weizsäcker in den Netzwerken der Max-Planck-Gesellschaft, in: Klaus Hentschel/Dieter Hoffmann (Hrsg.), Physik, Philosophie, Friedensforschung. Carl Friedrich von Weizsäcker zum 100. Geburtstag, Halle 2014, S. 213-242.

Kant, Immanuel, Zum ewigen Frieden. Ein philosophischer Entwurf. Das Manifest für die Zukunft der Menschen, Bern, München, Wien 1989 (Orig. 1795).

Kaplan, A./Skogstad, A. L/Girshick, M. A., The Prediction of Social and Technological Events, in: The Public Opinion Quarterly 14 (1950), H. 1, S. 93-110.

Karlsch, Rainer, Hitlers Bombe. Die geheime Geschichte der deutschen Kernwaffenversuche, München 2005.

Kerksieck, Heinz-Joachim, Methoden der technologischen Vorausschau im Dienste der Forschungsplanung industrieller Unternehmungen unter besonderer Berücksichtigung der Delphi-Methode, Mannheim 1972.

Kern, Stephen, The Culture of Time and Space 1880-1918, Cambridge, Mass. u. a. 2003.

Keßler, Mario, Ossip K. Flechtheim. Politischer Wissenschaftler und Zukunftsdenker (1909-1998), Köln 2007.

Keynes, John Maynard, The General Theory of Employment Interest and Money, New York 1935.

Khromov, G.S., Significance and Perspectives of Space Research, in: Robert Jungk/Johan Galtung (Hrsg.), Mankind 2000, London 1969, S. 178-184.

Kikutake, Kiyonori, General Concept of Multi-Channel Environment, in: Japan Society of Futurology (Hrsg.), Challenges from the Future. Proceedings of the International Future Research Conference, Bd. 2, Tokyo 1970, S. 353-361.

King, Alexander, Science Policy, Economic Growth and the Quality of Life, in: Science Policy News 2 (1970), H. 1, S. 1-6.

King, Alexander u. a., Commentary by the Club of Rome Executive Committee, in: Dennis L. Meadows/Donella Meadows/Erich Zahn/Peter Milling, The Limits to Growth. A Report for the Club of Rome's Project on the Predicament of Mankind, New York 1972, S. 185-197.

King, Alexander, Another Kind of Growth. Industrial Society and the Quality of Life, London 1972.

King, Alexander, The Club of Rome. An Insider's View, in: Economic Impact. A Quarterly Review of World Economies 9 (1975), H. 4, S. 30-37.

King, Alexander, The Club of Rome and its Policy Impact, in: William M. Evan (Hrsg.), Knowledge and Power in the Global Society, Beverly Hills, London 1981, S. 205-224.

King, Alexander, Let the Cat Turn Round. One Man's Traverse of the Twentieth Century, London 2006.

Kirby, Maurice W., Blackett in the ‚white heat' of the Scientific Revolution. Industrial Modernization under the Labour Governments, 1964-1970, in: The Journal of the Operational Research Society 55 (1999), S. 985-993.

Kirby, Maurice W., Operations Research Trajectories. The Anglo-American Experience from the 1940s to the 1960s, in: Operations Research 48 (2000), S. 661-670.

Kirby, Maurice W., Operational Research in War and Peace. The British Experience from the 1930s to 1970, London, River Edge 2003.

Kishida, Junnosuke, Human Revolution. Multi-Channel Society, in: Japan Society of Futurology (Hrsg.), Challenges from the Future. Proceedings of the International Future Research Conference, Bd. 1, Tokyo 1970, S. 293-302.

Klages, Helmut, Soziologie zwischen Wirklichkeit und Möglichkeit. Plädoyer for eine projektive Soziologie, Köln, Opladen 1968.

Klages, Helmut, Aufgaben und Ziele der Zukunftsforschung, in: APWM 1 (1968/69), H. 5, S. 13-16.

Klages, Helmut, Methodological Problems of Measuring Social Innovation, in: Japan Society of Futurology (Hrsg.), Challenges from the Future. Proceedings of the International Future Research Conference, Bd. 3, Tokyo 1970, S. 147-153.

Klages, Helmut, Planungspolitik. Probleme und Perspektiven der umfassenden Zukunftsgestaltung, Stuttgart u. a. 1971.

Klages, Helmut, Nullwachstum – ein soziales Stabilitätsrisiko?, in: APWM 6 (1974), H. 31, S. 3.

Klages, Helmut, Der Beitrag der Sozialwissenschaften zur praktischen Politik, in: Wissenschaftszentrum Berlin (Hrsg.), Interaktion von Wissenschaft und Politik. Theoretische und praktische Probleme der anwendungsorientierten Sozialwissenschaften, Frankfurt a. M., New York 1977, S. 315-320.

Klages, Helmut (Hrsg.), Symposion Werteinstellung und Wertwandel, Berlin 1978.

Klages, Helmut, Wertorientierungen im Wandel. Rückblick, Gegenwartsanalyse, Prognosen, Frankfurt a. M. 1984.

Knorr, Peter, Rein in die fetten 70er Jahre? Über die Zukunft der Zukunftsforschung. Interview mit Robert Jungk, in: Pardon 1970, H. 1, S. 8-10.

Knorr-Cetina, Karin, The Manufacture of Knowledge. An Essay on the Constructivist and Contextual Nature of Science, Oxford, New York 1981.

Koch, Claus, Kritik der Futurologie, in: Kursbuch 14 (1968), S. 1-17.

Kodama, Katsuya, International Peace Research Association, in: Nigel Young (Hrsg.), The Oxford International Encyclopedia of Peace. Bd. 2, Oxford 2010, S. 455-457.

Koelle, Heinz Hermann, SEMPE – Ein soziökonomisches Modell des Planeten Erde, in: APWM 1 (1968/69), H. 1, S. 11-15.

Koelle, Heinz Hermann, Zum Geleit, in: APWM 1 (1968/69), H. 1, S. 4.

Koelle, Heinz Hermann, unter Mitwirkung von C. Böhret, G. Brand, O. K. Flechtheim, H. Kundler, F. Lienemann, A. Nagel, J. Severin, G. W. Tumm (ZBZ-Arbeitskreis Politische Entscheidungshilfen), Systematische Entscheidungsvorbereitung politischer Probleme. Wege zur Verbesserung der Präzision und Transparenz sowie zur Beschleunigung komplexer politischer Entscheidungen, in: APWM 1 (1968/69), H. 5, S. 12-19.

Koelle, Heinz Hermann, Zentrum Berlin für Zukunftsforschung, in: Robert Jungk (Hrsg.), Menschen im Jahr 2000. Eine Übersicht über mögliche Zukünfte, Frankfurt a. M. 1969, S. 136-140.

Koelle, Heinz Hermann, Ein Experiment auf dem Gebiet der Zielforschung, in: APWM 2 (1970), H. 12, S. 22f.

Koelle, Heinz Hermann, Zielfex '71, in: APWM 3 (1971), H. 17, S. 16.

Koelle, Heinz Hermann, Zur Problematik der Zielfindung und Zielanalyse, in: APWM 3 (1971), H. 16, S. 13-16.

Koelle, Heinz Hermann, Ein Zielfindungsexperiment über die Qualität des Lebens, in: APWM 4 (1972), H. 24, S. 15.
Koelle, Heinz Hermann, Wie schlüssig und aussagefähig ist das MIT-Weltmodell?, in: APWM 5 (1973), H. 29, S. 18f.
Koelle, Heinz Hermann, 5. Runde des Zielfindungsexperiments beendet!, in: APWM 6 (1974), H. 31, S. 268.
Koelle, Heinz Hermann, Werden und Wirken eines deutsch-amerikanischen Raumfahrt-Professors, Berlin 1994.
Koppe, Karlheinz, Zur Geschichte der Friedens- und Konfliktforschung im 20. Jahrhundert, in: Peter Imbusch (Hrsg.), Friedens- und Konfliktforschung. Eine Einführung, Wiesbaden 2010, S. 17-66.
Koselleck, Reinhart, „Erfahrungsraum" und „Erwartungshorizont". Zwei historische Kategorien, in: Ders., Vergangene Zukunft. Zur Semantik geschichtlicher Zeiten, Frankfurt a. M. 1979, S. 349-375.
Koselleck, Reinhart, Vergangene Zukunft der frühen Neuzeit, in: Ders., Vergangene Zukunft. Zur Semantik geschichtlicher Zeiten, Frankfurt a. M. 1979, S. 17-37.
Koselleck, Reinhart, Zur Verzeitlichung der Utopie, in: Hans-Jürg Braun (Hrsg.), Utopien. Die Möglichkeit des Unmöglichen, Zürich 1987, S. 69-86.
Kosow, Hannah/Gassner, Robert, Methoden der Zukunfts- und Szenarioanalyse. Überblick, Bewertung und Auswahlkriterien, Berlin 2008.
Köstler, Arthur, Die Geheimschrift. Bericht eines Lebens 1932 bis 1940, Wien, München, Basel 1954.
Krauch, Helmut, Forschungsplanung für Entwicklungsländer, in: Atomzeitalter (1961), H. 4, S. 80-83.
Krauch, Helmut, Wider den technischen Staat, in: Atomzeitalter (1961), H. 9, S. 201-203.
Krauch, Helmut, Staatliche Forschung in USA. Planung und Organisation staatlich finanzierter Forschung, in: Atomzeitalter (1962), H. 7/8, S. 179-188.
Krauch, Helmut, Umfang und Förderungsmethoden der technischen Entwicklung im europäischen Ausland und in den USA, in: VDI-Zeitschrift 108 (1966), H. 1, S. 1-8.
Krauch, Helmut/Kunz, Werner/Rittel, Horst W. J. (Hrsg.), Forschungsplanung. Eine Studie über Ziele und Strukturen amerikanischer Forschungsinstitute, München 1966.
Krauch, Helmut, Forschungsplanung, in: Karl Steinbuch (Hrsg.), SYSTEMS 69. Internationales Symposium über Zukunftsfragen, Stuttgart 1970, S. 41-50.
Krauch, Helmut, Prioritäten für die Forschungspolitik, München 1970.
Krauch, Helmut, Zur Analyse der Forschungspolitik – Probleme der Repräsentation gesellschaftlicher Ziele in der staatlichen Forschungsplanung, in: Ders., Prioritäten für die Forschungspolitik, München 1970, S. 9-51.
Krauch, Helmut/Feger, Hubert/Opgenoorth, Werner, Forschungsplanung I. Verwirklichungschancen und Förderungswürdigkeit von Forschungsschwerpunkten im Urteil von Fachleuten und Studenten, in: Zeitschrift für Sozialpsychologie 1 (1970), H. 1, S. 155-166.
Krauch, Helmut, Computer-Demokratie. Hilft uns die Technik entscheiden?, München 1972.
Krauch, Helmut, Wege und Aufgaben der Systemforschung, in: Ders. (Hrsg.), Systemanalyse in Regierung und Verwaltung, Freiburg i. Br. 1972, S. 27-47.
Krauch, Helmut, Von der instrumentellen zur maieutischen Systemanalyse, in: Krauch, Helmut/ Tom Sommerlatte (Hrsg.), Bedürfnisse entdecken. Gestaltung zukünftiger Märkte und Produkte, Frankfurt a. M., New York 1997, S. 73-96.
Krauch, Helmut, Bildung und Entfaltung der Studiengruppe für Systemforschung 1957-1973, http://www.usf.uni-kassel.de/usf/archiv/dokumente/krauch/studiengruppe.pdf (letzte Abfrage 3. 1. 2015).
Kraus, Elisabeth, Von der Uranspaltung zur Göttinger Erklärung. Otto Hahn, Werner Heisenberg, Carl Friedrich von Weizsäcker und die Verantwortung des Wissenschaftlers, Würzburg 2001.
Kraus, Elisabeth, Die Vereinigung Deutscher Wissenschaftler. Gründung, Aufbau und Konsolidierung (1958 bis 1963), in: Stephan Albrecht (Hrsg.), Wissenschaft – Verantwortung – Frieden. 50 Jahre VDW, Berlin 2009, S. 27-71.

Kreibich, Rolf, Die Wissenschaftsgesellschaft. Von Galilei zur High-Tech-Revolution, Frankfurt a. M. 1986.
Kreibich, Rolf, Zukunftsforschung in der Bundesrepublik Deutschland, in: Ders./Weert Canzler/Klaus Baumeister (Hrsg.), Zukunftsforschung und Politik in Deutschland, Frankreich, Schweden und der Schweiz, Weinheim, Basel 1991, S. 41-154.
Kreibich, Rolf/Canzler, Weert/Baumeister, Klaus (Hrsg.), Zukunftsforschung und Politik in Deutschland, Frankreich, Schweden und der Schweiz, Weinheim, Basel 1991.
Kreibich, Rolf, Zukunftsforschung, in: Bruno Tietz/Richard Köhler/Joachim Zentes (Hrsg.), Handwörterbuch des Marketing, Stuttgart 1995, Sp. 2813-2833.
Kretschmann, Carsten, Wissenspopularisierung – ein altes, neues Forschungsfeld, in: Ders. (Hrsg.), Wissenspopularisierung. Konzepte der Wissensverbreitung im Wandel, Berlin 2003, S. 7-21.
Krevert, Peter, Funktionswandel der wissenschaftlichen Politikberatung in der Bundesrepublik Deutschland. Entwicklungslinien, Probleme und Perspektiven im Kooperationsfeld von Politik, Wissenschaft und Öffentlichkeit, Münster, Hamburg 1993.
Krieger, Wolfgang, Zur Geschichte von Technologiepolitik und Forschungsförderung in der Bundesrepublik Deutschland, in: VfZ 35 (1987), S. 247-271.
Krige, John/Pestre, Dominique (Hrsg.), Science in the Twentieth Century, Amsterdam 1997.
Krige, John, American Hegemony and the Postwar Reconstruction of Science in Europe, Cambridge, Mass. 2006.
Krige, John, Die Führungsrolle der USA und die transnationale Koproduktion von Wissen, in: Bernd Greiner/Tim B. Müller/Claudia Weber (Hrsg.), Macht und Geist im Kalten Krieg, Hamburg 2011, S. 68-86.
Krippendorff, Ekkehart (Hrsg.), Friedensforschung, Köln 1970.
Krohn, Carsten, Buckminster Fuller und die Architekten, Berlin 2004.
Krohn, Wolfgang/Krücken, Georg, Risiko als Konstruktion und Wirklichkeit. Eine Einführung in die sozialwissenschaftliche Risikoforschung, in: Dies. (Hrsg.), Riskante Technologien. Reflexion und Regulation. Einführung in die sozialwissenschaftliche Risikoforschung, Frankfurt a. M. 1993, S. 9-44.
Kromphardt, Jürgen, Von der Globalsteuerung der Nachfrage zur Verbesserung der Angebotsbedingungen. Zu den Ursachen des Bedeutungsverlusts des Keynesianismus, in: Karl Acham/Knut Wolfgang Nörr/Bertram Schefold (Hrsg.), Der Gestaltungsanspruch der Wissenschaft. Aufbruch und Ernüchterung in den Rechts-, Sozial- und Wirtschaftswissenschaften auf dem Weg von den 1960er zu den 1980er Jahren, Stuttgart 2006, S. 301-333.
Kruke, Anja, Demoskopie in der Bundesrepublik Deutschland. Meinungsforschung, Parteien und Medien 1949-1990, Düsseldorf 2007.
Kruse, Volker, Soziologie als „Schlüsselwissenschaft" und „Angewandte Aufklärung". Der Mythos der Empirischen Soziologie, in: Karl Acham/Knut Wolfgang Nörr/Bertram Schefold (Hrsg.), Der Gestaltungsanspruch der Wissenschaft. Aufbruch und Ernüchterung in den Rechts-, Sozial- und Wirtschaftswissenschaften auf dem Weg von den 1960er zu den 1980er Jahren, Stuttgart 2006, S. 145-175.
Kruse, Volker, Geschichte der Soziologie, Konstanz 2008.
Kuchenbuch, David, Geordnete Gemeinschaft. Architekten als Sozialingenieure, Bielefeld 2010.
Kuchenbuch, David, „Eine Welt". Globales Interdependenzbewusstsein und die Moralisierung des Alltags in den 1970er und 80er Jahren, in: GG 38 (2012), H. 1, S. 158-184.
Kuhn, Thomas S., Die Struktur wissenschaftlicher Revolutionen, 2. Auflage, Frankfurt a. M. 1976 (Orig. 1961).
Kunkel, Sönke, Zwischen Globalisierung, internationalen Organisationen und „Global Governance". Eine kurze Geschichte des Nord-Süd-Konflikts in den 1960er und 1970er Jahren, in: VfZ 60 (2012), H. 4, S. 555-577.
Kupper, Patrick, Die ‚1970er Diagnose'. Grundsätzliche Überlegungen zu einem Wendepunkt der Umweltgeschichte, in: AfS 43 (2003), S. 325-348.
Kupper, Patrick, „Weltuntergangs-Vision aus dem Computer". Zur Geschichte der Studie „Die Grenzen des Wachstums" von 1972, in: Frank Uekötter (Hrsg.), Wird Kassandra heiser? Die Geschichte falscher Ökoalarme, Stuttgart 2004, S. 98-111.

Küpper, Christel, Frieden und Zukunft als Aufgabe der Forschung, in: Zukunfts- und Friedensforschung Information 1 (1965), H. 1, S. 2-4.
Kutsch, Thomas, Die Welt im Jahr 2000. Analyse einer internationalen Umfrage über die Einstellung zur Zukunft, Kronberg/Ts. 1974.
Laak, Dirk van, Zwischen „organisch" und „organisatorisch". „Planung" als politische Leitkategorie zwischen Weimar und Bonn, in: Burkhard Dietz (Hrsg.), Griff nach dem Westen. Die „Westforschung" der völkisch-nationalen Wissenschaften zum nordwesteuropäischen Raum (1919-1960), Münster, München u. a. 2003, S. 67-90.
Laak, Dirk van, Planung. Geschichte und Gegenwart des Vorgriffs auf die Zukunft, in: GG 34 (2008), S. 305-326.
Laak, Dirk van, Planung, Planbarkeit und Planungseuphorie, 16. 2. 2010, http://docupedia.de/zg/Planung (letzte Abfrage 3. 1. 2015).
Landwehr, Achim, Wissensgeschichte, in: Rainer Schützeichel (Hrsg.), Handbuch Wissenssoziologie und Wissensforschung, Konstanz 2007, S. 801-813.
Landwehr, Achim, Historische Diskursanalyse, 2. Auflage, Frankfurt a. M. 2009.
Landwehr, Achim (Hrsg.), Frühe Neue Zeiten. Zeitwissen zwischen Reformation und Revolution, Bielefeld 2012.
Lane, Robert E., The Decline of Politics and Ideology in a Knowledgeable Society, in: American Sociological Review 31 (1966), H. 5, S. 649-662.
Lang, Jürgen P./Deutsch, Karl W., The Nerves of Government, in: Steffen Kailitz (Hrsg.), Schlüsselwerke der Politikwissenschaft, Wiesbaden 2007, S. 92-95.
Larnder, Harold, The Origin of Operational Research, in: Operations Research 32 (1984), S. 465-475.
Laßwitz, Kurd, Auf zwei Planeten, Weimar 1897.
Latour, Bruno/Woolgar, Steve, Laboratory Life. The Construction of Scientific Facts, Princeton 1986.
Latour, Bruno, The Pasteurization of France, Cambridge, Mass. 1988.
Lebow, Richard Ned, Social Science, History, and the Cold War. Pushing the Conceptual Envelope, in: Odd Arne Westad (Hrsg.), Reviewing the Cold War. Approaches, Interpretations, Theory, London 2000, S. 103-125.
Lederer, Katrin/Mackensen, Rainer, Gesellschaftliche Bedürfnislagen. Möglichkeiten und Grenzen ihrer wissenschaftlichen Bestimmung, Göttingen 1974.
Lederer, Katrin, Stichworte zur Bedürfniserforschung, in: APWM 7 (1975), H. 39, S. 23f.
Lee, Kenneth, Confederation for Peace, in: Peace Information Bulletin 2 (1964), H. 2, S. 2.
Leendertz, Ariane, Die pragmatische Wende. Die Max-Planck-Gesellschaft und die Sozialwissenschaften 1975-1985, Göttingen 2010.
Leendertz, Ariane, Schlagwort, Prognostik oder Utopie? Daniel Bell über Wissen und Politik in der ‚postindustriellen Gesellschaft', in: Zeithistorische Forschungen 9 (2012), H. 1, http://www.zeithistorische-forschungen.de/16126041-Leendertz-1-2012 (letzte Abfrage 3. 1. 2015).
Leendertz, Ariane, Ein gescheitertes Experiment – Carl Friedrich von Weizsäcker, Jürgen Habermas und die Max-Planck-Gesellschaft, in: Klaus Hentschel/Dieter Hoffmann (Hrsg.), Physik, Philosophie, Friedensforschung. Carl Friedrich von Weizsäcker zum 100. Geburtstag, Halle 2014, S. 243-262.
Lengwiler, Martin, Kalkulierte Solidarität. Chancen und Grenzen sozialstaatlicher Prognosen (1900-1970), in: Heinrich Hartmann/Jakob Vogel (Hrsg.), Zukunftswissen. Prognosen in Wirtschaft, Politik und Gesellschaft seit 1900, Frankfurt a. M. u. a. 2010, S. 33-48.
Lenhard, Johannes/Küppers, Günter, Computersimulationen – Wissen über eine imitierte Wirklichkeit, in: Peter Weingart/Martin Carrier/Wolfgang Krohn (Hrsg.), Nachrichten aus der Wissensgesellschaft, Weilerswist 2007, S. 111-138.
Lenk, Kurt, Methodenfragen der politischen Theorie, in: Hans-Joachim Lieber (Hrsg.), Politische Theorien von der Antike bis zur Gegenwart, Bonn 1993, S. 991-1016.
Lenz, Andreas, Zur Entstehungsgeschichte von Umweltsystemforschung und Technikfolgenabschätzung. Das Bundestagshearing am 21. März 1973 und die Experimente der Studiengruppe für Systemforschung / Perspektiven der elektronischen Demokratie, http://www.usf.uni-kassel.de/usf/archiv/dokumente/krauch/bundestagshearing.htm (letzte Abfrage 3. 1. 2015)

Leonard, Robert, Von Neumann, Morgenstern, and the Creation of Game Theory. From Chess to Social Science, 1900-1960, Cambridge, Mass. 2010.
Lepenies, Philipp H., Lernen vom Besserwisser. Wissenstransfer in der „Entwicklungshilfe" aus historischer Perspektive, in: Hubertus Büschel/Daniel Speich (Hrsg.), Entwicklungswelten. Globalgeschichte der Entwicklungszusammenarbeit, Frankfurt a. M. 2009, S. 33-59.
Leslie, Stuart W., The Cold War and American Science. The Military-industrial-academic Complex at MIT and Stanford, New York 1993.
Leslie, Stuart W., Science and Politics in Cold War America, in: Margaret C. Jacob (Hrsg.), The Politics of Western Science, 1640-1990, Atlantic Highlands 1994, S. 199-233.
Levčik, Bedrich, The Perspectives of the Scientific and Technical Revolution, in: Robert Jungk/ Johan Galtung (Hrsg.), Mankind 2000, London 1969, S. 334f.
Levien, Roger E., RAND, IIASA, and the Conduct of Systems Analysis, in: Agatha C. Hughes/ Thomas P. Hughes (Hrsg.), Systems, Experts, and Computers. The Systems Approach in Management and Engineering, World War II and after, Cambridge, Mass. 2000, S. 433-462.
Lienemann, Fritz, Internationale Zukunftsforschungskonferenz, in: APWM 2 (1970), H. 10, S. 25f.
Lindenberger, Thomas, Straßenpolitik. Zur Sozialgeschichte der öffentlichen Ordnung in Berlin, 1900-1914, Bonn 1995.
Lindner, Konrad/Weizsäcker, Carl Friedrich von, Carl Friedrich von Weizsäckers Wanderung ins Atomzeitalter. Ein dialogisches Selbstporträt, Paderborn 2002.
Linnér, Björn-Ola, The Return of Malthus. Environmentalism and Post-War Population-Resource Crises, Isle of Harris 2003.
List, Friedrich, Die politisch-ökonomische Nationaleinheit der Deutschen, Berlin 1931.
Loderer, Eugen, Qualität des Lebens und Gewerkschaften, in: Günter Friedrichs (Hrsg.), Aufgabe Zukunft. Qualität des Lebens. Beiträge zur vierten internationalen Arbeitstagung der Industriegewerkschaft Metall für die Bundesrepublik Deutschland 11. bis 14. April 1972 in Oberhausen, Bd. 1, Frankfurt a. M. 1973, S. 244-255.
Lohmar, Ulrich (Hrsg.), Deutschland 1975. Analysen, Prognosen, Perspektiven, München 1965.
Lombardo-Radice, Lucio, Pluralismus in marxistischer Sicht, in: Werkhefte 19 (1965), S. 247-253.
Lompe, Klaus, Gesellschaftspolitik und Planung. Probleme politischer Planung in der sozialstaatlichen Demokratie, 2. Auflage, Bern, Stuttgart 1976.
Long-Term Forecasting in Europe. Études prospectives en Europe, 10 Bde., Paris 1970.
Lorenz, Chris/Bevernage, Berber (Hrsg.), Breaking up Time. Negotiating the Borders between Present, Past and Future, Göttingen 2013.
Lorenz, Robert, Protest der Physiker. Die „Göttinger Erklärung" von 1957, Bielefeld 2011.
Lowe, Philip D./Rüdig, Wolfgang, The Withered ‚Greening' of British Politics. A Study of the Ecology Party, in: Political Studies 34 (1986), S. 262-284.
Lübbe, Hermann, Ernst und Unernst der Zukunftsforschung, in: Merkur 23 (1969), H. 250, S. 125-130.
Luhmann, Niklas, Politische Planung, 2. Auflage, Opladen 1971.
Luhmann, Niklas, Weltzeit und Systemgeschichte. Über Beziehungen zwischen Zeithorizonten und Strukturen gesellschaftlicher Systeme, in: Ders., Soziologische Aufklärung 2. Aufsätze zur Theorie der Gesellschaft, Opladen 1975, S. 103-133.
Luhmann, Niklas, Ökologische Kommunikation. Kann die moderne Gesellschaft sich auf ökologische Gefährdungen einstellen?, Opladen 1986.
Luhmann, Niklas, Die Wissenschaft der Gesellschaft, Frankfurt a. M. 1990.
Luhmann, Niklas, Die Zukunft kann nicht beginnen. Temporalstrukturen der modernen Gesellschaft, in: Peter Sloterdijk (Hrsg.), Vor der Jahrtausendwende. Berichte zur Lage der Zukunft, Frankfurt a. M. 1990, S. 119-150.
Luhmann, Niklas, Risiko und Gefahr, in: Ders., Soziologische Aufklärung 5, Opladen 1990, S. 131-169.
Luhmann, Niklas, Soziologie des Risikos, Berlin, New York 1991.
Luhmann, Niklas, Beobachtungen der Moderne, Opladen 1992.
Luhmann, Niklas, Die Beschreibung der Zukunft, in: Ders., Beobachtungen der Moderne, Opladen 1992, S. 129-147.

Lyotard, Jean-François, Das postmoderne Wissen. Ein Bericht, Graz, Wien 1986 (Orig. 1979).
Machnig, Matthias, Einleitung, in: Ders. (Hrsg.), Welchen Fortschritt wollen wir? Neue Wege zu Wachstum und sozialem Wohlstand, Frankfurt a. M., New York 2011, S. 7-9.
Mackensen, Rainer, Leitlinien für ein mittelfristiges Forschungsprogramm des ZBZ, in: APWM 3 (1971), H. 14, S. 13-17.
Mackensen, Rainer, Fortschritt – wohin?, in: APWM 5 (1973), H. 27, S. 24f.
Mackensen, Rainer, Ist langfristige Sozialplanung aktuell?, in: APWM 7 (1975), H. 38, S. 4f.
Mackensen, Rainer, ZBZ ehrt Robert Jungk und Ossip K. Flechtheim, in: APWM 7 (1975), H. 42, S. 16.
Maddox, John, The Doomsday Syndrome, London 1972.
Mai, Manfred, Wissenschaftliche Politikberatung in dynamischen Politikfeldern, in: Zeitschrift für Parlamentsfragen 30 (1999), S. 659-673.
Maier, Helmut/Hugger, Werner, Ist die Zukunftsforschung noch zu retten? Ein weiterer Bericht über die 3. Weltkonferenz der Zukunftsforschung in Bukarest, in: APWM 4 (1972), H. 24, S. 26f.
Majer, Helge, Die „Technologische Lücke" zwischen der Bundesrepublik Deutschland und den Vereinigten Staaten von Amerika, Tübingen 1973.
Malaska, Pentti/Vapaavuori, Matti (Hrsg.), The Club of Rome. Finnish Society for Futures Studies, Turku 1984.
Mănescu, Manea (Hrsg.), Management Science and Futures Studies in Socialist Romania. Special Issue Dedicated to the 3rd World Future Research Conference, Bucharest, September 3-10, 1972, Bukarest o. J.
Mannheim, Karl, Freedom, Power & Democratic Planning, London 1951 (Dt.: Freiheit und geplante Demokratie, 1970).
Mannheim, Karl, Ideologie und Utopie, 5. Auflage, Frankfurt a. M. 1969.
Mannheim, Karl, Das Problem einer Soziologie des Wissens, in: Ders., Wissenssoziologie. Auswahl aus dem Werk, hrsg. von Kurt Wolff, Berlin, Neuwied 1970, S. 308-387.
Marcuse, Herbert, Das Individuum in der „Great Society" (1966), in: Ders., Ideen zu einer kritischen Theorie der Gesellschaft, Frankfurt a. M. 1969, S. 157-190.
Marcuse, Herbert, Ideen zu einer kritischen Theorie der Gesellschaft, Frankfurt a. M. 1969.
Marien, Michael, Societal Directions and Alternatives. A Critical Guide to the Literature, New York 1976.
Michael Marien, The Two Visions of Post-Industrial Society, in: Futures 9 (1977), S. 415-431.
Masberg, Dieter, Zur Entwicklung der Diskussion um ‚Lebensqualität' und ‚qualitatives Wachstum' in der Bundesrepublik, in: Helge Majer (Hrsg.), Qualitatives Wachstum. Einführung in Konzeptionen der Lebensqualität, Frankfurt a. M., New York 1984, S. 11-31.
Matthöfer, Hans, Gemeinsam unsere Energieversorgung sichern. Interview mit Hans Matthöfer, Bundesminister für Forschung und Technologie, in: Siemens Aktiengesellschaft (Hrsg.), Energie für morgen. Beiträge aus Politik, Wirtschaft, Technik, Forschung, Berlin 1975, S. 9-14.
Matthöfer, Hans, Arbeit des „Club of Rome" muß nationale Konsequenzen ermöglichen, in: APWM 7 (1975), H. 41, S. 3.
Matthöfer, Hans, Perspektiven deutscher Forschungs- und Technologiepolitik, in: Ders. (Hrsg.), Menschlich überleben. Technologien für den Frieden, Wuppertal 1976, S. 9-20.
Mauch, Christof, Blick durchs Ökoskop. Rachel Carsons Klassiker und die Anfänge des modernen Umweltbewusstseins, in: Zeithistorische Forschungen 9 (2012), H. 1, S. 156-160.
Maxim, Hudson, Das 1000jährige Reich der Maschinen, in: Arthur Brehmer (Hrsg.), Die Welt in 100 Jahren (Orig. 1910), neu herausgegeben von Georg Ruppelt, Hildesheim, Zürich, New York 2010, S. 5-24.
Mayntz, Renate/Scharpf, Fritz W. (Hrsg.), Planungsorganisation. Die Diskussion um die Reform von Regierung und Verwaltung des Bundes, München 1973.
Mayntz, Renate, Politikberatung und politische Entscheidungsstrukturen. Zu den Voraussetzungen des Politikberatungsmodells, in: Axel Murswieck (Hrsg.), Regieren und Politikberatung, Opladen 1994, S. 17-29.
McCormick, John, Reclaiming Paradise. The Global Environmental Movement, Bloomington 1989.
McGann, James G., Think Tanks and Policy Advice in the United States, New York u. a. 2007.

McHale, John, The Ten Year Program, Carbondale 1965.
McHale, John, The Ecological Context, Carbondale 1967.
McHale, John, Future Research. Some Integrative and Communicative Aspects, in: Robert Jungk/Johan Galtung (Hrsg.), Mankind 2000, London 1969, S. 256-263.
McHale, John, The Future of the Future, New York 1969.
McHale, John/McHale, Magda Cordell, An Assessment of Futures Studies Worldwide, in: Futures 8 (1976), H. 2, S. 135-145.
McHale, John/McHale, Magda Cordell, The Futures Directory. An International Listing and Description of Organizations and Individuals Active in Futures Studies and Long-range Planning, London 1977.
McNeill, John R., Blue Planet. Die Geschichte der Umwelt im 20. Jahrhundert, Bonn 2005 (Orig. 2000).
McNeill, John R., The Environment, Environmentalism, and International Society in the Long 1970s, in: Niall Ferguson u. a. (Hrsg.), The Shock of the Global. The 1970s in Perspective, Cambridge, Mass. 2010, S. 262-278.
Meadows, Dennis L./Meadows, Donella/Zahn, Erich/Milling, Peter, The Limits to Growth. A Report for the Club of Rome's Project on the Predicament of Mankind, New York 1972 (Dt.: Die Grenzen des Wachstums, 1972).
Meadows, Dennis L., Evaluating Past Forecasts. Reflections on One Critique of The Limits to Growth, in: Robert Costanza (Hrsg.), Sustainability or Collapse? An Integrated History and Future of People on Earth, Cambridge, Mass., Berlin 2007, S. 399-415.
Meadows, Donella/Meadows, Dennis L., Toward Global Equilibrium. Collected Papers, Cambridge, Mass. 1973 (Dt.: Das globale Gleichgewicht, 1974).
Meadows, Donella/Meadows, Dennis L./Randers, Jørgen/Behrens, William W. III, A Response to Sussex, in: Futures 5 (1973), H. 1, S. 135-152.
Meadows, Dennis L., Kurskorrektur oder bis zur Kollision, in: Horst-Eberhard Richter (Hrsg.), Wachstum bis zur Katastrophe? Pro und Contra zum Weltmodell, Stuttgart 1974, S. 98-107.
Meadows, Donella/Richardson, John/Bruckmann, Gerhart, Groping in the Dark. The First Decade of Global Modelling, Chichester 1982.
Meadows, Paul, The Contemporary Rediscovery of the Environment, in: APWM 3 (1971), H. 18, S. 26f.
Mehringer, Hartmut, Waldemar von Knoeringen. Eine politische Biographie. Der Weg vom revolutionären Sozialismus zur sozialen Demokratie, München, New York 1989.
Meier, Richard L., Material Resources, in: Robert Jungk/Johan Galtung (Hrsg.), Mankind 2000, London 1969, S. 100-115.
Meier, Richard L., Resource-Conserving Urbanism. Progress and Potentials, in: Japan Society of Futurology (Hrsg.), Challenges from the Future. Proceedings of the International Future Research Conference, Bd. 2, Tokyo 1970, S. 385-407.
Mende, Silke, „Nicht rechts, nicht links, sondern vorn". Eine Geschichte der Gründungsgrünen, München 2011.
Mendlovitz, Saul H. (Hrsg.), On the Creation of a Just World Order, New York 1975.
Menke-Glückert, Peter, Systemplanung von Grundstoffen und Nahrungsmittelreserven, in: Karl Steinbuch (Hrsg.), SYSTEMS 69. Internationales Symposium über Zukunftsfragen, Stuttgart 1970, S. 53-86.
Menke-Glückert, Peter, The Changing Environment for Political Innovations. Ways to Stimulate Political Innovations, in: Japan Society of Futurology (Hrsg.), Challenges from the Future. Proceedings of the International Future Research Conference, Bd. 3, Tokyo 1970, S. 125-142.
Menke-Glückert, Peter, Konflikt durch Überfluß. Ohne Umweltschutz gibt es keine gesicherte Zukunft, in: Hans D. Kloss (Hrsg.), Damit wir morgen leben können. Innere Reformen – politische Antworten auf Mängel im Industriestaat, Stuttgart 1972, S. 15-25.
Menke-Glückert, Peter, Zukunftsbewegung oder Zukunftsberufsverband?, in: APWM 4 (1972), H. 24, S. 3.
Menke-Glückert, Peter, Anforderungen der Umweltpolitik an die Wissenschaft, in: Ders. u. a. (Hrsg.), Planung für den Schutz der Umwelt. Materialien zum Siedlungs- und Wohnungswesen und zur Raumplanung, Münster 1973, S. 11-28.
Menke-Glückert, Peter, Weltlastenausgleich?, in: Merkur 29 (1975), H. 331, S. 1095-1107.

Menke-Glückert, Peter, Das BARILOCHE-Modell. Eine Chance zum Überleben, in: APWM 9 (1977), H. 51, S. 3f.

Menke-Glückert, Peter, Vorwort: Das BARILOCHE-Modell. Eine Chance zum Überleben, in: Amílcar Oscar Herrera/Hugo D. Scolnik, Grenzen des Elends. Das Bariloche-Modell. So kann die Menschheit überleben. Mit einem Vorwort von Peter Menke-Glückert, Frankfurt a. M. 1977, S. 9-14.

Menke-Glückert, Peter, Executive Secretary of WFSC, in: Hans Buchholz/Wolfgang Gmelin (Hrsg.), Science and Technology and the Future. Proceedings and Joint Report of World Future Studies Conference and DSE-Preconference held in Berlin (West) 4th-10th May 1979, München u. a. 1979, S. 157-161.

Menke-Glückert, Peter u. a. (Hrsg.), Planung für den Schutz der Umwelt. Materialien zum Siedlungs- und Wohnungswesen und zur Raumplanung, Münster 1973.

Mercier, Louis-Sébastien, L'an 2440. Rêve s'il en fut jamais, Paris 1999 (Orig. 1786).

Merseburger, Peter, Willy Brandt 1912-1993. Visionär und Realist, Stuttgart 2002.

Merton, Robert K., Die Eigendynamik gesellschaftlicher Voraussagen, in: Ernst Topitsch (Hrsg.), Logik der Sozialwissenschaften. Unter Mitarbeit von Peter Payer, Königstein/Ts. 1980, S. 144-161.

Mesarović, Mihajlo D./Pestel, Eduard, Mankind at the Turning Point. The Second Report to the Club of Rome, New York 1974 (Dt.: Menschheit am Wendepunkt. 2. Bericht an den Club of Rome zur Weltlage, Stuttgart 1974).

Metzler, Gabriele, Am Ende aller Krisen? Politisches Denken und Handeln in der Bundesrepublik der sechziger Jahre, in: Historische Zeitschrift (2002), H. 275, S. 57-103.

Metzler, Gabriele, „Geborgenheit im gesicherten Fortschritt". Das Jahrzehnt von Planbarkeit und Machbarkeit, in: Matthias Frese/Julia Paulus/Karl Teppe (Hrsg.), Demokratisierung und gesellschaftlicher Aufbruch. Die sechziger Jahre als Wendezeit der Bundesrepublik, Paderborn 2003, S. 777-797.

Metzler, Gabriele, Demokratisierung durch Experten? Aspekte politischer Planung in der Bundesrepublik, in: Heinz Gerhard Haupt/Jörg Requate (Hrsg.), Aufbruch in die Zukunft. Die 1960er Jahre zwischen Planungseuphorie und kulturellem Wandel. DDR, ČSSR und Bundesrepublik Deutschland im Vergleich, Weilerswist 2004, S. 267-287.

Metzler, Gabriele, Versachlichung statt Interessenpolitik. Der Sachverständigenrat zur Begutachtung der gesamtwirtschaftlichen Entwicklung, in: Stefan Fisch/Wilfried Rudloff (Hrsg.), Experten und Politik. Wissenschaftliche Politikberatung in geschichtlicher Perspektive, Berlin 2004, S. 127-152.

Metzler, Gabriele, Konzeptionen politischen Handelns von Adenauer bis Brandt. Politische Planung in der pluralistischen Gesellschaft, Paderborn 2005.

Metzler, Gabriele/Laak, Dirk van, Die Konkretion der Utopie. Historische Quellen der Planungsutopien der 1920er Jahre, in: Isabel Heinemann/Patrick Wagner (Hrsg.), Wissenschaft, Planung, Vertreibung. Neuordnungskonzepte und Umsiedlungspolitik im 20. Jahrhundert, Stuttgart 2006, S. 23-43.

Metzler, Gabriele, Staatsversagen und Unregierbarkeit in den siebziger Jahren?, in: Konrad Hugo Jarausch (Hrsg.), Das Ende der Zuversicht? Die siebziger Jahre als Geschichte, Göttingen 2008, S. 243-260.

Metzner, Jutta, Herausforderung durch die Zukunft? International Future Research Conference in Kyoto/Japan (10.-16. 4. 1970), in: Futurum. Zeitschrift für Zukunftsforschung 4 (1970), S. 627-630.

Meulemann, Heiner, Wertewandel als Diagnose sozialer Integration, in: Jürgen Friedrichs (Hrsg.), Die Diagnosefähigkeit der Soziologie, Opladen 1998, S. 256-285.

Meyer-Abich, Klaus Michael, Die ökologische Grenze des Wirtschaftswachstums, in: Umschau 72 (1972), S. 645-649.

Meyer-Abich, Klaus Michael, Die Begrenzung des herkömmlichen Wirtschaftswachstums durch die klimatischen Wirkungen des Einsatzes von Energie, in: Wirtschaftspolitische Blätter 20 (1973), S. 306-310.

Meyer-Abich, Klaus Michael, Neue Ziele der Energiepolitik, in: BP Kurier. Vierteljahresschrift der BP Benzin und Petroleum Aktiengesellschaft 26 (1974), H. 2, S. 32-35.

Meyer-Abich, Klaus Michael, Umweltpolitik und qualitatives Wachstum, in: BP Kurier. Vierteljahresschrift der BP Benzin und Petroleum Aktiengesellschaft 26 (1974), H. 3, S. 14-18.

Meyer-Abich, Klaus Michael, Bedingungen der mittel- und langfristigen Energieversorgung, in: Pierre Fornallaz (Hrsg.), Technik für oder gegen den Menschen. Die neue Aufgabe der Hochschule, Basel, Stuttgart 1975, S. 185-195.

Michaelis, Anthony R., Television from Space Satellite. A Solution to the Population Explosion, in: Robert Jungk/Johan Galtung (Hrsg.), Mankind 2000, London 1969, S. 171-177.

Michalka, Wolfgang, Kriegsrohstoffbewirtschaftung. Walther Rathenau und die „kommende Wirtschaft", in: Ders. (Hrsg.), Der Erste Weltkrieg. Wirkung, Wahrnehmung, Analyse, München 1994, S. 485-505.

Miles (Walter Loewenheim), Neu beginnen! Faschismus oder Sozialismus, in: Kurt Klotzbach (Hrsg.), Drei Schriften aus dem Exil, Berlin, Bonn, Bad Godesberg 1974, S. 1-88.

Mill, John Stuart, Principles of Political Economy with some of their Applications to Social Philosophy. 2 Bde., London 1848.

Mindell, David A., Automation's Finest Hour. Radar and System Integration in World War II, in: Agatha C. Hughes/Thomas P. Hughes (Hrsg.), Systems, Experts, and Computers. The Systems Approach in Management and Engineering, World War II and after, Cambridge, Mass. 2000, S. 27-56.

Minois, Georges, Geschichte der Zukunft. Orakel, Prophezeiungen, Utopien, Prognosen, Düsseldorf 1998.

Mirowski, Philip, Machine Dreams. Economics Becomes a Cyborg Science, Cambridge, Mass., New York 2002.

Mishan, Edward J., The Costs of Economic Growth, New York 1967.

Mishan, Edward J., Growth and Antigrowth. What are the Issues, in: Andrew Weintraub/Eli Schwartz/J. Richard Aronson (Hrsg.), The Economic Growth Controversy, White Plains, New York 1973, S. 3-38.

Mishan, Edward J., Die Wachstumsdebatte. Wachstum zwischen Wirtschaft und Ökologie, Stuttgart 1980.

Mittelstaedt, Werner, Zukunftsgestaltung und Chaostheorie. Grundlagen einer neuen Zukunftsgestaltung unter Einbeziehung der Chaostheorie, Frankfurt a. M., New York 1993.

Moll, Peter, From Scarcity to Sustainability. Futures Studies and the Environment. The Role of the Club of Rome, Frankfurt a. M., New York 1991.

Moll, Peter, Länderbericht. Zukunftsforschung in Frankreich, in: Rolf Kreibich/Weert Canzler/ Klaus Baumeister (Hrsg.), Zukunftsforschung und Politik in Deutschland, Frankreich, Schweden und der Schweiz, Weinheim, Basel 1991, S. 237-283.

Moll, Peter/Dunckelmann, Henning, Länderbericht. Zukunftsforschung und Technologiebewertung in Schweden, in: Rolf Kreibich/Weert Canzler/Klaus Baumeister (Hrsg.), Zukunftsforschung und Politik in Deutschland, Frankreich, Schweden und der Schweiz, Weinheim, Basel 1991, S. 284-336.

Moll, Peter, Zukunftsstudien und Zukunftsgestaltung in den Niederlanden. Zur Rolle von staatlicher, privater und universitärer Zukunftsforschung und Technikfolgenabschätzung, Gelsenkirchen 1995.

Mommsen, Hans, Typologie der Arbeiterbewegung, in: Ders., Arbeiterbewegung und nationale Frage. Ausgewählte Aufsätze, Göttingen 1979, S. 221-259.

More, Thomas, Utopia, hrsg. von Gerhard Ritter, Darmstadt 1964 (Orig. 1516).

Morlock, Martin, Homo Futurus, in: Der Spiegel, H. 15, 4. 4. 1966, S. 177.

Müller, Edda, Innenwelt der Umweltpolitik. Sozial-liberale Umweltpolitik, (Ohn)macht durch Organisation?, Opladen 1986.

Müller, Tim B., Krieger und Gelehrte. Herbert Marcuse und die Denksysteme im Kalten Krieg, Hamburg 2010.

Müller, Tim B., The Rockefeller Foundation, the Social Sciences, and the Humanities in the Cold War, in: Journal of Cold War Studies 15 (2013), H. 3, S. 108-135.

Murphy, Craig, The Emergence of NIEO Ideology, Epping 1984.

Mussolini, Benito/Wagenführ, Horst, Der Faschismus. Philosophische, politische und gesellschaftliche Grundlehren, München 1933.

Nagel, Gerhard, Grundbedürfniskonzepte zur Entwicklungspolitik. Wurzeln – Umriß – Chancen, München 1985.

National Goals Research Staff, Toward Balanced Growth. Quantity with Quality. Report of the National Goals Research Staff, Washington 1970.

National Resources Committee United States, Technological Trends and National Policy. Including the Social Implications of new Inventions, Washington 1937.

Nehring, Holger, Cold War, Apocalypse and Peaceful Atoms. Interpretations of Nuclear Energy in the British and West German Anti-Nuclear Weapons Movements, in: Historical Social Research 29 (2004), H. 3, S. 150-170.

Nehring, Holger, National Internationalists. British and West German Protests again Nuclear Weapons, the Politics of Transnational Communications and the Social History of the Cold War, in: Contemporary European History 14 (2005), H. 4, S. 559-582.

Nehring, Holger, Politics, Symbols and the Public Sphere. The Protests against Nuclear Weapons in Britain and West Germany, in: Zeithistorische Forschungen 2 (2005), H. 2, S. 180-202.

Nehring, Holger, The Growth of Social Movements, in: Paul Addison/Harriet Jones (Hrsg.), A Companion to Contemporary Britain, 1939-2000, Malden 2005, S. 389-406.

Nehring, Holger, Frieden durch Friedensforschung?, in: Bernd Greiner/Tim B. Müller/Claudia Weber (Hrsg.), Macht und Geist im Kalten Krieg, Hamburg 2011, S. 417-436.

Neumann, John/Morgenstern, Oskar, Theory of Games and Economic Behavior, Princeton 1943.

Neuneck, Götz, Von Haigerloch, über Farm Hall und die Göttinger Erklärung nach Starnberg. Die Arbeiten Carl Friedrich Weizsäckers zur Kriegsverhütung, Atombewaffnung und Rüstungskontrolle, in: Ders./Michael Schaaf (Hrsg.), Zur Geschichte der Pugwash-Bewegung in Deutschland. Symposium der deutschen Pugwash-Gruppe im Harnack-Haus Berlin, 24. Februar 2006, o. O. 2007, S. 63-73.

Neuneck, Götz/Schaaf, Michael, Geschichte und Zukunft der Pugwash-Bewegung in Deutschland, in: Dies. (Hrsg.), Zur Geschichte der Pugwash-Bewegung in Deutschland. Symposium der deutschen Pugwash-Gruppe im Harnack-Haus Berlin, 24. Februar 2006, o. O. 2007, S. 31-37.

Niedhardt, Gottfried, Aufgeklärter Absolutismus oder Rationalisierung der Herrschaft, in: Zeitschrift für Historische Forschung 6 (1979), S. 199-211.

Nolan, Mary, Americanization as a Paradigm of German History, in: Frank Biess/Mark Roseman/Hanna Schissler (Hrsg.), Conflict, Catastrophe and Continuity. Essays on Modern German History, New York 2007, S. 200-218.

Noll, Heinz-Herbert, Konzepte der Wohlfahrtsentwicklung. Lebensqualität und „neue" Wohlfahrtskonzepte, Berlin 2000.

Nolte, Paul, Die Machbarkeit der Welt. Technik, Gesellschaft und Politik im utopischen 20. Jahrhundert, in: Klaus Geus (Hrsg.), Utopien, Zukunftsvorstellungen, Gedankenexperimente. Literarische Konzepte von einer „anderen" Welt im abendländischen Denken von der Antike bis zur Gegenwart, Frankfurt a. M. 2011, S. 229-253.

Novak, Zdenek, Systems 69, in: Futures 2 (1970), March, S. 90-92.

Novick, David, Long-Range Planning through Program Budgeting, in: Erich Jantsch (Hrsg.), Perspectives of Planning. Proceedings of the OECD Working Symposium on Long-range Forecasting and Planning. Bellagio, Italy 27th October-2nd November 1968, Paris 1969, S. 257-284.

Nowotny, Helga, Vergangene Zukunft. Ein Blick zurück auf die ‚Grenzen des Wachstums', in: Michael Globig (Hrsg.), Impulse geben, Wissen stiften. 40 Jahre Volkswagenstiftung, Göttingen 2002, S. 655-694.

Nowotny, Helga, Experten, Expertisen und imaginierte Laien, in: Alexander Bogner/Helge Torgersen (Hrsg.), Wozu Experten? Ambivalenzen der Beziehung von Wissenschaft und Politik, Wiesbaden 2005, S. 33-44.

Nützenadel, Alexander, Wissenschaftliche Politikberatung in der Bundesrepublik. Die Gründung des Sachverständigenrats zur Begutachtung der gesamtwirtschaftlichen Lage (sic) 1963, in: VSWG 89 (2002), S. 288-306.

Nützenadel, Alexander, Stunde der Ökonomen. Wissenschaft, Politik und Expertenkultur in der Bundesrepublik 1949-1974, Göttingen 2005.

Nützenadel, Alexander, Die Vermessung der Zukunft. Empirische Wirtschaftsforschung und ökonomische Prognostik nach 1945, in: Heinrich Hartmann/Jakob Vogel (Hrsg.), Zukunftswissen. Prognosen in Wirtschaft, Politik und Gesellschaft seit 1900, Frankfurt a. M. u. a. 2010, S. 55-75.

Nyhart, Lynn K./Broman, Thomas H. (Hrsg.), Science and Civil Society, Chicago 2002.

o. V., Fortschritt im Zeichen der Freiheit. Generalversammlung des CCF zum 10. Jahrestag der Gründung in Berlin, in: Der Monat. Eine internationale Zeitschrift 12 (1960), H. 143, S. 5-21.

o. V., Günter Friedrichs, in: Der Spiegel, H. 14, 1. 4. 1964, S. 51.

o. V., Sind 35 Stunden genug? SPIEGEL-Gespräch mit dem Leiter der Automationsabteilung bei der IG Metall, Dr. Günter Friedrichs, in: Der Spiegel, H. 14, 1. 4. 1964, S. 51.

o. V., Mankind 2000. A Vision of Tomorrow, in: Peace Information Bulletin 2 (1964), H. 2, S. 2f.

o. V., „Wir würden China bombardieren". Interview mit dem US-Strategen Professor Herman Kahn, in: Der Spiegel, H. 28, 7. 7. 1965, S. 60-63.

o. V., The Futurists. Looking Toward A.D. 2000, in: Time Magazine, 25. 2. 1966, S. 22f.

o. V., „Prognos" – Prognose. Trist im Revier, in: Der Spiegel, H. 27, 27. 6. 1966, S. 26.

o. V., „Die Freizeit wird das große seelische Problem". Wie der Bundesbürger im Jahre 1975 leben wird (Aus Report 1975), in: Der Spiegel, H. 48, 21. 11. 1966, S. 75-83.

o. V., Zukunft. Todlos glücklich, in: Der Spiegel, H. 53, 26. 12. 1966, S. 80-90.

o. V., Kahn. Duell im Dunkel, in: Der Spiegel, H. 15, 3. 4. 1967, S. 123-140.

o. V., Verteidigung – Gewaltlosigkeit. Deutsches Modell, in: Der Spiegel, H. 37, 9. 9. 1968, S. 36-38.

o. V., Futurologen. Vorauswissen ist Macht, in: Der Spiegel, H. 46, 10. 11. 1969, S. 204-207.

o. V., Futurologie – SYSTEMS 69. Falsch programmiert, in: Der Spiegel, H. 47, 17. 11. 1969, S. 124f.

o. V., Krach um Deutschlands Denkfabrik, in: Capital 8 (1969), H. 10, S. 42-46.

o. V., The World Future Society, in: APWM 2 (1970), H. 6, S. 30.

o. V., Zukunftsforschung. Vorauswissen ist Macht. Interview mit Werner Holste, in: Der Volkswirt 23 (1969), H. 22, S. 25.

o. V., Ritt auf dem Tiger. Zukunftsplanung, in: Der Spiegel, H. 1/2, 5. 1. 1970, S. 34-47.

o. V., Futurologie. Geschäfte gestört, in: Der Spiegel, H. 13, 23. 3. 1970, S. 195.

o. V., Kahn-Seminar. Dicker Denker, in: Der Spiegel, H. 14, 30. 3. 1970, S. 78-81.

o. V., Kanzleramt – System Orakel, in: Der Spiegel, H. 44, 26. 10. 1970, S. 41-44.

o. V., Warnungen aus der Groß-Chemie. Dokumente zur Gründungsgeschichte des Weizsäcker-Instituts in Starnberg, in: Der Spiegel, H. 52, 21. 12. 1970, S. 125.

o. V., Glauben Sie mehr an Galbraith als an Marx. US-Ökonom John Kenneth Galbraith über die Gefahren wirtschaftlichen Wachstums, in: Der Spiegel, H. 3, 10. 1. 1972, S. 84-89.

o. V., Der Macher. Kanzleramt, in: Der Spiegel, H. 6, 1. 2. 1971, S. 28-42.

o. V., Vision von 1985, in: Der Spiegel, H. 29, 12. 7. 1971, S. 26f.

o. V., Was Menschen vom Schwein unterscheidet. Wachstum – im Wohlstand ersticken?, in: Der Spiegel, H. 2, 8. 1. 1973, S. 30-44.

o. V., Weltuntergangs-Vision aus dem Computer, in: Der Spiegel, H. 21, 15. 3. 1972, S. 126-129.

o. V., Eine Empfehlung von 100 Weisen, in: Der Spiegel, H. 12, 19. 3. 1973, S. 16.

o. V., Zukunftsforschungsinstitut. Zum Rückzug geblasen, in: Manager-Magazin 1973, H. 10, S. 27.

o. V., Gift in Dosen, in: Der Spiegel, H. 23, 4. 6. 1973, S. 147-150.

o. V., Wer hortet, zahlt nichts, in: Der Spiegel, H. 19, 6. 5. 1974, S. 43f.

o. V., „Wir können nur froh sein, daß es jetzt passiert ist". Interview mit Eduard Pestel, in: Bild der Wissenschaft 11 (1974), H. 3, S. 73f.

o. V., Bussauer Manifest, in: Scheidewege. Jahresschrift für skeptisches Denken 4 (1974), S. 369-393.

o. V., Thesen zur Revision der Wachstumspolitik, in: BP Kurier. Vierteljahresschrift der BP Benzin und Petroleum Aktiengesellschaft 26 (1974), H. 2, S. 4-7.

o. V., Kontroversen: Öffentliche Wissenschaft. Hemmschuh Fachsprache?, in: Bild der Wissenschaft 12 (1975), H. 6, S. 86-101.

o. V., Die friedliche Nutzung der Kernenergie. Chancen und Risiken, in: MPG-Spiegel 21. 4. 1978, H. 2, S. 32-38.

o. V., Dämmplatten sind billiger als Kernkraft, in: Der Spiegel, H. 25, 18. 6. 1979, S. 20.
o. V., Wagenführ, Horst, http://www.munzinger.de/document/00000011929 (letzte Abfrage 3. 1. 2015).
OECD, Interfutures. Facing the Future. Mastering the Probable and Managing the Unpredictable, Paris 1979.
Offe, Claus, Strukturprobleme des kapitalistischen Systems. Aufsätze zur Politischen Soziologie, Frankfurt a. M. 1972.
O'Hara, Glen, From Dreams to Disillusionment. Economic and Social Planning in 1960s Britain, Oxford 2007.
Orwell, George, Nineteen Eighty-Four. A Novel, London 1950 (Orig. 1949).
Osborn, Henry Fairfield, Our plundered Planet, Boston 1948.
Osterhammel, Jürgen/Petersson, Niels P., Geschichte der Globalisierung, München 2003.
Ozbekhan, Hasan, Der Triumph der Technik. „Können" als „Sollen", in: Stanford Anderson (Hrsg.), Die Zukunft der menschlichen Umwelt, Freiburg i. Br. 1971, S. 181-196 (Orig. 1968).
Ozbekhan, Hasan, The Role of Goals and Planning in the Solution of the World Food Problem, in: Robert Jungk/Johan Galtung (Hrsg.), Mankind 2000, London 1969, S. 117-150.
Ozbekhan, Hasan, Toward a General Theory of Planning, in: Erich Jantsch (Hrsg.), Perspectives of Planning. Proceedings of the OECD Working Symposium on Long-range Forecasting and Planning. Bellagio, Italy 27th October-2nd November 1968, Paris 1969, S. 47-155.
Paschen, Herbert/Krauch, Helmut, Vorwort, in: Dies. (Hrsg.), Methoden und Probleme der Forschungs- und Entwicklungsplanung, München, Wien 1972, S. 7-10.
Patel, Kiran Klaus (Hrsg.), Nach der Nationalfixiertheit. Perspektiven einer transnationalen Geschichte, Berlin 2004.
Pausch, Markus, Zukunft und Wissenschaft in Frankreich, in: Reinhold Popp (Hrsg.), Zukunft und Wissenschaft. Wege und Irrwege der Zukunftsforschung, Berlin 2012, S. 81-100.
Pawley, Martin, Buckminster Fuller, New York 1990.
Peccei, Aurelio, The Challenge of the 1970s for the World of Today (1965), in: Pentti Malaska/Matti Vapaavuori (Hrsg.), The Club of Rome. Finnish Society for Futures Studies, Turku 1984, S. 10-20.
Peccei, Aurelio, The Chasm Ahead, London 1969.
Peccei, Aurelio/Siebker, Manfred, Die Grenzen des Wachstums. Fazit und Folgestudie. Der Club of Rome über Initiativen, Ergebnisse und Vorhaben bei der Erforschung der Weltproblematik, Reinbek bei Hamburg 1974.
Peccei, Aurelio, The Human Quality, Oxford, New York 1977.
Pemberton, Hugh, Policy Learning and British Governance in the 1960s, New York 2004.
Permantier, Herbert, Probleme bei der Einführung und Anwendung moderner Planungs- und Entscheidungshilfen auf Bundesebene, in: Hans-Christian Pfohl/Bert Rürup (Hrsg.), Anwendungsprobleme moderner Planungs- und Entscheidungstechniken, Königstein/Ts. 1978, S. 259-274.
Pestel, Eduard, Einführung, in: Jay W. Forrester, Der teuflische Regelkreis. Das Globalmodell der Menschheitskrise, Stuttgart 1971, S. 9-13 (Orig.: World Dynamics, 1971).
Pestel, Eduard u. a., Das Deutschlandmodell. Herausforderungen auf dem Weg ins 21. Jahrhundert, München 1978.
Pestel, Eduard u. a., Das Deutschlandmodell. 1990: 2,5 Millionen potentielle Arbeitslose, in: Bild der Wissenschaft 15 (1978), H. 1/2, S. 22-36, 96-104.
Pestel, Eduard, Jenseits der Grenzen des Wachstums. Bericht an den Club of Rome, Stuttgart 1988.
Pestre, Dominique, Pour une historie sociale et culturelle des sciences. Nouvelles définitions, nouveaux objets, nouvelles pratiques, in: Annales HSS 50 (1995), S. 487-522.
Pestre, Dominique, Historical Perspectives on Science, Society, and the Political. Report to the Science, Economy and Society Directorate European Commission, ec.europa.eu/research/science-society/pdf_06/report_from_historical_seminar_en.pdf (letzte Abfrage 3. 1. 2015).
Peukert, Detlev, Die Weimarer Republik. Krisenjahre der klassischen Moderne, Frankfurt a. M. 1987.

Peukert, Helge, Wilhelm Röpke als Pionier einer ökologischen Ökonomik, in: Heinz Rieter/Joachim Zweynert (Hrsg.), „Wort und Wirkung". Wilhelm Röpkes Bedeutung für die Gegenwart, Marburg 2010, S. 163-203.
Pfadenhauer, Michaela, Wildes Begriffsneuschöpfen. Die Kompetenz der Trendforscher, in: Kursbuch (2006), H. 164, S. 94-97.
Pfetsch, Barbara, Themenkarrieren und politische Kommunikation, in: Aus Politik und Zeitgeschichte (1994), H. 39, S. 11-20.
Pfister, Christian, Das „1950er Syndrom". Die umweltgeschichtliche Epochenschwelle zwischen Industriegesellschaft und Konsumgesellschaft, in: Ders. (Hrsg.), Das 1950er Syndrom. Der Weg in die Konsumgesellschaft, Bern 1995, S. 51-95.
Pforte, Dietger/Schwencke, Olaf, Ansichten einer künftigen Futurologie, in: Dies. (Hrsg.), Ansichten einer künftigen Futurologie. Zukunftsforschung in der zweiten Phase, München 1973, S. 11-16.
Pias, Claus (Hrsg.), Cybernetics. The Macy-Conferences 1946-1953, Berlin 2004.
Pias, Claus, „One-Man Think Tank". Herman Kahn, oder wie man das Undenkbare denkt, in: Zeitschrift für Ideengeschichte 3 (2009), H. 3, S. 5-16.
Pichlmayer, Hartmut, Zu den inhaltlichen Anforderungen und normativen Beschränkungen des Scenario-writing als einer Methode der Zukunftsforschung, in: APWM 7 (1975), H. 38, S. 25-27.
Picht, Georg, Die deutsche Bildungskatastrophe. Analyse und Dokumentation, Olten 1964.
Picht, Georg, Laudatio auf Carl Friedrich von Weizsäcker (1963), in: Carl Friedrich von Weizsäcker, Bedingungen des Friedens, Berlin 1964, S. 31-45.
Picht, Georg, Prognose – Utopie – Planung. Die Situation des Menschen in der Zukunft der technischen Welt, Stuttgart 1967.
Picht, Georg, Die Bedingungen des Überlebens. Von den Grenzen der Meadows-Studie, in: Merkur. Zeitschrift für europäisches Denken 27 (1973), S. 211-222.
Picht, Georg, Wir brauchen neue Überzeugungen. Von der Wechselwirkung zwischen Wachstum und Werten, in: Evangelische Kommentare 6 (1973), S. 329-333.
Picht, Georg, Das richtige Maß finden. Der Weg des Menschen ins 21. Jahrhundert, Freiburg i. Br. 2001.
Pickering, Andrew, From Science as Knowledge to Science as Practice, in: Ders. (Hrsg.), Science as Practice and as Culture, Chicago 1992, S. 1-26.
Pigou, Arthur Cecil, The Economics of Welfare, 2. Auflage, London 1924.
Pigou, Arthur Cecil, The Economics of Stationary States, London 1935.
Pircher, Wolfgang, Markt oder Plan? Zum Verhältnis von Kybernetik und Ökonomie, in: Claus Pias (Hrsg.), Cybernetics. The Macy-Conferences 1946-1953, Bd. II, Berlin 2004, S. 81-96.
Pircher, Wolfgang, Im Schatten der Kybernetik. Rückkopplung im operativen Einsatz: „Operational research", in: Michael Hagner/Erich Hörl (Hrsg.), Die Transformation des Humanen. Beiträge zur Kulturgeschichte der Kybernetik, Frankfurt a. M. 2008, S. 348-376.
Plaggenborg, Stefan, Experiment Moderne. Der sowjetische Weg, Frankfurt a. M., New York 2006.
Plitzko, Alfred (Hrsg.), Planung ohne Planwirtschaft. Frankfurter Gespräch der List-Gesellschaft, 7.-9. Juni 1963, Basel, Tübingen 1964.
PM, Was soll aus Deutschland werden? Eine Vorausschau auf die nächsten zehn Jahre, in: Die politische Meinung 10 (1965), H. 107, S. 5-7.
Polak, Fred L., The Image of the Future, Leyden 1961 (Orig. 1955).
Polak, Fred L., Towards the Goal of Goals, in: Robert Jungk/Johan Galtung (Hrsg.), Mankind 2000, London 1969, S. 307-331.
Polak, Fred L., Mankind 2000 International, in: Japan Society of Futurology (Hrsg.), Challenges from the Future. Proceedings of the International Future Research Conference, Bd. 4, Tokyo 1970, S. 70-75.
Polak, Fred L., Technik und Forschung als Hilfsmittel der Gesellschaft, in: Günter Friedrichs (Hrsg.), Aufgabe Zukunft. Qualität des Lebens. Beiträge zur vierten internationalen Arbeitstagung der Industriegewerkschaft Metall für die Bundesrepublik Deutschland, 11. bis 14. April 1972 in Oberhausen, Bd. 7, Frankfurt a. M. 1973, S. 119-145.

Popp, Reinhold, Partizipative Zukunftsforschung in der Praxisfalle? Zukünfte wissenschaftlich erforschen – Zukunft partizipativ gestalten, in: Ders. (Hrsg.), Zukunftsforschung und Zukunftsgestaltung. Beiträge aus Wissenschaft und Praxis, Berlin 2009, S. 131-144.
Popper, Karl, Prognose und Prophetie in den Sozialwissenschaften (Orig.: Prediction and Prophecy in the Social Sciences, 1949), in: Ernst Topitsch (Hrsg.), Logik der Sozialwissenschaften. Unter Mitarbeit von Peter Payer, Königstein/Ts. 1980, S. 113-125.
Popper, Karl, Die offene Gesellschaft und ihre Feinde. Band 2: Falsche Propheten, Tübingen 1970.
Porter, Theodore M., Trust in Numbers. The Pursuit of Objectivity in Science and Public Life, Princeton 1995.
President's Research Committee on Social Trends, Recent Social Trends in the United States, Westport 1933.
Presse- und Informationsamt des Deutschen Bundestages (Hrsg.), Umweltschutz (IV): Das Risiko Kernenergie. Aus der öffentlichen Anhörung des Innenausschusses des Deutschen Bundestages am 2. und 3. Dezember 1974, Bonn 1974.
Proctor, Robert, Value-Free Science? Purity and Power in Modern Knowledge, Cambridge, Mass. 1991.
Prognos AG, Prognos Report Nr. 1: Die Bundesrepublik Deutschland 1980. Die Entwicklung von Wirtschaft und Bevölkerung in der Bundesrepublik und den Bundesländern 1950-1980. Bearbeitet von Aloys Schwiertert/W. Uebe unter Mitarbeit u. a. von Dieter Schröder, Basel 1965.
Prognos AG, Kostenschätzung für die Notstandsgesetzgebung der Bundesrepublik Deutschland. Untersuchung im Auftrage der Vereinigung Deutscher Wissenschaftler e. V., Frankfurt a. M. 1966.
Prognos AG, Prognos Report Nr. 5: Die Bundesrepublik Deutschland 1985. Die Entwicklung von Wirtschaft und Bevölkerung in der Bundesrepublik und den Bundesländern 1960-1985. Bearbeitet von Detlef Franzen/Aloys Schwietert u. a., Basel 1973.
Prognos AG, Prognos Report Nr. 7: Die Bundesrepublik Deutschland 1980, 1985, 1990. Die Entwicklung von Wirtschaft und Bevölkerung in der Bundesrepublik und den Bundesländern 1960-1990. Bearbeitet von Detlef Franzen/Peter Hofer/Otakar Kurz unter Mitarbeit u. a. von Dieter Schröder, Basel 1976.
Prognos AG, Prognos Report Nr. 9: Die Bundesrepublik Deutschland 1985, 1990, 1995. Die Entwicklung von Wirtschaft und Bevölkerung in der Bundesrepublik und den Bundesländern 1966-1995. Bearbeitet von Christel Bergmann u. a., Basel 1979.
Prognos AG/Mackintosh Consultants, Technischer Fortschritt. Auswirkungen auf Wirtschaft und Arbeitsmarkt, Wien 1980.
Prokop, Dieter, Auguste Comte. Massenbewußtsein und praktischer Positivismus, in: Comte, Auguste, Plan der wissenschaftlichen Arbeiten, die für eine Reform der Gesellschaft notwendig sind (Orig.: Prospectus des traveaux scientifiques necessaires pour réorganiser la société, 1822), hrsg. von Dieter Prokop, München 1973, S. 9-32.
Prollius, Michael von, Deutsche Wirtschaftsgeschichte nach 1945, Göttingen 2006.
Proske, Rüdiger, Zum Mond und weiter, Bergisch Gladbach 1966.
Proske, Rüdiger, Auf der Suche nach der Welt von morgen. Ein erster Überblick, Köln 1968.
Proske, Rüdiger, Das Ende der Politik. Auf der Suche nach der Welt von morgen, Berlin 1992.
Pursell, Carroll W., The Military-Industrial Complex, New York 1972.
Radkau, Joachim, Fragen an die Geschichte der Kernenergie. Perspektivenwandel im Zuge der Zeit (1975-1986), in: Jens Hohensee/Michael Salewski (Hrsg.), Energie – Politik – Geschichte. Nationale und internationale Energiepolitik seit 1945, Stuttgart 1993, S. 101-126.
Radkau, Joachim, Von der Kohlennot zur solaren Vision. Wege und Irrwege bundesdeutscher Energiepolitik, in: Hans-Peter Schwarz (Hrsg.), Die Bundesrepublik Deutschland. Eine Bilanz nach 60 Jahren, Köln 2008, S. 461-486.
Radkau, Joachim, Die Ära der Ökologie. Eine Weltgeschichte, München 2011.
Rahner, Erwin/Prognos AG, Die Zerstörung des Agrarpotentials und die Überlebenschancen der Bevölkerung. Ein Simulationsmodell, in: Carl Friedrich von Weizsäcker/Horst Afheldt (Hrsg.), Kriegsfolgen und Kriegsverhütung, München 1971, S. 457-502.

Raithel, Thomas/Rödder, Andreas/Wirsching, Andreas (Hrsg.), Auf dem Weg in eine neue Moderne? Die Bundesrepublik Deutschland in den siebziger und achtziger Jahren, München 2009.
The RAND Corporation, The First Fifteen Years, Santa Monica 1963.
Randall, Nick, Time and British Politics. Memory, the Present and Teleology in the Politics of New Labour, in: British Politics 4 (2009), June, S. 188-216.
Randolph, Robert, Social and Technological Forecasting in the Soviet Union, in: Futures Research Quarterly 8 (1976), H. 6, S. 485-495.
Randow, Thomas von, Mondschuß und Magie. Naturwissenschaft in der Krise?, in: BP Kurier. Vierteljahresschrift der BP Benzin und Petroleum Aktiengesellschaft 26 (1974), H. 2, S. 8-17.
Raphael, Lutz, Die Verwissenschaftlichung des Sozialen als methodische und konzeptionelle Herausforderung für eine Sozialgeschichte des 20. Jahrhunderts, in: GG 22 (1996), S. 165-193.
Raphael, Lutz, Radikales Ordnungsdenken und die Organisation totalitärer Herrschaft. Weltanschauungseliten und Humanwissenschaftler im NS-Regime, in: GG 27 (2001), S. 5-40.
Raphael, Lutz, Sozialexperten in Deutschland zwischen konservativem Ordnungsdenken und rassistischer Utopie (1918-1945), in: Wolfgang Hardtwig (Hrsg.), Utopie und politische Herrschaft im Europa der Zwischenkriegszeit, München 2003, S. 329-346.
Raphael, Lutz, Ordnungsmuster der „Hochmoderne"? Die Theorie der Moderne und die Geschichte der europäischen Gesellschaften im 20. Jahrhundert, in: Ute Schneider/Christof Dipper (Hrsg.), Dimensionen der Moderne. Festschrift für Christof Dipper, Frankfurt a. M. 2008, S. 73-91.
Rau, Erik P., The Adoption of Operations Research in the United States during World War II, in: Agatha C. Hughes/Thomas P. Hughes (Hrsg.), Systems, Experts, and Computers. The Systems Approach in Management and Engineering, World War II and after, Cambridge, Mass. 2000, S. 57-92.
Raulff, Ulrich, Kreis ohne Meister. Stefan Georges Nachleben, München 2009.
Ray, Roland, Annäherung an Frankreich im Dienste Hitlers? Otto Abetz und die deutsche Frankreichpolitik, 1930-1942, München 2000.
Real, James, The Center for the Study of Democratic Institutions, in: Change 7 (1975), H. 1, S. 38-43.
Reibnitz, Ute von, Szenario-Technik. Instrumente für die unternehmerische und persönliche Erfolgsplanung, Wiesbaden 1991.
Reichardt, Sven, „Wärme" als Modus sozialen Verhaltens? Vorüberlegungen zu einer Kulturgeschichte des linksalternativen Milieus vom Ende der 1960er bis Anfang der 1980er Jahre, in: Vorgänge 44 (2005), S. 175-187.
Reichardt, Sven, Authentizität und Gemeinschaftsbindung. Politik und Lebensstil im linksalternativen Milieu vom Ende der 1960er bis zum Anfang der 1980er Jahre, in: Forschungsjournal Neue Soziale Bewegungen 21 (2008), H. 3, S. 118-130.
Reichardt, Sven/Siegfried, Detlef (Hrsg.), Das Alternative Milieu. Antibürgerlicher Lebensstil und linke Politik in der Bundesrepublik Deutschland und Europa 1968-1983, Göttingen 2010.
Reichardt, Sven, Authentizität und Gemeinschaft. Linksalternatives Leben in den siebziger und frühen achtziger Jahren, Berlin 2014.
Reinecke, Christiane, Wissensgesellschaft und Informationsgesellschaft, Version: 1.0, 11. 2. 2010, http://docupedia.de/zg/Wissensgesellschaft?oldid=84670 (letzte Abfrage 3. 1. 2015).
Requate, Jörg, Öffentlichkeit und Medien als Gegenstände historischer Analyse, in: GG 25 (1999), S. 5-32.
Rescher, Nicholas, Profitable Speculations. Essays on Current Philosophical Themes, Lanham 1997.
Rescher, Nicholas, Collected Papers, Frankfurt a. M., New Brunswick 2005.
Rescher, Nicholas, The Berlin School of Logical Empiricism and its Legacy, in: Erkenntnis 64 (2006), H. 3, S. 281-304.
Rese, Alexandra, Wirkung politischer Stellungnahmen von Wissenschaftlern am Beispiel der Göttinger Erklärung zur atomaren Bewaffnung, Frankfurt a. M., New York 1999.
Rheinberger, Hans-Jörg, Historische Epistemologie zur Einführung, 2. Auflage, Hamburg 2008.
Richet, Charles Robert, Dans cent ans, Paris 1892.

Richta, Radovan/Autorenkollektiv, Politische Ökonomie des 20. Jahrhunderts. Die Auswirkungen der technisch-wissenschaftlichen Revolution auf die Produktionsverhältnisse (Orig. 1966), 2. Auflage, Prag 1971 (auch erschienen als: Technischer Fortschritt und industrielle Gesellschaft, Frankfurt a. M. 1972).

Richta, Radovan u. a., The Perspective of the Scientific and Technological Revolution, in: Robert Jungk/Johan Galtung (Hrsg.), Mankind 2000, London 1969, S. 198-204.

Rider, Robin E., Operations Research and Game Theory. Early Connections, in: Eliot Roy Weintraub (Hrsg.), Toward a History of Game Theory, Durham, London 1992, S. 225-239.

Riese, Hajo, Die Entwicklung des Bedarfs an Hochschulabsolventen in der Bundesrepublik Deutschland, Wiesbaden 1967.

Rindzevičūte, Egle, The Emergence of Technoscientific Settings of Influence during the Cold War. Tracing Networks and Social Relations that Organized IIASA, http://cee.sciences-po.fr/images/stories/seminaire_doc_applique/2011-2012/1206/120607_Futurepol/paper_ERindzeviciute_June7.pdf (letzte Abfrage 3. 1. 2015).

Riska-Campbell, Leena, Bridging East and West. The Establishment of the International Institute for Applied System Analysis (IIASA) in the United States Foreign Policy of Bridge Building, 1964-1972, Helsinki 2011.

Rist, Gilbert, The History of Development. From Western Origins to Global Faith, 4. Auflage, London, New York 2014.

Ritschel, Daniel, The Politics of Planning. The Debate on Economic Planning in Britain in the 1930s, Oxford, New York 1997.

Ritter, Gerhard A., Großforschung und Staat in Deutschland. Ein historischer Überblick, München 1992.

Ritter, Gerhard A./Szöllösi-Janze, Margit/Trischler, Helmuth (Hrsg.), Antworten auf die amerikanische Herausforderung. Forschung in der Bundesrepublik und der DDR in den „langen" siebziger Jahren, Frankfurt a. M., New York 1999.

Roberts, P.C., SARUM 76. A Global Modelling Project, in: Futures 9 (1977), S. 3-16.

Rocco, Philip, Wissensproduktion in der RAND Corporation, in: Bernd Greiner/Tim B. Müller/Claudia Weber (Hrsg.), Macht und Geist im Kalten Krieg, Hamburg 2011, S. 301-320.

Rockmore, Tom, Pavel Apostol R.I.P., in: Studies in Soviet Thought 29 (1985), H. 2, S. 87.

Rodgers, Daniel T., Age of Fracture, Cambridge, Mass. 2011.

Rödder, Andreas, Die Bundesrepublik Deutschland. 1969-1990, München 2010.

Rödder, Andreas, Wertewandel im geteilten und vereinten Deutschland, Köln 2012.

Rödel, Ulrich, Forschungsprioritäten und technologische Entwicklung. Studie über Determinanten der Forschung und Schwerpunkte der Technologiepolitik in den USA, Frankfurt a. M. 1972.

Roemer, Klaus, Kein Tummelplatz für Ideologen, in: Unternehmerbrief des Deutschen Industrieinstituts 19 (1969), H. 49, S. 1f.

Rohkrämer, Thomas, Eine andere Moderne? Zivilisationskritik, Natur und Technik in Deutschland 1880-1933, Paderborn 1999.

Rome, Adam, „Give Earth a Chance". The Environmental Movement and the Sixties, in: The Journal of American History 90 (2003), S. 525-554.

Ronge, Volker/Schmieg, Günter (Hrsg.), Politische Planung in Theorie und Praxis, München 1971.

Ronge, Volker/Schmieg, Günter (Hrsg.), Restriktionen politischer Planung, Frankfurt a. M. 1973.

Ronge, Volker, Verwendung sozialwissenschaftlicher Ergebnisse in institutionellen Kontexten, in: Ulrich Beck/Wolfgang Bonß (Hrsg.), Weder Sozialtechnologie noch Aufklärung? Analysen zur Verwendung sozialwissenschaftlichen Wissens, Frankfurt a. M. 1989, S. 332-354.

Rootes, Christopher A., Britain. Greens in a Cold Climate, in: Dick Richardson/Chris Rootes (Hrsg.), The Green Challenge. The Development of Green Parties in Europe, London 1995, S. 66-90.

Röpke, Wilhelm, Die Gesellschaftskrisis der Gegenwart, 5. Auflage, Erlenbach-Zürich 1948.

Röpke, Wilhelm, Maß und Mitte, Erlenbach-Zürich 1950.

Rosa, Hartmut, Beschleunigung. Die Veränderung der Zeitstrukturen in der Moderne, Frankfurt a. M. 2005.

Roth, Roland/Rucht, Dieter, Einleitung, in: Dies. (Hrsg.), Die sozialen Bewegungen in Deutschland seit 1945. Ein Handbuch, Frankfurt a. M., New York 2008, S. 9-36.

Rothgang, Heinz, Die Friedens- und Umweltbewegung in Großbritannien. Eine empirische Untersuchung im Hinblick auf das Konzept der „Neuen Sozialen Bewegungen", Wiesbaden 1990.

Rucht, Dieter, Öffentlichkeit als Mobilisierungsfaktor für soziale Bewegungen, in: Friedhelm Neidhardt (Hrsg.), Öffentlichkeit, öffentliche Meinung, soziale Bewegungen, Opladen 1994, S. 337-358.

Ruck, Michael, Ein kurzer Sommer der konkreten Utopie. Zur westdeutschen Planungsgeschichte der langen 60er Jahre, in: Axel Schildt/Detlef Siegfried/Karl Christian Lammers (Hrsg.), Dynamische Zeiten. Die 60er Jahre in den beiden deutschen Gesellschaften, Hamburg 2000, S. 362-401.

Ruck, Michael, Westdeutsche Planungsdiskurse und Planungspraxis der 1960er Jahre im internationalen Kontext, in: Heinz Gerhard Haupt/Jörg Requate (Hrsg.), Aufbruch in die Zukunft. Die 1960er Jahre zwischen Planungseuphorie und kulturellem Wandel. DDR, ČSSR und Bundesrepublik Deutschland im Vergleich, Weilerswist 2004, S. 289-325.

Ruck, Michael, Von der Utopie zur Planung. Sozialdemokratische Zukunftsvisionen und Gestaltungsentwürfe vom 19. Jahrhundert bis in die 1970er Jahre, in: Ders./Michael Dauerstädt, Zur Geschichte der Zukunft. Sozialdemokratische Utopien und ihre gesellschaftliche Relevanz, Bonn 2011, S. 7-77.

Rüdig, Wolfgang/Lowe, Philip D., The Withered „Greening" of British Politics. A Study of the Ecology Party, in: Political Studies 34 (1986), S. 262-284.

Rudinger, Georg/Krauch, Helmut, Ein Rückkoppelungs-System zwischen Rundfunkanstalt und Zuhörerschaft. Phone-In, in: APWM 3 (1971), H. 15, S. 17-21.

Rudloff, Wilfried, Bildungsplanung in den Jahren des Bildungsbooms, in: Matthias Frese/Julia Paulus/Karl Teppe (Hrsg.), Demokratisierung und gesellschaftlicher Aufbruch. Die sechziger Jahre als Wendezeit der Bundesrepublik, Paderborn 2003, S. 259-282.

Rudloff, Wilfried, Einleitung, in: Stefan Fisch/Wilfried Rudloff (Hrsg.), Experten und Politik. Wissenschaftliche Politikberatung in geschichtlicher Perspektive, Berlin 2004, S. 13-57.

Rudloff, Wilfried, Verwissenschaftlichung der Politik? Wissenschaftliche Politikberatung in den sechziger Jahren, in: Peter Collin/Thomas Horstmann (Hrsg.), Das Wissen des Staates. Geschichte, Theorie und Praxis, Baden-Baden 2004, S. 216-257.

Rudloff, Wilfried, Wieviel Macht den Räten? Politikberatung im bundesdeutschen Bildungswesen von den fünfziger bis zu den siebziger Jahren, in: Stefan Fisch/Wilfried Rudloff (Hrsg.), Experten und Politik. Wissenschaftliche Politikberatung in geschichtlicher Perspektive, Berlin 2004, S. 153-188.

Rudloff, Wilfried, Georg Picht. Die Verantwortung der Wissenschaften und die „aufgeklärte Utopie", in: Theresia Bauer/Elisabeth Kraus/Christiane Kuller/Winfried Süß (Hrsg.), Gesichter der Zeitgeschichte. Deutsche Lebensläufe im 20. Jahrhundert, München 2009, S. 279-296.

Rupp, Hans Karl, Außerparlamentarische Opposition in der Ära Adenauer. Der Kampf gegen die Atombewaffnung in den fünfziger Jahren, 3. Auflage, Köln 1984.

Ruppelt, Georg, Zukunft von gestern, in: Arthur Brehmer (Hrsg.), Die Welt in 100 Jahren (Orig. 1910), neu herausgegeben von Georg Ruppelt, Hildesheim, Zürich, New York 2010, S. V-XX.

Russell, Bertrand, Ikarus oder Die Zukunft der Wissenschaft, München 1926 (Orig. 1924).

Ryll, Andreas, Spieltheoretische Ansätze, in: Jürgen Kriz/Dieter Nohlen/Rainer-Olaf Schultze (Hrsg.), Lexikon der Politik. Band 2: Politikwissenschaftliche Methoden, München 1994, S. 431-437.

Saage, Richard, Utopische Profile. Interdisziplinäre Studien zur politischen Ideen- und Kulturgeschichte, Münster u. a. 2001.

Sabrow, Martin, Die Zeit der Zeitgeschichte, Göttingen 2012.

Salewski, Michael, Science-Fiction und Geschichte. Anmerkungen zu einer merkwürdigen Quellengattung, in: Joachim H. Knoll/Wolfgang Schirmacher (Hrsg.), Von kommenden Zeiten. Geschichtsprophetien im 19. und 20. Jahrhundert, Stuttgart u. a. 1984, S. 275-302.

Salewski, Michael, Zeitgeist und Zeitmaschine. Science Fiction und Geschichte, München 1986.

Salin, Edgar, Urbanität, in: Deutscher Städtetag (Hrsg.), Erneuerung unserer Städte. Vorträge, Aussprachen und Ergebnisse der 11. Hauptversammlung des Deutschen Städtetages, Augsburg, 1.-3. Juni 1960, Stuttgart, Köln, S. 9-34.

Salin, Edgar, in: Bergedorfer Gesprächskreis zu Fragen der freien industriellen Gesellschaft (Hrsg.), Planung in der freien Marktwirtschaft. Referent: Edgar Salin, Hamburg 1964, S. 5-9.

Salin, Edgar, Planung. Der Begriff, seine Bedeutung, seine Geschichte, in: Alfred Plitzko (Hrsg.), Planung ohne Planwirtschaft. Frankfurter Gespräch der List-Gesellschaft, 7.-9. Juni 1963, Basel, Tübingen 1964, S. 2-11.

Sarasin, Philipp, Das obszöne Genießen der Wissenschaft. Über Populärwissenschaft und „mad scientists", in: Ders., Geschichtswissenschaft und Diskursanalyse, Frankfurt a. M. 2003, S. 231-257.

Saretzki, Thomas, Demokratisierung von Expertise? Zur politischen Dynamik der Wissensgesellschaft, in: Ansgar Klein/Rainer Schmalz-Bruns (Hrsg.), Politische Beteiligung und Bürgerengagement in Deutschland. Möglichkeiten und Grenzen, Baden-Baden 1997, S. 277-313.

Saretzki, Thomas, Welches Wissen – welche Entscheidung? Kontroverse Expertise im Spannungsfeld von Wissenschaft, Öffentlichkeit und Politik, in: Alexander Bogner/Helge Torgersen (Hrsg.), Wozu Experten? Ambivalenzen der Beziehung von Wissenschaft und Politik, Wiesbaden 2005, S. 345-369.

Schanetzky, Tim, Die große Ernüchterung. Wirtschaftspolitik, Expertise und Gesellschaft in der Bundesrepublik 1966 bis 1982, Berlin 2007.

Scharpf, Fritz W., Komplexität als Schranke der politischen Planung (1972), in: Ders., Planung als politischer Prozeß. Aufsätze zur Theorie der planenden Demokratie, Frankfurt a. M. 1973, S. 73-113.

Scharpf, Fritz W., Politischer Immobilismus und ökonomische Krise. Aufsätze zu den politischen Restriktionen der Wirtschaftspolitik in der Bundesrepublik, Kronberg/Ts. 1977.

Schatz, Heribert, Auf der Suche nach neuen Problemlösungsstrategien. Die Entwicklung der politischen Planung auf Bundesebene, in: Renate Mayntz/Fritz W. Scharpf (Hrsg.), Planungsorganisation. Die Diskussion um die Reform von Regierung und Verwaltung des Bundes, München 1973, S. 9-67.

Schatz, Heribert, Funktionsbedingungen und Konfliktsituationen verwaltungswissenschaftlicher Forschung und Beratung, dargestellt am Beispiel der Projektgruppe Regierungs- und Verwaltungsreform, in: Wissenschaftszentrum Berlin (Hrsg.), Interaktion von Wissenschaft und Politik. Theoretische und praktische Probleme der anwendungsorientierten Sozialwissenschaften, Frankfurt a. M., New York 1977, S. 189-226.

Schefold, Bertram, Nationalökonomie als Geisteswissenschaft. Edgar Salins Konzept einer Anschaulichen Theorie, in: List Forum für Wirtschafts- und Finanzpolitik 18 (1992), S. 303-324.

Schefold, Bertram, Der Nachklang der historischen Schule in Deutschland zwischen dem Ende des Zweiten Weltkrieges und dem Anfang der sechziger Jahre, in: Karl Acham/Knut Wolfgang Nörr/Bertram Schefold (Hrsg.), Erkenntnisgewinne, Erkenntnisverluste. Kontinuitäten und Diskontinuitäten in den Wirtschafts-, Rechts- und Sozialwissenschaften zwischen den 20er und 50er Jahren, Stuttgart 1998, S. 31-70.

Schelsky, Helmut, Die sozialen Fragen der Automatisierung, Düsseldorf 1957.

Schelsky, Helmut, Demokratischer Staat und moderne Technik, in: Atomzeitalter (1961), H. 5, S. 99-102.

Schelsky, Helmut, Der Mensch in der wissenschaftlichen Zivilisation (1961), in: Ders., Auf der Suche nach Wirklichkeit. Gesammelte Aufsätze, Düsseldorf, Köln 1965, S. 439-480.

Schelsky, Helmut, Planung der Zukunft. Die rationale Utopie und die Ideologie der Rationalität, in: Soziale Welt 17 (1966), S. 155-172.

Schildt, Axel, Moderne Zeiten. Freizeit, Massenmedien und „Zeitgeist" in der Bundesrepublik der 50er Jahre, Hamburg 1995.

Schildt, Axel, Konservatismus in Deutschland. Von den Anfängen im 18. Jahrhundert bis zur Gegenwart, München 1998.

Schildt, Axel/Siegfried, Detlef/Lammers, Karl Christian (Hrsg.), Dynamische Zeiten. Die 60er Jahre in den beiden deutschen Gesellschaften, Hamburg 2000.

Schiller, Theo, Sozialismus, in: Dieter Nohlen/Rainer-Olaf Schultze (Hrsg.), Lexikon der Politikwissenschaft. Theorien, Methoden, Begriffe, Bd. 2, München 2005, S. 916-920.

Schirrmacher, Arne, Nach der Popularisierung. Zur Relation von Wissenschaft und Öffentlichkeit im 20. Jahrhundert, in: GG 34 (2008), S. 73-95.

Schlaga, Rüdiger, Die Kommunisten in der Friedensbewegung – erfolglos? Die Politik des Weltfriedensrates im Verhältnis zur Außenpolitik der Sowjetunion und zu unabhängigen Friedensbewegungen im Westen (1950-1979), Münster 1991.

Schlechta, Karl (Hrsg.), Der Mensch und seine Zukunft, Darmstadt 1967.

Schlimm, Anette, Ordnungen des Verkehrs. Arbeit an der Moderne, Bielefeld 2011.

Schmacke, Ernst, Einleitung, in: Ders./Rüdiger Altmann (Hrsg.), Zukunft im Zeitraffer, Düsseldorf 1968, S. 7-11.

Schmacke, Ernst (Hrsg.), 1980 ist morgen. Technik und Forschung der nächsten zehn Jahre, 3. Auflage, Düsseldorf 1970.

Schmacke, Ernst (Hrsg.), Hamburg auf dem Weg in das Jahr 2000. Prognosen, Düsseldorf 1970.

Schmacke, Ernst (Hrsg.), Nordrhein-Westfalen auf dem Weg in das Jahr 2000. Sechzehn Prognosen, Düsseldorf 1970.

Schmacke, Ernst (Hrsg.), Bayern auf dem Weg in das Jahr 2000. Prognosen, Düsseldorf 1971.

Schmelzer, Matthias, The Crisis before the Crisis. The „Problems of Modern Society" and the OECD, 1968-1974, S. 999-1020, in: European Review of History 19 (2012), H. 6, http://www.tandfonline.com/eprint/R6UxTE9SuZ6MqvyhjH37/full (letzte Abfrage 3.1.2015).

Schmid, Günther/Oschmiansky, Frank, Arbeitsmarktpolitik und Arbeitslosenversicherung, in: Martin H. Geyer (Hrsg.), Geschichte der Sozialpolitik in Deutschland seit 1945. 1974-1982 Bundesrepublik Deutschland, Baden-Baden 2008, S. 312-363.

Schmidt, Helmut, in: Horst Ehmke (Hrsg.), Perspektiven. Sozialdemokratische Politik im Übergang zu den siebziger Jahren, Reinbek bei Hamburg 1969, S. 35-38.

Schmidt, Helmut, Kontinuität und Konzentration, Bonn 1975.

Schmidt, Martina, Grenzen des Wachstums und Nachhaltigkeit. Die Meilensteine einer fortwährenden Debatte, Bremen 2005.

Schmidt, Wolfram, Systems 69, in: APWM 2 (1970), H. 7, S. 21-23.

Schmidt-Gernig, Alexander, Ansichten einer zukünftigen „Weltgesellschaft". Westliche Zukunftsforschung der 60er und 70er Jahre als Beispiel einer transnationalen Expertenöffentlichkeit, in: Hartmut Kaelble/Martin Kirsch/Alexander Schmidt-Gernig (Hrsg.), Transnationale Öffentlichkeit und Identitäten im 20. Jahrhundert, Frankfurt a. M., New York 2002, S. 393-421.

Schmidt-Gernig, Alexander, The Cybernetic Society. Western Future Studies of the 1960s and 1970s and their Predictions for the Year 2000, in: Richard N. Cooper/Peter R. G. Layard (Hrsg.), What the Future Holds. Insights from Social Science, Cambridge, Mass. 2002, S. 233-259.

Schmidt-Gernig, Alexander, Das Jahrzehnt der Zukunft – Leitbilder und Visionen der Zukunftsforschung in den 60er Jahren in Westeuropa und den USA, in: Uta Gerhardt (Hrsg.), Zeitperspektiven. Studien zu Kultur und Gesellschaft, Stuttgart 2003, S. 305-345.

Schmidt-Gernig, Alexander, Forecasting the Future. Future Studies as International Networks of Social Analysis in the 1960s and 1970s in Western Europe, in: Jessica C. E. Gienow-Hecht/Frank Schumacher (Hrsg.), Culture and International History, New York 2003, S. 157-172.

Schmidt-Gernig, Alexander, „Futurologie". Zukunftsforschung und ihre Kritiker in der Bundesrepublik der 60er Jahre, in: Heinz Gerhard Haupt/Jörg Requate (Hrsg.), Aufbruch in die Zukunft. Die 1960er Jahre zwischen Planungseuphorie und kulturellem Wandel. DDR, ČSSR und Bundesrepublik Deutschland im Vergleich, Weilerswist 2004, S. 109-131.

Schmidt-Gernig, Alexander, Das „kybernetische Zeitalter". Zur Bedeutung wissenschaftlicher Leitbilder für die Politikberatung am Beispiel der Zukunftsforschung der 60er und 70er Jahre, in: Stefan Fisch/Wilfried Rudloff (Hrsg.), Experten und Politik. Wissenschaftliche Politikberatung in geschichtlicher Perspektive, Berlin 2004, S. 349-368.

Schmidt-Gernig, Alexander, Europa als Kontinent der Zukunft. Pierre Bertaux und die Zeitdiagnostik der 1960er Jahre, 2007, http://www.europa.clio-online.de/site/lang__de/ItemID__144/mid__11428/40208214/default.aspx (letzte Abfrage 3.1.2015).

Schoijet, Mauricio, Limits to Growth and the Rise of Catastrophism, in: Environmental History 4 (1999), S. 515-530.

Schöllgen, Gregor, Geschichte der Weltpolitik von Hitler bis Gorbatschow. 1941-1991, München 1996.
Schönhoven, Klaus, Wendejahre. Die Sozialdemokratie in der Zeit der Großen Koalition 1966-1969, Bonn 2004.
Schröder, Dieter/Roesler, Konrad/Zubeil, Gotthold, Wachstum und Gesellschaftspolitik. Gesellschaftspolitische Grundlagen der längerfristigen Sicherung des wirtschaftlichen Wachstums, Stuttgart u. a. 1971.
Schröder, Iris/Höhler, Sabine, Welt-Räume. Annäherungen an eine Geschichte der Globalität im 20. Jahrhundert, in: Dies. (Hrsg.), Welt-Räume. Geschichte, Geographie und Globalisierung seit 1900, Frankfurt a. M., New York 2005, S. 9-47.
Schröder, Iris/Höhler, Sabine (Hrsg.), Welt-Räume. Geschichte, Geographie und Globalisierung seit 1900, Frankfurt a. M., New York 2005.
Schulze, Lothar, Die Lawine des guten Willens oder Wie kann die Friedensforschung vorangetrieben werden, in: Zukunfts- und Friedensforschung Information 1 (1965), H. 1, S. I f.
Schulze, Lothar, Zum Inhalt, in: Zukunfts- und Friedensforschung Information 1 (1965), H. 1, S. 1 f.
Schulz-Walden, Thorsten, Anfänge globaler Umweltpolitik. Umweltsicherheit in der internationalen Politik (1969-1975), München 2013.
Schumacher, Dieter, Zieltheorie vs. Zielpraxis, in: APWM 4 (1972), H. 19, S. 26 f.
Schumacher, Ernst F., Man's Impact on Technology, Alternatives to Existing Technologies. Old Technologies Reformed, Intermediate Technologies, Innovative Technologies, in: IRADES/World Future Research Conferences (Hrsg.), Human Needs, News Societies, Supportive Technologies. Collected Documents Presented at the Rome Special World Conference on Futures Research 1973, Bd. 1, Rom o. J., S. 174-177.
Schumacher, Ernst F., Rückkehr zum menschlichen Maß. Small is beautiful, Reinbek bei Hamburg 1978 (Orig.: Small is Beautiful. Economics as if People Mattered, 1973).
Schwabe, Gerhard Helmut, Naturschutz, in: Scheidewege. Jahresschrift für skeptisches Denken 1 (1971), S. 78-96.
Schwarz, Angela, Der Schlüssel zur modernen Welt. Wissenschaftspopularisierung in Großbritannien und Deutschland im Übergang zur Moderne (ca. 1870-1914), Stuttgart 1999.
Schwarz, Angela, „Wie uns die Stunde schlägt". Zeitbewußtsein und Zeiterfahrungen im Industriezeitalter als Gegenstand der Mentalitätsgeschichte, in: Archiv für Kulturgeschichte 83 (2001), S. 451-479.
Schwentek, Heinrich, Mensch und Kybernetik, Stuttgart 1965.
Schwietert, Aloys, Die 60er Jahre. Prognosen werden hoffähig, in: Heik Afheldt u. a. (Hrsg.), Das Phänomen Prognos. Ein Rückblick auf 40 Jahre Forschung und Beratung aus Anlass des 70. Geburtstages von Peter G. Rogge, Basel o. J., S. 29-43.
Schwietert, Aloys, Prognos. Ein Name, ein Programm, in: Heik Afheldt u. a. (Hrsg.), Das Phänomen Prognos. Ein Rückblick auf 40 Jahre Forschung und Beratung aus Anlass des 70. Geburtstages von Peter G. Rogge, Basel o. J., S. 9-12.
Scott, James C., Seeing like a State. How Certain Schemes to Improve the Human Condition have Failed, New Haven 1998.
Seamens Jr., Robert C., Space, in: Science Journal 3 (1967), H. 10, S. 82-88.
Seefried, Elke, Experten für die Planung. „Zukunftsforscher" als Berater der Bundesregierung 1966-1972/73, in: Archiv für Sozialgeschichte 50 (2010), S. 109-152.
Seefried, Elke, Prognostik zwischen Boom und Krise. Die Prognos AG und ihre Zukunftsprognosen für die Entwicklung der Bundesrepublik in den sechziger und siebziger Jahren, in: Heinrich Hartmann/Jakob Vogel (Hrsg.), Zukunftswissen. Prognosen in Wirtschaft, Politik und Gesellschaft seit 1900, Frankfurt a. M. u. a. 2010, S. 76-106.
Seefried, Elke, Towards the ,Limits to Growth'? The Book and its Reception in West Germany and Great Britain 1972/73, in: Bulletin of the German Historical Institute London 33 (2011), H. 1, S. 3-37.
Seefried, Elke, Die politische Verantwortung des Wissenschaftlers. Carl Friedrich von Weizsäcker, Politik und Öffentlichkeit im Kalten Krieg, in: Geschichte in Wissenschaft und Unterricht 65 (2014), S. 177-195.

Seefried, Elke, Rethinking Progress. On the Origin of the Modern Sustainability Discourse, 1970-2000, in: JMEH 13 (2015) (i.V.).
Segal, Jérôme, Kybernetik in der DDR. Dialektische Beziehungen, in: Claus Pias (Hrsg.), Cybernetics. The Macy-Conferences 1946-1953, Berlin 2004, S. 227-251.
Seligman, Dan, Know-It-All, 2. 4. 2001, http://www.hudson.org/research/817-know-it-all (letzte Abfrage 3. 1. 2015).
Senghaas, Dieter, Rückblick auf die Zukunft. Futurologie und ihre Leerstellen, in: Neue Politische Literatur 13 (1968), S. 171-177.
Senghaas, Dieter (Hrsg.), Kritische Friedensforschung, Frankfurt a. M. 1971.
Servan-Schreiber, Jean-Jacques, Die amerikanische Herausforderung (Orig. 1967), 2. Auflage, Hamburg 1968.
Servier, Jean, Der Traum von der großen Harmonie. Eine Geschichte der Utopie, München 1971.
Seybold, Peter, The Ford Foundation and the Triumph of Behaviorialism in American Political Science, in: Robert F. Arnove (Hrsg.), Philanthropy and Cultural Imperialism. The Foundations at Home and Abroad, Boston 1980, S. 269-303.
Shapin, Steven, Science and the Public, in: Robert C. Olby u. a. (Hrsg.), Companion to the History of Modern Science, London, New York 1990, S. 990-1007.
Sheail, John, An Environmental History of Twentieth-Century Britain, Basingstoke, New York 2002.
Shils, Edward, The End of Ideology? Letter from Milan, in: Encounter 5 (1955), H. 5, S. 52-58.
Shils, Edward (Hrsg.), Democracy in the New States. Rhodes Seminar Papers, New Delhi 1959.
Shinn, Terry/Whitley, Richard (Hrsg.), Expository Science. Forms and Functions of Popularisation, Dordrecht, Boston 1985.
Shubik, Martin, Spieltheorie und die Untersuchung des sozialen Verhaltens. Eine einführende Darstellung, in: Ders. (Hrsg.), Spieltheorie und Sozialwissenschaften, Hamburg 1965, S. 13-85.
Sicinski, Andrzej, Polish Centres for Future Research, in: Japan Society of Futurology (Hrsg.), Challenges from the Future. Proceedings of the International Future Research Conference, Bd. 4, Tokyo 1970, S. 60-62.
Sick, Klaus-Peter, Vom Neoliberalismus zum Faschismus? Die Entwicklung der politischen Ideen von Alfred Fabre-Luce und Bertrand de Jouvenel 1918-1945, in: Lendemains 66 (1992), S. 59-75.
Sieferle, Rolf Peter, Fortschrittsfeinde? Opposition gegen Technik und Industrie von der Romantik bis zur Gegenwart, München 1984.
Simmons, Harvey, Systems Dynamics und Technokratie, in: Hugh S. D. Cole/Christopher Freeman/Marie Jahoda/Keith Pavitt (Hrsg.), Die Zukunft aus dem Computer? Eine Antwort auf die „Grenzen des Wachstums", Neuwied, Berlin 1973, S. 317-343.
Sloterdijk, Peter (Hrsg.), Vor der Jahrtausendwende. Berichte zur Lage der Zukunft, Frankfurt a. M. 1990.
Smith, Bruce L. R., The RAND Corporation. Wissenschaftliche Politik-Beratung in den USA, Düsseldorf 1971.
Smith, Bruce L. R., American Science Policy since World War II, Washington 1990.
Smith, James Allen, The Idea Brokers. Think Tanks and the Rise of the New Policy Elite, New York, Toronto 1993.
Soell, Hartmut, Helmut Schmidt 1918-1969. Vernunft und Leidenschaft, München 2003.
Söllner, Alfons, Kritische Theorie, in: Dieter Nohlen/Rainer-Olaf Schultze (Hrsg.), Lexikon der Politikwissenschaft. Theorien, Methoden, Begriffe, München 2005, S. 499-501.
Solovey, Mark, Introduction. Science and the State during the Cold War. Blurred Boundaries and a Contested Legacy, in: Social Studies of Science 31 (2001), H. 2, S. 165-170.
Solow, Robert, Is the End of the World at Hand?, in: Andrew Weintraub/Eli Schwartz/J. Richard Aronson (Hrsg.), The Economic Growth Controversy, White Plains, New York 1973, S. 39-61.
Sombart, Nicolaus, Krise und Planung. Studien zur Entwicklungsgeschichte des menschlichen Selbstverständnisses in der globalen Ära, Wien u. a. 1965.
Sozialdemokratische Partei Deutschlands (Hrsg.), Außerordentlicher Parteitag der Sozialdemokratischen Partei Deutschlands. 12. bis 13. Oktober 1972, Dortmund, Westfalenhalle. Protokoll der Verhandlungen, o. O. 1972.

Sozialdemokratische Partei Deutschlands, Wahlprogramm der SPD. Mit Willy Brandt für Frieden, Sicherheit und eine bessere Qualität des Lebens, Bonn 1972.
Sozialistisches Autorenkollektiv an der Pädagogischen Hochschule Berlin, Bildungskatastrophe bis zum Jahre 2000? Wie die Industrie die Schule manipuliert, in: Ulrich Greiwe (Hrsg.), Herausforderung an die Zukunft. Die kritische Generation vor der Jahrtausendwende, München u. a. 1970, S. 28-55.
Spengler, Oswald, Der Untergang des Abendlandes. Umrisse einer Morphologie der Weltgeschichte, Wien, München 1918-19.
Sperber, Manès, Bis man mir Scherben auf die Augen legt. Lebenserinnerungen 1933-75, Wien 1977.
Stableford, Brian, Zukunftsstudien und Science Fiction. Das Beispiel Großbritannien, in: Klaus Burmeister/Karlheinz Steinmüller (Hrsg.), Streifzüge ins Übermorgen. Science Fiction und Zukunftsforschung, Weinheim 1992, S. 67-78.
Stamm-Kuhlmann, Thomas, Zwischen Staat und Selbstverwaltung. Die deutsche Forschung im Wiederaufbau 1945-1965, Köln 1981.
Staples, Amy, The Birth of Development. How the World Bank, Food and Agriculture Organization, and the World Health Organization Changed the World, 1945-1965, Kent 2006.
Statistisches Bundesamt, Datenreport 1992, München 1992.
Steber, Martina, Politische Sprachen des Konservativen in Großbritannien und der Bundesrepublik Deutschland 1945-1980, Habilitationsschrift München 2015.
Steenbergen, Bart van, Order or Conflict. Opposite Views on Society within Futurology, in: APWM 1 (1968/1969), H. 5, S. 25.
Steenbergen, Bart van, Cricital and Establishment Futurology, in: Japan Society of Futurology (Hrsg.), Challenges from the Future. Proceedings of the International Future Research Conference, Bd. 1, Tokyo 1970, S. 93-101.
Steenbergen, Bart van, Kritische Futurologie und Utopie, in: Dietger Pforte/Olaf Schwencke (Hrsg.), Ansichten einer künftigen Futurologie. Zukunftsforschung in der zweiten Phase, München 1973, S. 73-94.
Steenbergen, Bart van, The first Fifteen Years. A Personal View of the Early History of the WFSF, in: Futures 37 (2005), H. 5, S. 355-360.
Stehr, Nico, Arbeit, Eigentum und Wissen. Zur Theorie von Wissensgesellschaften, Frankfurt a. M. 1994.
Steinbicker, Jochen, Zur Theorie der Informationsgesellschaft. Ein Vergleich der Ansätze von Peter Drucker, Daniel Bell und Manuel Castells, Opladen 2001.
Steinbuch, Karl, Automat und Mensch. Auf dem Wege zu einer kybernetischen Anthropologie, 4. Auflage, Berlin, Heidelberg, New York 1971 (Orig. 1961).
Steinbuch, Karl, Die informierte Gesellschaft. Geschichte und Zukunft der Nachrichtentechnik, Neuauflage Stuttgart 1969 (Orig. 1966).
Steinbuch, Karl, Technik und Gesellschaft im Jahre 2000, in: Deutsches Museum – Abhandlungen und Berichte 36 (1968), H. 2, S. 5-23.
Steinbuch, Karl, Falsch programmiert. Über das Versagen unserer Gesellschaft in der Gegenwart und vor der Zukunft und was eigentlich geschehen müßte, 8. Auflage, Stuttgart 1970 (Orig. 1968).
Steinbuch, Karl, Communication in the Year 2000, in: Robert Jungk/Johan Galtung (Hrsg.), Mankind 2000, London 1969, S. 165-170.
Steinbuch, Karl, Technik und Gesellschaft als Zukunftsproblem, in: Robert Jungk (Hrsg.), Menschen im Jahr 2000. Eine Übersicht über mögliche Zukünfte, Frankfurt a. M. 1969, S. 65-74.
Steinbuch, Karl (Hrsg.), SYSTEMS 69. Internationales Symposium über Zukunftsfragen, Stuttgart 1970.
Steinbuch, Karl, Zur Systemanalyse des technischen Fortschritts, in: Ders. (Hrsg.), SYSTEMS 69. Internationales Symposium über Zukunftsfragen, Stuttgart 1970, S. 9-20.
Steinbuch, Karl, Programm 2000, Stuttgart 1971.
Steinbuch, Karl, Vorwort, in: Hans Blohm (Hrsg.), Technische Prognosen in der Praxis. Methoden, Beispiele, Probleme, Düsseldorf 1972, S. V-VII.
Steinbuch, Karl/Peter Glotz/Klaus Lubkoll (Hrsg.), Die Humane Gesellschaft. Jenseits von Kapitalismus und Kommunismus. Ein gesellschaftspolitisches Forum mit Karl Steinbuch in der Evangelischen Akademie Bad Boll am 24. und 25. Juni 1972, Stuttgart 1972.

Steinbuch, Karl, Kurskorrektur, Stuttgart-Degerloch 1973.
Steinbuch, Karl, Über die Zukunft unserer Gesellschaft, München o. J. (1973).
Steinmüller, Karlheinz, Zukunftsforschung in Europa. Ein Abriß der Geschichte, in: Ders./Rolf Kreibich/Christoph Zöpel (Hrsg.), Zukunftsforschung in Europa. Ergebnisse und Perspektiven, Baden-Baden 2000, S. 37-54.
Steinmüller, Karlheinz, Der Mann, der das Undenkbare dachte. Herman Kahn und die Geburt der Futurologie aus dem Geist des Kalten Krieges, in: Kursbuch (2006), H. 164, S. 99-103.
Steurer, Reinhard, Der Wachstumsdiskurs in Wissenschaft und Politik. Von der Wachstumseuphorie über „Grenzen des Wachstums" zur Nachhaltigkeit, Berlin 2002.
Stewart, Irvin, Organizing Scientific Research for War. The Administrative History of the Office of Scientific Research and Development, New York 1980.
Stoltenberg, Gerhard, Die Erforschung technologischer Entwicklungslinien. Vortrag auf der Hannover-Messe anläßlich des Gesprächs über Technologische Forschung und der Einberufung des Gründungsausschusses des „Industrie-Instituts zur Erforschung technologischer Entwicklungslinien" am 27.4.1969, in: APWM 1 (1968/69), H. 4, S. 20f.
Stoltenberg, Gerhard, Staat und Wissenschaft. Zukunftsaufgaben der Wissenschafts- und Bildungspolitik, Stuttgart 1969.
Stoltenberg, Gerhard, Ziele und Methoden der Wissenschaftspolitik, Staat und Wissenschaft. Zukunftsaufgaben der Wissenschafts- und Bildungspolitik, Stuttgart 1969, S. 25-51.
Sulc, Ota, A Methodology of Forecasting the Interactions Between Technological and Social Changes, in: Japan Society of Futurology (Hrsg.), Challenges from the Future. Proceedings of the International Future Research Conference, Bd. 2, Tokyo 1970, S. 159-164.
Süß, Winfried, „Wer aber denkt für das Ganze?" Aufstieg und Fall der ressortübergreifenden Planung im Bundeskanzleramt, in: Matthias Frese/Julia Paulus/Karl Teppe (Hrsg.), Demokratisierung und gesellschaftlicher Aufbruch. Die sechziger Jahre als Wendezeit der Bundesrepublik, Paderborn 2003, S. 349-377.
Süß, Winfried, „Rationale Politik" durch sozialwissenschaftliche Beratung? Die Projektgruppe Regierungs- und Verwaltungsreform 1966-1975, in: Stefan Fisch/Wilfried Rudloff (Hrsg.), Experten und Politik. Wissenschaftliche Politikberatung in geschichtlicher Perspektive, Berlin 2004, S. 329-348.
Suttner, Bertha von, Der Frieden in 100 Jahren, in: Arthur Brehmer (Hrsg.), Die Welt in 100 Jahren (Orig. 1910), neu herausgegeben von Georg Ruppelt, Hildesheim, Zürich, New York 2010, S. 79-87.
Szöllösi-Janze, Margit, Geschichte der Arbeitsgemeinschaft der Großforschungseinrichtungen, 1958-1980, Frankfurt a. M., New York 1990.
Szöllösi-Janze, Margit/Trischler, Helmuth (Hrsg.), Großforschung in Deutschland, Frankfurt a. M., New York 1990.
Szöllösi-Janze, Margit, Großforschung – woher? Zur Geschichte der Großforschungseinrichtungen in der Bundesrepublik Deutschland, in: Physik und Didaktik 3 (1991), S. 220-233.
Szöllösi-Janze, Margit, Wissensgesellschaft in Deutschland. Überlegungen zur Neubestimmung der deutschen Zeitgeschichte über Verwissenschaftlichungsprozesse, in: GG 30 (2004), S. 277-313.
Tanner, Jakob, Eugenik und Rassenhygiene in Wissenschaft und Politik seit dem ausgehenden 19. Jahrhundert. Ein historischer Überblick, in: Michael Zimmermann (Hrsg.), Zwischen Erziehung und Vernichtung. Zigeunerpolitik und Zigeunerforschung im Europa des 20. Jahrhunderts, Stuttgart 2007, S. 109-124.
Tanner, Jakob, Komplexität, Kybernetik und Kalter Krieg. „Information" im Systemantagonismus von Markt und Plan, in: Michael Hagner/Erich Hörl (Hrsg.), Die Transformation des Humanen. Beiträge zur Kulturgeschichte der Kybernetik, Frankfurt a. M. 2008, S. 377-413.
Tarrow, Sidney, Power in Movement. Social Movements and Contentious Politics, Cambridge 1999.
Tateisi, Kazuma, Sinic Theory. An Approach to the Future, in: Japan Society of Futurology (Hrsg.), Challenges from the Future. Proceedings of the International Future Research Conference, Bd. 4, Tokyo 1970, S. 143-158.
Taylor, Gordon Rattray, The Doomsday Book. Can the World Survive?, New York 1970.

Taylor, Gordon Rattray, The Environment and Futures Research, in: Futures 2 (1970), H. 4, S. 300-301.

Taylor, Richard, Against the Bomb. The British Peace Movement, 1958-1965, Oxford, New York 1988.

Teich, Mikuláš, J. D. Bernal. The Historian and the Scientific-Technical Revolution, in: Interdisciplinary Science Reviews 33 (2008), H. 2, S. 135-139.

Tiberius, Victor, Hochschuldidaktik der Zukunftsforschung, Wiesbaden, Berlin 2011.

Tinbergen, Jan, Entwicklungspolitik und Umweltschutz. Zukunftsentwürfe für die Eine Welt, in: Heinrich von Nußbaum (Hrsg.), Die Zukunft des Wachstums. Kritische Antworten zum „Bericht des Club of Rome", Düsseldorf 1973, S. 77-87.

Toffler, Alvin, Future Shock, New York 1970.

Toye, John/Toye, Richard, The UN and Global Political Economy. Trade, Finance, and Development, Bloomington 2004.

Trischler, Helmuth, Die „amerikanische Herausforderung" in den „langen" siebziger Jahren, in: Gerhard A. Ritter/Margit Szöllösi-Janze/Helmuth Trischler (Hrsg.), Antworten auf die amerikanische Herausforderung. Forschung in der Bundesrepublik und der DDR in den „langen" siebziger Jahren, Frankfurt a. M., New York 1999, S. 11-18.

Trischler, Helmuth, Geschichtswissenschaft – Wissenschaftsgeschichte. Koexistenz oder Konvergenz, in: Berichte zur Wissenschaftsgeschichte 22 (1999), S. 239-256.

Trischler, Helmuth, Das bundesdeutsche Innovationssystem in den „langen 70er Jahren". Antworten auf die „amerikanische Herausforderung", in: Johannes Abele/Gerhard Barkleit/Thomas Hänseroth (Hrsg.), Innovationskulturen und Fortschrittserwartungen im geteilten Deutschland, Köln 2001, S. 47-70.

Tyrrell, Ian, What is Transnational History?, http://iantyrrell.wordpress.com/what-is-transnational-history/ (letzte Abfrage 3. 1. 2015).

Ul Haq, Mahbub, Crisis in Development Strategies, in: World Development 1 (1973), H. 7, S. 29-31.

Unger, Corinna R., Cold War Science. Wissenschaft, Politik und Ideologie im Kalten Krieg, in: Neue Politische Literatur 51 (2006), S. 51-68.

Corinna R. Unger, Present at the Creation: The Role of American Foundations in the International Development Arena, 1950s and 1960s, in: Stefanie Middendorf/Ulrike Schulz/Corinna R. Unger (Hrsg.), Institutional History Rediscovered: Observing Organizations' Behavior in Times of Change, Leipzig 2014, S. 66-80.

United Nations (Hrsg.), Report of the United Nations Conference on Science and Technology for Development. Vienna (20-31 August 1979), New York 1979.

United Nations Department of Economic and Social Affairs (Hrsg.), Proceedings of the World Population Conference, New York 1966.

Universities National Bureau Committee for Economic Research, The Quality and Economic Significance of Anticipations Data, Princeton 1960.

Vereinigung Deutscher Wissenschaftler e. V., Ziviler Bevölkerungsschutz heute, Frankfurt a. M. 1962.

Verne, Jules, Zwanzigtausend Meilen unter'm Meer, Wien, Leipzig u. a. 1875 (Orig.: Vingt mille lieues sous les mers, 1869).

Vester, Frederic, Das kybernetische Zeitalter. Neue Dimensionen des Denkens, Frankfurt a. M. 1974.

Vogel, Hans-Jochen, Wirtschaftswachstum. Qualität des Lebens, in: Aspekte. Das deutsche Studienmagazin (1973), H. 7/8, S. 2.

Vogel, Jakob, Von der Wissenschafts- zur Wissensgeschichte. Für eine Historisierung der „Wissensgesellschaft", in: GG 30 (2004), S. 639-660.

Vogt, Roland, Konzepte der sozialen Verteidigung, in: Theodor Ebert (Hrsg.), Demokratische Sicherheitspolitik. Von der territorialen zur sozialen Verteidigung, München 1974, S. 11-39.

Vosskamp, Wilhelm, Thomas Morus' Utopia. Zur Konstituierung eines gattungsgeschichtlichen Prototyps, in: Ders. (Hrsg.), Utopieforschung. Interdisziplinäre Studien zur neuzeitlichen Utopie, Frankfurt a. M. 1985, S. 183-196.

Wagenführ, Horst/Wickert Institut für wirtschaftliche Zukunftsforschung, Report 85. Gesellschaft und Wirtschaft im zukünftigen Deutschland, Tübingen 1968.

Wagenführ, Horst, Wirtschaftliche Zukunftsforschung. Eine methodische Einführung in Theorie und Praxis, Tübingen 1969.
Wagner, Peter, Sozialwissenschaften und Staat. Frankreich, Italien, Deutschland 1870-1980, Frankfurt a. M., New York 1990.
Wakefield, Richard P., Images of Man and the Future of Human Institutions, in: Japan Society of Futurology (Hrsg.), Challenges from the Future. Proceedings of the International Future Research Conference, Bd. 3, Tokyo 1970, S. 25-30.
Walker, Mark, Die Uranmaschine. Mythos und Wirklichkeit der deutschen Atombombe, Berlin 1990.
Ward, Barbara, Spaceship Earth, New York 1966.
Ward, Barbara/Dubos, René, Only One Earth. The Care and Maintenance of a Small Planet. An Unofficial Report Commissioned by the Secretary-General of the United Nations Conference on the Human Environment, Prepared with the Assistance of a 152-Member Committee of Corresponding Consultants in 58 Countries, Harmondsworth 1972.
Waskow, Arthur C., Futurism. Elitist or Democratic? (Orig. 1968), in: Joseph P. Martino (Hrsg.), An Introduction to Technological Forecasting, London, Paris, New York 1972, S. 103-106.
Wasmuht, Ulrike C., Geschichte der deutschen Friedensforschung. Entwicklung, Selbstverständnis, politischer Kontext, Münster 1998.
Waterkamp, Rainer, Futurologie und Zukunftsplanung. Forschungsergebnisse und Ansätze öffentlicher Planung, Stuttgart u. a. 1970.
Waters, Malcolm, Daniel Bell, London, New York 1996.
Weart, Spencer R., The Discovery of Global Warming, Cambridge, Mass., London 2003.
Weber, Ino, Carl Friedrich von Weizsäcker. Ein Leben zwischen Physik und Philosophie, Amerang 2012.
Weber, Max, Der Beruf zur Wissenschaft, in: Ders., Soziologie. Universalgeschichtliche Analysen. Politik, hrsg. von Johannes Winckelmann, Stuttgart 1973, S. 311-339.
Wedgwood Benn, Anthony, Die Qualität des Lebens, in: Günter Friedrichs (Hrsg.), Aufgabe Zukunft. Qualität des Lebens. Beiträge zur vierten internationalen Arbeitstagung der Industriegewerkschaft Metall für die Bundesrepublik Deutschland, 11. bis 14. April 1972 in Oberhausen, Bd. 1, Frankfurt a. M. 1973, S. 27-52.
Wehner, Herbert, in: Horst Ehmke (Hrsg.), Perspektiven. Sozialdemokratische Politik im Übergang zu den siebziger Jahren, Reinbek bei Hamburg 1969, S. 24.
Weindling, Paul, Julian Huxley and the Continuity of Eugenics in Twentieth-century Britain, in: JMEH 10 (2012), H. 4, S. 480-499.
Weingart, Peter, Verwissenschaftlichung der Gesellschaft – Politisierung der Wissenschaft, in: Zeitschrift für Soziologie 12 (1983), S. 225-241.
Weingart, Peter, Die Stunde der Wahrheit? Zum Verhältnis der Wissenschaft zu Politik, Wirtschaft und Medien in der Wissensgesellschaft, Weilerswist 2001.
Weingart, Peter, Wissenschaftssoziologie, Bielefeld 2003.
Weingart, Peter, Die Wissenschaft der Öffentlichkeit und die Öffentlichkeit der Wissenschaft, in: Ders., Die Wissenschaft der Öffentlichkeit. Essays zum Verhältnis von Wissenschaft, Medien und Öffentlichkeit, Weilerswist 2005, S. 9-33.
Weingart, Peter, Vom Umweltschutz zur Nachhaltigkeit. Förderung der Umweltforschung zwischen Wissenschaftsentwicklung und Politik, in: Ders./Niels C. Taubert (Hrsg.), Das Wissensministerium. Ein halbes Jahrhundert Forschungs- und Bildungspolitik in Deutschland, Weilerswist 2006, S. 268-287.
Weingart, Peter/Carrier, Martin/Krohn, Wolfgang, Experten und Expertise, in: Dies. (Hrsg.), Nachrichten aus der Wissensgesellschaft. Analysen zur Veränderung der Wissenschaft, Weilerswist 2007, S. 293-304.
Weingart, Peter/Küppers, Günter, Forschung im Dienst des Staates, in: Peter Weingart/Martin Carrier/Wolfgang Krohn (Hrsg.), Nachrichten aus der Wissensgesellschaft. Analysen zur Veränderung der Wissenschaft, Weilerswist 2007, S. 72-82.
Weingart, Peter/Engels, Anita/Pansegrau, Petra/Hornschuh, Tillmann, Von der Hypothese zur Katastrophe. Der anthropogene Klimawandel im Diskurs zwischen Wissenschaft, Politik und Massenmedien, 2. Auflage, Opladen 2008.

Weingart, Peter/Lentsch, Justus, Wissen, Beraten, Entscheiden. Form und Funktion wissenschaftlicher Politikberatung in Deutschland, Weilerswist 2008.

Weisker, Albrecht, Expertenvertrauen gegen Zukunftsangst. Zur Risikowahrnehmung der Kernenergie, in: Ute Frevert (Hrsg.), Vertrauen. Historische Annäherungen, Göttingen 2003.

Weiss, Carol, The Many Meanings of Research Utilization, in: Martin Bulmer (Hrsg.), Social Science and Social Policy, London, Boston, Sydney 1986, S. 31-40.

Weizsäcker, Carl Friedrich von, Die Atomwaffen. Die Verantwortung der Wissenschaft im Atomzeitalter (1957), in: Ders., Der bedrohte Friede. Politische Aufsätze 1945-1981, München 1983, S. 31-42.

Weizsäcker, Carl Friedrich von, Christen und die Verhütung des Kriegs im Atomzeitalter (1958), in: Ders., Der bedrohte Friede. Politische Aufsätze 1945-1981, München 1983, S. 88-94.

Weizsäcker, Carl Friedrich von, Bedingungen des Friedens. Rede in Frankfurt am Main in der Paulskirche am 13.10.1963, in: Ders., Der bedrohte Friede. Politische Aufsätze 1945-1981, München 1983, S. 125-137.

Weizsäcker, Carl Friedrich von, Bedingungen des Friedens, Berlin 1964.

Weizsäcker, Carl Friedrich von, Gedanken über die Zukunft des technischen Zeitalters (1965), in: Ders., Gedanken über unsere Zukunft. Drei Reden, Göttingen 1966, S. 6-28.

Weizsäcker, Carl Friedrich von, Sachfragen der deutschen Politik, in: Ders., Gedanken über unsere Zukunft. Drei Reden, Göttingen 1966, S. 54-78.

Weizsäcker, Carl Friedrich von, Über weltpolitische Prognosen, in: Ders., Gedanken über unsere Zukunft. Drei Reden, Göttingen 1966, S. 29-53.

Weizsäcker, Carl Friedrich von, Über die Kunst der Prognose, o. O. 1968.

Weizsäcker, Carl Friedrich von, Der ungesicherte Friede, Göttingen 1969.

Weizsäcker, Carl Friedrich von, Gedanken zur Zukunft der technischen Welt, in: Robert Jungk (Hrsg.), Menschen im Jahr 2000. Eine Übersicht über mögliche Zukünfte, Frankfurt a. M. 1969, S. 13-30.

Weizsäcker, Carl Friedrich von, Über die Kunst der Prognose, in: Ders., Der ungesicherte Friede, Göttingen 1969, S. 57-76.

Weizsäcker, Carl Friedrich von, Einleitung, in: Ders./Horst Afheldt (Hrsg.), Kriegsfolgen und Kriegsverhütung, München 1971, S. 3-21.

Weizsäcker, Carl Friedrich von/Afheldt, Horst (Hrsg.), Kriegsfolgen und Kriegsverhütung, München 1971.

Weizsäcker, Carl Friedrich von, Die Grenzen des Wachstums, in: Naturwissenschaften 60 (1973), S. 267-273.

Weizsäcker, Carl Friedrich von, Rettung der Lebenswelt, in: Carlo Schmid/Helmut Gollwitzer/Heinrich Böll (Hrsg.), Anstoß und Ermutigung. Gustav W. Heinemann, Bundespräsident 1969-1974, Frankfurt a. M. 1974, S. 153-165.

Weizsäcker, Carl Friedrich von, Ohne Atomkraft leben?, in: Die Zeit, H. 27/28/29, 27. 6., 4. 7., 11. 7. 1975.

Weizsäcker, Carl Friedrich von, Fragen zur Zukunft. Strategie für eine Welt von morgen, in: Die Zeit, H. 30, 18. 7. 1975.

Weizsäcker, Carl Friedrich von, Mit der Kernenergie leben. Die friedliche Nutzung des Atoms – die Risiken sind begrenzt, in: Die Zeit, H. 12, 17. 3. 1978.

Weizsäcker, Carl Friedrich von, Die offene Zukunft der Kernenergie, in: Niedersächsische Landeszentrale für Politische Bildung (Hrsg.), Kernenergie – Lebensnotwendige Kraft oder tödliche Gefahr, Hannover 1979, S. 9-24.

Weizsäcker, Carl Friedrich von, Die offene Zukunft der Kernenergie. Eine Analyse des Energiebedarfs und der Gefahren, in: Die Zeit, H. 24, 8. 6. 1979.

Weizsäcker, Carl Friedrich von, Die Rettung der Lebenswelt und der Erwartungshorizont der Zukunft, Heidelberg 1979.

Weizsäcker, Carl Friedrich von, Friedliche Nutzung der Kernenergie. Chancen und Risiken (mit Anmerkungen von Hermann Hatzfeldt und Siegfried de Witt), in: Günter Altner/Carl Amery/Robert Jungk u. a. (Hrsg.), Zeit zum Umdenken! Kritik an v. Weizsäckers Atom-Thesen, Reinbek bei Hamburg 1979, S. 17-60.

Weizsäcker, Carl Friedrich von, Gedanken zum Arbeitsplan (1969), in: Ders., Der bedrohte Friede. Politische Aufsätze 1945-1981, München 1983, S. 181-213.

Weizsäcker, Carl Friedrich von, Einleitung, in: Klaus Michael Meyer-Abich/Bertram Schefold (Hrsg.), Die Grenzen der Atomwirtschaft. Die Zukunft von Energie, Wirtschaft und Gesellschaft, München 1986, S. 11-16.

Weizsäcker, Carl Friedrich von, Der bedrohte Friede – heute, München 1994.

Weizsäcker, Carl Friedrich von, Sie wollten das Wohl der Menschen, in: Wolfgang Rapp (Hrsg.), Glaubwürdig und unbequem. Erhard Eppler zum 70. Geburtstag, Baden-Baden 1996, S. 157.

Weizsäcker, Carl Friedrich von/Koslowski, Peter, Carl Friedrich von Weizsäcker im Gespräch mit Peter Koslowski. Zeugen des Jahrhunderts, hrsg. von Wolfgang Homering, Berlin 1999.

Weizsäcker, Ernst Ulrich von, Erdpolitik. Ökologische Realpolitik an der Schwelle zum Jahrhundert der Umwelt, Darmstadt 1989.

Weizsäcker, Ernst Ulrich von/Young, Oran R./Finger, Matthias (Hrsg.), Limits to Privatization. How to Avoid too much of a Good Thing, London, Sterling 2005.

Wellesley-Wesley, James Frank, Human Development in a Critical Future, in: Japan Society of Futurology (Hrsg.), Challenges from the Future. Proceedings of the International Future Research Conference, Bd. 3, Tokyo 1970, S. 31-35.

Wellesley-Wesley, James Frank, Human Development, in: IRADES/World Future Research Conferences (Hrsg.), Human Needs, News Societies, Supportive Technologies. Collected Documents Presented at the Rome Special World Conference on Futures Research 1973, Bd. 4, Rom o. J., S. 146-155.

Wells, Herbert G., The Time Machine. An Invention, London 1895.

Wells, Herbert G., The Discovery of the Future, in: Nature 65 (1902), H. 1684, S. 326-331.

Wells, Herbert G., Ausblicke auf die Folgen des technischen und wissenschaftlichen Fortschritts für Leben und Denken des Menschen, Minden 1905 (Orig.: Anticipations of the Reaction of Mechanical and Scientific Progress upon Human Life and Thought, 1902).

Wells, Herbert G., Wanted – Professors of Foresight (1932), in: Futures Research Quarterly 3 (1987), H. 1, S. 89-91.

Werner, Michael/Zimmermann, Bénédicte, Vergleich, Transfer, Verflechtung. Der Ansatz der Histoire croisée und die Herausforderung des Transnationalen, in: GG 28 (2002), H. 4, S. 607-636.

Wernicke, Günther, The Communist-Led World Peace Council and the Western Peace Movements. The Fetters of Bipolarity and some Attempts to Break them in the Fifties and Early Sixties, in: Peace and Change 23 (1998), H. 3, S. 265-311.

Whitley, Richard, Knowledge Producers and Knowledge Acquirers. Popularisation as a Relation Between Scientific Fields and Their Publics, in: Terry Shinn/Richard Whitley (Hrsg.), Expository Science. Forms and Functions of Popularisation, Dordrecht, Boston 1985, S. 3-28.

Wickert Institute, Report 1975. Westdeutschlands Wirtschaft zwischen Wunsch und Wirklichkeit, o. O. 1966.

Wiener, Norbert/Wintner, Aurel, On the Ergodic Dynamics of Almost Periodic Systems, in: American Journal of Mathematics 63 (1941), H. 4, S. 794-824.

Wiener, Norbert, Kybernetik. Regelung und Nachrichtenübertragung im Lebewesen und in der Maschine, Düsseldorf, Wien 1963 (Orig.: Cybernetics or Control and Communication in the Animal and the Machine, 1948).

Wiener, Norbert, Mensch und Menschmaschine. Kybernetik und Gesellschaft, Frankfurt a. M., Berlin 1952 (Orig.: The Human Use of Human Beings. Cybernetics and Society, 1950).

Wiesebach, Horst P., Thesen zur Revision der Wachstumspolitik, in: BP Kurier. Vierteljahresschrift der BP Benzin und Petroleum Aktiengesellschaft 26 (1974), H. 2, S. 4-7.

Wiggershaus, Rolf, Die Frankfurter Schule. Geschichte, theoretische Entwicklung, politische Bedeutung, 3. Auflage, München 1986.

Willeke, Stefan, Die Technokratiebewegung in Nordamerika und Deutschland zwischen den Weltkriegen. Eine vergleichende Analyse, Frankfurt a. M., New York 1995.

Willer, Stefan/Weidner, Daniel (Hrsg.), Prophetie und Prognostik. Verfügungen über Zukunft in Wissenschaften, Religionen und Künsten, München 2013.

Wilms, Falko E.P. (Hrsg.), Szenariotechnik. Vom Umgang mit der Zukunft, Bern 2006.

Wind, Thomas, 40 Jahre Computer-Demokratie. Liquid Democracy, nur ein alter Piraten-Hut?, http://ifz-online.de/40-jahre-computer-demokratie/ (letzte Abfrage 3. 1. 2015).

Wirsching, Andreas, Abschied vom Provisorium. Geschichte der Bundesrepublik Deutschland 1982-1990, München 2006.

Wirsching, Andreas, Bildung als Wettbewerbsstrategie, in: Bernd Greiner/Tim B. Müller/Claudia Weber (Hrsg.), Macht und Geist im Kalten Krieg, Hamburg 2011, S. 223-238.
Wirsching, Andreas, Der Preis der Freiheit. Geschichte Europas in unserer Zeit, München 2012.
Wittner, Lawrence S., Resisting the Bomb. A History of the World Nuclear Disarmament Movement, Stanford 1997.
Wöbse, Anna-Katharina, Weltnaturschutz. Umweltdiplomatie in Völkerbund und Vereinten Nationen 1920-1950, Frankfurt a. M. 2011.
Wolfe, Robert, From Reconstructing Europe to Constructing Globalization. The OECD in Historical Perspective, in: Rianne Mahon/Stephen McBridge (Hrsg.), The OECD and Transnational Governance, Vancouver 2008, S. 25-42.
Wolff, Heimfrid, Die 70er Jahre. Energiekrise – Trendbrüche noch und noch, in: Heik Afheldt u. a. (Hrsg.), Das Phänomen Prognos. Ein Rückblick auf 40 Jahre Forschung und Beratung aus Anlass des 70. Geburtstages von Peter G. Rogge, Basel o. J., S. 45-58.
Wolfschmidt, Gudrun/Reich, Karin/Hünemörder, Christian, Methoden der Popularisierung, in: Gudrun Wolfschmidt (Hrsg.), Popularisierung der Naturwissenschaften, Berlin 2002, S. 20-38.
Wolstenholme, Gordon E. W. (Hrsg.), Man and his Future. Proceedings of a Conference sponsored by the Ciba Foundation, London 1963.
Wolstenholme, Gordon E. W. (Hrsg.), The Future as an Academic Discipline. Ciba Foundation Symposium held at the Ciba Foundation, London, 6-8 February 1975, Amsterdam, Oxford u. a. 1975.
Wood, Barbara, Alias Papa. A Life of Fritz Schumacher, London 1984.
Woodward, Richard, The Organisation for Economic Co-operation and Development (OECD), London 2009.
World Commission on Environment and Development, Our Common Future, New York 1987.
Worster, Donald, Nature's Economy. A History of Ecological Ideas, 2. Auflage, Cambridge, New York 1994.
Wunderle, Ulrike, Atome für Krieg und Frieden. Kernphysiker in Großbritannien und den USA im Kalten Krieg, in: Götz Neuneck/Michael Schaaf (Hrsg.), Zur Geschichte der Pugwash-Bewegung in Deutschland. Symposium der deutschen Pugwash-Gruppe im Harnack-Haus Berlin, 24. Februar 2006, o. O. 2007, S. 17-29.
Zamjatin, Evgenij Ivanovič, Wir, Köln 1984 (Orig. 1920).
Zapf, Wolfgang, Zur Messung der Lebensqualität, in: Zeitschrift für Soziologie 1 (1972), H. 4, S. 353-376.
Zapf, Wolfgang, Social Reporting in the 1970s and in the 1990s, in: Social Indicators Research 51 (2000), H. 1, S. 1-15.
Zeilhofer, Markus, Technikfolgenpolitik. Zur Gestaltungsbedürftigkeit und zur politischen Gestaltbarkeit des technischen Wandels und seiner Folgen, Opladen 1995.
Zentrum Berlin für Zukunftsforschung e. V., Methoden der Prioritätsbestimmung III. Methoden zur Prioritätsbestimmung innerhalb der Staatsaufgaben, vor allem im Forschungs- und Entwicklungsbereich, Bonn 1971.
Zoll, Rainer, Zeiterfahrung und Gesellschaftsform, in: Ders. (Hrsg.), Zerstörung und Wiederaneignung von Zeit, Frankfurt a. M. 1988, S. 72-88.
Zubeil, Gotthold/Engl, Richard/Frey, René L., Methoden der Prioritätsbestimmung II. Verfahren zur Planung von Staatsausgaben unter besonderer Berücksichtigung von Forschung und Entwicklung. Studie der Prognos AG im Auftrag des Bundesministers für Bildung und Wissenschaft, Bonn 1971.
Zweck, Axel, Foresight, Technologiefrüherkennung und Technikfolgenabschätzung. Instrumente für ein zukunftsorientiertes Technologiemanagement, in: Reinhold Popp (Hrsg.), Zukunftsforschung und Zukunftsgestaltung. Beiträge aus Wissenschaft und Praxis, Berlin 2009, S. 195-206.

Personenregister

Abrams, Mark   198, 286
Ackoff, Russell   240
Adenauer, Konrad   89, 163
Adorno, Theodor W.   127
Afheldt, Heik   319, 376
Afheldt, Horst   334-336, 343
Alcock, Norman   184, 341
Almeira, Antonio Mendes de   212
Altmann, Rüdiger   375-377, 395
Apostol, Pavel   228-230, 298, 302, 337
Arendt, Hannah   140
Arnold, Henry   52
Aron, Raymond   70

Baade, Fritz   205f.
Bahr, Egon   473
Balke, Siegfried   348
Barbieri Masini, Eleonora   294, 308, 310
Barre, Raymond   288
Baum, David (Max Jungk)   135
Baum, Robert   135
Becker, Hellmut   325, 328
Beckerman, Wilfred   275
Beckmann, Joachim   325
Beck, Ulrich   22f.
Beer, Stafford   55, 240
Beesley, H.   209
Behrendt, Richard   199
Bell, Daniel   12, 27, 69-71, 73, 80, 84-86, 96-101, 103-109, 112f., 116, 142, 145, 155, 164, 167, 170, 187, 193, 198, 215, 285, 310f., 470, 491, 493f., 505
Bell, Wendell   9
Beneš, Edward   78, 80
Berger, Gaston   73f., 81, 84, 86, 139, 156, 185, 495
Bernoulli, Jacques   84
Bertaux, Pierre   164
Bestuzhev-Lada, Igor   3, 190-192, 195, 213f., 228, 294f.
Bismarck, Klaus von   90, 325, 328
Bize, P. R.   297
Blondel, Maurice   73
Böll, Winfried   454
Bombach, Gottfried   275, 283, 316f., 442
Bommer, Jürgen   402, 477f.
Borchardt, Knut   275, 467
Borel, Émile   57, 85
Boulding, Elise   300
Boulding, Kenneth   184, 261, 300
Bourdet, Claude   183
Branden, Elli   135

Brandt, Willy   28, 340, 414f., 419, 436, 450, 461-464, 469, 504
Braun, Wernher von   167, 358, 382
Brehmer, Arthur   36
Breschnew, Leonid   191
Brinckmann, Andrea   427
Bronk, Detlev   27
Buchholz, Hans   306, 403
Buckminster Fuller, Richard   188f., 261
Bundy, McGeorge   192, 244f.
Burchard, Hans-Joachim   473
Bush, Vannevar   43
Butenandt, Adolf   328

Calder, Nigel   27, 167-170, 177, 197, 211
Capra, Fritjof   506f.
Carnap, Rudolf   101
Carson, Rachel   260
Cazes, Bernard   240
Chruschtschow, Nikita   70, 190
Churchman, C. West   371
Clarke, Arthur C.   172
Clarke, Robin   282
Cole, Hugh   274, 472
Commoner, Barry   266
Comte, Auguste   33f., 72, 85, 132, 208, 491
Condorcet, Marquis de   32f., 72
Cornish, Edward   179, 197
Crossland, Anthony   70

Danecki, Jan   298f.
Dator, Jim   310
Delors, Jacques   294
Descartes, René   140
Deutsch, Karl   98, 199
Dewey, John   41, 69, 102
Dobrov, Gennady M.   228
Dohnanyi, Klaus von   417f., 444, 453, 501
Dönhoff, Marion Gräfin   175f.
Doriot, Jacques   77
Drieschner, Michael   332
Dror, Yehezkel   226
Dubskà, I.   194

Ebert, Theodor   134, 336
Ehmke, Horst   28, 414f., 419f., 423, 425-427, 430, 432, 434f., 437, 446, 448f., 451, 469, 472, 482f., 501f.
Ehrlich, Paul   266
Einstein, Albert   92, 101, 180
Eisenhower, Dwight D.   44, 164
Elmandjra, Mahdi   233, 306

Enzensberger, Hans Magnus 276
Eppler, Erhard 28, 458-461, 463f., 466-468, 470f., 485, 504
Erhard, Ludwig 377, 412, 418
Etzioni, Amitai 219, 399

Fabre-Luce, Alfred 76
Ferraro, Pietro 209
Flechtheim, Ossip K. 6, 125, 128-134, 136-138, 141-150, 152-155, 163, 172, 184, 189, 194, 197, 206, 224, 279, 285, 287, 301, 339, 341, 353, 357, 376f., 386f., 392-394, 397, 403, 408, 410, 441, 477, 492-494
Fleck, Ludwik 16f., 19
Fourastié, Jean 73, 83, 505
Forrester, Jay W. 62, 222, 240, 248, 250, 252f., 267f., 270, 272, 278, 281, 303
Frank, Lawrence K. 106
Freeman, Christopher 236, 273f., 286, 337, 504
Freymond, Jacques 83
Friedrichs, Günter 375-378, 386f., 483
Fritsch, Bruno 376f., 386, 394, 440
Fromm, Erich 130

Gabor, Dennis 27, 184, 203f., 206, 228, 239-241, 247f., 253, 280, 294, 304, 383f.
Gagarin, Juri 162, 166, 190
Galbraith, John Kenneth 80, 255f., 261, 399, 459
Galilei, Galileo 30
Galtung, Johan 128, 134, 143f., 153, 184, 186f., 189, 19-199, 203, 206f., 209-213, 224-227, 229f., 233, 276, 291, 294, 302, 306, 336f., 341, 390, 401f.
Gandhi, Mahatma 134, 144, 336
Gaulles, Charles de 81
Gellhorn, Martha 81
Genscher, Hans-Dietrich 396, 456-458, 465
Gertin, Harald 483
Geschka, Horst 376
Girshick, Abe 64
Giscard d'Estaing, Valéry 294
Glagolev, Igor 195
Globke, Hans 418
Glotz, Peter 403
Goldsmith, Edward 280f., 295
Gordon, Theodore J. 3, 64f., 68, 106, 120
Gottstein, Klaus 345
Graubard, Stephen 98, 106
Graves, Clare 220
Grossner, Claus 175f., 386, 393f.
Gruhl, Herbert 287
Guéron, Georges 185
Guth, Hans 316
Gvishiani, Jermen 245

Habermas, Jürgen 127, 160, 165, 221, 330-332, 347, 353
Haeckel, Ernst 38
Häfele, Wolf 473-475
Hagemann, Fritz 316
Hahn, Otto 88
Hain, Anton 149
Haldane, J. B. S. 47
Hallstein, Walter 412
Hamm-Brücher, Hildegard 376f.
Hartkopf, Günter 457
Hauff, Volker 397, 448f., 470-472, 478-480, 483f.
Haunschild, Hans Hilger 454, 473
Hausner, Rudolf 172
Heath, Edward 307
Hegel, Georg Wilhelm Friedrich 38, 130-132, 145
Heilbroner, Robert 258
Heinemann, Gustav 340, 454
Heisenberg, Werner 88, 90, 161, 325f., 328
Helmer, Olaf 1, 3, 27, 64-66, 68, 96, 98, 101-106, 108f., 112, 120f., 127, 151, 155, 162, 171, 174, 187f., 197f., 205f., 222, 228, 295, 356, 387, 492f., 495
Heppe, Hans von 439f.
Heuss, Theodor 315
Heyder, Gunther 231
Hirsch, Werner 201f., 205-207
Höfer, Werner 372
Hoffman, Stanley 98
Holste, Werner 374-381, 383, 385-387, 393, 395, 439f.
Hoover, Herbert 42
Horkheimer, Max 127, 130
Howe, Günter 325
Humphrey, Herbert 242, 244
Hunnius, Gerry 182f., 195
Hustler, Everard 36
Huxley, Aldous 47
Huxley, Julian 246f., 281

Ingelstam, Lars 227
Inglehart, Ronald 263, 404
Iyengar, Madhur 212, 214, 226f.

Jahoda, Marie 274f.
Jantsch, Erich 237-241, 246-248, 251, 289
Jochimsen, Reimut 28, 414-416, 420, 426f., 434, 455, 476, 501
Johnson, Lyndon B. 244, 256, 262
Josselson, Michael 71, 74
Jouvenel, Bertrand de 3, 27, 74-88, 93-95, 97-101, 104f., 108, 112, 121, 139f., 144, 150-152, 154-156, 167, 170, 172, 186, 197, 206-210, 212, 225-227, 232f., 247, 256,

260, 263, 278, 282, 286, 298, 302, 381f., 465, 492, 494f., 503
Jouvenel, Hélène de 233
Jouvenel, Henri de 75
Jouvenel, Hugues de 27, 154, 233, 503
Jungk, Robert 27, 106, 124f., 128f., 134-144, 148, 150-155, 163, 167-177, 180, 182-189, 195-198, 206-213, 217f., 222, 224, 226f., 241, 264f., 278f., 282f., 287, 294, 301, 309, 324, 337, 339, 353, 355-359, 367, 371f., 375-379, 386-395, 397, 400, 404, 409, 427, 439, 441, 487f., 493f., 497, 499

Kahn, Herman 7, 61, 63f., 68f., 96, 98, 106, 109-116, 118f., 122, 124f., 155, 162, 170-173, 212, 222f., 231, 285, 295, 310, 333, 379, 381, 401, 493f., 498, 505
Kant, Immanuel 32, 38, 93
Kato, Hidetoshi 211f., 226
Kelly, Petra 409
Kelsen, Hans 130
Kempner, Robert M.W. 133
Kennedy, John F. 166, 190, 262
Kepler, Johannes 30
Kerbs, Diethart 231
Keynes, John Maynard 41, 76, 313, 316
Kiesinger, Kurt Georg 418f.
Kikutake, Kiyonori 215f.
King, Alexander 3, 236f., 240, 245f., 248-251, 275, 280, 283, 289
Kishida 215
Klages, Helmut 22, 152, 263, 356-361, 367, 376f., 402, 404, 430
Knoeringen, Waldemar von 123
Koch, Claus 174, 390
Koelle, Heinz Hermann 277, 356-368, 370, 374, 376, 396-398, 402, 428-430, 433, 474, 477, 501
Koestler, Arthur 70, 77
Kohnstamm, Max 247f.
König, René 347
Krauch, Helmut 197, 209, 348, 350-353, 370-374, 376f., 381-383, 424, 427f., 442, 445-451, 477
Kreibich, Rolf 9, 27, 406, 410, 489, 506
Kristensen, Thorkil 289
Krüger, Werner 424
Kubel, Alfred 380
Kuhn, Thomas 15-19, 154, 391
Kunz, Werner 348, 351-353
Küpper, Christel 339
Kupper, Patrick 259

Lafontaine, Oskar 468, 504
Lambsdorff, Otto Graf 478
Lasky, Melvin 69

Laßwitz, Kurd 35
Lederer, Katrin 399, 402
Ledig, Peter-Kristian 409
Lee, Kenneth 183, 185, 197
Lennep, Emile van 289
Lenin, Wladimir 214
Lenz, Hans 436
Leussink, Hans 436f.
Levčik, Bedrich 194
List, Friedrich 34, 315
Loewenheim, Walter 130
Lohmar, Ulrich 446, 450f.
Lotz, Kurt 381, 386
Löwenthal, Richard 129f.
Lübbe, Hermann 358
Luckmann, Thomas 219
Luhmann, Niklas 21, 161, 357f., 506

Mackensen, Rainer 367, 398f., 401f., 410, 478
Maddox, John 286
Mallmann, Carlos 401
Malthus, Robert 286
Man, Henri de 77
Mannheim, Karl 16f., 127f., 141-143, 145f., 194, 358
Mansholt, Sicco 288f., 462, 464
Manstein, Erich von 352
Marcuse, Herbert 150, 219, 223, 257f., 301, 388, 399
Marx, Karl 34, 99f., 126, 130-132, 146, 176, 214, 224, 229, 391, 494
Maslow, Abraham 21f., 297, 399
Massé, Pierre 83, 139, 247
Massow, Valentin von 380, 440, 442f.
Matthöfer, Hans 397, 469-471, 473, 477, 480, 482f.
Maxim, Hudson 36
Mayntz, Renate 348, 489
McCarthy, Joseph 133
McHale, John 189, 197, 206f., 212, 226, 294f.
McNamara, Robert 216, 290
Mead, George 219
Meadows, Dennis 268, 270-272, 274f., 278, 284, 304
Meadows, Donella 271
Meier, Richard L. 204f., 207, 221, 299, 381
Mendlovitz, Saul 337
Menke-Glückert, Peter 27, 197, 200, 202, 214, 216f., 225-227, 233, 237, 291, 294, 302, 306, 308f., 330, 376f., 383, 395f., 401-403, 406f., 409f., 437-439, 456-458, 464, 467, 477f., 494
Mercier, Louis-Sébastien 31
Merton, Robert 144
Mesarović, Mihajlo 303, 342, 460, 473, 475
Meyer-Abich, Klaus Michael 343f., 482, 489

Michaelis, Anthony 203-205
Michalski, Wolfgang 380
Mill, John Stuart 270
Mills, C. Wright 223
Mishan, Edward J. 257
Mittelstaedt, Werner 408
Mitterrand, François 229
Molina, Louis de 84
Moll, Peter 9
Mommsen, Ernst Wolf 483f.
Morgenstern, Oskar 57f., 316
Morus, Thomas 30f.
Müllert, Norbert 151, 400
Mundt, Hans Josef 144, 168, 177
Münzenberg, Willi 77

Naess, Arne 144
Nelson, Leonard 126
Neumann, Franz 130, 133
Neumann, John von 57f., 60f., 316
Nielsen, Waldemar 74, 80, 82f.
Nixon, Richard 257, 262, 264
Novick, David 240, 248

Offe, Claus 343, 454
Ogburn, William 42
O'Hara, Glen 411
Ophüls, Max 135
Oppenheimer, Robert 138
Oppenheim, Paul 101
Orwell, George 47
Osborn, Henry Fairfield 259
Ozbekhan, Hasan 68f., 98, 187f., 197, 202, 208, 239-241, 246, 250-252

Peccei, Aurelio 3, 101, 241-253, 263, 271f., 294, 307
Pestel, Eduard 252, 303, 342, 453, 460, 473-476
Pestel, Robert 473
Pester, Eduard 252
Pichlmayer, Hartmut 400f.
Picht, Georg 89-91, 95, 148, 200, 280, 287, 315, 325f., 437, 459f.
Pierce, Charles 41
Pigou, Arthur C. 79, 256
Platon 31, 78, 90, 256, 315, 326
Polak, Fred L. 143f., 153, 184f., 197, 206f., 212, 217, 224
Popitz, Johannes 315
Popper, Karl 96, 121, 199, 358, 388
Prebisch, Raúl 196
Proske, Rüdiger 166, 169, 264, 375-377, 386, 391f., 395, 440, 494

Quételet, Adolph 34

Raiser, Ludwig 90, 325f.
Rätsch, Herbert 316
Rattray Taylor, Gordon 264
Reichenbach Hans 101
Reich, Utz-Peter 334
Reimers, Werner 186
Repenning, Klaus 233, 387-389, 395, 478
Rescher, Nicholas 102
Reuck, Anthony de 185, 197
Richardson, Elliot 271
Richet, Charles 36
Richta, Radovan 193f., 213
Richter, Hans Werner 181
Rickards, Maurice 183f., 186
Rittel, Horst 348, 382
Rödel, Ulrich 331
Rogge, Peter 316f., 376
Ronge, Volker 23, 331
Roosevelt, Franklin D. 42f.
Röpke, Wilhelm 78-80
Rotblat, Joseph 181, 197
Rousseau, Jean-Jacques 78, 80, 256
Rubin, Theodore J. 240
Russell, Bertrand 47, 92, 180f.

Saint-Geours, Jean 247f.
Saint-Simon, Henri de 33, 132, 208, 491
Salin, Edgar 315-317, 319, 349
Samjatin, Jewgenij 47
Sauer, Hans 439, 454
Scharpf, Fritz 22, 430, 454f., 471, 473
Scheel, Walter 473
Scheidemann, Karl-Friedrich 349
Schelsky, Helmut 122, 165, 173, 331, 352, 357f.
Schiller, Karl 414f., 453
Schmacke, Ernst 379f., 395
Schmid, Carlo 70
Schmidt, Helmut 28, 415, 435, 467-469, 477, 486f., 504f.
Schmidt, Hermann 54
Schmieg, Günter 331
Schneider, Erich 316
Schneider, Friedrich 328
Schröder, Dieter 316, 473
Schulze, Lothar 338-342, 408f.
Schumacher, Ernst F. 282, 296, 299
Schütte, Adolf Friedrich 407f.
Schütz, Alfred 219
Selan, Valerio 209f., 294
Senghaas, Dieter 390
Servan-Schreiber, Jean-Jacques 236
Seynes, Philippe de 271
Shannon, Claude 54
Shils, Edward 70, 74
Shonfield, Andrew 198

Sicinski, Andrzej 213
Singer, Fred 167
Smithers, Peter 209
Sokrates 371
Solow, Robert 275
Sombart, Nicolaus 208 f.
Sonntag, Philipp 334
Sørensen, Arne 226 f., 230, 298
Sorokin, Pitirim 114
Spengler, Oswald 47, 132
Sperber, Manès 70, 77
Stachowiak, Herbert 404
Stalin, Josef 45, 69, 190 f.
Steenbergen, Bart van 167, 223-225, 227-229, 265, 295, 302, 390
Steinbuch, Karl 3, 27, 96, 109, 116-125, 132, 142, 155, 169 f., 174-176, 197, 201, 206 f., 209 f., 277, 295, 319, 349, 353, 376 f., 379, 381-386, 388 f., 393-395, 436 f., 453, 493, 505
Stevenson, Adlai 261
Stoltenberg, Gerhard 329, 380, 382, 436, 439-442, 500
Stone, Shepard 71, 97, 100
Strauß, Franz Josef 89, 163, 412
Sulc, Ota 213, 228
Suttner, Bertha von 36

Tavernier, René 74
Taylor, Gordon Rattray 266
Thatcher, Margaret 504
Theis, Adolf 428 f., 432
Thiemann, Hugo 247 f.
Timm, Bernhard 381
Tinbergen, Jan 41, 143, 197, 277, 288
Toffler, Alvin 264
Torberg, Friedrich 138
Truman, Harry S. 260
Tzu, Lao 300

Udall, Steward L. 262
Ul Haq, Mahbub 290

Verne, Jules 35
Vester, Frederic 408
Villiers, Georges 74, 78
Vogel, Hans-Jochen 28, 382, 465 f., 504

Wakefield, Richard P. 220, 296, 404
Ward, Barbara 261
Waskow, Arthur 224
Weber, Alfred 315
Weber, Max 10, 16, 107, 206, 353, 357, 467
Weinberg, Alvin 344-346
Weingart, Peter 23
Weiss, Paul A. 27
Weizsäcker, Carl Christian von 351, 473
Weizsäcker, Carl Friedrich von 23, 28, 75, 87-95, 128 f., 134, 155, 163, 166, 177, 180, 186, 200, 207, 225, 278 f., 280, 287, 315, 324-338, 341, 343-349, 395, 439 f., 451, 454, 460, 473, 481-489, 492 f., 497, 502
Weizsäcker, Ernst Ulrich von 489
Weizsäcker, Ernst von 328
Wellesley-Wesley, James 185, 187, 194, 211, 217-219, 227, 294, 296, 300 f.
Wells, Herbert George 35 f., 81, 491
Wiener, Anthony 112-115, 231, 295, 379
Wiener, Norbert 45, 54 f., 119, 167, 223
Wiesebach, Horst P. 466
Wilson, Carroll 45, 245
Wilson, Harold 413
Winnacker, Karl 329
Winter, Ernst F. 226 f.
Wohlstetter, Albert 85, 110
Wolff, Eugen 38
Wurster, Carl 329
Wüsthoff, Freda 339

Young, Michael 286

Zahn Erich 268
Zedong, Mao 216
Zolkiewski, Stefan 195
Zuckerman, Solly 245

www.ingramcontent.com/pod-product-compliance
Lightning Source LLC
Chambersburg PA
CBHW060344010526
44117CB00017B/2963